Schaumburg/Rödder
Unternehmenssteuerreform 2001

Unternehmenssteuerreform 2001

Gesetze · Materialien · Erläuterungen

Herausgegeben von

Prof. Dr. Harald Schaumburg
Rechtsanwalt und Fachanwalt
für Steuerrecht in Bonn

Dr. Thomas Rödder
Wirtschaftsprüfer
und Steuerberater in Bonn

Erläutert von

Prof. Dr. Harald Schaumburg
Rechtsanwalt und Fachanwalt
für Steuerrecht in Bonn

Dr. Thomas Rödder
Wirtschaftsprüfer
und Steuerberater in Bonn

Dr. Stephan Schauhoff
Rechtsanwalt und Fachanwalt
für Steuerrecht in Bonn

Dr. Oliver Hötzel
Wirtschaftsprüfer
und Steuerberater in Bonn

Dr. Andreas Schumacher
Steuerberater in Bonn

Verlag C. H. Beck München 2000

ISBN 3 406 47001 7

© 2000 Verlag C. H. Beck oHG
Wilhelmstraße 9, 80801 München
Druck und Bindung: C. H. Beck'sche Buchdruckerei Nördlingen
(Adresse wie Verlag)

Satz: vom Autor gelieferte Druckvorlagen

Gedruckt auf säurefreiem, alterungsbeständigem Papier
(hergestellt aus chlorfrei gebleichtem Zellstoff)

Vorwort

Auch für Insider überraschend hat der Bundesrat am 14. Juli doch noch dem Gesetz zur Senkung der Steuersätze und zur Reform der Unternehmensbesteuerung (Steuersenkungsgesetz – StSenkG) zugestimmt. Dieses Gesetz (auch als Unternehmenssteuerreform 2001 bezeichnet) stellt einen gravierenden Einschnitt (wohl den bedeutendsten seit der Körperschaftsteuerreform 1977) in das deutsche Unternehmenssteuerrecht dar.

In der Sache bringt die Unternehmenssteuerreform 2001 insbesondere die Abschaffung des körperschaftsteuerlichen Anrechnungsverfahrens und die Einführung des sog. Halbeinkünfteverfahrens. An die Stelle einer anrechenbaren Körperschaftsteuer mit Differenzierung zwischen Thesaurierungs- und Ausschüttungssteuersatz tritt eine definitive Körperschaftsteuer von 25%. Auf Anteilseignerebene tritt an die Stelle voll steuerpflichtiger Dividenden unter Körperschaftsteueranrechnung die hälftige Steuerbefreiung von Dividenden (betr. natürliche Personen als Anteilseigner; diese hälftige Steuerbefreiung gibt dem Halbeinkünfteerfahren den Namen) bzw. die Dividendenfreistellung (bei Kapitalesellschaften als Anteilseigner). In Folge dieser Systemänderung ergeben sich vielfältige wesentliche Änderungen auch an anderer Stelle, z. B. für den Aufwandsabzug, für die steuerliche Behandlung von Auslandsgewinnen sowie für die steuerliche Behandlung von Anteilsverkäufen und -käufen.

Für Personenunternehmen ist insbesondere die Einführung einer pauschalierten Gewerbesteueranrechnung hervorzuheben. Sie soll letztlich dazu führen, dass ein Gewerbetreibender jedenfalls näherungsweise nur noch mit Einkommensteuer und nicht mehr mit Gewerbesteuer belastet wird. Korrespondierend dazu wird § 32 c EStG abgeschafft. Der Einkommensteuer-Spitzensatz fällt bis in das Jahr 2005 bis auf 43 %. Der Bundesrat hat allerdings seine Zustimmung zum StSenkG davon abhängig gemacht, dass der Einkommensteuer-Spitzensatz in 2005 nicht nur auf 43 %, sondern auf 42 % abgesenkt wird. Diese Regelung ist inzwischen in einem Entwurf eines Ergänzungsgesetzes zum StSenkG enthalten, der ebenfalls bereits in dieses Buch Eingang gefunden hat.

Dies gilt auch für die Wiedereinführung des halben Steuersatzes gem. § 34 EStG in eingeschränktem Umfang, die ebenfalls eine Bedingung des Bundesrats für dessen Zustimmung zum StSenkG war.

Das vorliegende Buch soll die Anwendung der neuen Rechtsvorschriften erleichtern und zugleich erste Erläuterungen zur Auslegung der neuen Vorschriften geben.

Deshalb haben wir die Gesetzestexte und die dazugehörigen Materialien zusammengestellt. Da das StSenkG noch nicht im BGBl. veröffentlicht worden ist, haben wir die vom Bundesministerium der Finanzen publizierte Arbeitsfassung zugrundegelegt. In die Materialien sind nicht nur der Regierungsentwurf und dessen Begründung, die Beschlussempfehlung des Finanzausschusses und dessen Begründung sowie die Ergebnisse des Vermittlungsverfahrens aufgenommen worden, sondern auch die inoffiziellen Begründungen der Beschlussempfehlung des Vermittlungsausschusses. Dies deshalb, weil auch diese inoffiziellen Begründungen wichtige Hinweise enthalten.

Die Einzelerläuterungen zu Schlüsselparagraphen des StSenkG geben erste weiterführende Erkenntnisse wieder, die in der erst wenige Wochen alten internen und externen Diskussion zur Unternehmenssteuerreform gewonnen worden sind. Sie stellen naturgemäß erst ein Zwischenstadium der Erkenntnisgewinnung dar, dürften aber für zukünftige Detailüberlegungen bereits eine gute Grundlage sein.

Darüber hinaus haben wir in dieses Buch eine Beschreibung der Gesetzesentstehung sowie einen einführenden Überblick über die Besteuerung von Kapitalgesellschaften und von Personengesellschaften nach der Unternehmenssteuerreform 2001 aufgenommen. Wir sind überzeugt, dass diese Teile dem Leser einen guten Einstieg in das neue Unternehmenssteuerrecht ermöglichen.

Besonderen Wert haben wir darauf gelegt, die Aufbereitung der Gesetzestexte, der Materialien und der Erläuterungen in besonders übersichtlicher Form vorzunehmen. Der Gesetzestext ist jeweils in einer fetten Schrift gedruckt. Und die amtlichen Materialien sind durch einen Randstreifen gekennzeichnet. Auf diese Weise soll dem Leser an jeder beliebigen Stelle im Werk eine bequeme Orientierungsmöglichkeit über den Textcharakter geboten werden.

Wir danken unseren Mitautoren und Partnern Dr. Stephan Schauhoff, Dr. Oliver Hötzel und Dr. Andreas Schumacher sehr herzlich für ihre Beiträge. Dank schulden wir auch unserem Mitarbeiter Dr. Bernd Metzner für seine wertvolle Unterstützung bei der Zusammenstellung der Materialien.

Bonn, 9. September 2000 *Prof. Dr. Harald Schaumburg*
Dr. Thomas Rödder

Inhaltsübersicht

Teil 1: Gesetzestext 1

A. Text des Gesetzes zur Senkung der Steuersätze und zur Reform der Unternehmensbesteuerung (Steuersenkungsgesetz – StSenkG) 1
B. Text des Entwurfs eines Gesetzes zur Ergänzung des Steuersenkungsgesetzes (Steuersenkungsergänzungsgesetz – StSenkErgG) 91

Teil 2: Literaturverzeichnis 95

Teil 3: Gesetzesentstehung 101

A. Kommission zur Reform der Unternehmensbesteuerung 101
B. Steuersenkungsgesetz 125
C. Steuersenkungsergänzungsgesetz 148

Teil 4: Einführender Überblick über die wesentlichen Neuregelungen 151

A. Besteuerung von Kapitalgesellschaften nach der Unternehmenssteuerreform 2001 151
B. Besteuerung von Personenunternehmen nach der Unternehmenssteuerreform 2001 188

Teil 5: Die Neuregelungen im einzelnen – Gesetze, Materialien, Erläuterungen 197

A. Änderung des Einkommensteuergesetzes (Artikel 1) 197
B. Änderung der Einkommensteuer-Durchführungsverordnung (Artikel 2) 512
C. Änderung des Körperschaftsteuergesetzes (Artikel 3) 515
D. Änderung des Solidaritätszuschlaggesetzes 1995 (Artikel 4).. 676
E. Änderung des Umwandlungssteuergesetzes (Artikel 5) 678
F. Änderung des Gewerbesteuergesetzes (Artikel 6) 703
G. Änderung der Abgabenordnung (Artikel 7) 715
H. Änderung Art. 97 des Einführungsgesetzes zur Abgabenordnung (Artikel 8) 724
I. Änderung § 14 des Umsatzsteuergesetzes (Artikel 9) 726

J. Änderung des Gesetzes über Kapitalanlagegesellschaften (Artikel 10) 729
K. Änderung des Auslandinvestment-Gesetzes (Artikel 11) 766
L. Änderung des Außensteuergesetzes (Artikel 12) 773
M. Änderung des Gesetzes über steuerrechtliche Maßnahmen bei Erhöhung des Nennkapitals aus Gesellschaftsmitteln (Artikel 13) 821
N. Weitere geänderte Gesetze 827
O. Nicht Gesetz gewordene Teile des Gesetzesentwurf 837

Inhaltsverzeichnis

Teil 1: Gesetzestext 1

A. *Text des Gesetzes zur Senkung der Steuersätze und zur Reform der Unternehmensbesteuerung (Steuersenkungsgesetz – StSenkG)* 1

B. *Text des Entwurfs eines Gesetzes zur Ergänzung des Steuersenkungsgesetzes (Steuersenkungsergänzungsgesetz – StSenkErgG)* 91

Teil 2: Literaturverzeichnis 95

Teil 3: Gesetzesentstehung 101

A. *Kommission zur Reform der Unternehmensbesteuerung* 101
   I. Grundlagen und Vorgaben 101
   II. Besteuerung von Körperschaften 102
   III. Besteuerung der Anteilseigner 108
   IV. Übergangsregelung 109
   V. Besteuerung von Personenunternehmen 110
   VI. Steuerliche Aspekte im übrigen 112
   VII. Wiedergabe der Brühler Empfehlungen zur Reform der Unternehmensbesteuerung 113

B. *Steuersenkungsgesetz* 125
   I. Planspiele, Beirat, Referentenentwurf 125
   II. Regierungsentwurf 127
     1. Verfahren 127
     2. Wiedergabe des Allgemeinen Teils der Begründung des Regierungsentwurfs 127
   III. Finanzausschuß 144
     1. Verfahren 144
     2. Wiedergabe der Beschlußempfehlung des Finanzausschusses 144
   IV. Bundesrat und Vermittlungsausschuß 146
     1. Verfahren 146
     2. Wiedergabe der Erschließung des Bundesrates 146

C. Steuersenkungsergänzungsgesetz ... 148
I. Verfahren ... 148
II. Wiedergabe des Allgemeinen Teils der Begründung des Regierungsentwurfs ... 148

Teil 4: Einführender Überblick über die wesentlichen Neuregelungen ... 151

A. Besteuerung von Kapitalgesellschaften nach der Unternehmenssteuerreform 2001 ... 151
I. Laufende Besteuerung ... 151
   1. Inlandsgewinne der Kapitalgesellschaft ... 151
      a) Natürliche Personen als Anteilseigner ... 151
      b) Kapitalgesellschaften als Anteilseigner ... 161
   2. Auslandsgewinne der Kapitalgesellschaft ... 165
      a) Besteuerungsfolgen im Normalfall ... 165
      b) Verschärfung der Hinzurechnungsbesteuerung .. 167
   3. Laufende Verluste und Organschaft ... 172
      a) Laufende Verluste ... 172
      b) Organschaft ... 172
   4. Erstmalige Anwendung wesentlicher Neuregelungen und Übergangsregelung ... 175
      a) Grundsatz zur erstmaligen Anwendung ... 175
      b) Übergangsregelung ... 176
      c) Erstmalige Anwendung der AStG-Verschärfungen ... 179
   5. Gestaltungsmaßnahmen aufgrund des Systemwechsels ... 180
II. Unternehmensverkauf und Unternehmenskauf ... 181
   1. Kapitalgesellschaftsanteile ... 181
      a) Wertentscheidung des Gesetzgebers ... 181
      b) Natürliche Person als Anteilsverkäufer ... 181
      c) Kapitalgesellschaften als Anteilsverkäufer ... 183
      d) GewSt ... 185
      e) Steuerausländer als Anteilsverkäufer ... 185
      f) Behandlung des Anteilskäufers ... 185
      g) Erstmalige Anwendung wesentlicher Neuregelungen ... 186
   2. Personengesellschaftsanteile ... 187
   3. Betriebe und Teilbetriebe ... 187

B. Besteuerung von Personenunternehmen nach der Unternehmenssteuerreform 2001 ... 188
I. Laufende Besteuerung ... 188
1. Inlandsgewinne der Personengesellschaft ... 188
   a) Absenkung der ESt-Spitzensätze und Abschaffung des § 32 c EStG ... 188
   b) Modell der pauschalierten GewSt-Anrechnung .. 188
   c) Problem von Anrechnungsüberhängen ... 190
   d) Pauschalierte GewSt-Anrechnung und Rechtsformvergleich ... 191
   e) Anwendungsfragen ... 192
   f) Kapitalgesellschaften und Steuerausländer als Mitunternehmer ... 192
   g) Kapitalgesellschaftsbeteiligungen in der Mitunternehmerschaft ... 193
   h) Versuch der „Wiederbelebung" des Mitunternehmererlasses ... 193
2. Auslandsgewinne der Personengesellschaft ... 194
3. Laufende Verluste ... 195
4. Erstmalige Anwendung der Neuregelungen ... 195
II. Unternehmensverkauf und Unternehmenskauf ... 195
1. Kapitalgesellschaftsanteile ... 195
2. Personengesellschaftsanteile ... 195
3. Betriebe und Teilbetriebe ... 196

Teil 5: Die Neuregelungen im einzelnen – Gesetze, Erläuterungen, Materialien ... 197

A. Änderung des Einkommensteuergesetzes (Artikel 1) ... 197
I. Änderung § 2 EStG ... 197
1. Text der Vorschrift ... 197
2. Materialien ... 197
II. Änderung § 3 EStG ... 200
1. Text der Vorschrift ... 200
2. Materialien ... 202
3. Erläuterungen ... 208
III. Änderung § 3c EStG ... 242
1. Text der Vorschrift ... 242
2. Materialien ... 243
3. Erläuterungen ... 244
IV. Änderung § 6 EStG ... 256
1. Text der Vorschrift ... 256

2. Materialien	256
3. Erläuterungen	258
V. Änderung § 7 EStG	265
1. Text der Vorschrift	265
2. Materialien	266
3. Erläuterungen	268
VI. Änderung § 7g EStG	269
1. Text der Vorschrift	269
2. Materialien	269
VII. Änderung § 10d EStG	271
1. Text der Vorschrift	271
2. Materialien	271
VIII. Änderung § 15 EStG	272
1. Text der Vorschrift	272
2. Materialien	272
3. Erläuterungen	274
IX. Änderung § 16 EStG	276
1. Text der Vorschrift	276
2. Materialien	276
X. Änderung § 17 EStG	276
1. Text der Vorschrift	276
2. Materialien	277
3. Erläuterungen	280
XI. Änderung § 18 EStG	285
1. Text der Vorschrift	285
2. Materialien	285
XII. Änderung § 20 EStG	286
1. Text der Vorschrift	286
2. Materialien	287
3. Erläuterungen	293
XIII. Änderung § 22 EStG	311
1. Text der Vorschrift	311
2. Materialien	312
3. Erläuterungen	314
XIV. Änderung § 32 EStG	316
1. Text der Vorschrift	316
2. Materialien	316
XV. Änderung § 32a EStG	317
1. Text der Vorschrift	317
2. Materialien	318
3. Erläuterungen	321
XVI. Änderung § 32b EStG	323
1. Text der Vorschrift	323
2. Materialien	324

XVII. Änderung § 32c EStG	326
1. Text der Vorschrift	326
2. Materialien	326
3. Erläuterungen	327
XVIII. Änderung § 33a EStG	327
1. Text der Vorschrift	327
2. Materialien	327
XIX. Änderung § 34 EStG	328
1. Text der Vorschrift (unter Berücksichtigung des Entwurfs zum StSenkErgG)	328
2. Materialien	329
3. Erläuterungen	331
XX. Änderung § 34c EStG	337
1. Text der Vorschrift	337
2. Materialien	337
XXI. Änderung § 35 EStG	338
1. Text der Vorschrift	338
2. Materialien	340
3. Erläuterungen	345
XXII. Änderung § 36 EStG	359
1. Text der Vorschrift	359
2. Materialien	359
3. Erläuterungen	362
XXIII. Änderung §§ 36a bis 36e EStG	364
1. Text der Vorschrift	364
2. Materialien	364
XXIV. Änderung § 38a EStG	365
1. Text der Vorschrift	365
2. Materialien	365
XXV. Änderung § 38c EStG	366
1. Text der Vorschrift	366
2. Materialien	366
XXVI. Änderung § 39a EStG	368
1. Text der Vorschrift	368
2. Materialien	368
XXVII. Änderung § 39b EStG	369
1. Text der Vorschrift	369
2. Materialien	371
XXVIII. Änderung § 41 EStG	376
1. Text der Vorschrift	376
2. Materialien	376
XXIX. Änderung § 41b EStG	377
1. Text der Vorschrift	377
2. Materialien	377

XXX.	Änderung § 41c EStG	378
	1. Text der Vorschrift	378
	2. Materialien	378
XXXI.	Änderung § 42b EStG	378
	1. Text der Vorschrift	378
	2. Materialien	379
XXXII.	Änderung §§ 43 bis 45d EStG	379
	1. Text der Vorschrift	379
	2. Materialien	402
	3. Erläuterungen	433
XXXIII.	Änderung § 46 EStG	443
	1. Text der Vorschrift	443
	2. Materialien	443
XXXIV.	Änderung § 49 EStG	444
	1. Text der Vorschrift	444
	2. Materialien	444
	3. Erläuterungen	445
XXXV.	Änderung § 50 EStG	446
	1. Text der Vorschrift	446
	2. Materialien	447
XXXVI.	Änderung § 50c EStG	448
	1. Text der Vorschrift	448
	2. Materialien	448
	3. Erläuterungen	450
XXXVII.	Änderung § 50d EStG	455
	1. Text der Vorschrift	455
	2. Materialien	455
XXXVIII.	Änderung § 51 EStG	456
	1. Text der Vorschrift	456
	2. Materialien	457
XXXIX.	Änderung § 51a EStG	458
	1. Text der Vorschrift	458
	2. Materialien	458
XL.	Änderung § 52 EStG	459
	1. Text der Vorschrift (unter Berücksichtigung des Entwurfs zum StSenkErgG)	459
	2. Materialien	471
	3. Erläuterungen	505
XLI.	Änderung Anlagen zu § 32a EStG	509
	1. Text der Vorschrift	509
	2. Materialien	509
XLII.	Änderung Anlagen zu § 52 EStG	510
	1. Text der Vorschrift	510
	2. Materialien	510

Inhaltsverzeichnis XV

XLIII. Änderung Anlagen zu §§ 44d und 43b EStG	511
1. Text der Vorschrift	511
2. Materialien	511

B. Änderung der Einkommensteuer-Durchführungsverordnung (Artikel 2) ... 512
    I. Änderung § 56 EStDV ... 512
        1. Text der Vorschrift ... 512
        2. Materialien ... 512
    II. Änderung § 84 EStDV ... 513
        1. Text der Vorschrift ... 513
        2. Materialien ... 513

C. Änderung des Körperschaftsteuergesetzes (Artikel 3) ... 515
    I. Allgemeine Begründung zum Gesetzentwurf der Bundesregierung ... 515
    II. Änderung § 5 KStG ... 519
        1. Text der Vorschrift ... 519
        2. Materialien ... 519
    III. Änderung § 7 KStG ... 520
        1. Text der Vorschrift ... 520
        2. Materialien ... 520
    IV. Änderung § 8 KStG ... 520
        1. Text der Vorschrift ... 520
        2. Materialien ... 520
    V. Änderung § 8a KStG ... 521
        1. Text der Vorschrift ... 521
        2. Materialien ... 523
        3. Erläuterungen ... 526
    VI. Änderung § 8b KStG ... 529
        1. Text der Vorschrift ... 529
        2. Materialien ... 531
        3. Erläuterungen ... 537
    VII. Änderung § 14 KStG ... 562
        1. Text der Vorschrift ... 562
        2. Materialien ... 562
        3. Erläuterungen ... 564
    VIII. Änderung § 16 KStG ... 570
        1. Text der Vorschrift ... 570
        2. Materialien ... 570
        3. Erläuterungen ... 571
    IX. Änderung § 23 KStG ... 571
        1. Text der Vorschrift ... 571
        2. Materialien ... 572

X. Änderung § 26 KStG	573
1. Text der Vorschrift	573
2. Materialien	574
3. Erläuterungen	575
XI. Änderung zum Vierten Teil des KStG	577
1. Text der Vorschrift	577
2. Materialien	577
XII. Änderung §§ 27 bis 29 KStG	577
1. Text der Vorschrift	577
2. Materialien	581
3. Erläuterungen	588
XIII. Änderung zum Fünften Teil des KStG	603
1. Text der Vorschrift	603
2. Materialien	603
XIV. Änderung § 30 KStG	604
1. Text der Vorschrift	604
2. Materialien	604
XV. Änderung § 31 KStG	604
1. Text der Vorschrift	604
2. Materialien	605
XVI. Änderung § 32 KStG	605
1. Text der Vorschrift	605
2. Materialien	605
XVII. Änderung §§ 51 und 52 KStG	606
1. Text der Vorschrift	606
2. Materialien	606
XVIII. Änderung zum Sechsten Teil des KStG	607
1. Text der Vorschrift	607
2. Materialien	607
XIX. Änderung zum Fünften Teil des KStG	607
1. Text der Vorschrift	607
2. Materialien	608
XX. Änderung § 33 KStG	608
1. Text der Vorschrift	608
2. Materialien	608
XXI. Änderung § 34 KStG	609
1. Text der Vorschrift	609
2. Materialien	611
3. Erläuterungen	618
XXII. Änderung § 35 KStG	630
1. Text der Vorschrift	630
2. Materialien	630
XXIII. Änderung zum Sechsten Teil des KStG	630
1. Text der Vorschrift	630

2. Materialien	636
3. Erläuterungen	653

D. Änderung des Solidaritätszuschlaggesetzes 1995 (Artikel 4). 676
    I. Änderung § 3 SolZG 676
        1. Text der Vorschrift 676
        2. Materialien 676
    II. Änderung § 6 SolZG 677
        1. Text der Vorschrift 677
        2. Materialien 677

E. Änderung des Umwandlungssteuergesetzes (Artikel 5) 678
    I. Änderung § 4 UmwStG 678
        1. Text der Vorschrift 678
        2. Materialien 678
        3. Erläuterungen 681
    II. Änderung § 7 UmwStG 687
        1. Text der Vorschrift 687
        2. Materialien 687
    III. Änderung § 8 UmwStG 689
        1. Text der Vorschrift 689
        2. Materialien 689
    IV. Änderung § 10 UmwStG 689
        1. Text der Vorschrift 689
        2. Materialien 690
        3. Erläuterungen 691
    V. Änderung § 12 UmwStG 693
        1. Text der Vorschrift 693
        2. Materialien 693
    VI. Änderung § 16 UmwStG 695
        1. Text der Vorschrift 695
        2. Materialien 695
    VII. Änderung § 18 UmwStG 696
        1. Text der Vorschrift 696
        2. Materialien 696
    VIII. Änderung § 20 UmwStG 696
        1. Text der Vorschrift 696
        2. Materialien 697
    IX. Änderung § 21 UmwStG 697
        1. Text der Vorschrift 697
        2. Materialien 698
        3. Erläuterungen 698
    X. Änderung § 27 UmwStG 699
        1. Text der Vorschrift 699

2. Materialien 699
3. Erläuterungen 700

F. Änderung des Gewerbesteuergesetzes (Artikel 6) 703
    I. Änderung § 2 GewStG 703
        1. Text der Vorschrift 703
        2. Materialien 703
        3. Erläuterungen 704
    II. Änderung § 9 GewStG 707
        1. Text der Vorschrift 707
        2. Materialien 708
        3. Erläuterungen 710
    III. Änderung § 36 GewStG 713
        1. Text der Vorschrift 713
        2. Materialien 714

G. Änderung der Abgabenordnung (Artikel 7) 715
    I. Änderung § 146 AO 715
        1. Text der Vorschrift 715
        2. Materialien 715
        3. Erläuterungen 717
    II. Änderung § 147 AO 718
        1. Text der Vorschrift 718
        2. Materialien 718
    III. Änderung § 200 AO 722
        1. Text der Vorschrift 722
        2. Materialien 723

H. Änderung Art. 97 des Einführungsgesetzes zur Abgabenordnung (Artikel 8) 724
        1. Text der Vorschrift 724
        2. Materialien 724

I. Änderung § 14 des Umsatzsteuergesetzes (Artikel 9) 726
        1. Text der Vorschrift 726
        2. Materialien 726
        3. Erläuterungen 728

J. Änderung des Gesetzes über Kapitalanlagegesellschaften (Artikel 10) 729
    I. Änderung § 37o KAGG 729
        1. Text der Vorschrift 729
        2. Materialien 729

II. Änderung § 38 KAGG	729
1. Text der Vorschrift	729
2. Materialien	730
III. Änderung § 38a KAGG	731
1. Text der Vorschrift	731
2. Materialien	731
IV. Änderung § 38b KAGG	731
1. Text der Vorschrift	731
2. Materialien	733
V. Änderung § 39 KAGG	736
1. Text der Vorschrift	736
2. Materialien	737
VI. Änderung § 39a KAGG	738
1. Text der Vorschrift	738
2. Materialien	738
VII. Änderung § 39b KAGG	739
1. Text der Vorschrift	739
2. Materialien	739
VIII. Änderung § 40 KAGG	740
1. Text der Vorschrift	740
2. Materialien	742
IX. Änderung § 40a KAGG	745
1. Text der Vorschrift	745
2. Materialien	745
X. Änderung § 41 KAGG	746
1. Text der Vorschrift	746
2. Materialien	748
XI. Änderung § 42 KAGG	751
1. Text der Vorschrif	751
2. Materialien	752
XII. Änderung § 43 KAGG	753
1. Text der Vorschrift	753
2. Materialien	753
XIII. Änderung § 43a KAGG	754
1. Text der Vorschrift	754
2. Materialien	754
XIV. Änderung § 43b KAGG	755
1. Text der Vorschrift	755
2. Materialien	755
XV. Änderung § 45 KAGG	755
1. Text der Vorschrift	755
2. Materialien	755
XVI. Änderung § 49 KAGG	756
1. Text der Vorschrift	756

       2. Materialien 756
   XVII. Änderung § 50 KAGG 757
       1. Text der Vorschrift.. 757
       2. Materialien 757
   XVIII. Erläuterungen 758

K. *Änderung des Auslandinvestment-Gesetzes (Artikel 11)*........ 766
   I. Änderung § 17 AuslInvestmG 766
      1. Text der Vorschrift.. 766
      2. Materialien 766
   II. Änderung § 18 AuslInvestmG 767
      1. Text der Vorschrift.. 767
      2. Materialien 767
   III. Änderung § 19 AuslInvestmG 768
      1. Text der Vorschrift.. 768
      2. Materialien 768
   IV. Änderung § 19a AuslInvestmG.. 769
      1. Text der Vorschrift.. 769
      2. Materialien 769
   V. Erläuterungen 770

L. *Änderung des Außensteuergesetzes (Artikel 12)*.................. 773
   I. Änderung § 2 AStG.. 773
      1. Text der Vorschrift.. 773
      2. Materialien 773
   II. Änderung zum Dritten Teil des AStG.............................. 773
      1. Text der Vorschrift.. 773
      2. Materialien 774
   III. Änderung § 8 AStG... 774
      1. Text der Vorschrift.. 774
      2. Materialien 775
   IV. Änderung § 10 AStG... 776
      1. Text der Vorschrift.. 776
      2. Materialien 777
   V. Änderung § 11 AStG.. 780
      1. Text der Vorschrift.. 780
      2. Materialien 781
   VI. Änderung § 12 AStG... 783
      1. Text der Vorschrift.. 783
      2. Materialien 783
   VII. Änderung § 13 AStG.. 784
      1. Text der Vorschrift.. 784
      2. Materialien 785

VIII. Änderung § 14 AStG 786
  1. Text der Vorschrift 786
  2. Materialien 786
IX. Änderung § 21 AStG 788
  1. Text der Vorschrift 788
  2. Materialien 789
X. Erläuterungen 792

M. Änderung des Gesetzes über steuerrechtliche Maßnahmen bei Erhöhung des Nennkapitals aus Gesellschaftsmitteln (Artikel 13) 821
  I. Änderung §§ 5 und 6 KapErhStG 821
    1. Text der Vorschrift 821
    2. Materialien 821
  II. Änderung § 8a KapErhStG 821
    1. Text der Vorschrift 821
    2. Materialien 822
  III. Erläuterungen 822

N. Weitere geänderte Gesetze 827
  I. Änderung § 3 des Gesetzes zur Durchführung der EG-Richtlinie über die gegenseitige Amtshilfe im Bereich der direkten und indirekten Steuern (EG-Amtshilfe-Gesetz) 827
    1. Text der Vorschrift 827
    2. Materialien 827
  II. Änderung § 6 des Gesetzes zur Neuordnung der Gemeindefinanzen (Gemeindefinanzreformgesetz) 828
    1. Text der Vorschrift 828
    2. Materialien 828
  III. Änderung § 2 des Bundeskindergeldgesetzes 832
    1. Text der Vorschrift 832
    2. Materialien 832
  IV. Änderung § 20 BKGG 832
    1. Text der Vorschrift 832
    2. Materialien 833
  V. Art. 17 StSenkG 833
    1. Text der Vorschrift 833
    2. Materialien 834
  VI. Art. 18 StSenkG 835
    1. Text der Vorschrift 835
    2. Materialien 835
  VII. Art. 19 StSenkG 836
    1. Text der Vorschrift 836
    2. Materialien 836

O. Nicht Gesetz gewordene Teile des Gesetzesentwurfs 837
    I. Gesetzesvorhaben zu § 19 EStG 837
    II. Gesetzesvorhaben zu § 21 EStG 838
    III. Gesetzesvorhaben zu § 34f EStG 839
    IV. Gesetzesvorhaben zu § 1 KStG 840
    V. Gesetzesvorhaben zu § 4a KStG 841
    VI. Gesetzesvorhaben zu § 2 SolZG 851
    VII. Gesetzesvorhaben zu § 13 UmwStG 852
    VIII. Gesetzesvorhaben zu § 10 ErbStG 852
    IX. Gesetzesvorhaben zu § 12 ErbStG 853
    X. Gesetzesvorhaben zu § 13a ErbStG 855
    XI. Gesetzesvorhaben zu § 19a ErbStG 858
    XII. Gesetzesvorhaben zu § 37 ErbStG 861
    XIII. Gesetzesvorhaben zu § 7 AStG 862
    XIV. Gesetzesvorhaben zu § 4 StBerG 863
    XV. Gesetzesvorhaben zu § 157a StBerG 864
    XVI. Gesetzesvorhaben zu § 2 Abs. 3 StStatG 865
    XVII. Gesetzesvorhaben zu § 2 Abs. 6 StStatG 866

Teil 1: Gesetzestext

A. Text des Gesetzes zur Senkung der Steuersätze und zur Reform der Unternehmensbesteuerung (Steuersenkungsgesetz – StSenkG)

Artikel 1
Änderung des Einkommensteuergesetzes

Das Einkommensteuergesetz in der Fassung der Bekanntmachung vom 16. April 1997 (BGBl. I S. 821), zuletzt geändert durch ... (BGBl. I S. ...), wird wie folgt geändert:

1. § 2 wird wie folgt geändert:

    a) Nach Absatz 5 wird folgender Absatz 5a eingefügt:

    „(5a) Knüpfen außersteuerliche Rechtsnormen an die in den vorstehenden Absätzen definierten Begriffe (Einkünfte, Summe der Einkünfte, Gesamtbetrag der Einkünfte, Einkommen, zu versteuerndes Einkommen) an, erhöhen sich für deren Zwecke diese Größen um die nach § 3 Nr. 40 steuerfreien Einnahmen und mindern sich um die nach § 3c Abs. 2 nicht abziehbaren Beträge."

    b) In Absatz 6 Satz 1 wird die Angabe „den Entlastungsbetrag nach § 32c," gestrichen.

2. In § 3 wird nach Nummer 39 folgende Nummer 40 eingefügt:

    „40. die Hälfte

    a) der Betriebsvermögensmehrungen oder Einnahmen aus der Veräußerung oder der Entnahme von Anteilen an Körperschaften, Personenvereinigungen und Vermögensmassen, deren Leistungen beim Empfänger zu Einnahmen im Sinne des § 20 Abs. 1 Nr. 1 gehören, oder aus deren Auflösung oder Herabsetzung von deren Nennkapital oder aus dem Ansatz eines solchen Wirtschaftsguts mit dem Wert, der sich nach § 6 Abs. 1 Nr. 2 Satz 3 ergibt, soweit sie zu den Einkünften aus Land- und Forstwirtschaft, aus Gewerbebetrieb oder aus selbständiger Arbeit gehören. Dies gilt nicht, soweit der Ansatz des niedrigeren Teilwerts in vollem Umfang zu einer Gewinnminderung geführt hat und soweit diese Gewinnminderung nicht durch Ansatz eines Werts, der sich nach § 6 Abs. 1 Nr. 2 Satz 3 ergibt, ausgeglichen worden ist,

b) des Veräußerungspreises im Sinne des § 16 Abs. 2, soweit er auf die Veräußerung von Anteilen an Körperschaften, Personenvereinigungen und Vermögensmassen entfällt, deren Leistungen beim Empfänger zu Einnahmen im Sinne des § 20 Abs. 1 Nr. 1 gehören. Satz 1 ist in den Fällen des § 16 Abs. 3 entsprechend anzuwenden,

c) des Veräußerungspreises oder des gemeinen Wertes im Sinne des § 17 Abs. 2. Satz 1 ist in den Fällen des § 17 Abs. 4 entsprechend anzuwenden,

d) der Bezüge im Sinne des § 20 Abs. 1 Nr. 1 und der Einnahmen im Sinne des § 20 Abs. 1 Nr. 9,

e) der Bezüge im Sinne des § 20 Abs. 1 Nr. 2,

f) der besonderen Entgelte oder Vorteile im Sinne des § 20 Abs. 2 Satz 1 Nr. 1, die neben den in § 20 Abs. 1 Nr. 1 und Abs. 2 Satz 1 Nr. 2 Buchstabe a bezeichneten Einnahmen oder an deren Stelle gewährt werden,

g) der Einnahmen aus der Veräußerung von Dividendenscheinen und sonstigen Ansprüchen im Sinne des § 20 Abs. 2 Satz 1 Nr. 2 Buchstabe a,

h) der Einnahmen aus der Abtretung von Dividendenansprüchen oder sonstigen Ansprüchen im Sinne des § 20 Abs. 2 Satz 2,

i) der Bezüge im Sinne des § 22 Nr. 1 Satz 2, soweit diese von einer nicht von der Körperschaftsteuer befreiten Körperschaft, Personenvereinigung oder Vermögensmasse stammen,

j) des Veräußerungspreises im Sinne des § 23 Abs. 3 bei der Veräußerung von Anteilen an Körperschaften, Personenvereinigungen oder Vermögensmassen, deren Leistungen beim Empfänger zu Einnahmen im Sinne des § 20 Abs. 1 Nr. 1 gehören.

Dies gilt für Satz 1 Buchstabe d bis h auch in Verbindung mit § 20 Abs. 3. Satz 1 Buchstabe a und b ist nur anzuwenden, soweit die Anteile nicht einbringungsgeboren im Sinne des § 21 des Umwandlungssteuergesetzes sind. Satz 3 gilt nicht, wenn

a) der in Satz 1 Buchstabe a und b bezeichnete Vorgang später als sieben Jahre nach dem Zeitpunkt der Einbringung im Sin-

A. StSenkG (Art. 1: Änderung EStG)

ne des § 20 Abs. 1 Satz 1 oder des § 23 Abs. 1 bis 3 des Umwandlungssteuergesetzes, auf die der Erwerb der in Satz 3 bezeichneten Anteile zurückzuführen ist, stattfindet oder

b) die in Satz 3 bezeichneten Anteile auf Grund eines Einbringungsvorgangs nach § 20 Abs. 1 Satz 2 des Umwandlungssteuergesetzes erworben worden sind, es sei denn, die eingebrachten Anteile sind unmittelbar oder mittelbar auf eine Einbringung im Sinne des Buchstaben a innerhalb der dort bezeichneten Frist zurückzuführen.

Satz 1 Buchstabe a und b ist nur anzuwenden, soweit die Anteile im Zeitpunkt der Veräußerung oder Entnahme seit mindestens einem Jahr (Behaltefrist) ununterbrochen zum Betriebsvermögen des Steuerpflichtigen gehört haben."

3. § 3c wird wie folgt gefasst:

„§ 3c
Anteilige Abzüge

(1) Ausgaben dürfen, soweit sie mit steuerfreien Einnahmen in unmittelbarem wirtschaftlichen Zusammenhang stehen, nicht als Betriebsausgaben oder Werbungskosten abgezogen werden; Absatz 2 bleibt unberührt.

(2) Betriebsvermögensminderungen, Betriebsausgaben, Veräußerungskosten oder Werbungskosten, die mit den dem § 3 Nr. 40 zugrunde liegenden Betriebsvermögensmehrungen oder Einnahmen in wirtschaftlichem Zusammenhang stehen, dürfen unabhängig davon, in welchem Veranlagungszeitraum die Betriebsvermögensmehrungen oder Einnahmen anfallen, bei der Ermittlung der Einkünfte nur zur Hälfte abgezogen werden; Entsprechendes gilt, wenn bei der Ermittlung der Einkünfte der Wert des Betriebsvermögens oder des Anteils am Betriebsvermögen oder die Anschaffungs- oder Herstellungskosten oder der an deren Stelle tretende Wert mindernd zu berücksichtigen sind. Satz 1 gilt auch in den Fällen des § 3 Nr. 40 Satz 3 und 4. Satz 1 gilt auch für Betriebsvermögensminderungen, die innerhalb der Behaltefrist des § 3 Nr. 40 Satz 5 eintreten."

4. § 6 Abs. 5 Satz 3 wird durch folgende Sätze ersetzt:

„Satz 1 gilt auch bei der Übertragung eines Wirtschaftsguts aus einem Betriebsvermögen des Mitunternehmers in das Gesamthandsvermögen einer Mitunternehmerschaft und umgekehrt, bei der Übertragung eines Wirtschaftsguts aus dem Gesamthandsvermögen einer Mitunternehmerschaft in das Sonderbetriebsvermögen bei derselben Mitunternehmerschaft und umgekehrt sowie bei der Übertragung zwischen den jeweiligen Sonderbetriebsvermögen verschiedener Mitunternehmer derselben Mitunternehmerschaft. Satz 3 gilt dagegen nicht, soweit sich durch diese Übertragung der Anteil einer Körperschaft, Personenvereinigung oder Vermögensmasse an dem Wirtschaftsgut unmittelbar oder mittelbar erhöht; in diesen Fällen ist bei der Übertragung der Teilwert anzusetzen. Der Teilwert ist auch anzusetzen, soweit sich zu einem späteren Zeitpunkt der Anteil der Körperschaft, Personenvereinigung oder Vermögensmasse an dem übertragenen Wirtschaftsgut aus einem anderen Grund unmittelbar oder mittelbar erhöht."

5. § 7 wird wie folgt geändert:

a) Absatz 2 Satz 2 wird wie folgt gefasst:

„Die Absetzung für Abnutzung in fallenden Jahresbeträgen kann nach einem unveränderlichen Hundertsatz vom jeweiligen Buchwert (Restwert) vorgenommen werden; der dabei anzuwendende Hundertsatz darf höchstens das Doppelte des bei der Absetzung für Abnutzung in gleichen Jahresbeträgen in Betracht kommenden Hundertsatzes betragen und 20 vom Hundert nicht übersteigen."

b) Absatz 4 Satz 1 und 2 wird wie folgt gefasst:

„Bei Gebäuden sind abweichend von Absatz 1 als Absetzung für Abnutzung die folgenden Beträge bis zur vollen Absetzung abzuziehen:

1. bei Gebäuden, soweit sie zu einem Betriebsvermögen gehören und nicht Wohnzwecken dienen und für die der Bauantrag nach dem 31. März 1985 gestellt worden ist, jährlich 3 vom Hundert,

2. bei Gebäuden, soweit sie die Voraussetzungen der Nummer 1 nicht erfüllen und die

    a) nach dem 31. Dezember 1924 fertiggestellt worden sind, jährlich 2 vom Hundert,

    b) vor dem 1. Januar 1925 fertiggestellt worden sind, jährlich 2,5 vom Hundert

der Anschaffungs- oder Herstellungskosten; Absatz 1 Satz 4 gilt entsprechend. Beträgt die tatsächliche Nutzungsdauer eines Gebäudes in den Fällen des Satzes 1 Nr. 1 weniger als 33 Jahre, in den Fällen des Satzes 1 Nr. 2 Buchstabe a weniger als 50 Jahre, in den Fällen des Satzes 1 Nr. 2 Buchstabe b weniger als 40 Jahre, so können an Stelle der Absetzungen nach Satz 1 die der tatsächlichen Nutzungsdauer entsprechenden Absetzungen für Abnutzung vorgenommen werden."

6. § 7g wird wie folgt geändert:

   a) In Absatz 3 Satz 2 werden die Wörter „Die Rücklage darf 50 vom Hundert" durch die Wörter „Die Rücklage darf 40 vom Hundert" ersetzt.

   b) In Absatz 4 Satz 1 werden die Wörter „in Höhe von 50 vom Hundert" durch die Wörter „in Höhe von 40 vom Hundert" ersetzt.

7. In § 10d Abs. 1 Satz 1 wird die Zahl „2 Millionen" durch die Zahl „1 Million" ersetzt.

8. In § 15 Abs. 4 wird Satz 3 durch folgende Sätze ersetzt:

   „Die Sätze 1 und 2 gelten entsprechend für Verluste aus Termingeschäften, durch die der Steuerpflichtige einen Differenzausgleich oder einen durch den Wert einer veränderlichen Bezugsgröße bestimmten Geldbetrag oder Vorteil erlangt. Satz 3 gilt nicht für die Geschäfte, die zum gewöhnlichen Geschäftsbetrieb bei Kreditinstituten, Finanzdienstleistungsinstituten und Finanzunternehmen im Sinne des Gesetzes über das Kreditwesen gehören oder die der Absicherung von Geschäften des gewöhnlichen Geschäftsbetriebs dienen, soweit es sich nicht um Geschäfte im Sinne des Satzes 3 auf Aktien handelt. Für Verluste aus der Veräußerung von Anteilen im Sinne von § 20 Abs. 1 Nr. 1, die im Zeitpunkt der Veräußerung oder Entnahme nicht mindestens ein Jahr ununterbrochen zum Betriebsvermögen des Steuerpflichtigen gehört haben, gelten die Sätze 1 und 2 entsprechend."

9. In § 16 Abs. 4 Satz 1 wird die Zahl „60 000" durch die Zahl „100 000" ersetzt.

10. § 17 wird wie folgt geändert:

    a) Die Überschrift wird wie folgt gefasst:

    „Veräußerung von Anteilen an Kapitalgesellschaften".

b) Absatz 1 Satz 1 bis 4 wird durch folgende Sätze ersetzt:

„Zu den Einkünften aus Gewerbebetrieb gehört auch der Gewinn aus der Veräußerung von Anteilen an einer Kapitalgesellschaft, wenn der Veräußerer innerhalb der letzten fünf Jahre am Kapital der Gesellschaft unmittelbar oder mittelbar zu mindestens ein vom Hundert beteiligt war. Die verdeckte Einlage von Anteilen an einer Kapitalgesellschaft in eine Kapitalgesellschaft steht der Veräußerung der Anteile gleich. Anteile an einer Kapitalgesellschaft sind Aktien, Anteile an einer Gesellschaft mit beschränkter Haftung, Genussscheine oder ähnliche Beteiligungen und Anwartschaften auf solche Beteiligungen."

c) In Absatz 2 Satz 4 Buchstabe b wird jeweils das Wort „wesentlichen" gestrichen.

d) In Absatz 4 wird die Angabe „§ 30 Abs. 2 Nr. 4" durch die Angabe „§ 27" ersetzt.

11. In § 18 Abs. 3 Satz 2 wird die Angabe „Abs. 1 Nr. 1 letzter Halbsatz" durch die Angabe „Abs. 1 Nr. 1 Satz 2" ersetzt.

12. § 20 wird wie folgt geändert:

a) Absatz 1 wird wie folgt geändert:

aa) Nummer 1 wird wie folgt gefasst:

„1. Gewinnanteile (Dividenden), Ausbeuten und sonstige Bezüge aus Aktien, Genussrechten, mit denen das Recht am Gewinn und Liquidationserlös einer Kapitalgesellschaft verbunden ist, aus Anteilen an Gesellschaften mit beschränkter Haftung, an Erwerbs- und Wirtschaftsgenossenschaften sowie an bergbautreibenden Vereinigungen, die die Rechte einer juristischen Person haben. Zu den sonstigen Bezügen gehören auch verdeckte Gewinnausschüttungen. Die Bezüge gehören nicht zu den Einnahmen, soweit sie aus Ausschüttungen einer unbeschränkt steuerpflichtigen Körperschaft stammen, für die Eigenkapital im Sinne des § 27 des Körperschaftsteuergesetzes als verwendet gilt;"

bb) Nummer 2 wird wie folgt gefasst:

„2. Bezüge, die auf Grund einer Kapitalherabsetzung oder nach der Auflösung einer unbeschränkt steuerpflichtigen Körperschaft oder Personenvereinigung im Sinne der Nummer 1 anfallen, soweit Beträge im Sinne des § 28 Satz 4 des Körperschaftsteuergesetzes als verwendet gelten;"

cc) Nummer 3 wird aufgehoben.

dd) Am Ende der Nummer 8 werden der Punkt durch ein Semikolon ersetzt und die folgenden Nummern 9 und 10 angefügt:

„9. Einnahmen aus Leistungen einer nicht von der Körperschaftsteuer befreiten Körperschaft, Personenvereinigung oder Vermögensmasse im Sinne des § 1 Abs. 1 Nr. 3 bis 5 des Körperschaftsteuergesetzes, soweit sie nicht bereits zu den Einnahmen im Sinne der Nummer 1 gehören; Nummer 1 Satz 2 und 3 gilt entsprechend;

10. a) Leistungen eines nicht von der Körperschaftsteuer befreiten Betriebs gewerblicher Art im Sinne des § 4 des Körperschaftsteuergesetzes mit eigener Rechtspersönlichkeit;

b) der durch Betriebsvermögensvergleich ermittelte Gewinn eines nicht von der Körperschaftsteuer befreiten Betriebs gewerblicher Art im Sinne des § 4 des Körperschaftsteuergesetzes ohne eigene Rechtspersönlichkeit, soweit er nicht den Rücklagen zugeführt wird. Die Auflösung der Rücklagen zu Zwecken außerhalb des Betriebs gewerblicher Art führt zu einem Gewinn im Sinne des Satzes 1. Die Sätze 1 und 2 sind bei wirtschaftlichen Geschäftsbetrieben der von der Körperschaftsteuer befreiten Körperschaften, Personenvereinigungen oder Vermögensmassen entsprechend anzuwenden."

b) In Absatz 2a Satz 1 wird die Angabe „bis 3" durch die Angabe „und 2" ersetzt.

13. § 22 Nr. 1 Satz 2 wird wie folgt gefasst:

„Werden die Bezüge freiwillig oder auf Grund einer freiwillig begründeten Rechtspflicht oder einer gesetzlich unterhaltsberechtigten Person gewährt, so sind sie nicht dem Empfänger zuzurechnen, wenn der Geber unbeschränkt einkommensteuerpflichtig oder unbeschränkt körperschaftsteuerpflichtig ist; dem Empfänger sind dagegen zuzurechnen

a) Bezüge, die von einer unbeschränkt steuerpflichtigen Körperschaft, Personenvereinigung oder Vermögensmasse außerhalb der Erfüllung steuerbegünstigter Zwecke im Sinne der §§ 52 bis 54 der Abgabenordnung gewährt werden, und

b) Bezüge im Sinne des § 1 der Verordnung über die Steuerbegünstigung von Stiftungen, die an die Stelle von Familienfideikommissen getreten sind, in der im Bundesgesetzblatt Teil III, Gliederungsnummer 611-4-3, veröffentlichten bereinigten Fassung."

14. In § 32 Abs. 4 Satz 2 wird die Zahl „13 500" durch die Zahl „14 040" ersetzt.

15. § 32a wird wie folgt geändert:

a) Absatz 1 wird wie folgt gefaßt:

„(1) Die tarifliche Einkommensteuer bemisst sich nach dem zu versteuernden Einkommen. Sie beträgt vorbehaltlich der §§ 32b, 34, 34b und 34c jeweils in Deutsche Mark für zu versteuernde Einkommen

1. bis 14 093 Deutsche Mark (Grundfreibetrag): 0;

2. von 14 094 Deutsche Mark bis 18 089 Deutsche Mark: $(387,89 \cdot y + 1\,990) \cdot y$;

3. von 18 090 Deutsche Mark bis 107 567 Deutsche Mark: $(142,49 \cdot z + 2\,300) \cdot z + 857$;

4. von 107 568 Deutsche Mark an: $0{,}485 \cdot x - 19\,299$.

„y" ist ein Zehntausendstel des 14 040 Deutsche Mark übersteigenden Teils des nach Absatz 2 ermittelten zu versteuernden Einkommens. „z" ist ein Zehntausendstel des 18 036 Deutsche Mark übersteigenden Teils des nach Absatz 2 ermittelten zu versteuernden Einkommens. „x" ist das nach Absatz 2 ermittelte zu versteuernde Einkommen."

b) Absatz 2 wird wie folgt gefaßt:

„(2) Das zu versteuernde Einkommen ist auf den nächsten durch 54 ohne Rest teilbaren vollen Deutsche-Mark-Betrag

A. StSenkG (Art. 1: Änderung EStG) 9

abzurunden, wenn es nicht bereits durch 54 ohne Rest teilbar ist, und um 27 Deutsche Mark zu erhöhen."

c) Absatz 4 wird aufgehoben.

d) Absatz 5 Satz 2 wird aufgehoben.

16. § 32b Abs. 2 Nr. 2 wird wie folgt gefasst:

„2. im Fall des Absatzes 1 Nr. 2 und 3 die dort bezeichneten Einkünfte, wobei die darin enthaltenen außerordentlichen Einkünfte mit einem Fünftel zu berücksichtigen sind."

17. § 32c wird aufgehoben.

18. In § 33a Abs. 1 Satz 1 und 4 wird jeweils die Zahl „13 500" durch die Zahl „14 040" ersetzt.

19. § 34 wird wie folgt geändert:

a) In Absatz 1 Satz 1 wird das Wort „unwiderruflichen" gestrichen.

b) Absatz 2 Nr. 1 wird wie folgt gefasst:

„1. Veräußerungsgewinne im Sinne der §§ 14, 14a Abs. 1, der §§ 16 und 18 Abs. 3 mit Ausnahme des steuerpflichtigen Teils der Veräußerungsgewinne, die nach § 3 Nr. 40 Buchstabe b in Verbindung mit § 3c Abs. 2 teilweise steuerbefreit sind;"

20. In § 34c Abs. 1 Satz 2 wird die Angabe „32c," gestrichen.

21. Abschnitt V Nr. 3 wird wie folgt gefasst:

„3. Steuerermäßigung bei Einkünften aus Gewerbebetrieb

§ 35

(1) Die tarifliche Einkommensteuer, vermindert um die sonstigen Steuerermäßigungen mit Ausnahme der §§ 34f und 34g, ermäßigt sich, soweit sie anteilig auf im zu versteuernden Einkommen enthaltene gewerbliche Einkünfte entfällt,

1. bei Einkünften aus gewerblichen Unternehmen im Sinne des § 15 Abs. 1 Satz 1 Nr. 1

um das 1,8fache des jeweils für den dem Veranlagungszeitraum entsprechenden Erhebungszeitraum nach § 14 des Gewerbesteuergesetzes für das Unternehmen festgesetzten

Steuermessbetrags (Gewerbesteuer-Messbetrag); Absatz 3 Satz 4 ist entsprechend anzuwenden;

2. bei Einkünften aus Gewerbebetrieb als Mitunternehmer im Sinne des § 15 Abs. 1 Satz 1 Nr. 2 und 3

um das 1,8fache des jeweils für den dem Veranlagungszeitraum entsprechenden Erhebungszeitraum festgesetzten anteiligen Gewerbesteuer-Messbetrags.

(2) Im Rahmen einer Organschaft im Sinne des § 2 Abs. 2 Satz 2 und 3 des Gewerbesteuergesetzes gilt als Gewerbesteuer-Messbetrag im Sinne von Absatz 1 der Anteil am Gewerbesteuer-Messbetrag, der dem Verhältnis des Gewerbeertrags des Organträgers vor Zurechnung der Gewerbeerträge der Organgesellschaften und vor Anwendung des § 11 des Gewerbesteuergesetzes zur Summe dieses Gewerbeertrags des Organträgers und der Gewerbeerträge aller Organgesellschaften entspricht. Dabei sind negative Gewerbeerträge von dem Organträger oder einer Organgesellschaft mit null Deutsche Mark anzusetzen. Der Anteil am Gewerbesteuer-Messbetrag ist als Vomhundertsatz mit zwei Nachkommastellen gerundet zu ermitteln und gesondert festzustellen. Die Sätze 1 bis 3 sind nicht anzuwenden, wenn auch eine Organschaft im Sinne von § 14 des Körperschaftsteuergesetzes besteht.

(3) Bei Mitunternehmerschaften im Sinne des § 15 Abs. 1 Satz 1 Nr. 2 und 3 ist der Betrag des Gewerbesteuer-Messbetrags und der auf die einzelnen Mitunternehmer entfallende Anteil gesondert und einheitlich festzustellen. Der Anteil eines Mitunternehmers am Gewerbesteuer-Messbetrag richtet sich nach seinem Anteil am Gewinn der Mitunternehmerschaft nach Maßgabe des allgemeinen Gewinnverteilungsschlüssels; Vorabgewinnanteile sind nicht zu berücksichtigen. Der anteilige Gewerbesteuer-Messbetrag ist als Vomhundertsatz mit zwei Nachkommastellen gerundet zu ermitteln. Bei der Feststellung nach Satz 1 sind anteilige Gewerbesteuer-Messbeträge, die aus einer Beteiligung an einer Mitunternehmerschaft stammen, einzubeziehen.

(4) Zuständig für die gesonderte Feststellung nach Absatz 2 ist das für die Festsetzung des Gewerbesteuer-Messbetrags zuständige Finanzamt. Zuständig für die gesonderte Feststellung nach Absatz 3 ist das für die gesonderte Feststellung der Einkünfte zuständige Finanzamt. Für die Ermittlung der Steuerermäßigung nach Absatz 1 sind die Festsetzung des Gewerbesteuer-Messbetrags und die Feststellung der Vomhundertsätze nach Absatz 2 Satz 3 und

A. *StSenkG (Art. 1: Änderung EStG)*

Absatz 3 Satz 2 Grundlagenbescheide. Für die Ermittlung des anteiligen Gewerbesteuer-Messbetrags nach Absatz 3 sind die Festsetzung des Gewerbesteuer-Messbetrags und die Festsetzung des anteiligen Gewerbesteuer-Messbetrags aus der Beteiligung an einer Mitunternehmerschaft Grundlagenbescheide."

22. § 36 wird wie folgt geändert:

    a) Absatz 2 Satz 2 wird wie folgt geändert:

        aa) Nummer 2 wird wie folgt geändert:

            aaa) Satz 1 wird wie folgt gefasst:

„die durch Steuerabzug erhobene Einkommensteuer, soweit sie auf die bei der Veranlagung erfassten Einkünfte oder auf die nach § 3 Nr. 40 dieses Gesetzes oder nach § 8b Abs. 1 und 6 Satz 2 des Körperschaftsteuergesetzes bei der Ermittlung des Einkommens außer Ansatz bleibenden Bezüge entfällt und nicht die Erstattung beantragt oder durchgeführt worden ist."

            bbb) In Satz 2 wird das Semikolon durch einen Punkt ersetzt.

            ccc) Folgender Satz wird angefügt:

„In den Fällen des § 8b Abs. 6 Satz 2 des Körperschaftsteuergesetzes ist es für die Anrechnung ausreichend, wenn die Bescheinigung nach § 45a Abs. 2 und 3 vorgelegt wird, die dem Gläubiger der Kapitalerträge ausgestellt worden ist."

        bb) Nummer 3 wird aufgehoben.

    b) In Absatz 3 Satz 1 werden die Angabe „und 3" sowie das Wort „jeweils" gestrichen.

23. Die §§ 36a bis 36e werden aufgehoben.

24. In § 38a Abs. 4 werden die Wörter „Aufstellung von entsprechenden Lohnsteuertabellen (§ 38c) und" gestrichen.

25. § 38c wird aufgehoben.

26. In § 39a Abs. 1 Nr. 7 Satz 1 werden die Wörter „Eingangsbetrags der Jahreslohnsteuertabelle" durch die Wörter „zu versteuernden Jahresbetrags nach § 39b Abs. 2 Satz 6" ersetzt.

27. § 39b wird wie folgt geändert:

a) Die Absätze 2 und 3 werden wie folgt gefasst:

„(2) Für die Einbehaltung der Lohnsteuer vom laufenden Arbeitslohn hat der Arbeitgeber die Höhe des laufenden Arbeitslohns und den Lohnzahlungszeitraum festzustellen. Vom Arbeitslohn sind der auf den Lohnzahlungszeitraum entfallende Anteil des Versorgungs-Freibetrags (§ 19 Abs. 2) und des Altersentlastungsbetrags (§ 24a) abzuziehen, wenn die Voraussetzungen für den Abzug dieser Beträge jeweils erfüllt sind. Außerdem ist der Arbeitslohn nach Maßgabe der Eintragungen auf der Lohnsteuerkarte des Arbeitnehmers um einen etwaigen Freibetrag (§ 39a Abs. 1) zu vermindern oder um einen etwaigen Hinzurechnungsbetrag (§ 39a Abs. 1 Nr. 7) zu erhöhen. Der verminderte oder erhöhte Arbeitslohn des Lohnzahlungszeitraums ist auf einen Jahresarbeitslohn hochzurechnen. Dabei ist der Arbeitslohn eines monatlichen Lohnzahlungszeitraums mit 12, der Arbeitslohn eines wöchentlichen Lohnzahlungszeitraums mit 360/7 und der Arbeitslohn eines täglichen Lohnzahlungszeitraums mit 360 zu vervielfältigen. Der hochgerechnete Jahresarbeitslohn, vermindert um

1. den Arbeitnehmer-Pauschbetrag (§ 9a Satz 1 Nr. 1) in den Steuerklassen I bis V,

2. den Sonderausgaben-Pauschbetrag (§ 10c Abs. 1) in den Steuerklassen I, II und IV und den verdoppelten Sonderausgaben-Pauschbetrag in der Steuerklasse III,

3. die Vorsorgepauschale

   a) in den Steuerklassen I, II und IV nach Maßgabe des § 10c Abs. 2 oder 3,

   b) in der Steuerklasse III nach Maßgabe des § 10c Abs. 2 oder 3, jeweils in Verbindung mit § 10c Abs. 4 Satz 1 Nr. 1;

   für die Berechnung der Vorsorgepauschale ist der Jahresarbeitslohn auf den nächsten durch 54 ohne Rest teilbaren vollen Deutsche-Mark-Betrag abzurunden, wenn er nicht bereits durch 54 ohne Rest teilbar ist, und sodann um 53 zu erhöhen,

4. den Haushaltsfreibetrag (§ 32 Abs. 7) in der Steuerklasse II,

5. einen Rundungsbetrag von 2 Deutsche Mark in der Steuerklasse VI

A. StSenkG (Art. 1: Änderung EStG)

ergibt den zu versteuernden Jahresbetrag. Für den zu versteuernden Jahresbetrag ist die Jahreslohnsteuer in den Steuerklassen I, II und IV nach § 32a Abs. 1 bis 3 sowie in der Steuerklasse III nach § 32a Abs. 5 zu berechnen. In den Steuerklassen V und VI ist die Jahreslohnsteuer zu berechnen, die sich aus dem Zweifachen des Unterschiedsbetrags zwischen dem Steuerbetrag für das Eineinviertelfache und dem Steuerbetrag für das Dreiviertelfache des zu versteuernden Jahresbetrags nach § 32a Abs. 1 bis 3 ergibt; die Jahreslohnsteuer beträgt jedoch mindestens 19,9 vom Hundert des Jahresbetrags, für den 17 442 Deutsche Mark übersteigenden Teil des Jahresbetrags höchstens 48,5 vom Hundert und für den 53 784 Deutsche Mark übersteigenden Teil des zu versteuernden Jahresbetrags jeweils 48,5 vom Hundert. Für die Lohnsteuerberechnung ist die auf der Lohnsteuerkarte eingetragene Steuerklasse maßgebend. Die monatliche Lohnsteuer ist 1/12, die wöchentliche Lohnsteuer sind 7/360 und die tägliche Lohnsteuer ist 1/360 der Jahreslohnsteuer. Bruchteile eines Pfennigs, die sich bei der Berechnung nach den Sätzen 5 und 10 ergeben, bleiben jeweils außer Ansatz. Die auf den Lohnzahlungszeitraum entfallende Lohnsteuer ist vom Arbeitslohn einzubehalten. Die Oberfinanzdirektion kann allgemein oder auf Antrag ein Verfahren zulassen, durch das die Lohnsteuer unter den Voraussetzungen des § 42b Abs. 1 nach dem voraussichtlichen Jahresarbeitslohn ermittelt wird, wenn gewährleistet ist, dass die zutreffende Jahreslohnsteuer (§ 38a Abs. 2) nicht unterschritten wird.

(3) Für die Einbehaltung der Lohnsteuer von einem sonstigen Bezug hat der Arbeitgeber den voraussichtlichen Jahresarbeitslohn ohne den sonstigen Bezug festzustellen. Von dem voraussichtlichen Jahresarbeitslohn sind der Versorgungs-Freibetrag (§ 19 Abs. 2) und der Altersentlastungsbetrag (§ 24a), wenn die Voraussetzungen für den Abzug dieser Beträge jeweils erfüllt sind, sowie nach Maßgabe der Eintragungen auf der Lohnsteuerkarte ein etwaiger Jahresfreibetrag abzuziehen und ein etwaiger Jahreshinzurechnungsbetrag zuzurechnen. Für den so ermittelten Jahresarbeitslohn (maßgebender Jahresarbeitslohn) ist die Jahreslohnsteuer nach Maßgabe des Absatzes 2 Sätze 6 bis 8 zu ermitteln. Außerdem ist die Jahreslohnsteuer für den maßgebenden Jahresarbeitslohn unter Einbeziehung des sonstigen Bezugs zu ermitteln. Dabei ist der sonstige Bezug, soweit es sich nicht um einen sonstigen Bezug im Sinne des Satzes 9 handelt, um den

Versorgungs-Freibetrag und den Altersentlastungsbetrag zu vermindern, wenn die Voraussetzungen für den Abzug dieser Beträge jeweils erfüllt sind und soweit sie nicht bei der Steuerberechnung für den maßgebenden Jahresarbeitslohn berücksichtigt worden sind. Für die Lohnsteuerberechnung ist die auf der Lohnsteuerkarte eingetragene Steuerklasse maßgebend. Der Unterschiedsbetrag zwischen den ermittelten Jahreslohnsteuerbeträgen ist die Lohnsteuer, die vom sonstigen Bezug einzubehalten ist. Werden in einem Lohnzahlungszeitraum neben laufendem Arbeitslohn sonstige Bezüge von insgesamt nicht mehr als 300 Deutsche Mark gezahlt, so sind sie dem laufenden Arbeitslohn hinzuzurechnen. Die Lohnsteuer ist bei einem sonstigen Bezug im Sinne des § 34 Abs. 1 und 2 Nr. 2 und 4 in der Weise zu ermäßigen, dass der sonstige Bezug bei der Anwendung des Satzes 4 mit einem Fünftel anzusetzen und der Unterschiedsbetrag im Sinne des Satzes 7 zu verfünffachen ist."

b) Absatz 4 wird gestrichen.

c) Es wird folgender neuer Absatz angefügt:

„(8) Das Bundesministerium der Finanzen hat im Einvernehmen mit den obersten Finanzbehörden der Länder auf der Grundlage der Absätze 2 und 3 einen Programmablaufplan für die maschinelle Berechnung der Lohnsteuer aufzustellen und bekannt zu machen."

28. In § 41 Abs. 1 wird Satz 4 wie folgt gefasst:

„Ist die einbehaltene oder übernommene Lohnsteuer unter Berücksichtigung der Vorsorgepauschale nach § 10c Abs. 3 ermittelt worden, so ist dies durch die Eintragung des Großbuchstabens B zu vermerken."

29. § 41b Abs. 1 Satz 2 Nr. 3 wird wie folgt gefasst:

„3. die einbehaltene Lohnsteuer sowie zusätzlich den Großbuchstaben B, wenn das Dienstverhältnis vor Ablauf des Kalenderjahrs endet und der Arbeitnehmer für einen abgelaufenen Lohnzahlungszeitraum oder Lohnabrechnungszeitraum des Kalenderjahrs unter Berücksichtigung der Vorsorgepauschale nach § 10c Abs. 3 zu besteuern war,".

30. In § 41c Abs. 3 Satz 2 werden die Wörter „auf Grund der Jahreslohnsteuertabelle" gestrichen.

31. § 42b wird wie folgt geändert:

a) Absatz 1 Satz 4 Nr. 5 wird wie folgt gefasst:

„5. der Arbeitslohn im Ausgleichsjahr unter Berücksichtigung der Vorsorgepauschale nach § 10c Abs. 2 und der Vorsorgepauschale nach § 10c Abs. 3 zu besteuern war oder".

b) Absatz 2 Satz 4 wird wie folgt gefasst:

„Für den so geminderten Jahresarbeitslohn ist nach Maßgabe der auf der Lohnsteuerkarte zuletzt eingetragenen Steuerklasse die Jahreslohnsteuer nach § 39b Abs. 2 Satz 6 und 7 zu ermitteln."

32. Die §§ 43 bis 45d werden durch die folgenden §§ 43 bis 45d ersetzt:

„§ 43
Kapitalerträge mit Steuerabzug

(1) Bei den folgenden inländischen und in den Fällen der Nummer 7 Buchstabe a und Nummer 8 sowie Satz 2 auch ausländischen Kapitalerträgen wird die Einkommensteuer durch Abzug vom Kapitalertrag (Kapitalertragsteuer) erhoben:

1. a) Kapitalerträgen einschließlich der nach § 3 Nr. 40 steuerfreien Erträge im Sinne des § 20 Abs. 1 Nr. 1 Satz 1 und 2 und Nr. 2 sowie

   b) Bezügen, die nach § 8b Abs. 1 des Körperschaftsteuergesetzes bei der Ermittlung des Einkommens außer Ansatz bleiben;

2. Zinsen aus Teilschuldverschreibungen, bei denen neben der festen Verzinsung ein Recht auf Umtausch in Gesellschaftsanteile (Wandelanleihen) oder eine Zusatzverzinsung, die sich nach der Höhe der Gewinnausschüttungen des Schuldners richtet (Gewinnobligationen), eingeräumt ist, und Zinsen aus Genussrechten, die nicht in § 20 Abs. 1 Nr. 1 genannt sind. Zu den Gewinnobligationen gehören nicht solche Teilschuldverschreibungen, bei denen der Zinsfuß nur vorübergehend herabgesetzt und gleichzeitig eine von dem jeweiligen Gewinnergebnis des Unternehmens abhängige Zusatzverzinsung bis zur Höhe des ursprünglichen Zinsfußes festgelegt worden ist. Zu den Kapitalerträgen im Sinne des Satzes 1 gehören nicht die Bundesbankgenussrechte im Sinne

des § 3 Abs. 1 des Gesetzes über die Liquidation der Deutschen Reichsbank und der Deutschen Golddiskontbank in der im Bundesgesetzblatt Teil III, Gliederungsnummer 7620-6, veröffentlichten bereinigten Fassung, zuletzt geändert durch das Gesetz vom 17. Dezember 1975 (BGBl. I S. 3123);

3. Einnahmen aus der Beteiligung an einem Handelsgewerbe als stiller Gesellschafter und Zinsen aus partiarischen Darlehen (§ 20 Abs. 1 Nr. 4);

4. Kapitalerträgen im Sinne des § 20 Abs. 1 Nr. 6. Der Steuerabzug vom Kapitalertrag ist in den Fällen des § 20 Abs. 1 Nr. 6 Satz 4 nur vorzunehmen, wenn das Versicherungsunternehmen auf Grund einer Mitteilung des Finanzamts weiß oder infolge der Verletzung eigener Anzeigeverpflichtungen nicht weiß, dass die Kapitalerträge nach dieser Vorschrift zu den Einkünften aus Kapitalvermögen gehören;

5. (weggefallen);

6. (weggefallen);

7. Kapitalerträgen im Sinne des § 20 Abs. 1 Nr. 7, außer bei Kapitalerträgen im Sinne der Nummer 2, wenn

a) es sich um Zinsen aus Anleihen und Forderungen handelt, die in ein öffentliches Schuldbuch oder in ein ausländisches Register eingetragen oder über die Sammelurkunden im Sinne des § 9a des Depotgesetzes oder Teilschuldverschreibungen ausgegeben sind;

b) der Schuldner der nicht in Buchstabe a genannten Kapitalerträge ein inländisches Kreditinstitut oder ein inländisches Finanzdienstleistungsinstitut im Sinne des Gesetzes über das Kreditwesen ist. Kreditinstitut in diesem Sinne ist auch die Kreditanstalt für Wiederaufbau, eine Bausparkasse, die Deutsche Postbank AG, die Deutsche Bundesbank bei Geschäften mit jedermann einschließlich ihrer Betriebsangehörigen im Sinne der §§ 22 und 25 des Gesetzes über die Deutsche Bundesbank und eine inländische Zweigstelle eines ausländischen Kreditinstituts oder eines ausländischen Finanzdienstleistungsinstituts im Sinne der §§ 53 und 53b des Gesetzes über das Kreditwesen, nicht aber eine ausländische Zweigstelle eines inländischen Kreditinstituts oder eines inländischen Finanzdienstleistungsinstituts. Die inländische Zweigstelle gilt an Stelle des ausländischen Kreditinstituts oder des ausländischen Finanzdienstleistungsinstituts als Schuldner der Kapitalerträge. Der Steuerabzug muss nicht vorgenommen werden, wenn

aa) auch der Gläubiger der Kapitalerträge ein inländisches Kreditinstitut oder ein inländisches Finanzdienstleistungsinstitut im Sinne des Gesetzes über das Kreditwesen einschließlich der inländischen Zweigstelle eines ausländischen Kreditinstituts oder eines ausländischen Finanzdienstleistungsinstituts im Sinne der §§ 53 und 53b des Gesetzes über das Kreditwesen, eine Bausparkasse, die Deutsche Postbank AG, die Deutsche Bundesbank oder die Kreditanstalt für Wiederaufbau ist,

bb) es sich um Kapitalerträge aus Sichteinlagen handelt, für die kein höherer Zins oder Bonus als ein vom Hundert gezahlt wird,

cc) es sich um Kapitalerträge aus Guthaben bei einer Bausparkasse auf Grund eines Bausparvertrags handelt und wenn für den Steuerpflichtigen im Kalenderjahr der Gutschrift oder im Kalenderjahr vor der Gutschrift dieser Kapitalerträge für Aufwendungen an die Bausparkasse eine Arbeitnehmer-Sparzulage oder eine Wohnungsbauprämie festgesetzt oder von der Bausparkasse ermittelt worden ist oder für die Guthaben kein höherer Zins oder Bonus als ein vom Hundert gezahlt wird,

dd) die Kapitalerträge bei den einzelnen Guthaben im Kalenderjahr nur einmal gutgeschrieben werden und zwanzig Deutsche Mark nicht übersteigen;

7a. Kapitalerträgen im Sinne des § 20 Abs. 1 Nr. 9;

7b. Kapitalerträgen im Sinne des § 20 Abs. 1 Nr. 10 Buchstabe a;

7c. Kapitalerträgen im Sinne des § 20 Abs. 1 Nr. 10 Buchstabe b;

8. Kapitalerträgen im Sinne des § 20 Abs. 2 Satz 1 Nr. 2 Buchstabe b und Nr. 3 und 4 außer bei Zinsen aus Wandelanleihen im Sinne der Nummer 2. Bei der Veräußerung von Kapitalforderungen im Sinne der Nummer 7 Buchstabe b gilt Nummer 7 Buchstabe b Doppelbuchstabe aa entsprechend.

Dem Steuerabzug unterliegen auch Kapitalerträge im Sinne des § 20 Abs. 2 Satz 1 Nr. 1, die neben den in den Nummern 1 bis 8 bezeichneten Kapitalerträgen oder an deren Stelle gewährt werden.

(2) Der Steuerabzug ist außer in den Fällen des Absatzes 1 Satz 1 Nr. 7c nicht vorzunehmen, wenn Gläubiger und Schuldner der Kapitalerträge (Schuldner) oder die auszahlende Stelle im Zeitpunkt des Zufließens dieselbe Person sind.

(3) Kapitalerträge sind inländische, wenn der Schuldner Wohnsitz, Geschäftsleitung oder Sitz im Inland hat.

(4) Der Steuerabzug ist auch dann vorzunehmen, wenn die Kapitalerträge beim Gläubiger zu den Einkünften aus Land- und Forstwirtschaft, aus Gewerbebetrieb, aus selbständiger Arbeit oder aus Vermietung und Verpachtung gehören.

§ 43a
Bemessung der Kapitalertragsteuer

(1) Die Kapitalertragsteuer beträgt

1. in den Fällen des § 43 Abs. 1 Satz 1 Nr. 1:

20 vom Hundert des Kapitalertrags, wenn der Gläubiger die Kapitalertragsteuer trägt,

25 vom Hundert des tatsächlich ausgezahlten Betrags, wenn der Schuldner die Kapitalertragsteuer übernimmt;

2. in den Fällen des § 43 Abs. 1 Satz 1 Nr. 2 bis 4:

25 vom Hundert des Kapitalertrags, wenn der Gläubiger die Kapitalertragsteuer trägt,

33 1/3 vom Hundert des tatsächlich ausgezahlten Betrags, wenn der Schuldner die Kapitalertragsteuer übernimmt;

3. in den Fällen des § 43 Abs. 1 Satz 1 Nr. 7 und 8 sowie Satz 2:

30 vom Hundert des Kapitalertrags (Zinsabschlag), wenn der Gläubiger die Kapitalertragsteuer trägt,

42,85 vom Hundert des tatsächlich ausgezahlten Betrags, wenn der Schuldner die Kapitalertragsteuer übernimmt;
in den Fällen des § 44 Abs. 1 Satz 4 Nr. 1 Buchstabe a Doppelbuchstabe bb erhöhen sich der Vomhundertsatz von 30 auf 35 und der Vomhundertsatz von 42,85 auf 53,84;

4. in den Fällen des § 43 Abs. 1 Satz 1 Nr. 7a:

20 vom Hundert des Kapitalertrags, wenn der Gläubiger die Kapitalertragsteuer trägt,

25 vom Hundert des tatsächlich ausgezahlten Betrags, wenn der Schuldner die Kapitalertragsteuer übernimmt;

5. in den Fällen des § 43 Abs. 1 Satz 1 Nr. 7b:

   10 vom Hundert des Kapitalertrags, wenn der Gläubiger die Kapitalertragsteuer trägt,

   11 1/9 vom Hundert des tatsächlich ausgezahlten Betrags, wenn der Schuldner die Kapitalertragsteuer übernimmt;

6. in den Fällen des § 43 Abs. 1 Satz 1 Nr. 7c:

   10 vom Hundert des Kapitalertrags.

(2) Dem Steuerabzug unterliegen die vollen Kapitalerträge ohne jeden Abzug. In den Fällen des § 20 Abs. 2 Satz 1 Nr. 4 bemisst sich der Steuerabzug nach dem Unterschied zwischen dem Entgelt für den Erwerb und den Einnahmen aus der Veräußerung oder Einlösung der Wertpapiere und Kapitalforderungen, wenn sie von der die Kapitalerträge auszahlenden Stelle erworben oder veräußert und seitdem verwahrt oder verwaltet worden sind. Ist dies nicht der Fall, bemisst sich der Steuerabzug nach 30 vom Hundert der Einnahmen aus der Veräußerung oder Einlösung der Wertpapiere und Kapitalforderungen. Hat die auszahlende Stelle die Wertpapiere und Kapitalforderungen vor dem 1. Januar 1994 erworben oder veräußert und seitdem verwahrt oder verwaltet, kann sie den Steuerabzug nach 30 vom Hundert der Einnahmen aus der Veräußerung oder Einlösung der Wertpapiere und Kapitalforderungen bemessen. Die Sätze 3 und 4 gelten auch in den Fällen der Einlösung durch den Ersterwerber. Abweichend von den Sätzen 2 bis 5 bemisst sich der Steuerabzug bei Kapitalerträgen aus nicht für einen marktmäßigen Handel bestimmten schuldbuchfähigen Wertpapieren des Bundes und der Länder oder bei Kapitalerträgen im Sinne des § 43 Abs. 1 Satz 1 Nr. 7 Buchstabe b aus nicht in Inhaber- oder Orderschuldverschreibungen verbrieften Kapitalforderungen nach dem vollen Kapitalertrag ohne jeden Abzug.

(3) Von Kapitalerträgen im Sinne des § 43 Abs. 1 Satz 1 Nr. 7 Buchstabe a und Nr. 8 sowie Satz 2 kann die auszahlende Stelle Stückzinsen, die ihr der Gläubiger im Kalenderjahr des Zuflusses der Kapitalerträge gezahlt hat, bis zur Höhe der Kapitalerträge abziehen. Dies gilt nicht in den Fällen des § 44 Abs. 1 Satz 4 Nr. 1 Buchstabe a Doppelbuchstabe bb.

(4) Die Absätze 2 und 3 Satz 1 gelten entsprechend für die Bundesschuldenverwaltung oder eine Landesschuldenverwaltung als

auszahlende Stelle, im Falle des Absatzes 3 Satz 1 jedoch nur, wenn die Wertpapiere oder Fordeungen von einem Kreditinstitut oder einem Finanzdienstleistungsinstitut mit der Maßgabe der Verwahrung und Verwaltung durch die Schuldenverwaltung erworben worden sind. Das Kreditinstitut oder das Finanzdienstleistungsinstitut hat der Schuldenverwaltung zusammen mit den im Schuldbuch einzutragenden Wertpapieren und Forderungen den Erwerbszeitpunkt und den Betrag der gezahlten Stückzinsen sowie in Fällen des Absatzes 2 Satz 2 bis 5 den Erwerbspreis der für einen marktmäßigen Handel bestimmten schuldbuchfähigen Wertpapiere des Bundes oder der Länder und außerdem mitzuteilen, dass es diese Wertpapiere und Forderungen erworben oder veräußert und seitdem verwahrt oder verwaltet hat.

§ 43b
Bemessung der Kapitalertragsteuer bei bestimmten Kapitalgesellschaften

(1) Auf Antrag wird die Kapitalertragsteuer für Kapitalerträge im Sinne des § 20 Abs. 1 Nr. 1, die einer Muttergesellschaft, die weder ihren Sitz noch ihre Geschäftsleitung im Inland hat, aus Ausschüttungen einer unbeschränkt steuerpflichtigen Kapitalgesellschaft im Sinne des § 1 Abs. 1 Nr. 1 des Körperschaftsteuergesetzes zufließen, nicht erhoben.

(2) Muttergesellschaft im Sinne des Absatzes 1 ist eine Gesellschaft, die die in der Anlage 2 zu diesem Gesetz bezeichneten Voraussetzungen des Artikels 2 der Richtlinie 90/435/EWG des Rates vom 23. Juli 1990 (ABl. EG Nr. L 225 S. 6) erfüllt und die im Zeitpunkt der Entstehung der Kapitalertragsteuer gemäß § 44 Abs. 1 Satz 2 nachweislich mindestens zu einem Viertel unmittelbar am Nennkapital der unbeschränkt steuerpflichtigen Kapitalgesellschaft beteiligt ist. Weitere Voraussetzung ist, dass die Beteiligung nachweislich ununterbrochen zwölf Monate besteht. Wird dieser Beteiligungszeitraum nach dem Zeitpunkt der Entstehung der Kapitalertragsteuer gemäß § 44 Abs. 1 Satz 2 vollendet, ist die einbehaltene und abgeführte Kapitalertragsteuer nach § 50d Abs. 1 Satz 2 zu erstatten; das Freistellungsverfahren nach § 50d Abs. 3 ist ausgeschlossen.

(3) Absatz 1 in Verbindung mit Absatz 2 gilt auch, wenn die Beteiligung der Muttergesellschaft am Nennkapital der unbeschränkt steuerpflichtigen Kapitalgesellschaft mindestens ein Zehntel beträgt, und der Staat, in dem die Muttergesellschaft nach einem mit einem anderen Mitgliedstaat der Europäischen

Gemeinschaften abgeschlossenen Abkommen zur Vermeidung der Doppelbesteuerung als ansässig gilt, dieser Gesellschaft für Gewinnausschüttungen der unbeschränkt steuerpflichtigen Kapitalgesellschaft eine Steuerbefreiung oder eine Anrechnung der deutschen Körperschaftsteuer auf die Steuer der Muttergesellschaft gewährt und seinerseits Gewinnausschüttungen an eine unbeschränkt steuerpflichtige Kapitalgesellschaft ab der gleichen Beteiligungshöhe von der Kapitalertragsteuer befreit.

(4) Absatz 1 in Verbindung mit Absatz 2 und 3 gilt auch für Ausschüttungen anderer unbeschränkt steuerpflichtiger Körperschaften, Personenvereinigungen und Vermögensmassen im Sinne des § 1 Abs. 1 des Körperschaftsteuergesetzes, wenn der Staat, in dem die Muttergesellschaft nach einem mit einem anderen Mitgliedstaat der Europäischen Gemeinschaften abgeschlossenen Abkommen zur Vermeidung der Doppelbesteuerung als ansässig gilt, dieser Gesellschaft für Gewinnausschüttungen der unbeschränkt steuerpflichtigen Körperschaft, Personenvereinigung oder Vermögensmasse im Sinne des § 1 Abs. 1 des Körperschaftsteuergesetzes eine Steuerbefreiung oder eine Anrechnung der deutschen Körperschaftsteuer auf die Steuer der Muttergesellschaft gewährt und seinerseits Gewinnausschüttungen an eine andere unbeschränkt steuerpflichtige Körperschaft, Personenvereinigung oder Vermögensmasse im Sinne des § 1 Abs. 1 des Körperschaftsteuergesetzes ab der gleichen Beteiligungshöhe von der Kapitalertragsteuer befreit.

§ 44
Entrichtung der Kapitalertragsteuer

(1) Schuldner der Kapitalertragsteuer ist in den Fällen des § 43 Abs. 1 Satz 1 Nr. 1 bis 7b und 8 sowie Satz 2 der Gläubiger der Kapitalerträge. Die Kapitalertragsteuer entsteht in dem Zeitpunkt, in dem die Kapitalerträge dem Gläubiger zufließen. In diesem Zeitpunkt haben in den Fällen des § 43 Abs. 1 Satz 1 Nr. 1 bis 4 sowie 7a und 7b der Schuldner der Kapitalerträge und in den Fällen des § 43 Abs. 1 Satz 1 Nr. 7 und 8 sowie Satz 2 die die Kapitalerträge auszahlende Stelle den Steuerabzug für Rechnung des Gläubigers der Kapitalerträge vorzunehmen. Die die Kapitalerträge auszahlende Stelle ist

1. in den Fällen des § 43 Abs. 1 Satz 1 Nr. 7 Buchstabe a und Nr. 8 sowie Satz 2
    a) das inländische Kreditinstitut oder das inländische Finanzdienstleistungsinstitut im Sinne des § 43 Abs. 1 Satz 1 Nr. 7 Buchstabe b,

aa) das die Teilschuldverschreibungen, die Anteile an einer Sammelschuldbuchforderung, die Wertrechte oder die Zinsscheine verwahrt oder verwaltet und die Kapitalerträge auszahlt oder gutschreibt,

bb) das die Kapitalerträge gegen Aushändigung der Zinsscheine oder der Teilschuldverschreibungen einem anderen als einem ausländischen Kreditinstitut oder einem ausländischen Finanzdienstleistungsinstitut auszahlt oder gutschreibt;

b) der Schuldner der Kapitalerträge in den Fällen des Buchstabens a, wenn kein inländisches Kreditinstitut oder kein inländisches Finanzdienstleistungsinstitut die die Kapitalerträge auszahlende Stelle ist;

2. in den Fällen des § 43 Abs. 1 Satz 1 Nr. 7 Buchstabe b das inländische Kreditinstitut oder das inländische Finanzdienstleistungsinstitut, das die Kapitalerträge als Schuldner auszahlt oder gutschreibt.

Die innerhalb eines Kalendermonats einbehaltene Steuer ist jeweils bis zum 10. des folgenden Monats an das Finanzamt abzuführen, das für die Besteuerung des Schuldners der Kapitalerträge oder der die Kapitalerträge auszahlenden Stelle nach dem Einkommen zuständig ist. Dabei sind die Kapitalertragsteuer und der Zinsabschlag, die zu demselben Zeitpunkt abzuführen sind, jeweils auf den nächsten vollen Deutsche-Mark-Betrag abzurunden. Wenn Kapitalerträge ganz oder teilweise nicht in Geld bestehen (§ 8 Abs. 2) und der in Geld geleistete Kapitalertrag nicht zur Deckung der Kapitalertragsteuer ausreicht, hat der Gläubiger der Kapitalerträge dem zum Steuerabzug Verpflichteten den Fehlbetrag zur Verfügung zu stellen. Soweit der Gläubiger seiner Verpflichtung nicht nachkommt, hat der zum Steuerabzug Verpflichtete dies dem für ihn zuständigen Betriebsstättenfinanzamt anzuzeigen. Das Finanzamt hat die zu wenig erhobene Kapitalertragsteuer vom Gläubiger der Kapitalerträge nachzufordern.

(2) Gewinnanteile (Dividenden) und andere Kapitalerträge, deren Ausschüttung von einer Körperschaft beschlossen wird, fließen dem Gläubiger der Kapitalerträge an dem Tag zu (Absatz 1), der im Beschluss als Tag der Auszahlung bestimmt worden ist. Ist die Ausschüttung nur festgesetzt, ohne dass über den Zeitpunkt der Auszahlung ein Beschluss gefasst worden ist, so gilt als Zeitpunkt des Zufließens der Tag nach der Beschlussfassung.

(3) Ist bei Einnahmen aus der Beteiligung an einem Handelsgewerbe als stiller Gesellschafter in dem Beteiligungsvertrag über den Zeitpunkt der Ausschüttung keine Vereinbarung getroffen, so gilt der Kapitalertrag am Tag nach der Aufstellung der Bilanz oder einer sonstigen Feststellung des Gewinnanteils des stillen Gesellschafters, spätestens jedoch sechs Monate nach Ablauf des Wirtschaftsjahrs, für das der Kapitalertrag ausgeschüttet oder gutgeschrieben werden soll, als zugeflossen. Bei Zinsen aus partiarischen Darlehen gilt Satz 1 entsprechend.

(4) Haben Gläubiger und Schuldner der Kapitalerträge vor dem Zufließen ausdrücklich Stundung des Kapitalertrags vereinbart, weil der Schuldner vorübergehend zur Zahlung nicht in der Lage ist, so ist der Steuerabzug erst mit Ablauf der Stundungsfrist vorzunehmen.

(5) Die Schuldner der Kapitalerträge oder die die Kapitalerträge auszahlenden Stellen haften für die Kapitalertragsteuer, die sie einzubehalten und abzuführen haben, es sei denn, sie weisen nach, dass sie die ihnen auferlegten Pflichten weder vorsätzlich noch grob fahrlässig verletzt haben. Der Gläubiger der Kapitalerträge wird nur in Anspruch genommen, wenn

1. der Schuldner oder die die Kapitalerträge auszahlende Stelle die Kapitalerträge nicht vorschriftsmäßig gekürzt hat,

2. der Gläubiger weiß, dass der Schuldner oder die die Kapitalerträge auszahlende Stelle die einbehaltene Kapitalertragsteuer nicht vorschriftsmäßig abgeführt hat, und dies dem Finanzamt nicht unverzüglich mitteilt oder

3. das die Kapitalerträge auszahlende inländische Kreditinstitut oder das inländische Finanzdienstleistungsinstitut die Kapitalerträge zu Unrecht ohne Abzug der Kapitalertragsteuer ausgezahlt hat.

Für die Inanspruchnahme des Schuldners der Kapitalerträge und der die Kapitalerträge auszahlenden Stelle bedarf es keines Haftungsbescheids, soweit der Schuldner oder die die Kapitalerträge auszahlende Stelle die einbehaltene Kapitalertragsteuer richtig angemeldet hat oder soweit sie ihre Zahlungsverpflichtungen gegenüber dem Finanzamt oder dem Prüfungsbeamten des Finanzamts schriftlich anerkennen.

(6) In den Fällen des § 43 Abs. 1 Satz 1 Nr. 7c gilt die juristische Person des öffentlichen Rechts und die von der Körperschaftsteuer befreite Körperschaft, Personenvereinigung oder

Vermögensmasse als Gläubiger und der Betrieb gewerblicher Art und der wirtschaftliche Geschäftsbetrieb als Schuldner der Kapitalerträge. Die Kapitalertragsteuer entsteht im Zeitpunkt der Bilanzerstellung; sie entsteht spätestens acht Monate nach Ablauf des Wirtschaftsjahrs; in den Fällen des § 20 Abs. 1 Nr. 10 Buchstabe b Satz 2 am Tag nach der Beschlussfassung über die Verwendung. Die Absätze 1 bis 4 sind entsprechend anzuwenden.

§ 44a
Abstandnahme vom Steuerabzug

(1) Bei Kapitalerträgen im Sinne des § 43 Abs. 1 Satz 1 Nr. 3, 4, 7 und 8 sowie Satz 2, die einem unbeschränkt einkommensteuerpflichtigen Gläubiger zufließen, ist der Steuerabzug nicht vorzunehmen,

1. soweit die Kapitalerträge zusammen mit den Kapitalerträgen, für die die Kapitalertragsteuer nach § 44b zu erstatten ist, den Sparer-Freibetrag nach § 20 Abs. 4 und den Werbungskosten-Pauschbetrag nach § 9a Satz 1 Nr. 2 nicht übersteigen,

2. wenn anzunehmen ist, dass für ihn eine Veranlagung zur Einkommensteuer nicht in Betracht kommt.

(2) Voraussetzung für die Abstandnahme vom Steuerabzug nach Absatz 1 ist, dass dem nach § 44 Abs. 1 zum Steuerabzug Verpflichteten in den Fällen

1. des Absatzes 1 Nr. 1 ein Freistellungsauftrag des Gläubigers der Kapitalerträge nach amtlich vorgeschriebenem Vordruck oder

2. des Absatzes 1 Nr. 2 eine Nichtveranlagungs-Bescheinigung des für den Gläubiger zuständigen Wohnsitzfinanzamts

vorliegt. In den Fällen des Satzes 1 Nr. 2 ist die Bescheinigung unter dem Vorbehalt des Widerrufs auszustellen. Ihre Geltungsdauer darf höchstens drei Jahre betragen und muss am Schluss eines Kalenderjahrs enden. Fordert das Finanzamt die Bescheinigung zurück oder erkennt der Gläubiger, dass die Voraussetzungen für ihre Erteilung weggefallen sind, so hat er dem Finanzamt die Bescheinigung zurückzugeben.

(3) Der nach § 44 Abs. 1 zum Steuerabzug Verpflichtete hat in seinen Unterlagen das Finanzamt, das die Bescheinigung erteilt hat, den Tag der Ausstellung der Bescheinigung und die in der Bescheinigung angegebene Steuer- und Listennummer zu vermerken sowie die Freistellungsaufträge aufzubewahren.

(4) Ist der Gläubiger

1. eine von der Körperschaftsteuer befreite inländische Körperschaft, Personenvereinigung oder Vermögensmasse oder

2. eine inländische juristische Person des öffentlichen Rechts,

so ist der Steuerabzug bei Kapitalerträgen im Sinne des § 43 Abs. 1 Satz 1 Nr. 4, 7 und 8 sowie Satz 2 nicht vorzunehmen. Dies gilt auch, wenn es sich bei den Kapitalerträgen um Gewinnanteile oder um Leistungen im Sinne des § 20 Abs. 1 Nr. 9 und 10 Buchstabe a oder um Gewinne im Sinne des § 20 Abs. 1 Nr. 10 Buchstabe b handelt, die der Gläubiger von einer von der Körperschaftsteuer befreiten Körperschaft, Personenvereinigung oder Vermögensmasse bezieht. Voraussetzung ist, dass der Gläubiger dem Schuldner oder dem die Kapitalerträge auszahlenden inländischen Kreditinstitut oder inländischen Finanzdienstleistungsinstitut durch eine Bescheinigung des für seine Geschäftsleitung oder seinen Sitz zuständigen Finanzamts nachweist, dass er eine Körperschaft, Personenvereinigung oder Vermögensmasse im Sinne des Satzes 1 Nr. 1 oder 2 ist. Absatz 2 Satz 2 bis 4 und Absatz 3 gelten entsprechend. Die in Satz 3 bezeichnete Bescheinigung wird nicht erteilt, wenn die Kapitalerträge in den Fällen des Satzes 1 Nr. 1 in einem wirtschaftlichen Geschäftsbetrieb anfallen, für den die Befreiung von der Körperschaftsteuer ausgeschlossen ist, oder wenn sie in den Fällen des Satzes 1 Nr. 2 in einem nicht von der Körperschaftsteuer befreiten Betrieb gewerblicher Art anfallen.

(5) Bei Kapitalerträgen im Sinne des § 43 Abs. 1 Satz 1 Nr. 7 und 8 sowie Satz 2, die einem unbeschränkt oder beschränkt einkommensteuerpflichtigen Gläubiger zufließen, ist der Steuerabzug nicht vorzunehmen, wenn die Kapitalerträge Betriebseinnahmen des Gläubigers sind und die Kapitalertragsteuer bei ihm auf Grund der Art seiner Geschäfte auf Dauer höher wären als die gesamte festzusetzende Einkommensteuer oder Körperschaftsteuer. Dies ist durch eine Bescheinigung des für den Gläubiger zuständigen Finanzamts nachzuweisen. Die Bescheinigung ist unter dem Vorbehalt des Widerrufs auszustellen.

(6) Voraussetzung für die Abstandnahme vom Steuerabzug nach den Absätzen 1, 4 und 5 bei Kapitalerträgen im Sinne des § 43 Abs. 1 Satz 1 Nr. 7 und 8 sowie Satz 2 ist, dass die Teilschuldverschreibungen, die Anteile an der Sammelschuldbuchforderung, die Wertrechte oder die Einlagen und Guthaben im Zeitpunkt des Zufließens der Einnahmen unter dem Namen des

Gläubigers der Kapitalerträge bei der die Kapitalerträge auszahlenden Stelle verwahrt oder verwaltet werden. Ist dies nicht der Fall, ist die Bescheinigung nach § 45a Abs. 2 durch einen entsprechenden Hinweis zu kennzeichnen.

(7) Ist der Gläubiger eine inländische

1. Körperschaft, Personenvereinigung oder Vermögensmasse im Sinne des § 5 Abs. 1 Nr. 9 des Körperschaftsteuergesetzes oder

2. Stiftung des öffentlichen Rechts, die ausschließlich und unmittelbar gemeinnützigen oder mildtätigen Zwecken dient, oder

3. juristische Person des öffentlichen Rechts, die ausschließlich und unmittelbar kirchlichen Zwecken dient,

so ist der Steuerabzug bei Kapitalerträgen im Sinne des § 43 Abs. 1 Satz 1 Nr. 7a bis 7c nicht vorzunehmen. Absatz 4 gilt entsprechend.

§ 44b
Erstattung der Kapitalertragsteuer

(1) Bei Kapitalerträgen im Sinne des § 43 Abs. 1 Satz 1 Nr. 1 und 2, die einem unbeschränkt einkommensteuerpflichtigen und in den Fällen des § 44a Abs. 5 auch einem beschränkt einkommensteuerpflichtigen Gläubiger zufließen, wird auf Antrag die einbehaltene und abgeführte Kapitalertragsteuer unter den Voraussetzungen des § 44a Abs. 1, 2 und 5 in dem dort bestimmten Umfang unter Berücksichtigung des § 3 Nr. 40 Buchstabe d, e und f erstattet. Dem Antrag auf Erstattung ist außer dem Freistellungsauftrag nach § 44a Abs. 2 Satz 1 Nr. 1, der Nichtveranlagungs-Bescheinigung nach § 44a Abs. 2 Satz 1 Nr. 2 oder der Bescheinigung nach § 44a Abs. 5 eine Steuerbescheinigung nach § 45a Abs. 3 beizufügen.

(2) Für die Erstattung ist das Bundesamt für Finanzen zuständig. Der Antrag ist nach amtlich vorgeschriebenem Muster zu stellen und zu unterschreiben.

(3) Die Antragsfrist endet am 31. Dezember des Jahres, das dem Kalenderjahr folgt, in dem die Einnahmen zugeflossen sind. Die Frist kann nicht verlängert werden.

(4) Die Erstattung ist ausgeschlossen, wenn

1. die Erstattung nach § 45c beantragt oder durchgeführt worden ist,

2. die vorgeschriebenen Steuerbescheinigungen nicht vorgelegt oder durch einen Hinweis nach § 44a Abs. 6 Satz 2 gekennzeichnet worden sind.

(5) Ist Kapitalertragsteuer einbehalten und abgeführt worden, obwohl eine Verpflichtung hierzu nicht bestand, oder hat der Gläubiger im Fall des § 44a dem nach § 44 Abs. 1 zum Steuerabzug Verpflichteten den Freistellungsauftrag oder die Nichtveranlagungs-Bescheinigung oder die Bescheinigungen nach § 44a Abs. 4 oder 5 erst in einem Zeitpunkt vorgelegt, in dem die Kapitalertragsteuer bereits abgeführt war, so ist auf Antrag des nach § 44 Abs. 1 zum Steuerabzug Verpflichteten die Steueranmeldung (§ 45a Abs. 1) insoweit zu ändern; statt dessen kann der zum Steuerabzug Verpflichtete bei der folgenden Steueranmeldung die abzuführende Kapitalertragsteuer entsprechend kürzen. Erstattungsberechtigt ist der Antragsteller.

§ 44c
Erstattung von Kapitalertragsteuer an bestimmte Körperschaften, Personenvereinigungen und Vermögensmassen

(1) Ist der Gläubiger eine inländische

1. Körperschaft, Personenvereinigung oder Vermögensmasse im Sinne des § 5 Abs. 1 Nr. 9 des Körperschaftsteuergesetzes oder

2. Stiftung des öffentlichen Rechts, die ausschließlich und unmittelbar gemeinnützigen oder mildtätigen Zwecken dient, oder

3. juristische Person des öffentlichen Rechts, die ausschließlich und unmittelbar kirchlichen Zwecken dient,

so erstattet das Bundesamt für Finanzen außer in den Fällen des § 44a Abs. 4 und 7 auf Antrag des Gläubigers die einbehaltene und abgeführte Kapitalertragsteuer. Voraussetzung ist, dass der Gläubiger dem Bundesamt für Finanzen durch eine Bescheinigung des für seine Geschäftsleitung oder seinen Sitz zuständigen Finanzamts nachweist, dass er eine Körperschaft, Personenvereinigung oder Vermögensmasse nach Satz 1 ist. § 44a Abs. 2 Satz 2 bis 4 und Abs. 4 Satz 5 gilt entsprechend. Dem Antrag ist außer der Bescheinigung nach Satz 2 eine Bescheinigung im Sinne des § 45a Abs. 2 oder 3 beizufügen.

(2) Ist der Gläubiger

1. eine nach § 5 Abs. 1 mit Ausnahme der Nummer 9 des Körperschaftsteuergesetzes oder nach anderen Gesetzen von der Körperschaftsteuer befreite Körperschaft, Personenvereinigung oder Vermögensmasse oder

2. eine inländische juristische Person des öffentlichen Rechts, die nicht in Absatz 1 bezeichnet ist,

so erstattet das Bundesamt für Finanzen auf Antrag des Gläubigers die Hälfte der auf Kapitalerträge im Sinne des § 43 Abs. 1 Satz 1 Nr. 1 und 7a einbehaltenen und abgeführten Kapitalertragsteuer. Voraussetzung ist, dass der Gläubiger durch eine Bescheinigung des für seine Geschäftsleitung oder seinen Sitz zuständigen Finanzamts nachweist, dass er eine Körperschaft im Sinne des Satzes 1 ist. Absatz 1 Satz 3 und 4 gilt entsprechend.

(3) § 44a Abs. 2 Satz 4, § 44b Abs. 2 Satz 2 und Abs. 3 und § 45b sind sinngemäß anzuwenden. Das Bundesamt für Finanzen kann im Einzelfall die Frist auf Antrag des Gläubigers verlängern, wenn dieser verhindert ist, die Frist einzuhalten. Der Antrag auf Verlängerung ist schriftlich zu stellen und zu begründen.

§ 45
Ausschluss der Erstattung
von Kapitalertragsteuer

In den Fällen, in denen die Dividende an einen anderen als an den Anteilseigner ausgezahlt wird, ist die Erstattung von Kapitalertragsteuer an den Zahlungsempfänger ausgeschlossen. Satz 1 gilt nicht für den Erwerber eines Dividendenscheins in den Fällen des § 20 Abs. 2 Satz 1 Nr. 2 Buchstabe a. In den Fällen des § 20 Abs. 2 Satz 1 Nr. 2 Buchstabe b ist die Erstattung von Kapitalertragsteuer an den Erwerber von Zinsscheinen nach § 37 Abs. 2 der Abgabenordnung ausgeschlossen.

§ 45a
Anmeldung und Bescheinigung der Kapitalertragsteuer

(1) Die Anmeldung der einbehaltenen Kapitalertragsteuer ist dem Finanzamt innerhalb der in § 44 Abs. 1 bestimmten Frist nach amtlich vorgeschriebenem Vordruck einzureichen. Satz 1 gilt entsprechend, wenn ein Steuerabzug nicht oder nicht in voller Höhe vorzunehmen ist. Der Grund für die Nichtabführung ist anzugeben. Die Anmeldung ist mit der Versicherung zu verse-

hen, dass die Angaben vollständig und richtig sind. Die Anmeldung ist von dem Schuldner, der auszahlenden Stelle oder einer vertretungsberechtigten Person zu unterschreiben.

(2) In den Fällen des § 43 Abs. 1 Satz 1 Nr. 1 bis 4, 7a und 7b sind der Schuldner der Kapitalerträge und in den Fällen des § 43 Abs. 1 Satz 1 Nr. 7 und 8 sowie Satz 2 die die Kapitalerträge auszahlende Stelle vorbehaltlich der Absätze 3 und 4 verpflichtet, dem Gläubiger der Kapitalerträge auf Verlangen die folgenden Angaben nach amtlich vorgeschriebenem Muster zu bescheinigen:

1. den Namen und die Anschrift des Gläubigers;

2. die Art und Höhe der Kapitalerträge unabhängig von der Vornahme eines Steuerabzugs;

3. den Zahlungstag;

4. den Betrag der nach § 36 Abs. 2 Nr. 2 anrechenbaren Kapitalertragsteuer getrennt nach

   a) Kapitalertragsteuer im Sinne des § 43a Abs. 1 Nr. 1 und 2,

   b) Kapitalertragsteuer im Sinne des § 43a Abs. 1 Nr. 3 (Zinsabschlag) und

   c) Kapitalertragsteuer im Sinne des § 43a Abs. 1 Nr. 4 und 5;

5. das Finanzamt, an das die Steuer abgeführt worden ist.

Bei Kapitalerträgen im Sinne des § 43 Abs. 1 Satz 1 Nr. 2 bis 4, 7 bis 7b und 8 sowie Satz 2 ist außerdem die Zeit anzugeben, für welche die Kapitalerträge gezahlt worden sind. Die Bescheinigung braucht nicht unterschrieben zu werden, wenn sie in einem maschinellen Verfahren ausgedruckt worden ist und den Aussteller erkennen lässt. Ist die auszahlende Stelle nicht Schuldner der Kapitalerträge, hat sie zusätzlich den Namen und die Anschrift des Schuldners der Kapitalerträge anzugeben. § 44a Abs. 6 gilt sinngemäß; über die zu kennzeichnenden Bescheinigungen haben die genannten Institute und Unternehmen Aufzeichnungen zu führen. Diese müssen einen Hinweis auf den Buchungsbeleg über die Auszahlung an den Empfänger der Bescheinigung enthalten.

(3) Werden Kapitalerträge für Rechnung des Schuldners durch ein inländisches Kreditinstitut oder ein inländisches Finanz-

dienstleistungsinstitut gezahlt, so hat an Stelle des Schuldners das Kreditinstitut oder das Finanzdienstleistungsinstitut die Bescheinigung zu erteilen. Aus der Bescheinigung des Kreditinstituts oder des Finanzdienstleistungsinstituts muss auch der Schuldner hervorgehen, für den die Kapitalerträge gezahlt werden; die Angabe des Finanzamts, an das die Kapitalertragsteuer abgeführt worden ist, kann unterbleiben.

(4) Eine Bescheinigung nach Absatz 2 oder 3 ist nicht zu erteilen, wenn in Vertretung des Gläubigers ein Antrag auf Erstattung der Kapitalertragsteuer nach §§ 44b und 45c gestellt worden ist oder gestellt wird.

(5) Eine Bescheinigung, die den Absätzen 2 bis 4 nicht entspricht, hat der Aussteller zurückzufordern und durch eine berichtigte Bescheinigung zu ersetzen. Die berichtigte Bescheinigung ist als solche zu kennzeichnen. Wird die zurückgeforderte Bescheinigung nicht innerhalb eines Monats nach Zusendung der berichtigten Bescheinigung an den Aussteller zurückgegeben, hat der Aussteller das nach seinen Unterlagen für den Empfänger zuständige Finanzamt schriftlich zu benachrichtigen.

(6) Der Aussteller einer Bescheinigung, die den Absätzen 2 bis 4 nicht entspricht, haftet für die auf Grund der Bescheinigung verkürzten Steuern oder zu Unrecht gewährten Steuervorteile. Ist die Bescheinigung nach Absatz 3 durch ein inländisches Kreditinstitut oder ein inländisches Finanzdienstleistungsinstitut auszustellen, so haftet der Schuldner auch, wenn er zum Zweck der Bescheinigung unrichtige Angaben macht. Der Aussteller haftet nicht

1. in den Fällen des Satzes 2,

2. wenn er die ihm nach Absatz 5 obliegenden Verpflichtungen erfüllt hat.

§ 45b
Erstattung von Kapitalertragsteuer
auf Grund von Sammelanträgen

(1) Wird in den Fällen des § 44b Abs. 1 der Antrag auf Erstattung von Kapitalertragsteuer in Vertretung des Anteilseigners durch ein inländisches Kreditinstitut oder durch eine inländische Zweigniederlassung cines der in § 53b Abs. 1 oder 7 des Gesetzes über das Kreditwesen genannten Institute oder Unternehmen gestellt, so kann von der Übersendung des Freistellungsauftrags

A. StSenkG (Art. 1: Änderung EStG)

nach § 44a Abs. 2 Satz 1 Nr. 1, der Nichtveranlagungs-Bescheinigung nach § 44a Abs. 2 Satz 1 Nr. 2 oder der Bescheinigung nach § 44a Abs. 5 sowie der Steuerbescheinigung nach § 45a Abs. 2 oder 3 abgesehen werden, wenn das inländische Kreditinstitut oder die inländische Zweigniederlassung eines der in § 53b Abs. 1 oder 7 des Gesetzes über das Kreditwesen genannten Institute oder Unternehmen versichert, dass

1. eine Bescheinigung im Sinne § 45a Abs. 2 oder 3 nicht ausgestellt oder als ungültig gekennzeichnet oder nach den Angaben des Gläubigers der Kapitalerträge abhanden gekommen oder vernichtet ist,

2. die Wertpapiere oder die Kapitalforderungen im Zeitpunkt des Zufließens der Einnahmen in einem auf den Namen des Gläubigers lautenden Wertpapierdepot bei dem inländischen Kreditinstitut oder bei der inländischen Zweigniederlassung eines der in § 53b Abs. 1 oder 7 des Gesetzes über das Kreditwesen genannten Institute oder Unternehmen verzeichnet waren,

3. ein Freistellungsauftrag nach § 44a Abs. 2 Satz 1 Nr.1 oder eine Nichtveranlagungs-Bescheinigung nach § 44a Abs. 2 Satz 1 Nr. 2 oder eine Bescheinigung nach § 44a Abs. 5 vorliegt und

4. die Angaben in dem Antrag wahrheitsgemäß nach bestem Wissen und Gewissen gemacht worden sind.

Über Anträge, in denen ein inländisches Kreditinstitut oder eine inländische Zweigniederlassung eines der in § 53b Abs. 1 oder 7 des Gesetzes über das Kreditwesen genannten Institute oder Unternehmen versichert, dass die Bescheinigung im Sinne des § 45a Abs. 2 oder 3 als ungültig gekennzeichnet oder nach den Angaben des Anteilseigners abhanden gekommen oder vernichtet ist, haben die Kreditinstitute und Zweigniederlassungen eines der in § 53b Abs. 1 oder 7 des Gesetzes über das Kreditwesen genannten Institute oder Unternehmen Aufzeichnungen zu führen.

(2) Absatz 1 gilt entsprechend für Anträge, die

1. eine Kapitalgesellschaft in Vertretung ihrer Arbeitnehmer stellt, soweit es sich um Einnahmen aus Anteilen handelt, die den Arbeitnehmern von der Kapitalgesellschaft überlassen worden sind und von ihr, einem inländischen Kreditinstitut oder einer inländischen Zweigniederlassung eines der in § 53b Abs. 1 oder 7 des Gesetzes über das Kreditwesen genannten Institute oder Unternehmen verwahrt werden;

2. der von einer Kapitalgesellschaft bestellte Treuhänder in Vertretung der Arbeitnehmer dieser Kapitalgesellschaft stellt, soweit es sich um Einnahmen aus Anteilen handelt, die den Arbeitnehmern von der Kapitalgesellschaft überlassen worden sind und von dem Treuhänder, einem inländischen Kreditinstitut oder einer inländischen Zweigniederlassung eines der in § 53b Abs. 1 oder 7 des Gesetzes über das Kreditwesen genannten Institute oder Unternehmen verwahrt werden;

3. eine Erwerbs- oder Wirtschaftsgenossenschaft in Vertretung ihrer Mitglieder stellt, soweit es sich um Einnahmen aus Anteilen an dieser Genossenschaft handelt.

Den Arbeitnehmern im Sinne des Satzes 1 Nr. 1 und 2 stehen Arbeitnehmer eines mit der Kapitalgesellschaft verbundenen Unternehmens (§ 15 Aktiengesetz) sowie frühere Arbeitnehmer der Kapitalgesellschaft oder eines mit ihr verbundenen Unternehmens gleich. Den von der Kapitalgesellschaft überlassenen Anteilen stehen Aktien gleich, die den Arbeitnehmern bei einer Kapitalerhöhung auf Grund ihres Bezugsrechts aus den von der Kapitalgesellschaft überlassenen Aktien zugeteilt worden sind oder die den Arbeitnehmern auf Grund einer Kapitalerhöhung aus Gesellschaftsmitteln gehören.

(3) Erkennt der Vertreter des Gläubigers der Kapitalerträge vor Ablauf der Festsetzungsfrist im Sinne der §§ 169 bis 171 der Abgabenordnung, dass die Erstattung ganz oder teilweise zu Unrecht festgesetzt worden ist, so hat er dies dem Bundesamt für Finanzen anzuzeigen. Das Bundesamt für Finanzen hat die zu Unrecht erstatteten Beträge von dem Gläubiger zurückzufordern, für den sie festgesetzt worden sind. Der Vertreter des Gläubigers haftet für die zurückzuzahlende Vergütung.

(4) § 44b Abs. 1 bis 4 gilt entsprechend. Die Antragsfrist gilt als gewahrt, wenn der Gläubiger die beantragende Stelle bis zu dem in § 44b Abs. 3 bezeichneten Zeitpunkt schriftlich mit der Antragstellung beauftragt hat.

(5) Die Vollmacht, den Antrag auf Erstattung von Kapitalertragsteuer zu stellen, ermächtigt zum Empfang der Steuererstattung.

§ 45c
Erstattung von Kapitalertragsteuer
in Sonderfällen

(1) In den Fällen des § 45b Abs. 2 wird die Kapitalertragsteuer an den dort bezeichneten Vertreter unabhängig davon erstattet, ob für den Gläubiger der Kapitalerträge eine Veranlagung in Betracht kommt und ob eine Nichtveranlagungs-Bescheinigung nach § 44a Abs. 2 Satz 1 Nr. 2 vorgelegt wird, wenn der Vertreter sich in einem Sammelantrag bereit erklärt hat, den Erstattungsbetrag für den Gläubiger entgegenzunehmen. Die Erstattung nach Satz 1 wird nur für Gläubiger gewährt, deren Bezüge im Sinne des § 20 Abs. 1 Nr. 1 und 2 im Wirtschaftsjahr 100 Deutsche Mark nicht überstiegen haben.

(2) Werden in den Fällen des § 45b Abs. 2 Satz 1 Nr. 1 oder 2 die Anteile von einem inländischen Kreditinstitut oder einer inländischen Zweigniederlassung eines der in § 53b Abs. 1 oder 7 des Gesetzes über das Kreditwesen genannten Institute oder Unternehmen in einem Wertpapierdepot verwahrt, das auf den Namen des Gläubigers lautet, setzt die Erstattung nach Absatz 1 zusätzlich voraus:

1. Das inländische Kreditinstitut oder die inländische Zweigniederlassung eines der in § 53b Abs. 1 oder 7 des Gesetzes über das Kreditwesen genannten Institute oder Unternehmen hat die Überlassung der Anteile durch die Kapitalgesellschaft an den Gläubiger kenntlich gemacht;

2. es handelt sich nicht um Aktien, die den Arbeitnehmern bei einer Kapitalerhöhung auf Grund ihres Bezugsrechts aus den von der Kapitalgesellschaft überlassenen Aktien zugeteilt worden sind oder die den Arbeitnehmern auf Grund einer Kapitalerhöhung aus Gesellschaftsmitteln gehören;

3. der Gläubiger hat dem inländischen Kreditinstitut oder der inländischen Zweigniederlassung eines der in § 53b Abs. 1 oder 7 des Gesetzes über das Kreditwesen genannten Institute oder Unternehmen für das Wertpapierdepot eine Nichtveranlagungs-Bescheinigung nach § 44a Abs. 2 Satz 1 Nr. 2 nicht vorgelegt und

4. die Kapitalgesellschaft versichert, dass

   a) die Bezüge aus den von ihr insgesamt überlassenen Anteilen bei keinem der Gläubiger den Betrag von 100 Deutsche Mark überstiegen haben können und

b) das inländische Kreditinstitut oder die inländische Zweigniederlassung eines der in § 53b Abs. 1 oder 7 des Gesetzes über das Kreditwesen genannten Institute oder Unternehmen schriftlich erklärt hat, dass die in den Nummern 1 bis 3 bezeichneten Voraussetzungen erfüllt sind.

Ist die in Satz 1 Nr. 4 Buchstabe b bezeichnete Erklärung des inländischen Kreditinstituts oder der inländischen Zweigniederlassung eines der in § 53b Abs. 1 oder 7 des Gesetzes über das Kreditwesen genannten Institute oder Unternehmen unrichtig, haften diese für die auf Grund der Erklärung zu Unrecht gewährten Steuervorteile.

(3) Das Finanzamt kann einer unbeschränkt steuerpflichtigen Körperschaft auch in anderen als den in § 45b Abs. 2 bezeichneten Fällen gestatten, in Vertretung ihrer unbeschränkt steuerpflichtigen Gläubiger einen Sammelantrag auf Erstattung von Kapitalertragsteuer zu stellen, wenn

1. die Zahl der Gläubiger, für die der Sammelantrag gestellt werden soll, besonders groß ist,

2. die Körperschaft den Gewinn ohne Einschaltung eines inländischen Kreditinstituts oder einer inländischen Zweigniederlassung eines der in § 53b Abs. 1 oder 7 des Gesetzes über das Kreditwesen genannten Institute oder Unternehmen an die Gläubiger ausgeschüttet und

3. im Übrigen die Voraussetzungen des Absatzes 1 erfüllt sind.

In diesen Fällen ist nicht erforderlich, dass die Anteile von einer der in § 45b bezeichneten Stellen verwahrt werden.

(4) Für die Erstattung ist das Finanzamt zuständig, dem die Besteuerung des Einkommens des Vertreters obliegt. Das Finanzamt kann die Erstattung an Auflagen binden, die die steuerliche Erfassung der Kapitalerträge sichern sollen. Im Übrigen ist § 45b sinngemäß anzuwenden.

(5) Ist der Gläubiger von Kapitalerträgen im Sinne des § 43 Abs. 1 Satz 1 Nr. 2 ein unbeschränkt einkommensteuerpflichtiger Arbeitnehmer und beruhen die Kapitalerträge auf Teilschuldverschreibungen, die ihm von seinem gegenwärtigen oder früheren Arbeitgeber überlassen worden sind, so wird die Kapitalertragsteuer unter entsprechender Anwendung der Absätze 1 bis 4 an den Arbeitgeber oder an einen von ihm bestellten Treuhänder erstattet, wenn der Arbeitgeber oder Treuhänder in Ver-

tretung des Gläubigers sich in einem Sammelantrag bereit erklärt hat, den Erstattungsbetrag für den Gläubiger entgegenzunehmen. Die Erstattung wird nur für Gläubiger gewährt, deren Kapitalerträge im Sinne des Satzes 1 allein oder, in den Fällen des Absatzes 1, zusammen mit den dort bezeichneten Kapitalerträgen im Wirtschaftsjahr 100 Deutsche Mark nicht überstiegen haben.

§ 45d
Mitteilungen an das Bundesamt für Finanzen

(1) Wer nach § 44 Abs. 1 dieses Gesetzes und § 38b des Gesetzes über Kapitalanlagegesellschaften zum Steuerabzug verpflichtet ist, hat dem Bundesamt für Finanzen bis zum 31. Mai des Jahres, das auf das Jahr folgt, in dem die Kapitalerträge den Gläubigern zufließen, folgende Daten zu übermitteln:

1. Vor- und Zunamen sowie das Geburtsdatum der Person – gegebenenfalls auch des Ehegatten –, die den Freistellungsauftrag erteilt hat (Auftraggeber),

2. Anschrift des Auftraggebers,

3. bei den Kapitalerträgen, für die ein Freistellungsauftrag erteilt worden ist, jeweils gesondert

   a) die Zinsen und ähnlichen Kapitalerträge, bei denen vom Steuerabzug Abstand genommen worden ist,

   b) die Dividenden und ähnlichen Kapitalerträge, bei denen die Erstattung von Kapitalertragsteuer und die Vergütung von Körperschaftsteuer beim Bundesamt für Finanzen beantragt worden ist,

   c) die Kapitalerträge im Sinne des § 43 Abs. 1 Nr. 2, bei denen die Erstattung von Kapitalertragsteuer beim Bundesamt für Finanzen beantragt worden ist,

   d) die Hälfte der Dividenden und ähnlichen Kapitalerträge, bei denen nach § 44b Abs. 1 in der Fassung des Gesetzes vom ... (BGBl. I S. ...) die Erstattung von Kapitalertragsteuer beim Bundesamt für Finanzen beantragt worden ist,

4. Namen und Anschrift des Empfängers des Freistellungsauftrags.

Die Datenübermittlung hat nach amtlich vorgeschriebenem Datensatz auf amtlich vorgeschriebenen maschinell verwertbaren Datenträgern zu erfolgen. Im Übrigen findet § 150 Abs. 6 der

Abgabenordnung entsprechende Anwendung. Das Bundesamt für Finanzen kann auf Antrag eine Übermittlung nach amtlich vorgeschriebenem Vordruck zulassen, wenn eine Übermittlung nach Satz 2 eine unbillige Härte mit sich bringen würde.

(2) Die Mitteilungen dürfen nur zur Durchführung eines Verwaltungsverfahrens oder eines gerichtlichen Verfahrens in Steuersachen oder eines Strafverfahrens wegen einer Steuerstraftat oder eines Bußgeldverfahrens wegen einer Steuerordnungswidrigkeit verwendet werden.

(3) Abweichend von Absatz 2 darf das Bundesamt für Finanzen den Sozialleistungsträgern die Daten nach Absatz 1 mitteilen, soweit dies zur Überprüfung des bei der Sozialleistung zu berücksichtigenden Einkommens oder Vermögens erforderlich ist oder der Betroffene zustimmt. Für Zwecke des Satzes 1 ist das Bundesamt für Finanzen berechtigt, die ihm von den Sozialleistungsträgern übermittelten Daten mit den vorhandenen Daten nach Absatz 1 im Wege des automatisierten Datenabgleichs zu überprüfen und das Ergebnis den Sozialleistungsträgern mitzuteilen."

33. § 46 Abs. 2 Nr. 3 wird wie folgt gefasst:

„3. wenn für einen Steuerpflichtigen, der zu dem Personenkreis des §10c Abs. 3 gehört, die Lohnsteuer im Veranlagungszeitraum oder für einen Teil des Veranlagungszeitraums nach den Steuerklassen I bis IV unter Berücksichtigung der Vorsorgepauschale nach § 10c Abs. 2 zu erheben war;"

34. § 49 Abs. 1 wird wie folgt geändert:

a) Nummer 5 wird wie folgt geändert:

aa) In Buchstabe a wird die Angabe „1, 2, 4 und 6" durch die Angabe „1, 2, 4, 6 und 9" ersetzt.

bb) Buchstabe b wird aufgehoben.

b) In Nummer 8 wird die Angabe „wesentlicher Beteiligung im Sinne des § 17 Abs. 1 Satz 4" durch die Angabe „Beteiligung im Sinne des § 17 Abs. 1" ersetzt.

35. § 50 wird wie folgt geändert:

a) Absatz 1 wird wie folgt geändert:

aa) In Satz 3 wird das Wort „wesentlich" gestrichen.

bb) Satz 4 wird wie folgt gefasst:

„Die übrigen Vorschriften des § 34 und die §§ 9a, 10, 10c, 16 Abs. 4, § 20 Abs. 4, §§ 24a, 32, 32a Abs. 6, §§ 33, 33a und 33b sind nicht anzuwenden."

b) Absatz 5 wird wie folgt geändert:

aa) Die Sätze 2 und 3 werden aufgehoben.

bb) Im neuen Satz 2 werden nach den Wörtern „Satz 1 gilt nicht, wenn" die Wörter „die Einkünfte Betriebseinnahmen eines inländischen Betriebs sind oder" eingefügt.

36. § 50c wird aufgehoben.

37. § 50d wird wie folgt geändert:

a) In Absatz 1 Satz 1 wird die Angabe „§ 44d" jeweils durch die Angabe „§ 43b" ersetzt.

b) In Absatz 1a und Absatz 3 Satz 1 wird die Angabe „§ 44d" jeweils durch die Angabe „§ 43b" ersetzt.

c) In Absatz 3 wird die Angabe „§ 44d" jeweils durch die Angabe „§ 43b" und die Angabe „in dem in § 8b Abs. 5 des Körperschaftsteuergesetzes festgelegten Umfang" durch die Angabe „zu mindestens einem Zehntel" ersetzt.

38. § 51 Abs. 4 wird wie folgt geändert:

a) Nummer 1 wird wie folgt geändert:

aa) Buchstabe b wird aufgehoben.

bb) Die Angabe „des Antrags auf Vergütung von Körperschaftsteuer (§ 36b Abs. 3)," wird gestrichen.

b) Nach Nummer 1 wird folgende neue Nummer 1a eingefügt:

„1a. im Einvernehmen mit den obersten Finanzbehörden der Länder auf der Basis der §§ 32a und 39b einen Programmablaufplan für die Herstellung von Lohnsteuertabellen zur manuellen Berechnung der Lohnsteuer aufzustellen und bekannt zu machen;"

39. § 51a Abs. 2a wird wie folgt geändert:

a) In Satz 1 wird der zweite Halbsatz wie folgt gefasst:

„beim Steuerabzug vom laufenden Arbeitslohn und beim Jahresausgleich ist die Lohnsteuer maßgebend, die sich ergibt, wenn der nach § 39b Abs. 2 Satz 6 zu versteuernde Jahresbetrag für die Steuerklassen I, II und III um den Kinderfreibetrag von 6 912 Deutsche Mark und für die Steuerklasse IV um den Kinderfreibetrag von 3 456 Deutsche Mark für jedes Kind vermindert wird, für das eine Kürzung des Kinderfreibetrags nach § 32 Abs. 6 Satz 5 nicht in Betracht kommt."

b) Sätze 2 und 3 werden gestrichen.

40. § 52 wird wie folgt geändert:

a) In Absatz 1 Satz 1 wird die Angabe „2000" durch die Angabe „2001" und in Satz 2 die Angabe „1999" jeweils durch die Angabe „2000" ersetzt.

b) Nach Absatz 4 wird folgender Absatz 4a eingefügt:

„(4a) § 3 Nr. 40 ist erstmals anzuwenden für

1. Gewinnausschüttungen, auf die bei der ausschüttenden Körperschaft der nach Artikel 3 des Gesetzes vom ... (BGBl. I S. ...) aufgehobene Vierte Teil des Körperschaftsteuergesetzes nicht mehr anzuwenden ist; für die übrigen in § 3 Nr. 40 genannten Erträge im Sinne des § 20 gilt Entsprechendes;

2. Erträge im Sinne des § 3 Nr. 40 Satz 1 Buchstabe a, b, c und i nach Ablauf des ersten Wirtschaftsjahrs der Gesellschaft, an der die Anteile bestehen, für das das Körperschaftsteuergesetz in der Fassung des Artikels 3 des Gesetzes vom ... (BGBl. I S. ...) erstmals anzuwenden ist."

c) Nach Absatz 8 wird folgender Absatz 8a eingefügt:

„(8a) § 3c Abs. 2 ist erstmals auf Aufwendungen anzuwenden, die mit Erträgen im wirtschaftlichen Zusammenhang stehen, auf die § 3 Nr. 40 erstmals anzuwenden ist."

d) Absatz 16 wird wie folgt geändert:

aa) Nach Satz 5 wird folgender Satz eingefügt:

„§ 3 Nr. 40 Satz 1 Buchstabe a Satz 2 in der Fassung des Gesetzes vom ... (BGBl. I S. ...) und § 8b Abs. 2 Satz 2 des Körperschaftsteuergesetzes in der Fassung des Gesetzes vom ... (BGBl. I S. ...) sind in den Fällen des Satzes 3 bis 5 entsprechend anzuwenden."

bb) Im neuen Satz 8 wird die Angabe „Satz 6" durch die Angabe „Satz 7" ersetzt.

cc) Im neuen Satz 11 wird die Angabe „Satz 7 ist für die in Satz 8" durch die Angabe „Satz 8 ist für die in Satz 9" ersetzt.

e) Nach Absatz 16 wird folgender Absatz 16a eingefügt:

„(16a) § 6 Abs. 5 Satz 3 und 4 in der Fassung des Artikels 1 des Gesetzes vom ... (BGBl. I S. ...) ist erstmals auf Übertragungen von Wirtschaftsgütern anzuwenden, die nach dem 31. Dezember 2000 erfolgen."

f) Nach Absatz 21 werden die folgenden Absätze 21a und 21b eingefügt:

„(21a) § 7 Abs. 2 Satz 2 ist erstmals bei Wirtschaftsgütern anzuwenden, die nach dem 31. Dezember 2000 angeschafft oder hergestellt worden sind. Bei Wirtschaftsgütern, die vor dem 1. Januar 2001 angeschafft oder hergestellt worden sind, ist § 7 Abs. 2 Satz 2 des Einkommensteuergesetzes in der Fassung des Gesetzes vom 22. Dezember 1999 (BGBl. I S. 2601) weiter anzuwenden.

(21b) Bei Gebäuden, soweit sie zu einem Betriebsvermögen gehören und nicht Wohnzwecken dienen, ist § 7 Abs. 4 Satz 1 und 2 in der Fassung des Gesetzes vom 22. Dezember 1999 (BGBl. I S. 2601) weiter anzuwenden, wenn der Steuerpflichtige im Fall der Herstellung vor dem 1. Januar 2001 mit der Herstellung des Gebäudes begonnen hat oder im Fall der Anschaffung das Objekt auf Grund eines vor dem 1. Januar 2001 rechtswirksam abgeschlossenen obligatorischen Vertrags oder gleichstehenden Rechtsakts angeschafft hat. Als Beginn der Herstellung gilt bei Gebäuden, für die eine Baugenehmigung erforderlich ist, der Zeitpunkt, in dem der Bauantrag gestellt wird; bei baugenehmigungsfreien Gebäuden, für die Bauunterlagen einzureichen sind, der Zeitpunkt, in dem die Bauunterlagen eingereicht werden."

g) Absatz 23 wird wie folgt gefasst:

„(23) § 7g Abs. 3 Satz 2 und Abs. 4 sind vorbehaltlich des Satzes 2 erstmals für Wirtschaftsjahre anzuwenden, die nach dem 31. Dezember 2000 beginnen. Bei Rücklagen, die in vor dem 1. Januar 2001 beginnenden Wirtschaftsjahren gebildet worden sind, ist § 7g Abs. 1 bis 8 in der Fassung des Gesetzes vom 22. Dezember 1999 (BGBl. I S. 2601) weiter anzuwenden."

h) Es wird folgender Absatz 24a eingefügt:

„(24a) § 10c Abs. 2 Satz 3 ist anzuwenden:

1. im Kalenderjahr 2002 in der folgenden Fassung:

    „Die Vorsorgepauschale ist auf den nächsten durch 36 ohne Rest teilbaren vollen Eurobetrag abzurunden, wenn sie nicht bereits durch 36 ohne Rest teilbar ist."

2. ab dem Kalenderjahr 2003 in der folgenden Fassung:

    „Die Vorsorgepauschale ist auf den nächsten vollen Eurobetrag abzurunden.""

i) Absatz 25 Satz 2 wird aufgehoben.

j) Nach Absatz 32 wird folgender Absatz 32a eingefügt:

„(32a) § 15 Abs. 4 Satz 3 und 4 ist erstmals auf Verluste anzuwenden, die nach Ablauf des ersten Wirtschaftsjahrs der Gesellschaft, auf deren Anteile sich die in § 15 Abs. 4 Satz 4 bezeichneten Geschäfte beziehen, entstehen, für das das Körperschaftsteuergesetz in der Fassung des Artikels 3 des Gesetzes vom ... (BGBl. I S. ...) erstmals anzuwenden ist. § 15 Abs. 4 Satz 5 ist erstmals auf Verluste anzuwenden, die nach Ablauf des ersten Wirtschaftsjahrs der Gesellschaft, deren Anteile in § 15 Abs. 4 Satz 5 bezeichnet sind, entstehen, für das das Körperschaftsteuergesetz in der Fassung des Artikels 3 des Gesetzes vom ... (BGBl. I S. ...) erstmals anzuwenden ist."

k) Dem Absatz 34 wird folgender Satz angefügt:

„§ 16 Abs. 4 in der Fassung des Gesetzes vom ... (BGBl. I S. ...) ist erstmals auf Veräußerungen und Realteilungen anzuwenden, die nach dem 31. Dezember 2000 erfolgen."

l) Nach Absatz 34 wird folgender Absatz 34a eingefügt:

„(34a) § 17 ist erstmals auf Veräußerungen anzuwenden, die nach Ablauf des ersten Wirtschaftsjahrs der Gesellschaft, deren Anteile veräußert werden, vorgenommen werden, für das das Körperschaftsteuergesetz in der Fassung des Artikels 3 des Gesetzes vom ... (BGBl. I S. ...) erstmals anzuwenden ist."

m) Dem Absatz 36 werden die folgenden Sätze vorangestellt:

„§ 20 Abs. 1 Nr. 1 bis 3 in der Fassung des Gesetzes vom 24. März 1999 (BGBl. I S. 402) ist letztmals anzuwenden für Ausschüttungen, für die der Vierte Teil des Körperschaftsteuergesetzes nach § 34 Abs. 10a des Körperschaftsteuergesetzes in der Fassung des Artikels 3 des Gesetzes vom ... (BGBl. I S. ...) letztmals anzuwenden ist. § 20 Abs. 1 Nr. 1 und 2 in der Fassung des Gesetzes vom ... (BGBl. I S. ...) ist erstmals für Erträge anzuwenden, für die Satz 1 nicht gilt."

n) Absatz 37 wird wie folgt gefasst:

„(37) § 20 Abs. 1 Nr. 9 ist erstmals auf Einnahmen anzuwenden, die nach Ablauf des ersten Wirtschaftsjahrs der Körperschaft, Personenvereinigung oder Vermögensmasse im Sinne von § 1 Abs. 1 Nr. 3 bis 5 des Körperschaftsteuergesetzes erzielt werden, für das das Körperschaftsteuergesetz in der Fassung des Artikels 3 des Gesetzes vom ... (BGBl. I S. ...) erstmals anzuwenden ist."

o) Nach Absatz 37 werden die folgenden Absätze 37a und 37b eingefügt:

„(37a) § 20 Abs. 1 Nr. 10 Buchstabe a ist erstmals auf Leistungen anzuwenden, die nach Ablauf des ersten Wirtschaftsjahrs des Betriebs gewerblicher Art mit eigener Rechtspersönlichkeit erzielt werden, für das das Körperschaftsteuergesetz in der Fassung des Artikels 3 des Gesetzes vom ... (BGBl. I S. ...) erstmals anzuwenden ist. § 20 Abs. 1 Nr. 10 Buchstabe b ist erstmals auf Gewinne anzuwenden, die nach Ablauf des ersten Wirtschaftsjahrs des Betriebs gewerblicher Art ohne eigene Rechtspersönlichkeit oder des wirtschaftlichen Geschäftsbetriebs erzielt werden, für das das Körperschaftsteuergesetz in der Fassung des Artikels 3 des Gesetzes vom ... (BGBl. I S. ...) erstmals anzuwenden ist.

(37b) § 20 Abs. 2a Satz 1 in der Fassung des Gesetzes vom 24. März 1999 (BGBl. I S. 402) ist letztmals anzuwenden für Ausschüttungen, für die der Vierte Teil des Körperschaftsteuergesetzes nach § 34 Abs. 10a des Körperschaftsteuergesetzes in der Fassung des Artikels 3 des Gesetzes vom ... (BGBl. I S. ...) letztmals anzuwenden ist."

p) Nach Absatz 37b wird folgender Absatz 38 eingefügt:

„(38) § 22 Nr. 1 Satz 2 ist erstmals auf Bezüge anzuwenden, die nach Ablauf des Wirtschaftsjahrs der Körperschaft, Personenvereinigung oder Vermögensmasse erzielt werden, die die Bezüge gewährt, für das das Körperschaftsteuergesetz in der Fassung der Bekanntmachung vom 22. April 1999 (BGBl. I S. 817), zuletzt geändert durch Artikel 4 des Gesetzes vom 22. Dezember 1999 (BGBl. I S. 2601), letztmalig anzuwenden ist."

q) Absatz 40 wird wie folgt gefasst:

„(40) § 32 Abs. 4 Satz 2 ist anzuwenden

1. für die Veranlagungszeiträume 2003 und 2004 mit der Maßgabe, dass an die Stelle des Betrags von 14 040 Deutsche Mark der Betrag von 14 520 Deutsche Mark tritt, und

2. ab dem Veranlagungszeitraum 2005 mit der Maßgabe, dass an die Stelle des Betrags von 14 040 Deutsche Mark der Betrag von 15 000 Deutsche Mark tritt."

r) Die Absätze 41 bis 43 werden wie folgt gefasst:

„(41) § 32a Abs. 1 ist anzuwenden

1. für den Veranlagungszeitraum 2002 in der folgenden Fassung:

„(1) Die tarifliche Einkommensteuer bemisst sich nach dem zu versteuernden Einkommen. Sie beträgt vorbehaltlich der §§ 32b, 34, 34b und 34c jeweils in Euro für zu versteuernde Einkommen

1. bis 7 235 Euro (Grundfreibetrag): 0;
2. von 7 236 Euro bis 9 251 Euro: $(768{,}85 \cdot y + 1\,990) \cdot y$;
3. von 9 252 Euro bis 55 007 Euro: $(278{,}65 \cdot z + 2\,300) \cdot z + 432$;
4. von 55 008 Euro an: $0{,}485 \cdot x - 9\,872$.

„y" ist ein Zehntausendstel des 7 200 Euro übersteigenden Teils des nach Absatz 2 ermittelten zu versteuernden Einkommens. „z" ist ein Zehntausendstel des 9 216 Euro übersteigenden Teils des nach Absatz 2 ermittelten zu versteuernden Einkommens. „x" ist das nach Absatz 2 ermittelte zu versteuernde Einkommen.";

2. für die Veranlagungszeiträume 2003 und 2004 in der folgenden Fassung:

„(1) Die tarifliche Einkommensteuer bemisst sich nach dem zu versteuernden Einkommen. Sie beträgt vorbehaltlich der §§ 32b, 34, 34b und 34c jeweils in Euro für zu versteuernde Einkommen

1. bis 7 426 Euro (Grundfreibetrag): 0;
2. von 7 427 Euro bis 12 755 Euro:
   $(747{,}80 \cdot y + 1\,700) \cdot y$;
3. von 12 756 Euro bis 52 292 Euro:
   $(278{,}59 \cdot z + 2\,497) \cdot z + 1\,118$;
4. von 52 293 Euro an: $0{,}47 \cdot x - 9\,232$.

„y" ist ein Zehntausendstel des 7 426 Euro übersteigenden Teils des auf einen vollen Euro-Betrag abgerundeten zu versteuernden Einkommens. „z" ist ein Zehntausendstel des 12 755 Euro übersteigenden Teils des auf einen vollen Euro-Betrag abgerundeten zu versteuernden Einkommens. „x" ist das auf einen vollen Euro-Betrag abgerundete zu versteuernde Einkommen. Der sich ergebende Steuerbetrag ist auf den nächsten vollen Euro-Betrag abzurunden.";

3. ab dem Veranlagungszeitraum 2005 in der folgenden Fassung:

„(1) Die tarifliche Einkommensteuer bemisst sich nach dem zu versteuernden Einkommen. Sie beträgt vorbehaltlich der §§ 32b, 34, 34b und 34c jeweils in Euro für zu versteuernde Einkommen

1. bis 7 664 Euro (Grundfreibetrag): 0;
2. von 7 665 Euro bis 12 739 Euro:
   $(883{,}74 \cdot y + 1\,500) \cdot y$;
3. von 12 740 Euro bis 52 151 Euro:
   $(241{,}42 \cdot z + 2\,397) \cdot z + 989$;
4. von 52 152 Euro an: $0{,}43 \cdot x - 8\,239$.

„y" ist ein Zehntausendstel des 7 664 Euro übersteigenden Teils des auf den nächsten vollen Euro-Betrag abgerundeten zu versteuernden Einkommens. „z" ist ein Zehntausendstel des 12 739 Euro übersteigenden Teils des auf den nächsten vollen Euro-Betrag abgerundeten zu versteuernden Einkommens. „x" ist das auf den nächsten vollen Euro-Betrag abgerundete zu versteuernde Einkommen. Der sich ergebende Steuerbetrag ist auf den nächsten vollen Euro-Betrag abzurunden."

(42) § 32a Abs. 2 ist für den Veranlagungszeitraum 2002 letztmals und in folgender Fassung anzuwenden:

„(2) Das zu versteuernde Einkommen ist auf den nächsten durch 36 ohne Rest teilbaren vollen Euro-Betrag abzurunden, wenn es nicht bereits durch 36 ohne Rest teilbar ist, und um 18 Euro zu erhöhen."

(43) § 32a Abs. 3 ist für den Veranlagungszeitraum 2002 letztmals und mit der Maßgabe anzuwenden, dass die Angabe „Deutsche-Mark-Betrag" durch die Angabe „Euro-Betrag" ersetzt wird."

s) Absatz 44 wird wie folgt gefasst:

„(44) § 32c in der Fassung des Gesetzes vom 22. Dezember 1999 (BGBl. I S. 2601) ist letztmals für den Veranlagungszeitraum anzuwenden, in dem Einkünfte aus Gewerbebetrieb erzielt werden, die aus Wirtschaftsjahren stammen, die vor dem 1. Januar 2001 beginnen."

t) Absatz 45 wird aufgehoben.

u) Absatz 46 wird wie folgt gefasst:

„(46) § 33a Abs. 1 Satz 1 und 4 ist anzuwenden

1. für die Veranlagungszeiträume 2003 und 2004 mit der Maßgabe, dass jeweils an die Stelle des Betrags von 14 040 Deutsche Mark der Betrag von 14 520 Deutsche Mark tritt, und

2. ab dem Veranlagungszeitraum 2005 mit der Maßgabe, dass jeweils an die Stelle des Betrags von 14 040 Deutsche Mark der Betrag von 15 000 Deutsche Mark tritt."

v) Absatz 47 Satz 1 wird wie folgt gefasst:

„§ 34 Abs. 1 Satz 1 in der Fassung des Gesetzes vom ... (BGBl. I S. ...) ist erstmals für den Veranlagungszeitraum 1999 anzuwenden. Auf § 34 Abs. 2 Nr. 1 ist Absatz 4a in der Fassung des Gesetzes vom ... (BGBl. I S. ...) entsprechend anzuwenden."

w) Nach Absatz 49 wird folgender Absatz 49a eingefügt:

„(49a) Auf § 34c Abs. 7 ist Absatz 4a entsprechend anzuwenden."

x) Nach Absatz 50 werden die folgenden Absätze 50a, 50b und 50c eingefügt:

„(50a) § 35 ist erstmals in dem Veranlagungszeitraum anzuwenden, in dem Einkünfte aus Gewerbebetrieb erzielt werden, die aus Wirtschaftsjahren stammen, die nach dem 31. Dezember 2000 beginnen.

(50b) § 36 Abs. 2 Nr. 2 und 3 und Abs. 3 Satz 1 in der Fassung des Gesetzes vom 24. März 1999 (BGBl. I S. 402) ist letztmals anzuwenden für Ausschüttungen, für die der Vierte Teil des Körperschaftsteuergesetzes nach § 34 Abs. 10a des Körperschaftsteuergesetzes in der Fassung des Artikels 3 des Gesetzes vom ... (BGBl. I S. ...) letztmals anzuwenden ist. § 36 Abs. 2 Nr. 2 und Abs. 3 Satz 1 in der Fassung des Gesetzes vom ... (BGBl. I S. ...) ist erstmals für Erträge anzuwenden, für die Satz 1 nicht gilt.

(50c) Die §§ 36a bis 36e in der Fassung des Gesetzes vom 24. März 1999 (BGBl. I S. 402) sind letztmals anzuwenden für Ausschüttungen, für die der Vierte Teil des Körperschaftsteuergesetzes nach § 34 Abs. 10a des Körperschaftsteuergesetzes in der Fassung des Artikels 3 des Gesetzes vom ... (BGBl. I S. ...) letztmals anzuwenden ist."

y) Absatz 52 wird wie folgt gefasst:

„(52) § 39b ist anzuwenden

1. ab dem Kalenderjahr 2002 mit der Maßgabe, dass in Absatz 2 Satz 8 an die Stelle der Angabe „17 442 Deutsche Mark" die Angabe „8 946 Euro", an die Stelle der Angabe „53 784 Deutsche Mark" die Angabe „27 306 Euro" und in Absatz 3 an die Stelle der Angabe „300 Deutsche Mark" die Angabe „150 Euro" treten. Absatz 2 Satz 6 Nr. 3 zweiter Halbsatz ist im Kalenderjahr 2002 in der folgenden Fassung anzuwenden:

„für die Berechnung der Vorsorgepauschale ist der hochgerechnete Jahresarbeitslohn auf den nächsten durch 36 ohne Rest teilbaren vollen Eurobetrag abzurunden, wenn er nicht bereits durch 36 ohne Rest teilbar ist, und sodann um 35 zu erhöhen,"

2. ab dem Kalenderjahr 2003 mit der Maßgabe, dass in Absatz 2 Satz 7 und 8 an die Stelle des Zitats „§ 32a Abs. 1 bis 3" jeweils das Zitat „§ 32a Abs. 1", in Absatz 2 Satz 8 an die Stelle der Zahlen „19,9" und „48,5" die Zahlen „17" und „47" und an die Stelle der Angaben

„17 442 Deutsche Mark" und „53 784 Deutsche Mark" die Angaben „9 036 Euro" und „26 964 Euro" treten. Absatz 2 Satz 6 Nr. 3 ist ab dem Kalenderjahr 2003 in der folgenden Fassung anzuwenden:

„3. die Vorsorgepauschale
   a) in den Steuerklassen I, II und IV nach Maßgabe des § 10c Abs. 2 oder 3,
   b) in der Steuerklasse III nach Maßgabe des § 10c Abs. 2 oder 3, jeweils in Verbindung mit § 10c Abs. 4 Nr. 1,"

3. ab dem Kalenderjahr 2005 mit der Maßgabe, dass in Absatz 2 Satz 8 an die Stelle der Zahlen „19,9" und „48,5" die Zahlen „15" und „43" und an die Stelle der Angaben „17 442 Deutsche Mark" und „53 784 Deutsche Mark" die Angaben „9 144 Euro" und „25 452 Euro" treten."

z) Absatz 53 wird wie folgt gefasst:

„(53) Die §§ 43 bis 45c in der Fassung des Gesetzes vom 22. Dezember 1999 (BGBl. I S. 2601) sind letztmals anzuwenden für Ausschüttungen, für die der Vierte Teil des Körperschaftsteuergesetzes nach § 34 Abs. 10a des Körperschaftsteuergesetzes in der Fassung des Artikels 3 des Gesetzes vom ... (BGBl. I S. ...) letztmals anzuwenden ist. Die §§ 43 bis 45c in der Fassung des Gesetzes vom ... (BGBl. I S. ...) sind erstmals für Kapitalerträge anzuwenden, für die Satz 1 nicht gilt. § 45d in der Fassung des Gesetzes vom ... (BGBl. I S. ...) ist erstmals im Veranlagungszeitraum 2002 anzuwenden."

z1) Die Absätze 55 bis 57 werden aufgehoben.

z2) Absatz 57a wird wie folgt gefasst:

„(57a) § 49 Abs. 1 Nr. 5 Buchstabe a in der Fassung des Gesetzes vom 22. Dezember 1999 (BGBl. I S. 2601) ist letztmals anzuwenden für Ausschüttungen, für die der Vierte Teil des Körperschaftsteuergesetzes nach § 34 Abs. 10a des Körperschaftsteuergesetzes in der Fassung des Artikels 3 des Gesetzes vom ... (BGBl. I S. ...) letztmals anzuwenden ist. § 49 Abs. 1 Nr. 5 Buchstabe a in der Fassung des Gesetzes vom ... (BGBl. I S. ...) ist erstmals für Kapitalerträge anzuwenden, für die Satz 1 nicht gilt. § 49 Abs. 1 Nr. 5 Buchstabe b in der Fassung des Gesetzes vom 22. Dezember 1999

(BGBl. I S. 2601) ist letztmals anzuwenden für Ausschüttungen, für die der Vierte Teil des Körperschaftsteuergesetzes nach § 34 Abs. 10a des Körperschaftsteuergesetzes in der Fassung des Artikels 3 des Gesetzes vom ... (BGBl. I S. ...) letztmals anzuwenden ist."

z3) Absatz 58 wird wie folgt gefasst:

„(58) § 50 Abs. 5 in der Fassung des Gesetzes vom 24. März 1999 (BGBl. I S. 402) ist letztmals anzuwenden für Ausschüttungen, für die der Vierte Teil des Körperschaftsteuergesetzes nach § 34 Abs. 10a des Körperschaftsteuergesetzes in der Fassung des Artikels 3 des Gesetzes vom ... (BGBl. I S. ...) letztmals anzuwenden ist."

z4) Absatz 59 wird wie folgt gefasst:

„(59) § 50c in der Fassung des Gesetzes vom 24. März 1999 (BGBl. I S. 402) ist weiter anzuwenden, wenn für die Anteile vor Ablauf des ersten Wirtschaftsjahrs, für das das Körperschaftsteuergesetz in der Fassung des Artikels 3 des Gesetzes vom ... (BGBl. I S. ...) erstmals anzuwenden ist, ein Sperrbetrag zu bilden war."

z5) Nach Absatz 59 werden die folgenden Absätze 59a bis 59c eingefügt:

„(59a) § 50d in der Fassung des Gesetzes vom 22. Dezember 1999 (BGBl. I S. 2601) ist letztmals anzuwenden für Ausschüttungen, für die der Vierte Teil des Körperschaftsteuergesetzes nach § 34 Abs. 10a des Körperschaftsteuergesetzes in der Fassung des Artikels 3 des Gesetzes vom ... (BGBl. I S. ...) letztmals anzuwenden ist. § 50d in der Fassung des Gesetzes vom ... (BGBl. I S. ...) ist erstmals auf Kapitalerträge anzuwenden, für die Satz 1 nicht gilt.

(59b) § 51 Abs. 4 Nr. 1 in der Fassung des Gesetzes vom 24. März 1999 (BGBl. I S. 402) ist letztmals anzuwenden für Ausschüttungen, für die der Vierte Teil des Körperschaftsteuergesetzes nach § 34 Abs. 10a des Körperschaftsteuergesetzes in der Fassung des Artikels 3 des Gesetzes vom ... (BGBl. I S. ...) letztmals anzuwenden ist.

(59c) § 51 Abs. 4 Nr. 1a ist ab dem Kalenderjahr 2003 in der folgenden Fassung anzuwenden:

„1a. im Einvernehmen mit den obersten Finanzbehörden der Länder auf der Basis der §§ 32a und 39b einen Programmablaufplan für die Herstellung von Lohnsteuertabellen mit Lohnstufen zur manuellen Berechnung der Lohnsteuer aufzustellen und bekannt zu machen. Der Lohnstufenabstand beträgt bei den Jahrestabellen 36. Die in den Tabellenstufen auszuweisende Lohnsteuer ist aus der Obergrenze der Tabellenstufen zu berechnen und muss an der Obergrenze mit der maschinell berechneten Lohnsteuer übereinstimmen. Die Monats-, Wochen- und Tagestabellen sind aus den Jahrestabellen abzuleiten;'"

41. Die bisherigen Anlagen 2 (zu § 32a Abs. 4) und 3 (zu § 32a Abs. 5) werden aufgehoben.

42. Die bisherigen Anlagen 4 (zu § 52 Abs. 42) und 4a (zu § 52 Abs. 43) werden aufgehoben.

43. Die bisherige Anlage 7 (zu § 44d) wird Anlage 2 (zu § 43b).

Artikel 2
Änderung der Einkommensteuer-Durchführungsverordnung

Die Einkommensteuer-Durchführungsverordnung in der Fassung der Bekanntmachung vom 18. Juni 1997 (BGBl. I S. 1558), zuletzt geändert durch ... (BGBl. I S. ...), wird wie folgt geändert:

1. § 56 Satz 1 wird wie folgt geändert:

    a) In Nummer 1 Buchstabe a wird die Angabe „27 215 Deutsche Mark" durch die Angabe „28 403 Deutsche Mark" ersetzt.

    b) In Nummer 2 Buchstabe a wird die Angabe „13 607 Deutsche Mark" durch die Angabe „14 201 Deutsche Mark" ersetzt.

2. § 84 Abs. 3b wird wie folgt gefasst:

    „(3b) § 56 in der Fassung des Gesetzes vom ... (BGBl. I S. ...) ist erstmals ab dem Veranlagungszeitraum 2001 anzuwenden."

Artikel 3
Änderung des Körperschaftsteuergesetzes

Das Körperschaftsteuergesetz in der Fassung der Bekanntmachung vom 22. April 1999 (BGBl. I S. 817), zuletzt geändert durch ... (BGBl. I S. ...), wird wie folgt geändert:

1. § 5 Abs. 2 wird wie folgt geändert:

    a) Nummer 2 wird aufgehoben.

    b) Die bisherige Nummer 3 wird Nummer 2.

2. In § 7 Abs. 1 wird die Angabe „§ 23 Abs. 6" durch die Angabe „§ 23 Abs. 3" ersetzt.

3. § 8 wird wie folgt geändert:

    a) Absatz 5 wird aufgehoben.

    b) Die bisherigen Absätze 6 und 7 werden zu Absätzen 5 und 6.

4. § 8a wird wie folgt geändert:

    a) Absatz 1 wird wie folgt gefasst:

    „(1) Vergütungen für Fremdkapital, das eine unbeschränkt steuerpflichtige Kapitalgesellschaft von einem Anteilseigner erhalten hat, der zu einem Zeitpunkt im Wirtschaftsjahr wesentlich am Grund- oder Stammkapital beteiligt war, gelten als verdeckte Gewinnausschüttungen, wenn eine

    1. nicht in einem Bruchteil des Kapitals bemessene Vergütung vereinbart ist oder

    2. in einem Bruchteil des Kapitals bemessene Vergütung vereinbart ist und soweit das Fremdkapital zu einem Zeitpunkt des Wirtschaftsjahrs das Eineinhalbfache des anteiligen Eigenkapitals des Anteilseigners übersteigt, es sei denn, die Kapitalgesellschaft hätte dieses Fremdkapital bei sonst gleichen Umständen auch von einem fremden Dritten erhalten können oder es handelt sich um Mittelaufnahmen zur Finanzierung banküblicher Geschäfte.

    Dies gilt nicht, wenn die Vergütung bei dem Anteilseigner im Inland im Rahmen einer Veranlagung erfasst wird. Satz 1 ist auch bei Vergütungen für Fremdkapital anzuwenden, das die Kapitalgesellschaft von einer dem Anteilseigner nahe stehenden Person im Sinne des § 1 Abs. 2 des Außensteuergesetzes, bei der die Vergütung im Inland nicht steuerpflichtig ist, oder von einem Dritten erhalten hat, der auf den Anteilseigner oder eine diesem nahe stehende Person zurückgreifen kann."

b) Absatz 4 wird wie folgt gefasst:

„(4) Bei einer Kapitalgesellschaft, deren Haupttätigkeit darin besteht, Beteiligungen an Kapitalgesellschaften zu halten und diese Kapitalgesellschaften zu finanzieren oder deren Vermögen zu mehr als 75 vom Hundert ihrer Bilanzsumme aus Beteiligungen an Kapitalgesellschaften besteht, tritt in Absatz 1 Satz 1 Nr. 2 an die Stelle des Eineinhalbfachen das Dreifache des anteiligen Eigenkapitals des Anteilseigers. Vergütungen für Fremdkapital, das ein Anteilseigner im Sinne des Absatzes 1, eine ihm nahestehende Person oder ein Dritter im Sinne des Absatzes 1 Satz 3 einer der Kapitalgesellschaft im Sinne des Satzes 1 nachgeordneten Kapitalgesellschaft zugeführt hat oder im Wirtschaftsjahr zuführt, gelten als verdeckte Gewinnausschüttungen, es sei denn, es handelt sich um Fremdkapital im Sinne des Absatzes 1 Satz 1 Nr. 2 und die nachgeordnete Kapitalgesellschaft hätte dieses Fremdkapital bei sonst gleichen Umständen von einem fremden Dritten erhalten können oder es handelt sich um Mittelaufnahmen zur Finanzierung banküblicher Geschäfte. Bei einer Kapitalgesellschaft, die am Grund- oder Stammkapital einer anderen Kapitalgesellschaft beteiligt ist, ohne die Voraussetzungen des Satzes 1 zu erfüllen, ist das Eigenkapital im Sinne des Absatzes 2 um den Buchwert dieser Beteiligung zu kürzen."

c) Absatz 5 Nr. 1 wird wie folgt gefasst:

„1. wenn die Vergütung beim Anteilseigner in Inland im Rahmen einer Veranlagung nur erfasst wird, weil die Einkünfte aus der Beteiligung Betriebseinnahmen eines inländischen Betriebs sind, oder".

5. § 8b wird wie folgt gefasst:

„§ 8b
Beteiligung an anderen Körperschaften
und Personenvereinigungen

(1) Bezüge im Sinne des § 20 Abs. 1 Nr. 1, 2, 9 und 10 Buchstabe a des Einkommensteuergesetzes bleiben bei der Ermittlung des Einkommens außer Ansatz.

(2) Bei der Ermittlung des Einkommens bleiben Gewinne aus der Veräußerung eines Anteils an einer anderen Körperschaft oder Personenvereinigung, deren Leistungen beim Empfänger zu Einnahmen im Sinne des § 20 Abs. 1 Nr. 1, 2, 9 und 10 Buchstabe a des Einkommensteuergesetzes gehören, aus der Auflösung oder der Herabsetzung ihres Nennkapitals oder aus dem Ansatz des in § 6 Abs. 1 Satz 1 Nr. 2 Satz 3 des Einkommensteuergesetzes bezeichneten Wertes außer Ansatz, soweit diese Anteile im Zeitpunkt der Veräußerung seit mindestens einem Jahr (Behaltefrist) ununterbrochen zum Betriebsvermögen des Steuerpflichtigen gehört haben. Das gilt nicht, soweit der Anteil in früheren Jahren steuerwirksam auf den niedrigeren Teilwert abgeschrieben und die Gewinnminderung nicht durch den Ansatz eines höheren Werts ausgeglichen worden ist. Veräußerung im vorstehenden Sinne ist auch die verdeckte Einlage.

(3) Gewinnminderungen, die durch den Ansatz des niedrigeren Teilwerts des in Absatz 2 genannten Anteils oder durch Veräußerung des Anteils oder bei Auflösung oder Herabsetzung des Nennkapitals entstehen, sind bei der Gewinnermittlung nicht zu berücksichtigen. Das gilt auch für Gewinnminderungen durch den Ansatz des niedrigeren Teilwerts innerhalb der Behaltefrist im Sinne des Absatzes 2.

(4) Absatz 2 ist nur anzuwenden, soweit die Anteile nicht

1. einbringungsgeboren im Sinne des § 21 des Umwandlungssteuergesetzes sind oder

2. durch eine Körperschaft, Personenvereinigung oder Vermögensmasse unmittelbar oder mittelbar über eine Mitunternehmerschaft von einem Einbringenden, der nicht zu den von Absatz 2 begünstigten Steuerpflichtigen gehört, zu einem Wert unter dem Teilwert erworben worden sind.

Satz 1 gilt nicht, wenn

1. der in Absatz 2 bezeichnete Vorgang später als sieben Jahre nach dem Zeitpunkt des Erwerbs der in Satz 1 genannten Anteile stattfindet oder

2. die in Satz 1 bezeichneten Anteile auf Grund eines Einbringungsvorgangs nach § 20 Abs. 1 Satz 2 des Umwandlungssteuergesetzes erworben worden sind, es sei denn, die Anteile sind unmittelbar oder mittelbar auf eine Einbringung im Sinne des § 20 Abs. 1 Satz 1 oder des § 23 Abs. 1 bis 3 des Umwandlungssteuergesetzes innerhalb der in Nummer 1 bezeichneten Frist zurückzuführen.

(5) Von den Dividenden aus Anteilen an einer ausländischen Gesellschaft, die von der Körperschaftsteuer befreit sind, gelten fünf vom Hundert als Betriebsausgaben, die mit den Einnahmen in unmittelbarem wirtschaftlichen Zusammenhang stehen.

(6) Die Absätze 1 bis 5 gelten auch, soweit einer Körperschaft, Personenvereinigung oder Vermögensmasse Bezüge oder Gewinne im Sinne der Absätze 1 bis 3 im Rahmen eines Gewinnanteils aus einer Mitunternehmerschaft im Sinne des § 13 Abs. 7, § 15 Abs. 1 Satz 1 Nr. 2 und 3 und des § 18 Abs. 4 des Einkommensteuergesetzes zugerechnet werden. Die Absätze 1 bis 5 gelten für Bezüge oder Gewinne entsprechend, die einem Betrieb gewerblicher Art einer juristischen Person des öffentlichen Rechts über andere juristische Personen des öffentlichen Rechts zufließen, über die sie mittelbar an der leistenden Körperschaft, Personenvereinigung oder Vermögensmasse beteiligt ist und bei denen die Leistungen nicht im Rahmen eines Betriebs gewerblicher Art erfasst werden."

6. § 14 wird wie folgt geändert:

a) Nummer 1 wird wie folgt gefasst:

„1. Der Organträger muss an der Organgesellschaft vom Beginn ihres Wirtschaftsjahrs an ununterbrochen in einem solchen Maße beteiligt sein, dass ihm die Mehrheit der Stimmrechte aus den Anteilen an der Organgesellschaft zusteht (finanzielle Eingliederung). Mittelbare Beteiligungen sind zu berücksichtigen, wenn die Beteiligung an jeder vermittelnden Gesellschaft die Mehrheit der Stimmrechte gewährt."

b) Nummer 2 wird aufgehoben.

c) Die bisherigen Nummern 3 bis 5 werden die Nummern 2 bis 4.

d) In der neuen Nummer 2 Satz 3 wird die Angabe „so müssen die Voraussetzungen der Nummer 1 und 2" durch die Angabe „so muss die Voraussetzung der Nummer 1" ersetzt.

7. § 16 wird wie folgt gefasst:

„§ 16
Ausgleichszahlungen

Die Organgesellschaft hat ihr Einkommen in Höhe 4/3 der geleisteten Ausgleichszahlungen selbst zu versteuern. Ist die Verpflichtung zum Ausgleich vom Organträger erfüllt worden, so hat die Organgesellschaft die Summe der geleisteten Ausgleichszahlungen anstelle des Organträgers zu versteuern."

8. § 23 wird wie folgt gefasst:

„§ 23
Steuersatz

(1) Die Körperschaftsteuer beträgt 25 vom Hundert des zu versteuernden Einkommens.

(2) Wird die Einkommensteuer auf Grund der Ermächtigung des § 51 Abs. 3 des Einkommensteuergesetzes herabgesetzt oder erhöht, so ermäßigt oder erhöht sich die Körperschaftsteuer entsprechend.

(3) Die Körperschaftsteuer beträgt beim Zweiten Deutschen Fernsehen, Anstalt des öffentlichen Rechts, für das Geschäft der Veranstaltung von Werbesendungen vier vom Hundert der Entgelte (§ 10 Abs. 1 des Umsatzsteuergesetzes) aus Werbesendungen. Absatz 2 gilt entsprechend."

9. § 26 wird wie folgt geändert

a) Die Absätze 2 bis 5 werden aufgehoben.

b) Absatz 6 wird wie folgt gefasst:

„(6) Vorbehaltlich des Satzes 2 sind die Vorschriften des § 34c Abs. 1 Satz 2 und 3, Abs. 2 bis 8 und des § 50 Abs. 6 des Einkommensteuergesetzes entsprechend anzuwenden. Bei der Anwendung des § 34c Abs. 1 Satz 2 des Einkommensteuergesetzes ist der Berechnung der auf die ausländischen Einkünfte entfallenden inländischen Körperschaftsteuer die

Körperschaftsteuer zugrunde zu legen, die sich ohne Anwendung der §§ 37 und 38 ergibt."

c) Absatz 7 wird aufgehoben.

10. Der Vierte Teil wird aufgehoben.

11. Nach § 26 werden folgende Überschrift und die folgenden §§ 27 bis 29 eingefügt:

„Vierter Teil
Nicht in das Nennkapital geleistete Einlagen und Entstehung und Veranlagung

§ 27
Nicht in das Nennkapital geleistete Einlagen

(1) Die unbeschränkt steuerpflichtige Körperschaft hat die nicht in das Nennkapital geleisteten Einlagen am Schluss jedes Wirtschaftsjahrs auf einem besonderen Konto (steuerliches Einlagekonto) auszuweisen. Das steuerliche Einlagekonto ist ausgehend von dem Bestand am Ende des vorangegangenen Wirtschaftsjahrs um die jeweiligen Zu- und Abgänge des Wirtschaftsjahrs fortzuschreiben. Leistungen der Körperschaft mindern das steuerliche Einlagekonto nur, soweit die Summe der im Wirtschaftsjahr erbrachten Leistungen den auf den Schluss des vorangegangen Wirtschaftsjahrs ermittelten Unterschiedsbetrag zwischen dem um das gezeichnete Kapital geminderten in der Steuerbilanz ausgewiesenen Eigenkapital und dem Bestand des steuerlichen Einlagekontos übersteigt. Ist für die Leistung der Körperschaft die Minderung des Einlagekontos bescheinigt worden, bleibt die der Bescheinigung zugrunde gelegte Verwendung unverändert.

(2) Der unter Berücksichtigung der Zu- und Abgänge des Wirtschaftsjahrs ermittelte Bestand des steuerlichen Einlagekontos wird gesondert festgestellt. Der Bescheid über die gesonderte Feststellung ist Grundlagenbescheid für den Bescheid über die gesonderte Feststellung zum folgenden Feststellungszeitpunkt. Unbeschränkt steuerpflichtige Körperschaften und Personenvereinigungen haben auf den Schluss jedes Wirtschaftsjahrs Erklärungen zur gesonderten Feststellung von Besteuerungsgrundlagen abzugeben. Die Erklärungen sind von den in § 34 der Abgabenordnung bezeichneten Personen eigenhändig zu unterschreiben.

(3) Erbringt eine unbeschränkt steuerpflichtige Körperschaft für eigene Rechnung Leistungen, die als Abgang auf dem steuerlichen Einlagekonto berücksichtigt worden sind, so ist sie verpflichtet, ihren Anteilseignern die folgenden Angaben nach amtlich vorgeschriebenem Muster zu bescheinigen:

1. den Namen und die Anschrift des Anteilseigners,
2. die Höhe der Leistungen, soweit das steuerliche Einlagekonto gemindert wurde,
3. den Zahlungstag.

Die Bescheinigung braucht nicht unterschrieben zu werden, wenn sie in einem maschinellen Verfahren ausgedruckt worden ist und den Aussteller erkennen lässt.

(4) Ist die in Absatz 1 bezeichnete Leistung einer unbeschränkt steuerpflichtigen Körperschaft von der Vorlage eines Dividendenscheins abhängig und wird sie für Rechnung der Körperschaft durch ein inländisches Kreditinstitut erbracht, so hat das Institut dem Anteilseigner eine Bescheinigung mit den in Absatz 3 Satz 1 bezeichneten Angaben nach amtlich vorgeschriebenem Muster zu erteilen. Aus der Bescheinigung muss ferner hervorgehen, für welche Körperschaft die Leistung erbracht wird. Die Sätze 1 und 2 gelten entsprechend, wenn anstelle eines inländischen Kreditinstituts eine inländische Zweigniederlassung eines der in § 53b Abs. 1 oder 7 des Gesetzes über das Kreditwesen genannten Institute oder Unternehmen die Leistung erbringt.

(5) Der Aussteller einer Bescheinigung, die den Absätzen 3 und 4 nicht entspricht, haftet für die auf Grund der Bescheinigung verkürzten Steuern oder zu Unrecht gewährten Steuervorteile. Ist die Bescheinigung durch ein inländisches Kreditinstitut oder durch eine inländische Zweigniederlassung eines der in § 53b Abs. 1 und 7 des Gesetzes über das Kreditwesen genannten Institute oder Unternehmen auszustellen, so haftet die Körperschaft auch, wenn sie zum Zweck der Bescheinigung unrichtige Angaben macht.

(6) Geht das Vermögen einer Kapitalgesellschaft durch Verschmelzung nach § 2 des Umwandlungsgesetzes auf eine unbeschränkt steuerpflichtige Körperschaft über, so ist der Bestand des steuerlichen Einlagekontos dem steuerlichen Einlagekonto der übernehmenden Körperschaft hinzuzurechnen.

(7) Geht Vermögen einer Kapitalgesellschaft durch Aufspaltung oder Abspaltung im Sinne des § 123 Abs. 1 und 2 des Um-

wandlungsgesetzes auf eine unbeschränkt steuerpflichtige Körperschaft über, so ist der Betrag des steuerlichen Einlagekontos der übertragenden Kapitalgesellschaft einer übernehmenden Körperschaft im Verhältnis der übergehenden Vermögensteile zu dem bei der übertragenden Kapitalgesellschaft vor dem Übergang bestehenden Vermögen zuzuordnen, wie es in der Regel in den Angaben zum Umtauschverhältnis der Anteile im Spaltungs- und Übernahmevertrag oder im Spaltungsplan (§ 126 Abs. 1 Nr. 3, § 136 des Umwandlungsgesetzes) zum Ausdruck kommt. Entspricht das Umtauschverhältnis der Anteile nicht dem Verhältnis der übergehenden Vermögensteile zu dem bei der übertragenden Körperschaft vor der Spaltung bestehenden Vermögen, ist das Verhältnis der gemeinen Werte der übergehenden Vermögensteile zu dem vor der Spaltung vorhandenen Vermögen maßgebend. Soweit das Vermögen auf eine Personengesellschaft übergeht, mindert sich das steuerliche Einlagekonto der übertragenden Kapitalgesellschaft in dem Verhältnis der übergehenden Vermögensteile zu dem vor der Spaltung bestehenden Vermögen.

(8) Ist die Kapitalgesellschaft Organgesellschaft im Sinne des § 14 oder des § 17 und übersteigt das dem Organträger zuzurechnende Einkommen den abgeführten Gewinn, so ist der Unterschiedsbetrag bei der Organgesellschaft auf dem Einlagekonto zu erfassen. Unterschreitet das dem Organträger zuzurechnende Einkommen den abgeführten Gewinn, so mindert der Unterschiedsbetrag vorrangig das Einlagekonto.

§ 28
Umwandlung von Rücklagen in Nennkapital

Wird das gezeichnete Kapital durch Umwandlung von Rücklagen erhöht, so gilt der auf dem steuerlichen Einlagekonto nach § 27 ausgewiesene Betrag als vor den sonstigen Rücklagen verwendet. Das steuerliche Einlagekonto wird entsprechend gemindert. Enthält das gezeichnete Kapital auch Beträge, die ihm durch Umwandlung von sonstigen Rücklagen mit Ausnahme von aus Einlagen der Anteilseigner stammenden Beträgen zugeführt worden sind, so sind diese Teile des gezeichneten Kapitals getrennt auszuweisen und gesondert festzustellen. Wird das gezeichnete Kapital herabgesetzt, gilt dieser Teil des gezeichneten Kapitals als vorab verwendet. Die Rückzahlung des gezeichneten Kapitals gilt insoweit als Gewinnausschüttung, die beim Anteilseigner zu Einkünften im Sinne des § 20 Abs. 1 Nr. 2 des Einkommensteuergesetzes führen. Die Kapitalgesellschaft ist verpflichtet, ihren Anteilseignern die Verwendung des in Satz 4 genannten Teilbetrags nach amtlich vorgeschriebenem Muster zu bescheinigen. § 27 Abs. 2 bis 6 gilt entsprechend.

§ 29
Grundlagenbescheid

Der Körperschaftsteuerbescheid ist Grundlagenbescheid

1. für den Körperschaftsteuerbescheid des Verlustrücktragsjahrs hinsichtlich eines Verlustes, der sich bei der Ermittlung des Einkommens ergeben hat,

2. für den Bescheid über die gesonderte Feststellung nach § 10d Abs. 4 des Einkommensteuergesetzes hinsichtlich des Einkommens."

12. Die Zwischenüberschrift

„Fünfter Teil
Entstehung, Veranlagung, Erhebung und Vergütung der Steuer"

wird gestrichen.

13. Der bisherige § 48 wird § 30.

14. Der bisherige § 49 wird § 31 und wie folgt geändert:

a) Absatz 2 wird aufgehoben.

b) Der bisherige Absatz 3 wird Absatz 2.

15. Der bisherige § 50 wird § 32 und dessen Absatz 2 wird wie folgt gefasst:

„(2) Die Körperschaftsteuer ist nicht abgegolten, soweit der Steuerpflichtige wegen der Steuerabzugsbeträge in Anspruch genommen werden kann."

16. Die §§ 51 und 52 werden aufgehoben.

17. Die Überschrift

„Sechster Teil
Ermächtigungs- und Schlussvorschriften"

wird gestrichen.

18. Nach § 32 wird folgende Überschrift eingefügt:

"Fünfter Teil
Ermächtigungs- und Schlussvorschriften".

19. Der bisherige § 53 wird § 33.

20. Der bisherige § 54 wird § 34 und wie folgt geändert:

a) In Absatz 1 wird die Zahl „2000" durch die Zahl „2001" ersetzt.

b) Absatz 1a wird wie folgt gefasst:

„(1a) Das Körperschaftsteuergesetz in der Fassung des Artikels 3 des Gesetzes vom ... (BGBl. I S. ...) ist bei vom Kalenderjahr abweichenden Wirtschaftsjahren erstmals für den Veranlagungszeitraum 2002 anzuwenden, wenn das erste im Veranlagungszeitraum 2001 endende Wirtschaftsjahr vor dem 1. Januar 2001 beginnt."

c) Nach Absatz 6c wird folgender Absatz 6d eingefügt:

„(6d) § 8b ist erstmals anzuwenden für

1. Bezüge im Sinne des § 20 Abs. 1 Nr. 1 und 2 des Einkommensteuergesetzes, auf die bei der ausschüttenden Körperschaft der Vierte Teil des Körperschaftsteuergesetzes in der Fassung der Bekanntmachung vom 22. April 1999 (BGBl. I S. 817), zuletzt geändert durch Artikel 4 des Gesetzes vom 22. Dezember 1999 (BGBl. I S. 2601), nicht mehr anzuwenden ist;

2. Gewinne und Verluste im Sinne des § 8b Abs. 2 und 3 nach Ablauf des ersten Wirtschaftsjahrs der Gesellschaft, an der die Anteile bestehen, das dem letzten Wirtschaftsjahr folgt, das in dem Veranlagungszeitraum endet, in dem das Körperschaftsteuergesetz in der Fassung der Bekanntmachung vom 22. April 1999 (BGBl. I S. 817), zuletzt geändert durch Artikel 4 des Gesetzes vom 22. Dezember 1999 (BGBl. I S. 2601), letztmals anzuwenden ist.

Bis zu den in Satz 1 genannten Zeitpunkten ist § 8b in der Fassung der Bekanntmachung des Körperschaftsteuergesetzes vom 22. April 1999 (BGBl. I S. 817), zuletzt geändert durch Artikel 4 des Gesetzes vom 22. Dezember 1999 (BGBl. I S. 2601), weiter anzuwenden."

d) Absatz 10a wird wie folgt gefasst:

„(10a) Die Vorschriften des Vierten Teils des Körperschaftsteuergesetzes in der Fassung der Bekanntmachung vom 22. April 1999 (BGBl. I S. 817), zuletzt geändert durch Artikel 4 des Gesetzes vom 22. Dezember 1999 (BGBl. I S. 2601), sind letztmalig anzuwenden

1. für Gewinnausschüttungen, die auf einem den gesellschaftsrechtlichen Vorschriften entsprechenden Gewinnverteilungsbeschluss für ein abgelaufenes Wirtschaftsjahr beruhen, und die in dem ersten Wirtschaftsjahr erfolgen, das in dem Veranlagungszeitraum endet, für den das Körperschaftsteuergesetz in der Fassung des Artikels 3 des Gesetzes vom ... (BGBl. I S. ...) erstmals anzuwenden ist;

2. für andere Ausschüttungen und sonstige Leistungen, die in dem Wirtschaftsjahr erfolgen, das dem in Nummer 1 genannten Wirtschaftsjahr vorangeht.

Für unbeschränkt steuerpflichtige Körperschaften und Personenvereinigungen, deren Leistungen bei den Empfängern zu den Einnahmen im Sinne des § 20 Abs. 1 Nr. 1 oder 2 des Einkommensteuergesetzes in der Fassung der Bekanntmachung vom 16. April 1997 (BGBl. I S. 821), zuletzt geändert durch Artikel 1 des Gesetzes vom ... (BGBl. I S. ...), gehören, beträgt die Körperschaftsteuer 45 vom Hundert der Einnahmen im Sinne des § 20 Abs. 1 Nr. 1 oder 2 des Einkommensteuergesetzes in der Fassung der Bekanntmachung vom 16. April 1997 (BGBl. I S. 821), zuletzt geändert durch Artikel 1 des Gesetzes vom ... (BGBl. I S. ...), zuzüglich der darauf entfallenden Einnahmen im Sinne des § 20 Abs. 1 Nr. 3 des Einkommensteuergesetzes in der Fassung der Bekanntmachung vom 16. April 1997 (BGBl. I S. 821), zuletzt geändert durch Artikel 1 des Gesetzes vom ... (BGBl. I S. ...), für die der Teilbetrag im Sinne des § 54 Abs. 11 Satz 1 des Körperschaftsteuergesetzes in der Fassung der Bekanntmachung vom 22. April 1999 (BGBl. I S. 817), zuletzt geändert durch Artikel 4 des Gesetzes vom 22. Dezember 1999 (BGBl. I S. 2601), als verwendet gilt. § 44 Abs. 1 Satz 1 Nr. 6 Satz 3 des Körperschaftsteuergesetzes in der Fassung der Bekanntmachung vom 22. April 1999 (BGBl. I S. 817), zuletzt geändert durch Artikel 4 des Gesetzes vom 22. Dezember 1999 (BGBl. I S. 2601), gilt entsprechend. Die Körperschaftsteuer beträgt höchstens 45 vom Hundert des zu versteuernden Einkommens. Die Sätze 1 bis 3 gelten nicht für steuerbefreite Körperschaften und Personenvereinigungen im Sinne des § 5 Abs. 1 Nr. 9, soweit die Einnahmen in einem wirtschaftlichen Geschäftsbetrieb anfallen, für den die Steuerbefreiung ausgeschlossen ist. Die Körperschaftsteuer beträgt 40 vom Hundert der Einnahmen im Sinne des § 20 Abs. 1 Nr. 1 und 2 des Einkommensteuergesetzes in der Fassung der Bekanntmachung vom 16. April 1997 (BGBl. I S. 821), zuletzt geändert durch Artikel 1 des Gesetzes vom ... (BGBl. I S. ...), zuzüglich der darauf entfallenden Einnahmen im Sinne des § 20 Abs. 1 Nr. 3 des Einkommensteuergesetzes in der Fassung der Bekanntmachung vom 16. April 1997 (BGBl. I S. 821), zuletzt geändert durch Artikel 1 des Gesetzes vom ... (BGBl. I S. ...), für die der Teilbetrag im Sinne des § 30 Abs. 1 Nr. 1 des Körperschaftsteuergesetzes in der Fassung der Bekanntmachung vom 22. April 1999 (BGBl. I S. 817), zuletzt geändert durch Artikel 4 des Gesetzes vom 22. Dezember 1999 (BGBl. I S. 2601), als verwendet gilt. Die Körperschaftsteuer beträgt höchstens 40 vom Hundert des zu versteuernden Einkommens abzüglich des nach den Sätzen 1 bis 3 besteuerten Einkommens. Satz 4 gilt entsprechend."

e) Der bisherige Absatz 10a wird Absatz 10b.

21. Der bisherige § 54a wird § 35.

22. Nach dem neuen § 35 wird folgender Sechster Teil angefügt:

„Sechster Teil
Sondervorschriften für den Übergang vom
Anrechnungsverfahren zum Halbeinkünfteverfahren

§ 36
Endbestände

(1) Auf den Schluss des letzten Wirtschaftsjahrs, das in dem Veranlagungszeitraum endet, für den das Körperschaftsteuergesetz in der Fassung der Bekanntmachung vom 22. April 1999 (BGBl. I S. 817), zuletzt geändert durch Artikel 4 des Gesetzes vom 22. Dezember 1999 (BGBl. I S. 2601), letztmals anzuwenden ist, werden die Endbestände der Teilbeträge des verwendbaren Eigenkapitals ausgehend von den gemäß § 47 Abs. 1 Satz 1 Nr. 1 des Körperschaftsteuergesetzes in der Fassung der Bekanntmachung vom 22. April 1999 (BGBl. I S. 817), zuletzt geändert durch Artikel 4 des Gesetzes vom 22. Dezember 1999

(BGBl. I S. 2601), festgestellten Teilbeträgen gemäß den nachfolgenden Absätzen ermittelt.

(2) Die Teilbeträge sind um die Gewinnausschüttungen, die auf einem den gesellschaftsrechtlichen Vorschriften entsprechenden Gewinnverteilungsbeschluss für ein abgelaufenes Wirtschaftsjahr beruhen, und die in dem in Absatz 1 genannten Wirtschaftsjahr folgenden Wirtschaftsjahr erfolgen, sowie um andere Ausschüttungen und sonstige Leistungen, die in dem in Absatz 1 genannten Wirtschaftsjahr erfolgen, zu verringern. Die Regelungen des Vierten Teils des Gesetzes in der Fassung der Bekanntmachung vom 22. April 1999 (BGBl. I S. 817), zuletzt geändert durch Artikel 4 des Gesetzes vom 22. Dezember 1999 (BGBl. I S. 2601), sind anzuwenden. Der Teilbetrag im Sinne des § 54 Abs. 11 Satz 1 des Körperschaftsteuergesetzes in der Fassung der Bekanntmachung vom 22. April 1999 (BGBl. I S. 817), zuletzt geändert durch Artikel 4 des Gesetzes vom 22. Dezember 1999 (BGBl. I S. 2601), erhöht sich um die Einkommensteile, die nach § 34 Abs. 10a Satz 2 bis 5 einer Körperschaftsteuer von 45 vom Hundert unterlegen haben, und der Teilbetrag, der nach dem 31. Dezember 1998 einer Körperschaftsteuer in Höhe von 40 vom Hundert ungemildert unterlegen hat, erhöht sich um die Beträge, die nach § 34 Abs. 10a Satz 2 bis 5 einer Körperschaftsteuer von 40 vom Hundert unterlegen haben, jeweils nach Abzug der Körperschaftsteuer, der sie unterlegen haben.

(3) Ein positiver belasteter Teilbetrag im Sinne des § 54 Abs. 11 Satz 1 des Körperschaftsteuergesetzes in der Fassung der Bekanntmachung vom 22. April 1999 (BGBl. I S. 817), zuletzt geändert durch Artikel 4 des Gesetzes vom 22. Dezember 1999 (BGBl. I S. 2601), ist dem Teilbetrag, der nach dem 31. Dezember 1998 einer Körperschaftsteuer in Höhe von 40 vom Hundert ungemildert unterlegen hat, in Höhe von 27/22 seines Bestands hinzuzurechnen. In Höhe von 5/22 dieses Bestands ist der Teilbetrag im Sinne des § 30 Abs. 2 Nr. 2 des Gesetzes in der Fassung der Bekanntmachung vom 22. April 1999 (BGBl. I S. 817), zuletzt geändert durch Artikel 4 des Gesetzes vom 22. Dezember 1999 (BGBl. I S. 2601), zu verringern.

(4) Ist die Summe der unbelasteten Teilbeträge im Sinne des § 30 Abs. 2 Nr. 1 bis 3 des Körperschaftsteuergesetzes in der Fassung der Bekanntmachung vom 22. April 1999 (BGBl. I S. 817), zuletzt geändert durch Artikel 4 des Gesetzes vom 22. Dezember 1999 (BGBl. I S. 2601), nach Anwendung der Absätze 2 und 3 negativ, so wird sie mit den mit Körperschaftsteuer

belasteten Teilbeträgen in der Reihenfolge verrechnet, in der ihre Belastung zunimmt.

(5) Ist die Summe der unbelasteten Teilbeträge im Sinne des § 30 Abs. 2 Nr. 1 bis 3 des Körperschaftsteuergesetzes in der Fassung der Bekanntmachung vom 22. April 1999 (BGBl. I S. 817), zuletzt geändert durch Artikel 4 des Gesetzes vom 22. Dezember 1999 (BGBl. I S. 2601), nach Anwendung der Absätze 2 und 3 positiv, sind zunächst die Teilbeträge im Sinne des § 30 Abs. 2 Nr. 1 und 3 des Körperschaftsteuergesetzes in der Fassung der Bekanntmachung vom 22. April 1999 (BGBl. I S. 817), zuletzt geändert durch Artikel 4 des Gesetzes vom 22. Dezember 1999 (BGBl. I S. 2601), zusammenzufassen. Ein sich aus der Zusammenfassung ergebender Negativbetrag ist vorrangig mit einem positiven Teilbetrag im Sinne des § 30 Abs. 2 Nr. 2 des Körperschaftsteuergesetzes in der Fassung der Bekanntmachung vom 22. April 1999 (BGBl. I S. 817), zuletzt geändert durch Artikel 4 des Gesetzes vom 22. Dezember 1999 (BGBl. I S. 2601), zu verrechnen. Ein negativer Teilbetrag im Sinne des § 30 Abs. 2 Nr. 2 des Körperschaftsteuergesetzes in der Fassung der Bekanntmachung vom 22. April 1999 (BGBl. I S. 817), zuletzt geändert durch Artikel 4 des Gesetzes vom 22. Dezember 1999 (BGBl. I S. 2601), ist vorrangig mit dem positiven zusammengefassten Teilbetrag im Sinne des Satzes 1 zu verrechnen.

(6) Ist die Summe der belasteten Teilbeträge negativ, mindert diese vorrangig den nach Anwendung des Absatzes 5 verbleibenden positiven Teilbetrag im Sinne des § 30 Abs. 2 Nr. 2 des Körperschaftsteuergesetzes in der Fassung der Bekanntmachung vom 22. April 1999 (BGBl. I S. 817), zuletzt geändert durch Artikel 4 des Gesetzes vom 22. Dezember 1999 (BGBl. I S. 2601); ein darüber hinausgehender Negativbetrag mindert den positiven zusammengefassten Teilbetrag nach Absatz 5 Satz 1.

(7) Die Endbestände sind getrennt auszuweisen und werden gesondert festgestellt; dabei sind die verbleibenden unbelasteten Teilbeträge im Sinne des § 30 Abs. 2 Nr. 1 und 3 des Körperschaftsteuergesetzes in der Fassung der Bekanntmachung vom 22. April 1999 (BGBl. I S. 817), zuletzt geändert durch Artikel 4 des Gesetzes vom 22. Dezember 1999 (BGBl. I S. 2601), in einer Summe auszuweisen.

§ 37
Körperschaftsteuerguthaben und Körperschaftsteuerminderung

(1) Auf den Schluss des Wirtschaftsjahrs, das dem in § 36 Abs. 1 genannten Wirtschaftsjahr folgt, wird ein Körperschaftsteuerguthaben ermittelt. Das Körperschaftsteuerguthaben beträgt 1/6 des Endbestands des mit einer Körperschaftsteuer von 40 vom Hundert belasteten Teilbetrags.

(2) Das Körperschaftsteuerguthaben mindert sich um jeweils 1/6 der Gewinnausschüttungen, die in den folgenden Wirtschaftsjahren erfolgen und die auf einem den gesellschaftsrechtlichen Vorschriften entsprechenden Gewinnverteilungsbeschluss beruhen. Die Körperschaftsteuer des Veranlagungszeitraums, in dem das Wirtschaftsjahr endet, in dem die Gewinnausschüttung erfolgt, mindert sich bis zum Verbrauch des Körperschaftsteuerguthabens um diesen Betrag, letztmalig in dem Veranlagungszeitraum, in dem das 15. Wirtschaftsjahr endet, das auf das Wirtschaftsjahr folgt, auf dessen Schluss nach Absatz 1 das Körperschaftsteuerguthaben ermittelt wird. Das verbleibende Körperschaftsteuerguthaben ist auf den Schluss der jeweiligen Wirtschaftsjahre, letztmals auf den Schluss des 14. Wirtschaftsjahrs, das auf das Wirtschaftsjahr folgt, auf dessen Schluss nach Absatz 1 das Körperschaftsteuerguthaben ermittelt wird, fortzuschreiben und gesondert festzustellen. Der Bescheid über die gesonderte Feststellung ist Grundlagenbescheid für den Bescheid über die gesonderte Feststellung zum folgenden Feststellungszeitpunkt.

(3) Erhält eine Körperschaft Bezüge, die nach § 8b Abs. 1 bei der Einkommensermittlung außer Ansatz bleiben, und die bei der leistenden Körperschaft zu einer Minderung der Körperschaftsteuer geführt haben, erhöht sich bei ihr die Körperschaftsteuer und das Körperschaftsteuerguthaben um den Betrag der Minderung der Körperschaftsteuer bei der leistenden Körperschaft. Satz 1 ist entsprechend auf den Anteil am Übernahmegewinn im Sinne des Umwandlungssteuergesetzes anzuwenden, soweit die übertragende Körperschaft eine Minderung der Körperschaftsteuer in Anspruch genommen hat. Die leistende Körperschaft hat der Empfängerin die folgenden Angaben nach amtlich vorgeschriebenem Muster zu bescheinigen:

1. den Namen und die Anschrift des Anteilseigners,
2. die Höhe der Leistungen,

3. die Höhe des in Anspruch genommenen Körperschaftsteuerminderungsbetrags,

4. den Zahlungstag.

§ 27 Abs. 2 bis 5 gilt entsprechend.

§ 38
Körperschaftsteuererhöhung

(1) Ein positiver Endbetrag im Sinne des § 36 Abs. 7 aus dem Teilbetrag im Sinne des § 30 Abs. 2 Nr. 2 des Gesetzes in der Fassung der Bekanntmachung vom 22. April 1999 (BGBl. I S. 817), zuletzt geändert durch Artikel 4 des Gesetzes vom 22. Dezember 1999 (BGBl. I S. 2601), ist auch zum Schluss der folgenden Wirtschaftsjahre fortzuschreiben und gesondert festzustellen. § 27 Abs. 2 bis 5 gilt entsprechend. Der Bescheid über die gesonderte Feststellung ist Grundlagenbescheid für den Bescheid über die gesonderte Feststellung zum folgenden Feststellungszeitpunkt. Der Betrag verringert sich jeweils, soweit er als für Ausschüttungen verwendet gilt. Er gilt als für Ausschüttungen verwendet, soweit die Summe der Leistungen, die die Gesellschaft im Wirtschaftsjahr erbracht hat, den auf den Schluss des vorangegangenen Wirtschaftsjahrs ermittelten Unterschiedsbetrag zwischen dem um das gezeichnete Kapital geminderten in der Steuerbilanz ausgewiesenen Eigenkapital einerseits und der Summe des Bestands des steuerlichen Einlagekontos zuzüglich des Bestands im Sinne des Satzes 1 andererseits übersteigt.

(2) Die Körperschaftsteuer erhöht sich um 3/7 des Betrags einer Gewinnausschüttung, für die ein Teilbetrag aus dem Endbetrag im Sinne des Absatzes 1 als verwendet gilt. Die Körperschaftsteuererhöhung mindert den Endbetrag im Sinne des Absatzes 1. Satz 1 ist letztmalig für den Veranlagungszeitraum anzuwenden, in dem das 15. Wirtschaftsjahr endet, das auf das Wirtschaftsjahr folgt, auf dessen Schluss nach § 37 Abs. 1 Körperschaftsteuerguthaben ermittelt werden.

(3) Die Körperschaftsteuer wird nicht erhöht, soweit eine von der Körperschaftsteuer befreite Körperschaft Gewinnausschüttungen an einen unbeschränkt steuerpflichtigen, von der Körperschaftsteuer befreiten Anteilseigner oder an eine juristische Person des öffentlichen Rechts vornimmt. Der Anteilseigner ist verpflichtet, der ausschüttenden Körperschaft seine Befreiung durch eine Bescheinigung des Finanzamts nachzuweisen, es sei denn, er ist eine juristische Person des öffentlichen Rechts. Das gilt nicht, so-

weit die Gewinnausschüttung auf Anteile entfällt, die in einem wirtschaftlichen Geschäftsbetrieb gehalten werden, für den die Befreiung von der Körperschaftsteuer ausgeschlossen ist, oder in einem nicht von der Körperschaftsteuer befreiten Betrieb gewerblicher Art.

§ 39
Einlagen der Anteilseigner

Ein sich nach § 36 Abs. 7 ergebender positiver Endbetrag des Teilbetrags im Sinne des § 30 Abs. 2 Nr. 4 des Körperschaftsteuergesetzes in der Fassung der Bekanntmachung vom 22. April 1999 (BGBl. I S. 817), zuletzt geändert durch Artikel 4 des Gesetzes vom 22. Dezember 1999 (BGBl. I S. 2601), wird als Anfangsbestand des steuerlichen Einlagekontos im Sinne des § 27 erfasst.

§ 40
Umwandlung

(1) Geht das Vermögen einer unbeschränkt steuerpflichtigen Körperschaft durch Verschmelzung nach § 2 des Umwandlungsgesetzes auf eine unbeschränkt steuerpflichtige Körperschaft über, so sind das Körperschaftsteuerguthaben gemäß § 37 und der unbelastete Teilbetrag gemäß § 38 den entsprechenden Beträgen der übernehmenden Körperschaft hinzuzurechnen.

(2) Geht Vermögen einer unbeschränkt steuerpflichtige Körperschaft durch Aufspaltung oder Abspaltung im Sinne des § 123 Abs. 1 und 2 des Umwandlungsgesetzes auf eine unbeschränkt steuerpflichtige Körperschaft über, so sind die in Absatz 1 genannten Beträge der übertragenden Körperschaft einer übernehmenden Körperschaft im Verhältnis der übergehenden Vermögensteile zu dem bei der übertragenden Körperschaft vor dem Übergang bestehenden Vermögen zuzuordnen, wie es in der Regel in den Angaben zum Umtauschverhältnis der Anteile im Spaltungs- und Übernahmevertrag oder im Spaltungsplan (§ 126 Abs. 1 Nr. 3, § 136 des Umwandlungsgesetzes) zum Ausdruck kommt. Entspricht das Umtauschverhältnis der Anteile nicht dem Verhältnis der übergehenden Vermögensteile zu dem bei der übertragenden Körperschaft vor der Spaltung bestehenden Vermögen, ist das Verhältnis der gemeinen Werte der übergehenden Vermögensteile zu dem vor der Spaltung vorhandenen Vermögen maßgebend. Soweit das Vermögen auf eine Personengesellschaft übergeht, mindern sich die Beträge der über-

tragenden Körperschaft in dem Verhältnis der übergehenden Vermögensteile zu dem vor der Spaltung bestehenden Vermögen.

(3) Geht das Vermögen einer unbeschränkt steuerpflichtigen Körperschaft durch Gesamtrechtsnachfolge auf eine unbeschränkt steuerpflichtige, von der Körperschaftsteuer befreite Körperschaft, Personenvereinigung oder Vermögensmasse oder auf eine juristische Person des öffentlichen Rechts über, so mindert oder erhöht sich die Körperschaftsteuer um den Betrag, der sich nach § 37 und § 38 ergeben würde, wenn das verwendbare Eigenkapital als im Zeitpunkt des Vermögensübergangs für eine Ausschüttung verwendet gelten würde. Die Körperschaftsteuer erhöht sich nicht in den Fällen des § 38 Abs. 3."

Artikel 4
Änderung des Solidaritätszuschlaggesetzes 1995

Das Solidaritätszuschlaggesetz 1995 vom 23. Juni 1993 (BGBl. I S. 944, 975), zuletzt geändert durch ... (BGBl. I S. ...), wird wie folgt geändert:

1. In § 3 Abs. 1 Nr. 5 wird die Angabe „§ 44d" durch die Angabe „§ 43b"ersetzt.

2. Dem § 6 wird folgender Absatz angefügt:

„(4) Das Gesetz in der Fassung des Gesetzes vom ... (BGBl. I S. ...) ist erstmals für den Veranlagungszeitraum 2001 anzuwenden."

Artikel 5
Änderung des Umwandlungssteuergesetzes

Das Umwandlungssteuergesetz vom 28. Oktober 1994 (BGBl. I S. 3267), zuletzt geändert durch ... (BGBl. I S. ...), wird wie folgt geändert:

1. § 4 wird wie folgt geändert:

   a) Absatz 5 wird wie folgt gefasst:
   „(5) Ein Übernahmegewinn erhöht sich und ein Übernahmeverlust verringert sich um einen Sperrbetrag im Sinne des § 50c des Einkommensteuergesetzes, soweit die Anteile an der übertragenden Körperschaft am steuerlichen Übertragungsstichtag zum Betriebsvermögen der übernehmenden Personengesellschaft gehören."

   b) Absatz 6 wird wie folgt gefasst:
   „(6) Ein Übernahmeverlust bleibt außer Ansatz."

   c) Folgender Absatz 7 wird angefügt:
   „(7) Der Übernahmegewinn bleibt außer Ansatz, soweit er auf eine Körperschaft, Personenvereinigung oder Vermögensmasse als Mitunternehmerin der Personengesellschaft entfällt. In den übrigen Fällen ist er zur Hälfte anzusetzen."

2. § 7 wird wie folgt gefasst:

   „§ 7
   Ermittlung der Einkünfte bei Anteilseignern,
   die nicht im Sinne des § 17 des Einkommensteuergesetzes
   beteiligt sind

   Haben Anteile an der übertragenden Körperschaft zum Zeitpunkt des Vermögensübergangs zum Privatvermögen eines Gesellschafters der übernehmenden Personengesellschaft gehört, und handelt es sich nicht um Anteile im Sinne des § 17 des Einkommensteuergesetzes, so sind ihm der Teil des in der Steuerbilanz ausgewiesenen Eigenkapitals abzüglich des gezeichneten Kapitals und abzüglich des anteiligen steuerlichen Einlagekontos im Sinne des § 27 des Körperschaftsteuergesetzes in dem Verhältnis der Anteile zum Nennkapital der übertragenden Körperschaft als Einkünfte aus Kapitalvermögen im Sinne des § 20 Abs. 1 Nr. 1 des Einkommensteuergesetzes zuzurechnen. Für

Anteile, bei deren Veräußerung ein Veräußerungsverlust nach § 17 Abs. 2 Satz 4 des Einkommensteuergesetzes nicht zu berücksichtigen wäre, gilt Satz 1 entsprechend."

3. In § 8 Abs. 2 wird Satz 2 gestrichen.

4. § 10 wird wie folgt gefasst:

„§ 10
Körperschaftsteuerguthaben, Körperschaftsteuerschuld

Das Körperschaftsteuerguthaben und die Körperschaftsteuerschuld im Sinne der §§ 37 und 38 des Körperschaftsteuergesetzes mindern und erhöhen für den Veranlagungszeitraum der Umwandlung die Körperschaftsteuerschuld der übertragenden Körperschaft."

5. § 12 wird wie folgt geändert:

a) Absatz 2 Satz 3 wird wie folgt gefasst:

„Die Hinzurechnung unterbleibt, soweit eine Gewinnminderung, die sich durch den Ansatz der Anteile mit dem niedrigeren Teilwert ergeben hat, nach § 50c des Einkommensteuergesetzes oder nach § 8b Abs. 3 des Körperschaftsteuergesetzes nicht anerkannt worden ist."

b) Absatz 5 wird wie folgt geändert:

„(5) Im Falle des Vermögensübergangs von einer Kapitalgesellschaft auf eine Körperschaft, deren Leistungen bei den Empfängern nicht zu den Einnahmen im Sinne des § 20 Abs. 1 Nr. 1 des Einkommensteuergesetzes gehören, sind der Körperschaft der Teil des in der Steuerbilanz ausgewiesenen Eigenkapitals abzüglich des gezeichneten Kapitals und abzüglich des steuerlichen Einlagekontos im Sinne des § 27 des Körperschaftsteuergesetzes, das dem Verhältnis der Anteile zum Nennkapital der übertragenden Körperschaft entspricht, zuzurechnen. § 10 gilt entsprechend. Absatz 3 gilt in diesem Fall nicht für einen verbleibenden Verlustabzug im Sinne des § 10d Abs. 4 Satz 2 des Einkommensteuergesetzes."

6. § 16 Satz 2 wird wie folgt gefasst:

„§ 10 ist für den in § 40 Abs. 2 Satz 3 des Körperschaftsteuergesetzes bezeichneten Teil der Beträge im Sinne der §§ 37 und 38 des Körperschaftsteuergesetzes anzuwenden."

7. In § 18 Abs. 2 wird Satz 2 gestrichen.

8. § 20 Abs. 5 wird wie folgt geändert:

   a) Satz 1 wird wie folgt gefasst:

   „Auf einen bei der Sacheinlage entstehenden Veräußerungsgewinn ist § 34 Abs. 1 des Einkommensteuergesetzes anzuwenden, wenn der Einbringende eine natürliche Person ist und soweit der Veräußerungsgewinn nicht nach § 3 Nr. 40 Buchstabe b und c in Verbindung mit § 3c Abs. 2 des Einkommensteuergesetzes teilweise steuerbefreit ist."

   b) In Satz 2 werden die Wörter „wesentliche Beteiligung" durch die Wörter „Beteiligung im Sinne des § 17 des Einkommensteuergesetzes" ersetzt.

9. § 21 Abs. 1 wird wie folgt geändert:

   a) Satz 2 wird aufgehoben.

   b) Im neuen Satz 2 wird die Angabe „sind § 16 Abs. 4 und § 34 Abs. 1" durch die Angabe „ist § 16 Abs. 4" ersetzt.

10. In § 27 wird nach Absatz 1 folgender Absatz 1a eingefügt:

    „(1a) Die Vorschriften dieses Gesetzes in der Fassung des Artikels 5 des Gesetzes vom ... (BGBl. I S. ...) sind erstmals auf Umwandlungen anzuwenden, bei denen der steuerliche Übertragungsstichtag in dem ersten Wirtschaftsjahr der übertragenden Körperschaft liegt, für das das Körperschaftsteuergesetz in der Fassung des Artikels 3 des Gesetzes vom ... (BGBl. I S. ...) erstmals anzuwenden ist. Ist in dem in Satz 1 bezeichneten Wirtschaftsjahr ein Rechtsakt im Sinne des Umwandlungssteuergesetzes wirksam geworden, der steuerlich mit zulässiger Rückwirkung nach Maßgabe des Umwandlungssteuergesetzes belegt ist, so gelten die steuerlichen Rechtsfolgen als frühestens zu Beginn des in Satz 1 bezeichneten Wirtschaftsjahrs bewirkt."

Artikel 6
Änderung des Gewerbesteuergesetzes

Das Gewerbesteuergesetz in der Fassung der Bekanntmachung vom 19. Mai 1999 (BGBl. I S. 1010, 1491), zuletzt geändert durch ... (BGBl. I S. ...), wird wie folgt geändert:

1. In § 2 Abs. 2 Satz 2 wird nach den Wörtern „des Körperschaftsteuergesetzes" die Angabe „in der Fassung der Bekanntmachung vom 22. April 1999 (BGBl. I S. 817)" eingefügt.

2. § 9 wird wie folgt geändert:

   a) Nummer 7 Satz 3 wird durch die folgenden Sätze ersetzt:

   „Hat die Tochtergesellschaft in dem betreffenden Wirtschaftsjahr neben den Gewinnanteilen einer Enkelgesellschaft noch andere Erträge bezogen, so findet Satz 2 nur Anwendung für den Teil der Ausschüttung der Tochtergesellschaft, der dem Verhältnis dieser Gewinnanteile zu der Summe dieser Gewinnanteile und der übrigen Erträge entspricht, höchstens aber in Höhe des Betrags dieser Gewinnanteile. Die Anwendung des Satzes 2 setzt voraus, dass

   1. die Enkelgesellschaft in dem Wirtschaftsjahr, für das sie die Ausschüttung vorgenommen hat, ihre Bruttoerträge ausschließlich oder fast ausschließlich aus unter § 8 Abs. 1 Nr. 1 bis 6 des Außensteuergesetzes fallenden Tätigkeiten oder aus unter § 8 Abs. 2 Nr. 1 des Außensteuergesetzes fallenden Beteiligungen bezieht und

   2. die Tochtergesellschaft unter den Voraussetzungen des Satzes 1 am Nennkapital der Enkelgesellschaft beteiligt ist.

   Die Anwendung der vorstehenden Vorschriften setzt voraus, dass die Muttergesellschaft alle Nachweise erbringt, insbesondere

   1. durch Vorlage sachdienlicher Unterlagen nachweist, dass die Tochtergesellschaft ihre Bruttoerträge ausschließlich oder fast ausschließlich aus unter § 8 Abs. 1 Nr. 1 bis 6 des Außensteuergesetzes fallenden Tätigkeiten oder aus unter § 8 Abs. 2 des Außensteuergesetzes fallenden Beteiligungen bezieht,

A. StSenkG (Art. 6: Änderung GewStG)

    2. durch Vorlage sachdienlicher Unterlagen nachweist, dass die Enkelgesellschaft ihre Bruttoerträge ausschließlich oder fast ausschließlich aus unter § 8 Abs. 1 Nr. 1 bis 6 des Außensteuergesetzes fallenden Tätigkeiten oder aus unter § 8 Abs. 2 Nr. 1 des Außensteuergesetzes fallenden Beteiligungen bezieht,

    3. den ausschüttbaren Gewinn der Tochtergesellschaft oder Enkelgesellschaft durch Vorlage von Bilanzen und Erfolgsrechnungen nachweist; auf Verlangen sind diese Unterlagen mit dem im Staat der Geschäftsleitung oder des Sitzes vorgeschriebenen oder üblichen Prüfungsvermerk einer behördlich anerkannten Wirtschaftsprüfungsstelle oder einer vergleichbaren Stelle vorzulegen;"

  b) In Nummer 8 werden nach dem Wort „beträgt" die Wörter „und die Gewinnanteile bei der Ermittlung des Gewinns (§ 7) angesetzt worden sind" angefügt.

3. § 36 wird wie folgt gefasst:

„§ 36
Zeitlicher Anwendungsbereich

(1) Die Vorschriften dieses Gesetzes in der Fassung des Artikels 6 des Gesetzes vom ... (BGBl. I S. ...) sind vorbehaltlich des Absatzes 2 erstmals für den Erhebungszeitraum 2001 anzuwenden.

(2) § 9 Nr. 7 und 8 in der Fassung der Bekanntmachung vom 19. Mai 1999 (BGBl. I S. 1010, 1491), zuletzt geändert durch Artikel 6 des Gesetzes vom 22. Dezember 1999 (BGBl. I S. 2601), ist letztmals auf die Gewinne anzuwenden, auf die der Vierte Teil des Körperschaftsteuergesetzes in der Fassung der Bekanntmachung vom 22. April 1999 (BGBl. I S. 817), zuletzt geändert durch Artikel 4 des Gesetzes vom 22. Dezember 1999 (BGBl. I S. 2601), letztmals anzuwenden ist."

Artikel 7
Änderung der Abgabenordnung

Die Abgabenordnung vom 16. März 1976 (BGBl. I S. 613, 1977 I S. 269), zuletzt geändert durch ... (BGBl. I S. ...), wird wie folgt geändert:

1. § 146 Abs. 5 Satz 2 und 3 wird durch folgende Sätze ersetzt:
   „Bei der Führung der Bücher und der sonst erforderlichen Aufzeichnungen auf Datenträgern muss insbesondere sichergestellt sein, dass während der Dauer der Aufbewahrungsfrist die Daten jederzeit verfügbar sind und unverzüglich lesbar gemacht werden können. Dies gilt auch für die Befugnisse der Finanzbehörde nach § 147 Abs. 6. Absätze 1 bis 4 gelten sinngemäß."

2. § 147 wird wie folgt geändert:
   a) Absatz 2 wird wie folgt geändert:
      aa) Satz 1 Nr. 2 wird wie folgt gefasst:
      „2. während der Dauer der Aufbewahrungsfrist jederzeit verfügbar sind, unverzüglich lesbar gemacht und maschinell ausgewertet werden können."
      bb) Satz 2 wird aufgehoben.
   b) In Absatz 5 Satz 1 erster Halbsatz werden das Wort „nur" gestrichen und die Wörter „vorlegen kann" durch das Wort „vorlegt" ersetzt.
   c) Folgender Absatz 6 wird angefügt:
      „(6) Sind die Unterlagen nach Absatz 1 mit Hilfe eines Datenverarbeitungssystems erstellt worden, hat die Finanzbehörde im Rahmen einer Außenprüfung das Recht, Einsicht in die gespeicherten Daten zu nehmen und das Datenverarbeitungssystem zur Prüfung dieser Unterlagen zu nutzen. Sie kann im Rahmen einer Außenprüfung auch verlangen, dass die Daten nach ihren Vorgaben maschinell ausgewertet oder ihr die gespeicherten Unterlagen und Aufzeichnungen auf einem maschinell verwertbaren Datenträger zur Verfügung gestellt werden. Die Kosten trägt der Steuerpflichtige."

3. § 200 Abs. 1 Satz 2 wird wie folgt gefasst:
   „Er hat insbesondere Auskünfte zu erteilen, Aufzeichnungen, Bücher, Geschäftspapiere und andere Urkunden zur Einsicht und Prüfung vorzulegen, die zum Verständnis der Aufzeichnungen erforderlichen Erläuterungen zu geben und die Finanzbehörde bei Ausübung ihrer Befugnisse nach § 147 Abs. 6 zu unterstützen."

Artikel 8
Änderung des Einführungsgesetzes zur Abgabenordnung

In Artikel 97 des Einführungsgesetzes zur Abgabenordnung vom 14. Dezember 1976 (BGBl. I S. 3341; 1977 I S. 667), das zuletzt durch ... (BGBl. I S. ...) geändert worden ist, wird nach § 19a folgender § 19b eingefügt:

„§ 19b
Zugriff auf datenverarbeitungsgestützte Buchführungssysteme

§ 146 Abs. 5, § 147 Abs. 2, 5 und 6 sowie § 200 Abs. 1 der Abgabenordnung in der Fassung des Artikels 7 des Gesetzes vom ... (BGBl. I S. ...) sind ab dem 1. Januar 2002 anzuwenden."

Artikel 9
Änderung des Umsatzsteuergesetzes

Dem § 14 Abs. 4 des Umsatzsteuergesetzes in der Fassung der Bekanntmachung vom 9. Juni 1999 (BGBl. I S. 1270), das zuletzt durch ... (BGBl. I S. ...) geändert worden ist, wird folgender Satz angefügt:

„Als Rechnung gilt auch eine mit einer digitalen Signatur nach dem Signaturgesetz vom 22. Juli 1997 (BGBl. I S. 1870, 1872) in der jeweils geltenden Fassung versehene elektronische Abrechnung."

Artikel 10
Änderung des Gesetzes über Kapitalanlagegesellschaften

Das Gesetz über Kapitalanlagegesellschaften in der Fassung der Bekanntmachung vom 9. September 1998 (BGBl. I S. 2726), zuletzt geändert durch ... (BGBl. I S. ...), wird wie folgt geändert:

1. In § 37o Nr. 3 wird die Angabe „11 bis 13" durch die Angabe „11 bis 14" ersetzt.

2. § 38 wird wie folgt geändert:

a) In Absatz 1 werden die Wörter „vorbehaltlich des § 38a" gestrichen.

b) Absatz 2 wird aufgehoben.

c) Absatz 3 Satz 4 wird wie folgt gefasst:

„An die Stelle der in § 44b Abs. 1 Satz 2 des Einkommensteuergesetzes bezeichneten Nichtveranlagungs-Bescheinigung tritt eine Bescheinigung des für das Wertpapier-Sondervermögen zuständigen Finanzamts, in der bestätigt wird, dass ein Zweckvermögen im Sinne des Absatzes 1 vorliegt."

d) Der bisherige Absatz 3 wird Absatz 2.

3. § 38a wird aufgehoben.

4. § 38b wird wie folgt gefasst:

„§ 38b

(1) Von dem Teil der Einnahmen eines Wertpapier-Sondervermögens, der zur Ausschüttung auf Anteilscheine an dem Sondervermögen verwendet wird, wird eine Kapitalertragsteuer von dem ausgeschütteten Betrag erhoben, soweit darin enthalten sind

1. Erträge des Sondervermögens, bei denen nach § 38 Abs. 2 in Verbindung mit § 44a des Einkommensteuergesetzes vom Steuerabzug Abstand zu nehmen ist, sowie der hierauf entfallende Teil des Ausgabepreises für ausgegebene Anteilscheine,

2. Erträge des Sondervermögens im Sinne des § 43 Abs. 1 Satz 1 Nr. 2 des Einkommensteuergesetzes, bei denen die Kapitalertragsteuer nach § 38 Abs. 2 erstattet wird,

sowie der hierauf entfallende Teil des Ausgabepreises für ausgegebene Anteilscheine,

3. ausländische Erträge des Sondervermögens im Sinne des § 43 Abs. 1 Satz 1 Nr. 7 und 8 sowie Satz 2 des Einkommensteuergesetzes,

4. Gewinne aus privaten Veräußerungsgeschäften im Sinne des § 23 Abs. 1 Satz 1 Nr. 4, Abs. 2 und 3 des Einkommensteuergesetzes und die hierauf entfallenden Teile des Ausgabepreises für ausgegebene Anteilscheine.

Die für den Steuerabzug von Kapitalerträgen im Sinne des § 43 Abs. 1 Satz 1 Nr. 7 und 8 sowie Satz 2 des Einkommensteuergesetzes geltenden Vorschriften des Einkommensteuergesetzes sind entsprechend anzuwenden. In der nach § 45a des Einkommensteuergesetzes zu erteilenden Bescheinigung ist der zur Anrechnung oder Erstattung von Kapitalertragsteuer berechtigende Teil der Ausschüttung gesondert anzugeben.

(2) Für den Teil der nicht zur Ausschüttung oder Kostendeckung verwendeten Einnahmen und Gewinne des Sondervermögens gilt Absatz 1 entsprechend. Die darauf zu erhebende Kapitalertragsteuer ist von dem ausgeschütteten Betrag einzubehalten.

(3) Werden die Einnahmen und Gewinne des Sondervermögens nicht zur Ausschüttung oder Kostendeckung verwendet, hat die Kapitalanlagegesellschaft den Steuerabzug vorzunehmen. § 44a des Einkommensteuergesetzes ist nicht anzuwenden. Im Übrigen gilt Absatz 1 entsprechend. Die Kapitalertragsteuer ist innerhalb eines Monats nach der Entstehung zu entrichten. Die Kapitalanlagegesellschaft hat bis zu diesem Zeitpunkt eine Steuererklärung nach amtlich vorgeschriebenem Vordruck abzugeben und darin die Steuer zu berechnen.

(4) Die Kapitalertragsteuer wird auch von Zwischengewinnen (§ 39 Abs. 2) erhoben. Absatz 1 Satz 2 und 3 gilt entsprechend.

(5) Von den Ausschüttungen und den nicht zur Ausschüttung oder Kostendeckung verwendeten Einnahmen eines Wertpapier-Sondervermögens wird ein Steuerabzug vom Kapitalertrag in Höhe von 20 vom Hundert vorgenommen, soweit darin Erträge im Sinne des § 43 Abs.1 Satz 1 Nr. 1 sowie Satz 2 des Einkommensteuergesetzes enthalten sind, die nicht nach § 40 Abs. 1 steuerfrei sind. Die für den Steuerabzug von Kapitalerträgen im Sinne des § 43 Abs.1 Satz 1 Nr. 1 und Satz 2 des Einkommen-

steuergesetzes geltenden Vorschriften des Einkommensteuergesetzes sind entsprechend anzuwenden. Absatz 1 Satz 3 und Absatz 3 Satz 4 und 5 gelten entsprechend."

5. § 39 wird wie folgt geändert:

   a) In Absatz 1 Satz 1 werden der Punkt durch ein Semikolon ersetzt und folgende Wörter angefügt:

   „§ 3 Nr. 40 des Einkommensteuergesetzes und § 8b Abs. 1 des Körperschaftsteuergesetzes sind außer in den Fällen des § 40 Abs. 2 nicht anzuwenden."

   b) Absatz 2 wird aufgehoben.

   c) Der bisherige Absatz 1a wird Absatz 2.

6. § 39a wird aufgehoben.

7. § 39b Abs. 3 wird wie folgt gefasst:

   „(3) Für die Anrechnung der einbehaltenen und abgeführten Kapitalertragsteuer nach § 36 Abs. 2 des Einkommensteuergesetzes oder deren Erstattung nach § 50d des Einkommensteuergesetzes gelten die Vorschriften des Einkommensteuergesetzes entsprechend."

8. § 40 wird wie folgt gefasst:

   „§ 40

   (1) Die Ausschüttungen auf Anteilscheine an einem Wertpapier-Sondervermögen sind insoweit steuerfrei, als sie Gewinne aus der Veräußerung von Wertpapieren und Bezugsrechten auf Anteile an Kapitalgesellschaften enthalten, es sei denn, dass es sich um Gewinne aus privaten Veräußerungsgeschäften im Sinne des § 23 Abs. 1 Satz 1 Nr. 4, Abs. 2 und 3 des Einkommensteuergesetzes handelt, oder dass die Ausschüttungen Betriebseinnahmen des Steuerpflichtigen sind; § 3 Nr. 40 des Einkommensteuergesetzes und § 8b Abs. 2 des Körperschaftsteuergesetzes sind anzuwenden. Enthalten die Ausschüttungen Erträge aus der Veräußerung von Bezugsrechten auf Freianteile an Kapitalgesellschaften, so kommt die Steuerfreiheit insoweit nicht in Betracht, als die Erträge Kapitalerträge im Sinne des § 20 des Einkommensteuergesetzes sind.

   (2) Auf ausgeschüttete und nicht zur Ausschüttung oder Kostendeckung verwendete inländische und ausländische Einnahmen

des Wertpapier-Sondervermögens im Sinne des § 38b Abs. 5 sind § 3 Nr. 40 des Einkommensteuergesetzes und § 8b Abs. 1 des Körperschaftsteuergesetzes anzuwenden.

(3) Die Ausschüttungen auf Anteilscheine an einem Wertpapier-Sondervermögen sind bei der Veranlagung der Einkommensteuer oder Körperschaftsteuer insoweit außer Betracht zu lassen, als sie aus einem ausländischen Staat stammende Einkünfte enthalten, für die die Bundesrepublik Deutschland auf Grund eines Abkommens zur Vermeidung der Doppelbesteuerung auf die Ausübung des Besteuerungsrechts verzichtet hat. Die Einkommensteuer oder Körperschaftsteuer wird jedoch nach dem Satz erhoben, der für die Bemessungsgrundlage vor Anwendung des Satzes 1 (Gesamteinkommen) in Betracht kommt, wenn in dem Abkommen zur Vermeidung der Doppelbesteuerung ein entsprechender Progressionsvorbehalt vorgesehen ist.

(4) Sind in den Ausschüttungen auf Anteilscheine an einem Wertpapier-Sondervermögen aus einem ausländischen Staat stammende Einkünfte enthalten, die in diesem Staat zu einer nach § 34c Abs. 1 des Einkommensteuergesetzes oder § 26 Abs. 1 des Körperschaftsteuergesetzes oder nach einem Abkommen zur Vermeidung der Doppelbesteuerung auf die Einkommensteuer oder Körperschaftsteuer anrechenbaren Steuer herangezogen werden, so ist bei unbeschränkt steuerpflichtigen Anteilscheininhabern die festgesetzte und gezahlte und keinem Ermäßigungsanspruch unterliegende ausländische Steuer auf den Teil der Einkommensteuer oder Körperschaftsteuer anzurechnen, der auf diese ausländischen, um die anteilige ausländische Steuer erhöhten Einkünfte entfällt. Dieser Teil ist in der Weise zu ermitteln, dass die sich bei der Veranlagung des zu versteuernden Einkommens – einschließlich der ausländischen Einkünfte – nach den §§ 32a, 32b, 34 und 34b des Einkommensteuergesetzes ergebende Einkommensteuer oder nach § 23 des Körperschaftsteuergesetzes ergebende Körperschaftsteuer im Verhältnis dieser ausländischen Einkünfte zur Summe der Einkünfte aufgeteilt wird. Der Höchstbetrag der anrechenbaren ausländischen Steuern ist für die Ausschüttungen aus jedem einzelnen Wertpapier-Sondervermögen zusammengefasst zu berechnen. § 34c Abs. 2, 3, 6 und 7 des Einkommensteuergesetzes ist sinngemäß anzuwenden.

(5) Den in den Ausschüttungen enthaltenen Beträgen im Sinne der Absätze 1 bis 4 stehen die hierauf entfallenden Teile des Ausgabepreises für ausgegebene Anteilscheine gleich."

9. Nach § 40 wird folgender § 40a eingefügt:

„§ 40a

(1) Auf die Einnahmen aus der Rückgabe oder Veräußerung von Anteilscheinen an einem Wertpapier-Sondervermögen, die zu einem Betriebsvermögen gehören, sind § 3 Nr. 40 des Einkommensteuergesetzes und § 8b Abs. 2 des Körperschaftsteuergesetzes anzuwenden, soweit sie dort genannte, dem Anteilscheininhaber noch nicht zugeflossene oder als zugeflossen geltende Einnahmen enthalten oder auf Beteiligungen des Wertpapier-Sondervermögens an Körperschaften, Personenvereinigungen oder Vermögensmassen entfallen, deren Leistungen beim Empfänger zu den Einnahmen im Sinne des § 20 Abs. 1 Nr. 1 des Einkommensteuergesetzes gehören.

(2) Auf die Einnahmen aus der Rückgabe oder Veräußerung von Anteilscheinen an einem Wertpapier-Sondervermögen, die zu einem Privatvermögen gehören, ist § 3 Nr. 40 des Einkommensteuergesetzes nicht anzuwenden."

10. § 41 wird wie folgt gefasst:

„§ 41

(1) Die Kapitalanlagegesellschaft hat den Anteilscheininhabern bei jeder Ausschüttung bezogen auf einen Anteilschein an dem Wertpapier-Sondervermögen bekannt zu machen

1. den Betrag der Ausschüttung;

2. die in der Ausschüttung enthaltenen

    a) steuerfreien Veräußerungsgewinne im Sinne des § 40 Abs. 1 Satz 1,

    b) Erträge im Sinne des § 3 Nr. 40 des Einkommensteuergesetzes,

    c) Veräußerungsgewinne im Sinne des § 3 Nr. 40 des Einkommensteuergesetzes,

    d) Erträge im Sinne des § 8b Abs.1 des Körperschaftsteuergesetzes,

    e) Veräußerungsgewinne im Sinne des § 8b Abs. 2 des Körperschaftsteuergesetzes,

    f) Erträge im Sinne des § 40 Abs. 1 Satz 2, soweit die Erträge nicht Kapitalerträge im Sinne des § 20 des Einkommensteuergesetzes sind,

g) Einkünfte im Sinne des § 40 Abs. 3,
h) Einkünfte im Sinne des § 40 Abs. 4;

3. den zur Anrechnung oder Erstattung von Kapitalertragsteuer berechtigenden Teil der Ausschüttung im Sinne des
   a) § 38b Abs. 1 bis 4
   b) § 38b Abs. 5;

4. den Betrag der anzurechnenden oder zu erstattenden Kapitalertragsteuer von Erträgen im Sinne des
   a) § 38b Abs. 1 bis 4
   b) § 38b Abs. 5

5. den Betrag der nach § 34c Abs. 1 des Einkommensteuergesetzes anrechenbaren und nach § 34c Abs. 3 des Einkommensteuergesetzes abziehbaren ausländischen Steuern, der auf die in den Ausschüttungen enthaltenen Einkünfte im Sinne des § 40 Abs. 4 entfällt.

(2) Die Kapitalanlagegesellschaft hat auf Anforderung des für ihre Besteuerung nach dem Einkommen zuständigen Finanzamts den Nachweis über die Höhe der ausländischen Einkünfte und über die Festsetzung und Zahlung der ausländischen Steuern durch Vorlage entsprechender Urkunden, z. B. Steuerbescheid, Quittung über die Zahlung, zu führen. Sind diese Urkunden in einer fremden Sprache abgefasst, so kann eine beglaubigte Übersetzung in die deutsche Sprache verlangt werden.

(3) Wird der Betrag einer anrechenbaren Steuer nach der Bekanntmachung im Sinne des Absatzes 1 erstmalig festgesetzt, nachträglich erhöht oder ermäßigt oder hat die Kapitalanlagegesellschaft einen solchen Betrag in unzutreffender Höhe bekannt gemacht, so hat die Kapitalanlagegesellschaft die Unterschiedsbeträge bei der im Zusammenhang mit der nächsten Ausschüttung vorzunehmenden Ermittlung der anrechenbaren Steuerbeträge auszugleichen.

(4) Die Kapitalanlagegesellschaft hat börsentäglich den Zwischengewinn (§ 39 Abs. 2) zu ermitteln; sie hat ihn mit dem Rücknahmepreis zu veröffentlichen.

(5) Die Kapitalanlagegesellschaft hat börsentäglich den Vomhundertsatz des Wertes des Anteils zu ermitteln, der auf die in dem Veräußerungsgewinn enthaltenen Bestandteile im Sinne des § 40a Abs. 1 entfällt; sie hat ihn mit dem Rücknahmepreis zu veröffentlichen."

11. § 42 wird wie folgt gefasst:

„§ 42

Die Vorschriften des § 40 Abs. 3 bis 5 und des § 41 mit Ausnahme des Absatzes 1 Nr. 2 Buchstaben a und d gelten sinngemäß für die in § 38b Abs. 2, 3 und 5, § 39 Abs. 1 Satz 2 und § 39b bezeichneten Einnahmen des Wertpapier-Sondervermögens, die nicht zur Kostendeckung oder Ausschüttung verwendet werden. Die Angaben im Sinne des § 41 Abs. 1 sind spätestens 3 Monate nach Ablauf des Geschäftsjahrs bekannt zu machen."

12. Dem § 43 wird folgender Absatz 14 angefügt:

„(14) Für die letztmalige Anwendung der §§ 38, 38a, 38b Abs. 4, § 39 Abs. 1a und 2, §§ 39a, 40 Abs. 4, § 41 Abs. 1 und 4 sowie § 42 in der Fassung des Gesetzes vom ... (BGBl. I S. ...) gilt § 52 Abs. 36 Satz 1 des Einkommensteuergesetzes sinngemäß. Für die erstmalige Anwendung der §§ 38, 38b, 39, 39b Abs. 3, § 40 Abs. 1, 2 und 4, §§ 40a, 41 Abs. 1, 4 und 5 sowie § 42 in der Fassung des Gesetzes vom ... (BGBl. I S. ...) gilt § 52 Abs. 36 Satz 2 des Einkommensteuergesetzes sinngemäß."

13. § 43a Satz 3 wird aufgehoben.

14. In § 43b Nr. 4 wird die Angabe „§ 43 Abs. 6 bis 12" durch die Angabe „§ 43 Abs. 6 bis 14" ersetzt.

15. § 45 Abs. 2 wird aufgehoben.

16. In § 49 wird die Angabe „§§ 38 bis 42" durch die Angabe „§§ 38 bis 43" ersetzt.

17. Dem § 50 wird folgender Absatz 7 angefügt:

„(7) Für die letztmalige Anwendung des § 45 Abs. 2 in der Fassung des Gesetzes vom 22. Dezember 1999 (BGBl. I S. 2601) gilt § 43 Abs. 14 Satz 1 entsprechend. § 49 in der Fassung des Gesetzes vom ... (BGBl. I S. ...) ist erstmals für das Geschäftsjahr anzuwenden, das nach dem 31. Dezember 2000 beginnt."

Artikel 11
Änderung des Auslandinvestment-Gesetzes

Das Auslandinvestmentgesetz in der Fassung der Bekanntmachung vom 9. September 1998 (BGBl. I S. 2726), zuletzt geändert durch ... (BGBl. I S. ...), wird wie folgt geändert:

1. § 17 wird wie folgt geändert:

   a) In Absatz 1 Satz 1 werden der Punkt durch ein Semikolon ersetzt und folgende Wörter angefügt:

   „§ 3 Nr. 40 des Einkommensteuergesetzes und § 8b Abs. 1 des Körperschaftsteuergesetzes sind nicht anzuwenden."

   b) In Absatz 2 Nr. 1 Satz 1 werden der Punkt durch ein Semikolon ersetzt und folgende Wörter eingefügt:

   „§ 3 Nr. 40 des Einkommensteuergesetzes und § 8b Abs. 2 des Körperschaftsteuergesetzes sind nicht anzuwenden."

   c) Nach Absatz 2a wird folgender Absatz 2b eingefügt:

   „(2b) Auf die Einnahmen aus der Rückgabe oder Veräußerung von ausländischen Investmentanteilen sind § 3 Nr. 40 des Einkommensteuergesetzes und § 8b Abs. 2 des Körperschaftsteuergesetzes nicht anzuwenden."

2. § 18 wird wie folgt geändert:

   a) In Absatz 1 Satz 1 werden der Punkt durch ein Semikolon ersetzt und folgende Wörter angefügt:

   „§ 3 Nr. 40 des Einkommensteuergesetzes und § 8b Abs. 1 des Körperschaftsteuergesetzes sind nicht anzuwenden."

   b) Folgender neuer Absatz 4 wird angefügt:

   „(4) Auf die Einnahmen aus der Rückgabe oder Veräußerung von ausländischen Investmentanteilen sind § 3 Nr. 40 des Einkommensteuergesetzes und § 8b Abs. 2 des Körperschaftsteuergesetzes nicht anzuwenden."

3. In § 19 Abs. 1 Satz 2 wird die Angabe „32c," gestrichen.

4. Dem § 19a wird folgender Absatz 8 angefügt:

   „(8) § 17 Abs. 1 Satz 1 und Abs. 2 und 2b, § 18 Abs. 1 Satz 1 und Abs. 4 sowie § 19 Abs. 1 Satz 2 in der Fassung des Gesetzes vom ... (BGBl. I S. ...) sind erstmals auf Kapitalerträge anzuwenden, die nach dem 31. Dezember 2000 zufließen."

Artikel 12
Änderung des Außensteuergesetzes

Das Außensteuergesetz vom 8. September 1972 (BGBl. I S. 1713), zuletzt geändert durch ... (BGBl. I S. ...), wird wie folgt geändert:

1. In § 2 Abs. 3 Nr. 1 wird die Angabe „wesentliche Beteiligung im Sinne des § 17 Abs. 1 Satz 3" durch die Angabe „Beteiligung im Sinne des § 17 Abs. 1" ersetzt.

2. Die Überschrift des Dritten Teils wird wie folgt gefasst:

   „Dritter Teil: Behandlung einer Beteiligung im Sinne des § 17 des Einkommensteuergesetzes bei Wohnsitzwechsel ins Ausland".

3. § 8 Abs. 3 wird wie folgt gefasst:

   „(3) Eine niedrige Besteuerung im Sinne des Absatzes 1 liegt vor, wenn die Einkünfte im Staat der Geschäftsleitung und im Staat des Sitzes der ausländischen Gesellschaft jeweils einer Belastung durch Ertragsteuern von weniger als 25 vom Hundert unterliegen, ohne dass dies auf einem Ausgleich mit Einkünften aus anderen Quellen beruht, oder wenn die danach in Betracht zu ziehende Steuer nach dem Recht des betreffenden Staates um Steuern gemindert wird, die die Gesellschaft, von der die Einkünfte stammen, zu tragen hat; Einkünfte, die nach § 13 vom Hinzurechnungsbetrag auszunehmen sind, und auf sie entfallende Steuern bleiben unberücksichtigt."

4. § 10 wird wie folgt geändert:

   a) Absatz 2 wird wie folgt gefasst:

   „(2) Der Hinzurechnungsbetrag gilt unmittelbar nach Ablauf des maßgebenden Wirtschaftsjahrs der ausländischen Gesellschaft als zugeflossen. Die Steuer auf den Hinzurechnungsbetrag beträgt 38 vom Hundert; sie ist der tariflichen Einkommensteuer oder Körperschaftsteuer hinzuzurechnen. Auf den Hinzurechnungsbetrag sind § 3 Nr. 40 Satz 1 Buchstabe d des Einkommensteuergesetzes und § 8b Abs. 1 des Körperschaftsteuergesetzes nicht anzuwenden."

b) Absatz 6 wird wie folgt geändert:

aa) Satz 2 wird wie folgt gefasst:
„Zwischeneinkünfte mit Kapitalanlagecharakter sind Einkünfte der ausländischen Zwischengesellschaft, die aus dem Halten, der Verwaltung, Werterhaltung oder Werterhöhung von Zahlungsmitteln, Forderungen, Wertpapieren, Beteiligungen oder ähnlichen Vermögenswerten stammen, es sei denn, der Steuerpflichtige weist nach, dass sie

1. aus einer Tätigkeit stammen, die einer unter § 8 Abs. 1 Nr. 1 bis 6 fallenden eigenen Tätigkeit der ausländischen Gesellschaft dient, ausgenommen Tätigkeiten im Sinne des § 1 Abs. 1 Nr. 6 des Gesetzes über das Kreditwesen, oder

2. aus Gesellschaften stammen, an denen die ausländische Zwischengesellschaft zu mindestens einem Zehntel beteiligt ist, vorausgesetzt der Steuerpflichtige weist nach, dass die Einkünfte im Staat der Geschäftsleitung oder im Staat des Sitzes der Gesellschaft einer Belastung durch Ertragsteuern von mindestens 25 vom Hundert unterliegen."

bb) In Satz 3 wird die Zahl „60" durch die Zahl „80" ersetzt.

5. § 11 wird wie folgt gefasst:

„(1) Gewinnanteile sind um die Steuer zu kürzen, die eine unbeschränkt steuerpflichtige natürliche Person in dem Kalenderjahr oder Wirtschaftsjahr, in dem sie die Gewinnanteile von der ausländischen Gesellschaft bezieht, auf den Hinzurechnungsbetrag entrichtet hat.

(2) Soweit die Gewinnanteile den Hinzurechnungsbetrag übersteigen, sind sie um die Steuer zu kürzen, die auf Hinzurechnungsbeträge in Höhe der übersteigenden Gewinnanteile für die vorangegangenen vier Kalenderjahre oder Wirtschaftsjahre entrichtet und noch nicht abgezogen worden sind.

(3) Veräußert die unbeschränkt steuerpflichtige natürliche Person Anteile an der ausländischen Gesellschaft, so ist Absatz 2 mit der Maßgabe anzuwenden, dass die abzuziehende Steuer den Veräußerungsgewinn nicht übersteigen darf."

6. § 12 wird wie folgt geändert:
   a) Absatz 1 wird wie folgt gefasst:
   „(1) Auf Antrag des Steuerpflichtigen werden auf die auf den Hinzurechnungsbetrag zu erhebende Steuer die Steuern angerechnet, die nach § 10 Abs. 1 abziehbar sind. In diesem Fall ist der Hinzurechnungsbetrag um diese Steuern zu erhöhen."
   b) Absatz 2 wird wie folgt gefasst:
   „(2) Bei der Anrechnung sind die Vorschriften des § 34c Abs. 1 des Einkommensteuergesetzes und des § 26 Abs. 1 und 6 des Körperschaftsteuergesetzes entsprechend anzuwenden."
   c) Absatz 3 wird aufgehoben.

7. § 13 wird wie folgt geändert:
   a) Absatz 1 wird wie folgt gefasst:
   „(1) Gewinnanteile, die die ausländische Gesellschaft von einer nicht unbeschränkt steuerpflichtigen Kapitalgesellschaft bezieht, deren Bruttoerträge ausschließlich oder fast ausschließlich aus unter § 8 Abs. 1 Nr. 1 bis 6 fallenden Tätigkeiten stammen, sind mit dem auf den unbeschränkt Steuerpflichtigen entfallenden Teil vom Hinzurechnungsbetrag auszunehmen."
   b) Absatz 2 wird wie folgt gefasst:
   „(2) Gewinnanteile, die die ausländische Gesellschaft von einer unbeschränkt steuerpflichtigen Kapitalgesellschaft bezieht, sind mit dem auf den unbeschränkt Steuerpflichtigen entfallenden Teil vom Hinzurechnungsbetrag auszunehmen."

8. § 14 wird wie folgt geändert:
   a) Absatz 2 wird wie folgt gefasst:
   „(2) Der nach Absatz 1 zuzurechnende Betrag ist um Gewinnanteile zu kürzen, die die Untergesellschaft in dem Kalenderjahr oder Wirtschaftsjahr ausschüttet, in dem der nach Absatz 1 zuzurechnende Betrag anzusetzen ist; soweit die Gewinnanteile den zuzurechnenden Betrag übersteigen, sind sie um Beträge zu kürzen, die für die vorangegangenen vier Kalenderjahre oder Wirtschaftsjahre nach Absatz 1 der ausländischen Gesellschaft zugerechnet und noch nicht für eine solche Kürzung verwendet worden sind."
   b) In Absatz 4 wird Satz 2 aufgehoben.

9. § 21 Abs. 7 wird wie folgt geändert:

a) Satz 1 wird aufgehoben.

b) Im neuen Satz 1 werden die Wörter „Fassung dieses Gesetzes" durch die Angabe „Fassung des Artikels 12 des Gesetzes vom 21. Dezember 1993 (BGBl. I S. 2310)" ersetzt.

c) Folgende Sätze werden angefügt:

„§ 8 Abs. 3, § 10 Abs. 2 und 6, §§ 11, 12, 13 Abs. 1 und 2, § 14 Abs. 2 und 4 in der Fassung des Artikels 12 des Gesetzes vom ... (BGBl. I S. ...) sind erstmals anzuwenden für die Einkommensteuer und Körperschaftsteuer für den Veranlagungszeitraum, für den Zwischeneinkünfte hinzuzurechnen sind, die in einem Wirtschaftsjahr der Zwischengesellschaft oder der Betriebsstätte entstanden sind, das nach dem 31. Dezember 2000 beginnt. Die §§ 7 bis 14, 18 und 20 mit Ausnahme des § 20 Abs. 2 sind für die Gewerbesteuer letztmals anzuwenden für den Erhebungszeitraum, für den Zwischeneinkünfte hinzuzurechnen sind, die in einem Wirtschaftsjahr der Zwischengesellschaft entstanden sind, das vor dem 1. Januar 2001 beginnt. § 11 in der Fassung des Artikels 12 des Gesetzes vom 21. Dezember 1993 (BGBl. I S. 2310) ist auf Gewinnausschüttungen der Zwischengesellschaft oder auf Gewinne aus der Veräußerung der Anteile an der Zwischengesellschaft nicht anwendbar, wenn auf die Ausschüttungen oder auf die Gewinne aus der Veräußerung § 8b Abs. 1 oder 2 des Körperschaftsteuergesetzes in der Fassung des Artikels 3 des Gesetzes vom ... (BGBl. I S. ...) oder § 3 Nr. 40 des Einkommensteuergesetzes in der Fassung des Artikels 1 des Gesetzes vom ... (BGBl. I S. ...) anwendbar ist."

Artikel 13
Änderung des Gesetzes über steuerrechtliche Maßnahmen bei Erhöhung des Nennkapitals aus Gesellschaftsmitteln

Das Gesetz über steuerliche Maßnahmen bei Erhöhung des Nennkapitals aus Gesellschaftsmitteln in der Fassung der Bekanntmachung vom 10. Oktober 1967 (BGBl. I S. 977), zuletzt geändert durch ... (BGBl. I S. ...), wird wie folgt geändert:

1. Die §§ 5 und 6 werden aufgehoben.

2. § 8a wird wie folgt geändert:

   a) Der bisherige Wortlaut wird Absatz 1.

   b) Folgender Absatz 2 wird angefügt:

   „(2) Die §§ 5 und 6 sind letztmals auf die Rückzahlung von Nennkapital anzuwenden, die in dem letzten vor dem 1. Januar 2002 beginnenden Wirtschaftsjahr erfolgt."

Artikel 14
Änderung des Gesetzes zur Durchführung der EG-Richtlinie über die gegenseitige Amtshilfe im Bereich der direkten und indirekten Steuern

§ 3 Abs. 1 Nr. 2 des EG-Amtshilfe-Gesetzes vom 19. Dezember 1985 (BGBl. I S. 2436, 2441), das zuletzt durch ... (BGBl. I S. ...) geändert worden ist, wird aufgehoben.

Artikel 15
Änderung des Gemeindefinanzreformgesetzes

§ 6 Abs. 3 Satz 2 bis 4 des Gemeindefinanzreformgesetzes in der Fassung der Bekanntmachung vom 6. Februar 1995 (BGBl. I S. 189), das zuletzt durch Artikel 2 des Gesetzes vom 17. Juni 1999 (BGBl. I S. 1382) geändert worden ist, wird wie folgt gefasst:

„Der Bundesvervielfältiger beträgt im Jahr 2001 24 vom Hundert, im Jahr 2002 30 vom Hundert, im Jahr 2003 36 vom Hundert, in den Jahren 2004 und 2005 38 vom Hundert und ab dem Jahr 2006 35 vom Hundert. Der Landesvervielfältiger für die Länder Brandenburg, Mecklenburg-Vorpommern, Sachsen, Sachsen-Anhalt und Thüringen beträgt im Jahr 2001 30 vom Hundert, im Jahr 2002 36 vom Hundert, im Jahr 2003 42 vom Hundert, in den Jahren 2004 und 2005 44 vom Hundert und ab dem Jahr 2006 41 vom Hundert. Der Landesvervielfältiger für die übrigen Länder beträgt im Jahr 2001 59 vom Hundert, im Jahr 2002 65 vom Hundert, im Jahr 2003 71 vom Hundert, in den Jahren 2004 und 2005 73 vom Hundert und ab dem Jahr 2006 70 vom Hundert."

Artikel 16
Änderung des Bundeskindergeldgesetzes

Das Bundeskindergeldgesetz in der Fassung der Bekanntmachung vom 4. Januar 2000 (BGBl. I S. 4) wird wie folgt geändert:

1. In § 2 Abs. 2 Satz 2 wird die Angabe „13 500 Deutsche Mark" durch die Angabe „14 040 Deutsche Mark" ersetzt.

2. § 20 Abs. 1 wird wie folgt gefasst:

„(1) § 2 Abs. 2 Satz 2 ist anzuwenden

1. vom 1. Januar 2003 bis zum 31. Dezember 2004 mit der Maßgabe, dass an die Stelle des Betrags von 14 040 Deutsche Mark der Betrag von 14 520 Deutsche Mark tritt, und

2. vom 1. Januar 2005 an mit der Maßgabe, dass an die Stelle des Betrags von 14 040 Deutsche Mark der Betrag von 15 000 Deutsche Mark tritt."

Artikel 17
Neufassung der betroffenen Gesetze und Rechtsverordnungen

(1) Das Bundesministerium der Finanzen kann den Wortlaut der durch die Artikel 1 bis 15 dieses Gesetzes geänderten Gesetze und Verordnungen in der vom Inkrafttreten der Rechtsvorschriften an geltenden Fassung im Bundesgesetzblatt bekannt machen.

(2) Das Bundesministerium für Familie, Senioren, Frauen und Jugend kann den Wortlaut des durch Artikel 16 dieses Gesetzes geänderten Bundeskindergeldgesetzes in der vom Inkrafttreten der Rechtsvorschriften an geltenden Fassung im Bundesgesetzblatt bekannt machen.

Artikel 18
Rückkehr zum einheitlichen Verordnungsrang

Die auf den Artikel 2 beruhenden Teile der Einkommensteuer-Durchführungsverordnung können auf Grund der einschlägigen Ermächtigungsgrundlagen durch Rechtsverordnung geändert werden.

Artikel 19
Inkrafttreten

(1) Dieses Gesetz tritt vorbehaltlich der Absätze 2 und 3 am 1. Januar 2001 in Kraft.

(2) Die Artikel 7 und 8 treten am Tag nach der Verkündung in Kraft.

(3) Artikel 9 tritt am 1. Januar 2002 in Kraft.

B. Text des Entwurfs eines Gesetzes zur Ergänzung des Steuersenkungsgesetzes (Steuersenkungsergänzungsgesetz – StSenkErgG)

Artikel 1
Änderung des Einkommensteuergesetzes

Das Einkommensteuergesetz in der Fassung der Bekanntmachung vom 16. April 1997 (BGBl. I S. 821), zuletzt geändert durch ... (BGBl. I S. ...), wird wie folgt geändert:

1. Nach § 34 Abs. 2 wird folgender Absatz 3 angefügt:

„(3) Sind in dem zu versteuernden Einkommen außerordentliche Einkünfte im Sinne des Absatzes 2 Nr. 1 enthalten, so kann auf Antrag abweichend von Absatz 1 die auf den Teil dieser außerordentlichen Einkünfte, der den Betrag von insgesamt 10 Millionen Deutsche Mark nicht übersteigt, entfallende Einkommensteuer nach einem ermäßigten Steuersatz bemessen werden, wenn der Steuerpflichtige das 55. Lebensjahr vollendet hat oder wenn er im sozialversicherungsrechtlichen Sinne dauernd berufsunfähig ist. Der ermäßigte Steuersatz beträgt die Hälfte des durchschnittlichen Steuersatzes, der sich ergäbe, wenn die tarifliche Einkommensteuer nach dem gesamten zu versteuernden Einkommen zuzüglich der dem Progressionsvorbehalt unterliegenden Einkünfte zu bemessen wäre, mindestens jedoch 19,9 %. Auf das um die in Satz 1 genannten Einkünfte verminderte zu versteuernde Einkommen (verbleibendes zu versteuerndes Einkommen) sind vorbehaltlich des Absatzes 1 die allgemeinen Tarifvorschriften anzuwenden. Die Ermäßigung nach den Sätzen 1 bis 3 kann der Steuerpflichtige nur einmal im Leben in Anspruch nehmen. Erzielt der Steuerpflichtige in einem Veranlagungszeitraum mehr als einen Veräußerungs- oder Aufgabegewinn im Sinne des Satzes 1, kann er die Ermäßigung nach den Sätzen 1 bis 3 nur für einen Veräußerungs- oder Aufgabegewinn beantragen. Absatz 1 Satz 4 ist entsprechend anzuwenden."

2. § 52 wird wie folgt geändert:

a) Absatz 41 Nr. 3 wird wie folgt gefasst:

„3. ab dem Veranlagungszeitraum 2005 in der folgenden Fassung:

„(1) Die tarifliche Einkommensteuer bemisst sich nach dem zu versteuernden Einkommen. Sie beträgt vorbehaltlich der §§ 32b, 34, 34b und 34c jeweils in Euro für zu versteuernde Einkommen

1. bis 7 664 Euro (Grundfreibetrag): 0;
2. von 7 665 Euro bis 12 739 Euro: $(883{,}74 \cdot y + 1\,500) \cdot y$;
3. von 12 740 Euro bis 52 151 Euro: $(228{,}74 \cdot z + 2\,397) \cdot z + 989$;
4. von 52 152 Euro an: $0{,}42 \cdot x - 7\,914$.

„y" ist ein Zehntausendstel des 7 664 Euro übersteigenden Teils des auf einen vollen Euro-Betrag abgerundeten zu versteuernden Einkommens. „z" ist ein Zehntausendstel des 12 739 Euro übersteigenden Teils des auf einen vollen Euro-Betrag abgerundeten zu versteuernden Einkommens. „x" ist das auf einen vollen Euro-Betrag abgerundete zu versteuernde Einkommen. Der sich ergebende Steuerbetrag ist auf den nächsten vollen Euro-Betrag abzurunden."

b) Absatz 47 wird wie folgt gefasst:

„(47) § 34 Abs. 1 Satz 1 in der Fassung des Gesetzes [StSenkG] vom ... (BGBl. I S. ...) ist erstmals für den Veranlagungszeitraum 1999 anzuwenden. Auf § 34 Abs. 2 Nr. 1 ist Absatz 4a in der Fassung des Gesetzes vom ... (BGBl. I S. ...) entsprechend anzuwenden. In den Fällen, in denen nach dem 31. Dezember eines Jahres mit zulässiger steuerlicher Rückwirkung eine Vermögensübertragung nach dem Umwandlungssteuergesetz erfolgt oder ein Veräußerungsgewinn im Sinne des § 34 Abs. 2 Nr. 1 in der Fassung des Gesetzes vom ... (BGBl. I S. ...) erzielt wird, gelten die außerordentlichen Einkünfte als nach dem 31. Dezember dieses Jahres erzielt. § 34 Abs. 3 Satz 1 in der Fassung des Gesetzes vom ... (BGBl. I S. ...) ist ab dem Veranlagungszeitraum 2002 mit der Maßgabe anzuwenden, dass an die Stelle der Angabe „10 Millionen Deutsche Mark" die Angabe „5 Millionen Euro" tritt. § 34 Abs. 3 Satz 2 in der Fassung des Gesetzes vom ... (BGBl. I S. ...) ist

a) für die Veranlagungszeiträume 2003 und 2004 mit der Maßgabe anzuwenden, dass an die Stelle der Angabe „19,9 %" die Angabe „17 %" tritt und

b) ab dem Veranlagungszeitraum 2005 mit der Maßgabe anzuwenden, dass an die Stelle der Angabe „19,9 %" die Angabe „15 %" tritt.

Für die Anwendung des § 34 Abs. 3 Satz 4 in der Fassung des Gesetzes vom ... (BGBl. I S. ...) ist die Inanspruchnahme einer Steuerermäßigung nach § 34 EStG in Veranlagungszeiträumen vor dem 1. Januar 2001 unbeachtlich."

c) Absatz 52 Nr. 3 wird wie folgt gefasst:

„3. ab dem Kalenderjahr 2005 mit der Maßgabe, dass in Absatz 2 Satz 8 an die Stelle der Zahlen „19,9" und „48,5" die Zahlen „15" und „42" und an die Stelle der Angaben „17 442 Deutsche Mark" und „53 784 Deutsche Mark" die Angaben „9 144 Euro" und „25 812 Euro" treten."

Artikel 2
Neufassung der betroffenen Gesetze und Rechtsverordnungen

Das Bundesministerium der Finanzen kann den Wortlaut des durch den Artikel 1 dieses Gesetzes geänderten Gesetzes in der vom Inkrafttreten der Rechtsvorschriften an geltenden Fassung im Bundesgesetzblatt bekannt machen.

Artikel 3
Inkrafttreten

(1) Dieses Gesetz tritt am 1. Januar 2001 in Kraft.

Teil 2: Literaturverzeichnis

Altfelder, Investmentfonds – endlich verständlich?, FR 2000, S 299 ff.
Bareis, Das Halbeinkünfteverfahren im Systemvergleich, StuW 2000, S. 133 ff.
*Becker,*Zur Besteuerung inländischer Gesellschafter von Auslandsholdings nach dem Steuersenkungsgesetz, IWB Fach 3 Deutschland Gruppe 1, S. 1653 ff.
Bergemann, Unternehmenssteuerreform 2001: Schwerpunkte des Steuersenkungsgesetzes, DStR 2000, S. 1410 ff.
Bippus, Raus aus der Einkommensteuer, rein in die Körperschaftsteuer – Chancen und Risiken des körperschaftsteuerrechtlichen Optionsmodells für Einzel- und Mitunternehmer, DStZ 2000, S. 541 ff.
Brandenberg, Von Mißbrauchsklauseln und Behaltefristen bei Veräußerung von Kapitalgesellschaftsanteilen, NWB 2000, S. 3287 f.
*Crezelius,*Steuersenkungsgesetz: § 8 b Abs. 3 S. 2 KStG 2001 – Ein steuergesetzliches Verwirrspiel, DB 2000, S. 1631 ff.
Dötsch/Pung, Die geplante Reform der Unternehmensbesteuerung, DB 2000, Beilage Nr. 4 zu Heft Nr. 11.
Dötsch/Pung, Steuersenkungsgesetz: Die Änderungen bei der Körperschaftsteuer und bei der Anteilseignerbesteuerung, DB 2000, Beilage Nr. 10 zu Heft Nr. 34.
Dorenkamp, Unternehmenssteuerreform und partiell nachgelagerte Besteuerung von Einkommen, StuW 2000, S. 121 ff.
Eilers/Wienands, Gestaltungsüberlegungen und Fallbeispiele zur Veräußerung von GmbH-Anteilen – Erneute Verschärfung des § 17 EStG durch den Gesetzentwurf eines „StSenkG", GmbHR 2000, S. 405 ff.
Eisgruber, Unternehmenssteuerreform 2001: Das Halbeinkünfteverfahren auf der Ebene der Körperschaft, DStR 2000, S. 1493 ff.
Eisolt/Verdenhalven, Kurzerläuterung des RegE zum Steuersenkungsgesetz (StSenkG-Entwurf), NZG 2000, S. 527 ff.
Fenzl/Hagen, Überlegungen zur Organschaft im Hinblick auf die geplante Unternehmenssteuerreform, FR 2000, S. 289 ff.
Fock/Stoschek, Die Auswirkungen des geplanten Steuersenkungsgesetzes auf die Besteuerung von Investmentfonds und ihrer Anteilinhaber, FR 2000, S. 591 ff.
*Förster,*Problembereiche der Anrechnung der Gewerbesteuer auf die Einkommensteuer gem. § 35 EStG 2001, FR 2000, S. 866 ff.

Grotherr, Das neue Körperschaftsteuersystem mit Anteilseignerentlastung bei der Besteuerung von Einkünften aus Beteiligungen, BB 2000, S. 849 ff.

Günkel/Fenzl/Hagen, Diskussionsforum Unternehmenssteuerreform: Steuerliche Überlegungen zum Übergang auf ein neues Körperschaftsteuersystem, insbes. zum Ausschüttungsverhalten bei Kapitalgesellschaften, DStR 2000, S. 445 ff.

Haase/Arnolds, Unternehmenssteuerreform: Anrechnungssystem oder klassisches Körperschaftsteuersystem mit Halbeinkünfteverfahren?, FR 2000, S. 485 ff.

Haase/Diller, Optionsrecht von Personenunternehmen für die Körperschaftsbesteuerung: Vorteilhaftigkeit und Risiken, BB 2000, S. 1068 ff.

Haase/Lüdemann, Auswirkungen der Unternehmenssteuerreform auf die Finanzierungspolitik der Kapitalgesellschaften, DStR 2000, S. 747 ff.

Haritz/Slabon, Unternehmenssteuerreform: Übergangsregelungen bis in das Jahr 2002, GmbHR 2000, S. 593 ff.

Haritz/Wisniewski, Das Ende des Umwandlungsmodells – Erste Anmerkungen zu umwandlungssteuerlichen Aspekten der geplanten Unternehmenssteuerreform, GmbHR 2000, S. 161 ff.

Haritz/Wisniewski, Das Umwandlungssteuerrecht nach Verabschiedung der Unternehmenssteuerreform, GmbHR 2000, S. 789 ff.

Herzig/Dautzenberg, Die deutsche Steuerreform ab 1999 und ihre Aspekte für das deutsche Außensteuerrecht und das internationale Steuerrecht, DB 2000, S. 12 ff.

Herzig/Lochmann, Das Grundmodell der Besteuerung von Personenunternehmen nach der Unternehmenssteuerreform, DB 2000, S. 540 ff.

Herzig/Lochmann, Die Steuerermäßigung für gewerbliche Einkünfte bei der Einkommensteuer nach dem Entwurf zum Steuersenkungsgesetz, DB 2000, S. 1192 ff.

Herzig/Lochmann, Steuersenkungsgesetz: Die Steuerermäßigung für gewerbliche Einkünfte bei der Einkommensteuer in der endgültigen Regelung, DB 2000, S. 1728 ff.

Hey, Die Brühler Empfehlungen zur Reform der Unternehmensbesteuerung, BB 1999, S. 1192 ff., 1251.

Hidien, Steuerreform 2000 – Anmerkungen zum gewerbesteuerlichen Anrechnungsmodell, BB 2000, S. 485 ff.

Hötzel/Beckmann, Einfluß der Unternehmenssteuerreform 2001 auf die Unternehmensbewertung, WPg 2000, S. 696 ff.

Juchum, Zur Reform des § 34 Abs. 1 EStG, DB 2000, S. 343 ff.

Kiesel, Ausschüttungspolitik unter Berücksichtigung des Regierungsentwurfes zum Steuersenkungsgesetz, BB 2000, S. 1014 ff.

Kleineidam, Einkommensteuerentlastungen und Optionsfolgen für gewerbliche Unternehmen durch die Unternehmenssteuerreform, DB 2000, S. 1289 ff.

Köhler, Diskussionsforum Unternehmenssteuerreform: Auswirkungen der steuerlichen Änderungen auf deutsche Auslandsinvestitionen, DStR 2000, S. 613 ff.

Koschmieder/Schwarz, Erbschaftsteuerliche Wirkungen des Optionsmodells nach dem Regierungsentwurf zur Unternehmenssteuerreform, DB 2000, S. 443 ff.

Krabbe, Unternehmenssteuerreform: Das Optionsmodell für Personenunternehmen im internationalen Steuerrecht, FR 2000, S. 545 ff.

Krawitz, Betriebswirtschaftliche Anmerkungen zum Halbeinkünfteverfahren, DB 2000, S. 1721 ff.

Kulemann/Harle, Fallstudie: Steuerliche Auswirkungen der Ausschüttung von EK 45 unter Berücksichtigung des Gesetzentwurfs eines „StSenkG", GmbHR 2000, S. 481 ff.

Kurezkij, Einkommensteuerliche Behandlung von Veräußerungsvorgängen i.S.d. § 17 EStG nach dem Entwurf des StSenkG, BB 2000, S. 1273 f.

Kußmaul/Schäfer, Die Option eines Personenunternehmens für die Körperschaftsteuer, BB 2000, S. 901 ff.

Lang, Die Unternehmenssteuerreform – Eine Reform pro GmbH, GmbHR 2000, S. 453 ff.

Löhr, Die Brühler Empfehlungen – Wegweiser für eine Systemreform der Unternehmensbesteuerung?, StuW 2000, S. 33 ff.

Märkle, Gedanken zur Reform der Unternehmensbesteuerung, WPg 1999, S. 901 ff.

Maiterth, Unternehmenssteuerreform: Wird das Steuerrecht durch die Einführung des „Halbeinkünfteverfahrens" einfacher?, FR 2000, S. 507 ff.

Maiterth/Semmler, Kritische Anmerkungen zur geplanten Substitution des körperschaftsteuerlichen Anrechnungssystems durch das sog. „Halbeinkünfteverfahren" im Zuge des Steuersenkungsgesetzes, BB 2000, S. 1377 ff.

Menck, Halbeinkünfteverfahren, Schachtelprivileg über die Grenze und Außensteuergesetz, IWB Fach 3 Deutschland Gruppe 1, S. 1639 ff.

Mentel/Schultz, Diskussionsforum Unternehmenssteuerreform: Option von Personengesellschaften und Einzelunternehmen zur Körperschaftsteuer – Steuerliche Auswirkungen und handelsrechtliche Aspekte, DStR 2000, S. 489 ff.

Mick, Steuersenkungsgesetz: Gefährdung der Steuerfreiheit von Veräußerungsgewinnen nach § 8 b Abs. 2 und 4 KStG n.F. bei bestimmten Formen des Wertpapierhandels, DB 2000, S. 1682 ff.

Müller-Gatermann, Grundentscheidungen der Unternehmenssteuerreform, Entlastungswirkungen und Gegenfinanzierungsmaßnahmen, GmbHR 2000, S. 650 ff.

Pache, Die Auswirkungen der Neuregelung der körperschaftsteuerlichen und gewerbesteuerlichen Organschaft im Rahmen des Gesetzentwurfs eines „StSenkG", GmbHR 2000, S. 317 ff.

Pache, Die Neuregelung der körperschaftsteuerlichen und gewerbesteuerlichen Organschaft nach dem Steuersenkungsgesetz, GmbHR 2000, S. 764 ff.

Pezzer, Kritik des Halbeinkünfteverfahrens, StuW 2000, S. 144 ff.

Priester, Unternehmenssteuerreform und Gesellschaftsrecht, WPg 2000, S. 70 ff.

Prinz, Die geplante Unternehmenssteuerreform – Konzeptionelle Bestandsaufnahme bei national und international tätigen Unternehmen, erste Probleme, Gestaltungen, FR 1999, S. 1265 ff.

Prinz, Geplante Verschärfung der Gesellschafter-Fremdfinanzierung (§ 8 a KStG) durch die Unternehmenssteuerreform, GmbHR 2000, S. 272 ff.

Raber, Zur Umsetzung der Körperschaftsteuerreform – Europarechtliche und verfassungsrechtliche Aspekte, DB 1999, S. 2596 ff.

Rättig/Protzen, Unbeabsichtigter Systemwechsel bei der Hinzurechnungsbesteuerung von Kapitalgesellschaften als Folge des Steuersenkungsgesetzes?, IStR 2000, S. 394 ff.

Reiß, Diskussionsbeitrag: Kritische Anmerkungen zu den Brühler Empfehlungen zur Reform der Unternehmensbesteuerung, DStR 1999, S. 2011 ff.

Rödder, Die Neukonzeption der Unternehmensbesteuerung aus der Sicht der Beratungspraxis, WPg 2000, S. 57 ff.

Rödder/Metzner, Ausschüttungspolitische Überlegungen im Hinblick auf die Unternehmenssteuerreform, DStR 2000, S. 960 ff.

Rödder/Schumacher, Unternehmenssteuerreform 2001 – Eine erste Analyse des Regierungsentwurfs aus Beratersicht, DStR 2000, S. 353 ff.

Rödder/Schumacher, Unternehmenssteuerreform 2001: Wesentliche Änderungen des Steuersenkungsgesetzes gegenüber dem Regierungsentwurf und Regeln zu seiner erstmaligen Anwendung, DStR 2000, S. 1453 ff.

Rose, Sinn und Unsinn einer Besteuerung von Gewinnen aus der Veräußerung von Anteilen an Unternehmen, BB 2000, S. 1062 ff.

Schaumburg, Das internationale Umwandlungssteuerrecht in der Unternehmenssteuerreform, FS Widmann, München 2000, S. 505 ff.

Scheipers/Bergemann, Diskussionsforum Unternehmenssteuerreform: Überlegungen zur Vorteilhaftigkeit der Option i.S.d. § 4 a KStG-E, DStR 2000, S. 709 ff.

Schiffers, Die Besteuerung der Kapitalgesellschaften und deren Anteilseigner nach dem Regierungsentwurf eines „StSenkG", GmbHR 2000, S. 205 ff.

Schiffers, Entlastung der Personengesellschaften, Rechtsformvergleiche und Option zur Körperschaftsteuer nach dem Gesetzentwurf eines „StSenkG", GmbHR 2000, S. 253 ff.

Schiffers, Unternehmenssteuerreform – Überlegungen zu den „Brühler Empfehlungen", GmbHR 1999, S. 741 ff.

Schneeloch/-Trockels-Brand, Körperschaftsteuerliches Anrechnungsverfahren versus Reformpläne, DStR 2000, S. 907 ff.

Schneider, Höhere Unternehmenssteuerbelastung durch Senken der Gewinnsteuersätze!, BB 2000, S. 1322 ff.

Schön, Zum Entwurf eines Steuersenkungsgesetzes, StuW 2000, S. 151 ff.

Schön, Zur Unternehmenssteuerreform, Stbg 2000, S. 1 ff.

Schüler, Unternehmensbewertung und Halbeinkünfteverfahren, DStR 2000, S. 1531 ff.

Schulze zur Wiesche, Kritische Anmerkungen zu den Brühler Empfehlungen zur Reform der Unternehmensbesteuerung, FR 1999, S. 698 ff.

Seibt, Optionsmodell für Personengesellschaften – Gesellschaftsvertragliche Regelungen tun not!, DStR 2000, S. 825 ff.

Siegel/Bareis/Herzig/Schneider/Wagner/Wenger, Verteidigt das Anrechnungsverfahren gegen
unbedachte Reformen!, BB 2000, S. 1269 f.

Sigloch, Unternehmenssteuerreform 2001 – Darstellung und ökonomische Analyse, StuW 2000, S. 160 ff.

Söffing, Die Mängel im Entwurf zu § 35 EStG, DB 2000, S. 688 ff.

Spengel/Jaeger/Müller, Europarechtliche Beurteilung des Gesetzentwurfs zur Senkung der Steuersätze und zur Reform der Unternehmensbesteuerung, IStR 2000, S. 257 ff.

Stuhrmann, Unternehmenssteuerreform: Einkommensteuerminderung durch Berücksichtigung der Gewerbesteuerbelastung als Basismodell, FR 2000, S. 550 ff.

Thiel, Umwandlungssteuerrecht im Wandel – Vom Anrechnungsverfahren zum Halbeinkünfteverfahren, FS Widmann, München 2000, S. 567 ff.

Thiel, Unternehmenssteuerreform: Auswirkungen auf das Umwandlungssteuerrecht – Geplante Änderungen und Ausblick, FR 2000, S. 493 ff.

van Lishaut, Der kleine Aktionär in der großen Unternehmenssteuerreform, FR 1999, S. 938 ff.

van Lishaut, Die Reform der Unternehmensbesteuerung aus Gesellschaftersicht, StuW 2000, S. 182 ff.

van Lishaut, Steuersenkungsgesetz: Mitunternehmerische Einzelübertragungen i.S. des § 6 Abs. 5 Satz 3 ff. EStG n.F., DB 2000, S. 1784 ff.

Vögele/Edelmann, Internationale Steuerplanung nach der Unternehmenssteuerreform 2001, IStR 2000, S. 463 ff.

Wagner, Unternehmenssteuerreform und Corporate Governance, StuW 2000, S. 109 ff.

Wagner/Baur/Wader, Was ist von den „Brühler Empfehlungen" für die Investitionspolitik, die Finanzierungsstrukturen und die Neugestaltung von Gesellschaftsverträgen der Unternehmen zu erwarten?, BB 1999, S. 1296 ff.

Wassermeyer, Die im Entwurf eines Steuersenkungsgesetzes vorgesehenen Änderungen der Hinzurechnungsbesteuerung, IStR 2000, S. 193 ff.

Wassermeyer, Die Hinzurechnungsbesteuerung aus der Sicht des Entwurfs des Unternehmenssteuerreform- und Steuersenkungsgesetzes, IStR 2000, S. 114 ff.

Wenger, Die Steuerfreiheit von Veräußerungsgewinnen: Systemwidrigkeiten und systematische Notwendigkeiten, StuW 2000, S. 177 ff.

Werra, Unternehmenssteuerreform: Aspekte des nationalen und internationalen Konzernsteuerrechts, FR 2000, S. 645 ff.

Zitzelsberger, Die Reform der Unternehmenssteuer, WPg 2000, S. 51 ff.

Teil 3: Gesetzesentstehung

Verfasser: Harald Schaumburg

A. Kommission zur Reform der Unternehmensbesteuerung

I. Grundlagen und Vorgaben

Am 16. Dezember 1998 berief der damalige Bundesminister der Finanzen, Oskar Lafontaine, in Bonn die Kommission zur Reform der Unternehmensbesteuerung ein. Ihr gehörten Vertreter aus Wissenschaft, Wirtschaft, Bund, Ländern und Verbänden an. An den Sitzungen nahmen darüber hinaus auch Vertreter des Bundesfinanzministeriums teil, die die Mitglieder der Kommission beratend unterstützten.

Die Kommission kam am 18. Dezember 1998 zu ihrer konstituierenden Sitzung zusammen. Die Arbeitssitzungen erfolgten vierzehntäglich. Sie begannen am 13./14. Januar 1999 und endeten mit den Sitzungen am 28. bis 30. April 1999, mit denen die sog. „Brühler Empfehlungen zur Reform der Unternehmensbesteuerung" verabschiedet wurden. Die hierzu erarbeiteten Empfehlungen der Kommission wurden am 30. April 1999 dem Bundesminister der Finanzen Hans Eichel in der Bundesfinanzakademie in Brühl überreicht. Auf der Grundlage dieser Empfehlungen stellte die Kommission im Mai und Juni 1999 den Abschlußbericht zusammen. Er ist in Heft 66 der Schriftenreihe des Bundesministeriums der Finanzen im Juli 1999 veröffentlicht.

In der maßgeblichen Geschäftsordnung wurde die Aufgabe der Kommission wie folgt umschrieben:

1) Aufgabe der Kommission ist es, ein Konzept für eine grundlegende Reform der Unternehmensbesteuerung zu erarbeiten. Ziel ist eine rechtsformneutrale Unternehmenssteuer, nach der alle Unternehmenseinkünfte mit höchsten 25 % besteuert werden. Die Neuregelung soll im Jahre 2000 in Kraft treten.

2) Bis zum 30. April 1999 wird die Kommission einen Bericht vorlegen, der Grundlage für die Erarbeitung eines Gesetzentwurfs zur Reform der Unternehmensbesteuerung ist.

In der konstituierenden Sitzung der Kommission am 18. Dezember 1998 wurde im Rahmen der Erörterungen mit der Parlamentarischen Staatssekretärin im Bundesfinanzministerium Dr. Barbara Hendricks und anderen Vertretern des Bundesfinanzministeriums das Ziel der Besteuerung aller „Unternehmenseinkünfte mit höchsten 25 %" dahingehend konkretisiert, daß damit nur die im Unternehmen thesaurierten, nicht aber die entnommenen bzw. ausgeschütteten Einkünfte (Gewinne) erfaßt sein sollten. Für diese entnommenen bzw. ausgeschütteten Einkünfte (Gewinne) sollte auch die für die übrigen Einkünfte geltende individuelle Steuerbelastung maßgeblich sein. Damit war die Unternehmenssteuerreform von vornherein konzeptionell auf eine Steuersatzspreizung angelegt. Die Unternehmen, nicht aber die Unternehmer, sollten steuerlich entlastet werden. Keine Klarheit konnte demgegenüber darüber erzielt werden, ob die für die Besteuerung der Unternehmenseinkünfte vorgegebene Zielgröße von „höchsten 35 %" auch die Gewerbesteuer erfasse. Die Mitglieder der Kommission konnten sich allerdings darauf einigen, eine Unternehmenssteuer in Höhe von 25 v.H. zzgl. Gewerbesteuer und damit eine Gesamtsteuerbelastung von 38–40 % zu empfehlen. Unter Berücksichtigung der Lage der öffentlichen Haushalte erschien in einem ersten Schritt zunächst eine Unternehmenssteuer von 28 v.H. zzgl. Gewerbesteuer hinnehmbar.

Die Kommission befaßte sich zu Beginn ihrer Arbeit mit der Analyse derjenigen Unternehmenssteuermodelle, die bereits in der Vergangenheit erarbeitet und diskutiert worden waren. Hierzu gehörten insbesondere die verschiedenen Betriebsteuermodelle. Die Kommission kam aber sehr bald zu dem Ergebnis, sich von einem ganzheitlichen Ansatz zu lösen und die für Körperschaften und Personenunternehmen in Betracht kommenden Reformmodelle zunächst gesondert zu entwickeln. Dabei wurde auch klar, daß im Hinblick auf die Finanzhoheit der Gemeinden die Gewerbesteuer als solche ohne größere Eingriffe beibehalten werden müsse. Damit war die Gewerbesteuer von vornherein aus der Unternehmersteuerreform ausgeklammert.

II. Besteuerung von Körperschaften

Hier konzentrierte sich die Diskussion zunächst auf die Frage, ob das körperschaftsteuerliche Anrechnungsverfahren weiter beibehalten werden solle oder nicht. Es bestand bald Einvernehmen darüber, daß das körperschaftsteuerliche Anrechnungsverfahren in der derzeitigen Ausprägung nicht fortgeführt werden könne. Die hierfür maßgeblichen Gründe waren aus der Sicht der Kommission

A. Kommission

- Kompliziertheit,
- Mißbrauchsanfälligkeit,
- mangelnde Europatauglichkeit.

Im Hinblick darauf ging es einstweilen nur um die Frage, ob das Anrechnungsverfahren so verändert werden kann, daß die vorstehenden Nachteile behoben werden können. Die Kommission ist hierbei zu folgenden Ergebnissen gelangt:

Das körperschaftsteuerliche Anrechnungsverfahren kann durch bestimmte gesetzgeberische Maßnahmen, etwa durch Einführung des bereits früher diskutierten Guthabenmodells, ohne weiteres vereinfacht werden. Normative Maßnahmen zur Behebung der Mißbrauchsanfälligkeit des Anrechnungsverfahrens sind demgegenüber nicht erkennbar. Diese Mißbrauchsanfälligkeit beruht im wesentlichen auf dem sog. Dividenden-Stripping und dem in der Praxis nicht möglichen Abgleich zwischen gezahlter Körperschaftsteuer einerseits und Anrechnung derselben andererseits. Die gegen das Dividenden-Stripping derzeit gerichteten normativen Maßnahmen (§ 50c EStG) sind im Grunde gescheitert, ohne daß sich ein anderes spezifisches Normeninstrumentarium anbietet. Das körperschaftsteuerliche Anrechnungsverfahren wirkt darüber hinaus nur binnenorientiert und ist daher nicht europatauglich. Diese isolationistische Wirkung ist darauf zurückzuführen, daß Steuerausländer im Ausgangspunkt nicht die deutsche und Steuerinländer nicht die ausländische Körperschaftsteuer anrechnen können. Die Körperschaftsteueranrechnung läßt sich zwar auf gesetzlicher Grundlage internationalisieren, dies setzt aber im Ergebnis ein bilaterales oder multilaterales Finanzausgleichssystem voraus. Denn eine grenzüberschreitende Anrechnung führt zwangsläufig zu Verschiebungen des Steueraufkommens zwischen den Staaten, die die Körperschaftsteuer erheben, und denjenigen, die sie anrechnen müssen. Eine einseitige Anrechnung, wie dies noch im Entwurf zum Standortsicherungsgesetz 1994 vorgesehen war, ist indessen nicht finanzierbar und führte zu einer Verengung der finanziellen Spielräume für übrige Maßnahmen im Zuge der Unternehmenssteuerreform. Ein somit gebotenes Finanzausgleichssystem läßt sich indessen nicht in überschaubarer Zeit umsetzen. Ein derartiges Finanzausgleichssystem ist bislang noch nicht einmal im Zuge der Umsatzsteuerharmonisierung zustande gekommen mit der Folge, daß das angestrebte Ursprungslandprinzip bis heute noch nicht umgesetzt werden konnte.

Im Hinblick auf die vorgenannten Nachteile des körperschaftsteuerlichen Anrechnungsverfahrens kam die Kommission nach eingehender Erörterung zu dem Ergebnis, einen Systemwechsel zu empfehlen.

Hierbei konnte von vornherein nur ein Besteuerungskonzept in Frage kommen, das auch auf Personenunternehmen übertragbar sein würde. Hier wurden verschiedene Modelle diskutiert, die letztlich alle dem klassischen Körperschaftsteuersystem mit Anteilseignerentlastung entsprachen. Die von der Kommission angestellten Überlegungen mündeten in das sog. Halbeinkünfteverfahren, das letztlich auch durch das Steuersenkungsgesetz umgesetzt worden ist.

Das Halbeinkünfteverfahren vermeidet nach Auffassung der Kommission die wesentlichen Nachteile des körperschaftsteuerlichen Anrechnungsverfahrens: Das Halbeinkünfteverfahren ist einfach, weniger mißbrauchsanfällig und nicht nur binnenorientiert. Darüber hinaus ist es im Unterschied zum körperschaftsteuerlichen Anrechnungsverfahren geeignet, eine Einmalbesteuerung der Gewinne von Körperschaften sicherzustellen. Im Ergebnis ist das Halbeinkünfteverfahren ein pauschaliertes Anrechnungsverfahren mit Definitivbelastung auf Gesellschaftsebene. Die Doppelbelastung von Körperschaftsteuer einerseits und Einkommensteuer andererseits wird dadurch vermieden, daß die Dividende auf Gesellschafterebene nur zur Hälfte der Besteuerung unterworfen wird. Statt der Anrechnung erfolgt nur der hälftige Ansatz der Dividende.

Die Kommission war sich allerdings von vornherein auch über die Nachteile, die mit dem Halbeinkünfteverfahren verbunden sind, im klaren. Der Nachteil des Halbeinkünfteverfahrens beruht insbesondere auf der Spreizung zwischen Körperschaftsteuer (25 %) einerseits und Einkommensteuer (Spitzensatz 2001: 48,5 %) andererseits. Diese Steuerspreizung kann zu erheblichen Verwerfungen führen, insbesondere zu einem volkswirtschaftlich nicht erwünschten Lock-in-Effekt. Darüber hinaus ging die Kommission wegen der erheblichen Belastungsdivergenzen auch davon aus, daß private Vermögenswerte in die unternehmerische Sphäre transferiert werden. Schließlich wurden von der Kommission auch die Nachteile für Kleinaktionäre gesehen. Diese Nachteile werden allerdings – so die Vorstellungen der Kommission – durch die faktische Verdoppelung der Sparerfreibeträge im Rahmen des Halbeinkünfteverfahrens teilweise kompensiert. Darüber hinaus wirkt das Halbeinkünfteverfahren ohnehin nur dann nachteilig, wenn inländische Gewinne zur Ausschüttung gelangen. Werden ausländische Gewinne ausgeschüttet, werden diese zukünftig im Rahmen des Halbeinkünfteverfahrens steuerlich günstiger gestellt, weil auf Gesellschafterebene der steuerliche Nachholeffekt nur noch zur Hälfte erfolgt.

Schließlich war sich die Kommission auch darüber im Klaren, daß der Systemwechsel dem Gesetzgeber später ohne weiteres die Möglich-

A. Kommission

keit eröffnet, die Besteuerung von Körperschaften zu verschärfen. So können zukünftig Körperschaftsteuersätze erhöht werden, ohne daß dies – wie das derzeit beim Anrechnungsverfahren der Fall ist – zu gegenläufigen Effekten bei der Einkommensteuer führt. Und weiter: Die steuerliche Entlastung gerade von Körperschaften im Zuge der Unternehmenssteuerreform beruht nach den Vorstellungen der Kommission, die sich der Gesetzgeber zu eigen gemacht hat, auf dem durchaus naheliegenden Gedanken, daß hierdurch die Wettbewerbsfähigkeit der deutschen Wirtschaft im internationalen Kontext gestärkt, Investitionen gefördert und somit schließlich auch Arbeitsplätze geschaffen werden. Sollten diese Erwartungen aus der Sicht des Gesetzgebers enttäuscht werden und sollte etwa feststellbar sein, daß im großen Maße Kapitalanlagen aus dem privaten in den unternehmerischen Bereich transferiert werden, um sie dort den für Körperschaften günstigeren steuerlichen Rahmenbedingungen auszusetzen, besteht die Gefahr, daß in Zukunft nach dem Vorbild der Hinzurechnungsbesteuerung (§§ 7 – 14 AStG) nur noch Einkünfte aus aktiver Tätigkeit vom Begünstigungsrahmen der Unternehmensbesteuerung erfaßt werden. Im Hinblick darauf hatten die Mitglieder der Kommission ganz überwiegend die Erwartung, daß die derzeit mit dem Systemwechsel verknüpfte Steuersatzspreizung in Zukunft durch Absenkung der Einkommensteuerspitzensätze vermindert werden wird. Die in diese Richtung zielenden ersten Schritte sind mit einer Absenkung des Einkommensteuerspitzensatzes ab 2005 auf 42 % bereits eingeleitet.

Systembedingt bedurfte es im Rahmen des neuen Halbeinkünfteverfahrens verschiedener Neuregelungen, die insbesondere auf die Vermeidung von Doppelbelastungen gerichtet sind. Im Vordergrund der Erörterung der Kommission standen insbesondere die Regelungen über die steuerliche Freistellung des Dividendentransfers zwischen Körperschaften. Es war von vornherein klar, daß Ausschüttungen von Körperschaften an andere Körperschaften ohne Rücksicht auf eine Mindestbesitzzeit oder Mindestbeteiligungsquote steuerlich freigestellt werden müßten. Diese Dividendenfreistellung – so die Vorstellungen der Kommission – müßte auch unterschiedslos für unbeschränkt und beschränkt steuerpflichtige Körperschaften und für in- und ausländische Dividenden gelten. Im Kern ist dieses Konzept durch das Steuersenkungsgesetz (§ 8b Abs. 1 KStG) umgesetzt worden. In der Kommission wurde indessen auch die Frage diskutiert, ob nicht bei der Freistellung ausländischer Dividenden eine mit deutscher Körperschaftsteuerbelastung entsprechende steuerliche Vorbelastung der ausländischen Kapitalgesellschaft gefordert werden müsse. Hier wurde die Frage erörtert, ob nicht speziell für ausländische

Dividenden im Körperschaftsteuergesetz eine derartige Vorbelastung als Voraussetzung für die Steuerbefreiung verankert werden sollte. Dieses Vorbelastungserfordernis hätte dann aber auch für ausschüttende ausländische Körperschaften mit Einkünften aus aktiver Tätigkeit gegolten. Dies hätte in jenen Fällen zu einer Verschärfung der Besteuerung geführt, in denen eine abkommensrechtliche Steuerfreistellung ohne Aktivitätsvorbehalt gewährt wird. Der Kommission erschien es daher sachgerechter, das Problem der steuerlichen Vorbelastung durch eine Änderung der Regelungen bei der Hinzurechnungsbesteuerung herbeizuführen. Gedacht war hier in erster Linie an eine Absenkung der in § 7 Abs. 1 AStG verankerten Mindestbeteiligungsquote. Damit sollten nach den Vorstellungen der Kommission bestimmten Kapitalanlagemodellen in Niedrigsteuerländern begegnet werden. Die entsprechende Empfehlung der Kommission wurde im Steuersenkungsgesetz so nicht umgesetzt. Allerdings wurden einige Vorschriften der §§ 7–14 AStG verschärft, ohne daß diese Änderungen durch die Unternehmenssteuerreform veranlaßt worden wären. Da insbesondere die Vorschriften über die Hinzurechnungsbesteuerung (§§ 7–14 AStG) nicht mehr zeitgemäß sind und sich in zunehmendem Maße als Hemmnis für international operierende deutsche Unternehmen herausstellen, ist geplant, das Außensteuergesetz insoweit durchgreifend zu ändern und die geänderten Vorschriften alsbald in Kraft treten zu lassen.

Im Zusammenhang mit der Dividendenfreistellung wurde das Problem der Ausgabenabzugsbeschränkung kontrovers diskutiert. Da die Kommission davon ausging, daß die Gewinne aus der Veräußerung von Anteilen an inländischen Körperschaften steuerpflichtig sein würden, sah die Mehrheit der Kommissionsmitglieder keinen Grund, für steuerbefreite inländische Dividenden eine Abzugsbeschränkung vorzuschlagen. Dies auch deshalb nicht, weil eine Abzugsbeschränkung jedenfalls im Zusammenhang mit dem steuerfreien inländischen Dividendentransfer nicht sachgerecht ist. Aus diesem Grunde enthalten die „Brühler Empfehlungen" keinen dementsprechenden Hinweis. Dieses Problem wurde erst zu einem späteren Zeitpunkt im Rahmen des vom Staatssekretär Prof. Dr. Heribert Zitzelsberger einberufenen Beirats diskutiert, in dem erstmals auch die Frage der Freistellung von Gewinnen aus der Veräußerung von Anteilen an inländischen Körperschaften erörtert wurde.

Die Diskussion der Kommissionsmitglieder beschränkte sich daher zunächst auf die Ausgestaltung des § 8b Abs. 7 KStG a.F., eine Vorschrift, die sodann im Rahmen des Steuerbereinigungsgesetzes modifiziert wurde und schließlich ohne wesentliche Änderung als § 8b Abs. 5 KStG Eingang in das Steuersenkungsgesetz gefunden hat. Die

A. Kommission

in diesem Zusammenhang von der Kommission entwickelten Überlegungen zur alternativen direkten und indirekten Anrechnung wurden vom Gesetzgeber nicht aufgegriffen. Diese Überlegungen waren darauf gerichtet, denjenigen Unternehmen, die durch die Ausgabenabzugsbeschränkung im Zusammenhang mit der Dividendenfreistellung benachteiligt sind, die Möglichkeit einer direkten und indirekten Steueranrechnung zu eröffnen, um so den uneingeschränkten Ausgabenabzug in Anspruch zu nehmen. Aufgegriffen wurde allerdings die Empfehlung der Kommission, im Gegensatz zum derzeit geltenden Recht die Dividendenfreistellung auch in den Fällen zu gewähren, in denen die Anteile an in- und ausländischen Körperschaften über zwischengeschaltete Mitunternehmerschaften gehalten werden (vgl. § 8b Abs. 6 KStG n.F.).

Die steuerliche Behandlung von Gewinnen aus der Veräußerung von in- und ausländischen Körperschaften war innerhalb der Kommission heftig umstritten. Die Kommission war zunächst davon überzeugt, daß aufgrund der Umstellung vom Anrechnungsverfahren auf das Halbeinkünfteverfahren eine unterschiedliche steuerliche Behandlung der vorbezeichneten Veräußerungsgewinne nicht mehr sachgerecht sei. Es ging daher im Ausgangspunkt um die Frage, ob die vorbezeichneten Veräußerungsgewinne insgesamt steuerfrei oder insgesamt steuerpflichtig sein sollten. Im Rahmen der Diskussion stellte sich sehr schnell heraus, daß ein Einvernehmen über die Steuerfreiheit aller Veräußerungsgewinne unter keinen Umständen zustande kommen würde. Innerhalb der Kommission wurde stark für eine Steuerpflicht aller Gewinne aus der Veräußerung von in- und ausländischen Kapitalgesellschaft votiert mit der Folge, daß dann im Zuge der Unternehmenssteuerreform auch die Steuerbefreiung des § 8b Abs 2 KStG a.F. zum Fortfall kommen würde. Dies erschien der Mehrheit der Kommissionsmitglieder allerdings nicht sachgerecht, weil dann auch die Umstrukturierung grenzüberschreitender Unternehmen insbesondere nach Suspendierung des sog. Tauschgutachtens durch das Steuerentlastungsgesetz 1999/2000/2002 nicht mehr möglich sein würde. Im Hinblick darauf wird in den Brühler Empfehlungen denn auch auf die Notwendigkeit verwiesen, im Zuge der ohnehin gebotenen Änderungen des Umwandlungssteuergesetzes die Steuerneutralität von grenzüberschreitenden und ausländischen Umwandlungen zu verankern.

Im Ergebnis ist hier der Gesetzgeber im Zuge des Steuersenkungsgesetzes dadurch weit über die Empfehlungen der „Brühler Kommission" hinausgegangen, daß die Gewinne aus der Veräußerung von in- und ausländischen Kapitalanteilen steuerfrei gestellt wurden (vgl. § 8b Abs. 2 KStG n.F.). Wesentlich beeinflußt wurde diese Entwicklung durch Diskussionen, die zuletzt in dem vom Staatssekretär Prof. Dr. Heribert Zitzelsberger einberufenen Beirat geführt wurden. Im Mittelpunkt dieser Diskussionen standen systematische Aspekte, die für eine unterschiedslose Freistellung der Veräußerungsgewinne angeführt wurden. Die abschließende Diskussion wurde im Beirat am 13. Dezember 1999 in Berlin geführt, die mit einem klaren Votum für eine unterschiedslose Steuerfreistellung endete. Die Entscheidung fiel sodann auf höchster politischer Ebene und wurde am 21. Dezember 1999 – zur Überraschung auch in Fachkreisen – in der Presse bekannt gegeben. Hierauf reagierte die Börse mit einer gewissen zeitlichen Verzögerung mit dem allseits bekannten „Kursfeuerwerk" am 23. Dezember 1999.

Kontrovers diskutiert wurden schließlich Aspekte der Organschaftsbesteuerung. Hier ging es vor allen Dingen darum, das derzeitige Steuerregime durch eine konsolidierte Besteuerung mit der Maßgabe zu ersetzen, daß ein Ergebnisabführungsvertrag als Voraussetzung für eine körperschaftsteuerliche Organschaft überflüssig werden würde. Damit würden zugleich die Voraussetzungen zwischen einer körperschaftsteuerlichen Organschaft einerseits und einer gewerbesteuerlichen Organschaft andererseits eingeebnet. Da die Organschaftsbesteuerung nicht unmittelbar mit dem Systemwechsel verknüpft ist, wurden schon aus Zeitgründen die in diesem Zusammenhang bedeutsamen Probleme nicht weiter vertieft. Im Steuersenkungsgesetz haben die vorstehenden Überlegungen der Kommission aber immerhin insoweit ihren Niederschlag gefunden, als nunmehr für eine körperschaftsteuerlichen Organschaft die organisatorische und wirtschaftliche Eingliederung nicht mehr gefordert wird (vgl. § 14 Nr. 1 KStG n.F.). Da aber insoweit immer noch Handlungsbedarf besteht, ist vorgesehen, die Regelungen über die körperschaftsteuerliche und gewerbesteuerliche Organschaft durchgreifend zu ändern und die Änderungen noch zum 01.01.2001 in Kraft treten zu lassen.

III. Besteuerung der Anteilseigner

Wesentliches Element der Besteuerung auf Gesellschafterebene ist der Ansatz der Ausschüttungen nur noch zur Hälfte. Hier gingen die Diskussionen in der Kommission zunächst dahin, die Dividenden dem halben Steuersatz zu unterwerfen. Insbesondere aus Gründen der Vereinfachung entschloß sich dann aber die Kommission dafür, die Einbeziehung der Dividenden in die Bemessungsgrundlage nur zur Hälfte zu empfehlen, und zwar ohne Rücksicht darauf, ob die Dividenden im Privat- oder im Betriebsvermögen vereinnahmt würden. Gemeint war damit die Einbeziehung der Nettodividende (ausgeschütteter Gewinn

A. Kommission

abzüglich Werbungskosten oder Betriebsausgaben) nur zur Hälfte in die Bemessungsgrundlage. Diese Empfehlung wurde im Grundsatz auch durch das Steuersenkungsgesetz (§ 3 Nr. 40 d EStG n.F.) umgesetzt. An die Ausgestaltung als hälftige Steuerfreistellung haben allerdings die Mitglieder der Kommission nicht gedacht. Deshalb wurde seitens der Kommission auch nicht die Möglichkeit eines Progressionsvorbehaltes, wie er noch im Regierungsentwurf enthalten war, vorgesehen.

Im Hinblick auf die Steuerspreizung zwischen thesaurierten Gewinnen einerseits und ausgeschütteten Gewinnen andererseits wurde von der Kommission empfohlen, die für die Besteuerung von Veräußerungsgewinnen maßgebliche Beteiligungsquote des § 17 EStG auf 1 v.H. herabzusetzen. Diese Erweiterung steht in einem unmittelbaren Zusammenhang mit der systembedingten Steuerspreizung. Andernfalls wäre die Thesaurierung mit anschließender steuerfreier Veräußerung der Anteile günstiger als die Ausschüttung nach dem Halbeinkünfteverfahren. Die Kommission ging dabei davon aus, daß die Veräußerungsgewinne, soweit sie auf offene Rücklagen entfallen, ebenfalls vom Halbeinkünfteverfahren erfaßt würden. In diesem Punkte ist das Steuersenkungsgesetz über die „Brühler Empfehlungen" hinaus gegangen und hat das Halbeinkünfteverfahren ohne jede Differenzierung zur Anwendung gebracht (vgl. § 3 Nr. 40 c EStG n.F.). Im übrigen hat die Kommission es für sachgerecht gehalten, dieses Steuerregime auch auf solche Kapitalanteile anzuwenden, die dem Betriebsvermögen zuzuordnen sind. Auch diese Empfehlung ist durch das Steuersenkungsgesetz umgesetzt worden (§ 3 Nr. 40 a EStG n.F.).

Nicht umgesetzt wurde indessen die Empfehlung der Kommission, die Absenkung der „Wesentlichkeitsgrenze" auf 1 v.H. erst für zukünftige Wertsteigerungen anzuwenden. Mit dieser Empfehlung wollte die Kommission für den Gesetzgeber ein Zeichen setzen, ohne Rücksicht auf die traditionelle Differenzierung zwischen unzulässiger echter Rückwirkung einerseits und zulässiger unechter Rückwirkung andererseits Steuerverschärfungen stets nur mit Wirkung für die Zukunft eintreten zu lassen. Der Gesetzgeber ist dieser Empfehlung nicht gefolgt, so daß durch die Absenkung der „Wesentlichkeitsgrenze" auf 1 v.H. auch frühere Wertsteigerungen steuerlich verstrickt werden.

IV. Übergangsregelung

Die Kommission hat sich in besonderem Maße mit Fragen des Übergangs vom Anrechnungsverfahren zum Halbeinkünfteverfahren beschäftigt. Hier mußten zunächst einige Grundsatzfragen geklärt werden. Diese Grundsatzfragen betrafen insbesondere die Steuerguthaben in EK 45, EK 40 und EK 30 sowie Nachversteuerungsaspekte in EK 01, EK 02 und EK 03. Auch hier wurde zunächst kontrovers diskutiert. Schließlich wurde Einvernehmen darüber erzielt, daß die Steuerguthaben für die Körperschaften erhalten bleiben müßten. Es wurde auch festgelegt, daß aus Gründen der Vereinfachung und Zweckmäßigkeit auf eine volle Ausschöpfung der Nachversteuerungspotentiale verzichtet werden sollte. Auf dieser Grundlage wurden dann unterschiedliche Übergangsmodelle diskutiert, wovon sodann dasjenige Modell vorgeschlagen wurde, das letztlich im Grundsatz Gesetz geworden ist (§§ 36 ff. KStG n.F.).

V. Besteuerung von Personenunternehmen

Im Hinblick auf die Strukturreform des Körperschaftsteuerrechts, deren Grundzüge von der Kommission bereits zu Beginn der Beratungen entwickelt wurden, war für alle Mitglieder der Kommission klar, daß es unter dem Gesichtspunkt der rechtsformneutralen Besteuerung einer vergleichbaren Unternehmensbesteuerung für Personengesellschaften und Einzelunternehmen bedurfte. Es bestand Einvernehmen darüber, daß im Kern eine derartige Strukturreform auf Thesaurierungsneutralität gerichtet sein müßte: Solange die Gewinne nicht ausgeschüttet oder entnommen werden, sind diese sowohl für Gesellschafter einer Kapitalgesellschaft als auch für Gesellschafter einer Personengesellschaft sowie für Einzelunternehmer für den privaten Konsum nicht disponibel. Daher würde es nicht sachgerecht sein, diese Gewinne nach den individuellen Besteuerungsmerkmalen der Unternehmer steuerlich zu erfassen. Eine derartige für Personengesellschaften und Einzelunternehmen maßgebliche duale Besteuerung würde letztlich im Ergebnis dazu führen, daß die progressiv ausgestaltete Einkommensteuer auf eine Konsumeinkommensteuer reduziert würde. Diese duale Struktur hätte systembedingt zu einer erheblichen Steuerspreizung geführt. In diesem Zusammenhang wurden in der Kommission die Frage untersucht, ob eine derartige Belastungsdivergenz von thesaurierten Gewinnen einerseits und konsumierten Gewinnen andererseits verfassungsrechtlich legitimiert sein könnte. Unter Hinweis auf den sog. Erbschaftsteuerbeschluß des Bundesverfassungsgerichts vom 22.06.1995 (BVerfGE 93, 165 ff. (175)) kam die Kommission zu dem Ergebnis, daß die Steuerspreizung im Hinblick auf den allgemeinen Gleichheitssatz nicht zu beanstanden sei.

A. Kommission

Nach Abklärung dieser verfassungsrechtlichen Vorfrage wurden sodann im wesentlichen zwei Modelle erörtert, die auf eine Rechtsformneutralität der Besteuerung gerichtet sind:

- Option von Personenunternehmen zur Körperschaftsteuer;
- Sondertarifierung für nicht entnommene Gewinne in Höhe des Körperschaftsteuersatzes.

Beide Modelle stießen bei Mitgliedern der Kommission auf Skepsis.

Beim Optionsmodell wurde überwiegend davon ausgegangen, daß nur wenige Steuerpflichtige hiervon Gebrauch machen würden. Im übrigen sei dieses Modell Einzelunternehmern, die mit einer „virtuellen Kapitalgesellschaft" umgehen müßten, nur sehr schwer zu vermitteln. Schließlich sei das Optionsmodell abkommensrechtlich nicht ohne weiteres umsetzbar. Beim Sondertarifierungsmodell wurde eingewendet, daß dieses seitens der Beraterschaft und der Finanzverwaltung nur sehr schwer administrierbar sei.

In den folgenden Beratungen wurden immer wieder die Vor- und Nachteile der einzelnen Modelle gegeneinander abgewogen, ohne daß eine eindeutige Entscheidung für das eine oder andere Modell erkennbar wurde. Im Hinblick darauf wurden seitens der Kommission letztlich beide Modelle empfohlen, allerdings mit dem Vorbehalt einer gründlichen Prüfung durch praxisnahe Planspiele. Diese Planspiele wurden in der Folgezeit durchgeführt und die Ergebnisse in Heft 67 der Schriftenreihe des Bundesfinanzministeriums veröffentlicht. Bereits während der Planspiele hatte sich der projektbegleitende Beirat dafür ausgesprochen, das Sondertarifierungsmodell wegen der erkennbaren Praxisprobleme nicht weiter zu verfolgen. Der Beirat votierte daher für die Umsetzung des Optionsmodells, was dann auch durch § 4a KStGE zunächst erfolgt ist. Da das Optionsmodell während des Gesetzgebungsverfahrens auf immer größere Kritik stieß, wurde es sodann aber im Rahmen des Vermittlungsverfahrens aus dem Gesetz genommen, so daß letztlich das Steuersenkungsgesetz die ursprüngliche mit der Unternehmenssteuerreform verfolgte Konzeption der rechtsformneutralen Besteuerung nicht verwirklicht hat.

Die mit der Umsetzung der rechtsformneutralen Besteuerung verbundenen Probleme wurden in der Kommission frühzeitig gesehen. Es bestand daher Einvernehmen dahingehend, für den Fall, daß sich die Konzeption der rechtsformneutralen Besteuerung nicht umsetzen ließe, Modelle zu empfehlen, die im Kern darauf gerichtet sind, eine Doppelbelastung mit Einkommensteuer einerseits und Gewerbesteuer andererseits aufzuheben. In Betracht gezogen wurden in diesem Zusammenhang die

- Einkommensteuerminderung durch Berücksichtigung der Gewerbesteuerbelastung,
- weitere Absenkung des Sondersteuersatzes gem. § 32c EStG.

Die Einkommensteuerminderung durch Berücksichtigung der Gewerbesteuerbelastung ist im Ergebnis nichts anderes als eine pauschalierte Anrechnung der Gewerbesteuer auf die Einkommensteuer. Im Hinblick darauf stieß dieses Modell innerhalb der Kommission anfangs auf starke Vorbehalte. Diese Vorbehalte stützten sich insbesondere auf finanzverfassungsrechtliche und systematische Aspekte. Dem Modell wurde insbesondere vorgehalten, daß es sich um eine normative Umweggestaltung zu § 32c EStG handele. Da dieses Modell nach Auffassung der Kommission lediglich als Hilfsmodell ausgestaltet sein sollte, wurde es empfohlen, allerdings mit dem Vorbehalt, daß eine genauere Prüfung im Hinblick auf den Vorlagebeschluß des BFH v. 24. Februar 1999 (DStR 1999, 752) erforderlich sei. Das Ergebnis dieser Prüfung, die später im Rahmen der Beratungen des Beirats erfolgte, war, daß die Einkommensteuerminderung durch Berücksichtigung der Gewerbesteuerbelastung verfassungsrechtlich nicht zu beanstanden sei. Im Hinblick darauf wurde dieses Modell, weil insbesondere das Sondertarifierungsmodell nicht mehr weiter verfolgt wurde, zum „Basis"-Modell, das auch durch das Steuersenkungsgesetz (§ 35 EStG n.F.) umgesetzt wurde.

Das im übrigen diskutierte § 32 c EStG-Modell stieß von vornherein innerhalb der Kommission auf starke Vorbehalte. Nachdem diese Vorbehalte durch den Vorlagebeschluß des BFH v. 24. Februar 1999 (DStR 1999, 752) ihre Bestätigung fanden, wurde dieses Modell nicht weiter verfolgt und von der Kommission auch nicht empfohlen.

VI. Steuerliche Aspekte im übrigen

Im Rahmen ihrer Arbeit hat die Kommission auch Maßnahmen angesprochen, die darauf gerichtet sind, die angestrebte Unternehmenssteuerreform haushaltsverträglich zu gestalten. Die von der Kommission in diesem Zusammenhang erörterten Aspekte waren unter den Mitgliedern der Kommission von vornherein stark umstritten und haben daher auch keinen Empfehlungscharakter, sondern geben nur Hinweise für den Gesetzgeber, falls dieser sich zu entsprechenden Maßnahmen entschließen sollte. Die meisten dieser Hinweise sind vom Gesetzgeber nicht aufgegriffen worden. Umgesetzt wurden im Steuersenkungsgesetz lediglich die

- Zurücknahme von Abschreibungssätzen (§ 7 Abs. 2 Satz 2, Abs. 4 Satz 1 und 2 EStG n.F.),
- Verkürzung der Safe-Haven-Regelung in § 8a KStG.

VII. Wiedergabe der Brühler Empfehlungen zur Reform der Unternehmensbesteuerung

Auftrag und Ziele der Kommission

Die Kommission hat den Auftrag, ein Konzept für eine grundlegende Reform der Unternehmensbesteuerung zu erarbeiten. Ziel ist eine rechtsformneutrale Unternehmensteuer, nach der alle Unternehmenseinkünfte mit höchstens 35 v.H. besteuert werden und die im Jahr 2000 in Kraft treten soll.

Hintergrund für diesen Auftrag ist die in den letzten Jahren dramatisch angewachsene Arbeitslosigkeit in Deutschland. Einer der Gründe für diese Entwicklung ist die nachlassende Wettbewerbsfähigkeit des Standorts Deutschland gegenüber dem Ausland. Dies beruht unter anderem darauf, daß in Deutschland erwirtschaftete unternehmerische Gewinne im internationalen Vergleich einer hohen tarifären Steuerbelastung unterliegen.

Grundlage für diesen Auftrag ist auch das Ziel, durch geeignete Maßnahmen bei der Besteuerung standortgebundener mittelständischer Unternehmen arbeitsplatzfördernde Effekte zu erzielen.

Weitere Gründe für die Reformbestrebungen sind die fortschreitende europäische Integration und die globale Verflechtung der Wirtschaft.

Die Kommission hat sich bei ihren Vorschlägen von folgenden Erwägungen leiten lassen:

1. Investitionen in Deutschland sollen sich lohnen – kurzfristig, mittelfristig und langfristig – und verläßlich. Aus diesem Grunde ist eine deutliche Senkung der Steuersätze für Unternehmen schon in einer ersten Stufe erforderlich, der weitere Schritte folgen müssen.

2. Der in der Politik und in Fachkreisen immer wieder genannte Unternehmenssteuersatz von 35 v.H. inklusive Gewerbesteuer konnte aufgrund der Situation der öffentlichen Haushalte in den auf schnelle Umsetzung gerichteten Vorschlägen der Kommission keinen unmittelbaren Niederschlag finden.

3. Das Grundgesetz garantiert den Kommunen eine wirtschaftskraftbezogene Steuerquelle mit eigenem Hebesatzrecht. Deshalb kann die Gewerbesteuer jedenfalls zur Zeit nicht in Frage gestellt

werden. Die Kommission ist sich aber darin einig, daß die Gewerbesteuer in ihrer Belastungswirkung wie eine Gewinnsteuer zu behandeln ist und deshalb bei der Findung des zutreffenden Steuersatzes berücksichtigt werden muß.

4. Die politische Vorgabe, daß die Unternehmensgewinne einer möglichst niedrigen Steuerbelastung unterworfen werden sollen, führt zu einer unterschiedlichen Behandlung der im Unternehmen für Spar- und Investitionszwecke thesaurierten Gewinne und des für Konsumzwecke verwendeten Einkommens. Die Trennung erfordert unterschiedliche Tarife für das betriebliche und das private Einkommen.

Die Besserstellung des einbehaltenen Gewinns ist sachlich gerechtfertigt und daher verfassungsrechtlich unbedenklich. Sie ist nämlich tendenziell geeignet, die auch im Interesse des Gemeinwohls liegende betriebliche Investitionstätigkeit anzuregen. Da die Begünstigung hiervon aber nicht abhängt, kann es allerdings zu unerwünschten Verhaltensweisen und Kapitalfehlallokationen kommen.

Auch wenn die Erfahrungen in anderen Ländern mit unterschiedlichen Steuersätzen bei der Einkommen- und Körperschaftsteuer zeigen, daß die damit verbundenen Gefahren nicht überbewertet werden dürfen, müssen die Gestaltungsmöglichkeiten, die sich durch die Spreizung eröffnen, bei der Umsetzung der Unternehmensteuerreform im Auge behalten werden.

5. Den Vorschlägen für die Besteuerung von Personenunternehmen liegt die Absicht zu Grunde, die Bildung von Eigenkapital über die Innenfinanzierung zu stärken. Personenunternehmen haben nur beschränkt Zugang zum Kapitalmarkt.

Besteuerung von Kapitalgesellschaften und Anteilseignern

1. Das körperschaftsteuerliche Vollanrechnungsverfahren wird zum 1. Januar 2000 abgeschafft. Dieses seit 1977 geltende Verfahren ist mit seiner Gliederungsrechnung und dem Bescheinigungsverfahren äußerst kompliziert. Es ist, wie zahlreiche Umgehungsgestaltungen zeigen, sehr mißbrauchsanfällig und zudem europarechtlich bedenklich.

An seine Stelle tritt eine Definitivbesteuerung der Kapitalgesellschaften mit einem einheitlichen Steuersatz. Dieser sollte unter dem Gesichtspunkt internationaler Wettbewerbsfähigkeit bei 25 v.H. liegen. Unter Berücksichtigung der Lage der öffentlichen

A. Kommission

Haushalte wäre in einer ersten Stufe ein Steuersatz von 28 v.H. bereits ein richtungweisender Schritt.

2. Die Ausschüttungen der Kapitalgesellschaft werden beim Anteilseigner nur zur Hälfte als Einkünfte erfaßt und in die Einkommensbesteuerung einbezogen (Halbeinkünfteverfahren). Dadurch wird die steuerliche Vorbelastung der Dividende durch die definitive Körperschaftsteuer beim Anteilseigner in pauschaler Form berücksichtigt und im Ergebnis eine Doppelbelastung der ausgeschütteten Gewinne vermieden.

3. Gewinnausschüttungen ausländischer Kapitalgesellschaften werden bei ausreichender steuerlicher Vorbelastung wie inländische Dividenden behandelt. Sie sind von den inländischen Gesellschaftern nur zur Hälfte der deutschen Einkommensteuer zu unterwerfen. Damit ist das System europatauglich.

4. Zur Vermeidung von Mehrfachbelastungen sind Ausschüttungen an inländische Kapitalgesellschaften ohne Rücksicht auf eine bestimmte Beteiligungshöhe und Mindestbesitzzeit von der Körperschaftsteuer befreit. Bei Dividenden aus dem Ausland setzt dies eine ausreichende steuerliche Vorbelastung im Ausland voraus.

5. Die Frage, ob eine Abgeltungsteuer auf Dividenden nach österreichischem Vorbild eingeführt werden soll, muß solange offen bleiben, bis eine befriedigende Lösung für die Zinsbesteuerung gefunden wird.

6. Die Kommission schlägt vor, die Steuerbefreiung für Gewinne aus der Veräußerung von Anteilen an ausländischen Gesellschaften durch Kapitalgesellschaften jedenfalls solange beizubehalten, bis eine umfassende Regelung für grenzüberschreitende und ausländische Umstrukturierungen geschaffen ist.

7. Je günstiger die Besteuerung nicht ausgeschütteter Gewinne bei Kapitalgesellschaften ist, desto größer wird der Anreiz, die Gewinne zu thesaurieren und steuerfrei durch Veräußerung der Beteiligung zu realisieren. Daher sollte bei Anteilen an Kapitalgesellschaften die Beteiligungsgrenze für steuerpflichtige, auf künftigen Wertsteigerungen beruhende Veräußerungsgewinne auf 1 v.H. gesenkt werden.

8. Bei der Ausgestaltung des Übergangs vom Anrechnungsverfahren zum System der Definitivbelastung sind neben Haushaltsgesichtspunkten auch die Interessen der Kapitalgesellschaften und ihrer Gesellschafter zu beachten. Die Übergangsregelung

muß für die Steuerpflichtigen und die Finanzverwaltung praktikabel sein.

9. Die Gründe, die für die Abschaffung des Anrechnungsverfahrens sprechen, lassen es untunlich erscheinen, dieses Verfahren noch auf Jahre hinaus übergangsweise weiterzuführen, bis das steuerbelastete Eigenkapital durch Ausschüttungen verbraucht ist. Notwendig ist ein kurzfristiger, klarer Schnitt, so daß die Gesellschafter von einem festgelegten Stichtag an die Dividenden nur noch nach dem neuen Halbeinkünfteverfahren zu versteuern haben.

10. Die Ersetzung des körperschaftsteuerlichen Vollanrechnungsverfahrens durch eine Definitivbelastung auf Unternehmensebene und durch pauschale Berücksichtigung der Vorbelastung beim Anteilseigner durch das Halbeinkünfteverfahren kann systembedingt zu Veränderungen sowohl im Ausschüttungsverhalten der Kapitalgesellschaften als auch in Bezug auf die Dividendenrendite der Anleger führen. Soweit sich im Einzelfall die Ausschüttungen vermindern, erhöhen sich infolge der Thesaurierung auf längere Sicht die Anteilswerte. Dies macht die Aktien attraktiver.

11. Kleinanleger brauchen ihre Dividenden in Höhe des Sparerfreibetrags nach wie vor nicht zu versteuern. Sie verlieren allerdings das bisher gewährte Anrechnungsguthaben. Das wird durch die faktische Verdoppelung des Sparerfreibetrags, die durch die nur hälftige Besteuerung der Dividenden eintritt, und die auf längere Sicht wahrscheinlich höheren Anteilswerte wettgemacht. Zudem müssen die Anleger Dividenden aus dem Ausland – auch wenn sie ihnen über eine inländische Kapitalgesellschaft zufließen – schon bisher und zwar voll versteuern, ohne daß sie Körperschaftsteuer anrechnen können. Gegebenenfalls könnten für Kleinanleger neue Modelle zur Förderung des Beteiligungssparens entwickelt und eingeführt werden.

Besteuerung von Personenunternehmen

1. Mittelständische Unternehmen in den Rechtsformen des Einzelunternehmens und der Personengesellschaft können an dem abgesenkten Körperschaftsteuersatz teilhaben, indem sie sich eine entsprechende Rechtsform geben. Die Umstrukturierung ist nach dem Umwandlungssteuergesetz, das allerdings noch an das zukünftige Körperschaftsteuerrecht angepaßt werden muß, steuerneutral möglich.

A. *Kommission*

2. Für Personenunternehmen, die sich nicht in der Rechtsform der Kapitalgesellschaft organisieren können oder wollen, bedarf es im Sinne einer Gleichbehandlung geeigneter Maßnahmen. Diese Gleichbehandlung läßt allerdings Differenzierungen zu, die in den rechtlichen Strukturunterschieden zwischen Kapitalgesellschaften, Personengesellschaften und Einzelunternehmen begründet sind. In Hinblick darauf hat die Kommission verschiedene Modelle geprüft.

Die Modelle sind gekennzeichnet durch:

- Modell 1
  Option von Personenunternehmen zur Körperschaftsteuer,

- Modell 2
  Einführung einer Sondertarifierung nicht entnommener Gewinne in Höhe des Körperschaftsteuersatzes,

- Modell 3
  Einkommensteuerminderung durch Berücksichtigung der Gewerbesteuerbelastung,

- Modell 4
  weitere Absenkung des Sondersteuersatzes nach § 32 c EStG auf 35 v.H. für gewerbesteuerlich vorbelastete Gewinne unter (optionaler) Ausdehnung der Regelung auf Freie Berufe und die Land- und Forstwirtschaft. Dieses Modell wurde aus steuersystematischen, ökonomischen, europa- und verfassungsrechtlichen (vgl. Vorlagebeschluß des BFH vom 24. Februar 1999 – Az: X R 171/96) Gründen nicht weiter verfolgt

3. Modell 1 gewährt den Personenunternehmen das Wahlrecht, sich in vollem Umfang und in jeder Hinsicht wie eine Kapitalgesellschaft besteuern zu lassen. Auf diese Weise profitieren sie wie diese von dem niedrigen Definitivsteuersatz auf den thesaurierten Gewinn. Die Personenunternehmen werden z.B. bei den Ertragsteuern hinsichtlich der Abziehbarkeit von Gehalts- und Pensionsaufwendungen oder bei der Erbschaftsteuer hinsichtlich der Wertansätze den Kapitalgesellschaften gleichgestellt. Die Be-triebsinhaber werden wie Gesellschafter behandelt und müssen entnommene Gewinne wie eine Ausschüttung zur Hälfte in das zu versteuernde Einkommen einbeziehen. Verluste des wie eine Kapitalgesellschaft verselbständigten Unternehmens können nicht mit anderen Einkünften des Betriebsinhabers verrechnet werden. Zur gezielten Entlastung von kleinen und mittleren Un-

ternehmen, für die eine Option nicht sinnvoll erscheint, wird der Freibetrag bei der Gewerbesteuer verdoppelt; die Staffelung der Gewerbesteuermeßzahl wird abgeschafft. Der besondere Steuersatz für gewerbliche Einkünfte nach § 32 c EStG ist bei Verwirklichung dieses Modells nicht mehr erforderlich. Die Ansparabschreibung nach § 7 g EStG bleibt erhalten.

4. Modell 2 öffnet optional das für Kapitalgesellschaften entwickelte Konzept der Definitivbelastung mit Anteilseignerentlastung für Personenunternehmen, die von Gesetzes wegen oder freiwillig Bücher führen, wie folgt: Die nicht entnommenen Gewinne werden in Höhe des jeweiligen Körperschaftsteuersatzes besteuert. Bei Entnahme erfolgt eine Nachversteuerung, wobei die entnommenen Gewinne nach Maßgabe des individuellen Einkommensteuersatzes belastet werden. Hierfür kommen zwei unterschiedliche Lösungsansätze in Betracht.

Bei der Einheitslösung werden Entnahmen (zuzüglich der darauf gezahlten Unternehmensteuer) beim Empfänger normal besteuert unter Anrechnung der gezahlten Unternehmensteuer.
Bei der Trennungslösung werden Entnahmen nach dem Halbeinkünfteverfahren besteuert.

Diese Besteuerungsform wird auch den Land- und Forstwirten, den Freien Berufen und den vermögensverwaltenden Unternehmen zugänglich gemacht. Wer diese Besteuerung wählt, unterfällt zugleich der Gewerbesteuer. Bei diesem Modell erübrigt sich § 32 c EStG.

5. Modell 3 gestaltet § 32 c EStG mit Blick auf die Gewerbesteuer um, so daß die Tarifentlastung für die gewerblichen Einkünfte bei der Einkommensteuer zielgenauer als bisher wirkt. Da die Tarifentlastung anders als bei der Kappung nach bisherigem Recht nicht bei einem bestimmten Steuersatz Halt macht, profitieren auch geringer verdienende Gewerbetreibende von der neuen Regelung. Zugleich wird eine Überkompensation dadurch vermieden, daß die Einkommensteuerentlastung nicht höher ausfallen kann als die Belastung des Steuerpflichtigen mit Gewerbesteuer. Das Modell muß im Hinblick auf den Vorlagebeschluß des BFH vom 24. Februar 1999 (Az: X R 171/96) noch näher geprüft werden.

A. Kommission

Finanzielle Auswirkungen[1]

Kapitalgesellschaften

Die Absenkung der Sätze des Körperschaftsteuertarifs auf einen einheitlichen Thesaurierungs- und Ausschüttungssteuersatz in Verbindung mit der Aufgabe des Anrechnungsverfahrens mit Steuerfreistellung von Dividenden bei der Körperschaftsteuer und der hälftigen Besteuerung der Ausschüttungen beim Gesellschafter im Rahmen der Einkommensteuer führt zu folgenden Mindereinnahmen im Entstehungsjahr 2000:

Körperschaftsteuersatz

25v.H.	– 14,7 Mrd. DM
28v.H.	– 10,2 Mrd. DM

Personenunternehmen

Die für Personenunternehmen vorgesehenen Erleichterungen sind mit folgenden Mindereinnahmen verbunden:

- *Modell 1*

    Optionsmodell[2]

    Körperschaftsteuersatz

25v.H.	– 5,2 Mrd. DM
28v.H.	– 3,3 Mrd. DM

- *Modell 2*

    Einheitslösung

    Unternehmensteuersatz

25v.H.	– 14,2 Mrd. DM
28v.H.	–11,8 Mrd. DM

    Trennungslösung

    Unternehmensteuersatz

25v.H.	– 9,4 Mrd. DM
28v.H.	– 3,9 Mrd. DM

---

[1] Die nachfolgenden finanziellen Auswirkungen sind jeweils für das Entstehungsjahr 2000 berechnet und berücksichtigen nicht Verhaltensreaktionen, die sowohl zu Mehr- als auch zu Mindereinnahmen führen können.

[2] Bei den finanziellen Auswirkungen sind die Mehreinnahmen durch eine eventuelle Abschaffung des § 32 c EStG in einer Größenordnung von 5,2 Mrd. DM nicht berücksichtigt.

- *Modell 3*
  Einkommensteuerminderung durch Berücksichtigung der
  Gewerbesteuerbelastung – 5,4 Mrd. DM

Gestaltung, Vereinfachung, Finanzierung

Die Kommission sollte den Weg und das Ziel aufzeigen, wie die deutsche Unternehmensbesteuerung – insbesondere auch von der Tarifgestaltung her – den internationalen Anforderungen angepaßt werden kann. Sie hat sich mit den folgenden wichtigen Fragen nicht intensiv befassen können:

- Wie wirkt sich die Reform auf die Haushalte von Bund, Ländern und Gemeinden aus?
- Inwieweit ergibt sich zusätzlicher Finanzierungsbedarf?

Dazu hatte sie weder die erforderliche Zeit noch den entsprechenden Auftrag. Das gleiche gilt für die Objektivierung der Gewinnermittlungsvorschriften und deren Ausrichtung an internationalen Standards, die der Gesetzgeber im Steuerentlastungsgesetz 1999/2000/2002 bereits begonnen hat. Dabei entstandene Belastungen sind allerdings zu berücksichtigen.

Die Kommission ist sich aber bewußt, daß eine kraftvolle Tarifabsenkung mit Signalwirkung für Investoren und Arbeitsmarkt um so eher umgesetzt werden kann, je besser es gelingt, die Reform haushaltsverträglich zu gestalten. Deshalb hat die Kommission im Zuge der Modelldiskussionen einige Maßnahmen angesprochen, deren Wirkung und Notwendigkeit im Maße der Steuersatzsenkung abnehmen. Wenn die Bildung versteuerter Reserven erheblich erleichtert wird, bedarf es um so weniger Regelungen, die die Bildung stiller Reserven begünstigen. Desgleichen gibt es Vorschläge, die die Unternehmensbesteuerung zugleich verbessern und vereinfachen.

1. Der Finanzierungseffekt von Abschreibungen über den betriebswirtschaftlichen Wertverzehr hinaus wird bei niedrigeren Steuertarifen geringer. Um so mehr kann dieser Aspekt bei der Besteuerung zurücktreten. Das gilt gleichermaßen für bewegliche wie für unbewegliche Wirtschaftsgüter.

2. Wird durch Regelungen im Steuertarif die Eigenfinanzierung erleichtert oder gefördert, kann auf entsprechende Maßnahmen in der Bemessungsgrundlage verzichtet werden. Mittelstandsfreundliche Tarifkomponenten erübrigen Fördermaßnahmen in der Bemessungsgrundlage.

A. Kommission

3. Je günstiger die Besteuerung nicht ausgeschütteter Gewinne in Kapitalgesellschaften ist, desto größer wird der Anreiz, die Gewinne zu thesaurieren und durch Veräußerung der Beteiligungen zu realisieren. Daraus ergibt sich die konzeptionelle Notwendigkeit, Veräußerungsgewinne stärker zu besteuern.

4. An Steuerausländer gezahlte Zinsen in beträchtlicher Größenordnung sind derzeit im Inland nicht steuerpflichtig, obwohl sie in inländischen Quellen erwirtschaftet wurden. Der Gesetzgeber sollte prüfen, ob durch eine (niedrige) Quellensteuer für diese in Deutschland erwirtschafteten Zinsen der Steuergerechtigkeit stärker Rechnung getragen werden kann

5. Die von der Kommission empfohlene Definitivbesteuerung von Kapitalgesellschaften schmälert auch bei deutlich reduziertem Körperschaftsteuersatz nicht die Attraktivität, das wirtschaftliche Engagement bestimmter Gruppen etwa in der Form des einfachen oder partiarischen Darlehens bzw. in Form der typischen „stillen Beteiligung" zu organisieren. Steuerlich unbelastete Fremdfinanzierungsentgelte sind möglicherweise auch künftig attraktiver als definitiv besteuerte Dividendenerträge. Der Gesetzgeber könnte deshalb näher prüfen, ob z. B. § 8 a KStG strenger gefaßt werden soll. Es ist weiter zu erwägen, ob diese Vorschrift auf Personenunternehmen und Betriebsstätten ausgedehnt werden soll.

6. Falls der Gesetzgeber die einfach typisierende Berücksichtigung der Gewerbesteuervorbelastung von Gewinnen in der Einkommensteuer durch einen Sondertarif auf nicht ausgeschüttete, im Unternehmen gesparte Gewinne beschränkt, wird die Tarifbegrenzung in Form des § 32 c EStG überflüssig.

7. Es ist dringend erforderlich, daß Finanzhilfen und steuerliche Subventionen abgebaut sowie Gestaltungsspielräume durch sparsamere Ausgabenpolitik und moderne Haushaltsführung zurückgewonnen werden.

Letztlich muß die Politik entscheiden, welche der von der Kommission geprüften Komponenten und Modelle sie übernimmt und auf welches Tarifniveau sie die Unternehmensbesteuerung absenken will. Dabei sind die Auswirkungen auf die Investitionen und Arbeitsplätze ebenso zu bedenken wie die Anforderungen der öffentlichen Haushalte und die Probleme einer gerechten Verteilung der Steuerlast.

Perspektiven der Unternehmensteuerreform

1. Modell Inhabersteuer

Mit dem kurzfristig zu bewältigenden Einstieg in die Unternehmensteuerreform zum 1. Januar 2000 läßt sich eine grundlegende Umgestaltung des deutschen Unternehmensteuerrechts nicht verwirklichen. Somit verbleibt ein erheblicher Reformbedarf sowohl aus ökonomischer als auch aus rechtlicher Sicht. Das gilt insbesondere für das Ziel der Rechtsformneutralität.

Um die Unternehmensbesteuerung rechtsformneutral zu gestalten, ist das Modell einer „Inhabersteuer" entwickelt worden. Diese Inhabersteuer soll die Körperschaftsteuer rechtsformneutral ergänzen und Personenunternehmen besteuern, die nicht der Körperschaftsteuer unterworfen sind. Für die einbehaltenen Gewinne inhabersteuerpflichtiger Unternehmen sollen grundsätzlich dieselben Regeln wie für die einbehaltenen Gewinne körperschaftsteuerpflichtiger Unternehmen gelten (sog. Thesaurierungsneutralität). Körperschaft- und Inhabersteuersatz sind in gleicher Höhe anzusetzen.

Im Unterschied zur Körperschaftsteuer ist die Inhabersteuer auf die wirtschaftliche und zivilrechtliche Situation des Personenunternehmens, besonders des Einzelunternehmens zugeschnitten. Im Modell der Inhabersteuer wird die inhabersteuerliche Vorbelastung bei der progressiven einkommensteuerlichen Belastung der an den Inhaber bzw. Mitinhaber des Unternehmens ausgezahlten Gewinne voll berücksichtigt, was besonders im Hinblick auf die stark schwankenden Ergebnisse von kleinen und mittelständischen Unternehmen erforderlich ist, zumal die Gewinne von Kleinunternehmen häufig einkommensteuerrechtlich bedeutend unterhalb des Körperschaft-/Inhabersteuersatzes belastet sind.

Die Kommission hat sich vordringlich mit Maßnahmen befaßt, die zum 1. Januar 2000 umgesetzt werden sollen. Eine abschließende Bewertung des Inhaber-Steuermodells war deshalb nicht möglich. Sie empfiehlt gleichwohl, das Modell von vornherein in die Prüfung mit einzubeziehen

2. Steuerbilanzrecht

Eine durchgängige Rechtsformneutralität der Unternehmensbesteuerung setzt auch Änderungen im Steuerbilanzrecht voraus. Insbesondere bedarf es eines Gewinnbegriffs, nach dem Entnahmen, Gewinnausschüttungen und Sondervergütungen einer einheitlichen steuerrechtlichen Regelung unterworfen werden.

A. Kommission

3. Gewerbesteuer

Schließlich sollte auch geprüft werden, ob mittelfristig eine Integration der Gewerbesteuer in das vom Gesetzgeber verwirklichte Modell der Unternehmensbesteuerung möglich ist, ohne die finanziellen Interessen der Gemeinden zu beeinträchtigen und ihr Hebesatzrecht auszuhöhlen.

Die bestehende Gewerbesteuer könnte auch in eine kommunale Unternehmensteuer umgestaltet und revitalisiert werden. Diese kommunale Unternehmensteuer sollte bei allen Unternehmern, also auch bei Freiberuflern sowie Land- und Forstwirten erhoben werden. Sie sollte entsprechend dem Ziel einer 35-Prozent-Steuerbelastung als Gewinnzuschlagsteuer ausgestaltet sein. Danach könnte sich zum Beispiel bei einem Körperschaft- bzw. Inhabersteuersatz von 28 v.H. und einem Gewinnzuschlagsteuersatz von 10 v.H. eine Steuerbelastung von 34,5 v.H. ergeben, wenn die Abzugsfähigkeit der kommunalen Steuer beibehalten würde.

4. Unternehmensteuergesetz

Die rechtsformneutrale Neugestaltung des Unternehmensteuerrechts könnte in einem Unternehmensteuergesetz zusammengefaßt werden, das die Körperschaftsteuer, die Inhabersteuer, die kommunale Unternehmensteuer sowie das Steuerbilanzrecht regelt.

Gesetzgeberische Umsetzung

Nach Auffassung der Kommission ist die gesetzgeberische Umsetzung der Unternehmensteuerreform ohne ausreichende Vorbereitung, die auch Planspiele beinhalten muß, nicht empfehlenswert. Die Systemumstellung bei der Körperschaftsteuer und der Wechsel vom Anrechnungsverfahren zum System der Definitivbelastung erfordern eine Vielzahl gesetzlicher Umgestaltungen (z.B. KStG, EStG, UmwStG, AStG, ErbStG). Auch bei der Besteuerung von Personenunternehmen ergeben sich in allen Modellen grundlegende Änderungen, deren Auswirkungen von der Kommission im einzelnen nicht überprüft werden konnten."

Mitglieder der Kommission zur Reform der Unternehmensbesteuerung:

Alfons Kühn, Vorsitzender
Prof. Dr. Joachim Lang, stellvertretender Vorsitzender
Leitender Ministerialrat Hans Brandenburg
Ministerialrat Heinz Hilgers
Toni Hinterdobler
Prof. Dr. Lorenz Jarass
Dr. Siegfried Luther
Senatsdirektor Johannes Nagel
Ministerialrat Dr. Albert Peters
Prof. Dr. Helga Pollak
Christoph Raabe
Prof. Dr. Albert J. Rädler
Prof. Dr. Harald Schaumburg
Dr. Hans Günter Senger
Leitender Ministerialrat Jochen Täske
Leitender Ministerialrat Prof. Dr. Jochen Thiel
Dr. Hans Georg Wehner
Arnold Willemsen
Prof. Dr. Heribert Zitzelsberger

als ständige Gäste:

Prof. Dr. Gerhard Seiler
Ministerialrat Gert Müller-Gatermann
Oberamtsrat Klaus Wolter

Sekretariat der Kommission im Bundesministerium der Finanzen:

Ministerialrat Dr. Gerd Stuhrmann
Regierungsdirektorin Ingetraut Meurer

B. Steuersenkungsgesetz

I. Planspiele, Beirat, Referentenentwurf

Nach Übergabe der „Brühler Empfehlungen zur Reform der Unternehmensbesteuerung" am 30. April 1999 an den Bundesminister der Finanzen Hans Eichel wurde in den Wochen danach der Abschlußbericht gefertigt und am 10. Juni 1999 abgeschlossen. Der Bericht ist in Heft 66 der Schriftenreihe des Bundesfinanzministeriums im Juli 1999 veröffentlicht.

Auf dieser Grundlage hatte das Bundeskabinett in seiner Sitzung vom 23. Juni 1999 beschlossen, die „Brühler Empfehlungen zur Reform der Unternehmensbesteuerung" in einen Referentenentwurf umzusetzen. Zugleich wurde dem Bundesfinanzministerium aber auch aufgegeben, die von der Kommission entwickelten Modelle zur Besteuerung von Personenunternehmen durch Planspiele auf ihre Administrierbarkeit hin zu untersuchen. Diese Planspiele wurden von zwei Unternehmensberatungsunternehmen zwischen Juli und Dezember 1999 durchgeführt. Beratend begleitet wurden diese Planspiele durch einen beigeordneten Beirat, in dem nicht nur die Ergebnisse der Planspiele, sondern darüber hinaus auch systematische Fragen der Unternehmensbesteuerung diskutiert wurden. Dem Beirat gehörten an Vertreter aus Wissenschaft, Wirtschaft, Bund, Ländern und Verbänden. Deren Mitglieder waren zum Teil auch Mitglieder der „Brühler Kommission".

Die Beratungen des Beirats, die von Staatssekretär Prof. Dr. Heribert Zitzelsberger geleitet wurden, waren im wesentlichen darauf gerichtet, die Praxistauglichkeit des Sondertarifierungsmodells und des Optionsmodells zu überprüfen. Aufgrund der Ergebnisse der Planspiele kam der Beirat nach kontroverser Diskussion mehrheitlich zu dem Ergebnis, dem Optionsmodell gegenüber dem Sondertarifierungsmodell den Vorzug zu geben. Die praktischen Schwierigkeiten im Zusammenhang mit der Umsetzung des Sondertarifierungsmodells beruhten im wesentlichen auf der erforderlichen Führung unterschiedlicher Kapitalkonten. Im Vergleich hierzu erschien der Mehrheit unter den Mitgliedern des Beirates das Optionsmodell unter dem Gesichtspunkt der Praktikabilität weniger problematisch.

Im übrigen wurden während der Beratungen des Beirates wichtige Systemfragen der Unternehmenssteuerreform diskutiert. Im Vordergrund stand hierbei die Frage der Körperschaftsteuerbefreiung von Gewinnen aus der Veräußerung in- und ausländischer Kapitalanteile. Diese Frage war von der „Brühler Kommission" im Ergebnis offen gelassen worden. Es bestand im Beirat Einvernehmen darüber, daß aus systematischen Gründen eine klare Entscheidung erforderlich sei. Insbesondere sei es nicht gerechtfertigt, die Veräußerungsgewinne für Zwecke der Körperschaftsteuer unterschiedlich zu behandeln. In der letzten Sitzung des Beirates am 12. und 13. Dezember 1999 wurde von einigen Mitgliedern des Beirates nochmals die Notwendigkeit einer eindeutigen Entscheidung betont. Aus systematischen Gründen, nämlich als Folge der Dividendenfreistellung, sei es geboten, die Gewinne aus der Veräußerung in- und ausländischer Kapitalgesellschaften unterschiedslos von der Körperschaftsteuer freizustellen. Andere Mitglieder des Beirates betonten demgegenüber, daß die Gewinne aus der Veräußerung von Kapitalanteilen nicht anders behandelt werden dürften als die Gewinne aus der Veräußerung anderer Wirtschaftsgüter. Unter dem Gesichtspunkt der Besteuerung nach der Leistungsfähigkeit sei eine Steuerpflicht dieser Veräußerungsgewinne geboten. Im Beirat konnte insoweit kein Einvernehmen hergestellt werden, so daß auch keine dementsprechende Empfehlung abgegeben wurde.

Im Anschluß an die letzte Beiratssitzung erfolgten Beratungen auf höchster politischer Ebene. Diese führten zum Eckpunktebeschluß der Bundesregierung vom 21. Dezember 1999, in dem die Grundlagen der geplanten Unternehmenssteuerreform öffentlich bekannt gemacht wurden, aufgrund derer der Referentenentwurf erstellt werden sollte. Hierzu gehörte auch die unterschiedslose Steuerfreistellung der Veräußerungsgewinne.

Der Referentenentwurf wurde sodann als Entwurf eines „Gesetzes zur Reform der Unternehmensbesteuerung und zur Senkung der Steuersätze (Unternehmenssteuerreform- und Steuersatzsenkungsgesetz – URefSenkG) am 10. Januar 2000 der Öffentlichkeit vorgestellt und den Ländern sowie Verbänden und Organisationen zur Stellungnahme zugeleitet. Eine öffentliche Anhörung hierzu erfolgte am 28. Januar 2000.

B. Steuersenkungsgesetz

II. Regierungsentwurf

1. Verfahren

Am 15. Februar 2000 wurden seitens der Fraktionen der SPD und BÜNDNIS 90/DIE GRÜNEN sowie seitens der Bundesregierung gleichlautende Entwürfe eines Gesetzes zur Senkung der Steuersätze und zur Reform der Unternehmensbesteuerung (Steuersenkungsgesetz – StSenkG; Drs. 14/2683 und Drs. 14/3074) in den Bundestag eingebracht.

2. Wiedergabe des Allgemeinen Teils der Begründung des Regierungsentwurfs

„Im Interesse der Zukunft unseres Landes wird eine Trendwende in der Steuer- und Finanzpolitik eingeleitet.

Im Mittelpunkt stehen

- Die Sanierung der Staatsfinanzen,
- die nachhaltige Förderung von Wachstum und Beschäftigung,
- mehr Steuergerechtigkeit, Transparenz und Planungssicherheit im Steuersystem,
- deutliche und solide finanzierte Steuerentlastungen für Arbeitnehmer, Familien und Unternehmen.

Deutschland steht mitten in einem tief greifenden Reformprozess. Die Haushalte 1999 und 2000, der Finanzplan bis 2003, das Sparpaket im Rahmen des „Zukunftsprogramms 2000", das Steuerentlastungsgesetz 1999/2000/2002, das Familienförderungsgesetz und die ökologische Steuerreform markieren die Meilensteine auf dem bereits erfolgreich zurückgelegten Weg.

Diese Politik wird mit der Steuerreform konsequent fortgesetzt.

Steuerentlastungen werden durch eine solide Haushaltswirtschaft erst möglich.

Verantwortungsbewusste Politik verlangt, steuerliche Entlastungen nur auf Basis zurückgewonnener Handlungsspielräume des Staates anzugehen. Der erfolgreiche Abschluss des ersten Aktes der Haushaltssanierung – Haushalt 2000, Finanzplan bis 2003 und Sparpaket im Rahmen des „Zukunftsprogramms 2000" – war deshalb unabdingbare Voraussetzung für über das Steuerentlastungsgesetz 1999/2000/2002 und das Familienförderungsgesetz hinaus gehende, dauerhafte Steuersenkungen. Haushaltskonsolidierung und Senkung von Steuern und Abgaben bleiben die beiden Leitplanken einer zukunftsweisenden Strategie für nachhaltiges Wachstum und Arbeitsplätze.

Verantwortungsbewusste Konsolidierung und mutige Steuerentlastungen, die Wachstum und Beschäftigung fördern, bilden eine unauflösbare Einheit.

Mit der Steuerreform, die weitere Tarifsenkungen sowie eine grundlegende Reform der Unternehmensbesteuerung enthält, erfasst die bereits im Jahre 1999 für Millionen von Arbeitnehmerinnen und Arbeitnehmern begonnene steuerpolitische Trendwende nunmehr schwerpunktmäßig auch die Unternehmen, nicht zuletzt die für den Arbeitsmarkt so wichtige mittelständische Wirtschaft.

Die frühzeitige Ankündigung der Steuerentlastungen erlaubt Konsumenten und Investoren, sich bereits jetzt auf die weitere Entwicklung des verfügbaren Einkommens und der steuerlichen Rahmenbedingungen einzustellen und ihre wirtschaftlichen Entscheidungen mit Blick darauf anzupassen. Das stärkt die Glaubwürdigkeit und Verlässlichkeit der Finanzpolitik. Es schafft Sicherheit für Investoren und Märkte im In- und Ausland. Bereits dieser psychologische Impuls einer verlässlichen Steuerpolitik wird die ohnehin günstigen Wachstumsperspektiven der deutschen Wirtschaft weiter verbessern.

Auf der Basis der erreichten Konsolidierung und der öffentlichen Verpflichtung zu ihrer entschlossenen Fortsetzung können zusätzliche Spielräume für weitere Entlastungen aller Steuerzahler und für ein gerechteres Steuersystem genutzt werden. Mit der Steuerreform werden wir damit erreichen, dass die Steuerbelastung im Zeitraum bis 2005 gegenüber 1998 um insgesamt fast 75 Milliarden Deutsche Mark sinkt – bereits verwirklichte Reformschritte, wie das Steuerentlastungsgesetz 1999/2000/2002, das Familienförderungsgesetz und das Steuerbereinigungsgesetz 1999 eingerechnet. Dies ist das größte Steuerreformpaket in der Geschichte der Bundesrepublik Deutschland.

Senkung der Steuersätze

- Ab 2001 wird der Körperschaftsteuersatz für Kapitalgesellschaften auf 25 Prozent reduziert. Für die Personenunternehmen werden vergleichbare Bedingungen geschaffen. Die Unternehmen werden netto um fast 9 Milliarden Deutsche Mark entlastet.

- Die Stufe 2002 des Steuerentlastungsgesetzes 1999/2000/2002 wird um ein Jahr – also auf 2001 – vorgezogen: Der Eingangssteuersatz sinkt damit von 25,9 Prozent im Jahr 1998 über 23,9 Prozent im Jahr 1999 und 22,9 Prozent im Jahr 2000 auf

B. Steuersenkungsgesetz

19,9 Prozent im Jahr 2001. Der Höchststeuersatz sinkt von 53 Prozent im Jahr 1998 ebenfalls stufenweise auf 48,5 Prozent bereits im Jahr 2001. Der Grundfreibetrag steigt im gleichen Zeitraum von gut 12.300 Deutsche Mark auf gut 14.000 Deutsche Mark. Der Tarifverlauf wird durchgehend abgesenkt.

Die vorgezogene Tarifsenkung wird Arbeitnehmerinnen und Arbeitnehmer sowie die Unternehmen 2001 um über 27 Milliarden Deutsche Mark entlasten. Das ist finanzierbar, ohne den Konsolidierungskurs, das Defizit-Mittelfristziel des Europäischen Stabilitäts- und Wachstumspaktes und das Ziel eines ausgeglichenen Bundeshaushalts 2006 zu gefährden. Sie bewirkt einen zusätzlichen kräftigen Konjunkturimpuls. So verstärkt Steuerpolitik die günstigen Bedingungen für einen nachhaltigen Aufschwung. Die Volkswirtschaft wird einen höheren Wachstumspfad erreichen, der neue Arbeitsplätze bringt. Beides zusammen führt sowohl zu niedrigeren Ausgaben für Lohnersatzleistungen als auch zu Mehreinnahmen bei Bund, Ländern und Kommunen.

Auf dieser soliden Basis sind weitere Entlastungsschritte vorgesehen:

- Zum 1.1.2003 sollen der Eingangssteuersatz auf 17 Prozent und der Spitzensteuersatz auf 47 Prozent gesenkt werden. Der Grundfreibetrag steigt auf 14.500 Deutsche Mark.

- Zum 1.1.2005 soll der Eingangssteuersatz auf 15 Prozent und der Spitzensteuersatz auf 45 Prozent abgesenkt werden. Der Grundfreibetrag steigt auf 15.000 Deutsche Mark. Zusätzlich soll es 2005 wie schon 2001 erneut eine allgemeine Absenkung des Tarifverlaufs geben.

Die Stufe 2003 bringt eine weitere Nettoentlastung von rund 13 Milliarden Deutsche Mark, die Stufe 2005 eine Nettoentlastung von zusätzlichen rund 21 Milliarden Deutsche Mark. 2001 bis 2005 soll die Gesamtentlastung – ohne den Vorzieheffekt der Tarifsenkung 2001, aber einschließlich der Entlastung der Unternehmen durch die Strukturreform – gut 44 Milliarden Deutsche Mark betragen. Davon entfallen 21 Milliarden Deutsche Mark auf die privaten Haushalte, gut 15 1/2 Milliarden Deutsche Mark auf den Mittelstand und der Rest auf die größeren Unternehmen, die allerdings bei den bereits in Kraft getretenen steuerlichen Maßnahmen bis 2000 eine gewisse – regelmäßig nur temporäre – Mehrbelastung hinnehmen mussten.

Ein lediger Durchschnittsverdiener wird im Zeitraum 1998 bis 2005 um 2.400 Deutsche Mark entlastet, eine Familie mit zwei Kindern sogar um 4.050 Deutsche Mark. Davon entfallen 1.800 Deutsche Mark bzw. 1.900 Deutsche Mark auf den vorliegenden Gesetzentwurf.

Gleichzeitig steigt das lohn- und einkommensteuerfreie Einkommen für Familien von 33.600 auf 40.300 Deutsche Mark.

Der arbeitsmarktpolitisch so wichtige Eingangssteuersatz wird somit in wenigen Jahren von 26 Prozent auf 15 Prozent gesenkt. Davon profitieren insbesondere die kleinen und mittleren Einkommen, aber auch viele kleine Personenunternehmen. Dies stützt zugleich den privaten Verbrauch, zusammen mit den Investitionen das wichtigste Element der volkswirtschaftlichen Nachfrage. Gleichzeitig werden die Beitragssätze für die Rentenversicherung durch die Mehreinnahmen aus der ökologischen Steuerreform zurückgeführt. All dies verbessert die Rahmenbedingungen für Investitionen auf der volkswirtschaftlichen Angebotsseite – Investieren in Deutschland wird damit attraktiver. Das fördert nicht nur das Wachstum und die Schaffung neuer Arbeitsplätze, es ist auch sozialpolitisch von großem Gewicht. Insgesamt verbleibt den Beziehern niedriger Einkommen nach den Reformen spürbar mehr Geld. Für die Empfänger von Sozialtransfers wird sich die Arbeitsaufnahme wieder wesentlich mehr lohnen. Dies ermutigt die Menschen, mehr Verantwortung zu übernehmen.

Mit der Senkung des Höchststeuersatzes bei der Einkommensteuer auf 45 Prozent bis zum Jahr 2005 erreicht Deutschland auch bei dieser vor allem psychologisch wichtigen Größe ein international angemessenes Niveau. Dies bewirkt im Verbund mit der Senkung des Körperschaftsteuersatzes auf 25 Prozent, dass auf der gesamten Breite des Steuersystems attraktive Bedingungen für Investitionen aus dem In- und Ausland geboten werden.

Strukturreform der Unternehmensbesteuerung

Die Wettbewerbsfähigkeit der deutschen Wirtschaft muss gestärkt werden. Nur über die Wiedergewinnung wirtschaftlicher Dynamik sind Investitionen zu erwarten, die das Wirtschaftswachstum stärken und die notwendigen Arbeitsplätze schaffen.

Zur Stärkung der Wettbewerbsfähigkeit der deutschen Wirtschaft muss die Steuerbelastung für die Unternehmen zurückgeführt werden. Selbst wenn Investitionsentscheidungen auch von anderen Standortfaktoren, wie z.B. Infrastruktur, Ausbildungsstand etc. abhängen, darf der Faktor „Steuerbelastung" im Wettbewerb der Steuersysteme und Standorte zumindest nicht negativ belegt sein. Zurzeit rangiert die Bundesrepublik Deutschland bei diesem Aspekt noch im hinteren Feld.

Das gewählte Besteuerungssystem muss gleichzeitig so gewählt sein, dass es europatauglich ist und dadurch mittelfristig die Aussicht auf eine stärkere Angleichung der Systeme in der Europäischen Union besteht, um systembedingte Wettbewerbsverzerrungen zukünftig zu vermeiden.

Ferner muss die Besteuerung auf eine Stärkung der Innenfinanzierung der Unternehmen ausgerichtet sein, damit die schlechte Eigenkapitalstruktur in der deutschen Wirtschaft und die dadurch bedingte Anfälligkeit der Unternehmen in Krisenzeiten beseitig wird. Dies kann nur mit einer Tarifstruktur erreicht werden, die den im Unternehmen belassenen Gewinn begünstigt, ohne Umstrukturierungen zu behindern.

Schließlich muss das Besteuerungssystem so angelegt werden, dass die Binnennachfrage in Deutschland gestärkt wird, damit sich Investitionen lohnen.

Gleichzeitig muss Steuerpolitik für mehr Gerechtigkeit sorgen. Nur wenn die Belastung leistungsgerecht verteilt wird, wird sie vom Bürger angenommen. Steuerwiderstand und Steuervermeidung, die dramatisch zugenommen haben, kann nur durch eine leistungsgerechte Besteuerung wirksam begegnet werden.

Zur Wiederherstellung der Steuergerechtigkeit muss ein Steuersystem gleich mehrere Voraussetzungen erfüllen.

Es muss an allererster Stelle einfach und transparent sein, damit der Bürger es in seinen Grundlinien verstehen kann. Komplizierte Steuergesetze erzeugen beim Einzelnen Unsicherheit und den Verdacht, übervorteilt zu werden. Darüber hinaus fördert eine komplizierte Differenzierung in den Steuergesetzen auch tatsächlich nur Scheingerechtigkeit, da die Gesetze von der Verwaltung nicht mehr konsequent vollzogen werden können. Zudem werden Gestaltungsmöglichkeiten eröffnet, aus denen der besser beratene Steuerbürger Vorteile schöpft.

Die effektive Steuerbelastung für den Einzelnen ergibt sich aus dem Zusammenspiel von Bemessungsgrundlage und Tarif. Ein gerechtes Steuersystem muss daher das zu versteuernde Einkommen auf eine systemgerecht breite Grundlage stellen, damit auch hier keine Gestaltungsspielräume eröffnet werden. Gleichzeitig garantiert der Tarif nur dann eine leistungsgerechte Besteuerung, wenn die Verteilungsaufgaben der Einkommensteuer berücksichtigt wird, ohne gleichzeitig leistungshemmend zu wirken.

Eine sachgerechte Besteuerung nach der Leistungsfähigkeit ist schließlich nur dann gewährleistet, wenn die Belastungsunterschiede zwischen den Unternehmensformen lediglich dadurch bedingt sind, dass die Leistungsfähigkeit des Steuerpflichtigen in einer bestimmten Unternehmensform anders ist.

Das geltende Steuerrecht erfüllt die vorstehenden Anforderungen nicht. Es bedarf daher einer Strukturreform für die Unternehmensbesteuerung.

Reformkonzept

Die Prüfung der Kommission zur Reform der Unternehmensbesteuerung (BMF-Schriftenreihe Heft 66) hat zu dem Ergebnis geführt, dass eine wettbewerbsfähige, europataugliche und leistungsgerechte Unternehmensbesteuerung auf der Basis des geltenden Körperschaftsteuersystems nicht möglich ist. Die Kommission hat daher für die Besteuerung von Körperschaften (insbesondere Aktiengesellschaften und Gesellschaften mit beschränkter Haftung) das sogenannte Halbeinkünfteverfahren vorgeschlagen und für die Personenunternehmen zur Sicherstellung einer rechtsformunabhängigen Besteuerung unter anderem die Möglichkeit erwogen, die Besteuerung wie eine Körperschaft zu wählen.

Die Vorschläge der Kommission werden aufgegriffen und flankiert durch eine deutliche Senkung der Steuersätze.

Kapitalgesellschaft und ihre Anteilseigner

Für die Kapitalgesellschaften und ihre Anteilseigner soll zukünftig das Halbeinkünfteverfahren gelten. Dieses Verfahren beseitigt die Doppelbelastung ausgeschütteter Gewinne in pauschaler Form durch eine Entlastung sowohl auf Unternehmensebene als auch auf der Anteilseignerebene.

Die Gewinne der Körperschaft werden definitiv mit einem einheitlichen Körperschaftsteuersatz von 25 % belastet. Auf der Ebene der Anteilseigner wird die körperschaftssteuerliche Vorbelastung der ausgeschütteten Gewinne dadurch berücksichtigt, dass die Dividende nur zur Hälfte in die Bemessungsgrundlage für die persönliche Einkommensteuer der Anteilseigner einbezogen wird. Insgesamt ergibt sich dadurch eine Belastung der ausgeschütteten Gewinne, die der steuerlichen Belastung bei anderen Einkunftsarten angenähert ist.

Das Halbeinkünfteverfahren erfüllt – im Unterschied zum geltenden körperschaftssteuerlichen Vollanrechnungsverfahren – in jeder Hinsicht die Anforderungen an die oben genannten Reformziele.

- Als klassisches Körperschaftsteuersystem ist das Halbeinkünfteverfahren einfach. Die tarifliche Entlastung auf beiden Ebenen kann zur Beseitigung der Doppelbelastung auf Anrechnungsmechanismen verzichten.

B. Steuersenkungsgesetz

Das geltende Anrechnungsverfahren ist dem gegenüber wegen der Verknüpfung der beiden Besteuerungsebenen und der dadurch notwendigen umfangreichen Gliederungsrechnung und dem aufwendigen Bescheinigungsverfahren sehr kompliziert und verwaltungsaufwendig. Eine durchgreifende Vereinfachung ist auch durch die in der Vergangenheit diskutierte sogenannte vereinfachte Gliederungsrechnung, die auf die Zusammenfassung verschiedener Eigenkapitalteile in der Gliederungsrechnung hinausläuft, und durch das sogenannte Guthabenmodell, das nicht die Belastung der Eigenkapitalteile, sondern das Anrechnungsguthaben erfasst, nicht zu erzielen. Die Verknüpfung der beiden Besteuerungsebenen bliebe erhalten.

- Das Halbeinkünfteverfahren ist nicht so missbrauchsanfällig wie ein Anrechnungsverfahren.

In einem klassischen System ohne Anrechnungsmechanismus scheiden von vornherein Gestaltungen aus, die darauf abzielen, nicht gezahlte Steuern anzurechnen. Die Praxis des körperschaftsteuerlichen Anrechnungsverfahrens hat demgegenüber in Einzelfällen gezeigt, dass die geltend gemachten Körperschaftsteuerguthaben deutlich über den tatsächlich gezahlten Körperschaftsteuern gelegen haben (vgl. z. B. sogenannte Leerverkäufe über die Börse). Ein umfassender Abgleich zwischen den gezahlten Körperschaftsteuern und dem Anrechnungsguthaben ist in der Praxis jedoch nicht möglich.

Hinsichtlich der Möglichkeit des Dividenden-Stripping ist festzustellen, dass in einem Halbeinkünfteverfahren die Einmalbelastung in Deutschland erwirtschafteter Gewinne nicht über eine Anrechnung rückgängig gemacht werden kann.

Demgegenüber hat die Praxis mit dem geltenden Körperschaftsteueranrechnungsverfahren deutlich gemacht, dass das Postulat der Einmalbesteuerung im Inland erwirtschafteter Gewinne über das Anrechnungsverbot für Anteilseigner, die nicht der Besteuerung im Inland unterliegen, nicht konsequent durchgesetzt werden kann. Regelungen zur Verhinderung von Gestaltungen (vgl. insbesondere § 50c EStG) sind äußerst kompliziert, in ihren Wirkungen begrenzt und in der Praxis schwer handhabbar.

- Eine rechtsformneutrale Unternehmensbesteuerung ist im Rahmen des Halbeinkünfteverfahrens möglich. Dieses einfache Besteuerungssystem für Körperschaften nach dem Trennungsprinzip eröffnet die Möglichkeit, diese Struktur der Besteuerung auch auf Personenunternehmen zu übertragen.

Demgegenüber ist eine rechtsformneutrale Ausgestaltung der Unternehmensbesteuerung auf der Basis eines Anrechnungsverfahrens allein wegen dessen Komplexität praktisch ausgeschlossen.

Die geltende Unternehmensbesteuerung mit unterschiedlichen Besteuerungsregimen für Körperschaften und Personenunternehmen ist nicht rechtsformneutral. Rechtsformneutral ist die Besteuerung lediglich insoweit, als ausgeschüttete Gewinne einer Körperschaft letztlich – ebenso wie die Gewinne eines Personenunternehmens – dem persönlichen Einkommensteuersatz des Anteilseigners unterworfen werden. Es ergeben sich jedoch deutliche Besteuerungsunterschiede dadurch, dass Körperschaften im Unterschied zu Personenunternehmen nach einem strengen Trennungsprinzip besteuert werden mit der Folge, dass z. B. Leistungs- und Nutzungsverträge zwischen Gesellschaft und Gesellschafter sowie Verluste unterschiedlich behandelt werden.

- Das Halbeinkünfteverfahren führt zu einer Tarifstruktur, die die Reinvestition betrieblicher Gewinne im Unternehmen fördert und dadurch die Innenfinanzierung der Unternehmen verbessert. Auf diese Weise können begrenzte Haushaltsmittel gezielt dort eingesetzt werden, wo investiert wird und Arbeitsplätze entstehen können. Der Gewinn wird dabei auch nicht eingesperrt (Lock-In-Effekt), so dass Umstrukturierungen behindert werden. Vielmehr sind Umstrukturierungen wie bisher auf Grund eines flexiblen Umwandlungs- und Umwandlungssteuerrechts im unternehmerischen Bereich möglich. Darüber hinaus öffnet das Halbeinkünfteverfahren sogar die Möglichkeit, Beteiligungen im unternehmerischen Bereich ohne Steuerbelastung zu veräußern und so eine betriebswirtschaftlich vernünftige Beteiligungsstruktur zu schaffen.

Die Absenkung des Körperschaftsteuersatzes im Halbeinkünfteverfahren auf 25 % ist eine deutliche Steuerentlastung von Unternehmen und damit ein Signal, das die Wettbewerbsfähigkeit der deutschen Wirtschaft und des Wirtschaftsstandorts Deutschland erheblich verbessert. Auch ausländisches Kapital wird dadurch verstärkt zur Investition in Deutschland eingeladen.

Die Tarifstruktur im geltenden Körperschaftssteueranrechnungsverfahren fördert die Ausschüttung, da der Thesaurierungssatz deutlich über dem Ausschüttungssatz liegt. Der hohe Thesaurierungssatz ist im geltenden Anrechnungsverfahren an den Einkommensteuerhöchstsatz angelehnt worden, weil das Anrechnungsverfahren im Ergebnis keine konsequente Besteuerung nach dem Trennungsprinzip darstellt. Eine Entlastung der Unternehmens-

B. Steuersenkungsgesetz

ebene über eine Senkung des Thesaurierungssatzes im Anrechnungsverfahren würde daher die Forderung nach einer eben solchen Senkung des Einkommensteuerhöchstsatzes nach sich ziehen (vgl. Jahresgutachten 1999/2000 des Sachverständigenrates) mit der Folge, dass eine deutliche Entlastung der Unternehmensebene aus Haushaltsgründen nicht finanzierbar wäre.

- Investitionen innerhalb Deutschlands und grenzüberschreitend (ins Ausland oder aus dem Ausland) führen beim Halbeinkünfteverfahren zu einer gleichen Belastung. Die Kapitalverkehrsfreiheit und die Niederlassungsfreiheit innerhalb der europäischen Union sind damit gewährleistet. Für das österreichische Doppelhalbsatzverfahren, das in ähnlicher Form die Entlastung auf beiden Ebenen vornimmt, hat der Ruding-Ausschuss die Europatauglichkeit ausdrücklich bestätigt.

Mit der Einführung des Halbeinkünfteverfahrens in Deutschland wird somit die Möglichkeit eröffnet, innerhalb der Europäischen Union bei der Ertragsbesteuerung zu einem einheitlichen System zu kommen und so die Belastungsunterschiede innerhalb der vorherrschenden verschiedenen Besteuerungssysteme zu beseitigen.

Das Vollanrechnungsverfahren wirkt demgegenüber nur national und ist daher binnenorientiert. Es beseitigt lediglich die steuerliche Doppelbelastung bei einem Anteilseigner und seiner Gesellschaft innerhalb Deutschlands. Der ausländische Anteilseigner einer inländischen Gesellschaft erfährt diese Entlastung ebenso wenig wie der deutsche Anteilseigner einer ausländischen Gesellschaft. Der Belastungsvergleich zwischen inländischen und ausländischen Dividenden hat die EU-Kommission daher veranlasst, die Verletzung der Kapitalverkehrsfreiheit und Niederlassungsfreiheit durch das deutsche Vollanrechnungsverfahren zu beanstanden.

Die nationale Beschränktheit des Vollanrechnungsverfahrens wird in einer Zeit der weltwirtschaftlichen Verflechtung als gravierender Mangel empfunden. Diesem Mangel kann auch nicht dadurch abgeholfen werden, dass ein Anrechnungssystem in der europäischen Union insgesamt installiert wird.

Abgesehen davon, dass Länder mit einem klassischen Verfahren hierzu ihre Zustimmung nicht geben werden, würde die Schwäche der räumlichen Begrenztheit eines Anrechnungsverfahrens lediglich an die Grenze der Europäischen Union verlagert. Darüber hinaus würde ein allgemeines Anrechnungssystem in der Europäischen Union zu Verschiebungen des Steueraufkommens zwischen den Staaten führen, die die Körperschaftsteuer erheben und denjenigen, die sie anrechnen müssen. Ohne einen streitanfälligen Fiskalausgleich zwischen dem Sitzstaat der Kapitalgesellschaft und den Wohnsitzstaaten der Gesellschafter ist das Anrechnungsverfahren grenzüberschreitend nicht zu praktizieren. Trotz eines Finanzausgleichs kommt es auch in Deutschland immer wieder zu Auseinandersetzungen zwischen verschiedenen Bundesländern über die Körperschaftsteueranrechnung.

- Verfassungsrechtliche Aspekte

    Das Halbeinkünfteverfahren ist mit Art. 3 Abs. 1 GG vereinbar. Es stellt lediglich eine andere Form der Berücksichtigung der steuerlichen Vorbelastung von Gewinnen mit der Körperschaftsteuer dar. Seit 1977 wurde das Problem der Doppelbelastung bei Körperschaften (Gewinnbesteuerung auf der Ebene der Körperschaft selbst und bei Ausschüttung zusätzlich auf der Ebene des Anteilseigners) im Wege einer Vollanrechnung der Körperschaftsteuer bei der Dividendenbesteuerung des Anteilseigners gelöst. Es steht im Gestaltungsspielraum des Gesetzgebers, dieses Anrechnungsverfahren, das sich nicht nur als kompliziert, sondern zudem als missbrauchsanfällig und für andere Mitgliedstaaten der Europäischen Gemeinschaften kaum vermittelbar erwiesen hat, durch ein einfacheres Verfahren zu ersetzen.

Im Einzelnen:

- Die Senkung des einheitlichen Körperschaftsteuersatzes auf 25% steht im Ermessen des Gesetzgebers. Körperschaftsteuer und Einkommensteuer sind, wie das Bundesverfassungsgericht schon vor der Einführung des körperschaftsteuerlichen Vollanrechnungsverfahrens formuliert hat, schwer vergleichbar (BVerfGE 13, 331 [352]). Ein Gleichklang zwischen Körperschaftsteuer und Einkommensteuer ist verfassungsrechtlich nicht geboten. Ein solcher besteht auch gegenwärtig nicht, da dem Körperschaftsteuerrecht beispielsweise ein progressiver Tarif unbekannt ist.

- Bei einem Vergleich am Maßstab des Art. 3 Abs. 1 GG darf der Gesetzgeber für unterschiedliche Sachverhalte (ausgeschüttete Gewinne einerseits, im Unternehmen verbleibende Gewinne andererseits) auch entsprechend unterschiedliche Rechtsfolgen anordnen:

    - Ausgeschüttete Gewinne werden beim Anteilseigner nach dem Halbeinkünfteverfahren besteuert, das zusammen mit der steuerlichen Vorbelastung durch die Körperschaftsteuer eine ertragsteuerliche Einmalbesteuerung des Gewinns sicherstellt. Diese Ertragsteuerbelastung ausgeschütteter Gewinne entspricht typisierend und generalisierend der Steuerbelastung anderer Einkünfte.

– Gewinne, die im Unternehmen verbleiben, werden bei Körperschaften und Personenunternehmen unterschiedlich behandelt. Diese unterschiedliche steuerliche Behandlung ist dadurch gerechtfertigt, dass die Mittel bei einer Körperschaft gebunden sind und nur für unternehmerische Zwecke verwendet werden können, während der Personenunternehmer regelmäßig über die Mittel auch für seinen privaten Bedarf frei verfügen kann. Im Übrigen steht dem Personenunternehmen die Option offen, wie eine Körperschaft besteuert zu werden, so dass die unterschiedlichen Besteuerungsregime insgesamt mit Art. 3 Abs. 1 GG vereinbar sind.

Gleiches gilt für die unterschiedlichen Folgen für Kapital- und Personengesellschaften bei der Veräußerung von Beteiligungen an Kapitalgesellschaften und die Betriebsveräußerung eines Einzelunternehmers:

– Im Rahmen der Unternehmenssteuerreform sollen Gewinne aus der Veräußerung von Beteiligungen bei Kapitalgesellschaften freigestellt werden, weil Dividenden aus diesen Beteiligungen steuerfrei sind und die Veräußerung einer Beteiligung einer Totalausschüttung wirtschaftlich gleichkommt.

Besteuerungslücken ergeben sich hieraus nicht. Zum einen erfolgt die Besteuerung der Gewinne in der Gesellschaft am Anfang der Beteiligungskette (zukünftig mit 25 %), zum anderen werden die ausgeschütteten Gewinne am Ende der Beteiligungskette bei der natürlichen Person als Anteilseigner mit der halben Bemessungsgrundlage (Halbeinkünfteverfahren) besteuert.

– Veräußert eine natürliche Person einen Anteil an einer Kapitalgesellschaft, unterliegt der Veräußerungsgewinn ebenso wie eine Dividende der Halbeinkünftebesteuerung. Auch dabei wird berücksichtigt, dass die Gewinne der Kapitalgesellschaft bereits mit 25 % Körperschaftsteuer versteuert sind und die stillen Reserven mit 25 % versteuert werden, wenn sie aufgedeckt werden. Die Vorbelastung bei der Kapitalgesellschaft und die Halbeinkünftebesteuerung ergeben zusammen eine Einmalbesteuerung.

- Veräußert hingegen ein Einzelunternehmer seinen Betrieb oder der Gesellschafter einer Personengesellschaft seinen Anteil an der Gesellschaft, so ist ein Veräußerungsgewinn im Prinzip steuerpflichtig. Er kann nur nach Abzug des Freibetrags von 60.000 DM aus § 16 Abs. 4 EStG die Tarifermäßigung des § 34 EStG (Fünftelung) in Anspruch nehmen.

- Die unterschiedliche Behandlung ist durch die Unterschiede der Sachverhalte begründet und daher gerechtfertigt.

Bei Veräußerung einer Beteiligung an einer Kapitalgesellschaft durch eine Kapitalgesellschaft bleibt der Gewinn im Unternehmenssektor. Die private Veräußerung eines Betriebes entzieht aber den Gewinn dem Unternehmenssektor.

Veräußert eine natürliche Person einen Anteil an einer Kapitalgesellschaft, sind die bei der Kapitalgesellschaft mit 25 % versteuerten offenen Rücklagen und die von ihr künftig mit 25 % zu versteuernden stillen Reserven im Veräußerungsgewinn enthalten. Unter Berücksichtigung der Vorbelastung und der Verhaftung der stillen Reserven auf der Ebene der Kapitalgesellschaft ist es sachgerecht, den Gewinn aus der Veräußerung einer Beteiligung an einer Kapitalgesellschaft nur zur Hälfte zu besteuern. Durch die Veräußerung der Beteiligung werden die stillen Reserven der Wirtschaftsgüter der Kapitalgesellschaft nicht aufgedeckt. Der Erwerber kann daher auch seine Steuer nicht durch die Abschreibung erhöhter Buchwerte mindern.

Verkauft demgegenüber ein Einzelunternehmer seinen Betrieb oder der Gesellschafter einer Personengesellschaft seinen Mitunternehmeranteil, werden die stillen Reserven des Betriebsvermögens in vollem Umfang aufgedeckt. Eine zweite Besteuerungsebene mit Vorbelastung oder Verhaftung stiller Reserven besteht nicht. Der Veräußerungsgewinn unterliegt daher beim Veräußerer voll der Einkommensteuer. Der Erwerber kann auf der Grundlage seiner Anschaffungskosten steuermindernde Abschreibungen auf die Wirtschaftgüter vornehmen.

Der Unternehmer kann im Übrigen die Halbeinkünftebesteuerung seines Veräußerungsgewinns erreichen, wenn er optiert. Dann kommt er voll in den Genuss der neuen Regeln der Halbeinkünftebesteuerung des Veräußerungsgewinns.

B. Steuersenkungsgesetz

Personengesellschaften und Einzelunternehmen

Rund 85 v. H. aller Unternehmen in Deutschland werden als Personenunternehmen geführt. Davon sind wiederum etwa 86 v. H. Einzelunternehmen, der Rest Personengesellschaften. Die Unternehmensteuerreform muss diese unterschiedliche Struktur der Personenunternehmen berücksichtigen. Sie muss so ausgestaltet werden, dass nicht nur große Personengesellschaften die Vorteile der Reform in Anspruch nehmen können, sondern auch kleine und mittelständische Unternehmen, denn gerade dort werden die Arbeits- und Ausbildungsplätze geschaffen, die für die wirtschaftliche Fortentwicklung dringend notwendig sind. Die Kommission zur Reform der Unternehmensbesteuerung hat in ihren Brühler Empfehlungen drei Modelle vorgeschlagen, ohne sich für eine bestimmte Lösung zu entscheiden (zu den Einzelheiten vgl. BMF-Schriftenreihe Heft 66 S. 18 ff, 72 ff).

Bei der Entscheidung über die Ausgestaltung der Reform wird auch hier das Ziel verfolgt,

- den Weg für eine rechtsnormneutrale Besteuerung zu ebnen,
- eine gleichwertige Entlastung von Personengesellschaften und Einzelunter nehmen einerseits und Kapitalgesellschaften andererseits zu erreichen (Belastungsneutralität) und
- zu einer Vereinfachung des Besteuerungssystems beizutragen und den Unternehmen keine zusätzlichen bürokratischen Lasten aufzuerlegen.

Unter diesen Voraussetzungen besteht die geeignete Lösung darin, das von der Kommission zur Reform der Unternehmensbesteuerung vorgeschlagene Modell der Option zur Besteuerung wie eine Kapitalgesellschaft zu verbinden mit der Einführung einer Ermäßigung der Einkommensteuer um die Gewerbesteuer. Alle Unternehmen, die Einkünfte aus Gewerbebetrieben erzielen und der Gewerbesteuer unterliegen, werden durch eine Ermäßigung der Einkommensteuer um die Gewerbesteuer entlastet. Statt dieses „Basismodells" können die Unternehmen aber auch wählen, wie eine Kapitalgesellschaft besteuert zu werden. Mit diesem Wahlrecht wird es dem Unternehmer – auch ohne Umwandlung – ermöglicht, die aus seiner Sicht günstigste Besteuerungsform zu wählen.

- Ermäßigung der Einkommensteuer um die Gewerbesteuer
  Bei der Ermäßigung der Einkommensteuer um die Gewerbesteuer wird die Einkommensteuer des Unternehmers durch eine pauschalierte Anrechnung der Gewerbesteuer gemindert. Die Einkommensteuerermäßigung wird in Höhe des Zweifachen des

Gewerbesteuermessbetrags gewährt. Die Gewerbesteuer bleibt weiterhin als Betriebsausgabe abzugsfähig. Dies bewirkt, dass – bei einem Hebesatz von 400 v. H. – der Unternehmer im Ergebnis durch die Anrechnung der Gewerbesteuer und den Betriebsausgabenabzug wirtschaftlich regelmäßig in vollem Umfang von der Gewerbesteuer entlastet wird.

Die Einkommensteuerermäßigung ist vor allem für solche Unternehmen vorteilhaft, die in Gemeinden mit niedrigen Hebesätzen ansässig sind, insbesondere auch Gemeinden in den neuen Bundesländern.

Das pauschalierte Verfahren ist für die Finanzverwaltung einfach zu handhaben. Für Unternehmen und ihre steuerlichen Berater wird kein zusätzlicher Erklärungsaufwand erforderlich.

- Option zur Körperschaftsteuer

Mit der Ausübung der Option zur Körperschaftsteuer erreicht der Unternehmer eine Besteuerung der thesaurierten Gewinne mit einem Steuersatz von 25 v. H. Körperschaftsteuer.

Die Option zur Besteuerung wie eine Kapitalgesellschaft kann von Einzelunternehmern ebenso wie von Gesellschaftern einer Personengesellschaft ausgeübt werden; Gesellschafter einer Personengesellschaft müssen die Option einheitlich ausüben. Sie steht auch Steuerpflichtigen mit Einkünften aus Land- oder Forstwirtschaft oder selbständiger Arbeit offen, die den Gewinn durch Bestandsvergleich ermitteln. Üben sie die Option aus, sind sie allerdings mit ihren Einkünften aus Land- oder Forstwirtschaft oder selbständiger Arbeit gewerbesteuerpflichtig.

Nach Ausübung der Option gilt das Unternehmen steuerlich als in eine Kapitalgesellschaft umgewandelt und muss sich in materiell-rechtlicher Hinsicht als solche behandeln lassen. Der Unternehmer wird so angesehen, als habe er Anteile an einer Kapitalgesellschaft. Schuldrechtliche Leistungsbeziehungen (z.B. wie Arbeitsvertrag, Mietvertrag) zwischen dem Betrieb und dem Betriebsinhaber werden mit steuerlicher Wirkung anerkannt. Die Zahlung eines Geschäftsführergehalts darf als Betriebsausgabe abgezogen werden; Pensionsrückstellungen dürfen mit gewinnmindernder Wirkung gebildet werden. Entnahmen gelten als Gewinnausschüttung und führen zur Versteuerung nach dem Halbeinkünfteverfahren.

Der Wechsel zur Besteuerung nach dem Körperschaftsteuergesetz gilt als Einbringung eines Einzelunternehmens oder Mitunternehmeranteils, die sich im Grundsatz nach den Regeln des

B. Steuersenkungsgesetz

Umwandlungssteuergesetzes vollzieht. Beim Eintritt in die Option möglicherweise vorhandenes Sonderbetriebsvermögen wird nicht in das Betriebsvermögen der fiktiven Kapitalgesellschaft einbezogen und gilt als entnommen. Der dabei entstehende Gewinn wird auf einen Zeitraum von zehn Jahren verteilt. Mit dem Ausschluss des Sonderbetriebsvermögens werden Verwerfungen bei der Gewinnermittlung von Kapitalgesellschaften vermieden, die sich etwa durch die Zuordnung von Aufwendungen (Schuldzinsen, Erhaltungsaufwand für Wirtschaftsgüter des Sonderbetriebsvermögens) ergeben können. In einer Personengesellschaft möglicherweise vorhandene Ergänzungsbilanzen erhöhen oder vermindern die Anschaffungskosten der – fiktiven – einbringungsgeborenen Anteile im Übergangszeitpunkt.

Da sich das Personenunternehmen nach der Option in jeder Hinsicht wie eine Kapitalgesellschaft besteuern lassen muss, gelten im Erbfall die Grundsätze der Besteuerung von Anteilen an Kapitalgesellschaften. Andernfalls hätten Kapitalgesellschaften die Möglichkeit, sich zivilrechtlich in eine Personengesellschaft umzuwandeln, bei der Ertragsbesteuerung für die Besteuerung wie eine Kapitalgesellschaft zu optieren, aber bei der Erbschaftsteuer die Vorteile der Besteuerung als Personenunternehmen (z. B. § 13a ErbStG) in Anspruch zu nehmen.

Die Optionslösung führt zu einer rechtsformneutralen Besteuerung. Der Zugang zur Besteuerung wie eine Kapitalgesellschaft verlangt keine neuen Regelungen, sondern vollzieht sich nach den bekannten Regeln des Umwandlungssteuerrechts. Sie ist insbesondere für solche Unternehmen geeignet, die einen erheblichen Teil ihres Gewinns langfristig thesaurieren können. Sie kann aber auch für kleinere und mittlere Unternehmen vorteilhaft sein, da eine angemessene Geschäftsführervergütung oder eine Pensionsrückstellung mit steuerlicher Wirkung anerkannt werden. Auf diese Weise können die Unternehmer frühzeitig eine eigene Altersversorgung aufbauen.

- Entlastung von Kleinunternehmen

Unternehmen mit einem Gewinn, der unter dem gewerbesteuerlichen Freibetrag von 48.000 DM liegt und die daher die Einkommensteuer nicht durch Anrechnung der Gewerbesteuer ermäßigen können, profitieren unmittelbar von der Absenkung der Steuersätze, die in einem vorgezogenen Schritt schon zum 1. Januar 2001 wirksam wird.

- Verfassungsrechtliche Aspekte der Einkommensteuerermäßigung um die Gewerbesteuer

Die vorgesehenen Ermäßigung der Einkommensteuer bei Einkünften aus Gewerbebetrieb um einen am Gewerbesteuermessbetrag orientierten Pauschalbetrag ist mit der Verfassung vereinbar.

Die Regelung überschreitet nicht die Grenzen der Gestaltungsfreiheit des Steuergesetzgebers, die sich mit Blick auf die Wahrung der Funktionsfähigkeit des finanzverfassungsrechtlichen Steuerertragsverteilungssystems ergeben. Der finanzverfassungsrechtliche Grundsatz der Formenbindung und -klarheit ist gewahrt. Die Gewerbesteuer bleibt hinsichtlich Festlegung und Erhebung eine eigenständige Steuer in der Ertragshoheit der Gemeinden und behält insgesamt ihren Objektsteuercharakter. Die Steuerermäßigung ist formell und materiell allein dem Einkommensteuerrecht zuzuordnen. Der Gewerbesteuer-Messbetrag wird – im Gegensatz zu einer Verrechnung der individuellen Gewerbesteuerschuld – lediglich als Maßstab für eine pauschalierte einkommensteuerliche Entlastung des Steuerpflichtigen herangezogen. Die Gemeinden erhalten über ihr Hebesatzrecht keinen Einfluss auf die Höhe der Ermäßigung und damit das Einkommensteueraufkommen. Die sich ergebenden Aufkommensveränderungen bei der Einkommensteuer begründen wie schon bei anderen Verknüpfungen von Steuern in unterschiedlicher Ertragshoheit keinen Verfassungsverstoß, da die Regelungen zur Steuerertragshoheit weder den Bestand noch ein bestimmtes Aufkommensniveau einzelner Steuern garantieren.

Die Regelung ist auch mit dem allgemeinen Gleichheitssatz des Art. 3 Abs. 1 GG vereinbar. Das Bundesverfassungsgericht fordert vom Gesetzgeber, die Gesamtbelastung durch eine Besteuerung des Vermögenserwerbs, des Vermögensbestandes und der Vermögensverwendung so aufeinander abzustimmen, dass das Belastungsgleichmaß gewahrt und eine übermäßige Last vermieden wird (BVerfGE 93,121 [135]). Speziell auch in Bezug auf die Einkommensteuer/Körperschaftsteuer und die Gewerbesteuer hat das Bundesverfassungsgericht eine solche Gesamtbelastungsbetrachtung vorgenommen und dabei die Gewerbesteuer als zusätzliche Ertragsteuer bezeichnet (BVerfGE 40, 109 [118]).

B. Steuersenkungsgesetz

Maßnahmen zur Verbreiterung der Bemessungsgrundlage

Der Schwerpunkt der Finanzierungsmaßnahmen liegt in Einschränkungen bei den Abschreibungen. Bei der degressiven AfA für bewegliche Wirtschaftsgüter wird der Abschreibungssatz von 30 Prozent auf 20 Prozent gesenkt. Diese Maßnahme wirkt sich insbesondere bei Unternehmen mit hohen Anlageinvestitionen und hohen Gewinnen aus. Gerade diese Unternehmen profitieren aber auch von der deutlichen Steuersatzsenkung, die ihnen auf Dauer verbleibt.

Mit der Senkung des Abschreibungssatzes für Wirtschaftsgebäude von 4 Prozent auf 3 Prozent nähert sich die Abschreibungsdauer der tatsächlichen Nutzungsdauer dieser Gebäude. Sonderabschreibungen und Ansparabschreibungen zur Entlastung kleiner und mittlerer Unternehmen haben nach der Steuersatzsenkung ihre Berechtigung verloren und können wegfallen. Die Anpassung der AfA-Tabellen für Wirtschaftsgüter des Anlagevermögens wird im Verwaltungswege vorgenommen. Die neuen Werte werden voraussichtlich ab dem Jahr 2001 anzuwenden sein.

Darüber hinaus bedingt die Systemumstellung bei der Körperschaftsteuer Regelungen zur Vermeidung steuerlich unerwünschter Gestaltungen. Daher werden die Beteiligungsgrenze für wesentliche Beteiligungen von 10 Prozent auf 1 Prozent gesenkt – und damit die Besteuerung von Veräußerungsgewinnen ausgedehnt – und die bisher geltenden Regelungen zur Gesellschafterfremdfinanzierung (§ 8a KStG) strenger gefasst.

Die bisherige Tarifbegrenzung für gewerbliche Einkünfte (§ 32c EStG) ist entbehrlich und wird aufgehoben.

Weitere Maßnahme

Elektronische Rechnungen werden als Nachweis für den Vorsteuerabzug anerkannt und – im Gegenzug – das Zugriffsrecht auf gespeicherte Daten im Rahmen von Außenprüfungen zugelassen. Diese für Wirtschaft und Verwaltung gleichermaßen notwendigen Maßnahmen zur Anpassung an die technologische Entwicklung sollen mit Wirkung ab 1. Januar 2001 in Kraft treten bzw. anzuwenden sein.

Auswirkungen auf Preise und Kosten

Mit ihren Steuern wirken Bund und Länder direkt und indirekt auf eine Vielzahl von Einzelpreisen ein. Die hiervon ausgehenden Auswirkungen auf das Preisniveau, insbesondere auf das Verbraucherpreisniveau, lassen sich nicht zuverlässig quantifizieren. Ob und inwieweit sich Einzelpreise und das Preisniveau auf Grund der Unternehmenssteuerreform verändern, hängt von den binnen- und außenwirtschaftlichen Rahmenbedingungen und vom Verhalten der am Wirtschaftsprozess Beteiligten ab.

Einmalige Mehrkosten aus der Umstellung auf die geänderten Besteuerungsgrundsätze. Diesen stehen künftig regelmäßig geringere Kosten auf Grund der einfacheren Handhabung dieser Grundsätze gegenüber."

III. Finanzausschuß

1. Verfahren

In der Zeit vom 22. bis 24. März 2000 erfolgte eine öffentliche Anhörung des Finanzausschusses zum Entwurf des Steuersenkungsgesetzes. Auf der Grundlage der Ergebnisse der Anhörung wurden im Finanzausschuß einige Änderungen der von den Koalitionsfraktionen und der Bundesregierung eingebrachten Entwürfe vereinbart. Diese mündeten in die Beschlußempfehlung und den Bericht des Finanzausschusses vom 16. Mai 2000 ein (Drs. 14/3366).

Der entsprechend der Beschlußempfehlung modifizierte Gesetzestext wurde im Bundestag am 18. Mai 2000 (BT-Drs. 289/00) mit den Stimmen der Koalitionsfraktionen verabschiedet.

2. Wiedergabe der Beschlußempfehlung des Finanzausschusses:

„Der Bundestag wolle beschließen,

1. a) die Entwürfe eines Gesetzes zur Senkung der Steuersätze und zur Reform der Unternehmensbesteuerung (Steuersenkungsgesetz – StSenkG) – Drucksachen 14/2683, 14/3074 – in der aus der anliegenden Zusammenstellung ersichtlichen Fassung anzunehmen,

    b) folgende Entschließungen zu fassen:

        aa) „Mit dem Steuersenkungsgesetz kommt es zu einer grundlegenden Reform bei der Unternehmensbesteuerung. Dies ist ein wichtiger Schritt zur Sicherung des Standorts Deutschlands. In Teilbereichen muss die Unternehmensbesteuerung aber noch fortentwickelt werden.

B. Steuersenkungsgesetz

Der Deutsche Bundestag fordert die Bundesregierung daher auf, zu den nachfolgenden Bereichen, die zur Sicherung des Standorts ebenfalls von erheblicher Bedeutung sind, bis zum 31. März 2001 einen Bericht vorzulegen:

- Besteuerung von Auslandsbeziehungen
- Besteuerung von „verbundenen Unternehmen", insbesondere gewerbesteuerliche Organschaft
- Steuerliche Behandlung von Umstrukturierungen.

Der Bericht sollte eine Bestandsaufnahme des geltenden Rechts und Vorschläge zu dessen Weiterentwicklung enthalten."

bb) „Die Finanzbehörde hat bei Anwendung der Regelungen zum Datenzugriff den Grundsatz der Verhältnismäßigkeit zu beachten. Sie kann demnach beim unmittelbaren Zugriff (Einsichts- und Nutzungsrecht) und beim mittelbaren Zugriff (Recht auf technische Hilfe) nicht verlangen, dass bereits vor dem 1. Januar 2002 archivierte Daten für Zwecke ihrer maschinellen Auswertung (§ 147 Abs. 2 Satz 1 Nr. 2 AO i.V. mit § 147 Abs. 6 AO) nochmals in das DV-System eingespeist (reaktiviert) werden, wenn dies mit unverhältnismäßigem Aufwand für den Steuerpflichtigen verbunden wäre (z.B. fehlende Speicherkapazität). Kommt hiernach eine Reaktivierung von Daten nicht in Betracht, braucht der Steuerpflichtige auch nicht die für eine maschinelle Auswertung der betreffenden Daten erforderliche Hard- und Software zur Verfügung zu halten, wenn sie nicht mehr im Einsatz ist. Dies gilt auch, wenn die Aufbewahrungsfrist (§ 147 Abs. 3 AO) noch nicht abgelaufen ist.

Diese für die maschinelle Auswertbarkeit der Daten erforderliche technische, organisatorische und zeitliche Einschränkung bezieht sich nicht auf die Pflicht des Steuerpflichtigen zur Lesbarmachung der Daten (§ 147 Abs. 2 Satz 1 Nr. 2 AO, § 147 Abs. 5 AO). Die Lesbarmachung muss während der ganzen Aufbewahrungsfrist sichergestellt sein."

2. den Entwurf eines Gesetzes zur Umsetzung einer Steuerreform für Wachstum und Beschäftigung – Drucksache 14/2903 – abzulehnen,

3. den Antrag „Eine Steuerreform für mehr Wachstum und Beschäftigung" – Drucksache 14/2688 – abzulehnen,

4. den Antrag „Unternehmenssteuerreform – Liberale Positionen gegen die Steuervorschläge der Koalition" – Drucksache 14/2706 – abzulehnen,

5. den Antrag „Besteuerung der Unternehmen nach deren Leistungsfähigkeit" – Drucksache 14/2912 – abzulehnen,

6. die Unterrichtung durch die Bundesregierung „Dritter Bericht über die Höhe des Existenzminimums von Kindern und Familien für das Jahr 2001" – Drucksachen 14/1926, 14/2770 – zur Kenntnis zu nehmen."

IV. Bundesrat und Vermittlungsausschuß

1. Verfahren

Nach seiner Verabschiedung im Bundestag wurde das Gesetz dem Bundesrat zugeleitet, wo ihm zunächst die Zustimmung versagt wurde. Mit den Stimmen aller Länder wurde am 9. Juni 2000 der Vermittlungsausschuß von Bundestag und Bundesrat angerufen. Dort kam es aber nicht zu einer parteiübergreifenden Einigung, sondern zu einem sog. unechten Vermittlungsergebnis, das wiederum zu einigen Änderungen führte (BT-Drs. 14/3760). Der Deutsche Bundestag verabschiedete das Steuersenkungsgesetz sodann am 6. Juli 2000 in der Fassung des sog. unechten Vermittlungsergebnisses. Dem stimmte letztlich der Bundesrat in seiner denkwürdigen Sitzung am 14. Juli 2000 mit einer Mehrheit von 41 der 69 Stimmen zu. Ergänzend faßte der Bundesrat an diesem Tag mehrere Entschließungen.

2. Wiedergabe der Entschließungen des Bundesrates

„1. Nach Zustimmung zum Steuersenkungsgesetz erwartet der Bundesrat, dass die Bundesregierung dem Gesetzgeber folgende Vorschläge zur Fortentwicklung des Steuersenkungsgesetzes unterbreitet:

– Eine weitere Absenkung des Spitzensteuersatzes der Einkommensteuer um einen Prozentpunkt auf 42 Prozent ab 2005.

B. Steuersenkungsgesetz

- Wiedereinführung des halben Steuersatzes für Betriebsveräußerungen und Betriebsaufgaben für aus dem Berufsleben ausscheidende Unternehmer einmal im Leben.

Die Ergänzungen sollen gleichzeitig mit dem Steuersenkungsgesetz wirksam werden.

2. Der Bundesrat fordert die Bundesregierung auf, das Notwendige zu veranlassen, dass die AfA-Tabellen aufgrund der Rechtsprechung des Bundesfinanzhofs vom 19. November 1997 zur sachgerechten Verlängerung der technischen Nutzungsdauer von Anlagegütern überarbeitet werden und zur Sicherung des Finanzierungsvolumens des Steuersenkungsgesetzes zum 1. Januar 2001 in Kraft treten."

C. Steuersenkungsergänzungsgesetz

I. Verfahren

Die Zustimmung des Bundesrates zum Steuersenkungsgesetz am 14. Juli 2000 wurde mit der Erwartung weiterer Steuerentlastungen für den Mittelstand verknüpft. Hinweis auf die vorstehend wiedergegebenen Entschließungen des Bundesrates.

Inzwischen liegt der entsprechende Regierungsentwurf eines Gesetzes zur Ergänzung des Steuersatzsenkungsgesetzes (Steuersenkungsergänzungsgesetz – StSenkErgG) vor.

Der Zeitplan für die Beratung dieses Entwurfs sieht vor, daß das Gesetz noch vor Ablauf 2000 verkündet wird.

II. Wiedergabe des Allgemeinen Teils der Begründung des Regierungsentwurfs

„Der Deutsche Bundestag hat am 6. Juli 2000 das Steuersenkungsgesetz auf der Grundlage des Vermittlungsergebnisses vom 4. Juli 2000 beschlossen. Der Bundesrat hat am 14. Juli 2000 dem Steuersenkungsgesetz zugestimmt. Der Bundesrat hat zugleich in einer Entschließung (BR-Drs. 410/2/00) die Erwartung zum Ausdruck gebracht, dass die Bundesregierung dem Gesetzgeber folgende Vorschläge zur Fortentwicklung des Steuersenkungsgesetzes unterbreitet:

– Eine weitere Absenkung des Spitzensteuersatzes der Einkommensteuer um einen Prozentpunkt auf 42 % ab 2005.

– Wiedereinführung des halben Steuersatzes für Betriebsveräußerungen und Betriebsaufgaben aus dem Berufsleben ausscheidender Unternehmer einmal im Leben.

Die Ergänzungen sollen gleichzeitig mit dem Steuersenkungsgesetz wirksam werden.

Mit dem Entwurf eines Gesetzes zur Ergänzung des Steuersenkungsgesetzes setzt die Bundesregierung die Entschließung des Bundesrates um. Die weitere Absenkung des Höchststeuersatzes der Einkommensteuer von 43 % im Steuersenkungsgesetz um einen zusätzlichen Prozentpunkt auf 42% ab 2005 sowie die Wiedereinführung des halben

C. StSenkErgG

durchschnittlichen Steuersatzes für Betriebsveräußerungen und Betriebsaufgaben für aus dem Berufsleben ausscheidende Unternehmen, der ab 2001 einmal im Leben in Anspruch genommen werden kann, wenn der Steuerpflichtige das 55. Lebensjahr vollendet hat oder dauernd berufsunfähig ist, werden insbesondere die mittelständische Wirtschaft noch stärker steuerlich entlasten.

Das Steuersenkungsergänzungsgesetz dient damit der Erweiterung der Mittelstandskomponenten des Steuersenkungsgesetzes und so der vertiefenden Stärkung des Wirtschaftsstandortes Deutschland. Das Steuersenkungsergänzungsgesetz bewirkt zusätzliche steuerliche Entlastungen in Höhe von rd. 7 Milliarden DM. ..."

Teil 4: Einführender Überblick über die wesentlichen Neuregelungen

Verfasser: Thomas Rödder und Andreas Schumacher

A. Besteuerung von Kapitalgesellschaften nach der Unternehmenssteuerreform 2001

I. Laufende Besteuerung

1. Inlandsgewinne der Kapitalgesellschaft

a) Natürliche Personen[1] als Anteilseigner

aa) Belastung bei Thesaurierung

Die Neuregelung der Besteuerung von Kapitalgesellschaften durch die Unternehmensteuerreform begünstigt aufgrund der Absenkung des KSt-Satzes gem. § 23 Abs. 1 KStG n.F. auf 25 % den thesaurierten Inlandsgewinn deutlich. Vor allem dieses Entlastungssignal ist politisch gewollt.

25 % KSt zzgl. GewSt (400% Hebesatz unterstellt) ergeben etwa 37,5% Gesamtbelastung des thesaurierten Inlandsgewinns[2]. Der thesaurierte Inlandsgewinn wird damit um 12,5 %-Punkte weniger als bisher belastet:

	Bisher	Neu
Gewinn vor Steuern	120,0	*120,0*
./. GewSt (400 % HS)	20,0	*20,0*
= Gewinn nach GewSt	100,0	*100,0*
./. KSt	40,0	*25,0*
= Gewinn nach GewSt u. KSt	60,0	*75,0*
Steuerbelastungsquote	50,0 %	*37,5 %*

---

[1] Bzw. Personengesellschaften mit natürlichen Personen als Gesellschafter. Für diesen Fall gelten die Ausführungen für natürliche Personen weitgehend entsprechend. Auch § 3 Nr. 40 EStG n.F. ist im Personengesellschaftsfall anwendbar. Besondere Fragen können sich vor allem hinsichtlich des Ausgabenabzugs und der GewSt stellen.

[2] Naturgemäß hängt die Richtigkeit dieser Aussage vom anzuwendenden Gewerbesteuerhebesatz ab. Der SolZ wird der Einfachheit halber vernachlässigt.

Das Beispiel verdeutlicht auch, daß korrespondierend mit der Absenkung des KSt-Satzes die relative Bedeutung der GewSt steigt. Sie beläuft sich künftig bei einem Hebesatz von 400 % auf ca. 44,5 % der gesamten Thesaurierungsbelastung.

Der Absenkung des Thesaurierungssteuergesetzes gegenläufig wirkt vor allem die Verschärfung der Abschreibungsbedingungen (degressiver AfA-Satz 20 % statt 30 %; Wirtschaftsgebäude-AfA-Satz 3 % statt 4 %; geplante neue AfA-Tabellen).

bb) Thesaurierter Gewinn versus Leistungsvergütungen / Nutzung der Steuersatzspreizung

Vergleicht man die Steuerbelastung des thesaurierten Gewinns mit der von Leistungsvergütungen, so ist die Leistungsvergütung künftig jedenfalls dann steuerlich ungünstiger, wenn sich der Gesellschafter im Spitzensteuersatzbereich (48,5 %[3]) bewegt. In diesem Fall resultiert z.B. aus einem Gesellschafterdarlehen nun ein relativ niedriger Entlastungseffekt auf Gesellschafts- und eine relativ hohe Belastung auf Gesellschafterebene (37,5 % versus 48,5 %)[4]. Bei geringen Belastungsniveaus auf Gesellschafterebene sieht das Belastungsgefälle zwischen Leistungsvergütung und Thesaurierung allerdings nach wie vor umgekehrt aus.

Aufgrund der Steuersatzspreizung stellen sich für hochbelastete Gesellschafter auch folgende Fragen: Ist es nun nicht sinnvoll, Leistungen über eine eigene Kapitalgesellschaft des Gesellschafters zu erbringen? Müssen sich nun nicht alle Steuerpflichtige mit ertragbringendem Privatvermögen fragen, ob sie dieses über eine thesaurierende GmbH halten sollen (jedenfalls dann, wenn nicht die Erzielung steuerfreier Kursgewinne im Vordergrund steht)? Ist es nun nicht auch umgekehrt sinnvoll, Darlehen aus der Kapitalgesellschaft an den Gesellschafter zu geben, wenn dieser damit einkünfteerzielendes Privatvermögen anschafft (Steuerarbitrage)?

---

[3] Für 2001 geltender Spitzensteuersatz. Um den Effekt des Systemwechsels deutlich zu machen, wird dieser Satz auch bei den nachfolgenden Berechnungen unter Zugrundelegung des Anrechnungsverfahrens verwendet (zumal dieser Satz nach alter Rechtslage ebenfalls in 2002 erreicht worden wäre). Die weitere stufenweise Absenkung bis auf 42 % (in 2005) wird in den nachstehenden Berechnungen nicht berücksichtigt. Gleiches gilt für evtl. Auswirkungen des § 35 EStG n.F.

[4] Zu der genannten Belastungsdifferenz kommt konkret beim Gesellschafterdarlehen auch noch die gewerbesteuerliche Dauerschuldzinshinzurechnung auf Gesellschaftsebene hinzu. Das StSenkG enthält im übrigen keine Neuregelung der Hinzurechnung der hälftigen Miet- und Pachtzinsen nach § 8 Nr. 7 GewStG, die aufgrund des EuGH-Urteils v. 26.10.1999 (BStBl 1999 II S. 851) erforderlich ist (der Referentenentwurf sah zunächst eine Streichung des § 8 Nr. 7 S. 2 GewStG vor, so daß es ohne Ausnahme zur hälftigen Hinzurechnung gekommen wäre).

A. Besteuerung von Kapitalgesellschaften 153

cc) Belastung bei Ausschüttung

Führt man das vorstehende Rechenbeispiel so fort, daß eine Ausschüttung des in der Kapitalgesellschaft erzielten Gewinns an eine natürliche Person als Gesellschafter erfolgt, so kommt es zu einer Nachbelastung nach Maßgabe des neuen sog. Halbeinkünfteverfahrens (die Hälfte der Dividenden ist einkommensteuerpflichtig, die andere Hälfte ist ohne Progressionsvorbehalt[5] steuerfrei gestellt [§ 3 Nr. 40 S. 1 lit. d) und e) sowie S. 2 EStG n.F.])[6].

(1) Spitzenbelastete natürliche Person als Anteilseigner

Bei einer spitzenbelasteten natürlichen Person als Anteilseigner resultiert danach insgesamt auf beiden Besteuerungsebenen eine Belastung von 52,7 %. Dies liegt um 4,4 %-Punkte unter der Belastung, die nach Maßgabe des Anrechnungsverfahrens eintreten würde:

	Bisher	*Neu*
Gewinn der Kapitalgesellschaft nach GewSt u. KSt (s.o.)	60,0	*75,0*
+ Herstellung der Ausschüttungsbelastung (bisher)	10,0	–
Dividende	70,0	*75,0*
Steuerpflichtige Einnahmen (bisher zuzügl. 3/7, nun Halbeinkünfteverfahren)	100,0	*37,5*
./. ESt 48,5 %	48,5	*18,2*
+ 3/7 Anrechnung der KSt (bisher)	30,0	–
= Dividende nach ESt	51,5	*56,8*
Steuerbelastungsquote (inkl. GewSt)	57,1 %	*52,7 %*

Das Beispiel verdeutlicht die unterschiedlichen Konzeptionen der Körperschaftsteuersysteme: Grundwertung des Anrechnungsverfahrens ist, daß eine Belastung ausgeschütteter Gewinne letztlich nur nach den individuellen Verhältnissen des Anteilseigners erfolgt. Zukünftig tritt neben die definitive KSt eine präferenzierte ESt. Im Ergebnis erfolgt dabei nur eine Annäherung an die einkommensteuerliche Belastung anderer Einkünfte.

---

5 Die ursprünglich erwogene Anwendung des Progressionsvorbehalts wäre nicht sachgerecht gewesen, da das Halbeinkünfteverfahren keine Begünstigung ist und nur die wirtschaftliche Doppelbelastung der Dividenden vermeiden soll.
6 Die Halbeinkünftebesteuerung erfolgt auch dann, wenn auf Ebene der Kapitalgesellschaft die Gewinnerzielung ausnahmsweise steuerunbelastet erfolgt ist (Verlustvortrag, Investitionszulage, u.ä.). Allerdings sind in diesen Fällen regelmäßig die Übergangsregelung und § 27 KStG n.F. besonders zu beachten.

Darüber hinaus ist es wesentlich festzuhalten, daß die Nachbelastung bei Gewinnausschüttungen wertvernichtend wirkt. Die fehlende Gewinnverwendungsneutralität ist ein Kernproblem der Neuregelungen. Zwar findet, wie das Rechenbeispiel zeigt, in diesem Fall auch schon unter dem geltenden Anrechnungsverfahren eine signifikante Nachbelastung statt. Sie ist allerdings deutlich geringer als zukünftig. M.a.W.: Begünstigt wird (und zwar deutlich stärker als bisher), wer nicht alles ausschütten muß.

Provoziert werden z.b. folgende Fragen: Werden GmbHs den Konsum ihrer Gesellschafter künftig durch Darlehen finanzieren? Werden vGA-Diskussionen wegen Überkapitalisierung von Kapitalgesellschaften entstehen? Droht die Gefahr einer nationalen Hinzurechnungsbesteuerung mit Differenzierung zwischen „guten" und „bösen" Einkünften einer deutschen Kapitalgesellschaft?

Davon unabhängig ist es aus Anlegersicht bemerkenswert, daß mit der Dividende eine Art des Kapitalertrags hälftig besteuert wird, während z.b. Zinsen voll steuerpflichtig bleiben.

(2) KapESt

Vernachlässigt worden ist im vorstehend gezeigten Beispiel die KapESt. Sie wird sich nach neuem Recht auf 20 % statt wie bisher auf 25 % belaufen. Die KapESt bleibt (natürlich) voll anrechenbar, auch wenn nur noch die Hälfte der Dividenden steuerpflichtig ist. In der Sache bedeutet eine 20%ige KapESt wegen der nur hälftigen Steuerpflicht der Dividenden eine 40 %ige einkommensteuerliche Vorbelastung.

(3) Niedrig belastete natürliche Person als Anteilseigner

Bei geringer ESt-Belastung des Gesellschafters führt das neue System zu deutlich höheren Belastungen als das alte System[7]. Entlastungen finden nur bei relativ hohen Steuersätzen statt (Indifferenzsteuersatz: 40 %). Dies wird besonders offensichtlich, wenn man die Belastung einer Dividende an eine natürliche Person betrachtet, die einem Nullsteuersatz unterliegt (z.B. wegen des Sparerfreibetrags oder wegen Verlustverrechnungspotentialen):

---

[7] Dies gilt natürlich nur, wenn man ausschließlich den Fall vollausgeschütteter Inlandsergebnisse betrachtet. Im Thesaurierungsfall und bei ausgeschütteten Auslandsgewinnen kann auch der geringer belastete Gesellschafter eine „Besserstellung" erfahren.

A. Besteuerung von Kapitalgesellschaften

	Bisher	Neu
Dividende (s.o.)	70,0	75,0
Einnahmen (bisher zuzügl. 3/7, nun Halbeinkünfteverf.)	100,0	37,5
./. ESt 0 %	0	0
+ 3/7 Anrechnung der KSt (bisher)	30,0	–
= Dividende nach Est	100,0	75,0
Steuerbelastungsquote	16,7 %	37,5 %

(4) Mit Dividenden zusammenhängende Werbungskosten

Bei der Bewertung des Halbeinkünfteverfahrens ist weiterhin zu berücksichtigen, daß auch die mit den Dividendeneinnahmen zusammenhängenden Werbungskosten (z.B. Zinsen aus der Finanzierung des Beteiligungserwerbs) nur noch zur Hälfte in die Bemessungsgrundlage eingehen sollen, und zwar gem. § 3 c Abs. 2 EStG n.F. unabhängig von einem „unmittelbaren" wirtschaftlichen und zeitlichen Zusammenhang der Einnahmen mit den Ausgaben (§ 3 c Abs. 2 EStG n.F. verlangt nur, daß die Ausgaben mit den unter § 3 Nr. 40 EStG n.F. fallenden Einnahmen in wirtschaftlichem Zusammenhang stehen, unabhängig davon, in welchem Veranlagungszeitraum die Einnahmen anfallen).

Dies bewirkt Streitfragen und Gestaltungsüberlegungen hinsichtlich der Zuordnung von Ausgaben. So ist fraglich, ob „wirtschaftlicher Zusammenhang" heißt, daß nicht nur die unmittelbar den § 3 Nr. 40 EStG-Einnahmen zuzuordnenden Ausgaben, sondern auch alle nicht unmittelbar anderen Einnahmen zuzuordnenden Ausgaben anteilig auch den § 3 Nr. 40 EStG-Einnahmen zuzuordnen sind.[8] Sicher dürfte demgegenüber sein, daß auch Ausgabenüberschüsse nur hälftig wirken, da der Zusammenhang zwischen Einnahmen und Ausgaben nicht mehr VZ-bezogen zu prüfen ist.

Darüber hinaus führt § 3 c Abs. 2 EStG n.F. dazu, daß der Dividendenbezieher (auch der höchstbesteuerte Dividendenbezieher) sehr viel schlechter als bisher gestellt sein kann. Dies wird exemplarisch deutlich, wenn man Werbungskosten i.H.v. 50 % der erhaltenen Dividende unterstellt. Der Belastungsvorteil des höchstbelasteten Gesellschafters hinsichtlich der Dividendeneinnahme wird durch den Nachteil bei der Entlastungswirkung von Werbungskosten überkompensiert.

---

[8] Sehr zweifelhaft. Richtigerweise hat das Fehlen des Wortes „unmittelbar" keine eigenständige Bedeutung.

	Bisher		Neu	
Gewinn der Kapitalgesellschaft nach GewSt u. KSt (s.o.)		60,0		75,0
+ Herstellung der Ausschüttungsbelastung (bisher)		10,0		–
Dividende		70,0		75,0
./. Werbungskosten		50,0		50,0
Steuerpflichtige Einnahmen (bisher zuzügl. 3/7, nun Halbeinkünfteverfahren)	100,0		37,5	
Abzugsfähige Werbungskosten	50,0		25,0	
Steuerpflichtige Einkünfte	50,0		12,5	
./. ESt 48,5 %		24,2		6,1
+ 3/7 Anrechnung der KSt (bisher)		30,0		–
= Dividende nach Werbungskosten und ESt		25,8		18,9
Steuerbelastungsquote (inkl. GewSt)[9]		63,1 %		73,0 %

Das Beispiel und die Überlegung, daß Aufwendungen in der GmbH statt auf Gesellschafterebene voll abzugsfähig bleiben, verdeutlichen, daß es zutreffend gewesen wäre, wenn es trotz der Halbeinkünfteregelung für die Einnahmen beim vollen Werbungskostenabzug verblieben wäre[10].

(5) Gewerbesteuerpflichtiger Anteilseigner

Vorstehende Aussagen zur Belastung von Dividenden und zur Entlastungswirkung damit zusammenhängender laufender Ausgaben nach den Regeln des Halbeinkünfteverfahrens gelten auch dann, wenn der Gesellschafter, der dem Halbeinkünfteverfahren unterliegt, gewerbesteuerpflichtig sein sollte (Einzelunternehmer oder Personengesellschaften mit natürlichen Personen als Gesellschaftern) und eine gewerbesteuerliche Organschaft nicht gegeben ist. D.h., daß auch bei der Ermittlung des Gewerbeertrags i.S.d. § 7 GewStG steuerfreie Einnahmen i.S.d. § 3 Nr. 40 EStG n.F. nicht zu berücksichtigen sind[11]. Auch § 3 c Abs. 2 EStG n.F. dürfte bei der Ermittlung des Gewerbeertrages anzuwenden sein.

---

[9] Bezogen auf die tatsächlichen Nettoeinkünfte von 120 ./. 50 = 70.
[10] Ausnahme ggf. im Betriebsvermögen: Ausschüttungsbedingte Teilwertabschreibungen.
[11] So auch die Begründung des RegE. S. auch BFH v. 17.11.1992, BFH/NV 1992 S. 560 m.w.N. Die dort ausgeführten Ausnahmen – eine Steuerbefreiung steht nicht im Einklang mit dem besonderen Charakter der Gewerbesteuer oder aus dem GewStG ergibt sich unmittelbar etwas anderes – liegen bei § 3 Nr. 40 EStG n.F. erkennbar nicht vor.

A. Besteuerung von Kapitalgesellschaften

§ 9 Nr. 2 a GewStG bleibt neben § 3 Nr. 40 EStG n.F. anwendbar und führt ab einer Beteiligungsquote von 10 % bei Erfüllung der Mindestbesitzzeit weiterhin zu einer völligen gewerbesteuerlichen Freistellung von Dividenden an die natürliche Person bzw. die Personengesellschaft mit natürlichen Personen als Gesellschaftern[12].

(6) Abgrenzung der Dividenden von Kapitalrückzahlungen

Um Dividenden mit der Konsequenz der Halbeinkünfteregelung des § 3 Nr. 40 EStG n.F. und der Anwendung des § 3 c Abs. 2 EStG n.F. von Kapitalrückzahlungen (der Rückgewähr von Einlagen) zu unterscheiden, enthält das StSenkG mehrere Regelungen, die im Grundsatz der bisherigen Rechtslage entsprechen[13].

Zunächst regelt § 27 Abs. 1 KStG n.F., daß jede Kapitalgesellschaft die nicht in das Nennkapital geleisteten Einlagen am Schluss jeden Wirtschaftsjahres auf einem besonderen Konto, dem sog. steuerlichen Einlagekonto, auszuweisen hat. Außerdem wird angeordnet, daß Leistungen der Kapitalgesellschaft das steuerliche Einlagekonto nur mindern, soweit die Summe der im Wirtschaftsjahr erbrachten Leistungen den auf den Schluss des vorangegangenen Wirtschaftsjahrs ermittelten Unterschiedsbetrag zwischen dem um das gezeichnete Kapital geminderten steuerbilanziellen Eigenkapital und dem Bestand des steuerlichen Einlagekontos übersteigt. Kapitalrückzahlungen sind also gegenüber Dividenden nachrangig. Ist für die Leistung der Körperschaft die Verwendung des Einlagekontos bescheinigt worden, bleibt die der Bescheinigung zugrundegelegte Verwendung unverändert.

Mit den vorstehenden Regelungen korrespondierend ordnet § 20 Abs. 1 Nr. 1 EStG n.F. an, daß Bezüge nicht zu den Einnahmen gehören, soweit sie aus Ausschüttungen einer Kapitalgesellschaft stammen, für die Eigenkapital im Sinne des § 27 KStG n.F. als verwendet gilt.

Die Regelungen hinsichtlich der Kapitalrückzahlungen dürften wegen des vergrößerten Belastungssprungs bei Ausschüttungen (s.o.) noch wichtiger als bisher sein[14].

---

12 Zur – unzutreffenden – Auffassung der Finanzverwaltung zur gewerbesteuerlichen Aufwandsbehandlung im Fall des § 9 Nr. 2 a GewStG s. A 61 Abs. 1 S. 12 GewStR. Evtl. Auswirkungen partieller GewSt-Pflichten im Rahmen des § 35 EStG n.F. werden hier nicht näher analysiert.
13 Anders als noch der Regierungsentwurf stellt § 27 KStG n.F. auf das Steuerbilanzeigenkapital und nicht mehr auf das Handelsbilanzeigenkapital ab. Wegen der fehlenden Berücksichtigung außerbilanzieller Einkommensteile ist dies zwar auch nicht ganz exakt. Eine in jedem Fall fehlerfreie Abgrenzung hätte jedoch eine separate Eigenkapitalgliederung erfordert, die den gewünschten Vereinfachungseffekt konterkariert hätte.
14 Gleiches gilt für die Möglichkeiten des Rückkaufs eigener Anteile.

Interessant sind vor diesem Hintergrund auch die Regeln zur Kapitalerhöhung aus Gesellschaftsmitteln und zur Kapitalherabsetzung. Insoweit regelt § 28 KStG n.f. ebenfalls ähnlich dem bisherigen Recht, daß dann, wenn das gezeichnete Kapital durch Umwandlung von Rücklagen erhöht wird, der auf dem steuerlichen Einlagekonto ausgewiesene Betrag als vor den sonstigen Rücklagen verwendet gilt. Anders als in § 41 Abs. 3 KStG a.f. wird allerdings das EK 03 nicht mehr angesprochen. Damit korrespondiert, daß §§ 5 und 6 ‚KapErhStG aufgehoben werden.

Gelten bei einer Kapitalerhöhung aus Gesellschaftsmitteln neben dem Einlagekonto auch Beträge aus sonstigen Rücklagen als verwendet, so sind diese Teile des gezeichneten Kapitals getrennt auszuweisen und gesondert festzustellen. Wird das gezeichnete Kapital herabgesetzt, gilt dieser Teil des gezeichneten Kapitals als vorab verwendet. Die Rückzahlung des gezeichneten Kapitals gilt insoweit als Gewinnausschüttung, die beim Anteilseigner zu Einkünften im Sinne des § 20 Abs. 1 Nr. 2 EStG führt. Auch dies entspricht im Grundsatz der bisherigen Rechtslage.

dd) Ausgeschütteter Gewinn versus Leistungsvergütungen

Vergleicht man die Steuerbelastung des ausgeschütteten Gewinns mit der einer Leistungsvergütung, so resultiert, anders als bisher, nur eine leichte Besserstellung der Leistungsvergütung, wenn man Spitzenbelastung auf Gesellschafterebene unterstellt (48,5 %[15] versus 52,7 %). Bei niedrigen Belastungsniveaus auf Gesellschafterebene schneidet die Leistungsvergütung allerdings nach wie vor deutlich besser als die Dividende ab. Außerdem Hinweis auf den zusätzlich aus Pensionsrückstellungen resultierenden Zinseffekt.

ee) Folgen verdeckter Gewinnausschüttungen

Die Umqualifizierung einer Leistungsvergütung in eine verdeckte Gewinnausschüttung hat nicht nur den o.g. Belastungsanstieg von 48,5 % auf 52,7 % zur Folge, da beim Gesellschafter der gesamte vGA-Betrag, d.h. ohne Abzug der aus der Einkommenshinzurechnung gem. § 8 Abs. 3 S. 2 KStG entstehenden Steuerbelastung der Gesellschaft, der Halbeinkünftebesteuerung unterliegt:

Beispiel: Eine Leistungsvergütung in Höhe von 120,0 unterliegt beim Gesellschafter einer ESt von 48,5 %, die Steuerbelastung beträgt somit 58,2. Wird die Vergütung als vGA eingestuft, so erhöht sich der Gewinn der Gesellschaft um

---

[15] Allerdings wiederum Hinweis auf die gewerbesteuerliche Dauerschuldzinshinzurechnung bei Gesellschafterdarlehen.

A. Besteuerung von Kapitalgesellschaften

120,0 und die Steuerlast der Gesellschaft um 45,0 (20,0 GewSt + 25,0 KSt). Beim Gesellschafter unterliegt die verdeckte Gewinnausschüttung einer ESt von 29,1 (60,0 x 48,5 %). Die Steuerbelastung beträgt somit insgesamt 74,1 (61,75 %).

Wichtig ist, daß, falls nach der typisierten Berechnungsweise des § 27 Abs. 1 KStG n.F. keine ausschüttungsfähigen steuerlichen Gewinne mehr vorhanden sind, auch eine vGA als Einlagenrückgewähr behandelt wird. Eine dem § 35 Abs. 1 KStG a.F. entsprechende Körperschaftsteuererhöhung findet nach neuem Recht nicht mehr statt.[16] Auch die Problematik des Divergenzeffekts – Abweichung der Einkommenserhöhung nach § 8 Abs. 3 S. 2 KStG von dem um 3/7 erhöhten vGA-Betrag – besteht in dieser Form nicht mehr (s. aber den im vorstehenden Beispiel erläuterten Effekt).

Besonders ausgeprägte Belastungseffekte kann eine vGA nach wie vor z.B. bei einer zu günstigen Veräußerung eines Wirtschaftsguts an den Gesellschafter auslösen.

ff) Steuerausländer als Anteilseigner

(1) Dividendenbesteuerung

Bei Ausschüttung an ausländische Gesellschafter ohne Zuordnung der Anteile zu einer Inlandsbetriebsstätte tritt aus deren Sicht lediglich an die Stelle der 30%igen Ausschüttungsbelastung die 25%ige KSt-Belastung, ggf. zuzügl. KapESt (abhängig von den Regelungen in ggf. einschlägigen DBA).

	Bisher	*Neu*
Gewinn nach GewSt u. KSt (s.o.)	60,0	*75,0*
+ Herstellung der Ausschüttungsbelastung (bisher)	10,0	*–*
= Dividende	70,0	*75,0*
1. Alt.: ./. 0% KapESt	0	*0*
= Div. nach KapESt	70,0	*75,0*
2. Alt.: ./. 15% KapESt	10,5	*11,25*
= Div. nach KapESt	59,5	*63,75*
3. Alt.: ./. 25/20% KapESt	17,5	*15,0*
= Div. nach KapESt	52,5	*60,0*

Zumindest in den ersten beiden Alternativen besteht die Gefahr, daß die errechneten, eher bescheidenen Entlastungseffekte qua Steuersatz-

---

[16] Allerdings ist auch § 38 KStG n.F. zu beachten.

senkung durch die erwähnten Gegenfinanzierungseffekte bei der Bemessungsgrundlagenermittlung überkompensiert werden. In der dritten Alternative ist der Entlastungseffekt größer, weil auch der nach nationalem Recht einzubehaltende KapESt-Satz von 25% auf 20% abgesenkt worden ist.

Indessen: Für die zweite und dritte Alternative ist es sogar noch weitergehend durchaus zweifelhaft, ob eine volle KapESt mit Abgeltungscharakter einbehalten werden kann, obwohl nach nationalem Recht eine hälftige Freistellung der Dividenden erfolgt.

Bei Ausschüttung des in der Kapitalgesellschaft erzielten Gewinns an eine ausländische natürliche Person bei Zuordnung der Anteile zu einer Inlandsbetriebsstätte kommt es zu einer Nachbelastung nach Maßgabe des Halbeinkünfteverfahrens (die Hälfte der Dividenden ist einkommensteuerpflichtig, die andere Hälfte ist ohne Progressionsvorbehalt steuerfrei gestellt [§ 3 Nr. 40 EStG n.F.]). Die KapESt bleibt auch für den steuerausländischen Gesellschafter mit einer Inlandsbetriebsstätte voll anrechenbar, auch wenn nur noch die Hälfte der Dividenden steuerpflichtig ist. M.a.W.: Die Zwischenschaltung einer inländischen Betriebsstätte kann den Anfall definitiver Dividenden-KapESt ersparen.

(2) Gesellschafterfremdfinanzierung

Die Gesellschafterfremdfinanzierung dürfte aus der Sicht der Steuerausländer wegen der niedrigeren deutschen Belastung des ausgeschütteten Gewinns nicht mehr so häufig wie bisher vorzugswürdig sein, weil diese die unterschiedliche Belastung von Zinsen und Dividenden im Ausland mit zu berücksichtigen haben. Da steuerlich unbelastete Fremdfinanzierungsentgelte[17] für den ausländischen Anteilseigner jedoch auch künftig nicht selten attraktiver als definitiv besteuerte Dividendenerträge sein werden, ist § 8 a KStG strenger gefaßt worden. Vergütungen, die nicht in einem Bruchteil des Kapitals bemessen sind, gelten künftig unabhängig von der FK/EK-Relation unter den übrigen Voraussetzungen des § 8 a KStG als verdeckte Gewinnausschüttungen. Der safe haven für Vergütungen, die in einem Bruchteil des Kapitals bemessen werden, wird auf 1: 1,5 (1 : 3 bei Holdinggesellschaften) gesenkt[18].

---

17 Wiederum Hinweis auf die Dauerschuldzinshinzurechnung.
18 Außerdem tritt an die Stelle des Tatbestandsmerkmals der fehlenden Anrechnungsberechtigung die Erfassung der Fremdkapitalvergütung im Rahmen einer Veranlagung im Inland. Im Regelfall werden dadurch die gleichen Fallgestaltungen erfaßt wie bisher.

A. Besteuerung von Kapitalgesellschaften 161

b) Kapitalgesellschaften als Anteilseigner

aa) Belastung bei Ausschüttung

(1) Dividendenfreistellung

Ausschüttungen von inländischen Kapitalgesellschaften werden zukünftig auf der Ebene von empfangenden Kapitalgesellschaften freigestellt. Mindestbeteiligungsquoten, Mindestbesitzzeiten, bestimmte Aktivitäten o.ä. sind nicht vorausgesetzt. Die entsprechende Regelung ist in § 8 b Abs. 1 KStG n.F. enthalten („Bezüge im Sinne des § 20 Abs. 1 Nr. 1 ... EStG bleiben bei der Ermittlung des Einkommens außer Ansatz.")[19].

Aufgrund dieser Dividendenfreistellung bleibt der Belastungsvorteil bei Thesaurierung auch im Fall der Ausschüttung im Konzern erhalten[20]:

		Bisher	Neu
Dividende (s.o.)		70,0	75,0
zu versteuern (bisher zuzügl. 3/7, nun Freistellung)	100,0		0
./. KSt normal		40,0	0
+ 3/7 AnrechnungsKSt (bisher)		30,0	–
= Dividende nach KSt		60,0	75,0
Steuerbelastungsquote		50,0 %	37,5 %

(2) Niedrig belastete Kapitalgesellschaft als Anteilseigner

Allerdings gilt auch für die Dividendenfreistellung, daß das neue System nachteilig ist, wenn der Gesellschafter über einen geringen Steuersatz verfügt, wenn also die Dividende an die Kapitalgesellschaft als Gesellschafterin mit Nullsteuersatz[21] ausgeschüttet wird, wie folgende Berechnung zeigt:

---

19 Die Dividendenfreistellung erfolgt auch dann, wenn auf Ebene der Tochterkapitalgesellschaft die Gewinnerzielung ausnahmsweise steuerunbelastet erfolgt ist (Verlustvortrag, Investitionszulage, u.ä.). Allerdings sind in diesen Fällen regelmäßig die Übergangsregelung und § 27 KStG n.F. besonders zu beachten.
20 Aus Sicht einer Anlage-Kapitalgesellschaft ist davon unabhängig bemerkenswert, daß mit der Dividende eine Art des Kapitalertrags steuerfrei bleibt, während z.B. Zinsen voll steuerpflichtig bleiben.
21 Z.B. wegen anderweitiger Verluste in der die Dividende empfangenden Kapitalgesellschaft.

	Bisher	Neu
Dividende	70,0	75,0
zu versteuern (bisher zuzügl. 3/7, nun Freistellung) 100,0		0
./. KSt 0 %	0	0
+ 3/7 AnrechnungsKSt (bisher)	30,0	–
= Dividende nach KSt	100,0	75,0
Steuerbelastungsquote	16,7 %	37,5 %

Dieser Effekt kann durch eine körperschaftsteuerliche Organschaft vermieden werden (dazu w.u.).

(3) Mit Dividenden zusammenhängende Betriebsausgaben

Darüber hinaus stellt sich wegen der Dividendenfreistellung im Kapitalgesellschaftskonzern verschärft die Problematik des § 3 c EStG, dessen einschlägiger Abs. 1 nach dem StSenkG nahezu wie § 3 c EStG a.F. lautet („Ausgaben dürfen, soweit sie mit steuerfreien Einnahmen in unmittelbarem wirtschaftlichen Zusammenhang stehen, nicht als Betriebsausgaben oder Werbungskosten abgezogen werden.").

Richtigerweise dürfte die Vorschrift nicht auf die mit den steuerfrei vereinnahmten (Inlands-) Dividenden zusammenhängenden Aufwendungen angewendet werden[22]. Die Dividendenfreistellung ist nur ein technisches Vehikel zur Vermeidung einer mehrfachen Körperschaftsteuerbelastung im Konzern, mehr nicht. Die Freistellung ist kein Privileg!

Dies wird schon deutlich, wenn man unterstellt, daß die Aufwendungen in der Tochtergesellschaft anfallen; denn dann stünde ihre Abzugsfähigkeit außer Frage.

Durch die Anwendung des § 3 c Abs. 1 EStG n.F. wird der Effekt der Dividendenfreistellung vollständig in sein Gegenteil verkehrt, wie folgendes Beispiel zeigt:

---

[22] Für gewerbesteuerliche Zwecke hat, wie erwähnt, A 61 Abs. 1 S. 12 GewStR schon bisher im Ergebnis – unzutreffenderweise – statuiert, daß mit Schachteldividenden zusammenhängende Aufwendungen nicht abzugsfähig sind.

A. Besteuerung von Kapitalgesellschaften

		Bisher	*Neu*
Dividende		70,0	*75,0*
./. Betriebsausgaben		50,0	*50,0*
Zu versteuern (bisher zuzügl. 3/7, nun Freistellung)	100,0		*0*
./. Betriebsausgaben		50,0	*0*
Dividendeneinkünfte		50,0	*0*
./. KSt		20,0[23]	*0*
+ 3/7 AnrechnungsKSt (bisher)		30,0	*–*
= Dividende nach KSt und Betriebsausgaben		30,0	*25,0*
Steuerbelastungsquote[24]		57,1 %	*64,3 %*

Der Effekt des Erhalts des ermäßigten KSt-Thesaurierungssatzes im Konzern qua Dividendenfreistellung wird deutlich überkompensiert. Auch dies verdeutlicht, daß es nicht sachgerecht ist, daß sich die Dividendenfreistellung im Rahmen des § 3 c EStG n.F. auswirkt. Darüber hinaus ist eine krasse Ungleichbehandlung deshalb geschaffen worden, weil der bisherige § 8 b Abs. 7 KStG als § 8 b Abs. 5 KStG n.F. weiterhin für ausländische Dividenden gilt (s. dazu auch w.u.).

Unbeschadet dessen ist darauf hinzuweisen, daß der nur redaktionell veränderte Wortlaut des § 3 c Abs. 1 EStG n.F. wie bisher zu verstehen sein dürfte. Insbesondere werden also – anders als in dem neuen Abs. 2 des § 3 c EStG n.F. – die von der Rechtsprechung aufgestellten Anforderungen an den unmittelbaren wirtschaftlichen und zeitlichen Zusammenhang zwischen den steuerfreien Einnahmen und den Ausgaben zu berücksichtigen sein[25]. D.h., daß insoweit das Ballooning relevant werden wird (neben der Verlagerung von Aufwand nach unten, der Umqualifikation von Dividenden in Zinsen u.a.m.).

Im übrigen kann die Dividendenfreistellung vor allem in Holdingfällen auch unabhängig von der Frage des § 3 c EStG n.F. deshalb zu Nachteilen führen, weil einfach keine steuerpflichtigen Erträge da sind, gegen die die Aufwendungen gerechnet werden könnten. Eine Erstattung der Körperschaftsteuer der ausschüttenden Tochtergesellschaft wegen Verlusten der Holding ist nach dem Systemwechsel nicht mehr möglich. Außerdem kann in Höhe der anfallenden KapESt ein zinsloser Dauerkredit an den Fiskus ausgelöst werden.

Die Probleme können durch eine körperschaftsteuerliche Organschaft vermieden werden (dazu w.u.).

---

23 Annahme: Keine Gewerbesteuer wegen § 9 Nr. 2 a GewStG i.V.m. A 61 Abs. 1 S. 12 GewStR 1998.
24 Bezogen auf die tatsächlichen Nettoeinkünfte von 120 ./. 50 = 70.
25 Vgl. BFH v. 29.5.1996, BStBl 1997 II, 63.

(4) Dividendenfreistellung, mit Dividenden zusammenhängende Betriebsausgaben und GewSt

Die Dividendenfreistellung des § 8 b Abs. 1 KStG n.F. gilt über § 7 GewStG auch bei der Ermittlung des Gewerbeertrags[26]. Für Kapitalgesellschaften hat daher § 9 Nr. 2 a GewStG keine materielle Bedeutung mehr. Auch § 3 c Abs. 1 EStG n.F. schlägt in das Gewerbesteuerrecht durch[27].

(5) Zwischengeschaltete Personengesellschaft

§ 8 b Abs. 1 KStG n.F. ist nach § 8 b Abs. 6 KStG n.F. auch dann anzuwenden, wenn in einer Kapitalgesellschaftskette eine Personengesellschaft (ohne Organschaft) zwischengeschaltet ist[28]. Dies ist zutreffend. Andernfalls wäre in der Kette eine Kumulativbelastung eingetreten.

Fraglich ist angesichts des § 8 b Abs. 6 KStG n.F., auf welcher Ebene (Mitunternehmerschaft oder Mitunternehmer-Kapitalgesellschaft) § 3c Abs. 1 EStG n.F. zu prüfen ist.

§ 8 b Abs. 6 KStG n.F. sollte auch gewerbesteuerlich für die zwischengeschaltete Personengesellschaft selbst Bedeutung haben. Dies beruht darauf, daß der Gewerbeertrag nach § 7 GewStG nach den Vorschriften des EStG oder des KStG zu ermitteln ist. Soweit eine Körperschaft an der Mitunternehmerschaft beteiligt ist, dürfte daher § 8 b KStG n.F. bei der Ermittlung des Gewerbeertrags Anwendung finden[29] (soweit natürliche Personen beteiligt sind, ist § 3 Nr. 40 EStG n.F. anzuwenden).

Auch die Zwischenschaltung einer doppel- oder mehrstöckigen Personengesellschaft müßte im Rahmen des § 8 b Abs. 6 KStG n.F. unschädlich sein.

Im übrigen ist § 8 b KStG n.F. auch anzuwenden, soweit eine Kapitalgesellschaft an einer vermögensverwaltenden und nicht gewerblich geprägten Personengesellschaft beteiligt ist. Zwar bezieht sich § 8 b Abs. 6 KStG n.F. nur auf Mitunternehmerschaften. Es bedarf jedoch im Falle einer „Zebragesellschaft" keiner gesonderten Regelung, da in diesem Fall eine anteilige Zurechnung der von der Personengesellschaft gehaltenen Anteile nach § 39 Abs. 2 Nr. 2 AO erfolgt.

---

[26] So auch die Begründung des Regierungsentwurfs sowie die allgemeine Meinung zu § 8 b Abs. 1 KStG in seiner derzeitigen Fassung.
[27] Für A 61 Abs. 1 S. 12 GewStR bleibt kein Anwendungsbereich.
[28] A.A. zu § 8 b Abs. 1 KStG a.F. bekanntlich die Finanzverwaltung.
[29] Unklar. Für Dividendenbegriffe ggf. § 9 Abs. 2 a GewStG. Gravierender ist die Frage für Anteilsveräußerungsgewinne (s. dazu w.u.).

A. Besteuerung von Kapitalgesellschaften

bb) Folgen verdeckter Gewinnausschüttungen

Aufgrund der Feststellung einer verdeckten Gewinnausschüttung im Verhältnis Tochter-/ Mutterkapitalgesellschaft wird die Ertragsteuerbelastung von der Mutter- auf die Tochterkapitalgesellschaft verlagert, ohne daß es im Normalfall zu Mehrbelastungen käme. Im Gegenteil: Im Fall des Wegfalls gewerbesteuerlicher Hinzurechnungen kann die Feststellung von verdeckten Gewinnausschüttungen im Verhältnis Tochter-/Mutterkapitalgesellschaft sogar zu Entlastungen führen. Allerdings können auch Mehrbelastungen entstehen, z.b. bei Verlusten in der Mutter oder gem. § 3 c Abs. 1 EStG n.F.

Besonders ausgeprägte Belastungseffekte kann eine vGA nach wie vor z.b. bei einer zu günstigen Veräußerung eines Wirtschaftsguts an die Mutterkapitalgesellschaft auslösen.

cc) Ausländische Kapitalgesellschaft als Anteilseigner

Zu den Konsequenzen einer Dividendenausschüttung, wenn die Anteile nicht einer Inlandsbetriebsstätte der ausschüttenden Mutterkapitalgesellschaft zugeordnet werden, sowie zur Verschärfung der Gesellschafterfremdfinanzierung s. bereits w.o.

Bei Zuordnung der Anteile zu einer Inlandsbetriebsstätte werden Ausschüttungen von inländischen Kapitalgesellschaften zukünftig nicht nur auf der Ebene von empfangenden inländischen Kapitalgesellschaften, sondern auch bei empfangenden ausländischen Kapitalgesellschaften gem. § 8 b Abs. 1 KStG n.F freigestellt. Mindestbeteiligungsquoten, Mindestbesitzzeiten, bestimmte Aktivitäten o.ä. sind nicht vorausgesetzt. Entsprechendes gilt gem. § 8 b Abs. 6 KStG n.F. bei Halten der Anteile über eine Personengesellschaft (dazu auch schon w.o.).

2. Auslandsgewinne der Kapitalgesellschaft

a) Besteuerungsfolgen im Normalfall

aa) Belastung bei Thesaurierung

Thesauriert die inländische Kapitalgesellschaft steuerbefreite Auslandsgewinne (insbesondere Betriebsstättengewinne und Schachteldividenden), ändert das neue System gegenüber der bisherigen Regelung hinsichtlich der entstehenden Belastungen grundsätzlich nichts[30].

---

[30] Zu beachten sind allerdings auch sowohl in DBA- als auch in Nicht-DBA-Fällen die Verschärfungen der Hinzurechnungsbesteuerung (dazu weiter unten).

Allerdings ist nun die Dividendenfreistellung des § 8 b Abs. 1 KStG n.F. im Grundsatz auch für alle Auslandsdividenden zu berücksichtigen[31]. Sie tritt neben die DBA-Schachtelprivilegien. Engere Voraussetzungen der DBA-Schachtelprivilegien wirken sich somit nicht mehr aus. Deshalb ist auch § 8 b Abs. 5 KStG, der die Mindestbeteiligungsquote in DBA-Fällen unilateral auf 10 % absenkt, gestrichen worden.[32] § 8 b Abs. 1 KStG n.F. gilt auch für Ausschüttungen von Kapitalgesellschaften, die in Nicht-DBA-Ländern ansässig sind; die Regelungen zur indirekten Anrechnung in § 26 Abs. 2 bis 5 u. 7 KStG werden folgerichtig gestrichen.

Vernachlässigt man diese Ausweitung der Fälle steuerfreier Auslandsdividenden und vernachlässigt man auch § 8 b Abs. 5 KStG n.F. zunächst der Einfachheit halber (unterstellt man also bspw. steuerbefreite Betriebsstätteneinkünfte), so stellt sich die Steuerbelastung bei Thesaurierung von Auslandsgewinnen exemplarisch wie folgt dar:

	Bisher	Neu
Gewinn vor Steuern	120,0	*120,0*
./. ausländische Steuern (angenommen)	18,0	*18,0*
= Gewinn nach ausld. Steuern	102,0	*102,0*
./. GewSt und KSt	0	*0*
= Gewinn nach GewSt u. KSt	102,0	*102,0*

bb) Belastung bei Ausschüttung

(1) Dividendenbesteuerung

Werden diese Einkünfte nun an natürliche Personen als Gesellschafter ausgeschüttet, so greift das Halbeinkünfteverfahren ein. Dies bedeutet – abhängig vom Steuersatz auf Gesellschafterebene – eine besonders deutliche Besserstellung gegenüber dem bisherigen Recht. Die volle Steuerpflicht auf Anteilseignerebene ohne Anrechnungsmöglichkeit wird durch das Halbeinkünfteverfahren substituiert.[33]

---

[31] Evtl. im Ausland einbehaltene KapESt kann im Inland nicht angerechnet werden.
[32] Dies war allerdings gar nicht angebracht. Übersehen wurde nämlich, daß der Dividendenbegriff des § 8 b Abs. 1 KStG n.F. nicht mit dem DBA-Dividendenbegriff identisch ist. Dies bedeutet, daß, da § 8 b Abs. 5 KStG gestrichen wird, der Systemwechsel z.B. für typisch stille Beteiligungen zu Verschärfungen führen kann.
[33] Auch im Fall der Anrechnung ausländischer Steuern auf Ebene der Kapitalgesellschaft ist bei Weiterausschüttung der Auslandseinkünfte das Halbeinkünfteverfahren anwendbar. Die Gleichstellung der Ausschüttung von Inlands- und Auslandsgewinnen führt dazu, daß das Problem der sog. EK 40-Lücke nicht mehr existieren.

A. Besteuerung von Kapitalgesellschaften

	Bisher	Neu
Dividende (s.o.)	102,0	*102,0*
Zu versteuern 102,0		*51,0*
./. ESt 48,5 %	49,5	*24,7*
= Dividende nach ESt	52,5	*77,3*

Keine Veränderung gegenüber der derzeitigen Belastung wird demgegenüber ausgelöst, wenn die Kapitalgesellschaft die steuerbefreiten Auslandsgewinne an natürliche Personen mit Nullsteuersatz oder an Kapitalgesellschaften auskehrt. Jeweils bleibt es dabei, daß zur ausländischen Steuer keine weitere deutsche Steuer hinzutritt[34].

(2) Mit Auslandsdividenden zusammenhängende Betriebsausgaben

Hinsichtlich des Betriebsausgabenabzugs bei freigestellten Auslandsdividenden gilt weiterhin die Regelung des § 8 b Abs. 7 KStG (nun als § 8 b Abs. 5 KStG n.F.)[35]. Die Anwendung des § 8 b Abs. 5 KStG n.F. (5 % steuerpflichtiger Anteil mit Abgeltungswirkung für Zwecke des § 3 c EStG) gilt für alle nach § 8 b Abs. 1 KStG n.F. steuerfrei gestellten Auslandsdividenden.

Bei Weiterausschüttung an eine andere Kapitalgesellschaft bleibt es bei der Anwendung des § 8 b Abs. 1 KStG i.V.m. § 3 c Abs. 1 EStG. Auch insoweit ist die schon gegen die Anwendung des § 3 c Abs. 1 EStG n.F. auf die Weiterausschüttung von Inlandsgewinnen in der Kapitalgesellschaftsstruktur geäußerte Kritik angebracht.

b) Verschärfung der Hinzurechnungsbesteuerung[36]

aa) Systematischer Ansatz

Im Zuge der Diskussion vor Verabschiedung des Regierungsentwurfs war erwogen worden, die Steuerfreistellung des § 8 b Abs. 1 KStG n.F. ebenso wie das Halbeinkünfteverfahren bei einer niedrigen Steuerbelastung im Ausland, also bei einer nicht ausreichenden Vorbelastung, im Ergebnis nicht zu gewähren. Dazu ist es nicht gekommen. Vielmehr ist für passive Einkünfte, die im AStG unverändert definiert sind, das Instrumentarium der Hinzurechnungsbesteuerung nach § 7 ff. AStG verschärft worden.

---

34 Dies gilt – abgesehen von einer evtl. KapESt-Belastung – auch für die Dividende an einen Steuerausländer.
35 Zur Auslegung des § 8 b Abs. 7 KStG durch die Finanzverwaltung BMF v. 10.1.2000, BStBl 2000 I 71.
36 Um eine zusammenfassende Kurzdarstellung dieses Sondergebiets zu ermöglichen, wird hier nicht nur die inländische Mutterkapitalgesellschaft, sondern auch die inländische Mutterpersonenunternehmung unterstellt.

Dabei wurde die Systematik der Hinzurechnungsbesteuerung grundlegend geändert. An die Stelle der Ausschüttungsfiktion tritt die Herstellung einer ausreichenden Vorbelastung der passiven Gewinne der ausländischen Kapitalgesellschaft. Auf die tatsächlichen Ausschüttungen werden §§ 3 Nr. 40 EStG n.f., 8 b Abs. 1, KStG n.F. angewendet, nicht aber gem. § 10 Abs. 2 S. 2 AStG n.F. auf den Hinzurechnungsbetrag.

bb) Niedrigbesteuerung und „Deutschbeherrschung"

Niedrigbesteuerung i.S.d. § 8 Abs. 3 AStG liegt zukünftig bei einer Ertragsteuerbelastung der ausländischen Gesellschaft von weniger als 25 % vor. Bisher war dies zwar schon bei einer 30 % unterschreitenden Ertragsteuerbelastung der Fall. Allerdings hat sich trotz dieser Änderung wegen der Steuersatzsenkungen in Deutschland der Abstand zwischen der deutschen Steuerbelastung und der „niedrigen" Besteuerung im Ausland erheblich reduziert.

Hinsichtlich der erforderlichen „Deutschbeherrschung" bleiben die bisherigen Regelungen bestehen (§ 7 Abs. 1 AStG: generell Mehrheitsbeteiligung unbeschränkt Steuerpflichtiger erforderlich; § 7 Abs. 6 AStG: für erweiterte Hinzurechnungsbesteuerung mindestens 10 %ige Beteiligung eines einzelnen unbeschränkt Steuerpflichtigen notwendig). Die ursprüngliche Absicht, die Hinzurechnungsbesteuerung generell ab einer Beteiligung unbeschränkt Steuerpflichtiger i.H.v. insgesamt 10 % eingreifen zu lassen, ist zu Recht fallengelassen worden.

cc) Behandlung des Hinzurechnungsbetrages

Zukünftig unterliegt der Hinzurechnungsbetrag gem. § 10 Abs. 2 AStG n.F. unabhängig von einer Ausschüttung einer Steuer in Höhe von 38 %, die der tariflichen ESt oder KSt hinzuzurechnen ist[37]. Auf diese „Hinzurechnungssteuer" können nach § 12 Abs. 1 AStG n.F. die auf den Hinzurechnungsbetrag erhobenen ausländischen Steuern angerechnet werden. Der Hinzurechnungsbetrag unterliegt gem. § 21 Abs. 7 S. 3 AStG n.F. nicht mehr der Gewerbesteuer.

Bei Ausschüttung an eine natürliche Person sind die Gewinne gem. § 11 Abs. 1 AStG n.F. um die Hinzurechnungssteuer zu kürzen, die die Gesellschafter in dem Kalenderjahr entrichtet haben, in dem sie die Ausschüttung beziehen. Übersteigt die Gewinnausschüttung den Hinzurechnungsbetrag, ist sie gem. § 11 Abs. 2 AStG n.F. um die noch nicht abgezogene Hinzurechnungsbeträge der vorangegangenen vier Kalenderjahre zu kürzen.

---

[37] Sie fällt also auch an, wenn das zvE negativ ist.

A. Besteuerung von Kapitalgesellschaften

Diese neue Systematik soll anhand des folgenden Beispiels verdeutlicht werden:

Passive Einkünfte der ausländischen Gesellschaft	120,0
./. ausländische KSt	18,0
= thesaurierter Gewinn	102,0
./. Hinzurechnungssteuer (45,6 ./. 18)	27,6
Steuerbelastung bei Thesaurierung	45,6
Dividende	102,0
./. Hinzurechnungssteuer	27,6
Gekürzte Dividende	74,4
Steuerpflichtige Einnahmen (Halbeinkünfteverfahren): 37,2	
./. ESt (48,5 %)	18,0
= Dividende nach ESt	56,4

Im Ergebnis wird mithin die Steuerbelastung der ausländischen Gesellschaft durch die Hinzurechnungsbesteuerung auf das deutsche Steuerniveau von ca. 38 % angehoben.

Nachbesserungsbedarf besteht in § 11 AStG hinsichtlich der Anwendung des § 8 b Abs. 5 KStG n.F. auf die Ausschüttungen an deutsche Kapitalgesellschaften, da diese konsequenterweise auch nur auf die um die Hinzurechnungssteuer gekürzte tatsächliche Ausschüttung erfolgen darf.

dd) Ermittlung des Hinzurechnungsbetrags

Gewollt war sicherlich, daß §§ 8 b KStG n.F., 3 Nr. 40 EStG n.F. bei der Ermittlung des Hinzurechnungsbetrags nicht zur Anwendung kommen, denn sonst wäre ein Großteil der sogleich zu erläuternden Verschärfungen für ausländische Holdinggesellschaften leerläufig. Indessen: Nach dem Wortlaut des § 10 Abs. 3 S. 1 u. 4 AStG sind §§ 8 b KStG n.F., 3 Nr. 40 EStG n.F. bei der Ermittlung des Hinzurechnungsbetrags anwendbar.

Nimmt man an, daß §§ 8 b KStG n.F. und 3 Nr. 40 EStG n.F. für die Ermittlung des Hinzurechnungsbetrags irrelevant sind, so sind für die Konzernbesteuerung die im StSenkG vorgesehenen, nachfolgend zu erläuternden Neuregelungen für Auslandsholdings von besonderer Bedeutung.

ee) Verschärfung des § 10 Abs. 6 AStG / Änderung des § 13 AStG

§ 10 Abs. 6 S. 2 Nr. 2 AStG n.F. nimmt nunmehr Zwischeneinkünfte mit Kapitalanlagecharakter aus der Hinzurechnungsbesteuerung nur aus, wenn diese aus Gesellschaften stammen, an denen die ausländische Zwischengesellschaft zu mindestens einem Zehntel beteiligt ist, und der Steuerpflichtige nachweist, daß die Einkünfte im Staat der Geschäftsleitung oder im Staat des Sitzes der Gesellschaft einer Belastung durch Ertragsteuern von mindestens 25 % unterliegen[38]. Diese Nachweisverpflichtung verschärft die Situation in vielen Praxisfällen erheblich[39].

Die Dividenden einer unmittelbar nachgeschalteten Gesellschaft, die in dem Ansässigkeitsstaat der ausländischen Holding ansässig ist, unterliegen hiernach nicht der Hinzurechnungsbesteuerung, wenn es sich um eine aktive Gesellschaft handelt (sog. Landesholdingprivileg, § 8 Abs. 2 Nr. 1 AStG). Ist die nachgeschaltete Gesellschaft jedoch passiv, hängt die Vermeidung der Hinzurechnungsbesteuerung bei Ausschüttungen an die Auslandsholding davon ab, ob die Einkünfte der ausschüttenden Gesellschaft durch Ertragsteuern von mindestens 25 % belastet sind (§ 10 Abs. 6 Satz 2 Nr. 2 AStG n.F.). Von aktiv tätigen, in Drittstaaten ansässigen Kapitalgesellschaften ausgeschüttete Dividenden führen dann nicht zur Hinzurechnungsbesteuerung, wenn sie entweder unmittelbar an die ausländische Holding (§ 13 Abs. 1 AStG n.F.) oder aber von einer aktiv tätigen Kapitalgesellschaft auf einer unteren Beteiligungsstufe an eine vorgeschaltete Kapitalgesellschaft ausgeschüttet werden, ohne daß diese die Beteiligungserträge weiter auskehrt (§§ 14 Abs. 1 Satz 1, 13 Abs. 1 AStG n.F.). Handelt es sich bei der nachgeschalteten Kapitalgesellschaft um eine inländische Tochtergesellschaft, führen etwaige Gewinnausschüttungen unabhängig von dem Vorliegen aktiver oder passiver Einkünfte nicht zur Hinzurechnungsbesteuerung (§ 13 Abs. 2 AStG n.F.).

Da Veräußerungsgewinne grundsätzlich auch Zwischeneinkünfte mit Kapitalanlagecharakter darstellen, greift die verschärfte Hinzurechnungsbesteuerung nach § 10 Abs. 6 Satz 2 Nr. 2 AStG n.F. insoweit nur dann nicht ein, wenn die Veräußerungsgewinne unmittelbar von der ausländischen Holdinggesellschaft hinsichtlich solcher Tochtergesellschaften erzielt werden, die einer Mindestbesteuerung von 25 % unterliegen. In allen anderen Fällen kommt es bei den Veräußerungsgewinnen zur Hinzurechnungsbesteuerung. Allerdings gilt weiterhin

---

[38] Die Zwischengesellschaft (Holding) selber ist nach § 8 Abs. 3 AStG n.F. im Regelfall niedrig besteuert, da die von ihr bezogenen Dividenden und Veräußerungsgewinne regelmäßig wegen nationaler Schachtelprivilegien steuerfrei sind.

[39] Außerdem können, da es im Rahmen des § 10 Abs. 5 AStG zukünftig allein auf die Mindestbeteiligungsquote nach dem DBA ankommt (§ 8 b Abs. 5 KStG a.F. entfällt), Minderheitsbeteiligungen bei sonst unverändertem Sachverhalt in die Hinzurechnungsbesteuerung ohne DBA-Schutz hineinwachsen.

A. Besteuerung von Kapitalgesellschaften

die Konzernprivilegierung für etwaige Veräußerungsgewinne innerhalb eines Konzerns gem. § 13 Abs. 3 AStG.

Einen Überblick über die geschilderten (gewollten) Auswirkungen gibt nachfolgendes Schaubild:

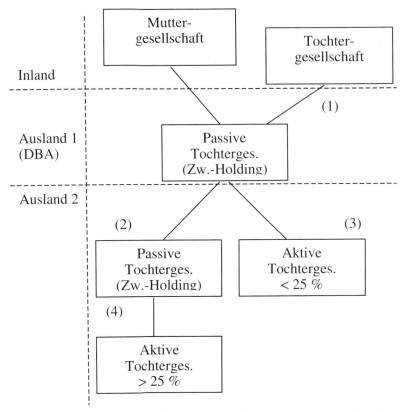

(1) Ausschüttung unschädlich nach § 13 Abs. 2 AStG n.F.; Veräußerungsgewinn unschädlich, da grundsätzlich Nachweis gem. § 10 Abs. 6 Nr. 2 AStG n.F. möglich (Sonderfall: inländische Holding, die nur nach § 8 b KStG n.F. steuerfreie Erträge vereinnahmt – Nachweis ist wohl nicht möglich!).

(2) Ausschüttung schädlich, da weder § 13 Abs. 1 AStG n.F. anwendbar noch Nachweis gem. § 10 Abs. 6 Nr. 2 AStG n.F. möglich; Veräußerungsgewinn ebenfalls schädlich.

(3) Ausschüttung unschädlich nach § 13 Abs. 1 AStG n.F.; Veräußerungsgewinn schädlich, da Nachweis gem. § 10 Abs. 6 Nr. 2 AStG n.F. nicht möglich (nur bei einer konzerninternen Veräußerung Unschädlichkeit nach § 13 Abs. 3 AStG).

(4) Ausschüttung und Veräußerungsgewinn unschädlich, da aktiv nach § 8 Abs. 2 Nr. 1 AStG; Weiterausschüttung siehe (2).

Die Anwendung des § 13 AStG ist im übrigen anders als bisher nicht mehr an die Rechtsform der Muttergesellschaft geknüpft und erfolgt daher auch bei Personengesellschaften bzw. natürlichen Personen. Die Regelung des § 10 Abs. 6 AStG hat allerdings für Personengesellschaften bzw. natürliche Personen keine Bedeutung, da sie bereits die Schutzwirkung des § 10 Abs. 5 AStG nicht in Anspruch nehmen können. Sie werden daher in den nicht von § 13 AStG erfaßten Fällen (insbes. Gewinne aus konzernexternen Veräußerungen) schlechter gestellt als bei Direktbeteiligung.

Die Diskriminierung von Auslandsholdings gegenüber einer Direktbeteiligung durch § 10 Abs. 6 S. 2 Nr. 2 AStG n.F. ist nicht zu rechtfertigen und im Falle einer EU-Holding offenkundig EU-rechtswidrig. Bei der anstehenden Reform der Hinzurechnungsbesteuerung muß dieser grundlegende Konstruktionsfehler des AStG endlich beseitigt werden. Passivität und Niedrigbesteuerung der Einkünfte müssen auf der Ebene der operativen Gesellschaft festgestellt werden und dürfen nicht durch Gewinnausschüttungen im Konzernverbund oder Veräußerungsgewinne entstehen.

§ 10 Abs. 6 S. 2 Nr. 2 AStG n.F. privilegiert jedenfalls hinsichtlich der Dividendenbesteuerung im Ergebnis grundsätzlich nur noch dreistufige Konzernaufbauten und diskriminiert darüber hinausgehende Beteiligungsstrukturen.

Hinzuweisen bleibt darauf, daß die Hinzurechnungsquote für Zwischeneinkünfte mit Kapitalanlagecharakter aus bestimmten Konzernfinanzierungen von 60% auf 80% heraufgesetzt worden ist (§ 10 Abs. 6 S. 3 AStG n.F.)

3. Laufende Verluste und Organschaft

a) Laufende Verluste

Hinweis auf die bereits erläuterten Auswirkungen von § 3 c EStG n.F. und § 8 b Abs. 5 KStG n.F.

b) Organschaft

aa) Bedeutung der Organschaft mit Kapitalgesellschaften als Organträger

Der körperschaftsteuerlichen und gewerbesteuerlichen Organschaft wird jedenfalls im Kapitalgesellschaftskonzern voraussichtlich eine noch stärkere Bedeutung als bisher zukommen.

A. Besteuerung von Kapitalgesellschaften

Generell gilt wie bisher, daß nur die Organschaft eine umfassende Verlustverrechnung zwischen verschiedenen Gesellschaften ermöglicht (wobei allerdings als neuer Vorteil der Organschaft die Verrechnung von Gewinnen der Tochter mit Verlusten der Mutter, aber auch die stärkere Bedeutung der Verrechnung von Verlusten der Tochter mit Gewinnen der Mutter hervorzuheben ist). Generell gilt ebenfalls wie bisher als gewerbesteuerlicher Vorteil der Organschaft die Vermeidung von Doppelerfassungen.

Weitere Vorteile der Organschaft speziell im Kapitalgesellschaftskonzern liegen in der Vermeidung des § 3 c EStG n.F.[40] (dadurch, daß erst gar keine steuerfreien Dividendeneinnahmen produziert werden bzw. dadurch, daß steuerfreie Vermögensmehrungen auf Ebene der Organkapitalgesellschaft nicht zu § 3 c EStG-relevanten Einkommenszurechnungen beim Organträger führen) bzw. unabhängig von § 3 c EStG n.F. in der Zusammenführung von Aufwendungen mit steuerpflichtigen (statt steuerfreien) Einnahmen und in der Vermeidung von Kapitalertragsteuerüberhängen.[41]

bb) Bedeutung der Organschaft mit Personenunternehmen als Organträger

Demgegenüber führt im Gewinnfall die Organschaft zu Organträger-Personenunternehmen zur sofortigen Belastung mit ungemilderter ESt (statt mit 25 % KSt), was regelmäßig nachteilig ist (vorteilhaft nur ausnahmsweise bei geringen Steuersätzen der Gesellschafter des Organträgers). Dies muß man den auch bei Organträger-Personenunternehmen denkbaren Vorteilen hinsichtlich Ergebnisausgleich und § 3 c EStG gegenüberstellen.

cc) Mehr-/Minderabführungen

§ 27 Abs. 8 KStG n.F. regelt ähnlich dem bisherigen Recht, daß Mehr- und Minderabführungen künftig über das Einlagenkonto der Organgesellschaft abzubilden sind. Offen bleibt nach wie vor die Behandlung beim Organträger (Ausgleichsposten oder Behandlung wie verdeckte Einlage?). Offen bleibt auch die Behandlung vororganschaftlich verursachter Mehr- und Minderabführungen.

---

40   Sowie des Abschn. 61 Abs. 1 S. 12 GewStR.
41   Zur mißverständlichen Formulierung des § 8 b Abs. 2 KStG n.F. hinsichtlich der Veräußerung von Anteilen an körperschaftsteuerlichen Organtöchtern s. aber auch w.u. Zu beachten ist auch im Hinblick auf die Übergangsregelung der „Einfriereffekt" der körperschaftsteuerlichen Organschaft hinsichtlich der KSt-Guthaben bei der Tochter.

dd) Voraussetzungen der körperschaftsteuerlichen Organschaft

Was die Voraussetzungen der Organschaft angeht, so ist der Wegfall der Voraussetzungen der wirtschaftlichen und organisatorischen Eingliederung für Zwecke der körperschaftsteuerlichen Organschaft wesentlich. Erforderlich ist gem. § 14 Nr. 1 KStG n.F. nur noch, daß der Organträger an der Organgesellschaft vom Beginn ihres Wirtschaftsjahrs an ununterbrochen in einem solchen Maße beteiligt ist, dass ihm die Mehrheit der Stimmrechte aus den Anteilen an der Organgesellschaft zusteht (finanzielle Eingliederung)[42].

Ebenfalls positiv ist die Neuregelung der Berücksichtigung mittelbarer Beteiligungen. Das bisher außerhalb der Fälle der Mehrmütterorganschaft bestehende Verbot einer Addition unmittelbarer und mittelbarer oder mehrerer mittelbarer Beteiligungen[43] entfällt durch die Neuformulierung des § 14 Nr. 1 S. 2 KStG n.F. Allerdings ist weiterhin eine Mehrheit an der vermittelnden Gesellschaft erforderlich (nicht aber wie bisher auch der vermittelnden Gesellschaft an der Organgesellschaft).

ee) Gewerbesteuerliche Organschaft

Der Wegfall der Voraussetzungen der organisatorischen und der wirtschaftlichen Eingliederung sowie die erleichterte Berücksichtigung mittelbarer Beteiligungen gilt nur für die körperschaftsteuerliche, nicht auch für die gewerbesteuerliche Organschaft (§ 2 Abs. 2 S. 2 GewStG n.F.). Dies deshalb, weil ansonsten, also bei einem bloßen Abstellen auf die finanzielle Eingliederung, „ungewollte" gewerbesteuerliche Organschaften denkbar gewesen wären, die auch erhebliche Verschiebungen im Gewerbesteueraufkommen der Gemeinden hätten verursachen können.[44]

Die Differenzierung zwischen den Voraussetzungen der körperschaftsteuerlichen und der gewerbesteuerlichen Organschaft wird zu dem bisher ausgeschlossenen Fall führen, daß bei einer Mehrheitsbeteiligung durch den Abschluß eines Ergebnisabführungsvertrags eine körperschaftsteuerliche Organschaft hergestellt wird, während mangels wirtschaftlicher Eingliederung keine gewerbesteuerliche Organschaft vorliegt (Bsp: Holding, die nur eine Untergesellschaft be-

---

[42] Dies bedeutet eine Änderung für die vermögensverwaltende Holding und für das Besitz-unternehmen bei einer Betriebsaufspaltung. Sie sind nun im Grundsatz geeignete körperschaftsteuerliche Organträger. Ein gewerbliches Organträgerunternehmen ist aber nach wie vor erforderlich.
[43] Vgl. A 49 S. 6 KStR.
[44] Der StSenkG enthält auch keine Änderungen hinsichtlich der Voraussetzungen für die umsatzsteuerliche und die grunderwerbsteuerliche Organschaft.

herrscht[45]). In diesem Fall unterläge die Gewinnabführung auf Ebene des Organträgers grundsätzlich der Gewerbesteuer. Eine Gewerbesteuerbelastung könnte nur durch § 9 Nr. 2 a GewStG vermieden werden. Soweit ersichtlich, existiert weder Rechtsprechung noch eine Äußerung der Finanzverwaltung zu der Frage, ob der Sonderfall der Gewinnabführung ohne Vorliegen einer gewerbesteuerlichen Organschaft unter die Kürzungsvorschrift fällt. Nach dem Sinn und Zweck der Norm, eine Doppelbelastung zu vermeiden, ist dies aber zu bejahen.

4. Erstmalige Anwendung wesentlicher Neuregelungen und Übergangsregelung

a) Grundsatz zur erstmaligen Anwendung

Das KStG n.F. und damit insbesondere die Absenkung des Körperschaftsteuersatzes auf 25 % ist gem. § 34 Abs. 1 KStG n.F. grundsätzlich erstmals für den Veranlagungszeitraum 2001 anzuwenden. Bei abweichendem Wirtschaftsjahr ist das KStG n.F. gem. § 34 Abs. 1 a KStG erstmals für den Veranlagungszeitraum 2002 anzuwenden, „wenn das erste im Veranlagungszeitraum 2001 endende Wirtschaftsjahr vor dem 1. Januar 2001 beginnt". Dies ist im Falle eines abweichenden Wirtschaftsjahres grundsätzlich der Fall (Sonderfall: das abweichende Wirtschaftsjahr entsteht erstmals durch die Umstellung eines bis zum Jahr 2000 kalendergleichen Wirtschaftsjahres, also durch die Bildung eines Rumpfwirtschaftsjahres im Jahr 2001). Grundsätzlich führt ein abweichendes Wirtschaftsjahr also zu einem nach hinten verschobenen erstmaligen Anwendungszeitpunkt für das neue KStG (was die Umstellung auf ein kalenderjahrgleiches Wirtschaftsjahr nahelegen kann).

Der Vierte Teil des KStG a.F. und damit auch das Anrechnungsverfahren ist beim Anteilseigner letztmals auf ordentliche Gewinnausschüttungen für das Jahr 2000 (kalendergleiches Wirtschaftsjahr) im Folgejahr bzw. für das abweichende Wirtschaftsjahr, das im Jahr 2001 endet, anzuwenden. Für andere Ausschüttungen, insbesondere verdeckte Gewinnausschüttungen und Vorabausschüttungen während des Wirtschaftsjahres, gilt es letztmals, wenn diese im Jahr 2000 bzw. in dem abweichenden Wirtschaftsjahr erfolgen, das im Jahr 2001 endet.

Die erstmalige Anwendung des § 3 Nr. 40 EStG auf Ausschüttungen erfolgt in dem jeweils folgenden Wirtschaftsjahr, d.h. auf ordentliche Gewinnausschüttungen für das Jahr 2001, die im Jahr 2002 erfolgen

---

[45] Vgl. A. 50 Abs. 2 Nr. 3 KStR.

(kalendergleiches Wirtschaftsjahr der ausschüttenden Gesellschaft) bzw. auf ordentliche Gewinnauschüttungen für das abweichende Wirtschaftsjahr, das im Jahr 2002 endet (bei anderen Ausschüttungen entsprechend, wenn diese in dem jeweiligen Wirtschaftsjahr erfolgen).

Die zeitliche Anwendungsvorschrift zu § 8 b Abs. 1 KStG n.F. (§ 34 Abs. 6 d S. 1 Nr. 1 KStG n.F.) stimmt mit der zu § 3 Nr. 40 EStG n.F. überein.

Offen ist jeweils, ob diese Anwendungsregeln auch auf Gewinnausschüttungen ausländischer Kapitalgesellschaften anwendbar sind oder ob die Neuregelungen insoweit bereits im Normalfall im Veranlagungszeitraum 2001 zur Anwendung gelangen.

b) Übergangsregelung

aa) Grundsätzliches

Auf das Ende des Wirtschaftsjahres, das in dem Veranlagungszeitraum endet, für den letztmals das KStG a.F. anzuwenden ist, werden gem. § 36 Abs. 1 KStG n.F. die Teilbeträge des vEK (letztmals) festgestellt. Dies ist bei kalendergleichem Wirtschaftsjahr der 31.12.2000 (bei abweichendem Wirtschaftsjahr das Ende des in 2001 endenden Wirtschaftsjahres). Wie bereits dargestellt, findet auf der Ebene der ausschüttenden Kapitalgesellschaft letztmalig im Jahr 2001 für das Jahr 2000 eine Behandlung der ordentlichen Gewinnausschüttung nach den Regelungen des Vierten Teils des KStG statt (zu anderen Ausschüttungen und abweichendem Wirtschaftsjahr s.o.). Nach der Verrechnung dieser Ausschüttungen mit dem verwendbaren Eigenkapital[46] gem. § 36 Abs. 2 KStG n.F. erfolgt gem. § 36 Abs. 3 KStG n.F. eine Umgliederung des positiven EK 45 in EK 40 und negatives EK 02.

Um eine Steuerminderung durch Ausschüttung von belastetem vEK an andere Kapitalgesellschaften bei der letzten Ausschüttung nach dem Anrechnungsverfahren zu verhindern, wurde in § 34 Abs. 10 a S. 2 bis 5 KStG n.F. die Fortgeltung des Regelungsinhalts des § 23 Abs. 2 KStG n.F. für diese Ausschüttungen angeordnet. Die Ausschüttung von EK 45 wird bei der empfangenden Kapitalgesellschaft mit 45 % und die Ausschüttung von EK 40 mit 40 % besteuert (allerdings nur bei ausreichendem zu versteuerndem Einkommen der emp-

---

[46] Anders bei früheren Umgliederungen des vEK, bei denen nur die Umgliederung zum Schluß des Wirtschaftsjahres bestimmt war und keine Sonderregelung für die Verrechnung der Ausschüttungen getroffen wurde; vgl. BFH v. 22.10.1998, BStBl II 1999, 171.

A. Besteuerung von Kapitalgesellschaften

fangenden Kapitalgesellschaft). Bei der empfangenden Kapitalgesellschaft erhöhen sich dadurch EK 45 vor Umgliederung und EK 40. Nachfolgende Ausschüttungen (nach Umgliederung) können bei der Gesellschaft zur Körperschaftsteuerminderung nach § 37 Abs. 2 KStG n.F. oder zur Körperschaftsteuererhöhung nach § 38 Abs. 2 KStG n.F. führen, während bei den Anteilseignern entweder § 8 b Abs. 1 KStG n.F. oder § 3 Nr. 40 EStG n.F. angewandt wird. Körperschaftsteuerminderungen können aus noch nicht verwendeten EK45- und EK40-Teilbeträgen (nach deren Umgliederung und Überführung in das sog. KSt-Guthaben), Körperschaftsteuererhöhungen aus noch vorhandenen EK02-Teilbeträgen resultieren.

bb) Behandlung der Körperschaftsteuererhöhungs- und -minderungspotentiale

Die Behandlung der Körperschaftsteuererhöhungs- und -minderungspotentiale soll an folgendem Beispiel verdeutlicht werden:

Eine Kapitalgesellschaft weist nach Anwendung des § 36 Abs. 2 KStG n.F. (insb. Verrechnung der ordentlichen Gewinnausschüttung für das Jahr 2000) zum 31.12.2000 folgendes verwendbares Eigenkapital aus:

EK 45	EK 40	EK 02
55	60	100

Das Körperschaftsteuerminderungspotential beträgt vor Umgliederung des EK 45 15/55 des EK 45 und 1/6 des EK 40, insgesamt 25. Das EK 45 ist aber gem. § 36 Abs. 3 KStG n.F. in Höhe von 27/22 in EK 40 und in Höhe von – 5/22 in EK 02 umzugliedern:

EK 40	EK 02
127,50	87,50

Das Körperschaftsteuerguthaben (-minderungspotential) beträgt gem. § 37 Abs. 1 KStG n.F. (= Feststellung auf den 31.12.2001) nach der Umgliederung 1/6 des EK 40 und somit 21,25.

Das Körperschaftsteuerminderungspotential ist also nach der Umgliederung geringer als vor der Umgliederung (was nur bei voller Ausschüttung des EK 02 wieder egalisiert würde). Ein wirklicher Grund für die Umgliederung ist nicht ersichtlich.

Das Körperschaftsteuerminderungspotential kann gem. § 37 Abs. 2 KStG n.F. durch den gesellschaftsrechtlichen Vorschriften entsprechende, offene Gewinnausschüttungen in den folgenden 15 Wirtschaftsjahren mobilisiert werden (nicht durch verdeckte Gewinnausschüttungen!). Bis zu seinem Verbrauch mindert sich die Körperschaftsteuer des Veranlagungszeitraums, in dem das Wirtschaftsjahr endet, in dem die offene Gewinnausschüttung erfolgt, um 1/6 der jeweiligen Gewinnausschüttung[47].

Eine Körperschaftsteuererhöhung um 3/7 des EK 02 erfolgt gem. § 38 Abs. 2 KStG n.F. nur, wenn innerhalb der folgenden 15 Wirtschaftsjahre das EK 02 für eine Ausschüttung als verwendet gilt. Dies wird gem. § 38 Abs. 1 KStG n.F. unterstellt, soweit die Summe der Leistungen (d.h. anders als im Rahmen des § 37 Abs. 2 KStG n.F. neben offenen auch verdeckte Gewinnausschüttungen), die die Gesellschaft in einem Wirtschaftsjahr erbracht hat, den auf den Schluß des Wirtschaftsjahr ermittelten Unterschiedsbetrag zwischen dem steuerbilanziellen Eigenkapital (ohne gezeichnetes Kapital) und dem steuerlichen Einlagekonto i.S.d. § 27 KStG n.F. zuzüglich EK 02 übersteigt[48].

Zu beachten ist, daß eine negative Summe von EK 01–03 gem. § 36 Abs. 4 KStG n.F. mit dem belasteten Eigenkapital verrechnet wird. Soweit diese Verrechnung mit EK 40 erfolgt, wird Körperschaftsteuerminderungspotential vernichtet.

Eine besondere Härte ergibt sich, wenn durch die Umgliederung des EK 45 negatives EK 02 entsteht, das wiederum das EK 40 mindert.

Beispiel: Eine Kapitalgesellschaft weist folgenden vEK-Bestand nach § 36 Abs. 1 u. 2 KStG n.F. auf:

EK 45	EK 40
55	60

Das KSt-Minderungspotential beträgt somit 25. Die Umgliederung nach § 36 Abs. 3 KStG n.F. führt zu folgenden EK-Beständen:

EK 40	EK 02
127,50	- 12,5

Gem. § 36 Abs. 4 KStG n.F. ist das negative EK 02 mit dem EK 40 zu verrechnen, so daß sich nach § 36 Abs. 6 KStG n.F. ein Endbestand des EK 40 in Höhe von 115 ergibt. Das Körperschaftsteuerguthaben nach § 37 Abs. 1 KStG n.F. beträgt 19,17. Im Ergebnis wird das EK 45 schlicht nominal in EK 40 umgegliedert, so daß KSt-Minderungspotential in Höhe von 5,83 verloren geht.

---

[47] Die KSt-Minderung erfolgt also – verglichen mit dem derzeitigen Recht - ein Jahr verzögert. Die Minderung der KSt kann auch zu einer Erstattung führen. Fraglich ist, ob sich die Verzögerung der KSt-Minderung im Rahmen des § 278 HGB auswirkt.

[48] Der positive Anfangsbestand des steuerlichen Einlagekontos entspricht dem Endbestand des EK 04 (§ 39 KStG n.F).

A. Besteuerung von Kapitalgesellschaften 179

Dieser Extremfall zeigt, daß die Verrechnung negativer unbelasteter und positiver belasteter vEK-Bestände nicht zu einem sachgerechten Ergebnis führt. Zumindest hätte auch EK 04 berücksichtigt werden müssen.[49]

Positiv an der Übergangsregelung ist insbesondere, daß zuerst die Gewinne als ausgeschüttet gelten, die KSt-Minderungen auslösen (Ausnahme bei vGA), und daß KSt-Minderungs- und KSt-Erhöhungspotentiale nicht „vermischt" worden sind. Systemgerecht ist auch der Verzicht auf eine Körperschaftsteuererhöhung bei Ausschüttung des EK 01, da auch nach derzeitigem Recht gem. § 40 S. 1 Nr. 1 KStG keine Herstellung der Ausschüttungsbelastung erfolgt.

cc) Besonderheit bei der Ausschüttung von Altgewinnen an Kapitalgesellschaften

Eine Besonderheit gilt bei der Ausschüttung von Altgewinnen mit Körperschaftsteuerminderungspotential an Kapitalgesellschaften, bei denen die Ausschüttung nach § 8 b Abs. 1 KStG n.F. steuerfrei ist. Eine Realisierung des Körperschaftsteuerguthabens wird in diesen Fällen – ebenfalls vergleichbar der Regelung des § 23 Abs. 2 KStG – durch § 37 Abs. 3 KStG n.F. im Ergebnis verhindert. Zwar mindert sich die Körperschaftsteuer der ausschüttenden Gesellschaft nach § 37 Abs. 2 KStG n.F. Die Körperschaftsteuer der die Ausschüttung empfangenden Kapitalgesellschaft erhöht sich jedoch um den Betrag dieser Körperschaftsteuerminderung. Gleichzeitig erhöht sich das Körperschaftsteuerguthaben der empfangenden Gesellschaft, so daß das Körperschaftsteuerminderungspotential nicht verloren geht. Die Regelung gilt für empfangende Kapitalgesellschaften unabhängig von der Beteiligungsquote an der ausschüttenden Gesellschaft (im Regierungsentwurf war noch eine Beteiligungsgrenze von 5 % vorgesehen, im Referentenentwurf eine solche von 25 %) und unabhängig davon, ob bei der empfangenden Kapitalgesellschaft eine Gewinn- oder eine Verlustsituation gegeben ist.

c) Erstmalige Anwendung der AStG-Verschärfungen

Gem. § 21 Abs. 7 AStG n.F. sind die AStG-Neuregelungen erstmals für den Veranlagungszeitraum anzuwenden, in dem Zwischeneinkünfte hinzuzurechnen sind, die in einem Wirtschaftsjahr der Zwischengesellschaft entstanden sind, das nach dem 31.12.2000 beginnt. Bei kalendergleichem Wirtschaftsjahr der Zwischengesellschaft ist dies der Hinzurechnungsbetrag des Wirtschaftsjahr 2001, der wie

---

[49] Auch Tz. 10.03 UmwSt-Erlaß hätte ein Vorbild sein können.

bisher gem. § 10 Abs. 2 S. 1 AStG als unmittelbar nach dem Ablauf dieses Wirtschaftsjahres, d.h. am 1.1.2002, als zugeflossen gilt (bei abweichendem Wirtschaftsjahr der Zwischengesellschaft entsprechend später, z.B. am 1.7.2002).

5. Gestaltungsmaßnahmen aufgrund des Systemwechsels

- Prüfung der Frage, ob neue unternehmerische Funktionen eher im Inland oder im Ausland steuergünstig angesiedelt sind

- Prüfung der Frage, ob Inlandsbeteiligungen zukünftig besser im Ausland als im Inland „aufgehängt" werden sollen.

- Anpassung nationaler Unternehmensstrukturen (Einheitsunternehmen versus Konzern; gesteigerte Bedeutung der Organschaft; Änderungen der Organschaftsvoraussetzungen; Überprüfung von Mitunternehmerschaften im Kapitalgesellschaftskonzern; Überprüfung von Holdingstrukturen etc.).

- Ggf. Anpassung ausländischer Unternehmensstrukturen (insbes. wegen der Verschärfung AStG).

- Anpassung von Finanzierungen (insbes. wegen § 3 c Abs. 1 u. 2 EStG n.F. sowie wegen § 8 b Abs. 5 KStG n.F., aber auch wegen § 8 a KStG n.F.).

- Überprüfung der Ergebnisverteilung auf die Konzerngesellschaften.

- Prüfung des Ausschüttungsverhaltens im Hinblick auf die Übergangsregelung n.F. (z.B. Prüfung von Superdividenden wegen Umgliederung EK 45),[50] auch Prüfung anderer Anpassungsmaßnahmen.

- Generell Überprüfung geplanter Ausschüttungsvolumina und Suche nach Ausschüttungssubstituten.

- Überprüfung von vereinbarten Leistungsvergütungen an Gesellschafter (veränderte Belastungsgefälle zwischen Leistungsvergütungen und Dividenden resp. Thesaurierung).

---

50 Die Übergangsregelung macht komplizierte Vergleichsberechnungen – Verwertung von vEK-Beständen durch eine Ausschüttung noch mit Geltung des Anrechnungsverfahren einerseits (unterteilt nach einer Ausschüttung noch in 2000 oder erst in 2001 für 2000) und Ausschüttung nach Maßgabe der Übergangsregelung andererseits – erforderlich, deren Ergebnisse neben der vEK-Struktur auch von der Belastung auf Gesellschafterebene abhängig sind. Auch Überlegungen betreffend SAHZ und LEHZ werden im Einzelfall anzustellen sein. Ggf. müssen auch im Konzern belastete vEK-Bestände aus Tochtergesellschaften noch rechtzeitig nach oben transportiert werden. Insoweit ist der zu erwartende restriktive GrS-Beschluß zur phasengleichen Vereinnahmung von Bedeutung.

A. Besteuerung von Kapitalgesellschaften

- Überprüfung, ob es Möglichkeiten der „Steuerarbitrage" zwischen Kapitalgesellschaft und ertragbringendem Privatvermögen des Anteilseigners gibt.
- U.v.a.m.

II. Unternehmensverkauf und Unternehmenskauf

1. Kapitalgesellschaftsanteile

a) Wertentscheidung des Gesetzgebers

Das StSenkG sieht zutreffenderweise vor, daß Veräußerungsgewinne aus der Veräußerung von Kapitalgesellschaftsanteilen im Grundsatz steuerlich so behandelt werden wie Ausschüttungen. Korrespondierend damit kann der Anteilskäufer keinen steuerlich unbelasteten Step-up mehr herbeiführen.

b) Natürliche Person[51] als Anteilsverkäufer

aa) Grundsatz der Besteuerung des Veräußerungsgewinns

Für eine natürliche Person als Veräußerer regelt § 3 Abs. 40 Buchst. a), b), c) und j) EStG n.F. i.V.m. § 3 c Abs. 2 EStG n.F. im Grundsatz, daß auch für steuerbare Anteilsveräußerungsgewinne die Halbeinkünftebesteuerung gilt. Es kommt nicht darauf an, ob es sich um eine inländische oder ausländische Tochtergesellschaft handelt. Die Regelung betrifft sowohl Veräußerungsgewinne in einem steuerlichen Betriebsvermögen als auch Veräußerungen einbringungsgeborener Anteile als auch die Fälle des § 17 EStG bzw. des § 23 EStG.[52]

Die Halbeinkünftebesteuerung der Anteilsveräußerungsgewinne schließt die Anwendung des § 34 EStG aus (§ 34 Abs. 2 Nr. 1 EStG n.F.).

bb) Behaltefrist und Sperrfrist im Gewinnfall

Im Vermittlungsausschuß ist der erläuterte Grundsatz der Halbeinkünfte-Veräußerungsgewinnbesteuerung an mehreren Stellen „aufgeweicht worden". So sieht § 3 Nr. 40 S. 3-5 EStG n.F. nun im Gewinnfall als Voraussetzung für die hälftige Steuerbefreiung eine einjährige

---

[51] Bzw. Personengesellschaften mit natürlichen Personen als Gesellschaftern. Für diesen Fall gelten die Ausführungen für natürliche Personen weitgehend entsprechend. Auch § 3 Nr. 40 EStG n.F. ist im Personengesellschaftsfall anwendbar. Besondere Fragen können sich vor allem hinsichtlich des Abzugs der Anteilsbuchwerte und von Veräußerungskosten sowie mit Blick auf die GewSt und die Behalte- und Sperrfrist stellen.

[52] § 21 Abs. 2 UmwStG und § 6 AStG sind in § 3 Nr. 40 EStG n.F. nicht genannt.

Behaltefrist im Betriebsvermögen (nicht im Privatvermögen relevant) und in bestimmten Fällen das Verstreichen einer siebenjährigen Sperrfrist vor[53].

Letztere betrifft im Privat- oder im Betriebsvermögen gehaltene einbringungsgeborene Anteile i.S.d. § 21 UmwStG, es sei denn, die einbringungsgeborenen Anteile sind aus der Einbringung von Kapitalgesellschaftsanteilen entstanden (und auch diese sind nicht aus einer Betriebs-, Teilbetriebs- oder Mitunternehmeranteilseinbringung entstanden).

cc) Verlustfall

Mit der Halbeinkünftebesteuerung von Veräußerungsgewinnen korrespondiert, daß in diesen Fällen auch Veräußerungsverluste im Grundsatz nur hälftig steuerlich verwertbar sind.

Allerdings gilt die Anordnung der nur hälftigen Berücksichtigung von Veräußerungsverlusten auch dann, wenn ein Veräußerungsgewinn wegen der vorstehenden genannten Ausnahmen (Behaltefrist, Sperrfrist) voll steuerpflichtig wäre (vgl. § 3 c Abs. 2 S. 2 und 3 EStG n.F.) – eine Ungleichbehandlung, die nicht sachgerecht ist[54]. Außerdem gilt in Behaltefrist-Fällen zusätzlich auch noch eine Verlustverrechnungsbeschränkung.[55]

dd) Absenkung § 17 EStG-Grenze und Wegfall § 50 c EStG

Die Grenze für „wesentliche Beteiligungen" wird auf 1 % herabgesetzt. Dies macht auch die Abschaffung des in der Praxis kaum anwendbaren § 50 c EStG möglich. Steuerpolitisch und verfassungsrechtlich nicht unproblematisch ist die rückwirkende Verstrickung der stillen Reserven in den bisher nicht wesentlichen Beteiligungen von weniger als 10 %. Soweit möglich, sind vorher Maßnahmen zur steuerfreien Aufdeckung dieser stillen Reserven angebracht.

---

[53] Bei Verstoß gegen diese Voraussetzungen ist evtl. § 34 EStG n.F. anwendbar. Allerdings Hinweis auf den Ausschluß von (§ 17 EStG und) § 21 UmwStG aus dem Anwendungsbereich des § 34 EStG. Insoweit ist den Regeln zur erstmaligen Anwendung besondere Beachtung zu schenken.

[54] Man müßte aufgrund der Formulierung des Gesetzes in einigen Fällen sogar zu dem völlig abwegigen Ergebnis kommen, daß in diesem Fall die Veräußerungserlöse voll und die Buchwerte bzw. Anschaffungskosten nur hälftig zu berücksichtigen sind.

[55] § 15 Abs. 4 S. 5 EStG n.F.

A. Besteuerung von Kapitalgesellschaften

c) Kapitalgesellschaften als Anteilsverkäufer[56]

aa) Grundsatz der Besteuerung des Veräußerungsgewinns

Gem. § 8 b Abs. 2 KStG n.F. ist der Anteilsveräußerungsgewinn einer beteiligten Kapitalgesellschaft künftig wie auch die Dividende unabhängig davon steuerfrei, ob es sich um inländische oder ausländische Tochtergesellschaften handelt. Auch auf Mindestbeteiligungsquoten, die Erfüllung von Aktivitätsklauseln, das Vorliegen von DBA's u.ä. kommt es nicht an.

§ 8 b Abs. 2 KStG n.F. stellt weiterhin grundsätzlich nur auf die „Veräußerung" der Anteile ab, erweitert seinen Anwendungsbereich aber auch auf die verdeckte Einlage. Zu befürchten ist, daß die Finanzverwaltung ihre restriktive Auffassung hinsichtlich einer Gewinnrealisierung durch verdeckte Gewinnausschüttung beibehält.

Im übrigen ist nach dem Wortlaut zweifelhaft, ob auch Anteile an körperschaftsteuerlichen Organtöchtern durch § 8 b Abs. 2 KStG n.F. erfaßt werden (der Organträger bezieht von ihnen keine Leistungen, die bei ihm zu den Einnahmen i.S.d. § 20 Abs. 1 Nr. 1 u. 2 EStG gehören). Dies muß durch die Finanzverwaltung positiv klargestellt werden, da es keinen Grund für den Ausschluß dieser Anteile von der vorgesehenen Veräußerungsgewinnsteuerbefreiung gibt.

bb) Behaltefrist und Sperrfrist im Gewinnfall

Ähnlich wie § 3 Nr. 40 EStG n.F. setzt § 8 b Abs. 2 KStG n.F. ein mindestens einjähriges Halten der betroffenen Anteile voraus. Außerdem ist in den von § 8 b Abs. 4 KStG n.F. geregelten Fällen eine siebenjährige Sperrfrist einzuhalten.

Die Sperrfrist betrifft 2 Fälle: Zum einen einbringungsgeborene Anteile im Sinne des § 21 UmwStG, und zum anderen den Fall, in dem die Kapitalgesellschaft die veräußerten Anteile zu einem Wert unter Teilwerten unmittelbar oder mittelbar über eine Mitunternehmerschaft von einem Einbringenden erworben hat, der nicht zu den von § 8 b Abs. 2 KStG n.F. begünstigten Steuerpflichtigen gehört.

Allerdings gilt auch in diesen Fällen keine Sperrfrist, wenn die Anteile auf Grund eines Einbringungsvorgangs nach § 20 Abs. 1 Satz 2 UmwStG erworben worden sind, es sei denn, die Anteile sind unmittelbar oder mittelbar auf eine Einbringung im Sinne des § 20 Abs. 1 Satz 1 oder des § 23 Abs. 1 bis 3 UmwStG innerhalb der 7-Jahres-Frist zurückzuführen.

---

[56] Zu Fragen des § 8 b Abs. 6 KStG n.F. (insbesondere GewSt) siehe bereits w.o. Im Zusammenhang mit Anteilsveräußerungen stellen sich insoweit auch noch besondere Fragen hinsichtlich der Behalte- und der Sperrfrist sowie hinsichtlich der Veräußerungskosten.

M.a.W.: Letztlich führt die Einbringung von Betrieben, Teilbetrieben und Mitunternehmeranteilen zu einem Wert unter dem Teilwert zu einer siebenjährigen Veräußerungssperre für die unmittelbar oder mittelbar resultierenden einbringungsgeborenen Anteile (vergleichbar § 8 b Abs. 3 Nr. 1 KStG a.F.)[57].

§ 8 b Abs. 4 S. 2 Nr. 2 KStG n.F. enthält eine Lücke zu Lasten der Steuerpflichtigen, da dort nur der Anteilstausch nach § 20 Abs. 1 S. 2 UmwStG, nicht aber der nach § 23 Abs. 4 UmwStG als unschädlicher Einbringungsvorgang qualifiziert wird. Dies wird im Wege der Auslegung zu ergänzen sein, da eine Diskriminierung des grenzüberschreitenden Anteilstauschs nicht zu rechtfertigen und EU-rechtswidrig wäre.

Außerdem ist die Anordnung einer siebenjährigen Sperrfrist im Fall einer Einbringung nach § 23 Abs. 3 UmwStG nicht gerechtfertigt, wenn Deutschland – wie im Regelfall – kein Besteuerungsrecht für die stillen Reserven in der eingebrachten Betriebsstätte im EU-Ausland hatte. Überschießend erscheint die Sperrfristregelung auch für den Fall, daß im Rahmen einer Einbringung nach § 20 Abs. 1 S. 1 UmwStG auch Anteile an Kapitalgesellschaften mit eingebracht werden. Insoweit findet ein Anteilstausch statt, der keine Sperrfrist auslösen sollte. Soweit möglich, sollte hier zukünftig eine Aufteilung des Einbringungsvorgangs stattfinden.

§ 8 b Abs. 4 S. 1 Nr. 2 KStG n.F. wird demgegenüber – ungewollt – durch § 8 b Abs. 4 S. 2 Nr. 2 KStG n.F. in vielen Fällen im Ergebnis leerläufig gestellt.

Zu dem Wertungswiderspruch zwischen § 8 b Abs. 2 KStG n.F. und der Hinzurechnungsbesteuerung bei Veräußerungsgewinnen einer ausländischen Gesellschaft s.o.

cc) Verlustfall

Mit der Steuerfreiheit von Veräußerungsgewinnen korrespondiert gem. § 8 b Abs. 3 S. 1 KStG n.F. die steuerliche Irrelevanz von Veräußerungsverlusten. Dies soll – unzutreffenderweise – gem. § 8 b Abs. 3 S. 2 KStG n.F. auch bei Teilwertabschreibungen (wohl aber nicht bei Veräußerungen)[58] innerhalb der einjährigen Behaltefrist sowie generell bei Verlusten (Teilwertabschreibungen und Veräußerungsverlusten) innerhalb der Sperrfrist gelten.

---

57 Dabei dürfte die Frist ab der ursprünglichen Einbringung laufen und auch durch weitere Einbringungen der einbringungsgeborenen Anteile nicht verlängert werden.
58 Dann soll bei damit grundsätzlich steuerrelevanten Veräußerungsverlusten innerhalb der Behaltefrist § 15 Abs. 4 S. 5 EStG n.F. auch für veräußernde Kapitalgesellschaften anwendbar sein.

A. Besteuerung von Kapitalgesellschaften

d) GewSt

Die Regelungen des § 3 Nr. 40 EStG n.F. und des § 8 b Abs. 2 KStG n.F. gelten gem. § 7 GewStG auch bei der Ermittlung des Gewerbeertrags[59].

e) Steuerausländer als Anteilsverkäufer

Die Neuregelungen zur Besteuerung von Anteilsveräußerungsgewinnen in § 3 Abs. 40 EStG n.F. gelten auch für ausländische Anteilseigner. Sind die Kapitalgesellschaftsanteile keiner inländischen Betriebsstätte des steuerausländischen Gesellschafters zugeordnet, ist ein Veräußerungsgewinn in Deutschland allerdings nur ausnahmsweise steuerrelevant, wenn § 17 EStG erfüllt ist und kein DBA entgegensteht. Die Absenkung der § 17 EStG-Beteiligungsgrenze auf 1% wird hier zu praktischen Erfassungsproblemen führen.

Auch § 8 b Abs. 2 KStG n.F. greift für ausländische Kapitalgesellschaften als Anteilsverkäufer. Dies gilt unabhängig davon, ob die Anteile über eine deutsche Betriebsstätte der ausländischen Kapitalgesellschaft gehalten werden oder nicht. Im letzten Fall spielt § 17 EStG bzw. die Zuweisung des Besteuerungsrecht qua DBA demnach im Ergebnis keine Rolle mehr.

f) Behandlung des Anteilskäufers

Die Anteilserwerber werden zukünftig keine Möglichkeit zu einem steuerfreien step-up mehr haben[60]. Ausschüttungsbedingte Teilwertabschreibungen können nicht mehr (§ 8 b Abs. 3 KStG n.F.) oder nur noch unter den Restriktionen des § 3 c Abs. 2 EStG n.F. steuerlich geltend gemacht werden. Eine Erstattung der bei einem internen asset-deal anfallenden Körperschaftsteuer ist nach Wegfall des Anrechnungsverfahrens nicht mehr möglich[61]. Auch das Umwandlungsmodell wird nicht mehr funktionieren[62]. Dies ist sachgerecht,

---

59 Zur Anwendung des § 3 EStG im GewSt-Recht s.o.; zu § 8 b Abs. 2 KStG vgl. A 40 Abs. 2 S. 8 GewStR.
60 Auf Ebene des Anteilskäufers werden demgemäß zukünftig Finanzierungsüberlegungen im Vordergrund stehen.
61 Allerdings können die aus der Übergangsregelung resultierenden KSt-Minderungspotentiale nach wie vor kaufpreisrelevant sein. Denn sie können auch durch den Anteilskäufer qua Ausschüttung oder Umwandlung (das Körperschaftsteuerguthaben i.S.d. § 37 KStG n.F. mindert die Körperschaftsteuer der übertragenden Körperschaft im Veranlagungszeitraum der Umwandlung) realisiert werden. Bei der Umwandlung ist allerdings auch eine mögliche Körperschaftsteuererhöhung sowie die Vernichtung von Anschaffungskosten zu beachten.
62 Die im Referentenentwurf noch enthaltene zwangsweise Gewinnrealisierung in Übernahmeverlustfällen war unvertretbar und ist durch eine Versagung des step-up ersetzt worden (§ 4 Abs. 6 UmwStG n.F.).

wenn es im Ergebnis nur zu einer Einmalbesteuerung der von der Kapitalgesellschaft erzielten Gewinne kommt. Die nach geltendem Recht stattfindende Besteuerung des Veräußerers mit step-up durch den Erwerber wird durch die unveränderte laufende Besteuerung der Kapitalgesellschaft ersetzt. Allerdings gelten die Regeln zur Versagung des Step-up auch dann, wenn der Anteilsveräußerungsgewinn nicht präferenziert wird. Dies ist nicht gerechtfertigt.

g) Erstmalige Anwendung wesentlicher Neuregelungen

Die Regeln zur erstmaligen Anwendung des § 8 b Abs. 2 KStG n.F. sind sehr kompliziert formuliert (§ 34 Abs. 6 d S. 1 Nr. 2 KStG n.F.). Im Ergebnis führen sie dazu, daß dann, wenn die Kapitalgesellschaft, deren Anteile veräußert werden, ein kalenderjahrgleiches Wirtschaftsjahr hat, § 8 b Abs. 2 KStG n.F. erstmals am 1.1.2002 anwendbar ist. Bei abweichendem Wirtschaftsjahr verschiebt sich die erstmalige Anwendung in das Jahr 2002 (Ausnahme: In 2001 wird auf ein abweichendes Wirtschaftsjahr umgestellt. Dann gilt § 8 b Abs. 2 KStG n.F. schon nach Ablauf des in 2001 endenden Rumpfwirtschaftsjahres!). Bei Gewinnminderungen i.S.d. § 8 b Abs. 3 KStG n.F. gilt entsprechendes. Bis zu den genannten Zeitpunkten ist gem. § 34 Abs. 6 d S. 1 Nr. 2 KStG n.F. § 8 b KStG a.F. weiter anzuwenden.

In gleicher Weise – wenn auch mit einer verständlicheren Formulierung – ist auch die erstmalige Anwendung des § 3 Nr. 40 EStG n.F. in § 52 Abs. 4 a Nr. 2 EStG n. F. geregelt[63].

Ob vorstehendes auch für Veräußerungen von Auslandsbeteiligungen gilt oder ob insoweit die Neuregelungen schon ab Geltung des neuen KStG anzuwenden sind, ist gegenwärtig noch offen.

Konsequenterweise gilt auch die Absenkung der Beteiligungsquote in § 17 EStG auf mindestens ein Prozent gem. § 52 Abs. 34 a EStG n.F. auch erst nach Ablauf des Wirtschaftsjahres der Gesellschaft, für das das KStG n.F. erstmals anzuwenden ist, d.h. bei kalendergleichem Wirtschaftsjahr ab dem 1.1.2002.

Bei sämtlichen ausgesprochenen Anwendungsregelungen ist unseres Erachtens jeweils auf den Übergang des wirtschaftlichen Eigentums abzustellen. Falls auf das obligatorische Geschäft abzustellen wäre, hätte dies der Gesetzgeber ausdrücklich regeln müssen (wie z.B. in § 52 Abs. 16 S. 11 EStG). Dementsprechend ist gegenwärtig in der Praxis von besonderem Interesse, ob und inwieweit bereits heute ver-

---

63 Sollte ausnahmsweise § 34 EStG i.d.F. des StSenkGErg-E von Interesse sein, wäre diese Neuregelung schon ab VZ 2001 anwendbar.

A. Besteuerung von Kapitalgesellschaften

traglich im Hinblick auf die kommende Veräußerungsgewinnbesteuerung gestaltet werden kann.

Für den Anteilskäufer ist demgegenüber insbesondere die restriktive Anwendungsregelung des § 27 Abs. 1a UmwStG n.F. von Interesse. Die Änderungen im UmwStG sind danach grundsätzlich erstmals anzuwenden, wenn der steuerliche Übertragungsstichtag in dem Wirtschaftsjahr der übertragenden Kapitalgesellschaft liegt, für das erstmals das KStG n.F. anzuwenden ist, d.h. bei kalendergleichem Wirtschaftsjahr bei Übertragungsstichtagen ab dem 1.1.2001. Eine Umgehung dieser Anwendungsvorschrift durch Rückbeziehung in das Wirtschaftsjahr, in dem noch das KStG a.F. gilt, verhindert § 27 Abs. 1 a S. 2 UmwStG.

Die Änderungen beim Umwandlungsmodell kommen somit ein Wirtschaftsjahr vor der Neuregelung der Veräußerungsgewinnbesteuerung zur Anwendung. Bei einer Veräußerung im Jahr 2001 kann es zu einer Doppelbesteuerung von Veräußerer und Erwerber kommen.

2. Personengesellschaftsanteile

Die Besteuerung der Gewinne aus der Veräußerung von Anteilen an Personengesellschaften durch Kapitalgesellschaften soll im Grundsatz unverändert bleiben. D.h., daß eine volle Versteuerung (allerdings zu geänderten Steuersätzen) stattfinden soll (Ausnahme im Grundsatz: GewSt) und der Erwerber Ergänzungsbilanzabschreibungen gegen voll versteuerte Einkünfte hat.

Zu § 8 b Abs. 6 KStG n.F. bereits weiter oben.

3. Betriebe und Teilbetriebe

Es bleibt bei der im Grundsatz vollen Besteuerung (Ausnahme bei von Kapitalgesellschaften gehaltenen Personengesellschaften als Veräußerer für die GewSt) und der Gewinnung von Abschreibungssubstrat für den Käufer.

B. Besteuerung von Personenunternehmen nach der Unternehmenssteuerreform 2001

I. Laufende Besteuerung

1. Inlandsgewinne der Personenunternehmen

a) Absenkung der ESt-Spitzensätze und Abschaffung des § 32 c EStG

Die ESt-Spitzensätze werden stufenweise bis auf 42 % im Jahr 2005 abgesenkt. Die Tarifbegrenzung für gewerbliche Einkünfte wird abgeschafft.

b) Modell der pauschalierten GewSt-Anrechnung

Trotz der durchaus beachtlichen mittelfristigen Absenkung des ESt-Spitzensatzes wurde die Diskrepanz zum neuen KSt-Satz von 25 % von Anfang an als zu gravierend empfunden. Es bestand deshalb Einigkeit, daß es für Personenunternehmen, die sich auch zukünftig nicht in der Rechtsform der Kapitalgesellschaft organisieren können oder wollen, geeigneter Maßnahmen bedarf, um auch für diese jedenfalls näherungsweise eine Gleichbehandlung mit Kapitalgesellschaften zu erreichen.

Das Bundeskabinett hatte noch am 23.06.1999 beschlossen, daß die sog. Option von Personenunternehmen zur KSt (Optionsmodell) sowie wahlweise auch die sog. Trennungslösung für Personengesellschaften und Einzelunternehmen (Sondertarifmodell im Sinne einer auf Antrag zu gewährenden Sondertarifierung nicht entnommener Gewinne von Personenunternehmen in Höhe des Körperschaftsteuersatzes) eingeführt werden sollte. Im Zuge der weiteren Überlegungen hat sich die Bundesregierung dann jedoch gegen die Einführung des Sondertarifmodells entschieden. Und: Im Vermittlungsausschuß ist auch die Optionsmöglichkeit für die Besteuerung wie eine Kapitalgesellschaft gefallen.

Was geblieben ist, ist die Gewährung einer pauschalierten Form der Ermäßigung der ESt um die GewSt, also eine Art Ersatz für den bisherigen § 32 c EStG.

Die Ermäßigung der ESt um die GewSt soll die zusätzliche Belastung gewerblicher Einkünfte mit GewSt beseitigen, so daß im Ergebnis nur die normale ESt-Belastung bestehen bleibt. Die konkret gewählte

B. Besteuerung von Personenunternehmen

Technik (sog. pauschalierte GewSt-Anrechnung) kann jedoch, wie zu zeigen sein wird, zu Abweichungen von diesem „Wunschergebnis" führen.

Für die pauschalierte GewSt-Anrechnung ist § 35 EStG n.F. zentral. Danach ermäßigt sich die tarifliche Einkommensteuer, vermindert um die sonstigen Steuerermäßigungen mit Ausnahme der §§ 34f und 34g EStG, soweit sie anteilig auf im zu versteuernden Einkommen enthaltene gewerbliche Einkünfte entfällt,

- bei Einkünften aus gewerblichen Unternehmen im Sinne des § 15 Abs. 1 Satz 1 Nr. 1 EStG um das 1,8fache des jeweils für den dem Veranlagungszeitraum entsprechenden Erhebungszeitraum für das Unternehmen festgesetzten Gewerbesteuer-Messbetrag,
- bei Einkünften aus Gewerbebetrieb als Mitunternehmer im Sinne des § 15 Abs. 1 Satz 1 Nr. 2 und 3 EStG um das 1,8fache des jeweils für den dem Veranlagungszeitraum entsprechenden Erhebungszeitraum festgesetzten anteiligen Gewerbesteuer-Messbetrags (zur Aufteilung s.w.u.).

Die Gewerbesteuer wirkt sich danach bei der Bemessung der Einkommensteuer zweifach aus: Zum einen ist sie weiterhin Betriebsausgabe, so daß die Bemessungsgrundlage der Einkommensteuer[1] gemindert wird. Zum anderen ermäßigt sich die Einkommensteuer um das 1,8fache des Gewerbesteuermeßbetrages. Die Wirkung der Regelung kann an folgender Übersicht verdeutlicht werden[2]:

Hebesatz	0 %	200 %	360 %	400 %	600 %
Gewinn vor Steuern	120,0	120,0	120,0	120,0	120,0
./. GewSt	0	10,9	18,3	20,0	27,7
= Gewinn nach GewSt	120,0	109,1	101,7	100,0	92,3
= Steuerbelastungsquote bei ESt 0 %	0 %	9,1 %	15,3 %	16,7 %	23,1 %
./. ESt 48,5 %	58,2	52,9	49,3	48,5	44,8
+ 1,8 x GewSt-Meßbetrag	10,8	9,8	9,2	9,0	8,3
= Gewinn nach GewSt/ESt	72,6	66,0	61,6	60,5	55,8
= Steuerbelastungsquote bei ESt 48,5 %	39,5 %	45,0 %	48,6 %	49,6 %	53,5 %

---

1 Und die der GewSt selbst.
2 Aus Vereinfachungsgründen wird der Freibetrag nach § 11 Abs. 1 Nr. 1 GewStG und die Staffelung der Meßzahl nach § 11 Abs. 2 Nr. 1 GewStG vernachlässigt.

Es wird deutlich, daß sich der tatsächliche kommunale Hebesatz direkt nur bei der Berücksichtigung der GewSt als Betriebsausgabe und daß er sich bei der Ermäßigung der ESt um die GewSt (genauer: um den 1,8fachen GewSt-Meßbetrag) nur indirekt und eingeschränkt auswirkt[3].

Bei einem Hebesatz von (knapp) 360 % und einem relevanten ESt-Satz von 48,5 % wird die gesetzgeberische Intention, die Gesamtbelastung der gewerblichen Einkünfte der Steuerbelastung anderer (nicht gewerbesteuerbelasteter) Einkünfte anzunähern, fast exakt erreicht. Liegt der Hebesatz über dem „kritischen" Niveau von (knapp) 360 %, bleibt die Entlastung unvollständig. Umgekehrt führt die pauschale Ermäßigung der ESt bei einem niedrigeren Hebesatz als (knapp) 360 % zu einer geringeren Gesamtbelastung der gewerblichen Einkünfte im Vergleich zu anderen Einkünften. In der Sache reduziert dann die pauschalierte GewSt-Anrechnung den ESt-Spitzensatz. Wenn der ESt-Satz tatsächlich unter 48,5 % liegt bzw. entsprechend zukünftig qua Gesetz reduziert wird, ergibt sich auch bei einem Hebesatz von (knapp) 360 % kein vollständiger Abbau der GewSt-Belastung.

c) Problem von Anrechnungsüberhängen

Wenn keine ESt gezahlt wird, läuft die pauschalierte GewSt-Anrechnung ins Leere. Nur der Betriebsausgabenabzug der GewSt wirkt sich dann nach wie vor in Form eines Verlustvortrags aus. Anrechnungsüberhänge werden weder erstattet noch sind sie vortragsfähig.

Letzteres ist auch deshalb besonders bedeutsam, weil nach dem Gesetzeswortlaut nur verrechenbares ESt-Volumen zur Verfügung steht, soweit die ESt anteilig auf im zvE (das Gesetz spricht von zvE, nicht von Summe der Einkünfte) enthaltene gewerbliche Einkünfte entfällt. Damit soll offensichtlich vermieden werden, daß eine Ermäßigung vorzunehmen ist, obwohl auf die gewerblichen Einkünfte keine ESt entfällt. Diese Voraussetzung führt in vielen Fällen aber auch dazu, daß zwar GewSt zu zahlen ist, aber eine Steuerermäßigung unterbleibt (gewerbesteuerliche Hinzurechnungen, mehrere Gewerbebetriebe mit positiven und negativen Ergebnissen, andere einkommensteuerliche Verlust- bzw. Abzugsquellen u.a.m.).

---

[3] Die Höhe der ESt-Ermäßigung wird indirekt dadurch beeinflußt, daß der Gewerbesteuermeßbetrag aufgrund des Abzugs der Gewerbesteuer als Betriebsausgabe mit steigendem Hebesatz sinkt.

B. Besteuerung von Personenunternehmen

d) Pauschalierte GewSt-Anrechnung und Rechtsformvergleich

Das Modell der pauschalierten GewSt-Anrechnung bedeutet, daß man sich von der ursprünglich verfolgten Vorstellung der „Belastungsidentität" bei verschiedenen Rechtsformen verabschiedet hat. Auch wird bei der Belastung nicht zwischen Thesaurierung und Ausschüttung differenziert.

Zum Vergleich seien die Steuerbelastung der Kapitalgesellschaft und des Personenunternehmens bei einem GewSt-Hebesatz von 400 % und der Anwendung des ESt-Spitzensatzes von 48,5 % gegenübergestellt[4]:

	Kapitalgesellschaft	Personenunternehmen
Gewinn	120,0	120,0
GewSt	20,0	20,0
Gewinn nach GewSt	100,0	100,0
KSt	25,0	0,0
Gewinn nach KSt	75,0	100,0
ESt bei Thesaurierung	0,0	39,5
Thesaurierter Gewinn nach Steuern	75,0	60,5
ESt bei Ausschüttung	18,2	0,0
Ausgeschütteter Gewinn nach Steuern	56,8	60,5

Bei Spitzensteuersatzverhältnissen ist für die steuerliche Vorteilhaftigkeit der Rechtsform somit (neben der Höhe des Spitzensteuersatzes) vor allem das Ausschüttungsverhalten entscheidend. Während die Kapitalgesellschaft im Thesaurierungsfall vorteilhaft ist, ist die Steuerbelastung eines Personenunternehmens bei Vollausschüttung niedriger. Hinzu kommt der Umfang der Leistungsvergütungen an Gesellschafter, insb. Geschäftsführergehalt inkl. Pensionsrückstellung (wenn auch die Leistungsvergütung isoliert gesehen bei idealer Wirkung des § 35 EStG n.F. und unter Vernachlässigung evtl. gewerbesteuerlicher Hinzurechnungsfolgen im Kapitalgesellschafts- und im Personengesellschaftsfall identisch belastet ist). Außerdem kommt es – wie erwähnt – auf die Hebesatzhöhe an. Schließlich ist die ErbSt relevant. Hier müssen im Einzelfall Simulationsrechnungen vorgenommen werden.

---

[4] Wiederum unter Vernachlässigung des SolZ sowie – bei Personenunternehmen – der Effekte des § 11 GewStG.

e) Anwendungsfragen

aa) Aufteilung des anrechenbaren GewSt-Meßbetrags bei Mitunternehmerschaften

Bei Mitunternehmern muß der GewSt-Meßbetrag der Mitunternehmerschaft auf die Mitunternehmer zum Zwecke der ESt-Ermäßigung aufgeteilt werden. Insoweit ist gem. § 35 Abs. 3 EStG n.F. das Verhältnis des dem Mitunternehmer zuzurechnenden Gewinnanteils zu der Summe aller Gewinnanteile maßgebend. Vorabgewinnanteile, Sondervergütungen etc. sollen nicht berücksichtigt werden. Dies kann stark verzerrend wirken.

bb) Mittelbare Mitunternehmerschaft

Davon unabhängig ist für den Fall mehrstufiger Mitunternehmerschaften § 35 Abs. 3 EStG n.F. zutreffenderweise so gefaßt, daß die Einkommensteuerermäßigung auch aufgrund der auf den anteiligen Gesamthandsgewinn der Untergesellschaft entfallenden Gewerbesteuer gewährt wird.

cc) Berechnung des anrechenbaren GewSt-Meßbetrags bei Organschaft

Gem. § 35 Abs. 2 EStG n.F. wird die ESt-Ermäßigung insoweit nicht gewährt, als der Gewerbeertrag eines Organträgers im Rahmen einer nur gewerbesteuerlichen Organschaft zugerechnete Gewerbeerträge von Organgesellschaften enthält. Hintergrund der Versagung der ESt-Ermäßigung in diesem Fall ist, daß nicht GewSt angerechnet werden können soll, wenn der Ertrag der Organkapitalgesellschaft gar nicht beim Gesellschafter einkommensteuerpflichtig ist. Damit korrespondiert, daß der Ausschluß der Verwertbarkeit des anteiligen GewSt-Meßbetrages im Rahmen der ESt-Ermäßigung gem. § 35 Abs. 2 S. 4 EStG n.F. nicht für Fälle der körperschaftsteuerlichen Organschaft gilt.[5]

Bei der Aufteilung i.S.d. § 35 Abs. 2 EStG n.F. sollen negative (Teil-)Gewerbeerträge mit Null DM angesetzt werden.

f) Kapitalgesellschaften und Steuerausländer als Mitunternehmer

Für eine Kapitalgesellschaft als Mitunternehmer ergeben sich jedenfalls im Grundsatz keine Besonderheiten, insbesondere existiert für

---

[5] Ein nicht sachgerechtes Egebnis entsteht allerdings dann, wenn nur körperschaftsteuerlich, nicht aber auch gewerbesteuerliche Organschaft gegeben ist.

B. Besteuerung von Personenunternehmen

diese natürlich keine pauschalierte GewSt-Anrechnungsmöglichkeit. Der steuerliche Gewinnanteil wird bei der Mitunternehmerschaft der GewSt und bei der Kapitalgesellschaft der KSt unterworfen. Für ausländische natürliche Personen als Mitunternehmer gelten die dargestellten Überlegungen zur pauschalierten GewSt-Anrechnung entsprechend.

Steuerausländische Kapitalgesellschaften als Mitunternehmer profitieren in besonderem Maße von der Absenkung des KSt-Satzes von 40 % auf 25 %[6].

g) Kapitalgesellschaftsbeteiligungen in der Mitunternehmerschaft

Hinweis auf die Ausführungen w.o. (insbesondere auf § 3 Nr. 40 EStG n.F. und auf § 8 b Abs. 6 KStG n.F.).

h) Versuch der „Wiederbelebung" des Mitunternehmererlasses

Im Vermittlungsverfahren ist der bisherige § 6 Abs. 5 S. 3 EStG, der in der Sache die weitgehende Abschaffung der ertragsteuerneutralen Übertragungsmöglichkeiten nach Maßgabe des Mitunternehmererlasses bedeutet hatte, durch § 6 Abs. 5 S. 3-5 EStG n.F. ersetzt worden. Danach gilt nun § 6 Abs. 5 Satz 1 EStG[7] auch bei der Übertragung eines Wirtschaftsguts aus einem Betriebsvermögen des Mitunternehmers in das Gesamthandsvermögen einer Mitunternehmerschaft und umgekehrt, bei der Übertragung eines Wirtschaftsguts aus dem Gesamthandsvermögen einer Mitunternehmerschaft in das Sonderbetriebsvermögen bei der derselben Mitunternehmerschaft und umgekehrt sowie bei der Übertragung zwischen den jeweiligen Sonderbetriebsvermögen verschiedener Mitunternehmer derselben Mitunternehmerschaft. Diese Anordnung gilt dagegen nicht, soweit sich durch diese Übertragung der Anteil einer Kapitalgesellschaft an dem Wirtschaftsgut unmittelbar oder mittelbar erhöht; in diesen Fällen ist bei der Übertragung der Teilwert anzusetzen. Der Teilwert ist auch anzusetzen, soweit sich zu einem späteren Zeitpunkt der Anteil einer Kapitalgesellschaft an dem übertragenen Wirtschaftsgut aus einem anderen Grund unmittelbar oder mittelbar erhöht.

---

6   Zukünftig führen inländische Tochterkapitalgesellschaft und Tochterpersonengesellschaft bzw. Betriebsstätte zum gleichen Steuersatz. Falls Kapitalertragsteuer anfällt, ist die Tochterpersonengesellschaft vorteilhaft.

7   Dieser lautet: „Wird ein einzelnes Wirtschaftsgut von einem Betriebsvermögen in ein anderes Betriebsvermögen desselben Steuerpflichtigen überführt, ist bei der Überführung der Wert anzusetzen, der sich nach den Vorschriften über die Gewinnermittlung ergibt, sofern die Besteuerung der stillen Reserven sichergestellt ist."

Ein „vernünftiges" Verständnis dieser Regelungen ist kaum erreichbar.

Schon der Begriff der Übertragung wird problematisiert. Ist jede Form der Eigentumsübertragung oder nur die unentgeltliche Übertragung und die verdeckte Einlage erfaßt?

Darüber hinaus ist das Konkurrenzverhältnis der neuen Norm zu § 6 Abs. 4 EStG und insbesondere § 6 Abs. 6 EStG unklar.

Des weiteren stellen sich bspw. folgende Fragen: Ist die Buchwertübertragung in den genannten Fällen jetzt Pflicht auch bei normalen Verkäufen (die Gewährung von Gesellschaftsrechten wird nicht mehr verlangt, vielmehr ist für jede Art der Übertragung Buchwertfortführung vorgesehen)? Gibt es noch steuerliche Ergänzungsbilanzen bei Einbringungen von Einzelwirtschaftsgütern zu Buchwerten?

Welchen Sinn haben die Beschränkungen für Kapitalgesellschaften als Mitunternehmer? Was ist ein mittelbarer Anteil einer Kapitalgesellschaft an dem betreffenden Wirtschaftsgut? Warum gibt es keine zeitliche Grenze für relevante Quotenveränderungen?

Schließlich: Ist die Regelung für die Übertragung auf die Gesamthand nicht völlig praxisuntauglich, wenn an der Mitunternehmerschaft (ggf. neben der Überträgerin) auch eine Kapitalgesellschaft beteiligt ist bzw. die spätere Beteiligung einer Kapitalgesellschaft nicht völlig sicher ausgeschlossen werden kann? Wie ist es bei der Übertragung auf den Mitunternehmer bzw. zwischen Mitunternehmern? Besteht nicht auch insoweit völlige Praxisuntauglichkeit, wenn der Übertragungsempfänger-Mitunternehmer eine Kapitalgesellschaft ist bzw. die spätere „Beteiligung" einer Kapitalgesellschaft an dem übertragenen Wirtschaftsgut nicht völlig sicher ausgeschlossen werden kann?

2. Auslandsgewinne der Personengesellschaft

Es bleibt für das Personenunternehmen (resp. deren Gesellschafter) bei der steuerfreien Durchleitung ausländischer (steuerfreier) Betriebsstätteneinkünfte bzw. mittels Organschaft auch ausländischer Betriebsstätteneinkünfte, die eine Tochterkapitalgesellschaft erzielt (jeweils mit Progressionsvorbehalt).

Dividenden ausländischer Kapitalgesellschaften unterliegen gem. § 3 Nr. 40 EStG n.F. dem Halbeinkünfteverfahren unter Anwendung des § 3 c Abs. 2 EStG n.F. Die ursprünglich erwogene Verschlechterung für die Anrechnung ausländischer (Quellen-) Steuern, weil die Dividenden in Deutschland dem Halbeinkünfteverfahren unterliegen, ist

B. Besteuerung von Personenunternehmen

zu Recht nicht Gesetz geworden. Zur Vermeidung einer Doppelbesteuerung bleibt es wie bei der inländischen Kapitalertragsteuer bei einer vollständigen Anrechnung bis zur Höhe der deutschen Einkommensteuer. Auch die erwogene Streichung der gewerbesteuerlichen Schachtelprivilegien des § 9 Nr. 7 u. 8 GewStG ist zu Recht unterblieben. Auch § 9 Nr. 2 a GewStG hat ja – wie bereits erläutert – weiterhin Bedeutung für Personenunternehmen.

Zu den Verschärfungen des AStG s. bereits w.o.

3. Laufende Verluste

Veränderungen sind – wie bereits erläutert – im wesentlichen nur festzustellen, soweit das Personenunternehmen seinerseits Kapitalgesellschaftsanteile hält.

Außerdem ist festzuhalten, daß wegen drohender GewSt-Meßbetrags-Anrechnungsüberhänge der Ergebnissteuerung eine noch größere Bedeutung als bisher zukommen wird.

4. Erstmalige Anwendung wesentlicher Neuregelungen

§ 35 EStG n.F. ist gem. § 52 Abs. 50 a EStG n.F. erstmals in dem Veranlagungszeitraum anzuwenden, in dem Einkünfte aus Gewerbebetrieb erzielt werden, die aus Wirtschaftsjahren stammen, die nach dem 31.12.2000 beginnen. Bei kalendergleichem Wirtschaftsjahr oder der Umstellung auf ein abweichendes Wirtschaftsjahr im Jahr 2001 ist dies der Veranlagungszeitraum 2001. Bei abweichendem Wirtschaftsjahr gilt § 35 EStG n.F. ansonsten erst im Veranlagungszeitraum 2002.

Zu den Besonderheiten, wenn das Personenunternehmen seinerseits Kapitalgesellschaftsanteile hält, s. bereits w.o.

II. Unternehmensverkauf und Unternehmenskauf

1. Kapitalgesellschaftsanteile

Hinweis auf die Ausführungen w.o. (insbesondere auf § 3 Nr. 40 EStG n.F. und auf § 8 b Abs. 6 KStG n.F.).

2. Personengesellschaftsanteile

Die Besteuerung der Gewinne aus der Veräußerung von Anteilen an Personengesellschaften bleibt im Grundsatz unverändert. D.h., daß im Grundsatz eine volle Versteuerung (allerdings zu geänderten Steuer-

sätzen) stattfindet (Ausnahme im Grundsatz: GewSt) und der Erwerber Ergänzungsbilanzabschreibungen gegen voll versteuerte Einkünfte hat.
Besonderheit: Wenn eine natürliche Person die Anteile veräußert und das 55. Lebensjahr vollendet hat bzw. dauernd berufsunfähig ist, soll für bis zu DM 10 Mio. Veräußerungsgewinn für einen Veräußerungsvorgang einmal im Leben[8] die Anwendung des halben durchschnittlichen ESt-Satzes gewährt werden (§ 34 Abs. 3 EStG-E i.d.F. des StSenkErg-E; erstmalige Anwendung: VZ 2001).

3. Betriebe und Teilbetriebe

Es bleibt bei der im Grundsatz vollen Besteuerung (Ausnahme im Grundsatz: GewSt) und der Gewinnung von Abschreibungssubstrat für den Käufer. Besonderheit: Wiederum kann ausnahmsweise unter den beschriebenen Voraussetzungen in der beschriebenen Höhe durch eine natürliche Person der halbe Steuersatz in Anspruch genommen werden.

---

[8] Die frühere Nutzung des alten § 34 EStG ist insoweit unschädlich.

Teil 5: Die Neuregelungen im einzelnen – Gesetze, Materialien, Erläuterungen

A. Änderung des Einkommensteuergesetzes (Artikel 1)

I. Änderung § 2 EStG

1. Text der Vorschrift

§ 2 wird wie folgt geändert:

a) Nach Absatz 5 wird folgender Absatz 5a eingefügt:

„(5a) Knüpfen außersteuerliche Rechtsnormen an die in den vorstehenden Absätzen definierten Begriffe (Einkünfte, Summe der Einkünfte, Gesamtbetrag der Einkünfte, Einkommen, zu versteuerndes Einkommen) an, erhöhen sich für deren Zwecke diese Größen um die nach § 3 Nr. 40 steuerfreien Einnahmen und mindern sich um die nach § 3c Abs. 2 nicht abziehbaren Beträge."

b) In Absatz 6 Satz 1 wird die Angabe „den Entlastungsbetrag nach § 32c," gestrichen.

2. Materialien

Gesetzentwurf der Bundesregierung

In § 2 Abs. 6 Satz 1 wird die Angabe „den Entlastungsbetrag nach § 32c," gestrichen.

Begründung zum Gesetzentwurf der Bundesregierung

Redaktionelle Folgeänderung aus der Aufhebung des § 32c EStG.

Beschlussempfehlung des Finanzausschusses

§ 2 wird wie folgt geändert:

a) Nach Absatz 5 wird folgender Absatz 5a eingefügt:

„(5a) Knüpfen außersteuerliche Rechtsnormen an die in den vorstehenden Absätzen definierten Begriffe (Einkünfte, Summe der

Einkünfte, Gesamtbetrag der Einkünfte, Einkommen, zu versteuerndes Einkommen) an, sind für deren Zwecke § 3 Nr. 40 und § 3c Abs. 2 nicht anzuwenden. In den Fällen der Option nach § 4a des Körperschaftsteuergesetzes gelten die Vergütungen im Sinne des § 19 Abs.1 Satz 1 Nr. 3, § 20 Abs. 1 Nr. 7 Satz 3, § 21 Abs. 1 Satz 3 und § 22 Nr. 3 Satz 1 und ausgeschütteten Gewinne im Sinne des § 20 Abs. 1 Nr. 1 Satz 3, die der Steuerpflichtige aus dem Betrieb bezieht, je nach Art des Betriebs als Einkünfte aus Land- und Forstwirtschaft, Gewerbebetrieb oder selbständiger Arbeit."

b) In Absatz 6 Satz 1 wird die Angabe „den Entlastungsbetrag nach § 32c," gestrichen.

Begründung des Finanzausschusses

Zu Buchstabe a (Abs. 5 a)

Vor allem sozialrechtliche Leistungsgesetze knüpfen zur Feststellung der Berechtigung zum Bezug dieser Leistungen häufig an Begriffe aus § 2 EStG an. Werden diese Bezugsgrößen durch neue einkommensteuerrechtliche Regelungen geändert, können sich nicht gewollte Auswirkungen auf die Anzahl der zum Bezug der Leistungen Berechtigten und auf die Höhe dieser Leistungen ergeben. Dies könnte auch durch die Einführung des Halbeinkünfteverfahrens (§ 3 Nr. 40 und § 3c Abs. 2 EStG) der Fall sein. Durch die in § 3 Nr. 40 EStG vorgesehene Einkommensteuerbefreiung der Hälfte bestimmter Einnahmen werden diese Einnahmen und nach § 3c Abs. 2 EStG auch die damit zusammenhängenden Ausgaben und Vermögensminderungen bei der Berechnung des zu versteuernden Einkommens nicht mehr berücksichtigt. Knüpft ein Leistungsgesetz an diese Begriffe an, könnte auf Grund der Minderung dieser Bezugsgrößen durch die Steuerbefreiung der Kreis der Leistungsberechtigten und die Höhe der Leistung im Einzelfall ausgeweitet werden. Um solche nicht gewollten Auswirkungen zu vermeiden, bestimmt der neue § 2 Abs. 5a EStG, dass für Zwecke dieser Leistungsgesetze § 3 Nr. 40 EStG und § 3c Abs. 2 EStG nicht anzuwenden ist.

Außersteuerliche Rechtsnormen sind solche, für die die Abgabenordnung nicht unmittelbar zur Anwendung kommt. Hierzu gehören auch solche Gesetze, für die die Abgabenordnung nach ausdrücklicher Regelung entsprechend anzuwenden ist (z.B. § 15 EigZulG, § 14 Abs. 2 VermBG, § 8 WoPG, § 6 Abs. 1 InvZulG 1999).

Satz 2 regelt, dass bei den Personenunternehmern für die Anwendung von Leistungsgesetzen die Vergütungen, die zu Einkünften aus

A. I. Änderung § 2 EStG

nichtselbständiger Arbeit, Kapitalvermögen (einschließlich der vollen Dividende), Vermietung und Verpachtung oder zu sonstigen Einkünften führen, als Gewinn aus Land- und Forstwirtschaft, Gewerbebetrieb und selbständiger Arbeit gelten. Damit wird die bisherige Qualifizierung dieser Einkünfte beibehalten. Das ist zu Besitzstandswahrung in den Fällen erforderlich, in denen in Leistungsgesetzen die Einkünfte aus verschiedenen Einkunftsarten unterschiedlich behandelt werden (z.b. Ausgleichsrentenverordnung). Darüber hinaus wird dadurch sichergestellt, dass in den Fällen, in denen bisher bei sozialversicherungspflichtigen Unternehmern der Gewinn Bemessungsgrundlage für die Sozialversicherungsbeiträge ist, diese Bemessungsgrundlage nur um den thesaurierten Gewinn gemindert wird.

Beschlussempfehlung des Vermittlungsausschusses

§ 2 Absatz 5a wird wie folgt gefasst:

„(5a) Knüpfen außersteuerliche Rechtsnormen an die in den vorstehenden Absätzen definierten Begriffe (Einkünfte, Summe der Einkünfte, Gesamtbetrag der Einkünfte, Einkommen, zu versteuerndes Einkommen) an, erhöhen sich für deren Zwecke diese Größen um die nach § 3 Nr. 40 steuerfreien Einnahmen und mindern sich um die nach § 3c Abs. 2 nicht abziehbaren Beträge."

Begründung des Vermittlungsausschusses

Durch die Änderung wird klargestellt, wie für außersteuerliche Rechtsnormen die Berücksichtigung der steuerfreien Einnahmen nach § 3 Nr. 40 und der nach § 3c Abs. 2 nicht abziehbaren Ausgaben und Vermögensminderungen erfolgt. Mit der Regelung wird eine aufwendige Doppelberechnung der Einkommensteuer (Schattenveranlagung) vermieden.

Beispiel:

Eine außersteuerliche Norm knüpft an den Gesamtbetrag der Einkünfte (GdE) an. Bei dem Steuerpflichtigen beträgt dieser 100. Dabei sind Verluste wegen § 2 Abs. 3 EStG teils unberücksichtigt geblieben. In dem GdE sind gewerbliche Einkünfte aus Anteilsveräußerungen im Halbeinkünfteverfahren in Höhe von 5 (Einnahmen) ./. 1 (Aufwendungen) = 4 enthalten.

Die Neuregelung bewirkt, daß die außersteuerliche Bemessungsgrundlage, der GdE, wie folgt ermittelt wird:

GdE bisher	100
+ steuerfreie Einnahmen	5
./. nicht berücksichtigte Aufwendungen	1
GdE für außersteuerliche Zwecke	104

Es findet nicht etwa eine Ermittlung des GdE wie für steuerliche Zwecke statt. Das bedeutet, daß im Beispielsfall der gem. § 2 Abs. 3 EStG nicht berücksichtigte Verlust unangetastet bleibt und nicht etwa wegen der Erhöhung des GdE teils kompensiert wird.

II. Änderung § 3 EStG

1. Text der Vorschrift

In § 3 wird nach Nummer 39 folgende Nummer 40 eingefügt:

„40. die Hälfte

a) der Betriebsvermögensmehrungen oder Einnahmen aus der Veräußerung oder der Entnahme von Anteilen an Körperschaften, Personenvereinigungen und Vermögensmassen, deren Leistungen beim Empfänger zu Einnahmen im Sinne des § 20 Abs. 1 Nr. 1 gehören, oder aus deren Auflösung oder Herabsetzung von deren Nennkapital oder aus dem Ansatz eines solchen Wirtschaftsguts mit dem Wert, der sich nach § 6 Abs. 1 Nr. 2 Satz 3 ergibt, soweit sie zu den Einkünften aus Land- und Forstwirtschaft, aus Gewerbebetrieb oder aus selbständiger Arbeit gehören. Dies gilt nicht, soweit der Ansatz des niedrigeren Teilwerts in vollem Umfang zu einer Gewinnminderung geführt hat und soweit diese Gewinnminderung nicht durch Ansatz eines Werts, der sich nach § 6 Abs. 1 Nr. 2 Satz 3 ergibt, ausgeglichen worden ist,

b) des Veräußerungspreises im Sinne des § 16 Abs. 2, soweit er auf die Veräußerung von Anteilen an Körperschaften, Personenvereinigungen und Vermögensmassen entfällt, deren Leistungen beim Empfänger zu Einnahmen im Sinne des § 20 Abs. 1 Nr. 1 gehören. Satz 1 ist in den Fällen des § 16 Abs. 3 entsprechend anzuwenden,

c) des Veräußerungspreises oder des gemeinen Wertes im Sinne des § 17 Abs. 2. Satz 1 ist in den Fällen des § 17 Abs. 4 entsprechend anzuwenden,

d) der Bezüge im Sinne des § 20 Abs. 1 Nr. 1 und der Einnahmen im Sinne des § 20 Abs. 1 Nr. 9,

e) der Bezüge im Sinne des § 20 Abs. 1 Nr. 2,

f) der besonderen Entgelte oder Vorteile im Sinne des § 20 Abs. 2 Satz 1 Nr. 1, die neben den in § 20 Abs. 1 Nr. 1 und Abs. 2 Satz 1 Nr. 2 Buchstabe a bezeichneten Einnahmen oder an deren Stelle gewährt werden,

g) der Einnahmen aus der Veräußerung von Dividendenscheinen und sonstigen Ansprüchen im Sinne des § 20 Abs. 2 Satz 1 Nr. 2 Buchstabe a,

h) der Einnahmen aus der Abtretung von Dividendenansprüchen oder sonstigen Ansprüchen im Sinne des § 20 Abs. 2 Satz 2,

i) der Bezüge im Sinne des § 22 Nr. 1 Satz 2, soweit diese von einer nicht von der Körperschaftsteuer befreiten Körperschaft, Personenvereinigung oder Vermögensmasse stammen,

j) des Veräußerungspreises im Sinne des § 23 Abs. 3 bei der Veräußerung von Anteilen an Körperschaften, Personenvereinigungen oder Vermögensmassen, deren Leistungen beim Empfänger zu Einnahmen im Sinne des § 20 Abs. 1 Nr. 1 gehören.

Dies gilt für Satz 1 Buchstabe d bis h auch in Verbindung mit § 20 Abs. 3. Satz 1 Buchstabe a und b ist nur anzuwenden, soweit die Anteile nicht einbringungsgeboren im Sinne des § 21 des Umwandlungssteuergesetzes sind. Satz 3 gilt nicht, wenn

a) der in Satz 1 Buchstabe a und b bezeichnete Vorgang später als sieben Jahre nach dem Zeitpunkt der Einbringung im Sinne des § 20 Abs. 1 Satz 1 oder des § 23 Abs. 1 bis 3 des Umwandlungssteuergesetzes, auf die der Erwerb der in Satz 3 bezeichneten Anteile zurückzuführen ist, stattfindet oder

b) die in Satz 3 bezeichneten Anteile auf Grund eines Einbringungsvorgangs nach § 20 Abs. 1 Satz 2 des Umwandlungssteuergesetzes erworben worden sind, es sei denn, die eingebrachten Anteile sind unmittelbar oder mittelbar auf eine Einbringung im Sinne des Buchstaben a innerhalb der dort bezeichneten Frist zurückzuführen.

Satz 1 Buchstabe a und b ist nur anzuwenden, soweit die Anteile im Zeitpunkt der Veräußerung oder Entnahme seit mindestens einem Jahr (Behaltefrist) ununterbrochen zum Betriebsvermögen des Steuerpflichtigen gehört haben."

2. Materialien

Gesetzentwurf der Bundesregierung

In § 3 wird nach Nummer 39 folgende Nummer 40 eingefügt:

„40. die Hälfte

a) der Betriebsvermögensmehrungen oder Einnahmen aus der Veräußerung oder der Entnahme von Anteilen an Körperschaften, Personenvereinigungen, Vermögensmassen und Betrieben im Sinne des § 20 Abs. 1 Nr. 1 oder aus deren Auflösung oder Herabsetzung von deren Nennkapital oder aus dem Ansatz eines Wirtschaftsguts mit dem Wert, der sich nach § 6 Abs. 1 Nr. 2 Satz 3 ergibt, soweit sie zu den Einkünften aus Land- und Forstwirtschaft, aus Gewerbebetrieb oder aus selbständiger Arbeit gehören. Dies gilt nicht, soweit der Ansatz des niedrigeren Teilwerts in vollem Umfang zu einer Gewinnminderung geführt hat und soweit diese Gewinnminderung nicht durch Ansatz eines Werts, der sich nach § 6 Abs. 1 Nr. 2 Satz 3 ergibt, ausgeglichen worden ist,

b) des Veräußerungspreises im Sinne des § 16 Abs. 2 bei der Veräußerung von Anteilen an Körperschaften, Personenvereinigungen, Vermögensmassen und Betrieben im Sinne des § 20 Abs. 1 Nr. 1; Entsprechendes gilt, soweit der Anteil an einem solchen Wirtschaftsgut veräußert wird. Satz 1 ist in den Fällen des § 16 Abs. 3 entsprechend anzuwenden,

c) des Veräußerungspreises oder des gemeinen Wertes im Sinne des § 17 Abs. 2. Satz 1 ist in den Fällen des § 17 Abs. 4 entsprechend anzuwenden,

d) der Bezüge im Sinne des § 20 Abs. 1 Nr. 1 und der Einnahmen im Sinne des § 20 Abs. 1 Nr. 9,

e) der Bezüge im Sinne des § 20 Abs. 1 Nr. 2,

f) der besonderen Entgelte oder Vorteile im Sinne des § 20 Abs. 2 Satz 1 Nr. 1, die neben den in § 20 Abs. 1 Nr. 1 und Absatz 2 Satz 1 Nr. 2 Buchstabe a bezeichneten Einnahmen oder an deren Stelle gewährt werden,

A. II. Änderung § 3 EStG

g) der Einnahmen aus der Veräußerung von Dividendenscheinen und sonstigen Ansprüchen im Sinne des § 20 Abs. 2 Satz 1 Nr. 2 Buchstabe a,

h) der Einnahmen aus der Abtretung von Dividendenansprüchen oder sonstigen Ansprüchen im Sinne des § 20 Abs. 2 Satz 2,

i) des Veräußerungspreises im Sinne des § 23 Abs. 3 bei der Veräußerung von Anteilen an Körperschaften im Sinne des § 20 Abs. 1 Nr. 1.

Dies gilt für die Buchstaben d bis h auch in Verbindung mit § 20 Abs. 3."

Begründung zum Gesetzentwurf der Bundesregierung

Nach geltender Rechtslage werden Einnahmen aus § 20 Abs. 1 Nr. 1 und 2 EStG (insbesondere Dividenden) und damit wirtschaftlich vergleichbare Einnahmen in vollem Umfang bei der Einkünfteermittlung berücksichtigt. Entsprechendes gilt für Veräußerungserlöse aus steuerpflichtigen Veräußerungen der in § 20 Abs. 1 Nr. 1 und 2 EStG genannten Anteilen an Körperschaften und Personenvereinigungen.

Die mit den Einnahmen oder Veräußerungserlösen zusammenhängenden Aufwendungen wurden ebenfalls grundsätzlich in vollem Umfang berücksichtigt.

Nach dem Halbeinkünfteverfahren werden diese Einnahmen künftig nur noch zur Hälfte erfasst, d. h. sie werden insoweit steuerfrei gestellt. Dem trägt die Änderung in § 3 Nr. 40 EStG Rechnung.

In § 3 Nr. 40 Satz 2 ist lediglich klarstellend geregelt, dass die Vorschrift auch anzuwenden ist, wenn die genannten Einnahmen wegen § 20 Abs. 3 EStG einer anderen Einkunftsart zuzurechnen sind.

Die durch § 3 Nr. 40 EStG in Verbindung mit § 3c EStG eintretende Minderung des steuerpflichtigen Gewinns wirkt sich auch auf die Höhe des Gewerbeertrags nach § 7 GewStG aus.

Beschlussempfehlung des Finanzausschusses

In § 3 wird nach Nummer 39 folgende Nummer 40 eingefügt:

„40. die Hälfte

a) der Betriebsvermögensmehrungen oder Einnahmen aus der Veräußerung oder der Entnahme von Anteilen an Körperschaften, Personenvereinigungen, Vermögensmassen und Betrieben, deren Leistungen beim Empfänger zu Einnahmen im Sinne des § 20 Abs. 1 Nr. 1 gehören, oder aus deren Auflösung oder Herabsetzung von deren Nennkapital oder aus dem Ansatz eines solchen Wirtschaftsguts mit dem Wert, der sich nach § 6 Abs. 1 Nr. 2 Satz 3 ergibt, soweit sie zu den Einkünften aus Land- und Forstwirtschaft, aus Gewerbebetrieb oder aus selbständiger Arbeit gehören. Dies gilt nicht, soweit der Ansatz des niedrigeren Teilwerts in vollem Umfang zu einer Gewinnminderung geführt hat und soweit diese Gewinnminderung nicht durch Ansatz eines Werts, der sich nach § 6 Abs. 1 Nr. 2 Satz 3 ergibt, ausgeglichen worden ist,

b) des Veräußerungspreises im Sinne des § 16 Abs. 2, soweit er auf die Veräußerung von Anteilen an Körperschaften, Personenvereinigungen, Vermögensmassen und Betrieben entfällt, deren Leistungen beim Empfänger zu Einnahmen im Sinne des § 20 Abs. 1 Nr. 1 gehören. Satz 1 ist in den Fällen des § 16 Abs. 3 entsprechend anzuwenden,

c) unverändert

d) unverändert

e) unverändert

f) unverändert

g) unverändert

h) unverändert

h1) der Bezüge im Sinne des § 22 Nr. 1 Satz 2, soweit diese von einer nicht von der Körperschaftsteuer befreiten Körperschaft, Personenvereinigung oder Vermögensmasse stammen,

i) des Veräußerungspreises im Sinne des § 23 Abs. 3 bei der Veräußerung von Anteilen an Körperschaften, Personenvereinigungen oder Vermögensmassen, deren Leistungen beim Empfänger zu Einnahmen im Sinne des § 20 Abs. 1 Nr. 1 gehören.

Dies gilt für die Buchstaben d bis h auch in Verbindung mit § 20 Abs. 3."

A. II. Änderung § 3 EStG

Begründung des Finanzausschusses

Satz 1 Buchstabe a, b und i

Redaktionelle Folgeänderung aus der Einfügung des Buchstaben h1 und Anpassung der Formulierung an die Formulierung in § 8b Abs. 2 KStG. Mit der Änderung in Buchstabe b wird im Übrigen klarer als bisher zum Ausdruck gebracht, auf welche Teile des Veräußerungspreises/Aufgabewertes sich die Vergünstigung bezieht.

Satz 1 Buchstabe h1

Die bisher in § 22 Nr. 1 Satz 2 EStG vorgesehene Regelung, nach der die dort bezeichneten Bezüge einer nicht von der Körperschaftsteuer befreiten Körperschaft, Personenvereinigung oder Vermögensmasse nur zur Hälfte steuerpflichtig sind, wird aus systematischen Gründen in § 3 Nr. 40 EStG vorgenommen.

Beschlussempfehlung des Vermittlungsausschusses

§ 3 Nr. 40 wird wie folgt geändert:

a) Satz 1 Buchstabe a und b wird wie folgt gefasst:

„a) der Betriebsvermögensmehrungen oder Einnahmen aus der Veräußerung oder der Entnahme von Anteilen an Körperschaften, Personenvereinigungen und Vermögensmassen, deren Leistungen beim Empfänger zu Einnahmen im Sinne des § 20 Abs. 1 Nr. 1 gehören, oder aus deren Auflösung oder Herabsetzung von deren Nennkapital oder aus dem Ansatz eines solchen Wirtschaftsguts mit dem Wert, der sich nach § 6 Abs. 1 Nr. 2 Satz 3 ergibt, soweit sie zu den Einkünften aus Land- und Forstwirtschaft, aus Gewerbebetrieb oder aus selbständiger Arbeit gehören. Dies gilt nicht, soweit der Ansatz des niedrigeren Teilwerts in vollem Umfang zu einer Gewinnminderung geführt hat und soweit diese Gewinnminderung nicht durch Ansatz eines Werts, der sich nach § 6 Abs. 1 Nr. 2 Satz 3 ergibt, ausgeglichen worden ist,

b) des Veräußerungspreises im Sinne des § 16 Abs. 2, soweit er auf die Veräußerung von Anteilen an Körperschaften, Personenvereinigungen und Vermögensmassen entfällt, deren Leistungen beim Empfänger zu Einnahmen im Sinne des § 20 Abs. 1 Nr. 1 gehören. Satz 1 ist in den Fällen des § 16 Abs. 3 entsprechend anzuwenden,"

b) In Satz 2 werden die Wörter „die Buchstaben d bis h" durch die Wörter „Satz 1 Buchstabe d bis h" ersetzt.

c) Es werden folgende Sätze angefügt:

„Satz 1 Buchstabe a und b ist nur anzuwenden, soweit die Anteile nicht einbringungsgeboren im Sinne des § 21 des Umwandlungssteuergesetzes sind. Satz 3 gilt nicht, wenn

a) der in Satz 1 Buchstabe a und b bezeichnete Vorgang später als sieben Jahre nach dem Zeitpunkt der Einbringung im Sinne des § 20 Abs. 1 Satz 1 oder des § 23 Abs. 1 bis 3 des Umwandlungssteuergesetzes, auf die der Erwerb der in Satz 3 bezeichneten Anteile zurückzuführen ist, stattfindet oder

b) die in Satz 3 bezeichneten Anteile auf Grund eines Einbringungsvorgangs nach § 20 Abs. 1 Satz 2 des Umwandlungssteuergesetzes erworben worden sind, es sei denn, die eingebrachten Anteile sind unmittelbar oder mittelbar auf eine Einbringung im Sinne des Buchstaben a innerhalb der dort bezeichneten Frist zurückzuführen.

Satz 1 Buchstabe a und b ist nur anzuwenden, soweit die Anteile im Zeitpunkt der Veräußerung oder Entnahme seit mindestens einem Jahr (Behaltefrist) ununterbrochen zum Betriebsvermögen des Steuerpflichtigen gehört haben."

Begründung des Vermittlungsausschusses

Zu Buchstabe a

Änderung wegen Wegfall der Option.

Zu Buchstabe b

Zu Sätze 3 und 4

Ohne die Einbringungsklauseln des hier vorgeschlagenen § 3 Nr. 40 Satz 3 könnte das Halbeinkünfteverfahren mißbräuchlich auch für solche Vorgänge eingeschaltet werden, die an sich der vollen – nicht nur hälftigen – Besteuerung unterliegen sollen.

Beispiel 1:

Der Einzelunternehmer V möchte einen Teilbetrieb veräußern; der Gewinn von 1 Mio. DM wäre nach allgemeinen Regeln der vollen Besteuerung zu unterwerfen (nur durch § 34 EStG abgemildert). V bringt den Teilbetrieb im Jahr 01 steuerneutral gem. § 20 UmwStG in

A. II. Änderung § 3 EStG

die Y-GmbH ein und veräußert im Jahr 02 die einbringungsgeborenen GmbH-Anteile. Der Anteilsveräußerungsgewinn wäre nach § 3 Nr. 40 Satz 1 Buchst. a) EStG nur zur Hälfte, also i.h.v. 500 TDM anzusetzen.

Die Regelung in Satz 3 schließt die Steuerbegünstigung nach § 3 Nr. 40 EStG aus. Dies gilt gem. Satz 4 Buchst. a) nur für einen Zeitraum von sieben Jahren. Bei einer späteren Veräußerung wird kein Mißbrauchsfall mehr vermutet.

Beispiel 2:

Wie Beispiel 1, aber V bringt den Teilbetrieb in eine von ihm und seinen Sohn S gehaltene VS-GmbH ein. Bei der Einbringung gehen stille Reserven des Teilbetriebs auf die GmbH-Anteile des Sohnes über; die Anteile des S werden daher gem. § 21 UmwStG mit steuerverstrickt (vgl. die in UmwSt-Erlaß Rn. 21.14 zitierte Rechtsprechung). Wenn der bS anschließend seine GmbH-Anteile veräußert, kann für diese Veräußerung im Umfang der Mitverstrickung nach § 21 UmwStG die Begünstigung nach § 3 Nr. 40 Satz 1 Buchst. a) EStG für einen Zeitraum von sieben Jahren nicht beansprucht werden. Dies folgt ebenfalls aus Satz 3 und 4 Buchst. a) des Regelungsvorschlags.

Beispiel 3:

Wie Beispiel 1, aber V bringt die erhaltenen Y-Anteile im Jahr 03 gem. § 20 Abs. 1 Satz 2 UmwStG steuerneutral in die Z-GmbH ein und veräußert die Z-Anteile in 04. Die Anteile an der Z-GmbH sind gem. § 21 Abs. 1 Satz 1 UmwStG steuerverstrickt, so daß für die Veräußerung im Jahr 04 nach der Einbringungsklausel das Halbeinkünfteverfahren nicht beansprucht werden kann (Satz 4 Buchst. b) des Regelungsvorschlags).

Entsprechendes würde gelten, wenn die Y-Anteile gem. § 23 Abs. 4 UmwStG in eine ausländische Z-SA eingebracht würden und hiernach die Z-Anteile veräußert würden. Diese sind ebenfalls i.S.d. § 21 Abs. 1 Satz 1 UmwStG „einbringungsgeboren".

Beispiel 4:

V bringt seinen Teilbetrieb im Jahr 01 zu Buchwerten in die Y-GmbH ein; im Jahr 10 bringt er die Y-Anteile zu Buchwerten in die Z-GmbH ein. Die Z-Anteile werden im Jahr 11 veräußert. Für diese Veräußerung kann das Halbeinkünfteverfahren angewendet werden. Es liegt ein Fall des Satzes 4 Buchst. b) vor.

Beispiel 5:

V bringt den Teilbetrieb im Jahr 01 zu Buchwerten in die Y-GmbH ein; im Jahr 06 bringt er die Y-Anteile zu Buchwerten in die Z-GmbH ein; im Jahr 10 veräußert er die Z-Anteile. Für diese Veräußerung kann das Halbeinkünfteverfahren angewendet werden. Es liegt ein Fall des Satzes 4 Buchst. b) vor. Die maßgebende Einbringung eines in § 20 Abs. 1 Satz 1 UmwStG bezeichneten Einlagegegenstandes (Betrieb, Teilbetrieb, Mitunternehmeranteil) liegt im Jahr 10 mehr als sieben Jahre zurück.

Zu Satz 5

Die Regelung zielt darauf ab, daß das normale Wertpapiergeschäft (insbesondere der Banken) nicht voll bzw. hälftig steuerfrei gestellt wird. Die Maßnahme stellt damit auch sicher, daß die Steuermindereinnahmen das vorgesehene Maß nicht übersteigen.

3. Erläuterungen

Verfasser: Oliver Hötzel

a) Zweck und Inhalt

Der Systemwechsel

Der Systemwechsel vom Anrechnungsverfahren zum Halbeinkünfte-Verfahren führt zu einer Doppelbelastung ausgeschütteter Dividenden einerseits auf der Ebene der Körperschaft und andererseits auf der Ebene des Gesellschafters. Um die Wirkung dieser Doppelbelastung zu entschärfen, kommen unterschiedliche Mechanismen zum Einsatz. Auf der Ebene der Körperschaft wird ein deutlich auf 25%-Punkte abgesenkter Steuersatz angewendet. Eine zusätzliche Entlastung ergibt sich auf Gesellschafterebene dadurch, daß nur die Hälfte der ausgeschütteten Dividenden steuerpflichtig ist („Halbeinkünfte-Verfahren"). Rechts-technisch wird dies durch eine Steuerbefreiung der Hälfte der Dividendeneinnahmen erreicht (§ 3 Nr. 40 EStG). § 3 Nr. 40 EStG stellt auf die Einnahmen und nicht auf die Einkünfte ab. Aus diesem Grund hat der Gesetzgeber in § 3c Abs. 2 EStG die Aufwendungen, die in Zusammenhang mit steuerbefreiten Einnahmen gem. § 3 Nr. 40 EStG stehen, vom Werbungskosten- bzw. Betriebsausgabenabzug ausgeschlossen. Dieses Abzugsverbot erscheint auf den ersten Blick plausibel, stellt aber bei näherer Betrachtung einen gravierenden Systembruch dar und führt zu widersinnigen Ergebnissen (siehe zu Einzelheiten die Erläuterungen zu § 3c Abs. 2 EStG).

A. II. Änderung § 3 EStG

Das bisherige Steuerrecht krankte daran, daß Dividenden einerseits und Veräußerungsgewinne andererseits unterschiedlich besteuert wurden. Für nicht wesentliche und nicht einbringungsgeborene Anteile des Privatvermögens ergab sich bei Veräußerung außerhalb der Spekulationsfrist eine Steuerfreiheit für den Veräußerungsgewinn bzw. eine steuerliche Nichtabziehbarkeit für Veräußerungsverluste. Bei Veräußerungsgewinnen im Sinne der §§ 16 und 17 EStG sowie des § 21 UmwStG kam die sog. Fünftelungsregelung des § 34 Abs. 1 EStG zur Anwendung. Dividenden unterlagen dagegen grundsätzlich in vollem Umfang (soweit aus vEK mit Ausnahme des EK04 stammend) dem ungemilderten Einkommensteuersatz unter Anrechnung der bei der Körperschaft hergestellten Ausschüttungsbelastung. Diese Diskrepanz zwischen der Besteuerung der laufenden Dividenden einerseits und der Veräußerungsgewinne andererseits eröffnete vielfältige Gestaltungsmöglichkeiten. So bot es sich vielfach an, anstelle einer Dividendenausschüttung die Rücklagen im Wege der Veräußerung steuerfrei oder zum begünstigten Tarif zu realisieren, oder umgekehrt vor einer Veräußerung noch eine Vollausschüttung der Rücklagen durchzuführen. Den entsprechenden Gestaltungen konnte nur unzulänglich und nur durch komplizierte sowie ebenfalls unsystematische Missbrauchsvermeidungsvorschriften wie z.B. in Form des § 50c EStG begegnet werden.

Systematisch zutreffend hat der Gesetzgeber nunmehr einen Gleichlauf zwischen der Besteuerung von Dividenden und Veräußerungsgewinnen hergestellt. Systematisch zutreffend ist dieser Gleichlauf deswegen, weil Veräußerungsgewinne aus wirtschaftlicher Sicht nur zukünftige Dividendenzahlungen – in Gestalt von Gewinnrücklagen als bereits realisiertes Dividendenpotential oder in Form eines Firmenwertes als noch zu realisierenden Dividendenpotential – repräsentieren. Ein Veräußerungsgewinn erweist sich mithin als antizipierte Gewinnausschüttung, was die Notwendigkeit für eine identische Besteuerung offensichtlich macht.

Diesem Postulat ist der Gesetzgeber gefolgt, indem er nach § 3 Nr. 40 EStG nicht nur die laufenden Dividendeneinnahmen, sondern gleichermaßen auch die Erlöse (nicht Gewinne) aus der Veräußerung von Anteilen an Kapitalgesellschaften zur Hälfte von der Einkommensteuer befreit.

Nicht unter die hälftige Steuerbefreiung fallen dagegen Veräußerungsgewinne aus dem Verkauf von Betrieben, Teilbetrieben oder Mitunternehmeranteilen. Dies ist ebenfalls systematisch gerechtfertigt. Bei Personengesellschaften unterliegen die laufenden Gewinne unverändert zum vollen Steuersatz der Einkommensteuer (siehe aber die Entlastung durch die Anrechenbarkeit der Gewerbesteuer gem. § 35 EStG). Es wird bei Personengesellschaften also nicht zwischen entnommenen und thesaurierten Gewinnen differenziert. Insofern entsteht auch keine der Dividendenbesteuerung vergleichbare Doppelbelastung, weshalb auch keine Notwendigkeit für die Anwendung des Halbeinkünfte-Verfahrens besteht. Entsprechendes muss dann aber auch für die steuerliche Behandlung von Veräußerungsgewinnen gelten. Da diese nur antizipierte Gewinne repräsentieren, muss die Besteuerung grundsätzlich derjenigen von laufenden Gewinnen entsprechen. Gleichwohl hat sich der Gesetzgeber vor dem Hintergrund der Forderung nach einer besonderen Steuerkomponente für den Mittelstand dazu entschlossen, für Gewinne aus der Veräußerung eines Betriebes, Teilbetriebes oder Mitunternehmeranteils den zum 1.1.1999 abgeschafften halben Steuersatz wieder in besonderer Ausgestaltung einzuführen (zu Einzelheiten siehe § 34 EStG).

Ökonomische Wirkung

Das Halbeinkünfte-Verfahren führt dazu, daß thesaurierte Gewinne deutlich geringer besteuert werden als ausgeschüttete Gewinne. Dies ist steuerpolitisch gewollt und basiert auf der Grundüberlegung, daß thesaurierte Gewinne reinvestiert werden und damit ökonomisch die „bessere" Form der Gewinnverwendung darstellen. Daß diese Vorstellung nicht ansatzweise den modernen kapitalmarkttheoretischen Erkenntnissen und auch nicht den praktischen Erfordernissen der veränderten Finanzmärkte entspricht, wurde bereits vielfältig dargelegt und soll hier nicht Gegenstand der weiteren Betrachtungen sein. Insbesondere aus Sicht der börsennotierten Publikumsgesellschaften erweist sich das Halbeinkünfte-Verfahren jedoch als deutlich vorteilhaft, weil die „Kosten" des Eigenkapitals nennenswert sinken und eine stärkere Argumentationsbasis für die Einbehaltung von Gewinnen geschaffen wird.

Unter Zugrundelegung des Einkommensteuer-Spitzensatzes von 48,5%, einer Kirchensteuer von 9%, einem Solidaritätszuschlag von 5,5% und eines gewerbesteuerlichen Hebesatzes von 400% stellt sich die gesamte Steuerbelastung thesaurierter und ausgeschütteter Gewinne wie folgt dar:

A. II. Änderung § 3 EStG

Ebene Körperschaft
Gewerbeertrag		120,00
Gewerbesteuer	400,0%	−20,00
Körperschaftsteuerpflichtig		100,00
Körperschaftsteuer	25,0%	−25,00
Solidaritätszuschlag	5,5%	−1,38
Verbleiben		73,63

Steuerbelastung Körperschaft 38,6%

Ebene Gesellschafter
Dividende		73,63
davon einkommensteuerpflichtig	50,0%	36,81
Kombinierter Einkommensteuersatz	53,2%	−19,59
verbleiben		54,04

Steuerbelastung gesamt 55,0%

Mehrbelastung Ausschüttung 16,3%

Der Belastungsunterschied beläuft sich bei einem kombinierten Einkommensteuersatz von 53,2% (Spitzensteuersatz 48,5% zuzüglich Kirchensteuer und Solidaritätszuschlag) auf rd. 16,3%-Punkte. Für einen kombinierten Einkommensteuersatz von 20% ergibt sich eine Differenz zwischen thesaurierten (38,65%) und ausgeschütteten (45,9%) Gewinnen von immerhin noch rd. 7,2%-Punkten. In Anbetracht dieser gewaltigen Belastungsdifferenz ist die Vornahme einer Gewinnausschüttung ökonomisch zukünftig kaum noch zu rechtfertigen.

Im Vergleich zum derzeit geltenden Anrechnungsverfahren zeigt sich, daß das neue Halbeinkünfte-Verfahren für Steuerpflichtige mit einem kombinierten Einkommensteuersatz von über 40,6% günstiger ist. Für Steuersätze, die darunter liegen, bringt das Halbeinkünfte-Verfahren eine Mehrbelastung mit sich. Dies ist darauf zurückzuführen, daß sich nach dem Anrechnungsverfahren grundsätzlich eine Steuerbelastung auf dem Steuersatzniveau des Gesellschafters ergab. Lag dessen Steuersatz niedrig, so war auch die Gesamtsteuerbelastung entsprechend niedrig. Nach dem Halbeinkünfte-Verfahren bleibt es demgegenüber immer bei der körperschaftsteuerlichen und gewerbesteuerlichen Vorbelastung von insgesamt rd. 38,65% unabhängig von der Höhe des Steuersatzes des Gesellschafters. Somit kommt es auch bei niedrigen persönlichen Steuersätzen oder sogar Steuerfreiheit auf Ebene des Gesellschafters zu einer vergleichsweise hohen Gesamtbelastung. Dieser

Wirkungsmechanismus macht auch einen der Angriffspunkte gegen das neue System plastisch: Bezieher niedrigerer Einkommen werden zusätzlich belastet, Bezieher höherer Einkommen werden zusätzlich entlastet.

b) Einzelerläuterungen

aa) Von § 3 Nr. 40 EStG betroffene Steuerarten

§ 3 Nr. 40 EStG gilt für den Bereich der Einkommensteuer, der Gewerbesteuer und zunächst auch der Körperschaftsteuer. Da § 8b KStG jedoch die Besteuerung der Dividenden und Veräußerungsgewinne eigenständig regelt und als lex specialis zu § 3 Nr. 40 EStG anzusehen ist, beschränkt sich der Anwendungsbereich von § 3 Nr. 40 EStG auf die Einkommen- und die Gewerbesteuer. Daß die Befreiungsvorschriften des § 3 EStG generell auch bei der Ermittlung des Gewerbeertrages zu berücksichtigen sind, entspricht einer langjährig gefestigten Rechtsprechung (Lenski/Steinberg, § 7 GewStG Anm. 61 ff. m.w.N.).

Im Hinblick auf die GewSt zu klären ist, auf welcher Ebene § 3 Nr. 40 EStG eingreift, wenn Bezieher der Einkünfte eine Personengesellschaft ist. In Betracht kommt eine Steuerbefreiung auf der Ebene der Mitunternehmer oder aber auf der Ebene der Mitunternehmerschaft. Die Tatsache, dass sowohl der Gewinn als auch die steuerliche Qualität der Einkünfte auf der Ebene der Gesellschaft ermittelt werden und die Personengesellschaft in sachlicher Hinsicht Steuerpflichtiger und auch Steuerschuldner ist, spricht dafür, dass § 3 Nr. 40 EStG auf der Ebene der Personengesellschaft anzuwenden ist (zu vergleichbaren Problematik im Rahmen des § 8 b Abs. 6 KStG siehe im einzelnen die Erläuterungen zu § 8b Abs. 6 KStG). Eine hiervon abweichende Auffassung würde auch zu dem sinnwidrigen Ergebnis führen, dass Gewinne aus Beteiligungsveräußerungen bei einer Personengesellschaft voll gewerbesteuerpflichtig und bei einem Einzelunternehmen hälftig gewerbesteuerfrei wären. Entsprechendes würde für nicht schachtelprivilegierte Dividenden gelten.

Da für die Rechtsfolgen auf der Ebene der Mitunternehmerschaft der steuerliche Charakter der Mitunternehmer ausschlaggebend ist, muss verfahrenstechnisch sichergestellt werden, dass der endgültige Zurechnungsadressat der Dividende bzw. des Veräußerungsgewinns bekannt ist. Dies kann immer dann problematisch werden, wenn mehrstöckige Beteiligungsverhältnisse bestehen.

A. II. Änderung § 3 EStG

bb) § 3 Nr. 40 a) EStG: Beteiligungsverkäufe im Betriebsvermögen

Von § 3 Nr. 40 a) EStG werden Realisationstatbestände im Zusammenhang mit Anteilen an Kapitalgesellschaften und sonstigen Körperschaften, Personenvereinigungen und Betrieben, deren Leistungen beim Empfänger zu Einkünften nach § 20 Abs. 1 Nr. 1 EStG führen, erfasst. Voraussetzung ist, daß die Realisation in einem gewerblichen, selbständigen oder land- und forstwirtschaftlichen Betriebsvermögen stattfindet. Realisationstatbestände im Privatvermögen werden nicht von lit. a), sondern nur im Bereich von lit. c) und j) begünstigt (ggf. bei einbringungsgeborenen Anteilen auch von lit.b)).

Begünstigte Tatbestände

Als begünstigte Tatbestände werden vom Gesetzgeber ausdrücklich genannt.

– Veräußerungserlöse
– Teilwertansatz im Zusammenhang mit Entnahmen
– Erlöse aus der Auflösung/Liquidation oder der Kapitalherabsetzung
– Zuschreibungen nach § 6 Abs. 1 Nr. 2 Satz 3 EStG.

Als Veräußerung gilt allgemein die Übertragung des wirtschaftlichen Eigentums gegen Entgelt, wobei das Entgelt auch in anderen Wirtschaftsgütern oder Leistungen bestehen kann (Tausch). In diesen Fällen gilt als Erlös der gemeine Wert des hingegebenen Wirtschaftsguts. Hierunter fällt auch die Einbringung gegen Gewährung von Gesellschaftsrechten, da die offene Einlage vom BFH als tauschähnlicher Vorgang qualifiziert wird (BFH v. 19.10.1998, BFH/NV 1999, 849; BMF v. 29.3.2000, BStBl I 2000, 462). Dies gilt unabhängig von der Rechtsform der aufnehmenden Gesellschaft.

Auch Einbringungsvorgänge nach §§ 20 Abs. 1 und 23 Abs. 4 UmwStG fallen unter § 3 Nr. 40 a) EStG, da es sich bei der Gewährung von Gesellschaftsrechten um eine Gegenleistung handelt. Somit liegt ein tauschähnlicher Veräußerungsvorgang vor. Diese Qualifizierung gilt unabhängig vom gewählten Wertansatz, also auch bei einer Buchwerteinbringung. Dies kann von Bedeutung sein, wenn eine Buchwerteinbringung innerhalb der nachstehend dargestellten Sperrfristen erfolgt. Denn in diesem Fall greift die hälftige Befreiung für die Gegenleistung nicht ein, so dass der volle Buchwert als Einnahme zu erfassen ist. Demgegenüber wird der Buchwert der Beteiligung nach § 3c Abs. 2 EStG nur zur Hälfte angesetzt (zu Einzelheiten siehe § 3c Abs. 2 EStG). Somit kann es bei an sich steuerneutralen Buchwerteinbringungen zu einer Steuerpflicht kommen, wenn die

Einbringung innerhalb der noch zu erörternden Sperrfristen erfolgt. Dies stellt eine kaum zu rechtfertigende Steuerfalle dar.

Tatbestandsüberschneidungen können sich insbesondere bei Veräußerungen i.S.d. §§ 16 u. 17 EStG ergeben, da es sich einerseits um gewerbliche Einnahmen aus der Veräußerung von Anteilen (§ 3 Nr. 40 a) EStG), andererseits aber auch um Tatbestände i.S.d. § 3 Nr. 40 b) bzw. c) EStG handelt. Da lit. b) und c) als leges speciales gegenüber lit. a) anzusehen sind, sollte eine Subsumtion unter der jeweils spezielleren Vorschrift erfolgen. Entsprechendes gilt für Einnahmen im Zusammenhang mit einbrigungsgeborenen Anteilen, da diese gem. § 21 Abs. 1 UmwStG als Veräußerungsvorgänge i.S.d. § 16 EStG gelten. Dabei verwundert allerdings, dass der Gesetzgeber im Rahmen der Sperrfrist gem. § 3 Nr. 40 Satz 3 EStG auch für die Tatbestände nach lit. a) einen Verkauf von einbringungsgeborenen Anteilen für möglich hält. Eine Erklärung hierfür könnte sein, dass der Verkauf einbringungsgeborener Anteile unter lit a) fällt, soweit sie in einem Betriebsvermögen gehalten werden, und unter lit b) fällt, soweit sie im Privatvermögen gehalten werden. Bedeutung hat die exakte Zuordnung zu einem der in den lit. a) bis c) genannten Tatbestände deswegen, weil hieran jeweils unterschiedliche Rechtsfolgen geknüpft werden.

Auffallend ist, daß der Gesetzgeber einige Realisationstatbestände, die im Zusammenhang mit Kapitalgesellschaftsbeteiligungen eintreten können, nicht in § 3 Nr. 40 a) EStG erwähnt hat. So sind weder die verdeckte Einlage, für die gem. § 6 Abs. 1 Nr. 5 EStG der Teilwert anzusetzen ist, noch die Realisationstatbestände nach § 6 Abs. 4–6 EStG explizit in § 3 Nr. 40 a) EStG genannt. Soweit es sich um eine verdeckte Einlage in ein Betriebsvermögen handelt, liegt keine Veräußerung vor. Eine entstehende Betriebsvermögensmehrung infolge des Ansatzes des Teilwertes oder des gemeinen Wertes auf der Grundlage des § 6 Abs. 1 Nr. 5, Abs. 4–6 EStG stellt vielfach – wegen der betrieblichen Veranlassung der Übertragung – auch keine Entnahme dar, so daß keiner der in § 3 Nr. 40 a) EStG explizit genannten Befreiungstatbestände gegeben ist.

Da kein Grund für die Ausklammerung der Tatbestände des § 6 Abs. 1 und Abs. 4–6 EStG erkennbar ist, handelt es sich aus unserer Sicht schlicht um ein redaktionelles Versehen des Gesetzgebers. Aus systematischer Sicht muss jede steuerpflichtige Realisation stiller Reserven in Anteilen an einer Kapitalgesellschaft gleich behandelt werden. Eine Differenzierung zwischen Veräußerung, Entnahme, Liquidation und Zuschreibung einerseits sowie verdeckter Einlage und sonstigen Übertragungsvorgängen andererseits ist durch nichts ge-

A. II. Änderung § 3 EStG

rechtfertigt. Es sollte insoweit alsbald eine klarstellende Gesetzeskorrektur vorgenommen werden.

Die hälftige Steuerbefreiung greift insoweit nicht, wie eine frühere Teilwertabschreibung auf die Anteile den Gewinn gemindert hat und nicht zwischenzeitlich durch eine Wertaufholung wieder kompensiert wurde. Hierdurch soll verhindert werden, daß sich der Aufwand aus einer früheren Teilwertminderung zum vollen Steuersatz auswirkt, während der entsprechende Ertrag im Falle einer zukünftigen Wertaufholung nur zur Hälfte erfasst wird. Vor dem Hintergrund dieser Intention ist es nur sachgerecht, daß § 3 Nr. 40 a) EStG uneingeschränkt anwendbar ist, wenn sich die frühere Teilwertabschreibung z.B. wegen § 50c EStG nicht auf den Gewinn ausgewirkt hat.

Umfang der Steuerbefreiung

Eingangs wurde bereits erwähnt, daß nicht der Veräußerungsgewinn, sondern der Veräußerungserlös hälftig steuerbefreit wird. Diese Gesetzestechnik führt dazu, daß es im Bereich von § 3 Nr. 40 EStG keine Negativbeträge geben kann. Erst durch Gegenüberstellung des Veräußerungserlöses mit den Veräußerungskosten kann sich ein Veräußerungsverlust ergeben. Die steuerliche Behandlung der Aufwendungen, die mit den steuerbefreiten Veräußerungserlösen in wirtschaftlichem Zusammenhang stehen, sind in § 3c Abs. 2 EStG geregelt (siehe Einzelheiten zu § 3c Abs. 2 EStG).

Unproblematisch hinsichtlich der Höhe der Steuerbefreiung sind die Veräußerungen gegen Zahlung eines Einmalbetrags. Besteht der Veräußerungspreis dagegen in wiederkehrenden Leistungen, die möglicherweise von einer Erfolgsgröße wie z.B. dem Umsatz oder dem Gewinn abhängt, gestaltet sich die Bestimmung des Veräußerungserlöses problematisch. Solange mit hinreichender Sicherheit abgeschätzt werden kann, welche zukünftigen Zahlungen erfolgen werden, ergibt sich der Veräußerungserlös als abgezinster Barwert der laufenden Zahlungen. Dies könnte z.B. der Fall bei Vereinbarung einer Leib- oder Zeitrente der Fall sein. Schwieriger bestimmbar ist dagegen ein Kaufpreis, dessen Höhe variabel, z.B. umsatz- oder gewinnabhängig ausgestaltet ist (earn-out). Wenn keine hinreichende Sicherheit hinsichtlich der Bestimmbarkeit des Kaufpreises besteht, kann eine Besteuerung nur nach dem Zuflussprinzip erfolgen. Im Zeitpunkt des Übergangs des wirtschaftlichen Eigentums werden die im Veranlagungszeitraum vereinnahmten Kaufpreiszahlungen als Veräußerungserlöse behandelt und ihnen der Buchwert der Beteiligung gegenübergestellt (§ 3c Abs. 2 EStG). Da die späteren Kaufpreisraten ebenfalls durch den Beteiligungsverkauf verursacht sind, müssen sie im Zuflusszeitpunkt als Veräußerungserlöse behandelt werden. Es findet also eine rückwirkende Zuordnung zum Veräußerungsvorgang statt (BFH v. 19.7.1993, BStBl II 1993, 897). Es greift dann jeweils für die Teilzahlung die hälftige Steuerbefreiung. Fraglich bleibt dabei, ob auf die Teilzahlungen das jeweils geltende Steuerrecht anwendbar sein soll oder ob die Teilzahlungen ex tunc als rückwirkendes Ereignis gem. § 175 AO den ursprünglich angesetzten Veräußerungserlös rückwirkend erhöhen. Bedeutung hat diese Frage, wenn sich zwischenzeitlich nennenswerte Steuersatzänderungen ergeben haben. U.E. kann nur das im Zeitpunkt der Anteilsveräußerung geltende Steuerrecht Anwendung finden (so zumindest für gewinnabhängige Kaufpreisvereinbarungen BFH, DB 1995, 79). Denn die „Zuflussbesteuerung" ist nur eine Hilfslösung, die aufgrund der fehlenden Bestimmbarkeit des Kaufpreises erforderlich wird. Wäre der Kaufpreis von Beginn an bekannt gewesen, hätte sich auch eine Besteuerung nach dem Recht im Zeitpunkt der Übertragung ergeben.

Während sich der Veräußerungserlös im Verkaufsfall unmittelbar aus dem Kaufpreis ergibt, ist das Pendant bei den Ersatztatbeständen hilfsweise zu ermitteln. Im Fall der Entnahme kommt gem. § 6 Abs. 1 Nr. 4 EStG der Teilwert zum Ansatz. Da der Teilwertgedanke von einem fiktiven Kaufpreis ausgeht, den ein Erwerber im Rahmen des Kaufs des Gesamtunternehmens zahlen würde, sind beim Teilwertansatz auch Synergieeffekte (funktionaler Wert der Beteiligung) zu berücksichtigen.

Im Falle der Kapitalherabsetzung oder Liquidation ist der Umfang der Steuerbefreiung unsicher. Da § 3 Nr. 40 e) EStG eine eigenständige Regelung für solche Bezüge beinhaltet, die nicht aus Nennkapital oder aus dem Einlagenkonto (§ 27 KStG) stammen, spricht viel dafür, dass § 3 Nr. 40 a) EStG nur solche Bezüge erfasst, für die Nennkapital oder das Einlagenkonto als verwendet gelten. Diese Differenzierung ergibt sich allerdings nur aus systematischen Erwägungen und läßt sich in dieser Form nicht allein aus dem Gesetzeswortlaut ableiten. Nach anderer Auslegung könnte § 3 Nr. 40 a) EStG sämtliche Kapitalrückzahlungen bzw. Liquidationsraten umfassen unabhängig davon, aus welcher Eigenkapitalkategorie die Rückzahlungen stammen (siehe auch die Erläuterungen zu § 3 Nr. 40 e) EStG). Aus konzeptionellen Erwägungen wird der der Auslegung der Vorzug gegeben, die zwischen Nennkapital- und Einlagenrückzalungen einerseits und anderen Rücklagen andererseits differenziert.

Wird eine Gewinnausschüttung aus dem neu geschaffenen Einlagenkonto (§ 27 KStG) gespeist, so ist dies weder als veräußerungsähnlicher Vorgang noch als Kapitalherabsetzung zu werten. Vielmehr liegt eine Gewinnausschüttung vor, die unter § 3 Nr. 40 d) EStG fällt (zu Einzelheiten siehe dort). Dies gilt auch dann, wenn die Rückzahlung der Einlagen den Buchwert der Beteiligung überschreitet.

Zeitliche Beschränkungen

In zeitlicher Hinsicht ist Voraussetzung für die Inanspruchnahme der Steuerbefreiung, daß die Anteile im Veräußerungszeitpunkt seit mindestens einem Jahr ununterbrochen zum Betriebsvermögen des Steuerpflichtigen gehört haben (Satz 5). Der Sinn und Zweck dieser Sperrfrist liegt ursprünglich darin begründet, den kurzfristigen bankenmäßigen Handel mit Wertpapieren von der hälftigen Steuerbefreiung auszuschliessen. Diese Zielsetzung kann jedoch nur schwierig nachvollzogen werden. Die hälftige Steuerbefreiung stellt, wie bereits einleitend erörtert, keineswegs eine steuerliche Vergünstigung dar. Im Gegenteil: Sie ist ein notwendiges Instrument zur Vermeidung von systemwidrigen Doppelbelastungen, und die Belastungsrechnungen zeigen, dass Dividenden in der Gesamtbetrachtung trotz der nur hälftigen Erfassung beim Gesellschafter einer Steuerbelastung von rd. 55% unterliegen. Wird diese vermeintliche Steuervergünstigung für bestimmte Geschäfte nicht gewährt, ergeben sich Steuerbelastungen, die noch deutlich über den 55% angesiedelt sind. Dies ist in Anbetracht der Zielsetzung des StSenkG nur eingeschränkt nachvollziehbar.

Die Sperrfrist führt auch dazu, daß Gewinnausschüttungen, für die eine vergleichbare Sperrfrist nicht besteht, günstiger als die Veräußerungsgewinne besteuert werden. Dies steht der Zielsetzung des Halbeinkünfte-Verfahrens, Gewinnausschüttungen und Veräußerungsgewinne einheitlich zu besteuern, klar entgegen. Sollte ein nennenswerter Veräußerungsgewinn erwartet werden, ist also die Jahresfrist abzuwarten. Dies behindert den Beteiligungsverkauf innerhalb von Betriebsvermögen unnötig und führt zu einer Ungleichbehandlung gegenüber privaten Beteiligungsveräußerungen (§ 3 Nr. 40c) und j) EStG), bei denen eine entsprechende Sperrfrist nicht existiert. Auch für diese Differenzierung ist kein Anlass erkennbar.

Im Zusammenhang mit dem Verkauf einer Kapitalgesellschaftsbeteiligung durch eine Personengesellschaft stellt sich die Frage, wer als Steuerpflichtiger im Sinne der Sperrfrist anzusehen ist. Dies ist gem. § 1 EStG grundsätzlich der Mitunternehmer persönlich und nicht etwa die Personengesellschaft. Entsprechendes muss u.E. für doppelstöckige Personengesellschaften gelten, da gem. § 15 Abs. 1 Nr. 2 Satz 2 EStG auch der mittelbar an einer Personengesellschaft beteiligte Gesellschafter für einkommensteuerliche (nicht gewerbesteuerliche) Zwecke als Mitunternehmer dieser Gesellschaft angesehen wird. Die gesellschafterbezogene Ausgestaltung der Sperrfrist führt dazu, daß für neu eingetretene Gesellschafter sämtliche Beteiligungsverkäufe voll steuerpflichtig sind, obwohl sich die verkaufte Beteiligung möglicherweise bereits seit Jahrzehnten im Eigentum der Personengesellschaft befindet. Auch diese Konsequenz ist nicht nachvollziehbar, zumal der einzelne Gesellschafter vielfach den Veräußerungszeitpunkt nicht selbst bestimmen kann.

Eine weitere zeitliche Begrenzung der Anwendbarkeit der hälftigen Steuerbefreiung ergibt sich durch Satz 3 der Vorschrift. Hiernach greift die Steuerbefreiung nicht ein, wenn die verkauften Anteile durch Einbringung eines Betriebes, Teilbetriebes oder Mitunternehmeranteils zu einem unter dem Teilwert liegenden Wertansatz innerhalb der letzten sieben Jahre entstanden sind. Durch diese Sperrfrist soll verhindert werden, daß Sachgesamtheiten, bei deren Verkauf eine volle Steuerpflicht vorgesehen ist, durch eine vorgeschaltete Einbringung in eine Kapitalgesellschaft zur Hälfte steuerfrei verkauft werden können.

Gesetzestechnisch ist die Sperrfrist wie folgt ausgestaltet:

1. Grundsatz: Zunächst ist der Verkauf sämtlicher einbringungsgeborener Anteile aus dem Anwendungsbereich der Steuerbefreiung nach § 3 Nr. 40 a) und b) EStG ausgenommen.

2. Ausnahme vom Grundsatz: Entgegen der Grundregel ist der Verkauf einbringungsgeborener Anteile dann hälftig steuerfrei, wenn die Einbringung entweder bereits mehr als sieben Jahre zurückliegt oder wenn Gegenstand der Einbringung Anteile an einer Kapitalgesellschaft waren, die bei unmittelbarem Verkauf ebenfalls hälftig steuerfrei gewesen wären.

3. Ausnahme von der Ausnahme: Soweit die veräußerten einbringungsgeborenen Anteile aus einer Einbringung nach § 20 Abs. 1 Satz 2 UmwStG stammen und die eingebrachten Anteile ihrerseits wiederum aus einer Einbringung nach §§ 20 Abs. 1 Satz 1 oder 23 Abs. 1-3 UmwStG stammen (doppelstöckige einbringungsgeborene Anteile), die nicht mehr als 7 Jahre vor der Anteilsveräußerung nach § 3 Nr. 40 a) EStG liegt, ist die Steuerbefreiung nicht anwendbar.

Diese Zusammenhänge lassen sich durch folgendes Prüfschema verdeutlichen:

A. II. Änderung § 3 EStG

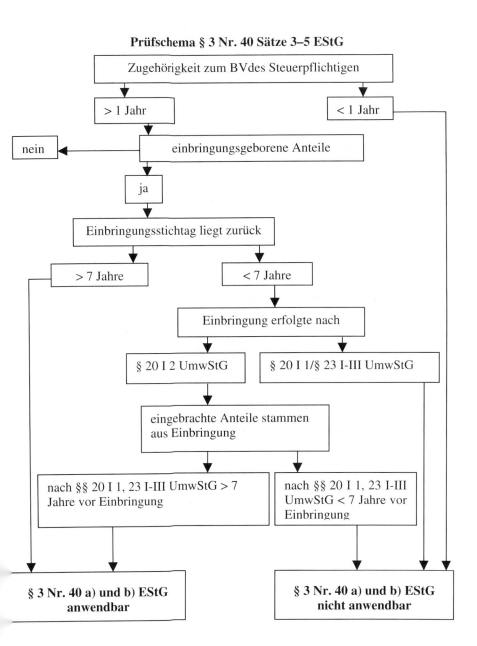

Auffallend ist, daß Einbringungsvorgänge nach § 23 Abs. 4 UmwStG, die ebenfalls von der dargestellten siebenjährigen Sperrfrist erfasst werden, nicht in den Ausnahmekatalog aufgenommen worden sind. Dies überrascht, weil § 23 Abs. 4 den gleichen Grundstrukturen wie § 20 Abs. 1 Satz 2 UmwStG folgt und somit auch hinsichtlich dieser Gattung einbringungsgeborener Anteile eine Ausnahme von der Versagung der Steuerbefreiung gemacht werden muss. Möglicherweise ist der Gesetzgeber davon ausgegangen, daß eine Einbringung nach 23 Abs. 4 UmwStG einer Einbringung nach § 20 Abs. 1 Satz 2 UmwStG gleichsteht und damit unter die Ausnahmeregelung des § 3 Nr. 40 Satz 4 b) EStG zu subsumieren ist. Dies läßt sich aber aus dem Wortlaut der Ausnahmeregelung nicht ohne weiteres ableiten. Insofern sollte auch in diesem Zusammenhang eine Klarstellung durch die Finanzverwaltung, ggf. durch den Gesetzgeber, erfolgen. Sollte die fehlende Erfassung des § 23 Abs. 4 UmwStG gewollt sein, stellt sich unmittelbar die Frage nach der EU-Verträglichkeit einer solchen Differenzierung. Denn es ergibt sich ohne sachliche Rechtfertigung eine Schlechterstellung in der steuerlichen Behandlung einer EU-Kapitalgesellschaft.

Für die Berechnung der Siebenjahresfrist ist u.E. auf den ggf. zurückgezogenen steuerlichen Einbringungsstichtag und nicht auf den Tag des tatsächlichen Eigentumsübergangs abzustellen. Denn der Übertragungsstichtag ist maßgeblich für alle ertragsteuerlichen Rechtsfolgen der Einbringung. Somit kann die Sperrfirst durch eine Rückbeziehung der Einbringung verkürzt werden.

Begünstigte Personen

§ 3 Nr. 40 a) EStG ist nur auf Einnahmen bzw. Betriebsvermögensmehrungen bei Anteilen, die sich in einem Betriebsvermögen befinden, anwendbar. Private Veräußerungsgewinne etc. fallen also nicht unter lit. a).

Eine Anwendung auf Körperschaften käme zwar grundsätzlich in Betracht, ist jedoch wegen der Existenz der Spezialnorm des § 8b KStG nicht sachgerecht.

Begünstigte Anteile

Ausschließliches Merkmal für die Begünstigung von Anteilsverkäufen ist, daß es sich um solche Körperschaften, Personenvereinigungen etc. handelt, deren Leistungen beim Empfänger zu Einkünften i.S.d. § 20 Abs. 1 Nr. 1 EStG gehören. Da in § 20 Abs. 1 Nr. 1 EStG nicht unterschieden wird zwischen Dividenden von in- und ausländischen Kapitalgesellschaften, ist auch im Anwendungsbereich von

§ 3 Nr. 40 a) EStG nicht zwischen in- und ausländischen Kapitalgesellschaften zu unterscheiden. Somit unterliegt auch der Gewinn aus dem Verkauf einer ausländischen Kapitalgesellschaft der hälftigen Steuerbefreiung. Dies wirft die üblichen Abgrenzungsfragen auf, welche ausländischen Rechtsformen der deutschen Kapitalgesellschaft entsprechen.

Zweifel an dieser zunächst unbestrittenen Grundaussage könnten sich aus der Anwendungsvorschrift des § 52 Abs. 4a EStG ergeben. Dort wird für die erstmalige Anwendung des § 3 Nr. 40 a) und b) EStG auf das Wirtschaftsjahr der Körperschaft Bezug genommen, für das das neue KStG erstmals anwendbar ist (Einzelheiten siehe unten). Da das neue KStG für ausländische Körperschaften zu keiner Zeit anwendbar ist, läuft die Anwendungsvorschrift insoweit leer. Hieraus kann jedoch nicht geschlossen werden, daß § 3 Nr. 40 EStG zwar dem Grunde nach auch für Auslandsbeteiligungen anwendbar ist, aber dem Zeitpunkt nach nie tatsächlich zur Anwendung kommen wird. Vielmehr muss entweder § 52 Abs. 4a EStG u.E. so interpretiert werden, daß auf die erstmalige Anwendbarkeit des KStG Bezug genommen wird, die sich bei unterstellter unbeschränkter Steuerpflicht der Auslandsgesellschaft ergeben würde. Oder die Norm gilt gar nicht, sondern es gilt die allgemeine Anwendungsregelung des § 52 Abs. 1 EStG.

cc) § 3 Nr. 40 b) EStG: Beteiligungsverkäufe im Rahmen des § 16 EStG

Begünstigte Tatbestände

Im Rahmen des § 3 Nr. 40 b) EStG werden primär solche Erträge begünstigt, die sich im Rahmen einer Veräußerung eines Betriebes, Teilbetriebes oder Mitunternehmeranteils bzw. bei Aufgabe der genannten Einheiten ergeben. Es handelt sich im Gegensatz zu den Tatbeständen der lit. a) also im wesentlichen um mittelbare Beteiligungsveräußerungen, die im Zusammenhang mit der Veräußerung von Sachgesamtheiten erfolgen.

In Betracht für eine Steuerbefreiung nach § 3 Nr. 40 b) EStG kommen folgende Tatbestände:

– Veräußerung oder Aufgabe eines Betriebs, Teilbetriebes oder Mitunternehmeranteils, soweit sich im veräußerten Betriebsvermögen Beteiligungen an Körperschaften befinden, deren Leistungen beim Empfänger zu Einnahmen i.S.d. § 20 Abs. 1 Nr. 1 EStG gehören,
– Veräußerung einer 100%igen Beteiligung an einer Kapitalgesellschaft,
– Veräußerung von einbringungsgeborenen Anteilen,

- Realteilung, soweit sich im Betriebsvermögen Beteiligungen an Körperschaften befinden,
- Einbringung eines Betriebes, Teilbetriebes oder Mitunternehmeranteils nach den §§ 20, 24 UmwStG einschließlich der Verschmelzung oder Spaltung einer Personengesellschaft auf eine Kapitalgesellschaft, soweit sich im eingebrachten Betriebsvermögen Beteiligungen an Körperschaften befinden.

Dass auch die Einbringungsvorgänge von § 3 Nr. 40 b) EStG erfasst werden, ergibt sich aus der Intention der Steuerbefreiung und wird auch durch den Gesetzeswortlaut gedeckt. Denn die Einbringung wird steuerlich als tauschähnlicher Vorgang qualifiziert, der einer Veräußerung gleichsteht.

Veräußerungsvorgänge i.S.d. § 16 EStG sind auch der Verkauf einer 100%igen Kapitalgesellschaftsbeteiligung (§ 16 Abs. 1 Nr. 1 Satz 2 EStG) sowie der Verkauf von einbringungsgeborenen Anteilen (§ 21 Abs. 1 UmwStG). Unklar ist jedoch, unter welchen Tatbestand die Ersatztatbestände des § 21 Abs. 2 UmwStG zu subsumieren sind. Das Problem stellt sich, weil § 3 Nr. 40 b) EStG nur Veräußerungen und die Betriebsaufgabe erfasst, die Ersatztatbestände des § 21 Abs. 2 UmwStG aber gerade nicht mit einer Veräußerung oder Betriebsaufgabe einhergehen. Dennoch müssen u.E. auch die Ersatztatbestände des § 21 Abs. 2 UmwStG unter § 3 Nr. 40 b) EStG fallen, weil in § 21 Abs. 2 UmwStG auf die Rechtsfolgen des § 21 Abs. 1 UmwStG verwiesen wird und eine dieser Rechtsfolgen in der Qualifizierung als Veräußerungsgewinn i.S.d. § 16 EStG besteht. Somit werden mittelbar auch die Ersatztatbestände des § 21 Abs. 2 UmwStG als Veräußerungen i.S.d. § 16 EStG qualifiziert.

Nicht erwähnt sind in § 3 Nr. 40 b) EStG Erlöse aus Veräußerungen i.S.d. §§ 14 und 18 Abs. 3 EStG. In den genannten Vorschriften findet sich auch keine Fiktion, nach der die Veräußerungsgewinne als solche i.S.d. § 16 EStG zu qualifizieren wären. Es ist lediglich eine entsprechende Anwendung bestimmter Vorschriften des § 16 EStG vorgesehen. Auch hierbei handelt es sich wohl um ein gesetzgeberisches Versehen, das alsbald klarstellend korrigiert werden sollte. Soweit bei einem Betriebsverkauf nach den §§ 14 ubd 18 Abs. 3 EStG auch Anteile an Kapitalgesellschaften übertragen werden, muss der entsprechende Erlös hälftig steuerfrei gestellt werden.

Umfang der Steuerbefreiung

Während die Steuerbefreiung in lit. a) ausdrücklich die Fälle einer früheren erfolgswirksamen Teilwertabschreibung ausklammert, findet sich in lit. b) keine entsprechende Regelung. Entfällt der Veräuße-

A. II. Änderung § 3 EStG

rungserlös im Zuge des Verkaufs eines Mitunternehmeranteils also auf eine teilwertberichtigte Beteiligung, so ist auch der Anteil des Veräußerungserlöses, der auf die Aufholung der Teilwertminderung entfallt, steuerfrei. Entsprechendes gilt auch für die 100%ige Beteiligung an einer Kapitalgesellschaft, die wie die Veräußerung eines Teilbetriebes i.S.d. § 16 Abs. 1 Nr. 1 EStG behandelt wird. Eine Konkurrenz zwischen dem Befreiungstatbestand der lit. a) und der lit. b) besteht nicht. Bei der Qualifizierung eines Veräußerungsgewinns als laufender Erfolg gem. § 15 EStG oder als besonderer Veräußerungsgewinn gem. § 16 Abs. 1 EStG genießt § 16 EStG als lex specialis Vorrang. Damit muss auch die Zuordnung des Ertrages zu § 3 Nr. 40 b) EStG Vorrang vor der Zuordnung zu lit. a) haben. Das bedeutet, daß auch teilwertabschreibungsbedingte Veräußerungserlöse bei 100%igen Kapitalgesellschaftsbeteiligungen (oder ggf. bei einbringungsgeborenen Anteilen) hälftig steuerfrei sind. Wegen dieser Differenzierung kommt der sachgerechten Zuordnung einzelner Veräußerungstatbestände zu den jeweiligen Befreiungsvorschriften eine erhebliche Bedeutung zu.

Bei der Veräußerung einer Sachgesamtheit (Betrieb, Teilbetrieb) oder eines Mitunternehmeranteils wird regelmäßig ein Gesamtkaufpreis vereinbart, so daß der auf die Beteiligung entfallende Anteil am Gesamtkaufpreis zu ermitteln ist. Dies wirft die Frage auf, wie eine sachgerechte Verteilung des Kaufpreises auf die einzelnen Wirtschaftsgüter der Sachgesamtheit bzw. des Mitunternehmeranteils herbeigeführt werden kann. Eine entsprechende Problematik stellte sich bereits in der Vergangenheit für den Erwerber eines Unternehmens. Soweit ein Betrieb, Teilbetrieb oder Mitunternehmeranteil Gegenstand des Erwerbs ist, muss der Gesamtkaufpreis auf die einzelnen Wirtschaftsgüter der Sachgesamtheit aufgeteilt werden (§ 6 Abs. 1 Nr. 7 EStG). Da die Kaufpreisaufteilung wegen der sehr unterschiedlichen Abschreibungsgeschwindigkeiten der verschiedenen Wirtschaftsgüter ausschlaggebend dafür ist, wie schnell und in welcher Höhe der Unternehmenskaufpreis in steuerlich wirksame Abschreibungen umgesetzt werden kann, kommt dem Aufteilungsmaßstab eine zentrale Bedeutung zu. Hierzu ist von der Rechtsprechung die sog. Stufentheorie entwickelt worden, die eine Kaufpreisaufteilung in folgenden vier Stufen anordnet:

1. Aktivierung der übernommenen bereits beim Veräußerer bilanzierten Wirtschaftsgüter bis zur Höhe ihres Teilwertes.

2. Soweit der Kaufpreis die Teilwerte der 1. Stufe übersteigt, sind die bislang nicht aktivierten immateriellen Wirtschaftsgüter bis zur Höhe ihres Teilwertes anzusetzen.

3. Ein über die Stufe 2 hinausgehender Betrag ist als Firmenwert zu aktivieren.

4. Im Ausnahmefall kann ein Aufgeld für das Ausscheiden eines lästigen Gesellschafters sofort als Betriebsausgabe abgezogen werden.

Soweit die Teilwerte einer Stufe nicht voll erreicht werden, ist eine am Verhältnis der Teilwerte ausgerichtete quotale Verteilung auf alle Wirtschaftsgüter der betreffenden Stufe vorzunehmen.

Da in Form der Stufentheorie bereits ein geeignetes Verfahren zur Kaufpreisaufteilung bei Sachgesamtheiten existiert, bietet es sich u.E. zwingend an, dieses Verfahren auch im Bereich des § 3 Nr. 40 b) EStG anzuwenden. Probleme wird in der Praxis die Tatsache mit sich bringen, daß zukünftig zwischen Veräußerer und Erwerber ein Interessengegensatz entstehen kann. Während der Veräußerer an einer möglichst hohen Kaufpreiszuordnung zu den Beteiligungen interessiert ist, wird der Erwerber eine solche Zuordnung gerade verhindern wollen, da die Beteiligungen nicht abnutzbar sind und der Kaufpreis insoweit nicht in laufenden Abschreibungsaufwand umgesetzt werden kann. Wegen dieses Interessenkonflikts bietet es sich in der Zukunft an, eine Kaufpreisaufteilung bereits im Unternehmenskaufvertrag zu fixieren. Zwar ist der Unternehmenserwerber rechtlich nicht an die vom Veräußerer vorgenommene Aufteilung gebunden. Dennoch wird die Finanzverwaltung bei deutlichen Abweichungen in den Wertansätzen für die Beteiligungen beim Veräußerer oder beim Erwerber im Rahmen einer späteren Betriebsprüfung Korrekturen vornehmen. Durch eine vertragliche Vereinbarung läßt sich solchen Korrekturen entgegenwirken. Auch in der Vergangenheit wurden vielfach in den Unternehmenskaufverträgen Kaufpreisaufteilungen vereinbart. Da aber zwischen Veräußerer und Erwerber regelmäßig kein Interessengegensatz bestand, hat die Finanzverwaltung von solchen vertraglichen Kaufpreiszuordnungen nur eingeschränkt Notiz genommen. Dies wird sich künftig ändern. In Anbetracht des dargestellten Interessenkonflikts erlangt die vertragliche Kaufpreisaufteilung eine deutlich verstärkte Objektivierungswirkung gegenüber der Finanzverwaltung.

Soweit es sich um die Aufgabe eines Betriebes, Teilbetriebes oder Mitunternehmeranteils handelt, ist der gemeine Wert der in dem Vermögen enthaltenen Beteiligungen anzusetzen. Bei der Ermittlung des gemeinen Wertes einer Beteiligung sollte sich der Steuerpflichtige nicht von der Finanzverwaltung auf den regelmäßig vergleichsweise niedrigen Wert nach Stuttgarter Verfahren verweisen lassen. Im Zusammenhang mit der Antragsversteuerung nach § 21 Abs. 2 UmwStG hält die Finanzverwaltung das Stuttgarter Verfahren auch nicht für ei-

A. II. Änderung § 3 EStG

nen geeigneten Wertmaßstab einer Beteiligung (BMF v. 25.3.1998, BStBl I 1998, 268, Tz. 21.06). Im Rahmen der Feststellung des gemeinen Wertes sind Synergieeffekte oder die funktionale Bedeutung der Beteiligung – im Gegensatz zur Teilwertbetrachtung – außer Acht zu lassen.

Sonstige Aspekte

Hinsichtlich der übrigen Aspekte, insbesondere der Sperrfristen, wird zur Vermeidung von Wiederholungen auf die Erläuterungen zu dieser Vorschrift verwiesen.

dd) § 3 Nr. 40 c) EStG: Beteiligungsverkäufe i.s.d. § 17 EStG

Während nach lit. a) und b) Vorgänge im steuerlichen Betriebsvermögen begünstigt werden, erfasst lit. c) Realisationstatbestands in Bezug auf wesentliche Beteiligungen.

Begünstigte Tatbestände

Im einzelnen sind folgende Tatbestände angesprochen:

– Veräußerung einer wesentlichen Beteiligung

– Verdeckte Einlage einer wesentlichen Beteiligung in eine Kapitalgesellschaft

– Auflösung oder Kapitalherabsetzung bei einer wesentlichen Beteiligung.

Als Veräußerung ist auch die Einbringung nach §§ 20 Abs. 1 Satz 2 und 23 Abs. 4 UmwStG zu qualifizieren.

Keine Veräußerung ist die verdeckte Einlage in ein Betriebsvermögen oder in eine Personengesellschaft. Da hierfür aber gem. § 6 Abs. 1 Nr. 5 b) EStG generell die Anschaffungskosten als Einlagewert anzusetzen sind, kann sich ein steuerpflichtiger Ertrag ohnehin nicht ergeben. Einer Steuerbefreiung bedarf es daher nicht.

Umfang der Steuerbefreiung

Bei Veräußerungen gegen Einmalbetrag ergeben sich hinsichtlich der Höhe der Steuerbefreiung keine Besonderheiten. Erfolgt der Verkauf gegen wiederkehrende Bezüge, so ist deren Barwert als Veräußerungspreis anzusehen. Ist die Höhe des Kaufpreises im Veräußerungszeitpunkt noch nicht mit hinreichender Sicherheit abschätzbar, weil z.B. gewinn- oder umsatzabhängige Teilzahlungen vereinbart worden sind, so ist als Veräußerungspreis zunächst nur der im Veranlagungszeitraum zugeflossene Betrag anzusetzen. Zukünftige zusätzliche Zahlungen sind dann als nachträgliche Kaufpreiszahlungen zu erfassen und wirken auf den Veräußerungszeitpunkt zurück (§ 175 AO).

Alternativ kann bei einer Veräußerung gegen Leibrente oder einer der Altersversorgung dienenden Zeitrente (mind. 10 Jahre Laufzeit) die Zuflussbesteuerung gewählt werden (R 140 Abs. 7 i.V.m. R 139 Abs. 11 EStR). In diesem Fall werden die hälftigen Renten- bzw. Ratenzahlungen zunächst den (hälftigen) Anschaffungskosten gegenübergestellt. Erst wenn die Rentenzahlungen die Anschaffungskosten übersteigen, kommt es zu einem hälftig steuerbefreiten Veräußerungsgewinn. Die Wahl der Zuflussbesteuerung wird vielfach steuerlich vorteilhaft sein. Denn erstens profitiert der Veräußerer von den sinkenden Steuersätzen, und zweitens wird die gesamte Rentenzahlung einschließlich des darin enthaltenen Zinsanteils hälftig steuerbefreit.

Als Äquivalent zum Veräußerungserlös ist im Rahmen einer Liquidation oder Kapitalherabsetzung nach bisherigem Recht die Rückzahlung von Nennkapital und von EK04 anzusehen. Soweit das zurückgezahlte Vermögen dagegen aus dem sonstigen verwendbaren Eigenkapital gespeist wird, liegen Dividenden vor. Übertragen auf die neue Rechtslage bedeutet dies, daß die Liquidationsraten aufzuspalten sind in Einnahmen nach § 17 Abs. 4 EStG (Rückzahlung von Nennkapital und Einlagenkonto), für die die Steuerbefreiung nach § 3 Nr. 40 c) EStG anzuwenden ist, und in Einnahmen nach § 20 Abs. 1 Nr. 2 EStG (sonstige Rückzahlungen), für die die Steuerbefreiung nach § 3 Nr. 40 e) anzuwenden ist.

Zeitliche Beschränkungen

Weder die einjährige Sperrfrist nach § 3 Nr. 40 Satz 5 EStG noch die siebenjährige Sperrfrist nach Satz 3 gelten für private Veräußerungsvorgänge. Die siebenjährige Sperrfrist für einbringungsgeborene Anteile ist entbehrlich, weil der Charakter als einbringungsgeborene Anteile (mit der Folge der Qualifizierung als Veräußerung nach § 16 EStG) vorrangig vor der Einordnung als wesentliche Beteiligung ist. Somit kann es keine einbringungsgeborenen wesentlichen Anteile i.S.d. § 17 EStG geben. Die einjährige Sperrfrist ist im Anwendungsbereich von § 17 EStG ebenfalls sinnlos, da bei Veräußerungen innerhalb der Jahresfrist vorrangig ein privates Veräußerungsgeschäft nach § 23 EStG vorliegt. Gäbe es also die einjährige Sperrfrist auch im Privatvermögen, könnte es die Begünstigung nicht für private Veräußerungsgeschäfte geben. Insofern sind hinsichtlich des § 3 Nr. 40 c) EStG keine zeitlichen Restriktionen zu beachten.

Übrige Aspekte

Hinsichtlich der übrigen Aspekte wird auf die Erläuterungen zu lit. a) und b) verwiesen.

ee) § 3 Nr. 40 d) EStG: Gewinnausschüttungen

Während in den vorangehenden Vorschriften die Veräußerung von Anteilen an Körperschaften bzw. vergleichbare Vorgänge behandelt werden, betrifft § 3 Nr. 40 d) EStG nur Gewinnausschüttungen von Körperschaften.

Begünstigte Tatbestände

Konkret werden von § 3 Nr. 40 d) EStG erfasst:
- Bezüge im Sinne von § 20 Abs. 1 Nr. 1 EStG
- Einnahmen im Sinne von § 20 Abs. 1 Nr. 9 EStG.

Unter Bezüge i.S.d. § 20 Abs. 1 Nr. 1 EStG fallen im wesentlichen Dividenden von Körperschaften. Hierunter sind auch Dividenden zu subsumieren, für die das Einlagenkonto gem. 27 KStG verwendet wird (zu Einzelheiten siehe nachstehend).

Unerheblich ist, ob die Bezüge von einer unbeschränkt steuerpflichtigen Körperschaft stammen. Somit sind auch Auslandsdividenden hälftig steuerbefreit. Dies stellt eine wesentliche Verbesserung gegenüber dem bisherigen System dar, da die Auslandsdividenden bislang bei einer Weiterausschüttung an natürliche Personen einer definitiven Doppelbesteuerung unterworfen wurden.

Einnahmen i.S.d. § 20 Abs. 1 Nr. 9 EStG sind solche, die von Versicherungsvereinen auf Gegenseitigkeit, sonstigen juristischen Personen des privaten Rechts, nichtrechtsfähigen Vereinen, Anstalten, Stiftungen etc. an die hinter diesen Organisationen stehenden Personen weiter geleitet werden. Da die zugrundeliegenden Gewinne der genannten Organisationen zukünftig auch einer 25%igen Körperschaftsteuer unterliegen, muss die Weiterleitung der Gewinne bei den Beziehern hälftig von der Einkommensteuer befreit werden.

Umfang der Steuerbefreiung

Der Höhe nach umfassen die Bezüge zunächst einmal sämtliche Dividendenzahlungen zuzüglich der einbehaltenen Kapitalertragsteuer. In die Größe „Bezüge" gehen auch solche Beträge ein, für die nach den körperschaftsteuerlichen Vorschriften Einlagen (Einlagenkonto gem. § 27 KStG) als verwendet gelten. Dies darf nicht verwechselt werden mit der Definition der „Einnahmen" i.S.d. § 20 Abs. 1 Nr. 1 EStG, da

Bezüge, die aus dem Einlagenkonto (§ 27 KStG) stammen, ausdrücklich nicht zu Einnahmen führen. Insofern sind die Begriffe „Bezüge" einerseits und „Einnahmen" andererseits nicht deckungsgleich. Da § 3 Nr. 40 d) die „Bezüge" nach § 20 Abs. 1 Nr. 1 EStG anspricht, fallen unter die Steuerbefreiung auch die aus dem Einlagenkonto gespeisten Dividenden.

Hinsichtlich der materiellen Konsequenzen dieser Differenzierung ist zu unterscheiden zwischen Dividenden, die im Privatvermögen vereinnahmt werden, und Dividenden, die im Betriebsvermögen vereinnahmt werden. Bei Dividenden im Privatvermögen ergibt sich von vornherein keine Steuerpflicht für Bezüge, die aus dem Einlagenkonto stammen, denn diese Bezüge gehören nicht zu den Einnahmen i.S.d. § 20 Abs. 1 Nr. 1 EStG. Somit stellt sich im Privatvermögen auch nicht die Frage nach einer Steuerbefreiung. Im Betriebsvermögen sind demgegenüber alle Vermögensmehrungen zunächst steuerbar. Dazu gehören auch Rückzahlungen von Einlagen unter Verwendung des Einlagenkontos. Insofern erscheint es sachgerecht, dass in die hälftige Steuerbefreiung nach § 3 Nr. 40 d) EStG auch solche Einlagenrückzahlungen einbezogen werden. Dies wird durch das Abstellen auf den Begriff der „Bezüge" nach § 20 Abs. 1 Nr. 1 EStG (anstelle der „Einnahmen") erreicht.

Damit ist aus systematischen Erwägungen auch klargestellt, dass es sich bei der Rückzahlung von Einlagen i.S.d. § 27 KStG nicht um einen veräußerungs- oder kapitalherabsetzungsähnlichen Vorgang handelt. Da sowohl Veräußerungserlöse und Bezüge aufgrund einer Kapitalherabsetzung als auch Bezüge aufgrund einer Gewinnausschüttung der hälftigen Steuerbefreiung unterliegen, könnte die vorstehende Analyse zunächst etwas theoretisch anmuten. Die dargestellte Differenzierung kann aber erhebliche materielle Konsequenzen entfalten. Dies ist immer dann der Fall, wenn die Bezüge innerhalb der ein- oder siebenjährigen Sperrfrist des § 3 Nr. 40 Sätze 3 ff. EStG vereinnahmt werden. Da es sich bei den Rückzahlungen von Einlagen um Bezüge i.S.v. lit. d) handelt, gelten die Sperrfristen nicht. Lägen demgegenüber Einnahmen i.S.v. lit. a) oder b) vor, wäre die Steuerbefreiung nicht anwendbar.

Zeitliche Beschränkungen

Es wurde bereits vorstehend erwähnt, dass die Sperrfristen des § 3 Nr. 40 Sätze 3 ff. EStG nur für die in lit. a) und b) genannten Vorgänge anwendbar sind. Für Gewinnausschüttungen sind demzufolge keinerlei Sperrfristen zu beachten.

A. II. Änderung § 3 EStG

Begünstigte Personen

Der Anwendungsbereich von § 3 Nr. 40 d) EStG erstreckt sich nur auf die Einkommen- und die Gewerbesteuer. Da die Vorschriften des § 8b KStG eigenständige Rechtsfolgen für Gewinnausschüttungen vorsehen, kommt eine Anwendung von § 3 Nr. 40 EStG für Körperschaften insgesamt nicht in Betracht.

Sparerfreibetrag

Im Zusammenspiel mit § 3c Abs. 2 EStG führt die Steuerbefreiung dazu, dass Dividendeneinkünfte nur zur Hälfte steuerpflichtig sind. Da der Sparerfreibetrag gem. § 20 Abs. 4 EStG unverändert mit DM 3.000 (DM 6.000 bei Zusammenveranlagung) beibehalten wurde, ergibt sich faktisch dessen Verdoppelung.

Gestaltungsüberlegungen

Die vollständig neue Konzeption der Behandlung von Gewinnausschüttungen und vergleichbaren Bezügen macht es erforderlich, Ausschüttungsstrategien für den Übergangszeitraum zu entwickeln. In Abhängigkeit vom individuellen Steuersatz der Gesellschafter, von der Art der Finanzierung der Beteiligung, von dem Bestand und der Zusammensetzung des verwendbaren Eigenkapitals bei der ausschüttenden Körperschaft etc. ist zu entscheiden, ob eine Ausschüttung noch unter dem Regime des Anrechnungsverfahrens oder erst nach dem neuen Halbeinkünfteverfahren durchgeführt werden sollte. Vielfach wird es auch trotz steuerlicher Nachteile infolge der Umgliederung des verwendbaren Eigenkapitals (siehe die Erläuterungen zum 6. Teil des KStG) sinnvoll sein, vollständig auf Ausschüttungen zu verzichten. Im einzelnen ergeben sich folgende Grundüberlegungen:

Vor der erstmaligen Anwendung des Halbeinkünfte-Verfahrens muß geprüft werden, ob die vorhandenen Altrücklagen noch vollständig oder zumindest teilweise an die Gesellschafter ausgeschüttet werden sollen (Massivausschüttung). Um einen Liquiditätsentzug für die Körperschaft zu vermeiden, können die ausgeschütteten Mittel wieder an die Körperschaft zurückgeführt werden (Schütt-aus-Hol-zurück-Verfahren). Für den Vergleich, ob eine vorgezogene Massivausschüttung vorteilhaft ist, sind folgende Parameter ausschlaggebend:

Ausschüttungserfordernisse:

Zunächst ist festzulegen, ob eine Ausschüttung der Gewinne der Körperschaft aus wirtschaftlichen Erwägungen zwingend erforderlich ist, oder ob auch die langfristige Thesaurierung der Gewinne eine Handlungsalternative darstellt. Im ersten Fall stellt sich nur die Frage nach dem Ausschüttungszeitpunkt, also Ausschüttung vor oder nach Einführung des Halbeinkünfteverfahrens. Zu vergleichen sind dann die Gesamtsteuerfolgen auf Gesellschafts- und Gesellschafterebene. Kommt dagegen auch eine langfristige Thesaurierung der Gewinne in Betracht, ist die Gesamtsteuerbelastung einer Ausschüttung auf der Gesellschafts- und Gesellschafterebene unter dem Anrechnungsverfahren einerseits mit den Steuerfolgen einer Thesaurierung der Gewinne andererseits zu vergleichen.

Bestand und Zusammensetzung des verwendbaren Eigenkapitals:

Soweit EK01 und EK03 vorhanden sind, sollte auf eine Ausschüttung generell verzichtet werden, da dies zu einer Nachversteuerung in voller Höhe führt, während zukünftig auch für diese Beträge das Halbeinkünfteverfahren zur Anwendung kommt.

Soweit EK02 vorhanden ist, kann eine Ausschüttung nur dann vorteilhaft sein, wenn auf Gesellschafterebene Verlustpotential vorhanden ist. In diesem Fall kommt es infolge der Verlustverrechnung zu einem vollständigen Abbau der körperschaftsteuerlichen Vorbelastung. Dies ist nach dem Systemwechsel nicht mehr möglich, da die Nachversteuerung auf Gesellschaftsebene (§ 38 KStG) bestehen bleibt und auf der Ebene des Gesellschafters nur eine hälftige Verlustverrechnung eintritt. Im Regelfall wird jedoch eine Thesaurierung des EK02 sinnvoll sein, da die latente Nachversteuerung nach Ablauf von 15 Jahren entfällt.

Für belastetes vEK ist grundsätzlich eine weitergehende Prüfung vorzunehmen, die die Rechtsfolgen der Umgliederung einerseits sowie die Konsequenzen auf Gesellschafterebene andererseits berücksichtigt.

Persönlicher Steuersatz des Gesellschafters:

Ob die Ausschüttung vorbelasteter vEK-Bestände vorteilhaft ist, hängt maßgeblich vom persönlichen Steuersatz des Gesellschafters ab. Zu warnen ist bei dieser Berechnung vor vereinfachten Überlegungen, die nur die Einkommensteuer berücksichtigen. In jedem Fall sind auch der Solidaritätszuschlag und – bei Kirchenzugehörigkeit – die Kirchensteuer in das Kalkül einzubeziehen.

Finanzierung der Beteiligung:

Ist die Beteiligung fremdfinanziert, so sind nach dem Anrechnungsverfahren sämtliche Zinsen steuerlich abzugsfähig. Nach Inkrafttreten des Halbeinkünfteverfahrens greift für solche Zinsaufwendungen das partielle Abzugsverbot nach § 3c Abs. 2 EStG ein. Da dieses Abzugsverbot jedoch unabhängig von einer tatsächlichen Gewinnausschüttung gilt, ist das Ausschüttungsverhalten insoweit ohne Bedeutung. Die Vergleichsrechnung wird durch § 3c Abs. 2 EStG also nicht beeinflusst. Allerdings kann durch eine Vollausschüttung, die auf Ebene der Körperschaft fremdfinanziert und die beim Gesellschafter zur Tilgung der Verbindlichkeiten eingesetzt wird, die Zinsbelastung von der Gesellschafterebene auf die Gesellschaftsebene verlagert werden. Dies ist in jedem Fall steuerlich vorteilhaft (zu Einzelheiten siehe die Erläuterungen zu § 3c Abs. 2 EStG).

Gesamtschau:

Ist eine langfristige Thesaurierung der Gewinne möglich, dann sollte eine Massivausschüttung in jedem Fall vorgenommen werden, wenn der kombinierte persönliche Steuersatz unter 30% liegt. Denn dies ist das Vorbelastungsniveau, das sich unter Einbeziehung des Körperschaftsteuerguthabens (1/6 des EK40) für die nächsten 15 Jahre mindestens ergibt.

Ist eine Ausschüttung zwingend erforderlich und stellt sich nur die Frage nach dem Zeitpunkt, so gilt: Bei einem kombinierten Steuersatz von weniger als 47% ist eine Ausschüttung nach den Regeln des Anrechnungsverfahrens günstiger. Liegt der persönliche Steuersatz über dieser Grenze, sollte die Ausschüttung erst nach Inkrafttreten des Halbeinkünfte-Verfahrens vorgenommen werden.. Dabei sind allerdings nicht die Effekte einer Umgliederung des vEK berücksichtigt (z.B. bei Existenz von EK 45 oder von negativem unbelasteten vEK), da sich hierfür keine pauschalen Aussagen treffen lassen.

Wenn beim Gesellschafter Verlustpotential vorhanden ist, senkt dies den anzuwendenden persönlichen Steuersatz. Es kann dann das gesamte Körperschaftsteuerpotential noch im Anrechnungsverfahren nutzbar gemacht werden. Aus diesem Grund sollte ein besonderes Augenmerk darauf gelegt werden, wie noch vor der Systemumstellung steuerlich anzuerkennende und verwertbare Verluste generiert werden können.

Ausschüttungssteuerung nach Inkrafttreten des Halbeinkünfte-Verfahrens

Generell kann für die Zeit nach Einführung des Halbeinkünfte-Verfahrens nur empfohlen werden, alle Gewinne in der Körperschaft zu thesaurieren. Denn bei einer Ausschüttung kommt es zu einer zusätzlichen Versteuerung der Dividenden beim Gesellschafter mit dessen persönlichem Steuersatz. Vorteilhaft kann eine Ausschüttung in der Gesamtbetrachtung nach neuem Recht nur ausnahmsweise sein, wenn die Gewinnausschüttung bei der Körperschaft zu einer KSt-Minderung gem. § 37 KStG führt und die persönliche Steuerbelastung beim Gesellschafter geringer ist als die KSt-Minderung. Dies kann der Fall sein, wenn beim Gesellschafter nutzbare Verluste vorhanden sind oder aber bei geringen Volumina der Sparerfreibetrag genutzt werden kann.

Vor diesem Hintergrund werden sich künftig die Gestaltungsüberlegungen darauf richten, wie dem Gesellschafter Liquidität auf anderem Wege zugeführt werden kann. In Betracht kommt hierfür zunächst eine Darlehensgewährung von der Körperschaft an den Gesellschafter. Eine verdeckte Gewinnausschüttung wird hierin nur in extremen Ausnahmefällen gesehen werden können, da der wirtschaftliche Gehalt einer Darlehensgewährung sich vollständig von einer Gewinnausschüttung unterscheidet und somit für die Darlehensgewährung regelmäßig gute wirtschaftliche Gründe ausschlaggebend sein werden. Suboptimal ist die Darlehensgewährung durch die Körperschaft allerdings, wenn die entstehenden Zinsaufwendungen beim Gesellschafter in der Privatsphäre nicht steuerlich abzugsfähig sind, während sie bei der Körperschaft der Besteuerung unterliegen. Die Darlehen sollten also nur für investive Zwecke genutzt werden, die die steuerliche Berücksichtigung des Zinsaufwandes beim Gesellschafter ermöglichen.

Soweit eine Darlehensgewährung nicht in Betracht kommt oder wegen des fehlenden Zinsabzugs beim Gesellschafter nicht sinnvoll ist, muss über einen Liquiditätstransfer in Form von Leistungsvergütungen nachgedacht werden. Ob dies vorteilhaft ist, hängt im wesentlichen von dem persönlichen Steuersatz des Gesellschafters ab. Bei der Bemessung der Leistungsvergütungen ist jedoch in verstärktem Maße die Frage der Angemessenheit zu prüfen, da die steuerlichen Konsequenzen einer verdeckten Gewinnausschüttung im Halbeinkünfte-Verfahren besonders nachteilig sein können (zu Einzelheiten nachfolgend).

Bei börsennotierten Aktiengesellschaften kann der gewünschte Liquiditätstransfer zum Gesellschafter durch einen Aktienverkauf herbeigeführt werden. Soweit Gewinne nicht ausgeschüttet werden, erhöht sich der Kurswert der Aktie (im umgekehrten Fall erkennbar am Kursabschlag ex Dividende) entsprechend. Bei Beteiligungen von weniger als 1% ist die Veräußerung beim Gesellschafter steuerfrei, so dass im Ergebnis eine Umwandlung steuerpflichtiger Dividenden in steuerfreie Kursgewinne ermöglicht wird. Um dem Gesellschafter den

Verkauf zu erleichtern, können Kapitalerhöhungen aus Gesellschaftsmitteln mit der (steuerfreien) Ausgabe neuer Aktien durchgeführt werden. Hierdurch erhält der Gesellschafter zusätzliche Aktien, so dass er seinen Altbestand nicht angreifen muss.

Verdeckte Gewinnausschüttungen

Verdeckte Gewinnausschüttungen haben im Anrechnungsverfahren regelmäßig nur dann nachteilige Konsequenzen entfaltet, wenn nicht genügend belastetes vEK zur Verfügung stand („Divergenzeffekt"). Nach neuem Recht wird sich die verdeckte Gewinnausschüttung demgegenüber regelmäßig nachteilig auswirken, wie folgender Belastungsvergleich zeigt:

Ebene Körperschaft		
Gewerbeertrag		120,00
Gewerbesteuer	400,0%	-20,00
Körperschaftsteuerpflichtig		100,00
Körperschaftsteuer	25,0%	-25,00
Solidaritätszuschlag	5,5%	-1,38
Verbleiben		73,63
Steuerbelastung Körperschaft		38,6%
Ebene Gesellschafter		
Dividende		120,00
davon einkommensteuerpflichtig	50,0%	60,00
Kombinierter Einkommensteuersatz	53,2%	-31,93
verbleiben		41,70
Steuerbelastung gesamt		65,3%

Vor diesem Hintergrund wird zukünftig auf die Angemessenheit von Lieferungs- und Leistungsvergütungen ein besonderes Augenmerk gelegt werden müssen.

ff) § 3 Nr. 40 e) EStG: Bezüge aufgrund einer Kapitalherabsetzung oder Liquidation

Nach bisherigem Verständnis werden die Bezüge aufgrund einer Kapitalherabsetzung oder einer Liquidation teilweise wie eine Veräußerung (Rückzahlung von Nennkapital und Einlagen) und teilweise wie eine Gewinnausschüttung (vEK ohne EK04) behandelt. Diese Grundkonzeption wird auch im künftigen Recht beibehalten. Für die Behandlung der Bezüge aufgrund einer Kapitalherabsetzung oder Liquidation ist also streng nach der steuerlichen Qualität der Anteile beim Gesellschafter, insbesondere ob und nach welcher Vorschrift Veräußerungsgewinne zu erfassen sind, zu differenzieren.

Begünstigte Tatbestände

§ 3 Nr. 40 e) EStG regelt die Steuerbefreiung für Bezüge aufgrund einer Kapitalherabsetzung oder einer Liquidation, soweit die Bezüge aus verwendbarem Eigenkapital stammen (§ 20 Abs. 1 Nr. 2 EStG). Die Rückzahlung von Nennkapital fällt nicht unter die Bezüge i.S.d. § 20 Abs. 1 Nr. 2 EStG. Da die Kapitalherabsetzung und die Liquidation sowohl in § 3 Nr. 40 a) EStG als auch in § 3 Nr. 40 c) EStG und § 3 Nr. 40 e) EStG genannt werden, ist eine tatbestandliche Zuordnung vorzunehmen. Vor dem Hintergrund der einleitend dargestellten zweigliedrigen Konzeption der Liquidationsbesteuerung könnte eine sinnvolle Abgrenzung der genannten Tatbestände wie folgt vorgenommen werden: Da sowohl in lit. a) als auch in lit. c) grundsätzlich Veräußerungsvorgänge geregelt sind, fallen unter diese Normen nur die Bezüge im Rahmen einer Kapitalherabsetzung bzw. Liquidation, soweit diese aus dem Nennkapital oder aus dem Einlagenkonto stammen. Für den Bereich des § 17 Abs. 4 EStG ist diese Trennung bereits gesetzlich vorgegeben. Sie erscheint aber ebenso im Anwendungsbereich der §§ 13, 15 und 18 EStG sachgerecht. Das würde bedeuten, dass von § 3 Nr. 40 a) EStG (und § 3 Nr. 40 c) EStG) im Falle einer Kapitalherabsetzung oder Liquidation nur die Bezüge aus dem Nennkapital oder dem Einlagenkonto erfasst werden. Alle übrigen Bezüge im Rahmen einer Kapitalherabsetzung oder Liquidation fallen unter § 3 Nr. 40 e) EStG.

Alternativ könnte die konzeptionelle Zweiteilung der Liquidationsbezüge auch auf im Privatvermögen gehaltene Beteiligungen beschränkt werden. Bei im Betriebsvermögen gehaltenen Beteiligungen würden dann alle Bezüge im Rahmen einer Liquidation oder Kapitalherabsetzung unter § 3 Nr. 40 a) EStG fallen. Dies erscheint zwar hinsichtlich des Wortlauts von § 3 Nr. 40 a) EStG eine zulässige Interpretation, würde u.E. aber der zweigliedrigen Konzeption der Liquidationsbesteuerung nicht ausreichend Rechnung tragen.

Bei im Privatvermögen gehaltenen Beteiligungen, die nicht nach § 17 EStG steuerverhaftet sind, sind Rückzahlungen von Nennkapital oder aus dem Einlagenkonto von vornherein nicht steuerpflichtig, da es sich nicht um Einnahmen i.S.d. § 20 Abs. 1 Nr. 2 EStG handelt.

Begünstigt sind auch die Bezüge aus der Kapitalherabsetzung oder Liquidation einer ausländischen Körperschaft.

A. II. Änderung § 3 EStG

gg) § 3 Nr. 40 f) EStG: Besondere Entgelte i.S.d. § 20 Abs. 2 Nr. 1 EStG

In diese Kategorie sind Entgelte und Vorteile einzuordnen, die neben den in § 20 Abs. 1 EStG genannten Bezügen anfallen. Beispielsweise kann es sich handeln um Erträge aus Kurswertgarantien, Boni, Emissionsabschläge etc. Wegen der sachlichen Nähe dieser Entgelte zu den Gewinnausschüttungen und sonstigen Bezügen i.S.d. § 20 Abs. 1 EStG kann auf die Erläuterungen zu § 3 Nr. 40 d) EStG verwiesen werden.

hh) § 3 Nr. 40 g) und h) EStG: Veräußerung von Dividendenscheinen i.S.d. § 20 Abs. 2 Nr. 2 a) EStG und Abtretung von Dividendenansprüchen i.S.d. § 20 Abs. 2 Satz 2 EStG

Veräußert der Anteilseigner vor der Abfassung des Gewinnausschüttungsbeschlusses den Dividendenschein ohne das zugehörige Stammrecht, so wird dies steuerlich gem. § 20 Abs. 2 Satz 1 Nr. 2a) EStG so behandelt, als habe der Veräußerer bereits vorgezogen die Gewinnausschüttung vereinnahmt. Korrespondierend dazu erzielt der Erwerber bei späterem Fassen und Vollzug des Ausschüttungsbeschlusses keine Einkünfte. Da es sich somit um eine vorgezogene Dividendenbesteuerung handelt, muss der Veräußerungserlös nach den gleichen Grundsätzen wie eine Gewinnausschüttung besteuert werden. Somit ist auch die hälftige Steuerbefreiung zu gewähren. Wegen der sachlichen Nähe zur Gewinnausschüttung kann auf die Erläuterungen zu lit. d) verwiesen werden. Entsprechendes gilt auch für die Abtretung von Dividendenansprüchen.

ii) § 3 Nr. 40 i) EStG: Bezüge i.S.d. § 22 Nr. 1 Satz 2 EStG

Bislang waren die Bezüge i.S.d. § 22 Nr. 1 Satz 2 EStG beim Empfänger dann nicht steuerpflichtig, wenn die leistende Körperschaft, Personenvereinigung oder Vermögensmasse unbeschränkt körperschaftsteuerpflichtig war. In diesem Fall unterlagen die Bezüge wegen des Abzugsverbots in § 10 KStG bereits einer 40%igen Vorbelastung. Da nunmehr die Vorbelastung auf der Ebene der nicht steuerbefreiten Körperschaft, Personenvereinigung oder Vermögensmasse auf 25% reduziert ist, wird auch für solche Bezüge eine Steuerpflicht beim Empfänger verankert. Entsprechend sind die Bezüge beim Empfänger dann aber auch in das Halbeinkünfte-Verfahren einzubeziehen. Dies gewährleistet § 3 Nr. 40 i) EStG.

jj) *§ 3 Nr. 40 j) EStG: Private Veräußerungsgeschäfte i.S.d. § 23 EStG*

Systematisch zutreffend werden auch private Veräußerungsgeschäfte gem. § 23 EStG in das Halbeinkünfte-Verfahren einbezogen, soweit Anteile an Körperschaften betroffen sind, deren Leistungen zu Einnahmen i.S.d. § 20 Abs. 1 Nr. 1 EStG führen.

Tatbestand

Nach der Neufassung des § 23 EStG im Rahmen des StEntlG 1999/2000/2002 fallen unter § 3 Nr. 40 j) EStG folgende Tatbestände:

− Anteilsveräußerungen im Privatvermögen innerhalb einer Frist von bis zu einem Jahr nach Anschaffung unabhängig von der Höhe der Beteiligung

− Veräußerung einer vermögensverwaltenden Personengesellschaft, zu deren Vermögen Anteile an Körperschaften gehören, innerhalb einer Frist von bis zu einem Jahr nach Anschaffung

− Anteilsveräußerungen im Privatvermögen innerhalb einer Frist von bis zu einem Jahr nach der Entnahme der Anteile aus einem Betriebsvermögen, nach einer Betriebsaufgabe oder nach dem Stellen eines Entstrickungsantrags für einbringungsgeborene Anteile gem. § 21 Abs. 2 Nr. 1 UmwStG.

Als Besonderheit ist in diesem Zusammenhang zu beachten, dass für die Ermittlung der Jahresfrist auf die schuldrechtliche Vereinbarung (i.d.R. Kaufvertrag) und nicht auf den Übergang des (wirtschaftlichen) Eigentums abgestellt wird.

Der Wortlaut des § 3 Nr. 40 j) EStG ist auf die Befreiung des Veräußerungspreises beim Verkauf von Anteilen an Körperschaften (§ 20 Abs. 1 Nr. 1 EStG) beschränkt. Somit könnte es zweifelhaft sein, ob auch die Veräußerung eines Personengesellschaftsanteils i.S.d. § 23 Abs. 1 Satz 4 EStG begünstigt wird. Zwar gilt dieser (Ersatz-)Tatbestand für Zwecke des § 23 Abs. 1 EStG als Anteilsverkauf, ob dies jedoch analog auch auf den Bereich von § 3 Nr. 40 j) EStG übertragbar ist, scheint in Anbetracht des Wortlauts zumindest unsicher. U.E. gebieten jedoch die Systematik und der Gesetzeszweck eine Gleichbehandlung des unmittelbaren Anteilsverkaufs und des mittelbar über eine Personengesellschaft durchgeführten Anteilsverkaufs. In der Gleichstellung dieser beiden Vorgänge liegt ja gerade die Intention des § 23 Abs. 1 Satz 4 EStG, so dass eine Ungleichbehandlung in § 3 Nr. 40 j) EStG unter keinem Aspekt vertretbar erscheint.

Gestaltungsüberlegungen

Grundsätzlich kann zu § 23 EStG die Empfehlung ausgesprochen werden, drohende Veräußerungsverluste innerhalb der Jahresfrist zu realisieren. In diesem Fall können sie zumindest mit anderen Spekulationsgewinnen aus demselben, dem vorangegangenen oder nachfolgenden Veranlagungszeiträumen verrechnet werden. Insbesondere bei Aktien ist diese Verlustrealisation auch praktikabel umsetzbar, da die Aktien jederzeit verkauft, aber auch zu einem späteren Zeitpunkt wieder zurückerworben werden können. In einem Verkauf mit kurzfristigem Rückerwerb der gleichen Aktie kann u.E. auch kein Gestaltungsmißbrauch gesehen werden, da der Anleger in der Phase bis zum Rückerwerb das volle Kursrisiko trägt. Unter diesem Aspekt dürfte auch eine Frist zwischen (verlustrealisierendem) Verkauf und Rückerwerb von nur wenigen Tagen unschädlich sein.

Die Verlustrealisation ist gerade in der Übergangsphase bis zum Inkrafttreten des Halbeinkünfte-Verfahrens besonders attraktiv. Denn bis dahin wirkt sich der Verlust in voller Höhe aus und kann dann in einen Veranlagungszeitraum vorgetragen werden, in dem die privaten Veräußerungsgewinne nur noch zur Hälfte steuerpflichtig sind. Auf diese Weise läßt sich das Verrechnungspotential des vortragsfähigen Verlustes verdoppeln. Hierfür ist eine exakte zeitliche Steuerung der Verkäufe unter Berücksichtigung der Wirtschaftsjahre der Aktiengesellschaften, deren Aktien verkauft werden sollen, erforderlich.

c) Erstmalige Anwendung

§ 3 Abs. 40 a) bis c) EStG

Die zeitliche Anwendbarkeit von § 3 Nr. 40 a) EStG ist nicht an einen bestimmten Zeitpunkt geknüpft, sondern an die steuerliche Behandlung der Körperschaft, deren Anteile veräußert werden. Gem. § 52 Abs. 4a Nr. 2 EStG ist § 3 Nr. 40 a) EStG erstmals auf Erträge nach Ablauf des ersten Wirtschaftsjahres der Kapitalgesellschaft anzuwenden, für das das neue KStG erstmals anzuwenden ist. Diese kaum verständliche Verweisung führt im Klartext zu folgenden Anwendungsregeln:

	Erstmalige Anwendung neues KStG	Erstmalige Anwendung § 3 Nr. 40 a) EStG
Wj = Kj	Wj 2001	Erträge im Wj 2002
Wj < > Kj	Wj 2001/2002	Erträge im Wj 2002/2003

	Erstmalige Anwendung neues KStG	Erstmalige Anwendung § 3 Nr. 40 a) EStG
Umstellung von Wj = Kj auf Wj < > Kj in 2001	RWj 2001	Erträge im Wj 2001/2002
Umst. von Wj < > Kj auf Wj = Kj in 2001	Wj 2002	Erträge im Wj 2003

Die vorstehende Übersicht zeigt, dass die hälftige Steuerbefreiung im Regelfall (Wirtschaftsjahr gleich Kalenderjahr) erst ab 2002 in Anspruch genommen werden kann. Bei abweichendem Wirtschaftsjahr der zu verkaufenden Körperschaft verzögert sich die Anwendbarkeit von § 3 Nr. 40 a) EStG sogar bis in das Wirtschaftsjahr 2002/2003. Dies wirft für Veräußerer, die bereits vor diesem Zeitpunkt ihre Beteiligung verkaufen wollen oder müssen, die Frage auf, welche Gestaltungsmaßnahmen ergriffen werden können, um vorzeitig in den Genuss der hälftigen Steuerfreiheit zu gelangen.

Verfügt die zu veräußernde Körperschaft über ein abweichendes Wirtschaftsjahr, so sollte dies auf ein kalenderjahrgleiches Wirtschaftsjahr umgestellt werden. Diese Umstellung muss zwingend noch im Jahr 2000 erfolgen, da bei einer Umstellung erst in 2001 der Anwendungszeitpunkt in das Wirtschaftsjahr 2003 verschoben wird. Da für die Umstellung die Zustimmung des Finanzamtes nicht erforderlich ist, dürften dem keine nennenswerten Probleme entgegenstehen. Soll die Neuregelung bereits im Jahr 2001 anwendbar sein, ist dies nur durch eine Umstellung eines kalenderjahrgleichen Wirtschaftsjahres auf ein abweichendes Wirtschaftsjahr in 2001 zu erreichen. Wird z.B. das Wirtschaftsjahr vom Kalenderjahr auf den Zeitraum vom 1.2. bis 31.1. umgestellt, so entstünde vom 1.1.2001 bis 31.1.2001 eine Rumpfwirtschaftsjahr. Die Steuerbefreiung nach § 3 Nr. 40 a) EStG könnte bereits für einen Beteiligungsverkauf am 1.2.2001 in Anspruch genommen werden. Für eine derartige Umstellung ist jedoch die Zustimmung des Finanzamtes erforderlich, die nur dann erteilt wird, wenn sehr überzeugende wirtschaftliche Gründe für die Umstellung vorgetragen werden können. Die Finanzverwaltung wird hier voraussichtlich strenge Maßstäbe anlegen.

Gelingt die Umstellung in der beschriebenen Weise nicht, darf der Verkauf erst in 2002 (bzw. entsprechend später) erfolgen. Regelmäßig sind die Parteien aber sehr daran interessiert, die fixierten Veräußerungsbedingungen bereits aktuell vertraglich abzusichern und nur den Vollzug des Verkaufs in das Jahr 2002 zu verlagern. Einfachstes Instrument hierfür ist ein sog. Terminverkauf. Dazu wird der Kaufvertrag in allen Details bereits abgeschlossen und nur der Eigentumsübergang auf einen Stichtag ab dem 1.1.2002 gelegt. Dieser einfache Terminverkauf ist steuerlich anzuerkennen, solange nicht die im Vertrag vereinbarten Bedingungen dazu führen, dass das wirtschaftliche Eigentum (Inhaberschaft) an den Gesellschaftsanteilen bereits vorzeitig übergeht. Werden dem Erwerber bestimmte gesellschaftsrechtliche Mitwirkungsmöglich-keiten eingeräumt, wirkt er bereits an der Führung der Geschäfte mit und soll ihm auch der Gewinn für die abgelaufenen Wirtschaftsjahre zustehen, so ist es denkbar, dass der wirtschaftliche Eigentumsübergang bereits bei Vertragsabschluss stattgefunden hat. Denn in diesem Fall trägt der Erwerber bereits ab dem Zeitpunkt des Vertragsschlusses das volle wirtschaftliche Risiko, weil der Kaufpreis festgelegt wurde, und er hat bereits wesentliche Gesellschafterrechte (Stimmrecht, Gewinnbezugsrecht) erhalten.

Eine entsprechende Problematik ergibt sich bei der Vereinbarung von zweiseitigen Optionen, bei denen einerseits dem Veräußerer das Recht eingeräumt wird, zu einem bestimmten Preis veräußern zu können, und dem Erwerber das Recht eingeräumt wird, zu einem bestimmten Preis die Beteiligung zu erwerben (kombinierte Put-/Call-Option). Auch in diesen kombinierten Optionsfällen kommt es nicht ohne weiteres zu einem Übergang des wirtschaftlichen Eigentums. Erst wenn dem potentiellen Erwerber im Rahmen der Vereinbarungen zusätzlich bestimmte Gesellschafterrechte eingeräumt werden, droht ein vorzeitiger Eigentumsübergang.

Weitgehend risikofrei ist demgegenüber die einseitige Option nur für den Erwerber oder nur für den Veräußerer. Werden hierbei nicht besondere zusätzliche Bedingungen vereinbart, so ist es völlig offen, ob es später tatsächlich zu einem Verkauf der Beteiligung kommt. In diesem Fall ist die Preisgefahr (Risiko und Chance) noch nicht auf den Erwerber übergegangen, so dass ein wirtschaftlicher Eigentumsübergang im Regelfall ausgeschlossen werden kann.

§ 3 Nr. 40 d) EStG

Die zeitliche Anwendbarkeit von § 3 Nr. 40 d) EStG ist vergleichbar wie die der übrigen Befreiungsvorschriften an die steuerliche Behandlung der ausschüttenden Körperschaft geknüpft.

Gem. § 52 Abs. 4a Nr. 1 EStG ist § 3 Nr. 40 d) EStG erstmals auf Gewinnausschüttungen anzuwenden, für die bei der ausschüttenden Körperschaft der neugefasste Vierte Teil des KStG (Halbeinkünfte-Verfahren) erstmals gilt. Damit wird ein zeitlicher Gleichlauf zwischen den körperschaftsteuerlichen und den einkommensteuerlichen Regelungen zum Halbeinkünfte-Verfahren gewährleistet. Für den konkreten Fall lässt sich die erstmalige Anwendung der Neuregelungen wie folgt skizzieren:

	Offene Gewinnausschüttungen	Vorabausschüttungen vGA
Wj = Kj	im Wj 2002 (für 2001 od. Vorjahre)	im Wj 2001
Wj < > Kj	im Wj 2002/2003 (für 2001/2002 od. Vj)	im Wj 2001/2002
Umstellung von Wj = Kj auf Wj < > Kj in 2001	im Wj 2001/2002 (für Rumpf-Wj. 2001 od. Vj.)	im Rumpf-Wj 2001
Umst. von Wj < > Kj auf Wj = Kj in 2001	im Wj 2003 (für Rumpf-Wj. 2002 od. Vj.)	Erträge im Wj 2003

Grundsätzlich ist das Halbeinkünfte-Verfahren somit erstmalig für Gewinnausschüttungen anwendbar, die im Wirtschaftsjahr 2002 für ein Vorjahr beschlossen, oder für Vorabausschüttungen bzw. verdeckte Gewinnausschüttungen, die im Wirtschaftsjahr 2001 getätigt werden. Bei abweichendem Wirtschaftsjahr das Wirtschaftsjahr zögert sich die erstmalige Anwendung entsprechend hinaus, wobei diese Verzögerung durch eine rechtzeitige Umstellung des Wirtschaftsjahres noch in 2000 auf den Schluss des Kalenderjahres vermieden werden kann.

Eine zeitliche Steuerung der erstmaligen Anwendung lässt sich auch durch eine Umstellung des Wirtschaftsjahres in 2001 herbeiführen. Für die Umstellung auf ein abweichendes Wirtschaftsjahr, durch die ein Vorziehen des neuen Systems ermöglicht wird, ist allerdings die Zustimmung des Finanzamtes erforderlich.

§ 3 Nr. 40 e) EStG

Bezüge, die der Steuerpflichtige im Rahmen einer Kapitalherabsetzung erhält, sind im Zeitpunkt der Vereinnahmung steuerpflichtig. Dies ist nach h.M. der Zeitpunkt der Eintragung der Kapitalherabsetzung ins Handelsregister (Schmidt, § 17 EStG Anm. 235 m.w.N.).

Bei der Liquidation ergibt sich die Besonderheit, dass die Erträge erst im Zeitpunkt der Entstehung des Anspruchs auf Auszahlung des Abwicklungsguthabens zu erfassen sind. Dies ist im Regelfall das Ende des Liquidationszeitraumes, also der Zeitpunkt, zu dem das Abwicklungs-Endvermögen an die Gesellschafter ausgekehrt wird.

Da die zeitlichen Anwendungsvorschriften des § 52 Abs. 4a Nr. 1 EStG auf das Wirtschaftsjahr der ausschüttenden Körperschaft abstellen, stellt sich bei der Liquidation die Frage, was als Wirt-

A. II. Änderung § 3 EStG

schaftsjahr anzusehen ist. In Betracht käme zunächst der gesamte Liquidationszeitraum als abweichendes Wirtschaftsjahr. Dies deckt sich jedoch nicht mit der Definition des § 4a Abs. 1 EStG, wonach Wirtschaftsjahr der Zeitraum ist, für den regelmäßig Abschlüsse gefertigt werden. Das Merkmal der Regelmäßigkeit ist beim Liquidationszeitraum offensichtlich nicht gegeben. Andererseits läuft innerhalb des Liquidationszeitraums das normale Wirtschaftsjahr nicht mehr weiter, da für steuerliche Zwecke keine regelmäßigen Abschlüsse mehr gemacht werden. Somit gibt es im Liquidationszeitraum kein Wirtschaftsjahr mehr. Wenn nach dieser Auffassung der Liquidationszeitraum kein abweichendes Wirtschaftsjahr i.S.d. § 34 Abs. 1a KStG darstellt, greift die allgemeine Vorschrift für die erstmalige Anwendung des neuen KStG. Das bedeutet, dass auf den Liquidationsgewinn immer dann der Steuersatz von 25% anzuwenden ist, wenn die Liquidation nach dem 31.12.2000 beendet wird (siehe im einzelnen die Erläuterungen zu § 34 KStG). Dies wiederum bedeutet für die Anwendung des Halbeinkünfte-Verfahrens folgendes: § 34 Abs. 10a Nr. 1 KStG ist nicht anwendbar, da es sich nicht um eine ordentliche Gewinnausschüttung handelt. § 34 Abs. 10a Nr. 2 KStG ist anwendbar. Da diese Vorschrift aber wiederum auf den Begriff des Wirtschaftsjahrs und auf die bei einer liquidierten Körperschaft nicht mehr denkbare offene Gewinnausschüttung nach Nr. 1 Bezug nimmt, ergeben sich erhebliche Auslegungsunsicherheiten. Nach dem Sinn und Zweck käme am ehesten wohl eine Anwendbarkeit des Halbeinkünfte-Verfahrens für den gesamten Liquidationszeitraum in Betracht. Dies erscheint schon deswegen sinnvoll, weil der Liquidationserfolg der 25%igen Körperschaftsteuer unterliegt.

Würde der Liquidationszeitraum dagegen als abweichendes Wirtschaftsjahr qualifiziert, wäre § 34 Abs. 1a KStG anwendbar. Das Liquidationsergebnis unterläge in diesem Fall noch der 40%igen Körperschaftsteuer, wenn die Liquidation in 2001 beendet wird, und es wäre das Anrechnungsverfahren anwendbar. Endet die Liquidation in 2002, wäre bereits das neue KStG auf das Liquidationsergebnis anwendbar und es ergäben sich die bereits vorstehend ausgesprochenen Auslegungsfragen zur Anwendbarkeit des Halbeinkünfte-Verfahrens. Da der Begriff des Wirtschaftsjahres jedoch auf den Liquidationszeitraum u.E. nicht anwendbar ist, halten wir die eingangs dargestellte Rechtsauffassung für zutreffend.

Bei Liquidationen, bei denen der Liquidationszeitraum nach dem 31.12.2000 beginnt, ergibt sich die Anwendbarkeit des Halbeinkünfte-Verfahrens zwingend.

§ 3 Nr. 40 j) EStG

Hinsichtlich der zeitlichen Anwendbarkeit wird wiederum auf das Wirtschaftsjahr der veräußerten Körperschaft abgestellt, so dass die zu lit. a) dargestellte Übersicht Anwendung findet. Allerdings ist zu beachten, dass im Anwendungsbereich von § 23 EStG nicht auf den (wirtschaftlichen) Eigentumsübergang, sondern auf das schuldrechtliche Geschäft, in der Regel also auf den Abschluss des Kaufvertrags abgestellt wird. Da zu diesem Zeitpunkt die Erträge i.S.d. § 3 Nr. 40 j) EStG entstehen, ist der Vertragsabschluss auch für die erstmalige Anwendbarkeit der Vorschrift maßgeblich.

III. Änderung § 3c EStG

1. Text der Vorschrift

§ 3c wird wie folgt gefasst:

„§ 3c

Anteilige Abzüge

(1) Ausgaben dürfen, soweit sie mit steuerfreien Einnahmen in unmittelbarem wirtschaftlichen Zusammenhang stehen, nicht als Betriebsausgaben oder Werbungskosten abgezogen werden; Absatz 2 bleibt unberührt.

(2) Betriebsvermögensminderungen, Betriebsausgaben, Veräußerungskosten oder Werbungskosten, die mit den dem § 3 Nr. 40 zugrunde liegenden Betriebsvermögensmehrungen oder Einnahmen in wirtschaftlichem Zusammenhang stehen, dürfen unabhängig davon, in welchem Veranlagungszeitraum die Betriebsvermögensmehrungen oder Einnahmen anfallen, bei der Ermittlung der Einkünfte nur zur Hälfte abgezogen werden; Entsprechendes gilt, wenn bei der Ermittlung der Einkünfte der Wert des Betriebsvermögens oder des Anteils am Betriebsvermögen oder die Anschaffungs- oder Herstellungskosten oder der an deren Stelle tretende Wert mindernd zu berücksichtigen sind. Satz 1 gilt auch in den Fällen des § 3 Nr. 40 Satz 3 und 4. Satz 1 gilt auch für Betriebsvermögensminderungen, die innerhalb der Behaltefrist des § 3 Nr. 40 Satz 5 eintreten."

2. Materialien

Gesetzentwurf der Bundesregierung

§ 3c wird wie folgt gefasst:

„§ 3c
Anteilige Abzüge

(1) Ausgaben dürfen, soweit sie mit steuerfreien Einnahmen in unmittelbarem wirtschaftlichen Zusammenhang stehen, nicht als Betriebsausgaben oder Werbungskosten abgezogen werden; Absatz 2 bleibt unberührt.

(2) Betriebsvermögensminderungen, Betriebsausgaben, Veräußerungskosten oder Werbungskosten, die mit den dem § 3 Nr. 40 zugrunde liegenden Betriebsvermögensmehrungen oder Einnahmen in wirtschaftlichem Zusammenhang stehen, dürfen unabhängig davon, in welchem Veranlagungszeitraum die Betriebsvermögensmehrungen oder Einnahmen anfallen, bei der Ermittlung der Einkünfte nur zur Hälfte abgezogen werden; Entsprechendes gilt, wenn bei der Ermittlung der Einkünfte der Wert des Betriebsvermögens oder des Anteils am Betriebsvermögen oder die Anschaffungs- oder Herstellungskosten oder der an deren Stelle tretende Wert mindernd zu berücksichtigen sind."

Begründung zum Gesetzentwurf der Bundesregierung

Aufwendungen, die mit den nach § 3 Nr. 40 EStG zusammenhängenden Betriebsvermögensmehrungen, Einnahmen oder Veräußerungspreisen in wirtschaftlichem Zusammenhang stehen, können nur noch zur Hälfte als Betriebsausgaben oder Werbungskosten berücksichtigt werden. Dabei spielt es keine Rolle, ob die Aufwendungen in einem Veranlagungszeitraum anfallen, in dem keine steuerfreien Erträge angefallen sind; auch in diesem Fall sind die tatsächlich angefallenen Aufwendungen nur zur Hälfte zu berücksichtigen.

Beschlussempfehlung/Begründung des Finanzausschusses

– keine Änderung/Bemerkung –

Beschlussempfehlung des Vermittlungsausschusses

§ 3c Abs. 2 werden folgende Sätze angefügt:

„Satz 1 gilt auch in den Fällen des § 3 Nr. 40 Satz 3 und 4. Satz 1 gilt auch für Betriebsvermögensminderungen, die innerhalb der Behaltefrist des § 3 Nr. 40 Satz 5 eintreten."

Begründung des Vermittlungsausschusses

Zu § 3c Abs. 2

Zu Satz 2

Es wird sichergestellt, daß Veräußerungsverluste in den beschriebenen Fällen weiterhin dem Halbeinkünfteverfahren unterliegen.

Beispiel:

Einzelunternehmer A bringt einen Teilbetrieb gem. § 20 Abs. 1 Satz 1 UmwStG ein. In 06 zeichnet sich ab, daß die erworbenen Anteile wertlos geworden sind. A veräußert sie in 06 mit Verlust. Die Mißbrauchsvermeidungsregelung in § 3 Nr. 40 Satz 3 EStG soll zu nicht gerechtfertigten Vorteilen führen. Die steuerliche Behandlung im Verlustfalle bleibt daher unverändert.

Zu Satz 3

Die Regelung zielt darauf ab, daß das normale Wertpapiergeschäft (insbesondere der Banken) nicht voll bzw. hälftig steuerfrei gestellt wird. Die Maßnahme stellt damit auch sicher, daß die Steuermindereinnahmen das vorgesehene Maß nicht übersteigen.

3. Erläuterungen

Verfasser: Thomas Rödder (Abs. 1) und Oliver Hötzel (Abs. 2)

a) **§ 3 c Abs. 1 EStG**

aa) Zweck und Inhalt

§ 3 c Abs. 1 EStG n. F. ist nahzu wortgleich mit § 3 c EStG a. F. Danach dürfen Ausgaben, soweit sie mit steuerfreien Einnahmen in unmittelbarem wirtschaftlichen Zusammenhang stehen, nicht als Betriebsausgaben oder Werbungskosten abgezogen werden. Dementsprechend ist das bisherige Verständnis des § 3 c EStG a. F. auch auf § 3 c Abs. 1 EStG n. F. übertragbar. Neu ist demgegenüber § 3 c Abs. 2 EStG n. F., der die Abzugsfähigkeit von Ausgaben regelt, die mit nach § 3 Nr. 40 EStG n. F. hälftig steuerbefreiten Einnahmen in wirtschaftlichem Zusammenhang stehen (dazu s.w.u.).

Was sich allerdings auch im Hinblick auf § 3 c Abs. 1 EStG n. F. durch das StSenkG gegenüber der bisherigen Rechtslage verändern wird, ist der Kreis relevanter steuerfreier Einnahmen, die ein steuerliches Abzugsverbot i.S.d. § 3 c Abs. 1 EStG n.F. auslösen können. Denn: Für Kapitalgesellschaften sieht das StSenkG einen deutlich größeren Kreis steuerfreier Einnahmen als bisher vor. Relevant ist dies, da § 3 c EStG über § 8 Abs. 1 KStG auch auf Kapitalgesellschaften Anwendung findet.

Der Zweck des Abzugsverbots des § 3 c Abs. 1 EStG ist es nach wie vor, daß bei steuerfreien Einnahmen kein doppelter steuerlicher Vorteil durch den zusätzlichen Abzug damit unmittelbar zusammenhängender Aufwendungen erzielt werden soll.

bb) Einzelerläuterungen

Rechtsprechung zu § 3 c EStG a.F. bei DBA-Schachteldividenden

§ 3 c EStG hatte nach bisheriger Rechtslage ursprünglich eine besondere Bedeutung für mit DBA-Schachteldividenden aus Auslandsbeteiligungen zusammenhängende Ausgaben. Zu derartigen Ausgaben hatte der BFH in mehreren Entscheidungen (BStBl. II 1997, S. 57, 60 u. 63) das bis dahin geltende, allerdings heftig umstrittene Verständnis des § 3 c EStG a.f. als eines nur eingeschränkten Abzugsverbotes bestätigt. Danach gilt: Soweit im Veranlagungszeitraum tatsächlich steuerfreie Dividenden zufließen, werden damit zusammenhängende Betriebsausgaben nach § 3 c EStG abzugsgesperrt. Darüber hinaus, d.h. im Fall ohne steuerfreie Betriebseinnahmen oder bei übersteigenden Betriebsausgaben, waren Betriebsausgaben trotz des mittelbaren Zusammenhangs mit späteren nach DBA steuerfreien Betriebseinnahmen unabhängig von § 3 c EStG voll abziehbar. Dabei ging der BFH im übrigen davon aus, daß die Doppelbesteuerungsabkommen in der Regel die Dividenden als Einnahmen steuerfrei stellen, und zwar auch dann, wenn das DBA von „Einkünften" spricht. Der Abzug entfiele nur dann (in vollem Umfang), wenn ein DBA nach Sinn und Zweck der Regelung nicht die Bruttoeinnahmen, sondern ausdrücklich die Nettoeinkünfte freistellen würde (Diskussion DBA-Frankreich). Die Finanzverwaltung hatte diese Rechtsprechung akzeptiert (BStBl. I 1997, S. 99 und 1022).

Einführung eines § 8 b Abs. 7 KStG

Im Anschluß an die angesprochenen BFH-Entscheidungen hat der Gesetzgeber gerade für Ausgaben, die mit Schachteldividenden aus Auslandsbeteiligungen zusammenhängen, eine Sonderregelung geschaffen. § 8 b Abs. 7 KStG regelt unwiderlegbar, daß der nach § 3 c EStG nicht abziehbare Betriebsausgabenanteil 5 % (zunächst waren 15 % angeordnet) der steuerfreien Ausschüttungen beträgt, und zwar unabhängig davon, ob und ggfls. in welcher Höhe in unmittelbarem wirtschaftlichem Zusammenhang mit den DBA-Schachteldividenden stehende Betriebsausgaben überhaupt angefallen sind. D.h., daß letztlich die Steuerfreiheit der Dividenden eingeschränkt wird, während es im übrigen bei dem vollen Betriebsausgabenabzug der damit zusammenhängenden Ausgaben bleibt. § 3 c EStG a.f. hat insoweit nach bisheriger Rechtslage keinen eigenständigen Anwendungsbereich mehr.

Fortführung des § 8 b Abs. 7 KStG a.f. in § 8 b Abs. 5 KStG n.F.

Bei dieser Regelung für steuerfreie Auslandsdividenden ist es auch nach dem Steuersenkungsgesetz im Grundsatz geblieben (s. jetzt § 8 b Abs. 5 KStG n.F.). Allerdings hat sich insoweit der Anwendungsbereich vergrößert, da § 8 b Abs. 5 KStG n.F. nicht mehr nur auf steuerfreie DBA-Schachteldividenden anwendbar ist, sondern wegen der neuen Dividendenfreistellung des § 8 b Abs. 1 KStG n.F. sämtliche Dividenden aus ausländischen Tochterkapitalgesellschaften erfaßt, und zwar ohne jede Mindestbeteiligungsquote, ohne Mindestbesitzzeit, Aktivitätsvorbehalte, Vorliegen eines DBA's o.ä. Insoweit findet m.a.W. § 3 c Abs. 1 EStG n.F. nach wie vor keine Anwendung.

§ 3 c EStG a.F. und § 8 b Abs. 1 u. 2 KStG a.F.

Nach bisheriger Rechtslage blieb die Anwendung des § 3 c EStG a.F. insbesondere denkbar auf Ausgaben, die mit einem steuerfreiem Gewinn aus der Veräußerung bestimmter Auslandsbeteiligungen (§ 8 b Abs. 2 KStG a.F.) oder mit steuerfrei vereinnahmten EK 01- Dividenden (§ 8 b Abs. 1 KStG a.F.) zusammenhängen.

§ 3 c Abs. 1 EStG-relevante steuerfreie Einnahmen von Kapitalgesellschaften nach neuem Recht

Nach neuem Recht sind die relevanten steuerfreien Einnahmen von Kapitalgesellschaften deutlich zahlreicher als bisher. Denn: Die Dividenden aus inländischen Tochterkapitalgesellschaften sind bei Mutterkapitalgesellschaften generell über § 8 b Abs. 1 KStG n.F. freigestellt, nicht also nur EK 01-Dividenden. Und auch der Kreis der möglichen steuerfreien Anteilsveräußerungsgewinne ist im Grundsatz durch § 8 b Abs. 2 KStG n.F. von bestimmten Auslandsbeteiligungen auf alle Inlands- und Auslandsbeteiligungen ausgedehnt worden.

Damit hat § 3 c Abs. 1 EStG n.F. und damit auch das bisherige Verständnis des § 3 c EStG a.F. einen für die Praxis deutlich vergrößerten Relevanzbereich.

Konkretisierung des Abzugsverbotes

Nicht abzugsfähig sind alle zuordenbaren Aufwendungen bis zur Höhe der steuerfreien Einnahmen außerhalb der von § 8 b Abs. 5 KStG n.F. erfaßten. Abzugsfähig sind die übersteigenden Ausgaben und

A. III. Änderung § 3c EStG

Aufwendungen in Wirtschaftsjahren ohne relevante steuerfreie Einnahmen.

Nur eindeutig zuordenbare Finanzierungs- und Verwaltungsaufwendungen unterliegen dem Abzugsverbot.

Teilwertabschreibungen auf Beteiligungen etc. sind in § 8 b Abs. 3 KStG n.F. gesondert geregelt.

Bewertung des Abzugsverbots

Die Anwendung des Abzugverbotes auf Ausgaben, die mit freigestellten Dividenden zusammenhängen, ist nicht gerechtfertigt, da es sich bei der Dividendenfreistellung nicht um eine Begünstigung handelt, sondern lediglich um ein technisches Vehikel, das die Muttergesellschaft vor einer ökonomisch nicht gerechtfertigten Doppelbelastung der Gewinne ihrer Tochtergesellschaft schützt. Letztlich bewirkt das Abzugsverbot des § 3 c EStG, daß die freigestellten Dividenden (genauer: die zugrundeliegenden Gewinne) doppelt mit Körperschaftsteuer belastet werden. Die rein technische Betrachtungsweise, die den Gesetzgeber bewogen hat, § 3 c Abs. 1 EStG n.F. im Zusammenhang mit der Dividendenfreistellung für anwendbar zu erklären, wird der wirtschaftlichen und steuersystematischen Motivation der Dividendenfreistellug nicht gerecht. Entsprechendes gilt für Ausgaben, die mit steuerfreien Veräußerungsgewinnen in Zusammenhang stehen.

Die Anwendungen des § 3 c Abs. 1 EStG n.F. bedeutet letztlich eine Einschränkung oder gar Beseitigung der Dividendenfreistellung. Die Benachteiligung gegenüber der Situation nach Anrechnungsverfahren liegt auf der Hand.

Gestaltungsüberlegungen

Alle Überlegungen, eine wirtschaftliche Doppelbesteuerung aufgrund der Anwendung des § 3 c Abs. 1 EStG n.F. zu vermeiden, knüpfen an das geschilderte Verständnis dieser Vorschrift an.

Damit ergibt sich als klassische Lösung das „Balooning-Konzept". Solange die Tochtergesellschaft die von ihr erzielten Gewinne thesauriert, werden in den betreffenden Wirtschaftsjahren keine freigestellten Dividenden erzielt, so daß die Betriebsausgaben in diesen Jahren in vollem Umfang abzugsfähig sind. Wenn dann später eine kumulierte Ausschüttung erfolgt, greift nur in diesem Jahr das Abzugsverbot. Entsprechendes gilt, wenn die thesaurierten Gewinne in Form eines steuerfreien Veräußerungsgewinnes realisiert werden. Es ist selbstverständlich, daß es sinnvoll ist, immer in den Nichtausschüttungsjahren besonders hohe und im Ausschüttungsjahr möglichst niedrige Betriebsausgaben zu haben.

Eine sich weiter aufdrängende Gestaltung ist die Verlagerung von Fremdfinanzierungsaufwendungen von der Gesellschafterebene auf die Kapitalgesellschaft selbst. Beispiel: Weiterer Finanzierungsbedarf in der Tochter wird nicht, wie geplant, durch Eigenkapital, sondern durch Fremdkapitalaufnahme finanziert (möglicherweise auch durch Gesellschafterdarlehen). Oder : In der Tochtergesellschaft gebundenes Eigenkapital wird auf die Gesellschaftsebene zurücktransferiert und durch Fremdkapital ersetzt.

Jeweils resultierte der Effekt, daß der Gewinn der Tochterkapitalgesellschaft, der dann ausgeschüttet werden kann, bereits durch den Zinsaufwand gemindert ist, so daß es insoweit gar nicht mehr zur Entstehung steuerfreier Dividenden kommt. Ein Abzugsproblem nach § 3 c Abs. 1 EStG n.F. stellt sich dann nicht mehr.

Lediglich die Kosten der Muttergesellschaft für die Beteiligungsverwaltung bleiben, soweit überhaupt eindeutig zuordenbar, nicht abzugsfähige Betriebsausgabe gem. § 3 c Abs. 1 EStG n.F.

Schließlich bietet sich insbesondere die Etablierung einer körperschaftsteuerlichen Organschaft zwischen der Muttergesellschaft und der Tochtergesellschaft an, um die Folgen des § 3 c Abs. 1 EStG n.F. zu vermeiden. Denn: Wenn eine körperschaftsteuerliche Organschaft besteht, werden keine freigestellten Dividenden mehr erzielt, sondern es findet eine Zurechnung des Einkommens der Organtochter-Kapitalgesellschaft zum Organträger statt.

Auch in dem Fall, in dem die Organkapitalgesellschaft ihrerseits steuerfreie Einnahmen hat, ist § 3 c Abs. 1 EStG n.F. auf Aufwendungen des Organträgers nicht anwendbar, weil eine Zurechnung steuerfreier Einkommensteile zum Organträger nach der Formulierung des § 14 KStG nicht erfolgt.

Indessen: Auch nach der Novellierung der Voraussetzungen für die körperschaftsteuerliche Organschaft ist die finanzielle Eingliederung erforderlich, also das Inhaben der Mehrheit der Stimmrechte an der Organtochterkapitalgesellschaft bei der Mutterkapitalgesellschaft. Dies ist nicht immer erreichbar. Möglicherweise wird wegen der § 3 c Abs. 1 EStG–Problematik das Institut der Mehrmütterorganschaft noch wichtiger als bisher werden.

Unterschiedliche Abzugsverbotsregelungen

Abschließend bleibt anzumerken, daß es unerträglich erscheint, daß das StSenkG mit § 3 c Abs. 1 EStG, 3 c Abs. 2 EStG und § 8 b Abs. 5 KStG drei völlig unterschiedliche Abzugsverbote etabliert hat.

A. III. Änderung § 3c EStG

b) § 3c Abs. 2 EStG

aa) Zweck und Inhalt

Durch die Vorschrift des § 3c EStG wird der allgemein anerkannte Steuerrechtsgrundsatz kodifiziert, wonach Aufwendungen, die in Zusammenhang mit steuerfreien Einkünften stehen, steuerlich nicht zum Abzug gebracht werden dürfen. Hierdurch soll ein zweifacher Vorteil für den Steuerpflichtigen vermieden werden. Diesem Grundgedanken folgt auch der vollständig neugefasste § 3c Abs. 2 EStG. Der (vermeintlich) hälftigen Steuerbefreiung des § 3 Nr. 40 EStG soll ein umfassendes, gestaltungsunanfälliges Abzugsverbot für damit zusammenhängende Aufwendungen gegenübergestellt werden. Wenn diese Grundüberlegung auch auf den ersten Blick plausibel erscheint, so zeigt sich bei weiterer Betrachtung, dass das neue Abzugsverbot nicht sachgerecht ist und zu völlig systemwidrigen Ergebnissen führt. Der elementare Fehler der Überlegung besteht darin, dass es sich bei den Einkünften nach § 3 Nr. 40 EStG zwar formal um hälftig steuerfreie Einkünfte handelt. Dies folgt aus der eigenwillig anmutenden Gesetzestechnik zur Umsetzung des Halbeinkünfteverfahrens. Tatsächlich handelt es sich aber keinesfalls um steuerbefreite Einkünfte. Vielmehr wird durch die hälftige Steuerbefreiung nur die körperschaftsteuerliche Vorbelastung der Gewinne auf der Ebene der Körperschaft in pauschaler Form neutralisiert. § 3 Nr. 40 EStG erweist sich somit nicht als Steuervorteil für den Steuerpflichtigen, sondern als zwingend gebotenes Instrument, um Steuernachteile für den Dividendenempfänger zu verhindern.

Somit stellt § 3c Abs. 2 EStG einen systemwidrigen Eingriff in die Besteuerung nach dem Halbeinkünfte-Verfahren dar, der zu Gesamtsteuerbelastungen bei Dividenden von über 100% führen kann. Das Gebot der Besteuerung nach der Leistungsfähigkeit wird somit für Dividendeneinkünfte außer Kraft gesetzt. Folgendes Beispiel belegt diese Erkenntnis in aller Deutlichkeit:

	Altes Recht (Zins 50)	Neues Recht (Zins 50)	Neues Recht (Zins 80)
Gewinn vor Steuern	120	120	120
GewSt (400 %)	− 20	− 20	− 20
KSt-pflichtig	100	100	100
KSt (ohne SolZ)	− 40	− 25	− 25
Nettodividende	60	75	75
KSt-Minderung	+ 10	−	−

	Altes Recht (Zins 50)	Neues Recht (Zins 50)	Neues Recht (Zins 80)
Bardividende	70	75	75
Zinsaufwand	− 50	− 50	− 80
ESt-pflichtig	100	37,5	37,5
Zinsaufwand	− 50	− 25,0	− 40,0
verbleiben	50	12,5	− 2,5
ESt (48,5 %)	− 24,2	− 6,1	+ 1,2
Anrechnung KSt	+ 30,0	−	−
Netto Gesellschafter	25,8	18,9	− 3,8
Steuerbelastungsquote	63,1 %	73 %	110 %

bb) Einzelerläuterungen

Wirtschaftlicher Zusammenhang

Nur zur Hälfte steuerlich abziehbar sind solche Betriebsvermögensminderungen, Betriebsausgaben, Veräußerungskosten oder Werbungskosten, die mit den Einnahmen i.S.d. § 3 Nr. 40 EStG in wirtschaftlichem Zusammenhang stehen. Von entscheidender Bedeutung ist, was als wirtschaftlicher Zusammenhang anzusehen ist. Unstreitig dürfte der wirtschaftliche Zusammenhang in folgenden Sachverhalten zu bejahen sein:

- der Beteiligungsbuchwert bzw. die Anschaffungskosten bei Veräußerung, Kapitalherabsetzung, Liquidation etc.,

- der Zinsaufwand auf Fremdkapital, das speziell zum Erwerb der Beteiligung aufgenommen wurde,

- direkt zuzuordnende sonstige Kosten der Beteiligung,

Teilwertabschreibungen immer.

Im Gegenzug dazu müssen vorab alle Aufwendungen, die anderen, nicht steuerbefreiten Einkünften direkt zuzuordnen sind, aus dem Anwendungsbereich des § 3c Abs. 2 EStG eliminiert werden.

Problematisch wird die Beurteilung immer dann, wenn Aufwedungen der Beteiligung nicht direkt zugeordnet werden können. Dies ist z.B. der Fall, wenn Fremdkapital keinen spezifischen Verwendungzweck hat und somit in allgemeiner Form für die Finanzierung des gesamten Unternehmens zur Verfügung steht. In Anbetracht der steuerlichen Zielsetzung von § 3c Abs. 2 EStG ist das Tatbestandsmerkmal des

A. III. Änderung § 3c EStG

wirtschaftlichen Zusammenhangs u.E. anhand des Veranlassungsprinzips zu beurteilen. Wenn und soweit die Aufwendungen durch den Kauf oder das Halten der Beteiligung veranlasst sind, stehen sie in einem wirtschaftlichen Zusammenhang mit den aus der Beteiligung resultierenden Erträgen. Dies erfordert einen Kausalzusammenhang zwischen dem Kauf bzw. dem Halten der Beteiligung und den in Frage stehenden Aufwendungen. Somit können u.E. Zinsen auf Fremdkapital, das nicht in zeitlichem oder sachlichem Zusammenhang mit dem Beteiligungserwerb aufgenommen wurde, nicht unter das Abzugsverbot fallen. Die verschiedentlich diskutierte quotale Zuordnung pauschal nach dem Verhältnis der erzielten steuerpflichtigen und steuerfreien Erträge oder nach Buch- bzw. Teilwertrelationen bezogen auf die Beteiligungen führt nicht zu sachgerechten Ergebnissen.

Zeitlicher Zusammenhang

Nicht erforderlich ist, dass die Einnahmen im gleichen Veranlagungszeitraum anfallen wie die dazugehörigen Ausgaben. Auf diesen für die Anwendung des § 3c Abs. 1 EStG von der Rechtsprechung geforderten zeitlichen Zusammenhang hat der Gesetzgeber in § 3c Abs. 2 EStG ausdrücklich verzichtet. Dem Abzugsverbot können Aufwendungen also auch dann unterliegen, wenn im betreffenden Veranlagungszeitraum keine steuerfreien Erträge erzielt wurden. Bei weiter Auslegung bewirkt der Verzicht auf den zeitlichen Zusammenhang, dass das Abzugsverbot auch dann greift, wenn über einen langen Zeitraum keine steuerfreien Erträge erzielt werden. Allein die abstrakte Möglichkeit, irgendwann einmal steuerfreie Erträge zu erzielen, reicht damit für das Abzugsverbot aus. Diese weitreichende Rechtsfolge zeigt deutlich, dass der Maßstab für die Beurteilung des wirtschaftlichen Zusammenhangs entsprechend eng auszulegen ist.

Abzugsverbot bei Beteiligungsveräußerungen während der Sperrfrist

§ 3 Nr. 40 Satz 5 EStG bestimmt, dass Beteiligungsveräußerungen im Betriebsvermögen dann voll steuerpflichtig sind, wenn die Beteiligung nicht mindestens ein Jahr lang zum Betriebsvermögen des Steuerpflichtigen gehört hat. Mit der Beteiligungsveräußerung zusammenhängende Aufwendungen (Betriebsvermögensminderungen, Betriebsausgaben, Veräußerungskosten, Werbungskosten, Wert des Betriebsvermögens, Anschaffungs- oder Herstellungskosten) dürfen in diesem Fall trotz der Versagung der Steuerfreiheit nur zur Hälfte abgezogen werden (§ 3c Abs. 2 Satz 3 EStG). Diese Sonderregelung führt zu vollständig widersinnigen Ergebnissen und kann wohl nur als Strafmaßnahme für den vom Gesetzgeber pauschal unterstellten Versuch eines Gestaltungsmissbrauchs verstanden werden. Besonders plastisch wird die Fragwürdigkeit der Vorschrift beispielsweise bei einer Personengesellschaft, die einen Anteil an einer Kapitalgesellschaft veräußert. Denn vielfach hat der einzelne Gesellschafter der Personengesellschaft gar keinen Einfluss darauf, zu welchem Zeitpunkt die Beteiligung veräußert wird. Von einem Gestaltungsmißbrauch kann bei derartigen Sachverhalten wohl kaum die Rede sein.

Entsprechendes gilt auch bei Veräußerung von einbringungsgeborenen Anteilen innerhalb der siebenjährigen Sperrfrist. Obwohl auch hier die hälftige Steuerbefreiung nicht eingreift, wirken sich die Abzugspositionen nur hälftig aus.

Um Mißbräuche zu vermeiden, hätte es u.E. vollständig ausgereicht, einerseits die Steuerbefreiung zu versagen, dafür aber andererseits den Betriebsausgabenabzug in voller Höhe zuzulassen und für den Verlustfall besondere Verrechnungsbeschränkungen vorzusehen (siehe dazu nachfolgend).

Möglicherweise war dies auch so gewollt. Dann sollte eine Korrektur bereits durch die Finanzverwaltung erfolgen.

Verluste aus Beteiligungseinkünften

Das Zusammenspiel von § 3 Nr. 40 EStG und § 3c Abs. 2 EStG führt dazu, dass sich Verluste im Zusammenhang mit Beteiligungen steuerlich nur zur Hälfte auswirken. Dies erweist sich als Kehrseite der nur hälftigen Steuerpflicht von positiven Einkünften.

Für Verluste, die im Zusammenhang mit Beteiligungsveräußerungen innerhalb der einjährigen Sperrfrist eintreten, sieht § 15 Abs. 4 Satz 5 EStG eine eingeschränkte Verrechenbarkeit vor. Zulässig ist nur ein Abzug bei Gewinnen aus Beteiligungen, die im letzten vorangegangenen oder in den folgenden Wirtschaftsjahren eingetreten sind bzw. noch eintreten werden. Fraglich ist, ob nur Gewinne aus einer Beteiligungsveräußerung zur Verrechnung herangezogen werden können oder ob sämliche Einkünfte aus dem Anwendungsbereich von § 3 Nr. 40 EStG angesprochen sind. Die Unklarheit resultiert aus dem Umstand, dass § 15 Abs. 4 Satz 5 EStG eine entsprechende Anwendung der Sätze 1 und 2 der Vorschrift anordnet. Die Sätze 1 und 2 beinhalten eine eingeschränkte Verrechenbarkeit von Verlusten aus gewerblicher Tierzucht mit Gewinnen ebenfalls aus gewerblicher Tierzucht. Abgestellt wird also auf die gleiche Art der Einkunftsquelle. Wendet man diesen Gedanken der Art der Einkunftsquelle auf die Verluste aus Beteiligungsveräußerungen an und sieht man die Beteiligung als Einkunftsquelle an, so muss eine Verrechnung mit sämtlichen Beteiligungserträgen, also auch mit Dividenden, zulässig sein.

A. III. Änderung § 3c EStG

Fraglich bleibt auch, wie der Verlust im Sinne des § 15 Abs. 4 Satz 5 EStG zu definieren ist. Der Wortlaut legt folgende Auslegung nahe: Bei Veräußerungen innerhalb der Jahresfrist wird die hälftige Steuerbefreiung nicht gewährt (§ 3 Nr. 40 Satz 5 EStG). Dennoch sind der Buchwert der Beteiligung und sonstige Veräußerungskosten hälftig vom Abzug ausgeschlossen (§ 3c Abs. 2 Satz 3 EStG). Ein Veräußerungsverlust entsteht also nur dann, wenn die Aufwandspositionen den Veräußerungserlös um mehr als das Doppelte übersteigen. Somit ist die Verlustverwertung bereits auf dieser Ebene auf die Hälfte des tatsächlich entstandenen Verlustes reduziert. Dieser reduzierte Verlust unterfällt dann zusätzlich der sachlichen Beschränkung des § 15 Abs. 4 EStG.

Eine solche, am Wortlaut orientierte Auslegung führt jedoch nicht zu sachgerechten Ergebnissen. § 15 Abs. 4 Satz 5 EStG soll – ähnlich wie § 3c Abs. 2 Satz 3 EStG – sicherstellen, dass das Sperrjahr nicht zur vollen Nutzung von Verlusten mißbraucht wird. So könnten im Wert geminderte Beteiligungen ohne die genannten Regelungen innerhalb der Jahresfrist verkauft werden, um in den Genuss des vollen steuerlichen Abzugs zu gelangen. Denn innerhalb der Sperrfrist wären § 3 Nr. 40 EStG i.V.m. § 3c Abs. 2 EStG nicht anwendbar, so dass der Veräußerungsverlust uneingeschränkt abzugsfähig wäre. Kommen aber beide Mißbrauchsvermeidungsvorschriften nebeneinander zur Anwendung, führt dies zu einer doppelten Bestrafung von Verlustgeschäften innerhalb des Sperrjahres. Der Verlust wird einerseits nur zur Hälfte steuerlich relevant, und dieser halbierte Verlust kann nur innerhalb der gleichen Art von Einkunftsquellen rück- bzw. vorgetragen werden. Dies kann vom Ergebnis her nicht gewollt sein. Insofern wird hier die Auffassung vertreten, dass als Verlust i.S.d. § 15 Abs. 4 Satz 5 EStG der volle und nicht etwa der nach § 3c Abs. 2 Satz 3 EStG halbierte Verlust anzusehen ist.

Von § 15 Abs. 4 Satz 5 EStG erfasst werden nur Veräußerungsverluste. Anderweitige Verluste wie z.B. aus Teilwertabschreibungen, Verluste aus der verdeckten Einlage einer Beteiligung in ein Betriebsvermögen oder Verluste aus Übertragungen nach § 6 Abs. 5 EStG sind nicht betroffen. Entsteht innerhalb der Sperrfrist ein solcher Verlust, so kann dieser uneingeschränkt mit anderen gewerblichen Einkünften bzw. innerhalb der Grenzen des § 2 Abs. 3 EStG mit anderen Einkunftsarten ausgeglichen und abgezogen werden. Die praktische Bedeutung dieses Umstandes hinsichtlich der Nutzung von Gestaltungsmöglichkeiten dürfte jedoch auf Ausnahmefälle begrenzt sein.

Gestaltungsüberlegungen

Die Systemwidrigkeit des § 3c Abs. 2 EStG und die damit verbundene Steuerbelastung von bis zu über 100% des Gewinns zwingen zu Überlegungen, wie diese gravierende Beeinträchtigung entschärft werden kann. Hierzu bieten sich im wesentlichen folgende Maßnahmen an:

Zunächst muss der Gesellschafter einer Kapitalgesellschaft bestrebt sein, den in seiner Sphäre entstehenden Zins- oder sonstigen Aufwand auf die Ebene der Körperschaft zu verlagern. Dort kann der Zinsaufwand mit dem laufenden Ergebnis verrechnet werden und wirkt sich so in der Gesamtbetrachtung in vollem Umfang aus. Die Aufwandsverlagerung in die Körperschaft kann z.b. dadurch herbeigeführt werden, dass die Körperschaft zukünftig durch den Gesellschafter mit Fremdkapital anstelle von Eigenkapital finanziert wird. In diesem Fall ersetzt der Gesellschafter partiell steuerpflichtige Dividenden durch vollständig steuerpflichtige Zinserträge. Die Refinanzierungszinsen können dann uneingeschränkt steuerlich abgezogen werden. Als Instrumente für eine solche Umfinanzierung kommen z.b. eine Massivausschüttung der Rücklagen, die auf Gesellschaftsebene fremdfinanziert wird, oder auch das Schütt-aus-Hol-zurück-Verfahren mit Rückführung der Ausschüttung in Form von Darlehen in Betracht. Diese Instrumente setzen allerdings voraus, dass nicht bereits die Ausschüttung in der Gesamtbetrachtung zu steuerlichen Nachteilen führt (zu Einzelheiten siehe die Erläuterungen zu den Gestaltungsüberlegungen im Rahmen von § 3 Nr. 40 d) EStG).

Handelt es sich bei den sonstigen Aufwendungen des Gesellschafters um solche, die primär im Interesse der Körperschaft erfolgen und damit durch die Körperschaft veranlasst sind, kann auch über eine Weiterbelastung der Aufwendungen an die Körperschaft nachgedacht werden.

Denkbar ist auch die Einrichtung eines körperschaft- und gewerbesteuerlichen Organschaftsverhältnisses zwischen dem Gesellschafter und der Körperschaft. Dies führt im Ergebnis dazu, dass die Erträge aus der Körperschaft nicht mehr dem Halbeinkünfteverfahren und damit die zugehörigen Aufwendungen nicht mehr dem anteiligen Abzugsverbot nach § 3c Abs. 2 EStG unterliegen. Somit sind Zinsaufwendungen sowie sonstige Aufwendungen uneingeschränkt abzugsfähig. Andererseits kommt die Körperschaft aber auch nicht in den Genuss der niedrigen Steuerbelastung thesaurierter Erträge. Denn im Rahmen einer körperschaftsteuerlichen Organschaft wird das Einkommen der Körperschaft zu Einkommen des Organträgers und unterliegt dort der Einkommensteuer zum normalen Steuersatz.

Voraussetzung für das Abzugsverbot des § 3c Abs. 2 EStG ist der wirtschaftliche Zusammenhang zwischen Aufwand und Beteiligungserträgen. Können die Aufwendungen dagegen anderen steuerpflichtigen Einkünften zugeordnet werden, greift das Abzugsverbot nicht ein. Offensichtlich empfiehlt es sich somit zukünftig, Beteiligungserwerbe von vornherein mit Eigenkapital zu finanzieren und Fremdkapital nur im Bereich uneingeschränkt steuerpflichtiger Einkünfte einzusetzen.

c) Erstmalige Anwendung

aa) § 3 c Abs. 1 EStG

Für § 3 c Abs. 1 EStG n. F. existiert keine eigene Anwendungsvorschrift. Das heißt, daß nach der allgemeinen Regelung des § 52 Abs. 1 EStG die Neuregelung grundsätzlich erstmals für den VZ 2001 gilt.

Da § 3 c Abs. 1 EStG n. F. mit § 3 c EStG a.F. nahezu identisch ist, ist indessen entscheidender, ab wann die Neuregelungen, die den Kreis möglicher steuerfreier Einnahmen für Kapitalgesellschaften erweitern, anwendbar sind. Dazu Verweis auf die entsprechenden Erläuterungen zu §§ 8 b KStG n.F., 34 KStG n.F.

bb) § 3 c Abs. 2 EStG

§ 3c Abs. 2 EStG ist erstmals auf solche Aufwendungen anzuwenden, die mit Erträgen wirtschaftlich zusammenhängen, auf die § 3 Nr. 40 EStG erstmals anzuwenden ist. Probleme bereitet in diesem Zusammenhang insbesondere die Tatsache, dass § 3c Abs. 2 EStG nicht veranlagungszeitraumgebunden ist. Somit können Aufwendungen, die bereits vor der Einführung des Halbeinkünfteverfahrens entstehen, vom Abzugsverbot betroffen sein, wenn sie mit Beteiligungen wirtschaftlich in Zusammenhang stehen, deren Erträge zukünftig nach § 3 Nr. 40 EStG steuerlich privilegiert sind. Damit könnte § 3c Abs. 2 EStG vom Wortlaut her auch auf im Veranlagungszeitraum 2001 getätigte Aufwendungen anwendbar sein, obwohl in diesem Veranlagungszeitraum ordentliche Gewinnausschüttungen noch dem Anrechnungsverfahren unterliegen.

U.E. darf eine Anwendbarkeit des § 3c Abs. 2 EStG frühestens in dem Veranlagungszeitraum eingreifen, in dem erstmalig § 3 Nr. 40 EStG anzuwenden ist. Solange das Anrechnungsverfahren noch gilt, stehen Aufwendungen in zeitlicher Hinsicht mit den dem Anrechnungsverfahren unterliegenden Einkünften in wirtschaftlichem Zusammenhang. Dieser zeitliche Zusammenhang ist während der Übergangsphase u.E. abstrakt zu interpretieren, so dass § 3c Abs. 2 EStG auch dann nicht zur Anwendung kommt, wenn keine Einkünfte nach dem Anrechnungsverfahren bezogen worden sind. Dies führt konkret dazu, dass Aufwendungen im Zusammenhang mit Beteiligungen im Veranlagungszeitraum 2001 (bei kalenderjahrgleichem Wirtschaftsjahr) noch uneingeschränkt abgezogen werden können. Dies gilt auch dann, wenn in 2001 keine ordentliche Gewinnausschüttung vorgenommen wird. Lediglich wenn in 2001 eine verdeckte oder eine andere Gewinnausschüttung vorgenommen wird, die bereits nach § 3 Nr. 40 d) EStG hälftig steuerbefreit ist, greift das Abzugsverbot nach dem neuen § 3c Abs. 2 EStG ein.

IV. Änderung § 6 EStG

1. Text der Vorschrift

§ 6 Abs. 5 Satz 3 wird durch folgende Sätze ersetzt:

„Satz 1 gilt auch bei der Übertragung eines Wirtschaftsguts aus einem Betriebsvermögen des Mitunternehmers in das Gesamthandsvermögen einer Mitunternehmerschaft und umgekehrt, bei der Übertragung eines Wirtschaftsguts aus dem Gesamthandsvermögen einer Mitunternehmerschaft in das Sonderbetriebsvermögen bei derselben Mitunternehmerschaft und umgekehrt sowie bei der Übertragung zwischen den jewieligen Sonderbetriebsvermögen verschiedener Mitunternehmer derselben Mitunternehmerschaft. Satz 3 gilt dagegen nicht, soweit sich durch diese Übertragung der Anteil einer Körperschaft, Personenvereinigung oder Vermögensmasse an dem Wirtschaftsgut unmittelbar oder mittelbar erhöht; in diesen Fällen ist bei der Übertragung der Teilwert anzusetzen. Der Teilwert ist auch anzusetzen, soweit sich zu einem späteren Zeitpunkt der Anteil der Körperschaft, Personenvereinigung oder Vermögensmasse an dem übertragenen Wirtschaftsgut aus einem anderen Grund unmittelbar oder mittelbar erhöht."

2. Materialien

Gesetzentwurf/Begründung der Bundesregierung

– Regelung noch nicht enthalten –

A. IV. Änderung § 6 EStG

Beschlussempfehlung/Begründung des Finanzausschusses

– Regelung noch nicht enthalten –

Beschlussempfehlung des Vermittlungsausschusses

§ 6 Abs. 5 Satz 3 wird durch folgende Sätze ersetzt:

„Satz 1 gilt auch bei der Übertragung eines Wirtschaftsguts aus einem Betriebsvermögen des Mitunternehmers in das Gesamthandsvermögen einer Mitunternehmerschaft und umgekehrt, bei der Übertragung eines Wirtschaftsguts aus dem Gesamthandsvermögen einer Mitunternehmerschaft in das Sonderbetriebsvermögen bei derselben Mitunternehmerschaft und umgekehrt sowie bei der Übertragung zwischen den jeweiligen Sonderbetriebsvermögen verschiedener Mitunternehmer derselben Mitunternehmerschaft. Satz 3 gilt dagegen nicht, soweit sich durch diese Übertragung der Anteil einer Körperschaft, Personenvereinigung oder Vermögensmasse an dem Wirtschaftsgut unmittelbar oder mittelbar erhöht; in diesen Fällen ist bei der Übertragung der Teilwert anzusetzen. Der Teilwert ist auch anzusetzen, soweit sich zu einem späteren Zeitpunkt der Anteil der Körperschaft, Personenvereinigung oder Vermögensmasse an dem übertragenen Wirtschaftsgut aus einem anderen Grund unmittelbar oder mittelbar erhöht."

Begründung des Vermittlungsausschusses

Durch das Steuerentlastungsgesetz 1999/2000/2002 wurde die Möglichkeit der steuerneutralen Übertragung von Einzelwirtschaftsgütern des Betriebsvermögens nach dem sogenannten Mitunternehmererlaß (BMF-Schreiben vom 20. Dezember 1977, BStBl. I 1978 S. 8) eingeschränkt. Die Praxis hat jedoch gezeigt, daß insbesondere bei mittelständischen Unternehmen ein Bedürfnis zur Erleichterung von Umstrukturierungen besteht, im Einzelfall auch einzelne Wirtschaftsgüter steuerneutral übertragen zu können. Aus diesem Grund sind ab dem 1. Januar 2001 steuerneutrale Übertragungen von Einzelwirtschaftsgütern nach dem sogenannten Mitunternehmererlaß wieder möglich.

Gleichzeitig wird jedoch die Notwendigkeit gesehen, daß diese Erleichterungen nicht zu mißbräuchlichen Gestaltungen genutzt werden. Hierbei muß insbesondere vermieden werden, daß die grundsätzliche steuerpflichtige Veräußerung von Anteilen an Objektgesellschaften unterlaufen wird.

3. Erläuterungen

Verfasser: Thomas Rödder

a) Zweck und Inhalt

Das StEntlG 1999/2000/2002 vom 24.3.1999 (BGBl. I 1999, S. 402) hatte die steuerneutralen Übertragungsmöglichkeiten von Wirtschaftsgütern nach Maßgabe des sog. Mitunternehmererlasses weitgehend abgeschafft. Der insoweit vor allem einschlägige § 6 Abs. 5 Sätze 2 und 3 EStG bisherige Fassung hat folgenden Wortlaut:

„(5) ... Satz 1 gilt auch für die Überführung aus einem eigenen Betriebsvermögen des Steuerpflichtigen in dessen Sonderbetriebsvermögen bei einer Mitunternehmerschaft und umgekehrt sowie für die Überführung zwischen verschiedenen Sonderbetriebsvermögen desselben Steuerpflichtigen bei verschiedenen Mitunternehmerschaften. Satz 1 gilt dagegen nicht bei der Übertragung eines Wirtschaftsguts aus einem Betriebsvermögen des Mitunternehmers in das Gesamthandsvermögen einer Mitunternehmerschaft und umgekehrt, bei der Übertragung eines Wirtschaftsguts aus dem Gesamthandsvermögen einer Mitunternehmerschaft in das Sonderbetriebsvermögen bei derselben Mitunternehmerschaft und umgekehrt sowie bei der Übertragung zwischen den jeweiligen Sonderbetriebsvermögen verschiedener Mitunternehmer derselben Mitunternehmerschaft; in diesen Fällen ist bei der Übertragung der Teilwert anzusetzen."

Es ist deutlich erkennbar, daß die Norm im Zusammenhang mit Mitunternehmerschaften zwischen der Überführung von Wirtschaftsgütern (= Änderungen der steuerlichen Zuordnung von Wirtschaftsgütern ohne Eigentumsübertragung) und der (Eigentums-)Übertragung von Wirtschaftsgütern differenziert.

Die Überführung von WG zwischen verschiedenen Betrieben desselben Steuerpflichtigen ist danach im Grundsatz ohne Gewinnrealisierung möglich. Dies gilt auch im Zusammenhang mit Mitunternehmerschaften, wobei SBV des Mitunternehmers offensichtlich noch als Vermögen eines ihm gehörenden „Betriebs" (besser: als diesem Fall ausreichend vergleichbarer Fall) angesehen wird.

Demgegenüber führt nach § 6 Abs. 5 S. 3 EStG bisheriger Fassung jeder Wechsel der zivilrechtlichen Eigentümerschaft / Inhaberschaft (besser: des wirtschaftlichen Eigentums), also die Übertragung von Wirtschaftsgütern, zur Gewinnrealisierung. Der Gesamthandsbereich der Mitunternehmerschaft wird nach bisheriger Rechtslage insoweit als gegenüber der Sphäre des Mitunternehmers separiert angesehen. Damit ordnete die bisherige Fassung des § 6 Abs. 5 S. 3 EStG eine Gewinnrealisierung auch unabhängig davon an, ob bei einer erfolgsneutralen Übertragung stille Reserven von einem Steuersubjekt auf ein anderes Steuersubjekt überspringen würden. Deshalb war es auch

A. IV. Änderung § 6 EStG

sehr fragwürdig, wenn die Subjektidentität der Steuerverhaftung von stillen Reserven als die den durch das StEntlG 1999/2000/2002 eingeführten Steuerverschärfungen zugrundeliegende Gesetzesidee bezeichnet wurde.

Dementsprechend heftig war die Kritik an § 6 Abs. 5 S. 3 EStG bisheriger Fassung. Denn: Es entspricht einem elementaren Bedürfnis der Praxis, daß auch Einzelwirtschaftsgüter im Rahmen einer Mitunternehmerschaft erfolgsneutral übertragen werden können. Ursächlich dafür ist letztlich, daß die gesetzlich verankerten erfolgsneutralen Übertragungsmöglichkeiten an den Teilbetriebsbegriff gem. UmwStG anknüpfen, der jedenfalls in der derzeitigen Auslegung längst nicht alle Fälle abdeckt, in denen betriebswirtschaftlich (nicht: steuerlich) motivierte Umstrukturierungen von „unternehmerischen Engagements" gegeben sind. Die Forderung lautete: Die Abschaffung des Mitunter-nehmererlasses muß wieder rückgängig gemacht werden.

Dieser Forderung hatte sich der Gesetzgeber in seinen Entwürfen zum StSenkG zunächst verweigert. Erst in den Verhandlungen im Vermittlungsausschuß wurde eine modifizierte Wiederbelebung des Mitunternehmererlasses durchgesetzt (§ 16 Abs. 3 Satz 2 EStG betreffend die Realteilung wurde demgegenüber nicht geändert).

§ 6 Abs. 5 Satz 3 EStG n.F. regelt, daß (der unverändert gebliebene) § 6 Abs. 5 Satz 1 EStG auch bei der Übertragung eines Wirtschaftsguts aus einem Betriebsvermögen des Mitunternehmers in das Gesamthandsvermögen einer Mitunternehmerschaft und umgekehrt, bei der Übertragung eines Wirtschaftsguts aus dem Gesamthandsvermögen einer Mitunternehmerschaft in das Sonderbetriebsvermögen bei derselben Mitunternehmerschaft und umgekehrt sowie bei der Übertragung zwischen den jeweiligen Sonderbetriebsvermögen verschiedener Mitunternehmer derselben Mitunternehmerschaft gilt. Mit anderen Worten: § 6 Abs. 5 Satz 3 EStG n.F. ordnet an, daß die für die bloße Überführung (im Sinne von anderer steuerlicher Zuordnung ohne Übertragung des Eigentums) angeordnete zwingende Buchwertfortführung auch für die früher vom Mitunternehmererlaß geregelten Übertragungsmöglichkeiten einschlägig ist.

Von dieser Aussage machen allerdings die Sätze 4 und 5 des § 6 Abs. 5 EStG n.F. eine Ausnahme: Die zwingende Buchwertfortführung gilt dann und soweit nicht, wenn und wie sich durch die Übertragung der Anteil einer Körperschaft an dem Wirtschaftsgut unmittelbar oder mittelbar erhöht. In diesen Fällen ist bei der Übertragung der Teilwert anzusetzen. Der Teilwert ist auch anzusetzen, soweit sich zu einem späteren Zeitpunkt der Anteil der Körperschaft an dem übertragenen Wirtschaftsgut aus einem anderen Grund unmittelbar oder mittelbar erhöht.

Damit ist der Versuch der Wiederbelebung des Mitunternehmererlasses gründlich mißlungen. Das jetzt in § 6 Abs. 5 Sätze 3–5 EStG n.f. Geregelte hat mit den ursprünglichen Regelungen des Mitunternehmererlasses, die eine ertragsteuerneutrale Übertragung von Einzelwirtschaftsgütern zuließen, wenig gemein. Die Regelung ist weitgehend praxisuntauglich.

b) Einzelerläuterungen

aa) § 6 Abs. 5 S. 3 EStG

(1) Einbringungen in die Gesamthand

Beispiel: Eine im Sonderbetriebsvermögen befindliche Immobilie soll gewinneutral in das Gesamthandsvermögen der A + B OHG überführt werden. Die Immobilie befindet sich (1) quotenentsprechend in Sonderbilanzen von A und B bzw. (2) disquotal nur in einer Sonderbilanz von B (an die Stelle von Sonderbetriebsvermögen der Mitunternehmer könnte auch eigenes Betriebsvermögen der Mitunternehmer treten).

Rechtslage nach Mitunternehmererlaß

Durch Tz. 24 (bzw. Tz. 56) des Mitunternehmererlasses wurde eine gewinneutrale Einbringung einzelner Wirtschaftsgüter aus einem Sonderbetriebsvermögen (resp. Betriebsvermögen) eines Mitunternehmers in die Mitunternehmerschaft gegen Gewährung von Gesellschaftsrechten ermöglicht. Die Personengesellschaft konnte das Wirtschaftsgut in ihrer Bilanz einschließlich der Ergänzungsbilanzen für ihre Gesellschafter mit seinem Buchwert ansetzen (Tz. 26 des Mitunternehmererlasses). Grds. mußte dabei die Höhe der Gutschrift auf dem Kapitalkonto I der Relation der Verkehrswerte des Einbringungsgegenstandes zum Verkehrswert der aufnehmenden OHG vor Einbringung Rechnung tragen, wenn Vermögensverschiebungen zwischen den Gesellschaftern im Zusammenhang mit der Einbringung vermieden werden sollten. Die sachgerechte Zubuchung auf den Kapitalkonten I allein hätte allerdings dazu führen können, daß sich stille Reserven und die damit verbundenen latenten Steuerlasten zwischen den verschiedenen Steuerpflichtigen verschoben hätten. Deshalb war im Einzelfall zusätzlich die Bildung steuerlicher Ergänzungsbilanzen erforderlich. Sie sorgten dafür, daß derjenige Gesellschafter, dem die stillen Reserven bisher zugerechnet waren, diese auch weiterhin zugerechnet bekam.

A. IV. Änderung § 6 EStG

Tz. 28 und 66 des Mitunternehmererlasses ordneten bei einer Übertragung eines Wirtschaftsguts gegen Gewährung von Gesellschaftsrechten und gegen sonstiges Entgelt an, daß ein Ansatz mit dem Buchwert nur insoweit zulässig war, als das Wirtschaftsgut gegen Gewährung von Gesellschaftsrechten übertragen wurde. D.h., daß ggf. eine Aufspaltung des Vorgangs in einen Einbringungs- und einen entgeltlichen Veräußerungsvorgang vorzunehmen war. Auch die Verbindlichkeitenübernahme führte zur Teilentgeltlichkeit der Übertragung des Wirtschaftsguts und damit zur teilweisen Gewinnrealisierung (BMF v. 12.10.1994, BB 1994, S. 2318 f.).

Rechtslage nach StEntlG 1999/2000/2002

Danach war eine Einbringung einzelner Wirtschaftsgüter in die Gesamthand generell, d.h. auch unabhängig davon, ob nur Gesellschaftsrechte oder auch andere Gegenleistungen gewährt werden, nur noch zu Teilwerten möglich (§ 6 Abs. 5 S. 3 EStG a.F.).

Neue Rechtslage

§ 6 Abs. 5 Satz 3 EStG n.F. betrifft nach seinem Wortlaut m.E. jede Übertragung eines Wirtschaftsguts aus dem Betriebsvermögen bzw. Sonderbetriebsvermögen des Mitunternehmers auf die Gesamthand, nicht nur die Übertragung gegen Gewährung von Gesellschaftsrechten. Nach dem Wortlaut der Vorschrift ist also auch beispielsweise erfaßt der schlichte Verkauf bzw. die Übertragung gegen Gutschrift auf dem Gesellschafterverrechnungskonto, aber auch die verdeckte Einlage (unentgeltliche Übertragung gegen Gutschrift auf dem gesamthänderisch gebundenen Rücklagenkonto).

Fraglich ist wegen dieses weiten Kreises erfaßter Übertragungsvarianten, in welchem Verhältnis § 6 Abs. 5 S. 3 EStG n.F. zu anderen Normen steht. Sollte z.B. § 6 Abs. 6 S. 1 EStG generell vorrangig sein, so würde sich der Anwendungsbereich des § 6 Abs. 5 S. 3 EStG n.F. auf die unentgeltliche Übertragung reduzieren. Indessen: Dies dürfte ersichtlich gerade nicht gewollt gewesen sein. Allerdings bleibt schon insoweit eine Auslegungsunsicherheit.

Darüber hinaus ist festzuhalten, daß § 6 Abs. 5 Satz 3 EStG n.F. unabhängig von der Art der Übertragung einen Buchwertfortführungszwang anordnet, während der Mitunternehmererlaß ein entsprechendes Wahlrecht bei der Einbringung gegen Gewährung von Gesellschaftsrechten vorsah.

Dies löst die Frage aus, wie bei einem Verkauf zu Verkehrswerten zu verfahren ist. Soll § 6 Abs. 5 Satz 3 EStG n.F. tatsächlich so zu verstehen sein, daß auch insoweit Buchwertfortführungszwang gegeben ist? Unterbleibt also zwangsweise die Gewinnrealisierung beim Gesellschafter? Und: Hat die übernehmende Mitunternehmerschaft zwangsweise keine eigenen Anschaffungskosten in Höhe des aufgewendeten Verkehrswerts, sondern nur Buchwerte fortzuführen? Was passiert jeweils mit der Differenz? Dies alles wäre unsinnig. In diesem Fall müßte es (natürlich) bei einer Gewinnrealisierung bleiben.

Indessen: Wie ist die Lage bei einem Buchwertverkauf? Wird er anerkannt? Oder soll eine Art Trennungstheorie greifen?

Wird gegen Gewährung von Gesellschaftsrechten eingebracht, stellt sich die Frage, ob nach wie vor mit steuerlichen Ergänzungsbilanzen gearbeitet werden kann. § 6 Abs. 5 Satz 3 EStG n.F. läßt dies offen. Vor dem Hintergrund der ursprünglich besonders thematisierten Subjektidentität von stillen Reserven ist das überraschend. Und weiter: Spielt die Subjektzuordnung von stillen Reserven jedenfalls bei verdeckten Einlagen keine Rolle?

(2) Entnahmen aus der Gesamthand

Beispiel: Eine im Gesamthandsvermögen der A + B OHG befindliche Immobilie soll gewinneutral in das Sonderbetriebsvermögen überführt werden. Dabei ist alternativ unterstellt, daß die Immobilie (1) quotenentsprechend in die Sonderbetriebsvermögen von A und B bzw. (2) disquotal nur in das Sonderbetriebsvermögen des A entnommen werden soll (an die Stelle von Sonderbetriebsvermögen der Mitunternehmer köännte auch eigenes Betriebsvermögen der Mitunternehmer treten).

Rechtslage nach Mitunternehmererlaß

Die gewinneutrale Entnahme von Wirtschaftsgütern aus dem Gesamthandsvermögen einer Personengesellschaft in das Sonderbetriebsvermögen (anderes Betriebsvermögen) der Mitunternehmer bzw. eines Mitunternehmers gegen Minderung von Gesellschaftsrechten war in Tz. 32 (Tz. 77) des Mitunternehmererlasses geregelt. Danach lag eine Übertragung gegen Minderung von Gesellschaftsrechten vor, wenn die durch die Übertragung eintretende Minderung des Vermögens der Gesellschaft dem Kapitalkonto (Tz. 24 des Mitunternehmererlasses) des Gesellschafters belastet wurde, in dessen Sonderbetriebsvermögen das Wirtschaftsgut übertragen wurde.

Im Fall der disquotalen Übertragung mußte dabei, wenn man wirtschaftlich eine Schenkung zwischen den Mitunternehmern vermeiden wollte, eine Kapitalkontenanpassung erfolgen. Die Anpassung der Kapitalkonten bewirkte, daß sich der Verkehrswert der Anteile der Mitunternehmer unter Einbezug der Immobilie im Ergebnis nicht änderte. Was sich dagegen änderte, war die personelle Zuordnung der stillen Reserven, also die personelle Zuordnung der damit verbundenen latenten Steuerlasten.

Rechtslage nach StEntlG 1999/2000/2002

Die Entnahme aus dem Gesamthands- in das Sonderbetriebsvermögen (oder ein anderes BV des Mitunternehmers) gegen Minderung von Gesellschaftsrechten war gem. § 6 Abs. 5 S. 3 EStG a.F. nicht mehr erfolgsneutral möglich.

Neue Rechtslage

Auch insoweit gilt § 6 Abs. 5 Satz 3 EStG n.F. Das heißt, daß im Grundsatz nicht nur die Entnahme gegen Minderung von Gesellschaftsrechten zu Buchwerten möglich ist, sondern jede Übertragung von der Gesamthand auf den Mitunternehmer. Dies kann gegen Minderung von Gesellschaftsrechten, im Wege des Verkaufs gegen Belastung des Gesellschafterverrechnungskontos bzw. gegen Abbuchung vom Rücklagenkonto passieren. Auch insoweit stellen sich allerdings die w.o. angesprochenen Fragen:
– Vorrang insbesondere vor § 6 Abs. 6 S. 1 EStG?
– Was passiert bei einem Verkehrswertverkauf? Was bei einem Buchwertverkauf?
– Spielt die Subjektverhaftung von stillen Reserven eine Rolle?

Es bleiben derzeit noch zu viele Unsicherheiten.

(3) Übertragungen zwischen Mitunternehmern

Rechtslage nach Mitunternehmererlaß

Die unentgeltliche Übertragung von Wirtschaftsgütern aus dem Sonderbetriebsvermögen eines Mitunternehmers in das Sonderbetriebsvermögen (nicht: ein anderes Betriebsvermögen) eines anderen Mitunternehmers war in Tz. 38 des Mitunternehmererlasses geregelt (s. auch BMF v. 6.3.1996, DStR 1996, S. 669). Danach lag in diesen Fällen eine zur Gewinnrealisierung führende Entnahme nicht vor. Die stillen Reserven in dem übertragenen Wirtschaftsgut wechselten (wie in den Fällen des § 6 Abs. 3 EStG) von einem auf den anderen Steuerpflichtigen.

Rechtslage nach StEntlG 1999/2000/2002

Gem. § 6 Abs. 5 S. 3 EStG a.F. war in diesen Fällen nun zwingend Gewinnrealisierung gegeben.

Neue Rechtslage

Es wird nicht nur die mögliche unentgeltliche Übertragung von Wirtschaftsgütern zu Buchwerten zwischen den SBV der Mitunternehmer zugelassen, sondern es ist jede Übertragung aus dem Sonderbetriebsvermögen eines Mitunternehmers in das Sonderbetriebsvermögens eines anderen Mitunternehmers zu Buchwerten vorzunehmen. Auch insoweit stellen sich aber die meisten der w.o. angesprochenen Fragen, und es bleiben gravierende Auslegungsunsicherheiten.

(4) Zusammenfassung

Schon dann, wenn man nur § 6 Abs. 5 Satz 3 EStG n.F. betrachtet, kann keine Rede davon sein, daß die steuerneutralen Übertragungsmöglichkeiten nach Mitunternehmererlaß wieder eingeführt worden sind. Die Regelung ist schon insoweit völlig mißglückt. Die Auslegungsunsicherheiten sind schon insoweit gravierend.

bb) § 6 Abs. 5 S. 4 u. 5 EStG

Praxisuntauglich wird die Regelung in vielen Fällen jedenfalls dann, wenn man § 6 Abs. 5 Sätze 4 und 5 EStG n.F. mit in die Betrachtung einbezieht. Nach diesen Vorschriften ist der Übertragungsvorgang, der eigentlich nach § 6 Abs. 5 Satz 3 EStG n.F. zu Buchwerten vorgenommen werden kann, dann und insoweit zu Teilwerten vorzunehmen, wenn und soweit sich durch die Übertragung oder irgendwann später der Anteil einer Körperschaft an dem übertragenen Wirtschaftsgut unmittelbar oder mittelbar erhöht.

Anteil an einem Wirtschaftsgut ist offensichtlich etwas anderes als der Anteil an den stillen Reserven dieses Wirtschaftsguts. Gemeint ist wohl der nach der Beteiligungsquote durchgerechnete Anteil an dem Wirtschaftsgut.

Da die Anordnung einer zwangsgewinnrealisierenden Übertragung aufgrund der Erhöhung eines unmittelbaren oder mittelbaren Anteils einer Körperschaft an dem übertragenen Wirtschaftsgut unabhängig davon greift, wann die Erhöhung des Anteils der Körperschaft am übertragenen Wirtschaftsgut stattfindet, ist eine ertragsteuerneutrale Übertragung nur dann gesichert, wenn eine spätere Erhöhung des (unmittelbaren oder mittelbaren) Anteils einer Kapitalgesellschaft an dem übertragenen Wirtschaftsgut definitiv ausgeschlossen werden kann. In allen anderen Fällen ist die Übertragung mit dem Risiko einer ex tunc-Zwangsgewinnrealisierung behaftet.

Deshalb wird die Regelung des § 6 Abs. 5 S. 3ff. EStG n.F. in der Konzernpraxis überhaupt keine Bedeutung erlangen. Aber auch in

A. V. Änderung § 7 EStG

Mitunternehmerschaften mit natürlichen Personen als Gesellschaftern ist die Regelung mit großer Vorsicht zu genießen.

Dies ist deshalb besonders bedauerlich, weil nicht klar ist, warum die Einschränkungen des § 6 Abs. 5 Sätze 4 und 5 EStG n.f. überhaupt vorgesehen worden sind. In der Begründung wird davon gesprochen, daß man Gestaltungen mit Objektgesellschaften verhindern wolle. Weiter erläutert ist diese Aussage aber auch nicht.

Offensichtlich nicht ausgeschlossen werden sollte die Verlagerung von stillen Reserven aus der einkommensteuerpflichtigen Sphäre in eine körperschaftsteuerpflichtige Sphäre. Denn auch das Verlagern von Anteilen an dem Wirtschaftsgut zwischen zwei verschiedenen Kapitalgesellschaften ist für die Buchwertfortführung schädlich.

Ebenfalls nicht Ziel der Regelung kann es offensichtlich sein, die Verlagerung von Einzelwirtschaftsgütern in eine Kapitalgesellschaft zu verhindern, weil anschießend der Anteil an der Kapitalgesellschaft steuerbegünstigt (Halbeinkünfteverfahren) oder steuerfrei veräußert werden könnte. Denn für diese Fälle sieht § 8 b Abs. 4 KStG n.F. eine siebenjährige Sperrfrist vor.

c) Erstmalige Anwendung

§ 6 Abs. 5 S. 3–5 EStG n.f. ist gem. § 52 Abs. 16 a EStG n.F. erstmals auf Übertragungen von Wirtschaftsgütern anzuwenden, die nach dem 31.12.2000 erfolgen. Es kommt auf den Zeitpunkt des Übergangs des wirtschaftlichen Eigentums an.

V. Änderung § 7 EStG

1. Text der Vorschrift

§ 7 wird wie folgt geändert:

a) Absatz 2 Satz 2 wird wie folgt gefasst:

„Die Absetzung für Abnutzung in fallenden Jahresbeträgen kann nach einem unveränderlichen Hundertsatz vom jeweiligen Buchwert (Restwert) vorgenommen werden; der dabei anzuwendende Hundertsatz darf höchstens das Doppelte des bei der Absetzung für Abnutzung in gleichen Jahresbeträgen in Betracht kommenden Hundertsatzes betragen und 20 vom Hundert nicht übersteigen."

b) Absatz 4 Satz 1 und 2 wird wie folgt gefasst:

„Bei Gebäuden sind abweichend von Absatz 1 als Absetzung für Abnutzung die folgenden Beträge bis zur vollen Absetzung abzuziehen:

1. bei Gebäuden, soweit sie zu einem Betriebsvermögen gehören und nicht Wohnzwecken dienen und für die der Bauantrag nach dem 31. März 1985 gestellt worden ist, jährlich 3 vom Hundert,

2. bei Gebäuden, soweit sie die Voraussetzungen der Nummer 1 nicht erfüllen und die

   a) nach dem 31. Dezember 1924 fertiggestellt worden sind, jährlich 2 vom Hundert,

   b) vor dem 1. Januar 1925 fertiggestellt worden sind, jährlich 2,5 vom Hundert

der Anschaffungs- oder Herstellungskosten; Absatz 1 Satz 4 gilt entsprechend. Beträgt die tatsächliche Nutzungsdauer eines Gebäudes in den Fällen des Satzes 1 Nr. 1 weniger als 33 Jahre, in den Fällen des Satzes 1 Nr. 2 Buchstabe a weniger als 50 Jahre, in den Fällen des Satzes 1 Nr. 2 Buchstabe b weniger als 40 Jahre, so können an Stelle der Absetzungen nach Satz 1 die der tatsächlichen Nutzungsdauer entsprechenden Absetzungen für Abnutzung vorgenommen werden."

2. Materialien

Gesetzentwurf der Bundesregierung

§ 7 wird wie folgt geändert:

a) Absatz 2 Satz 2 wird wie folgt gefasst:

„Die Absetzung für Abnutzung in fallenden Jahresbeträgen kann nach einem unveränderlichen Hundertsatz vom jeweiligen Buchwert (Restwert) vorgenommen werden; der dabei anzuwendende Hundertsatz darf höchstens das Doppelte des bei der Absetzung für Abnutzung in gleichen Jahresbeträgen in Betracht kommenden Hundertsatzes betragen und 20 vom Hundert nicht übersteigen."

b) Absatz 4 Satz 1 und 2 wird wie folgt gefasst:

„Bei Gebäuden sind abweichend von Absatz 1 als Absetzung für Abnutzung die folgenden Beträge bis zur vollen Absetzung abzuziehen:

A. V. Änderung § 7 EStG

1. bei Gebäuden, soweit sie zu einem Betriebsvermögen gehören und nicht Wohnzwecken dienen und für die der Bauantrag nach dem 31. März 1985 gestellt worden ist, jährlich 3 vom Hundert,

2. bei Gebäuden, soweit sie die Voraussetzungen der Nummer 1 nicht erfüllen und die

    a) nach dem 31. Dezember 1924 fertiggestellt worden sind, jährlich 2 vom Hundert,

    b) vor dem 1. Januar 1925 fertiggestellt worden sind, jährlich 2,5 vom Hundert

der Anschaffungs- oder Herstellungskosten; Absatz 1 Satz 4 gilt entsprechend. Beträgt die tatsächliche Nutzungsdauer eines Gebäudes in den Fällen des Satzes 1 Nr. 1 weniger als 33 Jahre, in den Fällen des Satzes 1 Nr. 2 Buchstabe a weniger als 50 Jahre, in den Fällen des Satzes 1 Nr. 2 Buchstabe b weniger als 40 Jahre, so können an Stelle der Absetzungen nach Satz 1 die der tatsächlichen Nutzungsdauer entsprechenden Absetzungen für Abnutzung vorgenommen werden."

Begründung zum Gesetzentwurf der Bundesregierung

Zu Buchstabe a (Absatz 2)

Die degressive Absetzung für Abnutzung (AfA) für bewegliche Wirtschaftsgüter des Anlagevermögens wird von 30 % auf 20 % abgesenkt.

Zu Buchstabe b (Absatz 4)

Die lineare AfA für Gebäude, die zu einem Betriebsvermögen gehören und nicht Wohnzwecken dienen, wird zur Finanzierung der Tarifentlastungen im Unternehmensbereich von 4 % auf 3 % gesenkt.

Beschlussempfehlung/Begründung des Finanzausschusses

– keine Änderung/Bermerkung –

Beschlussempfehlung/Begründung des Vermittlungsausschusses

– keine Änderung/Bemerkung –

3. Erläuterungen

Verfasser: Oliver Hötzel

a) Zweck und Inhalt

Bereits im sog. Steuerentlastungsgesetz 1999/2000/2002 hat der Gesetzgeber vielfältige Maßnahmen ergriffen, um die Absenkung der Steuersätze durch eine Verbreiterung der Bemessungsgrundlage zu kompensieren. Dieser Trend setzt sich auch im StSenkG fort, wo insbesondere im Abschreibungsbereich einige Einschränkungen vorgenommen wurden. Flankiert werden diese Neuregelungen durch eine Anpassung der AfA-Tabellen, die auch für das Jahr 2001 erwartet wird. Generell ist eine erhebliche Ausdehnung der betriebsgewöhnlichen Nutzungsdauern vorgesehen.

b) Einzelerläuterungen

Gem. § 7 Abs. 2 EStG a.F. durfte die degressive Abschreibung 30% p.a. und höchstens das Dreifache der linearen AfA betragen. Dies führte dazu, dass die degressive Abschreibung bei Nutzungsdauern ab vier Jahren (linear 25%) gegenüber der linearen AfA vorteilhaft war. Durch das StSenkG wird die degressive Abschreibung auf 20% p.a. und auf das Doppelte der linearen Abschreibung begrenzt. Dies bedeutet, dass sich erst für Nutzungsdauern ab sechs Jahren ein Vorteil durch die degressive AfA ergibt. Damit wird der Anwendungsbereich der degressiven AfA erheblich eingeschränkt.

Korrespondierend dazu wird für Betriebsgebäude i.S.d. § 7 Abs. 4 a) EStG die jährliche Abschreibungsquote von 4% auf 3% abgesenkt, was einer Verlängerung der Nutzungsdauer von 25 Jahren auf 33 Jahre entspricht. Damit sinken die laufenden Abschreibungen um ein Viertel.

Aus ökonomischer Sicht sinkt die Attraktivität von Investitionen, da die Möglichkeit der Finanzierung aus Abschreibungsgegenwerten verschlechtert wird. Dies erscheint wenig konsequent, wenn man sich vor Augen führt, dass das Ziel des Halbeinkünfte-Verfahrens auch darin besteht, durch die Begünstigung thesaurierter Gewinne Investitionsanreize zu schaffen.

c) Erstmalige Anwendung

Die Neuregelung des § 7 Abs. 2 EStG gilt gem. § 52 Abs. 21 a) EStG erstmals für Wirtschaftsgüter, die nach dem 31.12.2000 angeschafft oder hergestellt worden sind. Maßgebend sind hierfür die allgemeinen Abgrenzungsregeln für den Anschaffungs- bzw. Herstellungszeitpunkt. Es kommt also bei der Anschaffung auf den Übergang des

A. VI. Änderung § 7g EStG

wirtschaftlichen Eigentums und bei der Herstellung auf deren Abschluss an. Aus unternehmerischer Sicht muss sichergestellt werden, dass alle Investitionsvorhaben in das Jahr 2000 vorgezogen werden. Die verminderte Abschreibung für Gebäude gem. § 7 Abs. 4 EStG greift nach § 52 Abs. 21 b) EStG für Gebäude, die aufgrund eines nach dem 31.12.2000 abgeschlossenen Kaufvertrages angeschafft werden oder mit deren Herstellung nach dem 31.12.2000 begonnen wurde. Als Herstellungsbeginn ist bei baugenehmigungspflichtigen Maßnahmen die Einreichung des Bauantrags anzusehen. Hiermit erhalten die Steuerpflichtigen einen gewissen Gestaltungsspielraum, da der Zeitpunkt der Einreichung des Bauantrags weitgehend in der Hand des Steuerpflichtigen liegt. Findet der tatsächliche Baubeginn ohne Begründung erst erheblich nach Einreicheung des Bauantrags statt, wirft dies Zweifel an der Ernsthaftigkeit des Bauantrags auf. Bei der Beurteilung ist allerdings ein großzügiger Maßstab anzulegen, da das Gesetz ausdrücklich auf den Bauantrag abstellt, ohne hieran weitere Bedingungen zu knüpfen. Auch bei Anschaffungen verfügt der Steuerpflichtige über einen weiten Gestaltungsspielraum, da zwischen Vertragsabschluss und tatsächlichem Eigentumsübergang erhebliche Zeiträume liegen können.

VI. Änderung § 7g EStG

1. Text der Vorschrift

§ 7g wird wie folgt geändert:

a) In Absatz 3 Satz 2 werden die Wörter „Die Rücklage darf 50 vom Hundert" durch die Wörter „Die Rücklage darf 40 vom Hundert" ersetzt.

b) In Absatz 4 Satz 1 werden die Wörter „in Höhe von 50 vom Hundert" durch die Wörter „in Höhe von 40 vom Hundert" ersetzt.

2. Materialien

Gesetzentwurf der Bundesregierung

§ 7g wird aufgehoben.

Begründung zum Gesetzentwurf der Bundesregierung

Die bisherigen Sondervorschriften über die Ansparabschreibungen (§ 7g Abs. 3 bis 8 EStG) bzw. die daran anknüpfenden Sonderabschreibungen (§ 7g Abs. 1 und 2 EStG) sollten Gewinne begünstigen, die im Unternehmen für Investitionszwecke stehen gelassen wurden.

Im Hinblick auf die Senkung der Steuersätze für im Unternehmen verbleibende Gewinne werden die Sonderregelungen aufgehoben.

Ab dem Wirtschaftsjahr, das im Veranlagungszeitraum 2001 beginnt, dürfen Ansparabschreibungen nicht mehr in Anspruch genommen werden. Soweit in vorhergehenden Wirtschaftsjahren zulässigerweise Rücklagen gebildet worden sind, sind können diese entsprechend der bisherigen Regelung fortgeführt werden (vgl. § 52 Abs. 23 EStG). Im Zeitpunkt der Anschaffung oder Herstellung dieser Wirtschaftsgüter sind die gebildeten Rücklagen gewinnerhöhend aufzulösen. Diese Gewinnerhöhung kann durch die Inanspruchnahme der Abschreibung nach § 7 Abs. 2 EStG und durch die – nur insoweit noch mögliche – Abschreibung nach § 7g Abs. 1 und 2 EStG ausgeglichen werden.

Beschlussempfehlung/Begründung des Finanzausschusses

– keine Änderung/Bemerkung –

Beschlussempfehlung des Vermittlungsausschusses

§ 7g wird wie folgt geändert:

a) In Absatz 3 Satz 2 werden die Wörter „Die Rücklage darf 50 vom Hundert" durch die Wörter „Die Rücklage darf 40 vom Hundert" ersetzt.

b) In Absatz 4 Satz 1 werden die Wörter „in Höhe von 50 vom Hundert" durch die Wörter „in Höhe von 40 vom Hundert" ersetzt.

Begründung des Vermittlungsausschusses

Nach Sinn und Zweck des § 7g EStG soll die Finanzierung von Investitionen bei kleinen und mittleren Betrieben durch die Bildung von gewinnmindernden, steuerentlastenden Rücklagen (Ansparabschreibungen) in Wirtschaftsjahren vor der Anschaffung bzw. Herstellung begünstigter Wirtschaftsgüter erleichtert werden. Sobald für ein begünstigtes Wirtschaftsgut Abschreibungen vorgenommen werden dürfen, ist die entsprechend gebildete Rücklage gewinnerhöhend aufzulösen.

Nach geltendem Recht kann die Gewinnerhöhung durch die Inanspruchnahme von Abschreibungen nach § 7 Abs. 2 EStG sowie § 7g Abs. 1 und 2 EStG vollständig ausgeglichen und eine Versteuerung (von Teilen) der aufzulösenden Rücklage vermieden werden.

Aufgrund der Absenkung der degressiven Abschreibung nach § 7 Abs. 2 EStG von 30 % auf 20 % bei Wirtschaftsgütern, die nach dem 31. Dezember 2000 angeschafft oder hergestellt werden, wäre bei unveränderter Beibehaltung der Regelungen in § 7g EStG eine vollständige Kompensation nicht mehr möglich. Der vorangegangenen Entlastung (Bildung von gewinnmindernden Rücklagen) würde eine Belastung durch die Versteuerung von Teilen der gewinnerhöhend aufzulösenden Rücklagen folgen.

Zur Vermeidung der dargestellten Auswirkungen wird der Höchstbetrag für Rücklagen (Ansparabschreibungen) nach § 7g Abs. 3 EStG, die in nach dem 31. Dezember 2000 beginnenden Wirtschaftsjahren gebildet werden, von bisher 50 auf 40 % der voraussichtlichen Anschaffungs- oder Herstellungskosten des begünstigten Wirtschaftsguts herabgesetzt. Diese Anpassung ist auch im Zusammenhang mit der Senkung der Steuersätze für im Unternehmen verbleibende Gewinne zu sehen.

Werden begünstigte Wirtschaftsgüter nach dem 31. Dezember 2000 angeschafft oder hergestellt, für die Rücklagen in vor dem 1. Januar 2001 beginnenden Wirtschaftsjahren gebildet worden sind, kann zur Vermeidung unbilliger Härten die degressive Abschreibung nach § 7 Absatz 2 EStG in der Fassung des Gesetzes vom 22. Dezember 1999 (BGBl I S. 2601) in Anspruch genommen werden.

VII. Änderung § 10d EStG

1. Text der Vorschrift

In § 10d Abs. 1 Satz 1 wird die Zahl „2 Millionen" durch die Zahl „1 Million" ersetzt.

2. Materialien

Gesetzentwurf der Bundesregierung

In § 10d Abs. 1 Satz 1 wird die Zahl „2 Millionen" durch die Zahl „1 Million" ersetzt.

Begründung zum Gesetzentwurf der Bundesregierung

Redaktionelle Übernahme einer bisher bereits in der Anwendungsvorschrift zu § 10d EStG enthaltenen Regelung.

Beschlussempfehlung/Begründung des Finanzausschusses

– keine Änderung/Bemerkung –

Beschlussempfehlung/Begründung des Vermittlungsausschusses

– keine Änderung/Bemerkung –

VIII. Änderung § 15 EStG

1. Text der Vorschrift

In § 15 Abs. 4 wird Satz 3 durch folgende Sätze ersetzt:

„Die Sätze 1 und 2 gelten entsprechend für Verluste aus Termingeschäften, durch die der Steuerpflichtige einen Differenzausgleich oder einen durch den Wert einer veränderlichen Bezugsgröße bestimmten Geldbetrag oder Vorteil erlangt. Satz 3 gilt nicht für die Geschäfte, die zum gewöhnlichen Geschäftsbetrieb bei Kreditinstituten, Finanzdienstleistungsinstituten und Finanzunternehmen im Sinne des Gesetzes über das Kreditwesen gehören oder die der Absicherung von Geschäften des gewöhnlichen Geschäftsbetriebs dienen, soweit es sich nicht um Geschäfte im Sinne des Satzes 3 auf Aktien handelt. Für Verluste aus der Veräußerung von Anteilen im Sinne von § 20 Abs. 1 Nr. 1, die im Zeitpunkt der Veräußerung oder Entnahme nicht mindestens ein Jahr ununterbrochen zum Betriebsvermögen des Steuerpflichtigen gehört haben, gelten die Sätze 1 und 2 entsprechend."

2. Materialien

Gesetzentwurf/Begründung der Bundesregierung

– Regelung noch nicht enthalten –

Beschlussempfehlung/Begründung des Finanzausschusses

– Regelung noch nicht enthalten –

A. VIII. Änderung § 15 EStG

Beschlussempfehlung des Vermittlungsausschusses

In § 15 Abs. 4 wird Satz 3 durch folgende Sätze ersetzt:

„Die Sätze 1 und 2 gelten entsprechend für Verluste aus Termingeschäften, durch die der Steuerpflichtige einen Differenzausgleich oder einen durch den Wert einer veränderlichen Bezugsgröße bestimmten Geldbetrag oder Vorteil erlangt. Satz 3 gilt nicht für die Geschäfte, die zum gewöhnlichen Geschäftsbetrieb bei Kreditinstituten, Finanzdienstleistungsinstituten und Finanzunternehmen im Sinne des Gesetzes über das Kreditwesen gehören oder die der Absicherung von Geschäften des gewöhnlichen Geschäftsbetriebs dienen, soweit es sich nicht um Geschäfte im Sinne des Satzes 3 auf Aktien handelt. Für Verluste aus der Veräußerung von Anteilen im Sinne von § 20 Abs. 1 Nr. 1, die im Zeitpunkt der Veräußerung oder Entnahme nicht mindestens ein Jahr unterbrochen zum Betriebsvermögen des Steuerpflichtigen gehört haben, gelten die Sätze 1 und 2 entsprechend."

Begründung des Vermittlungsausschusses

Zu Sätze 3 und 4

Im Hinblick auf die Begünstigung der Veräußerung von Kapitalgesellschaften durch § 3 Nr. 40 EStG und § 8b Abs. 2 KStG erscheint die Privilegierung von Sichergeschäften auf Aktien nicht mehr gerechtfertigt. Insbesondere sollen Gestaltungen ausgeschlossen werden, in denen die Gewinne aus dem Grundgeschäft mit Aktien steuerfrei bleiben, während die Verluste aus dem Sicherungsgeschäft – wegen der Trennung des Sicherungsgeschäftes vom Grundgeschäft – steuerlich geltend gemacht werden.

Zu Satz 5

Die Regelung zielt darauf ab, daß das normale Wertpapiergeschäft (insbesondere der Banken) nicht voll bzw. hälftig steuerfrei gestellt wird. Die Maßnahme stellt damit auch sicher, daß die Steuermindereinnahmen das vorgesehene Maß nicht übersteigen.

3. Erläuterungen

Verfasser: Thomas Rödder

a) Zweck und Inhalt

aa) Verluste aus Termingeschäften

§ 15 Abs. 4 S. 3 und 4 EStG n.F. ersetzt § 15 Abs. 4 S. 3 EStG a.F. Letzterer ordnete im Grundsatz für Verluste aus Termingeschäften ein Verrechnungsverbot mit positiven Ergebnissen aus Einkünften anderer „Art" und einen auf Einkünfte dieser speziellen „Art" reduzierten Verlustrücktrag und Verlustvortrag an. Bislang war allerdings gem. § 15 Abs. 4 S. 3 EStG a.F. diese Verlustverrechnungsbeschränkung dann nicht anwendbar, wenn die Geschäfte zum gewöhnlichen Geschäftsbetrieb bei Kreditinstituten, Finanzdienstleistungsinstituten und Finanzunternehmen i.S.d. Gesetzes über das Kreditwesen gehörten oder soweit sie der Absicherung von Geschäften des gewöhnlichen Geschäftsbetriebes dienten.

Diese Ausnahme von der Verlustverrechnungsbeschränkung für Termingeschäfte ist nun dadurch eingeschränkt worden, daß der Halbsatz „soweit es sich nicht um Geschäfte i.S.d. S. 3 auf Aktien handelt" eingefügt worden ist. Der Einschub bedeutet, daß nun für alle Verluste aus Termingeschäften auf Aktien die Verlustverrechnungsbeschränkung einschlägig ist.

Die Regelung wird heftig kritisiert, da Gewinne aus dem Grundgeschäft nicht mehr mit Verlusten aus dem Sicherungsgeschäft verrechnet werden können. Es werden drohende Schäden für den Bankenplatz Deutschland reklamiert.

bb) Anteilsveräußerungsverluste

Völlig neu ist § 15 Abs. 4 S. 5 EStG. Er ordnet an, daß die Verlustverrechnungsbeschränkung des § 15 Abs. 4 S. 1 und 2 EStG auch für Verluste aus der Veräußerung von Anteilen i.S.v. § 20 Abs. 1 Nr. 1 EStG, die im Zeitpunkt der Veräußerung oder Entnahme nicht mindestens ein Jahr ununterbrochen zum Betriebsvermögen des Steuerpflichtigen gehört haben, gilt.

Die Regelung ist insbesondere in Verknüpfung mit § 8 b Abs. 3 S. 2 KStG n.F. zu sehen. Danach sind zwar Teilwertabschreibungen auf Beteiligungen, die eine Kapitalgesellschaft innerhalb der einjährigen Behaltefrist vornimmt, steuerlich nicht zu berücksichtigen. Veräußerungsverluste sind aber innerhalb der einjährigen Behaltefrist steuerlich berücksichtigungsfähig. Für diese gilt § 15 Abs. 4 S. 5 EStG n.F.

A. VIII. Änderung § 15 EStG

Indessen: Warum für diesen Fall die Verlustverrechnungsbeschränkung vorgesehen worden ist, ist jedenfalls aus steuersystematischer Sicht nicht nachvollziehbar.

Für veräußernde natürliche Personen dürfte § 15 Abs. 4 S. 5 EStG n.F. jedenfalls nach der Idee des Gesetzgebers nur für den hälftigen Veräußerungsverlust gelten. Denn: § 3 c Abs. 2 S. 3 EStG n.F. ordnet an, daß auch für Betriebsvermögensminderungen, die innerhalb der Behaltefrist des § 3 Nr. 40 S. 5 EStG n.F. eintreten, das hälftige Abzugsverbot des § 3 c Abs. 2 S. 1 EStG n.F. gilt. Auch insoweit ist allerdings eine steuersystematische Begründung für die Anwendung des § 15 Abs. 4 S. 5 EStG n.F. (wie auch für § 3 c Abs. 2 S. 3 EStG n.F.) nicht erkennbar. Und: Es resultieren aus der verfehlten Bruttobetrachtung in §§ 3 Nr. 40, 3 c Abs. 2 EStG n.F. soweit aus der Tatsache, daß § 3 Abs. 40 EStG n.F. nicht nur Veräußerungsergebnisse, sondern auch Dividenden erfaßt, vielfältige Fragestellungen. Insoweit kann auf die Erläuterungen zu § 3 c Abs. 2 EStG n.F. verwiesen werden.

b) Erstmalige Anwendung

Nach § 52 Abs. 32 a EStG n.F. ist § 15 Abs. 4 S. 3 und 4 EStG n.F. erstmals auf Verluste anzuwenden, die nach Ablauf des ersten Wirtschaftsjahres der Gesellschaft, auf deren Anteile sich die in § 15 Abs. 4 S. 4 EStG bezeichneten Geschäfte beziehen, entstehen, für das das Körperschaftsteuergesetz i.d.F. des Art. 3 des StSenkG erstmals anzuwenden ist. Die Regelung ähnelt derjenigen für die erstmalige Anwendung der neuen Veräußerungsgewinnsteuerregeln. Hinweis auf die Erläuterungen zu §§ 3 Nr. 40 EStG n.F. und 8 b KStG n.F.

§ 15 Abs. 4 S. 5 EStG n.F. ist erstmals auf Verluste anzuwenden, die nach Ablauf des ersten Wirtschaftsjahres der Gesellschaft, deren Anteile in § 15 Abs. 4 S. 5 EStG n.F. bezeichnet sind, entstehen, für das das Körperschaftsteuergesetz i.d.F. des Art. 3 dieses Gesetzes erstmals anzuwenden ist. Auch diese Regelung ähnelt derjenigen zur erstmaligen Anwendung der neuen Veräußerungsgewinnsteuerregelungen.

IX. Änderung § 16 EStG

1. Text der Vorschrift

In § 16 Abs. 4 Satz 1 wird die Zahl „60 000" durch die Zahl „100 000" ersetzt.

2. Materialien

Gesetzentwurf/Begründung der Bundesregierung

– Regelung noch nicht enthalten –

Beschlussempfehlung des Finanzausschusses

In § 16 Abs. 4 Satz 1 wird die Zahl „60 000" durch die Zahl „100 000" ersetzt.

Begründung des Finanzausschusses

Die Erhöhung des Freibetrags für die Veräußerung und Aufgabe von Personenunternehmen erleichtert die Betriebsveräußerung für Steuerpflichtige, die das 55. Lebensjahr vollendet haben oder die dauernd berufsunfähig sind.

Beschlussempfehlung/Begründung des Vermittlungsausschusses

– keine Änderung/Bemerkung –

X. Änderung § 17 EStG

1. Text der Vorschrift

§ 17 wird wie folgt geändert:

a) Die Überschrift wird wie folgt gefasst:

„Veräußerung von Anteilen an Kapitalgesellschaften".

b) Absatz 1 Satz 1 bis 4 wird durch folgende Sätze ersetzt:

„Zu den Einkünften aus Gewerbebetrieb gehört auch der Gewinn aus der Veräußerung von Anteilen an einer Kapitalgesellschaft, wenn der Veräußerer innerhalb der letzten fünf Jahre am Kapital der Gesellschaft unmittelbar oder mittelbar zu mindestens ein vom Hundert beteiligt war. Die verdeckte Einlage von Anteilen an einer Kapitalgesellschaft in eine Kapitalgesellschaft steht der Veräußerung der Anteile gleich. Anteile an einer Kapitalgesellschaft sind Aktien, Anteile an einer Gesellschaft mit beschränkter Haftung, Genussscheine oder ähnliche Beteiligungen und Anwartschaften auf solche Beteiligungen."

c) In Absatz 2 Satz 4 Buchstabe b wird jeweils das Wort „wesentlichen" gestrichen.

d) In Absatz 4 wird die Angabe „§ 30 Abs. 2 Nr. 4" durch die Angabe „§ 27" ersetzt.

2. Materialien

Gesetzentwurf der Bundesregierung

§ 17 wird wie folgt geändert:

a) In Absatz 1 Satz 4 wird die Angabe „mindestens 10 vom Hundert" durch die Angabe „mindestens 1 vom Hundert" ersetzt.

b) In Absatz 4 wird die Angabe „§ 30 Abs. 2 Nr. 4" durch die Angabe „§ 27" ersetzt.

Begründung zum Gesetzentwurf der Bundesregierung

Zu Buchstabe a (Absatz 1)

Gewinne, die eine Kapitalgesellschaft erzielt, unterliegen bei dieser der Körperschaftsteuer. Schüttet die Kapitalgesellschaft Gewinne aus, werden diese Dividenden beim Anteilseigner steuerlich erfasst.

Die damit verbundene Doppelbesteuerung wurde im bisherigen Vollanrechnungsverfahren dadurch vermieden, dass der Anteilseigner die von der Kapitalgesellschaft entrichtete Körperschaftsteuer auf seine Einkommensteuer anrechnen konnte.

Künftig werden die Gewinne auf der Ebene der Kapitalgesellschaft mit 25 % Körperschaftsteuer (definitiv) belastet. Dividenden werden beim Anteilseigner nur zur Hälfte in die Ermittlung der Einkünfte einbezogen; eine Anrechnung der Körperschaftsteuer unterbleibt.

Die Besteuerung kann beim Anteilseigner dann umgangen werden, wenn der Anteilseigner seine Beteiligung vor der Gewinnausschüttung veräußert, er sich dabei die in der Gesellschaft angesammelten offenen Rücklagen vergüten lässt und der Veräußerungsgewinn nicht steuerpflichtig ist.

Gehört die Beteiligung zum Privatvermögen, ist nach geltender Rechtslage der Veräußerungsgewinn nur steuerpflichtig, wenn die Veräußerung innerhalb von 12 Monaten nach dem Erwerb erfolgt (Spekulationsgewinn) oder es sich bei einer Veräußerung zu einem späteren Zeitpunkt um eine wesentliche Beteiligung handelt.

Eine wesentliche Beteiligung setzt nach geltender Rechtslage eine Beteiligung von mindestens 10 % voraus.

Zur Vermeidung von Steuerumgehungen ist es geboten, die Grenze für die wesentliche Beteiligung auf mindestens 1 % zu senken.

Zu Buchstabe b (Absatz 4)

Redaktionelle Folgeänderung aus der Änderung des KStG (Regelung über Einlagen künftig in § 27 KStG).

Beschlussempfehlung des Finanzausschusses

§ 17 wird wie folgt geändert:

0a) Die Überschrift wird wie folgt gefasst:

„Veräußerung von Anteilen an Kapitalgesellschaften"

a) Absatz 1 Satz 1 bis 4 wird durch folgende Sätze ersetzt:

„Zu den Einkünften aus Gewerbebetrieb gehört auch der Gewinn aus der Veräußerung von Anteilen an einer Kapitalgesellschaft, wenn der Veräußerer innerhalb der letzten fünf Jahre am Kapital der Gesellschaft unmittelbar oder mittelbar zu mindestens 5 000 Deutsche Mark und zu mindestens ein vom Hundert beteiligt war. Die verdeckte Einlage von Anteilen an einer Kapitalgesellschaft in eine Kapitalgesellschaft steht der Veräußerung der Anteile gleich. Anteile an einer Kapitalgesellschaft sind Aktien, Anteile an einer Gesellschaft mit beschränkter Haftung, Genussscheine oder ähnliche Beteiligungen, Anwartschaften auf solche Beteiligungen und Anteile an Betrieben im Sinne des § 4a des Körperschaftsteuergesetzes. Bei Betrieben im Sinne des § 4a des Körperschaftsteuergesetzes bestimmt sich die Beteiligungshöhe nach Satz 1 nach dem Gewinnverteilungsschlüssel; die Grenze von 5 000 DM ist nicht anzuwenden."

A. XI. Änderung § 17 EStG

a1) In Absatz 2 Satz 4 Nr. 2 wird jeweils das Wort „wesentlichen" gestrichen.

b) In Absatz 4 wird die Angabe „§ 30 Abs. 2 Nr. 4" durch die Angabe „§ 27" ersetzt.

Begründung des Finanzausschusses

Die Vorschrift des § 17 EStG hat künftig grundsätzlich sicher zu stellen, dass es nicht durch Veräußerung der Beteiligung möglich ist, die Halbeinkünftebesteuerung auf der Ebene des Anteilseigners, der seine Anteile nicht in einem Betriebsvermögen hält, zu vermeiden. Die Frage nach der Wesentlichkeit im Sinne des bisherigen Verständnisses der Vorschrift stellt sich künftig nicht mehr. Aus diesem Grund kann der Hinweis auf die wesentliche Beteiligung in der Vorschrift gestrichen werden.

Insbesondere in der Gründungsphase von Unternehmen kann es zu vorübergehender Beteiligung Dritter an dem Unternehmen in geringem Umfang kommen. Die Änderung sieht daher vor, dass der Veräußerungsgewinn nur dann steuerpflichtig ist, wenn der Gesellschafter nicht nur zu mindestens 1 %, sondern auch mit mindestens 5 000 DM beteiligt war.

Im Übrigen wird klargestellt, dass Anteile an Betrieben im Sinne des § 4a KStG als Anteile an Kapitalgesellschaften im Sinne des § 17 EStG gelten. Die Ermittlung der Beteiligungshöhe richtet sich nach dem vereinbarten Gewinnverteilungsschlüssel.

Beschlussempfehlung des Vermittlungsausschusses

§ 17 Absatz 1 Satz 1 bis 4 wird durch folgende Sätze ersetzt:

"Zu den Einkünften aus Gewerbebetrieb gehört auch der Gewinn aus der Veräußerung von Anteilen an einer Kapitalgesellschaft, wenn der Veräußerer innerhalb der letzten fünf Jahre am Kapital der Gesellschaft unmittelbar oder mittelbar zu mindestens ein vom Hundert beteiligt war. Die verdeckte Einlage von Anteilen an einer Kapitalgesellschaft in eine Kapitalgesellschaft steht der Veräußerung der Anteile gleich. Anteile an einer Kapitalgesellschaft sind Aktien, Anteile an einer Gesellschaft mit beschränkter Haftung, Genussscheine oder ähnliche Beteiligungen und Anwartschaften auf solche Beteiligungen."

Begründung des Vermittlungsausschusses

Rückkehr zu den Beteiligungsgrenzen des Regierungsentwurfs. Änderung wegen Wegfall der Option.

3. Erläuterungen

Verfasser: Oliver Hötzel

a) Zweck und Inhalt

Die Erfahrungen mit dem körperschaftsteuerlichen Anrechnungsverfahren haben gezeigt, dass eine Differenzierung zwischen der Besteuerung von Veräußerungsgewinnen und der Besteuerung von Gewinnausschüttungen Ausweichgestaltungen provoziert. Um die jeweils günstigste Rechtsfolge für den Steuerpflichtigen zu erreichen, wurden komplizierte Konstruktionen entwickelt (z.B. Thesaurierung und Mitverkauf von Rücklagen mit anschliessenden Umstrukturierungsmodellen beim Erwerber), denen der Gesetzgeber mit noch komplizierteren Vorschriften entgegengewirkt hat (z.B. § 50c EStG). Um diese Fehlentwicklungen künftig zu vermeiden, hat sich der Gesetzgeber im Rahmen der Einführung des Halbeinkünfte-Verfahrens von der systematisch zutreffenden Vorstellung leiten lassen, dass Veräußerungsgewinne und Dividenden in der gleichen Weise besteuert werden müssen. So wurde sowohl in § 3 Nr. 40 EStG als auch in § 8b KStG eine Gleichbehandlung von Dividenden und Veräußerungsvorgängen gesetzlich verankert.

Diese Gleichbehandlung wird allerdings durchbrochen, soweit es sich um die Veräußerung von nicht wesentlichen und nicht einbringungsgeborenen Anteilen an Kapitalgesellschaften im Privatvermögen außerhalb der Spekulationsfrist handelt. In diesen spezifischen Fällen wird es nach wie vor sinnvoll sein, anstelle einer nur hälftig befreiten Gewinnausschüttung einen vollständig steuerfreien Veräußerungsgewinn zu erzielen. Um den Anwendungsbereich für solche Gestaltungen einzuengen, hat der Gesetzgeber die Wesentlichkeitsgrenze für Kapitalgesellschaftsbeteiligungen von derzeit 10% auf 1% abgesenkt. Damit können von der Ungleichbehandlungen im wesentlichen nur noch die Streubesitzaktionäre von börsennotierten Aktiengesellschaften profitieren. Systematisch konsequent wäre es gewesen, sämtliche private Veräußerungsgewinne steuerlich zu erfassen, die Wesentlichkeitsgrenze also gedanklich völlig aufzuheben. Dieser Schritt ist in der Praxis jedoch wohl mangels Kontrollierbarkeit nicht realisierbar und auch unter dem Gesichtspunkt der Belebung des Aktienmarktes nicht erwünscht.

b) Einzelerläuterungen

Hinsichtlich des Inhalts der Änderung – Absenkung der 10%-Grenze auf 1% – ergibt sich kein nennenswerter Erläuterungsbedarf. Es soll lediglich darauf hingewiesen werden, daß jedenfalls nach Auffassung der Finanzverwaltung heute bei Prüfung der Wesentlichkeit das Vorliegen einer 10 %-Beteiligung 5 Jahre rückwirkend zu prüfen ist (obwohl die Absenkung der Wesentlichkeitsgrenze von 25 % auf 10 % erst durch das StSenkG 1999/2000/2002 erfolgt ist; s. auch unter c)).

Interessant sind allerdings Gestaltungsüberlegungen.

Ist ein Steuerpflichtiger nur in geringem Umfang beteiligt, so kann seine Beteiligungsquote ggf. durch Übertragung auf Familienangehörige im Wege der vorweggenommenen Erbfolge auf jeweils weniger als 1% reduziert werden. So könnte z.b. eine 4%ige Beteiligung innerhalb einer fünfköpfigen Familie in Beteiligungen von jeweils 0,8% zerlegt werden. Nach Ablauf von fünf Jahren im Anschluss an die Übertragung kann dann ein steuerfreier Verkauf erfolgen. Neben den vielfältigen allgemeinen Überlegungen im Vorfeld einer vorweggenommenen Erbfolge sind dabei auch die schenkungsteuerlichen Konsequenzen zu berücksichtigen.

Spielt ein Steuerpflichtiger mit dem Gedanken, ins Ausland wegzuziehen, so sollte er dies noch vor dem Wirksamwerden der Absenkung der Wesentlichkeitsgrenze tun. Zu diesem Zeitpunkt kommt es noch nicht zur Wegzugsbesteuerung nach § 6 AStG, und ein zukünftiger Verkauf bleibt steuerfrei, wenn mit dem ausländischen Staat ein Doppelbesteuerungsabkommen besteht, das das Besteuerungsrecht für Beteiligungsveräußerungen dem Wohnsitzstaat zuweist, und der ausländische Staat Gewinne aus Beteiligungsveräußerungen nicht besteuert.

Zur Vermeidung der rückwirkenden Verhaftung stiller Reserven können verschiedene Instrumente zur Zwischenrealisation der stillen Reserven im Vorfeld der Absenkung der Wesentlichkeitsgrenze eingesetzt werden. Zunächst bietet sich ein einfacher Verkauf der Beteiligung zum Verkehrswert an. Da der Gesellschafter aber vielfach seine Beteiligung behalten möchte, muß der Verkauf an eine dem Gesellschafter gehörende Holding erfolgen. Anstelle des Verkaufs kann auch eine Einbringung zu Teilwerten in die Holding vorgenommen werden. Die Einbringung hat den Vorteil, dass kein Kaufpreis zu zahlen ist. Damit die Überführung nicht als Gestaltungsmissbrauch zu qualifizieren ist, müssen für diese Massnahme gute wirtschaftliche Gründe mit ausschlaggebend sein. Solche wirtschaftlichen Gründe sind u.E. immer dann gegeben, wenn verschiedene Aktivitäten des Steuerpflichtigen in der Holding gebündelt werden sollen.

c) Erstmalige Anwendung

Die Sätze 1-4 des § 17 Abs. 1 EStG werden mit Wirkung für den Veranlagungszeitraum 2001 ersetzt. Dies ergibt sich aus der allgemeinen Anwendungsvorschrift des § 52 Abs. 1 Satz 1 EStG. Ab dem 1.1.2001 ist in § 17 EStG also die neue Beteiligungsgrenze von 1% gesetzlich verankert. § 17 Abs. 1 Sätze 1-4 EStG a.f. gelten ab diesem Zeitpunkt nicht mehr. Anwendbar ist der neu gefasste § 17 EStG aber erst auf Veräußerungen, die nach Ablauf des ersten Wirtschaftsjahres, für das das neue KStG bei der verkauften Körperschaft erstmalig anwendbar ist, vorgenommen werden (§ 52 Abs. 34 a EStG). Das bedeutet, dass im Regelfall (kalenderjahrgleiches Wirtschaftsjahr) § 17 EStG für Veräußerungen im Veranlagungszeitraum 2002 zur Anwendung kommt. Dies führt zu der überraschenden Konsequenz, dass im Veranlagungszeitraum 2001 zwar ein neugefasster § 17 EStG existiert. Dieser greift aber wegen der eindeutig nachverlagerten erstmaligen Anwendbarkeit im Veranlagungszeitraum 2001 noch nicht ein. Somit gibt es faktisch für 2001 keine Vorschrift zur Besteuerung des Verkaufs wesentlicher Beteiligungen. Eine Beteiligungsveräußerung wäre danach also in 2001 unabhängig von der Beteiligungshöhe (also auch bei 100%iger Beteiligung) steuerfrei, wenn kein Fall des § 23 EStG oder des § 21 UmwStG vorliegt. Der gesetzestechnische Fehler liegt in dem Umstand, dass in § 52 Abs. 34 a) EStG nicht die Weitergeltung des alten § 17 EStG angeordnet ist. In der Anwendungsvorschrift zu § 8b Abs. 2 KStG ist diese Weitergeltung der Vorläuferregelung ausdrücklich verankert (§ 34 Abs. 6d) KStG).

Folgende Übersicht zeigt die konkreten Anwendungszeitpunkte für § 17 EStG in Abhängigkeit vom Wirtschaftsjahr der Körperschaft, deren Anteile verkauft werden:

	Erstmalige Anwendung neues KStG	Erstmalige Anwendung § 17 EStG
Wj = Kj	Wj 2001	Veräußerung im Wj 2002
Wj < > Kj	Wj 2001/2002	Veräußerung im Wj 2002/2003
Umstellung von Wj = Kj auf Wj < > Kj in 2001	RWj 2001	Veräußerung im Wj 2001/2002
Umst. von Wj < > Kj auf Wj = Kj in 2001	Wj 2002	Veräußerung im Wj 2003

A. XI. Änderung § 17 EStG

Um die zeitliche Anwendung für einen Beteiligungsverkauf hinauszuzögern, kann eine Umstellung des Wirtschaftsjahres in Erwägung gezogen werden. So könnte bei abweichendem Wirtschaftsjahr im Jahr 2001 eine Umstellung auf das Kalenderjahr durchgeführt werden. Dann greift die neue 1%-Grenze erst ab dem 1.1.2003. Das Finanzamt muss dieser Umstellung nicht zustimmen. Entspricht das Wirtschaftsjahr bereits dem Kalenderjahr, so muss noch in 2000 eine Umstellung auf ein abweichendes Jahr vorgenommen werden (Zustimmung Finanzamt erforderlich). Die Absenkung wird dann erst für Verkäufe im Wirtschaftsjahr 2002/2003 wirksam. Die Umstellung ist natürlich an die Voraussetzung geknüpft, dass der Gesellschafter den dafür notwendigen Einfluss auf die Körperschaft hat. Vielfach wird diese Umstellung dann auch für einen gering beteiligten Gesellschafter möglich sein, wenn mehrere Mitgleichgesellschafter die gleiche Interessenlage haben.

Als erheblicher Nachteil für die Steuerpflichtigen erweist sich der Umstand, dass mit der Absenkung der Beteiligungsgrenze alle Beteiligungen, die bislang nicht wesentlich gewesen sind (zwischen 1% und <10%), in die Wesentlichkeit hineinrutschen. Das hat zur Folge, dass in der Vergangenheit angesammelte stille Reserven, die nicht steuerverhaftet waren, nunmehr rückwirkend steuerverhaftet werden. Dass diese Rechtsfolge keinesfalls zwingend ist, zeigt sich an dem in 1997 von der damaligen Regierung vorgelegten Entwurf eines Steuerreformgesetzes. Dort war im Zusammenhang mit der Absenkung der Beteiligungsgrenze vorgesehen, dass alle Beteiligungen, die durch die Absenkung wesentlich werden, mit dem Teilwert als Ausgangswert anzusetzen sind. Eine solche Regelung hätte verhindert, dass steuerfreie Altreserven nachträglich und rückwirkend in die Steuerverhaftung rutschen. Zu diesem Schritt konnte sich die derzeitige Regierung entscheiden, weil – so bereits die offizielle Begründung zur Absenkung von 25% auf 10% im Rahmen des StEntlG 1999/2000/2002 – die Bewertung der Beteiligungen mit dem Teilwert auf erhebliche praktische Schwierigkeiten gestossen wäre. Die betroffenen Steuerpflichtigen werden diese Entscheidung hinnehmen müssen. Verfassungsrechtliche Probleme sind nach allgemeiner Auffassung nicht erkennbar. Somit ist der Steuerpflichtige auf vorgelagerte Gestaltungsmaßnahmen angewiesen, die nachfolgend kurz skizziert werden. Ein Trost bleibt: Bei drohendem Wertverlust einer Beteiligung kann die Absenkung der Wesentlichkeitsgrenze dazu führen, dass der Verlust im Falle der Realisation steuerlich anzuerkennen ist, während er in der Zeit der Nichtwesentlichkeit steuerlich irrelevant gewesen wäre.

Wie bereits im Zusammenhang mit der Absenkung der Wesentlichkeitsgrenze von 25% auf 10% stellt sich auch aktuell wieder folgendes Sonderproblem: Tatbestandselement des § 17 EStG ist, dass die Beteiligung im Zeitpunkt des Verkaufs oder zu irgendeinem anderen Zeitpunkt innerhalb der letzten fünf Jahre vor dem Verkauf wesentlich gewesen ist. Dies führt zu der Frage, ob sich die Beurteilung der Wesentlichkeit innerhalb des Fünfjahres-Zeitraums nach der jeweils im Betrachtungszeitpunkt geltenden Wesentlichkeitsgrenze oder nach der im Veräußerungszeitpunkt geltenden Wesentlichkeitsgrenze richtet. Nach h.M. muss die jeweils im betreffenden Veranlagungszeitraum gültige Beteiligungsgrenze maßgeblich für die Beurteilung der Wesentlichkeit sein (Schmidt-Weber-Grellet, § 17 EStG Anm. 71 m.w.N.). Die Finanzverwaltung vertritt dagegen auf der Basis des Wortlauts von § 17 EStG die gegenteilige Auffassung, so dass der Verkauf einer Beteiligung am 1.1.2002 steuerpflichtig ist, wenn die Beteiligung zu irgendeinem Zeitpunkt seit dem 1.1.1997 1% oder mehr betragen hat (A 140 Abs. 2 Satz 2 EStR). Das kann dazu führen, dass der Steuerpflichtige zu keiner Zeit nach dem jeweils geltenden Gesetz über der Wesentlichkeitsgrenze lag und dennoch eine Steuerpflicht beim Verkauf eintritt. Hat z.B. der Steuerpflichtige in 1998 – also rechtzeitig vor der Absenkung von 25% auf 10% – von seiner 20%igen Beteiligung 15% und in 2000 – also rechtzeitig vor der Absenkung von 10% auf 1% – von seiner dann noch 5%igen Beteiligung weitere 4,5% verkauft, ist eine Veräußerung der verbliebenen 0,5% im Jahr 2003 steuerpflichtig, obwohl er nie über der jeweils aktuellen Wesentlichkeitsgrenze lag.

Dass es sich hierbei um eine faktische Rückwirkung handelt, ist offensichtlich, da das tatbestandsauslösende Merkmal von einer erst nach seiner Verwirklichung inkraftgetretenen und auch bekannt gewordenen Gesetzesänderung erfasst wird. Unter dem Gesichtspunkt des Vertrauensschutzes erscheint dies problematisch. In Anbetracht der Rechtsprechung des BVerfG zur Zulässigkeit der sog. unechten (Tatbestands-) Rückwirkung sind die Aussichten für eine Bestätigung der Verwaltungsauffassung allerdings als nicht gering einzuschätzen.

Die Beantwortung dieser Frage ist auch entscheidend für die Beurteilung, ob ein Veräußerungsverlust steuerlich anzuerkennen ist oder ob dessen Geltendmachung an § 17 Abs. 2 Satz 4 EStG scheitert. Hiernach kann ein Verlust nur insoweit steuerlich anerkannt werden, wie die Beteiligung innerhalb der letzten fünf Jahre zu einer wesentlichen Beteiligung gehört hat oder wie durch einen Beteiligungserwerb innerhalb der letzten fünf Jahre eine wesentliche Beteiligung entstanden bzw. verstärkt worden ist. Hierdurch soll verhindert werden, dass eine nicht wesentliche Beteiligung durch Zukauf kurzfristig zu einer wesentlichen Beteiligung aufgestockt und hierdurch ein Veräußerungsverlust steuerlich abzugsfähig gemacht wird. Wenn die

Frage der Wesentlichkeit aber – so die Auffassung der Finanzverwaltung – nach der Rechtslage im Veräußerungszeitpunkt zu beurteilen ist, dann muss dies auch für den Bereich des § 17 Abs. 2 Satz 4 EStG gelten. Setzt sich die Verwaltungsauffassung dagegen nicht durch, dann ist ein Veräußerungsverlust bei einer Beteiligung, die erst durch die Gesetzesänderung wesentlich geworden ist, innerhalb von fünf Jahren nach der Gesetzesänderung steuerlich nicht anzuerkennen.

Zu den zeitlichen Anwendungsfragen bei einer Kapitalherabsetzung oder einer Liquidation gem. § 17 Abs. 4 EStG siehe die Erläuterungen zu § 3 Nr. 40 e) EStG.

XI. Änderung § 18 EStG

1. Text der Vorschrift

In § 18 Abs. 3 Satz 2 wird die Angabe „Abs. 1 Nr. 1 letzter Halbsatz" durch die Angabe „Abs. 1 Nr. 1 Satz 2" ersetzt.

2. Materialien

Gesetzentwurf der Bundesregierung

In § 18 Abs. 3 Satz 2 wird die Angabe „Abs. 1 Nr. 1 letzter Halbsatz" durch die Angabe „Abs. 1 Nr. 1 Satz 2" ersetzt.

Begründung zum Gesetzentwurf der Bundesregierung

Redaktionelle Änderung. Die bisherige Verweisung auf § 16 EStG war an die zwischenzeitiche Änderung dieser Vorschrift anzupassen.

Beschlussempfehlung/Begründung des Finanzausschusses

– keine Änderung/Bemerkung –

Beschlussempfehlung/Begründung des Vermittlungsausschusses

– keine Änderung/Bemerkung –

XII. Änderung § 20 EStG

1. Text der Vorschrift

§ 20 wird wie folgt geändert:

a) Absatz 1 wird wie folgt geändert:

aa) Nummer 1 wird wie folgt gefasst:

„1. Gewinnanteile (Dividenden), Ausbeuten und sonstige Bezüge aus Aktien, Genussrechten, mit denen das Recht am Gewinn und Liquidationserlös einer Kapitalgesellschaft verbunden ist, aus Anteilen an Gesellschaften mit beschränkter Haftung, an Erwerbs- und Wirtschaftsgenossenschaften sowie an bergbautreibenden Vereinigungen, die die Rechte einer juristischen Person haben. Zu den sonstigen Bezügen gehören auch verdeckte Gewinnausschüttungen. Die Bezüge gehören nicht zu den Einnahmen, soweit sie aus Ausschüttungen einer unbeschränkt steuerpflichtigen Körperschaft stammen, für die Eigenkapital im Sinne des § 27 des Körperschaftsteuergesetzes als verwendet gilt;"

bb) Nummer 2 wird wie folgt gefasst:

„2. Bezüge, die auf Grund einer Kapitalherabsetzung oder nach der Auflösung einer unbeschränkt steuerpflichtigen Körperschaft oder Personenvereinigung im Sinne der Nummer 1 anfallen, soweit Beträge im Sinne des § 28 Satz 4 des Körperschaftsteuergesetzes als verwendet gelten;"

cc) Nummer 3 wird aufgehoben.

dd) Am Ende der Nummer 8 werden der Punkt durch ein Semikolon ersetzt und die folgenden Nummern 9 und 10 angefügt:

„9. Einnahmen aus Leistungen einer nicht von der Körperschaftsteuer befreiten Körperschaft, Personenvereinigung oder Vermögensmasse im Sinne des § 1 Abs. 1 Nr. 3 bis 5 des Körperschaftsteuergesetzes, soweit sie nicht bereits zu den

Einnahmen im Sinne der Nummer 1 gehören; Nummer 1 Satz 2 und 3 gilt entsprechend;

10. a) Leistungen eines nicht von der Körperschaftsteuer befreiten Betriebs gewerblicher Art im Sinne des § 4 des Körperschaftsteuergesetzes mit eigener Rechtspersönlichkeit;

   b) der durch Betriebsvermögensvergleich ermittelte Gewinn eines nicht von der Körperschaftsteuer befreiten Betriebs gewerblicher Art im Sinne des § 4 des Körperschaftsteuergesetzes ohne eigene Rechtspersönlichkeit, soweit er nicht den Rücklagen zugeführt wird. Die Auflösung der Rücklagen zu Zwecken außerhalb des Betriebs gewerblicher Art führt zu einem Gewinn im Sinne des Satzes 1. Die Sätze 1 und 2 sind bei wirtschaftlichen Geschäftsbetrieben der von der Körperschaftsteuer befreiten Körperschaften, Personenvereinigungen oder Vermögensmassen entsprechend anzuwenden."

b) In Absatz 2a Satz 1 wird die Angabe „bis 3" durch die Angabe „und 2" ersetzt.

2. Materialien

Gesetzentwurf der Bundesregierung

§ 20 wird wie folgt geändert:

a) Absatz 1 wird wie folgt geändert:

   aa) Nummer 1 wird wie folgt gefasst:

   „1. Gewinnanteile (Dividenden), Ausbeuten und sonstige Bezüge aus Aktien, Kuxen, Genussrechten, mit denen das Recht am Gewinn und Liquidationserlös einer Kapitalgesellschaft verbunden ist, aus Anteilen an Gesellschaften mit beschränkter Haftung, an Erwerbs- und Wirtschaftsgenossenschaften sowie an bergbautreibenden Vereinigungen, die die Rechte einer juristischen Person haben. Zu den sonstigen Bezügen gehören auch verdeckte Gewinnausschüttungen. Die Sätze 1 und 2 gelten entsprechend für Bezüge aus Betrieben im Sinne des § 4a des Körperschaftsteuergesetzes. Die Bezüge gehören nicht zu den Einnahmen, soweit sie aus Ausschüttungen einer unbeschränkt steuerpflichtigen Körperschaft stammen, für die Eigenkapital im Sinne des § 27 des Körperschaftsteuergesetzes als verwendet gilt;".

bb) Nummer 2 wird wie folgt gefasst:

„2. Bezüge, die auf Grund einer Kapitalherabsetzung oder nach der Auflösung einer unbeschränkt steuerpflichtigen Körperschaft oder Personenvereinigung im Sinne der Nummer 1 anfallen, soweit Beträge im Sinne des § 28 Satz 2 des Körperschaftsteuergesetzes als verwendet gelten;".

cc) Nummer 3 wird aufgehoben.

dd) Am Ende der Nummer 7 werden das Semikolon durch einen Punkt ersetzt und folgender Satz angefügt:

„Vergütungen im Sinne des § 4a Abs. 2 des Körperschaftsteuergesetzes für die Hingabe von Darlehen sind Erträge im Sinne des Satzes 1;".

ee) Am Ende der Nummer 8 werden der Punkt durch ein Semikolon ersetzt und die folgenden Nummern 9 und 10 angefügt:

„9. Einnahmen aus Leistungen einer Körperschaft, Personenvereinigung oder Vermögensmasse im Sinne des § 1 Abs. 1 Nr. 3 bis 5 des Körperschaftsteuergesetzes, soweit sie nicht bereits zu den Einnahmen im Sinne der Nummer 1 gehören; Nummer 1 Satz 2 und 4 gilt entsprechend;

10. a) Leistungen eines Betriebs gewerblicher Art im Sinne des § 4 des Körperschaftsteuergesetzes mit eigener Rechtspersönlichkeit;

b) der durch Betriebsvermögensvergleich ermittelte Gewinn eines Betriebs gewerblicher Art im Sinne des § 4 des Körperschaftsteuergesetzes ohne eigene Rechtspersönlichkeit, soweit er nicht den Rücklagen zugeführt wird. Die Auflösung der Rücklagen zu Zwecken

A. XII. Änderung § 20 EStG

außerhalb des Betriebs gewerblicher Art führt zu einem Gewinn im Sinne des Satzes 1. Die Sätze 1 und 2 sind bei wirtschaftlichen Geschäftsbetrieben der von der Körperschaftsteuer befreiten Körperschaften, Personenvereinigungen oder Vermögensmassen entsprechend anzuwenden."

b) In Absatz 2a Satz 1 wird die Angabe „bis 3" durch die Angabe „und 2" ersetzt.

Begründung zum Gesetzentwurf der Bundesregierung

Zu Buchstabe a (Absatz 1)

Zu Doppelbuchstabe aa (Nummer 1)

Mit der Regelung im neuen Satz 3 werden auch die Ausschüttungen von nach § 4a KStG optierten Betrieben von Personenunternehmen in § 20 Abs. 1 Nr. 1 EStG aufgenommen.

Die im Übrigen redaktionelle Änderung trägt dem Umstand Rechnung, dass Gewinnanteile auch künftig nicht zu den Einnahmen im Sinne des § 20 Abs. 1 Nr. 1 EStG gehören, soweit sie aus von der Kapitalgesellschaft zurückgewährten Einlagen bestehen.

Zu Doppelbuchstabe bb (Nummer 2)

Redaktionelle Folgeänderung aus der Neuregelung zur Herabsetzung des Nennkapitals in § 28 KStG und dem Kapitalerhöhungsteuergesetz.

Zu Doppelbuchstabe cc (Nummer 3)

Redaktionelle Folgeänderung aus dem Wegfall des körperschaftsteuerlichen Vollanrechnungsverfahrens. Die Hinzurechnungsvorschrift für das Körperschaftsteuerguthaben ist nicht mehr notwendig.

Zu Doppelbuchstabe dd (Nummer 7)

Folgeänderung aus der Einfügung des § 4a KStG; auf die Begründung zu § 19 EStG wird verwiesen.

Zu Doppelbuchstabe ee (Nummern 9 und 10)

Nach dem Halbeinkünfteverfahren werden Gewinne, die eine Kapitalgesellschaft (§ 1 Abs. 1 Nr. 1 KStG) erzielt, mit 25 % Körperschaftsteuer besteuert. Schüttet die Kapitalgesellschaft die Gewinne aus, löst dies im Ausschüttungszeitpunkt eine Kapitalertragsteuerpflicht aus. Auf der Ebene des Anteilseigners wird die zugeflossene

Dividende zur Hälfte bei der Ermittlung des zu versteuernden Einkommens erfasst und die bezahlte Kapitalertragsteuer auf die Einkommensteuer angerechnet.

Mit diesem Verfahren wird erreicht, dass Gewinne, die die Kapitalgesellschaft erzielt, im Ergebnis etwa in Höhe des Einkommensteuersatzes des Anteilseigners einer Einmalbesteuerung unterliegen.

Entsprechendes gilt im Verhältnis von Erwerbs- und Wirtschaftsgenossenschaften (§ 1 Abs. 1 Nr. 2 KStG) und ihren Mitgliedern.

Bei den übrigen in § 1 Abs. 1 KStG genannten Körperschaften (Versicherungsvereine auf Gegenseitigkeit (§ 1 Abs. 1 Nr. 3 KStG), sonstige juristische Personen des privaten Rechts (§ 1 Abs. 1 Nr. 4 KStG), nichtsrechtsfähige Vereine, Anstalten, Stiftungen und anderen Zweckvermögen des privaten Rechts (§ 1 Abs. 1 Nr. 5 KStG) und Betrieben gewerblicher Art von juristischen Personen des öffentlichen Rechts (§ 1 Abs. 1 Nr. 6 KStG) unterliegen künftig steuerpflichtige Gewinne ebenfalls einer Körperschaftsteuer von 25 %. Bei diesen Körperschaften gibt es aber grundsätzlich keine Ausschüttungen an Anteilseigner oder Mitglieder im vorstehenden Sinne. Gleichwohl kommt es auch bei diesen Körperschaften zu Vermögensübertragungen an die „hinter diesen Gesellschaften stehenden" Personen (z.B. an den Landkreis als Gewährsträger einer Kreissparkasse). Diese Vermögensübertragungen sind wirtschaftlich gesehen mit vorstehend erwähnten Gewinnausschüttungen vergleichbar.

Aus Gründen der steuerlichen Gleichbehandlung ist es daher geboten, auch diese Vermögensübertragungen auf der Ebene des „Anteilseigners" steuerlich zu erfassen. Die Änderung in § 20 Abs. 1 Nr. 9 EStG schafft für Vermögensübertragungen an „Anteilseigner" von Körperschaften im Sinne von § 1 Abs. 1 Nr. 3 bis 5 KStG einen neuen Einkommenstatbestand. Entsprechendes gilt, für Betriebe gewerblicher Art mit eigener Rechtspersönlichkeit (§ 20 Abs. 1 Nr. 10 Buchstabe a EStG) und Betriebe gewerblicher Art ohne eigene Rechtspersönlichkeit, die ihren Gewinn durch Bestandsvergleich ermitteln, und der Gewinn, soweit er Gewinne nicht in Rücklagen eingestellt wird, der juristischen Person des öffentlichen Rechts (als „Anteilseigner") zur Verfügung steht (§ 20 Abs. 1 Nr. 10 Buchstabe b Satz 1 und 2 EStG).

Eine entsprechende Regelung gilt für wirtschaftliche Geschäftsbetriebe (§ 20 Abs. 1 Nr. 10 Buchstabe b Satz 3 EStG).

Zu Buchstabe b (Absatz 2a)

Redaktionelle Folgeänderung aus dem Wegfall des § 20 Abs. 1 Nr. 3 EStG.

A. XII. Änderung § 20 EStG

Beschlussempfehlung des Finanzausschusses

§ 20 wird wie folgt geändert:

a) Absatz 1 wird wie folgt geändert:

    aa) Nummer 1 wird wie folgt gefasst:

„1. Gewinnanteile (Dividenden), Ausbeuten und sonstige Bezüge aus Aktien, Genussrechten, mit denen das Recht am Gewinn und Liquidationserlös einer Kapitalgesellschaft verbunden ist, aus Anteilen an Gesellschaften mit beschränkter Haftung, an Erwerbs- und Wirtschaftsgenossenschaften sowie an bergbautreibenden Vereinigungen, die die Rechte einer juristischen Person haben. Zu den sonstigen Bezügen gehören auch verdeckte Gewinnausschüttungen. Die Sätze 1 und 2 gelten entsprechend für Bezüge aus Betrieben im Sinne des § 4a des Körperschaftsteuergesetzes. Die Bezüge gehören nicht zu den Einnahmen, soweit sie aus Ausschüttungen einer unbeschränkt steuerpflichtigen Körperschaft stammen, für die Eigenkapital im Sinne des § 27 des Körperschaftsteuergesetzes als verwendet gilt;".

    bb) unverändert

    cc) unverändert

    dd) unverändert

    ee) Am Ende der Nummer 8 werden der Punkt durch ein Semikolon ersetzt und die folgenden Nummern 9 und 10 angefügt:

„9. Einnahmen aus Leistungen einer nicht von der Körperschaftsteuer befreiten Körperschaft, Personenvereinigung oder Vermögensmasse im Sinne des § 1 Abs. 1 Nr. 3 bis 5 des Körperschaftsteuergesetzes, soweit sie nicht bereits zu den Einnahmen im Sinne der Nummer 1 gehören; Nummer 1 Satz 2 und 4 gilt entsprechend;

10. a) Leistungen eines nicht von der Körperschaftsteuer befreite Betriebs gewerblicher Art im Sinne des § 4 des Körperschaftsteuergesetzes mit eigener Rechtspersönlichkeit;

b) der durch Betriebsvermögensvergleich ermittelte Gewinn eines nicht von der Körperschaftsteuer befreiten Betriebs gewerblicher Art im Sinne des § 4 des Körperschaftsteuergesetzes ohne eigene Rechtspersönlichkeit, soweit er nicht den Rücklagen zugeführt wird. Die Auflösung der Rücklagen zu Zwecken außerhalb des Betriebs gewerblicher Art führt zu einem Gewinn im Sinne des Satzes 1. Die Sätze 1 und 2 sind bei wirtschaftlichen Geschäftsbetrieben der von der Körperschaftsteuer befreiten Körperschaften, Personenvereinigungen oder Vermögensmassen entsprechend anzuwenden."

b) unverändert

Begründung des Finanzausschusses

Das Halbeinkünfteverfahren ist insbesondere dadurch gekennzeichnet, dass die Besteuerung der Gewinne von Körperschaften mit 25 % KSt flankiert wird durch die hälftige steuerliche Erfassung ausgeschütteter Gewinne beim Letztempfänger.

Die Regelungen in § 20 Abs. 1 Nr. 9 und 10 EStG gewährleisten, dass diese Grundsätze nicht nur bei Beteiligungen an Kapitalgesellschaften oder Genossenschaften (§ 1 Abs. 1 Nr. 1 und 2 KStG), sondern bei allen in § 1 Abs. 1 KStG genannten Körperschaften gelten. In den in § 20 Abs. 1 Nr. 9 und 10 EStG genannten Beteiligungsverhältnissen besteht die Flankierung in der Belastung der Leistung („Ausschüttung") der genannten Körperschaften mit Kapitalertragsteuer.

Ist der Empfänger der „Ausschüttung" von der Körperschaftsteuer befreit (§ 5 KStG), verbleibt es grundsätzlich bei der endgültigen Belastung der Leistung mit Kapitalertragsteuer. Den Grundsätzen des Halbeinkünfteverfahrens ist damit entsprochen. Soweit ein solcher Empfänger seinerseits „Ausschüttungen" an Letztempfänger vornimmt, würde eine nochmalige Belastung dieser Leistungen mit Kapitalertragsteuer eine mit den genannten Grundsätzen nicht gewollte Doppelbelastung bedeuten.

Die Änderung stellt sicher, dass es nicht zu dieser Doppelbelastung kommt.

A. XII. Änderung § 20 EStG

Beschlussempfehlung des Vermittlungsausschusses

§ 20 Absatz 1 wird wie folgt geändert:

a) Doppelbuchstabe aa wird wie folgt gefasst:

   aa) Nummer 1 wird wie folgt gefasst:

   „1. Gewinnanteile (Dividenden), Ausbeuten und sonstige Bezüge aus Aktien, Genussrechten, mit denen das Recht am Gewinn und Liquidationserlös einer Kapitalgesellschaft verbunden ist, aus Anteilen an Gesellschaften mit beschränkter Haftung, an Erwerbs- und Wirtschaftsgenossenschaften sowie an bergbautreibenden Vereinigungen, die die Rechte einer juristischen Person haben. Zu den sonstigen Bezügen gehören auch verdeckte Gewinnausschüttungen. Die Bezüge gehören nicht zu den Einnahmen, soweit sie aus Ausschüttungen einer unbeschränkt steuerpflichtigen Körperschaft stammen, für die Eigenkapital im Sinne des § 27 des Körperschaftsteuergesetzes als verwendet gilt;"

b) In Doppelbuchstabe bb wird in § 20 Abs. 1 Nr. 2 die Angabe „§ 28 Satz 2" durch die Angabe „§ 28 Satz 4" ersetzt.

c) Doppelbuchstabe dd wird gestrichen.

d) In Doppelbuchstabe ee wird in § 20 Abs. 1 Nr. 9 die Angabe „Nummer 1 Satz 2 und 4" durch die Angabe „Nummer 1 Satz 2 und 3" ersetzt.

Begründung des Vermittlungsausschusses

Änderung wegen Wegfall der Option.

3. Erläuterungen

Verfasser: Stephan Schauhoff

a) Zweck und Inhalt

Zweck der Neuregelung

Die Neufassung enthält redaktionelle Folgeänderungen, die sich für § 20 EStG aus dem Wegfall des Körperschaftsteueranrechnungsverfahrens ergeben. Wesentlich ist insoweit, dass in § 20 Abs. 1 Nr. 1

EStG bestimmte dem Halbeinkünfteverfahren nach § 3 Nr. 40 EStG unterliegende Einkünfte in einen speziellen Tatbestand zusammengefasst worden sind. Dies war erforderlich, da für diese Einkünfte, insbesondere Gewinnausschüttungen von Kapitalgesellschaften, in § 43a EStG der besondere Kapitalertragsteuersatz von 20 vom Hundert festgesetzt ist.

Die materiell wesentliche Änderung der Vorschrift besteht darin, dass in § 20 Abs. 1 Nr. 9 und Nr. 10 EStG ein neuer spezieller Einkommensteuertatbestand für Einnahmen aus Leistungen von Vereinen, Stiftungen und anderen juristischen Personen, die keine Gesellschafter haben, geschaffen wurde. Zudem ist für Betriebe gewerblicher Art oder wirtschaftliche Geschäftsbetriebe steuerbefreiter Körperschaften der erzielte Gewinn zu fiktiven Einkünften aus Kapitalvermögen der Trägerkörperschaft gemacht worden. Das Sachproblem, vor das der Gesetzgeber gestellt war, ist, dass bei Betrieben gewerblicher Art und wirtschaftlichen Geschäftsbetrieben von Körperschaften eine Besteuerung auf einem Niveau von 25 vom Hundert Körperschaftsteuer dem Grundsatz widersprochen hätte, dass allein betriebliche Einkünfte bei Körperschaften mit diesem niedrigen Körperschaftsteuersatz endgültig belastet bleiben sollen, während die „private" Gewinnverwendung zu einer zusätzlichen Steuerbelastung auf die Hälfte der erzielten Einnahmen aus der „Ausschüttung" des Betriebes führen sollte. Eine besondere Problematik ergibt sich allerdings bei der Neuregelung daraus, dass Körperschaften des öffentlichen Rechts regelmäßig nur mit ihren Betrieben gewerblicher Art der Ertragsbesteuerung unterliegen. Eine Anknüpfung an die von der Körperschaft des öffentlichen Rechts erzielten Einnahmen ist daher kaum möglich. Deswegen setzt die Steuerpflicht des § 20 Abs. 1 Nr. 10 b) EStG unmittelbar beim Betrieb gewerblicher Art selbst an. Damit kommt es zu der Merkwürdigkeit, dass der Gewinn des Betriebes gewerblicher Art oder des wirtschaftlichen Geschäftsbetriebes regelmäßig als Einkünfte aus Gewerbebetrieb besteuert und gleichzeitig zu fiktiven Einkünften aus Kapitalvermögen erklärt wird. Die gesetzliche Regelung ist deswegen ungereimt, da sie nicht auf die Verwendung des Gewinns abstellt, sondern den Gewinn selbst umqualifiziert. Letztlich wurden nur deswegen fiktive Einkünfte aus Kapitalvermögen angenommen, um die beschränkte Kapitalertragsteuerpflicht dieser Einkünfte, das eigentliche Ziel der Neuregelung des § 20 Abs. 1 Nr. 9 und Nr. 10 EStG, besser erklären zu können.

Verhältnis zu anderen Vorschriften

§ 20 Abs. 1 Nr. 9 und Nr. 10 EStG kann allein in Zusammenhang mit zahlreichen anderen, teilweise auch durch die Unternehmenssteuerreform geänderten Vorschriften, verstanden werden. Zunächst ist zu

A. XII. Änderung § 20 EStG

beachten, dass nach § 2 Nr. 2 KStG Körperschaften, die nicht unbeschränkt steuerpflichtig sind, insbesondere juristische Personen des öffentlichen Rechts, mit dem Steuerabzug unterliegenden Einkünften beschränkt körperschaftsteuerpflichtig sind. Aus § 5 Abs. 2 Nr. 1 KStG ergibt sich, dass die Steuerbefreiungen beispielsweise von Berufsverbänden oder gemeinnützigen Körperschaften nicht gelten, soweit diese dem Steuerabzug unterliegende Einkünfte beziehen. Sodann ist der bisherige § 50 KStG zu § 32 KStG geworden, und in § 32 Abs. 2 KStG n.F. heißt es ausdrücklich, dass die Körperschaftsteuer nicht abgegolten ist, soweit der Steuerpflichtige wegen der Steuerabzugsbeträge in Anspruch genommen werden kann.

Außer diesen körperschaftsteuerlichen Vorschriften sind die §§ 43 ff. EStG über die Kapitalertragsteuerpflicht zu beachten. In § 43 Abs. 1 Satz 1 Nr. 7a bis 7c EStG werden als Folge der in § 20 Abs. 1 Nr. 9 und 10 EStG vorgenommenen Erweiterung der Einkommenstatbestände zwei neue Tatbestände für die Kapitalertragsteuerpflicht geschaffen. In § 43a EStG ist für den Grundfall, die Kapitalertragsteuer wird dem Gläubiger von dem auszuzahlenden Betrag abgezogen, geregelt, dass in den Fällen des § 20 Abs. 1 Nr. 9 EStG der Kapitalertragsteuersatz 20 vom Hundert beträgt, während in den Fällen des § 20 Abs. 1 Nr. 10 Buchstabe a und Buchstabe b EStG sich der Kapitalertragsteuersatz jeweils auf 10 vom Hundert beläuft.

Darüber hinaus ist zu beachten, dass gemeinnützige Körperschaften als Empfänger entsprechender Leistungen aufgrund der Regelungen des § 44a EStG die einbehaltene Kapitalertragsteuer erstattet bekommen bzw. von dem Abzug der Kapitalertragsteuer abgesehen werden kann.

Betrachtet man § 20 Abs. 1 Nr. 9 und Nr. 10 EStG in Zusammenhang mit den §§ 43 ff. EStG, so lassen sich drei Fallgruppen unterscheiden:

– Einnahmen aus Leistungen, insbesondere eines Versicherungsvereins auf Gegenseitigkeit, die durch ein Mitgliedschaftsverhältnis veranlasst sind, führen zu steuerpflichtigen Einnahmen aus Kapitalvermögen. Ist der Empfänger der Einnahmen nicht steuerbefreit, sind die Einnahmen zu erklären. Eine Vorschrift, wonach der Kapitalertragsteuer Abgeltungswirkung zukäme, ist nicht ersichtlich. Allerdings unterliegen diese Einnahmen nach § 3 Nr. 40d EStG dem Halbeinkünfteverfahren.

– Gewinne eines Betriebes gewerblicher Art können wegen § 1 Abs. 1 Nr. 6 KStG nur von diesem versteuert werden. Der Gewinn selbst unterliegt der Körperschaftsteuer, regelmäßig auch der Gewerbesteuer. In § 20 Abs. 1 Nr. 10a EStG wird an die

Leistungen des Betriebes gewerblicher Art angeknüpft. Die Leistungen führen zu Einkünften beim Leistungsempfänger. Die Kapitalertragsteuer wirkt allein dann abgeltend, wenn der Leistungsempfänger, da eine Körperschaft des öffentlichen Rechts ohne Betrieb gewerblicher Art, nach § 2 Nr. 2 KStG allein mit den dem Steuerabzug unterliegenden Einkünften beschränkt der Körperschaftsteuer unterliegt. Wenn der Leistungsempfänger dagegen Steuersubjekt ist und keine Steuerbefreiung in Anspruch nehmen kann, hat er entsprechende Einkünfte aus Leistungen eines rechtlich selbständigen Betriebes gewerblicher Art zu versteuern. Nach § 20 Abs. 1 Nr. 10b EStG erzielt dagegen der Betrieb gewerblicher Art mit seinen nicht thesaurierten Gewinnen Einkünfte aus Kapitalvermögen. Unklar ist bei der gegenwärtigen Gesetzesfassung, wie eine doppelte Steuererhebung auf dieselben Einkünfte, die unterschiedlich qualifiziert werden, begründet werden kann und woraus sich die Abgeltungswirkung der Kapitalertragsteuer in diesen Fällen ergeben soll, wenn steuerbare Einkünfte aus Kapitalvermögen eines Betriebes gewerblicher Art angenommen werden. Die an sich wegen § 2 Nr. 2 KStG gewollte Abgeltungswirkung der Kapitalertragsteuer greift nach § 1 Abs. 1 Nr. 6 KStG beim Betrieb gewerblicher Art nicht.

– Die dritte typische Fallgruppe betrifft die Gewinne der wirtschaftlichen Geschäftsbetriebe steuerbefreiter Körperschaften. Gemeint ist anscheinend der vom wirtschaftlichen Geschäftsbetrieb abgeführte Gewinn. Dieser Gewinn muss von der steuerbefreiten Körperschaft regelmäßig wegen § 5 Abs. 1 Nr. 9 oder Nr. 5 KStG versteuert werden. Auch insofern stellt sich, wie bei den Betrieben gewerblicher Art, die Frage, wieso derselbe Gewinn steuerrechtlich unterschiedlichen Einkunftsarten zugerechnet wird und woraus sich die Abgeltungswirkung von Kapitalertragsteuer der im wirtschaftlichen Geschäftsbetrieb erzielten Einkünfte aus Kapitalvermögen ergeben soll.

Zwar ergibt sich aus der Gesetzesbegründung, was der Gesetzgeber mit den neuen Tatbeständen erreichen wollte, doch kann die Gesetzesbegründung nicht die systematischen Unzulänglichkeiten des gewählten Konzeptes überdecken.

A. XII. Änderung § 20 EStG

b) Einzelerläuterungen

aa) Absatz 1 Nr. 1 Satz 1 EStG

In § 20 Abs. 1 Nr. 1 Satz 1 EStG ist wie bislang die Einkommensteuerpflicht für Dividenden und sonstige Bezüge aus Aktien sowie Genussrechten festgelegt worden. Der Umstand, dass diese Einkünfte mit Inkrafttreten des Steuersenkungsgesetzes nur noch zur Hälfte der Einkommensteuer unterliegen (sog. Halbeinkünfteverfahren), ergibt sich aus § 3 Nr. 40 EStG. Allerdings unterliegen Dividendeneinkünfte, wie sich aus § 43 EStG ergibt, in voller Höhe der Kapitalertragsteuer, auch wenn der Steuersatz dafür auf 20 vom Hundert vermindert worden ist. Im übrigen ist in § 20 Abs. 1 Nr. 1 Satz 1 EStG nur insofern eine Änderung enthalten, als nunmehr der Begriff „Kuxen" gestrichen worden ist. Kuxe sind Anteile aus einer bergrechtlichen Gewerkschaft. Der Kux wird verbrieft. Er stellt ein auf einen bestimmten Namen lautendes Wertpapier dar. Nach dem Bundesberggesetz vom 13.08.1980 (BGBl. I 1980, 1310) wurden in der Bundesrepublik die damals noch bestehenden bergrechtlichen Gewerkschaften mit Wirkung zum 01.01.1986 aufgelöst, so dass die Streichung des Begriffs „Kuxen" keine Auswirkung mehr hat.

bb) Absatz 1 Nr. 1 Satz 3 EStG

In § 20 Abs. 1 Nr. 1 Satz 3 EStG war bislang geregelt, dass Bezüge aus dem sog. EK 04 nicht als steuerpflichtige Dividendeneinnahmen gelten. Dabei handelt es sich um die Rückzahlung geleisteter Einlagen eines Gesellschafters an einen Gesellschafter, die entweder als Betriebseinnahmen oder unter den Voraussetzungen des § 17 EStG steuerpflichtig sind (vorrangige Buchwert- bzw. Anschaffungskostenverrechnung). Nicht in das Nennkapital geleistete Einlagen werden mit der Gesetzesänderung nunmehr unter den Voraussetzungen des § 27 KStG auf einem besonderen steuerlichen Einlagekonto festgestellt. Sachlich hat sich durch die Neuregelung in § 20 Abs. 1 Nr. 1 Satz 3 EStG insofern nichts geändert.

cc) Absatz 1 Nr. 2 EStG

In § 20 Abs. 1 Nr. 2 EStG ist wie bislang geregelt, dass Bezüge, die aufgrund einer Kapitalherabsetzung oder nach der Auflösung einer Körperschaft anfallen, zu Einnahmen aus Kapitalvermögen führen, soweit verwendbares Eigenkapital an den Anteilsigner ausgekehrt wird. In § 20 Abs. 1 Nr. 2 EStG ist eine Einkommensteuerpflicht für Vermögensauskehrungen angeordnet, die unter § 28 Satz 4 KStG fallen. In § 28 Satz 4 KStG ist die Rückzahlung von Nennkapital als

Gewinnausschüttung fingiert, sofern das Nennkapital durch Rücklagen, die aus dem Gewinn der Gesellschaft stammten, erhöht worden sein sollte. Dagegen fallen umgewandelte Rücklagen aus Einlagen der Gesellschafter nicht unter § 28 Satz 4 KStG. Bei Kapitalerhöhungen muss daher aus steuerlichen Gründen die Herkunft der Mittel im einzelnen festgelegt werden (s. zur vorgeschriebenen Verwendungsreihenfolge § 28 KStG). Bei der Kapitalherabsetzung fingiert das Gesetz als erstes die Verwendung der aus Gewinnen der Gesellschaft gebildeten Rücklagen, also eine Gewinnausschüttung.

dd) Absatz 1 Nr. 3 EStG

§ 20 Abs. 1 Nr. 3 EStG ist gestrichen worden. Da es mit dem Systemwechsel keine Körperschaftsteueranrechnung mehr gibt, entfällt natürlich auch die Einkommensteuerpflicht eines Anrechnungsanspruchs.

ee) § 20 Abs. 1 Nr. 9 EStG

Einführung

Durch § 20 Abs. 1 Nr. 9 EStG hat der Gesetzgeber einen neuen Einkommensteuertatbestand geschaffen. Bislang wurde der Gewinn eines Vereins aufgrund der Bestimmung des § 10 Nr. 1 KStG, wonach satzungsmäßige Aufwendungen nicht abgezogen werden können, gleichgültig, ob für die Vereinszwecke verwandt oder nicht, mit Körperschaftsteuer in Höhe von 40 vom Hundert belastet. Die Absenkung der Körperschaftsteuerbelastung auf 25 vom Hundert hätte für Vereine oder Stiftungen, die den Gewinn im Interesse ihrer Mitglieder verwenden, dazu geführt, dass nicht nur der im Gewerbebetrieb erwirtschaftete Gewinn mit 25 vom Hundert belastet ist, sondern auch der Gewinn, der zugunsten der Mitglieder verwendet wird. Damit wären Dividendenausschüttungen höher besteuert worden als Einnahmen aus Leistungen von Vereinen oder Stiftungen. Deswegen wurde der zusätzliche Einkommensteuertatbestand des § 20 Abs. 1 Nr. 9 EStG eingeführt.

Verhältnis zu anderen Vorschriften

Einkünfte nach § 20 Abs. 1 Nr. 9 EStG unterliegen nach § 3 Nr. 40d EStG nur zur Hälfte der Einkommensteuer. In §§ 43, 43a EStG ist angeordnet, dass 20 vom Hundert Kapitalertragsteuer, wenn der Gläubiger die Kapitalertragsteuer trägt, bzw. 25 vom Hundert des tatsächlich ausgezahlten Betrages, wenn der Schuldner die Kapitalertragsteuer übernimmt, von dem Verein oder der Stiftung abzuführen sind. Die Steuerschuld wird nicht durch die Kapitalertragsteuer abgegolten. So-

A. XII. Änderung § 20 EStG

fern der Gläubiger eine gemeinnützige Körperschaft oder eine Stiftung öffentlichen Rechts, die gemeinnützigen oder mildtätigen Zwecken dient, oder eine Kirche in der Rechtsform einer juristischen Person des öffentlichen Rechts ist, kann vom Kapitalertragsteuerabzug unter den Voraussetzungen des § 44a Abs. 7 EStG Abstand genommen bzw. die Erstattung der Kapitalertragsteuer nach § 44c Abs. 1 EStG beantragt werden. Inländische juristische Personen des öffentlichen Rechts und andere steuerbefreite Körperschaften können die Erstattung der Hälfte der Kapitalertragsteuer nach § 44c Abs. 2 EStG beantragen.

Außer § 20 Abs. 1 Nr. 9 EStG enthält auch § 22 Nr. 1 Satz 2 EStG eine Regelung, wie Bezüge von steuerbefreiten oder steuerpflichtigen Körperschaften zu besteuern sind. Dabei geht es um die Ausschüttungen an Destinatäre einer Familienstiftung oder eines Familienvereins oder um die Leistungen einer gemeinnützigen Stiftung an den Stifter und dessen nächste Angehörige nach § 58 Nr. 5 AO. § 22 Nr. 1 Satz 2 EStG ist für diese Fälle als speziellere Vorschrift gegenüber § 20 Abs. 1 Nr. 9 EStG anzusehen. Eine Kapitalertragsteuerpflicht ist für diese Leistungen damit nicht gegeben.

Die Regelung des § 20 Abs. 1 Nr. 9 EStG ist auch von der Bestimmung über verdeckte Gewinnausschüttungen nach § 20 Abs. 1 Nr. 1 EStG abzugrenzen. Es ist anerkannt, dass auch ein Verein an seine Mitglieder verdeckte Gewinnausschüttungen leisten kann, wenn Leistungen des Vereins auf einem Mitgliedschaftsverhältnis beruhen. Andererseits bestimmt § 20 Abs. 1 Nr. 9 Satz 2 EStG nunmehr, dass die Regelung über die verdeckte Gewinnausschüttung für Einnahmen aus Leistungen entsprechend gelten. Anscheinend geht der Gesetzgeber damit davon aus, dass sämtliche Einnahmen aus Leistungen eines Vereins unter § 20 Abs. 1 Nr. 9 EStG fallen, auch wenn sie durch ein Mitgliedschaftsverhältnis veranlasst sein sollten. Daher ist § 20 Abs. 1 Nr. 9 EStG gegenüber der verdeckten Gewinnausschüttung als die speziellere Vorschrift in ihrem Anwendungsbereich anzusehen.

Einnahmen

In § 8 Abs. 1 EStG ist der Begriff der Einnahmen definiert. Danach sind Einnahmen alle Güter, die in Geld oder Geldeswert bestehen und dem Steuerpflichtigen im Rahmen einer der Einkunftsarten zufließen. Soweit ein steuerpflichtiger Verein beispielsweise seinen Mitgliedern gegenüber verbilligt Leistungen erbringt, können damit Einnahmen im Sinne des § 20 Abs. 1 Nr. 9 EStG vorliegen. Durch die Verwendung des Begriffs „Einnahmen" macht der Gesetzgeber deutlich, dass er den Steuertatbestand nicht auf Geldzahlungen beschränken möchte.

Aus Leistungen

In § 20 Abs. 1 Nr. 9 EStG ist nunmehr festgelegt, dass zu den Einkünften aus Kapitalvermögen die Einnahmen aus Leistungen gehören. Durch die Verwendung des Begriffs „Leistungen" wurde der Steuertatbestand des § 20 Abs. 1 Nr. 9 EStG in denkbar weitester Weise ausgedehnt. Denn „Leistung" ist jedes Tun, Unterlassen und Dulden, das Gegenstand eines entgeltlichen Vertrages sein kann und um des Entgelts willen erbracht wird (vgl. BFH Großer Senat BStBl. III 1964, 500). Allerdings ist der Begriff der Leistung in § 20 Abs. 1 Nr. 9 EStG in Zusammenhang mit dem Steuertatbestand „Einkünfte aus Kapitalvermögen" auszulegen. Nicht jede Leistung im Rahmen eines Leistungsaustauschs zwischen einem Verein, beispielsweise einem Versicherungsverein auf Gegenseitigkeit, und den Versicherungsnehmern soll den Steuertatbestand des § 20 Abs. 1 Nr. 9 EStG erfüllen. Die Einordnung des neuen Tatbestandes in die Einkünfte aus Kapitalvermögen zeigt, dass es letztlich um Leistungen eines Vereins, insbesondere eines Versicherungsvereins auf Gegenseitigkeit, an die Mitglieder gehen soll, die nicht aufgrund des Versicherungsvertrages, sondern auf „Quasi-Ausschüttungen" eines Versicherungsvereins auf Gegenseitigkeit ausgerichtet sind. Nur die Einkommensteile eines Vereins oder einer Stiftung, die Einkommensverwendung darstellen, also beim Versicherungsverein auf Gegenseitigkeit beispielsweise nicht gemäß § 21 KStG als Betriebsausgabe für Beitragsrückerstattung steuermindernd berücksichtigt werden können, und zudem an die Mitglieder des Versicherungsvereins fließen, sollen von § 20 Abs. 1 Nr. 9 EStG erfasst werden. Dies könnte zum einen mögliche verdeckte Gewinnausschüttungen aufgrund einer Untertarifierung erfassen oder auch erfolgsunabhängige Beitragsrückerstattungen, die aus nicht versicherungstechnischen Überschüssen resultieren. Anscheinend hat der Gesetzgeber versucht, mit dem neuen Tatbestand des § 20 Abs. 1 Nr. 9 EStG insbesondere die Verpflichtungen der Versicherungsvereine auf Gegenseitigkeit nach § 38 VAG auf Verteilung erwirtschafteter Überschüsse an die in der Satzung bestimmten Mitglieder als Anspruch auf Gewinnbeteiligung und damit als Einkünfte aus Kapitalvermögen zu erfassen. Der Gewinnbeteiligungsanspruch erschöpft sich nicht in der Rückgabe zuviel erhobener Prämien, sondern umfasst die Beteiligung am Gesamtüberschuss des Unternehmens (BFH v. 20.02.1970, BStBl. II 1970, 314). Ihrem Wesen nach stellen diese Beteiligungen am Gesamtüberschuss des Unternehmens Gewinnausschüttungen dar (BFH v. 09.06.1999, BFH/NV 1999, 1702; BFH v. 27.02.1970, BStBl. II 1970, 422), wobei zu beachten bleibt, dass Beitragsrückerstattungen, die nachträglich aufgrund überhobener Beiträge gewährt werden, wirtschaftlich als

Beitragsrabatt zu qualifizieren sind (BFH v. 09.06.1999, BFH/NV 1999, 1702; dazu Schloßmacher, DB 1999, S. 1573 ff.). Als Einkünfte aus Kapitalvermögen sollten aufgrund einer einschränkenden Auslegung des Tatbestandes des § 20 Abs. 1 Nr. 9 EStG nur diejenigen Leistungen an Mitglieder eines VVaG erfasst werden, die der Sache nach als Gewinnverwendungen anzusehen sind. Die im Rahmen einer Überschussbeteiligung an die Mitglieder gezahlten erfolgsabhängigen Beitragsrückerstattungen können vom VVaG nach § 21 KStG einkommensmindernd berücksichtigt werden. Diese Beitragsrückerstattungen führen auch nicht zu Einnahmen aus Leistungen bei dem jeweiligen Mitglied, wohl aber, soweit Überschüsse aus dem sog. nicht versicherungstechnischen Geschäft an die Mitglieder ausgekehrt werden. Die bisherige Rechtsprechung zu den verdeckten Gewinnausschüttungen im Rahmen eines Versicherungsverhältnisses kann daher auch bei der Auslegung des § 20 Abs. 1 Nr. 9 EStG fruchtbar gemacht werden (vgl. BFH v. 27.02.1970, BStBl. II 1970, 422 bzw. v. 20.02.1970, BStBl. II 1970, 314). Als Einnahmen aus Leistungen können damit auch der Verzicht auf kostendeckende Beiträge sowie auch die Übernahme von Kosten, die den Mitgliedern aus ihrem Mitgliedschaftsverhältnis entstehen, qualifiziert werden (OFD Frankfurt/Main, Verfügung vom 29.04. 1997, S – 2775 – 12 – ST II 10). Eine besondere Problematik kann sich auch bei Vereinen oder Stiftungen ergeben, die nicht steuerbefreit sind und Leistungen zugunsten ihrer Mitglieder erbringen. Ein Fall, dass ein nicht steuerbefreiter Verein vorliegt, kann beispielsweise beim Verlust einer Steuerbefreiung wie der Gemeinnützigkeit gegeben sein. Auch die wirtschaftlichen Vereine, die im Interesse ihrer Mitglieder tätig werden, werden zukünftig Leistungen zugunsten der Mitglieder einer zusätzlichen Steuerlast unterwerfen müssen. Einen Anhaltspunkt für derartige steuerpflichtige Leistungen bietet § 10 Nr. 1 KStG. Soweit die Aufwendungen eines Vereins zugunsten eines Mitglieds aufgrund der Satzungsgemäßheit der Aufwendungen nicht steuermindernd abgezogen werden können, kommt gleichzeitig eine Besteuerung dieser Leistung an die Mitglieder in Betracht. Allerdings setzt § 20 Abs. 1 Nr. 9 EStG über § 10 Nr. 1 KStG hinausgehend voraus, dass eine gegenüber einem bestimmten Mitglied vorgenommene Leistung gegeben ist. Einnahmen erzielt das Mitglied nur, wenn sich das Tätigwerden des Vereins nicht in der Erfüllung der Satzungszwecke erschöpft, sondern zu einem wirtschaftlichen Erfolg bei dem einzelnen Mitglied führt. Die Höhe der Einnahme des Mitglieds bestimmt sich aus § 8 Abs. 2 EStG. Unerheblich ist, ob es sich um eine offen oder verdeckt ausgeführte Leistung handelt. Die Problematik der Vorschrift besteht insbesondere darin, dass jedes Mitglied die entsprechenden Einkünfte aus Kapitalvermögen erklären müsste, ohne dass ihm eine Bemessung des zugewandten Vorteils in jedem Einzelfall möglich sein wird.

Nicht von der Körperschaftsteuer befreiten Körperschaft, Personenvereinigung oder Vermögensmasse im Sinne des § 1 Abs. 1 Nr. 3 bis 5 des Körperschaftsteuergesetzes

§ 20 Abs. 1 Nr. 9 KStG erfasst insbesondere die Leistungen von Versicherungsvereinen auf Gegenseitigkeit (§ 1 Abs. 1 Nr. 3 KStG) bzw. wirtschaftlichen Vereinen oder sog. gemeinwohlorientierten Vereinen, die keine Steuerbefreiung in Anspruch nehmen können. Daneben sind auch rechtsfähige und nicht rechtsfähige Vereine oder Stiftungen des privaten Rechts in § 1 Abs. 1 Nr. 4 und 5 KStG aufgeführt. Sobald entsprechende Körperschaften steuerbefreit sind, wobei sich die Steuerbefreiung insbesondere bei den sog. Berufsverbänden aus § 5 Abs. 1 Nr. 5 KStG oder bei den gemeinnützigen Körperschaften aus § 5 Abs. 1 Nr. 9 KStG ergibt, scheidet der Tatbestand des § 20 Abs. 1 Nr. 9 EStG aus. Sofern steuerbefreite Körperschaften Zuwendungen an ihre Mitglieder vornehmen, in dem beispielsweise die Eintrittsgelder zu Veranstaltungen im Rahmen eines steuerpflichtigen wirtschaftlichen Geschäftsbetriebes verbilligt worden sind, wird dies zukünftig ggf. durch § 20 Abs. 1 Nr. 10b EStG korrigiert werden, Daneben kommt eine Besteuerung des Vereinsmitglieds selbst nicht in Betracht.

ff) § 20 Abs. 1 Nr. 10a EStG

Einführung

Durch § 20 Abs. 1 Nr. 10a EStG hat der Gesetzgeber einen speziellen Einkünftetatbestand für die rechtlich selbständigen Betriebe gewerblicher Art geschaffen. Im Unterschied zu der Regelung des § 20 Abs. 1 Nr. 10b EStG verwenden die Betriebe gewerblicher Art juristischer Personen des öffentlichen Rechts mit eigener Rechtspersönlichkeit ihren Gewinn dadurch, dass sie bestimmte Gewinnabführungen beispielsweise in der Form von Zahlungen an den Gewährträger, an eine andere juristische Person des öffentlichen Rechts, durchführen, während Betriebe gewerblicher Art, die rechtlich unselbständig in eine juristische Person des öffentlichen Rechts eingegliedert sind, keine Gewinnabführung an eine andere Person vornehmen. Dieser Unterschied, der zwar öffentlich-rechtlich bedeutsam ist, aufgrund der steuerrechtlichen Fiktion einer Selbständigkeit eines Betriebes gewerblicher Art aber eher von untergeordneter Bedeutung bleibt, hat den Gesetzgeber veranlasst, den besonderen Einkommensteuertatbestand des § 20 Abs. 1 Nr. 10a EStG zu schaffen.

A. XII. Änderung § 20 EStG

Verhältnis zu anderen Vorschriften

Die Einkünfte aus § 20 Abs. 1 Nr. 10a EStG unterliegen nicht dem sog. Halbeinkünfteverfahren. Sie sind daher in voller Höhe zu versteuern. Allerdings wird der Empfänger der Leistungen nach § 20 Abs. 1 Nr. 10a EStG in aller Regel mit diesen Einkünften nur der beschränkten Steuerpflicht nach § 2 Nr. 2 KStG unterliegen. Nach dieser Vorschrift sind sonstige Körperschaften, Personen, Vereinigungen und Vermögensmassen, die nicht unbeschränkt steuerpflichtig sind, insbesondere die juristischen Personen des öffentlichen Rechts außerhalb eines Betriebes gewerblicher Art, nur mit den inländischen Einkünften beschränkt körperschaftsteuerpflichtig, von denen ein Steuerabzug vorzunehmen ist. In den §§ 43, 43a EStG ist für die Leistungen im Sinne des § 20 Abs. 1 Nr. 10a EStG eine Kapitalertragsteuerpflicht in Höhe von 10 vom Hundert angeordnet. Diese Kapitalertragsteuerpflicht, die von dem die Leistung erbringenden Betrieb gewerblicher Art für Rechnung des Leistungsempfängers vorzunehmen ist, wirkt nach § 32 Abs. 1 Nr. 2 KStG n.F. (bislang § 50 Abs. 1 Nr. 2 KStG) abgeltend. Der Kapitalertragsteuersatz von 10 vom Hundert ist deswegen gewählt worden, weil die empfangende Körperschaft des öffentlichen Rechts bislang stets die Erstattung der Hälfte der Kapitalertragsteuer beantragen konnte. Dieses Erstattungsverfahren ist im Zuge der Gesetzesreform eingespart worden. Gemeinnützige Körperschaften und Stiftungen des öffentlichen Rechts, die gemeinnützige oder mildtätige Zwecke verfolgen, sowie die Kirchen können entsprechende Leistungen steuerfrei empfangen. Von dem Kapitalertragsteuerabzug ist Abstand zu nehmen bzw. die dennoch einbehaltene Kapitalertragsteuer ist unter den Voraussetzungen der §§ 44a Abs. 7, 44c Abs. 1 EStG zu erstatten. Die Leistungen eines Betriebes gewerblicher Art führen gewöhnlich zu Einkünften aus Gewerbebetrieb. Durch § 20 Abs. 1 Nr. 10a EStG wollte der Gesetzgeber an diesem Tatbestand nichts ändern, trotz des viel zu weit und unglücklich gefassten Wortlautes dieser Vorschrift. „Leistungen" im Sinne des § 20 Abs. 1 Nr. 10a EStG müssen daher als Quasi-Gewinnausschüttungen angesehen werden, durch die eine andere Person als der Betrieb gewerblicher Art von dem von diesem erwirtschafteten Gewinn profitiert. In erster Linie sind damit die Zahlungen an die Gewährträger der Sparkassen gemeint, die von den Sparkassen selbst aufgrund des § 10 Nr. 1 KStG oder des § 8 Abs. 3 KStG nicht gewinnmindernd bei dem Betrieb gewerblicher Art berücksichtigt werden konnten. Entsprechende Leistungen, die nicht gewinnmindernd abgezogen werden konnten, stellen sich als Gewinnverwendung dar, die neben der Körperschaft- und ggf. Gewerbesteuerpflicht zukünftig zusätzlich zu einer Kapitalertragsteuerbelastung von 10 vom Hundert führen, wenn der Leistungsempfänger die Zahlung trägt.

Leistungen

Der Begriff der Leistungen ist, wie soeben ausgeführt, einschränkend dahin auszulegen, dass es letztlich um offene oder verdeckte Gewinnverwendungen durch den rechtlich selbständigen Betrieb gewerblicher Art geht. Keine Leistungen sind dagegen Tätigkeiten des Betriebes gewerblicher Art, die bei diesen zu Einkünften aus Gewerbebetrieb führen. Nur Leistungen, die sich als Vermögensübertragungen an eine Körperschaft des öffentlichen Rechts im Rahmen einer Gewinnverwendung darstellen, weil ihnen keine konkrete Gegenleistung zugrundeliegt, sollen unter den Tatbestand des § 20 Abs. 1 Nr. 10a EStG fallen. Die Vorschrift ist aufgrund ihres systematischen Zusammenhanges von den Leistungen des Betriebes gewerblicher Art, die zu Einkünften aus Gewerbebetrieb führen, abzugrenzen. Durch die Verwendung des Begriffs „Leistungen" hat der Gesetzgeber deutlich gemacht, dass die Art der Zuwendung unerheblich ist. Leistungen können daher sowohl in Geld als auch durch Dienstleistungen oder Nutzungsüberlassungen vorgenommen werden. Sie können offen oder verdeckt erfolgen, wenn der Leistung des Betriebes gewerblicher Art keine angemessene Gegenleistung gegenübersteht. Soweit die Leistungen nicht in Geld bestehen, sind sie gemäß § 8 Abs. 2 EStG zu bewerten. Wesentlich ist stets, dass die entsprechenden Leistungen Gewinnverwendungen des Betriebes gewerblicher Art darstellen. Die bisherige Rechtsprechung zu den verdeckten Gewinnausschüttungen bei Betrieben gewerblicher Art kann dabei fruchtbar gemacht werden.

Nicht von der Körperschaftsteuer befreiter Betrieb gewerblicher Art mit eigener Rechtspersönlichkeit

In § 4 Abs. 2 KStG ist festgelegt, dass ein Betrieb gewerblicher Art auch dann unbeschränkt steuerpflichtig ist, wenn er selbst eine juristische Person des öffentlichen Rechts ist. § 4 Abs.2 KStG ist an sich eine Vorschrift, die allein der Klarstellung dient und überflüssig ist (vgl. Streck, § 4 KStG Anm. 17). Beispiele für rechtlich selbständige Betriebe gewerblicher Art sind insbesondere die öffentlich-rechtlichen Versicherungsanstalten, falls es sich dabei nicht um Hoheitsbetriebe handeln sollte, und die Sparkassen. Daneben gibt es auch Stiftungen des öffentlichen Rechts, die Betriebe gewerblicher Art unterhalten. Derartige Stiftungen des öffentlichen Rechts sind aber oftmals von der Körperschaftsteuer befreit, da sie gemeinnützige oder mildtätige Zwecke verfolgen. Leistungen derartiger Stiftungen fallen nicht unter § 20 Abs. 1 Nr. 10a EStG.

gg) § 20 Abs. 1 Nr. 10b EStG

Einführung

In § 20 Abs. 1 Nr. 10b EStG ist bestimmt, dass zu den Einkünften aus Kapitalvermögen auch der durch Betriebsvermögensvergleich ermittelte Gewinn eines nicht von der Körperschaftsteuer befreiten Betriebs gewerblicher Art gehört, soweit er nicht den Rücklagen zugeführt wird. Entsprechendes gilt bei wirtschaftlichen Geschäftsbetrieben der von der Körperschaftsteuer befreiten Körperschaften.

Damit müssen drei Voraussetzungen vorliegen, damit diese zusätzliche Einkommensteuerpflicht eingreift:

– Der Gewinn des Betriebes gewerblicher Art oder der Gewinn des wirtschaftlichen Geschäftsbetriebes muss durch Betriebsvermögensvergleich ermittelt werden;
– der Gewinn darf nicht den Rücklagen zugeführt worden sein;
– Träger des wirtschaftlichen Geschäftsbetriebes oder Betriebes gewerblicher Art darf wiederum nicht eine gemeinnützige Körperschaft oder eine Stiftung des öffentlichen Rechts, die ausschließlich gemeinnützigen oder mildtätigen Zwecken dient, oder eine juristische Person des öffentlichen Rechts, die kirchlichen Zwecken dient, sein, weil ansonsten nach § 44a Abs. 7 EStG von dem Kapitalertragsteuerabzug wiederum Abstand genommen werden kann. Im Regelfall wird die aufgrund des § 20 Abs. 1 Nr. 10b EStG entstehende Einkommensteuerpflicht durch den Kapitalertragsteuerabzug, soweit er greift, abgegolten werden.

Verhältnis zu anderen Vorschriften

Einkünfte nach § 20 Abs. 1 Nr. 10b EStG unterliegen nicht dem Halbeinkünfteverfahren. Die Steuererhebung erfolgt in der Regel durch den Kapitalertragsteuerabzug, der in den §§ 43, 43a EStG zu einem Kapitalertragsteuersatz von 10 vom Hundert angeordnet ist. Allerdings lässt sich die Abgeltungswirkung des Kapitalertragsteuerabzuges nicht aus dem Gesetzeswortlaut begründen (vgl. schon weiter oben). In § 43b Abs. 5 EStG ist geregelt, dass die Kapitalertragsteuer im Zeitpunkt der Bilanzerstellung, spätestens aber 8 Monate nach Ablauf des maßgebenden Wirtschaftsjahres, entsteht. In den Fällen, in denen die Steuerpflicht an die Auflösung von Rücklagen anknüpft, entsteht die Steuerpflicht am Tag der Beschlussfassung über die Gewinnverwendung. Durch die Regelung des § 20 Abs. 1 Nr. 10b EStG werden im wesentlichen die folgenden drei Fallgruppen getroffen werden:

– Der Gewinn eines nicht steuerbefreiten Betriebes gewerblicher Art wird neben der Körperschaftsteuerpflicht von 25 vom Hundert zusätzlich dem Kapitalertragsteuerabzug von 10 vom Hundert unterworfen. Die Körperschaft des öffentlichen Rechts, deren unselbständiger Teil der Betrieb gewerblicher Art ist, wird den von dem Betrieb erzielten Gewinn regelmäßig für ihre eigenen Zwecke verwenden. Die Körperschaft des öffentlichen Rechts ist aufgrund der Bestimmung des § 2 Nr. 2 KStG mit dem nach § 20 Abs. 1 Nr. 10b EStG steuerpflichtigen Gewinn beschränkt steuerpflichtig. Diese Steuerpflicht wird aufgrund des § 32 Abs. 1 Nr. 2 KStG (§ 50 Abs. 1 Nr. 2 KStG a.F.) durch den Kapitalertragsteuereinbehalt abgegolten sein.

– Die zweite große Fallgruppe des § 20 Abs. 1 Nr. 10b EStG betrifft die gemeinnützigen Körperschaften, die nach § 5 Abs. 1 Nr. 9 KStG steuerbefreit sind. Soweit diese gemeinnützigen Körperschaften einen wirtschaftlichen Geschäftsbetrieb unterhalten, greift an sich die Pflicht zum Einbehalt von Kapitalertragsteuer nach § 20 Abs. 1 Nr. 10b EStG. Von dieser Pflicht kann aber bei gemeinnützigen Körperschaften aufgrund des § 44a Abs. 7 EStG Abstand genommen werden bzw. nach § 44c Abs. 1 EStG kann eine gemeinnützige Körperschaft wiederum Erstattung der Kapitalertragsteuer beantragen.

– Die dritte große Fallgruppe des § 20 Abs. 1 Nr. 10b EStG bezieht sich auf Berufsverbände, die steuerpflichtige wirtschaftliche Geschäftsbetriebe unterhalten. Derartige Berufsverbände müssen auf die Gewinne des wirtschaftlichen Geschäftsbetriebes zusätzlich Kapitalertagsteuer entrichten. Durch den Kapitalertragsteuerabzug ist die zusätzliche Steuerpflicht wegen § 5 Abs. 2 Nr. 1 KStG abgegolten.

Durch Betriebsvermögensvergleich ermittelter Gewinn

Die Steuerpflicht nach § 20 Abs. 1 Nr. 10b EStG greift nur, wenn der Gewinn des Betriebes gewerblicher Art oder des wirtschaftlichen Geschäftsbetriebes durch Betriebsvermögensvergleich ermittelt wird. In § 140 AO ist geregelt, unter welchen Voraussetzungen Körperschaften, die nicht schon nach den Vorschriften des HGB zur Buchführung verpflichtet sind, den Gewinn durch Betriebsvermögensvergleich ermitteln müssen. Wesentliche Voraussetzung ist zum einen, dass entweder Umsätze von mehr als DM 500.000 im Kalenderjahr oder ein Gewinn aus Gewerbebetrieb von mehr als DM 48.000 im Wirtschaftsjahr erzielt werden. Auch dann greift die Verpflichtung zur Gewinnermittlung durch Betriebsvermögensvergleich erst dann ein,

A. XII. Änderung § 20 EStG

wenn die Finanzbehörde nach § 141 Abs. 2 AO auf den Beginn dieser Verpflichtung hingewiesen hat. Für Betriebe gewerblicher Art ist insbesondere zu berücksichtigen, dass sich die Buchführungspflicht der Gemeinden für ihre Betriebe gewerblicher Art regelmäßig nach den jeweiligen landesrechtlichen Bestimmungen richtet. Für die sog. Eigenbetriebe ist dabei vorgesehen, dass diese entsprechend den Vorschriften des HGB den Gewinn nach Betriebsvermögensvergleich ermitteln sollen (vgl. dazu OFD Magdeburg, Vfg. v. 23.02.1998, BB 1998, 101). Unselbständige Einrichtungen, die keine Eigenbetriebe, aber Betriebe gewerblicher Art sind, müssen in der Regel nach den jeweiligen Landesvorschriften keine Bücher nach HGB führen, so dass in diesen Fällen vielfach der Gewinn durch eine Einnahmen-Ausgaben-Überschussrechnung ermittelt wird, ohne dass § 20 Abs. 1 Nr. 10b EStG eingreift.

Nicht von der Körperschaftsteuer befreiter Betrieb gewerblicher Art

Die Steuerpflicht nach § 20 Abs. 1 Nr. 10b EStG greift nur, sofern der Betrieb gewerblicher Art nicht, beispielsweise aufgrund der Gemeinnützigkeit als sog. Zweckbetrieb, von der Körperschaftsteuer befreit ist. Dasselbe gilt für die wirtschaftlichen Geschäftsbetriebe gemeinnütziger Körperschaften. Soweit die Voraussetzungen der §§ 65 ff. AO vorliegen, kommt es selbstverständlich nicht zur Steuerpflicht nach § 20 Abs. 1 Nr. 10b EStG.

Gewinn, soweit er nicht den Rücklagen zugeführt wird

Die Problematik des § 20 Abs. 1 Nr. 10b EStG besteht darin, was unter dem Gewinn im Sinne dieser Vorschrift, der Bemessungsgrundlage für den Kapitalertragsteuerabzug ist, zu verstehen ist. § 20 Abs. 1 Nr. 10b EStG muss aus systematischen Gründen in Abgrenzung zur Steuerpflicht des wirtschaftlichen Geschäftsbetriebes oder Betriebes gewerblicher Art selbst ausgelegt werden. Ein Betrieb gewerblicher Art oder ein steuerpflichtiger wirtschaftlicher Geschäftsbetrieb einer an sich steuerbefreiten Körperschaft wird regelmäßig mit Gewinnen, die als Einkünfte aus Gewerbebetrieb qualifiziert werden, besteuert. Wenn § 20 Abs. 1 Nr. 10b EStG nunmehr die Gewinne eines wirtschaftlichen Geschäftsbetriebes oder eines Betriebes gewerblicher Art zu Einkünften aus Kapitalvermögen erklärt, kann damit nur gemeint sein, dass die vom Betrieb gewerblicher Art oder wirtschaftlichen Geschäftsbetrieb für Zwecke außerhalb des Betriebes verwendeten Gewinne als Bemessungsgrundlage für den Kapitalertragsteuerabzug gelten sollen. Soweit der Gewinn durch Ausgaben des Betriebes gewerblicher Art oder des wirtschaftlichen Geschäftsbetriebes gemindert wird und damit eine Gewinnverwendung durch die Trägerkörperschaft nicht möglich ist, geht er nicht in die Bemessungsgrundlage für die Kapitalertragsteuer ein. Unerheblich ist in diesem Zusammenhang, ob die entsprechenden Ausgaben beim Betrieb gewerblicher Art oder wirtschaftlichen Geschäftsbetrieb selbst steuerlich abzugsfähig sind. Damit ergibt sich durch Auslegung, dass § 20 Abs. 1 Nr. 10b EStG den Gewinn nach Abzug der vom Betrieb gewerblicher Art bzw. wirtschaftlichen Geschäftsbetrieb geschuldeten Körperschaft- und Gewerbesteuer meint. Auch sonstige steuerlich nicht abzugsfähige Betriebsausgaben des Betriebes gewerblicher Art oder des wirtschaftlichen Geschäftsbetriebes mindern den der Kapitalertragsteuer unterliegenden Gewinn.

Soweit er nicht den Rücklagen zugeführt wird

Zunächst erfasst § 20 Abs. 1 Nr. 10b EStG zwar den nach Betriebsvermögensvergleich ermittelten Gewinn, eine wesentliche Einschränkung wird aber dadurch gemacht, dass Gewinn, der den Rücklagen des Betriebes gewerblicher Art oder wirtschaftlichen Geschäftsbetriebes zugeführt wird, nicht als von der Trägerkörperschaft verwendet gilt. Auch durch die Regelung in § 44 Abs. 6 EStG wird deutlich, dass die zusätzliche Kapitalertragsteuerpflicht nur die endgültig außerhalb des Betriebes gewerblicher Art oder des wirtschaftlichen Geschäftsbetriebes verwendeten Gewinne erfasst. Betriebe gewerblicher Art oder wirtschaftliche Geschäftsbetriebe sind unselbständige Teile ihrer Träger-körperschaft. Die in dem Betrieb gewerblicher Art oder dem wirtschaftlichen Geschäftsbetrieb erwirtschafteten Mittel werden vielfach unterjährig für den steuerbefreiten Bereich eingesetzt, da derartige Körperschaften für die nur steuerlich verselbständigten Untereinheiten nicht zwingend eigene Konten führen. Eine Kapitalertragsteuerpflicht wird durch den unterjährigen Einsatz bei der Körperschaft des öffentlichen Rechts oder der steuerbefreiten Trägerkörperschaft nicht ausgelöst. Die Kapitalertragsteuer entsteht erst, wenn aufgrund der Bilanzerstellung feststeht, dass der im Betrieb gewerblicher Art erwirtschaftete Gewinn endgültig entnommen wird und der juristischen Person des öffentlichen Rechts zugeführt wird. Da eine Rücklagenbildung stets nur im Rahmen der Feststellung der Bilanz vorgenommen werden wird, kommt es auf die unterjährige Mittelverwendung nicht an, sondern auf den Beschluss über die Rücklagenbildung im Rahmen der Bilanzfeststellung. Dementsprechend kann auch Liquiditätsbedarf der Körperschaft des öffentlichen Rechts durch Darlehen des Betriebes gewerblicher Art an die Körperschaft des öffentlichen Rechts gedeckt werden. Abschn. 28 Abs. 2 KStR bestimmt ausdrücklich, dass der Betrieb gewerblicher Art mit der juristischen Person des öffentlichen Rechts Vereinbarungen über

A. XII. Änderung § 20 EStG

verzinsliche Darlehen treffen kann, sofern diese Vereinbarungen eindeutig sind und nur für die Zukunft getroffen werden. Eine Auflösung von Rücklagen erfordert einen eindeutigen Beschluss, im Betrieb gewerblicher Art erwirtschaftete Mittel endgültig nicht mehr zur Stärkung der Kapitalbasis dieses Betriebes einzusetzen. Allerdings lässt § 20 Abs. 1 Nr. 10b EStG die Möglichkeit offen, dass der Betrieb gewerblicher Art verdeckt Gewinne der Trägerkörperschaft zuwendet. Auch die verdeckte Gewinnzuwendung löst eine Kapitalertragsteuerpflicht aus, sofern es sich nicht um unterjährige Gewinnverschiebungen handelt, sondern eine endgültige Vermögensübertragung auf die Trägerkörperschaft gegeben ist.

Die Auflösung der Rücklagen zu Zwecken außerhalb des Betriebes gewerblicher Art führt zu einem Gewinn

Wie dargelegt knüpft der Einkommensteuertatbestand des § 20 Abs. 1 Nr. 10b EStG an die endgültige Gewinnabführung an die Trägerkörperschaft an. Viele Betriebe gewerblicher Art verfügen gegenwärtig schon über erhebliche Rücklagen, die aus versteuertem Einkommen gebildet worden sind. Nach dem Wortlaut des § 20 Abs. 1 Nr. 10b Satz 2 EStG führt auch die Auflösung derartiger Rücklagen zu einer Kapitalertragsteuerpflicht. Damit käme es aber zu einer Überbesteuerung, weil diese Rücklagen erst nach einer Belastung mit Steuern in Höhe von 40 vom Hundert gebildet worden sind. § 20 Abs. 1 Nr. 10b Satz 2 EStG ist daher einschränkend dahin auszulegen, dass damit nur die Auflösung von Rücklagen gemeint ist, die erst unter dem Regime des neuen Körperschaftsteuerrechtes mit einem Körperschaftsteuersatz von 25 vom Hundert gebildet worden sind. Die vor 2001 gebildeten Rücklagen können dagegen ohne das Entstehen einer zusätzlichen Kapitalertragsteuerpflicht an die Trägerkörperschaft abgeführt werden.

Ebenso ist die Vorschrift viel zu weit für diejenige Fälle gefasst, in denen die bestehenden Rücklagen eines Betriebes gewerblicher Art durch Einlagen der Trägerkörperschaft gespeist worden sind. Nach der Systematik des Steuerrechtes darf die Auflösung derartiger Rücklagen gleichfalls nicht der Kapitalertragsteuer unterliegen. Die Vorschrift sollte in diesen Punkten klarstellend nachgebessert werden.

Entsprechende Geltung für wirtschaftliche Geschäftsbetriebe der von der Körperschaftsteuer befreiten Körperschaften, Personenvereinigungen oder Vermögensmassen

Da, wie oben ausgeführt, gemeinnützige Körperschaften vom Kapitalertragsteuerabzug Abstand nehmen können, trifft die zusätzliche Kapitalertragsteuerpflicht insbesondere die wirtschaftlichen Geschäftsbetriebe der nach § 5 Abs. 1 Nr. 5 KStG steuerbefreiten Berufsverbände und anderer steuerbefreiter nicht gemeinnütziger Körperschaften. Die Vorschrift erfasst nach ihrem eindeutigen Wortlaut nicht die bei einem Verein oder einer Stiftung entstehenden Gewinne eines wirtschaftlichen Geschäftsbetriebes, sofern die Körperschaft die Steuerbefreiung wegen Gemeinnützigkeit verlieren sollte. In diesen Fällen kommt es nicht zum Heraufschleusen der Steuerpflicht. Auch unterliegen die Gewinne aus Gewerbebetrieb einer Stiftung oder eines Vereins sowie die Einkünfte derartiger Einrichtungen aus Kapitalvermögen nur dem Körperschaftsteuersatz von 25 vom Hundert Eine zusätzliche Kapitalertragsteuer kommt nach § 20 Abs. 1 Nr. 9 bzw. § 22 EStG nur dann zum Tragen, wenn Leistungen an Destinatäre erbracht werden. Ohne diese Voraussetzung bleibt es bei einem Steuersatz von 25 vom Hundert.

hh) § 20 Abs. 2 a Satz 1

Da § 20 Abs. 1 Nr. 3 EStG gestrichen worden ist, musste § 20 Abs. 2a Satz 1 EStG entsprechend redaktionell angepasst werden.

c) Erstmalige Anwendung

Nach § 52 Abs. 36 EStG ist § 20 Abs. 1 bis 3 EStG in der Fassung des Gesetzes v. 24. März 1999 letztmals anzuwenden für Ausschüttungen, für die ein Körperschaftsteueranrechnungsguthaben gewährt wird, d.h. also für Ausschüttungen, die im Jahr 2001 für 2000 vorgenommen werden, sofern das Wirtschaftsjahr der ausschüttenden Gesellschaft dem Kalenderjahr entspricht und es sich um eine ordentliche Gewinnausschüttung handelt. Die Neufassung des Gesetzes findet somit im Regelfall erstmals in 2002 Anwendung. Bei Vorabausschüttungen oder verdeckten Gewinnausschüttungen gilt die Neuregelung allerdings bereits in 2001. Zu weiteren Einzelheiten Hinweis auf die Erläuterungen zu § 34 KStG.

§ 20 Abs. 1 Nr. 9 KStG ist erstmals auf Einnahmen anzuwenden, die nach Ablauf des ersten Wirtschaftsjahres der betroffenen Körperschaft erzielt werden, für das das neue Körperschaftsteuerrecht anzuwenden ist. Das Körperschaftsteuergesetz ist erstmals im Jahr 2001 anzuwenden, bei abweichendem Wirtschaftsjahr erstmals für den Veranlagungszeitraum 2002, wenn das erste im Veranlagungszeitraum 2001 endende Wirtschaftsjahr vor dem 01. Januar 2001 beginnt. Werden derartige Leistungen, die eigentlich den verdeckten Gewinnausschüttungen bei Kapitalgesellschaften ähnlich sind, in 2001 vorgenommen, findet merkwürdigerweise nur der Körperschaftsteuersatz von 25 vom Hundert Anwendung, ohne dass es zu einer zusätzlichen Kapitalertragsteuerpflicht kommt. § 20 Abs. 1 Nr. 10 Buchstabe a und Buchstabe b sind nach § 52 Abs. 37a EStG im Regelfall erstmals auf Gewinne anzuwenden, die nach Ablauf des ersten Wirtschaftsjahres des Betriebes gewerblicher Art oder des wirtschaftlichen Geschäftsbetriebes im Jahr 2001 erzielt werden, d.h. regelmäßig auf die Gewinne des Jahres 2002. Anscheinend hatte der Gesetzgeber die Vorstellung, die Gewinne des Jahres 2001 würden erst in 2002 auf die Körperschaft öffentlichen Rechts oder die steuerbefreite Einrichtung übertragen. Vielfach sind Betriebe gewerblicher Art oder wirtschaftliche Geschäftsbetriebe aber rechtlich unselbständiger Teil der Trägerkörperschaft, so dass laufende Gewinnentnahmen stattfinden, die nunmehr 2001 „nur" einer Steuerbelastung von 25 vom Hundert Körperschaftsteuer unterworfen werden, auch wenn der Gewinn außerhalb des betrieblichen Bereichs verwendet wird.

XIII. Änderung § 22 EStG

1. Text der Vorschrift

§ 22 Nr. 1 Satz 2 wird wie folgt gefasst:

„Werden die Bezüge freiwillig oder auf Grund einer freiwillig begründeten Rechtspflicht oder einer gesetzlich unterhaltsberechtigten Person gewährt, so sind sie nicht dem Empfänger zuzurechnen, wenn der Geber unbeschränkt einkommensteuerpflichtig oder unbeschränkt körperschaftsteuerpflichtig ist; dem Empfänger sind dagegen zuzurechnen

a) Bezüge, die von einer unbeschränkt steuerpflichtigen Körperschaft, Personenvereinigung oder Vermögensmasse außerhalb der Erfüllung steuerbegünstigter Zwecke im Sinne der §§ 52 bis 54 der Abgabenordnung gewährt werden, und

b) Bezüge im Sinne des § 1 der Verordnung über die Steuerbegünstigung von Stiftungen, die an die Stelle von Familienfideikommissen getreten sind, in der im Bundesgesetzblatt Teil III, Gliederungsnummer 611-4-3, veröffentlichten bereinigten Fassung."

2. Materialien

Gesetzentwurf der Bundesregierung

§ 22 Nr. 1 Satz 2 wird wie folgt gefasst:

„Werden die Bezüge freiwillig oder auf Grund einer freiwillig begründeten Rechtspflicht oder einer gesetzlich unterhaltsberechtigten Person gewährt, so sind sie nicht dem Empfänger zuzurechnen, wenn der Geber unbeschränkt einkommensteuerpflichtig oder unbeschränkt körperschaftsteuerpflichtig ist; dem Empfänger sind dagegen zuzurechnen

a) Bezüge, die von einer unbeschränkt steuerpflichtigen Körperschaft, Personenvereinigung oder Vermögensmasse außerhalb der Erfüllung steuerbegünstigter Zwecke im Sinne der §§ 52 bis 54 der Abgabenordnung gewährt werden, und

b) Bezüge im Sinne des § 1 der Verordnung über die Steuerbegünstigung von Stiftungen, die an die Stelle von Familienfideikommissen getreten sind, in der im Bundesgesetzblatt Teil III, Gliederungsnummer 611-4-3, veröffentlichten bereinigten Fassung,

soweit die Bezüge von einer nicht von der Körperschaftsteuer befreiten Körperschaft, Personenvereinigung oder Vermögensmasse stammen, sind sie zur Hälfte anzusetzen; § 3c Abs. 2 ist entsprechend anzuwenden."

Begründung zum Gesetzentwurf der Bundesregierung

Nach geltender Rechtslage sind Bezüge, die von einer von der Körperschaftsteuer befreiten Körperschaft, Personenvereinigung oder Vermögensmasse im Sinne des § 1 KStG (insbesondere einer Stiftung) gewährt werden, beim Empfänger in vollem Umfang steuerpflichtig. Beim Leistenden unterliegen die Bezüge – infolge dessen Steuerbefreiung – keiner steuerlichen Vorbelastung.

Ist die Körperschaft, Personenvereinigung oder Vermögensmasse im Sinne des § 1 KStG dagegen nicht von der Körperschaftsteuer befreit, sind die Bezüge beim Empfänger nicht steuerpflichtig. Der Leistende kann sie nach § 10 KStG nicht aufwandswirksam abziehen. In diesem Fall ergibt sich eine Steuerbelastung in Höhe des Steuersatzes des Leistenden (bisher 40 %).

Nach der Unternehmenssteuerreform beträgt die Körperschaftsteuerbelastung bei nicht steuerbefreiten Körperschaften, Personenvereini-

A. XIII. Änderung § 22 EStG

gungen oder Vermögensmassen im Sinne des § 1 KStG nur noch 25%. Würden die Bezüge beim Empfänger wie bisher nicht besteuert, ergäbe sich auch im Vergleich zu Leistungen einer steuerbefreiten Körperschaft, Personenvereinigung oder Vermögensmasse insgesamt eine ungerechtfertigte Begünstigung.

Die Änderung erfasst künftig Bezüge, die von nicht steuerbefreiten Körperschaften, Personenvereinigungen oder Vermögensmassen im Sinne des § 1 KStG stammen, auf der Ebene des Empfängers nach den Grundsätzen des Halbeinkünfteverfahrens zur Hälfte. Unter Berücksichtigung der (Vor-)Belastung auf der Ebene des Leistenden (mit 25 % Körperschaftsteuer) wird so eine Einmalbelastung erreicht.

Beschlussempfehlung des Finanzausschusses

§ 22 wird wie folgt geändert:

a) Nummer 1 Satz 2 wird wie folgt gefasst:

„Werden die Bezüge freiwillig oder auf Grund einer freiwillig begründeten Rechtspflicht oder einer gesetzlich unterhaltsberechtigten Person gewährt, so sind sie nicht dem Empfänger zuzurechnen, wenn der Geber unbeschränkt einkommensteuerpflichtig oder unbeschränkt körperschaftsteuerpflichtig ist; dem Empfänger sind dagegen zuzurechnen

  a) Bezüge, die von einer unbeschränkt steuerpflichtigen Körperschaft, Personenvereinigung oder Vermögensmasse außerhalb der Erfüllung steuerbegünstigter Zwecke im Sinne der §§ 52 bis 54 der Abgabenordnung gewährt werden, und

  b) Bezüge im Sinne des § 1 der Verordnung über die Steuerbegünstigung von Stiftungen, die an die Stelle von Familienfideikommissen getreten sind, in der im Bundesgesetzblatt Teil III, Gliederungsnummer 611-4-3, veröffentlichten bereinigten Fassung."

b) In Nummer 3 Satz 1 werden dem Wort „Gegenstände" folgende Wörter angefügt:

„oder Einkünfte aus der Überlassung beweglicher Wirtschaftsgüter im Sinne des § 4a Abs. 2 des Körperschaftsteuergesetzes"

Begründung des Finanzausschusses

Zu Buchstabe b (Nummer 3)

Die Ergänzung stellt klar, dass Entgelte, die der Optionsbetrieb im Sinne des § 4a KStG für die Überlassung beweglicher Wirtschaftsgüter zahlen muss, beim Empfänger nach den Grundsätzen des § 22 Nummer 3 EStG steuerpflichtig sind.

Beschlussempfehlung des Vermittlungsausschusses

§ 22 wird wie folgt geändert:

„§ 22 Nr. 1 Satz 2 wird wie folgt gefasst:

"Werden die Bezüge freiwillig oder auf Grund einer freiwillig begründeten Rechtspflicht oder einer gesetzlich unterhaltsberechtigten Person gewährt, so sind sie nicht dem Empfänger zuzurechnen, wenn der Geber unbeschränkt einkommensteuerpflichtig oder unbeschränkt körperschaftsteuerpflichtig ist; dem Empfänger sind dagegen zuzurechnen

a) Bezüge, die von einer unbeschränkt steuerpflichtigen Körperschaft, Personenvereinigung oder Vermögensmasse außerhalb der Erfüllung steuerbegünstigter Zwecke im Sinne der §§ 52 bis 54 der Abgabenordnung gewährt werden, und

b) Bezüge im Sinne des § 1 der Verordnung über die Steuerbegünstigung von Stiftungen, die an die Stelle von Familienfideikommissen getreten sind, in der im Bundesgesetzblatt Teil III, Gliederungsnummer 611-4-3, veröffentlichten bereinigten Fassung." '

Begründung des Vermittlungsausschusses

Änderung wegen Wegfall der Option.

3. Erläuterungen

Verfasser: Stephan Schauhoff

a) **Zweck und Inhalt**

Durch die Vorschrift wird insbesondere die Besteuerung der Destinatäre von Stiftungen und Familienvereinen geregelt. Dabei erfasst die Vorschrift zukünftig nicht nur Zuwendungen von gemeinnützigen

A. XIII. Änderung § 22 EStG

Stiftungen an die Stifter oder dessen nächste Angehörige entsprechend § 58 Nr. 5 AO, sondern auch Zuwendungen von Familienstiftungen an ihre Destinatäre. Familienstiftungen werden in gleicher Weise wie natürliche Personen besteuert. Regelmäßig erzielen sie überwiegend Einkünfte aus Kapitalvermögen oder aus Vermietung und Verpachtung. Gewerbesteuer fällt häufig nicht an. Es bleibt bei der Familienstiftung bei der Besteuerung auf der Ebene der Stiftung mit 25 vom Hundert Körperschaftsteuer. Dividendenausschüttungen können nach § 8b Abs. 1 KStG steuerfrei vereinnahmt werden. Schüttet die Familienstiftung nunmehr den gesamten von ihr erzielten Gewinn an ihre Destinatäre aus, so wird der Destinatär so behandelt, als ob er eine Gewinnausschüttung von einer Kapitalgesellschaft erhielte, d.h. er versteuert die Bezüge aufgrund des § 3 Nr. 40i EStG zur Hälfte. Insofern ist das System stimmig. Schlechter gestellt sind Destinatäre von Familienstiftungen in Zukunft allerdings dadurch, dass Veräußerungsgewinne einer Familienstiftung bislang vielfach vollkommen steuerfrei blieben, weil Veräußerungsgewinne außerhalb der Spekulationsfrist bei der Familienstiftung nicht der Besteuerung unterliegen. Durch die Einführung einer zusätzlichen Steuerpflicht auf der Ebene der Destinatäre kommt es dazu, dass die an sich nicht steuerbaren Veräußerungsgewinne steuerpflichtig nach dem Halbeinkünfteverfahren gemacht werden. Für gemeinnützige Stiftungen sieht die Vorschrift vor, dass die Zuwendungen bei den Destinatären in voller Höhe, wie bislang, der Einkommensteuer unterliegen.

Im Zusammenhang mit § 22 Abs. 1 Satz 2a EStG ist, wie erwähnt, insbesondere § 3 Nr. 40 i EStG zu sehen, wonach Zuwendungen an Destinatäre von steuerpflichtigen Stiftungen nur zur Hälfte der Einkommensteuer unterliegen. Darüber hinaus stellt sich die Frage, wie § 22 Nr. 1 Satz 2 EStG von § 20 Abs. 1 Nr. 9 EStG abzugrenzen ist. Soweit eine freiwillige Leistung oder aufgrund einer freiwilligen Rechtspflicht beruhende Leistung einer Stiftung vorliegt, ist § 22 Nr. 1 Satz 2 EStG lex specialis zu § 20 Abs. 1 Nr. 9 EStG. Zuwendungen an die Destinatäre von Stiftungen regeln sich daher allein nach § 22 Nr. 1 Satz 2 EStG. Kapitalertragsteuer wird auf Zuwendungen an Destinatäre nicht erhoben.

Man könnte daran zweifeln, ob § 22 Nr. 1 Satz 2 EStG nach seinem Wortlaut tatsächlich Zuwendungen steuerpflichtiger Familienstiftungen dem Empfänger zurechnet, aufgrund der Entstehungsgeschichte der Vorschrift und der ausdrücklichen Regelung in § 3 Nr. 40i EStG ist davon aber auszugehen. Außerhalb der Erfüllung steuerbegünstigter Zwecke werden Zuwendungen durch gemeinnützige Stiftungen gemacht, sofern sie aufgrund der Regelung des § 58 Nr. 5 AO an den

Stifter oder dessen nächste Angehörige vorgenommen werden (vgl. dazu Schauhoff DB 1996,193).

b) Erstmalige Anwendung

Nach § 52 Abs. 38 EStG ist § 22 Nr. 1 Satz 2 EStG erstmals auf Bezüge anzuwenden, die 2001 zufließen, sofern Wirtschaftsjahr und Kalenderjahr der zuwendenden Stiftung übereinstimmen. Bei abweichendem Wirtschaftsjahr werden Zuwendungen erfasst, die nach Ende des Wirtschaftsjahres 2000/2001 gezahlt werden. Das Halbeinkünfteverfahren erfasst ggf. aber erst später zufließende Bezüge, die in 2002 für das Wirtschaftsjahr 2001 gezahlt werden. Damit kann es 2001 bei Leistungen steuerpflichtiger Familienstiftungen an ihre Destinatäre zu einer Doppelbesteuerung kommen, da zwar schon der Körperschaftsteuersatz von 25 vom Hundert gilt, der Destinatär auf seine Bezüge aber die volle Einkommensteuer zu entrichten hat.

XIV. Änderung § 32 EStG

1. Text der Vorschrift

In § 32 Abs. 4 Satz 2 wird die Zahl „13 500" durch die Zahl „14 040" ersetzt.

2. Materialien

Gesetzentwurf der Bundesregierung

In § 32 Abs. 4 Satz 2 wird die Zahl „13 500" durch die Zahl „14 040" ersetzt.

Begründung zum Gesetzentwurf der Bundesregierung

Folgeänderung aus der Anhebung des Existenzminimums ab 2001.

Beschlussempfehlung/Begründung des Finanzausschusses

– keine Änderung/Bemerkung –

Beschlussempfehlung/Begründung des Vermittlungsausschusses

– keine Änderung/Bemerkung –

XV. Änderung § 32a EStG

1. Text der Vorschrift

§ 32a wird wie folgt geändert:

a) Absatz 1 wird wie folgt gefasst:

„(1) Die tarifliche Einkommensteuer bemisst sich nach dem zu versteuernden Einkommen. Sie beträgt vorbehaltlich der §§ 32b, 34, 34b und 34c jeweils in Deutsche Mark für zu versteuernde Einkommen

1. bis 14 093 Deutsche Mark (Grundfreibetrag): 0;
2. von 14 094 Deutsche Mark bis 18 089 Deutsche Mark: $(387{,}89 \cdot y + 1\,990) \cdot y$;
3. von 18 090 Deutsche Mark bis 107 567 Deutsche Mark: $(142{,}49 \cdot z + 2\,300) \cdot z + 857$;
4. von 107 568 Deutsche Mark an: $0{,}485 \cdot x - 19\,299$.

„y" ist ein Zehntausendstel des 14 040 Deutsche Mark übersteigenden Teils des nach Absatz 2 ermittelten zu versteuernden Einkommens. „z" ist ein Zehntausendstel des 18 036 Deutsche Mark übersteigenden Teils des nach Absatz 2 ermittelten zu versteuernden Einkommens. „x" ist das nach Absatz 2 ermittelte zu versteuernde Einkommen."

b) Absatz 2 wird wie folgt gefasst:

„(2) Das zu versteuernde Einkommen ist auf den nächsten durch 54 ohne Rest teilbaren vollen Deutsche-Mark-Betrag abzurunden, wenn es nicht bereits durch 54 ohne Rest teilbar ist, und um 27 Deutsche Mark zu erhöhen."

c) Absatz 4 wird aufgehoben.

d) Absatz 5 Satz 2 wird aufgehoben.

2. Materialien

Gesetzentwurf der Bundesregierung

§ 32a wird wie folgt geändert:

a) Absatz 1 wird wie folgt gefasst:

„(1) Die tarifliche Einkommensteuer bemisst sich nach dem zu versteuernden Einkommen. Sie beträgt vorbehaltlich der §§ 32b, 34, 34b und 34c jeweils in Deutsche Mark für zu versteuernde Einkommen

1. bis 14 093 Deutsche Mark (Grundfreibetrag): 0;
2. von 14 094 Deutsche Mark bis 18 089 Deutsche Mark: $(387{,}89 \cdot y + 1\,990) \cdot y$;
3. von 18 090 Deutsche Mark bis 107 567 Deutsche Mark: $(142{,}49 \cdot z + 2\,300) \cdot z + 857$;
4. von 107 568 Deutsche Mark an: $0{,}485 \cdot x - 19\,299$.

„y" ist ein Zehntausendstel des 14 040 Deutsche Mark übersteigenden Teils des abgerundeten zu versteuernden Einkommens. „z" ist ein Zehntausendstel des 18 036 Deutsche Mark übersteigenden Teils des abgerundeten zu versteuernden Einkommens. „x" ist das abgerundete zu versteuernde Einkommen."

b) Absatz 4 wird wie folgt gefasst:

„(4) Für zu versteuernde Einkommen bis 107 567 Deutsche Mark ergibt sich die nach den Absätzen 1 bis 3 berechnete tarifliche Einkommensteuer aus der diesem Gesetz beigefügten Anlage 2 (Einkommensteuer-Grundtabelle)."

c) Absatz 5 wird wie folgt gefasst:

„(5) Bei Ehegatten, die nach den §§ 26 und 26b zusammen zur Einkommensteuer veranlagt werden, beträgt die tarifliche Einkommensteuer vorbehaltlich der §§ 32b, 34, 34b und 34c das Zweifache des Steuerbetrags, der sich für die Hälfte ihres gemeinsam zu versteuernden Einkommens nach den Absätzen 1 bis 3 ergibt (Splitting-Verfahren). Für zu versteuernde Einkommen bis 215 135 Deutsche Mark ergibt sich die nach Satz 1 berechnete tarifliche Einkommensteuer aus der diesem Gesetz beigefügten Anlage 3 (Einkommensteuer-Splittingtabelle)."

A. XV. Änderung § 32a EStG

Begründung zum Gesetzentwurf der Bundesregierung

Der zunächst für 2002 vorgesehene Einkommensteuertarif soll durch die Änderung bereits für den Veranlagungszeitraum 2001 gelten. Der Grundfreibetrag wird von 13 499 DM auf 14 093 DM angehoben. Der Eingangssteuersatz wird von 22,9 % auf 19,9 %, der Höchstsatz bei der Einkommensteuer von 51 % auf 48,5 % abgesenkt.

Beschlussempfehlung des Finanzausschusses

§ 32a wird wie folgt geändert:

a) Absatz 1 wird wie folgt gefasst:

„(1) Die tarifliche Einkommensteuer bemisst sich nach dem zu versteuernden Einkommen. Sie beträgt vorbehaltlich der §§ 32b, 34, 34b und 34c jeweils in Deutsche Mark für zu versteuernde Einkommen

1. bis 14 093 Deutsche Mark (Grundfreibetrag): 0;
2. von 14 094 Deutsche Mark bis 18 089 Deutsche Mark: $(387{,}89 \cdot y + 1\,990) \cdot y$;
3. von 18 090 Deutsche Mark bis 107 567 Deutsche Mark: $(142{,}49 \cdot z + 2\,300) \cdot z + 857$;
4. von 107 568 Deutsche Mark an: $0{,}485 \cdot x - 19\,299$.

„y" ist ein Zehntausendstel des 14 040 Deutsche Mark übersteigenden Teils des nach Absatz 2 ermittelten zu versteuernden Einkommens. „z" ist ein Zehntausendstel des 18 036 Deutsche Mark übersteigenden Teils des nach Absatz 2 ermittelten zu versteuernden Einkommens. „x" ist das nach Absatz 2 ermittelte zu versteuernde Einkommen."

a1) Absatz 2 wird wie folgt gefasst:

„(2) Das zu versteuernde Einkommen ist auf den nächsten durch 54 ohne Rest teilbaren vollen Deutsche-Mark-Betrag abzurunden, wenn es nicht bereits durch 54 ohne Rest teilbar ist, und um 27 Deutsche Mark zu erhöhen."

b) Absatz 4 wird aufgehoben.

c) Absatz 5 Satz 2 wird aufgehoben.

Begründung des Finanzausschusses

Der bisherige Einkommensteuertarif, der noch Tarifstufen enthält, wird schrittweise in einen Einkommensteuertarif ohne Tarifstufen umgewandelt.

Der erste Schritt wird im Veranlagungszeitraum 2001 umgesetzt. Die Tarifstufen in Höhe von 54 DM werden in 2001 beibehalten. Um die Einkommensteuer, die sich bei Anwendung der Tarifformel auf ein auf die nächste Stufe abgerundetes zu versteuerndes Einkommen ergibt, an die Einkommensteuer anzunähern, die sich bei Anwendung der Tarifformel auf ein nicht auf die nächste Stufe abgerundetes zu versteuerndes Einkommen ergibt, wird die Ermittlung der Einkommensteuer vom bisherigen Untergrenzverfahren auf das Mittelwertverfahren umgestellt. Das bedeutet: Die Einkommensteuer für eine Tarifstufe (z.Z. 54 DM) wurde bisher für den untersten Wert der Tarifstufe ermittelt und wird zukünftig für den mittleren Wert dieser Tarifstufe ermittelt.

Beispiel:

Grundtarif 2002 nach diesem Gesetz:

derzeitiges Verfahren (Einkommensteuer richtet sich nach der Untergrenze):

zu versteuerndes Einkommen: 67 986 DM bis 68 039 DM

- für jedes zu versteuernde Einkommen in dieser Tarifstufe beträgt die Einkommensteuer gleichmäßig 15 900 DM; dies ist die Einkommensteuer, die sich bei Anwendung des Formeltarifs auf ein zu versteuerndes Einkommen von 67 986 DM (= ein durch 54 ohne Rest teilbaren Betrag) ergibt

- beträgt das zu versteuernde Einkommen 68 040 DM bis 68 093 DM, wird die Einkommensteuer der nächsthöheren Tarifstufe maßgebend, die sich nach der Einkommensteuer richtet, die für 68 040 DM bei Anwendung des Formeltarifs ermittelt wird

geplantes Verfahren (Einkommensteuer richtet sich nach dem Mittelwert):

zu versteuerndes Einkommen: 67 986 DM bis 68 039 DM

- für jedes zu versteuernde Einkommen in dieser Tarifstufe beträgt die Einkommensteuer gleichmäßig 15.910 DM; dies ist die Einkommensteuer, die sich bei Anwendung des Formeltarifs auf ein zu versteuerndes Einkommen von 68.013 DM

A. XV. Änderung § 32a EStG

(= ein durch 54 ohne Rest teilbarer Betrag <67.986 DM> erhöht um 27) ergibt

Auf die Einkommensteuertabellen (Grund- und Splittingtabelle) als Anlage zum Gesetz wird verzichtet. Sie werden als Konkretisierung der gesetzlichen Tarifvorschrift in § 32a EStG im Bundesanzeiger veröffentlicht werden („BMF-Tabellen" als Serviceleistung).

Beschlussempfehlung/Begründung des Vermittlungsausschusses

– keine Änderung/Bemerkung –

3. Erläuterungen

Verfasser: Oliver Hötzel

a) Zweck und Inhalt

Eine zentrale Zielsetzung der Steuerreform besteht in der nachhaltigen Absenkung der Steuersätze. Im Bereich der Körperschaftsteuer wurde diesem Ziel durch Absenkung des Körperschaftsteuersatzes von 40% auf 25% Rechnung getragen, wobei diese Absenkung nur für thesaurierte Gewinne gilt. Da die Gewinne bei Ausschüttung zusätzlich hälftig der Einkommensteuer unterworfen werden, wird sich in vielen Fällen faktisch aber eine Erhöhung der Steuerbelastung ergeben. Dies wird dadurch verstärkt, dass Beteiligungsaufwendungen künftig nur noch eingeschränkt abzugsfähig sind.

Für die übrigen Einkünfte sind die Steuersätze demgegenüber tatsächlich abgesenkt worden. Gestaffelt bis zum Jahr 2005 ist eine laufende Erhöhung des Grundfreibetrags bei gleichzeitiger Absenkung der Eingangs- und Spitzensteuersätze vorgesehen. Der deutlichste Absenkungsschritt ist für den Veranlagungszeitraum 2005 geplant (s. § 52 Abs. 41 EStG sowie das StSenkErgG), wobei in Anbetracht der sich zunehmend verkürzenden „Halbwertzeit" der Steuergesetze abzuwarten bleiben wird, ob diese Planung tatsächlich realisiert wird.

Ein Wegfall oder Abbau des Solidaritätszuschlags – in den Augen des unbefangenen Betrachters die nächstliegende Maßnahme zur Absenkung der Steuersätze – ist bislang nicht vorgesehen.

b) Einzelerläuterungen

Folgende Übersicht zeigt die verschiedenen Stufen der Steuersatzentwicklung:

	2000	2001/2002	2003/2004	2005
Grundfreibetrag	13.500	14.000	14.500	15.000
Eingangssteuersatz	22,9%	19,9%	17,0%	15,0%
Spitzensteuersatz	51,0%	48,5%	47,0%	42,0%
Beginn obere Proportionalzone	114.700	107.600	102.300	102.000

Die Übersicht zeigt, dass die Absenkung des Spitzensteuersatzes mit einer Absenkung der Grenze für die obere Proportionalzone einhergeht. Somit wird der Steuersatzvorteil partiell wieder neutralisiert. Auch hier ist – wie bereits zur Besteuerung der Gewinne einer Kapitalgesellschaft ausgeführt – der Trend zu einer primär optischen Absenkung der Steuerbelastung erkennbar.

Die teilweise erheblichen Steuersatzvorteile in allen Progressionsphasen verdeutlichen die Notwendigkeit einer Einkünfteverlagerung in zukünftige Veranlagungszeiträume. Die Vorteilhaftigkeit ist grundsätzlich im Rahmen einer Belastungssimulation zu verifizieren, wobei immer auch die Progressionswirkung sowie die zusätzliche Belastung mit dem Solidaritätszuschlag und ggf. der Kirchensteuer zu berücksichtigen sind. Als steuerlich anzuerkennende Maßnahmen für eine Einkunftsverlagerung können sich z.B. anbieten:

– Ausnutzung allgemeiner bilanzpolitischer Ermessensspielräume und Bewertungswahlrechte (Abschreibungen, Rückstellungsbildung, Bewertungswahlrechte, Aktivierungswahlrechte etc.)

– Inanspruchnahme von Sonderabschreibungen

– Nutzung von Verlustzuweisungsmodellen innerhalb der durch §§ 2b und 2 Abs. 3 EStG gesteckten Grenzen (Fondsbeitritt bis zum 31.12.2000)

– Vorgezogener Erwerb von Wirtschaftsgütern zur Nutzung der (noch) 30%igen degressiven AfA und der (noch) gültigen vergleichsweise günstigen AfA-Tabellen

– Bildung von Rücklagen nach § 7g EStG oder § 6b EStG, wobei in Anbetracht des Steuersatzvorteils regelmäßig auch eine Nachverzinsung bei Auflösung der Rücklage in Kauf genommen werden kann

– Nutzung des Zu- und Abflussprinzips bei den Einkünften im Privatvermögen oder im Rahmen der Gewinnermittlung nach § 4 Abs. 3 EStG z.B. durch zügiges Bezahlen von Rechnungen etc.

§ 32a Abs. 4 und Abs. 5 Satz 2 EStG a.F. werden aufgehoben. In diesen Vorschriften war die Anwendbarkeit der Grund- und der Splittingtabelle geregelt, die es zukünftig nicht mehr als gesetzliche Grundlage geben wird. Dem Vernehmen nach wird die Finanzverwaltung jedoch als Arbeitshilfe auch weiterhin Steuertabellen herausgeben.

c) Erstmalige Anwendung

Hinsichtlich der erstmaligen Anwendung des neugefassten § 32a EStG ergeben sich keine Besonderheiten (siehe vorstehende Übersicht). Maßgeblich ist wie bisher der Veranlagungszeitraum, so dass bei abweichendem Wirtschaftsjahr der Veranlagungszeitraum ausschlaggebend ist, in dem das Wirtschaftsjahr endet. Bei Organschaftsverhältnissen wird das Einkommen dem Organträger in dem Zeitpunkt zugerechnet, in dem die Organgesellschaft das Einkommen selbst zu versteuern gehabt hätte (BFH v. 29.10.1974, BStBl II 1975, 126; Abschn. 57 Abs. 3 KStR). Weichen die Wirtschaftsjahre von Organträger und Organgesellschaft ab, so ist für die zeitliche Zurechnung des Einkommens also das Wirtschaftsjahr der Organgesellschaft maßgeblich. Der anzuwendende Steuersatz richtet sich demgegenüber nach den im betreffenden Veranlagungszeitraum für den Organträger anzuwendenden Vorschriften (zu Einzelheiten siehe die Erläuterungen zu § 34 KStG). Somit sind die für den Veranlagungszeitraum 2001 vorgesehenen Steuersätze für das Einkommen der Organgesellschaft anwendbar, wenn die Zurechnung beim Organträger für dessen Veranlagungszeitraum 2001 erfolgt. Läuft beispielsweise das Wirtschaftsjahr der Organgesellschaft vom 1.10.1999 bis 30.9.2000 und das des Organträgers vom 1.7.2000 bis 30.6.2001, so unterliegt das Einkommen der Organgesellschaft bereits dem abgesenkten Tarif des Veranlagungszeitraums 2001.

XVI. Änderung § 32b EStG

1. Text der Vorschrift

§ 32b Abs. 2 Nr. 2 wird wie folgt gefasst:

„2. im Fall des Absatzes 1 Nr. 2 und 3 die dort bezeichneten Einkünfte, wobei die darin enthaltenen außerordentlichen Einkünfte mit einem Fünftel zu berücksichtigen sind."

2. Materialien

Gesetzentwurf der Bundesregierung

§ 32b wird wie folgt geändert:

a) Absatz 1 wird wie folgt geändert:

aa) Am Ende der Nummer 1 wird das Wort „oder" gestrichen.

bb) Am Ende der Nummer 3 wird nach dem Komma das Wort „oder" und folgende Nummer 4 eingefügt:

„4. steuerfreie Einnahmen im Sinne des § 3 Nr. 40".

b) Absatz 2 wird wie folgt geändert:

aa) Nummer 2 wird wie folgt gefasst:

„2. im Fall des Absatzes 1 Nr. 2 und 3 die dort bezeichneten Einkünfte, wobei die darin enthaltenen außerordentlichen Einkünfte mit einem Fünftel zu berücksichtigen sind;".

bb) Folgende Nummer 3 wird angefügt:

„3. im Fall des Absatzes 1 Nr. 4 die Summe der steuerfreien Einnahmen vermindert um die nach § 3c Abs. 2 nicht abziehbaren Beträge und, soweit sie nicht bei der Ermittlung der Einkünfte aus Kapitalvermögen abziehbar sind, um den Pauschbetrag für Werbungskosten (§ 9a Satz 1 Nr. 2) und den Sparer-Freibetrag (§ 20 Abs. 4)."

Begründung zum Gesetzentwurf der Bundesregierung

Zu Buchstabe a (Absatz 1)

Nach dem Halbeinkünfteverfahren werden bestimmte Erträge nur noch zur Hälfte bei der Ermittlung der Einkünfte erfasst (§ 3 Nr. 40 EStG). Damit mindert sich das zu versteuernde Einkommen, das nach § 32a EStG Bemessungsgrundlage für die tarifliche Einkommensteuer ist.

Die bei der Ermittlung der Einkünfte außer Ansatz bleibenden Teile der vorgenannten Erträge fließen dem Steuerpflichtigen aber dennoch zu; sie erhöhen damit seine wirtschaftliche Leistungsfähigkeit. Vor diesem Hintergrund ist es daher geboten, diesen Teil der Erträge bei

A. XVII. Änderung § 32b EStG

der Ermittlung des auf das zu versteuernde Einkommen anzuwendenden Steuersatzes zu berücksichtigen.

Die Änderung des Absatzes 1 legt fest, dass in den Fällen, in denen der Steuerpflichtige steuerfreie Einkünfte im Sinne des § 3 Nr. 40 EStG erzielt, die Regelungen über den Progressionsvorbehalt anzuwenden sind.

Zu Buchstabe b (Absatz 2)

Zu Doppelbuchstabe aa (Nummer 2)

Durch die Änderung werden die außerordentlichen ausländischen, nach DBA steuerfreien Einkünfte in die Ermittlung des auf das zu versteuernde Einkommen anzuwendenden Steuersatzes und damit zugleich in die Berechnung der Steuerermäßigung nach § 34 EStG für inländische außerordentliche Einkünfte in geminderter Höhe einbezogen. Die Einbeziehung ist sachgerecht, weil der Steuerpflichtige durch diese Einkünfte wirtschaftlich leistungsfähiger wird. Die Berücksichtigung lediglich eines Fünftels dieser Einkünfte in Anlehnung an die Fünftelungsregelung in § 34 EStG stellt sicher, dass durch die Einbeziehung dieser Einkünfte keine übermäßige Progressionsverschärfung eintritt.

Zu Doppelbuchstabe bb (Nummer 3)

Es wird festgelegt, dass die bei der Ermittlung der Einkünfte nach § 3 Nr. 40 steuerfreien Einnahmen bei der Ermittlung des besonderen Steuersatzes zu berücksichtigen sind.

Beschlussempfehlung des Finanzausschusses

§ 32b Abs. 2 Nr. 2 wird wie folgt gefasst:

„2. im Fall des Absatzes 1 Nr. 2 und 3 die dort bezeichneten Einkünfte, wobei die darin enthaltenen außerordentlichen Einkünfte mit einem Fünftel zu berücksichtigen sind."

Begründung des Finanzausschusses

Nach den Grundsätzen des Halbeinkünfteverfahren bedarf es neben der Besteuerung der von der Körperschaft erzielten Gewinne mit 25 % KSt auf der Ebene des Anteilseigners der hälftigen Besteuerung ausgeschütteter Dividenden.

Dagegen ist es nicht notwendig, den nicht steuerpflichtigen Teil der Dividenden dem Progressionsvorbehalt zu unterwerfen. Die im Gesetzentwurf enthaltenen das Halbeinkünfteverfahren betreffenden Änderungen des § 32b EStG können daher unterbleiben.

Die verbleibende Änderung des § 32b EStG betrifft nach DBA steuerfreie außerordentliche ausländische Einkünfte, die nach der bisherigen Regelung im Gegensatz zu laufenden ausländischen nach DBA steuerfreien Einkünften nicht in die Berechnung des besonderen Steuersatzes nach § 32b EStG einbezogen wurden. In Angleichung an die Regelung für außerordentliche Einkünfte in § 34 EStG (Fünftelung) sollen diese künftig mit einem Fünftel bei der Berechnung des Progressionsvorbehalts berücksichtigt werden. Dadurch wird eine verschärfte Progressionswirkung dieser Einkünfte vermieden, der erhöhten wirtschaftlichen Leistungsfähigkeit des Steuerpflichtigen jedoch hinreichend Rechnung getragen.

Beschlussempfehlung/Begründung des Vermittlungsausschusses

– keine Änderung/Bemerkung –

XVII. Änderung § 32c EStG

1. Text der Vorschrift

§ 32c wird aufgehoben.

2. Materialien

Gesetzentwurf der Bundesregierung

§ 32c wird aufgehoben.

Begründung zum Gesetzentwurf der Bundesregierung

§ 32c EStG ist aufzuheben. An seine Stelle tritt die Neuregelung in § 35 EStG.

Beschlussempfehlung/Begründung des Finanzausschusses

– keine Änderung/Bemerkung –

Beschlussempfehlung/Begründung des Vermittlungsausschusses

– keine Änderung/Bemerkung –

3. Erläuterungen

Verfasser: Harald Schaumburg

Mit Wirkung zum 01.01.2001 (kalenderjahrgleiches Wirtschaftsjahr unterstellt) entfällt die bisherige Tarifvorschrift des § 32c EStG, die im Ergebnis durch § 35 EStG n.F. ersetzt wird. Der BFH hat in seinem Vorlagebeschluß vom 24.02.1999 – X R 171/96 – (DStR 1999, 752) festgestellt, die Tarifbegrenzung gemäß § 32c EStG verletze das Gebot einer grundsätzlich gleichen und folgerichtigen Belastung aller im Einkommensteuergesetz genannten Einkunftsarten, ohne daß die Durchbrechung des Grundsatzes der synthetischen Einkommensteuer gerechtfertigt wäre.

Nach Abschaffung der Tarifbegrenzung (§ 32c EStG) zum 01.01.2001 werden alle Einkunftsarten des § 2 Abs. 1 EStG dem gleichen Einkommensteuertarif unterworfen. Die Tarifermäßigung des § 35 EStG ersetzt den inkongruenten Entlastungsmechanismus des § 32c EStG und führt dazu, daß die Höhe der Entlastung im wesentlichen abhängig ist von der Höhe der tatsächlichen Belastung mit Gewerbesteuer. Soweit es – bedingt durch den Betriebsausgabenabzug der Gewerbesteuer und die Anwendung eines „standardisierten Hebesatzes" – zu Divergenzen kommt, ist diese Divergenz aus der Sicht des Gesetzgebers durch das gesetzgeberische Ziel, das Gewerbesteueraufkommen der Kommunen unverändert zu lassen, und unter dem Gesichtspunkt der Verwaltungsvereinfachung gerechtfertigt.

XVIII. Änderung § 33a EStG

1. Text der Vorschrift

In § 33a Abs. 1 Satz 1 und 4 wird jeweils die Zahl „13 500" durch die Zahl „14 040" ersetzt.

2. Materialien

Gesetzentwurf der Bundesregierung

In § 33a Abs. 1 Satz 1 und 4 wird jeweils die Zahl „13 500" durch die Zahl „14 040" ersetzt.

Begründung zum Gesetzentwurf der Bundesregierung

Folgeänderung aus der Anhebung des Existenzminimums ab 2001.

Beschlussempfehlung/Begründung des Finanzausschusses

– keine Änderung/Bemerkung –

Beschlussempfehlung/Begründung des Vermittlungsausschusses

– keine Änderung/Bemerkung –

XIX. Änderung § 34 EStG

1. Text der Vorschrift (unter Berücksichtigung des Entwurfs zum StSenkErgG)

§ 34 wird wie folgt geändert:

a) In Absatz 1 Satz 1 wird das Wort „unwiderruflichen" gestrichen.

b) Absatz 2 Nr. 1 wird wie folgt gefasst:

„1. Veräußerungsgewinne im Sinne der §§ 14, 14a Abs. 1, der §§ 16 und 18 Abs. 3 mit Ausnahme des steuerpflichtigen Teils der Veräußerungsgewinne, die nach § 3 Nr. 40 Buchstabe b in Verbindung mit § 3c Abs. 2 teilweise steuerbefreit sind;"

Nach § 34 Abs. 2 wird folgender Absatz 3 angefügt:[1]

„(3) Sind in dem zu versteuernden Einkommen außerordentliche Einkünfte im Sinne des Absatzes 2 Nr. 1 enthalten, so kann auf Antrag abweichend von Absatz 1 die auf den Teil dieser außerordentlichen Einkünfte, der den Betrag von insgesamt 10 Millionen Deutsche Mark nicht übersteigt, entfallende Einkommensteuer nach einem ermäßigten Steuersatz bemessen werden, wenn der Steuerpflichtige das 55. Lebensjahr vollendet hat oder wenn er im sozialversicherungsrechtlichen Sinne dauernd berufsunfähig ist. Der ermäßigte Steuersatz beträgt die Hälfte des durchschnittlichen Steuersatzes, der sich ergäbe, wenn die tarifliche Einkommensteuer nach dem gesamten zu versteuernden Einkommen zuzüglich der dem Progressionsvorbehalt unterliegenden Einkünfte zu bemessen wäre, mindestens jedoch 19,9 %. Auf das um die in Satz 1 genannten Einkünfte verminderte zu versteuernde Einkommen (verbleibendes

---

[1] Nach dem Entwurf StSenkErgG.

A. XIX. Änderung § 34 EStG

zu versteuerndes Einkommen) sind vorbehaltlich des Absatzes 1 die allgemeinen Tarifvorschriften anzuwenden. Die Ermäßigung nach den Sätzen 1 bis 3 kann der Steuerpflichtige nur einmal im Leben in Anspruch nehmen. Erzielt der Steuerpflichtige in einem Veranlagungszeitraum mehr als einen Veräußerungs- oder Aufgabegewinn im Sinne des Satzes 1, kann er die Ermäßigung nach den Sätzen 1 bis 3 nur für einen Veräußerungs- oder Aufgabegewinn beantragen. Absatz 1 Satz 4 ist entsprechend anzuwenden."

2. Materialien

Gesetzentwurf der Bundesregierung

§ 34 wird wie folgt geändert:

a) In Absatz 1 Satz 1 wird das Wort „unwiderruflichen" gestrichen.

b) Absatz 2 Nr. 1 wird wie folgt gefasst:

„1. Veräußerungsgewinne im Sinne der §§ 14, 14a Abs. 1, der §§ 16 und 18 Abs. 3 mit Ausnahme des steuerpflichtigen Teils der Veräußerungsgewinne, die nach § 3 Nr. 40 Buchstabe b in Verbindung mit § 3c Abs. 2 teilweise steuerbefreit sind;".

Begründung zum Gesetzentwurf der Bundesregierung

Zu Buchstabe a (Absatz 1)

Die Unwiderruflichkeit des Antrages nach § 34 Abs. 1 EStG auf ermäßigte Besteuerung der außerordentlichen Einkünfte führt zu nicht vertretbaren Härten für den Steuerpflichtigen. Ohne Unwiderruflichkeit kann der Antrag im Rahmen eines Rechtsbehelfsverfahrens oder, soweit es nach den Vorschriften der AO zulässig ist, im Rahmen der Änderung von Steuerbescheiden zurückgenommen werden. Der dadurch entstehende Verwaltungsmehraufwand wäre im Gegensatz zum Nutzen für den Steuerbürger vertretbar.

Zu Buchstabe b (Absatz 2)

Durch die Neufassung von § 34 Abs. 2 Nr. 1 EStG wird sichergestellt, dass nur solche Gewinne der ermäßigten Besteuerung unterliegen, die voll der Besteuerung unterliegen. Solche Gewinne, die bereits durch das Halbeinkünfteverfahren begünstigt werden (Verkauf von Anteilen an Kapitalgesellschaften nach § 16 Abs. 2 Satz 2 und § 17 EStG), werden zur Vermeidung einer Doppelbegünstigung aus der ermäßigten Besteuerung des § 34 EStG herausgenommen.

Beschlussempfehlung/Begründung des Finanzausschusses

– keine Änderung/Bemerkung –

Beschlussempfehlung/Begründung des Vermittlungsausschusses

– keine Änderung/Bemerkung –

Begründung zum Entwurf des StSenkErgG

Zur Sicherung der Altersvorsorge von aus dem Berufsleben ausscheidenden Unternehmern wird § 34 EStG um die Möglichkeit ergänzt, für Gewinne aus Betriebsveräußerungen und -aufgaben den halben durchschnittlichen Steuersatz in Anspruch zu nehmen.

Die Besteuerung mit dem halben Durchschnittssteuersatz gilt jedoch nur

- auf Antrag des Steuerpflichtigen
- einmal im Leben des Steuerpflichtigen, gerechnet ab dem Veranlagungszeitraum 2001
- wenn der Steuerpflichtige das 55. Lebensjahr vollendet hat oder im sozialversicherungsrechtlichen Sinne dauernd berufsunfähig ist
- für Gewinne bis 10 Millionen Deutsche Mark (ab 2002 5 Millionen Euro).

Für diese Einkünfte steht dem Steuerpflichtigen ein Wahlrecht zu, ob er zur Sicherung der Altersvorsorge die Besteuerung mit dem halben durchschnittlichen Steuersatz oder zur grundsätzlichen Progressionsglättung des zusammengeballten Auftretens von Einkünften die ermäßigte Besteuerung nach der Fünftelregelung beantragt. Ausgeschlossen ist durch die von Absatz 1 abweichende Besteuerung in Absatz 3 eine Doppelbegünstigung dieser Einkünfte.

Unterschreitet der tatsächlich ermittelte halbe durchschnittliche Steuersatz den nach § 32a Abs. 1 Nr. 1 EStG jeweils für den entsprechenden Veranlagungszeitraum geltenden Eingangssteuersatz, ist mindestens der Eingangssteuersatz anstelle des halben durchschnittlichen Steuersatzes anzusetzen. Für außerordentliche Einkünfte im Sinne des § 34 Abs. 3 EStG, die in zu versteuernden Einkommen bis

A. XIX. Änderung § 34 EStG

221.957 DM/443.794 DM (Ledige/Verheiratete im Veranlagungszeitraum 2001) enthalten sind, kommt danach immer der Eingangssteuersatz zum Tragen, erst für außerordentliche Einkünfte im Sinne des § 34 Abs. 3 EStG, die in zu versteuernden Einkommen, die über diese Beträge hinaus gehen, enthalten sind, ist der tatsächlich ermittelte halbe durchschnittliche Steuersatz maßgeblich.

Erzielt der Steuerpflichtige in einem Veranlagungszeitraum Gewinne aus mehreren Betriebsveräußerungen/-aufgaben, darf er nur für den Gewinn aus einer dieser Veräußerungen/Aufgaben den halben Durchschnittsteuersatz in Anspruch nehmen.

Liegen die Voraussetzungen für Steuerermäßigungen sowohl nach Absatz 1 als auch nach Absatz 3 vor (z.B. wenn der Steuerpflichtige in demselben Veranlagungszeitraum sowohl eine Abfindung nach § 34 Abs. 2 Nr. 2 EStG i. V. m. § 24 Nr. 1 a EStG als auch einen Gewinn aus der Veräußerung eines Betriebes zu versteuern hat), werden die Steuerermäßigungen jeweils unter Berücksichtigung der jeweils anderen Steuerermäßigung berechnet.

Der Steuerpflichtige, der eine Steuerermäßigung nach Absatz 3 in Anspruch nehmen kann, hat ein Wahlrecht zwischen der Steuerermäßigung nach Absatz 3 (halber durchschnittlicher Steuersatz) und Absatz 1 (Fünftelregelung).

Liegen die Voraussetzungen für eine Steuerermäßigung nach Absatz 3 nicht vor, kommt eine Steuerermäßigung nach Absatz 1 in Betracht.

Die Anträge nach Absatz 3 und Absatz 1 müssen nicht in gleicher Weise ausgeübt werden. Soweit jedoch Einkünfte nach § 34 Abs. 1 EStG versteuert werden können (vorbehaltlich des Absatzes 3) gilt ein Antrag für alle diese Einkünfte.

3. Erläuterungen

Verfasser: Oliver Hötzel

a) Zweck und Inhalt

Änderungen durch das StSenkG

Dem Halbeinkünfteverfahren unterliegen auch solche Gewinne aus Beteiligungsveräußerungen, die im Rahmen einer Betriebs- bzw. Teilbetriebsveräußerung oder einer Veräußerung eines Mitunternehmeranteils erzielt werden. Um solche Beteiligungsveräußerungen nicht doppelt zu begünstigen – einerseits durch die hälftige Steuerbefreiung und andererseits durch die Fünftelungsregelung – musste § 34

EStG entsprechend angepasst werden. Mit derselben Begründung waren auch Veräußerungsgewinne i.S.d. § 17 EStG aus dem Anwendungsbereich von § 34 EStG herauszunehmen. Insofern beschränken sich die wesentlichen Änderungen des § 34 EStG auf Anpassungen im Zusammenhang mit der Einführung des Halbeinkünfte-Verfahrens.

Eine inhaltliche Verbesserung hat sich lediglich in Bezug auf die Antragspflicht für die Inanspruchnahme der Fünftelungsregelung ergeben. Die Unwiderruflichkeit dieses Antrags ist nunmehr gestrichen worden. Der Steuerpflichtige kann also z.B. auch noch im Anschluss an eine Betriebsprüfung den Antrag zurückziehen, wenn sich die Fünftelungsregelung nach den Ergebnissen der Betriebsprüfung als ungünstig erweist.

Änderungen durch den Entwurf eines StSenkErgG

Bis zum Veranlagungszeitraum 1998 sah § 34 EStG für bestimmte Veräußerungsgewinne (§§ 14, 14a Abs. 1, 16, 17, 18 Abs. 3 EStG) die Anwendung des sog. halben Steuersatzes vor. Diese Vergünstigung konnte von jedem Steuerpflichtigen einmal pro Veranlagungszeitraum in Anspruch genommen werden. Hintergrund für die Gewährung des halben Steuersatzes war, dass im Zuge des Verkaufs eines unternehmerischen Engagements die langjährig angesammelten stillen Reserven zu einem Zeitpunkt aufgedeckt werden und damit zu einem erheblichen Progressionseffekt führen. Wären die stillen Reserven nicht gebildet worden, hätte sich eine jährliche, sukzessive Gewinnerhöhung ergeben, die sich hinsichtlich des Progressionseffekts deutlich milder ausgewirkt hätte. Zunehmend wurden aber zwei Umstände deutlich: Für Steuerpflichtige, die sich wegen der Höhe ihrer Einkünfte ohnehin im Spitzensteuersatzbereich bewegen, wirkt sich der Progressionseffekt gar nicht aus. Eine Notwendigkeit für die Anwendung des begünstigten Steuersatzes konnte aus diesem Aspekt also nicht mehr hergeleitet werden. Darüber hinaus wurde der halbe Steuersatz durch Einsatz verschiedener Modelle dazu genutzt, laufende voll besteuerte Gewinne in begünstigt besteuerte Veräußerungsgewinne umzuwandeln.

Vor diesem Hintergrund wurde der halbe Steuersatz mit Wirkung ab dem 1.1.1999 durch die sog. Fünftelungsregelung ersetzt. Hiernach wird der Veräußerungsgewinn rechnerisch zur Ermittlung des anzuwendenden Steuersatzes gefünftelt und in Höhe von einem Fünftel zu den übrigen Einkünften hinzugerechnet. Auf diesen Betrag wird ein Steuersatz ermittelt, der auf den gesamten Veräußerungsgewinn anzuwenden ist. Durch die Fünftelung soll dem Progressionseffekt Rechnung getragen werden. Trotz gegenteiliger statistischer Erhebungen durch die Bundesregierung liegt jedoch in der Praxis die Summe aus einem Fünftel des Veräußerungsgewinns und der übrigen Einkünfte regelmäßig bereits im Spitzensteuerbereich, so dass sich die Fünftelungsregelung nicht positiv auswirkt.

Im Zuge des Gesetzgebungsverfahrens bei der Verabschiedung des StSenkG haben sich nunmehr die Vertreter des Mittelstandes durchsetzen und der Bundesregierung das Zugeständnis abringen können, dass der halbe Steuersatz für Veräußerungsgewinne als Komponente der Förderung des Mittelstandes wieder eingeführt wird. Dieses im Bundesrat gegebene Versprechen hat die Bundesregierung nun im Entwurf eines StSenkErgG umgesetzt. Mißbräuchen wird in dem neugefaßten § 34 EStG dadurch begegnet, dass die Vergünstigung von jedem Steuerpflichtigen nur einmal im Leben und erst ab dem 55. Lebensjahr bzw. bei dauernder Berufsunfähigkeit in Anspruch genommen werden darf.

b) Einzelerläuterungen

Anpassung an das Halbeinkünfteverfahren

Aus dem bisherigen Katalog der außerordentlichen Einkünfte i.S.d. § 34 EStG sind in der Neufassung Veräußerungsgewinne i.S.d. § 17 EStG und der Teil der Veräußerungsgewinne im Sinne der §§ 14, 14a Abs. 1, 16, und 18 Abs. 3 EStG, die nach § 3 Nr. 40 b) EStG i.V.m. § 3c Abs. 2 EStG teilweise steuerbefreit sind, herausgenommen worden. Schwierigkeiten wird in der Praxis die Aufteilung des einheitlichen Gesamtkaufpreises auf den Teil, der § 34 EStG unterliegt, und den Teil, der dem Halbeinkünfte-Verfahren unterliegt, bereiten. In den Erläuterungen zu § 3 Nr. 40 b) EStG wurde bereits auf diese Aufteilungsproblematik und die zu ihrer Lösung entwickelte Stufentheorie hingewiesen. Dass hier eine erhebliche Zuordnungsbandbreite besteht, die im Rahmen des Zulässigen auch für gestalterische Zwecke genutzt werden kann, ist offenkundig.

Die Nichtanwendbarkeit von § 34 EStG auf einen Gewinn i.S.d. §§ 3 Nr. 40 b) i.V.m. § 3c Abs. 2 EStG wird davon abhängig gemacht, dass dieser Gewinn partiell steuerbefreit ist. Greift die partielle Steuerbefreiung dagegen nicht ein, z.B. weil innerhalb einer der beiden Sperrfristen veräußert worden ist, ist § 34 EStG insoweit anwendbar. In diesem Fall unterfällt der Veräußerungsgewinn (voller Veräußerungspreis abzüglich hälftiger Veräußerungskosten) der Fünftelungsregelung bzw. dem halben Steuersatz, wenn dessen Voraussetzungen erfüllt sind (siehe dazu nachstehend).

Wiedereinführung des halben Steuersatzes

Der Entwurf für die Neuregelung des ermäßigten Steuersatzes für Veräußerungsgewinne (§ 34 Abs. 3 EStG 2001) deckt sich in den wesentlichen Teilen wortgenau mit der bis zum Jahr 1998 existierenden Vorschrift des § 34 Abs. 1 EStG 1998. In einigen Punkten sind jedoch in der Neufassung gegenüber dem Rechtszustand 1998 einschneidende Einschränkungen vorgesehen. Im einzelnen ergibt sich folgendes:

Der ermäßigte Steuersatz ist nur für einen Veräußerungsgewinn bis zu maximal DM 10 Mio. (ab dem 1.1.2002: Euro 5 Mio.) anwendbar. Ein darüber hinausgehender Betrag unterliegt als Teil des „verbleibenden zu versteuernden Einkommens" den normalen Tarifvorschriften.

Der ermäßigte Steuersatz beträgt die Hälfte des durchschnittlichen Steuersatzes, der sich ergäbe, wenn das gesamte Einkommen einschliesslich des Veräußerungsgewinns nach den normalen Tarifvorschriften zu ermitteln wäre. Dies führt in den Veranlagungszeiträumen 2001 und 2002 zu einem maximalen Steuersatz einschliesslich Solidaritätszuschlag von rd. 25,6% und in den Veranlagungszeiträumen 2003 und 2004 von rd. 24,8%.

Im Gegensatz zur früheren Rechtslage ist nunmehr ein Mindeststeuersatz von 19,9% (für 2003/2004: 17%; ab 2005: 15%) eingeführt worden. Zunächst erscheint die Motivation für diese Untergrenze unklar, da sich bei Durchschnittssteuersätzen unterhalb von 39,8% der Progressionseffekt, der durch den halben Steuersatz gerade gemildert werden soll, besonders deutlich auswirkt. Dabei darf aber nicht ausser acht gelassen werden, dass weiterhin die Fünftelungsregelung des § 34 Abs. 1 EStG bestehen bleibt und dem Steuerpflichtigen ein Wahlrecht für die Inanspruchnahme einer der beiden Vergünstigungen zusteht. Insofern kann er die für ihn günstigste Regelung wählen oder auf beide Vergünstigungen verzichten. Ein halber Mindeststeuersatz von 19,9% entspricht einem Durchschnittssteuersatz von 39,8%. Dieser kommt bei Einzelveranlagung bei einem zu versteuernden Einkommen von rd. DM 222.000 zur Anwendung. Ob nun die Fünftelungsregelung oder der halbe Steuersatz vorteilhaft ist, hängt im wesentlichen von der Zusammensetzung des Einkommens aus ordentlichen und außerordentlichen Einkünften ab. Es kann jedoch festgehalten werden, dass die Fünftelungsregelung nur bei sehr geringen ordentlichen Einkünften dem halben Steuersatz überlegen ist.

Generell kommt der halbe Steuersatz nur dann zur Anwendung, wenn der Steuerpflichtige sein 55. Lebensjahr vollendet hat oder dauernd berufsunfähig ist. Diese Einschränkung soll dem Charakter der Vorschrift als Beitrag zur privaten Altersvorsorge Rechnung tragen. Zu der vergleichbaren Regelung in Bezug auf den Freibetrag i.S.d. § 16 Abs. 4 EStG wird die Auffassung vertreten, dass der Steuerpflichtige im Zeitpunkt der Veräußerung sein 55. Lebensjahr vollendet haben muss. Dies ist m.E. bereits dem Gesetzeswortlaut des § 16 Abs. 4 EStG nicht zu entnehmen. Deutlicher wird die Irrelevanz des Veräußerungszeitpunktes aber noch in § 34 Abs. 3 EStG-E. Dort wird darauf abgestellt, dass die „Einkommensteuer nach einem ermäßigten Steuersatz bemessen werden (kann), wenn der Steuerpflichtige das 55. Lebensjahr vollendet hat". Da die Steuer mit Abschluss des Veranlagungszeitraums entsteht (§ 36 Abs. 1 EStG), muss auch dieser Zeitpunkt für die Altersgrenze ausschlaggebend sein.

Der Betonung des Altersversorgungsgedankens und der Vermeidung von Mißbräuchen dient auch die zusätzliche Einschränkung, dass jeder Steuerpflichtige die Vergünstigung nur einmal in seinem Leben in Anspruch nehmen kann. Dies gilt unabhängig davon, ob die Höchstgrenze von DM 10 Mio. ausgeschöpft worden ist. Sogar dann, wenn in einem Veranlagungszeitraum mehrere Veräußerungsgewinne realisiert worden sind, die in der Summe weniger als DM 10 Mio. betragen, steht der halbe Steuersatz nur für einen dieser Veräußerungsgewinne zur Verfügung. In diesem Fall bietet es sich ggf. an, die verschiedenen unternehmerischen Engagements vor dem Verkauf unter einem einheitlichen Dach zu bündeln. So könnte im Vorfeld des Verkaufs eine Einbringung der unterschiedlichen Aktivitäten in eine Personengesellschaftsholding erfolgen (§ 24 UmwStG).

Die Inanspruchnahme der Fünftelungsregelung führt dagegen nicht zum „Verbrauch" der Inanspruchnahme des halben Steuersatzes. Bei Zusammenveranlagung steht jedem Ehegatten die DM 10 Mio-Grenze gesondert zu. Ein Ehepartner kann jedoch nicht ausgeschöpfte Beträge des anderen Ehepartners nicht für eigene Veräußerungsgewinne nutzen.

Um die Inanspruchnahme der DM 10 Mio.-Grenze mehrfach zu erreichen, kann eine Übertragung z.B. eines Teil-Mitunternehmeranteils vor dem Verkauf auf Familienangehörige erwogen werden. Zu beachten ist dabei jedoch, dass das wirtschaftliche Eigentum an dem übertragenen Anteil tatsächlich auf die Familienangehörigen übergehen muß. Insbesondere dann, wenn der Beschenkte zu keiner Zeit über den Anteil wirtschaftlich verfügen konnte, kann der Eigentumsübergang zweifelhaft sein. Dies kann z.B. der Fall sein, wenn bereits vor der Schenkung ein Kaufvertrag mit dem Erwerber geschlossen wurde, der Beschenkte den Anteil nur unter der Auflage erhält, ihn unmittelbar an den Erwerber zu verkaufen und dann möglicherweise zusätzlich Absprachen über die Verwendung des erhaltenen Kaufpreises zwischen Schenker und Beschenktem bestehen. Unter solchen Konditionen muss davon ausgegangen werden, dass das wirtschaftliche Eigentum weiterhin beim Schenker verblieben ist. Darüber hinaus muss im Gesamtkalkül die Schenkungsteuer berücksichtigt werden. Dies insbesondere unter dem Aspekt, dass der Freibetrag von DM 500.000 und der 40%ige Wertabschlag gem. § 13a ErbStG sowie der Entlastungsbetrag nach § 19a ErbStG verloren gehen, wenn der Anteil innerhalb von fünf Jahren nach der Schenkung verkauft wird.

c) Erstmalige Anwendung

Die Neufassung des § 34 Abs. 3 EStG ist erstmals auf Veräußerungsgewinne anwendbar, die ab dem 1.1.2001 realisiert werden. Maßgeblich ist der Stichtag des wirtschaftlichen Eigentumsübergangs.

Da der Abschluss des schuldrechtlichen Vertrages für die Realisation unbeachtlich ist, kann ein Kaufvertrag bereits vor diesem Stichtag unterschrieben werden. Es muss aber sichergestellt werden, dass die Nebenbedingungen des Kaufvertrages nicht bereits zum Übergang des wirtschaftlichen Eigentums bei Vertragsabschluss führen. Dies kann der Fall sein, wenn dem Erwerber bereits umfangreiche Mitwirkungsrechte bei Gesellschafterbeschlüssen und in der Geschäftsführung eingeräumt werden und/oder das Gewinnbezugsrecht bereits auf den Erwerber übergeleitet wird. Je kürzer die Interimsphase zwischen Vertragsabschluss und Eigentumsübergang ist, desto geringer ist das Sicherungsbedürfnis des Erwerbers und dementsprechend das Risiko des vorzeitigen Übergangs des wirtschaftlichen Eigentums.

Wurde vor dem 1.1.2001 von dem Steuerpflichtigen bereits einmal eine Vergünstigung nach § 34 EStG in Anspruch genommen, so ist dies für die Inanspruchnahme des halben Steuersatzes nach § 34 Abs. 3 EStG n.F. nicht schädlich (kein „Objektverbrauch" aus Veranlagungszeiträumen vor 2001).

Zur erstmaligen Anwendung der anderen Änderungen des § 34 EStG s. § 52 Abs. 47 EStG.

XX. Änderung § 34c EStG

1. Text der Vorschrift

In § 34c Abs. 1 Satz 2 wird die Angabe „32c," gestrichen.

2. Materialien

Gesetzentwurf der Bundesregierung

§ 34c wird wie folgt geändert:

a) In Absatz 1 Satz 2 wird die Angabe „32c," gestrichen.

b) Nach Absatz 6 wird folgender Absatz 7 eingefügt:

„(7) Bei Anwendung der Absätze 1 bis 6 sind ausländische Steuern, soweit sie auf Einnahmen entfallen, die nach § 3 Nr. 40 bei der Ermittlung der Einkünfte teilweise außer Ansatz bleiben, nicht zu berücksichtigen."

c) Der bisherige Absatz 7 wird Absatz 8.

Begründung zum Gesetzentwurf der Bundesregierung

Zu Buchstabe a (Absatz 1)

Redaktionelle Folgeänderung aus dem Wegfall des § 32c EStG.

Zu Buchstabe b (Absatz 7)

Folgeänderung aus der Einführung des Halbeinkünfteverfahren. Die Ausgangsgröße für die Anrechnung ausländischer Steuer auf die Einkommensteuer bzw. der Abzug dieser ausländischen Steuer bei der Ermittlung der Einkünfte wird bei den Einkünften, die dem Halbeinkünfteverfahren unterliegen, auf die Hälfte begrenzt.

Zu Buchstabe c (Absatz 8)

Redaktionelle Folgeänderung aus der Einfügung des neuen Absatzes 7.

Beschlussempfehlung des Finanzausschusses

In § 34c Abs. 1 Satz 2 wird die Angabe „32c," gestrichen.

Begründung des Finanzausschusses

Im Gesetzentwurf war vorgesehen, die Anrechnung ausländischer Steuern, die der deutschen Einkommensteuer entspricht und auf die in

§ 3 Nr. 40 EStG zur Hälfte steuerfreien Einnahmen entfällt, auf den hälftigen Steuerbetrag zu beschränken.

Diese Beschränkung ist nicht sachgerecht und deshalb zu streichen. Auch die deutsche Kapitalertragsteuer wird nach § 36 EStG in vollem Umfang angerechnet, obwohl die Einnahmen nach § 3 Nr. 40 EStG zur Hälfte steuerfrei sind.

Die verbleibende Änderung des § 34c EStG ist eine Folgeänderung aus dem Wegfall des § 32c EStG.

Beschlussempfehlung/Begründung des Vermittlungsausschusses

– keine Änderung/Bemerkung –

XXI. Änderung § 35 EStG

1. Text der Vorschrift

Abschnitt V Nr. 3 wird wie folgt gefasst:

„3. Steuerermäßigung bei Einkünften aus Gewerbebetrieb

§ 35

(1) Die tarifliche Einkommensteuer, vermindert um die sonstigen Steuerermäßigungen mit Ausnahme der §§ 34f und 34g, ermäßigt sich, soweit sie anteilig auf im zu versteuernden Einkommen enthaltene gewerbliche Einkünfte entfällt,

1. bei Einkünften aus gewerblichen Unternehmen im Sinne des § 15 Abs. 1 Satz 1 Nr. 1

um das 1,8fache des jeweils für den dem Veranlagungszeitraum entsprechenden Erhebungszeitraum nach § 14 des Gewerbesteuergesetzes für das Unternehmen festgesetzten Steuermessbetrags (Gewerbesteuer-Messbetrag); Absatz 3 Satz 4 ist entsprechend anzuwenden;

2. bei Einkünften aus Gewerbebetrieb als Mitunternehmer im Sinne des § 15 Abs. 1 Satz 1 Nr. 2 und 3

um das 1,8fache des jeweils für den dem Veranlagungszeitraum entsprechenden Erhebungszeitraum festgesetzten anteiligen Gewerbesteuer-Messbetrags.

(2) Im Rahmen einer Organschaft im Sinne des § 2 Abs. 2 Satz 2 und 3 des Gewerbesteuergesetzes gilt als Gewerbe-

steuer-Messbetrag im Sinne von Absatz 1 der Anteil am Gewerbesteuer-Messbetrag, der dem Verhältnis des Gewerbeertrags des Organträgers vor Zurechnung der Gewerbeerträge der Organgesellschaften und vor Anwendung des § 11 des Gewerbesteuergesetzes zur Summe dieses Gewerbeertrags des Organträgers und der Gewerbeerträge aller Organgesellschaften entspricht. Dabei sind negative Gewerbeerträge von dem Organträger oder einer Organgesellschaft mit null Deutsche Mark anzusetzen. Der Anteil am Gewerbesteuer-Messbetrag ist als Vomhundertsatz mit zwei Nachkommastellen gerundet zu ermitteln und gesondert festzustellen. Die Sätze 1 bis 3 sind nicht anzuwenden, wenn auch eine Organschaft im Sinne von § 14 des Körperschaftsteuergesetzes besteht.

(3) Bei Mitunternehmerschaften im Sinne des § 15 Abs. 1 Satz 1 Nr. 2 und 3 ist der Betrag des Gewerbesteuer-Messbetrags und der auf die einzelnen Mitunternehmer entfallende Anteil gesondert und einheitlich festzustellen. Der Anteil eines Mitunternehmers am Gewerbesteuer-Messbetrag richtet sich nach seinem Anteil am Gewinn der Mitunternehmerschaft nach Maßgabe des allgemeinen Gewinnverteilungsschlüssels; Vorabgewinnanteile sind nicht zu berücksichtigen. Der anteilige Gewerbesteuer-Messbetrag ist als Vomhundertsatz mit zwei Nachkommastellen gerundet zu ermitteln. Bei der Feststellung nach Satz 1 sind anteilige Gewerbesteuer-Messbeträge, die aus einer Beteiligung an einer Mitunternehmerschaft stammen, einzubeziehen.

(4) Zuständig für die gesonderte Feststellung nach Absatz 2 ist das für die Festsetzung des Gewerbesteuer-Messbetrags zuständige Finanzamt. Zuständig für die gesonderte Feststellung nach Absatz 3 ist das für die gesonderte Feststellung der Einkünfte zuständige Finanzamt. Für die Ermittlung der Steuerermäßigung nach Absatz 1 sind die Festsetzung des Gewerbesteuer-Messbetrags und die Feststellung der Vomhundertsätze nach Absatz 2 Satz 3 und Absatz 3 Satz 2 Grundlagenbescheide. Für die Ermittlung des anteiligen Gewerbesteuer-Messbetrags nach Absatz 3 sind die Festsetzung des Gewerbesteuer-Messbetrags und die Festsetzung des anteiligen Gewerbesteuer-Messbetrags aus der Beteiligung an einer Mitunternehmerschaft Grundlagenbescheide."

2. Materialien

Gesetzentwurf der Bundesregierung

Abschnitt V Nr. 3 wird wie folgt gefasst:

„3. Steuermäßigung bei Einkünften aus Gewerbebetrieb

§ 35

(1) Ist der in der Summe der Einkünfte enthaltene Betrag der Einkünfte aus Gewerbebetrieb positiv, ermäßigt sich die tarifliche Einkommensteuer, vermindert um die sonstigen Steuerermäßigungen mit Ausnahme der §§ 34f und 34g,

1. bei Einkünften aus gewerblichen Unternehmen im Sinne des § 15 Abs. 1 Satz 1 Nr. 1:

um das Zweifache des jeweils für den dem Veranlagungszeitraum entsprechenden Erhebungszeitraum nach § 14 des Gewerbesteuergesetzes für das Unternehmen festgesetzten Steuermessbetrags (Gewerbesteuer-Messbetrag);

2. bei Einkünften aus Gewerbebetrieb als Mitunternehmer im Sinne des § 15 Abs. 1 Satz 1 Nr. 2 Satz 1:

um das Zweifache des jeweils für den dem Veranlagungszeitraum entsprechenden Erhebungszeitraum festgesetzten anteiligen Gewerbesteuer-Messbetrags. Der anteilige Gewerbesteuer-Messbetrag ermittelt sich aus dem Verhältnis des dem Mitunternehmer zuzurechnenden Gewinnanteils zuzüglich der von ihm erzielten Vergütungen im Sinne des § 15 Abs. 1 Satz 1 Nr. 2 Satz 1 zur Summe aller Gewinnanteile und aller Vergütungen der Mitunternehmerschaft;

3. bei Einkünften aus Gewerbebetrieb als mittelbar beteiligter Mitunternehmer im Sinne des § 15 Abs. 1 Satz 1 Nr. 2 Satz 2:

um das Zweifache des jeweils für den dem Veranlagungszeitraum entsprechenden Erhebungszeitraum festgesetzten anteiligen Gewerbesteuer-Messbetrags. Der anteilige Gewerbesteuer-Messbetrag ermittelt sich aus dem Verhältnis der dem Mitunternehmer mittelbar zuzurechnenden Vergütungen im Sinne des § 15 Abs. 1 Satz 1 Nr. 2 Satz 1 zur Summe aller Gewinnanteile und aller Vergütungen der Mitunternehmerschaft;

4. bei Einkünften aus Gewerbebetrieb als persönlich haftender Gesellschafter einer Kommanditgesellschaft auf Aktien im Sinne des § 15 Abs. 1 Satz 1 Nr. 3:

um das Zweifache des jeweils für den dem Veranlagungszeitraum entsprechenden Erhebungszeitraum festgesetzten anteiligen Gewerbesteuer-Messbetrags. Der anteilige Gewerbesteuer-Messbetrag ermittelt sich aus dem Verhältnis des dem persönlich haftenden Gesellschafter zuzurechnenden Gewinnanteils zuzüglich der von ihm erzielten Vergütungen im Sinne des § 15 Abs. 1 Satz 1 Nr. 2 Satz 1 zur Summe aller Gewinnanteile und aller Vergütungen der persönlich haftenden Gesellschafter zuzüglich des Gewinns der Kommanditgesellschaft auf Aktien.

(2) Im Rahmen einer Organschaft im Sinne des § 2 Abs. 2 Satz 2 und 3 des Gewerbesteuersteuergesetzes gilt als Gewerbesteuer-Messbetrag im Sinne von Absatz 1 der Anteil am Gewerbesteuer-Messbetrag, der dem Verhältnis des Gewerbeertrags des Organträgers vor Zurechnung der Gewerbeerträge der Organgesellschaften und vor Anwendung des § 11 des Gewerbesteuergesetzes zur Summe dieses Gewerbeertrags des Organträgers und der Gewerbeerträge aller Organgesellschaften entspricht. Dabei sind negative Gewerbeerträge von dem Organträger oder einer Organgesellschaft mit null Deutsche Mark anzusetzen. Satz 1 ist nicht anzuwenden, wenn auch eine Organschaft im Sinne von § 14 des Körperschaftsteuergesetzes besteht.

(3) Der nach Absatz 1 Nr. 2 bis 4 zu ermittelnde anteilige Gewerbesteuer-Messbetrag ist als Vomhundertsatz mit zwei Nachkommastellen gerundet zu ermitteln und gesondert festzustellen. Entsprechendes gilt für den nach Absatz 2 zu ermittelnden Anteil am Gewerbesteuer-Messbetrag. Zuständig für die Feststellung nach Satz 1 ist das für die gesonderte Feststellung der Einkünfte zuständige Finanzamt. Zuständig für die Feststellung nach Satz 2 ist das für die Festsetzung des Gewerbesteuer-Messbetrags zuständige Finanzamt. Für die Ermittlung der Steuerermäßigung nach Absatz 1 sind die Festsetzung des Gewerbesteuer-Messbetrags und die Feststellung der Vomhundertsätze nach Satz 1 und 2 Grundlagenbescheide."

Begründung zum Gesetzentwurf der Bundesregierung

Die Änderung der Überschrift ist eine redaktionelle Folge aus der Einfügung des § 35 EStG.

Absatz 1

Die Vorschrift beschreibt die begünstigten einkommensteuerpflichtigen Unternehmer mit gewerblichen Einkünften:

- Einzelunternehmer
- unmittelbar beteiligte Mitunternehmer
- mittelbar beteiligte Mitunternehmer
- persönlich haftende Gesellschafter einer Kommanditgesellschaft auf Aktien

Die Ermäßigung wird für jeden Gewerbebetrieb getrennt ermittelt. Hat ein Steuerpflichtiger mehrere Gewerbebetriebe und/oder ist er an mehreren Gewerbebetrieben beteiligt, sind die Ermäßigungen getrennt zu ermitteln und bei seiner Einkommensteuer zusammenzufassen. Bei einem Gewerbebetrieb mit mehreren Unternehmern (Mitunternehmerschaft/Kommanditgesellschaft auf Aktien) erfolgt die Steuerermäßigung auf der Grundlage des anteiligen Gewerbesteuer-Messbetrags. Die dabei ins Verhältnis zu setzenden Gewinnanteile erfassen – wie bei der Gewerbesteuer auf der Grundlage von § 7 GewStG – sowohl die Gewinnanteile aus der Gewinnverteilung als auch die erzielten Sondervergütungen im Sinne des § 15 Abs. 1 Satz 1 Nr. 2 Satz 1 zweiter Halbsatz EStG.

Die Ermäßigung um das Zweifache des jeweils für den dem Veranlagungszeitraum entsprechenden Erhebungszeitraum festgesetzten bzw. anteiligen Gewerbesteuer-Messbetrags unterstellt den Regelfall einer Gewerbesteuerbelastung auf der Grundlage eines Hebesatzes von mehr als 350 vom Hundert. Der gewichtete durchschnittliche Gewerbesteuer-Hebesatz beträgt zur Zeit etwa 400 vom Hundert. Der durchschnittliche Gewerbesteuer-Hebesatz ist bei Gewerbebetrieben mit einer Betriebsstätte oder mehreren Betriebsstätten in einer Gemeinde der Gewerbesteuer-Hebesatz der Betriebsstättengemeinde. Bei Gewerbebetrieben mit Betriebsstätten in mehreren Gemeinden ergibt sich die Gewerbesteuerbelastung unter Berücksichtigung der jeweiligen Zerlegungsanteile nach §§ 28 bis 33 des Gewerbesteuergesetzes und der jeweiligen Hebesätze im Verhältnis zum Gewerbesteuer-Messbetrag.

Absatz 2

Begünstigt werden sollen nur Einkünfte aus Gewerbebetrieb, die im Gewerbebetrieb des Unternehmers erzielt werden. Gewerbeerträge von Kapitalgesellschaften, die im Rahmen der Gewerbesteuer wegen einer gewerbesteuerlichen Organschaft mit dem Gewerbeertrag des Organträgers zusammengerechnet werden, sollen nicht begünstigt sein. Außerdem sollen Gestaltungen über eine gewerbesteuerliche Organschaft vermieden werden, die nur mit der Zielsetzung gewählt werden, die Vergünstigung des § 35 EStG zu erreichen.

A. XXI. Änderung § 35 EStG

Bei einer gewerbesteuerlichen Organschaft wird deshalb der Gewerbesteuer-Messbetrag im Verhältnis des eigenen Gewerbeertrags des Organträgers vor Zurechnung der Gewerbeerträge der Organgesellschaften im Verhältnis zur Summe der Gewerbeerträge aller am Organkreis beteiligten Unternehmen aufgeteilt. Dabei sind negative Gewerbeerträge mit null DM anzusetzen.

Absatz 3

Zur verfahrensrechtlichen Vereinfachung, insbesondere zur Änderung der Ermäßigung bei veränderten Ausgangsgrößen werden der anteilige Gewerbesteuer-Messbetrag bei Mitunternehmerschaften und Kommanditgesellschaften auf Aktien und die Anteile am Gewerbesteuer-Messbetrag bei gewerbesteuerlichen Organschaften gesondert festgestellt.

Beschlussempfehlung des Finanzausschusses

Abschnitt V Nr. 3 wird wie folgt gefasst:

„3. Steuermäßigung bei Einkünften aus Gewerbebetrieb

§ 35

(1) Die tarifliche Einkommensteuer, vermindert um die sonstigen Steuerermäßigungen mit Ausnahme der §§ 34f und 34g, ermäßigt sich, soweit sie anteilig auf im zu versteuernden Einkommen enthaltene gewerbliche Einkünfte entfällt,

1. bei Einkünften aus gewerblichen Unternehmen im Sinne des § 15 Abs. 1 Satz 1 Nr. 1 um das Zweifache des jeweils für den dem Veranlagungszeitraum entsprechenden Erhebungszeitraum nach § 14 des Gewerbesteuergesetzes für das Unternehmen festgesetzten Steuermessbetrags (Gewerbesteuer-Messbetrag); Absatz 3 Satz 4 ist entsprechend anzuwenden;

2. bei Einkünften aus Gewerbebetrieb als Mitunternehmer im Sinne des § 15 Abs. 1 Satz 1 Nr. 2 und 3

um das Zweifache des jeweils für den dem Veranlagungszeitraum entsprechenden Erhebungszeitraum festgesetzten anteiligen Gewerbesteuer-Messbetrags.

(2) Im Rahmen einer Organschaft im Sinne des § 2 Abs. 2 Satz 2 und 3 des Gewerbesteuersteuergesetzes gilt als Gewerbesteuer-Messbetrag im Sinne von Absatz 1 der Anteil am Gewerbesteuer-Messbetrag, der dem Verhältnis des Gewerbeertrags des Organträgers vor Zurechnung der Gewerbeerträge der Organgesell-

schaften und vor Anwendung des § 11 des Gewerbesteuergesetzes zur Summe dieses Gewerbeertrags des Organträgers und der Gewerbeerträge aller Organgesellschaften entspricht. Dabei sind negative Gewerbeerträge von dem Organträger oder einer Organgesellschaft mit null Deutsche Mark anzusetzen. Der Anteil am Gewerbesteuer-Messbetrag ist als Vomhundertsatz mit zwei Nachkommastellen gerundet zu ermitteln und gesondert festzustellen.

(3) Bei Mitunternehmerschaften im Sinne des § 15 Abs. 1 Satz 1 Nr. 2 und 3 ist der Betrag des Gewerbesteuer-Messbetrags und der auf die einzelnen Mitunternehmer entfallende Anteil gesondert und einheitlich festzustellen. Der Anteil eines Mitunternehmers am Gewerbesteuer-Messbetrag richtet sich nach seinem Anteil am Gewinn der Mitunternehmerschaft nach Maßgabe des allgemeinen Gewinnverteilungsschlüssels; Vorabgewinnanteile sind nicht zu berücksichtigen. Der anteilige Gewerbesteuer-Messbetrag ist als Vomhundertsatz mit zwei Nachkommastellen gerundet zu ermitteln. Bei der Feststellung nach Satz 1 sind anteilige Gewerbesteuer-Messbeträge, die aus einer Beteiligung an einer Mitunternehmerschaft stammen, einzubeziehen.

(4) Zuständig für die gesonderte Feststellung nach Absatz 2 ist das für die Festsetzung des Gewerbesteuer-Messbetrags zuständige Finanzamt. Zuständig für die gesonderte Feststellung nach Absatz 3 ist das für die gesonderte Feststellung der Einkünfte zuständige Finanzamt. Für die Ermittlung der Steuerermäßigung nach Absatz 1 sind die Festsetzung des Gewerbesteuer-Messbetrags und die Feststellung der Vomhundertsätze nach Absatz 2 Satz 3 und Absatz 3 Satz 2 Grundlagenbescheide. Für die Ermittlung des anteiligen Gewerbesteuer-Messbetrags nach Absatz 3 sind die Festsetzung des Gewerbesteuer-Messbetrags und die Festsetzung des anteiligen Gewerbesteuer-Messbetrags aus der Beteiligung an einer Mitunternehmerschaft Grundlagenbescheide."

Begründung des Finanzausschusses

Die im Gesetzentwurf vorgesehene Regelung wird in folgenden Punkten geändert:

- Die Ermäßigung wird auf den Anteil der Einkommensteuer, die auf die in zu versteuernden Einkommen enthaltenen gewerbliche Einkünfte entfällt, beschränkt. Damit wird vermieden, dass eine Ermäßigung vorzunehmen ist, ohne dass die einkommensteuerpflichtigen Einkünfte mit Gewerbesteuer belastet sind.

- Es wird eine gesonderte Regelung zur Ermittlung des anteiligen Gewerbesteuer-Messbetrags bei Mitunternehmerschaften (neuer Absatz 3) geschaffen. Damit wird erreicht, dass insbesondere in Fällen von mehrstöckigen Gesellschaften sämtliche bei den Gesellschaften festgestellten Messbeträge beim „Schlussgesellschafter" anteilig berücksichtigt werden können.

- Die Festlegung, dass bei Mitunternehmerschaften für die Aufteilung des Gewerbesteuer-Messbetrags der Gewinnverteilungschlüssel (ohne Berücksichtigung von gesellschaftsvertraglich vereinbarter Vorabgewinne) maßgebend ist.

- Eine verfahrensmäßige Regelung, dass der Gewerbesteuer-Messbetrag Grundlagenbescheid für die Ermittlung der anteiligen Messbeträge nach Absatz 3 ist (Absatz 4 letzter Satz). Entsprechendes gilt für die Feststellung des anteiligen Gewerbesteuer-Messbetrags bei mehrstöckigen Gesellschaften.

Beschlussempfehlung des Vermittlungsausschusses

§ 35 wird wie folgt geändert:

a) In Absatz 1 Nr. 1 und 2 wird die Angabe „das Zweifache" jeweils durch die Angabe „das 1,8fache" ersetzt.

b) Dem Absatz 2 wird folgender Satz angefügt:

„Die Sätze 1 bis 3 sind nicht anzuwenden, wenn auch eine Organschaft im Sinne von § 14 des Körperschaftsteuergesetzes besteht."

Begründung des Vermittlungsausschusses

Absenkung des Kürzungsfaktors auf das 1,8-fache.

Im übrigen redaktionelle Ergänzung um einen versehentlich aus dem Koalitionsentwurf nicht übernommenen Satz.

3. Erläuterungen

Verfasser: Harald Schaumburg

a) Zweck und Inhalt

aa) Vorgeschichte der Regelung

Die ursprüngliche Konzeption der Unternehmenssteuerreform war auf eine rechtsformneutrale Besteuerung wie folgt gerichtet: Unabhängig von der Rechtsform sollten thesaurierte Gewinne (Thesaurierungsneutralität) sowie ausgeschüttete bzw. entnommene Gewinne (Verwendungsneutralität) gleichermaßen belastet werden. Im Hinblick darauf hatte die Kommission zur Unternehmenssteuerreform neben dem für Kapitalgesellschaften maßgeblichen Halbeinkünfteverfahren in erster Linie das für Personenunternehmen vorgesehene Modell der Steuerbegünstigung des nicht entnommenen Gewinns vorgesehen. Als Alternative hierzu wurde das Optionsmodell in Erwägung gezogen. Das darüber hinaus vorgeschlagene Modell der pauschalen Anrechnung der Gewerbesteuer auf die Einkommensteuer wurde lediglich als Hilfsmodell für den Fall vorgestellt, daß sich insbesondere das Modell der Steuerbegünstigung des nicht entnommenen Gewinns als nicht praxis-tauglich erweisen würde. Denn im Unterschied zu den beiden übrigen Modellen vermag die pauschale Anrechnung der Gewerbesteuer auf die Einkommensteuer die Rechtsformneutralität der Besteuerung nicht herzustellen.

Noch im Vorfeld des Gesetzgebungsverfahrens mutierte das zunächst nur hilfsweise in Betracht gezogene Modell der pauschalen Anrechnung der Gewerbesteuer auf die Einkommensteuer zum Basismodell. Denn schon während der Arbeiten der beratenden Arbeitsgruppe, die sich mit den auf Überprüfung der Praxistauglichkeit der vorgenannten Modelle durchgeführten Planspielen beschäftigte, stellte sich heraus, daß sich jedenfalls der Modell der Steuerbegünstigung des nicht entnommenen Gewinns nicht ohne praktische Schwierigkeiten umsetzen lassen würde. Im Hinblick darauf wurde bereits im Referentenentwurf die pauschalierte Anrechnung der Gewerbesteuer auf die Einkommensteuer als Basismodell für den Fall verankert, daß Personenunternehmen nicht zur Körperschaftssteuer optieren (§ 4a KStGE).

Aufgrund der Beschlußempfehlung des Vermittlungsausschusses wurde freilich § 4a KStGE aus dem Gesetz herausgenommen mit der Folge, daß nunmehr die pauschale Anrechnung der Gewerbesteuer auf die Einkommensteuer die zentrale Entlastungsmaßnahme für Personenunternehmen ist.

bb) Sinn und Zweck

§ 35 ist darauf gerichtet, die Sonderbelastung der Gewerbetreibenden mit Gewerbesteuer zu beseitigen. Hierzu hätte es natürlich nahe gelegen, die Gewerbesteuer gänzlich abzuschaffen. Dies hätte aber einen Eingriff in die Finanzautonomie der Kommunen bedeutet, der weder finanzverfassungsrechtlich (gem. Art. 28 Abs. 2 Satz 3 2. Halbs. GG hätte es hierzu einer Verfassungsänderung bedurft) noch politisch ohne weiteres durchsetzbar gewesen wäre. Die Ermäßigung der Einkommensteuer durch pauschale Anrechnung der Gewerbesteuer geht allein zu Lasten der Steuergläubiger der Einkommensteuer. Im Ergebnis wird damit die Steuerbelastung für gewerbliche Einkünfte in etwa der Belastung der Einkünfte aus selbständiger Arbeit gleichgestellt (vgl. Brühler Empfehlungen zur Reform der Unternehmensbesteuerung, BMF-Schriftenreihe, Bonn 1999, Heft 66, S. 90).

Die Entlastung von der Gewerbesteuer ist durch eine duale Struktur dahingehend gekennzeichnet, daß unverändert die Gewerbesteuer als Betriebsausgabe abzugsfähig ist und darüber hinaus die gewerbesteuerliche Restbelastung durch eine Steuerermäßigung bei der Einkommensteuer um das 1,8-fache des festgesetzten Gewerbesteuer-Meßbetrags beseitigt wird. Im Ergebnis wird dabei bei einem Hebesatz von 360 eine annähernde Vollentlastung von der Gewerbesteuer erreicht.

Hierzu das folgende vereinfachte Beispiel:

Gewinn vor Gewerbesteuer		118
– Gewerbesteuer (Hebesatz 360)		– 18
		= 100
Einkommensteuer 48,5 %	48,5	
Steuerermäßigung (§ 35 EStG)	9,0	
	39,5	
Entlastungswirkung:		
als Betriebsausgabe 48,5 % v. 18		8,73
Steuerermäßigung gem. § 35 EStG		9,00
		17,73

Die Entlastung von der Gewerbesteuer gem. § 35 erfolgt indessen nur typisierend. Ohne Bedeutung ist es daher, in welcher Höhe überhaupt Gewerbesteuer angefallen ist mit der Folge, daß unter Berücksichtigung einer Einkommensteuerbelastung von 48,5% bei einem Hebesatz von mehr als 360 zu wenig und bei einem Hebesatz von unter 360 zuviel entlastet wird. Darüber hinaus setzt die Steuerermäßigung gem. § 35 voraus, daß überhaupt eine Einkommensteuer geschuldet wird. Entsteht keine Einkommensteuer, etwa aufgrund eines horizontalen oder vertikalen Verlustausgleichs, scheitert die Steuermäßigung und damit die vom Gesetz an sich angestrebte Entlastung von Gewerbesteuer. Entsprechend der Entlastungstechnik des § 35 erfolgt somit keine Erstattung der Ermäßigungsbeträge, soweit sie die geminderte tarifliche Einkommensteuer übersteigen. Da ein Vor- oder Rücktrag nicht ausgeschöpfter Ermäßigungsbeträge nicht vorgesehen ist, unterbleibt eine (Voll-)Entlastung von Gewerbesteuer gerade in den Fällen, in denen die steuerliche Leistungsfähigkeit aufgrund eines fehlenden zu versteuernden Einkommens nicht gegeben ist.

cc) Verfassungsrechtliche Aspekte

Finanzverfassung

Die im § 35 verankerte Steuerermäßigung im Sinne einer pauschalen Anrechnung ist mit Art. 28 GG vereinbar, wonach den Gemeinden eine eigenständige wirtschaftskraftbezogene Steuer garantiert wird. Die Steuerermäßigung, die ohne Rücksicht darauf eingreift, ob und in welcher Höhe Gewerbesteuer tatsächlich gezahlt worden ist, führt zu einer Entkoppelung von Gewerbesteuer einerseits und Einkommensteuer andererseits. Sähe demgegenüber § 35 eine punktgenaue Entlastung durch Anrechnung der tatsächlich gezahlten Gewerbesteuer vor, wäre die Gewerbesteuer im Ergebnis nichts anderes als eine Vorauszahlung auf die Einkommensteuerschuld. Dies würde zu einem Eingriff in das finanzverfassungsrechtliche Finanzausgleichssystem (Art. 106 GG) führen und bedürfte für ihre Wirksamkeit einer Verfassungsänderung (so die herrschende Lehre, die dem Art. 106 GG eine institutionelle Bestandsgarantie beimißt; z.B. *Vogel/Walter* in: Bonner Kommentar zum GG, Art. 106, Rz. 193 ff.; *Siekmann*, in: Sachs (Hrsg.) GG, Art. 105 Rz. 40; *Hidien*, BB 2000, 485 f. (486); a.A. z.B. *Tipke*, Die Steuerrechtsordnung, Köln 1994, 1088 ff.).

Ein Eingriff in das finanzverfassungsrechtliche Finanzausgleichssystem wird wegen der vom Gesetzgeber bewußt durch § 35 herbeigeführten Entkoppelung von Einkommensteuer und Gewerbesteuer auch nicht unter dem Gesichtspunkt einer außerhalb von Art. 106 GG verankerten „Nebensteuerverteilung" der Einkommensteuer zu Lasten des Bundes, der Länder und der Gemeinden bewirkt (vgl. Brühler Empfehlungen zur Reform der Unternehmensbesteuerung, BMF-Schriftenreihe, Bonn 1999, Heft 66, S. 93 f.; a.A. *Hidien*, BB 2000, 485 ff. (487)).

Grundrechte

§ 35 ersetzt die zum Veranlagungszeitraum 1994 eingeführte Regelung des § 32c, aufgrund deren eine Tarifkappung vorgesehen ist. Die Tarifbegrenzung des § 32c ist insbesondere unter dem Gesichtspunkt des Verstoßes gegen den allgemeinen Gleichheitssatz (Art. 3 Abs. 1 GG) einer starken Kritik ausgesetzt (BFH v. 24.2.1999, BStBl. II 1999, 450; *Schmidt/Glanegger*, EStG § 32c Rz. 2f.). Im wesentlichen wird ein Verstoß gegen Art. 3 Abs. 1 GG darin gesehen, daß

– die Begünstigung gewerblicher Gewinne das Gebot einer grundsätzlich gleichen folgerichtigen Belastung der verschiedenen Einkunftsarten verletze, wobei die Sonderbelastung der gewerblichen Einkünfte mit Gewerbesteuer hierfür nicht rechtfertigend wirke,

A. XXI. Änderung § 35 EStG

– Anteilseigner von Körperschaften benachteiligt würden, weil bei der Besteuerung der Dividenden die gewerbesteuerliche Vorbelastung bei der ausschüttenden Körperschaft unberücksichtigt bleibe,

– die Tarifentlastung nur inkongruent, nämlich nur in den Fällen erfolge, in denen der Anteil der gewerblichen Einkünfte am zu versteuernden Einkommen einen bestimmten Betrag überschreite.

Die vorstehenden Gesichtspunkte treffen für die Steuerermäßigung gem. § 35 nicht zu. Im Hinblick auf die von § 35 ausgehenden gesetzgeberischen Wertungen ist auf der Grundlage einer integrierten Betrachtung auf die Gesamtbelastung von Einkommensteuer und Gewerbesteuer abzustellen. Eine gegen Art. 3 Abs. 1 GG verstoßende Benachteiligung von Bezieher anderer Einkunftsarten ist unter diesem Gesichtspunkt der Gesamtbetrachtung nicht gegeben. Das gilt auch für die Bezieher von Dividenden. Unter Berücksichtigung der Vorbelastung sind Anteilseigner an Körperschaften nach Maßgabe des Halb-einkünfteverfahrens bei Vollausschüttung im Ergebnis etwa gleich hoch belastet.

	Kapital-gesellschaft	Personen-unternehmen
Gewinn vor Steuern	120,00	120,00
./. GewSt (400 % HS)	20,00	20,00
Gewinn nach GewSt	100,00	100,00
./. KSt/SolZ	26,38	
Gewinn nach GewSt, KSt u. SolZ	73,63	100,00
./. ESt 48,5 % (§ 3 Nr. 40 d EStG)	17,86	48,50
+ GewSt (§ 35 EStG)	--,--	9,00
./. SolZ	0,98	2,17
	54,79	58,33
Steuerbelastungsquote	54,34 %	51,39 %

Da schließlich § 35, wenn auch typisierend, im Unterschied zu § 32c eine inkongruente Belastung vermeidet, ist ein Verstoß gegen Art. 3 Abs. 1 GG auch unter diesem Gesichtspunkt nicht gegeben.

b) Einzelerläuterungen

aa) Steuerermäßigung (Absatz 1)

Begünstigte Unternehmer

Die Steuerermäßigung kann in Anspruch genommen werden bei Einkünften aus gewerblichen Unternehmen i.S.d. § 15 Abs. 1 Satz 1 Nr. 1 sowie bei den Einkünften aus Gewerbebetrieb als Mitunternehmer i.S.d. § 15 Abs. 1 Satz 1 Nr. 2 und 3. Hieraus folgt, daß von der Reichweite dieser Steuerermäßigung erfaßt werden

- Einzelunternehmer (§ 15 Abs. 1 Satz 1 Nr. 1),
- unmittelbar beteiligte Mitunternehmer (§ 15 Abs. 1 Satz 1 Nr. 2 Satz 1),
- mittelbar beteiligte Mitunternehmer (§ 15 Abs. 1 Satz 1 Nr. 2 Satz 2),
- persönlich haftende Gesellschafter einer KGaA (§ 15 Abs. 1 Satz Nr. 3).

Im Hinblick auf die Verweisung auf § 15 Abs. 1 Satz 1 Nr. 1–3 gelten für die Begriffe „gewerbliche Unternehmen" und „Mitunternehmer" die dort maßgeblichen Grundsätze uneingeschränkt auch für § 35 (zu Einzelheiten *Schmidt/Weber-Grellet* EStG § 15 Rz. 8 ff., 160 ff.).

Die Steuerermäßigung greift unabhängig davon ein, ob die begünstigten Unternehmer unbeschränkt oder beschränkt steuerpflichtig sind. § 50 Abs. 1 Satz 4 enthält keine die Anwendung des § 35 ausschließende Einschränkung.

Tarifliche Einkommensteuer

Die Steuerermäßigung setzt bei der um bestimmte Abzugsbeträge geminderten tariflichen Einkommensteuer an. Sie mindert die tarifliche Einkommensteuer. Unter Berücksichtigung der übrigen in § 2 Abs. 6 genannten Minderungs- und Erhöhungsbeträge errechnet sich die festzusetzende Einkommensteuer. Absatz 1 legt in diesem Zusammenhang folgende Reihenfolge fest:

    Tarifliche Einkommensteuer (§ 32a Abs. 1, 5)
- Ausländische Steuer nach § 34c Abs. 1 und 6, § 12 AStG)
- Ermäßigung bei Land- und Forstwirten nach § 34e
- Steuerermäßigung bei Einkünften aus Gewerbebetrieb (§ 35)
- Steuerermäßigung für Steuerpflichtige mit Kindern bei Inanspruchnahme erhöhter Absetzung für Wohngebäude oder der Steuerbegünstigungen für eigengenutztes Wohnungseigentum (§ 34f Abs. 1, 2)
- Steuerermäßigung bei Mitgliedsbeiträgen und Spenden an politische Parteien und unabhängige Wählervereinigungen (§ 34g)
- Steuerermäßigung nach § 34f Abs. 3

Die tarifliche Einkommensteuer unter Berücksichtigung der Abzugs- und Hinzurechnungsbeträge (vgl. EStR 4) mündet in die festzusetzende Einkommensteuer ein, die ihrerseits Steuermaßstab für die Zuschlagsteuern ist (§ 51a Abs. 2). Die Steuerermäßigung gem. § 35 bewirkt somit zugleich auch eine Minderung des Solidaritätszuschlages.

Anteilige tarifliche Einkommensteuer
Die Steuerermäßigung setzt bei der um bestimmte Abzugsbeträge geminderten tariflichen Einkommensteuer an, soweit sie anteilig auf im zu versteuernden Einkommen enthaltene gewerbliche Einkünfte entfällt. Damit ergibt sich, vergleichbar mit § 34c Abs. 1, das Erfordernis einer Höchstbetragsberechnung. Abzustellen ist auf die im zu versteuernden Einkommen enthaltenen gewerblichen Einkünfte. Gemeint ist hiermit die Summe der positiven und negativen gewerblichen Einkünfte, also nach Berücksichtigung eines horizontalen Verlustausgleichs. Im Ergebnis entspricht damit der Begriff „gewerbliche Einkünfte" dem in der Überschrift zu Abschnitt V Nr. 3 verwendeten Begriff „Einkünfte aus Gewerbebetrieb". Im zu versteuernden Einkommen sind nicht enthalten insbesondere steuerfreie gewerbliche Einkünfte, etwa abkommensrechtlich freigestellte ausländische Betriebsstättengewinne. Diese sind somit für Zwecke der Höchstbetragsberechnung bei den gewerblichen Einkünften nicht zu berücksichtigen.

Unklar ist, worauf im übrigen abzustellen ist. Im Unterschied zu § 34c Abs. 1, wonach die anteilige Einkommensteuer im Verhältnis der ausländischen Einkünfte zur Summe der Einkünfte aufzuteilen ist, entbehrt Absatz 1 insoweit eines konkretisierenden Hinweises. Im Hinblick darauf, daß nach dem Wortlaut dieser Vorschrift diejenigen gewerblichen Einkünfte herangezogen werden, die im zu versteuernden Einkommen enthalten sind, liegt es nahe, eben dieses zu versteuernde Einkommen als weitere Maßgröße für die Höchstbetragsberechnung heranzuziehen. Diese Berechnung führte allerdings dazu, daß jene Abzugsbeträge, die erst nach der Summe der Einkünfte bei der Ermittlung des zu versteuernden Einkommens berücksichtigt werden, im Ergebnis allein zu Lasten der nicht gewerblichen Einkünfte gingen. Eine derartige Abweichung von der sonst üblichen quotalen Zuordnung der Abzugsbeträge ist auch nicht im Hinblick auf die spezifische Entlastungstechnik des § 35 geboten, so daß es allein sachgerecht ist, für die Berechnung des Höchstbetrages auf die Summe der Einkünfte abzustellen.

Somit ergibt sich folgende Formel:

$$\text{Höchstbetrag} = \frac{\text{geminderte tarifliche Einkommensteuer} \times \text{im zu versteuernden Einkommen enthaltene gewerbliche Einkünfte}}{\text{Summe der Einkünfte}}$$

Hierzu die folgenden Beispiele:

1. A hat erzielt gewerbliche Einkünfte aus
   - Gewerbebetrieb I   = DM 100.000,00
   - Gewerbebetrieb II = DM 50.000,00
   - Gewerbebetrieb III = DM 150.000,00

   sowie Einkünfte aus Vermietung und Verpachtung i.H.v. DM 200.000,00. Die Summe der Einkünfte beträgt DM 500.000,00 und das zu versteuernde Einkommen unter Berücksichtigung eines Verlustabzuges, von Sonderausgaben und außergewöhnlicher Belastung DM 450.000,00. Die geminderte tarifliche Einkommensteuer beträgt DM 218.250,00 (48,5 %).

   Der Höchstbetrag beträgt:

   $$130.950,00 = \frac{218.250,00 \times 300.000,00}{500.000,00}$$

2. Wie vorstehend zu 1. mit dem Unterschied, daß der Gewerbebetrieb III im Ausland belegen ist und die Einkünfte von DM 150.000,00 abkommensrechtlich freigestellt sind (Betriebsstättenfreistellung). Die Summe der Einkünfte beträgt in diesem Fall DM 350.000,00, das zu versteuernde Einkommen DM 300.000,00 und die geminderte tarifliche Einkommensteuer DM 145.500,00 (48,5 %).

   Der Höchstbetrag beläuft sich auf:

   $$62.357,14 = \frac{145.500,00 \times 150.000,00}{350.000,00}$$

3. Beispiel wie zu 1. nur mit dem Unterschied, daß auf den Gewerbebetrieb III ein Verlust von DM 150.000,00 entfällt. Die Summe der Einkünfte beträgt DM 200.000,00, das zu versteuernde Einkommen DM 150.000,00 und die geminderte tarifliche Einkommensteuer DM 72.750,00 (48,5 %).

   Der Höchstbetrag beläuft sich auf:

   $$0 = \frac{72.750,00 \times 0}{200.000,00}$$

Die vorstehenden Beispiele machen deutlich, daß eine Steuerermäßigung überhaupt nur dann in Betracht kommt, wenn im zu versteuernden Einkommen in der Summe positive gewerbliche Einkünfte vorhanden sind. Im Falle eines horizontalen Verlustausgleichs (Beispiel

A. XXI. Änderung § 35 EStG

3) führt das stets dazu, daß die Steuerermäßigung insoweit ins Leere geht und eine Entlastung von tatsächlich gezahlter Gewerbesteuer versagt bleibt. Das gesetzgeberische Ziel wird damit verfehlt. Das gesetzgeberische Ziel hätte dagegen bei einer betriebsbezogenen Höchstbetragsberechnung erreicht werden können, wenn zugleich negative gewerbliche Einkünfte bei der Höchstbetragsberechnung entsprechend der im Absatz 2 Satz 2 getroffenen Organschaftsregelung mit 0 Deutsche Mark angesetzt würden.

Im Falle der Zusammenveranlagung von Ehegatten ermittelt sich die Summe der Einkünfte und das zu versteuernde Einkommen aus den Einkünften der jeweiligen Ehegatten. Etwaige Nachteile aufgrund des horizontalen Verlustausgleichs (vgl. Beispiel 3) können dadurch entstehen, daß im Falle der Zusammenveranlagung negative gewerbliche Einkünfte des einen Ehegatten mit positiven gewerblichen Einkünften des anderen Ehegatten zusammengefaßt werden. Dieser Nachteil kann durch getrennte Veranlagung verhindert werden.

Ermäßigungsbetrag

Bei den Einkünften aus gewerblichen Unternehmen i.S.d. § 15 Abs. 1 Satz 1 Nr. 1 beträgt der Ermäßigungsbetrag das 1,8fache des jeweils für den dem Veranlagungszeitraum entsprechende Erhebungszeitraum festgesetzten Gewerbesteuermeßbetrags (Nr. 1).

Gewerbliche Unternehmen sind Gewerbebetriebe (*Schmidt/Weber-Grellet* EStG § 15 Rz. 8). Eine natürliche Person kann mehrere Gewerbebetriebe betreiben. Ob mehrere gewerbliche Betätigungen als mehrere gewerbliche Unternehmen (Gewerbebetriebe) zu qualifizieren sind, ergibt sich nach Maßgabe der allgemeinen Grundsätze, so daß insbesondere auf die Art der Betätigung, räumliche Trennung der Betriebe, gesonderte Buchführung, eigenes Personal, eigene Verwaltung, selbständige Organisation und auf eigenes Anlagevermögen abzustellen ist (BFH v. 8.3.1989, BStBl. II 1989, 572; BFH v.16.6.1999, BFH/NV 1999, 1455; vgl. auch Abschn. 16 GewStR). Bei mehreren gewerblichen Unternehmen (Gewerbebetrieben) ist, obwohl der Gesetzeswortlaut insoweit unklar ist, der Ermäßigungsbetrag für jeden Gewerbebetrieb getrennt zu ermitteln und sodann zusammenzufassen. Hierbei sind anteilige Gewerbesteuermeßbeträge nachgeschalteter Mitunternehmerschaften in entsprechender Anwendung von Abs. 3 Satz 4 einzubeziehen. Im Hinblick darauf vermindern Verluste einzelner gewerblicher Unternehmen insgesamt nicht den Ermäßigungsbetrag.

Hierzu das folgende Beispiel:

Beispiel wie zu 1. nur mit dem Unterschied, daß auf den Gewerbebetrieb II ein Verlust von DM 50.00,00 entfällt. Die Summe der Einkünfte beträgt DM 400.000,00, das zu versteuernde Einkommen DM 350.000,00 und die geminderte tarifliche Einkommensteuer DM 169.750,00 (48,5 %).

Der Höchstbetrag beläuft sich auf:

$$84.875,00 = \frac{169.750,00 \times 200.000}{400.000}$$

Ermäßigungsbetrag: Gewerbebetrieb I = DM   9.000,00
Gewerbebetrieb II = DM   -------
Gewerbebetrieb III = DM 13.500,00
DM 22.500,00

Da der Ermäßigungsbetrag in Höhe von DM 22.500,00 den Höchstbetrag von DM 84.875,00 unterschreitet, ist volle Abzugsfähigkeit gegeben.

Der Ermäßigungsbetrag in Höhe des 1,8fachen des Gewerbesteuermeßbetrages wird neben dem Betriebsausgabenabzug gewährt. Das bedeutet, daß Betriebsausgabenabzug und Ermäßigungsbetrag bei einer Einkommensteuerbelastung von 48,5 v.H. dann zu einer annähernden Vollentlastung von Gewerbesteuer führen, wenn der Gewerbesteuerhebesatz 360 v.H. beträgt. Ist der Hebesatz höher als 360 v.H., wird das gesetzgeberische Ziel – Vermeidung der Doppelbelastung von Einkommen und Gewerbesteuer – verfehlt. Ist der Gewerbesteuerhebesatz dagegen niedriger als 360 v.H., bewirkt der Ermäßigungsbetrag eine echte Steuervergünstigung. Damit wird deutlich, daß die in § 35 verankerte Steuerermäßigung nicht auf eine individuelle Entlastung von Gewerbesteuer abzielt, sondern lediglich eine „pauschalierte Anrechnung" von Gewerbesteuer bewirkt, so daß im Ergebnis die unterschiedliche Belastung durch Gewerbesteuer entsprechend den unterschiedlichen Gewerbesteuerhebesätzen in den Gemeinden aufrechterhalten bleibt. Eine vollständige Nivellierung der unterschiedlichen Gewerbesteuerbelastung durch individuelle Anrechnung auf die Einkommensteuer wäre aus finanzverfassungsrechtlichen Gründen nicht möglich gewesen. Im Hinblick darauf sieht § 35 auch keinen Vor- oder Rücktrag nicht ausgeschöpfter Ermäßigungsbeträge vor. Aus den gleichen Gründen unterbleibt auch eine Erstattung der Ermäßigungsbeträge für den Fall, daß diese die geminderte tarifliche Einkommensteuer übersteigen.

A. XXI. Änderung § 35 EStG

Bei den Einkünften aus Gewerbebetrieben als Mitunternehmer i.S.d. § 15 Abs. 1 Satz 1 Nr. 2 und 3, also bei unmittelbar und mittelbar beteiligten Mitunternehmern sowie bei persönlich haftenden Gesellschaftern einer KGaA, beträgt der Ermäßigungsbetrag das 1,8fache des jeweils für den dem Veranlagungszeitraum entsprechenden Erhebungszeitraum festgesetzten anteiligen Gewerbesteuermeßbetrages (Nr. 2). Einen anteiligen Gewerbesteuermeßbetrag sieht das Gewerbesteuergesetz allerdings nicht vor. Gem. § 14 GewStG ist für einen Gewerbebetrieb nämlich auch dann stets nur ein Gewerbesteuermeßbetrag festzusetzen, wenn an ihm mehrere beteiligt sind. Gemeint ist der Gewerbesteuermeßbetrag, soweit er anteilig auf den jeweiligen Mitunternehmer entfällt. Damit wird die Verknüpfung mit der in Absatz 3 verankerten Regelung hergestellt.

bb) Organschaft (Absatz 2)

Gewerbesteuerliche Organschaft

In den Fällen, in denen nur eine gewerbesteuerliche Organschaft und nicht auch zusätzlich eine körperschaftsteuerliche Organschaft gegeben ist, enthält Absatz 2 eine Sonderregelung, die im Ergebnis sicherstellt, daß der Ermäßigungsbetrag nur auf der Grundlage des „eigenen" Gewerbesteuermeßbetrages des Organträgers berechnet wird (Satz 1). Die Gewerbeerträge der Organgesellschaften sollen daher bei bloß gewerbesteuerlicher Organschaft nicht zu einem Ermäßigungsbetrag führen. Dies deshalb nicht, weil der Organträger insoweit nicht mit Einkommensteuer belastet ist. Ist zugleich auch eine körperschaftsteuerliche Organschaft gegeben, die beim Organträger zu einer entsprechenden einkommensteuerlichen Belastung des zugerechneten Einkommens führt, wird dementsprechend der Ermäßigungsbetrag nicht eingeschränkt (Satz 4). Nicht ausdrücklich geregelt ist der Fall, daß zwar eine körperschaftsteuerliche aber nicht zugleich eine gewerbesteuerliche Organschaft besteht. Satz 4 ist hierauf entsprechend anzuwenden.

Da die Gewerbeerträge der Organgesellschaften im Rahmen der gewerbesteuerlichen Organschaft mit dem Gewerbeertrag des Organträgers zusammengerechnet werden, ist der auf den Organträger entfallende Anteil am Gewerbesteuermeßbetrag aus dem Verhältnis des Gewerbeertrags des Organträgers vor Zurechnung der Gewerbeerträge der Organgesellschaften und vor Anwendung des § 11 GewStG zur Summe des Gewerbeertrags des Organträgers und der Gewerbeerträge aller Organgesellschaften zu errechnen. Hierfür gilt die folgende Formel:

Anteil des Organträgers am Gewerbesteuermeßbetrag =	$\dfrac{\text{Gewerbesteuermeßbetrag} \times \text{Gewerbeertrag vor Zurechnung und vor Anwendung des § 11 GewStG}}{\text{Summe alle Gewerbeerträge}}$

Bei Anwendung der sich aus Satz 1 ergebenden Verhältnisrechnung sind negative Gewerbeerträge des Organträgers oder der Organgesellschaften mit DM 0,00 anzusetzen (Satz 2).

Gesonderte Feststellung

Der aufgrund der vorstehenden Formel zu errechnende Anteil des Organträgers am Gewerbesteuermeßbetrag ist als Vomhundertsatz mit zwei Nachkommastellen gerundet zu ermitteln und gesondert festzustellen (Satz 3). Zuständig hierfür ist nach der Regelung in Abs. 4 Satz 1 das Betriebsfinanzamt (§§ 22 Abs. 1, 18 Abs. 1 Nr. 2 AO).

cc) Mitunternehmerschaft (Absatz 3)

Einheitliche und gesonderte Feststellung

Bei Mitunternehmerschaften, also bei unmittelbar und mittelbar beteiligten Mitunternehmern sowie bei persönlich haftenden Gesellschaftern einer KGaA, ist der für die Anwendung des Ermäßigungsbetrages (Abs. 1 Nr. 2) maßgebliche Gewerbesteuermeßbetrag sowie der auf den einzelnen Mitunternehmer entfallende Anteil hieran gesondert und einheitlich festzustellen (Satz 1). Der auf den einzelnen Mitunternehmer entfallende Anteil am Gewerbesteuermeßbetrag ist als Vomhundertsatz mit zwei Nachkommastellen gerundet zu ermitteln (Satz 3). Zuständig hierfür ist das für die Feststellung der Einkünfte zuständige Finanzamt (Abs. 4 Satz 2), also das Betriebsfinanzamt gem. § 18 Abs. 1 Nr. 2 AO. Bei mehrstöckigen Mitunternehmerschaften sind sämtliche bei den Gesellschaften festgestellten anteilige Gewerbesteuermeßbeträge einzubeziehen und bis auf den „Schlußgesellschafter" durchzurechnen (Satz 4).

Verteilungsschlüssel

Satz 2 schreibt vor, daß der Anteil eines Mitunternehmers am Gewerbesteuermeßbetrag sich nach dem allgemeinen Gewinnverteilungsschlüssel richtet, wobei Vorabgewinnanteile nicht zu berücksichtigen sind (Satz 2). Es handelt sich um eine typisierende Vorschrift, die allein auf den „allgemeinen Gewinnverteilungsschlüssel" abstellt. Dieser Gewinnverteilungsschlüssel ergibt sich aus dem jeweiligen Gesell-

A. XXI. Änderung § 35 EStG

schaftsvertrag und orientiert sich in aller Regel an den Festkapitalkonten (Kapitalkonten I).

Hieraus folgt, daß nicht nur die in § 15 Abs. 1 Satz 1 Nr. 2 Satz 2 Teilsatz 2 genannten Sondervergütungen, sondern auch alle anderen Sonderbetriebseinnahmen und Sonderbetriebsausgaben des betreffenden Mitunternehmers unberücksichtigt bleiben. Darüber hinaus wirken sich auch die Ergebnisse aus positiven und negativen Ergänzungsbilanzen des einen oder anderen Mitunternehmers nicht auf die Berechnung seines Anteils am Gewerbesteuermeßbetrag aus. Mit dieser der Vereinfachung dienenden Regelung hat der Gesetzgeber auf die in der Literatur geübte Kritik am Referentenentwurf reagiert, der noch eine Berücksichtigung von Sondervergütungen usw. vorsah.

Hierzu das folgende Beispiel:

A und B sind zu jeweils 50 % an der AB-OHG beteiligt. Zum Sonderbetriebsvermögen II des A bei der AB-OHG gehört eine Beteiligung an einer Vertriebs-GmbH, die die von der AB-OHG hergestellten Produkte weltweit vertreibt. A veräußert seine Beteiligung und erzielt einen Gewinn von DM 1 Mio. Nach dem Gesellschaftsvertrag hat A im Innenverhältnis die auf den Veräußerungsgewinn entfallende GewSt allein zu tragen.

Auf den Veräußerungsgewinn entfällt ein Gewerbesteuermeßbetrag von DM 50.000,00 und demzufolge ein Ermäßigungsbetrag von DM 90.000,00, den A und B jeweils zur Hälfte für Zwecke ihrer Einkommensteuer in Anspruch nehmen können.

Da es nur auf den „allgemeinen" Gewinnverteilungsschlüssel ankommt, spielen gesellschaftsvertragliche Abreden dahingehend, daß bei der Gewinnverteilung jeder Gesellschafter die auf ihn entfallende Gewerbesteuer – etwa die anteilig auf seine Sondervergütungen entfallende Gewerbesteuer – selbst zu tragen hat, keine Rolle. Das gilt unabhängig davon, ob eine derartige vertragliche Abrede ausdrücklich getroffen wurde oder ob sie, entsprechend dem Willen der Gesellschafter, unterstellt wird (vgl. BFH v. 25.04.1985, BStBl. II 1986, 350; ferner *Glanegger* in: Güroff/Glanegger GewStG § 5 Rz. 21). Im Hinblick darauf werden zukünftig besondere vertragliche Abreden dahingehend geboten sein, diejenigen einkommensteuerlichen Vorteile auszugleichen, die Mitunternehmer durch Berücksichtigung des Ermäßigungsbetrages in Anspruch nehmen, obwohl sie tatsächlich mit der entsprechenden Gewerbesteuer nicht belastet sind.

dd) Gesonderte Feststellung (Absatz 4)

Zuständigkeiten

Absatz 4 enthält folgende Zuständigkeiten:

- Betriebsfinanzamt für die gesonderte Feststellung des auf den Organträger entfallenden prozentualen Anteils am Gewerbesteuermeßbetrag (Abs. 4 Satz 1, Abs. 2 Satz 3 i.V.m. §§ 22 Abs. 1, 18 Abs. 1 Nr. 2 AO).

- Betriebsfinanzamt für die gesonderte und einheitliche Feststellung des auf den einzelnen Mitunternehmer entfallenden Anteils am Gewerbesteuermeßbetrag (Abs. 4 Satz 2, Abs. 3 Satz 2 i.V.m. § 18 Abs. 1 Nr. 2 AO).

Grundlagenbescheide

Für die Ermittlung des Ermäßigungsbetrages nach Absatz 1 sind die Festsetzung des Gewerbesteuermeßbetrages sowie die Feststellung der Vomhundertsätze bei Organschaft und Mitunternehmerschaft ebenso Grundlagenbescheide wie im Falle der Mitunternehmerschaft die Festsetzung des Gewerbesteuermeßbetrages und die Festsetzung des auf den jeweiligen Mitunternehmer entfallenden Anteils hieran (Sätze 3 und 4). Hieraus ergeben sich Folgerungen hinsichtlich der Ablaufhemmung (§ 171 Abs. 10 AO) und auf den Einspruch (§§ 351 Abs. 2, 352 AO).

c) Erstmalige Anwendung

§ 35 ist gem. § 52 Abs. 50a erstmals in dem Veranlagungszeitraum anzuwenden, in dem Einkünfte aus Gewerbebetrieb erzielt werden, die aus Wirtschaftsjahren stammen, die nach dem 31. Dezember 2000 beginnen. Bei kalendergleichem Wirtschaftsjahr oder bei Umstellung auf ein abweichendes Wirtschaftsjahr im Jahr 2001 ist dies der Veranlagungszeitraum 2001. Bei abweichendem Wirtschaftsjahr in den übrigen Fällen gilt § 35 erst im Veranlagungszeitraum 2002. In diesem Fall gilt § 32c noch für den Veranlagungszeitraum 2001 (§ 52 Abs. 44).

XXII. Änderung § 36 EStG

1. Text der Vorschrift

§ 36 wird wie folgt geändert:

a) Absatz 2 Satz 2 wird wie folgt geändert:

   aa) Nummer 2 wird wie folgt geändert:

      aaa) Satz 1 wird wie folgt gefasst:

„die durch Steuerabzug erhobene Einkommensteuer, soweit sie auf die bei der Veranlagung erfassten Einkünfte oder auf die nach § 3 Nr. 40 dieses Gesetzes oder nach § 8b Abs. 1 und 6 Satz 2 des Körperschaftsteuergesetzes bei der Ermittlung des Einkommens außer Ansatz bleibenden Bezüge entfällt und nicht die Erstattung beantragt oder durchgeführt worden ist."

      bbb) In Satz 2 wird das Semikolon durch einen Punkt ersetzt.

      ccc) Folgender Satz wird angefügt:

„In den Fällen des § 8b Abs. 6 Satz 2 des Körperschaftsteuergesetzes ist es für die Anrechnung ausreichend, wenn die Bescheinigung nach § 45a Abs. 2 und 3 vorgelegt wird, die dem Gläubiger der Kapitalerträge ausgestellt worden ist."

   bb) Nummer 3 wird aufgehoben.

b) In Absatz 3 Satz 1 werden die Angabe „und 3" sowie das Wort „jeweils" gestrichen.

2. Materialien

Gesetzentwurf der Bundesregierung

§ 36 wird wie folgt geändert:

   a) Absatz 2 Satz 2 wird wie folgt geändert:

      aa) Nummer 2 wird wie folgt geändert:

         aaa) Satz 1 wird wie folgt gefasst:

„die durch Steuerabzug erhobene Einkommensteuer, soweit sie auf die bei der Veranlagung erfassten

Einkünfte oder auf die nach § 3 Nr. 40 dieses Gesetzes oder nach den §§ 8 Abs. 5 und 8b Abs. 1 des Körperschaftsteuergesetzes bei der Ermittlung des Einkommens außer Ansatz bleibenden Bezüge entfällt und nicht die Erstattung beantragt oder durchgeführt worden ist."

bbb) In Satz 2 wird das Semikolon durch einen Punkt ersetzt.

ccc) Folgender Satz wird angefügt:

„In den Fällen des § 8 Abs. 5 Satz 2 des Körperschaftsteuergesetzes ist es für die Anrechnung ausreichend, wenn die Bescheinigung nach § 45a Abs. 2 und 3 vorgelegt wird, die dem Gläubiger der Kapitalerträge ausgestellt worden ist."

bb) Nummer 3 wird aufgehoben.

b) In Absatz 3 Satz 1 werden die Angabe „und 3" sowie das Wort „jeweils" gestrichen.

Begründung zum Gesetzentwurf der Bundesregierung

Zu Buchstabe a (Absatz 2 Satz 2)

Zu Doppelbuchstabe aa (Nummer 2)

Die Regelung stellt sicher, dass die volle auf die Dividenden angefallene und entrichtete Kapitalertragsteuer im Rahmen der Einkommensteuerveranlagung angerechnet werden kann, obwohl bei der Ermittlung des zu versteuernden Einkommens nur die Hälfte der Dividenden erfasst worden ist.

Entsprechendes gilt, wenn der Gewinn aus Anteilen an einem nicht steuerbefreiten Betrieb gewerblicher Art (z. B. an einer Landesbank) nach § 8 Abs. 5 KStG bei der Ermittlung des Einkommens des Beteiligten (z. B. einer Sparkasse) außer Ansatz bleibt.

Ist die Sparkasse nur mittelbar beteiligt (z. B. über eine steuerfreie Körperschaft des öffentlichen Rechts), so ist die Anrechnung ebenfalls möglich. In diesem Fall hat die Sparkasse die Bescheinigung nach § 45a EStG vorzulegen, die der Körperschaft des öffentlichen Rechts (als Gläubiger der ausgeschütteten Gewinne der Landesbank) ausgestellt worden ist.

A. XXII. Änderung § 36 EStG

Zu Buchstabe bb (Nummer 3)

Unter der Herrschaft des Halbeinkünfteverfahren entfällt die Anrechnung des Körperschaftsteuerguthabens. Die Anrechnungsvorschrift ist deshalb aufzuheben.

Zu Buchstabe b (Absatz 3)

Redaktionelle Folgeänderung aus der Änderung in Absatz 2.

Beschlussempfehlung des Finanzausschusses

§ 36 wird wie folgt geändert:

a) Absatz 2 Satz 2 wird wie folgt geändert:

   aa) Nummer 2 wird wie folgt geändert:

   aaa) Satz 1 wird wie folgt gefasst:

   „die durch Steuerabzug erhobene Einkommensteuer, soweit sie auf die bei der Veranlagung erfassten Einkünfte oder auf die nach § 3 Nr. 40 dieses Gesetzes oder nach § 8b Abs. 1 und 4 Satz 2 des Körperschaftsteuergesetzes bei der Ermittlung des Einkommens außer Ansatz bleibenden Bezüge entfällt und nicht die Erstattung beantragt oder durchgeführt worden ist."

   bbb) unverändert

   ccc) Folgender Satz wird angefügt:

   „In den Fällen des § 8b Abs. 4 Satz 2 des Körperschaftsteuergesetzes ist es für die Anrechnung ausreichend, wenn die Bescheinigung nach § 45a Abs. 2 und 3 vorgelegt wird, die dem Gläubiger der Kapitalerträge ausgestellt worden ist."

   bb) unverändert

b) unverändert

Begründung des Finanzausschusses

Redaktionelle Folgeänderung aus der Änderung der §§ 8 Abs. 5 und 8b KStG.

Beschlussempfehlung/Begründung des Vermittlungsausschusses
– keine Änderung/Bemerkung –

3. Erläuterungen
Verfasser: Stephan Schauhoff

a) **Zweck und Inhalt**

In § 36 Abs. 2 ist geregelt, in welchem Umfang die einbehaltenen Quellensteuern auf die Einkommensteuer angerechnet werden. Ein Änderungsbedarf ergab sich zum einen dadurch, dass das Körperschaftsteueranrechnungsverfahren abgeschafft worden ist, zum anderen aus der Notwendigkeit, die Anrechnung der vollen Kapitalertragsteuer anzuordnen, obwohl die dem Halbeinkünfteverfahren unterworfenen Einkünfte zur Hälfte steuerfrei vereinnahmt werden können.

b) **Einzelerläuterungen zu (§ 36 Abs. 2 Satz 2 Nr. 2)**

aa) Die durch Steuerabzug erhobene Einkommensteuer, soweit sie auf die bei der Veranlagung erfassten Einkünfte entfällt

Im Grundsatz regelt § 36 Abs. 2 Nr. 2 EStG, dass die Quellensteuern, wie Kapitalertragsteuer oder Lohnsteuer, die der Einkommensteuerveranlagung unterworfene Einkünfte betreffen, auf die Steuerschuld angerechnet werden können. Wesentlich ist, dass die entsprechenden Einkünfte bei der Veranlagung erfasst werden. Soweit die Einkommensteuer durch die Quellensteuer, die auf Rechnung des Gläubigers erhoben wird, abgegolten werden soll, kommt eine Anrechnung der Quellensteuer nicht in Betracht. In Fällen, in denen die Einnahmen steuerfrei bleiben, obwohl Quellensteuer erhoben worden ist, scheidet eine Anrechnung der Quellensteuer aus, weil diese Einkünfte nicht bei der Veranlagung erfasst werden. Daraus ergibt sich die Notwendigkeit für den Gesetzgeber, in den Fällen, in denen trotz Steuerfreiheit der Einnahmen Kapitalertragsteuer von den gesamten Einnahmen erhoben wird, eine Anrechnung der insgesamt einbehaltenen Quellensteuern durch spezielle gesetzliche Vorschrift anzuordnen.

bb) Oder nach § 3 Nr. 40 dieses Gesetzes außer Ansatz bleibende Bezüge

In § 3 Nr. 40 EStG ist geregelt, welche Einkünfte nach dem sog. Halb-einkünfteverfahren nur zur Hälfte besteuert werden. Im wesentlichen handelt es sich dabei um Dividendenzahlungen und Gewinne aus der Veräußerung von Anteilen an Kapitalgesellschaften durch natürliche Personen. Dividendenzahlungen unterliegen stets in voller Höhe dem Kapitalertragsteuerabzug, obwohl die Einkünfte selbst bei den natürlichen, der unbeschränkten Steuerpflicht unterliegenden Personen nur zur Hälfte der Einkommensteuer unterworfen werden. Diese Personen können die einbehaltene Kapitalertragsteuer aufgrund der ausdrücklichen gesetzlichen Anordnung in § 36 Abs. 2 Nr. 2 EStG in voller Höhe mit ihrer Steuerschuld verrechnen.

cc) Oder nach § 8b Abs. 1 und Abs. 6 Satz 2 KStG außer Ansatz bleibende Bezüge

Auf den ersten Blick verwundert es etwas, dass in § 36 Abs. 2 Nr. 1 EStG angeordnet ist, in welchen Fällen der Körperschaftsteuer unterliegende Körperschaften Kapitalertragsteuer auf die bei ihnen entstehende Körperschaftsteuer anrechnen können. Denn § 8b Abs. 1 KStG regelt den Fall, dass Dividenden von einer Kapitalgesellschaft an eine andere Kapitalgesellschaft oder diesen möglicherweise gleichgestellte Körperschaften ausgeschüttet werden. Derartige Ausschüttungen bleiben bei der empfangenden Körperschaft körperschaftsteuerfrei. Die auf die Ausschüttung erhobene Kapitalertragsteuer kann in voller Höhe von dem Gläubiger der Dividende auf seine Steuerschuld angerechnet werden, auch wenn es dadurch zu Steuererstattungen kommt. Diese Regelung ist deswegen in § 36 Abs. 2 Nr. 2 EStG enthalten, weil § 49 Abs. 1 KStG a.F. auf die Vorschrift des § 36 EStG verweist. Allerdings stellt sich die Frage, ob die Regelung nicht systematisch eher in das Körperschaftsteuergesetz gehört. Über den bisherigen Regelungsumfang hinaus wurde ausdrücklich aufgenommen, dass auch in den Fällen des § 8b Abs. 6 Satz 2 KStG die Steuerfreiheit der weitergeleiteten Dividendenausschüttung der vollen Anrechnung der Kapitalertragsteuer auf die Körperschaftsteuerschuld nicht entgegensteht. Es gibt noch eine spezielle Bestimmung, welche Bescheinigung für die Anrechnung der Kapitalerträge vorgelegt werden muss. Eine zwingende Notwendigkeit, diese gesetzliche Anordnung in § 36 Abs. 2 Satz 2 Nr.2 EStG aufzunehmen, ist nicht ersichtlich, da § 8b Abs. 6 Satz 2 KStG ohnehin auf § 8b Abs. 1 KStG verweist. Anscheinend hat der Gesetzgeber die spezielle gesetzliche Regelung deswegen getroffen, weil eine Bescheinigung über den Einbehalt der Kapitalertragsteuer allein auf Rechnung einer Person vorgelegt werden kann, die selbst nicht einkommen- oder körperschaftsteuerpflichtig ist. Diese mittelbare Form der Anrechnung sollte gesondert festgehalten werden.

dd) Und nicht die Erstattung beantragt oder durchgeführt worden ist

Nunmehr ist in § 44b und § 44c EStG geregelt, in welchen Fällen der Gläubiger der Dividende und Steuerschuldner die Erstattung von Kapitalertragsteuer beantragen kann. Den erstattungsberechtigten Gläubigern steht damit ein Wahlrecht zu, ob sie entweder das Erstattungsverfahren beim Bundesamt für Finanzen betreiben oder die Steuerveranlagung abwarten und im Zuge der Veranlagung die auf ihre Rechnung abgeführte Kapitalertragsteuer durch Anrechnung auf die durch die Veranlagung entstehende Steuerschuld verwerten.

c) Erstmalige Anwendung

Nach § 52 Abs. 50b EStG hängt die zeitliche Anwendung der Anrechnungsmöglichkeit von Kapitalertragsteuer und Körperschaftsteuerguthaben von der Regelung in § 34 Abs. 10a KStG ab. Legt man zugrunde, dass das Kalenderjahr dem Wirtschaftsjahr entspricht, dann kann bei einer ordentlichen Gewinnausschüttung das Körperschaftsteuerguthaben letztmals für eine Gewinnausschüttung in 2001, die den Jahresgewinn 2000 betrifft, geltend gemacht werden. Entsprechend kann das Körperschaftsteuerguthaben letztmals auf die Einkommensteuer 2001 angerechnet werden. Sofern allerdings kein auf den gesellschaftsrechtlichen Vorschriften beruhender Gewinnverteilungsbeschluss gefasst worden sein sollte, sondern insbesondere eine verdeckte Gewinnausschüttung vorliegen sollte, kann das Körperschaftsteuerguthaben letztmals für eine verdeckte Gewinnausschüttung in 2000 auf die Einkommensteuerschuld angerechnet werden. Missglückte Gewinnausschüttungen in 2001 für 2000 vermögen daher keine Anrechnung auf die Einkommensteuer mehr zu vermitteln. Bei abweichendem Wirtschaftsjahr kann etwas anderes gelten, siehe Erläuterungen zu § 34 Abs. 10a KStG.

XXIII. Änderung §§ 36a bis 36e EStG

1. Text der Vorschrift

Die §§ 36a bis 36e werden aufgehoben.

2. Materialien

Gesetzentwurf der Bundesregierung

Die §§ 36a bis 36e werden aufgehoben.

Begründung zum Gesetzentwurf der Bundesregierung

Folgeänderung aus dem Wegfall des Anrechnungsverfahrens. Die Vorschriften über den Ausschluss der Anrechnung von Körperschaftsteuer in Sonderfällen (§ 36a EStG), die Vergütung von Körperschaftsteuer (§ 36b EStG), die Vergütung von Körperschaftsteuer auf Grund von Sammelanträgen (§ 36c EStG), die Vergütung von Körperschaftsteuer in Sonderfällen (§ 36d EStG) und die Vergütung des Körperschaftsteuer-Erhöhungsbetrags an beschränkt Einkommensteuerpflichtige (§ 36e EStG) sind aufzuheben.

Beschlussempfehlung/Begründung des Finanzausschusses

– keine Änderung/Bemerkung –

Beschlussempfehlung/Begründung des Vermittlungsausschusses

– keine Änderung/Bemerkung –

XXIV. Änderung § 38a EStG

1. Text der Vorschrift

In § 38a Abs. 4 werden die Wörter „Aufstellung von entsprechenden Lohnsteuertabellen (§ 38c) und" gestrichen.

2. Materialien

Gesetzentwurf/Begründung der Bundesregierung

– Regelung noch nicht enthalten –

Beschlussempfehlung des Finanzausschusses

In § 38a Abs. 4 werden die Wörter „Aufstellung von entsprechenden Lohnsteuertabellen (§ 38c) und" gestrichen.

Begründung des Finanzausschusses

Redaktionelle Folgeänderungen aus dem Wegfall der gesetzlichen Lohnsteuertabellen (§ 38c EStG).

Beschlussempfehlung/Begründung des Vermittlungsausschusses

– keine Änderung/Bemerkung –

XXV. Änderung § 38c EStG

1. Text der Vorschrift
§ 38c wird aufgehoben.

2. Materialien
Gesetzentwurf der Bundesregierung

§ 38c Abs. 1 Satz 4 wird wie folgt gefasst:

„Die Jahreslohnsteuerbeträge für die Steuerklassen V und VI sind aus einer für diesen Zweck zusätzlich aufzustellenden Einkommensteuertabelle abzuleiten; in dieser Tabelle ist für die nach § 32a Abs. 2 abgerundeten Beträge des zu versteuernden Einkommens jeweils die Einkommensteuer auszuweisen, die sich aus dem Zweifachen des Unterschiedsbetrags zwischen dem Steuerbetrag für das Eineinviertelfache und dem Steuerbetrag für das Dreiviertelfache des abgerundeten zu versteuernden Einkommen nach § 32a Abs. 1 ergibt; die auszuweisende Einkommensteuer beträgt jedoch mindestens 19,9 vom Hundert des abgerundeten zu versteuernden Einkommens, für den 17 442 Deutsche Mark übersteigenden Teil höchstens 48,5 vom Hundert und für den 53 784 Deutsche Mark übersteigenden Teil jeweils 48,5 vom Hundert."

Begründung zum Gesetzentwurf der Bundesregierung

Es handelt sich um die Übernahme der von 2002 auf 2001 vorgezogenen Tarifentlastung aus § 52 Abs. 52 EStG in den § 38c EStG für den Bereich der Lohnsteuertabellen mit den Steuerklassen V und VI. Für die übrigen Steuerklassen bedarf es keiner besonderen Änderungsanweisung, weil § 38c EStG insoweit auf die Einkommensteuertabellen in § 32a EStG Bezug nimmt.

Beschlussempfehlung des Finanzausschusses

§ 38c wird aufgehoben.

Begründung des Finanzausschusses

Die gesetzliche Verpflichtung zur Aufstellung und Bekanntmachung von Lohnsteuertabellen durch das Bundesministerium der Finanzen wird aufgehoben. Aus dem Übergang von einem nach Stufen gestalteten Einkommensteuertarif mit Einkommensteuertabellen als Anlagen zum Gesetz hin zur stufenlosen Einkommensteuerermittlung nach der Tarifformel ohne gesetzliche Einkommensteuertabellen folgt die Abschaffung der gesetzlichen Lohnsteuertabellen für das Lohnsteuerabzugsverfahren. Die Lohnsteuer wird seit vielen Jahren überwiegend maschinell berechnet. Das Gesetz geht daher zukünftig in der Grundregelung von der maschinellen Berechnung der Lohnsteuer in Übereinstimmung mit der Steuerberechnung in der Veranlagung aus (§ 39b EStG); gedruckte Tabellen – insbesondere durch die Tabellenverlage hergestellt – werden als Hilfsmittel weiterhin ermöglicht (siehe neue Ermächtigung in § 51 Abs. 4 Nr. 1a EStG).

Die Umstellung erfolgt über drei Schritte in 2001, 2002 und abschließend im Jahr 2003: Ab 2001 entfällt die gesetzliche Verpflichtung, Lohnsteuertabellen aufzustellen und bekannt zu machen. Die maschinelle Lohnsteuerermittlung anhand der Tarifformel wird zur Grundregel erhoben und dazu die gesetzliche Verpflichtung zur Veröffentlichung eines Programmablaufplans eingeführt (bisher als Service veröffentlicht). Lohnsteuertabellen sollen übergangsweise amtlicherseits auf neuer Ermächtigungsgrundlage noch als Service veröffentlicht werden. Die noch für 2001 und 2002 vorgesehenen Einkommensstufen in der Tarifformel (54 in DM bzw. 36 in Euro) lassen dies ohne weiteres zu.

Ab 2003 fallen die Tarifstufen im Einkommensteuertarif weg. Damit erhalten die Lohnsteuertabellen endgültig den Charakter einer Hilfslösung (bzw. eines Hilfsmittels), da überschaubare Tabellen Arbeitslohnstufen voraussetzen, sie also den stufenlosen Steuertarif nur punktuell zutreffend darstellen können. Ab 2003 soll die Herausgabe von (Lohnsteuer-) Tabellen den privaten Tabellenverlagen überlassen bleiben. Deren Produkte werden schon heute in der Praxis ganz überwiegend benutzt, weil sie neben der Lohnsteuer auch die anderen Abzugsbeträge enthalten. Die Herstellung der Privattabellen wird dadurch gesteuert, dass die für die Aufstellung von Lohnsteuertabellen erforderlichen Parameter (Stufenbreite, Bemessungsgrundlage für die Vorsorgepauschale, Steuerberechnung nach der Stufenobergrenze) in einem amtlichen Programmablaufplan veröffentlicht werden.

Beschlussempfehlung/Begründung des Vermittlungsausschusses

– keine Änderung/Bemerkung –

XXVI. Änderung § 39a EStG

1. Text der Vorschrift

In § 39a Abs. 1 Nr. 7 Satz 1 werden die Wörter „Eingangsbetrags der Jahreslohnsteuertabelle" durch die Wörter „zu versteuernden Jahresbetrags nach § 39b Abs. 2 Satz 6" ersetzt.

2. Materialien

Gesetzentwurf/Begründung der Bundesregierung

– Regelung noch nicht enthalten ,

Beschlussempfehlung des Finanzausschusses

In § 39a Abs. 1 Nr. 7 Satz 1 werden die Wörter „Eingangsbetrags der Jahreslohnsteuertabelle" durch die Wörter „zu versteuernden Jahresbetrags nach § 39b Abs. 2 Satz 6" ersetzt.

Begründung des Finanzausschusses

Redaktionelle Folgeänderung aus dem Wegfall der gesetzlichen Lohnsteuertabellen (§ 38c EStG). Der Eingangsbetrag des Jahresarbeitslohns, bei dem die Lohnsteuerbelastung beginnt, wird im Antrag auf die Eintragung eines Freibetrags auf der Lohnsteuerkarte für ein zweites oder weiteres Dienstverhältnis und eines Hinzurechnungsbetrags wie bisher beziffert werden. Anwendungsschwierigkeiten ergeben sich daher aus dem Wegfall der bisherigen Eingangsstufenbeträge in den gesetzlichen Lohnsteuertabellen nicht.

Beschlussempfehlung/Begründung des Vermittlungsausschusses

- keine Änderung/Bemerkung –

XXVII. Änderung § 39b EStG

1. Text der Vorschrift

§ 39b wird wie folgt geändert:

a) Die Absätze 2 und 3 werden wie folgt gefasst:

„(2) Für die Einbehaltung der Lohnsteuer vom laufenden Arbeitslohn hat der Arbeitgeber die Höhe des laufenden Arbeitslohns und den Lohnzahlungszeitraum festzustellen. Vom Arbeitslohn sind der auf den Lohnzahlungszeitraum entfallende Anteil des Versorgungs-Freibetrags (§ 19 Abs. 2) und des Altersentlastungsbetrags (§ 24a) abzuziehen, wenn die Voraussetzungen für den Abzug dieser Beträge jeweils erfüllt sind. Außerdem ist der Arbeitslohn nach Maßgabe der Eintragungen auf der Lohnsteuerkarte des Arbeitnehmers um einen etwaigen Freibetrag (§ 39a Abs. 1) zu vermindern oder um einen etwaigen Hinzurechnungsbetrag (§ 39a Abs. 1 Nr. 7) zu erhöhen. Der verminderte oder erhöhte Arbeitslohn des Lohnzahlungszeitraums ist auf einen Jahresarbeitslohn hochzurechnen. Dabei ist der Arbeitslohn eines monatlichen Lohnzahlungszeitraums mit 12, der Arbeitslohn eines wöchentlichen Lohnzahlungszeitraums mit 360/7 und der Arbeitslohn eines täglichen Lohnzahlungszeitraums mit 360 zu vervielfältigen. Der hochgerechnete Jahresarbeitslohn, vermindert um

1. den Arbeitnehmer-Pauschbetrag (§ 9a Satz 1 Nr. 1) in den Steuerklassen I bis V,

2. den Sonderausgaben-Pauschbetrag (§ 10c Abs. 1) in den Steuerklassen I, II und IV und den verdoppelten Sonderausgaben-Pauschbetrag in der Steuerklasse III,

3. die Vorsorgepauschale

    a) in den Steuerklassen I, II und IV nach Maßgabe des § 10c Abs. 2 oder 3,

    b) in der Steuerklasse III nach Maßgabe des § 10c Abs. 2 oder 3, jeweils in Verbindung mit § 10c Abs. 4 Satz 1 Nr. 1;

    für die Berechnung der Vorsorgepauschale ist der Jahresarbeitslohn auf den nächsten durch 54 ohne

Rest teilbaren vollen Deutsche-Mark-Betrag abzurunden, wenn er nicht bereits durch 54 ohne Rest teilbar ist, und sodann um 53 zu erhöhen,

4. den Haushaltsfreibetrag (§ 32 Abs. 7) in der Steuerklasse II,

5. einen Rundungsbetrag von 2 Deutsche Mark in der Steuerklasse VI

ergibt den zu versteuernden Jahresbetrag. Für den zu versteuernden Jahresbetrag ist die Jahreslohnsteuer in den Steuerklassen I, II und IV nach § 32a Abs. 1 bis 3 sowie in der Steuerklasse III nach § 32a Abs. 5 zu berechnen. In den Steuerklassen V und VI ist die Jahreslohnsteuer zu berechnen, die sich aus dem Zweifachen des Unterschiedsbetrags zwischen dem Steuerbetrag für das Eineinviertelfache und dem Steuerbetrag für das Dreiviertelfache des zu versteuernden Jahresbetrags nach § 32a Abs. 1 bis 3 ergibt; die Jahreslohnsteuer beträgt jedoch mindestens 19,9 vom Hundert des Jahresbetrags, für den 17 442 Deutsche Mark übersteigenden Teil des Jahresbetrags höchstens 48,5 vom Hundert und für den 53 784 Deutsche Mark übersteigenden Teil des zu versteuernden Jahresbetrags jeweils 48,5 vom Hundert. Für die Lohnsteuerberechnung ist die auf der Lohnsteuerkarte eingetragene Steuerklasse maßgebend. Die monatliche Lohnsteuer ist 1/12, die wöchentliche Lohnsteuer sind 7/360 und die tägliche Lohnsteuer ist 1/360 der Jahreslohnsteuer. Bruchteile eines Pfennigs, die sich bei der Berechnung nach den Sätzen 5 und 10 ergeben, bleiben jeweils außer Ansatz. Die auf den Lohnzahlungszeitraum entfallende Lohnsteuer ist vom Arbeitslohn einzubehalten. Die Oberfinanzdirektion kann allgemein oder auf Antrag ein Verfahren zulassen, durch das die Lohnsteuer unter den Voraussetzungen des § 42b Abs. 1 nach dem voraussichtlichen Jahresarbeitslohn ermittelt wird, wenn gewährleistet ist, dass die zutreffende Jahreslohnsteuer (§ 38a Abs. 2) nicht unterschritten wird.

(3) Für die Einbehaltung der Lohnsteuer von einem sonstigen Bezug hat der Arbeitgeber den voraussichtlichen Jahresarbeitslohn ohne den sonstigen Bezug festzustellen. Von dem voraussichtlichen Jahresarbeitslohn sind der Versorgungs-Freibetrag (§ 19 Abs. 2) und der Altersentlastungsbetrag (§ 24a), wenn die Voraussetzungen für den

A. XXVII. Änderung § 39b EStG

Abzug dieser Beträge jeweils erfüllt sind, sowie nach Maßgabe der Eintragungen auf der Lohnsteuerkarte ein etwaiger Jahresfreibetrag abzuziehen und ein etwaiger Jahreshinzurechnungsbetrag zuzurechnen. Für den so ermittelten Jahresarbeitslohn (maßgebender Jahresarbeitslohn) ist die Jahreslohnsteuer nach Maßgabe des Absatzes 2 Sätze 6 bis 8 zu ermitteln. Außerdem ist die Jahreslohnsteuer für den maßgebenden Jahresarbeitslohn unter Einbeziehung des sonstigen Bezugs zu ermitteln. Dabei ist der sonstige Bezug, soweit es sich nicht um einen sonstigen Bezug im Sinne des Satzes 9 handelt, um den Versorgungs-Freibetrag und den Altersentlastungsbetrag zu vermindern, wenn die Voraussetzungen für den Abzug dieser Beträge jeweils erfüllt sind und soweit sie nicht bei der Steuerberechnung für den maßgebenden Jahresarbeitslohn berücksichtigt worden sind. Für die Lohnsteuerberechnung ist die auf der Lohnsteuerkarte eingetragene Steuerklasse maßgebend. Der Unterschiedsbetrag zwischen den ermittelten Jahreslohnsteuerbeträgen ist die Lohnsteuer, die vom sonstigen Bezug einzubehalten ist. Werden in einem Lohnzahlungszeitraum neben laufendem Arbeitslohn sonstige Bezüge von insgesamt nicht mehr als 300 Deutsche Mark gezahlt, so sind sie dem laufenden Arbeitslohn hinzuzurechnen. Die Lohnsteuer ist bei einem sonstigen Bezug im Sinne des § 34 Abs. 1 und 2 Nr. 2 und 4 in der Weise zu ermäßigen, dass der sonstige Bezug bei der Anwendung des Satzes 4 mit einem Fünftel anzusetzen und der Unterschiedsbetrag im Sinne des Satzes 7 zu verfünffachen ist."

b) Absatz 4 wird gestrichen.

c) Es wird folgender neuer Absatz angefügt:

„(8) Das Bundesministerium der Finanzen hat im Einvernehmen mit den obersten Finanzbehörden der Länder auf der Grundlage der Absätze 2 und 3 einen Programmablaufplan für die maschinelle Berechnung der Lohnsteuer aufzustellen und bekannt zu machen."

2. Materialien

Gesetzentwurf/Begründung der Bundesregierung

– Regelung noch nicht enthalten –

Beschlussempfehlung des Finanzausschusses

§ 39b wird wie folgt geändert:

a) Die Absätze 2 und 3 werden wie folgt gefasst:

„(2) Für die Einbehaltung der Lohnsteuer vom laufenden Arbeitslohn hat der Arbeitgeber die Höhe des laufenden Arbeitslohns und den Lohnzahlungszeitraum festzustellen. Vom Arbeitslohn sind der auf den Lohnzahlungszeitraum entfallende Anteil des Versorgungs-Freibetrags (§ 19 Abs. 2) und des Altersentlastungsbetrags (§ 24a) abzuziehen, wenn die Voraussetzungen für den Abzug dieser Beträge jeweils erfüllt sind. Außerdem ist der Arbeitslohn nach Maßgabe der Eintragungen auf der Lohnsteuerkarte des Arbeitnehmers um einen etwaigen Freibetrag (§ 39a Abs. 1) zu vermindern oder um einen etwaigen Hinzurechnungsbetrag (§ 39a Abs. 1 Nr. 7) zu erhöhen. Der verminderte oder erhöhte Arbeitslohn des Lohnzahlungszeitraums ist auf einen Jahresarbeitslohn hochzurechnen. Dabei ist der Arbeitslohn eines monatlichen Lohnzahlungszeitraums mit 12, der Arbeitslohn eines wöchentlichen Lohnzahlungszeitraums mit 360/7 und der Arbeitslohn eines täglichen Lohnzahlungszeitraums mit 360 zu vervielfältigen. Der hochgerechnete Jahresarbeitslohn, vermindert um

1. den Arbeitnehmer-Pauschbetrag (§ 9a Satz 1 Nr. 1) in den Steuerklassen I bis V,

2. den Sonderausgaben-Pauschbetrag (§ 10c Abs. 1) in den Steuerklassen I, II und IV und den verdoppelten Sonderausgaben-Pauschbetrag in der Steuerklasse III,

3. die Vorsorgepauschale

    a) in den Steuerklassen I, II und IV nach Maßgabe des § 10c Abs. 2 oder 3,

    b) in der Steuerklasse III nach Maßgabe des § 10c Abs. 2 oder 3, jeweils in Verbindung mit § 10c Abs. 4 Satz 1 Nr. 1;

    für die Berechnung der Vorsorgepauschale ist der Jahresarbeitslohn auf den nächsten durch 54 ohne Rest teilbaren vollen Deutsche-Mark-Betrag abzurunden, wenn er nicht bereits durch 54 ohne Rest teilbar ist, und sodann um 53 zu erhöhen,

A. XXVII. Änderung § 39b EStG

4. den Haushaltsfreibetrag (§ 32 Abs. 7) in der Steuerklasse II,

5. einen Rundungsbetrag von 2 Deutsche Mark in der Steuerklasse VI

ergibt den zu versteuernden Jahresbetrag. Für den zu versteuernden Jahresbetrag ist die Jahreslohnsteuer in den Steuerklassen I, II und IV nach § 32a Abs. 1 bis 3 sowie in der Steuerklasse III nach § 32a Abs. 5 zu berechnen. In den Steuerklassen V und VI ist die Jahreslohnsteuer zu berechnen, die sich aus dem Zweifachen des Unterschiedsbetrags zwischen dem Steuerbetrag für das Einviertelfache und dem Steuerbetrag für das Dreiviertelfache des zu versteuernden Jahresbetrags nach § 32a Abs. 1 bis 3 ergibt; die Jahreslohnsteuer beträgt jedoch mindestens 19,9 vom Hundert des Jahresbetrags, für den 17 442 Deutsche Mark übersteigenden Teil des Jahresbetrags höchstens 48,5 vom Hundert und für den 53 784 Deutsche Mark übersteigenden Teil des zu versteuernden Jahresbetrags jeweils 48,5 vom Hundert. Für die Lohnsteuerberechnung ist die auf der Lohnsteuerkarte eingetragene Steuerklasse maßgebend. Die monatliche Lohnsteuer ist 1/12, die wöchentliche Lohnsteuer sind 7/360 und die tägliche Lohnsteuer ist 1/360 der Jahreslohnsteuer. Bruchteile eines Pfennigs, die sich bei der Berechnung nach den Sätzen 5 und 10 ergeben, bleiben jeweils außer Ansatz. Die auf den Lohnzahlungszeitraum entfallende Lohnsteuer ist vom Arbeitslohn einzubehalten. Die Oberfinanzdirektion kann allgemein oder auf Antrag ein Verfahren zulassen, durch das die Lohnsteuer unter den Voraussetzungen des § 42b Abs. 1 nach dem voraussichtlichen Jahresarbeitslohn ermittelt wird, wenn gewährleistet ist, dass die zutreffende Jahreslohnsteuer (§ 38a Abs. 2) nicht unterschritten wird.

(3) Für die Einbehaltung der Lohnsteuer von einem sonstigen Bezug hat der Arbeitgeber den voraussichtlichen Jahresarbeitslohn ohne den sonstigen Bezug festzustellen. Von dem voraussichtlichen Jahresarbeitslohn sind der Versorgungs-Freibetrag (§ 19 Abs. 2) und der Altersentlastungsbetrag (§ 24a), wenn die Voraussetzungen für den Abzug dieser Beträge jeweils erfüllt sind, sowie nach Maßgabe der Eintragungen auf der Lohnsteuerkarte ein etwaiger Jahresfreibetrag abzuziehen und ein etwaiger Jahreshinzurechnungsbetrag zuzurechnen. Für den so ermittelten Jahresarbeitslohn (maßgebender Jahresarbeitslohn) ist die Jahreslohnsteuer nach Maß-

gabe des Absatzes 2 Sätze 6 bis 8 zu ermitteln. Außerdem ist die Jahreslohnsteuer für den maßgebenden Jahresarbeitslohn unter Einbeziehung des sonstigen Bezugs zu ermitteln. Dabei ist der sonstige Bezug, soweit es sich nicht um einen sonstigen Bezug im Sinne des Satzes 9 handelt, um den Versorgungs-Freibetrag und den Altersentlastungsbetrag zu vermindern, wenn die Voraussetzungen für den Abzug dieser Beträge jeweils erfüllt sind und soweit sie nicht bei der Steuerberechnung für den maßgebenden Jahresarbeitslohn berücksichtigt worden sind. Für die Lohnsteuerberechnung ist die auf der Lohnsteuerkarte eingetragene Steuerklasse maßgebend. Der Unterschiedsbetrag zwischen den ermittelten Jahreslohnsteuerbeträgen ist die Lohnsteuer, die vom sonstigen Bezug einzubehalten ist. Werden in einem Lohnzahlungszeitraum neben laufendem Arbeitslohn sonstige Bezüge von insgesamt nicht mehr als 300 Deutsche Mark gezahlt, so sind sie dem laufenden Arbeitslohn hinzuzurechnen. Die Lohnsteuer ist bei einem sonstigen Bezug im Sinne des § 34 Abs. 1 und 2 Nr. 2 und 4 in der Weise zu ermäßigen, dass der sonstige Bezug bei der Anwendung des Satzes 4 mit einem Fünftel anzusetzen und der Unterschiedsbetrag im Sinne des Satzes 7 zu verfünffachen ist."

b) Absatz 4 wird gestrichen.

c) Es wird folgender neuer Absatz angefügt:

„(8) Das Bundesministerium der Finanzen hat im Einvernehmen mit den obersten Finanzbehörden der Länder auf der Grundlage der Absätze 2 und 3 einen Programmablaufplan für die maschinelle Berechnung der Lohnsteuer aufzustellen und bekannt zumachen."

Begründung des Finanzausschusses

§ 39b EStG enthält die vollständigen Anweisungen zur Berechnung der Lohnsteuer auf der Basis der Tarifformel. Die Lohnsteuerklassen werden unverändert beibehalten.

Zu Buchstabe a (§ 39 Abs. 2 und 3)

Nach dem Wegfall der gesetzlichen Lohnsteuertabellen (§ 38c EStG) wird die maschinelle Lohnsteuerberechnung der gesetzliche Regelfall. Für die üblichen (bisherigen) Lohnzahlungszeiträume wird der Arbeitgeber in Absatz 2 angewiesen, die Lohnsteuer nach der Formel des Einkommensteuertarifs in § 32a EStG zu berechnen. Dabei wird

A. XXVII. Änderung § 39b EStG

im Einzelnen vorgeschrieben, wie ausgehend vom Arbeitslohn die Bemessungsgrundlage für die Anwendung der Tarifformel („zu versteuerndes Einkommen") zu ermitteln ist.

Zur Ermittlung der Bemessungsgrundlage ist zunächst der Lohn des Lohnzahlungszeitraums um die individuellen Freibeträge oder Hinzurechnungsbeträge des Arbeitnehmers zu korrigieren. Dabei ist der auf den Lohnzahlungszeitraum fallende Teil des jährlichen Freibetrags oder Hinzurechnungsbetrags anzusetzen. Der so korrigierte steuerpflichtige Lohn des Lohnzahlungszeitraums ist in einen Jahresbetrag und sodann durch Abzug der je nach Steuerklasse in Betracht kommenden Pausch- und Freibeträge in einen zu versteuernden Jahresbetrag umzurechnen. Für die Kalenderjahre 2001 und 2002 enthält die Tarifformel in § 32a EStG weiterhin Einkommensstufen. In Absatz 2 Nr. 3 wird der bisherigen Verwaltungspraxis folgend festgelegt, dass die Vorsorgepauschale von der Obergrenze der Stufe zu berechnen ist, in die der tatsächlich gezahlte Arbeitslohn fällt. Die Vorsorgepauschale wird dabei aber erstmals ohne Kürzung des Arbeitslohns durch einen Freibetrag (§ 39a EStG) ermittelt und geht damit in zutreffender Höhe (§ 10c EStG) in die Lohnsteuerberechnung ein.

Für den zu versteuernden Jahresbetrag, der in der Lohnsteuerberechnung die Stelle des „zu versteuernden Einkommens" in der Tarifformel einnimmt, ist die Jahreslohnsteuer unter Anwendung der Tarifformel zu berechnen. Aus der Jahreslohnsteuer ist schließlich der nach § 38a Abs. 3 Satz 1 EStG maßgebende, d.h. auf den Lohnzahlungszeitraum entfallende Teilbetrag der Jahreslohnsteuer zu berechnen.

Absatz 3 enthält redaktionelle Folgeänderungen, die erforderlich sind, weil die gesetzlichen Lohnsteuertabellen zur Berechnung der auf einen sonstigen Bezug entfallenden Lohnsteuer wegfallen. Nunmehr wird die Jahreslohnsteuer nach der Formel des § 32a EStG ermittelt. Der Berechnung nach § 32a EStG ist der aus dem Jahresarbeitslohn abgeleitete zu versteuernde Jahresbetrag im Sinne des § 39b Abs. 2 Satz 6 EStG zugrunde zu legen.

Zu Buchstabe b (§ 39 Abs. 4)

Redaktionelle Folgeänderung aus dem Wegfall der gesetzlichen Lohnsteuertabellen (§ 38c EStG). Die die Lohnsteuertabellen betreffende Anweisung wird überflüssig und kann deshalb aufgehoben werden.

Zu Buchstabe c (§ 39 Abs. 8)

Die Vorschrift verpflichtet das Bundesministerium der Finanzen im Einvernehmen mit den obersten Finanzbehörden der Länder, für die maschinelle Lohnsteuerberechnung einen Programmablaufplan aufzustellen. Ein derartiger Programmablaufplan wird schon seit vielen Jahren zur Unterstützung und Steuerung der maschinellen Lohnsteuerberechnung als Service veröffentlicht. Dem Programmablaufplan sollen künftig auch Prüftabellen (beispielhafter Ergebnisausdruck) beigefügt werden. Die nunmehrige gesetzliche Verpflichtung dazu ersetzt die bisherige gesetzliche Verpflichtung zur Aufstellung von Lohnsteuertabellen (§ 38c EStG).

Beschlussempfehlung/Begründung des Vermittlungsausschusses

– keine Änderung/Bemerkung –

XXVIII. Änderung § 41 EStG

1. Text der Vorschrift

In § 41 Abs. 1 wird Satz 4 wie folgt gefasst:

„Ist die einbehaltene oder übernommene Lohnsteuer unter Berücksichtigung der Vorsorgepauschale nach § 10c Abs. 3 ermittelt worden, so ist dies durch die Eintragung des Großbuchstabens B zu vermerken."

2. Materialien

Gesetzentwurf/Begründung der Bundesregierung

– keine Änderung/Bemerkung –

Beschlussempfehlung des Finanzausschusses

In § 41 Abs. 1 wird Satz 4 wie folgt gefasst:

„Ist die einbehaltene oder übernommene Lohnsteuer unter Berücksichtigung der Vorsorgepauschale nach § 10c Abs. 3 ermittelt worden, so ist dies durch die Eintragung des Großbuchstabens B zu vermerken."

Begründung des Finanzausschusses

Redaktionelle Folgeänderungen aus dem Wegfall der gesetzlichen Lohnsteuertabellen (§ 38c EStG).

Beschlussempfehlung/Begründung des Vermittlungsausschusses

– keine Änderung/Bemerkung –

XXIX. Änderung § 41b EStG

1. Text der Vorschrift

§ 41b Abs. 1 Satz 2 Nr. 3 wird wie folgt gefasst:

„3. die einbehaltene Lohnsteuer sowie zusätzlich den Großbuchstaben B, wenn das Dienstverhältnis vor Ablauf des Kalenderjahrs endet und der Arbeitnehmer für einen abgelaufenen Lohnzahlungszeitraum oder Lohnabrechnungszeitraum des Kalenderjahrs unter Berücksichtigung der Vorsorgepauschale nach § 10c Abs. 3 zu besteuern war,".

2. Materialien

Gesetzentwurf/Begründung der Bundesregierung

– keine Änderung/Bemerkung –

Beschlussempfehlung des Finanzausschusses

§ 41b Abs. 1 Satz 2 Nr. 3 wird wie folgt gefasst:

„3. die einbehaltene Lohnsteuer sowie zusätzlich den Großbuchstaben B, wenn das Dienstverhältnis vor Ablauf des Kalenderjahrs endet und der Arbeitnehmer für einen abgelaufenen Lohnzahlungszeitraum oder Lohnabrechnungszeitraum des Kalenderjahrs unter Berücksichtigung der Vorsorgepauschale nach § 10c Abs. 3 zu besteuern war,".

Begründung des Finanzausschusses

Redaktionelle Folgeänderungen aus dem Wegfall der gesetzlichen Lohnsteuertabellen (§ 38c EStG).

Beschlussempfehlung/Begründung des Vermittlungsausschusses

– keine Änderung/Bemerkung –

XXX. Änderung § 41c EStG

1. Text der Vorschrift

In § 41c Abs. 3 Satz 2 werden die Wörter „auf Grund der Jahreslohnsteuertabelle" gestrichen.

2. Materialien

Gesetzentwurf/Begründung der Bundesregierung

– keine Änderung/Bemerkung –

Beschlussempfehlung des Finanzausschusses

In § 41c Abs. 3 Satz 2 werden die Wörter „auf Grund der Jahreslohnsteuertabelle" gestrichen.

Begründung des Finanzausschusses

Redaktionelle Folgeänderungen aus dem Wegfall der gesetzlichen Lohnsteuertabellen (§ 38c EStG).

Beschlussempfehlung/Begründung des Vermittlungsausschusses

– keine Änderung/Bemerkung –

XXXI. Änderung § 42b EStG

1. Text der Vorschrift

§ 42b wird wie folgt geändert:

a) Absatz 1 Satz 4 Nr. 5 wird wie folgt gefasst:

„5. der Arbeitslohn im Ausgleichsjahr unter Berücksichtigung der Vorsorgepauschale nach § 10c Abs. 2 und der Vorsorgepauschale nach § 10c Abs. 3 zu besteuern war oder".

b) Absatz 2 Satz 4 wird wie folgt gefasst:

„Für den so geminderten Jahresarbeitslohn ist nach Maßgabe der auf der Lohnsteuerkarte zuletzt eingetragenen Steuerklasse die Jahreslohnsteuer nach § 39b Abs. 2 Satz 6 und 7 zu ermitteln."

2. Materialien

Gesetzentwurf/Begründung der Bundesregierung

– keine Änderung/Bemerkung –

Beschlussempfehlung des Finanzausschusses

§ 42b wird wie folgt geändert:

a) Absatz 1 Satz 4 Nr. 5 wird wie folgt gefasst:

„5. der Arbeitslohn im Ausgleichsjahr unter Berücksichtigung der Vorsorgepauschale nach § 10c Abs. 2 und der Vorsorgepauschale nach § 10c Abs. 3 zu besteuern war oder

b) Absatz 2 Satz 4 wird wie folgt gefasst:

„Für den so geminderten Jahresarbeitslohn ist nach Maßgabe der auf der Lohnsteuerkarte zuletzt eingetragenen Steuerklasse die Jahreslohnsteuer nach § 39b Abs. 2 Satz 6 und 7 zu ermitteln."

Begründung des Finanzausschusses

Redaktionelle Folgeänderungen aus dem Wegfall der gesetzlichen Lohnsteuertabellen (§ 38c EStG).

Beschlussempfehlung/Begründung des Vermittlungsausschusses

– keine Änderung/Bemerkung –

XXXII. Änderung §§ 43 bis 45d EStG

1. Text der Vorschrift

Die §§ 43 bis 45d werden durch die folgenden §§ 43 bis 45d ersetzt:

„§ 43
Kapitalerträge mit Steuerabzug

(1) Bei den folgenden inländischen und in den Fällen der Nummer 7 Buchstabe a und Nummer 8 sowie Satz 2 auch ausländischen Kapitalerträgen wird die Einkommensteuer

durch Abzug vom Kapitalertrag (Kapitalertragsteuer) erhoben:

1. a) Kapitalerträgen einschließlich der nach § 3 Nr. 40 steuerfreien Erträge im Sinne des § 20 Abs. 1 Nr. 1 Satz 1 und 2 und Nr. 2 sowie

   b) Bezügen, die nach § 8b Abs. 1 des Körperschaftsteuergesetzes bei der Ermittlung des Einkommens außer Ansatz bleiben;

2. Zinsen aus Teilschuldverschreibungen, bei denen neben der festen Verzinsung ein Recht auf Umtausch in Gesellschaftsanteile (Wandelanleihen) oder eine Zusatzverzinsung, die sich nach der Höhe der Gewinnausschüttungen des Schuldners richtet (Gewinnobligationen), eingeräumt ist, und Zinsen aus Genussrechten, die nicht in § 20 Abs. 1 Nr. 1 genannt sind. Zu den Gewinnobligationen gehören nicht solche Teilschuldverschreibungen, bei denen der Zinsfuß nur vorübergehend herabgesetzt und gleichzeitig eine von dem jeweiligen Gewinnergebnis des Unternehmens abhängige Zusatzverzinsung bis zur Höhe des ursprünglichen Zinsfußes festgelegt worden ist. Zu den Kapitalerträgen im Sinne des Satzes 1 gehören nicht die Bundesbankgenussrechte im Sinne des § 3 Abs. 1 des Gesetzes über die Liquidation der Deutschen Reichsbank und der Deutschen Golddiskontbank in der im Bundesgesetzblatt Teil III, Gliederungsnummer 7620-6, veröffentlichten bereinigten Fassung, zuletzt geändert durch das Gesetz vom 17. Dezember 1975 (BGBl. I S. 3123);

3. Einnahmen aus der Beteiligung an einem Handelsgewerbe als stiller Gesellschafter und Zinsen aus partiarischen Darlehen (§ 20 Abs. 1 Nr. 4);

4. Kapitalerträgen im Sinne des § 20 Abs. 1 Nr. 6. Der Steuerabzug vom Kapitalertrag ist in den Fällen des § 20 Abs. 1 Nr. 6 Satz 4 nur vorzunehmen, wenn das Versicherungsunternehmen auf Grund einer Mitteilung des Finanzamts weiß oder infolge der Verletzung eigener Anzeigeverpflichtungen nicht weiß, dass die Kapitalerträge nach dieser Vorschrift zu den Einkünften aus Kapitalvermögen gehören;

5. (weggefallen);

6. (weggefallen);

7. Kapitalerträgen im Sinne des § 20 Abs. 1 Nr. 7, außer bei Kapitalerträgen im Sinne der Nummer 2, wenn

a) es sich um Zinsen aus Anleihen und Forderungen handelt, die in ein öffentliches Schuldbuch oder in ein ausländisches Register eingetragen oder über die Sammelurkunden im Sinne des § 9a des Depotgesetzes oder Teilschuldverschreibungen ausgegeben sind;

b) der Schuldner der nicht in Buchstabe a genannten Kapitalerträge ein inländisches Kreditinstitut oder ein inländisches Finanzdienstleistungsinstitut im Sinne des Gesetzes über das Kreditwesen ist. Kreditinstitut in diesem Sinne ist auch die Kreditanstalt für Wiederaufbau, eine Bausparkasse, die Deutsche Postbank AG, die Deutsche Bundesbank bei Geschäften mit jedermann einschließlich ihrer Betriebsangehörigen im Sinne der §§ 22 und 25 des Gesetzes über die Deutsche Bundesbank und eine inländische Zweigstelle eines ausländischen Kreditinstituts oder eines ausländischen Finanzdienstleistungsinstituts im Sinne der §§ 53 und 53b des Gesetzes über das Kreditwesen, nicht aber eine ausländische Zweigstelle eines inländischen Kreditinstituts oder eines inländischen Finanzdienstleistungsinstituts. Die inländische Zweigstelle gilt an Stelle des ausländischen Kreditinstituts oder des ausländischen Finanzdienstleistungsinstituts als Schuldner der Kapitalerträge. Der Steuerabzug muss nicht vorgenommen werden, wenn

aa) auch der Gläubiger der Kapitalerträge ein inländisches Kreditinstitut oder ein inländisches Finanzdienstleistungsinstitut im Sinne des Gesetzes über das Kreditwesen einschließlich der inländischen Zweigstelle eines ausländischen Kreditinstituts oder eines ausländischen Finanzdienstleistungsinstituts im Sinne der §§ 53 und 53b des Gesetzes über das Kreditwesen, eine Bausparkasse, die Deutsche Postbank AG, die Deutsche Bundesbank oder die Kreditanstalt für Wiederaufbau ist,

bb) es sich um Kapitalerträge aus Sichteinlagen handelt, für die kein höherer Zins oder Bonus als ein vom Hundert gezahlt wird, cc) es sich um Kapitalerträge aus Guthaben bei einer Bausparkasse auf Grund eines Bausparvertrags handelt und wenn für den Steuerpflichtigen im Kalenderjahr der Gutschrift oder im Kalenderjahr vor der Gutschrift dieser Kapitalerträge für Aufwendungen an die Bausparkasse eine Arbeitnehmer-Sparzulage oder eine Wohnungsbauprämie festgesetzt oder von der Bausparkasse ermittelt worden ist oder für die Guthaben kein höherer Zins oder Bonus als ein vom Hundert gezahlt wird,

dd) die Kapitalerträge bei den einzelnen Guthaben im Kalenderjahr nur einmal gutgeschrieben werden und zwanzig Deutsche Mark nicht übersteigen;

7a. Kapitalerträgen im Sinne des § 20 Abs. 1 Nr. 9;

7b. Kapitalerträgen im Sinne des § 20 Abs. 1 Nr. 10 Buchstabe a;

7c. Kapitalerträgen im Sinne des § 20 Abs. 1 Nr. 10 Buchstabe b;

8. Kapitalerträgen im Sinne des § 20 Abs. 2 Satz 1 Nr. 2 Buchstabe b und Nr. 3 und 4 außer bei Zinsen aus Wandelanleihen im Sinne der Nummer 2. Bei der Veräußerung von Kapitalforderungen im Sinne der Nummer 7 Buchstabe b gilt Nummer 7 Buchstabe b Doppelbuchstabe aa entsprechend.

Dem Steuerabzug unterliegen auch Kapitalerträge im Sinne des § 20 Abs. 2 Satz 1 Nr. 1, die neben den in den Nummern 1 bis 8 bezeichneten Kapitalerträgen oder an deren Stelle gewährt werden.

(2) Der Steuerabzug ist außer in den Fällen des Absatzes 1 Satz 1 Nr. 7c nicht vorzunehmen, wenn Gläubiger und Schuldner der Kapitalerträge (Schuldner) oder die auszahlende Stelle im Zeitpunkt des Zufließens dieselbe Person sind.

(3) Kapitalerträge sind inländische, wenn der Schuldner Wohnsitz, Geschäftsleitung oder Sitz im Inland hat.

(4) Der Steuerabzug ist auch dann vorzunehmen, wenn die Kapitalerträge beim Gläubiger zu den Einkünften aus Land-

und Forstwirtschaft, aus Gewerbebetrieb, aus selbständiger Arbeit oder aus Vermietung und Verpachtung gehören.

§ 43a
Bemessung der Kapitalertragsteuer

(1) Die Kapitalertragsteuer beträgt

1. in den Fällen des § 43 Abs. 1 Satz 1 Nr. 1:

   20 vom Hundert des Kapitalertrags, wenn der Gläubiger die Kapitalertragsteuer trägt,

   25 vom Hundert des tatsächlich ausgezahlten Betrags, wenn der Schuldner die Kapitalertragsteuer übernimmt;

2. in den Fällen des § 43 Abs. 1 Satz 1 Nr. 2 bis 4:

   25 vom Hundert des Kapitalertrags, wenn der Gläubiger die Kapitalertragsteuer trägt,

   33 1/3 vom Hundert des tatsächlich ausgezahlten Betrags, wenn der Schuldner die Kapitalertragsteuer übernimmt;

3. in den Fällen des § 43 Abs. 1 Satz 1 Nr. 7 und 8 sowie Satz 2:

   30 vom Hundert des Kapitalertrags (Zinsabschlag), wenn der Gläubiger die Kapitalertragsteuer trägt,

   42,85 vom Hundert des tatsächlich ausgezahlten Betrags, wenn der Schuldner die Kapitalertragsteuer übernimmt;

   in den Fällen des § 44 Abs. 1 Satz 4 Nr. 1 Buchstabe a Doppelbuchstabe bb erhöhen sich der Vomhundertsatz von 30 auf 35 und der Vomhundertsatz von 42,85 auf 53,84;

4. in den Fällen des § 43 Abs. 1 Satz 1 Nr. 7a:

   20 vom Hundert des Kapitalertrags, wenn der Gläubiger die Kapitalertragsteuer trägt,

   25 vom Hundert des tatsächlich ausgezahlten Betrags, wenn der Schuldner die Kapitalertragsteuer übernimmt;

5. in den Fällen des § 43 Abs. 1 Satz 1 Nr. 7b:

   10 vom Hundert des Kapitalertrags, wenn der Gläubiger die Kapitalertragsteuer trägt,

   11 1/9 vom Hundert des tatsächlich ausgezahlten Betrags, wenn der Schuldner die Kapitalertragsteuer übernimmt;

6. in den Fällen des § 43 Abs. 1 Satz 1 Nr. 7c:
10 vom Hundert des Kapitalertrags.

(2) Dem Steuerabzug unterliegen die vollen Kapitalerträge ohne jeden Abzug. In den Fällen des § 20 Abs. 2 Satz 1 Nr. 4 bemisst sich der Steuerabzug nach dem Unterschied zwischen dem Entgelt für den Erwerb und den Einnahmen aus der Veräußerung oder Einlösung der Wertpapiere und Kapitalforderungen, wenn sie von der die Kapitalerträge auszahlenden Stelle erworben oder veräußert und seitdem verwahrt oder verwaltet worden sind. Ist dies nicht der Fall, bemisst sich der Steuerabzug nach 30 vom Hundert der Einnahmen aus der Veräußerung oder Einlösung der Wertpapiere und Kapitalforderungen. Hat die auszahlende Stelle die Wertpapiere und Kapitalforderungen vor dem 1. Januar 1994 erworben oder veräußert und seitdem verwahrt oder verwaltet, kann sie den Steuerabzug nach 30 vom Hundert der Einnahmen aus der Veräußerung oder Einlösung der Wertpapiere und Kapitalforderungen bemessen. Die Sätze 3 und 4 gelten auch in den Fällen der Einlösung durch den Ersterwerber. Abweichend von den Sätzen 2 bis 5 bemisst sich der Steuerabzug bei Kapitalerträgen aus nicht für einen marktmäßigen Handel bestimmten schuldbuchfähigen Wertpapieren des Bundes und der Länder oder bei Kapitalerträgen im Sinne des § 43 Abs. 1 Satz 1 Nr. 7 Buchstabe b aus nicht in Inhaber- oder Orderschuldverschreibungen verbrieften Kapitalforderungen nach dem vollen Kapitalertrag ohne jeden Abzug.

(3) Von Kapitalerträgen im Sinne des § 43 Abs. 1 Satz 1 Nr. 7 Buchstabe a und Nr. 8 sowie Satz 2 kann die auszahlende Stelle Stückzinsen, die ihr der Gläubiger im Kalenderjahr des Zuflusses der Kapitalerträge gezahlt hat, bis zur Höhe der Kapitalerträge abziehen. Dies gilt nicht in den Fällen des § 44 Abs. 1 Satz 4 Nr. 1 Buchstabe a Doppelbuchstabe bb.

(4) Die Absätze 2 und 3 Satz 1 gelten entsprechend für die Bundesschuldenverwaltung oder eine Landesschuldenverwaltung als auszahlende Stelle, im Falle des Absatzes 3 Satz 1 jedoch nur, wenn die Wertpapiere oder Forderungen von einem Kreditinstitut oder einem Finanzdienstleistungsinstitut mit der Maßgabe der Verwahrung und Verwaltung durch die Schuldenverwaltung erworben worden sind. Das Kreditinstitut oder das Finanzdienstleistungsinstitut hat der Schuldenverwaltung zusammen mit den im Schuldbuch ein-

zutragenden Wertpapieren und Forderungen den Erwerbszeitpunkt und den Betrag der gezahlten Stückzinsen sowie in Fällen des Absatzes 2 Satz 2 bis 5 den Erwerbspreis der für einen marktmäßigen Handel bestimmten schuldbuchfähigen Wertpapiere des Bundes oder der Länder und außerdem mitzuteilen, dass es diese Wertpapiere und Forderungen erworben oder veräußert und seitdem verwahrt oder verwaltet hat.

§ 43b
Bemessung der Kapitalertragsteuer bei bestimmten Kapitalgesellschaften

(1) Auf Antrag wird die Kapitalertragsteuer für Kapitalerträge im Sinne des § 20 Abs. 1 Nr. 1, die einer Muttergesellschaft, die weder ihren Sitz noch ihre Geschäftsleitung im Inland hat, aus Ausschüttungen einer unbeschränkt steuerpflichtigen Kapitalgesellschaft im Sinne des § 1 Abs. 1 Nr. 1 des Körperschaftsteuergesetzes zufließen, nicht erhoben.

(2) Muttergesellschaft im Sinne des Absatzes 1 ist eine Gesellschaft, die die in der Anlage 2 zu diesem Gesetz bezeichneten Voraussetzungen des Artikels 2 der Richtlinie 90/435/EWG des Rates vom 23. Juli 1990 (ABl. EG Nr. L 225 S. 6) erfüllt und die im Zeitpunkt der Entstehung der Kapitalertragsteuer gemäß § 44 Abs. 1 Satz 2 nachweislich mindestens zu einem Viertel unmittelbar am Nennkapital der unbeschränkt steuerpflichtigen Kapitalgesellschaft beteiligt ist. Weitere Voraussetzung ist, dass die Beteiligung nachweislich ununterbrochen zwölf Monate besteht. Wird dieser Beteiligungszeitraum nach dem Zeitpunkt der Entstehung der Kapitalertragsteuer gemäß § 44 Abs. 1 Satz 2 vollendet, ist die einbehaltene und abgeführte Kapitalertragsteuer nach § 50d Abs. 1 Satz 2 zu erstatten; das Freistellungsverfahren nach § 50d Abs. 3 ist ausgeschlossen.

(3) Absatz 1 in Verbindung mit Absatz 2 gilt auch, wenn die Beteiligung der Muttergesellschaft am Nennkapital der unbeschränkt steuerpflichtigen Kapitalgesellschaft mindestens ein Zehntel beträgt, und der Staat, in dem die Muttergesellschaft nach einem mit einem anderen Mitgliedstaat der Europäischen Gemeinschaften abgeschlossenen Abkommen zur Vermeidung der Doppelbesteuerung als ansässig gilt, dieser Gesellschaft für Gewinnausschüttungen der unbeschränkt steuerpflichtigen Kapitalgesellschaft eine Steuerbefreiung

oder eine Anrechnung der deutschen Körperschaftsteuer auf die Steuer der Muttergesellschaft gewährt und seinerseits Gewinnausschüttungen an eine unbeschränkt steuerpflichtige Kapitalgesellschaft ab der gleichen Beteiligungshöhe von der Kapitalertragsteuer befreit.

(4) Absatz 1 in Verbindung mit Absatz 2 und 3 gilt auch für Ausschüttungen anderer unbeschränkt steuerpflichtiger Körperschaften, Personenvereinigungen und Vermögensmassen im Sinne des § 1 Abs. 1 des Körperschaftsteuergesetzes, wenn der Staat, in dem die Muttergesellschaft nach einem mit einem anderen Mitgliedstaat der Europäischen Gemeinschaften abgeschlossenen Abkommen zur Vermeidung der Doppelbesteuerung als ansässig gilt, dieser Gesellschaft für Gewinnausschüttungen der unbeschränkt steuerpflichtigen Körperschaft, Personenvereinigung oder Vermögensmasse im Sinne des § 1 Abs. 1 des Körperschaftsteuergesetzes eine Steuerbefreiung oder eine Anrechnung der deutschen Körperschaftsteuer auf die Steuer der Muttergesellschaft gewährt und seinerseits Gewinnausschüttungen an eine andere unbeschränkt steuerpflichtige Körperschaft, Personenvereinigung oder Vermögensmasse im Sinne des § 1 Abs. 1 des Körperschaftsteuergesetzes ab der gleichen Beteiligungshöhe von der Kapitalertragsteuer befreit.

§ 44
Entrichtung der Kapitalertragsteuer

(1) Schuldner der Kapitalertragsteuer ist in den Fällen des § 43 Abs. 1 Satz 1 Nr. 1 bis 7b und 8 sowie Satz 2 der Gläubiger der Kapitalerträge. Die Kapitalertragsteuer entsteht in dem Zeitpunkt, in dem die Kapitalerträge dem Gläubiger zufließen. In diesem Zeitpunkt haben in den Fällen des § 43 Abs. 1 Satz 1 Nr. 1 bis 4 sowie 7a und 7b der Schuldner der Kapitalerträge und in den Fällen des § 43 Abs. 1 Satz 1 Nr. 7 und 8 sowie Satz 2 die die Kapitalerträge auszahlende Stelle den Steuerabzug für Rechnung des Gläubigers der Kapitalerträge vorzunehmen. Die die Kapitalerträge auszahlende Stelle ist

1. in den Fällen des § 43 Abs. 1 Satz 1 Nr. 7 Buchstabe a und Nr. 8 sowie Satz 2

    a) das inländische Kreditinstitut oder das inländische Finanzdienstleistungsinstitut im Sinne des § 43 Abs. 1 Satz 1 Nr. 7 Buchstabe b, aa) das die Teilschuldverschreibungen, die Anteile an einer Sammelschuldbuchforderung, die Wertrechte oder die Zinsscheine verwahrt oder verwaltet und die Kapitalerträge auszahlt oder gutschreibt,

bb) das die Kapitalerträge gegen Aushändigung der Zinsscheine oder der Teilschuldverschreibungen einem anderen als einem ausländischen Kreditinstitut oder einem ausländischen Finanzdienstleistungsinstitut auszahlt oder gutschreibt;

b) der Schuldner der Kapitalerträge in den Fällen des Buchstabens a, wenn kein inländisches Kreditinstitut oder kein inländisches Finanzdienstleistungsinstitut die die Kapitalerträge auszahlende Stelle ist;

2. in den Fällen des § 43 Abs. 1 Satz 1 Nr. 7 Buchstabe b das inländische Kreditinstitut oder das inländische Finanzdienstleistungsinstitut, das die Kapitalerträge als Schuldner auszahlt oder gutschreibt.

Die innerhalb eines Kalendermonats einbehaltene Steuer ist jeweils bis zum 10. des folgenden Monats an das Finanzamt abzuführen, das für die Besteuerung des Schuldners der Kapitalerträge oder der die Kapitalerträge auszahlenden Stelle nach dem Einkommen zuständig ist. Dabei sind die Kapitalertragsteuer und der Zinsabschlag, die zu demselben Zeitpunkt abzuführen sind, jeweils auf den nächsten vollen Deutsche-Mark-Betrag abzurunden. Wenn Kapitalerträge ganz oder teilweise nicht in Geld bestehen (§ 8 Abs. 2) und der in Geld geleistete Kapitalertrag nicht zur Deckung der Kapitalertragsteuer ausreicht, hat der Gläubiger der Kapitalerträge dem zum Steuerabzug Verpflichteten den Fehlbetrag zur Verfügung zu stellen. Soweit der Gläubiger seiner Verpflichtung nicht nachkommt, hat der zum Steuerabzug Verpflichtete dies dem für ihn zuständigen Betriebsstättenfinanzamt anzuzeigen. Das Finanzamt hat die zu wenig erhobene Kapitalertragsteuer vom Gläubiger der Kapitalerträge nachzufordern.

(2) Gewinnanteile (Dividenden) und andere Kapitalerträge, deren Ausschüttung von einer Körperschaft beschlossen wird, fließen dem Gläubiger der Kapitalerträge an dem Tag zu (Absatz 1), der im Beschluss als Tag der Auszahlung bestimmt worden ist. Ist die Ausschüttung nur festgesetzt, ohne

dass über den Zeitpunkt der Auszahlung ein Beschluss gefasst worden ist, so gilt als Zeitpunkt des Zufließens der Tag nach der Beschlussfassung.

(3) Ist bei Einnahmen aus der Beteiligung an einem Handelsgewerbe als stiller Gesellschafter in dem Beteiligungsvertrag über den Zeitpunkt der Ausschüttung keine Vereinbarung getroffen, so gilt der Kapitalertrag am Tag nach der Aufstellung der Bilanz oder einer sonstigen Feststellung des Gewinnanteils des stillen Gesellschafters, spätestens jedoch sechs Monate nach Ablauf des Wirtschaftsjahrs, für das der Kapitalertrag ausgeschüttet oder gutgeschrieben werden soll, als zugeflossen. Bei Zinsen aus partiarischen Darlehen gilt Satz 1 entsprechend.

(4) Haben Gläubiger und Schuldner der Kapitalerträge vor dem Zufließen ausdrücklich Stundung des Kapitalertrags vereinbart, weil der Schuldner vorübergehend zur Zahlung nicht in der Lage ist, so ist der Steuerabzug erst mit Ablauf der Stundungsfrist vorzunehmen.

(5) Die Schuldner der Kapitalerträge oder die die Kapitalerträge auszahlenden Stellen haften für die Kapitalertragsteuer, die sie einzubehalten und abzuführen haben, es sei denn, sie weisen nach, dass sie die ihnen auferlegten Pflichten weder vorsätzlich noch grob fahrlässig verletzt haben. Der Gläubiger der Kapitalerträge wird nur in Anspruch genommen, wenn

1. der Schuldner oder die die Kapitalerträge auszahlende Stelle die Kapitalerträge nicht vorschriftsmäßig gekürzt hat,

2. der Gläubiger weiß, dass der Schuldner oder die die Kapitalerträge auszahlende Stelle die einbehaltene Kapitalertragsteuer nicht vorschriftsmäßig abgeführt hat, und dies dem Finanzamt nicht unverzüglich mitteilt oder

3. das die Kapitalerträge auszahlende inländische Kreditinstitut oder das inländische Finanzdienstleistungsinstitut die Kapitalerträge zu Unrecht ohne Abzug der Kapitalertragsteuer ausgezahlt hat.

Für die Inanspruchnahme des Schuldners der Kapitalerträge und der die Kapitalerträge auszahlenden Stelle bedarf es keines Haftungsbescheids, soweit der Schuldner oder die die Kapitalerträge auszahlende Stelle die einbehaltene Kapitalertragsteuer richtig angemeldet hat oder soweit sie ihre Zahlungsverpflichtungen gegenüber dem Finanzamt oder dem Prüfungsbeamten des Finanzamts schriftlich anerkennen.

(6) In den Fällen des § 43 Abs. 1 Satz 1 Nr. 7c gilt die juristische Person des öffentlichen Rechts und die von der Körperschaftsteuer befreite Körperschaft, Personenvereinigung oder Vermögensmasse als Gläubiger und der Betrieb gewerblicher Art und der wirtschaftliche Geschäftsbetrieb als Schuldner der Kapitalerträge. Die Kapitalertragsteuer entsteht im Zeitpunkt der Bilanzerstellung; sie entsteht spätestens acht Monate nach Ablauf des Wirtschaftsjahrs; in den Fällen des § 20 Abs. 1 Nr. 10 Buchstabe b Satz 2 am Tag nach der Beschlussfassung über die Verwendung. Die Absätze 1 bis 4 sind entsprechend anzuwenden.

§ 44a
Abstandnahme vom Steuerabzug

(1) Bei Kapitalerträgen im Sinne des § 43 Abs. 1 Satz 1 Nr. 3, 4, 7 und 8 sowie Satz 2, die einem unbeschränkt einkommensteuerpflichtigen Gläubiger zufließen, ist der Steuerabzug nicht vorzunehmen,

1. soweit die Kapitalerträge zusammen mit den Kapitalerträgen, für die die Kapitalertragsteuer nach § 44b zu erstatten ist, den Sparer-Freibetrag nach § 20 Abs. 4 und den Werbungskosten-Pauschbetrag nach § 9a Satz 1 Nr. 2 nicht übersteigen,

2. wenn anzunehmen ist, dass für ihn eine Veranlagung zur Einkommensteuer nicht in Betracht kommt.

(2) Voraussetzung für die Abstandnahme vom Steuerabzug nach Absatz 1 ist, dass dem nach § 44 Abs. 1 zum Steuerabzug Verpflichteten in den Fällen

1. des Absatzes 1 Nr. 1 ein Freistellungsauftrag des Gläubigers der Kapitalerträge nach amtlich vorgeschriebenem Vordruck oder

2. des Absatzes 1 Nr. 2 eine Nichtveranlagungs-Bescheinigung des für den Gläubiger zuständigen Wohnsitzfinanzamts

vorliegt. In den Fällen des Satzes 1 Nr. 2 ist die Bescheinigung unter dem Vorbehalt des Widerrufs auszustellen. Ihre

Geltungsdauer darf höchstens drei Jahre betragen und muss am Schluss eines Kalenderjahrs enden. Fordert das Finanzamt die Bescheinigung zurück oder erkennt der Gläubiger, dass die Voraussetzungen für ihre Erteilung weggefallen sind, so hat er dem Finanzamt die Bescheinigung zurückzugeben.

(3) Der nach § 44 Abs. 1 zum Steuerabzug Verpflichtete hat in seinen Unterlagen das Finanzamt, das die Bescheinigung erteilt hat, den Tag der Ausstellung der Bescheinigung und die in der Bescheinigung angegebene Steuer- und Listennummer zu vermerken sowie die Freistellungsaufträge aufzubewahren.

(4) Ist der Gläubiger

1. eine von der Körperschaftsteuer befreite inländische Körperschaft, Personenvereinigung oder Vermögensmasse oder

2. eine inländische juristische Person des öffentlichen Rechts,

so ist der Steuerabzug bei Kapitalerträgen im Sinne des § 43 Abs. 1 Satz 1 Nr. 4, 7 und 8 sowie Satz 2 nicht vorzunehmen. Dies gilt auch, wenn es sich bei den Kapitalerträgen um Gewinnanteile oder um Leistungen im Sinne des § 20 Abs. 1 Nr. 9 und 10 Buchstabe a oder um Gewinne im Sinne des § 20 Abs. 1 Nr. 10 Buchstabe b handelt, die der Gläubiger von einer von der Körperschaftsteuer befreiten Körperschaft, Personenvereinigung oder Vermögensmasse bezieht. Voraussetzung ist, dass der Gläubiger dem Schuldner oder dem die Kapitalerträge auszahlenden inländischen Kreditinstitut oder inländischen Finanzdienstleistungsinstitut durch eine Bescheinigung des für seine Geschäftsleitung oder seinen Sitz zuständigen Finanzamts nachweist, dass er eine Körperschaft, Personenvereinigung oder Vermögensmasse im Sinne des Satzes 1 Nr. 1 oder 2 ist. Absatz 2 Satz 2 bis 4 und Absatz 3 gelten entsprechend. Die in Satz 3 bezeichnete Bescheinigung wird nicht erteilt, wenn die Kapitalerträge in den Fällen des Satzes 1 Nr. 1 in einem wirtschaftlichen Geschäftsbetrieb anfallen, für den die Befreiung von der Körperschaftsteuer ausgeschlossen ist, oder wenn sie in den Fällen des Satzes 1 Nr. 2 in einem nicht von der Körperschaftsteuer befreiten Betrieb gewerblicher Art anfallen.

(5) Bei Kapitalerträgen im Sinne des § 43 Abs. 1 Satz 1 Nr. 7 und 8 sowie Satz 2, die einem unbeschränkt oder beschränkt einkommensteuerpflichtigen Gläubiger zufließen, ist der Steuerabzug nicht vorzunehmen, wenn die Kapitalerträge Betriebseinnahmen des Gläubigers sind und die Kapitalertragsteuer bei ihm auf Grund der Art seiner Geschäfte auf Dauer höher wären als die gesamte festzusetzende Einkommensteuer oder Körperschaftsteuer. Dies ist durch eine Bescheinigung des für den Gläubiger zuständigen Finanzamts nachzuweisen. Die Bescheinigung ist unter dem Vorbehalt des Widerrufs auszustellen.

(6) Voraussetzung für die Abstandnahme vom Steuerabzug nach den Absätzen 1, 4 und 5 bei Kapitalerträgen im Sinne des § 43 Abs. 1 Satz 1 Nr. 7 und 8 sowie Satz 2 ist, dass die Teilschuldverschreibungen, die Anteile an der Sammelschuldbuchforderung, die Wertrechte oder die Einlagen und Guthaben im Zeitpunkt des Zufließens der Einnahmen unter dem Namen des Gläubigers der Kapitalerträge bei der die Kapitalerträge auszahlenden Stelle verwahrt oder verwaltet werden. Ist dies nicht der Fall, ist die Bescheinigung nach § 45a Abs. 2 durch einen entsprechenden Hinweis zu kennzeichnen.

(7) Ist der Gläubiger eine inländische

1. Körperschaft, Personenvereinigung oder Vermögensmasse im Sinne des § 5 Abs. 1 Nr. 9 des Körperschaftsteuergesetzes oder

2. Stiftung des öffentlichen Rechts, die ausschließlich und unmittelbar gemeinnützigen oder mildtätigen Zwecken dient, oder

3. juristische Person des öffentlichen Rechts, die ausschließlich und unmittelbar kirchlichen Zwecken dient,

so ist der Steuerabzug bei Kapitalerträgen im Sinne des § 43 Abs. 1 Satz 1 Nr. 7a bis 7c nicht vorzunehmen. Absatz 4 gilt entsprechend.

§ 44b
Erstattung der Kapitalertragsteuer

(1) Bei Kapitalerträgen im Sinne des § 43 Abs. 1 Satz 1 Nr. 1 und 2, die einem unbeschränkt einkommensteuerpflichtigen und in den Fällen des § 44a Abs. 5 auch einem beschränkt

einkommensteuerpflichtigen Gläubiger zufließen, wird auf Antrag die einbehaltene und abgeführte Kapitalertragsteuer unter den Voraussetzungen des § 44a Abs. 1, 2 und 5 in dem dort bestimmten Umfang unter Berücksichtigung des § 3 Nr. 40 Buchstabe d, e und f erstattet. Dem Antrag auf Erstattung ist außer dem Freistellungsauftrag nach § 44a Abs. 2 Satz 1 Nr. 1, der Nichtveranlagungs-Bescheinigung nach § 44a Abs. 2 Satz 1 Nr. 2 oder der Bescheinigung nach § 44a Abs. 5 eine Steuerbescheinigung nach § 45a Abs. 3 beizufügen.

(2) Für die Erstattung ist das Bundesamt für Finanzen zuständig. Der Antrag ist nach amtlich vorgeschriebenem Muster zu stellen und zu unterschreiben.

(3) Die Antragsfrist endet am 31. Dezember des Jahres, das dem Kalenderjahr folgt, in dem die Einnahmen zugeflossen sind. Die Frist kann nicht verlängert werden.

(4) Die Erstattung ist ausgeschlossen, wenn

1. die Erstattung nach § 45c beantragt oder durchgeführt worden ist,

2. die vorgeschriebenen Steuerbescheinigungen nicht vorgelegt oder durch einen Hinweis nach § 44a Abs. 6 Satz 2 gekennzeichnet worden sind.

(5) Ist Kapitalertragsteuer einbehalten und abgeführt worden, obwohl eine Verpflichtung hierzu nicht bestand, oder hat der Gläubiger im Fall des § 44a dem nach § 44 Abs. 1 zum Steuerabzug Verpflichteten den Freistellungsauftrag oder die Nichtveranlagungs-Bescheinigung oder die Bescheinigungen nach § 44a Abs. 4 oder 5 erst in einem Zeitpunkt vorgelegt, in dem die Kapitalertragsteuer bereits abgeführt war, so ist auf Antrag des nach § 44 Abs. 1 zum Steuerabzug Verpflichteten die Steueranmeldung (§ 45a Abs. 1) insoweit zu ändern; statt dessen kann der zum Steuerabzug Verpflichtete bei der folgenden Steueranmeldung die abzuführende Kapitalertragsteuer entsprechend kürzen. Erstattungsberechtigt ist der Antragsteller.

§ 44c
Erstattung von Kapitalertragsteuer an bestimmte Körperschaften, Personenvereinigungen und Vermögensmassen

(1) Ist der Gläubiger eine inländische

1. Körperschaft, Personenvereinigung oder Vermögensmasse im Sinne des § 5 Abs. 1 Nr. 9 des Körperschaftsteuergesetzes oder

2. Stiftung des öffentlichen Rechts, die ausschließlich und unmittelbar gemeinnützigen oder mildtätigen Zwecken dient, oder

3. juristische Person des öffentlichen Rechts, die ausschließlich und unmittelbar kirchlichen Zwecken dient,

so erstattet das Bundesamt für Finanzen außer in den Fällen des § 44a Abs. 4 und 7 auf Antrag des Gläubigers die einbehaltene und abgeführte Kapitalertragsteuer. Voraussetzung ist, dass der Gläubiger dem Bundesamt für Finanzen durch eine Bescheinigung des für seine Geschäftsleitung oder seinen Sitz zuständigen Finanzamts nachweist, dass er eine Körperschaft, Personenvereinigung oder Vermögensmasse nach Satz 1 ist. § 44a Abs. 2 Satz 2 bis 4 und Abs. 4 Satz 5 gilt entsprechend. Dem Antrag ist außer der Bescheinigung nach Satz 2 eine Bescheinigung im Sinne des § 45a Abs. 2 oder 3 beizufügen.

(2) Ist der Gläubiger

1. eine nach § 5 Abs. 1 mit Ausnahme der Nummer 9 des Körperschaftsteuergesetzes oder nach anderen Gesetzen von der Körperschaftsteuer befreite Körperschaft, Personenvereinigung oder Vermögensmasse oder

2. eine inländische juristische Person des öffentlichen Rechts, die nicht in Absatz 1 bezeichnet ist,

so erstattet das Bundesamt für Finanzen auf Antrag des Gläubigers die Hälfte der auf Kapitalerträge im Sinne des § 43 Abs. 1 Satz 1 Nr. 1 und 7a einbehaltenen und abgeführten Kapitalertragsteuer. Voraussetzung ist, dass der Gläubiger durch eine Bescheinigung des für seine Geschäftsleitung oder seinen Sitz zuständigen Finanzamts nachweist, dass er eine Körperschaft im Sinne des Satzes 1 ist. Absatz 1 Satz 3 und 4 gilt entsprechend.

(3) § 44a Abs. 2 Satz 4, § 44b Abs. 2 Satz 2 und Abs. 3 und § 45b sind sinngemäß anzuwenden. Das Bundesamt für Finanzen kann im Einzelfall die Frist auf Antrag des Gläubigers verlängern, wenn dieser verhindert ist, die Frist einzuhalten. Der Antrag auf Verlängerung ist schriftlich zu stellen und zu begründen.

§ 45
Ausschluss der Erstattung
von Kapitalertragsteuer

In den Fällen, in denen die Dividende an einen anderen als an den Anteilseigner ausgezahlt wird, ist die Erstattung von Kapitalertragsteuer an den Zahlungsempfänger ausgeschlossen. Satz 1 gilt nicht für den Erwerber eines Dividendenscheins in den Fällen des § 20 Abs. 2 Satz 1 Nr. 2 Buchstabe a. In den Fällen des § 20 Abs. 2 Satz 1 Nr. 2 Buchstabe b ist die Erstattung von Kapitalertragsteuer an den Erwerber von Zinsscheinen nach § 37 Abs. 2 der Abgabenordnung ausgeschlossen.

§ 45a
Anmeldung und Bescheinigung
der Kapitalertragsteuer

(1) Die Anmeldung der einbehaltenen Kapitalertragsteuer ist dem Finanzamt innerhalb der in § 44 Abs. 1 bestimmten Frist nach amtlich vorgeschriebenem Vordruck einzureichen. Satz 1 gilt entsprechend, wenn ein Steuerabzug nicht oder nicht in voller Höhe vorzunehmen ist. Der Grund für die Nichtabführung ist anzugeben. Die Anmeldung ist mit der Versicherung zu versehen, dass die Angaben vollständig und richtig sind. Die Anmeldung ist von dem Schuldner, der auszahlenden Stelle oder einer vertretungsberechtigten Person zu unterschreiben.

(2) In den Fällen des § 43 Abs. 1 Satz 1 Nr. 1 bis 4, 7a und 7b sind der Schuldner der Kapitalerträge und in den Fällen des § 43 Abs. 1 Satz 1 Nr. 7 und 8 sowie Satz 2 die die Kapitalerträge auszahlende Stelle vorbehaltlich der Absätze 3 und 4 verpflichtet, dem Gläubiger der Kapitalerträge auf Verlangen die folgenden Angaben nach amtlich vorgeschriebenem Muster zu bescheinigen:

1. den Namen und die Anschrift des Gläubigers;

2. die Art und Höhe der Kapitalerträge unabhängig von der Vornahme eines Steuerabzugs;

3. den Zahlungstag;

4. den Betrag der nach § 36 Abs. 2 Nr. 2 anrechenbaren Kapitalertragsteuer getrennt nach

   a) Kapitalertragsteuer im Sinne des § 43a Abs. 1 Nr. 1 und 2,

   b) Kapitalertragsteuer im Sinne des § 43a Abs. 1 Nr. 3 (Zinsabschlag) und

   c) Kapitalertragsteuer im Sinne des § 43a Abs. 1 Nr. 4 und 5;

5. das Finanzamt, an das die Steuer abgeführt worden ist.

Bei Kapitalerträgen im Sinne des § 43 Abs. 1 Satz 1 Nr. 2 bis 4, 7 bis 7b und 8 sowie Satz 2 ist außerdem die Zeit anzugeben, für welche die Kapitalerträge gezahlt worden sind. Die Bescheinigung braucht nicht unterschrieben zu werden, wenn sie in einem maschinellen Verfahren ausgedruckt worden ist und den Aussteller erkennen lässt. Ist die auszahlende Stelle nicht Schuldner der Kapitalerträge, hat sie zusätzlich den Namen und die Anschrift des Schuldners der Kapitalerträge anzugeben. § 44a Abs. 6 gilt sinngemäß; über die zu kennzeichnenden Bescheinigungen haben die genannten Institute und Unternehmen Aufzeichnungen zu führen. Diese müssen einen Hinweis auf den Buchungsbeleg über die Auszahlung an den Empfänger der Bescheinigung enthalten.

(3) Werden Kapitalerträge für Rechnung des Schuldners durch ein inländisches Kreditinstitut oder ein inländisches Finanzdienstleistungsinstitut gezahlt, so hat an Stelle des Schuldners das Kreditinstitut oder das Finanzdienstleistungsinstitut die Bescheinigung zu erteilen. Aus der Bescheinigung des Kreditinstituts oder des Finanzdienstleistungsinstituts muss auch der Schuldner hervorgehen, für den die Kapitalerträge gezahlt werden; die Angabe des Finanzamts, an das die Kapitalertragsteuer abgeführt worden ist, kann unterbleiben.

(4) Eine Bescheinigung nach Absatz 2 oder 3 ist nicht zu erteilen, wenn in Vertretung des Gläubigers ein Antrag auf Erstattung der Kapitalertragsteuer nach §§ 44b und 45c gestellt worden ist oder gestellt wird.

(5) Eine Bescheinigung, die den Absätzen 2 bis 4 nicht entspricht, hat der Aussteller zurückzufordern und durch eine berichtigte Bescheinigung zu ersetzen. Die berichtigte Bescheinigung ist als solche zu kennzeichnen. Wird die zurückgeforderte Bescheinigung nicht innerhalb eines Monats nach Zusendung der berichtigten Bescheinigung an den Aussteller zurückgegeben, hat der Aussteller das nach seinen Unterlagen für den Empfänger zuständige Finanzamt schriftlich zu benachrichtigen.

(6) Der Aussteller einer Bescheinigung, die den Absätzen 2 bis 4 nicht entspricht, haftet für die auf Grund der Bescheinigung verkürzten Steuern oder zu Unrecht gewährten Steuervorteile. Ist die Bescheinigung nach Absatz 3 durch ein inländisches Kreditinstitut oder ein inländisches Finanzdienstleistungsinstitut auszustellen, so haftet der Schuldner auch, wenn er zum Zweck der Bescheinigung unrichtige Angaben macht. Der Aussteller haftet nicht

1. in den Fällen des Satzes 2,

2. wenn er die ihm nach Absatz 5 obliegenden Verpflichtungen erfüllt hat.

§ 45b
Erstattung von Kapitalertragsteuer
auf Grund von Sammelanträgen

(1) Wird in den Fällen des § 44b Abs. 1 der Antrag auf Erstattung von Kapitalertragsteuer in Vertretung des Anteilseigners durch ein inländisches Kreditinstitut oder durch eine inländische Zweigniederlassung eines der in § 53b Abs. 1 oder 7 des Gesetzes über das Kreditwesen genannten Institute oder Unternehmen gestellt, so kann von der Übersendung des Freistellungsauftrags nach § 44a Abs. 2 Satz 1 Nr. 1, der Nichtveranlagungs-Bescheinigung nach § 44a Abs. 2 Satz 1 Nr. 2 oder der Bescheinigung nach § 44a Abs. 5 sowie der Steuerbescheinigung nach § 45a Abs. 2 oder 3 abgesehen werden, wenn das inländische Kreditinstitut oder die inländische Zweigniederlassung eines der in § 53b Abs. 1 oder 7 des Gesetzes über das Kreditwesen genannten Institute oder Unternehmen versichert, dass

1. eine Bescheinigung im Sinne § 45a Abs. 2 oder 3 nicht ausgestellt oder als ungültig gekennzeichnet oder nach den Angaben des Gläubigers der Kapitalerträge abhanden gekommen oder vernichtet ist,

2. die Wertpapiere oder die Kapitalforderungen im Zeitpunkt des Zufließens der Einnahmen in einem auf den Namen des Gläubigers lautenden Wertpapierdepot bei dem inländischen Kreditinstitut oder bei der inländischen Zweigniederlassung eines der in § 53b Abs. 1 oder 7 des Gesetzes über das Kreditwesen genannten Institute oder Unternehmen verzeichnet waren,

3. ein Freistellungsauftrag nach § 44a Abs. 2 Satz 1 Nr. 1 oder eine Nichtveranlagungs-Bescheinigung nach § 44a Abs. 2 Satz 1 Nr. 2 oder eine Bescheinigung nach § 44a Abs. 5 vorliegt und

4. die Angaben in dem Antrag wahrheitsgemäß nach bestem Wissen und Gewissen gemacht worden sind.

Über Anträge, in denen ein inländisches Kreditinstitut oder eine inländische Zweigniederlassung eines der in § 53b Abs. 1 oder 7 des Gesetzes über das Kreditwesen genannten Institute oder Unternehmen versichert, dass die Bescheinigung im Sinne des § 45a Abs. 2 oder 3 als ungültig gekennzeichnet oder nach den Angaben des Anteilseigners abhanden gekommen oder vernichtet ist, haben die Kreditinstitute und Zweigniederlassungen eines der in § 53b Abs. 1 oder 7 des Gesetzes über das Kreditwesen genannten Institute oder Unternehmen Aufzeichnungen zu führen.

(2) Absatz 1 gilt entsprechend für Anträge, die

1. eine Kapitalgesellschaft in Vertretung ihrer Arbeitnehmer stellt, soweit es sich um Einnahmen aus Anteilen handelt, die den Arbeitnehmern von der Kapitalgesellschaft überlassen worden sind und von ihr, einem inländischen Kreditinstitut oder einer inländischen Zweigniederlassung eines der in § 53b Abs. 1 oder 7 des Gesetzes über das Kreditwesen genannten Institute oder Unternehmen verwahrt werden;

2. der von einer Kapitalgesellschaft bestellte Treuhänder in Vertretung der Arbeitnehmer dieser Kapitalgesellschaft stellt, soweit es sich um Einnahmen aus Anteilen handelt, die den Arbeitnehmern von der Kapitalgesellschaft überlassen worden sind und von dem Treuhänder, einem inländischen Kreditinstitut oder einer inländischen Zweigniederlassung eines der in § 53b Abs. 1 oder 7 des Gesetzes über das Kreditwesen genannten Institute oder Unternehmen verwahrt werden;

3. eine Erwerbs- oder Wirtschaftsgenossenschaft in Vertretung ihrer Mitglieder stellt, soweit es sich um Einnahmen aus Anteilen an dieser Genossenschaft handelt.

Den Arbeitnehmern im Sinne des Satzes 1 Nr. 1 und 2 stehen Arbeitnehmer eines mit der Kapitalgesellschaft verbundenen Unternehmens (§ 15 Aktiengesetz) sowie frühere Arbeitnehmer der Kapitalgesellschaft oder eines mit ihr verbundenen Unternehmens gleich. Den von der Kapitalgesellschaft überlassenen Anteilen stehen Aktien gleich, die den Arbeitnehmern bei einer Kapitalerhöhung auf Grund ihres Bezugsrechts aus den von der Kapitalgesellschaft überlassenen Aktien zugeteilt worden sind oder die den Arbeitnehmern auf Grund einer Kapitalerhöhung aus Gesellschaftsmitteln gehören.

(3) Erkennt der Vertreter des Gläubigers der Kapitalerträge vor Ablauf der Festsetzungsfrist im Sinne der §§ 169 bis 171 der Abgabenordnung, dass die Erstattung ganz oder teilweise zu Unrecht festgesetzt worden ist, so hat er dies dem Bundesamt für Finanzen anzuzeigen. Das Bundesamt für Finanzen hat die zu Unrecht erstatteten Beträge von dem Gläubiger zurückzufordern, für den sie festgesetzt worden sind. Der Vertreter des Gläubigers haftet für die zurückzuzahlende Vergütung.

(4) § 44b Abs. 1 bis 4 gilt entsprechend. Die Antragsfrist gilt als gewahrt, wenn der Gläubiger die beantragende Stelle bis zu dem in § 44b Abs. 3 bezeichneten Zeitpunkt schriftlich mit der Antragstellung beauftragt hat.

(5) Die Vollmacht, den Antrag auf Erstattung von Kapitalertragsteuer zu stellen, ermächtigt zum Empfang der Steuererstattung.

§ 45c
Erstattung von Kapitalertragsteuer
in Sonderfällen

(1) In den Fällen des § 45b Abs. 2 wird die Kapitalertragsteuer an den dort bezeichneten Vertreter unabhängig davon erstattet, ob für den Gläubiger der Kapitalerträge eine Veranlagung in Betracht kommt und ob eine Nichtveranlagungs-Bescheinigung nach § 44a Abs. 2 Satz 1 Nr. 2 vorgelegt wird, wenn der Vertreter sich in einem Sammelantrag bereit erklärt hat, den Erstattungsbetrag für den Gläubiger

entgegenzunehmen. Die Erstattung nach Satz 1 wird nur für Gläubiger gewährt, deren Bezüge im Sinne des § 20 Abs. 1 Nr. 1 und 2 im Wirtschaftsjahr 100 Deutsche Mark nicht überstiegen haben.

(2) Werden in den Fällen des § 45b Abs. 2 Satz 1 Nr. 1 oder 2 die Anteile von einem inländischen Kreditinstitut oder einer inländischen Zweigniederlassung eines der in § 53b Abs. 1 oder 7 des Gesetzes über das Kreditwesen genannten Institute oder Unternehmen in einem Wertpapierdepot verwahrt, das auf den Namen des Gläubigers lautet, setzt die Erstattung nach Absatz 1 zusätzlich voraus:

1. Das inländische Kreditinstitut oder die inländische Zweigniederlassung eines der in § 53b Abs. 1 oder 7 des Gesetzes über das Kreditwesen genannten Institute oder Unternehmen hat die Überlassung der Anteile durch die Kapitalgesellschaft an den Gläubiger kenntlich gemacht;

2. es handelt sich nicht um Aktien, die den Arbeitnehmern bei einer Kapitalerhöhung auf Grund ihres Bezugsrechts aus den von der Kapitalgesellschaft überlassenen Aktien zugeteilt worden sind oder die den Arbeitnehmern auf Grund einer Kapitalerhöhung aus Gesellschaftsmitteln gehören;

3. der Gläubiger hat dem inländischen Kreditinstitut oder der inländischen Zweigniederlassung eines der in § 53b Abs. 1 oder 7 des Gesetzes über das Kreditwesen genannten Institute oder Unternehmen für das Wertpapierdepot eine Nichtveranlagungs-Bescheinigung nach § 44a Abs. 2 Satz 1 Nr. 2 nicht vorgelegt und

4. die Kapitalgesellschaft versichert, dass

   a) die Bezüge aus den von ihr insgesamt überlassenen Anteilen bei keinem der Gläubiger den Betrag von 100 Deutsche Mark überstiegen haben können und

   b) das inländische Kreditinstitut oder die inländische Zweigniederlassung eines der in § 53b Abs. 1 oder 7 des Gesetzes über das Kreditwesen genannten Institute oder Unternehmen schriftlich erklärt hat, dass die in den Nummern 1 bis 3 bezeichneten Voraussetzungen erfüllt sind.

Ist die in Satz 1 Nr. 4 Buchstabe b bezeichnete Erklärung des inländischen Kreditinstituts oder der inländischen

Zweigniederlassung eines der in § 53b Abs. 1 oder 7 des Gesetzes über das Kreditwesen genannten Institute oder Unternehmen unrichtig, haften diese für die auf Grund der Erklärung zu Unrecht gewährten Steuervorteile.

(3) Das Finanzamt kann einer unbeschränkt steuerpflichtigen Körperschaft auch in anderen als den in § 45b Abs. 2 bezeichneten Fällen gestatten, in Vertretung ihrer unbeschränkt steuerpflichtigen Gläubiger einen Sammelantrag auf Erstattung von Kapitalertragsteuer zu stellen, wenn

1. die Zahl der Gläubiger, für die der Sammelantrag gestellt werden soll, besonders groß ist,
2. die Körperschaft den Gewinn ohne Einschaltung eines inländischen Kreditinstituts oder einer inländischen Zweigniederlassung eines der in § 53b Abs. 1 oder 7 des Gesetzes über das Kreditwesen genannten Institute oder Unternehmen an die Gläubiger ausgeschüttet und
3. im Übrigen die Voraussetzungen des Absatzes 1 erfüllt sind.

In diesen Fällen ist nicht erforderlich, dass die Anteile von einer der in § 45b bezeichneten Stellen verwahrt werden.

(4) Für die Erstattung ist das Finanzamt zuständig, dem die Besteuerung des Einkommens des Vertreters obliegt. Das Finanzamt kann die Erstattung an Auflagen binden, die die steuerliche Erfassung der Kapitalerträge sichern sollen. Im Übrigen ist § 45b sinngemäß anzuwenden.

(5) Ist der Gläubiger von Kapitalerträgen im Sinne des § 43 Abs. 1 Satz 1 Nr. 2 ein unbeschränkt einkommensteuerpflichtiger Arbeitnehmer und beruhen die Kapitalerträge auf Teilschuldverschreibungen, die ihm von seinem gegenwärtigen oder früheren Arbeitgeber überlassen worden sind, so wird die Kapitalertragsteuer unter entsprechender Anwendung der Absätze 1 bis 4 an den Arbeitgeber oder an einen von ihm bestellten Treuhänder erstattet, wenn der Arbeitgeber oder Treuhänder in Vertretung des Gläubigers sich in einem Sammelantrag bereit erklärt hat, den Erstattungsbetrag für den Gläubiger entgegenzunehmen. Die Erstattung wird nur für Gläubiger gewährt, deren Kapitalerträge im Sinne des Satzes 1 allein oder, in den Fällen des Absatzes 1, zusammen mit den dort bezeichneten Kapitalerträgen im Wirtschaftsjahr 100 Deutsche Mark nicht überstiegen haben.

§ 45d
Mitteilungen an das Bundesamt für Finanzen

(1) Wer nach § 44 Abs. 1 dieses Gesetzes und § 38b des Gesetzes über Kapitalanlagegesellschaften zum Steuerabzug verpflichtet ist, hat dem Bundesamt für Finanzen bis zum 31. Mai des Jahres, das auf das Jahr folgt, in dem die Kapitalerträge den Gläubigern zufließen, folgende Daten zu übermitteln:

1. Vor- und Zunamen sowie das Geburtsdatum der Person – gegebenenfalls auch des Ehegatten –, die den Freistellungsauftrag erteilt hat (Auftraggeber),

2. Anschrift des Auftraggebers,

3. bei den Kapitalerträgen, für die ein Freistellungsauftrag erteilt worden ist, jeweils gesondert

   a) die Zinsen und ähnlichen Kapitalerträge, bei denen vom Steuerabzug Abstand genommen worden ist,

   b) die Dividenden und ähnlichen Kapitalerträge, bei denen die Erstattung von Kapitalertragsteuer und die Vergütung von Körperschaftsteuer beim Bundesamt für Finanzen beantragt worden ist,

   c) die Kapitalerträge im Sinne des § 43 Abs. 1 Nr. 2, bei denen die Erstattung von Kapitalertragsteuer beim Bundesamt für Finanzen beantragt worden ist,

   d) die Hälfte der Dividenden und ähnlichen Kapitalerträge, bei denen nach § 44b Abs. 1 in der Fassung des Gesetzes vom ... (BGBl. I S. ...) die Erstattung von Kapitalertragsteuer beim Bundesamt für Finanzen beantragt worden ist,

4. Namen und Anschrift des Empfängers des Freistellungsauftrags.

Die Datenübermittlung hat nach amtlich vorgeschriebenem Datensatz auf amtlich vorgeschriebenen maschinell verwertbaren Datenträgern zu erfolgen. Im Übrigen findet § 150 Abs. 6 der Abgabenordnung entsprechende Anwendung. Das Bundesamt für Finanzen kann auf Antrag eine Übermittlung nach amtlich vorgeschriebenem Vordruck zulassen, wenn eine Übermittlung nach Satz 2 eine unbillige Härte mit sich bringen würde.

(2) Die Mitteilungen dürfen nur zur Durchführung eines Verwaltungsverfahrens oder eines gerichtlichen Verfahrens in Steuersachen oder eines Strafverfahrens wegen einer Steuerstraftat oder eines Bußgeldverfahrens wegen einer Steuerordnungswidrigkeit verwendet werden.

(3) Abweichend von Absatz 2 darf das Bundesamt für Finanzen den Sozialleistungsträgern die Daten nach Absatz 1 mitteilen, soweit dies zur Überprüfung des bei der Sozialleistung zu berücksichtigenden Einkommens oder Vermögens erforderlich ist oder der Betroffene zustimmt. Für Zwecke des Satzes 1 ist das Bundesamt für Finanzen berechtigt, die ihm von den Sozialleistungsträgern übermittelten Daten mit den vorhandenen Daten nach Absatz 1 im Wege des automatisierten Datenabgleichs zu überprüfen und das Ergebnis den Sozialleistungsträgern mitzuteilen."

2. Materialien

Gesetzentwurf der Bundesregierung

Die §§ 43 bis 45 d werden durch die folgenden §§ 43 bis 45 d ersetzt:

„§ 43

Kapitalerträge mit Steuerabzug

(1) Bei den folgenden inländischen und in den Fällen der Nummer 7 Buchstabe a und Nummer 8 sowie Satz 2 auch ausländischen Kapitalerträgen wird die Einkommensteuer durch Abzug vom Kapitalertrag (Kapitalertragsteuer) erhoben:

1. a) Kapitalerträgen einschließlich der nach § 3 Nr. 40 steuerfreien Erträge im Sinne

   aa) des § 20 Abs. 1 Nr. 1 Satz 1 und 2 und Nr. 2,

   bb) des § 20 Abs. 1 Nr. 1 Satz 3

   sowie

   b) Bezügen, die nach § 8b Abs. 1 des Körperschaftsteuergesetzes bei der Ermittlung des Einkommens außer Ansatz bleiben;

2. Zinsen aus Teilschuldverschreibungen, bei denen neben der festen Verzinsung ein Recht auf Umtausch in Gesellschaftsanteile (Wandelanleihen) oder eine Zusatzverzinsung, die sich nach der Höhe der Gewinnausschüttungen des Schuldners richtet (Gewinnobligationen), eingeräumt ist, und Zin-

sen aus Genussrechten, die nicht in § 20 Abs. 1 Nr. 1 genannt sind. Zu den Gewinnobligationen gehören nicht solche Teilschuldverschreibungen, bei denen der Zinsfuß nur vorübergehend herabgesetzt und gleichzeitig eine von dem jeweiligen Gewinnergebnis des Unternehmens abhängige Zusatzverzinsung bis zur Höhe des ursprünglichen Zinsfußes festgelegt worden ist. Zu den Kapitalerträgen im Sinne des Satzes 1 gehören nicht die Bundesbankgenussrechte im Sinne des § 3 Abs. 1 des Gesetzes über die Liquidation der Deutschen Reichsbank und der Deutschen Golddiskontbank in der im Bundesgesetzblatt Teil III, Gliederungsnummer 7620-6, veröffentlichten bereinigten Fassung, zuletzt geändert durch das Gesetz vom 17. Dezember 1975 (BGBl. I S. 3123);

3. Einnahmen aus der Beteiligung an einem Handelsgewerbe als stiller Gesellschafter und Zinsen aus partiarischen Darlehen (§ 20 Abs. 1 Nr. 4);

4. Kapitalerträgen im Sinne des § 20 Abs. 1 Nr. 6. Der Steuerabzug vom Kapitalertrag ist in den Fällen des § 20 Abs. 1 Nr. 6 Satz 4 nur vorzunehmen, wenn das Versicherungsunternehmen auf Grund einer Mitteilung des Finanzamts weiß oder infolge der Verletzung eigener Anzeigeverpflichtungen nicht weiß, dass die Kapitalerträge nach dieser Vorschrift zu den Einkünften aus Kapitalvermögen gehören;

5. (weggefallen);

6. (weggefallen);

7. Kapitalerträgen im Sinne des § 20 Abs. 1 Nr. 7, außer bei Kapitalerträgen im Sinne der Nummer 2, wenn

   a) es sich um Zinsen aus Anleihen und Forderungen handelt, die in ein öffentliches Schuldbuch oder in ein ausländisches Register eingetragen oder über die Sammelurkunden im Sinne des § 9a des Depotgesetzes oder Teilschuldverschreibungen ausgegeben sind;

   b) der Schuldner der nicht in Buchstabe a genannten Kapitalerträge ein inländisches Kreditinstitut oder ein inländisches Finanzdienstleistungsinstitut im Sinne des Gesetzes über das Kreditwesen ist. Kreditinstitut in diesem Sinne ist auch die Kreditanstalt für Wiederaufbau, eine Bausparkasse, die Deutsche Postbank AG, die Deutsche Bundesbank bei Geschäften mit jedermann einschließlich ihrer Betriebsangehörigen im Sinne der §§ 22 und

25 des Gesetzes über die Deutsche Bundesbank und eine inländische Zweigstelle eines ausländischen Kreditinstituts oder eines ausländischen Finanzdienstleistungsinstituts im Sinne der §§ 53 und 53b des Gesetzes über das Kreditwesen, nicht aber eine ausländische Zweigstelle eines inländischen Kreditinstituts oder eines inländischen Finanzdienstleistungsinstituts. Die inländische Zweigstelle gilt an Stelle des ausländischen Kreditinstituts oder des ausländischen Finanzdienstleistungsinstituts als Schuldner der Kapitalerträge. Der Steuerabzug muss nicht vorgenommen werden, wenn

aa) auch der Gläubiger der Kapitalerträge ein inländisches Kreditinstitut oder ein inländisches Finanzdienstleistungsinstitut im Sinne des Gesetzes über das Kreditwesen einschließlich der inländischen Zweigstelle eines ausländischen Kreditinstituts oder eines ausländischen Finanzdienstleistungsinstituts im Sinne der §§ 53 und 53b des Gesetzes über das Kreditwesen, eine Bausparkasse, die Deutsche Postbank AG, die Deutsche Bundesbank oder die Kreditanstalt für Wiederaufbau ist,

bb) es sich um Kapitalerträge aus Sichteinlagen handelt, für die kein höherer Zins oder Bonus als 1 vom Hundert gezahlt wird,

cc) es sich um Kapitalerträge aus Guthaben bei einer Bausparkasse auf Grund eines Bausparvertrages handelt und wenn für den Steuerpflichtigen im Kalenderjahr der Gutschrift oder im Kalenderjahr vor der Gutschrift dieser Kapitalerträge für Aufwendungen an die Bausparkasse eine Arbeitnehmer-Sparzulage oder eine Wohnungsbauprämie festgesetzt oder von der Bausparkasse ermittelt worden ist oder für die Guthaben kein höherer Zins oder Bonus als 1 vom Hundert gezahlt wird,

dd) die Kapitalerträge bei den einzelnen Guthaben im Kalenderjahr nur einmal gutgeschrieben werden und zwanzig Deutsche Mark nicht übersteigen;

7a. Kapitalerträgen im Sinne des § 20 Abs. 1 Nr. 9;

7b. Kapitalerträgen im Sinne des § 20 Abs. 1 Nr. 10 Buchstabe a;

7c. Kapitalerträgen im Sinne des § 20 Abs. 1 Nr. 10 Buchstabe b;

A. XXXII. Änderung §§ 43 bis 45d EStG

8. Kapitalerträgen im Sinne des § 20 Abs. 2 Satz 1 Nr. 2 Buchstabe b und Nummern 3 und 4 außer bei Zinsen aus Wandelanleihen im Sinne der Nummer 2. Bei der Veräußerung von Kapitalforderungen im Sinne der Nummer 7 Buchstabe b gilt Nummer 7 Buchstabe b Doppelbuchstabe aa entsprechend.

Dem Steuerabzug unterliegen auch Kapitalerträge im Sinne des § 20 Abs. 2 Satz 1 Nr. 1, die neben den in den Nummern 1 bis 8 bezeichneten Kapitalerträgen oder an deren Stelle gewährt werden.

(2) Der Steuerabzug ist außer in den Fällen des Absatzes 1 Satz 1 Nr. 1 Buchstabe a Doppelbuchstabe bb und Nr. 7b nicht vorzunehmen, wenn Gläubiger und Schuldner der Kapitalerträge (Schuldner) oder die auszahlende Stelle im Zeitpunkt des Zufließens dieselbe Person sind.

(3) Kapitalerträge sind inländische, wenn der Schuldner Wohnsitz, Geschäftsleitung oder Sitz im Inland hat.

(4) Der Steuerabzug ist auch dann vorzunehmen, wenn die Kapitalerträge beim Gläubiger zu den Einkünften aus Land- und Forstwirtschaft, aus Gewerbebetrieb, aus selbständiger Arbeit oder aus Vermietung und Verpachtung gehören.

§ 43a
Bemessung der Kapitalertragsteuer

(1) Die Kapitalertragsteuer beträgt

1. in den Fällen des § 43 Abs. 1 Satz 1 Nr. 1:
   20 vom Hundert des Kapitalertrags, wenn der Gläubiger die Kapitalertragsteuer trägt,

   25 vom Hundert des tatsächlich ausgezahlten Betrags, wenn der Schuldner die Kapitalertragsteuer übernimmt;

2. in den Fällen des § 43 Abs. 1 Satz 1 Nr. 2 bis 4:
   25 vom Hundert des Kapitalertrags, wenn der Gläubiger die Kapitalertragsteuer trägt,

   33 1/3 vom Hundert des tatsächlich ausgezahlten Betrags, wenn der Schuldner die Kapitalertragsteuer übernimmt;

3. in den Fällen des § 43 Abs. 1 Satz 1 Nr. 7 und 8 sowie Satz 2:
   30 vom Hundert des Kapitalertrags (Zinsabschlag), wenn der Gläubiger die Kapitalertragsteuer trägt,

42,85 vom Hundert des tatsächlich ausgezahlten Betrags, wenn der Schuldner die Kapitalertragsteuer übernimmt;

in den Fällen des § 44 Abs. 1 Satz 4 Nr. 1 Buchstabe a Doppelbuchstabe bb erhöhen sich der Vomhundertsatz von 30 auf 35 und der Vomhundertsatz von 42,85 auf 53,84;

4. in den Fällen des § 43 Abs. 1 Satz 1 Nr. 7a:

   20 vom Hundert des Kapitalertrags, wenn der Gläubiger die Kapitalertragsteuer trägt,

   25 vom Hundert des tatsächlich ausbezahlten Betrags, wenn der Schuldner die Kapitalertragsteuer übernimmt;

5. in den Fällen des § 43 Abs. 1 Satz 1 Nr. 7b:

   10 vom Hundert des Kapitalertrags, wenn der Gläubiger die Kapitalertragsteuer trägt,

   11 1/9 vom Hundert des tatsächlich ausbezahlten Betrags, wenn der Schuldner die Kapitalertragsteuer übernimmt;

6. in den Fällen des § 43 Abs. 1 Satz 1 Nr. 7c:

   10 vom Hundert des Kapitalertrags.

(2) Dem Steuerabzug unterliegen die vollen Kapitalerträge ohne jeden Abzug. In den Fällen des § 20 Abs. 2 Satz 1 Nr. 4 bemisst sich der Steuerabzug nach dem Unterschied zwischen dem Entgelt für den Erwerb und den Einnahmen aus der Veräußerung oder Einlösung der Wertpapiere und Kapitalforderungen, wenn sie von der die Kapitalerträge auszahlenden Stelle erworben oder veräußert und seitdem verwahrt oder verwaltet worden sind. Ist dies nicht der Fall, bemisst sich der Steuerabzug nach 30 vom Hundert der Einnahmen aus der Veräußerung oder Einlösung der Wertpapiere und Kapitalforderungen. Hat die auszahlende Stelle die Wertpapiere und Kapitalforderungen vor dem 1. Januar 1994 erworben oder veräußert und seitdem verwahrt oder verwaltet, kann sie den Steuerabzug nach 30 vom Hundert der Einnahmen aus der Veräußerung oder Einlösung der Wertpapiere und Kapitalforderungen bemessen. Die Sätze 3 und 4 gelten auch in den Fällen der Einlösung durch den Ersterwerber. Abweichend von den Sätzen 2 bis 5 bemisst sich der Steuerabzug bei Kapitalerträgen aus nicht für einen marktmäßigen Handel bestimmten schuldbuchfähigen Wertpapieren des Bundes und der Länder oder bei Kapitalerträgen im Sinne des § 43 Abs. 1 Satz 1 Nr. 7 Buchstabe b aus nicht in Inhaber- oder Orderschuldverschreibungen verbrieften Kapitalforderungen nach dem vollen Kapitalertrag ohne jeden Abzug.

(3) Von Kapitalerträgen im Sinne des § 43 Abs. 1 Satz 1 Nr. 7 Buchstabe a und Nr. 8 sowie Satz 2 kann die auszahlende Stelle Stückzinsen, die ihr der Gläubiger im Kalenderjahr des Zuflusses der Kapitalerträge gezahlt hat, bis zur Höhe der Kapitalerträge abziehen. Dies gilt nicht in den Fällen des § 44 Abs. 1 Satz 4 Nr. 1 Buchstabe a Doppelbuchstabe bb.

(4) Die Absätze 2 und 3 Satz 1 gelten entsprechend für die Bundesschuldenverwaltung oder eine Landesschuldenverwaltung als auszahlende Stelle, im Falle des Absatzes 3 Satz 1 jedoch nur, wenn die Wertpapiere oder Forderungen von einem Kreditinstitut oder einem Finanzdienstleistungsinstitut mit der Maßgabe der Verwahrung und Verwaltung durch die Schuldenverwaltung erworben worden sind. Das Kreditinstitut oder das Finanzdienstleistungsinstitut hat der Schuldenverwaltung zusammen mit den im Schuldbuch einzutragenden Wertpapieren und Forderungen den Erwerbszeitpunkt und den Betrag der gezahlten Stückzinsen sowie in Fällen des Absatzes 2 Satz 2 bis 5 den Erwerbspreis der für einen marktmäßigen Handel bestimmten schuldbuchfähigen Wertpapiere des Bundes oder der Länder und außerdem mitzuteilen, dass es diese Wertpapiere und Forderungen erworben oder veräußert und seitdem verwahrt oder verwaltet hat.

§ 43b
Bemessung der Kapitalertragsteuer bei bestimmten Kapitalgesellschaften

(1) Auf Antrag wird die Kapitalertragsteuer für Kapitalerträge im Sinne des § 20 Abs. 1 Nr. 1, die einer Muttergesellschaft, die weder ihren Sitz noch ihre Geschäftsleitung im Inland hat, aus Ausschüttungen einer unbeschränkt steuerpflichtigen Kapitalgesellschaft im Sinne des § 1 Abs. 1 Nr. 1 des Körperschaftsteuergesetzes zufließen, nicht erhoben.

(2) Muttergesellschaft im Sinne des Absatzes 1 ist eine Gesellschaft, die die in der Anlage 6 zu diesem Gesetz bezeichneten Voraussetzungen des Artikels 2 der Richtlinie 90/435/EWG des Rates vom 23. Juli 1990 (ABl. EG Nr. L 225 S. 6) erfüllt und die im Zeitpunkt der Entstehung der Kapitalertragsteuer gemäß § 44 Abs. 1 Satz 2 nachweislich mindestens zu einem Viertel unmittelbar am Nennkapital der unbeschränkt steuerpflichtigen Kapitalgesellschaft beteiligt ist. Weitere Voraussetzung ist, dass die Beteiligung nachweislich ununterbrochen zwölf Monate besteht. Wird dieser Beteiligungszeitraum nach dem Zeitpunkt der Ent-

stehung der Kapitalertragsteuer gemäß § 44 Abs. 1 Satz 2 vollendet, ist die einbehaltene und abgeführte Kapitalertragsteuer nach § 50d Abs. 1 Satz 2 zu erstatten; das Freistellungsverfahren nach § 50d Abs. 3 ist ausgeschlossen.

(3) Absatz 1 in Verbindung mit Absatz 2 gilt auch, wenn die Beteiligung der Muttergesellschaft am Nennkapital der unbeschränkt steuerpflichtigen Kapitalgesellschaft mindestens ein Zehntel beträgt, und der Staat, in dem die Muttergesellschaft nach einem mit einem anderen Mitgliedstaat der Europäischen Gemeinschaften abgeschlossenen Abkommen zur Vermeidung der Doppelbesteuerung als ansässig gilt, dieser Gesellschaft für Gewinnausschüttungen der unbeschränkt steuerpflichtigen Kapitalgesellschaft eine Steuerbefreiung oder eine Anrechnung der deutschen Körperschaftsteuer auf die Steuer der Muttergesellschaft gewährt und seinerseits Gewinnausschüttungen an eine unbeschränkt steuerpflichtige Kapitalgesellschaft ab der gleichen Beteiligungshöhe von der Kapitalertragsteuer befreit.

(4) Absatz 1 in Verbindung mit Absatz 2 und 3 gilt auch für Ausschüttungen anderer unbeschränkt steuerpflichtiger Körperschaften, Personenvereinigungen und Vermögensmassen im Sinne des § 1 Abs. 1 des Körperschaftsteuergesetzes, wenn der Staat, in dem die Muttergesellschaft nach einem mit einem anderen Mitgliedstaat der Europäischen Gemeinschaften abgeschlossenen Abkommen zur Vermeidung der Doppelbesteuerung als ansässig gilt, dieser Gesellschaft für Gewinnausschüttungen der unbeschränkt steuerpflichtigen Körperschaft, Personenvereinigung oder Vermögensmasse im Sinne des § 1 Abs. 1 des Körperschaftsteuergesetzes eine Steuerbefreiung oder eine Anrechnung der deutschen Körperschaftsteuer auf die Steuer der Muttergesellschaft gewährt und seinerseits Gewinnausschüttungen an eine andere unbeschränkt steuerpflichtige Körperschaft, Personenvereinigung oder Vermögensmasse im Sinne des § 1 Abs. 1 des Körperschaftsteuergesetzes ab der gleichen Beteiligungshöhe von der Kapitalertragsteuer befreit.

§ 44
Entrichtung der Kapitalertragsteuer in den Fällen des
§ 43 Abs. 1 Satz 1 Nr. 1 bis 8 sowie Satz 2

(1) Schuldner der Kapitalertragsteuer ist in den Fällen des § 43 Abs. 1 Satz 1 Nr. 1 Buchstabe a Doppelbuchstabe aa und Buchstabe b, Nr. 2 bis 7b und 8 sowie Satz 2 der Gläubiger der Kapitalerträge. Die Kapitalertragsteuer entsteht in dem Zeitpunkt, in

A. XXXII. Änderung §§ 43 bis 45d EStG

dem die Kapitalerträge dem Gläubiger zufließen. In diesem Zeitpunkt haben in den Fällen des § 43 Abs. 1 Satz 1 Nr. 1 Buchstabe a und c und Nr. 2 bis 4 der Schuldner der Kapitalerträge und in den Fällen des § 43 Abs. 1 Satz 1 Nr. 7, 7a und 8 sowie Satz 2 die die Kapitalerträge auszahlende Stelle den Steuerabzug für Rechnung des Gläubigers der Kapitalerträge vorzunehmen. Die die Kapitalerträge auszahlende Stelle ist

1. in den Fällen des § 43 Abs. 1 Satz 1 Nr. 7 Buchstabe a und Nummer 8 sowie Satz 2

   a) das inländische Kreditinstitut oder das inländische Finanzdienstleistungsinstitut im Sinne des § 43 Abs. 1 Satz 1 Nr. 7 Buchstabe b,

      aa) das die Teilschuldverschreibungen, die Anteile an einer Sammelschuldbuchforderung, die Wertrechte oder die Zinsscheine verwahrt oder verwaltet und die Kapitalerträge auszahlt oder gutschreibt,

      bb) das die Kapitalerträge gegen Aushändigung der Zinsscheine oder der Teilschuldverschreibungen einem anderen als einem ausländischen Kreditinstitut oder einem ausländischen Finanzdienstleistungsinstitut auszahlt oder gutschreibt;

   b) der Schuldner der Kapitalerträge in den Fällen des Buchstabens a, wenn kein inländisches Kreditinstitut oder kein inländisches Finanzdienstleistungsinstitut die die Kapitalerträge auszahlende Stelle ist;

2. in den Fällen des § 43 Abs. 1 Satz 1 Nr. 7 Buchstabe b das inländische Kreditinstitut oder das inländische Finanzdienstleistungsinstitut, das die Kapitalerträge als Schuldner auszahlt oder gutschreibt.

Die innerhalb eines Kalendermonats einbehaltene Steuer ist jeweils bis zum 10. des folgenden Monats an das Finanzamt abzuführen, das für die Besteuerung des Schuldners der Kapitalerträge oder der die Kapitalerträge auszahlenden Stelle nach dem Einkommen zuständig ist. Dabei sind die Kapitalertragsteuer und der Zinsabschlag, die zu demselben Zeitpunkt abzuführen sind, jeweils auf den nächsten vollen Deutsche-Mark-Betrag abzurunden. Wenn Kapitalerträge ganz oder teilweise nicht in Geld bestehen (§ 8 Abs. 2) und der in Geld geleistete Kapitalertrag nicht zur Deckung der Kapitalertragsteuer ausreicht, hat der Gläubiger der Kapitalerträge dem zum Steuerabzug Verpflichteten den

Fehlbetrag zur Verfügung zu stellen. Soweit der Gläubiger seiner Verpflichtung nicht nachkommt, hat der zum Steuerabzug Verpflichtete dies dem für ihn zuständigen Betriebsstättenfinanzamt anzuzeigen. Das Finanzamt hat die zu wenig erhobene Kapitalertragsteuer vom Gläubiger der Kapitalerträge nachzufordern.

(2) Gewinnanteile (Dividenden) und andere Kapitalerträge, deren Ausschüttung von einer Körperschaft beschlossen wird, fließen dem Gläubiger der Kapitalerträge an dem Tag zu (Absatz 1), der im Beschluss als Tag der Auszahlung bestimmt worden ist. Ist die Ausschüttung nur festgesetzt, ohne dass über den Zeitpunkt der Auszahlung ein Beschluss gefasst worden ist, so gilt als Zeitpunkt des Zufließens der Tag nach der Beschlussfassung.

(3) Ist bei Einnahmen aus der Beteiligung an einem Handelsgewerbe als stiller Gesellschafter in dem Beteiligungsvertrag über den Zeitpunkt der Ausschüttung keine Vereinbarung getroffen, so gilt der Kapitalertrag am Tag nach der Aufstellung der Bilanz oder einer sonstigen Feststellung des Gewinnanteils des stillen Gesellschafters, spätestens jedoch sechs Monate nach Ablauf des Wirtschaftsjahrs, für das der Kapitalertrag ausgeschüttet oder gutgeschrieben werden soll, als zugeflossen. Bei Zinsen aus partiarischen Darlehen gilt Satz 1 entsprechend.

(4) Haben Gläubiger und Schuldner der Kapitalerträge vor dem Zufließen ausdrücklich Stundung des Kapitalertrags vereinbart, weil der Schuldner vorübergehend zur Zahlung nicht in der Lage ist, so ist der Steuerabzug erst mit Ablauf der Stundungsfrist vorzunehmen.

(5) Die Schuldner der Kapitalerträge oder die die Kapitalerträge auszahlenden Stellen haften für die Kapitalertragsteuer, die sie einzubehalten und abzuführen haben, es sei denn, sie weisen nach, dass sie die ihnen auferlegten Pflichten weder vorsätzlich noch grob fahrlässig verletzt haben. Der Gläubiger der Kapitalerträge wird nur in Anspruch genommen, wenn

1. der Schuldner oder die die Kapitalerträge auszahlende Stelle die Kapitalerträge nicht vorschriftsmäßig gekürzt hat,

2. der Gläubiger weiß, dass der Schuldner oder die die Kapitalerträge auszahlende Stelle die einbehaltene Kapitalertragsteuer nicht vorschriftsmäßig abgeführt hat, und dies dem Finanzamt nicht unverzüglich mitteilt oder

3. das die Kapitalerträge auszahlende inländische Kreditinstitut oder das inländische Finanzdienstleistungsinstitut die Kapi-

talerträge zu Unrecht ohne Abzug der Kapitalertragsteuer ausgezahlt hat. Für die Inanspruchnahme des Schuldners der Kapitalerträge undder die Kapitalerträge auszahlenden Stelle bedarf es keines Haftungsbescheids, soweit der Schuldner oder die die Kapitalerträge auszahlende Stelle die einbehaltene Kapitalertragsteuer richtig angemeldet hat oder soweit sie ihre Zahlungsverpflichtungen gegenüber dem Finanzamt oder dem Prüfungsbeamten des Finanzamts schriftlich anerkennen.

(6) In den Fällen des § 43 Abs. 1 Satz 1 Nr. 1 Buchstabe a Doppelbuchstabe bb gilt die natürliche Person oder die Mitunternehmerschaft als Gläubiger und der Betrieb als Schuldner der Kapitalerträge. Die Absätze 1 bis 4 sind entsprechend anzuwenden.

(7) In den Fällen des § 43 Abs. 1 Satz 1 Nr. 7c gilt die juristische Person des öffentlichen Rechts und die von der Körperschaftsteuer befreite Körperschaft, Personenvereinigung oder Vermögensmasse als Gläubiger und der Betrieb gewerblicher Art und der wirtschaftliche Geschäftsbetrieb als Schuldner der Kapitalerträge. Die Kapitalertragsteuer entsteht im Zeitpunkt der Bilanzerstellung; sie entsteht spätestens acht Monate nach Ablauf des Wirtschaftsjahrs; in den Fällen des § 20 Abs. 1 Nr. 10 Buchstabe b Satz 2 am Tag nach der Beschlussfassung über die Verwendung. Die Absätze 1 bis 4 sind entsprechend anzuwenden.

§ 44a
Abstandnahme vom Steuerabzug

(1) Bei Kapitalerträgen im Sinne des § 43 Abs. 1 Satz 1 Nr. 3, 4, 7 und 8 sowie Satz 2, die einem unbeschränkt einkommensteuerpflichtigen Gläubiger zufließen, ist der Steuerabzug nicht vorzunehmen,

1. soweit die Kapitalerträge zusammen mit den Kapitalerträgen, für die die Kapitalertragsteuer nach § 44b zu erstatten ist, den Sparer-Freibetrag nach § 20 Abs. 4 und den Werbungskosten-Pauschbetrag nach § 9a Satz 1 Nr. 2 nicht übersteigen,

2. wenn anzunehmen ist, dass für ihn eine Veranlagung zur Einkommensteuer nicht in Betracht kommt.

(2) Voraussetzung für die Abstandnahme vom Steuerabzug nach Absatz 1 ist, dass dem nach § 44 Abs. 1 zum Steuerabzug Verpflichteten in den Fällen

1. des Absatzes 1 Nr. 1 ein Freistellungsauftrag des Gläubigers der Kapitalerträge nach amtlich vorgeschriebenem Vordruck oder

2. des Absatzes 1 Nr. 2 eine Nichtveranlagungs-Bescheinigung des für den Gläubiger zuständigen Wohnsitzfinanzamts vorliegt.

In den Fällen des Satzes 1 Nr. 2 ist die Bescheinigung unter dem Vorbehalt des Widerrufs auszustellen. Ihre Geltungsdauer darf höchstens drei Jahre betragen und muss am Schluss eines Kalenderjahrs enden. Fordert das Finanzamt die Bescheinigung zurück oder erkennt der Gläubiger, dass die Voraussetzungen für ihre Erteilung weggefallen sind, so hat er dem Finanzamt die Bescheinigung zurückzugeben.

(3) Der nach § 44 Abs. 1 zum Steuerabzug Verpflichtete hat in seinen Unterlagen das Finanzamt, das die Bescheinigung erteilt hat, den Tag der Ausstellung der Bescheinigung und die in der Bescheinigung angegebene Steuer- und Listennummer zu vermerken sowie die Freistellungsaufträge aufzubewahren.

(4) Ist der Gläubiger

1. eine von der Körperschaftsteuer befreite inländische Körperschaft, Personenvereinigung oder Vermögensmasse oder

2. eine inländische juristische Person des öffentlichen Rechts,

so ist der Steuerabzug bei Kapitalerträgen im Sinne des § 43 Abs. 1 Satz 1 Nr. 4, 7 und 8 sowie Satz 2 nicht vorzunehmen. Dies gilt auch, wenn es sich bei den Kapitalerträgen um Gewinnanteile handelt, die der Gläubiger von einer von der Körperschaftsteuer befreiten Körperschaft bezieht. Voraussetzung ist, dass der Gläubiger dem Schuldner oder dem die Kapitalerträge auszahlenden inländischen Kreditinstitut oder inländischen Finanzdienstleistungsinstitut durch eine Bescheinigung des für seine Geschäftsleitung oder seinen Sitz zuständigen Finanzamts nachweist, dass er eine Körperschaft, Personenvereinigung oder Vermögensmasse im Sinne des Satzes 1 Nr. 1 oder 2 ist. Absatz 2 Satz 2 bis 4 und Absatz 3 gelten entsprechend. Die in Satz 3 bezeichnete Bescheinigung wird nicht erteilt, wenn die Kapitalerträge in den Fällen des Satzes 1 Nr. 1 in einem wirtschaftlichen Geschäftsbetrieb anfallen, für den die Befreiung von der Körperschaftsteuer ausgeschlossen ist, oder wenn sie in den Fällen des Satzes 1 Nr. 2 in einem nicht von der Körperschaftsteuer befreiten Betrieb gewerblicher Art anfallen.

A. XXXII. Änderung §§ 43 bis 45d EStG

(5) Bei Kapitalerträgen im Sinne des § 43 Abs. 1 Satz 1 Nr. 7 und 8 sowie Satz 2, die einem unbeschränkt oder beschränkt einkommensteuerpflichtigen Gläubiger zufließen, ist der Steuerabzug nicht vorzunehmen, wenn die Kapitalerträge Betriebseinnahmen des Gläubigers sind und die Kapitalertragsteuer bei ihm auf Grund der Art seiner Geschäfte auf Dauer höher wären als die gesamte festzusetzende Einkommensteuer oder Körperschaftsteuer. Dies ist durch eine Bescheinigung des für den Gläubiger zuständigen Finanzamts nachzuweisen. Die Bescheinigung ist unter dem Vorbehalt des Widerrufs auszustellen.

(6) Voraussetzung für die Abstandnahme vom Steuerabzug nach den Absätzen 1, 4 und 5 bei Kapitalerträgen im Sinne des § 43 Abs. 1 Satz 1 Nr. 7 und 8 sowie Satz 2 ist, dass die Teilschuldverschreibungen, die Anteile an der Sammelschuldbuchforderung, die Wertrechte oder die Einlagen und Guthaben im Zeitpunkt des Zufließens der Einnahmen unter dem Namen des Gläubigers der Kapitalerträge bei der die Kapitalerträge auszahlenden Stelle verwahrt oder verwaltet werden. Ist dies nicht der Fall, ist die Bescheinigung nach § 45a Abs. 2 durch einen entsprechenden Hinweis zu kennzeichnen.

(7) Ist der Gläubiger eine inländische

1. Körperschaft, Personenvereinigung oder Vermögensmasse im Sinne des § 5 Abs. 1 Nr. 9 des Körperschaftsteuergesetzes oder

2. Stiftung des öffentlichen Rechts, die ausschließlich und unmittelbar gemeinnützigen oder mildtätigen Zwecken dient, oder

3. juristische Person des öffentlichen Rechts, die ausschließlich und unmittelbar kirchlichen Zwecken dient,

so ist der Steuerabzug bei Kapitalerträgen im Sinne des § 43 Abs. 1 Satz 1 Nr. 7a bis 7c nicht vorzunehmen. Absatz 4 gilt entsprechend.

§ 44b
Erstattung der Kapitalertragsteuer

(1) Bei Kapitalerträgen im Sinne des § 43 Abs. 1 Satz 1 Nr. 1 und 2, die einem unbeschränkt einkommensteuerpflichtigen und in den Fällen des § 44a Abs. 5 auch einem beschränkt einkommensteuerpflichtigen Gläubiger zufließen, wird auf Antrag die einbehaltene und abgeführte Kapitalertragsteuer unter den Vor-

aussetzungen des § 44a Abs. 1, 2 und 5 in dem dort bestimmten Umfang unter Berücksichtigung des § 3 Nr. 40 Buchstabe d, e und f erstattet. Dem Antrag auf Erstattung ist außer dem Freistellungsauftrag nach § 44a Abs. 2 Satz 1 Nr. 1, der Nichtveranlagungs-Bescheinigung nach § 44a Abs. 2 Satz 1 Nr. 2 oder der Bescheinigung nach § 44a Abs. 5 eine Steuerbescheinigung nach § 45a Abs. 3 beizufügen.

(2) Für die Erstattung ist das Bundesamt für Finanzen zuständig. Der Antrag ist nach amtlich vorgeschriebenem Muster zu stellen und zu unterschreiben.

(3) Die Antragsfrist endet am 31. Dezember des Jahres, das dem Kalenderjahr folgt, in dem die Einnahmen zugeflossen sind. Die Frist kann nicht verlängert werden.

(4) Die Erstattung ist ausgeschlossen, wenn

1. die Erstattung nach § 45c beantragt oder durchgeführt worden ist,

2. die vorgeschriebenen Steuerbescheinigungen nicht vorgelegt oder durch einen Hinweis nach § 44a Abs. 6 Satz 2 gekennzeichnet worden sind.

(5) Ist Kapitalertragsteuer einbehalten und abgeführt worden, obwohl eine Verpflichtung hierzu nicht bestand, oder hat der Gläubiger im Fall des § 44a dem nach § 44 Abs. 1 zum Steuerabzug Verpflichteten den Freistellungsauftrag oder die Nichtveranlagungs-Bescheinigung oder die Bescheinigungen nach § 44a Abs. 4 oder 5 erst in einem Zeitpunkt vorgelegt, in dem die Kapitalertragsteuer bereits abgeführt war, so ist auf Antrag des nach § 44 Abs. 1 zum Steuerabzug Verpflichteten die Steueranmeldung (§ 45a Abs. 1) insoweit zu ändern; statt dessen kann der zum Steuerabzug Verpflichtete bei der folgenden Steueranmeldung die abzuführende Kapitalertragsteuer entsprechend kürzen. Erstattungsberechtigt ist der Antragsteller.

§ 44c
Erstattung von Kapitalertragsteuer an bestimmte Körperschaften, Personenvereinigungen und Vermögensmassen

(1) Ist der Gläubiger eine inländische

1. Körperschaft, Personenvereinigung oder Vermögensmasse im Sinne des § 5 Abs. 1 Nr. 9 des Körperschaftsteuergesetzes oder

2. Stiftung des öffentlichen Rechts, die ausschließlich und unmittelbar gemeinnützigen oder mildtätigen Zwecken dient, oder

3. juristische Person des öffentlichen Rechts, die ausschließlich und unmittelbar kirchlichen Zwecken dient,

so erstattet das Bundesamt für Finanzen außer in den Fällen des § 44a Abs. 4 und 7 auf Antrag des Gläubigers die einbehaltene und abgeführte Kapitalertragsteuer. Voraussetzung ist, dass der Gläubiger dem Bundesamt für Finanzen durch eine Bescheinigung des für seine Geschäftsleitung oder seinen Sitz zuständigen Finanzamts nachweist, dass er eine Körperschaft, Personenvereinigung oder Vermögensmasse nach Satz 1 ist. § 44a Abs. 2 Satz 2 bis 4 und Abs. 4 Satz 5 gilt entsprechend. Dem Antrag ist außer der Bescheinigung nach Satz 2 eine Bescheinigung im Sinne des § 45a Abs. 2 oder 3 beizufügen.

(2) Ist der Gläubiger

1. eine nach § 5 Abs. 1 mit Ausnahme der Nummer 9 des Körperschaftsteuergesetzes oder nach anderen Gesetzen von der Körperschaftsteuer befreite Körperschaft, Personenvereinigung oder Vermögensmasse oder

2. eine inländische juristische Person des öffentlichen Rechts, die nicht in Absatz 1 bezeichnet ist,

so erstattet das Bundesamt für Finanzen auf Antrag des Gläubigers die Hälfte der auf Kapitalerträge im Sinne des § 43 Abs. 1 Satz 1 Nr. 1 und 7a einbehaltenen und abgeführten Kapitalertragsteuer. Voraussetzung ist, dass der Gläubiger durch eine Bescheinigung des für seine Geschäftsleitung oder seinen Sitz zuständigen Finanzamts nachweist, dass er eine Körperschaft im Sinne des Satzes 1 ist. Absatz 1 Satz 3 und 4 gilt entsprechend.

(3) § 44a Abs. 2 Satz 4, § 44b Abs. 2 Satz 2 und Abs. 3 und § 45b sind sinngemäß anzuwenden. Das Bundesamt für Finanzen kann im Einzelfall die Frist auf Antrag des Gläubigers verlängern, wenn dieser verhindert ist, die Frist einzuhalten. Der Antrag auf Verlängerung ist vor Ablauf der Frist schriftlich zu stellen und zu begründen.

§ 45
Ausschluss der Erstattung von Kapitalertragsteuer

In den Fällen, in denen die Dividende an einen anderen als an den Anteilseigner ausgezahlt wird, ist die Erstattung von Kapitalertragsteuer an den Zahlungsempfänger ausgeschlossen. Satz 1 gilt nicht für den Erwerber eines Dividendenscheins in den Fällen des § 20 Abs. 2 Satz 1 Nr. 2 Buchstabe a. In den Fällen des § 20 Abs. 2 Satz 1 Nr. 2 Buchstabe b ist die Erstattung von Kapitalertragsteuer an den Erwerber von Zinsscheinen nach § 37 Abs. 2 der Abgabenordnung ausgeschlossen.

§ 45a
Anmeldung und Bescheinigung der Kapitalertragsteuer in den Fällen des § 43 Abs. 1 Satz 1 Nr. 1 bis 8 sowie Satz 2

(1) Die Anmeldung der einbehaltenen Kapitalertragsteuer ist dem Finanzamt innerhalb der in § 44 Abs. 1 bestimmten Frist nach amtlich vorgeschriebenem Vordruck einzureichen. Satz 1 gilt entsprechend, wenn ein Steuerabzug nicht oder nicht in voller Höhe vorzunehmen ist. Der Grund für die Nichtabführung ist anzugeben. Die Anmeldung ist mit der Versicherung zu versehen, dass die Angaben vollständig und richtig sind. Die Anmeldung ist von dem Schuldner, der auszahlenden Stelle oder einer vertretungsberechtigten Person zu unterschreiben.

(2) In den Fällen des § 43 Abs. 1 Satz 1 Nr. 1 bis 4, 7a und 7b sind der Schuldner der Kapitalerträge und in den Fällen des § 43 Abs. 1 Satz 1 Nr. 7 und 8 sowie Satz 2 die die Kapitalerträge auszahlende Stelle vorbehaltlich der Absätze 3 und 4 verpflichtet, dem Gläubiger der Kapitalerträge auf Verlangen die folgenden Angaben nach amtlich vorgeschriebenem Muster zu bescheinigen:

1. den Namen und die Anschrift des Gläubigers;

2. die Art und Höhe der Kapitalerträge unabhängig von der Vornahme eines Steuerabzugs;

3. den Zahlungstag;

4. den Betrag der nach § 36 Abs. 2 Nr. 2 anrechenbaren Kapitalertragsteuer getrennt nach

   a) Kapitalertragsteuer im Sinne des § 43a Abs. 1 Nr. 1 und 2,

   b) Kapitalertragsteuer im Sinne des § 43a Abs. 1 Nr. 3 (Zinsabschlag) und

   c) Kapitalertragsteuer im Sinne des § 43a Abs. 1 Nr. 4 und 5;

5. das Finanzamt, an das die Steuer abgeführt worden ist.

A. XXXII. Änderung §§ 43 bis 45d EStG

Bei Kapitalerträgen im Sinne des § 43 Abs. 1 Satz 1 Nr. 2 bis 4, 7 bis 7b und 8 sowie Satz 2 ist außerdem die Zeit anzugeben, für welche die Kapitalerträge gezahlt worden sind. Die Bescheinigung braucht nicht unterschrieben zu werden, wenn sie in einem maschinellen Verfahren ausgedruckt worden ist und den Aussteller erkennen lässt. Ist die auszahlende Stelle nicht Schuldner der Kapitalerträge, hat sie zusätzlich den Namen und die Anschrift des Schuldners der Kapitalerträge anzugeben. § 44a Abs. 6 gilt sinngemäß; über die zu kennzeichnenden Bescheinigungen haben die genannten Institute und Unternehmen Aufzeichnungen zu führen. Diese müssen einen Hinweis auf den Buchungsbeleg über die Auszahlung an den Empfänger der Bescheinigung enthalten.

(3) Werden Kapitalerträge für Rechnung des Schuldners durch ein inländisches Kreditinstitut oder ein inländisches Finanzdienstleistungsinstitut gezahlt, so hat an Stelle des Schuldners das Kreditinstitut oder das Finanzdienstleistungsinstitut die Bescheinigung zu erteilen. Aus der Bescheinigung des Kreditinstituts oder des Finanzdienstleistungsinstituts muss auch der Schuldner hervorgehen, für den die Kapitalerträge gezahlt werden; die Angabe des Finanzamts, an das die Kapitalertragsteuer abgeführt worden ist, kann unterbleiben.

(4) Eine Bescheinigung nach Absatz 2 oder 3 ist nicht zu erteilen, wenn in Vertretung des Gläubigers ein Antrag auf Erstattung der Kapitalertragsteuer nach §§ 44b und 45c gestellt worden ist oder gestellt wird.

(5) Eine Bescheinigung, die den Absätzen 2 bis 4 nicht entspricht, hat der Aussteller zurückzufordern und durch eine berichtigte Bescheinigung zu ersetzen. Die berichtigte Bescheinigung ist als solche zu kennzeichnen. Wird die zurückgeforderte Bescheinigung nicht innerhalb eines Monats nach Zusendung der berichtigten Bescheinigung an den Aussteller zurückgegeben, hat der Aussteller das nach seinen Unterlagen für den Empfänger zuständige Finanzamt schriftlich zu benachrichtigen.

(6) Der Aussteller einer Bescheinigung, die den Absätzen 2 bis 4 nicht entspricht, haftet für die auf Grund der Bescheinigung verkürzten Steuern oder zu Unrecht gewährten Steuervorteile. Ist die Bescheinigung nach Absatz 3 durch ein inländisches Kreditinstitut oder ein inländisches Finanzdienstleistungsinstitut auszustellen, so haftet der Schuldner auch, wenn er zum Zweck der Bescheinigung unrichtige Angaben macht. Der Aussteller haftet nicht

1. in den Fällen des Satzes 2,
2. wenn er die ihm nach Absatz 5 obliegenden Verpflichtungen erfüllt hat.

§ 45b
Erstattung von Kapitalertragsteuer auf Grund
von Sammelanträgen

(1) Wird in den Fällen des § 44b Abs. 1 der Antrag auf Erstattung von Kapitalertragsteuer in Vertretung des Anteilseigners durch ein inländisches Kreditinstitut oder durch eine inländische Zweigniederlassung eines der in § 53b Abs. 1 oder 7 des Gesetzes über das Kreditwesen genannten Institute oder Unternehmen gestellt, so kann von der Übersendung des Freistellungsauftrags nach § 44a Abs. 2 Satz 1 Nr. 1, der Nichtveranlagungs-Bescheinigung nach § 44a Abs. 2 Satz 1 Nr. 2 oder der Bescheinigung nach § 44a Abs. 5 sowie der Steuerbescheinigung nach § 45a Abs. 2 oder 3 abgesehen werden, wenn das inländische Kreditinstitut oder die inländische Zweigniederlassung eines der in § 53b Abs. 1 oder 7 des Gesetzes über das Kreditwesen genannten Institute oder Unternehmen versichert, dass

1. eine Bescheinigung im Sinne § 45a Abs. 2 oder 3 nicht ausgestellt oder als ungültig gekennzeichnet oder nach den Angaben des Gläubigers der Kapitalerträge abhanden gekommen oder vernichtet ist,

2. die Wertpapiere oder die Kapitalforderungen im Zeitpunkt des Zufließens der Einnahmen in einem auf den Namen des Gläubigers lautenden Wertpapierdepot bei dem inländischen Kreditinstitut oder bei der inländischen Zweigniederlassung eines der in § 53b Abs. 1 oder 7 des Gesetzes über das Kreditwesen genannten Institute oder Unternehmen verzeichnet war,

3. ein Freistellungsauftrag nach § 44a Abs. 2 Satz 1 Nr.1 oder eine Nichtveranlagungs-Bescheinigung nach § 44a Abs. 2 Satz 1 Nr. 2 oder eine Bescheinigung nach § 44a Abs. 5 vorliegt und

4. die Angaben in dem Antrag wahrheitsgemäß nach bestem Wissen und Gewissen gemacht worden sind.

Über Anträge, in denen ein inländisches Kreditinstitut oder eine inländische Zweigniederlassung eines der in § 53b Abs. 1 oder 7 des Gesetzes über das Kreditwesen genannten Institute oder Unternehmen versichert, dass die Bescheinigung im Sinne des § 45a Abs. 2 oder 3 als ungültig gekennzeichnet oder nach den Angaben des Anteilseigners abhanden gekommen oder vernichtet ist, haben die Kreditinstitute und Zweigniederlassungen eines der in § 53b Abs. 1 oder 7 des Gesetzes über das Kreditwesen genannten Institute oder Unternehmen Aufzeichnungen zu führen.

(2) Absatz 1 gilt entsprechend für Anträge, die

1. eine Kapitalgesellschaft in Vertretung ihrer Arbeitnehmer stellt, soweit es sich um Einnahmen aus Anteilen handelt, die den Arbeitnehmern von der Kapitalgesellschaft überlassen worden sind und von ihr, einem inländischen Kreditinstitut oder einer inländischen Zweigniederlassung eines der in § 53b Abs. 1 oder 7 des Gesetzes über das Kreditwesen genannten Institute oder Unternehmen verwahrt werden;

2. der von einer Kapitalgesellschaft bestellte Treuhänder in Vertretung der Arbeitnehmer dieser Kapitalgesellschaft stellt, soweit es sich um Einnahmen aus Anteilen handelt, die den Arbeitnehmern von der Kapitalgesellschaft überlassen worden sind und von dem Treuhänder, einem inländischen Kreditinstitut oder einer inländischen Zweigniederlassung eines der in § 53b Abs. 1 oder 7 des Gesetzes über das Kreditwesen genannten Institute oder Unternehmen verwahrt werden;

3. eine Erwerbs- oder Wirtschaftsgenossenschaft in Vertretung ihrer Mitglieder stellt, soweit es sich um Einnahmen aus Anteilen an dieser Genossenschaft handelt.

Den Arbeitnehmern im Sinne des Satzes 1 Nr. 1 und 2 stehen Arbeitnehmer eines mit der Kapitalgesellschaft verbundenen Unternehmens (§ 15 Aktiengesetz) sowie frühere Arbeitnehmer der Kapitalgesellschaft oder eines mit ihr verbundenen Unternehmens gleich. Den von der Kapitalgesellschaft überlassenen Anteilen stehen Aktien gleich, die den Arbeitnehmern bei einer Kapitalerhöhung auf Grund ihres Bezugsrechts aus den von der Kapitalgesellschaft überlassenen Aktien zugeteilt worden sind oder die den Arbeitnehmern auf Grund einer Kapitalerhöhung aus Gesellschaftsmitteln gehören.

(3) Erkennt der Vertreter des Gläubigers der Kapitalerträge vor Ablauf der Festsetzungsfrist im Sinne der §§ 169 bis 171 der Abgabenordnung, dass die Erstattung ganz oder teilweise zu Unrecht festgesetzt worden ist, so hat er dies dem Bundesamt für Finanzen anzuzeigen. Das Bundesamt für Finanzen hat die zu Unrecht erstatteten Beträge von dem Gläubiger zurückzufordern,

für den sie festgesetzt worden ist. Der Vertreter des Gläubigers haftet für die zurückzuzahlende Vergütung.

(4) § 44b Abs. 1 bis 4 gilt entsprechend. Die Antragsfrist gilt als gewahrt, wenn der Gläubiger die beantragende Stelle bis zu dem in § 44b Abs. 3 bezeichneten Zeitpunkt schriftlich mit der Antragstellung beauftragt hat.

(5) Die Vollmacht, den Antrag auf Erstattung von Kapitalertragsteuer zu stellen, ermächtigt zum Empfang der Steuererstattung.

§ 45c
Erstattung von Kapitalertragsteuer in Sonderfällen

(1) In den Fällen des § 45b Abs. 2 wird die Kapitalertragsteuer an den dort bezeichneten Vertreter unabhängig davon erstattet, ob für den Gläubiger der Kapitalerträge eine Veranlagung in Betracht kommt und ob eine Nichtveranlagungs-Bescheinigung nach § 44a Abs. 2 Satz 1 Nr. 2 vorgelegt wird, wenn der Vertreter sich in einem Sammelantrag bereit erklärt hat, den Erstattungsbetrag für den Gläubiger entgegenzunehmen. Die Erstattung nach Satz 1 wird nur für Gläubiger gewährt, deren Bezüge im Sinne des § 20 Abs. 1 Nr. 1 und 2 im Wirtschaftsjahr 100 Deutsche Mark nicht überstiegen haben.

(2) Werden in den Fällen des § 45b Abs. 2 Satz 1 Nr. 1 oder 2 die Anteile von einem inländischen Kreditinstitut oder einer inländischen Zweigniederlassung eines der in § 53b Abs. 1 oder 7 des Gesetzes über das Kreditwesen genannten Institute oder Unternehmen in einem Wertpapierdepot verwahrt, das auf den Namen des Gläubigers lautet, setzt die Erstattung nach Absatz 1 zusätzlich voraus:

1. Das inländische Kreditinstitut oder die inländische Zweigniederlassung eines der in § 53b Abs. 1 oder 7 des Gesetzes über das Kreditwesen genannten Institute oder Unternehmen hat die Überlassung der Anteile durch die Kapitalgesellschaft an den Gläubiger kenntlich gemacht;

2. es handelt sich nicht um Aktien, die den Arbeitnehmern bei einer Kapitalerhöhung auf Grund ihres Bezugsrechts aus den von der Kapitalgesellschaft überlassenen Aktien zugeteilt worden sind oder die den Arbeitnehmern auf Grund einer Kapitalerhöhung aus Gesellschaftsmitteln gehören;

3. der Gläubiger hat dem inländischen Kreditinstitut oder der inländischen Zweigniederlassung eines der in § 53b Abs. 1

oder 7 des Gesetzes über das Kreditwesen genannten Institute oder Unternehmen für das Wertpapierdepot eine Nichtveranlagungs-Bescheinigung nach § 44a Abs. 2 Satz 1 Nr. 2 nicht vorgelegt und

4. die Kapitalgesellschaft versichert, dass
   a) die Bezüge aus den von ihr insgesamt überlassenen Anteilen bei keinem der Gläubiger den Betrag von 100 Deutsche Mark überstiegen haben können und
   b) das inländische Kreditinstitut oder die inländische Zweigniederlassung eines der in § 53b Abs. 1 oder 7 des Gesetzes über das Kreditwesen genannten Institute oder Unternehmen schriftlich erklärt hat, dass die in den Nummern 1 bis 3 bezeichneten Voraussetzungen erfüllt sind.

Ist die in Satz 1 Nr. 4 Buchstabe b bezeichnete Erklärung des inländischen Kreditinstituts oder der inländischen Zweigniederlassung eines der in § 53b Abs. 1 oder 7 des Gesetzes über das Kreditwesen genannten Institute oder Unternehmen unrichtig, haften diese für die auf Grund der Erklärung zu Unrecht gewährten Steuervorteile.

(3) Das Finanzamt kann einer unbeschränkt steuerpflichtigen Körperschaft auch in anderen als den in § 45b Abs. 2 bezeichneten Fällen gestatten, in Vertretung ihrer unbeschränkt steuerpflichtigen Gläubiger einen Sammelantrag auf Erstattung von Kapitalertragsteuer zu stellen, wenn

1. die Zahl der Gläubiger, für die der Sammelantrag gestellt werden soll, besonders groß ist,
2. die Körperschaft den Gewinn ohne Einschaltung eines inländischen Kreditinstituts oder einer inländischen Zweigniederlassung eines der in § 53b Abs. 1 oder 7 des Gesetzes über das Kreditwesen genannten Institute oder Unternehmen an die Gläubiger ausgeschüttet und
3. im Übrigen die Voraussetzungen des Absatzes 1 erfüllt sind.

In diesen Fällen ist nicht erforderlich, dass die Anteile von einer der in § 45b bezeichneten Stellen verwahrt werden.

(4) Für die Erstattung ist das Finanzamt zuständig, dem die Besteuerung des Einkommens des Vertreters obliegt. Das Finanzamt kann die Erstattung an Auflagen binden, die die steuerliche Erfassung der Kapitalerträge sichern sollen. Im übrigen ist § 45b sinngemäß anzuwenden.

§ 45d
Mitteilungen an das Bundesamt für Finanzen

(1) Wer nach § 44 Abs. 1 dieses Gesetzes und § 38b des Gesetzes über Kapitalanlagegesellschaften zum Steuerabzug verpflichtet ist, hat dem Bundesamt für Finanzen bis zum 31. Mai des Jahres, das auf das Jahr folgt, in dem die Kapitalerträge den Gläubigern zufließen, folgende Daten zu übermitteln:

1. Vor- und Zunamen sowie das Geburtsdatum der Person – gegebenenfalls auch des Ehegatten -, die den Freistellungsauftrag erteilt hat (Auftraggeber),

2. Anschrift des Auftraggebers,

3. bei den Kapitalerträgen, für die ein Freistellungsauftrag erteilt worden ist, jeweils gesondert

   a) die Zinsen und ähnliche Kapitalerträge, bei denen vom Steuerabzug Abstand genommen worden ist,

   b) die Dividenden und ähnlichen Kapitalerträgen, bei denen die Erstattung von Kapitalertragsteuer und die Vergütung von Körperschaftsteuer beim Bundesamt für Finanzen beantragt worden ist,

   c) die Kapitalerträge im Sinne des § 43 Abs. 1 Nr. 2, bei denen die Erstattung von Kapitalertragsteuer beim Bundesamt für Finanzen beantragt worden ist,

   d) die Hälfte der Dividenden und ähnlichen Kapitalerträge, bei denen nach § 44 b Abs. 1 in der Fassung des Gesetzes vom ...(BGBl. I S. ...) die Erstattung von Kapitalertragsteuer beim Bundesamt für Finanzen beantragt worden ist,

4. Namen und Anschrift des Empfängers des Freistellungsauftrags.

Die Datenübermittlung hat nach amtlich vorgeschriebenem Datensatz auf amtlich vorgeschriebenen maschinell verwertbaren Datenträgern zu erfolgen. Im Übrigen findet § 150 Abs. 6 der Abgabenordnung entsprechende Anwendung. Das Bundesamt für Finanzen kann auf Antrag eine Übermittlung nach amtlich vorgeschriebenem Vordruck zulassen, wenn eine Übermittlung nach Satz 2 eine unbillige Härte mit sich bringen würde.

(2) Die Mitteilungen dürfen nur zur Durchführung eines Verwaltungsverfahrens oder eines gerichtlichen Verfahrens in Steu-

ersachen oder eines Strafverfahrens wegen einer Steuerstraftat oder eines Bußgeldverfahrens wegen einer Steuerordnungswidrigkeit verwendet werden.

(3) Abweichend von Absatz 2 darf das Bundesamt für Finanzen den Sozialleistungsträgern die Daten nach Absatz 1 mitteilen, soweit dies zur Überprüfung des bei der Sozialleistung zu berücksichtigenden Einkommens oder Vermögens erforderlich ist oder der Betroffene zustimmt. Für Zwecke des Satzes 1 ist das Bundesamt für Finanzen berechtigt, die ihm von den Sozialleistungsträgern übermittelten Daten mit den vorhandenen Daten nach Absatz 1 im Wege des automatisierten Datenabgleichs zu überprüfen und das Ergebnis den Sozialleistungsträgern mitzuteilen."

Begründung zum Gesetzentwurf der Bundesregierung

Die bisherigen §§ 43 bis 45d EStG enthalten die Vorschriften über die Tatbestände, die zur Kapitalertragsteuerpflicht führen, die Höhe der Steuer, der Steuererhebung sowie der Verfahren zur Steuererstattung, wenn keine Steueranrechnung im Zuge einer Einkommensteuerveranlagung durchzuführen ist.

An den Grundsätzen dieser Regelungen ist auch künftig festzuhalten.

Die bisherigen Regelungen knüpften allerdings insbesondere verfahrenstechnisch an Regelungen an, die in den §§ 36a bis 36e EStG zur Vergütung von Körperschaftsteuer auf Grund der Grundsätze des Anrechnungsverfahrens verankert waren; diese Regelungen waren für die Erstattung der Kapitalertragsteuer vielfach entsprechend anzuwenden. Dies gilt insbesondere für die Sammelanträge zur Erstattung der Kapitalertragsteuer.

Die Regelungen der §§ 36a bis 36e EStG werden wegen Wegfalls des Anrechnungsverfahrens aufgehoben. Dies macht es notwendig, die Regelungen der bisherigen §§ 43 bis 45d EStG um die „Verweisungsregelungen" zu ergänzen (neue §§ 45b und 45c EStG) und redaktionell neu zu fassen.

Aus materieller Sicht sind folgende Änderungen vorgenommen worden:

§ 43 EStG

In § 43 Abs. 1 Satz 1 Nr. 7a bis 7c EStG werden als Folge der in § 20 Abs. 1 Nr. 9 und 10 EStG vorgenommenen Erweiterung der Einkommenstatbestände zwei neue Tatbestände für die Kapitalertragsteuerpflicht geschaffen.

§ 43a EStG

§ 43a Abs. 1 Nr. 1 EStG legt die Höhe des Steuersatzes auf 20 % fest, der auf Dividenden anzuwenden ist. Diese Steuer ist auf die tatsächliche Dividende zu entrichten, obwohl im Rahmen der Ermittlung des zu versteuernden Einkommens wegen § 3 Nr. 40 EStG nur die hälftige Dividende einbezogen wird.

In den neuen Nummern 4 bis 6 von § 43a Abs. 1 EStG wird die Höhe des Steuersatzes festgelegt, der auf die neuen Tatbestände für die Kapitalertragsteuerpflicht nach § 43 Abs. 1 Satz 1 Nr. 7a bis 7c EStG anzuwenden ist. Dieser entspricht im Fall der Nummer 7a dem Steuersatz für Dividenden.

Im Fall der Nummer 7b und 7b beträgt er die Hälfte, d. h. 10 %. Dies hat ihre Ursache darin, dass die hiervon betroffenen Körperschaften grundsätzlich die Hälfte der gezahlten Kapitalertragsteuer wieder erstattet bekommen können (vgl. bisheriger § 44c Abs. 2 EStG). Durch die Festlegung des Steuersatzes bedarf es insoweit einer derartigen Erstattung nicht.

Da in den Fällen des § 43 Abs. 1 Satz 1 Nr. 7c EStG nicht an eine Auszahlung der Kapitalerträge angeknüpft wird, wird nur ein einheitlicher Satz festgelegt.

§ 44 EStG

In den Fällen des § 43 Abs. 1 Satz 1 Nr. 1 Buchstabe b bzw. Nr. 7c EStG fallen Gläubiger („Anteilseigner" des optierten Betrieb, juristische Person des öffentlichen Rechts bzw. steuerbefreite Körperschaft) und Schuldner (dessen Betrieb, ihr Betrieb gewerblicher Art bzw. ihr wirtschaftlicher Geschäftsbetrieb) der Kapitalerträge zivilrechtlich zusammen. In § 44 Abs. 6 und 7 EStG ist deshalb festgelegt, dass die Regelungen des § 44 EStG (Entrichtung der Kapitalertragsteuer) – mit Ausnahme des Absatzes 5 (Haftungsregelung) – nur entsprechend anzuwenden sind.

Im Übrigen wird in Absatz 7 der Zeitpunkt festgelegt, zu dem die Kapitalertragsteuer spätestens entsteht, da in diesen Fällen eine tatsächliche Vermögensübertragung für das Entstehen des Steueranspruchs nicht notwendig ist.

§ 44a EStG

Bestimmte steuerbefreite Körperschaften, bestimmte gemeinnützige oder mildtätige Körperschaften sowie bestimmte kirchliche Körperschaften erhalten bisher und künftig die auf ihre Rechnung einbehal-

A. XXXII. Änderung §§ 43 bis 45d EStG

tene Kapitalertragsteuer erstattet. Um dieses Erstattungsverfahren für die Fälle der Kapitalertragsteuer auf die Kapitalerträge im Sinne des § 43 Abs. 1 Satz 1 Nr. 7a und 7b EStG, die bei den genannten Körperschaften häufig anzutreffen sein werden, zu vermeiden, wird nach insoweit § 44a Abs. 6 EStG vom Steuerabzug abgesehen.

§ 44b EStG

Da der Steuerabzug vom Kapitalertrag von der tatsächlichen Dividende zu erheben ist, diese Kapitalerträge aber nach § 20 Abs. 1 Nr. 1 EStG in Verbindung mit § 3 Nr. 40 EStG künftig nur zur Hälfte der Einkommensteuer unterliegen (vgl. Begründung zu § 43 a EStG), stellt die Ergänzung der Vorschrift sicher, dass in Fällen der Erstattung von Kapitalertragsteuer – z. B. auf Grund von Freistellungsaufträgen – der für die Einkommensbesteuerung maßgebende Kapitalertrag (= die Hälfte der dem Steuerabzug unterworfenen Dividende) zugrundegelegt wird.

§ 45d EStG

Auf Grund der Vorschrift haben die zum Steuerabzug Verpflichteten dem Bundesamt für Finanzen u.a. die Höhe des Betrages mitzuteilen, für den auf Grund von Freistellungsaufträgen kein Steuerabzug erhoben oder bei Dividenden die Erstattung von Kapitalertragsteuer und die Vergütung von Körperschaftsteuer beantragt worden ist.

Die pauschale Meldung des Gesamtbetrages der freigestellten Kapitalerträge ist nach der Systemumstellung auf das Halbeinkünfteverfahren nicht mehr geeignet, die zutreffende Inanspruchnahme des Freistellungsvolumens zu überprüfen. Denn künftig werden Dividenden nur zur Hälfte der Einkommensteuer unterworfen, so dass sich die Wirkung des Freistellungsvolumens insoweit verdoppelt. Auf Grund der Änderung des § 45d EStG sind deshalb freigestellte Zinsen und Dividenden jeweils getrennt auszuweisen. Darüber hinaus ist bei Dividenden für eine Übergangszeit die Unterscheidung zwischen Ausschüttungen nach altem Recht (Anrechnung/Vergütung von Körperschaftsteuer – § 45 Abs. 1 Nr. 3 Buchstabe b -) und nach neuem Recht (Besteuerung nur zur Hälfte – § 45 Abs. 1 Nr. 3 Buchstabe d –) erforderlich (siehe auch die Änderung des § 44b Abs. 1 EStG).

Beschlussempfehlung des Finanzausschusses

Die §§ 43 bis 45d werden durch die folgenden §§ 43 bis 45d ersetzt:

§ 43
Kapitalerträge mit Steuerabzug
unverändert

§ 43a
Bemessung der Kapitalertragsteuer

(1) Die Kapitalertragsteuer beträgt

1. unverändert
2. unverändert
3. unverändert
4. in den Fällen des § 43 Abs. 1 Satz 1 Nr. 7a:

   20 vom Hundert des Kapitalertrags, wenn der Gläubiger die Kapitalertragsteuer trägt,

   25 vom Hundert des tatsächlich ausgezahlten Betrags, wenn der Schuldner die Kapitalertragsteuer übernimmt;
5. in den Fällen des § 43 Abs. 1 Satz 1 Nr. 7b:

   10 vom Hundert des Kapitalertrags, wenn der Gläubiger die Kapitalertragsteuer trägt,

   11 1/9 vom Hundert des tatsächlich ausgezahlten Betrags, wenn der Schuldner die Kapitalertragsteuer übernimmt;
6. unverändert

(2) unverändert

(3) unverändert

(4) unverändert

§ 43b
Bemessung der Kapitalertragsteuer bei bestimmten Kapitalgesellschaften

(1) unverändert

(2) Muttergesellschaft im Sinne des Absatzes 1 ist eine Gesellschaft, die die in der Anlage 2 zu diesem Gesetz bezeichneten Voraussetzungen des Artikels 2 der Richtlinie 90/435/EWG des

A. XXXII. Änderung §§ 43 bis 45d EStG

Rates vom 23. Juli 1990 (ABl. EG Nr. L 225 S. 6) erfüllt und die im Zeitpunkt der Entstehung der Kapitalertragsteuer gemäß § 44 Abs. 1 Satz 2 nachweislich mindestens zu einem Viertel unmittelbar am Nennkapital der unbeschränkt steuerpflichtigen Kapitalgesellschaft beteiligt ist. Weitere Voraussetzung ist, dass die Beteiligung nachweislich ununterbrochen zwölf Monate besteht. Wird dieser Beteiligungszeitraum nach dem Zeitpunkt der Entstehung der Kapitalertragsteuer gemäß § 44 Abs. 1 Satz 2 vollendet, ist die einbehaltene und abgeführte Kapitalertragsteuer nach § 50d Abs. 1 Satz 2 zu erstatten; das Freistellungsverfahren nach § 50d Abs. 3 ist ausgeschlossen.

(3) unverändert

(4) unverändert

§ 44
Entrichtung der Kapitalertragsteuer

(1) Schuldner der Kapitalertragsteuer ist in den Fällen des § 43 Abs. 1 Satz 1 Nr. 1 Buchstabe a Doppelbuchstabe aa und Buchstabe b, Nr. 2 bis 7b und 8 sowie Satz 2 der Gläubiger der Kapitalerträge. Die Kapitalertragsteuer entsteht in dem Zeitpunkt, in dem die Kapitalerträge dem Gläubiger zufließen. In diesem Zeitpunkt haben in den Fällen des § 43 Abs. 1 Satz 1 Nr. 1 Buchstabe a Doppelbuchstabe aa und Buchstabe b und Nr. 2 bis 4 der Schuldner der Kapitalerträge und in den Fällen des § 43 Abs. 1 Satz 1 Nr. 7, 7a und 8 sowie Satz 2 die die Kapitalerträge auszahlende Stelle den Steuerabzug für Rechnung des Gläubigers der Kapitalerträge vorzunehmen. Die die Kapitalerträge auszahlende Stelle ist

1. unverändert

2. unverändert

Die innerhalb eines Kalendermonats einbehaltene Steuer ist jeweils bis zum 10. des folgenden Monats an das Finanzamt abzuführen, das für die Besteuerung des Schuldners der Kapitalerträge oder der die Kapitalerträge auszahlenden Stelle nach dem Einkommen zuständig ist. Dabei sind die Kapitalertragsteuer und der Zinsabschlag, die zu demselben Zeitpunkt abzuführen sind, jeweils auf den nächsten vollen Deutsche-Mark-Betrag abzurunden. Wenn Kapitalerträge ganz oder teilweise nicht in Geld bestehen (§ 8 Abs. 2) und der in Geld geleistete Kapitalertrag nicht zur Deckung der Kapitalertragsteuer ausreicht, hat der Gläubiger der Kapitalerträge dem zum Steuerabzug Verpflichteten den

Fehlbetrag zur Verfügung zu stellen. Soweit der Gläubiger seiner Verpflichtung nicht nachkommt, hat der zum Steuerabzug Verpflichtete dies dem für ihn zuständigen Betriebsstättenfinanzamt anzuzeigen. Das Finanzamt hat die zu wenig erhobene Kapitalertragsteuer vom Gläubiger der Kapitalerträge nachzufordern.

(2) unverändert

(3) unverändert

(4) unverändert

(5) unverändert

(6) unverändert

(7) unverändert

§ 44a
Abstandnahme vom Steuerabzug

(1) unverändert

(2) unverändert

(3) unverändert

(4) Ist der Gläubiger

1. eine von der Körperschaftsteuer befreite inländische Körperschaft, Personenvereinigung oder Vermögensmasse oder

2. eine inländische juristische Person des öffentlichen Rechts,

so ist der Steuerabzug bei Kapitalerträgen im Sinne des § 43 Abs. 1 Satz 1 Nr. 4, 7 und 8 sowie Satz 2 nicht vorzunehmen. Dies gilt auch, wenn es sich bei den Kapitalerträgen um Gewinnanteile oder um Leistungen im Sinne des § 20 Abs. 1 Nr. 9 und 10 Buchstabe a oder um Gewinne im Sinne des § 20 Abs. 1 Nr. 10 Buchstabe b handelt, die der Gläubiger von einer von der Körperschaftsteuer befreiten Körperschaft, Personenvereinigung oder Vermögensmasse bezieht. Voraussetzung ist, dass der Gläubiger dem Schuldner oder dem die Kapitalerträge auszahlenden inländischen Kreditinstitut oder inländischen Finanzdienstleistungsinstitut durch eine Bescheinigung des für seine Geschäftsleitung oder seinen Sitz zuständigen Finanzamts nachweist, dass er eine Körperschaft, Personenvereinigung oder Vermögensmasse im Sinne des Satzes 1 Nr. 1 oder 2 ist. Absatz 2 Satz 2 bis 4 und Absatz 3 gelten entsprechend. Die in Satz 3 bezeichnete Bescheinigung wird nicht erteilt, wenn die Kapital-

A. XXXII. Änderung §§ 43 bis 45d EStG

erträge in den Fällen des Satzes 1 Nr. 1 in einem wirtschaftlichen Geschäftsbetrieb anfallen, für den die Befreiung von der Körperschaftsteuer ausgeschlossen ist, oder wenn sie in den Fällen des Satzes 1 Nr. 2 in einem nicht von der Körperschaftsteuer befreiten Betrieb gewerblicher Art anfallen.

(5) unverändert

(6) unverändert

(7) unverändert

§ 44b
Erstattung der Kapitalertragsteuer

unverändert

§ 44c
Erstattung von Kapitalertragsteuer an bestimmte Körperschaften, Personenvereinigungen und Vermögensmassen

(1) unverändert

(2) unverändert

(3) § 44a Abs. 2 Satz 4, § 44b Abs. 2 Satz 2 und Abs. 3 und § 45b sind sinngemäß anzuwenden. Das Bundesamt für Finanzen kann im Einzelfall die Frist auf Antrag des Gläubigers verlängern, wenn dieser verhindert ist, die Frist einzuhalten. Der Antrag auf Verlängerung ist schriftlich zu stellen und zu begründen.

§ 45
Ausschluss der Erstattung von Kapitalertragsteuer

unverändert

§ 45a
Anmeldung und Bescheinigung der Kapitalertragsteuer

unverändert

§ 45b
Erstattung von Kapitalertragsteuer auf Grund von Sammelanträgen

(1) Wird in den Fällen des § 44b Abs. 1 der Antrag auf Erstattung von Kapitalertragsteuer in Vertretung des Anteilseigners durch ein inländisches Kreditinstitut oder durch eine inländische Zweigniederlassung eines der in § 53b Abs. 1 oder 7 des Geset-

zes über das Kreditwesen genannten Institute oder Unternehmen gestellt, so kann von der Übersendung des Freistellungsauftrags nach § 44a Abs. 2 Satz 1 Nr. 1, der Nichtveranlagungs-Bescheinigung nach § 44a Abs. 2 Satz 1 Nr. 2 oder der Bescheinigung nach § 44a Abs. 5 sowie der Steuerbescheinigung nach § 45a Abs. 2 oder 3 abgesehen werden, wenn das inländische Kreditinstitut oder die inländische Zweigniederlassung eines der in § 53b Abs. 1 oder 7 des Gesetzes über das Kreditwesen genannten Institute oder Unternehmen versichert, dass

1. unverändert

2. die Wertpapiere oder die Kapitalforderungen im Zeitpunkt des Zufließens der Einnahmen in einem auf den Namen des Gläubigers lautenden Wertpapierdepot bei dem inländischen Kreditinstitut oder bei der inländischen Zweigniederlassung eines der in § 53b Abs. 1 oder 7 des Gesetzes über das Kreditwesen genannten Institute oder Unternehmen verzeichnet waren,

3. unverändert

4. unverändert

Über Anträge, in denen ein inländisches Kreditinstitut oder eine inländische Zweigniederlassung eines der in § 53b Abs. 1 oder 7 des Gesetzes über das Kreditwesen genannten Institute oder Unternehmen versichert, dass die Bescheinigung im Sinne des § 45a Abs. 2 oder 3 als ungültig gekennzeichnet oder nach den Angaben des Anteilseigners abhanden gekommen oder vernichtet ist, haben die Kreditinstitute und Zweigniederlassungen eines der in § 53b Abs. 1 oder 7 des Gesetzes über das Kreditwesen genannten Institute oder Unternehmen Aufzeichnungen zu führen.

(2) unverändert

(3) unverändert

(4) unverändert

(5) unverändert

§ 45c
Erstattung von Kapitalertragsteuer in Sonderfällen

(1) unverändert

(2) unverändert

(3) unverändert

A. XXXII. Änderung §§ 43 bis 45d EStG

(4) unverändert

(5) Ist der Gläubiger von Kapitalerträgen im Sinne des § 43 Abs. 1 Satz 1 Nr. 2 ein unbeschränkt einkommensteuerpflichtiger Arbeitnehmer und beruhen die Kapitalerträge auf Teilschuldverschreibungen, die ihm von seinem gegenwärtigen oder früheren Arbeitgeber überlassen worden sind, so wird die Kapitalertragsteuer unter entsprechender Anwendung der Absätze 1 bis 4 an den Arbeitgeber oder an einen von ihm bestellten Treuhänder erstattet, wenn der Arbeitgeber oder Treuhänder in Vertretung des Gläubigers sich in einem Sammelantrag bereit erklärt hat, den Erstattungsbetrag für den Gläubiger entgegenzunehmen. Die Erstattung wird nur für Gläubiger gewährt, deren Kapitalerträge im Sinne des Satzes 1 allein oder, in den Fällen des Absatzes 1, zusammen mit den dort bezeichneten Kapitalerträgen im Wirtschaftsjahr 100 Deutsche Mark nicht überstiegen haben.

§ 45d
Mitteilungen an das Bundesamt für Finanzen

unverändert

Begründung des Finanzausschusses

Zu § 43b

Redaktionelle Folgeänderung aus der Neunummerierung der Anlagen zum EStG wegen Wegfalls der Tarif-Tabellen.

Zu §§ 44 und 45a

In den Überschriften der §§ 44 (Entrichtung der Kapitalertragsteuer) und 45a EStG (Anmeldung und Bescheinigung der Kapitalertragsteuer) waren bisher Hinweise auf § 43 EStG (Kapitalerträge mit Steuerabzug) und die dort genannten einzelnen Tatbestände zur Kapitalertragsteuerpflicht enthalten. Dies war notwendig, weil die Entrichtung, Anmeldung und Bescheinigung im Einzelfall unterschiedlich geregelt war. Da künftig insoweit keinerlei Unterschiede mehr bestehen, können die Hinweise auf § 43 EStG gestrichen werden.

Zu § 44a Abs. 4

Die Änderung stellt sicher, dass bei Ausschüttungen und diesen gleichgestellten Tatbeständen, die eine steuerbefreite Einrichtung erbringt, wie im bisherigen Recht vom Steuerabzug Abstand genommen wird, wenn Empfänger eine steuerbefreite Einrichtung oder eine juristische Person des öffentlichen Rechts ist.

Zu § 44c Abs. 3 Satz 3

Der Antrag auf Erstattung von Kapitalertragsteuer nach § 44 c Abs. 3 EStG ist grundsätzlich bis zum 31. Dezember des Jahres zu stellen, das dem Kalenderjahr folgt, in dem die Einnahmen zugeflossen sind. Ein Antrag auf Fristverlängerung konnte bisher nur vor Ablauf der gesetzlich festgelegten Antragsfrist gestellt werden. Dies ist vielfach nicht möglich, wenn z.b. aufgrund einer Außenprüfung nachträglich verdeckte Gewinnausschüttungen festgestellt werden, von denen ein Kapitalertragsteuerabzug vorzunehmen ist. Die Änderung eröffnet die Möglichkeit, Anträge auf Verlängerung der Frist für die Erstattung von Kapitalertragsteuer auch noch später als bisher zu stellen.

Zu § 45c Abs. 5

Die nach bisherigem Recht (§ 44b Abs. 3 EStG) für Zinsen aus Teilschuldverschreibungen des Arbeitgebers bestehende Sonderregelung bei der Erstattung von Kapitalertragsteuer bleibt erhalten.

Übrige Änderungen

Bei den Änderungen in § 43a Abs. 1 EStG, § 44 Abs. 1 EStG und § 45b Abs. 1 EStG handelt es sich um sprachliche Verbesserungen und um die Korrektur unzutreffender Zitate.

Beschlussempfehlung des Vermittlungsausschusses

§§ 43 und 44 wird wie folgt geändert:

    a) § 43 wird wie folgt geändert:

        aa) Absatz 1 Satz 1 Nr. 1 wird wie folgt gefasst:

            „1. a)   Kapitalerträgen einschließlich der nach § 3 Nr. 40 steuerfreien Erträge im Sinne des § 20 Abs. 1 Nr. 1 Satz 1 und 2 und Nr. 2

                  sowie

               b)   Bezügen, die nach § 8b Abs. 1 des Körperschaftsteuergesetzes bei der Ermittlung des Einkommens außer Ansatz bleiben;"

        bb) In Absatz 2 wird die Angabe „Absatzes 1 Satz 1 Nr. 1 Buchstabe a Doppelbuchstabe bb und Nr. 7b" durch die Angabe „Absatzes 1 Satz 1 Nr. 7c" ersetzt.

A. XXXII. Änderung §§ 43 bis 45d EStG

b) § 44 wird wie folgt geändert:

aa) Absatz 1 Satz 1 bis 3 wird wie folgt gefasst:

„Schuldner der Kapitalertragsteuer ist in den Fällen des § 43 Abs. 1 Satz 1 Nr. 1 bis 7b und 8 sowie Satz 2 der Gläubiger der Kapitalerträge. Die Kapitalertragsteuer entsteht in dem Zeitpunkt, in dem die Kapitalerträge dem Gläubiger zufließen. In diesem Zeitpunkt haben in den Fällen des § 43 Abs. 1 Satz 1 Nr. 1 bis 4 sowie 7a und 7b der Schuldner der Kapitalerträge und in den Fällen des § 43 Abs. 1 Satz 1 Nr. 7 und 8 sowie Satz 2 die die Kapitalerträge auszahlende Stelle den Steuerabzug für Rechnung des Gläubigers der Kapitalerträge vorzunehmen."

bb) Absatz 6 wird gestrichen.

cc) Der bisherige Absatz 7 wird Absatz 6.

Begründung des Vermittlungsausschusses

Änderung wegen Wegfall der Option.

3. Erläuterungen

Verfasser: Stephan Schauhoff

a) § 43 EStG

aa) Zweck und Inhalt

§ 43 EStG ist in vier wesentlichen Punkten geändert worden. Durch eine Einfügung in § 43 Abs. 1 Nr. 1a EStG ist klargestellt worden, dass Kapitalertragsteuer auch auf die nach § 3 Nr. 40 EStG zur Hälfte steuerfreien Einnahmen erhoben wird. Eine Milderung der an sich deswegen überhöhten Kapitalertragsteuerlast wurde dadurch vorgenommen, dass in § 43a Abs. 1 Nr. 1 EStG für diese Fälle der Kapitalertragsteuersatz auf 20 vom Hundert ermäßigt wurde. Sodann ist § 43 Abs. 1 Nr. 6 EStG gestrichen worden, da mit dem Wegfall der Körperschaftsteuervergütung natürlich auch die Kapitalertragsteuer darauf entfällt. In § 43 Abs. 1 Nr. 7a bis 7c ist die Kapitalertragsteuerpflicht in den Fällen des § 20 Abs. 1 Nr. 9 und 20 Abs. 1 Nr. 10a sowie Nr. 10b EStG geregelt. Im Falle einer Steuerpflicht nach § 20 Abs. 1 Nr. 10b EStG wird kein Kapitalertrag bei einem Gläubiger besteuert, sondern der Gewinn aus dem Betrieb gewerblicher Art oder steuerpflichtigen wirtschaftlichen Geschäftsbetrieb einer Körperschaft. Steuerschuldner ist die Körperschaft selbst, die die Kapitalertragsteuer auf den Gewinn in ihrem steuerpflichtigen Teilbereich abzuführen hat. Daraus folgt die Notwendigkeit, in § 43 Abs. 2 ausdrücklich aufzunehmen, dass trotz des Zusammenfallens von Gläubiger und Schuldner der „Kapitalerträge" in diesem Fall die Kapitalertragsteuerpflicht bestehen bleibt.

bb) Einzelerläuterungen

(1) § 43 Abs. 1 Nr. 1a EStG

Dadurch, dass das Gesetz in § 43 Abs. 1 EStG für die Kapitalertragsteuerpflicht an die steuerpflichtigen Einnahmen im Sinne des § 20 EStG anknüpft, besteht die Notwendigkeit, für beim Gläubiger steuerfreie Einnahmen ausdrücklich festzulegen, dass sie trotz dieser Steuerfreiheit der Kapitalertragsteuerpflicht unterliegen. Allerdings wird aufgrund der Regelung in § 43 Abs. 1 Nr. 1 EStG zunehmend unklar, ob die Kapitalertragsteuer grundsätzlich wie eine Objektsteuer ohne Prüfung der persönlichen Verhältnisse auch beim Gläubiger steuerfreie Ausschüttungen betrifft oder nur dann eingreift, wenn in den Fällen einer an sich steuerfreien Ausschüttung ausnahmsweise die Kapitalertragsteuerpflicht, wie zu § 3 Nr. 40 EStG, angeordnet ist. Einkünfte aus Kapitalvermögen bleiben bei Körperschaften des öffentlichen Rechts außerhalb eines Betriebes gewerblicher Art und bei steuerbefreiten Körperschaften, insbesondere den gemeinnützigen Körperschaften, grundsätzlich steuerfrei, dennoch sollen derartige Kapitalerträge der Kapitalertragsteuerpflicht unterworfen werden, wie die speziellen Erstattungsregeln zeigen. Der Gesetzgeber sollte Regel und Ausnahmeverhältnis in § 43 EStG einmal festlegen. Besondere Bedeutung hat dies auch im Verhältnis zu steuerausländischen Anteilseignern einer Kapitalgesellschaft.

(2) § 43 Abs. 1 Nr. 7a bis 7c

Der Gesetzgeber hat ausdrücklich eine Kapitalertragsteuerpflicht für die in § 20 Abs. 1 Nr. 9 u. Nr. 10 neu definierten Einkünfte angeordnet. Die Problematik der Einkunftsarten des § 20 Abs. 1 Nr. 9 u. Abs. 1 Nr. 10 besteht darin, dass es sich an sich in vielen Fällen nicht um Kapitalerträge handeln wird. In den Fällen des § 20 Abs. 1 Nr. 10 Buchstabe b liegen vielmehr Gewinneinkünfte vor, die einer zusätzlichen Besteuerung unterworfen werden sollen. Aus der gesetzlichen Bestimmung ergibt sich nicht eindeutig, wie der Kapitalertrag bemessen werden soll (vgl. Erläuterungen zu § 20 EStG). Da der Steuertatbestand des § 43 Abs. 1 Nr. 7c an den Gewinn anknüpft, muss § 43a Abs. 2 EStG insofern abbedungen sein. Gemeinhin wird eine Gewinnsteuer aufgrund einer Steuerveranlagung und nicht an der Quelle erhoben. Zwar müssen Betriebe gewerblicher Art und steuerpflichtige wirtschaftliche Geschäftsbetriebe auch zukünftig Steuererklärungen für den erzielten Gewinn abgeben, daneben wird aber Kapitalertragsteuer auf den anders zu ermittelnden und an die Trägerkörperschaft abgeführten Gewinn erhoben (vgl. Erläuterungen zu § 20 EStG). Die nach § 43 Abs. 1 Nr. 7b und 7c erhobene Kapitalertragsteuer wird regelmäßig die nach § 20 Abs. 1 Nr. 10 EStG entstehende Steuer abgelten. Soweit Empfänger einer Leistung oder einer Gewinnabführung eines Betriebes gewerblicher Art eine Körperschaft öffentlichen Rechts ist, unterliegt diese mit den Kapitalerträgen nur der beschränkten Steuerpflicht nach § 2 Nr. 2 KStG. Die Abgeltungswirkung ergibt sich auch aus § 50 Abs. 1 Nr. 2 KStG a.F., § 32 KStG n.F. Die Abgeltungswirkung bei steuerbefreiten Trägerkörperschaften wirtschaftlicher Geschäftsbetriebe ergibt sich aus § 5 Abs. 2 Nr. 1 KStG.

cc) Erstmalige Anwendung

§ 43 EStG in seiner neuen Fassung ist erstmalig anzuwenden, wenn auch das Halbeinkünfteverfahren Anwendung findet. Entspricht das Wirtschaftsjahr dem Kalenderjahr, so greift § 43 EStG in der neuen Fassung erstmals für ordentliche Gewinnausschüttungen im Jahr 2002 für den Jahresüberschuss 2001. Soweit ein abweichendes Wirtschaftsjahr gegeben ist, kann sich das Inkrafttreten verzögern. Bei verdeckten oder vorweggenommenen Gewinnausschüttungen in 2001 gelten auch bereits die neuen Regelungen (vgl. Erläuterungen zu § 20). Allerdings gilt die Verknüpfung von Gewinnausschüttung und zeitlicher Anwendung nur für die Kapitalertragsteuerpflicht nach § 43 Abs. 1 Nr. 1 EStG. Soweit in § 43 Abs. 1 Nr. 7a bis 7c EStG eine neue Kapitalertragsteuerpflicht angeordnet ist, gelten die entsprechenden Regeln bereits 2001, da keine Ausschüttungen vorliegen und daher die Grundregel des § 52 Abs. 1 EStG greift. Anderseits ist zu berücksichtigen, dass für § 20 Abs. 1 Nr. 9 und Nr. 10a und 10b EStG die Steuerpflicht entsprechender Einkünfte erst für 2002 angeordnet ist, so dass die entsprechende Kapitalertragsteuerpflicht für 2001 in diesen Fällen nicht greifen kann.

b) § 43a EStG

aa) Zweck und Inhalt

§ 43a EStG regelt die Höhe der Steuersätze für die Kapitalertragsteuer. Ermäßigt wurde der Steuersatz für Dividendenzahlungen, da die entsprechenden Einkünfte zukünftig nur noch zur Hälfte der Einkommensteuer unterliegen. Sodann sind die Vorschriften in § 43a Abs. 1 teilweise umgestellt worden. Da der Sondersteuersatz von 20 vom Hundert nur für Einkünfte in Sinne des § 20 Abs. 1 Nr. 1 Satz 1 und 2 und Nr. 2 EStG gilt, wurde in § 43a Abs. 1 Nr. 2 EStG die bisherige Regelung des § 43a Abs. 1 Nr. 1 EStG aufgenommen. § 43a Abs. 1 Nr. 2 EStG, der Steuersatz der sogenannten Zinsabschlagsteuer, befindet sich jetzt in § 43a Abs. 1 Nr. 3 EStG. Der bisherige § 43a Abs. 1 Nr. 2 EStG konnte ersatzlos gestrichen werden, da der Einkommensteuertatbestand für entsprechende Wertpapierzinsen gestrichen wurde. In § 43a Abs. 1 Nr. 4 bis 6 EStG ist dann der Steuersatz für die neu eingeführten Einkommenstatbestände des § 20 Abs. 1 Nr. 9 und Nr. 10a und Nr. 10b EStG geregelt.

bb) Einzelerläuterungen

(1) Zu § 43a Abs. 1 Nr. 1

Der Kapitalertragsteuersatz für Dividendeneinkünfte, die nach § 3 Nr. 40 EStG dem sogenannten Halbeinkünfteverfahren unterliegen, beläuft sich auf 20 vom Hundert des Kapitalertrages. Aufgrund der Höhe des gewählten Kapitalertragsteuersatzes wird es regelmäßig zu einer Überbesteuerung dieser Einkünfte kommen. Bei Kapitalerträgen in Höhe von 100 beträgt die Kapitalertragsteuer 20. Bei der Einkommensteuer sind 50 als steuerpflichtige Einnahmen zu behandeln, die sich im Regelfall aufgrund der Möglichkeit, Werbungskosten geltend zu machen, reduzieren werden. Unterstellt man nur geringe Werbungskosten, die unter Beachtung des § 3 c Abs. 2 EStG steuerlich abzugsfähig sind, von 5, so belaufen sich die steuerpflichtigen Einkünfte auf 45. Bei einem unterstellten Steuersatz von 40 betragen die tatsächlich geschuldeten Steuern nur 18. Da der Einkommensteuersatz von 40 schon sehr nah dem zukünftigen Spitzensteuersatz sein wird, zeigt sich, dass der Kapitalertragsteuersatz in den meisten Fällen zu einer vorläufigen Überbesteuerung führen wird, die erst im Rahmen der Einkommenveranlagung korrigiert wird. Der Staat sichert sich dadurch Zinsvorteile.

(2) Zu § 43a Abs. 1 Nr. 4

Kapitaleinkünfte nach § 20 Abs. 1 Nr. 9 EStG sind den verdeckten Gewinnausschüttungen angenähert. Diese Kapitaleinkünfte unterliegen nach § 3 Nr. 40d EStG gleichfalls dem Halbeinkünfteverfahren. Insofern konsequent bestimmt § 43a Abs. 1 Nr. 4 EStG als Kapitalertragsteuersatz für diese Einkünfte 20 vom Hundert, wenn der Gläubiger die Kapitalertragsteuer trägt.

A. XXXII. Änderung §§ 43 bis 45d EStG

(3) Zu § 43 Abs. 1 Satz 1 Nr. 7b und Nr. 7c EStG

Für die Einkünfte im Sinne des § 20 Abs. 1 Nr. 10a und 10b EStG beläuft sich der Kapitalertragsteuer im Regelfall auf 10 vom Hundert Die entsprechenden speziellen Einkünftetatbestände können allein von Körperschaften des öffentlichen Rechts bzw. steuerbefreiten Körperschaften aufgrund von Gewinnabführungen eines wirtschaftlichen Geschäftsbetriebes verwirklicht werden. Diese Erstattungsmöglichkeit ist nunmehr für juristische Personen des öffentlichen Rechts und steuerbefreite Körperschaften, die nicht gemeinnützig sind, aufgrund der Regelung des § 44c Abs. 2 EStG n.F. nur noch in den Fällen vorgesehen, in denen Kapitalerträge im Sinne des § 20 Abs. 1 Nr. 9 EStG erzielt werden. Im übrigen gibt es keine Erstattungsmöglichkeit für die Kapitalertragsteuer in diesen Fällen mehr, weil der Steuersatz von vorne herein auf 10 vom Hundert reduziert worden ist.

cc) Erstmalige Anwendung

Nach § 52 Abs. 53 EStG ist § 43a EStG regelmäßig erstmals 2002 anzuwenden, es sei denn, es läge ein abweichendes Wirtschaftsjahr vor. Die zeitliche Anwendung ist für das Kapitalertragsteuerrecht einheitlich geregelt worden (siehe Erläuterungen zu § 43 EStG).

c) § 43b EStG

§ 43b EStG entspricht dem bisherigen § 44d EStG und regelt die Freiheit von Kapitalertragsteuer bei Dividendenausschüttungen, die unter die sogenannte Mutter-Tochter-Richtlinie fallen. Die Vorschrift ist unverändert geblieben.

d) § 44 EStG

aa) Zweck und Inhalt

§ 44 EStG ist, sieht man von redaktionellen Anpassungen ab, nur insofern verändert worden, als § 44 Abs. 6 EStG neu hinzugefügt wurde. Die Vorschrift hat insbesondere Bedeutung für die Steuerpflicht nach § 43 Abs. 1 Satz 1 Nr. 7c EStG, d.h. in den Fällen der Steuerpflicht eines wirtschaftlichen Geschäftsbetriebes oder Betriebes gewerblicher Art. Allerdings wirft die Vorschrift eine Reihe von Zweifelsfragen auf, da Betriebe gewerblicher Art oder wirtschaftliche Geschäftsbetriebe von Körperschaften regelmäßig rechtlich unselbständiger Teil ihrer Körperschaft sind. Zivilrechtlich können daher keine Verträge zwischen diesem unselbständigen Teil und der Körperschaft geschlossen werden. In § 43a Abs. 6 EStG wird aber für das

Steuerrecht die eigene Rechtsfähigkeit des Betriebes gewerblicher Art und des wirtschaftlichen Geschäftsbetriebes festgelegt. Andererseits werden spezielle Fälligkeitsregelungen geschaffen, die wiederum der Generalverweisung in § 44 Abs. 6 Satz 3 EStG widersprechen.

bb) Einzelerläuterungen

(1) Zu § 44 Abs. 6 Satz 2 EStG

In dieser Vorschrift ist festgelegt, dass bei Betrieben gewerblicher Art oder wirtschaftlichen Geschäftsbetrieben die Kapitalertragsteuer im Zeitpunkt der Bilanzerstellung entsteht. Dieser Ausdruck ist deswegen sehr unglücklich, weil Körperschaften wie Vereine oder Stiftungen sowie Körperschaften des öffentlichen Rechts vielfach aufgrund der zivilrechtlichen Regelungen nicht zur Erstellung von Bilanzen verpflichtet sind. Von daher ließe sich möglicherweise an die Erstellung der Steuerbilanz nach § 141 AO anknüpfen. Wann eine Bilanz erstellt ist, könnte aufgrund der Verweisung des § 141 AO auf den § 245 HGB von der Unterzeichnung der Bilanz durch den Geschäftsführer abhängig gemacht werden. Aus Praktikabilitätsgründen und zur Vermeidung von Diskussionen über mögliche Nachforderungszinsen sollte geregelt werden, dass die Kapitalertragsteuer in diesen Fällen stets spätestens acht Monate nach Ablauf des Wirtschaftsjahres entsteht. Der zweite Halbsatz des § 44 Abs. 6 Satz 2 EStG enthält eine Sonderregelung zur Fälligkeit der Kapitalertragsteuer, die infolge der Auflösung von Rücklagen entsteht. Über die Auflösung von Rücklagen eines wirtschaftlichen Geschäftsbetriebes wird vielfach nicht förmlich beschlossen werden, um den Anfall der Kapitalertragsteuer zu vermeiden. Vielmehr liegt es nahe, die von der steuerbefreiten Körperschaft oder der juristischen Person des öffentlichen Rechts benötigten Beträge darlehensweise dem Betrieb gewerblicher Art oder dem wirtschaftlichen Geschäftsbetrieb zu entnehmen. Aufgrund des Wortlautes des zweiten Halbsatzes des § 44 Abs. 6 Satz 2 EStG scheidet in diesen Fällen der Anfall von Kapitalertragsteuer aus, da das Gesetz offenkundig eine endgültige Übertragung des Gewinns in den steuerbefreiten Bereich voraussetzt.

(2) Die Absätze 1 bis 4 sind entsprechend anzuwenden

Die Verweisung in § 44 Abs. 6 EStG erfasst die Haftungsregelung nicht mit, da der Schuldner der Kapitalerträge und der Gläubiger identisch sind. Insofern richtet sich der Steueranspruch stets gegen die steuerbefreite Körperschaft oder Körperschaft des öffentlichen Rechts. Eine Nachforderung der Beträge ist stets möglich, ohne dass die besonderen Vorschriften des § 44 Abs. 5 EStG erfüllt werden müssten. Unklar ist, wieso § 44 Abs. 6 Satz 3 EStG auf § 44 Abs. 2 EStG verweist. Ein Zufluss von Kapitalerträgen ist nicht möglich, wenn Gläubiger und Schuldner identisch sind. Der Verweis des § 44 Abs. 6 Satz 3 EStG auf § 44 Abs. 4 EStG zeigt, dass es durchaus möglich ist, die Kapitalertragsteuer dadurch zu vermeiden, dass der Gewinn nicht endgültig an eine steuerbefreite Körperschaft oder Körperschaft des öffentlichen Rechts abgeführt wird, denn die Stundung zwischen dem durch § 44 Abs. 6 EStG fingierten Gläubiger und Schuldner der Kapitalerträge führt zur Vermeidung der Kapitalertragsteuer.

cc) Erstmalige Anwendung

§ 44 EStG ist im Regelfall erstmals 2002 anzuwenden, bei abweichendem Wirtschaftsjahr möglicherweise auch früher, wenn eine Verwendung des Gewinns 2001 in demselben Kalenderjahr vorliegen sollte. Die Vorschrift tritt in ihrer Neufassung zum gleichen Zeitpunkt wie alle anderen Vorschriften über die Kapitalertragsteuer in Kraft (siehe Kommentierung zu § 43 EStG).

e) **§ 44a EStG**

aa) Zweck und Inhalt

In § 44a EStG war bislang und ist auch zukünftig vorgesehen, dass bestimmte gemeinnützige Körperschaften die Erstattung der einbehaltenen und abgeführten Kapitalertragsteuer verlangen können. Diese Regelung ist durch § 44a Abs. 7 EStG auf eine Abstandnahme vom Steuerabzug in den neu eingeführten Fällen der Steuerpflicht nach § 20 Abs. 1 Nr. 9 und Nr. 10a bzw. 10b erweitert worden. Im Ergebnis bleibt es für gemeinnützige Körperschaften und die anderen in § 44a Abs. 7 EStG begünstigten Einrichtungen dabei, dass keine zusätzliche Steuerpflicht eines wirtschaftlichen Geschäftsbetriebes außer der Gewinnbesteuerung des Betriebes mit Körperschaftsteuer zum Körperschaftsteuersatz von 25 vom Hundert und mit Gewerbesteuer auftritt. Bei wirtschaftlichen Geschäftsbetrieben gemeinnütziger Körperschaften, beispielsweise bei einer GmbH & Co. KG, bei der eine gemeinnützige Körperschaft ein Kommanditist ist, kommt es damit zu einer deutlichen steuerlichen Begünstigung für die gemeinnützigen Einrichtungen gegenüber natürlichen Personen als Kommanditisten. Darin zeigt sich die Rechtsformabhängigkeit der Besteuerung, welche zu Zweifeln an der Verfassungsgemäßheit der Regelungen Anlass gibt. An sich soll durch die Regelung über wirtschaftliche Geschäftsbetriebe in § 14 AO die steuerliche Gleichbehandlung erwerbswirtschaftlicher Betätigungen sichergestellt werden.

bb) Erstmalige Anwendung

§ 44a EStG ist in der geänderten Fassung im Regelfall erstmals im Veranlagungszeitraum 2002 anzuwenden, sofern sich aus einem abweichenden Wirtschaftsjahr nicht im Einzelfall etwas anderes ergibt (siehe näher Erläuterungen zu § 43 EStG).

f) § 44b EStG

aa) Zweck und Inhalt

§ 44b EStG regelt die Erstattung der Kapitalertragsteuer insbesondere in den Fällen, in denen eine Nichtveranlagung des Gläubigers stattfindet oder aufgrund von Freistellungsaufträgen Zins- oder Dividendenerträge letztlich nicht besteuert werden. Die Erstattung kommt insbesondere in Betracht, wenn entweder keine Veranlagung zur Einkommensteuer in Betracht kommt oder soweit die Kapitalerträge den Sparerfreibetrag und den Werbungskostenpauschbetrag nicht übersteigen. Im Hinblick auf den Sparerfreibetrag ist in § 44b Abs. 1 EStG nunmehr bestimmt worden, dass bei der Prüfung der Erstattung zu berücksichtigen ist, dass Dividendeneinkünfte nur zur Hälfte der Einkommensteuer unterliegen. Wird beispielsweise nur die Erstattung von Kapitalertragsteuer beantragt, die auf Dividendenzahlungen einbehalten und abgeführt worden ist, kommt eine volle Erstattung der Kapitalertragsteuer schon dann in Betracht, wenn die Dividendenerträge nicht DM 12.400 überschritten haben. Denn der Freibetrag für Kapitalerträge und die Werbungskostenpauschale betragen für Ehegatten insgesamt DM 6.200. Unter Berücksichtigung des Halbeinkünfteverfahrens erhöht sich dieser Betrag auf DM 12.400.

bb) Erstmalige Anwendung

§ 44b EStG ist, wie alle Vorschriften zur Kapitalertragsteuer, erstmals 2002, bei abweichendem Wirtschaftsjahr der ausschüttenden Körperschaft auch ggf. erst im Laufe des Jahres 2002, anzuwenden (siehe Erläuterungen zu § 43 EStG).

g) §§ 44c bis 45d EStG

aa) Zweck und Inhalt

Die §§ 44c bis 45d EStG regeln das Erstattungsverfahren für die Kapitalertragsteuer beim Bundesamt für Finanzen im Detail. Darüber hinaus ist speziell in § 45d EStG geregelt, welche Daten dem Bundesamt für Finanzen automatisch in bezug auf den Kapitalertragsteuereinbehalt mitzuteilen sind.

§ 44c EStG ist insofern verändert worden, als gemeinnützige Körperschaften und juristische Personen des öffentlichen Rechts, die gemeinnützige oder mildtätige oder kirchliche Zwecke verfolgen, wie bislang die volle Erstattung der Kapitalertragsteuer verlangen können, es sei denn, vom Kapitalertragsteuerabzug sei von vornherein Abstand genommen worden. Deswegen ist in § 44c Abs. 1 geregelt worden, dass in den Fällen, in denen nach § 44a Abs. 7 EStG kein Steuerabzug vorzunehmen ist, auch keine Erstattung von Kapitalertragsteuer durch das Bundesamt für Finanzen erfolgt. Vielmehr kann der Gläubiger der Kapitalerträge, der die erforderlichen Nachweise dem Schuldner vorgelegt hat, bei irrtümlichem Abzug der Kapitalertragsteuer diese von dem Schuldner verlangen, der sich seinerseits beim zuständigen Finanzamt um Rückzahlung der irrtümlich abgeführten Kapitalertragsteuer bemühen muss.

bb) Einzelerläuterungen

(1) Zu § 44c EStG

In § 44c Abs. 2 EStG ist neu geregelt worden, dass das Bundesamt für Finanzen dem Gläubiger auch die Hälfte der Kapitalertragsteuer erstattet, die aufgrund des Steuertatbestandes lt. § 20 Abs. 1 Nr. 9 EStG einbehalten worden ist. § 20 Abs. 1 Nr. 9 EStG sollte nach der Vorstellung des Gesetzgebers eine dem Dividendenbezug ähnlichen Tatbestand schaffen. Es ist ein Kapitalertragsteuersatz von 20 vom Hundert angeordnet, so dass die Erstattung der Hälfte der Kapitalertragsteuer an derartige Gläubiger derselben Idee unterliegt wie die Erstattung der auf Dividenden erhobenen Kapitalertragsteuer. Die Erstattungsmöglichkeit nach § 44c Abs. 2 EStG steht neben der Erstattungsmöglichkeit nach § 44b Abs. 1 EStG.

(2) Zu § 45 EStG

Die Vorschrift des § 45 EStG ist unverändert geblieben.

(3) Zu § 45a EStG

In § 45a Abs. 2 Satz 1 EStG ist der Kreis derjenigen, die die Bescheinigung über die abgeführte Kapitalertragsteuer verlangen können, erweitert worden. Wer Kapitalertragsteuer aufgrund der Tatbestände des § 20 Abs. 1 Nr. 9 und § 20 Abs. 1 Nr. 10a EStG einbehält und abführt, muss eine Bescheinigung ausstellen. Im übrigen ist die Vorschrift unverändert geblieben.

(4) Zu §§ 45b und 45c EStG

Die §§ 45b und 45c EStG enthalten weitgehend den bisherigen Gesetzestext der §§ 36c und 36d EStG. Die entsprechenden Vergütungsverfahren galten schon bislang für die Kapitalertragsteuer. Die Regelung fand sich in § 44b Abs. 1 Satz 3 und Abs. 2 EStG, in denen auf die Vorschriften der §§ 36c und 36d EStG verwiesen worden war. Nachdem die §§ 36c und 36d EStG aufgrund der Abschaffung des Körperschaftsteueranrechnungsverfahrens gestrichen worden sind, hat der Gesetzgeber für die Kapitalertragsteuererstattung diese Regelungen als Spezialvorschriften in die §§ 45b und 45c EStG aufgenommen. Die Vorschriften gelten insbesondere für den Sammelantrag inländischer Depotbanken oder Arbeitgeber und Genossenschaften, um eine Kapitalertragsteuererstattung zu erreichen.

(5) Zu § 45d EStG

In § 45d EStG hat der Gesetzgeber wie bislang geregelt, welche Daten die Schuldner, die zum Steuerabzug verpflichtet sind, dem Bundesamt für Finanzen zu übermitteln haben. Neu an der Vorschrift ist insbesondere, dass zwischen Zins- und Dividendenzahlungen unterschieden werden muss. Teilweise wird gemutmaßt, die erweiterte Datenübermittlung habe auch den Zweck, die Erklärung steuerpflichtiger Spekulationsgewinne besser überwachen zu können. Wegen dieser vermuteten Zielrichtung, die zur Durchbrechung des Bankgeheimnisses führen würde, ist die Vorschrift politisch umstritten.

cc) Erstmalige Anwendung

Die §§ 44c bis 45c EStG sind letztmals anzuwenden für Ausschüttungen von Unternehmen, welche ein Wirtschaftsjahr haben, das dem Kalenderjahr entspricht, wenn die Ausschüttungen in 2001 für 2000 erfolgen. Für Kapitalerträge, bei denen diese Voraussetzungen nicht vorliegen, beispielsweise weil die Kapitalgesellschaft in 2001 ihr Wirtschaftsjahr umstellt oder eine Vorabausschüttung auf den Gewinn 2001 vornimmt, gelten die §§ 43 bis 45c EStG in der neuen Fassung. In jedem Fall werden die Neuregelungen ab 2002, bei abweichendem Wirtschaftsjahr erst nach Ende des in 2002 endenden Wirtschaftsjahres, Anwendung finden. § 45d EStG ist für sämtliche Kapitalerträge im Veranlagungszeitraum 2002 anzuwenden. Soweit die §§ 43 bis 45 EStG auch zahlreiche Vorschriften zum Kapitalertragsteuerabzug bei Zinszahlungen enthalten, gelten die dafür maßgebenden Neuregelungen bereits ab dem Veranlagungszeitraum 2001. Aus § 52 Abs. 1 EStG ergibt sich die generelle Regelung, dass das Gesetz erstmals 2001 gilt. Abweichungen im zeitlichen Anwendungsbereich gelten nur für Kapitalerträge aus Gewinnausschüttungen.

XXXIII. Änderung § 46 EStG

1. Text der Vorschrift

§ 46 Abs. 2 Nr. 3 wird wie folgt gefasst:

„3. wenn für einen Steuerpflichtigen, der zu dem Personenkreis des §10c Abs. 3 gehört, die Lohnsteuer im Veranlagungszeitraum oder für einen Teil des Veranlagungszeitraums nach den Steuerklassen I bis IV unter Berücksichtigung der Vorsorgepauschale nach § 10c Abs. 2 zu erheben war;"

2. Materialien

Gesetzentwurf/Begründung der Bundesregierung

– Regelung noch nicht enthalten –

Beschlussempfehlung des Finanzausschusses

§ 46 Abs. 2 Nr. 3 wird wie folgt gefasst:

„3. wenn für einen Steuerpflichtigen, der zu dem Personenkreis des §10c Abs. 3 gehört, die Lohnsteuer im Veranlagungszeitraum oder für einen Teil des Veranlagungszeitraums nach den Steuerklassen I bis IV unter Berücksichtigung der Vorsorgepauschale nach § 10c Abs. 2 zu erheben war;".

Begründung des Finanzausschusses

Redaktionelle Folgeänderungen aus dem Wegfall der gesetzlichen Lohnsteuertabellen (§ 38c EStG).

Beschlussempfehlung/Begründung des Vermittlungsausschusses

– keine Änderung/Bemerkung –

XXXIV. Änderung § 49 EStG

1. Text der Vorschrift

§ 49 Abs. 1 wird wie folgt geändert:

a) Nummer 5 wird wie folgt geändert:

aa) In Buchstabe a wird die Angabe „1, 2, 4 und 6" durch die Angabe „1, 2, 4, 6 und 9" ersetzt.

bb) Buchstabe b wird aufgehoben.

b) In Nummer 8 wird die Angabe „wesentlicher Beteiligung im Sinne des § 17 Abs. 1 Satz 4" durch die Angabe „Beteiligung im Sinne des § 17 Abs. 1" ersetzt.

2. Materialien

Gesetzentwurf der Bundesregierung

§ 49 Abs. 1 Nr. 5 wird wie folgt geändert:

a) In Buchstabe a wird die Angabe „1, 2, 4 und 6" durch die Angabe „1, 2, 4, 6 und 9" ersetzt.

b) Buchstabe b wird aufgehoben.

Begründung zum Gesetzentwurf der Bundesregierung

Zu Buchstabe a (Buchstabe a)

Redaktionelle Folgeänderung aus der Änderung in § 20 Abs. 1 EStG.

Zu Buchstabe b (Buchstabe b)

Redaktionelle Folgeänderung aus dem Wegfall des § 20 Abs. 1 Nr. 3 EStG.

Beschlussempfehlung des Finanzausschusses

§ 49 Abs. 1 wird wie folgt geändert:

a) Nummer 5 wird wie folgt geändert:

aa) In Buchstabe a wird die Angabe „1, 2, 4 und 6" durch die Angabe „1, 2, 4, 6 und 9" ersetzt.

bb) Buchstabe b wird aufgehoben.

b) In Nummer 8 wird die Angabe „wesentlicher Beteiligung im Sinne des § 17 Abs. 1 Satz 4" durch die Angabe „Beteiligung im Sinne des § 17 Abs. 1" ersetzt.

Begründung des Finanzausschusses

Redaktionelle Folgeänderung aus der Streichung des Begriffs „wesentlich" in § 17 EStG.

Beschlussempfehlung/Begründung des Vermittlungsausschusses

– keine Änderung/Bemerkung -

3. Erläuterungen

Verfasser: Stephan Schauhoff

a) **Zweck und Inhalt**

Die Änderungen der des § 49 EStG sind (wie auch die der §§ 50 und 50 d EStG) sind allein redaktioneller Art, sieht man vielleicht davon ab, dass in § 49 Abs. 1 Nr. 5 EStG Einnahmen aus Leistungen von Vereinen, die beschränkt Steuerpflichtige erzielen, zur Steuerpflicht nach § 20 Abs. 1 Nr. 9 EStG führen können. § 49 Abs. 1 Nr. 5 EStG folgt dem Grundsatz, dass Einkünfte aus der Überlassung von Kapital dann, wenn der Schuldner seinen Sitz oder den Ort seiner Geschäftsleitung in Deutschland hat, der beschränkten Steuerpflicht in Deutschland unterliegen. Aufgrund dieses Grundsatzes ist auch die beschränkte Steuerpflicht für den Tatbestand des § 20 Abs. 1 Nr. 9 EStG eingeführt worden.

b) **Erstmalige Anwendung**

aa) Zu § 49 Abs. 1 Nr. 5a EStG

§ 49 Abs. 1 Nr. 5a EStG, wonach der Steuertatbestand nach § 20 Abs. 1 Nr. 9 EStG zur beschränkten Steuerpflicht führt, soll nach § 52 Abs. 57a EStG erstmals für Ausschüttungen angewendet werden, für die der 4. Teil des Körperschaftsteuergesetzes in der bisherigen Fassung nicht mehr gilt. Allerdings betrifft § 20 Abs. 1 Nr. 9 EStG gerade nicht derartige Ausschüttungen. Insofern ist rätselhaft, wieso ausgerechnet daran vom Gesetzgeber angeknüpft wurde. Aufgrund der gesetzlichen Bestimmungen gilt die Neuregelung in § 20 Abs. 1 Nr. 5a EStG mit der beschränkten Steuerpflicht nach § 20 Abs. 1 Nr. 9 EStG erstmals im Veranlagungszeitraum 2001. Wenn nämlich durch eine Vorschrift keine Ausschüttung berührt ist, kommt es zur Anwendung der Grundregel in § 52 Abs. 1 EStG.

bb) Zu § 49 Abs. 1 Nr. 5b EStG

In bezug auf den Körperschaftsteuervergütungsanspruch, der zu steuerpflichtigen Kapitalerträgen nach § 20 Abs. 1 Nr. 3 und damit zur beschränkten Steuerpflicht nach § 49 Abs. 1 Nr. 5b EStG führt, ist dagegen die Anknüpfung an eine Ausschüttung durch eine Kapitalgesellschaft sachgerecht. Sofern die Kapitalgesellschaft ein mit dem Kalenderjahr übereinstimmendes Wirtschaftsjahr hat, wird das Anrechnungsverfahren letztmals in 2001 für die für 2000 vorzunehmende ordentliche Gewinnausschüttung zur Anwendung gebracht. Für eine Vorabausschüttung gibt es keine Körperschaftsteueranrechnung, die somit auch nicht der beschränkten Steuerpflicht unterliegen kann.

XXXV. Änderung § 50 EStG

1. Text der Vorschrift

§ 50 wird wie folgt geändert:

a) **Absatz 1 wird wie folgt geändert:**

aa) **In Satz 3 wird das Wort „wesentlich" gestrichen.**

bb) **Satz 4 wird wie folgt gefasst:**

„Die übrigen Vorschriften des § 34 und die §§ 9a, 10, 10c, 16 Abs. 4, § 20 Abs. 4, §§ 24a, 32, 32a Abs. 6, §§ 33, 33a und 33b sind nicht anzuwenden."

b) **Absatz 5 wird wie folgt geändert:**

aa) **Die Sätze 2 und 3 werden aufgehoben.**

bb) **Im neuen Satz 2 werden nach den Wörtern „Satz 1 gilt nicht, wenn" die Wörter „die Einkünfte Betriebseinnahmen eines inländischen Betriebs sind oder" eingefügt.**

2. Materialien

Gesetzentwurf der Bundesregierung

§ 50 wird wie folgt geändert:

a) Absatz 1 Satz 4 wird wie folgt gefasst:
„Die übrigen Vorschriften des § 34 und die §§ 9a, 10, 10c, 16 Abs. 4, § 20 Abs. 4, §§ 24a, 32, 32a Abs. 6, §§ 33, 33a und 33b sind nicht anzuwenden."

b) Absatz 5 wird wie folgt geändert:
    aa) Die Sätze 2 und 3 werden aufgehoben.
    bb) Im neuen Satz 2 werden nach den Wörtern „Satz 1 gilt nicht, wenn" die Wörter „die Einkünfte Betriebseinnahmen eines inländischen Betriebs sind oder" eingefügt.

Begründung zum Gesetzentwurf der Bundesregierung

Zu Buchstabe a (Absatz 1)

Redaktionelle Anpassung an die Streichung des § 33c EStG durch das Familienförderungsgesetz vom 22. Dezember 1999 (BGBl. I S. 2552).

Zu Buchstabe b (Absatz 5)

Zu Doppelbuchstabe aa (Sätze 2 und 3)

Wegfall ist eine redaktionelle Folgeänderung aus dem Wegfall des § 36 Abs. 2 Satz 2 Nr. 3 EStG.

Zu Doppelbuchstabe bb (neue Sätze 2 und 3)

Redaktionelle Folgeänderung aus der Änderung der bisherigen Sätze 2 und 3.

Beschlussempfehlung des Finanzausschusses

§ 50 wird wie folgt geändert:

a) Absatz 1 wird wie folgt geändert:
    aa) In Satz 3 wird das Wort „wesentlich" gestrichen.
    bb) Satz 4 wird wie folgt gefasst:
        „Die übrigen Vorschriften des § 34 und die §§ 9a, 10, 10c, 16 Abs. 4, § 20 Abs. 4, §§ 24a, 32, 32a Abs. 6, §§ 33, 33a und 33b sind nicht anzuwenden."

b) unverändert.

Begründung des Finanzausschusses

Redaktionelle Folgeänderung aus der Streichung des Begriffs „wesentlich" in § 17 EStG.

Beschlussempfehlung/Begründung des Vermittlungsausschusses

– keine Änderung/Bemerkung –

XXXVI. Änderung § 50c EStG

1. Text der Vorschrift

§ 50c wird aufgehoben.

2. Materialien

Gesetzentwurf der Bundesregierung

§ 50c wird aufgehoben.

Begründung zum Gesetzentwurf der Bundesregierung

Gewinne, die eine Kapitalgesellschaft erzielt, unterliegen bei dieser der Körperschaftsteuer. Schüttet die Kapitalgesellschaft Gewinne aus, werden die Dividenden beim Anteilseigner steuerlich erfasst.

Die damit verbundene Doppelbesteuerung wurde im bisherigen Vollanrechnungsverfahren dadurch vermieden, dass der Anteilseigner die Dividenden (einschl. der darauf von der Kapitalgesellschaft entrichteten Körperschaftsteuer) zu versteuern hatte, dabei aber diese Steuer auf seine Einkommensteuer anrechnen konnte. Dadurch wurde die Einmalbesteuerung der von der Kapitalgesellschaft erzielten Gewinne in Höhe des Einkommensteuersatzes des Anteilseigners gesichert.

Bei Anteilseignern, die mit ihren Dividendenerträgen im Inland nicht steuerpflichtig waren (z. B. ausländische Anteilseigner oder nach § 5 KStG von der Körperschaftsteuer befreite Anteilseigner) wurde die Einmalbesteuerung durch den Ausschluss dieser Steuerpflichtigen vom Anrechnungsverfahren gesichert.

Gleichwohl haben diese Anteilseigner versucht, durch Gestaltungen (z. B. durch das sog. Dividenden-Stripping) in den Genuss der Anrechnung zu gelangen. Dabei wurden die Anteile kurz vor der Ausschüttung an einen Anrechnungsberechtigten verkauft, der im Kauf-

A. XXXVI. Änderung § 50c EStG

preis die offenen Rücklagen (Ausschüttungsvolumen) vergütet hat. Bei nachfolgender Ausschüttung vereinnahmte der Anrechnungsberechtigte die Dividende und vermied deren Besteuerung, indem auf die Anschaffungskosten der Anteile in Höhe der bei der Anschaffung mitbezahlten offenen Rücklagen, die nunmehr von der Gesellschaft ausgeschüttet waren, eine sog. ausschüttungsbedingte Teilwertabschreibung vornahm. Das zusätzlich vereinnahmte Anrechnungsguthaben auf die ausgeschütteten Dividenden wurde regelmäßig mit dem ursprünglichen Veräußerer (dem Nichtanrechnungsberechtigten) geteilt.

Vergleichbare negative Folgen für das Steueraufkommen traten ein, wenn ein anrechnungsberechtigter Anteilseigner, dessen Anteile nicht steuerverhaftet waren (im Privatvermögen gehaltene Anteile, die nicht unter § 17 EStG oder § 21 UmwStG fielen), diese an einen Anrechnungsberechtigten veräußerte.

Die Regelung des § 50c EStG verbot in den genannten Fällen die steuerwirksame Vornahme der ausschüttungsbedingten Teilwertabschreibung beim Erwerber der Anteile und stellte damit die Einmalbesteuerung sicher.

Unter der künftigen Herrschaft des Halbeinkünfteverfahrens entfällt die Möglichkeit, ein Anrechnungsguthaben geltend zu machen. Damit sind Gestaltungen, einen bisher Nichtanrechnungsberechtigten ganz oder teilweise in den Genuss des Guthabens kommen zu lassen, bedeutungslos.

Im übrigen reduzieren sich durch die Herabsetzung der Wesentlichkeitsgrenze in § 17 EStG auf 1 % die Fälle beträchtlich, in denen eine Veräußerung von Anteilen im Privatvermögen steuerneutral vorgenommen werden kann. Ist bereits die Veräußerung steuerpflichtig, bedarf es einer Versagung der ausschüttungsbedingten Teilwertabschreibung beim Erwerber nicht mehr, um die Einmalbesteuerung von offenen Rücklagen zu gewährleisten.

§ 50c EStG kann daher gestrichen werden.

Beschlussempfehlung/Begründung des Finanzausschusses

– keine Änderung/Bemerkung –

Beschlussempfehlung/Begründung des Vermittlungsausschusses

– keine Änderung/Bemerkung –

3. Erläuterungen

Verfasser: Thomas Rödder

a) Zweck und Inhalt

§ 50 c EStG wird aufgehoben. Diese lapidare Anordnung des Steuersenkungsgesetzes beseitigt eine der kompliziertesten und meist umstrittensten Regelungen des Einkommensteuergesetzes. Der Gesetzgeber konnte diesen Schritt aus verschiedenen Gründen gehen, insbesondere wegen des Wegfalls des körperschaftsteuerlichen Anrechnungsverfahrens, wegen der Verschärfung des § 17 EStG, wegen der Beseitigung bzw. Einschränkung der Berücksichtigung von ausschüttungsbedingten Teilwertabschreibungen und wegen der Änderung des § 4 UmwStG.

§ 50 c EStG sollte verhindern, daß über eine Anteilsveräußerung Nicht-Anrechnungsberechtigte in den Genuß von Körperschaftsteuerguthaben kommen (§ 50 c Abs. 1 EStG) oder steuerpflichtige Kapitalerträge in steuerfreie Veräußerungsgewinne verwandelt werden können (§ 50 c Abs. 11 EStG). Letztlich sollte also § 50 c EStG die Einmalbesteuerung von in einer Kapitalgesellschaft erzielten Gewinnen sicherstellen.

Das Grundgestaltungsmuster, das § 50 c EStG zugrunde lag, war folgendes: In einer Kapitalgesellschaft haben sich offene bzw. stille Reserven gebildet. Der Anteilsveräußerer verkauft die Anteile an der Kapitalgesellschaft ohne deutsche Steuerbelastung, weil entweder gar kein deutsches Besteuerungsrecht besteht bzw. der deutsche Steuergesetzgeber den Anteilsveräußerungsgewinn bewußt nicht erfaßt. Der Anteils-erwerber, der die Anteile in einem inländischen steuerlichen Betriebsvermögen erwirbt, schüttet die erworbenen offenen Rücklagen der Kapitalgesellschaft bzw. nach Realisation die realisierten stillen Reserven an sich aus und neutralisiert den Ausschüttungsertrag durch eine ausschüttungsbedingte Teilwertabschreibung. Ähnliche Effekte lassen sich nach bisherigem Umwandlungssteuerrecht durch eine Umwandlung der erworbenen Kapitalgesellschaft in eine Personengesellschaft erzielen.

§ 50c EStG verhindert in den Fällen, in denen ein Nicht-Anrechnungsberechtigter die Anteile veräußert hat bzw. der Veräußerungsgewinn wegen der Lückenhaftigkeit der §§ 17, 23 EStG nicht besteuert wird, die Steuerwirksamkeit der ausschüttungsbedingten Teilwertabschreibung in Höhe des sog. § 50 c EStG Sperrbetrages. Entsprechendes gilt bei der Umwandlung nach Anteilskauf durch die Verringerung von Übernahmeverlusten. Dieser durch § 50 c EStG ausgelöste Mechanismus gilt innerhalb eines 10-Jahreszeitraums.

A. XXXVI. Änderung § 50c EStG

In der Sache verhindert § 50 c EStG in den betroffenen Fällen (also bei schädlichen Anteilsverkäufern) mithin die Umsetzung des sog. Kombinations- bzw. des Umwandlungsmodells, das grundsätzlich in allen anderen Fällen aus der Sicht des Anteilskäufers für die Schaffung von AfA-Potential und ggf. die Realisierung eines in der gekauften Kapitalgesellschaft vorhandenen Körperschaftsteuerguthabens eingesetzt werden konnte.

Nach neuem Recht entfällt ein entscheidender Ansatzpunkt des § 50 c EStG deshalb, weil das körperschaftsteuerliche Anrechnungsverfahren entfällt.

Außerdem ist § 17 EStG durch die Herabsenkung der „Wesentlichkeitsgrenze" von 10 % auf 1 % deutlich verschärft worden.

Zwar ist auch der Kreis der steuerfreien Anteilsveräußerungsgewinne durch § 8 b Abs. 2 KStG n.F. deutlich ausgeweitet worden. Allerdings ist ein solcher Veräußerungsgewinn im Inland immer noch mit Nachversteuerungspotential behaftet (Halbeinkünfte-Einkommensteuer bei Ausschüttung des Veräußerungsgewinns an die inländische natürliche Person als Gesellschafter der veräußernden Kapitalgesellschaft).

Überdies steht dem neuen Veräußerungsgewinnsteuerregime die Versagung von ausschüttungsbedingten Teilwertabschreibungen auf Ebene des Anteilskäufers, wenn dieser eine Kapitalgesellschaft ist, bzw. die Berücksichtigung von ausschüttungsbedingten Teilwertabschreibungen ausschließlich im Rahmen der Halbeinkünfte-Besteuerung gegenüber (§ 8 b Abs. 3 KStG n.F.; § 3 c Abs. 2 EStG n.F.). Dies führt dazu, daß in einer Kapitalgesellschaft sich realisierende stille Reserven grundsätzlich sowohl der Gewerbesteuer als auch der Körperschaftsteuer unterliegen, ohne daß dies durch eine Ausschüttung und ausschüttungsbedingte Teilwertabschreibung bzw. eine Umwandlung der erworbenen Kapitalgesellschaft verhindert werden könnte (auch Hinweis auf die Änderung des § 4 UmwStG).

Schematisch sieht das Zusammenspiel der Besteuerung des Anteilsverkäufers und des Anteilskäufers zukünftig idealiter (auf Durchberechnungen wegen der Versagung der präferenzierten Veräußerungsgewinnbesteuerung im Behalte- bzw. Sperrfristfall sei hier nur hingewiesen) wie folgt aus:

Betrachtet man zunächst den Fall der veräußernden natürlichen Person und dabei den Fall von verkauften offenen Rücklagen in der Kapitalgesellschaft, so unterliegt der Anteilsveräußerungsgewinn wie die Dividende der Halbeinkünfte-ESt. Ansonsten entstünde auch ein Incentive zur Vorabausschüttung, was der Intention des Gesetzgebers, die der Tarifspreizung zugrunde liegt, geradezu entgegen wirken würde.

Die erwerbende natürliche Person kann spätere Ausschüttungen der erworbenen offenen Rücklagen durch eine ausschüttungsbedingte Teilwertabschreibung neutralisieren, um eine Dreifachbelastung statt der gewollten Doppelbelastung des in der Kapitalgesellschaft erzielten Gewinns zu verhindern. Die Teilwertabschreibung ist in die Halbeinkünfteermittlung einzubeziehen, um eine übermäßige Entlastung zu verhindern (so auch § 3 c Abs. 2 EStG n.F.).

Beispiel:

Offene Rücklagen	75,0
Veräußerungsgewinnsteuer	18,2
Steuer auf Dividende an Käufer	18,2
Entlastungswirkung aus ausschüttungsbedingter Teilwertabschreibung	./. 18,2

Entsprechendes gilt auch hinsichtlich verkaufter stiller Reserven. Wenn der Anteilskäufer eine volle latente KSt und GewESt auf die stillen Reserven kaufpreiskürzend berücksichtigen würde,[2] stellt sich der Beispielsfall demnach wie folgt dar:

Stille Reserven	120,0
Kaufpreis für Anteile	75,0
Veräußerungsgewinnsteuer	18,2
Steuer in KapGes bei Realisation der stillen Res.	45,0
Steuer auf Dividende an Käufer	18,2
Entlastungswirkung aus ausschüttungsbedingter Teilwertabschreibung	./. 18,2

Ein entsprechender Mechanismus greift aber auch in dem Fall, daß der Käufer keinen oder einen reduzierten Kaufpreisabschlag für latente Steuern tätigen sollte, weil er deren Realisation erst in ferner Zukunft unterstellt, wie folgende Berechnung zeigt:

Stille Reserven	120,0
Kaufpreis für Anteile	120,0
Veräußerungsgewinnsteuer	29,1
Steuer in KapGes bei Realisation der stillen Res. (erst im Laufe der Zeit)	45,0
Steuer auf Dividende an Käufer (erst im Laufe der Zeit)	18,2
Entlastungswirkung aus ausschüttungsbedingter Teilwertabschreibung (erst im Laufe der Zeit)	./. 29,1

---

[2] D.h., wenn er den Zinseffekt außer Betracht läßt, weil er z.B. selbst einen internen asset deal vornehmen oder die stillen Reserven anderweitig kurzfristig realisieren will.

Etwas anderes wäre grundsätzlich nur dann geboten gewesen, wenn der Anteilsveräußerungsgewinn einer natürlichen Person trotz der Absenkung der § 17 EStG-Beteiligungsgrenze auf 1 % ausnahmsweise nicht steuerbar sein sollte (Gedanke des § 50 c Abs. 11 EStG). Allerdings: Es ist zutreffend, daß angesichts der Absenkung der § 17 EStG-Beteiligungsgrenze auf § 50 c Abs. 11 EStG verzichtet worden ist, zumal auch eine Gruppe von Anteilserwerbern die ausschüttungsbedingte Teilwertabschreibung o.ä. nicht nutzen kann.

Der Verzicht auf § 50 c Abs. 11 EStG war auch deshalb geboten, weil auch § 50 c Abs. 1 EStG betr. den Fall des Anteilskaufs vom Nichtanrechnungsberechtigten (vor allem vom Steuerausländer) nach neuem Recht seine Berechtigung verloren haben dürfte: GewESt- und KSt-Belastung auf Gesellschaftsebene bleiben definitiv, und eine Halbeinkünftebelastung fiele auch bei Dividendenausschüttung an den Steuerausländer nicht an.

Demgegenüber darf eine ausschüttungsbedingte Teilwertabschreibung dann nicht steuerwirksam werden, wenn der Erwerber der Anteile berechtigt ist, Dividenden der Zielgesellschaft über die Dividendenfreistellung steuerfrei zu vereinnahmen (da beim Erwerber wegen der Betragsidentität von Beteiligungsertrag und ausschüttungsbedingter Gewinnminderung kein Ausschüttungsvolumen entsteht, das seinerseits nachversteuert werden könnte). Auch dies sieht das StSenkG vor (§ 8 b Abs. 3 KStG n.F.).

Auch bei Kapitalgesellschaften als Veräußerern ist im StSenkG systematisch allein zutreffend verankert worden, nicht nur die Dividenden, sondern auch den Anteilsveräußerungsgewinn steuerfrei zu belassen (und zwar auch, soweit er auf die stillen Reserven in der Kapitalgesellschaft entfällt).

Die natürliche Person als Anteilskäufer muß auch in diesem Fall eine steuerwirksame ausschüttungsbedingte Teilwertabschreibung beanspruchen können. Dies deshalb, weil der Veräußerungsgewinn bei Ausschüttung durch die veräußernde Kapitalgesellschaft seinerseits der Nachsteuer unterliegt. Ausnahme auch hier: Der Erwerber der Anteile ist berechtigt, Dividenden der Zielgesellschaft über das Dividendenprivileg steuerfrei zu vereinnahmen (s.o.).

Die Anteilserwerber werden konsequenterweise, wie schon die o.a. Beispiele verdeutlicht haben, zukünftig keine Möglichkeit zu einem steuerfreien step-up mehr haben. Ausschüttungsbedingte Teilwertabschreibungen können, wie erwähnt, nicht mehr (§ 8 b Abs. 3 KStG n.F.) oder nur noch unter den Restriktionen des § 3 c Abs. 2 EStG n.F. steuerlich geltend gemacht werden. Eine Erstattung der bei einem internen asset-deal anfallenden Körperschaftsteuer ist nach Wegfall des Anrechnungsverfahrens nicht mehr möglich. (Nach wie vor kann allerdings das KSt-Minderungspotential nach Übergangsregelung von Interesse sein.) Auch das Umwandlungsmodell wird nicht mehr funktionieren (dazu auch die Erläuterungen zu § 4 UmwStG). Dies ist sachgerecht, wenn es im Ergebnis nur zu einer Einmalbesteuerung der von der Kapitalgesellschaft erzielten Gewinne kommt. Die nach geltendem Recht stattfindende Besteuerung des Veräußerers mit step-up durch den Erwerber wird durch die unveränderte laufende Besteuerung der Kapitalgesellschaft ersetzt.

Indessen: Da die Veräußerungsgewinne auch nach den Neuregelungen des StSenkG in vielen Fällen weder steuerbegünstigt noch steuerbefreit sind (Hinweis auf die einjährige Behaltefrist und die 7-jährigen Sperrfristen in bestimmten Fällen), führt in diesen Fällen die Versagung bzw. nur reduzierte Berücksichtigung der ausschüttungsbedingten Teilwertabschreibung zu einer Übermaßbesteuerung. Umgekehrt ist in den Fällen, in denen natürliche Personen nach wie vor steuerfrei verkaufen können, wie bereits erläutert, eine Steuer unter üblichem Niveau denkbar.

Dazu, daß auch die generelle Versagung der Berücksichtigung von Übernahmeverlusten zwar im Grunde sachgerecht ist, aber in vielen Fällen ebenfalls überschießend wirken kann, siehe die Erläuterungen zu § 4 UmwStG.

Im einzelnen kommt es auf die konkrete Zusammensetzung von Anteilskäufer und Anteilsverkäufer mit ihrem individuellen Steuerstatus an.

b) Erstmalige Anwendung

Die Abschaffung des § 50 c EStG erfolgt nicht sofort in einem klaren Schnitt. Vielmehr ist § 50 c EStG nach § 52 Abs. 59 EStG n.F. weiter anzuwenden, wenn für die Anteile vor Ablauf des ersten Wirtschaftsjahres, für das das Körperschaftsteuergesetz in der Fassung des Art. 3 des Steuersenkungsgesetzes erstmals anzuwenden ist, ein Sperrbetrag zu bilden war.

Mit anderen Worten: § 50 c EStG kann noch mehr als zehn Jahre Wirkungen entfalten. Allerdings kann ein Sperrbetrag, der (z.B. bei ausschüttungsbedingten Teilwertabschreibungen oder bei Umwandlungen) Wirkungen entfaltet, letztmals in dem ersten Wirtschaftsjahr, für das das neue Körperschaftsteuergesetz anzuwenden ist, steuerwirksam gebildet werden.

Fraglich ist, auf wessen Wirtschaftsjahr insoweit abzustellen ist. Gemeint sein kann wohl nur das Wirtschaftsjahr der Kapitalgesellschaft, an der die betroffenen Anteile erworben werden.

Hat die betreffende Kapitalgesellschaft ein kalenderjahrgleiches Wirtschaftsjahr, so bedeutet das, daß noch im VZ 2001 ein Sperrbetrag gemäß § 50 c EStG gebildet werden kann. Bei abweichendem Wirtschaftsjahr kann sich der Zeitraum, in dem ein Sperrbetrag letztmals gebildet werden kann, auch noch in das Kalenderjahr 2002 verschieben.

Nach Wirksamwerden der §§ 8 b Abs. 3 KStG, 3 c Abs. 2 EStG tritt § 50 c EStG ggf. zu diesen Vorschriften in Konkurrenz.

XXXVII. Änderung § 50d EStG

1. Text der Vorschrift

§ 50d wird wie folgt geändert:

    a) In Absatz 1 Satz 1 wird die Angabe „§ 44d" jeweils durch die Angabe „§ 43b" ersetzt.

    b) In Absatz 1a und Absatz 3 Satz 1 wird die Angabe „§ 44d" jeweils durch die Angabe „§ 43b" ersetzt.

    c) In Absatz 3 wird die Angabe „§ 44d" jeweils durch die Angabe „§ 43b" und die Angabe „in dem in § 8b Abs. 5 des Körperschaftsteuergesetzes festgelegten Umfang" durch die Angabe „zu mindestens einem Zehntel" ersetzt.

2. Materialien

Gesetzentwurf der Bundesregierung

§ 50d wird wie folgt geändert:

    a) In Absatz 1 Satz 1 wird die Angabe „§ 44d" jeweils durch die Angabe „§ 43b" ersetzt.

    b) In Absatz 1a und Absatz 3 Satz 1 wird die Angabe „§ 44d" jeweils durch die Angabe „§ 43b" ersetzt.

Begründung zum Gesetzentwurf der Bundesregierung

Redaktionelle Folgeänderung aus der Änderung der Paragraphenreihenfolge bei den Vorschriften über die Kapitalertragsteuer.

Beschlussempfehlung des Finanzausschusses

§ 50d wird wie folgt geändert:

a) unverändert

b) unverändert

c) In Absatz 3 wird die Angabe „§ 44d" jeweils durch die Angabe „§ 43b" und die Angabe „in dem in § 8b Abs. 5 des Körperschaftsteuergesetzes festgelegten Umfang" durch die Angabe „zu mindestens einem Zehntel" ersetzt.

Begründung des Finanzausschusses

Wegen der Änderung des § 8b Abs. 5 KStG ist der in § 50d Abs. 3 EStG enthaltene Verweis auf die bisherige Vorschrift durch ihre inhaltliche Übernahme zu ersetzen.

Beschlussempfehlung/Begründung des Vermittlungsausschusses

– keine Änderung/Bemerkung –

XXXVIII. Änderung § 51 EStG

1. Text der Vorschrift

§ 51 Abs. 4 wird wie folgt geändert:

a) **Nummer 1 wird wie folgt geändert:**

aa) **Buchstabe b wird aufgehoben.**

bb) **Die Angabe „des Antrags auf Vergütung von Körperschaftsteuer (§ 36b Abs. 3)," wird gestrichen.**

b) **Nach Nummer 1 wird folgende neue Nummer 1a eingefügt:**

„1a. im Einvernehmen mit den obersten Finanzbehörden der Länder auf der Basis der §§ 32a und 39b einen Programmablaufplan für die Herstellung von Lohnsteuertabellen zur manuellen Berechnung der Lohnsteuer aufzustellen und bekannt zu machen;"

2. Materialien

Gesetzentwurf der Bundesregierung

§ 51 Abs. 4 Nr. 1 wird wie folgt geändert:

a) Buchstabe b wird aufgehoben.

b) Die Angabe „des Antrags auf Vergütung von Körperschaftsteuer (§ 36b Abs. 3)," wird gestrichen.

Begründung zum Gesetzentwurf der Bundesregierung

Redaktionelle Folgeänderung aus dem Wegfall des § 36b EStG.

Beschlussempfehlung des Finanzausschusses

§ 51 Abs. 4 wird wie folgt geändert:

a) Nummer 1 wird wie folgt geändert:

  aa) Buchstabe b wird aufgehoben.

  bb) Die Angabe „des Antrags auf Vergütung von Körperschaftsteuer (§ 36b Abs. 3)," wird gestrichen.

b) Nach Nummer 1 wird folgende neue Nummer 1a eingefügt:

„1a. im Einvernehmen mit den obersten Finanzbehörden der Länder auf der Basis der §§ 32a und 39b einen Programmablaufplan für die Herstellung von Lohnsteuertabellen zur manuellen Berechnung der Lohnsteuer aufzustellen und bekannt zumachen;".

Begründung des Finanzausschusses

Zu Buchstabe a

Unverändert.

Zu Buchstabe b

Die Neuregelung ermächtigt das Bundesministerium der Finanzen im Einvernehmen mit den obersten Finanzbehörden der Länder einen Programmablaufplan zur Aufstellung von Lohnsteuertabellen herauszugeben. Dies ist bereits früher aus Anlass umfangreicherer Änderungen geschehen. Nachdem nunmehr die gesetzlichen Lohnsteuertabellen wegfallen (§ 38c EStG), kommt dem Programmablaufplan erhöhte Bedeutung zu. Dem trägt die Ermächtigungsvorschrift Rechnung. In dem Programmablaufplan soll festgelegt werden, wie Lohnsteuertabellen aufzustellen sind. Für die Jahre 2001 und 2002 ergeben sich die Stufen noch ohne weiteres aus den Stufen der Tarifformel (54 in DM bzw. 36 in Euro).

Beschlussempfehlung/Begründung des Vermittlungsausschusses

– keine Änderung/Bemerkung –

XXXIX. Änderung § 51a EStG

1. Text der Vorschrift

§ 51a Abs. 2a wird wie folgt geändert:

a) In Satz 1 wird der zweite Halbsatz wie folgt gefasst:

„**beim Steuerabzug vom laufenden Arbeitslohn und beim Jahresausgleich ist die Lohnsteuer maßgebend, die sich ergibt, wenn der nach § 39b Abs. 2 Satz 6 zu versteuernde Jahresbetrag für die Steuerklassen I, II und III um den Kinderfreibetrag von 6 912 Deutsche Mark und für die Steuerklasse IV um den Kinderfreibetrag von 3 456 Deutsche Mark für jedes Kind vermindert wird, für das eine Kürzung des Kinderfreibetrags nach § 32 Abs. 6 Satz 5 nicht in Betracht kommt.**"

b) Sätze 2 und 3 werden gestrichen.

2. Materialien

Gesetzentwurf/Begründung der Bundesregierung

– Regelung noch nicht enthalten –

Beschlussempfehlung des Finanzausschusses

§ 51a Abs. 2a wird wie folgt geändert:

a) In Satz 1 wird der 2. Halbsatz wie folgt gefasst:

„beim Steuerabzug vom laufenden Arbeitslohn und beim Jahresausgleich ist die Lohnsteuer maßgebend, die sich ergibt, wenn der nach § 39b Abs. 2 Satz 6 zu versteuernde Jahresbetrag für die Steuerklassen I, II und III um den Kinderfreibetrag von 6 912 Deutsche Mark und für die Steuerklasse IV

A. XL. Änderung § 52 EStG

um den Kinderfreibetrag von 3 456 Deutsche Mark für jedes Kind vermindert wird, für das eine Kürzung des Kinderfreibetrags nach § 32 Abs. 6 Satz 5 nicht in Betracht kommt."

b) Sätze 2 und 3 werden gestrichen.

Begründung des Finanzausschusses

Redaktionelle Folgeänderungen aus dem Wegfall der gesetzlichen Lohnsteuertabellen (§ 38c EStG).

Beschlussempfehlung/Begründung des Vermittlungsausschusses

– keine Änderung/Bemerkung -

XL. Änderung § 52 EStG

1. Text der Vorschrift (unter Berücksichtigung des Entwurfs zum StSenkErgG)

§ 52 wird wie folgt geändert:

a) In Absatz 1 Satz 1 wird die Angabe „2000" durch die Angabe „2001" und in Satz 2 die Angabe „1999" jeweils durch die Angabe „2000" ersetzt.

b) Nach Absatz 4 wird folgender Absatz 4a eingefügt:

„(4a) § 3 Nr. 40 ist erstmals anzuwenden für

1. Gewinnausschüttungen, auf die bei der ausschüttenden Körperschaft der nach Artikel 3 des Gesetzes vom ... (BGBl. I S. ...) aufgehobene Vierte Teil des Körperschaftsteuergesetzes nicht mehr anzuwenden ist; für die übrigen in § 3 Nr. 40 genannten Erträge im Sinne des § 20 gilt Entsprechendes;

2. Erträge im Sinne des § 3 Nr. 40 Satz 1 Buchstabe a, b, c und i nach Ablauf des ersten Wirtschaftsjahrs der Gesellschaft, an der die Anteile bestehen, für das das Körperschaftsteuergesetz in der Fassung des Artikels 3 des Gesetzes vom ... (BGBl. I S. ...) erstmals anzuwenden ist."

c) Nach Absatz 8 wird folgender Absatz 8a eingefügt:

„(8a) § 3c Abs. 2 ist erstmals auf Aufwendungen anzuwenden, die mit Erträgen im wirtschaftlichen Zusammenhang stehen, auf die § 3 Nr. 40 erstmals anzuwenden ist."

d) Absatz 16 wird wie folgt geändert:

aa) Nach Satz 5 wird folgender Satz eingefügt:

„§ 3 Nr. 40 Satz 1 Buchstabe a Satz 2 in der Fassung des Gesetzes vom ... (BGBl. I S. ...) und § 8b Abs. 2 Satz 2 des Körperschaftsteuergesetzes in der Fassung des Gesetzes vom ... (BGBl. I S. ...) sind in den Fällen des Satzes 3 bis 5 entsprechend anzuwenden."

bb) Im neuen Satz 8 wird die Angabe „Satz 6" durch die Angabe „Satz 7" ersetzt.

cc) Im neuen Satz 11 wird die Angabe „Satz 7 ist für die in Satz 8" durch die Angabe „Satz 8 ist für die in Satz 9" ersetzt.

e) Nach Absatz 16 wird folgender Absatz 16a eingefügt:

„(16a) § 6 Abs. 5 Satz 3 und 4 in der Fassung des Artikels 1 des Gesetzes vom ... (BGBl. I S. ...) ist erstmals auf Übertragungen von Wirtschaftsgütern anzuwenden, die nach dem 31. Dezember 2000 erfolgen."

f) Nach Absatz 21 werden die folgenden Absätze 21a und 21b eingefügt:

„(21a) § 7 Abs. 2 Satz 2 ist erstmals bei Wirtschaftsgütern anzuwenden, die nach dem 31. Dezember 2000 angeschafft oder hergestellt worden sind. Bei Wirtschaftsgütern, die vor dem 1. Januar 2001 angeschafft oder hergestellt worden sind, ist § 7 Abs. 2 Satz 2 des Einkommensteuergesetzes in der Fassung des Gesetzes vom 22. Dezember 1999 (BGBl. I S. 2601) weiter anzuwenden.

(21b) Bei Gebäuden, soweit sie zu einem Betriebsvermögen gehören und nicht Wohnzwecken dienen, ist § 7 Abs. 4 Satz 1 und 2 in der Fassung des Gesetzes vom 22. Dezember 1999 (BGBl. I S. 2601) weiter anzuwenden, wenn der Steuerpflichtige im Fall der Herstellung vor dem 1. Januar 2001 mit der Herstellung des Gebäudes begonnen hat oder im Fall der Anschaffung das Objekt auf Grund eines vor dem 1. Januar 2001 rechtswirksam abgeschlossenen obligatorischen Vertrags oder gleichstehenden Rechtsakts angeschafft hat. Als Beginn der Herstellung gilt bei Gebäuden, für die eine Baugenehmigung erforderlich ist, der Zeitpunkt, in dem der Bauantrag gestellt wird; bei baugenehmigungsfreien Gebäuden, für die Bauunterlagen einzureichen sind, der Zeitpunkt, in dem die Bauunterlagen eingereicht werden."

g) Absatz 23 wird wie folgt gefasst:

„(23) § 7g Abs. 3 Satz 2 und Abs. 4 sind vorbehaltlich des Satzes 2 erstmals für Wirtschaftsjahre anzuwenden, die nach dem 31. Dezember 2000 beginnen. Bei Rücklagen, die in vor dem 1. Januar 2001 beginnenden Wirtschaftsjahren gebildet worden sind, ist § 7g Abs. 1 bis 8 in der Fassung des Gesetzes vom 22. Dezember 1999 (BGBl. I S. 2601) weiter anzuwenden."

h) Es wird folgender Absatz 24a eingefügt:

„(24a) §10c Abs. 2 Satz 3 ist anzuwenden:

1. im Kalenderjahr 2002 in der folgenden Fassung:

   „Die Vorsorgepauschale ist auf den nächsten durch 36 ohne Rest teilbaren vollen Eurobetrag abzurunden, wenn sie nicht bereits durch 36 ohne Rest teilbar ist."

2. ab dem Kalenderjahr 2003 in der folgenden Fassung:

   „Die Vorsorgepauschale ist auf den nächsten vollen Eurobetrag abzurunden.""

i) Absatz 25 Satz 2 wird aufgehoben.

j) Nach Absatz 32 wird folgender Absatz 32a eingefügt:

„(32a) § 15 Abs. 4 Satz 3 und 4 ist erstmals auf Verluste anzuwenden, die nach Ablauf des ersten Wirtschaftsjahrs der Gesellschaft, auf deren Anteile sich die in § 15 Abs. 4 Satz 4 bezeichneten Geschäfte beziehen, entstehen, für das das Körperschaftsteuergesetz in der Fassung des Artikels 3 des Gesetzes vom ... (BGBl. I S. ...) erstmals anzuwenden ist. § 15 Abs. 4 Satz 5 ist erstmals auf Verluste anzuwenden, die nach Ablauf des ersten Wirtschaftsjahrs der Gesellschaft, deren Anteile in § 15 Abs. 4 Satz 5 bezeichnet sind, entstehen, für das das Körperschaftsteuergesetz in der Fassung des Artikels 3 des Gesetzes vom ... (BGBl. I S. ...) erstmals anzuwenden ist."

k) Dem Absatz 34 wird folgender Satz angefügt:

„§ 16 Abs. 4 in der Fassung des Gesetzes vom ... (BGBl. I S. ...) ist erstmals auf Veräußerungen und Realteilungen anzuwenden, die nach dem 31. Dezember 2000 erfolgen."

l) Nach Absatz 34 wird folgender Absatz 34a eingefügt:

„(34a) § 17 ist erstmals auf Veräußerungen anzuwenden, die nach Ablauf des ersten Wirtschaftsjahrs der Gesellschaft, deren Anteile veräußert werden, vorgenommen werden, für das das Körperschaftsteuergesetz in der Fassung des Artikels 3 des Gesetzes vom ... (BGBl. I S. ...) erstmals anzuwenden ist."

m) Dem Absatz 36 werden die folgenden Sätze vorangestellt:

„§ 20 Abs. 1 Nr. 1 bis 3 in der Fassung des Gesetzes vom 24. März 1999 (BGBl. I S. 402) ist letztmals anzuwenden für Ausschüttungen, für die der Vierte Teil des Körperschaftsteuergesetzes nach § 34 Abs. 10a des Körperschaftsteuergesetzes in der Fassung des Artikels 3 des Gesetzes vom ... (BGBl. I S. ...) letztmals anzuwenden ist. § 20 Abs. 1 Nr. 1 und 2 in der Fassung des Gesetzes vom ... (BGBl. I S. ...) ist erstmals für Erträge anzuwenden, für die Satz 1 nicht gilt."

n) Absatz 37 wird wie folgt gefasst:

„(37) § 20 Abs. 1 Nr. 9 ist erstmals auf Einnahmen anzuwenden, die nach Ablauf des ersten Wirtschaftsjahrs der Körperschaft, Personenvereinigung oder Vermögensmasse im Sinne von § 1 Abs. 1 Nr. 3 bis 5 des Körperschaftsteuergesetzes erzielt werden, für das das Körperschaftsteuergesetz in der Fassung des Artikels 3 des Gesetzes vom ... (BGBl. I S. ...) erstmals anzuwenden ist."

o) Nach Absatz 37 werden die folgenden Absätze 37a und 37b eingefügt:

„(37a) § 20 Abs. 1 Nr. 10 Buchstabe a ist erstmals auf Leistungen anzuwenden, die nach Ablauf des ersten Wirtschaftsjahrs des Betriebs gewerblicher Art mit eigener Rechtspersönlichkeit erzielt werden, für das das Körperschaftsteuergesetz in der Fassung des Artikels 3 des Gesetzes vom ... (BGBl. I S. ...) erstmals anzuwenden ist. § 20

Abs. 1 Nr. 10 Buchstabe b ist erstmals auf Gewinne anzuwenden, die nach Ablauf des ersten Wirtschaftsjahrs des Betriebs gewerblicher Art ohne eigene Rechtspersönlichkeit oder des wirtschaftlichen Geschäftsbetriebs erzielt werden, für das das Körperschaftsteuergesetz in der Fassung des Artikels 3 des Gesetzes vom ... (BGBl. I S. ...) erstmals anzuwenden ist.

(37b) § 20 Abs. 2a Satz 1 in der Fassung des Gesetzes vom 24. März 1999 (BGBl. I S. 402) ist letztmals anzuwenden für Ausschüttungen, für die der Vierte Teil des Körperschaftsteuergesetzes nach § 34 Abs. 10a des Körperschaftsteuergesetzes in der Fassung des Artikels 3 des Gesetzes vom ... (BGBl. I S. ...) letztmals anzuwenden ist."

p) Nach Absatz 37b wird folgender Absatz 38 eingefügt:

„(38) § 22 Nr. 1 Satz 2 ist erstmals auf Bezüge anzuwenden, die nach Ablauf des Wirtschaftsjahrs der Körperschaft, Personenvereinigung oder Vermögensmasse erzielt werden, die die Bezüge gewährt, für das das Körperschaftsteuergesetz in der Fassung der Bekanntmachung vom 22. April 1999 (BGBl. I S. 817), zuletzt geändert durch Artikel 4 des Gesetzes vom 22. Dezember 1999 (BGBl. I S. 2601), letztmalig anzuwenden ist."

q) Absatz 40 wird wie folgt gefasst:

„(40) § 32 Abs. 4 Satz 2 ist anzuwenden

1. für die Veranlagungszeiträume 2003 und 2004 mit der Maßgabe, dass an die Stelle des Betrags von 14 040 Deutsche Mark der Betrag von 14 520 Deutsche Mark tritt, und

2. ab dem Veranlagungszeitraum 2005 mit der Maßgabe, dass an die Stelle des Betrags von 14 040 Deutsche Mark der Betrag von 15 000 Deutsche Mark tritt."

r) Die Absätze 41 bis 43 werden wie folgt gefasst:

„(41) § 32a Abs. 1 ist anzuwenden

1. für den Veranlagungszeitraum 2002 in der folgenden Fassung:

„(1) Die tarifliche Einkommensteuer bemisst sich nach dem zu versteuernden Einkommen. Sie beträgt vorbehaltlich der §§ 32b, 34, 34b und 34c jeweils in Euro für zu versteuernde Einkommen

1. bis 7 235 Euro (Grundfreibetrag): 0;
2. von 7 236 Euro bis 9 251 Euro:
   $(768{,}85 \cdot y + 1\,990) \cdot y$;
3. von 9 252 Euro bis 55 007 Euro:
   $(278{,}65 \cdot z + 2\,300) \cdot z + 432$;
4. von 55 008 Euro an: $0{,}485 \cdot x - 9\,872$.

„y" ist ein Zehntausendstel des 7 200 Euro übersteigenden Teils des nach Absatz 2 ermittelten zu versteuernden Einkommens. „z" ist ein Zehntausendstel des 9 216 Euro übersteigenden Teils des nach Absatz 2 ermittelten zu versteuernden Einkommens. „x" ist das nach Absatz 2 ermittelte zu versteuernde Einkommen.";

2. für die Veranlagungszeiträume 2003 und 2004 in der folgenden Fassung:

„(1) Die tarifliche Einkommensteuer bemisst sich nach dem zu versteuernden Einkommen. Sie beträgt vorbehaltlich der §§ 32b, 34, 34b und 34c jeweils in Euro für zu versteuernde Einkommen

1. bis 7 426 Euro (Grundfreibetrag): 0;
2. von 7 427 Euro bis 12 755 Euro:
   $(747{,}80 \cdot y + 1\,700) \cdot y$;
3. von 12 756 Euro bis 52 292 Euro:
   $(278{,}59 \cdot z + 2\,497) \cdot z + 1\,118$;
4. von 52 293 Euro an: $0{,}47 \cdot x - 9\,232$.

„y" ist ein Zehntausendstel des 7 426 Euro übersteigenden Teils des auf einen vollen Euro-Betrag abgerundeten zu versteuernden Einkommens. „z" ist ein Zehntausendstel des 12 755 Euro übersteigenden Teils des auf einen vollen Euro-Betrag abgerundeten zu versteuernden Einkommens. „x" ist das auf einen vollen Euro-Betrag abgerundete zu versteuernde Einkommen. Der sich ergebende Steuerbetrag ist auf den nächsten vollen Euro-Betrag abzurunden.";

A. XL. Änderung § 52 EStG 465

3. ab dem Veranlagungszeitraum 2005 in der folgenden Fassung:

„(1) Die tarifliche Einkommensteuer bemisst sich nach dem zu versteuernden Einkommen. Sie beträgt vorbehaltlich der §§ 32b, 34, 34b und 34c jeweils in Euro für zu versteuernde Einkommen

1. bis 7 664 Euro (Grundfreibetrag): 0;
2. von 7 665 Euro bis 12 739 Euro: $(883{,}74 \cdot y + 1\,500) \cdot y$;
3. von 12 740 Euro bis 52 151 Euro: $(241{,}42 \cdot z + 2\,397) \cdot z + 989$;
4. von 52 152 Euro an: $0{,}43 \cdot x - 8\,239$.

„y" ist ein Zehntausendstel des 7 664 Euro übersteigenden Teils des auf den nächsten vollen Euro-Betrag abgerundeten zu versteuernden Einkommens. „z" ist ein Zehntausendstel des 12 739 Euro übersteigenden Teils des auf den nächsten vollen Euro-Betrag abgerundeten zu versteuernden Einkommens. „x" ist das auf den nächsten vollen Euro-Betrag abgerundete zu versteuernde Einkommen. Der sich ergebende Steuerbetrag ist auf den nächsten vollen Euro-Betrag abzurunden."

„3. ab dem Veranlagungszeitraum 2005 in der folgenden Fassung:[3]

„(1) Die tarifliche Einkommensteuer bemisst sich nach dem zu versteuernden Einkommen. Sie beträgt vorbehaltlich der §§ 32b, 34, 34b und 34c jeweils in Euro für zu versteuernde Einkommen

1. bis 7 664 Euro (Grundfreibetrag): 0;

2. von 7 665 Euro bis 12 739 Euro: $(883{,}74 \cdot y + 1\,500) \cdot y$;

3. von 12 740 Euro bis 52 151 Euro: $(228{,}74 \cdot z + 2\,397) \cdot z + 989$;

4. von 52 152 Euro an: $0{,}42 \cdot x - 7\,914$.

„y" ist ein Zehntausendstel des 7 664 Euro übersteigenden Teils des auf einen vollen Euro-Betrag abge-

---

[3] Nach dem Entwurf StSenkErgG.

rundeten zu versteuernden Einkommens. „z" ist ein Zehntausendstel des 12 739 Euro übersteigenden Teils des auf einen vollen Euro-Betrag abgerundeten zu versteuernden Einkommens. „x" ist das auf einen vollen Euro-Betrag abgerundete zu versteuernde Einkommen. Der sich ergebende Steuerbetrag ist auf den nächsten vollen Euro-Betrag abzurunden."

(42) § 32a Abs. 2 ist für den Veranlagungszeitraum 2002 letztmals und in folgender Fassung anzuwenden:

„(2) Das zu versteuernde Einkommen ist auf den nächsten durch 36 ohne Rest teilbaren vollen Euro-Betrag abzurunden, wenn es nicht bereits durch 36 ohne Rest teilbar ist, und um 18 Euro zu erhöhen."

(43) § 32a Abs. 3 ist für den Veranlagungszeitraum 2002 letztmals und mit der Maßgabe anzuwenden, dass die Angabe „Deutsche-Mark-Betrag" durch die Angabe „Euro-Betrag" ersetzt wird."

s) Absatz 44 wird wie folgt gefasst:

„(44) § 32c in der Fassung des Gesetzes vom 22. Dezember 1999 (BGBl. I S. 2601) ist letztmals für den Veranlagungszeitraum anzuwenden, in dem Einkünfte aus Gewerbebetrieb erzielt werden, die aus Wirtschaftsjahren stammen, die vor dem 1. Januar 2001 beginnen."

t) Absatz 45 wird aufgehoben.

u) Absatz 46 wird wie folgt gefasst:

„(46) § 33a Abs. 1 Satz 1 und 4 ist anzuwenden

1. für die Veranlagungszeiträume 2003 und 2004 mit der Maßgabe, dass jeweils an die Stelle des Betrags von 14 040 Deutsche Mark der Betrag von 14 520 Deutsche Mark tritt, und

2. ab dem Veranlagungszeitraum 2005 mit der Maßgabe, dass jeweils an die Stelle des Betrags von 14 040 Deutsche Mark der Betrag von 15 000 Deutsche Mark tritt."

v) Absatz 47 Satz 1 wird wie folgt gefasst:

„§ 34 Abs. 1 Satz 1 in der Fassung des Gesetzes vom ... (BGBl. I S. ...) ist erstmals für den Veranlagungszeitraum 1999 anzuwenden. Auf § 34 Abs. 2 Nr. 1 ist Ab-

A. XL. Änderung § 52 EStG

satz 4a in der Fassung des Gesetzes vom ... (BGBl. I S. ...) entsprechend anzuwenden."

Absatz 47 wird wie folgt gefasst:[4]

„(47) § 34 Abs. 1 Satz 1 in der Fassung des Gesetzes [StSenkG] vom ... (BGBl. I S. ...) ist erstmals für den Veranlagungszeitraum 1999 anzuwenden. Auf § 34 Abs. 2 Nr. 1 ist Absatz 4a in der Fassung des Gesetzes [StSenkG] vom ... (BGBl. I S. ...) entsprechend anzuwenden. In den Fällen, in denen nach dem 31. Dezember eines Jahres mit zulässiger steuerlicher Rückwirkung eine Vermögensübertragung nach dem Umwandlungssteuergesetz erfolgt oder ein Veräußerungsgewinn im Sinne des § 34 Abs. 2 Nr. 1 in der Fassung des Gesetzes vom ... (BGBl. I S. ...) erzielt wird, gelten die außerordentlichen Einkünfte als nach dem 31. Dezember dieses Jahres erzielt. § 34 Abs. 3 Satz 1 in der Fassung des Gesetzes vom ... (BGBl. I S. ...) ist ab dem Veranlagungszeitraum 2002 mit der Maßgabe anzuwenden, dass an die Stelle der Angabe „10 Millionen Deutsche Mark" die Angabe „5 Millionen Euro" tritt. § 34 Abs. 3 Satz 2 in der Fassung des Gesetzes vom ... (BGBl. I S. ...) ist

a) *für die Veranlagungszeiträume 2003 und 2004 mit der Maßgabe anzuwenden, dass an die Stelle der Angabe „19,9 %" die Angabe „17 %" tritt und*

b) *ab dem Veranlagungszeitraum 2005 mit der Maßgabe anzuwenden, dass an die Stelle der Angabe „19,9 %" die Angabe „15 %" tritt.*

Für die Anwendung des § 34 Abs. 3 Satz 4 in der Fassung des Gesetzes vom ... (BGBl. I S. ...) ist die Inanspruchnahme einer Steuerermäßigung nach § 34 EStG in Veranlagungszeiträumen vor dem 1. Januar 2001 unbeachtlich."

w) Nach Absatz 49 wird folgender Absatz 49a eingefügt:

„(49a) Auf § 34c Abs. 7 ist Absatz 4a entsprechend anzuwenden."

x) Nach Absatz 50 werden die folgenden Absätze 50a, 50b und 50c eingefügt:

„(50a) § 35 ist erstmals in dem Veranlagungszeitraum anzuwenden, in dem Einkünfte aus Gewerbebetrieb erzielt

---

[4] Nach dem Entwurf StSenkErgG.

werden, die aus Wirtschaftsjahren stammen, die nach dem 31. Dezember 2000 beginnen.

(50b) § 36 Abs. 2 Nr. 2 und 3 und Abs. 3 Satz 1 in der Fassung des Gesetzes vom 24. März 1999 (BGBl. I S. 402) ist letztmals anzuwenden für Ausschüttungen, für die der Vierte Teil des Körperschaftsteuergesetzes nach § 34 Abs. 10a des Körperschaftsteuergesetzes in der Fassung des Artikels 3 des Gesetzes vom ... (BGBl. I S. ...) letztmals anzuwenden ist. § 36 Abs. 2 Nr. 2 und Abs. 3 Satz 1 in der Fassung des Gesetzes vom ... (BGBl. I S. ...) ist erstmals für Erträge anzuwenden, für die Satz 1 nicht gilt.

(50c) Die §§ 36a bis 36e in der Fassung des Gesetzes vom 24. März 1999 (BGBl. I S. 402) sind letztmals anzuwenden für Ausschüttungen, für die der Vierte Teil des Körperschaftsteuergesetzes nach § 34 Abs. 10a des Körperschaftsteuergesetzes in der Fassung des Artikels 3 des Gesetzes vom ... (BGBl. I S. ...) letztmals anzuwenden ist."

y) Absatz 52 wird wie folgt gefasst:

„(52) § 39b ist anzuwenden

1. ab dem Kalenderjahr 2002 mit der Maßgabe, dass in Absatz 2 Satz 8 an die Stelle der Angabe „17 442 Deutsche Mark" die Angabe „8 946 Euro", an die Stelle der Angabe „53 784 Deutsche Mark" die Angabe „27 306 Euro" und in Absatz 3 an die Stelle der Angabe „300 Deutsche Mark" die Angabe „150 Euro" treten. Absatz 2 Satz 6 Nr. 3 zweiter Halbsatz ist im Kalenderjahr 2002 in der folgenden Fassung anzuwenden:

„für die Berechnung der Vorsorgepauschale ist der hochgerechnete Jahresarbeitslohn auf den nächsten durch 36 ohne Rest teilbaren vollen Eurobetrag abzurunden, wenn er nicht bereits durch 36 ohne Rest teilbar ist, und sodann um 35 zu erhöhen,"

2. ab dem Kalenderjahr 2003 mit der Maßgabe, dass in Absatz 2 Satz 7 und 8 an die Stelle des Zitats „§ 32a Abs. 1 bis 3" jeweils das Zitat „§ 32a Abs. 1", in Absatz 2 Satz 8 an die Stelle der Zahlen „19,9" und „48,5" die Zahlen „17" und „47" und an die Stelle der Angaben „17 442 Deutsche Mark" und „53 784 Deutsche Mark" die Angaben „9 036 Euro" und

"26 964 Euro" treten. Absatz 2 Satz 6 Nr. 3 ist ab dem Kalenderjahr 2003 in der folgenden Fassung anzuwenden:

"3. die Vorsorgepauschale

a) in den Steuerklassen I, II und IV nach Maßgabe des § 10c Abs. 2 oder 3,

b) in der Steuerklasse III nach Maßgabe des § 10c Abs. 2 oder 3, jeweils in Verbindung mit § 10c Abs. 4 Nr. 1,"

3. ab dem Kalenderjahr 2005 mit der Maßgabe, dass in Absatz 2 Satz 8 an die Stelle der Zahlen „19,9" und „48,5" die Zahlen „15" und „43" und an die Stelle der Angaben „17 442 Deutsche Mark" und „53 784 Deutsche Mark" die Angaben „9 144 Euro" und „25 452 Euro" treten."

Absatz 52 Nr. 3 wird wie folgt gefasst:[5]

„3. ab dem Kalenderjahr 2005 mit der Maßgabe, dass in Absatz 2 Satz 8 an die Stelle der Zahlen „19,9" und „48,5" die Zahlen „15" und „42" und an die Stelle der Angaben „17 442 Deutsche Mark" und „53 784 Deutsche Mark" die Angaben „9 144 Euro" und „25 812 Euro" treten."

z) Absatz 53 wird wie folgt gefasst:

"(53) Die §§ 43 bis 45c in der Fassung des Gesetzes vom 22. Dezember 1999 (BGBl. I S. 2601) sind letztmals anzuwenden für Ausschüttungen, für die der Vierte Teil des Körperschaftsteuergesetzes nach § 34 Abs. 10a des Körperschaftsteuergesetzes in der Fassung des Artikels 3 des Gesetzes vom ... (BGBl. I S. ...) letztmals anzuwenden ist. Die §§ 43 bis 45c in der Fassung des Gesetzes vom ... (BGBl. I S. ...) sind erstmals für Kapitalerträge anzuwenden, für die Satz 1 nicht gilt. § 45d in der Fassung des Gesetzes vom ... (BGBl. I S. ...) ist erstmals im Veranlagungszeitraum 2002 anzuwenden."

z1) Die Absätze 55 bis 57 werden aufgehoben.

---

[5] Nach dem Entwurf StSenkErgG.

z2) Absatz 57a wird wie folgt gefasst:

„(57a) § 49 Abs. 1 Nr. 5 Buchstabe a in der Fassung des Gesetzes vom 22. Dezember 1999 (BGBl. I S. 2601) ist letztmals anzuwenden für Ausschüttungen, für die der Vierte Teil des Körperschaftsteuergesetzes nach § 34 Abs. 10a des Körperschaftsteuergesetzes in der Fassung des Artikels 3 des Gesetzes vom ... (BGBl. I S. ...) letztmals anzuwenden ist. § 49 Abs. 1 Nr. 5 Buchstabe a in der Fassung des Gesetzes vom ... (BGBl. I S. ...) ist erstmals für Kapitalerträge anzuwenden, für die Satz 1 nicht gilt. § 49 Abs. 1 Nr. 5 Buchstabe b in der Fassung des Gesetzes vom 22. Dezember 1999 (BGBl. I S. 2601) ist letztmals anzuwenden für Ausschüttungen, für die der Vierte Teil des Körperschaftsteuergesetzes nach § 34 Abs. 10a des Körperschaftsteuergesetzes in der Fassung des Artikels 3 des Gesetzes vom ... (BGBl. I S. ...) letztmals anzuwenden ist."

z3) Absatz 58 wird wie folgt gefasst:

„(58) § 50 Abs. 5 in der Fassung des Gesetzes vom 24. März 1999 (BGBl. I S. 402) ist letztmals anzuwenden für Ausschüttungen, für die der Vierte Teil des Körperschaftsteuergesetzes nach § 34 Abs. 10a des Körperschaftsteuergesetzes in der Fassung des Artikels 3 des Gesetzes vom ... (BGBl. I S. ...) letztmals anzuwenden ist."

z4) Absatz 59 wird wie folgt gefasst:

„(59) § 50c in der Fassung des Gesetzes vom 24. März 1999 (BGBl. I S. 402) ist weiter anzuwenden, wenn für die Anteile vor Ablauf des ersten Wirtschaftsjahrs, für das das Körperschaftsteuergesetz in der Fassung des Artikels 3 des Gesetzes vom ... (BGBl. I S. ...) erstmals anzuwenden ist, ein Sperrbetrag zu bilden war."

z5) Nach Absatz 59 werden die folgenden Absätze 59a bis 59c eingefügt:

„(59a) § 50d in der Fassung des Gesetzes vom 22. Dezember 1999 (BGBl. I S. 2601) ist letztmals anzuwenden für Ausschüttungen, für die der Vierte Teil des Körperschaftsteuergesetzes nach § 34 Abs. 10a des Körperschaftsteuergesetzes in der Fassung des Artikels 3 des Gesetzes vom ... (BGBl. I S. ...) letztmals anzuwenden ist. § 50d in der Fassung des Gesetzes vom ... (BGBl. I S. ...) ist erstmals auf Kapitalerträge anzuwenden, für die Satz 1 nicht gilt.

A. XL. Änderung § 52 EStG

(59b) § 51 Abs. 4 Nr. 1 in der Fassung des Gesetzes vom 24. März 1999 (BGBl. I S. 402) ist letztmals anzuwenden für Ausschüttungen, für die der Vierte Teil des Körperschaftsteuergesetzes nach § 34 Abs. 10a des Körperschaftsteuergesetzes in der Fassung des Artikels 3 des Gesetzes vom ... (BGBl. I S. ...) letztmals anzuwenden ist.

(59c) § 51 Abs. 4 Nr. 1a ist ab dem Kalenderjahr 2003 in der folgenden Fassung anzuwenden:

„1a. im Einvernehmen mit den obersten Finanzbehörden der Länder auf der Basis der §§ 32a und 39b einen Programmablaufplan für die Herstellung von Lohnsteuertabellen mit Lohnstufen zur manuellen Berechnung der Lohnsteuer aufzustellen und bekannt zu machen. Der Lohnstufenabstand beträgt bei den Jahrestabellen 36. Die in den Tabellenstufen auszuweisende Lohnsteuer ist aus der Obergrenze der Tabellenstufen zu berechnen und muss an der Obergrenze mit der maschinell berechneten Lohnsteuer übereinstimmen. Die Monats-, Wochen- und Tagestabellen sind aus den Jahrestabellen abzuleiten;"'

2. Materialien

Gesetzentwurf der Bundesregierung

§ 52 wird wie folgt geändert:

a) In Absatz 1 Satz 1 wird die Angabe „2000" durch die Angabe „2001" und in Satz 2 die Angabe „1999" jeweils durch die Angabe „2000" ersetzt.

b) Nach Absatz 4 wird folgender Absatz 4a eingefügt:

„(4a) § 3 Nr. 40 ist erstmals anzuwenden für

1. Gewinnausschüttungen, auf die bei der ausschüttenden Körperschaft der nach Artikel 3 des Gesetzes vom ... (BGBl. I S. ...) aufgehobene Vierte Teil des Körperschaftsteuergesetzes nicht mehr anzuwenden ist; für die übrigen in § 3 Nr. 40 genannten Erträge im Sinne des § 20 gilt Entsprechendes;

2. Erträge, die aus der Veräußerung von in § 3 Nr. 40 genannten Anteilen erzielt werden, die nach Ablauf des ersten nach dem 31. Dezember 2000 endenden Wirt-

schaftsjahrs der Gesellschaft erfolgen, deren Anteile veräußert werden."

c) Nach Absatz 8 wird folgender Absatz 8a eingefügt:

„(8a) § 3c Abs. 2 ist erstmals auf Aufwendungen anzuwenden, die mit Erträgen im wirtschaftlichen Zusammenhang stehen, auf die § 3 Nr. 40 erstmals anzuwenden ist."

d) Nach Absatz 21 werden die folgenden Absätze 21a und 21b eingefügt:

„(21a) § 7 Abs. 2 Satz 2 ist erstmals bei Wirtschaftsgütern anzuwenden, die nach dem 31. Dezember 2000 angeschafft oder hergestellt worden sind. Bei Wirtschaftsgütern, die vor dem 1. Januar 2001 angeschafft oder hergestellt worden sind, ist § 7 Abs. 2 Satz 2 des Einkommensteuergesetzes in der Fassung des Gesetzes vom 22. Dezember 1999 (BGBl. I S. 2601) weiter anzuwenden.

„(21b) Bei Gebäuden, soweit sie zu einem Betriebsvermögen gehören und nicht Wohnzwecken dienen, ist § 7 Abs. 4 Satz 1 und 2 in der Fassung des Gesetzes vom 22. Dezember 1999 (BGBl. I S. 2601) weiter anzuwenden, wenn der Steuerpflichtige im Fall der Herstellung vor dem 1. Januar 2001 mit der Herstellung des Gebäudes begonnen hat oder im Fall der Anschaffung das Objekt auf Grund eines vor dem 1. Januar 2001 rechtswirksam abgeschlossenen obligatorischen Vertrags oder gleichstehenden Rechtsakts angeschafft hat. Als Beginn der Herstellung gilt bei Gebäuden, für die eine Baugenehmigung erforderlich ist, der Zeitpunkt, in dem der Bauantrag gestellt wird; bei baugenehmigungsfreien Gebäuden, für die Bauunterlagen einzureichen sind, der Zeitpunkt, in dem die Bauunterlagen eingereicht werden."

e) Absatz 23 wird wie folgt gefasst:

„(23) § 7g Abs. 1 und 2 in der Fassung des Gesetzes vom 22. Dezember 1999 (BGBl. I S. 2601) ist vorbehaltlich Satz 2 letzter Halbsatz letztmals auf Wirtschaftsgüter anzuwenden, die vor dem 1. Januar 2001 angeschafft oder hergestellt worden sind. Neue Rücklagen nach § 7g Abs. 3 bis 8 sind letztmals am Ende des letzten Wirtschaftsjahrs zu bilden, das vor dem 1. Januar 2001 beginnt; für bis zu diesem Zeitpunkt zulässigerweise gebildete Rücklagen ist § 7g Abs. 1 bis 8 in der Fassung des Gesetzes vom 22. Dezember 1999 (BGBl. I S. 2601) weiter anzuwenden."

A. XL. Änderung § 52 EStG

f) Absatz 25 Satz 2 wird aufgehoben.

g) Nach Absatz 34 wird folgender Absatz 34a eingefügt:

„(34a) § 17 ist erstmals auf Veräußerungen anzuwenden, die nach Ablauf des ersten nach dem 31. Dezember 2000 endenden Wirtschaftsjahrs der in § 17 Abs. 1 genannten Gesellschaften erfolgen, deren Anteile veräußert werden."

h) Dem Absatz 36 werden die folgenden Sätze vorangestellt:

„§ 20 Abs. 1 Nr. 1 bis 3 in der Fassung des Gesetzes vom 24. März 1999 (BGBl. I S. 402) ist letztmals anzuwenden für

1. Gewinnausschüttungen, die auf einem den gesellschaftsrechtlichen Vorschriften entsprechenden Gewinnverteilungsbeschluss für ein abgelaufenes Wirtschaftsjahr beruhen und die in dem ersten nach dem 31. Dezember 2000 beginnenden Wirtschaftsjahr der ausschüttenden Körperschaft vorgenommen werden;

2. andere Ausschüttungen und sonstige Leistungen, die in dem letzten vor dem 1. Januar 2001 beginnenden Wirtschaftsjahr der ausschüttenden Körperschaft vorgenommen werden.

§ 20 Abs. 1 Nr. 1 und 2 ist erstmals für Erträge anzuwenden, auf die Satz 1 nicht anzuwenden ist oder die auf Gewinnen beruhen, die in nach dem 31. Dezember 2000 beginnenden Wirtschaftsjahren der ausschüttenden Körperschaft oder Vermögensmasse oder des ausschüttenden Betriebs entstanden sind."

i) Absatz 37 wird wie folgt gefasst:

„(37) § 20 Abs. 1 Nr. 9 ist erstmals auf Einnahmen anzuwenden, die nach Ablauf des ersten nach dem 31. Dezember 2000 beginnenden Wirtschaftsjahrs der Körperschaften, Personenvereinigungen oder Vermögensmassen im Sinne von § 1 Abs. 1 Nr. 3 bis 6 des Körperschaftsteuergesetzes erzielt werden.

j) Nach Absatz 37 werden die folgenden Absätze 37a und 37b eingefügt:

(37a) § 20 Abs. 1 Nr. 10 ist erstmals auf Gewinne anzuwenden, die in nach dem 31. Dezember 2000 beginnenden Wirtschaftsjahren des Betriebs gewerblicher Art erzielt werden.

(37b) § 20 Abs. 2a Satz 1 in der Fassung des Gesetzes vom 24. März 1999 (BGBl. I S. 402) ist letztmals anzuwenden für

1. Gewinnausschüttungen, die auf einem den gesellschaftsrechtlichen Vorschriften entsprechenden Gewinnverteilungsbeschluss für ein abgelaufenes Wirtschaftsjahr beruhen und die in dem ersten nach dem 31. Dezember 2000 beginnenden Wirtschaftsjahr der ausschüttenden Körperschaft vorgenommen werden;

2. andere Ausschüttungen und sonstige Leistungen, die in dem letzten vor dem 1. Januar 2001 beginnenden Wirtschaftsjahr der ausschüttenden Körperschaft vorgenommen werden."

k) Absatz 40 wird wie folgt gefasst:

„(40) § 32 Abs. 4 Satz 2 ist anzuwenden

1. für die Veranlagungszeiträume 2003 und 2004 mit der Maßgabe, dass an die Stelle des Betrags von 14 040 Deutsche Mark der Betrag von 14 520 Deutsche Mark tritt, und

2. ab dem Veranlagungszeitraum 2005 mit der Maßgabe, dass an die Stelle des Betrags von 14 040 Deutsche Mark der Betrag von 15 000 Deutsche Mark tritt."

l) Die Absätze 41 bis 43 werden wie folgt gefasst:

„(41) § 32a Abs. 1 ist anzuwenden

1. für die Veranlagungszeiträume 2003 und 2004 in der folgenden Fassung:

„(1) Die tarifliche Einkommensteuer bemisst sich nach dem zu versteuernden Einkommen. Sie beträgt vorbehaltlich der §§ 32b, 34, 34b und 34c jeweils in Deutsche Mark für zu versteuernde Einkommen

1. bis 14 525 Deutsche Mark (Grundfreibetrag): 0;

2. von 14 526 Deutsche Mark bis 24 947 Deutsche Mark: $(382{,}36 \cdot y + 1\,700) \cdot y$;

3. von 24 948 Deutsche Mark bis 102 275 Deutsche Mark: $(142{,}45 \cdot z + 2\,497) \cdot z + 2\,187$;

4. von 102 276 Deutsche Mark an: $0{,}47 \cdot x - 18\,031$.

„y" ist ein Zehntausendstel des 14 472 Deutsche Mark übersteigenden Teils des abgerundeten zu versteuernden Einkommens. „z" ist ein Zehntausendstel des 24 894 Deutsche Mark übersteigenden Teils des abge-

A. XL. Änderung § 52 EStG

rundeten zu versteuernden Einkommens. „x" ist das abgerundete zu versteuernde Einkommen.";

2. ab dem Veranlagungszeitraum 2005 in der folgenden Fassung:

„(1) Die tarifliche Einkommensteuer bemisst sich nach dem zu versteuernden Einkommen. Sie beträgt vorbehaltlich der §§ 32b, 34, 34b und 34c jeweils in Deutsche Mark für zu versteuernde Einkommen

1. bis 15 011 Deutsche Mark (Grundfreibetrag): 0;
2. von 15 012 Deutsche Mark bis 24 947 Deutsche Mark: $(451{,}39 \cdot y + 1\,500) \cdot y$;
3. von 24 948 Deutsche Mark bis 98 765 Deutsche Mark: $(142{,}44 \cdot z + 2\,397) \cdot z + 1\,936$;
4. von 98 766 Deutsche Mark an: $0{,}45 \cdot x - 17\,029$.

„y" ist ein Zehntausendstel des 14 958 Deutsche Mark übersteigenden Teils des abgerundeten zu versteuernden Einkommens. „z" ist ein Zehntausendstel des 24 894 Deutsche Mark übersteigenden Teils des abgerundeten zu versteuernden Einkommens. „x" ist das abgerundete zu versteuernde Einkommen.""

(42) § 32a Abs. 4 ist anzuwenden

1. für die Veranlagungszeiträume 2003 und 2004 in der folgenden Fassung:

„(4) Für zu versteuernde Einkommen bis 102 275 Deutsche Mark ergibt sich die nach den Absätzen 1 bis 3 berechnete tarifliche Einkommensteuer aus der diesem Gesetz beigefügten Anlage 4 (Einkommensteuer-Grundtabelle)."

2. ab dem Veranlagungszeitraum 2005 in der folgenden Fassung:

„(4) Für zu versteuernde Einkommen bis 98 765 Deutsche Mark ergibt sich die nach den Absätzen 1 bis 3 berechnete tarifliche Einkommensteuer aus der diesem Gesetz beigefügten Anlage 5 (Einkommensteuer-Grundtabelle)."

(43) § 32a Abs. 5 ist anzuwenden

1. für die Veranlagungszeiträume 2003 und 2004 in der folgenden Fassung:

„(5) Bei Ehegatten, die nach den §§ 26 und 26b zusammen zur Einkommensteuer veranlagt werden, beträgt die tarifliche Einkommensteuer vorbehaltlich der §§ 32b, 34, 34b und 34c das Zweifache des Steuerbetrags, der sich für die Hälfte ihres gemeinsam zu versteuernden Einkommens nach den Absätzen 1 bis 3 ergibt (Splitting-Verfahren). Für zu versteuernde Einkommen bis 204 551 Deutsche Mark ergibt sich die nach Satz 1 berechnete tarifliche Einkommensteuer aus der diesem Gesetz beigefügten Anlage 4a (Einkommensteuer-Splittingtabelle)."

2. ab dem Veranlagungszeitraum 2005 in der folgenden Fassung:

„(5) Bei Ehegatten, die nach den §§ 26 und 26b zusammen zur Einkommensteuer veranlagt werden, beträgt die tarifliche Einkommensteuer vorbehaltlich der §§ 32b, 34, 34b und 34c das Zweifache des Steuerbetrags, der sich für die Hälfte ihres gemeinsam zu versteuernden Einkommens nach den Absätzen 1 bis 3 ergibt (Splitting-Verfahren). Für zu versteuernde Einkommen bis 197 531 Deutsche Mark ergibt sich die nach Satz 1 berechnete tarifliche Einkommensteuer aus der diesem Gesetz beigefügten Anlage 5a (Einkommensteuer-Splittingtabelle).'"

m) Nach Absatz 43 wird folgender Absatz 43a eingefügt:

„(43a) Auf § 32b Abs. 1 Nr. 4 und Abs. 2 Nr. 3 ist Absatz 4a entsprechend anzuwenden."

n) Absatz 44 wird wie folgt gefasst:

„(44) § 32c in der Fassung des Gesetzes vom 22. Dezember 1999 (BGBl. I S. 2601) ist letztmals für den Veranlagungszeitraum anzuwenden, in dem Einkünfte aus Gewerbebetrieb erzielt werden, die aus Wirtschaftsjahren stammen, die vor dem 1. Januar 2001 beginnen."

o) Absatz 45 wird aufgehoben.

p) Absatz 46 wird wie folgt gefasst:

„(46) § 33a Abs. 1 Satz 1 und 4 ist anzuwenden

1. für die Veranlagungszeiträume 2003 und 2004 mit der Maßgabe, dass jeweils an die Stelle des Betrags von 14 040 Deutsche Mark der Betrag von 14 520 Deutsche Mark tritt, und

A. XL. Änderung § 52 EStG

2. ab dem Veranlagungszeitraum 2005 mit der Maßgabe, dass jeweils an die Stelle des Betrags von 14 040 Deutsche Mark der Betrag von 15 000 Deutsche Mark tritt."

q) Absatz 47 Satz 1 wird wie folgt gefasst:

„§ 34 Abs. 1 Satz 1 in der Fassung des Gesetzes vom ... (BGBl. I S. ...) ist erstmals für den Veranlagungszeitraum 1999 anzuwenden. Auf § 34 Abs. 2 Nr. 1 ist Absatz 4a in der Fassung des Gesetzes vom ... (BGBl. I S. ...) entsprechend anzuwenden."

r) Nach Absatz 49 wird folgender Absatz 49a eingefügt:

„(49a) Auf § 34c Abs. 7 ist Absatz 4a entsprechend anzuwenden."

s) Nach Absatz 50 werden die folgenden Absätze 50a, 50b und 50c eingefügt:

„(50a) § 35 ist erstmals in dem Veranlagungszeitraum anzuwenden, in dem Einkünfte aus Gewerbebetrieb erzielt werden, die aus Wirtschaftsjahren stammen, die nach dem 31. Dezember 2000 beginnen.

(50b) § 36 Abs. 2 Nr. 2 ist erstmals auf Erträge anzuwenden, soweit sie auf Gewinnen beruhen, die in nach dem 31. Dezember 2000 beginnenden Wirtschaftsjahren der ausschüttenden Körperschaft oder des ausschüttenden Betriebs entstanden sind. § 36 Abs. 2 Nr. 3 und Abs. 3 Satz 1 in der Fassung des Gesetzes vom 24. März 1999 (BGBl. I S. 402) ist letztmals anzuwenden für

1. Gewinnausschüttungen, die auf einem den gesellschaftsrechtlichen Vorschriften entsprechenden Gewinnverteilungsbeschluss für ein abgelaufenes Wirtschaftsjahr beruhen und die in dem ersten nach dem 31. Dezember 2000 beginnenden Wirtschaftsjahr der ausschüttenden Körperschaft vorgenommen werden;

2. andere Ausschüttungen und sonstige Leistungen, die in dem letzten vor dem 1. Januar 2001 beginnenden Wirtschaftsjahr der ausschüttenden Körperschaft vorgenommen werden.

§ 36 Abs. 3 Satz 1 ist erstmals auf Erträge anzuwenden, soweit sie auf Gewinnen beruhen, die in nach dem 31. Dezember 2000 beginnenden Wirtschaftsjahren der ausschüttenden Körperschaft oder des ausschüttenden Betriebs entstanden sind.

(50c) Die §§ 36a bis 36e in der Fassung des Gesetzes vom 24. März 1999 (BGBl. I S. 402) sind letztmals anzuwenden für

1. Gewinnausschüttungen, die auf einem den gesellschaftsrechtlichen Vorschriften entsprechenden Gewinnverteilungsbeschluss für ein abgelaufenes Wirtschaftsjahr beruhen und die in dem ersten nach dem 31. Dezember 2000 beginnenden Wirtschaftsjahr der ausschüttenden Körperschaft vorgenommen werden;

2. andere Ausschüttungen und sonstige Leistungen, die in dem letzten vor dem 1. Januar 2001 beginnenden Wirtschaftsjahr der ausschüttenden Körperschaft vorgenommen werden."

t) Absatz 52 wird wie folgt gefasst:

„(52) § 38c Abs. 1 Satz 4 ist anzuwenden

„1. für die Veranlagungszeiträume 2003 und 2004 mit der Maßgabe, dass an Stelle der Zahlen „19,9" und „48,5" die Zahlen „17" und „47" treten und an die Stelle der Angaben „17 442 Deutsche Mark" und „53 784 Deutsche Mark" die Angaben „17 604 Deutsche Mark" und „51 138 Deutsche Mark" treten;

2. ab dem Veranlagungszeitraum 2005 mit der Maßgabe, dass an Stelle der Zahlen „19,9" und „48,5" die Zahlen „15" und „45" treten und an Stelle der Angaben „17 442 Deutsche Mark" und „53 784 Deutsche Mark" die Angaben „17 820 Deutsche Mark" und „49 356 Deutsche Mark" treten.""

u) Absatz 53 wird wie folgt gefasst:

„(53) Die §§ 43 bis 45c in der Fassung des Gesetzes vom 22. Dezember 1999 (BGBl. I S. 2601) sind letztmals anzuwenden für

1. Gewinnausschüttungen, die auf einem den gesellschaftsrechtlichen Vorschriften entsprechenden Gewinnverteilungsbeschluss für ein abgelaufenes Wirtschaftsjahr beruhen und die in dem ersten nach dem 31. Dezember 2000 beginnenden Wirtschaftsjahr der ausschüttenden Körperschaft vorgenommen werden;

2. andere Ausschüttungen und sonstige Leistungen, die in dem letzten vor dem 1. Januar 2001 beginnenden Wirt-

A. XL. Änderung § 52 EStG

schaftsjahr der ausschüttenden Körperschaft vorgenommen werden.

Die §§ 43 bis 45c in der Fassung des Gesetzes vom ... (BGBl. I S. ...) sind erstmals auf Kapitalerträge anzuwenden, auf die Satz 1 nicht anzuwenden ist oder soweit sie auf Gewinnen beruhen, die in nach dem 31. Dezember 2000 beginnenden Wirtschaftsjahren der ausschüttenden Körperschaft oder des ausschüttenden Betriebs entstanden sind. § 45d in der Fassung des Gesetzes vom ... (BGBl. I S. ...) ist erstmals im Veranlagungszeitraum 2002 anzuwenden."

v) Die Absätze 55 und 56 werden aufgehoben.

w) Absatz 57a wird wie folgt gefasst:

„(57a) § 49 Abs. 1 Nr. 5 Buchstabe a ist erstmals für Kapitalerträge anzuwenden, soweit sie auf Gewinnen beruhen, die in nach dem 31. Dezember 2000 beginnenden Wirtschaftsjahren der ausschüttenden Körperschaft oder des ausschüttenden Betriebs entstanden sind. § 49 Abs. 1 Nr. 5 Buchstabe b in der Fassung des Gesetzes vom 24. März 1999 (BGBl. I S. 402) ist letztmals anzuwenden für

1. Gewinnausschüttungen, die auf einem den gesellschaftsrechtlichen Vorschriften entsprechenden Gewinnverteilungsbeschluss für ein abgelaufenes Wirtschaftsjahr beruhen und die in dem ersten nach dem 31. Dezember 2000 beginnenden Wirtschaftsjahr der ausschüttenden Körperschaft vorgenommen werden;

2. andere Ausschüttungen und sonstige Leistungen, die in dem letzten vor dem 1. Januar 2001 beginnenden Wirtschaftsjahr der ausschüttenden Körperschaft vorgenommen werden."

x) Nach Absatz 57a wird folgender Absatz 57b eingefügt:

„(57b) § 50 Abs. 5 in der Fassung des Gesetzes vom 24. März 1999 (BGBl. I S. 402) ist letztmals anzuwenden für

1. Gewinnausschüttungen, die auf einem den gesellschaftsrechtlichen Vorschriften entsprechenden Gewinnverteilungsbeschluss für ein abgelaufenes Wirtschaftsjahr beruhen und die in dem ersten nach dem 31. Dezember 2000 beginnenden Wirtschaftsjahr der ausschüttenden Körperschaft vorgenommen werden;

2. andere Ausschüttungen und sonstige Leistungen, die in dem letzten vor dem 1. Januar 2001 beginnenden Wirt-

schaftsjahr der ausschüttenden Körperschaft vorgenommen werden."

y) Absatz 58 wird aufgehoben.

z) Absatz 59 wird wie folgt gefasst:

„(59) § 50c in der Fassung des Gesetzes vom 24. März 1999 (BGBl. I S. 402) ist vorbehaltlich der Sätze 2 und 3 letztmals im Veranlagungszeitraum 2000 oder, wenn die Anteile zu einem Betriebsvermögen gehören, im letzten vor dem 31. Dezember 2000 beginnenden Wirtschaftsjahr anzuwenden. § 50c in der Fassung des Gesetzes vom 24. März 1999 (BGBl. I S. 402) ist noch im Veranlagungszeitraum 2001 oder, wenn die Anteile zu einem Betriebsvermögen gehören, in dem ersten Wirtschaftsjahr, das dem in Satz 1 bezeichneten Wirtschaftsjahr folgt, anzuwenden, soweit die in der Vorschrift bezeichneten Gewinnminderungen auf eine Gewinnausschüttung zurückzuführen sind, die auf einem den gesellschaftsrechtlichen Vorschriften entsprechenden Gewinnverteilungsbeschluss für ein abgelaufenes Wirtschaftsjahr beruht und die in dem ersten nach dem 31. Dezember 2000 beginnenden Wirtschaftsjahr der ausschüttenden Körperschaft erfolgt. Auf Anteile, die in den in den Sätzen 1 und 2 bezeichneten oder in früheren Veranlagungszeiträumen oder, wenn die Anteile zu einem Betriebsvermögen gehören, Wirtschaftsjahren erworben worden sind, ist § 50c in der Fassung des Gesetzes vom 24. März 1999 (BGBl. I S. 402) weiter anzuwenden."

z1) Nach Absatz 59 werden die folgenden Absätze 59a und 59b eingefügt:

„(59a) § 50d ist erstmals auf Kapitalerträge anzuwenden, soweit sie auf Gewinnen beruhen, die in nach dem 31. Dezember 2000 beginnenden Wirtschaftsjahren der ausschüttenden Körperschaft oder des ausschüttenden Betriebs entstanden sind.

(59b) § 51 Abs. 4 Nr. 1 in der Fassung des Gesetzes vom 24. März 1999 (BGBl. I S. 402) ist letztmals anzuwenden, für

1. Gewinnausschüttungen, die auf einem den gesellschaftsrechtlichen Vorschriften entsprechenden Gewinnverteilungsbeschluss für ein abgelaufenes Wirtschaftsjahr beruhen und die in dem ersten nach dem 31. Dezember 2000 beginnenden Wirtschaftsjahr der ausschüttenden Körperschaft vorgenommen werden;

A. XL. Änderung § 52 EStG

2. andere Ausschüttungen und sonstige Leistungen, die in dem letzten vor dem 1. Januar 2001 beginnenden Wirtschaftsjahr der ausschüttenden Körperschaft vorgenommen werden."

Begründung zum Gesetzentwurf der Bundesregierung

Zu Buchstabe a (Absatz 1)

Fortschreibung der generellen Anwendungsbestimmung von 2000 auf 2001.

Zu Buchstabe d (Absätze 21a und 21b)

Anwendungsvorschriften zu den abgesenkten AfA-Sätzen.

Zu Buchstabe e (Absatz 23)

Anwendungsvorschrift zur Aufhebung des § 7g EStG.

Zu Buchstabe k (Absatz 40)

Folgeänderungen aus der Anhebung des Existenzminimums für die Jahre 2003 und 2004 sowie ab 2005.

Zu Buchstabe l (Absätze 41 bis 43)

Der zunächst für 2002 vorgesehene Einkommensteuertarif soll bereits für den Veranlagungszeitraum 2001 angewendet werden. Die Anwendungsvorschriften zu § 32a enthalten die neuen Tarife für die Veranlagungszeiträume 2003/2004 und ab 2005. Für die Jahre 2003 und 2004 wird der Grundfreibetrag von 14 093 DM auf 14 525 DM, ab 2005 auf 15 011 DM angehoben. Der Eingangssteuersatz wird für die Jahre 2003 und 2004 von 19,9 % auf 17 %, ab 2005 auf 15 % abgesenkt, der Höchstsatz bei der Einkommensteuer für die Jahre 2003 und 2004 von 48,5 % auf 47 %, ab 2005 auf 45 % vermindert.

Zu Buchstabe n (Absatz 44)

Regelung zur letztmaligen Anwendung des § 32c EStG.

Zu Buchstabe o (Absatz 45)

Redaktionelle Folgeänderung aus dem Wegfall des § 32c EStG.

Zu Buchstabe p (Absatz 46)

Folgeänderungen aus der Anhebung des Existenzminimums für die Jahre 2003 und 2004 sowie ab 2005.

Zu Buchstabe q (Absatz 47)

Die Regelung stellt sicher, dass die Widerruflichkeit des Antrags bereits ab 1. Januar 1999 gilt.

Zu Buchstabe s (Absatz 50a)

Zeitliche Anwendung der Neuregelung in § 35 EStG, die dem erstmaligen Anwendungszeitpunkt der Neuregelung zum sog. Optionsmodell entspricht.

Zu Buchstabe t (Absatz 52)

Es handelt sich um Folgeänderungen aus den Änderungen des Einkommensteuertarifs für die Veranlagungszeiträume 2003 und 2004 und ab dem Veranlagungszeitraum 2005 für den Bereich der Lohnsteuertabellen mit den Steuerklassen V und VI. Für die übrigen Steuerklassen bedarf es keiner besonderen Änderungsanweisung, weil § 38c EStG insoweit auf die Einkommensteuertabellen in § 32a EStG Bezug nimmt.

Zu Buchstabe z (Absatz 59)

Anwendungsbestimmung zum befristeten Weitergelten des § 50c EStG.

Für Anteile, die in Jahren erworben worden sind, in denen es noch zu Ausschüttungen nach dem Anrechnungsverfahren kommen konnte, werden innerhalb der zehnjährigen Sperrfrist auch künftige ausschüttungsbedingte Gewinnminderung nach § 50c EStG steuerlich nicht anerkannt. So wird verhindert, dass frühere Dividendeneinnahmen, für die noch die Ausschüttungsbelastung angerechnet worden ist, durch eine spätere Gewinnminderung teilweise neutralisiert werden. Ohne diese Regelung würden im Halbeinkünfteverfahren ausschüttungsbedingte Gewinnminderungen steuerlich zur Hälfte berücksichtigt.

Zu den übrigen Buchstaben

Bestimmungen zur erstmaligen Anwendung des Halbeinkünfteverfahrens, zur letztmaligen Anwendung der Vorschriften zum Anrechnungsverfahren und redaktionelle Folgeänderungen aus der Umstellung der allgemeinen Anwendungsregelung auf den Veranlagungszeitraum 2001.

Laufende Dividendeneinnahmen

Die bisherigen Bestimmungen sind letztmals für Gewinnausschüttungen anzuwenden, die für Gewinne vorgenommen werden, die spätestens zum Schluss des letzten vor dem 31. Dezember 2000 beginnenden Wirtschaftsjahrs entstanden sind.

Damit wird die Ausschüttung der Gewinne, die auf der Ebene der ausschüttenden Gesellschaft im letzten Wirtschaftsjahr unter der Herrschaft des Anrechnungsverfahrens entstanden sind, nach bisherigen Grundsätzen ermöglicht.

A. XL. Änderung § 52 EStG

Die neuen Bestimmungen sind erstmals für Gewinnausschüttungen anzuwenden, die für Gewinne vorgenommen werden, die in nach dem 31. Dezember 2000 beginnenden Wirtschaftsjahren entstanden sind.

Veräußerungsgewinne

Vor dem Hintergrund, dass die Veräußerung der Gewinnausschüttung „gleichgestellt" wird, ist die Veräußerung erst ab dem Zeitpunkt nach neuem Recht zu besteuern, zu dem auch eine Ausschüttung nach neuem Recht zu besteuern ist.

Mitteilungen nach § 45d

Das Halbeinkünfteverfahren gilt frühestens für im Jahr 2000 erzielte Dividenden. Für im Jahr 2001 zufließende Kapitalerträge haben die zum Steuerabzug verpflichteten Stellen dem Bundesamt für Finanzen die Daten nach § 45d bis zum 31. Mai 2002 zu übermitteln. Der geänderte § 45d ist deshalb erstmals im Veranlagungszeitraum 2002 anzuwenden.

Beschlussempfehlung des Finanzausschusses

§ 52 wird wie folgt geändert:

a) unverändert

b) Nach Absatz 4 wird folgender Absatz 4a eingefügt:
„(4a) § 3 Nr. 40 ist erstmals anzuwenden für

1. unverändert

2. Erträge, die aus der Veräußerung von in § 3 Nr. 40 genannten Anteilen erzielt werden, die nach dem 31. Dezember 2000 veräußert werden."

c) unverändert

c1) Absatz 16 wird wie folgt geändert:

aa) Nach Satz 5 wird folgender Satz eingefügt:
„§ 3 Nr. 40 Satz 1 Buchstabe a Satz 2 in der Fassung des Gesetzes vom ... (BGBl. I. S. ...) und § 8b Abs. 2 Satz 2 des Körperschaftsteuergesetzes in der Fassung des Gesetzes vom ... (BGBl. I. S. ...) sind in den Fällen des Satzes 3 bis 5 entsprechend anzuwenden."

bb) Im neuen Satz 8 wird die Angabe „Satz 6" durch die Angabe „Satz 7" ersetzt.

cc) Im neuen Satz 11 wird die Angabe „Satz 7 ist für die in Satz 8" durch die Angabe „Satz 8 ist für die in Satz 9" ersetzt.

d) unverändert

e) unverändert

e1) Es wird folgender Absatz 24a eingefügt:

„(24a) § 10c Abs. 2 Satz 3 ist anzuwenden:

1. im Kalenderjahr 2002 in der folgenden Fassung:

    „Die Vorsorgepauschale ist auf den nächsten durch 36 ohne Rest teilbaren vollen Eurobetrag abzurunden, wenn sie nicht bereits durch 36 ohne Rest teilbar ist."

2. ab dem Kalenderjahr 2003 in der folgenden Fassung:

    „Die Vorsorgepauschale ist auf den nächsten vollen Eurobetrag abzurunden.""

f) unverändert

f1) Dem Absatz 34 wird folgender Satz angefügt:

„§ 16 Abs. 4 in der Fassung des Gesetzes vom ... 2000 (BGBl. I. ...) ist erstmals auf Veräußerungen und Realteilungen anzuwenden, die nach dem 31. Dezember 2000 erfolgen."

g) unverändert

h) unverändert

i) unverändert

j) Nach Absatz 37 werden die folgenden Absätze 37a und 37b eingefügt:

„(37a) § 20 Abs. 1 Nr. 10 Buchstabe a ist erstmals auf Leistungen anzuwenden, die nach Ablauf des ersten nach dem 31. Dezember 2000 beginnenden Wirtschaftsjahrs des Betriebs gewerblicher Art mit eigener Rechtspersönlichkeit erzielt werden. § 20 Abs. 1 Nr. 10 Buchstabe b ist erstmals auf Gewinne anzuwenden, die in nach dem 31. Dezember 2001 beginnenden Wirtschaftsjahren des Betriebs gewerblicher Art ohne eigene Rechtspersönlichkeit oder des wirtschaftlichen Geschäftsbetriebs erzielt werden.

(37b) unverändert

A. XL. Änderung § 52 EStG

j1) Nach Absatz 37b wird folgender Absatz 38 eingefügt:

„(38) § 22 Nr. 1 Satz 2 ist erstmals auf Bezüge anzuwenden, die nach Ablauf des letzten vor dem 1. Januar 2001 beginnenden Wirtschaftsjahrs der Körperschaft, Personenvereinigung oder Vermögensmasse erzielt werden, die die Bezüge gewährt."

k) unverändert

l) Die Absätze 41 bis 43 werden wie folgt gefasst:

„(41) § 32a Abs. 1 ist anzuwenden

1. für den Veranlagungszeitraum 2002 in der folgenden Fassung:

    „(1) Die tarifliche Einkommensteuer bemisst sich nach dem zu versteuernden Einkommen. Sie beträgt vorbehaltlich der §§ 32b, 34, 34b und 34c jeweils in Euro für zu versteuernde Einkommen

    1. bis 7 235 Euro (Grundfreibetrag): 0;
    2. von 7 236 Euro bis 9 251 Euro: $(768{,}85 \cdot y + 1\,990) \cdot y$;
    3. von 9 252 Euro bis 55 007 Euro: $(278{,}65 \cdot z + 2\,300) \cdot z + 432$;
    4. von 55 008 Euro an: $0{,}485 \cdot x - 9\,872$.

    „y" ist ein Zehntausendstel des 7 200 Euro übersteigenden Teils des nach Absatz 2 ermittelten zu versteuernden Einkommens. „z" ist ein Zehntausendstel des 9 216 Euro übersteigenden Teils des nach Absatz 2 ermittelten zu versteuernden Einkommens. „x" ist das nach Absatz 2 ermittelte zu versteuernde Einkommen.";

2. für die Veranlagungszeiträume 2003 und 2004 in der folgenden Fassung:

    „(1) Die tarifliche Einkommensteuer bemisst sich nach dem zu versteuernden Einkommen. Sie beträgt vorbehaltlich der §§ 32b, 34, 34b und 34c jeweils in Euro für zu versteuernde Einkommen

    1. bis 7 426 Euro (Grundfreibetrag): 0;
    2. von 7 427 Euro bis 12 755 Euro: $(747{,}80 \cdot y + 1\,700) \cdot y$;

3. von 12 756 Euro bis 52 292 Euro:
   $(278{,}59 \cdot z + 2\,497) \cdot z + 1\,118;$

4. von 52 293 Euro an: $0{,}47 \cdot x - 9\,232.$

„y" ist ein Zehntausendstel des 7 426 Euro übersteigenden Teils des auf einen vollen Euro-Betrag abgerundeten zu versteuernden Einkommens. „z" ist ein Zehntausendstel des 12 755 Euro übersteigenden Teils des auf einen vollen Euro-Betrag abgerundeten zu versteuernden Einkommens. „x" ist das auf einen vollen Euro-Betrag abgerundete zu versteuernde Einkommen. Der sich ergebende Steuerbetrag ist auf den nächsten vollen Euro-Betrag abzurunden.";

3. ab dem Veranlagungszeitraum 2005 in der folgenden Fassung:

„(1) Die tarifliche Einkommensteuer bemisst sich nach dem zu versteuernden Einkommen. Sie beträgt vorbehaltlich der §§ 32b, 34, 34b und 34c jeweils in Euro für zu versteuernde Einkommen

1. bis 7 675 Euro (Grundfreibetrag): 0;

2. von 7 676 Euro bis 12 755 Euro:
   $(882{,}87 \cdot y + 1\,500) \cdot y;$

3. von 12 756 Euro bis 50 497 Euro:
   $(278{,}59 \cdot z + 2\,397) \cdot z + 990;$

4. von 50 498 Euro an: $0{,}45 \cdot x - 8\,719.$

„y" ist ein Zehntausendstel des 7 675 Euro übersteigenden Teils des auf einen vollen Euro-Betrag abgerundeten zu versteuernden Einkommens. „z" ist ein Zehntausendstel des 12 755 Euro übersteigenden Teils des auf einen vollen Euro-Betrag abgerundeten zu versteuernden Einkommens. „x" ist das auf einen vollen Euro-Betrag abgerundete zu versteuernde Einkommen. Der sich ergebende Steuerbetrag ist auf den nächsten vollen Euro-Betrag abzurunden."

„(42) § 32a Abs. 2 ist für den Veranlagungszeitraum 2002 letztmals und in folgender Fassung anzuwenden:

„(2) Das zu versteuernde Einkommen ist auf den nächsten durch 36 ohne Rest teilbaren vollen Euro-Betrag abzurunden, wenn es nicht bereits durch 36 ohne Rest teilbar ist, und um 18 Euro zu erhöhen."

A. XL. Änderung § 52 EStG

„(43) § 32a Abs. 3 ist für den Veranlagungszeitraum 2002 letztmals und mit der Maßgabe anzuwenden, dass die Angabe „Deutsche-Mark-Betrag" durch die Angabe „Euro-Betrag" ersetzt wird.""

m) Buchstabe m entfällt.

n) unverändert

o) unverändert

p) unverändert

q) unverändert

r) unverändert

s) Nach Absatz 50 werden die folgenden Absätze 50a, 50b und 50c eingefügt:

„(50a) unverändert

(50b) § 36 Abs. 2 Nr. 2 und 3 und Abs. 3 Satz 1 in der Fassung des Gesetzes vom 24. März 1999 (BGBl. I S. 402) ist letztmals anzuwenden für

1. Gewinnausschüttungen, die auf einem den gesellschaftsrechtlichen Vorschriften entsprechenden Gewinnverteilungsbeschluss für ein abgelaufenes Wirtschaftsjahr beruhen und die in dem ersten nach dem 31. Dezember 2000 beginnenden Wirtschaftsjahr der ausschüttenden Körperschaft vorgenommen werden;
2. andere Ausschüttungen und sonstige Leistungen, die in dem letzten vor dem 1. Januar 2001 beginnenden Wirtschaftsjahr der ausschüttenden Körperschaft vorgenommen werden.

§ 36 Abs. 2 Nr. 2 und Abs. 3 Satz 1 ist erstmals auf Erträge anzuwenden, auf die Satz 1 nicht anzuwenden ist oder soweit sie auf Gewinnen beruhen, die in nach dem 31. Dezember 2000 beginnenden Wirtschaftsjahren der ausschüttenden Körperschaft oder des ausschüttenden Betriebs entstanden sind.

(50c) unverändert

t) Absatz 52 wird wie folgt gefasst:

„(52) § 39b ist anzuwenden

1. ab dem Kalenderjahr 2002 mit der Maßgabe, dass in Absatz 2 Satz 8 an die Stelle der Angabe „17 442 Deut-

sche Mark" die Angabe „8 946 Euro", an die Stelle der Angabe „53 784 Deutsche Mark" die Angabe „27 306 Euro" und in Absatz 3 an die Stelle der Angabe „300 Deutsche Mark" die Angabe „150 Euro" treten. Absatz 2 Satz 6 Nr. 3 zweiter Halbsatz ist im Kalenderjahr 2002 in der folgenden Fassung anzuwenden:

„für die Berechnung der Vorsorgepauschale ist der hochgerechnete Jahresarbeitslohn auf den nächsten durch 36 ohne Rest teilbaren vollen Eurobetrag abzurunden, wenn er nicht bereits durch 36 ohne Rest teilbar ist, und sodann um 35 zu erhöhen,"

2. ab dem Kalenderjahr 2003 mit der Maßgabe, dass in Absatz 2 Satz 7 und 8 an die Stelle des Zitats „§ 32a Abs. 1 bis 3" jeweils das Zitat „§ 32a Abs. 1", in Absatz 2 Satz 8 an die Stelle der Zahlen „19,9" und „48,5" die Zahlen „17" und „47" und an die Stelle der Angaben „17 442 Deutsche Mark" und „53 784 Deutsche Mark" die Angaben „9 036 Euro" und „26 964 Euro" treten. Absatz 2 Satz 6 Nr. 3 ist ab dem Kalenderjahr 2003 in der folgenden Fassung anzuwenden:

„3. die Vorsorgepauschale

a) in den Steuerklassen I, II und IV nach Maßgabe des § 10c Abs. 2 oder 3,

b) in der Steuerklasse III nach Maßgabe des § 10c Abs. 2 oder 3, jeweils in Verbindung mit § 10c Abs. 4 Nr. 1,"

3. ab dem Kalenderjahr 2005 mit der Maßgabe, dass in Absatz 2 Satz 8 an die Stelle der Zahlen „19,9" und „48,5" die Zahlen „15" und „45" und an die Stelle der Angaben „17 442 Deutsche Mark" und „53 784 Deutsche Mark" die Angaben „9 144 Euro" und „25 452 Euro" treten.""

u) unverändert

v) Die Absätze 55 bis 57 werden aufgehoben.

w) Absatz 57a wird wie folgt gefasst:

„(57a) § 49 Abs. 1 Nr. 5 Buchstabe a in der Fassung des Gesetzes vom 22. Dezember 1999 (BGBl. I. S. 2601) ist letztmals anzuwenden für

A. XL. Änderung § 52 EStG

1. Gewinnausschüttungen, die auf einem den gesellschaftsrechtlichen Vorschriften entsprechenden Gewinnverteilungsbeschluss für ein abgelaufenes Wirtschaftsjahr beruhen und die in dem ersten nach dem 31. Dezember 2000 beginnenden Wirtschaftsjahr der ausschüttenden Körperschaft vorgenommen werden;
2. andere Ausschüttungen und sonstige Leistungen, die in dem letzten vor dem 1. Januar 2001 beginnenden Wirtschaftsjahr der ausschüttenden Körperschaft vorgenommen werden.

§ 49 Abs. 1 Nr. 5 Buchstabe a ist erstmals für Kapitalerträge anzuwenden, auf die Satz 1 nicht anzuwenden ist oder soweit sie auf Gewinnen beruhen, die in nach dem 31. Dezember 2000 beginnenden Wirtschaftsjahren der ausschüttenden Körperschaft oder des ausschüttenden Betriebs entstanden sind. § 49 Abs. 1 Nr. 5 Buchstabe b in der Fassung des Gesetzes vom 22. Dezember 1999 (BGBl.I 2601) ist letztmals anzuwenden für

1. Gewinnausschüttungen, die auf einem den gesellschaftsrechtlichen Vorschriften entsprechenden Gewinnverteilungsbeschluss für ein abgelaufenes Wirtschaftsjahr beruhen und die in dem ersten nach dem 31. Dezember 2000 beginnenden Wirtschaftsjahr der ausschüttenden Körperschaft vorgenommen werden;
2. andere Ausschüttungen und sonstige Leistungen, die in dem letzten vor dem 1. Januar 2001 beginnenden Wirtschaftsjahr der ausschüttenden Körperschaft vorgenommen werden."

x) Absatz 58 wird wie folgt gefasst:

„(58) § 50 Abs. 5 in der Fassung des Gesetzes vom 24. März 1999 (BGBl. I S. 402) ist letztmals anzuwenden für

1. Gewinnausschüttungen, die auf einem den gesellschaftsrechtlichen Vorschriften entsprechenden Gewinnverteilungsbeschluss für ein abgelaufenes Wirtschaftsjahr beruhen und die in dem ersten nach dem 31. Dezember 2000 beginnenden Wirtschaftsjahr der ausschüttenden Körperschaft vorgenommen werden;
2. andere Ausschüttungen und sonstige Leistungen, die in dem letzten vor dem 1. Januar 2001 beginnenden Wirtschaftsjahr der ausschüttenden Körperschaft vorgenommen werden."

y) Buchstabe y entfällt.

z) Absatz 59 wird wie folgt gefasst.

„(59) § 50c in der Fassung des Gesetzes vom 24. März 1999 (BGBl. I S. 402) ist letztmals auf vor dem 1. Januar 2001 erfolgte Erwerbe anzuwenden. Auf Anteile, die in den in Satz 1 bezeichneten Veranlagungszeiträumen erworben worden sind, ist § 50c in der Fassung des Gesetzes vom 24. März 1999 (BGBl. I S. 402) weiter anzuwenden."

z1) Nach Absatz 59 werden die folgenden Absätze 59a bis 59c eingefügt:

„(59a) § 50d in der Fassung des Gesetzes vom 22. Dezember 1999 (BGBl. I. S. 2601) ist letztmals anzuwenden für

1. Gewinnausschüttungen, die auf einem den gesellschaftsrechtlichen Vorschriften entsprechenden Gewinnverteilungsbeschluss für ein abgelaufenes Wirtschaftsjahr beruhen und die in dem ersten nach dem 31. Dezember 2000 beginnenden Wirtschaftsjahr der ausschüttenden Körperschaft vorgenommen werden;

2. andere Ausschüttungen und sonstige Leistungen, die in dem letzten vor dem 1. Januar 2001 beginnenden Wirtschaftsjahr der ausschüttenden Körperschaft vorgenommen werden.

§ 50d ist erstmals auf Kapitalerträge anzuwenden, auf die Satz 1 nicht anzuwenden ist oder soweit sie auf Gewinnen beruhen, die in nach dem 31. Dezember 2000 beginnenden Wirtschaftsjahren der ausschüttenden Körperschaft oder des ausschüttenden Betriebs entstanden sind.

(59b) unverändert

(59c) § 51 Abs. 4 Nr. 1a ist ab dem Kalenderjahr 2003 in der folgenden Fassung anzuwenden.

„1a. im Einvernehmen mit den obersten Finanzbehörden der Länder auf der Basis der §§ 32a und 39b einen Programmablaufplan für die Herstellung von Lohnsteuertabellen mit Lohnstufen zur manuellen Berechnung der Lohnsteuer aufzustellen und bekannt zumachen. Der Lohnstufenabstand beträgt bei den Jahrestabellen 36. Die in den Tabellenstufen auszuweisende Lohnsteuer ist aus der Obergrenze der Tabellenstufen zu berechnen und muss an der Obergrenze mit der maschinell berechneten

Lohnsteuer übereinstimmen. Die Monats-, Wochen- und Tagestabellen sind aus den Jahrestabellen abzuleiten;""

Begründung des Finanzausschusses

Zu Buchstabe b (Absatz 4a)
Die Änderung in Nummer 2 sieht vor, dass Erträge aus der Veräußerung von in § 3 Nr. 40 EStG genannten Anteilen (insbesondere Anteile an Kapitalgesellschaften) bereits ab dem 1. Januar 2001 zur Hälfte steuerfrei sind. Die Änderung entspricht der geänderten Anwendungsbestimmung zu § 8b Abs. 2 KStG.

Zu Buchstabe c 1 (Absatz 16)
Zu Doppelbuchstabe aa (neuer Satz 6)
Nach § 3 Nr. 40 Satz 1 Buchstabe a Satz 2 unterliegen Gewinnerhöhungen infolge des Ansatzes des höheren Teilwerts nach § 6 EStG nicht dem Halbeinkünfteverfahren, soweit sie eine Gewinnminderung „ausgleichen", die sich infolge einer Teilwertabschreibung in abgelaufenen Wirtschaftsjahren in vollem Umfang gewinnmindernd ausgewirkt hat

Nach § 52 Abs. 16 EStG in der Fassung des Steuerentlastungsgesetzes konnte für die Gewinnerhöhung infolge der erstmaligen Anwendung der neuen Vorschriften zur Bewertung von Wirtschaftsgüter des Anlage- und Umlaufvermögens in § 6 EStG im Wirtschaftsjahr 1999 eine den Gewinn mindernde Rücklage gebildet werden, die in den Folgejahren gewinnerhöhend aufzulösen ist.

Die Änderung des § 52 Abs. 16 EStG stellt klar, dass diese Gewinnerhöhungen ebenfalls nicht unter das Halbeinkünfteverfahren fallen.

Zu Doppelbuchstaben bb und cc (neue Sätze 8 und 11)
Redaktionelle Folgeänderung aus der Änderung in Doppelbuchstabe aa.

Zu Buchstabe e 1 (Absatz 24a)
Die Stufenbildung von 36 in Euro im Einkommensteuertarif 2002 erfordert im Lohnsteuerverfahren eine Abrundung der Vorsorgepauschale auf ebenfalls 36 in Euro. Ab 2003 wird im Hinblick auf den dann stufenlosen Einkommensteuertarif nur noch auf den vollen Eurobetrag abgerundet.

Zu Buchstabe f 1 (Absatz 34)
Anwendungsvorschrift zur Anhebung des Freibetrags für Veräußerungsgewinne.

Zu Buchstabe j (Absatz 37a)

Satz 1 des Absatzes 37a enthält eine der Regelung in Absatz 37 (zu § 20 Abs. 1 Nr. 9 EStG) entsprechende Anwendungsvorschrift. Die Änderungen in Satz 2 führen dazu, dass die Ausschüttungsfiktion des § 20 Abs. 1 Nr. 10 Buchstabe b EStG (entsprechend den Anwendungsregelungen zu § 20 Abs. 1 Nr. 9 und 10 Buchstabe a EStG) erst für „Ausschüttungen" gilt, die nach Ablauf des ersten nach dem 31. Dezember 2000 beginnenden Wirtschaftsjahrs des Betriebs gewerblicher Art oder des wirtschaftlichen Geschäftsbetriebs als vorgenommen gelten; die übrigen Änderungen sind redaktioneller Art.

Zu Buchstabe j1 (Absatz 38)

Nicht von der Körperschaftsteuer befreite Körperschaften, Personenvereinigungen oder Vermögensmassen, deren Wirtschaftsjahr vom Kalenderjahr abweicht, unterliegen erst ab dem ersten im Veranlagungszeitraum 2002 endenden Wirtschaftsjahr einem Körperschaftsteuersatz von 25 %. Bezüge, die von einer solchen Körperschaft, Personenvereinigung oder Vermögensmasse gewährt werden, sollen beim Empfänger erst dann steuerpflichtig sein, wenn die Leistende mit 25 % der Körperschaftsteuer unterliegt. Nach § 3 Nr. 40 Satz 1 Buchstabe i EStG sind diese Bezüge zur Hälfte steuerpflichtig.

Zu Buchstabe l (Absätze 41 bis 43)

Der zunächst für 2002 vorgesehene Einkommensteuertarif soll bereits für den Veranlagungszeitraum 2001 angewendet werden (siehe Begründung zu Artikel 1 Nummer 14). Die Anwendungsvorschrift zu § 32a enthält sowohl den für 2002 auf Euro umgestellten Tarif aus 2001, als auch die neuen – abgesenkten – Tarife für die Veranlagungszeiträume 2003/2004 und ab 2005. Für die Jahre 2003 und 2004 wird der Grundfreibetrag von 14 093 DM (2001) auf 7 426 Euro (14 524 DM), ab 2005 auf 7 675 Euro (15 011 DM) angehoben. Der Eingangssteuersatz wird für die Jahre 2003 und 2004 von 19,9 % auf 17 %, ab 2005 auf 15 % abgesenkt, der Höchstsatz bei der Einkommensteuer für die Jahre 2003 und 2004 von 48,5 % auf 47 %, ab 2005 auf 45 % vermindert.

Zu den deutlichen Tarifsenkungen treten folgende Änderungen hinzu:

Der bisherige Einkommensteuertarif, der noch Tarifstufen enthält, wird schrittweise in einen Einkommensteuertarif ohne Tarifstufen umgewandelt. Zum ersten Schritt vergleiche Begründung zu Artikel 1 Nummer 14.

In einem zweiten Schritt wird im Veranlagungszeitraum 2002 der Einkommensteuertarif auf den Euro umgestellt und gleichzeitig die bisherigen 54er Stufen in Deutsche Mark auf 36er Stufen in Euro an-

A. XL. Änderung § 52 EStG

gehoben. Das bereits für den Veranlagungszeitraum 2001 eingeführte Mittelwertverfahren (vgl. Begründung zu Artikel 1 Nummer 14) wird beibehalten. Ebenso wird auf die Einkommensteuertabellen (Grund- und Splittingtabelle) als Anlage zum Gesetz verzichtet. Sie werden als Konkretisierung der gesetzlichen Tarifvorschrift in § 32a EStG im Bundesanzeiger veröffentlicht werden ("BMF-Tabellen" als Serviceleistung).

Der dritte Schritt der Stufenlösung sieht den Verzicht auf Tarifstufen vor. Damit wird ab dem Veranlagungszeitraum 2003 auf die bisher verwendeten Tarifstufen von 54 in DM (bis 2001) bzw. 36 in Euro (in 2002) zukünftig verzichtet. Ebenso wird das sog. Horner-Schema (ehemals § 32a Abs. 3 Sätze 1 und 2 EStG) bei der Ermittlung der Steuerbeträge nicht mehr verwendet. Die Tarifformel wird damit unmittelbar auf das als voller Euro-Betrag ermittelte zu versteuernde Einkommen angewendet und der so ermittelte Steuerbetrag auf volle Euro abgerundet.

Auf Einkommensteuertabellen wird verzichtet. Die aufwendige Erstellung von Steuertabellen in Papierform ist nicht mehr zeitgemäß und macht sich den technischen Fortschritt nicht zunutze. Eine Unterstützung durch besondere Angebote für die Steuerbürger durch die Verwaltung bei der Umstellung des Tarifs und den Verzicht auf Steuertabellen ist vorgesehen, beispielsweise durch ein im Internet zur Verfügung zu stellendes Rechenprogramm. Für den Bürger wird dadurch ein deutliches Signal gesetzt, dass auch der Gesetzgeber und die Verwaltung bereit sind, sich den neuen Gegebenheiten – dem Trend zum Abbau großer Papiermengen hin zur Arbeit mit multimedialer Technik bei zunehmender Serviceorientierung – anzupassen.

Zu Buchstabe m (Absatz 43a)
Redaktionelle Folgeänderung

Zu Buchstabe s (Absatz 50b)
Redaktionelle Anpassung an die Anwendungsvorschrift in Absatz 36 (zu § 20 Abs. 1 Nr.1 EStG).

Zu Buchstabe t (Absatz 52)
Die Vorschrift stellt ab 2002 die in § 39b EStG genannten Deutsche-Mark-Beträge entsprechend den Änderungen im materiellrechtlichen Bereich auf die maßgeblichen Euro-Beträge um. Ab 2003 und 2005 werden die Zahlen den dann geltenden Tarifvorschriften angepasst. Ab 2003 wird auch die Lohnsteuerberechnung an die dann im Einkommensteuertarif erreichte stufenlose Einkommensteuerberechnung angepasst. Außerdem wird redaktionell berücksichtigt (Wegfall des 2. Halbsatzes in § 39b Abs. 2 Satz 6 Nr. 3 EStG), dass ab 2003 nach

§ 52 Abs. 24a EStG die Stufenbildung bei der Vorsorgepauschale entfällt.

Zu Buchstabe v (Absatz 57)
Aufhebung wegen Zeitablauf.

Zu Buchstabe w (Absatz 57 a)
Redaktionelle Anpassung an die Anwendungsvorschrift in Absatz 36 (zu § 20 Abs. 1 Nr.1 EStG).

Zu Buchstabe x (Absatz 58)
Der bisherige Absatz 58 ist wegen Zeitablauf aufzuheben (vgl. Gesetzentwurf unter Buchstabe y). Der im Gesetzentwurf vorgesehene (neue) Absatz 57b kann daher an die Stelle des bisherigen Absatzes 58 umgegliedert werden. Der im Gesetzentwurf vorgesehene Buchstabe y entfällt daher.

Zu Buchstabe y
Siehe Begründung zu Buchstabe x.

Zu Buchstabe z (Absatz 59)
Redaktionelle Überarbeitung der Anwendungsbestimmung zum Auslaufen des § 50c EStG wegen Vorziehens der Steuervergünstigung bei der Veräußerung von Kapitalbeteiligungen auf den 1. Januar 2001.

Zu Buchstabe z1
Absätze 59a und b
Redaktionelle Anpassung an die Anwendungsvorschrift in Absatz 36 (zu § 20 Abs. 1 Nr.1 EStG).

Absatz 59c
In der Ermächtigung zur Herausgabe eines Programmablaufplans für die Aufstellung von Lohnsteuertabellen muss ab 2003 zusätzlich festgelegt werden, nach welchen Maßstäben private Lohnsteuertabellen für den manuellen Lohnsteuerabzug (einschließlich Solidaritätszuschlag und Lohnkirchensteuer) aufzustellen sind. Diese Ergänzung ist erforderlich, weil mit Einführung des stufenlosen Formeltarifs die für Tabellen unverzichtbaren Stufen entfallen. In Satz 2 werden daher Lohnstufen mit 36 in Euro für die Jahrestabellen (wie 2002) vorgegeben, aus denen dann im Programmablaufplan die Stufen für unterjährige Tabellen abgeleitet werden können. Damit soll erreicht werden, dass die manuelle Lohnsteuerberechnung (Steuerabzug mittels Lohnsteuertabellen) nach einheitlichen Lohnsteuertabellen durchgeführt werden kann, unabhängig davon, von wem die Tabellen herausgegeben werden. Durch den Programmablaufplan wird den privaten Tabellenverlagen ermöglicht, wie bisher Lohnsteuertabellen

mit überschaubarem Umfang zu veröffentlichen. Damit wird der Tatsache Rechnung getragen, dass immer noch Lohnsteuerabzug mit Lohnsteuertabellen stattfindet und in der täglichen Praxis auch bei maschineller Lohnsteuerberechnung noch Bedarf besteht, die Abzugsbeträge aus Tabellen ablesen zu können.

Nach Satz 3 ist die Lohnsteuer aus der Obergrenze der Arbeitslohnstufe zu berechnen. Dies ist geboten, damit sich in der heutigen ganz überwiegend vorgenommenen maschinellen Lohnsteuerberechnung keine höhere Lohnsteuer ergibt als beim manuellen Lohnsteuerabzug. Die Abweichungen zur letztlich auch in der Einkommensteuerveranlagung maßgebenden Berechnung mit der Tarifformel ist geringfügig (jährlich zwischen etwa 8 bis 18 Euro) und ist in dem in der Regel nur vorläufigen Steuerabzugsverfahren vertretbar. Der Unterschiedsbetrag kann sich schon beim Lohnsteuerjahresausgleich des Arbeitgebers verringern; spätestens in der Einkommensteuerveranlagung wird die zutreffende Formeltarifsteuer erhoben. Außerdem kann der Arbeitgeber jederzeit zur Berechnung nach der Tarifformel (§ 39b EStG) übergehen.

Auch einheitliche Tabellen schließen indessen nicht aus, dass ein Arbeitgeber, der die Lohnsteuertabellen anwendet, die Lohnsteuer für einen Arbeitslohn innerhalb einer Lohnstufe aus den Lohnsteuerbeträgen der vorhergehenden und der nachfolgenden Lohnstufe interpoliert. Solange die so ermittelte Lohnsteuer nicht die nach der Tarifformel zu ermittelnde Lohnsteuer unterschreitet, kommt eine Haftung des Arbeitgebers auch dann nicht in Betracht, wenn die ermittelte Lohnsteuer unter der Lohnsteuer liegt, die sich nach den Lohnsteuertabellen auf der Grundlage des Programmablaufplans ergeben.

Die Berechnung der Lohnsteuer für Arbeitslöhne innerhalb einer Lohnstufe nach deren Obergrenze bedeutet zugleich, dass auch die Vorsorgepauschale nach der Obergrenze berechnet wird. Dies entspricht der bisherigen Verwaltungspraxis und § 39b Abs. 2 Satz 6 Nr. 3 EStG in den Fassungen für 2001 und 2002.

In Fällen von Freibeträgen auf der Lohnsteuerkarte (§ 39a EStG) kann die Anwendung von Tabellen mit einer Ungenauigkeit bei der Berechnung der Vorsorgepauschale verbunden sein, und zwar im Bereich von Arbeitslöhnen, in dem noch nicht die höchste Vorsorgepauschale erreicht ist. Ein auf der Lohnsteuerkarte eingetragener Freibetrag führt beim Ablesen der Lohnsteuer aus der Tabelle unvermeidlich dazu, dass bei der Lohnsteuer dieser (niedrigeren) Lohnstufe eine – gemessen am (höheren) Arbeitslohn – zu niedrige Vorsorgepauschale berücksichtigt wird, weil Arbeitslohn in Höhe des Freibetrags als Bemessungsgrundlage für die Vorsorgepauschale ausfällt.

Dies ist tabellentechnisch unvermeidlich und wurde bisher in allen Fällen hingenommen. Künftig gilt dies nur noch in der immer geringer werdenden Zahl der Fälle von Lohnsteuerabzug mit Lohnsteuertabellen.

Beschlussempfehlung des Vermittlungsausschusses

§ 52 wird wie folgt geändert:

a) In Buchstabe b wird § 52 Abs. 4a Nr. 2 wie folgt gefasst:

„2. Erträge im Sinne des § 3 Nr. 40 Satz 1 Buchstabe a, b, c und i nach Ablauf des ersten Wirtschaftsjahrs der Gesellschaft, an der die Anteile bestehen, für das das Körperschaftsteuergesetz in der Fassung des Artikels 3 des Gesetzes vom ... (BGBl. I S. ...) erstmals anzuwenden ist."

b) Nach Buchstabe c1 wird folgender Buchstabe c2 eingefügt:

c2) Nach Absatz 16 wird folgender Absatz 16a eingefügt:

„(16a) § 6 Abs. 5 Satz 3 und 4 in der Fassung des Artikels 1 des Gesetzes vom ... (BGBl. I S. ...) ist erstmals auf Übertragungen von Wirtschaftsgütern anzuwenden, die nach dem 31. Dezember 2000 erfolgen."

c) Buchstabe e wird wie folgt gefasst:

e) Absatz 23 wird wie folgt gefasst:

„(23) § 7g Abs. 3 Satz 2 und Abs. 4 sind vorbehaltlich des Satzes 2 erstmals für Wirtschaftsjahre anzuwenden, die nach dem 31. Dezember 2000 beginnen. Bei Rücklagen, die in vor dem 1. Januar 2001 beginnenden Wirtschaftsjahren gebildet worden sind, ist § 7g Abs. 1 bis 8 in der Fassung des Gesetzes vom 22. Dezember 1999 (BGBl. I S. 2601) weiter anzuwenden."

d) Nach Buchstabe f wird folgender Buchstabe f01 eingefügt:

f01) Nach Absatz 32 wird folgender Absatz 32a eingefügt:

„(32a) § 15 Abs. 4 Satz 3 und 4 ist erstmals auf Verluste anzuwenden, die nach Ablauf des ersten Wirtschaftsjahrs der Gesellschaft, auf deren Anteile sich die in § 15 Abs. 4 Satz 4 bezeichneten Geschäfte beziehen, entste-

A. XL. Änderung § 52 EStG

hen, für das das Körperschaftsteuergesetz in der Fassung des Artikels 3 des Gesetzes vom ... (BGBl. I S. ...) erstmals anzuwenden ist. § 15 Abs. 4 Satz 5 ist erstmals auf Verluste anzuwenden, die nach Ablauf des ersten Wirtschaftsjahrs der Gesellschaft, deren Anteile in § 15 Abs. 4 Satz 5 bezeichnet sind, entstehen, für das das Körperschaftsteuergesetz in der Fassung des Artikels 3 des Gesetzes vom ... (BGBl. I S. ...) erstmals anzuwenden ist."

e) Die Buchstaben g bis j1 werden wie folgt gefasst:

g) Nach Absatz 34 wird folgender Absatz 34a eingefügt:

„(34a) § 17 ist erstmals auf Veräußerungen anzuwenden, die nach Ablauf des ersten Wirtschaftsjahrs der Gesellschaft, deren Anteile veräußert werden, vorgenommen werden, für das das Körperschaftsteuergesetz in der Fassung des Artikels 3 des Gesetzes vom ... (BGBl. I S. ...) erstmals anzuwenden ist."

h) Dem Absatz 36 werden die folgenden Sätze vorangestellt:

„§ 20 Abs. 1 Nr. 1 bis 3 in der Fassung des Gesetzes vom 24. März 1999 (BGBl. I S. 402) ist letztmals anzuwenden für Ausschüttungen, für die der Vierte Teil des Körperschaftsteuergesetzes nach § 34 Abs. 10a des Körperschaftsteuergesetzes in der Fassung des Artikels 3 des Gesetzes vom ... (BGBl. I S. ...) letztmals anzuwenden ist. § 20 Abs. 1 Nr. 1 und 2 in der Fassung des Gesetzes vom ... (BGBl. I S. ...) ist erstmals für Erträge anzuwenden, für die Satz 1 nicht gilt."

i) Absatz 37 wird wie folgt gefasst:

„(37) § 20 Abs. 1 Nr. 9 ist erstmals auf Einnahmen anzuwenden, die nach Ablauf des ersten Wirtschaftsjahrs der Körperschaft, Personenvereinigung oder Vermögensmasse im Sinne von § 1 Abs. 1 Nr. 3 bis 5 des Körperschaftsteuergesetzes erzielt werden, für das das Körperschaftsteuergesetz in der Fassung des Artikels 3 des Gesetzes vom ... (BGBl. I S. ...) erstmals anzuwenden ist."

j) Nach Absatz 37 werden die folgenden Absätze 37a und 37b eingefügt:

„(37a) § 20 Abs. 1 Nr. 10 Buchstabe a ist erstmals auf Leistungen anzuwenden, die nach Ablauf des ersten

Wirtschaftsjahrs des Betriebs gewerblicher Art mit eigener Rechtspersönlichkeit erzielt werden, für das das Körperschaftsteuergesetz in der Fassung des Artikels 3 des Gesetzes vom ... (BGBl. I S. ...) erstmals anzuwenden ist. § 20 Abs. 1 Nr. 10 Buchstabe b ist erstmals auf Gewinne anzuwenden, die nach Ablauf des ersten Wirtschaftsjahrs des Betriebs gewerblicher Art ohne eigene Rechtspersönlichkeit oder des wirtschaftlichen Geschäftsbetriebs erzielt werden, für das das Körperschaftsteuergesetz in der Fassung des Artikels 3 des Gesetzes vom ... (BGBl. I S. ...) erstmals anzuwenden ist.

(37b) § 20 Abs. 2a Satz 1 in der Fassung des Gesetzes vom 24. März 1999 (BGBl. I S. 402) ist letztmals anzuwenden für Ausschüttungen, für die der Vierte Teil des Körperschaftsteuergesetzes nach § 34 Abs. 10a des Körperschaftsteuergesetzes in der Fassung des Artikels 3 des Gesetzes vom ... (BGBl. I S. ...) letztmals anzuwenden ist."

j1) Nach Absatz 37b wird folgender Absatz 38 eingefügt:

„(38) § 22 Nr. 1 Satz 2 ist erstmals auf Bezüge anzuwenden, die nach Ablauf des Wirtschaftsjahrs der Körperschaft, Personenvereinigung oder Vermögensmasse erzielt werden, die die Bezüge gewährt, für das das Körperschaftsteuergesetzes in der Fassung der Bekanntmachung vom 22. April 1999 (BGBl. I S. 817), zuletzt geändert durch Artikel 4 des Gesetzes vom 22. Dezember 1999 (BGBl. I S. 2601), letztmalig anzuwenden ist."

f) Buchstabe l wird wie folgt gefasst:

l) Die Absätze 41 bis 43 werden wie folgt gefasst:

„(41) § 32a Abs. 1 ist anzuwenden

1. für den Veranlagungszeitraum 2002 in der folgenden Fassung:

„(1) Die tarifliche Einkommensteuer bemisst sich nach dem zu versteuernden Einkommen. Sie beträgt vorbehaltlich der §§ 32b, 34, 34b und 34c jeweils in Euro für zu versteuernde Einkommen

1. bis 7 235 Euro (Grundfreibetrag): 0;
2. von 7 236 Euro bis 9 251 Euro:
$(768{,}85 \cdot y + 1\,990) \cdot y$;

A. XL. Änderung § 52 EStG 499

    3. von 9 252 Euro bis 55 007 Euro:
$(278{,}65 \cdot z + 2\,300) \cdot z + 432;$

    4. von 55 008 Euro an: $0{,}485 \cdot x - 9\,872.$

„y" ist ein Zehntausendstel des 7 200 Euro übersteigenden Teils des nach Absatz 2 ermittelten zu versteuernden Einkommens. „z" ist ein Zehntausendstel des 9 216 Euro übersteigenden Teils des nach Absatz 2 ermittelten zu versteuernden Einkommens. „x" ist das nach Absatz 2 ermittelte zu versteuernde Einkommen.";

2. für die Veranlagungszeiträume 2003 und 2004 in der folgenden Fassung:

„(1) Die tarifliche Einkommensteuer bemisst sich nach dem zu versteuernden Einkommen. Sie beträgt vorbehaltlich der §§ 32b, 34, 34b und 34c jeweils in Euro für zu versteuernde Einkommen

    1. bis 7 426 Euro (Grundfreibetrag): 0;

    2. von 7 427 Euro bis 12 755 Euro:
$(747{,}80 \cdot y + 1\,700) \cdot y;$

    3. von 12 756 Euro bis 52 292 Euro:
$(278{,}59 \cdot z + 2\,497) \cdot z + 1\,118;$

    4. von 52 293 Euro an: $0{,}47 \cdot x - 9\,232.$

„y" ist ein Zehntausendstel des 7 426 Euro übersteigenden Teils des auf einen vollen Euro-Betrag abgerundeten zu versteuernden Einkommens. „z" ist ein Zehntausendstel des 12 755 Euro übersteigenden Teils des auf einen vollen Euro-Betrag abgerundeten zu versteuernden Einkommens. „x" ist das auf einen vollen Euro-Betrag abgerundete zu versteuernde Einkommen. Der sich ergebende Steuerbetrag ist auf den nächsten vollen Euro-Betrag abzurunden.";

3. ab dem Veranlagungszeitraum 2005 in der folgenden Fassung:

„(1) Die tarifliche Einkommensteuer bemisst sich nach dem zu versteuernden Einkommen. Sie beträgt vorbehaltlich der §§ 32b, 34, 34b und 34c jeweils in Euro für zu versteuernde Einkommen

    1. bis 7 664 Euro (Grundfreibetrag): 0;

    2. von 7 665 Euro bis 12 739 Euro:
$(883{,}74 \cdot y + 1\,500) \cdot y;$

3. von 12 740 Euro bis 52 151 Euro:
(241,42 · z + 2 397) · z + 989;
4. von 52 152 Euro an: 0,43 · x − 8 239.

„y" ist ein Zehntausendstel des 7 664 Euro übersteigenden Teils des auf den nächsten vollen Euro-Betrag abgerundeten zu versteuernden Einkommens. „z" ist ein Zehntausendstel des 12 739 Euro übersteigenden Teils des auf den nächsten vollen Euro-Betrag abgerundeten zu versteuernden Einkommens. „x" ist das auf den nächsten vollen Euro-Betrag abgerundete zu versteuernde Einkommen. Der sich ergebende Steuerbetrag ist auf den nächsten vollen Euro-Betrag abzurunden."

(42) § 32a Abs. 2 ist für den Veranlagungszeitraum 2002 letztmals und in folgender Fassung anzuwenden:

„(2) Das zu versteuernde Einkommen ist auf den nächsten durch 36 ohne Rest teilbaren vollen Euro-Betrag abzurunden, wenn es nicht bereits durch 36 ohne Rest teilbar ist, und um 18 Euro zu erhöhen."

(43) § 32a Abs. 3 ist für den Veranlagungszeitraum 2002 letztmals und mit der Maßgabe anzuwenden, dass die Angabe „Deutsche-Mark-Betrag" durch die Angabe „Euro-Betrag" ersetzt wird."

g) Buchstabe s wird wie folgt gefasst:

s) Nach Absatz 50 werden die folgenden Absätze 50a, 50b und 50c eingefügt:

„(50a) § 35 ist erstmals in dem Veranlagungszeitraum anzuwenden, in dem Einkünfte aus Gewerbebetrieb erzielt werden, die aus Wirtschaftsjahren stammen, die nach dem 31. Dezember 2000 beginnen.

(50b) § 36 Abs. 2 Nr. 2 und 3 und Abs. 3 Satz 1 in der Fassung des Gesetzes vom 24. März 1999 (BGBl. I S. 402) ist letztmals anzuwenden für Ausschüttungen, für die der Vierte Teil des Körperschaftsteuergesetzes nach § 34 Abs. 10a des Körperschaftsteuergesetzes in der Fassung des Artikels 3 des Gesetzes vom ... (BGBl. I S. ...) letztmals anzuwenden ist. § 36 Abs. 2 Nr. 2 und Abs. 3 Satz 1 in der Fassung des Gesetzes vom ... (BGBl. I S. ...) ist erstmals für Erträge anzuwenden, für die Satz 1 nicht gilt.

A. XL. Änderung § 52 EStG

(50c) Die §§ 36a bis 36e in der Fassung des Gesetzes vom 24. März 1999 (BGBl. I S. 402) sind letztmals anzuwenden für Ausschüttungen, für die der Vierte Teil des Körperschaftsteuergesetzes nach § 34 Abs. 10a des Körperschaftsteuergesetzes in der Fassung des Artikels 3 des Gesetzes vom ... (BGBl. I S. ...) letztmals anzuwenden ist."

h) Buchstabe t wird wie folgt gefasst:

t) Absatz 52 wird wie folgt gefasst:

„(52) § 39b ist anzuwenden

1. ab dem Kalenderjahr 2002 mit der Maßgabe, dass in Absatz 2 Satz 8 an die Stelle der Angabe „17 442 Deutsche Mark" die Angabe „8 946 Euro", an die Stelle der Angabe „53 784 Deutsche Mark" die Angabe „27 306 Euro" und in Absatz 3 an die Stelle der Angabe „300 Deutsche Mark" die Angabe „150 Euro" treten. Absatz 2 Satz 6 Nr. 3 Halbsatz 2 ist im Kalenderjahr 2002 in der folgenden Fassung anzuwenden:

„für die Berechnung der Vorsorgepauschale ist der hochgerechnete Jahresarbeitslohn auf den nächsten durch 36 ohne Rest teilbaren vollen Eurobetrag abzurunden, wenn er nicht bereits durch 36 ohne Rest teilbar ist, und sodann um 35 zu erhöhen,"

2. ab dem Kalenderjahr 2003 mit der Maßgabe, dass in Absatz 2 Satz 7 und 8 an die Stelle des Zitats „§ 32a Abs. 1 bis 3" jeweils das Zitat „§ 32a Abs. 1", in Absatz 2 Satz 8 an die Stelle der Zahlen „19,9" und „48,5" die Zahlen „17" und „47" und an die Stelle der Angaben „17 442 Deutsche Mark" und „53 784 Deutsche Mark" die Angaben „9 036 Euro" und „26 964 Euro" treten. Absatz 2 Satz 6 Nr. 3 ist ab dem Kalenderjahr 2003 in der folgenden Fassung anzuwenden:

„3. die Vorsorgepauschale

a) in den Steuerklassen I, II und IV nach Maßgabe des § 10c Abs. 2 oder 3,

b) in der Steuerklasse III nach Maßgabe des § 10c Abs. 2 oder 3, jeweils in Verbindung mit § 10c Abs. 4 Nr. 1,"

3. ab dem Kalenderjahr 2005 mit der Maßgabe, dass in Absatz 2 Satz 8 an die Stelle der Zahlen „19,9" und

„48,5" die Zahlen „15" und „43" und an die Stelle der Angaben „17 442 Deutsche Mark" und „53 784 Deutsche Mark" die Angaben „9 144 Euro" und „25 452 Euro" treten."

i) Buchstabe u wird wie folgt gefasst:

u) Absatz 53 wird wie folgt gefasst:

„(53) Die §§ 43 bis 45c in der Fassung des Gesetzes vom 22. Dezember 1999 (BGBl. I S. 2601) sind letztmals anzuwenden für Ausschüttungen, für die der Vierte Teil des Körperschaftsteuergesetzes nach § 34 Abs. 10a des Körperschaftsteuergesetzes in der Fassung des Artikels 3 des Gesetzes vom ... (BGBl. I S. ...) letztmals anzuwenden ist. Die §§ 43 bis 45c in der Fassung des Gesetzes vom ... (BGBl. I S. ...) sind erstmals für Kapitalerträge anzuwenden, für die Satz 1 nicht gilt. § 45d in der Fassung des Gesetzes vom ... (BGBl. I S. ...) ist erstmals im Veranlagungszeitraum 2002 anzuwenden."

j) Die Buchstaben w und x werden wie folgt gefasst:

w) Absatz 57a wird wie folgt gefasst:

„(57a) § 49 Abs. 1 Nr. 5 Buchstabe a in der Fassung des Gesetzes vom 22. Dezember 1999 (BGBl. I S. 2601) ist letztmals anzuwenden für Ausschüttungen, für die der Vierte Teil des Körperschaftsteuergesetzes nach § 34 Abs. 10a des Körperschaftsteuergesetzes in der Fassung des Artikels 3 des Gesetzes vom ... (BGBl. I S. ...) letztmals anzuwenden ist. § 49 Abs. 1 Nr. 5 Buchstabe a in der Fassung des Gesetzes vom ... (BGBl. I S. ...) ist erstmals für Kapitalerträge anzuwenden, für die Satz 1 nicht gilt. § 49 Abs. 1 Nr. 5 Buchstabe b in der Fassung des Gesetzes vom 22. Dezember 1999 (BGBl. I S. 2601) ist letztmals anzuwenden für Ausschüttungen, für die der Vierte Teil des Körperschaftsteuergesetzes nach § 34 Abs. 10a des Körperschaftsteuergesetzes in der Fassung des Artikels 3 des Gesetzes vom ... (BGBl. I S. ...) letztmals anzuwenden ist."

x) Absatz 58 wird wie folgt gefasst:

„(58) § 50 Abs. 5 in der Fassung des Gesetzes vom 24. März 1999 (BGBl. I S. 402) ist letztmals anzuwenden für Ausschüttungen, für die der Vierte Teil des Kör-

A. XL. Änderung § 52 EStG

perschaftsteuergesetzes nach § 34 Abs. 10a des Körperschaftsteuergesetzes in der Fassung des Artikels 3 des Gesetzes vom ... (BGBl. I S. ...) letztmals anzuwenden ist."

k) Die Buchstaben z und z1 werden wie folgt gefasst:

z) Absatz 59 wird wie folgt gefasst:

„(59) § 50c in der Fassung des Gesetzes vom 24. März 1999 (BGBl. I S. 402) ist weiter anzuwenden, wenn für die Anteile vor Ablauf des ersten Wirtschaftsjahrs, für das das Körperschaftsteuergesetz in der Fassung des Artikels 3 des Gesetzes vom ... (BGBl. I S. ...) erstmals anzuwenden ist, ein Sperrbetrag zu bilden war."

z1) Nach Absatz 59 werden die folgenden Absätze 59a bis 59c eingefügt:

„(59a) § 50d in der Fassung des Gesetzes vom 22. Dezember 1999 (BGBl. I S. 2601) ist letztmals anzuwenden für Ausschüttungen, für die der Vierte Teil des Körperschaftsteuergesetzes nach § 34 Abs. 10a des Körperschaftsteuergesetzes in der Fassung des Artikels 3 des Gesetzes vom ... (BGBl. I S. ...) letztmals anzuwenden ist. § 50d in der Fassung des Gesetzes vom ... (BGBl. I S. ...) ist erstmals auf Kapitalerträge anzuwenden, für die Satz 1 nicht gilt.

(59b) § 51 Abs. 4 Nr. 1 in der Fassung des Gesetzes vom 24. März 1999 (BGBl. I S. 402) ist letztmals anzuwenden für Ausschüttungen, für die der Vierte Teil des Körperschaftsteuergesetzes nach § 34 Abs. 10a des Körperschaftsteuergesetzes in der Fassung des Artikels 3 des Gesetzes vom ... (BGBl. I S. ...) letztmals anzuwenden ist.

(59c) § 51 Abs. 4 Nr. 1a ist ab dem Kalenderjahr 2003 in der folgenden Fassung anzuwenden:

„1a. im Einvernehmen mit den obersten Finanzbehörden der Länder auf der Basis der §§ 32a und 39b einen Programmablaufplan für die Herstellung von Lohnsteuertabellen mit Lohnstufen zur manuellen Berechnung der Lohnsteuer aufzustellen und bekannt zu machen. Der Lohnstufenabstand beträgt bei den Jahrestabellen 36. Die in den Tabellenstufen auszuweisende Lohnsteuer ist aus der Obergrenze der Tabellenstufen zu berechnen und muss an der Obergrenze mit der maschinell berechneten Lohnsteuer übereinstimmen. Die Monats-, Wochen- und Tagestabellen sind aus den Jahrestabellen abzuleiten;"

Begründung des Vermittlungsausschusses

Zu Buchstabe a

Anwendungsregelung zu Gewinnen aus der Veräußerung von Anteilen an Kapitalgesellschaften.

Zu Buchstabe b

Anwendungsregelung zu § 6 Abs. 5.

Zu Buchstabe c

Anwendungsregelung zu § 7g.

Zu Buchstabe d

Anwendungsregelung zu § 15 Abs. 4.

Zu Buchstabe e

Anwendungsbestimmungen zur Halbeinkünftebesteuerung.

Zu Buchstabe f

Der Einkommensteuertarif wird ab dem Veranlagungszeitraum 2005 so gestaltet, daß ein abgesenkter Höchststeuersatz in Höhe von 43 vom Hundert erst ab einem höheren zu versteuernden Einkommen, nämlich ab 52.152 Euro (Ehegatten 104.305 Euro) anstelle von 50.498 Euro (Ehegatten 100.997 Euro) einsetzt. Der Grundfreibetrag verändert sich dadurch geringfügig von 7.675 Euro auf 7.664 Euro.

Zu Buchstabe g

Anwendungsbestimmungen zur Halbeinkünftebesteuerung.

Zu Buchstabe h

Die Anwendungsvorschrift zu § 39b Abs. 2 EStG wird an die Tarifänderungen 2005 (vgl. Artikel 1 Nr. 31 Buchstabe 1) angepaßt.

Zu Buchstabe i

Anwendungsbestimmungen zur Halbeinkünftebesteuerung.

Zu Buchstabe j

Anwendungsbestimmungen zur Halbeinkünftebesteuerung.

A. XL. Änderung § 52 EStG

Begründung zum Entwurf des StSenkErgG

Zu Absatz 41 Nr. 3

Der Höchststeuersatz wird ab dem Veranlagungszeitraum 2005 weiter abgesenkt von 43% (Stand Steuersenkungsgesetz) auf 42%, wobei der Eingangsbetrag, ab dem der Höchststeuersatz gilt, gleich hoch bleibt.

Zu Buchstabe b (Absatz 47)

§ 52 Abs. 47 EStG enthält die Anwendungsregelung für § 34 EStG. Neben den bereits vorgesehenen Anwendungsregelungen wird hier zusätzlich sichergestellt, dass § 34 EStG immer in der für den entsprechenden Veranlagungszeitraum geltenden Fassung angewendet werden soll, auch wenn mit steuerlich zulässiger Rückwirkung eine Vermögensübertragung nach dem Umwandlungssteuergesetz erfolgt oder ein Veräußerungsgewinn im Sinne des § 34 Abs. 2 Nr. 1 EStG in der vorliegenden Fassung erzielt wird.

Weiterhin wird geregelt, dass eine bereits bis zum Veranlagungszeitraum 2000 erfolgte Inanspruchnahme einer Steuerermäßigung nach § 34 EStG nicht schädlich ist, wenn ab 2001 die Steuerermäßigung nach § 34 Abs. 3 EStG nur noch einmal im Leben des Steuerpflichtigen gewährt wird. Ebenso ist die Inanspruchnahme von Steuerermäßigungen nach § 34 Abs. 1 EStG in der vorliegenden Fassung unschädlich. Schädlich für die Inanspruchnahme der Ermäßigung sind letztlich nur bereits gewährte Ermäßigungen aufgrund des neugefassten § 34 Abs. 3 EStG.

Zu Buchstabe c (Absatz 52 Nr. 3)

Die für die Jahreslohnsteuerberechnung der Lohnsteuerklassen V und VI maßgeblichen Beträge werden wegen der Änderungen des Einkommensteuertarifs redaktionell angepasst.

3. Erläuterungen

Verfasser: Stephan Schauhoff

a) Zweck und Inhalt

§ 52 EStG enthält die Vorschrift über den zeitlichen Anwendungsbereich. Eine besondere Bedeutung hat die Vorschrift schon deswegen, weil die Tarifänderungen bis zum Jahr 2005 in § 52 Abs. 41 bis 43 EStG festgeschrieben worden sind. Für das Jahr 2005 soll § 52 Abs. 41 Nr. 3 EStG nach dem vorliegenden Regierungsentwurf des StSenkErgG, der auf dem Ausgang des Vermittlungsverfahrens beruht, noch in der Weise geändert werden, dass der Einkommensteuerspitzensatz auf 42 vom Hundert gesenkt werden soll.

Soweit die geänderten einkommensteuerlichen Vorschriften bereits ausführlicher erläutert wurden, ist im Rahmen der jeweiligen Einzelerläuterung auch die erstmalige Anwendung der Vorschrift abgehandelt worden. Die folgenden Einzelerläuterungen erfassen daher nur Vorschriften, die selbst nicht bereits erläutert worden sind.

b) Einzelerläuterungen

aa) § 52 Abs. 1 EStG

§ 52 Abs. 1 EStG enthält die Grundregel, wonach das geänderte Einkommensteuergesetz, soweit in den folgenden Absätzen nichts anderes bestimmt ist, erstmals für den Veranlagungszeitraum 2001 anzuwenden ist. Beim Steuerabzug vom Arbeitslohn gilt, dass die geänderte Einkommensteuerfassung erst auf den laufenden Arbeitslohn anzuwenden ist, der für einen nach dem 31. Dezember 1999 endenden Lohnzahlungszeitraum gezahlt wird, und auf sonstige Bezüge, die nach dem 31. Dezember 2000 zufließen.

Es ist zu beachten, dass in § 52 Abs. 2 ff. EStG häufiger nur für einen bestimmten Unterfall des Einkommensteuertatbestandes, dessen zeitliche Anwendung in § 52 EStG geregelt ist, festgelegt wurde, dass ein abweichendes Inkrafttreten gegenüber der Grundregel des § 52 Abs. 1 EStG gelten soll. So ist beispielsweise für alle Einkünfte, die dem Halbeinkünfteverfahren unterliegen, die neue Besteuerungsform an das Außerkrafttreten des Körperschaftsteueranrechnungsverfahrens geknüpft worden. Sofern beispielsweise für Einkünfte gemäß § 20 EStG der zeitliche Anwendungsbereich in Abhängigkeit von den Regelungen über eine Dividendenausschüttung gestaltet ist, betrifft dies nicht die ebenfalls in § 20 EStG geregelten Zinseinkünfte. Der zeitliche Anwendungsbereich für derartige Einkünfte richtet sich dann nach der Grundregel des § 52 Abs. 1 EStG. Weitere Beispiele ließen sich insofern anführen.

bb) Zu § 2 EStG

In § 2 EStG hat der Gesetzgeber festgelegt, dass außersteuerliche Rechtsnormen, soweit sie an steuerliche Begriffe anknüpfen, die nach dem Halbeinkünfteverfahren gegebene Steuerfreiheit von Einnahmen oder mangelnde Abzugsfähigkeit von Ausgaben außer Betracht zu lassen haben. Diese Grundregel soll bereits ab 2001 gelten, wird aber in diesem Jahr weitgehend leerlaufen, weil das Halbeinkünfteverfahren im Regelfall erst ab 2002 zur Anwendung kommen wird.

A. XL. Änderung § 52 EStG

cc) Zu § 7g EStG

In § 7g EStG sind die Sonderabschreibungen und Ansparabschreibungen zur Förderung kleiner und mittlerer Betriebe geregelt. Während bislang die Rücklage 50 vom Hundert der Anschaffungs- oder Herstellungskosten des begünstigten Wirtschaftsguts nicht überschreiten durften, ist dieser Satz nunmehr auf 40 vom Hundert abgesenkt worden. § 7g EStG ist in der Neufassung erstmals für Wirtschaftsjahre anzuwenden, die nach dem 31. Dezember 2000 beginnen. Bei Rücklagen, die in vor dem ersten Januar 2001 beginnenden Wirtschaftsjahren gebildet worden sind, ist § 7g EStG in der alten Gesetzesfassung anzuwenden.

dd) Zu § 10d EStG

Der zulässige Verlustrücktrag ist mit Wirkung ab dem Veranlagungszeitraum 2001 von bislang DM 2 Mio. auf DM 1 Mio. begrenzt worden. Da diese Begrenzung des Verlustrücktrages auf DM 1 Mio. mit Wirkung ab dem Veranlagungszeitraum 2001 bereits durch das Steuerentlastungsgesetz 1999 eingeführt worden war, konnte nunmehr § 52 Abs. 25 Satz 2 EStG aufgehoben werden, da sich dieser zeitliche Anwendungsbereich aus der Grundregel des § 52 Abs. 1 EStG ergibt.

ee) Zu § 16 Absatz 4 EStG

Der Altersfreibetrag bei der Betriebsaufgabe oder Veräußerung wird für Veräußerungen und Realteilungen, die nach dem 31.12.2000 erfolgen, von DM 60.000 auf DM 100.000 erhöht.

ff) Zu § 18 Absatz 3 EStG

Durch das Steuerentlastungsgesetz 1999 war die Teilbetriebsfiktion bei einer 100 %igen Beteiligung an einer Kapitalgesellschaft durch einen Freiberufler aufgrund des Verweises des § 18 Abs. 3 Satz 2 EStG auf § 16 Abs. 3 Satz 1 und 2 EStG gestrichen worden. Diese Verweisung ist nunmehr wieder eingeführt worden. Die Neuregelung gilt ab dem Veranlagungszeitraum 2001, so dass allein für den Veranlagungszeitraum 2000 eine Ausnahme gesetzlich festgeschrieben wurde.

gg) Zu § 32 EStG

In § 32 EStG sind der Kinder- und Haushaltsfreibetrag geregelt. In § 32 Abs. 4 Satz 2 EStG ist festgelegt, bis zu welcher Höhe Eigenverdienste von Kindern, die das 18. Lebensjahr vollendet haben, bei dem

Kindergeld und Kinderfreibetrag nicht berücksichtigt werden. Es ergibt sich die folgende Entwicklung für die Freibeträge:

2001 und 2002: DM 14.040,00
2003 und 2004: DM 14.520,00
2005: DM 15.000,00.

hh) Zu § 32a EStG

In § 52 Abs. 41 EStG ist die Entwicklung der Tarifvorschriften bis 2005 niedergelegt. Darin ist zum einen die Entwicklung des Grundfreibetrages, zum anderen aber auch die Entwicklung des Eingangssteuersatzes und des Spitzensteuersatzes geregelt. In bezug auf den Spitzensteuersatz ist zu beachten, dass in dem verabschiedeten Gesetz der Spitzensteuersatz ab 2005 noch 43 vom Hundert beträgt, aber nach dem dem Bundestag vorliegenden Gesetzentwurf der (StSenk-GErgG-E) entsprechend der Absprache im Bundesrat auf 42 vom Hundert gesenkt werden soll.

Die Entwicklung von Grundfreibetrag, Eingangssteuersatz und Spitzensteuersatz ergibt sich im einzelnen aus der folgenden Tabelle:

	2001	2002	2003	2004	2005	
Grundfreibetrag	14.093 DM	7.235 €	7.426 €	7.426 €	7.664 €	
Eingangssteuersatz	19,9 v.H.	19,9 v.H.	17 v.H.	17 v.H.	15 v.H.	
Spitzensteuersatz	48,5 v.H.	48,5 v.H.	47 v.H.	47 v.H.	43 v.H.	(42 v.H.)

ii) Zu § 33a EStG

In § 33a EStG ist die Steuerermäßigung für die außergewöhnliche Belastung in besonderen Fällen, insbesondere für den Unterhalt von Kindern oder anderen gesetzlich Unterhaltsberechtigten, geregelt. Die Höhe der Aufwendungen, die bei Erfüllung des Tatbestandes einkommensteuermindernd abgezogen werden können, wird sich in den folgenden Jahren langsam erhöhen. Im einzelnen sollen für 2001 und 2002 Aufwendungen bis zu DM 14.040 abgezogen werden können, für 2003 und 2004 DM 14.520 und ab 2005 DM 15.000.

jj) Zu § 34c EStG

In § 34c EStG wird die Verweisung auf § 32c, wonach die auf ausländische Einkünfte entfallende deutsche Einkommensteuer unter Berücksichtigung der Tarifbeschränkung für gewerbliche Einkünfte zu ermitteln ist, gestrichen. Bemerkenswert ist, dass die ausländische Steuer auch dann bei Dividendenausschüttungen voll auf die deutsche Einkommensteuer nach § 34c EStG angerechnet werden kann, wenn die Dividenden nur zur Hälfte der Einkommensteuer unterliegen (dazu und zum Verhältnis zu §§ 7 ff. AStG Dötsch/Pung, DB-Beilage Nr. 10 zu Heft 34/2000, S. 6). Die Streichung soll gelten, sobald Gewinnausschüttungen dem Halbeinkünfteverfahren unterliegen. § 32c EStG soll letztmals für den Veranlagungszeitraum angewendet werden, in dem Einkünfte aus Gewerbebetrieb erzielt werden, die aus Wirtschaftsjahren stammen, die vor dem 1. Januar 2001 beginnen. Wieso nicht unmittelbar an das Außerkrafttreten des § 32c EStG angeknüpft wurde, bleibt offen.

XLI. Änderung Anlagen zu § 32a EStG

1. Text der Vorschrift

Die bisherigen Anlagen 2 (zu § 32a Abs. 4) und 3 (zu § 32a Abs. 5) werden aufgehoben.

2. Materialien

Gesetzentwurf der Bundesregierung

Die bisherigen Anlagen 2 (zu § 32 Abs. 4) und 3 (zu § 32 Abs. 5) werden aufgehoben.

Begründung zum Gesetzentwurf der Bundesregierung

Redaktionelle Folgeänderung zur Änderung des § 32a Abs. 1, 4 und 5 EStG)

Beschlussempfehlung/Begründung des Finanzausschusses

– keine Änderung/Bemerkung –

Beschlussempfehlung/Begründung des Vermittlungsausschusses

– keine Änderung/Bemerkung –

XLII. Änderung Anlagen zu § 52 EStG

1. Text der Vorschrift

Die bisherigen Anlagen 4 (zu § 52 Abs. 42) und 4a (zu § 52 Abs. 43) werden aufgehoben.

2. Materialien

Gesetzentwurf der Bundesregierung

Die bisherige Anlage 4 (zu § 52 Abs. 42) wird Anlage 2 (zu § 32a Abs. 4) und die Überschrift wird wie folgt gefasst:

„Einkommensteuer-Grundtabelle 2001/2002".

Die bisherige Anlage 4a (zu § 52 Abs. 43) wird Anlage 3 (zu § 32a Abs. 5) und die Überschrift wird wie folgt gefasst:

„Einkommensteuer-Splittingtabelle 2001/2002".

Begründung zum Gesetzentwurf der Bundesregierung

Redaktionelle Folgeänderung zur Änderung des § 32a Abs. 1, 4 und 5 EStG) und zur Änderung des § 52 Abs. 41 bis 43 EStG. Die Anlagen enthalten die Einkommensteuer-Grund- und Splittingtabellen für die Tarife der Jahre 2001/2002, 2003/2004 und ab 2005.

Beschlussempfehlung des Finanzausschusses

Die bisherigen Anlagen 4 (zu § 52 Abs. 42) und 4a (zu § 52 Abs. 43) werden aufgehoben.

Die übrigen Änderungen entfallen.

Begründung des Finanzausschusses

Redaktionelle Folgeänderung zu Nummern 14 (§ 32a EStG) und Nummer 31 Buchstabe l (§ 52 Abs. 41 bis 43 EStG). Auf die Einkommensteuertabellen als Anlage zum Gesetz wird verzichtet.

Beschlussempfehlung/Begründung des Vermittlungsausschusses

– keine Änderung/Bemerkung –

XLIII. Änderung Anlagen zu §§ 44d und 43b EStG

1. Text der Vorschrift

Die bisherige Anlage 7 (zu § 44d) wird Anlage 2 (zu § 43b).

2. Materialien

Gesetzentwurf der Bundesregierung

Die bisherige Anlage 7 (zu § 44d) wird Anlage 6 (zu § 43b).

Begründung zum Gesetzentwurf der Bundesregierung

Redaktionelle Folgeänderung aus den Änderungen der Nummern 32 bis 37.

Beschlussempfehlung des Finanzausschusses

Die bisherige Anlage 7 (zu § 44d) wird Anlage 2 (zu § 43b).

Begründung des Finanzausschusses

Redaktionelle (technische) Änderung. Die bisherige Anlage 7 kann wegen des Verzichts auf die Einkommensteuertabellen zu Anlage 2 aufrücken.

Beschlussempfehlung/Begründung des Vermittlungsausschusses

– keine Änderung/Bemerkung –

B. Änderung der Einkommensteuer-Durchführungsverordnung (Artikel 2)

I. Änderung § 56 EStDV

1. Text der Vorschrift

§ 56 Satz 1 wird wie folgt geändert:

a) In Nummer 1 Buchstabe a wird die Angabe „27 215 Deutsche Mark" durch die Angabe „28 403 Deutsche Mark" ersetzt.

b) In Nummer 2 Buchstabe a wird die Angabe „13 607 Deutsche Mark" durch die Angabe „14 201 Deutsche Mark" ersetzt.

2. Materialien

Gesetzentwurf der Bundesregierung

§ 56 Satz 1 wird wie folgt geändert:

a) In Nummer 1 Buchstabe a wird die Angabe „27 215 Deutsche Mark" durch die Angabe „28 403 Deutsche Mark" ersetzt.

b) In Nummer 2 Buchstabe a wird die Angabe „13 607 Deutsche Mark" durch die Angabe „14 201 Deutsche Mark" ersetzt.

Begründung zum Gesetzentwurf der Bundesregierung

Die Beträge wurden an die Änderungen bei den Grundfreibeträgen angepasst.

Beschlussempfehlung/Begründung des Finanzausschusses

– keine Änderung/Bemerkung –

Beschlussempfehlung/Begründung des Vermittlungsausschusses

– keine Änderung/Bemerkung –

II. Änderung § 84 EStDV

1. Text der Vorschrift

§ 84 Abs. 3b wird wie folgt gefasst:

„(3b) § 56 in der Fassung des Gesetzes vom ... (BGBl. I S. ...) ist erstmals ab dem Veranlagungszeitraum 2001 anzuwenden."

2. Materialien

Gesetzentwurf der Bundesregierung

§ 84 Abs. 3a wird wie folgt gefasst:

„§ 56 ist mit der Maßgabe anzuwenden, dass der Gesamtbetrag der Einkünfte

1. für die Veranlagungszeiträume 2003 und 2004

    a) in Satz 1 Nr. 1 Buchstabe a mehr als 29 267 Deutsche Mark,

    b) in Satz 1 Nr. 2 Buchstabe a mehr als 14 633 Deutsche Mark beträgt;

2. für die Veranlagungszeiträume ab 2005

    a) in Satz 1 Nr. 1 Buchstabe a mehr als 30 239 Deutsche Mark,

    b) in Satz 1 Nr. 2 Buchstabe a mehr als 15 119 Deutsche Mark beträgt."

Begründung zum Gesetzentwurf der Bundesregierung

Die Beträge wurden an die Änderungen bei den Grundfreibeträgen angepasst.

Beschlussempfehlung des Finanzausschusses

§ 84 Abs. 3b wird wie folgt gefasst:

„(3b) § 56 in der Fassung des Gesetzes vom ... 2000 (BGBl. I S. ...) ist erstmals ab dem Veranlagungszeitraum 2001 anzuwenden."

Begründung des Finanzausschusses

§ 56 EStDV wird durch Artikel 2 Nr. 1 dieses Entwurfs eines StSenkG an die Rechtslage für 2001 angepasst. In der Stammvorschrift (§ 56 EStDV)sind daher die Werte für den Veranlagungszeitraum 2001 enthalten, jedoch gibt § 84 Abs. 1 nicht die dazu passende Anwendungsanweisung (dort wie bisher: Anwendung erstmals ab dem VZ 1996). Damit die Anwendung der Änderung ab 2001 sichergestellt, wird § 84 Abs. 3b EStDV redaktionell angepasst. Die Anpassung der Beträge des § 56 EStDV, die sich aus dem für den jeweiligen Veranlagungszeitraum geltenden Grundfreibetrag und dem Sonderausgaben-Pauschbetrag zusammensetzen, für die Veranlagungszeiträume 2002, 2003/2004 und 2005 wird durch dsas StEuroglG erfolgen, wenn feststeht, wie hoch der Sonderausgaben-Pauschbetrag sein wird.

Beschlussempfehlung/Begründung des Vermittlungsausschusses

– keine Änderung/Bemerkung –

C. Änderung des Körperschaftsteuergesetzes (Artikel 3)

I. Allgemeine Begründung zum Gesetzentwurf der Bundesregierung

Das seit 1977 in Deutschland gültige Vollanrechnungsverfahren soll durch das sogenannte Halbeinkünfteverfahren ersetzt werden. Der Gesetzentwurf enthält daher die für den Systemwechsel erforderlichen Regelungen. Darüber hinaus wird das Gesetz um Vorschriften bereinigt, die mit dem Anrechnungsverfahren in Zusammenhang stehen.

Im Halbeinkünfteverfahren werden die Körperschaftsgewinne unabhängig davon, ob sie ausgeschüttet oder einbehalten werden, mit einem einheitlichen Körperschaftsteuersatz definitiv besteuert. Der Körperschaftsteuersatz von 25 % beträgt etwa die Hälfte des Einkommensteuerspitzensatzes. Eine Doppelbelastung ausgeschütteter Gewinne mit Körperschaftsteuer der ausschüttenden Körperschaft und Einkommensteuer des Anteilseigners wird vermieden, indem die Dividendeneinkünfte beim Anteilseigner nur zur Hälfte in die Bemessungsgrundlage seiner Einkommensteuer einbezogen werden. Die Körperschaftsteuer in Höhe von 25 % und die Einkommensteuer auf die Hälfte der Dividendeneinkünfte ergeben insgesamt eine Steuerbelastung, die der steuerlichen Belastung anderer Einkünfte entspricht.

Für Gewinnausschüttungen einer Körperschaft an eine andere Körperschaft gilt grundsätzlich eine allgemeine Dividendenfreistellung. So wird vermieden, dass Gewinne, die bei einer Körperschaft bereits einer definitiven Körperschaftsteuer von 25 % unterlegen haben, bei Weiterausschüttung an eine andere Körperschaft noch einmal mit Körperschaftsteuer belastet werden. In Beteiligungsketten bleibt es danach bei einer Körperschaftsteuerbelastung von 25 % solange, bis der Gewinn die Ebene der Körperschaften verlässt und an eine natürliche Person ausgeschüttet wird. Dann tritt neben die Körperschaftsteuerbelastung wieder die Halbeinkünftebesteuerung beim Anteilseigner.

Ausländische und inländische Dividenden werden grundsätzlich gleichbehandelt. Damit wird den internationalen und EG-rechtlichen Anforderungen an ein modernes Körperschaftsteuersystem Rechnung getragen. Das Halbeinkünfteverfahren setzt systematisch eine Vorbelastung der Dividenden in Höhe einer Körperschaftsteuer von 25 % voraus. Nur dann ergibt sich unter Einbeziehung der Halbeinkünftebesteuerung beim Anteilseigner eine Steuerbelastung, die der steuerlichen Belastung anderer Einkünfte entspricht. Ist die steuerliche Vorbelastung einer aus dem Ausland stammenden Dividende niedriger als in Deutschland, ergibt sich im Halbeinkünfteverfahren eine steuerliche Gesamtbelastung, die unterhalb der Gesamtbelastung inländischer Dividenden liegt. Ein solches Belastungsgefälle könnte einen Anreiz zu Steuergestaltungen bieten und letztlich zu Nachteilen für den Investitionsstandort Deutschland führen. Daher ist bei niedrig vorbelasteten passiven ausländischen Gewinnen eine Hinzurechnungsbesteuerung nach dem Außensteuergesetz vorgesehen.

Aufwendungen, die mit den steuerfreien Dividenden in unmittelbarem wirtschaftlichen Zusammenhang stehen, sind steuerlich nicht als Betriebsausgaben abzugsfähig. Für die Zuordnung der Aufwendungen zu Dividenden aus Anteilen an einer ausländischen Gesellschaft ist eine pauschale Regelung vorgesehen.

Der Gewinn aus der Veräußerung einer Beteiligung an einer anderen Körperschaft wird ebenfalls steuerfrei gestellt. Das gilt sowohl für Beteiligungen an inländischen als auch für Beteiligungen an ausländischen Körperschaften. Damit wird die im Rahmen des Standortsicherungsgesetzes 1994 eingeführte Regelung des § 8b Abs. 2 KStG in ihrem Anwendungsbereich auch auf inländische Beteiligungen erweitert. Die Freistellung berücksichtigt, dass der Veräußerungsgewinn regelmäßig auch auf offenen Reserven und stillen Reserven der Beteiligungsgesellschaft beruht. Offene Reserven sind bei der Beteiligungsgesellschaft bereits versteuert; stille Reserven sind bei ihr steuerlich verhaftet und müssen bei ihrer Aufdeckung versteuert werden. Bei einer Steuerpflicht des Veräußerungsgewinns käme es insoweit zu einer doppelten steuerlichen Erfassung. Aus der Steuerbefreiung der Veräußerungsgewinne folgt, dass auch Wertaufholungen, Veräußerungsverluste und Teilwertabschreibungen künftig steuerlich nicht mehr berücksichtigt werden können. Soweit allerdings in der Vergangenheit steuerwirksame Teilwertabschreibungen vorgenommen wurden, sind Wertaufholungen und Veräußerungsgewinne steuerpflichtig.

Die steuerliche Behandlung der nicht in das Nennkapital geleisteten Einlagen und ihrer Rückgewähr wird im Grundsatz beibehalten. Da künftig die Gliederungsrechnung und der Ausweis von EK 04 entfällt, ist es erforderlich, die Gesellschaftereinlagen auf einem besonderen Konto zu erfassen. Für die Einlagerückgewähr gilt eine Verwendungsreihenfolge, nach der auf das steuerliche Einlagekonto erst zugegriffen werden kann, wenn andere Rücklagen der Gesellschaft nicht mehr zur Verfügung stehen.

C. I. Allgemeine Regierungsbegründung zur Änderung KStG 517

Für die auf den belasteten Eigenkapitalteilen lastende Körperschaftsteuer ist eine Übergangsregelung vorgesehen, die sicherstellt, dass die bei Fortgeltung des Anrechnungsverfahrens bei einer Ausschüttung künftig entstandenen Körperschaftsteuerminderungen im Ergebnis erhalten bleiben. Auf den Zeitpunkt der Systemumstellung werden die mit einer Körperschaftsteuer belasteten Teile des verwendbaren Eigenkapitals auf die Ausschüttungsbelastung von 30 % herabgeschleust. Das hierdurch entstehende Körperschaftsteuerguthaben mindert mit jeder Ausschüttung die Körperschaftsteuer der ausschüttenden Gesellschaft. Die Körperschaftsteuerminderung ist ab dem Zeitpunkt der Systemumstellung bis zum Verbrauch des Guthabens automatisch mit jeder ordentlichen Gewinnausschüttung verbunden. Insbesondere wird keine vorrangige Verwendung von solchen Rücklagen der Gesellschaft vorgeschrieben, die nicht aus dem belasteten Altkapital stammen und daher nicht mit einem Steuerguthaben verbunden sind. Eine Körperschaftsteuererhöhung auf 30 % ist lediglich dann vorgesehen, wenn für Ausschüttungen auf das bisherige EK 02 zugegriffen wird. Das EK 02 gilt allerdings erst dann als für Ausschüttungen verwendet, wenn die Gesellschaft abgesehen vom Bestand des EK 02 und des Bestands des steuerlichen Einlagekontos über keine anderweitigen ausschüttungsfähigen Rücklagen mehr verfügt. Für die Körperschaftsteuerminderung und -erhöhung gilt ein Übergangszeitraum von 15 Jahren. Nach Ablauf dieses Zeitraums können nicht verbrauchte Steuerguthaben nicht mehr in Anspruch genommen werden. Eine Nachbelastung der Altbestände des EK 02 findet nicht mehr statt. Die Gewinnausschüttungen unterliegen auch bereits im Übergangszeitraum beim Anteilseigner der Halbeinkünftebesteuerung.

Das Halbeinkünfteverfahren wird bei Kapitalgesellschaften ab dem Veranlagungszeitraum 2001 angewendet, wenn das Wirtschaftsjahr mit dem Kalenderjahr übereinstimmt. Bei abweichenden Wirtschaftsjahren findet die Systemumstellung ab dem Veranlagungszeitraum 2002 statt. Ordentliche Gewinnausschüttungen die in dem ersten Wirtschaftsjahr nach der Systemumstellung für Wirtschaftsjahre vor der Systemumstellung erfolgen, werden noch nach den Grundsätzen des Anrechnungsverfahrens abgewickelt.

Die steuerliche Organschaft wird erleichtert, indem die Merkmale der wirtschaftlichen und organisatorischen Eingliederung gestrichen werden. Damit werden einmal Auswirkungen des Systemwechsels auf die steuerliche Verlustverrechnung zwischen verbundenen Unternehmen abgemildert. Darüber hinaus ist die Streichung der Eingliederungsvoraussetzungen ein Beitrag zur Vereinfachung des Steuerrechts. Die künftig entfallenden Eingliederungsvoraussetzungen wurden auch bisher bereits durch zum Teil aufwendige Gestaltungen erreicht. Daneben wird künftig das sogenannte Additionsverbot beseitigt, so dass für die finanzielle Eingliederung unmittelbare und mittelbare sowie auch mehrere mittelbare Beteiligungen zusammengerechnet werden können.

Nach dem Systemwechsel steht ein einfaches und transparentes Körperschaftsteuerrecht zur Verfügung, das auch auf Personenunternehmen angewendet werden kann. Im Rahmen der Option wird daher dem Unternehmer das Wahlrecht eingeräumt, seinen Betrieb nach dem bisherigen Recht für Personenunternehmen oder den neuen, vereinfachten Regelungen für Kapitalgesellschaften besteuern lassen will. Der Betrieb gilt nach der Option als in eine Kapitalgesellschaft umgewandelt und wird in jeder Beziehung wie eine solche behandelt. Der Unternehmer hat nach der Option fiktive Anteile an dem Betrieb, die wie Anteile an einer Kapitalgesellschaft behandelt werden. Leistungsbeziehungen (Gehalts- bzw. Aufwendungen für die Altersvorsorge) zwischen dem Personenunternehmen und dem Unternehmer werden steuerlich anerkannt. Entnahmen aus dem Personenunternehmen gelten als Gewinnausschüttungen und unterliegen der Halbeinkünftebesteuerung. Nicht ausgeschüttete Gewinne unterliegen dem niedrigen Körperschaftsteuersatz. Im Rahmen der Option werden die Unternehmen regelmäßig steuerlich entlastet.

Als Beitrag zur Finanzierung der Unternehmenssteuerreform werden die safe haven im Rahmen der Gesellschafter-Fremdfinanzierung auf ein international übliches Maß zurückgeführt. Die bisherigen safe haven von 1 : 0,5 bei ertragsabhängigen und von 1 : 3 bei ertragsunabhängigen und insbesondere die Holdingregelung mit einem safe haven von 1 : 9 sind nicht geeignet, Steuergestaltungen unter Nutzung der Gesellschafter-Fremdfinanzierung wirksam einzuschränken. Daher wird der safe haven für ertragsabhängige Vergütungen gestrichen und die safe haven für ertragsunabhängige Vergütungen auf 1: 1,5 und 1 : 3 bei Holdinggesellschaften eingeschränkt. Dabei ist auch zu berücksichtigen, dass gerade Holdinggesellschaften von der Steuerbefreiung der Gewinne aus der Veräußerung von Beteiligungen außerordentlich stark profitieren und in ihrer internationalen Wettbewerbsfähigkeit gestärkt werden.

II. Änderung § 5 KStG

1. Text der Vorschrift

§ 5 Abs. 2 wird wie folgt geändert:

a) Nummer 2 wird aufgehoben.

b) Die bisherige Nummer 3 wird Nummer 2.

2. Materialien

Gesetzentwurf der Bundesregierung

§ 5 Abs. 2 wird wie folgt geändert:

a) Nummer 2 wird aufgehoben.

b) Die bisherige Nummer 3 wird Nummer 2.

Begründung zum Gesetzentwurf der Bundesregierung

Die Regelung hängt mit dem Anrechnungsverfahren zusammen. Bisher wurde bei steuerbefreiten Körperschaften als Dividendenempfänger eine Anrechnung oder Vergütung der Körperschaftsteuer versagt, um die inländische Einmalbelastung der Körperschaftsgewinne sicherzustellen. Die Regelung ist im Halbeinkünfteverfahren nicht mehr erforderlich, da die Gewinne von Körperschaften künftig definitiv mit 25 % vorbelastet sind.

Beschlussempfehlung/Begründung des Finanzausschusses

– keine Änderung/Bemerkung –

Beschlussempfehlung/Begründung des Vermittlungsausschusses

– keine Änderung/Bemerkung –

III. Änderung § 7 KStG

1. Text der Vorschrift

In § 7 Abs. 1 wird die Angabe „§ 23 Abs. 6" durch die Angabe „§ 23 Abs. 3" ersetzt.

2. Materialien

Gesetzentwurf/Begründung der Bundesregierung

– Regelung noch nicht enthalten –

Beschlussempfehlung/Begründung des Finanzausschusses

– Regelung noch nicht enthalten –

Beschlussempfehlung des Vermittlungsausschusses

In § 7 Abs. 1 wird die Angabe „§ 23 Abs. 6" durch die Angabe „§ 23 Abs. 3" ersetzt.

Begründung des Vermittlungsausschusses

Beseitigung eines Redaktionsversehens. Die Reihenfolge der Absätze in § 23 KStG hat sich geändert.

IV. Änderung § 8 KStG

1. Text der Vorschrift

§ 8 wird wie folgt geändert:
  a) Absatz 5 wird aufgehoben.
  b) Die bisherigen Absätze 6 und 7 werden zu Absätzen 5 und 6.

2. Materialien

Gesetzentwurf/Begründung der Bundesregierung

– Regelung noch nicht enthalten –

Beschlussempfehlung des Finanzausschusses

§ 8 wird wie folgt geändert:
a) Absatz 5 wird aufgehoben.
b) Die bisherigen Absätze 6 und 7 werden zu Absätzen 5 und 6.

Begründung des Finanzausschusses

Die Regelung wurde in den neuen § 8b Abs. 4 KStG übernommen.

Beschlussempfehlung/Begründung des Vermittlungsausschusses

– keine Änderung/Bemerkung –

V. Änderung § 8a KStG

1. Text der Vorschrift

§ 8a wird wie folgt geändert:

a) Absatz 1 wird wie folgt gefasst:

„(1) Vergütungen für Fremdkapital, das eine unbeschränkt steuerpflichtige Kapitalgesellschaft von einem Anteilseigner erhalten hat, der zu einem Zeitpunkt im Wirtschaftsjahr wesentlich am Grund- oder Stammkapital beteiligt war, gelten als verdeckte Gewinnausschüttungen, wenn eine

1. nicht in einem Bruchteil des Kapitals bemessene Vergütung vereinbart ist oder

2. in einem Bruchteil des Kapitals bemessene Vergütung vereinbart ist und soweit das Fremdkapital zu einem Zeitpunkt des Wirtschaftsjahrs das Eineinhalbfache des anteiligen Eigenkapitals des Anteilseigners übersteigt, es sei denn, die Kapitalgesellschaft hätte dieses Fremdkapital bei sonst gleichen Umständen auch von einem fremden Dritten erhalten können oder es handelt sich um Mittelaufnahmen zur Finanzierung banküblicher Geschäfte.

Dies gilt nicht, wenn die Vergütung bei dem Anteilseigner im Inland im Rahmen einer Veranlagung erfasst wird. Satz 1 ist auch bei Vergütungen für Fremdkapital anzuwenden, das die Kapitalgesellschaft von einer dem Anteilseigner nahe stehenden Person im Sinne des § 1 Abs. 2 des Außensteuergesetzes, bei der die Vergütung im Inland nicht steuerpflichtig ist, oder von einem Dritten erhalten hat, der auf den Anteilseigner oder eine diesem nahe stehende Person zurückgreifen kann."

b) Absatz 4 wird wie folgt gefasst:

„(4) Bei einer Kapitalgesellschaft, deren Haupttätigkeit darin besteht, Beteiligungen an Kapitalgesellschaften zu halten und diese Kapitalgesellschaften zu finanzieren oder deren Vermögen zu mehr als 75 vom Hundert ihrer Bilanzsumme aus Beteiligungen an Kapitalgesellschaften besteht, tritt in Absatz 1 Satz 1 Nr. 2 an die Stelle des Eineinhalbfachen das Dreifache des anteiligen Eigenkapitals des Anteilseigers. Vergütungen für Fremdkapital, das ein Anteilseigner im Sinne des Absatzes 1, eine ihm nahestehende Person oder ein Dritter im Sinne des Absatzes 1 Satz 3 einer der Kapitalgesellschaft im Sinne des Satzes 1 nachgeordneten Kapitalgesellschaft zugeführt hat oder im Wirtschaftsjahr zuführt, gelten als verdeckte Gewinnausschüttungen, es sei denn, es handelt sich um Fremdkapital im Sinne des Absatzes 1 Satz 1 Nr. 2 und die nachgeordnete Kapitalgesellschaft hätte dieses Fremdkapital bei sonst gleichen Umständen von einem fremden Dritten erhalten können oder es handelt sich um Mittelaufnahmen zur Finanzierung banküblicher Geschäfte. Bei einer Kapitalgesellschaft, die am Grund- oder Stammkapital einer anderen Kapitalgesellschaft beteiligt ist, ohne die Voraussetzungen des Satzes 1 zu erfüllen, ist das Eigenkapital im Sinne des Absatzes 2 um den Buchwert dieser Beteiligung zu kürzen."

c) Absatz 5 Nr. 1 wird wie folgt gefasst:

„1. wenn die Vergütung beim Anteilseigner in Inland im Rahmen einer Veranlagung nur erfasst wird, weil die Einkünfte aus der Beteiligung Betriebseinnahmen eines inländischen Betriebs sind, oder".

C. V. Änderung § 8a KStG

2. Materialien

Gesetzentwurf der Bundesregierung

§ 8a wird wie folgt geändert:

a) Absatz 1 wird wie folgt gefasst:

„(1) Vergütungen für Fremdkapital, das eine unbeschränkt steuerpflichtige Kapitalgesellschaft von einem Anteilseigner erhalten hat, der zu einem Zeitpunkt im Wirtschaftsjahr wesentlich am Grund- oder Stammkapital beteiligt war, gelten als verdeckte Gewinnausschüttungen, wenn eine

1. nicht in einem Bruchteil des Kapitals bemessene Vergütung vereinbart ist oder

2. in einem Bruchteil des Kapitals bemessene Vergütung vereinbart ist und soweit das Fremdkapital zu einem Zeitpunkt des Wirtschaftsjahrs das Eineinhalbfache des anteiligen Eigenkapitals des Anteilseigners übersteigt, es sei denn, die Kapitalgesellschaft hätte dieses Fremdkapital bei sonst gleichen Umständen auch von einem fremden Dritten erhalten können oder es handelt sich um Mittelaufnahmen zur Finanzierung banküblicher Geschäfte.

Dies gilt nicht, wenn die Vergütung bei dem Anteilseigner im Inland im Rahmen einer Veranlagung erfasst wird. Die Sätze 1 und 2 sind auch bei Vergütungen für Fremdkapital anzuwenden, das die Kapitalgesellschaft von einer dem Anteilseigner nahe stehenden Person im Sinne des § 1 Abs. 2 des Außensteuergesetzes, bei der die Vergütung im Inland nicht steuerpflichtig ist, oder von einem Dritten erhalten hat, der auf den Anteilseigner oder eine diesem nahe stehende Person zurückgreifen kann."

b) Absatz 4 wird wie folgt gefasst:

„(4) Bei einer Kapitalgesellschaft, deren Haupttätigkeit darinbesteht, Beteiligungen an Kapitalgesellschaften zu halten und diese Kapitalgesellschaften zu finanzieren oder deren Vermögen zu mehr als 75 vom Hundert ihrer Bilanzsumme aus Beteiligungen an Kapitalgesellschaften besteht, tritt in Absatz 1 Satz 1 Nr. 2 an die Stelle des Eineinhalbfachen das Dreifache des anteiligen Eigenkapitals des Anteilseigners. Vergütungen für Fremdkapital, das ein Anteilseigner im Sinne des Absatzes 1, eine ihm nahestehende Person oder ein

Dritter im Sinne des Absatzes 1 Satz 3 einer der Kapitalgesellschaft im Sinne des Satzes 1 nachgeordneten Kapitalgesellschaft zugeführt hat oder im Wirtschaftsjahr zuführt, gelten als verdeckte Gewinnausschüttungen, es sei denn, es handelt sich um Fremdkapital im Sinne des Absatzes 1 Satz 1 Nr. 2 und die nachgeordnete Kapitalgesellschaft hätte dieses Fremdkapital bei sonst gleichen Umständen von einem fremden Dritten erhalten können oder es handelt sich um Mittelaufnahmen zur Finanzierung banküblicher Geschäfte. Bei einer Kapitalgesellschaft, die am Grund- oder Stammkapital einer anderen Kapitalgesellschaft beteiligt ist, ohne die Voraussetzungen des Satzes 1 zu erfüllen, ist das Eigenkapital im Sinne des Absatzes 2 um den Buchwert dieser Beteiligung zu kürzen."

c) Absatz 5 Nr. 1 wird wie folgt gefasst:

„1. wenn die Vergütung beim Anteilseigner in Inland im Rahmen einer Veranlagung nur erfasst wird, weil die Einkünfte aus der Beteiligung Betriebseinnahmen eines inländischen Betriebs sind, oder".

Begründung zum Gesetzentwurf der Bundesregierung

Zu Buchstabe a (Absatz 1)

Die Vorschrift wird an den Wegfall des Vollanrechnungsverfahrens angepasst. Bisher wurden nur Vergütungen erfasst, die an Gesellschafter gezahlt wurden, die nicht zur Anrechnung der Körperschaftsteuer berechtigt waren. Dieses Anknüpfungsmerkmal entfällt nach Abschaffung des Vollanrechnungsverfahrens. In der Zukunft werden Vergütungen erfasst, die im Inland nicht im Rahmen einer Veranlagung berücksichtigt werden. Der Anwendungsbereich der Vorschrift verändert sich dadurch nicht wesentlich.

Die Vorschrift wird auch an die international üblichen Standards für die Gesellschafter-Fremdfinanzierung angepasst. Dazu werden die safe haven zurückgeführt. Der bisherigen safe haven von 1 : 0,5 für gewinn- oder umsatzabhängige Vergütungen (z. B. stille Beteiligung oder Genussrechtskapital) wird gestrichen. Der safe haven von 1 : 3 für ertragsunabhängige Vergütungen (Zinsen) wird auf 1 : 1,5 verringert.

Zu Buchstabe b (Absatz 4)

Der Holdinggesellschaften gewährte safe haven wird von 1 : 9 auf 1 : 3 zurückgeführt.

C. V. Änderung § 8a KStG

Beschlussempfehlung des Finanzausschusses

§ 8a wird wie folgt geändert:

a) Absatz 1 wird wie folgt gefasst:

„(1) Vergütungen für Fremdkapital, das eine unbeschränkt steuerpflichtige Kapitalgesellschaft von einem Anteilseigner erhalten hat, der zu einem Zeitpunkt im Wirtschaftsjahr wesentlich am Grund- oder Stammkapital beteiligt war, gelten als verdeckte Gewinnausschüttungen, wenn eine

1. nicht in einem Bruchteil des Kapitals bemessene Vergütung vereinbart ist oder

2. in einem Bruchteil des Kapitals bemessene Vergütung vereinbart ist und soweit das Fremdkapital zu einem Zeitpunkt des Wirtschaftsjahrs das Eineinhalbfache des anteiligen Eigenkapitals des Anteilseigners übersteigt, es sei denn, die Kapitalgesellschaft hätte dieses Fremdkapital bei sonst gleichen Umständen auch von einem fremden Dritten erhalten können oder es handelt sich um Mittelaufnahmen zur Finanzierung banküblicher Geschäfte.

Dies gilt nicht, wenn die Vergütung bei dem Anteilseigner im Inland im Rahmen einer Veranlagung erfasst wird. Satz 1 ist auch bei Vergütungen für Fremdkapital anzuwenden, das die Kapitalgesellschaft von einer dem Anteilseigner nahe stehenden Person im Sinne des § 1 Abs. 2 des Außensteuergesetzes, bei der die Vergütung im Inland nicht steuerpflichtig ist, oder von einem Dritten erhalten hat, der auf den Anteilseigner oder eine diesem nahe stehende Person zurückgreifen kann."

b) unverändert

c) unverändert

Begründung des Finanzausschusses

Zu Buchstabe a

Es wird redaktionell klargestellt, dass die Ausnahmeregelung des Satzes 1 nicht für Vergütungen gilt, die an nahestehende Personen oder rückgriffsberechtigte Dritte erfolgen.

Beschlussempfehlung/Begründung des Vermittlungsausschusses
– keine Änderung/Bemerkung –

3. Erläuterungen
Verfasser: Thomas Rödder

a) Zweck und Inhalt

§ 8 a KStG bezweckt nach wie vor, die Gesellschafter-Fremdfinanzierung durch bestimmte wesentlich beteiligte Gesellschafter nur in Grenzen steuerlich anzuerkennen. Werden diese Grenzen überschritten, wird eine verdeckte Gewinnausschüttung fingiert.

Die wesentlichen konzeptionellen und systematischen Inhalte des § 8 a KStG sind durch das StSenkG nicht verändert worden. Einzige Ausnahme: Bisher wurde auf eine Gesellschafter-Fremdfinanzierung durch einen nichtanrechnungsberechtigten Gesellschafter abgestellt. Da das körperschaftsteuerliche Anrechnungsverfahren abgeschafft wird, mußte der Gesetzgeber die relevante Anteilseignergruppe anders definieren. Nun wird auf eine Fremdfinanzierung durch alle wesentlich beteiligten Anteilseigner, bei denen die Vergütung im Inland nicht im Rahmen einer Veranlagung erfaßt wird, abgestellt (§ 8 a Abs. 1 Satz 2 KStG n.F.). § 8 a Abs. 1 Satz 3 KStG n.F. betreffend nahestehende Personen und § 8 a Abs. 5 Nr. 1 KStG n.F. betreffend die Zwischenschaltung eines inländischen Betriebs wurden entsprechend anders formuliert. Der Gesetzgeber geht davon aus, daß trotz des neuen Kriteriums (keine Erfassung der Vergütung im Rahmen einer inländischen Veranlagung anstelle der Nichtanrechnungsberechtigung des Gesellschafters) nahezu der identische Personenkreis erfaßt wird, insbesondere steuerausländische Gesellschafter.

Ansonsten haben die Änderungen des § 8 a KStG reinen Gegenfinanzierungscharakter. Der safe haven für in einem Bruchteil des Kapitals bemessene Fremdkapitalvergütungen wird von 1:3 auf 1:1,5 reduziert (betrifft jeweils die Eigenkapital-Gesellschafterfremdkapital-Relation, vgl. § 8 a Abs. 1 Satz 1 Nr. 2 KStG n.F.). Die Sonderregelung des safe haven für Holding-Gesellschaften verringert sich von 1:9 auf 1:3 (§ 8 a Abs. 4 Satz 1 KStG n.F.). Der bisher bestehende safe haven für nicht in einem Bruchteil des Kapitals bemessene Fremdkapitalvergütungen (1:0,5) wird gänzlich abgeschafft.

C. V. Änderung § 8a KStG

b) Einzelerläuterungen

Es bleibt dabei, daß bei festverzinslichem Gesellschafterfremdkapital aufgrund eines Drittvergleichs eine vGA auch außerhalb des safe haven vermieden werden kann. Unschädlich ist auch außerhalb der safe haven-Regelung die Finanzierung banküblicher Geschäfte.

Bei Vergütungen, die nicht in einem Bruchteil des Kapitals bemessen sind, ordnet § 8 a KStG demgegenüber als zwingende Rechtsfolge eine vGA an, ohne daß die Möglichkeit eines Entlastungsnachweises bestünde. Dies gilt auch bei Vorliegen einer Holding-Gesellschaft.

Für die Praxis bedeutet dies, daß nicht festverzinsliche Gesellschafter-Finanzierungen zukünftig vermieden werden müssen. Wegen der Reduktion des safe haven für festverzinsliche Vergütungen werden die beiden denkbaren Entlastungsnachweise (auch von einem Dritten erhältlich bzw. Finanzierung banküblicher Geschäfte) noch wichtiger als bisher.

Der besondere Holding-safe haven wird insbesondere durch Steuerausländer wegen der Einführung der Dividendenfreistellung und der Relevanz des § 3 c EStG regelmäßig nur dann genutzt werden können, wenn die inländische Holding-Gesellschaft ihrerseits körperschaftsteuerlicher Organträger für deutsche Tochtergesellschaften ist. Soweit schon § 3 c EStG die Zinsaufwendungen trifft, kommt § 8 a KStG nicht mehr zur Anwendung.

§ 9 Nr. 10 GewStG ist unverändert geblieben (und es sind wie bisher § 8 Nrn. 1 und 3 GewStG zu beachten). Nach wie vor bestehen also Unterschiede zwischen einer vGA gem. § 8 a KStG und einer „normalen" vGA.

Als Nichtanrechnungsberechtigte waren bislang insbesondere erfaßt ausländische Anteilseigner, inländische juristische Personen des öffentlichen Rechts und steuerbefreite Körperschaften gem. § 5 KStG. Das Merkmal, daß die Vergütung bei dem Anteilseigner nicht im Inland im Rahmen einer Veranlagung erfaßt werden darf, dürfte auch diese Anteilseignergruppen treffen. Hintergrund ist nach wie vor die gewünschte Sicherstellung einer inländischen Einmalbelastung von Gewinnen.

§ 8 a Abs. 1 Satz 2 KStG a.F. erweiterte den schädlichen Kreis von Fremdkapitalgebern auf bestimmte nahestehende Personen und rückgriffsberechtigte Dritte. Diese gesetzliche Anordnung findet sich nun in § 8 a Abs. 1 Satz 3 KStG n.F. Außerdem wurde die Beschreibung der nahestehenden Personen redaktionell wegen des Wegfalls der

Relevanz der Nichtanrechnungsberechtigung angepaßt. Der „rückgriffsberechtigte Dritte" ist jedoch gesetzlich nicht anders geregelt worden, so daß Tz. 23 des BMF-Schreibens vom 15.12.1994, BStBl. I 1995, S. 25 (kein § 8 a KStG bei Darlehensgewährung durch inländische rückgriffsberechtigte Dritte ohne back-to-back) weiterhin anwendbar sein dürfte.

Andererseits greift § 8 a KStG nach wie vor wohl auch bei normal steuerpflichtigen inländischen Anteilseignern, soweit die an eine bestimmte nahestehende Person geleistete Fremdkapitalvergütung im Inland nicht steuerpflichtig ist (Tz. 19 des BMF-Schreibens vom 15.12.1994).

Angepaßt wurde auch § 8 a Abs. 5 Nr. 1 KStG. Danach sollen jetzt die übrigen Absätze des § 8 a KStG dann gelten, wenn die Vergütung beim Anteilseigner im Inland im Rahmen einer Veranlagung nur erfaßt wird, weil die Einkünfte aus der Beteiligung Betriebseinnahmen eines inländischen Betriebs sind. Bislang waren insoweit die Fälle erfaßt, in denen wegen des inländischen Betriebsvermögens zwar Anrechnungs-berechtigung bestand, die Fremdkapitalvergütung jedoch gerade nicht der deutschen Besteuerung unterlag. Ändern soll sich nach Ansicht des Gesetzgebers durch die Umformulierung jedoch materiell nichts.

Auch nach der Neufassung des § 8 a Abs. 5 Nr. 1 KStG darf also nicht der Fall erfaßt sein, in dem der inländischen Betriebsstätte auch die Vergütung für die Fremdkapitalüberlassung zugerechnet wird. Der Wortlaut des neuen § 8 a Abs. 5 Nr. 1 KStG könnte zwar Gegenteiliges anzeigen, jedoch sollte insoweit eine einschränkende Auslegung möglich sein.

c)   Erstmalige Anwendung

Für § 8 a KStG n.F. existiert keine eigene Anwendungsregelung. Daraus folgt, daß gem. § 34 Abs. 1 KStG n.F. die Regelung normalerweise erstmals für den VZ 2001 anzuwenden ist (kalenderjahrgleiches Wirtschaftsjahr unterstellt). Bei einem vom Kalenderjahr abweichenden Wirtschaftsjahr gilt § 8 a KStG n.F. erstmals für den VZ 2002, es sei denn, daß das erste im VZ 2001 endende vom Kalenderjahr abweichende Wirtschaftsjahr nach dem 31.12.2000 beginnt.

Eine Übergangsregelung sieht das StSenkG nicht vor. Wegen der drastischen Reduktion der safe haven wäre dies durchaus angebracht gewesen.

Da der safe haven auf der Grundlage des anteiligen handelsbilanziellen Eigenkapitals in der Handelsbilanz zum Schluß des vorangegangenen Wirtschaftsjahres errechnet wird, müssen Anpassungen der Finanzierung bei kalenderjahrgleichem Wirtschaftsjahr bis zum 31.12. 2000 erfolgen.

VI. Änderung § 8b KStG

1. Text der Vorschrift

§ 8b wird wie folgt gefasst:

„§ 8b
Beteiligung an anderen Körperschaften
und Personenvereinigungen

(1) Bezüge im Sinne des § 20 Abs. 1 Nr. 1, 2, 9 und 10 Buchstabe a des Einkommensteuergesetzes bleiben bei der Ermittlung des Einkommens außer Ansatz.

(2) Bei der Ermittlung des Einkommens bleiben Gewinne aus der Veräußerung eines Anteils an einer anderen Körperschaft oder Personenvereinigung, deren Leistungen beim Empfänger zu Einnahmen im Sinne des § 20 Abs. 1 Nr. 1, 2, 9 und 10 Buchstabe a des Einkommensteuergesetzes gehören, aus der Auflösung oder der Herabsetzung ihres Nennkapitals oder aus dem Ansatz des in § 6 Abs. 1 Satz 1 Nr. 2 Satz 3 des Einkommensteuergesetzes bezeichneten Wertes außer Ansatz, soweit diese Anteile im Zeitpunkt der Veräußerung seit mindestens einem Jahr (Behaltefrist) ununterbrochen zum Betriebsvermögen des Steuerpflichtigen gehört haben. Das gilt nicht, soweit der Anteil in früheren Jahren steuerwirksam auf den niedrigeren Teilwert abgeschrieben und die Gewinnminderung nicht durch den Ansatz eines höheren Werts ausgeglichen worden ist. Veräußerung im vorstehenden Sinne ist auch die verdeckte Einlage.

(3) Gewinnminderungen, die durch den Ansatz des niedrigeren Teilwerts des in Absatz 2 genannten Anteils oder durch Veräußerung des Anteils oder bei Auflösung oder Herabsetzung des Nennkapitals entstehen, sind bei der Gewinnermittlung nicht zu berücksichtigen. Das gilt auch für Gewinnminderungen durch den Ansatz des niedrigeren Teilwerts innerhalb der Behaltefrist im Sinne des Absatzes 2.

(4) Absatz 2 ist nur anzuwenden, soweit die Anteile nicht

1. einbringungsgeboren im Sinne des § 21 des Umwandlungssteuergesetzes sind oder

2. durch eine Körperschaft, Personenvereinigung oder Vermögensmasse unmittelbar oder mittelbar über eine Mitunternehmerschaft von einem Einbringenden, der nicht zu den von Absatz 2 begünstigten Steuerpflichtigen gehört, zu einem Wert unter dem Teilwert erworben worden sind.

Satz 1 gilt nicht, wenn

1. der in Absatz 2 bezeichnete Vorgang später als sieben Jahre nach dem Zeitpunkt des Erwerbs der in Satz 1 genannten Anteile stattfindet oder

2. die in Satz 1 bezeichneten Anteile auf Grund eines Einbringungsvorgangs nach § 20 Abs. 1 Satz 2 des Umwandlungssteuergesetzes erworben worden sind, es sei denn, die Anteile sind unmittelbar oder mittelbar auf eine Einbringung im Sinne des § 20 Abs. 1 Satz 1 oder des § 23 Abs. 1 bis 3 des Umwandlungssteuergesetzes innerhalb der in Nummer 1 bezeichneten Frist zurückzuführen.

(5) Von den Dividenden aus Anteilen an einer ausländischen Gesellschaft, die von der Körperschaftsteuer befreit sind, gelten fünf vom Hundert als Betriebsausgaben, die mit den Einnahmen in unmittelbarem wirtschaftlichen Zusammenhang stehen.

(6) Die Absätze 1 bis 5 gelten auch, soweit einer Körperschaft, Personenvereinigung oder Vermögensmasse Bezüge oder Gewinne im Sinne der Absätze 1 bis 3 im Rahmen eines Gewinnanteils aus einer Mitunternehmerschaft im Sinne des § 13 Abs. 7, § 15 Abs. 1 Satz 1 Nr. 2 und 3 und des § 18 Abs. 4 des Einkommensteuergesetzes zugerechnet werden. Die Absätze 1 bis 5 gelten für Bezüge oder Gewinne entsprechend, die einem Betrieb gewerblicher Art einer juristischen Person des öffentlichen Rechts über andere juristische Personen des öffentlichen Rechts zufließen, über die sie mittelbar an der leistenden Körperschaft, Personenvereinigung oder Vermögensmasse beteiligt ist und bei denen die Leistungen nicht im Rahmen eines Betriebs gewerblicher Art erfasst werden."

2. Materialien

Gesetzentwurf der Bundesregierung

§ 8b wird wie folgt gefasst:

„§ 8b
Beteiligung
an anderen Körperschaften und Personenvereinigungen

(1) Bezüge im Sinne des § 20 Abs. 1 Nr. 1, 2 und 9 des Einkommensteuergesetzes, die eine unbeschränkt steuerpflichtige Körperschaft, Personenvereinigung oder Vermögensmasse erhält, bleiben bei der Ermittlung des Einkommens außer Ansatz.

(2) Bei der Ermittlung des Einkommens einer unbeschränkt steuerpflichtigen Körperschaft, Personenvereinigung oder Vermögensmasse, bleiben Gewinne aus der Veräußerung eines Anteils an einer anderen Körperschaft oder Personenvereinigung, deren Leistungen beim Empfänger zu Einnahmen im Sinne des § 20 Abs. 1 Nr. 1 und 2 des Einkommensteuergesetzes gehören, oder bei deren Auflösung oder der Herabsetzung von deren Nennkapital oder aus dem Ansatz eines Werts, der sich nach § 6 Abs. 1 Satz 1 Nr. 2 Satz 3 des Einkommensteuergesetzes ergibt, außer Ansatz. Das gilt nicht, soweit sich in früheren Jahren eine bei der Einkommensermittlung berücksichtigte Gewinnminderung durch steuerwirksamen Ansatz des niedrigeren Teilwerts des Anteils ergeben hat und soweit diese Gewinnminderung nicht durch den Ansatz eines Werts, der sich nach § 6 Abs. 1 Nr. 2 Satz 3 des Einkommensteuergesetzes ergibt, ausgeglichen worden ist.

(3) Gewinnminderungen, die durch den Ansatz des niedrigeren Teilwerts des in Absatz 2 genannten Anteils oder durch Veräußerung des Anteils oder bei Auflösung oder Herabsetzung des Nennkapitals entstehen, sind bei der Gewinnermittlung nicht zu berücksichtigen.

(4) Gewinnanteile im Sinne des Absatzes 1, die von einer Körperschaft oder Personenvereinigung auf Anteile ausgeschüttet werden, die einer inländischen gewerblichen Betriebsstätte einer beschränkt steuerpflichtigen Körperschaft zuzurechnen sind, bleiben bei der Ermittlung des der inländischen gewerblichen Betriebsstätte zuzurechnenden Einkommens außer Ansatz. Die Absätze 2 und 3 gelten sinngemäß für die Ermittlung des Einkommens einer inländischen gewerblichen Betriebsstätte einer beschränkt steuerpflichtigen Körperschaft.

(5) Von den Dividenden aus Anteilen an einer ausländischen Gesellschaft, die von der Körperschaftsteuer befreit sind, gelten fünf vom Hundert als Betriebsausgaben, die mit den Einnahmen in unmittelbarem wirtschaftlichen Zusammenhang stehen."

Begründung zum Gesetzentwurf der Bundesregierung

Die bisherige Regelung des § 8b KStG wird an den Wegfall des Vollanrechnungsverfahrens angepasst. Es wird eine allgemeine Beteiligungsertragsbefreiung für inländische und ausländische Beteiligungserträge eingeführt. Die Gewinne aus der Veräußerung inländischer und ausländischer Beteiligungen werden ebenfalls steuerfrei gestellt. Die Regelungen schlagen über § 7 GewStG auf den Gewerbeertrag durch.

Absatz 1

Die Regelung enthält eine allgemeine Beteiligungsertragsbefreiung für inländische und für ausländische Bezüge im Sinne des § 20 Abs. 1 Nr. 1, 2 und 9 des Einkommensteuergesetzes.

Absatz 2

Veräußerungsgewinne werden ebenfalls ohne eine Mindestbehaltefrist und einen Mindestumfang der Beteiligung steuerfrei gestellt.

Absatz 3

Veräußerungsverluste und Teilwertabschreibungen bleiben steuerlich unberücksichtigt. Als Konsequenz aus der Befreiung der Veräußerungsgewinne bleiben auch Wertaufholungen steuerfrei. Eine Ausnahme von der Steuerbefreiung ist insoweit vorgesehen, als sich Teilwertabschreibungen in früheren Jahren gewinnmindernd ausgewirkt haben. Insoweit ist eine Wertaufholung oder ein Veräußerungsgewinn zu versteuern.

Absatz 4

Die Steuerbefreiungen nach Absatz 1 und 2 gelten auch für Anteile, die in einer inländischen gewerblichen Betriebsstätte einer beschränkt steuerpflichtigen Körperschaft gehalten werden.

Absatz 5

Aufwendungen, die mit den steuerbefreiten Einnahmen in unmittelbarem wirtschaftlichen Zusammenhang stehen, dürfen nach § 3c EStG nicht als Betriebsausgaben abgezogen werden. Für Aufwendungen,

C. VI. Änderung § 8b KStG

die mit Dividenden aus Anteilen an ausländischen Gesellschaften in unmittelbarem wirtschaftlichen Zusammenhang stehen, bleibt es bei der bisherigen Regelung.

Beschlussempfehlung des Finanzausschusses

§ 8b wird wie folgt gefasst:

„§ 8b
Beteiligung
an anderen Körperschaften und Personenvereinigungen

(1) Bezüge im Sinne des § 20 Abs. 1 Nr. 1, 2, 9 und 10 Buchstabe a des Einkommensteuergesetzes bleiben bei der Ermittlung des Einkommens außer Ansatz.

(2) Bei der Ermittlung des Einkommens bleiben Gewinne aus der Veräußerung eines Anteils an einer anderen Körperschaft oder Personenvereinigung, deren Leistungen beim Empfänger zu Einnahmen im Sinne des § 20 Abs. 1 Nr. 1 2, 9 und 10 Buchstabe a des Einkommensteuergesetzes gehören, aus der Auflösung oder der Herabsetzung ihres Nennkapitals oder aus dem Ansatz des in § 6 Abs. 1 Satz 1 Nr. 2 Satz 3 des Einkommensteuergesetzes bezeichneten Wertes außer Ansatz. Das gilt nicht, soweit der Anteil in früheren Jahren auf den niedrigeren Teilwert abgeschrieben und die Gewinnminderung nicht durch den Ansatz eines höheren Werts ausgeglichen worden ist. Veräußerung im vorstehenden Sinne ist auch die verdeckte Einlage.

(3) unverändert

(4) Die Absätze 1 bis 3 gelten auch, soweit einer unbeschränkt steuerpflichtigen Körperschaft, Personenvereinigung oder Vermögensmasse Bezüge oder Gewinne im Rahmen eines Gewinnanteils aus einer Mitunternehmerschaft im Sinne des § 13 Abs. 7, 15 Abs. 1 Nr. 2 und 3 und des § 18 Abs. 4 des Einkommensteuergesetzes zugerechnet werden. Die Absätze 1 bis 3 gelten für Bezüge oder Gewinne entsprechend, die einem Betrieb gewerblicher Art einer juristischen Person des öffentlichen Rechts über andere juristische Personen des öffentlichen Rechts zufließen, über die sie mittelbar an der leistendenden Körperschaft, Personenvereinigung oder Vermögensmasse beteiligt ist und bei denen die Leistungen nicht im Rahmen eines Betriebs gewerblicher Art erfasst wurden.

(5) unverändert

Begründung des Finanzausschusses

Die Regelung wurde redaktionell überarbeitet.

Der neu eingefügte Absatz 4 regelt die Dividendenbefreiung und die Veräußerungsgewinnbefreiung in den Fällen der mittelbaren Beteiligung über eine Personengesellschaft. Darüber hinaus wird der bisher in § 8 Abs. 5 KStG enthaltene Fall der mittelbaren Beteiligung eines Betriebs gewerblicher Art an einem anderen Betrieb gewerblicher Art über eine juristische Person des öffentlichen Rechts geregelt.

Der bisherige Absatz 4 kann aufgrund der Änderungen in den Absätzen 1 und 2 gestrichen werden.

Beschlussempfehlung des Vermittlungsausschusses

§ 8b wird wie folgt geändert:

a) Absatz 2 wird wie folgt geändert:

aa) In Satz 1 wird der Punkt am Ende durch ein Komma ersetzt und folgender Satzteil angefügt:

„soweit diese Anteile im Zeitpunkt der Veräußerung seit mindestens einem Jahr (Behaltefrist) ununterbrochen zum Betriebsvermögen des Steuerpflichtigen gehört haben."

bb) In Satz 2 wird nach den Wörtern „in früheren Jahren" das Wort „steuerwirksam" eingefügt.

b) Dem Absatz 3 wird folgender Satz angefügt:

„Das gilt auch für Gewinnminderungen durch den Ansatz des niedrigeren Teilwerts innerhalb der Behaltefrist im Sinne des Absatzes 2."

c) Absatz 4 wird wie folgt gefasst:

„(4) Absatz 2 ist nur anzuwenden, soweit die Anteile nicht

1. einbringungsgeboren im Sinne des § 21 des Umwandlungssteuergesetzes sind oder

2. durch eine Körperschaft, Personenvereinigung oder Vermögensmasse unmittelbar oder mittelbar über eine Mitunternehmerschaft von einem Einbringenden, der nicht zu den von Absatz 2 begünstigten Steuerpflichtigen gehört, zu einem Wert unter dem Teilwert erworben worden sind.

C. VI. Änderung § 8b KStG

Satz 1 gilt nicht, wenn

1. der in Absatz 2 bezeichnete Vorgang später als sieben Jahre nach dem Zeitpunkt des Erwerbs der in Satz 1 genannten Anteile stattfindet oder
2. die in Satz 1 bezeichneten Anteile auf Grund eines Einbringungsvorgangs nach § 20 Abs. 1 Satz 2 des Umwandlungssteuergesetzes erworben worden sind, es sei denn, die Anteile sind unmittelbar oder mittelbar auf eine Einbringung im Sinne des § 20 Abs. 1 Satz 1 oder des § 23 Abs. 1 bis 3 des Umwandlungssteuergesetzes innerhalb der in Buchstabe a bezeichneten Frist zurückzuführen."

d) Es wird folgender Absatz 6 angefügt:

„(6) Die Absätze 1 bis 5 gelten auch, soweit einer Körperschaft, Personenvereinigung oder Vermögensmasse Bezüge oder Gewinne im Sinne der Absätze 1 bis 3 im Rahmen eines Gewinnanteils aus einer Mitunternehmerschaft im Sinne des § 13 Abs. 7, § 15 Abs. 1 Satz 1 Nr. 2 und 3 und des § 18 Abs. 4 des Einkommensteuergesetzes zugerechnet werden. Die Absätze 1 bis 5 gelten für Bezüge oder Gewinne entsprechend, die einem Betrieb gewerblicher Art einer juristischen Person des öffentlichen Rechts über andere juristische Personen des öffentlichen Rechts zufließen, über die sie mittelbar an der leistenden Körperschaft, Personenvereinigung oder Vermögensmasse beteiligt ist und bei denen die Leistungen nicht im Rahmen eines Betriebs gewerblicher Art erfasst werden."

Begründung des Vermittlungsausschusses

Der Antrag faßt der Übersichtlichkeit halber 5 Einzelpunkte (a–e) zusammen, über die allerdings erforderlichenfalls getrennt und unterschiedlich entschieden werden kann.

Zu Buchstabe a

Die Besteuerung ist nur dann gerechtfertigt, soweit sich die vorangegangene Teilwertabschreibung steuerlich ausgewirkt hat, also insbesondere nicht nach § 8b Abs. 3 KStG außer Ansatz geblieben ist.

Zu Buchstaben b und c

Ohne die Einbringungsklausel des Satzes 1 Nummer 1 könnte eine Kapitalgesellschaft künftig nicht nur Beteiligungen an anderen Kapitalgesellschaften, sondern z.B. auch einen Teilbetrieb oder einen Mitunternehmeranteil steuerfrei veräußern, indem der Teilbetrieb oder Mitunternehmeranteil zunächst nach § 20 UmwStG steuerneutral in eine GmbH eingebracht und anschließend der durch die Einbringung erworbene GmbH-Anteil steuerfrei veräußert wird.

Satz 1 Nummer 2 verhindert Gestaltungen von natürlichen Personen, die die – für sie nicht anwendbare – Vorschrift des § 8b Abs. 2 KStG nutzen wollen. Beispiel: der Einzelunternehmer U hat eine Beteiligung an der X-GmbH, deren Veräußerung für U steuerpflichtig wäre. U bringt die X-Beteiligung zu Buchwerten in die Y-GmbH ein. Die Y-GmbH veräußert die X-Anteile an Dritte weiter.

Die Nummern 1 und 2 lassen auch die in § 8b Abs. 3 KStG bisheriger Fassung geregelten Fristen fortwirken.

Die Einbringungsklauseln schließen während der 7-jährigen Frist die Steuerbefreiung des Gewinns nach Absatz 2 aus; zur Vermeidung von Mißbräuchen gelten sie nicht auch im Verlustfall (Absatz 3). Die 7-Jahres-Frist war bereits in § 8b Abs. 3 KStG bisheriger Fassung enthalten; sie korrespondiert mit der entsprechenden Frist in § 26 Abs. 2 UmwStG.

Auf den Parallel-Antrag zu Art. 1 Nummer 2 (§ 3 Nr. 40 EStG) wird hingewiesen.

Zu Buchstabe d

1. Mit der Umstellung der Regelung von Absatz 4 (Gesetzesbeschluß) nach Absatz 6 (neu) und den geänderten Einleitungssätzen wird verdeutlicht, daß außer den Absätzen 1 bis 3 auch der neue Absatz 4 (Einbringungsklausel) sowie Absatz 5 (Beteiligungsaufwendungen) ebenfalls gelten.

2. Mit der vorgeschlagenen Formulierung des Satzes 1 wird des Weiteren zum Ausdruck gebracht, daß Dividendenbefreiung und Veräußerungsgewinnbefreiung auch dann gelten, wenn Mitunternehmer der Personengesellschaft eine beschränkt steuerpflichtige Körperschaft ist.

3. Erläuterungen

Verfasser: Thomas Rödder

a) Zweck und Inhalt

Überblick

§ 8 b KStG n.F. ist eine der zentralen Vorschriften des neuen Körperschaftsteuersystems. Sie gewährleistet zum einen, daß auch bei mehrstufigen Kapitalgesellschaftsstrukturen insgesamt nur die Steuerbelastungen anfallen, die systembedingt anfallen sollen: Körperschaftsteuer und Gewerbesteuer (bzw. ggf. die ausländische Ertragsteuerbelastung) auf der Ebene der gewinnerzielenden Tochterkapitalgesellschaft sowie Halbeinkünfte-Einkommensteuer auf der Ebene der natürlichen Personen als Anteilseigner der Mutterkapitalgesellschaft[6]. Diese Aufgabe übernimmt die sog. Dividendenfreistellung bei empfangenden Kapitalgesellschaften (Abs. 1). Zum anderen erstreckt § 8 b KStG n.F. im Grundsatz die Behandlung von Dividendeneinnahmen bei empfangenden Kapitalgesellschaften auch auf Anteilsveräußerungsgewinne (Abs. 2), sieht dafür aber einige wesentliche Einschränkungen vor (insbes. Abs. 4). Schließlich enthält § 8 b KStG n.F. Regelungen für Aufwendungen, die mit steuerfrei gestellten Auslandsdividenden zusammenhängen (Abs. 5), für Veräußerungsverluste und Teilwertabschreibungen (Abs. 3) sowie für zwischengeschaltete Mitunternehmerschaften (Abs. 6).

Dividendenfreistellung

Durch die Dividendenfreistellung für Gewinnausschüttungen einer Kapitalgesellschaft an eine andere Kapitalgesellschaft wird vermieden, daß die bei der Tochterkapitalgesellschaft bereits mit der definitiven Körperschaftsteuer von 25 % belasteten Gewinne bei Weiterausschüttung an eine andere Kapitalgesellschaft noch einmal körperschaftsteuerlich erfaßt werden. Dies gilt unabhängig davon, wieviele Stufen die Beteiligungskette umfaßt. Erst bei Weiterausschüttung an die natürliche Person als Anteilseigner greift die Halbeinkünftebesteuerung. Die Dividendenfreistellung greift unabhängig von Mindestbeteiligungsquoten, Mindestbesitzzeiten und Aktivitätsprüfungen o.ä..

Die Dividendenfreistellung ist nicht nur für Ausschüttungen aus inländischen Tochterkapitalgesellschaften, sondern auch für Ausschüt-

---

[6] Fragen für andere Arten von Körperschaften als Kapitalgesellschaften werden in diesen Erläuterungen nicht weiter thematisiert.

tungen aus ausländischen Tochterkapitalgesellschaften vorgesehen. Auch insoweit kommt es weder auf Mindestbeteiligungsquoten, Mindestbesitzzeiten und Aktivitätsprüfungen noch auf die Existenz eines DBA u.ä. an. Damit ist eine Freistellungsregelung installiert worden, die viel weitergehender ist als die bisherigen DBA-Schachtelprivilegien bzw. § 8 b Abs. 1 KStG a.F. Dies ist ganz bewußt so erfolgt, weil damit den internationalen und EG-rechtlichen Anforderungen an ein modernes Körperschaftsteuersystem Rechnung getragen werden sollte. Gleichfalls ganz bewußt ist entschieden worden, daß, obwohl das Halbeinkünfteverfahren eigentlich systematisch eine Vorbelastung der Dividenden zumindest i.H. einer Körperschaftsteuer von 25% voraussetzt, bei ausländischen Tochterkapitalgesellschaften grundsätzlich kein Vorbelastungstest stattfinden soll. Lediglich für passive Einkünfte i.S.d. AStG ist als Korrektiv die Hinzurechnungsbesteuerung nach dem Außensteuergesetz verschärft worden.

Ob und inwieweit insoweit noch einmal „nachgebessert" werden wird, ist eine zentrale Frage. Die weitgehende Gleichsetzung von Auslands- mit Inlandsgewinnen ist einer der Eckpfeiler des neuen Körperschaftsteuersystems.

Die Dividendenfreistellung des § 8 b Abs. 1 KStG n.F. schlägt über § 7 GewStG auch auf das Gewerbesteuerrecht durch.

Freistellung von Anteilsveräußerungsgewinnen

Gewinne aus der Veräußerung von Anteilen an inländischen oder ausländischen Tochterkapitalgesellschaften werden wie die Dividenden aus diesen Töchtern bei der veräußernden Anteilseigner-Kapitalgesellschaft im Grundsatz ebenfalls steuerfrei gestellt. Das bedeutet, daß die bisher in § 8 b Abs. 2 KStG a.F. für bestimmte Auslandsbeteiligungen vorgesehene Regelung im Grundsatz auf alle Inlands- und Auslandsbeteiligungen ausgeweitet wird (und zwar ebenfalls ohne Mindestbeteiligungsquoten und Aktivitätsprüfungen, ohne Rücksicht auf eine DBA-Existenz u.ä.). Allerdings sind insoweit mehrere Restriktionen vorgesehen worden: Soweit vorab auf den Anteilsbuchwert eine steuerwirksame Teilwertabschreibung stattfand, findet (wenn nicht zwischenzeitlich bereits eine steuerpflichtige Wertaufholung stattfand) eine steuerpflichtige Nachversteuerung statt. Außerdem muß die Beteiligung vor der Veräußerung mindestens ein Jahr im Betriebsvermögen der veräußernden Kapitalgesellschaft gehalten worden und muß bei bestimmten einbringungsgeborenen Anteilen bzw. bei in bestimmter Weise schädlich erworbenen Anteilen eine Siebenjahressperrfrist abgelaufen sein.

C. VI. Änderung § 8b KStG

Die Veräußerungsgewinnsteuerfreiheit, die der Gesetzgeber ganz bewußt auch deshalb installiert hat, um der Wirtschaft Möglichkeiten zu eröffnen, die als volkswirtschaftlich problematisch empfundene „Deutschland-AG" aufzubrechen, ist Gegenstand heftiger öffentlicher Auseinandersetzungen in der Gesetzesentstehungsphase gewesen. Insbesondere wurde eine „Gerechtigkeitslücke" beklagt, da Gewinne aus der Veräußerung von Anteilen an Tochterpersonengesellschaften sowie von einzelnen Betrieben nach wie vor nicht steuerfrei realisiert werden könnten. Außerdem sei nicht einzusehen, daß ein Vorgang, der zur Erhöhung der Leistungsfähigkeit der veräußernden Kapitalgesellschaft führe, keine Steuerbelastungen auslöse. Wegen des Gerechtigkeitsarguments wurde die Debatte überwiegend emotional geführt.

Demgegenüber muß man sich zunächst vergegenwärtigen, daß ein Gewinn aus der Veräußerung eines Anteils an einer Tochterkapitalgesellschaft letztlich auf die Bildung von Gewinnrücklagen und stillen Reserven auf der Ebene der Tochterkapitalgesellschaft zurückzuführen ist. Die Gewinnrücklagen und die stillen Reserven der Tochterkapitalgesellschaft sind aber im Regelfall schon bei dieser mit Körperschaft- und Gewerbesteuer belastet worden bzw. werden in Zukunft mit diesen Steuerbelastungen versehen werden. Des weiteren muß man sehen, daß, wie erläutert, Dividenden einer Tochterkapitalgesellschaft an ihre Mutterkapitalgesellschaft, die ja aus den von den Tochterkapitalgesellschaft erzielten (und dort auch im Regelfall versteuerten) Gewinnen gespeist werden, bei der Mutterkapitalgesellschaft zur Vermeidung von Doppelbesteuerungen resp. kumulativen Steuerbelastungen steuerfrei gestellt werden. Erst bei ihrer Weiterausschüttung an eine natürliche Person als Aktionär bzw. Gesellschafter der Mutterkapitalgesellschaft unterliegen die Dividenden dort der neuen Halbeinkünfte-Einkommensteuer. Mit diesen Regelungen korrespondiert, daß auch die Veräußerungsgewinne auf der Ebene der veräußernden Mutterkapitalgesellschaft steuerfrei gestellt sind, während sie bei einer Weiterausschüttung an die natürliche Person als Aktionär bzw. Gesellschafter der Muttergesellschaft der Halbeinkünfte-Einkommensteuer unterliegen. M.a.W.: Die Gewinne der Muttergesellschaft aus der Veräußerung von Anteilen an der Tochterkapitalgesellschaft werden nicht anders als Ausschüttungen aus der Tochterkapitalgesellschaft besteuert. Oder anders formuliert: Auch bei steuerlicher Freistellung der Anteilsveräußerungsgewinne fallen am Ende alle drei Steuerbelastungen an, die auf den in einer Kapitalgesellschaft erzielten und dann ausgeschütteten Gewinn auch ohne Anteilseignerwechsel anfallen würden: Körperschaftsteuer, Gewerbesteuer und Halbeinkünfte-Einkommensteuer.

Es ist zwar zutreffend, daß, soweit der Anteilskaufpreis stille Reserven in der Tochterkapitalgesellschaft abbildet, die Steuerbelastungen auf Ebene der Tochterkapitalgesellschaft erst später eintreten werden und die die Anteile veräußernde Muttergesellschaft diese auf ihrer Ebene zeitlich vorgezogen steuerfrei realisiert. Indessen: Würde der Veräußerungsgewinn steuerlich belastet, so wäre der Fall der Anteilsveräußerung gegenüber dem Fall ohne Anteilsveräußerung (stand-alone-Fall) steuerlich stärker belastet, weil neben die Veräußerungsgewinnsteuer die Belastung der realisierten Reserven auf Ebene der Tochterkapitalgesellschaft tritt – ein Ergebnis, das sicher nicht mit den wirtschaftspolitischen Intentionen der Bundesregierung vereinbar gewesen wäre.

Dies ist auch dann der Fall, wenn man den Anteilsverkäufer und den Anteilskäufer gemeinsam betrachtet. Denn: Mit der Steuerfreiheit von Veräußerungsgewinnen korrespondiert nach den Neuregelungen des StSenkG, daß der Anteilskäufer keine Möglichkeit mehr hat, seine Anschaffungskosten in steuerliches Abschreibungssubstrat zu transformieren, und auch Wertverluste in der erworbenen Beteiligung nicht mehr steuerlich gelten machen kann (nur bei erwerbenden natürlichen Personen sind Auswirkungen im Rahmen der Halbeinkünfte-Einkommensbesteuerung denkbar).

Dieser Zusammenhang zwischen der steuerlichen Freistellung von Veräußerungsgewinnen beim körperschaftsteuerpflichtigen Anteilsverkäufer und der steuerlichen Nichtberücksichtigung der Aufwendungen des Anteilskäufers hat zu der Alternativüberlegung geführt, daß man auch umgekehrt hätte vorgehen können, daß also auch der Veräußerungsgewinn besteuert und die steuerliche Geltendmachung der Aufwendungen beim Anteilskäufer hätte zugelassen werden können. Indessen: Letzteres hätte auch nach der neuen Besteuerungssystematik zeitnah nur in Form eines sog. Kombinationsmodells, verbunden mit einer ausschüttungsbedingten Teilwertabschreibung, bzw. durch Umwandlung der Kapitalgesellschaft, an der Anteile erworben wurden, in eine Personengesellschaft erreichbar sein können. Beide Techniken sind aber, wie die Vergangenheit gezeigt hat, in vielen Praxisfällen (insbesondere bei Anteilskäufen unter 75 %) gerade nicht realisierbar, so daß der Anteilsverkauf gegenüber dem stand-alone-Fall wieder steuerlich bestraft worden wäre. Auch eine Lösung nach Maßgabe der erläuterten Alternativüberlegung hätte also den wirtschaftspolitischen Intentionen der Bundesregierung widersprochen.

Vergleicht man die Besteuerung des Verkaufs und Kaufs von Anteilen an Kapitalgesellschaften mit der des Verkaufs und Kaufs von Anteilen an Personengesellschaften etc., so ist es irreführend, nur auf

C. VI. Änderung § 8b KStG

die unterschiedliche Belastung der Veräußerungsgewinne hinzuweisen. Dies schon deshalb, weil – wie erwähnt – mit der steuerfreien Veräußerung von Kapitalgesellschaftsanteilen auch der spätere Anfall von Körperschaftsteuer und Gewerbesteuer auf Ebene der Tochterkapitalgesellschaft und von Halbeinkünfte-Einkommensteuer auf Ebene der Gesellschafter der Mutterkapitalgesellschaft einhergeht.

Darüber hinaus ist insbesondere zu berücksichtigen, daß – anders als beim Kauf von Anteilen an Kapitalgesellschaften – der Käufer von Personengesellschaftsanteilen etc. seinen Anteilskaufpreis (die mitbezahlten stillen Reserven) steuerwirksam abschreiben kann. Es versteht sich von selbst, daß dieser Unterschied in vielen praktischen Fällen kaufpreisbeeinflussend ist – m.a.W.: die Steuerfreiheit des Veräußerungsgewinns wird der körperschaftsteuerpflichtige Verkäufer von Kapitalgesellschaftsanteilen regelmäßig mit Kaufpreiseinbußen bezahlen.

Gewichtige wirtschaftliche Nachteile sind für den Verkäufer von Kapitalgesellschaftsanteilen des weiteren deshalb zu erwarten, weil nach § 3 c EStG für den Anteilskäufer die Steuerwirksamkeit des Abzugs von Zinsaufwendungen aus der Refinanzierung des Kapitalgesellschaftsanteilskaufs – unzutreffenderweise – ausgeschlossen bzw. beschränkt wird, während es bei der vollen steuerlichen Abzugsfähigkeit der Refinanzierungsaufwendungen für den Kauf von Personengesellschaftsanteilen etc. bleibt.

Wesentlich ist darüber hinaus, daß mit der grundsätzlichen Steuerfreiheit von Veräußerungsgewinnen auch die grundsätzliche steuerliche Irrelevanz von Verlusten aus der Veräußerung von Kapitalgesellschaftsanteilen korrespondiert, während Verluste aus der Veräußerung von Personengesellschaftsanteilen etc. nach wie vor vollständig steuerlich verwertbar sind.

Anteilsveräußerungsverluste und Teilwertabschreibungen

Abs. 3 regelt, daß Veräußerungsverluste bzw. Teilwertabschreibungen betreffend die unter Abs. 2 fallenden Anteile steuerlich nicht zu berücksichtigen sind.

Dies ist einleuchtend, soweit eine Veräußerung der Anteile im Gewinnfall auch zu einer steuerfreien Gewinnrealisierung führen würde (Ausnahme: Liquidationsverluste). In den Fällen, in denen wegen der in Abs. 4 geregelten Sperrfristen keine steuerfreien Veräußerungsgewinne erzielt werden könnten, ist die – wohl beabsichtigte – Anordnung der steuerlichen Irrelevanz von Veräußerungsverlusten demgegenüber überschießend und nicht gerechtfertigt. Dies gilt auch für die

Regelung in Abs. 3 S. 2, die anordnet, daß Teilwertabschreibungen innerhalb der einjährigen Behaltefrist des Abs. 2 unberücksichtigt bleiben sollen. Zutreffend ist es demgegenüber (wenn auch vor dem Hintergrund der übrigen Regelungen zu Veräußerungsverlusten eher überraschend), daß wohl im Umkehrschluß aus Abs. 3 S. 2 geschlossen werden muß, daß Veräußerungsverluste innerhalb der einjährigen Behaltefrist steuerlich berücksichtigungsfähig sind (allerdings gem. § 15 Abs. 4 S. 5 EStG n.F. nur verrechnungsbeschränkt).

Sperrfristen

Abs. 4 regelt für die Veräußerungsgewinnsteuerfreiheit eine siebenjährige Sperrfrist für den Fall, daß die veräußerten Anteile einbringungsgeboren i.S.d. § 21 UmwStG sind oder zu einem Wert unter Teilwerten von nicht gemäß § 8 b Abs. 2 KStG n.F. begünstigten Einbringenden erworben worden sind. Ausnahmsweise gilt diese Sperrfrist jedoch dann nicht, wenn die veräußerten Anteile durch einen Einbringungsvorgang nach § 20 Abs. 1 S. 2 UmwStG erworben worden sind. Dahinter steckt die Überlegung, daß eine Einbringung dann sinnvollerweise keine Sperrfrist auslösen kann, wenn der Einbringungsgegenstand selbst bereits nach § 8 b Abs. 2 KStG n.F. hätte begünstigt veräußert werden können. Diese – an sich richtige – Idee ist allerdings, wie zu zeigen sein wird, mehrfach nicht zutreffend umgesetzt worden. Mit ihr korrespondiert, daß Abs. 4 S. 2 Nr. 2 2. Hs. wiederum eine Ausnahme von der Ausnahme für den Fall vorsieht, daß die nach § 20 Abs. 1 S. 2 UmwStG eingebrachten Anteile ihrerseits einbringungsgeborene Anteile waren, die auf Einbringungen von Betrieben, Teilbetrieben oder Mitunternehmeranteilen zurückzuführen sind. Die Vorschrift ähnelt, was die grundsätzliche Intention angeht, dem bisherigen § 8 b Abs. 3 KStG (im Hinblick auf § 8 b Abs. 2 KStG a.F.), ist aber im Detail doch ganz neu und eigenständig konzipiert.

§ 3 c EStG – Fiktion bei Auslandsdividenden

Abs. 5 entspricht – von redaktionellen Korrekturen abgesehen – dem bisherigen Abs. 7 des § 8 b KStG. Die Regelung sieht eine Fiktion nicht abzugsfähiger Ausgaben, die in unmittelbarem wirtschaftlichem Zusammenhang mit steuerfrei vereinnahmten Auslandsdividenden stehen, in Höhe von 5 % der vereinnahmten steuerfreien Auslandsdividenden vor.

Der bisherige Abs. 7 ist durch die Finanzverwaltung so verstanden worden, daß die Fiktion die Anordnung einer 5 %igen Steuerpflicht der im übrigen freigestellten Auslandsdividenden bezweckt, und zwar

C. VI. Änderung § 8b KStG

unabhängig davon, in welchem Umfang tatsächlich Aufwendungen gegeben sind, die in unmittelbarem wirtschaftlichem Zusammenhang mit den steuerfrei vereinnahmten Auslandsdividenden stehen, und daß im übrigen tatsächlich angefallene, im Zusammenhang stehende Aufwendungen uneingeschränkt steuerlich abzugsfähig sind. Es ist nicht erkennbar, daß § 8 b Abs. 5 KStG n.F. zu einem abweichenden Verständnis der Finanzverwaltung führen wird.

Die Regelung des Abs. 5 steht im Gegensatz zur Anwendung des § 3c Abs. 1 EStG n.F. auf steuerfrei vereinnahmte Inlandsdividenden bzw. des § 3 c Abs. 2 EStG n.F. auf hälftig steuerfrei vereinnahmte Dividenden.

Zwischengeschaltete Mitunternehmerschaft

Abs. 6 regelt, daß die übrigen Absätze des § 8 b KStG n.F. auch dann anzuwenden sind, wenn zwischen die Mutterkapitalgesellschaft und die Tochterkapitalgesellschaft eine Mitunternehmerschaft zwischengeschaltet ist. Diese Anordnung war erforderlich, weil die Finanzverwaltung für den bisherigen § 8 b KStG bekanntlich eine gegenteilige Auffassung vertritt. Im Detail resultierten aus der Neuregelung allerdings viele Zweifelsfragen.

Verhältnis zu §§ 3 Nr. 40, 3 c Abs. 2 EStG n.F.

Noch unklar ist, ob und inwieweit bei Kapitalgesellschaften §§ 3 Nr. 40, 3 c Abs. 2 EStG n.F. subsidiär zu § 8 b KStG n.F. sowie § 3 c Abs. 1 EStG n.F. zur Anwendung gelangen können (wird nachstehend nicht weiter problematisiert).

b) Einzelerläuterungen

aa) Dividendenfreistellung (Abs. 1)

Bezüge

Die in Absatz 1 geregelte Dividendenfreistellung ordnet an, daß sämtliche Bezüge i.S.d. § 20 Abs. 1 Nrn. 1, 2, 9 und 10 Buchst. a) des EStG bei der Ermittlung des körperschaftsteuerlichen Einkommens außer Ansatz bleiben.

Im Verhältnis zwischen Kapitalgesellschaften sind die Bezüge i.S.d. § 20 Abs. 1 Nr. 1 und 2 EStG relevant. Dies sind alle Dividenden und sonstige Bezüge aus Aktien, aus Anteilen an GmbH's sowie aus Genußrechten, mit denen das Recht am Gewinn und Liquidationserlös einer Kapitalgesellschaft verbunden ist. Zu den erfaßten Bezügen gehören auch verdeckte Gewinnausschüttungen.

Die Bezüge werden wohl auch von der Dividendenfreistellung erfaßt, wenn sie aus Ausschüttungen einer unbeschränkt steuerpflichtigen Kapitalgesellschaft stammen, für die das steuerliche Einlagenkonto als verwendet gilt, soweit sie bei der Mutterkapitalgesellschaft steuerlich ertragswirksam sind (die Subsumtion unter § 8 b Abs. 1 KStG n.F. an Stelle des § 8 b Abs. 2 KStG n.F. ist bedeutsam, weil damit weder Behalte- noch Sperrfrist von Bedeutung sind).

Auch Bezüge aufgrund einer Kapitalherabsetzung oder einer Liquidation der Tochterkapitalgesellschaft sind von der Dividendenfreistellung erfaßt, soweit Beträge i.S.d. § 28 S. 4 KStG als verwendet gelten (=Auskehrung von Nennkapital, das bei einer Kapitalerhöhung aus Gesellschaftsmitteln aus der Umwandlung von Gewinnrücklagen nach „Verbrauch" des steuerlichen Einlagenkontos entstanden ist).

Nicht von der Dividendenfreistellung erfaßt sind bspw. Erträge aus typisch stillen Beteiligungen und aus partiarischen Darlehen sowie das bei Vorliegen einer körperschaftsteuerlichen Organschaft zugerechnete Einkommen der Organgesellschaft.

Dividenden in- und ausländischer Kapitalgesellschaften

Irrelevant ist es, ob die ausschüttende Kapitalgesellschaft im Inland oder im Ausland ansässig ist. § 20 Abs. 1 Nr. 1 S. 3 EStG weist zwar bei der Abgrenzung von Dividenden und Einlagenrückgewähr auf das steuerliche Einlagenkonto einer „unbeschränkt" steuerpflichtigen Kapitalgesellschaft hin. Offen bleibt damit jedoch nur, wie die Abgrenzung zwischen Dividenden und Einlagerückgewähr im Verhältnis zu ausländischen Tochterkapitalgesellschaften erfolgt. An der grundsätzlichen Anwendung des Abs. 1 auch auf Bezüge aus ausländischen Tochterkapitalgesellschaften ändert sich dadurch nichts.

In- und ausländische Kapitalgesellschaft geeignete Dividendenempfänger

§ 8 b Abs. 1 KStG setzt auch nicht voraus, daß die die Dividenden empfangende Kapitalgesellschaft unbeschränkt steuerpflichtig ist. Das bedeutet, daß § 8 b Abs. 1 KStG auch auf ausländische Mutterkapitalgesellschaften anzuwenden ist, soweit diese mit den Dividendeneinnahmen in Deutschland beschränkt steuerpflichtig sind. Dies ist nicht nur bei Zurechnung der Anteile an der Tochterkapitalgesellschaft zu einer inländischen Betriebsstätte der ausländischen Mutterkapitalgesellschaft der Fall. Allerdings soll in allen anderen Fällen ein evtl. Kapitalertragsteuerabzug nach wie vor zulässig sein und Abgeltungscharakter haben (zweifelhaft; dazu auch w.u.).

C. VI. Änderung § 8b KStG

Sonderfälle

Die Dividendenfreistellung gilt über Abs. 6 auch, wenn zwischen die Tochterkapitalgesellschaft und die Mutterkapitalgesellschaft eine Mitunternehmerschaft zwischengeschaltet ist (s. dort).

Die Dividendenfreistellung gilt auch, wenn die empfangende Mutterkapitalgesellschaft ihrerseits Organgesellschaft ist und auch der Organträger (bzw. der Gesellschafter einer Organträger-Personengesellschaft) § 8 b Abs. 1 KStG in Anspruch nehmen kann.

Die Dividendenfreistellung erfolgt auch dann, wenn auf Ebene der (inländischen [zur ausländischen s. sogleich]) Tochterkapitalgesellschaft die Gewinnerzielung ausnahmsweise steuerunbelastet erfolgt ist (Verlustvortrag, Investitionszulage u.ä.). Allerdings sind in diesen Fällen regelmäßig die Übergangsregelung und § 27 KStG n.F. besonders zu beachten.

GewSt

Die Dividendenfreistellung gilt auch für die Gewerbesteuer (zur Problematik im Rahmen des Abs. 6 s. dort).

Konsequenzen für Ausgabenabzug

Die Vereinnahmung freigestellter Inlandsdividenden hat Bedeutung für die in unmittelbarem wirtschaftlichem Zusammenhang damit stehenden Ausgaben. Hinweis auf § 3 c Abs. 1 EStG n.F.

Die Vereinnahmung steuerfrei gestellter Auslandsdividenden hat keine Bedeutung für damit in unmittelbarem wirtschaftlichem Zusammenhang stehende Ausgaben, weil § 8 b Abs. 5 KStG n.F. eine „abgeltende" pauschale 5 %-Steuerpflicht anordnet (näher s. dort).

KapESt

Trotz der Dividendenfreistellung ordnet § 43 EStG den Einbehalt einer 20%igen Kapitalertragsteuer auf die Dividendenausschüttung an. Wird die empfangende Mutterkapitalgesellschaft als unbeschränkt Steuerpflichtige oder als beschränkt Steuerpflichtige mit einer inländischen Betriebsstätte normal veranlagt, ist die 20%ige Kapitalertragsteuer auf Ebene der empfangenen Mutterkapitalgesellschaft normal anzurechnen sowie ggf. zu erstatten.

Im Verhältnis zu einer beschränkt steuerpflichtigen Mutterkapitalgesellschaft, die die Anteile an der Tochterkapitalgesellschaft nicht über eine inländische Betriebsstätte hält, ist der Gesetzgeber offensichtlich von einem Kapitalertragsteuerabzug mit Abgeltungswirkung ausgegangen. Dies ist nicht nur deswegen problematisch, weil – wie bisher – diese Abgeltungssteuer auf Bruttobasis erhoben wird. Vielmehr stellt sich auch die Frage, ob der Umstand, daß nun nach nationalem Steuerrecht dem Grunde nach für derartige Dividenden überhaupt keine Steuerpflicht mehr gegeben ist (Dividendenfreistellung), nun auch einen Kapitalertragsteuerabzug mit Abgeltungswirkung unmöglich macht. Die diesbezügliche Diskussion ist bisher noch nicht ausreichend geführt worden. Der Gesetzgeber hat den Umstand offensichtlich nicht bedacht.

Evtl. im Ausland einbehaltene KapESt auf unter die Dividendenfreistellung fallende Auslandsdividenden kann im Inland nicht angerechnet werden.

Sonderfragen von Auslandsdividenden

Da die Dividendenfreistellung im Verhältnis zu ausländischen Tochterkapitalgesellschaften unabhängig von der ausländischen Vorbelastung der Tochterkapitalgesellschaft gilt, ist es denkbar, daß im Ausland erzielte Gewinne lediglich mit deutscher Körperschaftsteuer auf 5 % der Auslandsdividende (§ 8 b Abs. 5 KStG n.F.) und Halbeinkünfte-Einkommensteuer belastet bis in die Sphäre der inländischen natürlichen Person gelangen.

Einziges durch den Gesetzgeber vorgesehenes Korrektiv ist die Verschärfung der Hinzurechnungsbesteuerung für passive ausländische Einkünfte. Für diese Einkünfte soll nach der neuen Konzeption der Hinzurechnungsbesteuerung im Falle ausländischer Niedrigsteuerbelastung eine ausreichende Vorbelastung durch eine inländische Sondersteuer gewährleistet werden. § 10 Abs. 2 AStG n.F. ordnet dabei an, daß § 8 b Abs. 1 KStG n.F. auf den Hinzurechnungsbetrag keine Anwendung findet. Was der Gesetzgeber bei der Neuregelung der Hinzurechnungsbesteuerung allerdings übersehen hat, ist, daß § 8 b Abs. 1 KStG n.F. bei der Ermittlung des Hinzurechnungsbetrags nach § 10 Abs. 3 S. 1 AStG anwendbar sein dürfte. § 10 Abs. 3 S. 4 AStG n.F. steht dem nicht entgegen. Dies ist insbesondere für ausländische Holdings von Bedeutung.

§ 8 b Abs. 5 KStG a.F. ist unzutreffenderweise gestrichen worden. Das Streichen ist deshalb unzutreffend, weil es nach wie vor DBA-Schachteldividenden gibt, die nicht gleichzeitig unter die Dividendenfreistellung fallen.

C. VI. Änderung § 8b KStG

bb) Freistellung von Anteilsveräußerungsgewinnen (Abs. 2)

Grundsatz der Steuerfreiheit

Abs. 2 S. 1 ordnet an, daß Gewinne aus der Veräußerung eines Anteils an einer Tochterkapitalgesellschaft, deren Leistungen beim Empfänger zu Einnahmen i.S.d. § 20 Abs. 1 Nrn. 1, 2, 9 und 10 Buchst. a) des EStG gehören, bei der Ermittlung des Einkommens der Mutterkapitalgesellschaft im Grundsatz außer Ansatz bleiben.

Alle Tochterkapitalgesellschaften, seien sie im Inland oder seien sie im Ausland ansässig, können Leistungen erbringen, die bei der Mutterkapitalgesellschaft zu den Einnahmen i.S.d. § 20 Abs. 1 Nrn. 1 und 2 EStG gehören. Die Bezüge wären als Dividendeneinnahmen gem. § 8 b Abs. 1 KStG n.F. bei der Mutterkapitalgesellschaft freigestellt, blieben also ebenfalls bei der Ermittlung ihres Einkommens außer Ansatz.

§ 8 b Abs. 2 S. 1 KStG n.F. erstreckt m.a.W. die Dividendenfreistellung im Grundsatz auch auf den Anteilsveräußerungsgewinn. Damit wird nicht nur einer wirtschaftspolitischen Zielsetzung (Aufbrechen der „Deutschland-AG") Rechnung getragen, sondern der systematisch wesentliche Umstand berücksichtigt, daß stille Reserven in einem Kapitalgesellschaftsanteil immer entweder auf bereits in der Tochterkapitalgesellschaft erzielte Gewinne oder auf erwartete zukünftige Gewinne in der Tochterkapitalgesellschaft zurückzuführen sind.

Einschränkung des Grundsatzes der Steuerfreiheit

Das Gesetz schränkt den Grundsatz der Steuerfreiheit mehrfach ein. So setzt § 8 b Abs. 2 S. 1 letzter Halbsatz KStG n.F. voraus, daß die veräußerten Anteile im Zeitpunkt der Veräußerung seit mindestens einem Jahr (Behaltefrist) ununterbrochen zum Betriebsvermögen des Steuerpflichtigen gehört haben müssen. Hinter dieser Regelung steht die Überlegung, daß ein Gewinn aus „Anteilshandel" nicht begünstigt werden soll.

§ 8 b Abs. 2 S. 2 KStG sieht darüber hinaus vor, daß, soweit auf die veräußerten Anteile eine steuerwirksame Teilwertabschreibung vorgenommen und nicht bereits durch eine spätere Zuschreibung wieder ausgeglichen wurde, ein steuerpflichtiger Veräußerungsgewinn entsteht. Dies ist verständlich. Zutreffend ist insbesondere, daß die Steuerwirksamkeit der früheren Teilwertabschreibung für die ausnahmsweise anteilige Steuerpflichtigkeit des Veräußerungsgewinns vorausgesetzt ist. Das bedeutet, daß eine nicht steuerwirksame Teilwertabschreibung z.B. aufgrund des § 50 c EStG keinen partiell steuerpflichtigen Anteilsveräußerungsgewinn auslösen kann. Offen ist, wie mit nur gewerbesteuerlich nicht anerkannten Teilwertabschreibungen zu verfahren ist. Nach dem Gedanken des § 8 b Abs. 2 S. 2 KStG n.F. müßte insoweit eigentlich nur körperschaftsteuerlich eine Nachversteuerung erfolgen, gewerbesteuerlich müßte sie unterbleiben.

Schließlich sieht § 8 b Abs. 4 KStG n.F. für verschiedene Fallvarianten siebenjährige Sperrfristen vor (näher dazu s. dort).

Veräußerungsbegriff i.w.S.

Wie schon in § 8 b Abs. 2 KStG a.F. gilt auch in § 8 b Abs. 2 KStG n.F. im Grundsatz der normale ertragsteuerliche Veräußerungsbegriff. § 8 b Abs. 2 S. 3 KStG fingiert, daß auch die verdeckte Einlage als Veräußerung i.S.d. § 8 b Abs. 2 S. 1 KStG gilt. Nicht erfaßt ist demgegenüber leider nach wie vor die verdeckte Gewinnausschüttung.

Offen ist, wie eine Einlagenrückgewähr, die über den Buchwert des Anteils hinausgeht, zu behandeln ist. Möglicherweise ist sie, wie bereits zu Abs. 1 erwähnt, nach neuem Recht wie Dividenden zu behandeln, so daß Abs. 1 zur Anwendung kommen würde.

Wie ein Anteilsveräußerungsgewinn ist auch ein Gewinn aus der Auflösung der Tochterkapitalgesellschaft oder der Herabsetzung ihres Nennkapitals zu behandeln. Auch eine Zuschreibung in Folge des § 6 Abs. 1 S. 1 Nr. 2 S. 3 EStG bleibt bei der Ermittlung des Einkommens der zuschreibungspflichtigen Mutterkapitalgesellschaft außer Ansatz (Ausnahme: die vorangegangene Teilwertabschreibung war steuerwirksam).

In- und ausländische Kapitalgesellschaften geeignete Veräußerer

§ 8 b Abs. 2 KStG n.F. gilt wie die Dividendenfreistellung des § 8 b Abs. 1 KStG n.F. im Grundsatz sowohl für veräußernde inländische Mutterkapitalgesellschaften als auch für veräußernde ausländische Mutterkapitalgesellschaften. Die noch im Regierungsentwurf vorgesehen Einschränkung, daß ausländische Mutterkapitalgesellschaften nur dann begünstigt sind, wenn sie aus einer inländischen Betriebsstätte heraus veräußern, ist nicht Gesetz geworden.

Diskutiert wird, ob die Bezugnahme in § 8 b Abs. 2 S. 1 KStG n.F. auf ein Betriebsvermögen (Behaltefrist) bzw. die isolierende Betrachtungsweise des § 49 Abs. 2 EStG doch dazu führen kann, daß für eine steuerausländische Mutterkapitalgesellschaft eine inländische Betriebsstätte vorausgesetzt ist. Dies ist m.E. nicht der Fall. Man könnte höchstens daran denken, daß auf Ebene der ausländischen Mutterkapitalgesellschaft ein Halten im Betriebsvermögen verlangt

C. VI. Änderung § 8b KStG

wird. Allerdings würde auch dies der Intention der Vorschrift ersichtlich nicht gerecht. Sie muß so gelesen werden, daß für den Fall, daß die Mutterkapitalgesellschaft die Anteile in einem Betriebsvermögen hält, eine einjährige Behaltefrist eingehalten werden muß.

Behaltefrist

Fraglich ist, wie die Behaltefrist zu berechnen ist, wenn die Kapitalgesellschaft die veräußerten Anteile durch einen steuerlich rückwirkend vorgenommenen Vorgang übernommen hat. M.E. dürfte in diesem Fall auf den steuerlichen Übertragungsstichtag (und nicht auf den evtl. später liegenden Tag des tatsächlichen Wirksamwerdens der Übertragung) abzustellen sein. Außerdem ist fraglich, ob es in Fällen steuerlicher Rechtsnachfolge für die Behaltefrist eine Besitzzeitanrechnung gibt. Bsp.: Eine Mutterkapitalgesellschaft bringt Anteile an einer Tochterkapitalgesellschaft, die sie bereits länger hält, zu Buchwerten in eine andere Tochterkapitalgesellschaft ein. M.E. ist in derartigen Fällen nach den Regeln des UmwStG eine Besitzzeitanrechnung geboten.

Die einjährige Behaltefrist, die insbesondere auch normale Wertpapiergeschäfte der Banken treffen und für diese die Veräußerungsgewinnsteuerfreiheit verhindern soll, könnte den deutschen Markt für Wertpapierleihgeschäfte, unechte Wertpapierpensionsgeschäfte, etc. empfindlich beeinträchtigen. Dies dann, wenn man der Auffassung sein sollte, daß nach Abwicklung derartiger Geschäfte für den Verleiher bzw. den Pensionsgeber die einjährige Behaltefrist neu zu laufen beginnt. Es sollte insoweit von einem nicht unterbrochenen Fristlauf aus der Sicht des Verleihers bzw. des Pensionsgebers ausgegangen werden.

Anteile an körperschaftsteuerlicher Organtochter

Fraglich ist, ob auch Anteile an einer körperschaftsteuerlichen Organgesellschaft unter § 8 b Abs. 2 KStG n.F. fallen. Dies könnte man deshalb in Zweifel ziehen, weil das Einkommen der körperschaftsteuerlichen Organgesellschaft gem. § 14 KStG dem Organträger zugerechnet wird, so daß die Leistungen der Organgesellschaft beim Empfänger nicht zu den Einnahmen i.S.d. § 20 Abs. 1 Nrn. 1 und 2 EStG gehören. Indessen: Zutreffend dürfte es sein, insoweit darauf abzustellen, daß eine Organkapitalgesellschaft derartige Einnahmen abstrakt vermittelt. Im übrigen ist es auch konkret denkbar, daß sie im Falle von vororganschaftlich verursachten Mehrabführungen Einnahmen i.S.d. § 20 EStG vermittelt (auch Hinweis auf Ausgleichszahlungen an außenstehende Gesellschafter).

Sollte man gleichwohl der Auffassung sein, daß Anteile an körperschaftsteuerlichen Organtöchtern nicht i.S.d. § 8 b Abs. 2 S. 1 KStG n.f. begünstigt sind, so wäre zusätzlich dem Umstand Rechnung zu tragen, daß eine Veräußerung der Anteile an einer körperschaftsteuerlichen Organgesellschaft in vielen Fällen automatisch zum Ende der körperschaftsteuerlichen Organschaft führen wird. Wird der Anteil an der Organgesellschaft unterjährig veräußert, endet die körperschaftsteuerliche Organschaft rückwirkend zu Beginn des angebrochenen Wirtschaftsjahres der Organgesellschaft. Dann wäre aber wiederum im Zeitpunkt der Veräußerung gar kein Anteil an einer körperschaftsteuerlichen Organtochter Veräußerungsgegenstand, so daß § 8 b Abs. 2 S. 1 KStG n.f. auch unabhängig von der diskutierten Frage zur Anwendung käme. Würden dagegen die Anteile im Schnittpunkt der Wirtschaftsjahre der Organgesellschaft veräußert, so wäre entscheidend, ob die Anteilsveräußerung noch als letzter Geschäftsvorfall innerhalb der Organschaftszeit oder als erster Geschäftsvorfall nach Beendigung der Organschaftszeit zu qualifizieren wäre. Darauf kann es aber nicht ernsthaft ankommen. Auch dies spricht folglich dafür, dem Vorliegen einer körperschaftsteuerlichen Organschaft bei der Anwendung des § 8 b Abs. 2 KStG n.F. keine Beachtung zu schenken.

Sollte sich gleichwohl eine andere Sichtweise durchsetzen, hätte diese natürlich auch im Rahmen des § 8 b Abs. 3 KStG n.F. Bedeutung.

Sonderfälle

Die Freistellung von Anteilsveräußerungsgewinn gilt über Abs. 6 auch, wenn zwischen die Tochterkapitalgesellschaft und die Mutterkapitalgesellschaft eine Mitunternehmerschaft zwischengeschaltet ist (siehe dort).

Die Freistellung der Anteilsveräußerungsgewinne gilt auch, wenn die veräußernde Mutterkapitalgesellschaft ihrerseits Organgesellschaft ist und auch der Organträger (bzw. der Gesellschafter einer Organträger-Personengesellschaft) § 8 b Abs. 2 KStG n.F. in Anspruch nehmen kann.

GewSt

Die Freistellung der Anteilsveräußerungsgewinne gilt auch für die Gewerbesteuer (zu besonderen Fragen im Zusammenhang mit Abs. 6 s. dort).

C. VI. Änderung § 8b KStG

Konsequenzen für Ausgabenabzug

Die Vereinnahmung freigestellter Anteilsveräußerungsgewinne hat – unabhängig davon, ob Anteile an inländischen oder ausländischen Tochterkapitalgesellschaften veräußert werden – Bedeutung für die in unmittelbarem, wirtschaftlichem Zusammenhang damit stehenden Ausgaben. Hinweis auf § 3 c Abs. 1 EStG n.F.

Sonderfragen von Auslandsbeteiligungen

Die Freistellung von Gewinnen aus der Veräußerung von Anteilen an ausländischen Tochterkapitalgesellschaften gilt unabhängig davon, wie die bereits realisierten bzw. noch zu realisierenden zukünftigen Gewinne der Auslandstochterkapitalgesellschaft, die den Anteilsveräußerungspreis bestimmt haben, im Ausland steuerlich belastet werden.

Einziges durch den Gesetzgeber vorgesehenes Korrektiv ist die Verschärfung der Hinzurechnungsbesteuerung für passive, ausländische Einkünfte. Für diese Einkünfte sollen nach der neuen Konzeption der Hinzurechnungsbesteuerung im Falle ausländischer Niedrigsteuerbelastung eine ausreichende Vorbelastung durch eine inländische Sondersteuer gewährleistet werden. Dies betrifft aber nur die laufenden Einkünfte der Auslandsgesellschaft, nicht die Veräußerung der Anteile an der Auslandsgesellschaft.

Vor diesem Hintergrund erscheint es äußerst problematisch, daß Anteilsveräußerungsgewinne, die eine ausländische Zwischengesellschaft i.S.d. AStG erzielt, in vielen Fällen der Hinzurechnungsbesteuerung unterworfen werden sollen. Der Wertungswiderspruch zur Behandlung von Anteilsveräußerungsgewinnen aus inländischen Mutterkapitalgesellschaften heraus ist eklatant. Was der Gesetzgeber bei der Neuregelung der Hinzurechnungsbesteuerung allerdings übersehen hat, ist, daß § 8 b Abs. 2 KStG n.F. bei der Ermittlung des Hinzurechnungsbetrags nach § 10 Abs. 3 S.1 AStG n.F. anwendbar sein dürfte. § 10 Abs. 3 S. 4 AStG steht dem nicht entgegen. Dies ist für Auslandsholdings von Bedeutung.

Konkurrenz § 8 b Abs. 2 KStG n.F. und UmwStG

In Umstrukturierungsfällen wird sich – wie schon im Verhältnis UmwStG zu § 8 b Abs. 2 KStG a.F. – nach neuem Recht in vielen Fällen ein Gestaltungswahlrecht zwischen UmwStG und § 8 b Abs. 2 KStG n.F. ergeben. Regelmäßig wird man insoweit schon deshalb § 8 b Abs. 2 KStG n.F. nutzen wollen, weil eine gesicherte steuerfreie Wertaufstockung besser als keine Wertaufstockung ist. Allerdings können gegenläufige § 3 c EStG-Effekte zu beachten sein. Nachteilig kann auch sein, daß eine steuerbefreite gewinnrealisierende Einbringung Ausschüttungsbegehrlichkeiten wecken kann.

Vorstehendes betrifft nach Auffassung der Finanzverwaltung allerdings nur die Einbringungstatbestände, da ansonsten keine „Veräußerung" i.S.d. § 8 b Abs. 2 KStG gegeben ist (Tz. 03.11 UmwSt-Erlaß; aber auch Hinweis auf Änderung durch Erfassung der verdeckten Einlage in § 8 b Abs. 2 KStG).

cc) Anteilsveräußerungsverluste und Teilwertabschreibungen (Abs. 3)

Überblick

Abs. 3 S. 1 ordnet an, daß Gewinnminderungen, die durch den Ansatz des niedrigeren Teilwertes des in Abs. 2 genannten Anteils oder durch Veräußerung des Anteils oder bei Auflösung oder Kapitalherabsetzung entstehen, bei der Gewinnermittlung nicht zu berücksichtigen sind. Abs. 3 S. 2 ordnet an, daß dies auch für Gewinnminderungen durch den Ansatz des niedrigeren Teilwerts innerhalb der Behaltefrist i.S.d. Abs. 2 gilt.

Die in diesem „steuergesetzlichen Verwirrspiel" zum Ausdruck kommenden Wertentscheidungen sind nicht nachvollziehbar, sie sind willkürlich.

Zutreffend wäre es, in all den Fällen, in denen ein Anteilsveräußerungsgewinn steuerfrei vereinnahmt werden könnte, auch die steuerliche Irrelevanz von Anteilsveräußerungsverlusten (bzw. sonstigen Gewinnminderungstatbeständen) vorzusehen. Sachgerecht wäre dies nur nicht im Falle eines Liquidationsverlustes, weil insoweit auch in der Totalperiode keine zweifache Verlustberücksichtigung droht.

Abs. 3 S. 1

Demgegenüber ordnet Abs. 3 S. 1 an, daß im Grundsatz alle Gewinnminderungen, die die in Abs. 2 genannten Anteile betreffen, bei der (steuerlichen) Gewinnermittlung nicht zu berücksichtigen sind. Diese Aussage betrifft alle Anteile an in- und ausländischen Kapitalgesellschaften, die für ihre Mutterkapitalgesellschaften Leistungen erbringen, die zu den Einnahmen i.S.d. § 20 Abs. 1 Nr. 1 und 2 EStG gehören. Offensichtlich soll es dabei nicht darauf ankommen, ob für diese Anteile eine Sperrfrist i.S.d. Abs. 4 im Zeitpunkt der Veräußerung läuft, oder ob dies nicht der Fall ist. D.h., daß auch dann, wenn wegen des Laufs einer Sperrfrist i.S.d. Abs. 4 ein Veräußerungsgewinn steuerpflichtig wäre, der Veräußerungsverlust (oder eine sonsti-

C. VI. Änderung § 8b KStG

ge Gewinnminderung betreffend die Anteile) steuerlich nicht berücksichtigungsfähig sein soll. Schon für diese Ungleichbehandlung gibt es keine Rechtfertigung.

Abs. 3 S. 2

Noch weniger nachvollziehbar ist die Differenzierung in Abs. 3 S. 2. Die Vorschrift ordnet an, daß Teilwertabschreibungen innerhalb der einjährigen Behaltefrist des § 8 b Abs. 2 KStG n.F. steuerlich ebenfalls nicht zu berücksichtigen sind. Daraus muß man im Umkehrschluß schließen, daß Veräußerungsverluste innerhalb der einjährigen Behaltefrist steuerlich doch zu berücksichtigen sind. Warum derart differenziert wird, ist nicht erkennbar.

Für die grundsätzlich steuerrelevanten Veräußerungsverluste innerhalb der einjährigen Behaltefrist ist außerdem § 15 Abs. 4 S. 5 EStG n.F. zu beachten, der über § 8 Abs. 1 KStG n.F. wohl auch für veräußernde Kapitalgesellschaften gilt. Die Regelung führt dazu, daß die im Grundsatz steuerrelevanten Verluste durch Veräußerung innerhalb der einjährigen Behaltefrist steuerlich nur beschränkt verrechenbar sind, nämlich nur gegen im Verlustjahr bzw. in künftigen Jahren entstehende steuerpflichtige, gleichartige Veräußerungsgewinne.

Fraglich ist, wie zu verfahren ist, wenn zum Zeitpunkt des Erzielens des Veräußerungsverlustes weder die einjährige Behaltefrist noch die siebenjährige Sperrfrist des Abs. 4 abgelaufen ist. Nach der Formulierung des Abs. 3 S. 2 EStG dürfte auch in diesem Fall ein im Grundsatz (vorbehaltlich § 15 Abs. 4 S. 5 EStG n.F.) verrechenbarer Veräußerungs-verlust gegeben sein. Dies zeigt noch einmal die ganze Willkür der betroffenen Regelung auf: Wer weniger lang hält, wird in diesem Fall steuerlich besser behandelt!

Konkurrenzen

Wegen des umfassenden Ansatzes des § 8 b Abs. 3 KStG n.F. sind die bisher für bestimmte ausschüttungsbedingte Teilwertabschreibungen und für Auslandsbeteiligungsveräußerungsverluste vorgesehenen Verrechnungssperren (§ 8 b Abs. 1 S. 3, Abs. 6, Abs. 2 S. 2 KStG a.F.) überflüssig geworden.

Lediglich eine Konkurrenz zu § 50 c EStG bleibt denkbar (Hinweis auf die Erläuterungen dort).

Der Abs. 3 stellt anders als Abs. 2 die verdeckte Einlage nicht der Veräußerung gleich. Wie in Abs. 2 ist auch in Abs. 3 die verdeckte Gewinnausschüttung nicht erwähnt.

dd) Sperrfristen (Abs. 4)

Überblick

Abs. 4 S. 1 ordnet zunächst in seiner Nummer 1 an, daß die Steuerfreiheit von Anteilsveräußerungsgewinnen nicht gegeben ist, soweit die veräußerten Anteile i.S.d. § 21 UmwStG einbringungsgeboren sind. Satz 2 macht davon wieder eine Ausnahme, wenn der Veräußerungsvorgang später als 7 Jahre nach dem Zeitpunkt des Erwerbs der einbringungsgeborenen Anteile stattfindet oder die einbringungsgeborenen Anteile ihrerseits aufgrund eines Einbringungsvorgangs nach § 20 Abs. 1 S. 2 UmwStG erworben worden sind, es sei denn, die Anteile sind unmittelbar oder mittelbar auf eine Einbringung i.S.d. § 20 Abs. 1 S. 1 oder des § 23 Abs. 1 – 3 UmwStG innerhalb der 7-Jahresfrist zurückzuführen.

Entstehen von einbringungsgeborenen Anteilen

Der Begriff der einbringungsgeborenen Anteile ergibt sich aus § 21 Abs. 1 S. 1 UmwStG. Danach sind einbringungsgeboren solche Anteile, die durch eine Einbringung nach § 20 Abs. 1 UmwStG oder nach § 23 Abs. 1-4 UmwStG zu Buchwerten oder zu Zwischenwerten (d.h. unter dem Teilwert) erworben worden sind.

Auch im Betriebsvermögen können einbringungsgeborene Anteile i.S.d. § 21 UmwStG entstehen.

Ein Einbringungsvorgang nach § 20 Abs. 1 S. 1 UmwStG kann als begünstigten Einbringungsgegenstand Betriebe, Teilbetriebe, Mitunternehmeranteile oder Teile von Mitunternehmeranteilen haben. Nach Auffassung der Finanzverwaltung umfaßt dabei das Betriebsvermögen des eingebrachten Betriebs bzw. Teilbetriebs bzw. der Mitunternehmerschaft auch dort befindliche Anteile an Kapitalgesellschaften. Diese sind dann unabdingbar Bestandteil des Betriebs, Teilbetriebs oder des Betriebsvermögens der Mitunternehmerschaft, wenn sie für den Einbringungsgegenstand eine wesentliche Betriebsgrundlage darstellen. Aber auch in Fällen außerhalb der Wesentlichkeit können sie unselbständiger Bestandteil des Einbringungsgegenstandes nach § 20 Abs.1 S. 1 UmwStG sein.

§ 20 Abs. 1 S. 2 UmwStG regelt die Möglichkeit der Einbringung von Kapitalgesellschaftsanteilen unter Teilwerten, wenn die aufnehmende Gesellschaft die Mehrheit der Stimmrechte erhält. Dabei ist gleichgültig, ob die eingebrachten Anteile an in- oder ausländischen Kapitalgesellschaften bestehen.

C. VI. Änderung § 8b KStG

§ 20 Abs. 1 S. 1 u. 2 UmwStG verlangt die Einbringung in eine unbeschränkt steuerpflichtige Kapitalgesellschaft. Einbringender kann jede natürliche oder juristische Person sein. Allerdings untersagt § 20 Abs. 3 UmwStG dann eine Einbringung unter Teilwerten, wenn das Besteuerungsrecht der Bundesrepublik Deutschland hinsichtlich des Gewinns aus einer Veräußerung der dem Einbringenden gewährten Anteile im Zeitpunkt der Sacheinlage ausgeschlossen ist. Dies kann insbesondere aufgrund von Doppelbesteuerungsabkommen der Fall sein.

Fraglich ist, wie die Fälle zu behandeln sind, in denen für die eingebrachten Gegenstände gar kein deutsches Besteuerungsrecht bestand, die aufnehmende Gesellschaft aber gleichwohl nicht Teilwerte, sondern einen darunter liegenden Wert angesetzt hat. Meines Erachtens ist in diesen Fällen, auch wenn § 20 Abs. 3 UmwStG nicht erfüllt ist, der Ratio nach § 20 UmwStG und damit auch § 21 UmwStG nicht anwendbar. Jedenfalls aber ist § 21 UmwStG in diesen Fällen nicht einschlägig (Tz. 21.04 UmwSt-Erlaß). Einbringungsgeborene Anteile entstehen in diesen Fällen also nicht.

§ 23 Abs. 1 UmwStG regelt den Fall der Einbringung einer inländischen Betriebsstätte durch eine deutsche Kapitalgesellschaft in eine ausländische EU-Kapitalgesellschaft. Erfolgt in diesem Fall die Einbringung in die inländische Betriebsstätte der ausländischen EU-Kapitalgesellschaft unter Teilwerten, erhält die einbringende deutsche Kapitalgesellschaft dafür einbringungsgeborene Anteile i.S.d. § 21 UmwStG.

§ 23 Abs. 2 UmwStG regelt die Einbringung einer inländischen Betriebsstätte durch eine beschränkt körperschaftsteuerpflichtige EU-Kapitalgesellschaft in eine deutsche Kapitalgesellschaft bzw. in eine andere beschränkt körperschaftsteuerpflichtige EU-Kapitalgesellschaft. Auch in diesem Fall entstehen nach dem Wortlaut des § 21 Abs. 1 S. 1 UmwStG in der Hand der einbringenden beschränkt steuerpflichtigen EU-Kapitalgesellschaft einbringungsgeborene Anteile. Für diese hat jedoch Deutschland nach den mit den anderen EU-Staaten abgeschlossenen Doppelbesteuerungsabkommen grundsätzlich kein Besteuerungsrecht. Dies ist auch der Grund dafür, daß § 26 Abs. 2 S. 2 UmwStG eine „Nach-Einbringungs-Veräußerungssperre" vorsieht.

§ 23 Abs. 3 UmwStG erlaubt die Einbringung einer ausländischen EU-Betriebsstätte durch eine unbeschränkt körperschaftsteuerpflichtige Kapitalgesellschaft in eine beschränkt körperschaftsteuerpflichtige EU-Kapitalgesellschaft. Auch in diesem Fall erhält die einbringende Kapitalgesellschaft einbringungsgeborene Anteile, wenn die Einbringung unter Teilwerten abgewickelt worden ist. Diese Rechtsfolge ist zwar sachlich nicht zu rechtfertigen, weil Deutschland für das eingebrachte Betriebsstättenvermögen kein Besteuerungsrecht hat und über die Anwendung des § 21 UmwStG Besteuerungssubstrat, das Deutschland vor dem Einbringungsvorgang nicht zustand, durch den Einbringungsvorgang an sich zieht. Jedoch liegen jedenfalls nach dem Gesetzeswortlaut auch in diesem Fall einbringungsgeborene Anteile vor.

Erfolgt die Einbringung von mehrheitsvermittelnden Anteilen innerhalb der EU über die Grenze, so ist eine Einbringung unter Teilwerten nach § 23 Abs. 4 UmwStG möglich. Auch in diesem Fall kann der Einbringende einbringungsgeborene Anteile erhalten. Auch insoweit gilt allerdings meines Erachtens der Vorbehalt, daß einbringungsgeborene Anteile nur dann entstehen können, wenn die eingebrachten Anteile in Deutschland steuerverhaftet gewesen sind. Im übrigen Hinweis auf § 23 Abs. 4 S. 2 UmwStG. Die Einbringungsgeborenheit entfällt, wenn die übernehmende ausländische EU-Kapitalgesellschaft innerhalb der 7-Jahresfrist des § 26 Abs. 2 S. 1 UmwStG über die übernommenen Anteile schädlich verfügt.

Einbringungsgeborene Anteile kann ein Steuerpflichtiger nicht nur durch eine eigene Einbringung erhalten. Vielmehr können auch einbringungsgeborene Anteile von einem Rechtsnachfolger erworben werden, wenn dieser Erwerb unentgeltlich erfolgt (Hinweis auf die Formulierung des § 21 Abs. 1 S. 1 UmwStG). Bei gemischten Schenkungen bleibt die Einbringungsgeborenheit anteilig erhalten.

Gehören zu einem Vermögen, daß Gegenstand eines Umwandlungsvorgangs ist, einbringungsgeborene Anteile, bleibt die Einbringungsgeborenheit der übergegangenen Anteile erhalten, es sei denn, die umwandlungsbedingte Vermögensübertragung wird zu Teilwerten abgewickelt. Dies gilt auch für Einbringungen von einbringungsgeborenen Anteilen, soweit diese zu Werten unter Teilwerten erfolgen.

Werden einbringungsgeborene Anteile in ein Betriebsvermögen eingelegt, so gilt § 21 Abs. 4 UmwStG. Das heißt, daß es auch insoweit bei der Einbringungsgeborenheit bleibt.

Auch bei der Entnahme von einbringungsgeborenen Anteilen aus einem Betriebsvermögen vertritt die Finanzverwaltung (Tz. 21.12 UmwSt-Erlaß), daß die Einbringungsgeborenheit bestehen bleibt (deshalb sehr problematisch, weil gleichzeitig eine gewinnrealisierende Entnahme angenommen wird).

Schließlich ist von großer Bedeutung, daß die Finanzverwaltung in Anknüpfung an die BFH-Rechtsprechung bei Kapitalerhöhungen oh-

C. VI. Änderung § 8b KStG

ne verkehrswertäquivalentes Agio ein anteiliges Überspringen der Einbringungsgeborenheit der erhaltenen Neuanteile auf bestehende Altanteile annimmt. Bei diesen und vergleichbaren Vorgängen gilt die sogenannte „Wertabspaltungstheorie", nach der die Steuerverstrickung des § 21 UmwStG anteilig auch auf die Anteile oder Teile von Anteilen übergeht, auf die stille Reserven im Rahmen von Gründungs- oder Kapitalerhöhungsvorgängen übergegangen sind. Hinweis auf Tz. 21.14 UmwSt-Erlaß.

Wird eine Kapitalgesellschaft verschmolzen, an der einbringungsgeborene Anteile bestehen, sind gemäß § 13 UmwStG auch die erhaltenen Anteile einbringungsgeboren. Entsprechendes gilt bei einer Spaltung von Kapital – auf Kapitalgesellschaften bei Bestehen von einbringungsgeborenen Anteilen an der übertragenden Kapitalgesellschaft.

Kritik der Sperrfrist bei einbringungsgeborenen Anteilen

Die an das Vorliegen von einbringungsgeborenen Anteilen geknüpfte 7-jährige Sperrfrist für die Steuerfreiheit von Veräußerungsgewinnen erscheint für den Fall einer Einbringung nach § 23 Abs. 3 UmwStG nicht gerechtfertigt, weil Deutschland im Regelfall kein Besteuerungsrecht für die stillen Reserven in der eingebrachten Betriebsstätte im EU-Ausland hatte. Überschießend erscheint die Norm auch für den Fall, daß im Rahmen einer Einbringung nach § 20 Abs.1 S. 1 UmwStG (bzw. nach § 23 Abs. 1-3 UmwStG) auch Anteile an Kapitalgesellschaften mit eingebracht werden. Insoweit findet ein Anteilstausch statt, der keine Sperrfrist auslösen sollte. Soweit möglich, sollte künftig eine Aufteilung des Einbringungsvorgangs erfolgen.

Beginn der Sperrfrist

Die in § 8 b Abs. 4 S. 2 Nr. 1 KStG bezeichnete 7-Jahresfrist beginnt meines Erachtens am steuerlichen Übertragungsstichtag zu laufen, nicht also ggf. ab dem späteren Zeitpunkt des Wirksamwerdens der Übertragung, die zum Entstehen von einbringungsgeborenen Anteilen geführt hat. Die 7-Jahresfrist wird auch nicht durch weitere Einbringungen der einbringungsgeborenen Anteile im 7-Jahreszeitraum verlängert. Von der ersten schädlichen Einbringung an gerechnet umfaßt sie genau 7 Jahre, nicht mehr (Hinweis auf die Begründung zu § 3 Nr. 40 EStG, Beispiel 5).

Schädlicher Erwerb

Abs. 4 S. 1 Nr. 2 ordnet eine 7-jährige Sperrfrist auch für den Fall an, daß die veräußernde Kapitalgesellschaft die veräußerten Anteile unmittelbar oder mittelbar über eine Mitunternehmerschaft von einem Einbringenden, der nicht zu den von § 8 b Abs. 2 KStG begünstigten Steuerpflichtigen gehört, zu einem Wert unter dem Teilwert erworben hat. Damit sind insbesondere Anteilsübernahmen von einbringenden natürlichen Personen bzw. einer Mitunternehmerschaft mit natürlichen Personen als Gesellschaftern gegen Gewährung von Gesellschaftsrechten zu einem unter dem Teilwert der übernommenen Anteile liegenden Wert gemeint. Auf welcher steuerrechtlichen Basis diese Einbringung unter Teilwerten erfolgte, ist nach dem Wortlaut des Abs. 4 S. 1 Nr. 2 irrelevant. Neben den einschlägigen Übertragungsmöglichkeiten nach Maßgabe des Umwandlungssteuergesetzes sind also auch Übertragungen nach Maßgabe des seinerzeit geltenden Tauschgutachtens (soweit gegen Gewährung von Gesellschaftsrechten erfolgt) oder der Betriebsaufspaltungsgrundsätze (soweit gegen Gewährung von Gesellschaftsrechten erfolgt) schädlich.

Wichtig ist, daß in Verbindung mit Abs. 6 im Rahmen des Abs. 4 S. 1 Nr. 2 auch die Einbringung in eine Mitunternehmerschaft sperrfristauslösend sein kann.

Ausnahme von der Sperrfrist

Die Ausnahme von der Sperrfrist, die § 8 b Abs. 4 S. 2 Nr. 2 n.F. regelt, betrifft den Fall, daß die veräußerten Anteile aufgrund eines Einbringungsvorgangs nach § 20 Abs. 1 S. 2 UmwStG erworben worden sind. Für den Fall eigentlich schädlicher einbringungsgeborener Anteile ist dies nachvollziehbar. Die die einbringungsgeborenen Anteile veräußernde Kapitalgesellschaft hat die einbringungsgeborenen Anteile durch Einbringung von mehrheitsvermittelnden Anteilen erhalten. Diese hätte sie aber selbst schon steuerfrei veräußern können, also kann auch die Einbringungsgeborenheit der als Gegenleistung erhaltenen Anteile nicht schädlich sein (zur Ausnahme von der Ausnahme siehe weiter unten).

Eine Lücke ist insoweit nur gegeben, als nur der Anteilstausch nach § 20 Abs. 1 S. 2 UmwStG, nicht aber der nach § 23 Abs. 4 UmwStG als unschädlicher Einbringungsvorgang qualifiziert wird. Dies ist ersichtlich ein gesetzgeberisches Versehen. Eine Diskriminierung des grenzüberschreitenden Anteilstausch wäre auch nicht zu rechtfertigen und EU-rechtswidrig. Meines Erachtens liegt mithin eine planwidrige Gesetzeslücke vor, die durch Analogie zugunsten des Steuerpflichtigen zu schließen ist. Eine Einbringung nach § 23 Abs. 4 UmwStG ist im Rahmen des § 8 b Abs. 4 S. 2 Abs. 2 KStG wie eine Einbringung nach § 20 Abs. 1 S. 2 UmwStG zu behandeln.

C. VI. Änderung § 8b KStG

Die Ausnahme des § 8 b Abs. 4 S. 2 Nr. 2 ist allerdings dann nicht nachvollziehbar, wenn es um den Fall des Abs. 4 S. 1 Nr. 2 geht.

Beispiel: Eine natürliche Person bringt mehrheitsvermittelnde Anteile nach § 20 Abs. 1 S. 2 UmwStG in eine Kapitalgesellschaft zu Anschaffungskosten oder zu Buchwerten ein.

Nach dem Wortlaut des Abs. 4 S. 2 Nr. 2 kann die übernehmende Kapitalgesellschaft nach Ablauf der einjährigen Behaltefrist (Besitzzeitanrechnung) die übernommenen Anteile steuerfrei verkaufen, obwohl dies nach dem Telos des Abs. 4 S. 1 Nr. 2 gerade verhindert werden soll.

Abs. 4 S. 2 Nr. 2 2. Hs. ordnet an, daß ausnahmsweise der Umstand, daß die veräußerten Anteile aufgrund eines Einbringungsvorgangs nach § 20 Abs. 1 S. 2 UmwStG erworben worden sind, dann doch nicht unschädlich ist, wenn die Anteile unmittelbar oder mittelbar auf eine Einbringung i.S.d. § 20 Abs. 1 S. 1 oder des § 23 Abs. 1–3 UmwStG innerhalb der 7-Jahresfrist zurückzuführen sind. Dies ist im Grundsatz verständlich. Ausnahmen wiederum: In den eingebrachten Betrieben, Teilbetrieben, Mitunternehmeranteilen, etc. sind Anteile an Kapitalge-sellschaften enthalten. Und: § 23 Abs. 3 UmwStG.

Einbringung sperrfristbehafteter Anteile

Auch bei einer Einbringung sperrfristbehafteter Anteile gem. UmwStG zu einem Wert unter Teilwert dürfte die Übernehmerin auch hinsichtlich der Sperrfrist in die steuerliche Rechtsstellung der Überträgerin eintreten.

ee) § 3 c EStG – Fiktion bei Auslandsdividenden (Abs. 5)

Entsprechend dem bisherigen § 8 b Abs. 7 KStG ordnet § 8 b Abs. 5 KStG n.F. eine 5%-ige Steuerpflicht steuerfrei vereinnahmter Auslandsdividenden mit Abgeltungswirkung für § 3 c EStG an. Sie bedeutet in der Sache eine Reduktion der Dividendenfreistellung auf 95%. In unmittelbarem wirtschaftlichem Zusammenhang mit den Auslandsdividenden stehende Betriebsausgaben können unabhängig davon abgezogen werden. Wegen weiterer Einzelheiten kann auf BMF v. 10.01.2000, BStBl. I 2000, S. 71, verwiesen werden.

Damit steht diese Anordnung in krassem Widerspruch zu § 3 c Abs. 1 EStG n.F., der ansonsten durch die Dividendenfreistellung ausgelöst werden kann. Es ist sehr fraglich, ob dieser Zustand aufrechterhalten werden kann. Andererseits bietet er Gestaltungspotential.

Auch Hinweis auf die Erläuterungen zu § 3 c Abs. 1 EStG n.F.

ff) Zwischengeschaltete Mitunternehmerschaft (Abs. 6)

Die Finanzverwaltung vertritt zu § 8 b KStG a.f. die Auffassung, daß die Norm dann nicht angewendet werden kann, wenn zwischen zwei Kapitalgesellschaften eine Mitunternehmerschaft zwischengeschaltet ist. Dies führt gegenwärtig dazu, daß bei einer solchen Struktur (Mutterkapitalgesellschaft, Tochterpersonengesellschaft, Enkelkapitalgesellschaft) weder steuerfreie EK01-Dividenden durchgeschüttet werden können noch steuerfreie Gewinne aus der Veräußerung von Auslandsbeteiligungen erzielbar sind.

Das Problem hat aufgrund der generellen Dividendenfreistellung und der generellen Befreiung von Anteilsveräußerungsgewinnen nach neuem Recht eine sehr viel größere Bedeutung als bisher. Deshalb war auch unverständlich, daß der Regierungsentwurf des Steuersenkungsgesetzes insoweit noch keine Verbesserung vorsah.

In das endgültige Steuersenkungsgesetz hat nun aber Abs. 6 des § 8 b KStG n.F. Eingang gefunden, wonach die Abs. 1 bis 5 auch dann gelten, wenn einer Kapitalgesellschaft Bezüge oder Gewinne i.S.d. Abs. 1 bis 3 im Rahmen eines Gewinnanteils aus einer Mitunternehmerschaft zugerechnet werden. Darum ist zunächst im Grundsatz die Unschädlichkeit der beschriebenen Struktur sichergestellt.

Allerdings ergeben sich vielfältige Fragestellungen im Detail.

So ist unklar, ob § 8 b Abs. 6 KStG auch dazu führt, daß die in der Mitunternehmerschaft vereinnahmten Dividenden bzw. Anteilsveräußerungsgewinne auch für Zwecke der Gewerbesteuer der Mitunternehmerschaft freigestellt werden. Nach der hier vertretenen Auffassung ist dies der Fall, da nach § 7 GewStG der Gewinn aus Gewerbebetrieb nach den Vorschriften des EStG und des KStG zu ermitteln ist. Allerdings werden auch schon gegenteilige Meinungen vertreten.

Für Dividenden ist die Geltung des § 8 b Abs. 6 KStG n.F. auch für die Gewerbesteuer häufig nicht übermäßig relevant, weil subsidiär das Schachtelprivileg nach § 9 Nr. 2 a GewStG greifen wird. Für Anteilsveräußerungsgewinne ist demgegenüber die Anwendbarkeit des § 8 b Abs. 6 KStG n.F. im Gewerbesteuerrecht elementar.

Sollte sie durch die Finanzverwaltung verneint werden, hätte § 8 b Abs. 6 KStG n.F. sein eigentliches Ziel doch nicht erreicht. Denn dann müßte man in Konzernen Wert darauf legen, zwischengeschaltete Personengesellschaften zu vermeiden. (Hinweis: Der Gewinn aus der Veräußerung des Mitunternehmeranteils selbst ist allerdings in jedem Fall [vorbehaltlich § 18 Abs. 4 UmwStG] gewerbesteuerfrei).

C. VI. Änderung § 8b KStG

Fraglich ist auch, wie § 3 c Abs. 1 EStG n.F. sowie § 8 b Abs. 5 KStG n.F. im Zusammenhang mit § 8 b Abs. 6 KStG n.F. anzuwenden sind, auf der Ebene der Mitunternehmer-Kapitalgesellschaft oder auf Ebene der Mitunternehmerschaft.

Offen ist auch, wer im Fall des § 8b Abs. 6 KStG die Behalte- und die Sperrfrist zu erfüllen hat: die Mitunternehmerschaft oder die Mitunternehmer-Kapitalgesellschaft. Da sich die Norm (Ausnahme GewSt) steuerlich bei den Mitunternehmern auswirkt, dürften die Fristen wohl auf Mitunternehmerebene zu prüfen sein.

§ 8 b Abs. 6 KStG n.F. dürfte nicht nur anwendbar sein, wenn Anteilsveräußerungsgewinne durch die Mitunternehmerschaft erzielt werden, sondern auch dann, wenn ein Mitunternehmeranteil veräußert wird und die Mitunternehmerschaft Kapitalgesellschaftsanteile hält.

Aus § 8 b Abs. 6 KStG n.F. werden auch vielfältige praktische Probleme resultieren. So müßte nun in der einheitlichen und gesonderten Gewinnfeststellung auch angegeben werden, welche Einkünftebestandteile unter § 8 b KStG fallen können. Und: Für die Gewerbesteuerberechnung der Mitunternehmerschaft benötigt diese nach der hier vertretenen Auffassung Informationen über den Status ihrer Mitunternehmer.

Da § 8 b Abs. 6 KStG n.F. auch bei mehrstufigen Mitunternehmerschaften zwischen Kapitalgesellschaften Bedeutung hat, können sich die praktischen Probleme in diesen Fällen noch stärker darstellen.

§ 8 b KStG n.F. ist m.E. unabhängig von § 8 b Abs. 6 KStG anzuwenden, soweit eine Kapitalgesellschaft an einer vermögensverwaltenden und nicht gewerblich geprägten Personengesellschaft beteiligt ist. § 8 b Abs. 6 KStG n.F. bezieht sich nur auf Mitunternehmerschaften. Es bedarf im Falle einer „Zebragesellschaft" auch keiner gesonderten Regelung, da in diesem Fall eine anteilige Zurechnung der von der Personengesellschaft gehaltenen Anteile nach § 39 Abs. 2 Nr. 2 AO erfolgt.

c) Erstmalige Anwendung

Hinweis auf die Erläuterungen zu § 34 KStG.

VII. Änderung § 14 KStG

1. Text der Vorschrift

§ 14 wird wie folgt geändert:

a) Nummer 1 wird wie folgt gefasst:

„1. Der Organträger muss an der Organgesellschaft vom Beginn ihres Wirtschaftsjahrs an ununterbrochen in einem solchen Maße beteiligt sein, dass ihm die Mehrheit der Stimmrechte aus den Anteilen an der Organgesellschaft zusteht (finanzielle Eingliederung). Mittelbare Beteiligungen sind zu berücksichtigen, wenn die Beteiligung an jeder vermittelnden Gesellschaft die Mehrheit der Stimmrechte gewährt."

b) Nummer 2 wird aufgehoben.

c) Die bisherigen Nummern 3 bis 5 werden die Nummern 2 bis 4.

d) In der neuen Nummer 2 Satz 3 wird die Angabe „so müssen die Voraussetzungen der Nummer 1 und 2" durch die Angabe „so muss die Voraussetzung der Nummer 1" ersetzt.

2. Materialien

Gesetzentwurf der Bundesregierung

§ 14 wird wie folgt geändert:

a) Nummer 1 wird wie folgt gefasst:

„1. Der Organträger muss an der Organgesellschaft vom Beginn ihres Wirtschaftsjahrs an ununterbrochen in einem solchen Maße beteiligt sein, dass ihm die Mehrheit der Stimmrechte aus den Anteilen an der Organgesellschaft zusteht (finanzielle Eingliederung). Mittelbare Beteiligungen sind zu berücksichtigen, wenn die Beteiligung an jeder vermittelnden Gesellschaft die Mehrheit der Stimmrechte gewährt."

b) Nummer 2 wird aufgehoben.

c) Die bisherigen Nummern 3 bis 5 werden die Nummern 2 bis 4.

C. VII. Änderung § 14 KStG

d) In der neuen Nummer 2 Satz 3 wird die Angabe „so müssen die Voraussetzungen der Nummer 1 und 2" durch die Angabe „so muss die Voraussetzung der Nummer 1" ersetzt.

Begründung zum Gesetzentwurf der Bundesregierung

Zu Buchstabe a (Nummer 1)

§ 14 Nr. 1 Satz 2 KStG wird gestrichen. Damit entfällt das sogenannte Additionsverbot. Bisher musste die finanzielle Eingliederung entweder auf einer unmittelbaren oder einer mittelbaren Beteiligung an der Organgesellschaft beruhen. Zur Begründung der finanziellen Eingliederung war es grundsätzlich nicht zulässig, mittelbare und unmittelbare Beteiligungsverhältnisse zu addieren. Im Falle der Mehrmütterorganschaft hat der Bundesfinanzhof (Urteil vom 14. April 1993, BStBl 1994 II S.124) das Zusammenrechnen von mittelbaren und unmittelbaren Beteiligungen jedoch zugelassen. Es wird deshalb die Addition von unmittelbaren und mittelbaren Beteiligungen auch außerhalb der Mehrmütterorganschaft zugelassen.

Zu Buchstabe b (Nummer 2)

Künftig wird auf die bisher erforderliche wirtschaftliche und organisatorische Eingliederung als Tatbestandsvoraussetzung der Organschaft verzichtet. Hierbei geht es um zwei Merkmale, die in der Praxis regelmäßig durch zumeist aufwendige Gestaltungen herbeigeführt werden können. Der Verzicht auf die beiden Eingliederungsvoraussetzungen dient somit letztlich der Vereinfachung des Steuerrechts. Die Änderung schlägt auf die gewerbesteuerlichen Organschaft durch. Die umsatzsteuerliche Organschaft bleibt unverändert.

Zu Buchstabe c und d (Nummern 2 bis 4)

Folgeänderungen aus Buchstabe b

Beschlussempfehlung/Begründung des Finanzausschusses

– keine Änderung/Bemerkung –

Beschlussempfehlung/Begründung des Vermittlungsausschusses

– keine Änderung/Bemerkung –

3. Erläuterungen

Verfasser: Thomas Rödder

a) Zweck und Inhalt

§ 14 KStG n.F. verzichtet für die körperschaftsteuerliche Organschaft auf die Voraussetzungen der organisatorischen und der wirtschaftlichen Eingliederung. Dies dient der Vereinfachung. Erleichtert wird überdies die Berücksichtigung mittelbarer Beteiligungen.

b) Einzelerläuterungen

Die bisherigen Eingliederungsvoraussetzungen

§ 14 Nrn. 1 und 2 KStG regelt bislang, daß eine körperschaftsteuerliche Organschaft neben dem Vorliegen eines Ergebnisabführungsvertrages die finanzielle, wirtschaftliche und organisatorische Eingliederung der Organ-Kapitalgesellschaft in das Unternehmen des Organträgers voraussetzt.

Finanzielle Eingliederung bedeutet, daß der Organträger an der Organgesellschaft vom Beginn ihres Wirtschaftsjahres an ununterbrochen unmittelbar mit der Mehrheit der Stimmrechte beteiligt ist (zur Bedeutung mittelbarer Beteiligungen siehe sogleich).

Was unter wirtschaftlicher und unter organisatorischer Eingliederung zu verstehen ist, ist demgegenüber nicht legal definiert. Es wird lediglich ausgeführt, daß die organisatorische Eingliederung stets gegeben ist, wenn ein Beherrschungsvertrag rechtzeitig abgeschlossen worden ist bzw. eine aktienrechtliche Eingliederung besteht. Andernfalls wird organisatorische Eingliederung angenommen, wenn gewährleistet ist, daß in der Geschäftsführung der Organgesellschaft der Wille des Organträgers tatsächlich durchgeführt wird. Unter wirtschaftlicher Eingliederung wird eine wirtschaftliche Zweckabhängigkeit des beherrschten Unternehmens von dem herrschenden verstanden.

Eine solche wirtschaftliche Zweckabhängigkeit wird verneint, wenn das herrschende Unternehmen nur Gewerbebetrieb kraft Rechtsform ist, und problematisiert, wenn es nur eine nur sehr geringfügige eigene gewerbliche Tätigkeit ausübt. Ausreichend ist es, wenn das herrschende Unternehmen eine Holding ist, vorausgesetzt, daß das herrschende Unternehmen die einheitliche Leitung über mehrere abhängige Kapitalgesellschaften in einer durch äußere Merkmale er-

C. VII. Änderung § 14 KStG

kennbaren Form ausübt (sog. geschäftsleitende Holding). Demgegenüber ist eine reine Holding, die nur eine Untergesellschaft beherrscht, nicht geeignet, das Unternehmen der Untergesellschaft in ihr Unternehmen wirtschaftlich einzugliedern, weil das herrschende Unternehmen keine gewerbliche Tätigkeit ausübt. Auch bei einer reinen Betriebsaufspaltung ist eine wirtschaftliche Eingliederung nicht gegeben. Vielmehr muß zu der Verpachtungstätigkeit eine andere, eigene gewerbliche Tätigkeit des Besitzunternehmens hinzukommen.

Kritik der wirtschaftlichen und der organisatorischen Eingliederung

Die Merkmale der wirtschaftlichen und der organisatorischen Eingliederung sind in der Praxis zunehmend als Ärgernis empfunden worden.

Insbesondere die organisatorische Eingliederung ist in allen Fällen außerhalb der gesetzlich unwiderlegbar geregelten Fälle (Beherrschungsvertrag, aktienrechtliche Eingliederung) immer mit Unsicherheiten behaftet. So wird beispielsweise die Frage diskutiert, ob eine Aktiengesellschaft wegen § 76 Abs. 1 AktG überhaupt organisatorisch eingegliedert werden könne. Teilweise wird auch noch danach differenziert, ob die Aktiengesellschaft börsennotiert ist oder nicht etc.

Was die wirtschaftliche Eingliederung angeht, so hat man sich in der Praxis darauf beschränkt, diese normalerweise nur in Holdingfällen bzw. in Betriebsaufspaltungsfällen zu problematisieren.

Vor diesem Hintergrund lag die Anregung nahe, für Zwecke der körperschaftsteuerlichen Organschaft auf die wirtschaftliche und organisatorische Eingliederung zu verzichten und nur noch auf die finanzielle Eingliederung abzustellen. Dies auch deshalb, weil mit dem Ergebnisabführungsvertrag nach wie vor für die Praxis eine „Stellschraube" gegeben ist, mit der man entscheiden kann, ob nun eine körperschaftsteuerliche Organschaft herbeigeführt werden soll oder nicht.

Abschaffung der wirtschaftlichen und der organisatorischen Eingliederung

Der Gesetzgeber ist dieser Anregung nachgekommen. Die für die unmittelbare Beteiligung unverändert in § 14 Nr. 1 Satz 1 KStG definierte finanzielle Eingliederung ist die nun für die körperschaftsteuerliche Organschaft allein geregelte Eingliederungsvoraussetzung (zu den Änderungen betreffend die mittelbaren Beteiligungen siehe sogleich). Die bisher in § 14 Nr. 2 KStG geregelte organisatorische und wirtschaftliche Eingliederung ist demgegenüber gestrichen worden, also für die körperschaftsteuerliche Organschaft keine Voraussetzung mehr.

Der Verzicht auf die wirtschaftliche und organisatorische Eingliederung durch § 14 KStG n.F. bedeutet, daß zukünftig auch in Betriebsaufspaltungsfällen bzw. in Fällen vermögensverwaltender Holdings regelmäßig bei Abschluß eines Ergebnisabführungsvertrags körperschaftsteuerliche Organschaft angenommen werden kann. Generell besteht auch das Risiko einer zu geringfügigen eigenen gewerblichen Tätigkeit des Organträgers nicht mehr. Es reicht zukünftig auch eine gewerbliche Prägung des Organträgers durch Rechtsform aus, um bei Vorliegen einer finanziellen Eingliederung und eines Ergebnisabführungsvertrages eine körperschaftsteuerliche Organschaft herbeizuführen. Dies ist bemerkenswert.

Andere Lösung für die gewerbesteuerliche Organschaft

Eine entsprechende Regelung war auch für die gewerbesteuerliche Organschaft in § 2 Abs. 2 Satz 2 GewStG gewollt. Dies hätte allerdings bedeutet, daß gewerbesteuerlich eine Vielzahl von ungewollten Zwangsorganschaften entstanden wäre, weil im Gewerbesteuerrecht der Ergebnisabführungsvertrag nicht vorausgesetzt ist. Deshalb hat sich der Gesetzgeber entschieden, für Zwecke der gewerbesteuerlichen Organschaft die bisherigen Regelungen des § 14 Nrn. 1 und 2 KStG aufrecht zu erhalten, so daß es für die gewerbesteuerliche Organschaft anders als für die körperschaftsteuerliche Organschaft nach wie vor nicht nur der finanziellen, sondern auch der wirtschaftlichen und organisatorischen Eingliederung der Organgesellschaft in das Unternehmen des Organträgers bedarf.

Diese Situation führt zu der Besonderheit, daß nach neuem Recht eine körperschaftsteuerliche Organschaft vorliegen kann, ohne daß gleichzeitig eine gewerbesteuerliche Organschaft gegeben ist. Dies führt insbesondere zu der gewerbesteuerlichen Frage, wie Ergebnisabführungen gewerbesteuerlich zu behandeln sind. Siehe dazu dort.

Neuregelung zur Berücksichtigung mittelbarer Beteiligungen

Weiterhin geändert worden sind die Regelungen zu der Frage, wann und wie mittelbare Beteiligungen bei der Prüfung der finanziellen Eingliederung der Organgesellschaft in den Organträger zu berücksichtigen sind.

Bisher regelt § 14 Nr. 1 Satz 2 KStG insoweit, daß eine mittelbare Beteiligung (nur) dann genügt, wenn jede der Beteiligungen, auf denen die mittelbare Beteiligung beruht, die Mehrheit der Stimmrechte gewährt. Die finanzielle Eingliederung muß danach entweder auf einer unmittelbaren oder auf einer mittelbaren Beteiligung an der Organgesellschaft beruhen. Durch Zusammenrechnung einer unmittelbaren und einer mittelbaren Beteiligung oder von mehreren mittelbaren Beteiligungen wird die finanzielle Eingliederung nicht begründet (Ausnahme: Mehrmütterorganschaft).

Dies führt zu der merkwürdigen Situation, daß dann, wenn 50 % unmittelbar und 50 % über eine 100 %ige Tochtergesellschaft mittelbar gehalten werden, die Enkelgesellschaft nicht finanziell in die Muttergesellschaft eingegliedert ist. Dies deshalb, weil weder die unmittelbare Beteiligung noch die mittelbare Beteiligung der Mutter an der Enkelin allein die Voraussetzung der finanziellen Eingliederung erfüllt. Eine Zusammenrechnung beider Beteiligungen kommt nicht in Betracht. Entsprechendes gilt beispielsweise dann, wenn die Mutter an zwei Tochtergesellschaften zu jeweils 100 % beteiligt ist und die beiden Tochtergesellschaften jeweils 50 % an der Enkelin halten.

Diese recht willkürlich erscheinende Regelung zur Berücksichtigung mittelbarer Beteiligungen ist nun durch § 14 Nr. 1 Satz 2 KStG n.F. geändert worden. Danach sind mittelbare Beteiligungen dann zu berücksichtigen, wenn die Beteiligung an der (bzw. den) vermittelnden Gesellschaft(en) die Mehrheit der Stimmrechte gewährt. Das heißt, daß in dem beschriebenen Beispiel die mittelbaren Beteiligungen zu berücksichtigen wären. Wenn an der vermittelnden Gesellschaft die Mehrheit der Stimmrechte besteht, wird die mittelbare Beteiligung mit in die Prüfung der finanziellen Eingliederung einbezogen.

Umgekehrt bleibt es auch nach der Neuregelung dabei, daß mittelbare Beteiligungen immer dann nicht zu berücksichtigen sind, wenn die Beteiligung an der vermittelnden Gesellschaft nicht die Mehrheit der Stimmrechte gewährt. Ist also die Mutter an der Tochter mit 50 % oder weniger beteiligt, wird in die Prüfung der finanziellen Eingliederung der Enkelin in die Mutter eine Beteiligung der Tochter an der Enkelin nicht mit einbezogen.

Nicht klar ist, ob die mittelbare Beteiligung, wenn sie einzubeziehen ist, nur durchgerechnet oder voll zu berücksichtigen ist. Wahrscheinlich dürfte aber (trotz der leicht geänderten Gesetzesformulierung) nach wie vor die mittelbare Beteiligung vollumfänglich, d.h. nicht nur durchgerechnet, zu berücksichtigen sein.

Andere Lösung für die gewerbesteuerliche Organschaft
Auch die Änderungen zur Berücksichtigung mittelbarer Beteiligungen gelten für das Gewerbesteuerrecht nicht, weil § 2 Abs. 2 Satz 2

GewStG n.F. auch auf § 14 Nr. 1 Satz 2 KStG a.F. verweist. Ein nachvollziehbarer Grund dafür ist nicht ersichtlich.

Rechtsfolgen der körperschaftsteuerlichen Organschaft

Die Rechtsfolgen des Vorliegens einer körperschaftsteuerlichen Organschaft sind im Grundsatz durch das StSenkG nicht geändert worden.

In der Sache ist die Bedeutung der körperschaftsteuerlichen Organschaft jedoch insbesondere dadurch verstärkt worden, daß aufgrund des neuen Körperschaftsteuersystems steuerfrei gestellte Dividenden bzw. hälftig steuerfrei gestellte Dividendeneinnahmen resultieren können, die bei der Muttergesellschaft § 3 c EStG-Probleme aufwerfen. Diese können vermieden werden, wenn Ausschüttungen vermieden werden, was bei der körperschaftsteuerlichen Organschaft erfolgt, da an die Stelle von Ausschüttungen die Einkommenszurechnung tritt.

Allerdings ist zu beachten, daß dieser Effekt ungetrübt wohl nur bei Mutterkapitalgesellschaften realisiert werden kann. Bei Mutterpersonenunternehmen mit natürlichen Personen als Gesellschaftern bedeutet die Einkommenszurechnung nämlich auch einen vollständigen Verzicht auf Gewinnthesaurierung zum im Vergleich zum Einkommensteuer-Spitzensatz relativ niedrigen Körperschaftsteuer-Satz.

Der durch die körperschaftsteuerliche Organschaft ausgelöste Ergebnisverrechnungseffekt ist noch wichtiger als bisher (vor allem bei Gewinnen in der Tochter und Verlusten in der Mutter, aber auch im umgekehrten Fall).

Im Grundsatz vergleichbar § 37 Abs. 2 KStG a.F. ist die Behandlung von Mehr- und Minderabführungen in § 27 Abs. 8 KStG n.F. geregelt worden (zu Abweichungen s. allerdings auch die Erläuterungen dort). Minderabführungen sind danach bei der Organgesellschaft auf dem Einlagekonto zu erfassen, Mehrabführungen mindern „vorrangig" das Einlagekonto. Dabei differenziert das Gesetz nach seinem Wortlaut nicht zwischen inner- und vororganschaftlich verursachten Mehr- und Minderabführungen. Fraglich ist, ob die „vorrangige" Minderung des Einlagenkontos auch zu einem negativen Einlagekonto führen kann oder wie eine Mehrabführung, die den Bestand des Einlagenkontos überschreitet, zu behandeln ist. Die Behandlung beim Organträger (Ausgleichsposten oder Abbildung über den Beteiligungsbuchwert) ist nicht geregelt.

§ 16 KStG ist geändert worden (siehe dort). Die §§ 36 und 37 KStG a.F. sind wegen des Wegfalls des körperschaftsteuerlichen Anrechnungsverfahrens gestrichen worden.

C. VII. Änderung § 14 KStG

Der Gesetzgeber hat offensichtlich vergessen, § 15 KStG anzupassen. Denn jedenfalls der Verweis auf § 8 b Abs. 4 KStG in § 15 Nrn. 2 und 3 KStG ist zukünftig ohne Sinn.

Im Rahmen der Übergangsregelung betreffend den Übergang vom körperschaftsteuerlichen Anrechnungsverfahren zum Halbeinkünfteverfahren ist bedeutsam, daß Gewinnausschüttungen, die die Körperschaftsteuerminderung i.S.d. § 37 KStG n.F. auslösen, bei bestehender körperschaftsteuerlicher Organschaft normalerweise nicht herbeigeführt werden können. Die Einkommenszurechnung i.S.d. § 14 KStG ist jedenfalls keine derartige Gewinnausschüttung. Fraglich ist, wie insoweit inner- bzw. vororganschaftlich verursachte Mehrabführungen zu behandeln sind (dazu die Erläuterungen zu § 27 Abs. 8 KStG n.F.).

Entsprechendes gilt unter Abstellung auf den Begriff der Leistungen in § 38 KStG n.F. für die Frage nach Körperschaftsteuererhöhungen auf Ebene einer körperschaftsteuerlichen Organgesellschaft im 15-jährigen Übergangszeitraum.

c) Erstmalige Anwendung

Für § 14 KStG n.F. gibt es keine eigene Anwendungsregelung, so daß § 34 Abs. 1 und § 34 Abs. 1 a KStG n.F. anzuwenden ist. Das heißt, daß bei kalenderjahrgleichem Wirtschaftsjahr die Neuregelungen erstmals im VZ 2001 anzuwenden sind, bei abweichendem Wirtschaftsjahr normalerweise im VZ 2002.

Fraglich ist, wie zu verfahren ist, wenn Organgesellschaft und Organträger unterschiedliche Wirtschaftsjahre haben.

Dazu und zu anderen Fragen der erstmaligen Anwendung im Zusammenhang mit körperschaftsteuerlichen Organschaften Hinweis auf die Erläuterungen zu § 34 KStG.

VIII. Änderung § 16 KStG

1. Text der Vorschrift

§ 16 wird wie folgt gefasst:

„§ 16
Ausgleichszahlungen

Die Organgesellschaft hat ihr Einkommen in Höhe 4/3 der geleisteten Ausgleichszahlungen selbst zu versteuern. Ist die Verpflichtung zum Ausgleich vom Organträger erfüllt worden, so hat die Organgesellschaft die Summe der geleisteten Ausgleichszahlungen anstelle des Organträgers zu versteuern."

2. Materialien

Gesetzentwurf der Bundesregierung

§ 16 wird wie folgt gefasst:

„§ 16
Ausgleichszahlungen

Die Organgesellschaft hat ihr Einkommen in Höhe 4/3 der geleisteten Ausgleichszahlungen selbst zu versteuern. Ist die Verpflichtung zum Ausgleich vom Organträger erfüllt worden, so hat die Organgesellschaft die Summe der geleisteten Ausgleichszahlungen anstelle des Organträgers zu versteuern."

Begründung zum Gesetzentwurf der Bundesregierung

§ 16 KStG regelt, dass die Organgesellschaft das Einkommen, das für Ausgleichszahlungen an außenstehende Anteilseigner gezahlt wird, selbst versteuern muss. Die den außenstehenden Anteilseignern zufließenden Ausgleichszahlungen (75) entsprechen einem Einkommen von 100 minus 25 % Körperschaftsteuer, also 75 Teile (=3). Das Einkommen (100 Teile) beträgt somit stets 4/3 der geleisteten Ausgleichszahlung. Die Regelung wird im Übrigen an den Wegfall des Vollanrechnungsverfahrens angepasst.

Beschlussempfehlung/Begründung des Finanzausschusses

– keine Änderung/Bemerkung –

Beschlussempfehlung/Begründung des Vermittlungsausschusses
– keine Änderung/Bemerkung –

3. Erläuterungen
Verfasser: Thomas Rödder

§ 16 KStG n.F. ist wie bisher Ausdruck der Wertentscheidung des Gesetzgebers, daß Ausgleichszahlungen in jedem Fall wie Dividenden besteuert werden sollen und deshalb mit KSt vorbelastet werden müssen, und zwar auch dann, wenn der Organträger eine Personengesellschaft ist. Deshalb bleibt es insoweit bei der eigenen KSt-Pflicht der Organschaft. Die Einkommensbestimmung mit 4/3 der Ausgleichszahlung dürfte – trotz der unklaren Formulierung – auch im Fall des § 16 S. 2 KStG vorzunehmen sein.

Eine evtl. durch die Ausgleichszahlung ausgelöste KSt-Minderung gehört künftig zur Gewinnabführung, nicht zur Ausgleichszahlung.

Zivilrechtlich stellt sich die Frage, ob die Änderung des § 16 KStG und die Änderungen der Dividendenbesteuerung Anpassungen hinsichtlich der Höhe der Ausgleichszahlungen auslösen können.

IX. Änderung § 23 KStG

1. Text der Vorschrift
§ 23 wird wie folgt gefasst:

„§ 23
Steuersatz

(1) Die Körperschaftsteuer beträgt 25 vom Hundert des zu versteuernden Einkommens.

(2) Wird die Einkommensteuer auf Grund der Ermächtigung des § 51 Abs. 3 des Einkommensteuergesetzes herabgesetzt oder erhöht, so ermäßigt oder erhöht sich die Körperschaftsteuer entsprechend.

(3) Die Körperschaftsteuer beträgt beim Zweiten Deutschen Fernsehen, Anstalt des öffentlichen Rechts, für das Geschäft der Veranstaltung von Werbesendungen vier vom Hundert der Entgelte (§ 10 Abs. 1 des Umsatzsteuergesetzes) aus Werbesendungen. Absatz 2 gilt entsprechend."

2. Materialien

Gesetzentwurf der Bundesregierung

§ 23 wird wie folgt gefasst:

„§ 23
Steuersatz

(1) Die Körperschaftsteuer beträgt 25 vom Hundert des zu versteuernden Einkommens.

(2) Wird die Einkommensteuer auf Grund der Ermächtigung des § 51 Abs. 3 des Einkommensteuergesetzes herabgesetzt oder erhöht, so ermäßigt oder erhöht sich die Körperschaftsteuer entsprechend.

(3) Die Körperschaftsteuer beträgt beim Zweiten Deutschen Fernsehen, Anstalt des öffentlichen Rechts, für das Geschäft der Veranstaltung von Werbesendungen 4 vom Hundert der Entgelte (§ 10 Abs. 1 des Umsatzsteuergesetzes) aus Werbesendungen. Absatz 2 gilt entsprechend."

Begründung zum Gesetzentwurf der Bundesregierung

Absatz 1

Der Körperschaftsteuersatz beträgt 25 %. Das gilt für alle Körperschaften und unabhängig davon, ob die Gewinne ausgeschüttet oder einbehalten werden.

Das Halbeinkünfteverfahren stellt die volle Ertragsteuerbelastung nur sicher, wenn die bei der Körperschaft mit der Körperschaftsteuer belasteten Gewinne ausgeschüttet und beim Empfänger hälftig erfasst werden.

Problematisch sind Körperschaftsteuersubjekte, die ihrerseits nicht weiter ausschütten können (z. B. Betriebe gewerblicher Art von Körperschaften des öffentlichen Rechts). Hier fehlt die Nachbelastung auf der Anteilseignerebene, wenn die Gewinne in Bereichen außerhalb des Unternehmens verwendet werden. Die fehlende Nachbelastung auf der Ebene der Anteilseigner bei diesen Körperschaften wird aus Wettbewerbsgründen dadurch ausgeglichen, dass Gewinntransfers solcher Körperschaften wie Ausschüttungen behandelt werden und insoweit eine Kapitalertragsteuer erhoben wird.

Auch die Gewinne einer inländischen Betriebsstätte einer ausländischen Körperschaft unterliegen dem Körperschaftsteuersatz in Höhe von 25 %. Bei Abführungen aus einer inländischen Betriebsstätte an das ausländische Mutterhaus findet eine Nachbelastung durch eine Kapitalertragsteuer nicht statt.

Absatz 2

Nach § 51 Abs. 3 EStG kann die Bundesregierung bei Störung des gesamtwirtschaftlichen Gleichgewichts die Einkommensteuer um höchstens 10 % herauf- oder herabsetzen. Die Regelung entspricht der bisherigen Regelung.

Absatz 3

Wie bisher ist für das Zweite Deutsche Fernsehen, Anstalt des öffentlichen Rechts, ein besonderer Steuersatz vorgesehen. Der Steuersatz wurde an den neuen Körperschaftsteuersatz angepasst. Bei einem Reingewinnsatz von 16 % ergibt sich ein Steuersatz von 4 %. Die Ausschüttungsfiktion nach § 20 Abs. 1 Nr. 10 EStG ist zu beachten.

Beschlussempfehlung/Begründung des Finanzausschusses

– keine Änderung/Bemerkung –

Beschlussempfehlung/Begründung des Vermittlungsausschusses

– keine Änderung/Bemerkung –

X. Änderung § 26 KStG

1. Text der Vorschrift

§ 26 wird wie folgt geändert

a) **Die Absätze 2 bis 5 werden aufgehoben.**

b) **Absatz 6 wird wie folgt gefasst:**

„(6) Vorbehaltlich des Satzes 2 sind die Vorschriften des § 34c Abs. 1 Satz 2 und 3, Abs. 2 bis 8 und des § 50 Abs. 6 des Einkommensteuergesetzes entsprechend anzuwenden. Bei der Anwendung des § 34c Abs. 1 Satz 2 des Einkommensteuergesetzes ist der Berechnung der auf die ausländischen Einkünfte entfallenden inländischen Körperschaftsteuer die Körperschaftsteuer zugrunde zu legen, die sich ohne Anwendung der §§ 37 und 38 ergibt."

c) **Absatz 7 wird aufgehoben.**

2. Materialien

Gesetzentwurf der Bundesregierung

§ 26 wird wie folgt geändert

a) Die Absätze 2 bis 5 werden aufgehoben.

b) Absatz 6 wird wie folgt gefasst:

„(6) Vorbehaltlich des Satzes 2 sind die Vorschriften des § 34 c Abs. 1 Satz 2 und 3, Abs. 2 bis 8 und des § 50 Abs. 6 des Einkommensteuergesetzes entsprechend anzuwenden. Bei der Anwendung des § 34c Abs. 1 Satz 2 des Einkommensteuergesetzes ist der Berechnung der auf die ausländischen Einkünfte entfallenden inländischen Körperschaftsteuer die Körperschaftsteuer zugrunde zu legen, die sich ohne Anwendung der §§ 37 und 38 ergibt."

c) Absatz 7 wird aufgehoben.

Begründung zum Gesetzentwurf der Bundesregierung

Zu den Buchstaben a und c (Absätze 2 bis 5 und Absatz 7)

Infolge der allgemeinen Steuerbefreiung für Beteiligungserträge gem. § 8b Abs. 1 KStG sind die Absätze 2 bis 5 und Abs. 7 KStG (indirekte Steueranrechnung) nicht mehr erforderlich.

Zu Buchstabe b (Absatz 6)

Satz 1 verweist wie bisher für Zwecke der Anrechnung ausländischer Steuern auf die Vorschriften des EStG. Satz 2 steht mit der Anrechnung ausländischer Steuer bei der Besteuerung ausländischer Einkünfte in Zusammenhang. Bei der Berechnung der auf die ausländische Steuer entfallenden inländischen Steuer wurden bisher Körperschaftsteuerminderungen und Körperschaftsteuererhöhungen, die sich aus dem Anrechnungsverfahren ergaben, nicht berücksichtigt. Nach Wegfall des Anrechnungsverfahrens können sich derartige Minderungen und Erhöhungen noch aus den Übergangsregelungen der §§ 37 und 38 KStG ergeben.

Beschlussempfehlung/Begründung des Finanzausschusses

– keine Änderung/Bemerkung –

Beschlussempfehlung/Begründung des Vermittlungsausschusses

– keine Änderung/Bemerkung –

C. X. Änderung § 26 KStG

3. Erläuterungen

Verfasser: Harald Schaumburg

a) **Zweck und Inhalt**

§ 26 KStG a.F. sieht folgende Methoden zur Vermeidung der Doppelbesteuerung vor:

- direkte Steueranrechnung (§ 26 Abs. 1 KStG),
- indirekte Steueranrechnung (§ 26 Abs. 2–5 KStG),
- Steuerabzug (26 Abs. 6 KStG i.V.m. § 34c Abs. 2 und 3 EStG),
- Steuererlaß und Steuerpauschalierung (§ 26 Abs. 6 KStG i.V.m. § 34c Abs. 5 EStG).

Die vorstehenden Regelungen sind im Verhältnis zu den Doppelbesteuerungsabkommen grundsätzlich subsidiär (§ 26 Abs. 2 a Satz 1 und Abs. 6 Satz 1 KStG i.V.m. § 34c Abs. 6 Satz 1 EStG a.F.). Der Vorrang der Doppelbesteuerungsabkommen gilt uneingeschränkt hierbei nur in den Fällen, in denen die ausländischen Einkünfte nach der Freistellungsmethode der Besteuerung durch die Bundesrepublik Deutschland entzogen und von der inländischen Besteuerung auszunehmen sind. Im Ergebnis geht damit die Steuerfreistellung bei Anwendung von Doppelbesteuerungsabkommen stets der in § 26 KStG a.F. verankerten Steueranrechnung vor. Sind mithin Dividenden aufgrund der abkommensrechtlich verankerten internationalen Schachtelprivilegien von deutscher Steuer freizustellen, ist daneben für eine indirekte Steueranrechnung (§ 26 Abs. 2–5 KStG a.F.) kein Raum mehr.

Mit Inkrafttreten des Steuersenkungsgesetzes sind nunmehr Bezüge i.S.d. § 20 Abs. 1 Nr. 1 und 2 EStG n.F., also insbesondere Dividenden, bei der empfangenden inländischen Körperschaft gem. § 8b Abs. 1 KStG n.F. steuerfrei. Entsprechend der bisherigen Rechtslage ist auch hier der Gesetzgeber davon ausgegangen, daß die Steuerfreistellung der Dividenden der indirekten Steueranrechnung vorgeht. Im Hinblick darauf sind die Regelungen über die indirekte Steueranrechnung (§ 26 Abs. 2–5 KStG a.F.) obsolet geworden. Deren Herausnahme aus dem Gesetz durch das Steuersenkungsgesetz ist daher insoweit folgerichtig.

Absatz 1 ist unverändert geblieben. Das bedeutet, daß nach wie vor die auf ausländische Einkünfte erhobene ausländische Steuer auf die deutsche Körperschaftsteuer zur Anrechnung gebracht werden kann. Im wesentlichen geht es hierbei um im Ausland erhobene Steuern auf ausländische Betriebsstättengewinne, für die eine abkommensrechtliche Steuerfreistellung nicht in Anspruch genommen werden kann, sowie zumeist auf Bruttobeträge erhobene ausländische Quellensteuer. Ausländische Quellensteuern auf aus dem Ausland bezogene Dividenden können allerdings nicht mehr nach Absatz 1 zur Anrechnung gebracht werden, weil die Dividenden generell bei der Ermittlung der Einkünfte außer Ansatz bleiben (§ 8b Abs. 1 KStG n.F.).

Absatz 6 ist im wesentlichen unverändert geblieben. Das bedeutet, daß auch für Zwecke der Körperschaftsteuer als Methode zur Vermeidung der Doppelbesteuerung der Steuerabzug sowie der Steuererlaß und die Steuerpauschalierung in Betracht kommen. Dies ergibt sich aus der Verweisung auf § 34c Abs. 2, 3, 5 EStG. Die Verweisung auf Absatz 8 geht ins Leere, weil § 34c EStG einen derartigen Absatz 8 nicht enthält. Die Verweisung auf § 50 Abs. 6 EStG erweitert den Anwendungsbereich der direkten Steueranrechnung auch auf beschränkt steuerpflichtige Körperschaften.

Wegen der Ermittlung des Anrechnungshöchstbetrages verweist Absatz 6 Satz 1 zwar auf § 34c Abs. 1 Satz 2 EStG, wonach die ausländische Steuer nur bis zu dem Höchstbetrag anrechenbar ist, der sich durch das Verhältnis der ausländischen Einkünfte zur Summe der Einkünfte, bezogen auf die sich bei der Veranlagung ergebende Steuer, errechnet; entsprechend der Systematik des Körperschaftsteuergesetzes wird aber abweichend hiervon die Anrechnung nicht auf die Durchschnittssteuerbelastung insgesamt bezogen, sondern gemäß Absatz 6 Satz 3 nur auf die Tarifbelastung (§ 23 ff. KStG n.F.), also auf die Körperschaftsteuer vor Berücksichtigung der durch den Systemwechsel bedingten Körperschaftsteuerminderung (§ 37 KStG n.F.) und Körperschaftsteuererhöhung (§ 38 KStG n.F.).

b)   Erstmalige Anwendung

§ 26 KStG n.F. gilt bei kalenderjahrgleichem Wirtschaftsjahr ab 2001 (§ 34 Abs. 1 KStG n.F.). Bei abweichendem Wirtschaftsjahr greift die Vorschrift erstmals für den Veranlagungszeitraum 2002 ein (§ 34 Abs. 1a KStG n.F.). Sieht man die Suspendierung der Regelungen über die indirekte Steueranrechnung in einem untrennbaren Zusammenhang mit der in § 8b Abs. 1 KStG n.F. verankerten Steuerfreistellung für alle Dividenden, muß die Anwendung des § 8b Abs. 1 KStG n.F. jedenfalls für ausländische Dividenden systemgerecht ohne zeitliche Verschiebung in Kraft treten. Das wäre nur dann der Fall, wenn man davon ausgeht, daß die Übergangsvorschrift des § 34 Abs. 6 d Nr. 1 KStG n.F. nicht für ausländische Dividenden gilt. Andernfalls entsteht eine einjährige Regelungslücke, innerhalb deren § 8b Abs. 1 KStG n.F. noch nicht und § 26 Abs. 2 – 5 KStG a.F. nicht mehr anzuwenden ist.

XI. Änderung zum Vierten Teil des KStG

1. Text der Vorschrift
Der Vierte Teil wird aufgehoben.

2. Materialien

Gesetzentwurf der Bundesregierung

Der Vierte Teil wird aufgehoben

Begründung zum Gesetzentwurf der Bundesregierung

Der Vierte Teil enthält Vorschriften zum Anrechnungsverfahren, insbesondere zur Gliederungsrechnung und zur Bescheinigung sowie zur gesonderten Feststellung. Die Vorschriften können im Halbeinkünfteverfahren gestrichen werden.

Beschlussempfehlung/Begründung des Finanzausschusses

– keine Änderung/Bemerkung –

Beschlussempfehlung/Begründung des Vermittlungsausschusses

– keine Änderung/Bemerkung –

XII. Änderung §§ 27 bis 29 KStG

1. Text der Vorschrift

Nach § 26 werden folgende Überschrift und die folgenden §§ 27 bis 29 eingefügt:

„Vierter Teil
Nicht in das Nennkapital geleistete Einlagen
und Entstehung und Veranlagung

§ 27
Nicht in das Nennkapital
geleistete Einlagen

(1) Die unbeschränkt steuerpflichtige Körperschaft hat die nicht in das Nennkapital geleisteten Einlagen am Schluss jedes Wirtschaftsjahrs auf einem besonderen Konto (steuerliches Einlagekonto) auszuweisen. Das steuerliche Einlagekon-

to ist ausgehend von dem Bestand am Ende des vorangegangenen Wirtschaftsjahrs um die jeweiligen Zu- und Abgänge des Wirtschaftsjahrs fortzuschreiben. Leistungen der Körperschaft mindern das steuerliche Einlagekonto nur, soweit die Summe der im Wirtschaftsjahr erbrachten Leistungen den auf den Schluss des vorangegangen Wirtschaftsjahrs ermittelten Unterschiedsbetrag zwischen dem um das gezeichnete Kapital geminderten in der Steuerbilanz ausgewiesenen Eigenkapital und dem Bestand des steuerlichen Einlagekontos übersteigt. Ist für die Leistung der Körperschaft die Minderung des Einlagekontos bescheinigt worden, bleibt die der Bescheinigung zugrunde gelegte Verwendung unverändert.

(2) Der unter Berücksichtigung der Zu- und Abgänge des Wirtschaftsjahrs ermittelte Bestand des steuerlichen Einlagekontos wird gesondert festgestellt. Der Bescheid über die gesonderte Feststellung ist Grundlagenbescheid für den Bescheid über die gesonderte Feststellung zum folgenden Feststellungszeitpunkt. Unbeschränkt steuerpflichtige Körperschaften und Personenvereinigungen haben auf den Schluss jedes Wirtschaftsjahrs Erklärungen zur gesonderten Feststellung von Besteuerungsgrundlagen abzugeben. Die Erklärungen sind von den in § 34 der Abgabenordnung bezeichneten Personen eigenhändig zu unterschreiben.

(3) Erbringt eine unbeschränkt steuerpflichtige Körperschaft für eigene Rechnung Leistungen, die als Abgang auf dem steuerlichen Einlagekonto berücksichtigt worden sind, so ist sie verpflichtet, ihren Anteilseignern die folgenden Angaben nach amtlich vorgeschriebenem Muster zu bescheinigen:

1. den Namen und die Anschrift des Anteilseigners,

2. die Höhe der Leistungen, soweit das steuerliche Einlagekonto gemindert wurde,

3. den Zahlungstag.

Die Bescheinigung braucht nicht unterschrieben zu werden, wenn sie in einem maschinellen Verfahren ausgedruckt worden ist und den Aussteller erkennen lässt.

(4) Ist die in Absatz 1 bezeichnete Leistung einer unbeschränkt steuerpflichtigen Körperschaft von der Vorlage eines Dividendenscheins abhängig und wird sie für Rechnung der Körperschaft durch ein inländisches Kreditinstitut er-

bracht, so hat das Institut dem Anteilseigner eine Bescheinigung mit den in Absatz 3 Satz 1 bezeichneten Angaben nach amtlich vorgeschriebenem Muster zu erteilen. Aus der Bescheinigung muss ferner hervorgehen, für welche Körperschaft die Leistung erbracht wird. Die Sätze 1 und 2 gelten entsprechend, wenn anstelle eines inländischen Kreditinstituts eine inländische Zweigniederlassung eines der in § 53b Abs. 1 oder 7 des Gesetzes über das Kreditwesen genannten Institute oder Unternehmen die Leistung erbringt.

(5) Der Aussteller einer Bescheinigung, die den Absätzen 3 und 4 nicht entspricht, haftet für die auf Grund der Bescheinigung verkürzten Steuern oder zu Unrecht gewährten Steuervorteile. Ist die Bescheinigung durch ein inländisches Kreditinstitut oder durch eine inländische Zweigniederlassung eines der in § 53b Abs. 1 und 7 des Gesetzes über das Kreditwesen genannten Institute oder Unternehmen auszustellen, so haftet die Körperschaft auch, wenn sie zum Zweck der Bescheinigung unrichtige Angaben macht.

(6) Geht das Vermögen einer Kapitalgesellschaft durch Verschmelzung nach § 2 des Umwandlungsgesetzes auf eine unbeschränkt steuerpflichtige Körperschaft über, so ist der Bestand des steuerlichen Einlagekontos dem steuerlichen Einlagekonto der übernehmenden Körperschaft hinzuzurechnen.

(7) Geht Vermögen einer Kapitalgesellschaft durch Aufspaltung oder Abspaltung im Sinne des § 123 Abs. 1 und 2 des Umwandlungsgesetzes auf eine unbeschränkt steuerpflichtige Körperschaft über, so ist der Betrag des steuerlichen Einlagekontos der übertragenden Kapitalgesellschaft einer übernehmenden Körperschaft im Verhältnis der übergehenden Vermögensteile zu dem bei der übertragenden Kapitalgesellschaft vor dem Übergang bestehenden Vermögen zuzuordnen, wie es in der Regel in den Angaben zum Umtauschverhältnis der Anteile im Spaltungs- und Übernahmevertrag oder im Spaltungsplan (§ 126 Abs. 1 Nr. 3, § 136 des Umwandlungsgesetzes) zum Ausdruck kommt. Entspricht das Umtauschverhältnis der Anteile nicht dem Verhältnis der übergehenden Vermögensteile zu dem bei der übertragenden Körperschaft vor der Spaltung bestehenden Vermögen, ist das Verhältnis der gemeinen Werte der übergehenden Vermögensteile zu dem vor der Spaltung vorhandenen Vermögen maßgebend. Soweit das Vermögen auf eine Personenge-

sellschaft übergeht, mindert sich das steuerliche Einlagekonto der übertragenden Kapitalgesellschaft in dem Verhältnis der übergehenden Vermögensteile zu dem vor der Spaltung bestehenden Vermögen.

(8) Ist die Kapitalgesellschaft Organgesellschaft im Sinne des § 14 oder des § 17 und übersteigt das dem Organträger zuzurechnende Einkommen den abgeführten Gewinn, so ist der Unterschiedsbetrag bei der Organgesellschaft auf dem Einlagekonto zu erfassen. Unterschreitet das dem Organträger zuzurechnende Einkommen den abgeführten Gewinn, so mindert der Unterschiedsbetrag vorrangig das Einlagekonto.

§ 28
Umwandlung von Rücklagen in Nennkapital

Wird das gezeichnete Kapital durch Umwandlung von Rücklagen erhöht, so gilt der auf dem steuerlichen Einlagekonto nach § 27 ausgewiesene Betrag als vor den sonstigen Rücklagen verwendet. Das steuerliche Einlagekonto wird entsprechend gemindert. Enthält das gezeichnete Kapital auch Beträge, die ihm durch Umwandlung von sonstigen Rücklagen mit Ausnahme von aus Einlagen der Anteilseigner stammenden Beträgen zugeführt worden sind, so sind diese Teile des gezeichneten Kapitals getrennt auszuweisen und gesondert festzustellen. Wird das gezeichnete Kapital herabgesetzt, gilt dieser Teil des gezeichneten Kapitals als vorab verwendet. Die Rückzahlung des gezeichneten Kapitals gilt insoweit als Gewinnausschüttung, die beim Anteilseigner zu Einkünften im Sinne des § 20 Abs. 1 Nr. 2 des Einkommensteuergesetzes führen. Die Kapitalgesellschaft ist verpflichtet, ihren Anteilseignern die Verwendung des in Satz 4 genannten Teilbetrags nach amtlich vorgeschriebenem Muster zu bescheinigen. § 27 Abs. 2 bis 6 gilt entsprechend.

§ 29
Grundlagenbescheid

Der Körperschaftsteuerbescheid ist Grundlagenbescheid
1. für den Körperschaftsteuerbescheid des Verlustrücktragsjahrs hinsichtlich eines Verlustes, der sich bei der Ermittlung des Einkommens ergeben hat,
2. für den Bescheid über die gesonderte Feststellung nach § 10d Abs. 4 des Einkommensteuergesetzes hinsichtlich des Einkommens."

2. Materialien

Gesetzentwurf der Bundesregierung

Nach § 26 werden folgende Überschrift und die folgenden §§ 27 bis 29 eingefügt:

„Vierter Teil
Nicht in das Nennkapital
geleisteten Einlagen und Entstehung und Veranlagung

§ 27
Nicht in das Nennkapital
geleisteten Einlagen

(1) Die unbeschränkt steuerpflichtige Körperschaft hat die nicht in das Nennkapital geleisteten Einlagen am Schluss jedes Wirtschaftsjahrs auf einem besonderen Konto (steuerliche Einlagekonto) auszuweisen. Das steuerliche Einlagekonto ist ausgehend von dem Bestand am Ende des vorangegangenen Wirtschaftsjahrs um die jeweiligen Zu- und Abgänge des Wirtschaftsjahrs fortzuschreiben. Leistungen der Körperschaft mindern das steuerliche Einlagekonto nur, soweit die Summe der im Wirtschaftsjahr erbrachten Leistungen den auf den Schluss des vorangegangen Wirtschaftsjahrs ermittelten Unterschiedsbetrag zwischen dem um das gezeichnete Kapital geminderten Eigenkapital gemäß § 266 Abs. 3 Buchstabe A des Handelsgesetzbuchs und dem Bestand des steuerlichen Einlagekontos übersteigen.

(2) Der unter Berücksichtigung der Zu- und Abgänge des Wirtschaftsjahrs ermittelte Bestand des steuerlichen Einlagekontos wird gesondert festgestellt. Der Bescheid über die gesonderte Feststellung ist Grundlagenbescheid für den Bescheid über die gesonderte Feststellung zum folgenden Feststellungszeitpunkt.

(3) Erbringt eine unbeschränkt steuerpflichtige Körperschaft für eigene Rechnung Leistungen, die als Abgang auf dem steuerlichen Einlagekonto berücksichtigt worden sind, so ist sie verpflichtet, ihren Anteilseignern die folgenden Angaben nach amtlich vorgeschriebenem Muster zu bescheinigen:

1. den Namen und die Anschrift des Anteilseigners,

2. die Höhe der Leistungen, soweit das steuerliche Einlagekonto gemindert wurde,

3. den Zahlungstag.

Die Bescheinigung braucht nicht unterschrieben zu werden, wenn sie in einem maschinellen Verfahren ausgedruckt worden ist und den Aussteller erkennen lässt.

(4) Ist die in Absatz 1 bezeichnete Leistung einer unbeschränkt steuerpflichtigen Körperschaft von der Vorlage eines Dividendenscheins abhängig und wird sie für Rechnung der Körperschaft durch ein inländisches Kreditinstitut erbracht, so hat das Institut dem Anteilseigner eine Bescheinigung mit den in Absatz 3 Satz 1 bezeichneten Angaben nach amtlich vorgeschriebenem Muster zu erteilen. Aus der Bescheinigung muss ferner hervorgehen, für welche Körperschaft die Leistung erbracht wird. Die Sätze 1 und 2 gelten entsprechend, wenn anstelle eines inländischen Kreditinstituts eine inländische Zweigniederlassung eines der in § 53b Abs. 1 oder 7 des Gesetzes über das Kreditwesen genannten Institute oder Unternehmen die Leistung erbringt. Ist die Aktie im Zeitpunkt des Zufließens der Einnahmen nicht in einem auf den Namen des Empfängers der Bescheinigung lautenden Wertpapierdepot bei dem Kreditinstitut verzeichnet, so hat das Kreditinstitut die Bescheinigung durch einen entsprechenden Hinweis zu kennzeichnen. Befindet sich die Aktie im Zeitpunkt des Zufließens der Einnahmen auch nicht im Wertpapierdepot eines der in Satz 3 genannten Institute oder Unternehmen, ist Satz 4 entsprechend anzuwenden. Über die zu kennzeichnenden Bescheinigungen haben die in den Sätzen 1 und 3 genannten Institute und Unternehmen Aufzeichnungen zu führen. Die Aufzeichnungen müssen einen Hinweis auf den Buchungsbeleg über die Auszahlung an den Empfänger der Bescheinigung enthalten.

(5) Der Aussteller einer Bescheinigung, die den Absätzen 3 und 4 nicht entspricht, haftet für die auf Grund der Bescheinigung verkürzten Steuern oder zu Unrecht gewährten Steuervorteile. Ist die Bescheinigung durch ein inländisches Kreditinstitut oder durch eine inländische Zweigniederlassung eines der in § 53b Abs. 1 und 7 des Gesetzes über das Kreditwesen genannten Institute oder Unternehmen auszustellen, so haftet die Körperschaft auch, wenn sie zum Zweck der Bescheinigung unrichtige Angaben macht.

(6) Geht das Vermögen einer Kapitalgesellschaft durch Verschmelzung nach § 2 des Umwandlungsgesetzes auf eine unbeschränkt steuerpflichtige Körperschaft über, so ist der Bestand des steuerlichen Einlagekontos dem steuerlichen Einlagekonto der übernehmenden Körperschaft hinzuzurechnen.

(7) Geht Vermögen einer Kapitalgesellschaft durch Aufspaltung oder Abspaltung im Sinne des § 123 Abs. 1 und 2 des Umwandlungsgesetzes auf eine unbeschränkt steuerpflichtige Körperschaft über, so ist der Betrag des steuerlichen Einlagekontos der übertragenden Kapitalgesellschaft einer übernehmenden Körperschaft im Verhältnis der übergehenden Vermögensteile zu dem bei der übertragenden Kapitalgesellschaft vor dem Übergang bestehenden Vermögen zuzuordnen, wie es in der Regel in den Angaben zum Umtauschverhältnis der Anteile im Spaltungs- und Übernahmevertrag oder im Spaltungsplan (§ 126 Abs. 1 Nr. 3, § 136 des Umwandlungsgesetzes) zum Ausdruck kommt. Entspricht das Umtauschverhältnis der Anteile nicht dem Verhältnis der übergehenden Vermögensteile zu dem bei der übertragenden Körperschaft vor der Spaltung bestehenden Vermögen, ist das Verhältnis der gemeinen Werte der übergehenden Vermögensteile zu dem vor der Spaltung vorhandenen Vermögen maßgebend. Soweit das Vermögen auf eine Personengesellschaft übergeht, mindert sich das steuerliche Einlagekonto der übertragenden Kapitalgesellschaft in dem Verhältnis der übergehenden Vermögensteile zu dem vor der Spaltung bestehenden Vermögen.

§ 28
Umwandlung von Rücklagen in Nennkapital

Enthält das Nennkapital Beträge, die ihm durch Umwandlung von Rücklagen zugeführt worden sind, und waren die Rücklagen aus dem Gewinn gebildet worden, so ist dieser Teil des Nennkapitals getrennt auszuweisen und gesondert festzustellen. Wird das Nennkapital herabgesetzt, gilt dieser Teil des Nennkapitals als vorab verwendet. Die Rückzahlung des Nennkapitals gilt insoweit als Gewinnausschüttung, die beim Anteilseigner zu Einkünften im Sinne des § 20 Abs. 1 Satz 1 Nr. 2 des Einkommensteuergesetzes führen. Die Kapitalgesellschaft ist verpflichtet, ihren Anteilseignern die Verwendung des in Satz 2 genannten Teilbetrags nach amtlich vorgeschriebenem Muster zu bescheinigen. § 27 Abs. 3 bis 6 gilt entsprechend.

§ 29
Grundlagenbescheid

Der Körperschaftsteuerbescheid ist Grundlagenbescheid

1. für den Körperschaftsteuerbescheid des Verlustrücktragsjahrs hinsichtlich eines Verlustes, der sich bei der Ermittlung des Einkommens ergeben hat,

2. für den Bescheid über die gesonderte Feststellung nach § 10d Abs. 4 des Einkommensteuergesetzes hinsichtlich des Einkommens."

Begründung zum Gesetzentwurf der Bundesregierung

§ 27

Absatz 1

Die steuerliche Behandlung der Rückgewähr von Einlagen soll sich gegenüber der derzeitigen Praxis nicht ändern und im Grundsatz nicht zu steuerpflichtigen Beteiligungserträgen führen. Um dies zu gewährleisten, müssen die nicht in das Nennkapital geleisteten (verdeckten) Einlagen auf einem besonderen Konto erfasst und bei Rückgewähr entsprechend bescheinigt werden, damit die Ausschüttung insoweit nicht der Halbeinkünftebesteuerung auf der Anteilseignerebene unterliegt.

Für die Rückgewähr verdeckter Einlagen ist wie bisher eine Verwendungsreihenfolge vorgesehen. Leistungen der Gesellschaft dürfen erst dann mit dem steuerlichen Einlagekonto verrechnet werden, wenn keine anderweitigen Rücklagen vorhanden sind. Davon ist auszugehen, soweit die Summe der im Wirtschaftsjahr erbrachten Leistungen den auf den Schluss des vorangegangen Wirtschaftjahres ermittelten Unterschiedsbetrag zwischen dem Eigenkapital der Gesellschaft gemäß § 266 Abs. 3 Buchstabe A des Handelsgesetzbuchs und dem Bestand des steuerlichen Einlagekontos übersteigt.

Absatz 2

Der Absatz regelt die gesonderte Feststellung der Bestände des steuerlichen Einlagekontos.

Absatz 3

Der Absatz regelt das Bescheinigungsverfahren, wenn die Gesellschaft selbst unmittelbar ausschüttet.

Absatz 4

Der Absatz regelt das Bescheinigungsverfahren, wenn die Ausschüttung über ein Kreditinstiut erfolgt.

Absatz 5

Der Absatz enthält Haftungsregelungen, wenn Bescheinigungen falsch sind.

C. XII. Änderung §§ 27 bis 29 KStG

Absatz 6

Der Absatz regelt den Übergang des Kapitalkontos in den Fällen der Verschmelzung und der Spaltung.

§ 28

Die Vorschrift enthält eine Regelung für den Fall der Umwandlung von Rücklagen in Nennapital. Wandelt eine Kapitalgesellschaft Gewinnrücklagen in Nennkapital um, würden ohne die Regelung Besteuerungslücken entstehen, wenn das Nennkapital wieder herabgesetzt wird. Da die Rückzahlung von Nennkapital nicht zu Einkünften aus Kapitalvermögen führt, bliebe es bei den für die Kapitalerhöhung verwendeten Gewinnrücklagen bei einer Belastung mit 25 % Körperschaftsteuer. Die Halbeinkünftebesteuerung auf der Ebene der Gesellschaft könnte so vermieden werden. Daher sieht § 28 KStG vor, dass die in Nennkapital umgewandelten Beträge, die aus der Gewinnrücklage stammen, festgehalten werden. Bei einer Kapitalherabsetzung und Auskehr der Beträge werden sie als Einkünfte aus Kapitalvermögen der Halbeinkünftebesteuerung unterworfen. Da die Regelung auch Gewinnrücklagen vor dem 1. Januar 1977 erfasst, sind die Vorschriften der §§ 5 und 6 des Kaitalerhöhungssteuergesetzes entbehrlich geworden.

§ 29

Die Vorschrift enthält Teile des bisherigen § 47 KStG und regelt, in welchen Fällen der Körperschaftsteuerbescheid Grundlagenbescheid für andere Bescheide ist.

Beschlussempfehlung des Finanzausschusses

Nach § 26 werden folgende Überschrift und die folgenden §§ 27 bis 29 eingefügt:

„Vierter Teil
Nicht in das Nennkapital
geleistete Einlagen und Entstehung und Veranlagung

§ 27
Nicht in das Nennkapital
geleistete Einlagen

(1) Die unbeschränkt steuerpflichtige Körperschaft hat die nicht in das Nennkapital geleisteten Einlagen am Schluss jedes Wirtschaftsjahrs auf einem besonderen Konto (steuerliche Einlagekonto) auszuweisen. Das steuerliche Einlagekonto ist ausgehend

von dem Bestand am Ende des vorangegangenen Wirtschaftsjahrs um die jeweiligen Zu- und Abgänge des Wirtschaftsjahrs fortzuschreiben. Leistungen der Körperschaft mindern das steuerliche Einlagekonto nur, soweit die Summe der im Wirtschaftsjahr erbrachten Leistungen den auf den Schluss des vorangegangen Wirtschaftsjahrs ermittelten Unterschiedsbetrag zwischen dem um das gezeichnete Kapital geminderten in der Steuerbilanz ausgewiesenen Eigenkapital und dem Bestand des steuerlichen Einlagekontos übersteigen. Ist für die Leistung der Körperschaft die Minderung des Einlagekontos bescheinigt worden, bleibt die der Bescheinigung zugrunde gelegte Verwendung unverändert.

(2) Der unter Berücksichtigung der Zu- und Abgänge des Wirtschaftsjahrs ermittelte Bestand des steuerlichen Einlagekontos wird gesondert festgestellt. Der Bescheid über die gesonderte Feststellung ist Grundlagenbescheid für den Bescheid über die gesonderte Feststellung zum folgenden Feststellungszeitpunkt. Unbeschränkt steuerpflichtige Körperschaften und Personenvereinigungen haben auf den Schluss jedes Wirtschaftsjahres Erklärungen zur gesonderten Feststellung von Besteuerungsgrundlagen abzugeben. Die Erklärungen sind von den in § 34 der Abgabenordnung bezeichneten Personen eigenhändig zu unterschreiben.

(3) unverändert

(4) Ist die in Absatz 1 bezeichnete Leistung einer unbeschränkt steuerpflichtigen Körperschaft von der Vorlage eines Dividendenscheins abhängig und wird sie für Rechnung der Körperschaft durch ein inländisches Kreditinstitut erbracht, so hat das Institut dem Anteilseigner eine Bescheinigung mit den in Absatz 3 Satz 1 bezeichneten Angaben nach amtlich vorgeschriebenem Muster zu erteilen. Aus der Bescheinigung muss ferner hervorgehen, für welche Körperschaft die Leistung erbracht wird. Die Sätze 1 und 2 gelten entsprechend, wenn anstelle eines inländischen Kreditinstituts eine inländische Zweigniederlassung eines der in § 53b Abs. 1 oder 7 des Gesetzes über das Kreditwesen genannten Institute oder Unternehmen die Leistung erbringt.

(5) unverändert

(6) unverändert

(7) unverändert

(8) Ist die Kapitalgesellschaft Organgesellschaft im Sinne des § 14 oder des § 17 und übersteigt das dem Organträger zuzurechnende Einkommen den abgeführten Gewinn, so ist der Unterschiedsbetrag bei der Organgesellschaft auf dem Einlagekonto zu erfassen. Unterschreitet das dem Organträger zuzurechnende Einkommen den abgeführten Gewinn, so mindert der Unterschiedsbetrag vorrangig das Einlagekonto.

§ 28
Umwandlung von Rücklagen in Nennkapital

Wird das gezeichnete Kapital durch Umwandlung von Rücklagen erhöht, so gilt der auf dem steuerlichen Einlagekonto nach § 27 ausgewiesene Betrag als vor den sonstigen Rücklagen als verwendet. Das steuerliche Einlagekonto wird entsprechend gemindert. Enthält das gezeichnete Kapital auch Beträge, die ihm durch Umwandlung von sonstigen Rücklagen mit Ausnahme von aus Einlagen der Anteilseigner stammenden Beträgen zugeführt worden sind, so sind diese Teile des gezeichneten Kapitals getrennt auszuweisen und gesondert festzustellen. Wird das gezeichnete Kapital herabgesetzt, gilt dieser Teil des gezeichneten Kapitals als vorab verwendet. Die Rückzahlung des gezeichneten Kapitals gilt insoweit als Gewinnausschüttung, die beim Anteilseigner zu Einkünften im Sinne des § 20 Abs. 1 Nr. 2 des Einkommensteuergesetzes führen. Die Kapitalgesellschaft ist verpflichtet, ihren Anteilseignern die Verwendung des in Satz 4 genannten Teilbetrags nach amtlich vorgeschriebenem Muster zu bescheinigen. § 27 Abs. 2 bis 6 gilt entsprechend.

§ 29
Grundlagenbescheid

unverändert

Begründung des Finanzausschusses

Zu § 27

Absatz 1 enthält eine vereinfachte Verwendungsreihenfolge für die Auskehr von Gesellschaftereinlagen. Als Ausgangsgröße wird anstelle des Eigenkapitals lauf Handelsbilanz auf das Eigenkapital laut Steuerbilanz abgestellt. Damit werden auch Teile des Eigenkapitals berücksichtigt, die nur in der Steuerbilanz abgebildet sind. Die einmal bescheinigte Verwendung von Beträgen des Einlagekontos bleibt unverändert, auch wenn sich später z.B. in einer Betriebsprüfung herausstellt, dass noch andere Rücklagen vorhanden waren.

Absatz 2 regelt die Erklärungspflichten für die gesonderten Feststellungen.

Absatz 4 wird um entbehrliche Bescheinigungsvorschriften bereinigt.

Der neue Absatz 8 enthält Regelungen zur organschaftlichen Mehr- oder Minderabführungen.

Zu § 28

Die Regelung legt eine Reihenfolge bei der Umwandlung von Umwandlung von Rücklagen in gezeichnetes Kapital fest.

Beschlussempfehlung/Begründung des Vermittlungsausschusses

– keine Änderung/Bemerkung –

3. Erläuterungen

Verfasser: Andreas Schumacher

a) § 27 KStG

aa) Zweck und Inhalt

§ 27 KStG n.F. regelt die Abgrenzung von Gewinnausschüttungen und Einlagenrückgewähr nach neuem Recht. Aufgrund der unterschiedlichen Auswirkungen von Gewinnausschüttungen und Einlagenrückgewähr beim Anteilseigner ist diese Regelung von zentraler Bedeutung.

Das steuerliche Einlagekonto, das dieser Abgrenzung dient, ist daher nach Ablauf der Übergangszeit (siehe §§ 37, 38 KStG n.F.) neben Gewinnrücklagen, die in Nennkapital umgewandelt wurden (siehe § 28 KStG n.F.), der zweite Bestandteil des Eigenkapitals der Körperschaft, der für steuerliche Zwecke gesondert ausgewiesen und festgestellt wird.

bb) Einzelerläuterungen

(1) Ausweis und Fortschreibung des steuerlichen Einlagekontos (Abs. 1)

Bedeutung des steuerlichen Einlagekontos

Auf dem steuerlichen Einlagekonto haben unbeschränkt steuerpflichtige Körperschaften die nicht in das Nennkapital geleisteten Einlagen

C. XII. Änderung §§ 27 bis 29 KStG

am Schluß jedes Wirtschaftsjahrs auszuweisen. Die Regelung ist nicht nur auf Kapitalgesellschaften und Körperschaften i.S.d. § 43 KStG a.F. (insb. Erwerbs- und Wirtschaftsgenossenschaften), sondern auf alle unbeschränkt steuerpflichtigen Körperschaften i.S.d. § 1 Abs. 1 KStG anzuwenden. Dies liegt in § 20 Abs. 1 Nr. 9 EStG n.F. begründet, aufgrund dessen zukünftig Einnahmen aus Leistungen aller nicht von der Körperschaftsteuer befreiten Körperschaften, Personenvereinigungen oder Vermögensmassen i.S.d. § 1 Abs. 1 Nr. 3 bis 5 KStG zu den Kapitalerträgen gehören.

Die gesonderte Erfassung der Einlagen ist wegen der unterschiedlichen Behandlung von Gewinnausschüttungen und Einlagenrückgewähr beim Anteilseigner erforderlich. Gewinnausschüttungen werden unabhängig davon, ob der Gewinn bei der Körperschaft steuerpflichtig oder steuerfrei war, beim Gesellschafter gleich behandelt. Sie unterliegen gem. § 3 Nr. 40 EStG n.F. dem Halbeinkünfteverfahren bzw. der Freistellung nach § 8 b Abs. 1 KStG n.F. Die Rückzahlung von Einlagen stellt beim Anteilseigner jedoch keine Einnahme i.S.d. § 20 EStG n.F. dar (§ 20 Abs. 1 Nr. 1 S. 3 u. Nr. 9 EStG n.F.). Dies erfordert eine Feststellung, ob eine Leistung der Körperschaft an den Anteilseigner die Ausschüttung von Gewinn oder die Rückzahlung einer Einlage beinhaltet. Diesem Zweck dient das steuerliche Einlagekonto.

Anfangsbestand des steuerlichen Einlagekontos und Erfassung von Zugängen

Falls die Körperschaft schon vor dem Zeitpunkt der erstmaligen Anwendung des KStG n.F. gegründet wurde, entspricht der Anfangsbestand des Einlagekontos einer Körperschaft einem positiven Endbestands an EK 04 zum Ende des letzten Wirtschaftsjahres, das in dem Veranlagungszeitraum endet, in dem das KStG a.F. letztmals anzuwenden ist (§ 39 i.V.m. § 36 Abs. 1, 7 KStG n.F.). Ein negativer Anfangsbestand des steuerlichen Einlagekontos ist nicht möglich.

Falls die Körperschaft nach dem Zeitpunkt der erstmaligen Anwendung des KStG n.F. gegründet wird, so stellen Bar- oder Sacheinlagen im Rahmen der Gründung, die nicht in das Nennkapital geleistet wurden, den Anfangsbestand des Einlagekontos dar (bzw. sind der erste Zugang im ersten Wirtschaftsjahr der Körperschaft).

Der Bestand des steuerlichen Einlagekontos erhöht sich um die nicht in das Nennkapital geleisteten Einlagen in der Folgezeit. Dies können sowohl offene Einlagen (z.B. Agio bei Kapitalerhöhungen) als auch verdeckte Einlagen sein.

Sonderfälle

Das KStG n.F. enthält keine Folgevorschriften zu § 30 Abs. 3 KStG a.f. (Bildung von EK 04 anläßlich der erstmaligen Gliederung des vEK) und zu § 38 b KStG a.f. (Bildung von EK 04 bei Vermögensübergang von einem Rechtsträger, der keine Körperschaft ist, durch Verschmelzung, Auf- oder Abspaltung oder Vermögensübertragung).

Soweit diese Regelungen nur die Erfassung tatsächlich geleisteter Einlagen klargestellt haben, entsteht keine Regelungslücke. Dies betrifft insbesondere den unter § 30 Abs. 3 KStG a.f. erfaßten Fall der Neugründung einer Kapitalgesellschaft durch Einlage (s.o.). Auch die von § 38 b KStG a.f. erfaßten Vermögensübergänge durch Umwandlung können als Einlage i.S.d. Abs. 1 S. 1 angesehen werden (zur handelsrechtlichen Sichtweise bei Verschmelzung mit Kapitalerhöhung siehe IdW, Stellungnahme HFA 2/1997, WPg 1997, 235 Tz. 32211.; zur steuerlichen Einstufung der Verschmelzung oder Spaltung einer Personengesellschaft auf eine Kapitalgesellschaft als Einbringung i.S.d. § 20 UmwStG siehe UmwSt-Erlaß, Tz. 20.02).

Die Vorschriften haben jedoch auch Fälle erfaßt, in denen keine Einlage gesehen werden kann. Fraglich könnte z.B. sein, ob im Rahmen des Formwechsels einer Personen- in eine Kapitalgesellschaft (bisher ein Fall des § 30 Abs. 3 KStG) der Verweis des § 25 UmwStG auf § 20 UmwStG auch den Tatbestand einer Einbringung und damit einer Einlage umfaßt (verneinend wohl Haritz/Benkert, UmwStG, 2. Aufl., § 25 Rz. 9). Auch kann eine beschränkt steuerpflichtige Körperschaft in die unbeschränkte Steuerpflicht eintreten, ohne daß ein Einbringungsvorgang (z.B. nach § 23 Abs. 2 UmwStG) erfolgt. Dies geschieht z.B. im Fall des „Zuzugs" durch Verlegung des Ortes der Geschäftsleitung der Körperschaft in das Inland. Unabhängig von der Frage der zivilrechtlichen Rechtsfähigkeit (siehe zuletzt die Vorlage an den EuGH durch BGH v. 30.3.2000, IStR 2000, 382) ist in einem solchen Fall steuerrechtlich die Identität des Körperschaftsteuersubjekts zu bejahen (Dötsch/Eversberg/Jost/Witt, § 12 KStG Rz. 47). Daher ist wohl eine Einlage i.S.d. § 27 KStG n.F. zu verneinen.

Der Gesetzgeber sollte eine Regelung schaffen, durch die auch in solchen Fällen die Erfassung auf dem steuerlichen Einlagekonto sichergestellt wird.

Bewertung der Einlagen

Die Bewertung der offenen und verdeckten Einlagen erfolgt wie nach bisherigem Recht. Bei einer verdeckten Einlage ist § 6 Abs. 1 Nr. 5 EStG anzuwenden (grundsätzlich Bewertung mit dem Teilwert; BFH

v. 9.6.1997, BStBl II 1998, 307; s.a. BFH v. 11.2.1998, BStBl II 1998, 691). Bei einer offenen Sacheinlage liegt ein tauschähnlicher Vorgang vor, so daß eine Bewertung mit dem gemeinen Wert zu erfolgen hat (BFH v. 19.10.1998, BStBl II 2000, 230; s.a. Groh, DB 1997, 1683). Die Bewertung in der Handelsbilanz ist grundsätzlich nicht maßgeblich. Bei Unterbewertung einer offenen Sacheinlage in der Handelsbilanz kann steuerlich eine verdeckte Einlage vorliegen, die auf dem steuerlichen Einlagekonto zu erfassen ist. Als Sonderregelung geht § 20 UmwStG den genannten Bewertungsvorschriften vor, so daß unter den dort genannten Voraussetzungen bei Einbringung eines Betriebs, Teilbetriebs, Mitunternehmeranteils oder einer mehrheitsvermittelnden Beteiligung der nach § 20 Abs. 2 S. 1 UmwStG angesetzte Wert (Buchwert, Teilwert oder Zwischenwert) für die Bewertung der Einlage maßgeblich ist (eine verdeckte Einlage kann in diesem Fall nicht vorliegen).

Minderung des steuerlichen Einlagekontos

Gem. S. 3 mindern Leistungen der Körperschaft das steuerliche Einlagekonto nur, soweit die Summe der Leistungen, die die Körperschaft in einem Wirtschaftsjahr erbracht hat, den folgenden, auf den Schluß des vorangegangenen Wirtschaftsjahrs ermittelten Unterschiedsbetrag übersteigt:

	Steuerbilanzeigenkapital abzüglich gezeichnetes Kapital
./.	Bestand des steuerlichen Einlagekontos
=	Unterschiedsbetrag zum Schluß des vorangegangenen Wj.

Diese Fiktion gilt unabhängig von dem tatsächlichen Bestand des steuerlichen Einlagekontos. Sie kann daher auch zu einem negativen Bestand führen oder einen solchen erhöhen.

Leistungen der Körperschaft

Zu den Leistungen der Körperschaft, die das Einlagekonto mindern, zählen neben ordnungsgemäßen Gewinnausschüttungen insbesondere auch verdeckte Gewinnausschüttungen. Des weiteren gehören die sonstigen Leistungen i.S.d. § 41 KStG a.F. zu diesen Leistungen (Rückzahlung von Nennkapital und Auszahlung des Liquidationsüberschusses). Die Rückzahlung von Nennkapital kann allerdings aufgrund der Regelung in § 28 KStG n.F. nie zu einer Minderung des Einlagekontos führen (diese erfolgt bereits im Zeitpunkt der Umwandlung von steuerlichen Einlagekonto in Nennkapital; siehe die Erläuterungen zu § 28 KStG n.F.). Eine Minderung des steuerlichen Einlagekontos durch Liquidationsraten ist demgegenüber möglich.

Beispiel

Am 31.12.2003 verfügt eine Kapitalgesellschaft über ein Steuerbilanz-eigenkapital von DM 2 Mio. bei einem gezeichneten Kapital von TDM 500. Der Bestand des steuerlichen Einlagekontos i.S.d. § 27 KStG n.F. beträgt zu diesem Zeitpunkt TDM 600. Es ist kein Bestand an EK 02 vorhanden.

Die Kapitalgesellschaft leistet im Wirtschaftsjahr 2004 eine ordnungsgemäße Gewinnausschüttung für das Wirtschaftsjahr 2003 i.H.v. TDM 700 und eine verdeckte Gewinnausschüttung i.H.v. TDM 400.

Die Summe der Leistungen im Wirtschaftsjahr 2004 beträgt somit DM 1,1 Mio. Der Unterschiedsbetrag beträgt:

	TDM	1.500
./.	TDM	600
=	TDM	900

Die Summe der Leistungen übersteigt diesen Unterschiedsbetrag um TDM 200. In Höhe dieses Betrags wird das steuerliche Einlagekonto gemindert.

Vereinfachte Berechnung der vorhandenen steuerlichen Gewinnrücklagen

Die Abgrenzung von Gewinnausschüttungen und der Rückzahlung von Einlagen anhand des Steuerbilanzeigenkapitals ist gegenüber § 27 KStG-E i.d.F. des Regierungsentwurfs, der auf das Handelsbilanzeigenkapital abstellte, zwar eine erhebliche Verbesserung. Wegen der fehlenden Berücksichtigung außerbilanziell erfaßter Einkommensteile ist die Abgrenzung jedoch nicht exakt. Daher kommt es tendenziell zu früh zu einer Minderung des Einlagekontos durch eine Leistung der Kapitalgesellschaft und damit in der Übergangsphase auch tendenziell zu früh zur Verwendung von EK 02 (das als vor dem Einlagekonto verwendet gilt, siehe die Erläuterungen zu § 38 KStG n.F.). Eine in jedem Fall fehlerfreie Abgrenzung hätte eine separate Eigenkapitalerfassung neben der Steuerbilanz erfordert, auf die wohl aufgrund des gewünschten Vereinfachungseffekts verzichtet wurde.

Verwendungsreihenfolge

Aufgrund der Minderung des steuerlichen Einlagekontos gilt dieses als für die Leistung verwendet (so auch die Formulierung in § 20 Abs. 1 Nr. 1 S. 3 EStG n.F.). Im Zusammenhang mit §§ 37 Abs. 2, 38 Abs. 1 S. 5 KStG n.F. soll typisierend erreicht werden, daß für Ausschüttungen zunächst die steuerlichen Gewinnrücklagen als verwendet gelten, die aus Altgewinnen außer dem EK 02 (Endbestände EK 40, EK 30, EK 01 und EK 03) und Neugewinnen (erzielt unter der Geltung des KStG n.F.) entstanden sind. Erst danach gilt das EK 02 und zuletzt das steuerliche Einlagekonto als verwendet (zur Verwendungsreihenfolge siehe auch die Erläuterungen zu § 37 Abs. 2 KStG n.F.).

Die unterschiedlichen Verwendungsfiktionen für Eigenkapital mit Körperschaftsteuerguthaben und EK 02 bzw. steuerliches Einlagekonto schließen sich nach ihrem Wortlaut nicht gegenseitig aus. Daher kann es bei einer Leistung der Körperschaft sowohl zu einem Verbrauch von Körperschaftsteuerguthaben als auch zu einer Verwendung des steuerlichen Einlagenkontos kommen.

Beispiel

Das Körperschaftsteuerguthaben beträgt 10 und das Einlagenkonto 100 Die Steuerbilanzrücklagen betragen ebenfalls nur 100 (z.B. aufgrund späterer Verluste). Bei einer ordentlichen Gewinnausschüttung i.H.v. 60 wird Körperschaftsteuerguthaben i.H.v. 10 verbraucht. Gleichzeitig mindert sich das steuerliche Einlagekonto um 60. Beim Anteilseigner liegen auch in diesem Fall gem. § 20 Abs. 1 S. 3 EStG n.F. keine Einnahmen i.S.d. § 20 EStG n.F. vor.

Festschreibung der Verwendung des steuerlichen Einlagekontos

Gem. S. 4 bleibt die Verwendung des steuerlichen Einlagekontos unverändert, wenn dessen Minderung für eine Leistung der Körperschaft bescheinigt worden ist (siehe dazu Abs. 3 u. 4). Dies gilt auch dann, wenn das steuerliche Einlagekonto dadurch negativ wird (zur Wirkung des § 28 Abs. 5 KStG a.F. Dötsch/Eversberg/Jost/Witt, § 28 KStG Rz. 59, 69). Diese Festschreibung der Verwendung des steuerlichen Einlagekontos vermeidet eine spätere Korrektur, wenn z.B. aufgrund einer Gewinnerhöhung durch die Betriebsprüfung das Steuerbilanzeigenkapital steigt. Dadurch werden die sonst erforderlichen Korrekturen der Anteilseignerbesteuerung vermieden, die insbesondere bei Publikumsgesellschaften praktisch nicht durchführbar wären.

Die Verwendungsfestschreibung ist jedoch nicht davon abhängig, ob die Korrektur der Steuerbescheinigung möglich wäre. Sie gilt daher auch im Falle weniger bekannter Anteilseigner oder einer Ein-Mann-Gesellschaft (zur vergleichbaren Regelung hinsichtlich der Verwendungsfestschreibung bei EK 01 in § 28 Abs. 5 KStG a.F. Dötsch/Eversberg/Jost/Witt, § 8 b KStG Rz. 41; Frotscher/Maas, § 28 KStG Rz. 43 b).

Wenn zunächst keine Minderung des steuerlichen Einlagekontos bescheinigt wurde, weil Gewinnrücklagen in ausreichender Höhe vorhanden waren, ist fraglich, ob eine spätere Korrektur der Verwendung möglich ist. Nach dem Sinn und Zweck der Vorschrift dürfte dies zu verneinen sein, weil der gewünschte Vereinfachungseffekt nicht einträte. Allerdings stellt der Wortlaut der Vorschrift ausdrücklich darauf ab, daß eine Bescheinigung ausgestellt wurde. Zwar könnte eine Bescheinigung, in der keine Minderung des steuerlichen Einlagekontos enthalten ist, wohl als Nullbescheinigung angesehen werden, die ebenfalls zu einer Festschreibung führt (Dötsch/Eversberg/Jost/Witt, § 28 KStG Rz. 71). Nach neuem Recht werden jedoch nach Ablauf der Übergangszeit außer im Falle des § 27 Abs. 3 u. 4 KStG n.f. und des § 28 KStG n.F. überhaupt keine Steuerbescheinigungen mehr ausgestellt. Es ist zweifelhaft, ob auch die Nichtausstellung einer Bescheinigung als Nullbescheinigung angesehen werden kann.

Minderung des steuerlichen Einlagekontos bei einer Kapitalerhöhung aus Gesellschaftsmitteln

Das steuerliche Einlagekonto wird bei einer Umwandlung von Rücklagen in Nennkapital gemindert (siehe die Erläuterungen zu § 28 KStG n.F.).

Minderung des steuerlichen Einlagekontos in Sonderfällen der Eigenkapitalminderung

In den Fällen, in denen nach bisherigem Recht eine Eigenkapitalminderung abweichend von der Verwendungsreihenfolge vorrangig mit dem EK 04 verrechnet wurde, wird zukünftig das Einlagekonto gemindert. Dies betrifft insbesondere den Erwerb und die Einziehung eigener Anteile (A 83 Abs. 4 S. 1 KStR; BMF v. 2.12.1998, BStBl I 1998, 1509), die Rückzahlung von Nachschüssen an die Gesellschafter einer GmbH (A 95 Abs. 3 KStR) und das Wiederaufleben einer Forderung aufgrund eines Besserungsscheins nach Forderungsverzicht durch den Gesellschafter (BFH v. 30.5.1990, BStBl II 1991, 588).

(2) Gesonderte Feststellung des Bestands des steuerlichen Einlagekontos (Abs. 2)

Der Bestand des steuerlichen Einlagekontos zum Schluß jedes Wirtschaftsjahres ist gesondert festzustellen, wobei der Bescheid über die gesonderte Feststellung jeweils Grundlagenbescheid für den Feststellungsbescheid zum Schluß des folgenden Wirtschaftsjahres ist. Der Feststellungsbescheid hat nicht nur Bindungswirkung für die Körperschaft, sondern über § 20 Abs. 1 Nr. 1 S. 3 EStG n.F. auch für den

Anteilseigner (zur EK 04-Ausschüttung BFH v. 19.7.1994, BStBl II 1995, 362).

S. 2 u. 3 regeln die Verpflichtung zur Abgabe der Erklärung zur gesonderten Feststellung.

(3) Bescheinigung über die Minderung des steuerlichen Einlagekontos (Abs. 3 bis 5)

Die Einordnung einer Leistung der Körperschaft beim Anteilseignern unter § 20 Abs. 1 Nr. 1 S. 3 EStG n.F. ist nur möglich, wenn die Minderung des Einlagekontos aufgrund der Leistung an diesen Anteilseigner festgehalten wird. Diesem Zweck dient die Bescheinigung nach Abs. 3 (entsprechend § 41 Abs. 1 Nr. 1-3, 8 KStG a.F.). Sie ist das praktisch wichtigste Beweismittel, aber keine materiell-rechtliche Voraussetzung für die Anwendung des § 20 Abs. 1 Nr. 1 S. 3 EStG n.F. (zur Bescheinigung über die Verwendung von EK 04 BFH v. 19.7.1994, BStBl II 1995, 362).

Abs. 4 entspricht dem bisherigen § 45 Abs. 1 KStG a.F. und regelt die Ausstellung der Bescheinigung durch ein inländisches Kreditinstitut oder durch eine inländische Zweigniederlassung eines ausländischen Instituts, wenn diese für Rechnung der Körperschaft die Leistung gegen Vorlage eines Dividendenscheins erbringen.

Abs. 5 entspricht § 44 Abs. 5 S. 1 u. 2 KStG a.F. und regelt die Haftung für eine unzutreffende Steuerbescheinigung.

(4) Übergang des steuerlichen Einlagekontos bei Verschmelzung (Abs. 6)

Abs. 6 ist (zusammen mit § 40 Abs. 1 KStG n.F. hinsichtlich des Körperschaftsteuerguthabens und des EK 02) die Nachfolgevorschrift zu § 38 Abs. 1 KStG a.F. Bei einem Vermögensübergang durch Verschmelzung ist der Bestand des steuerlichen Einlagekontos der übertragenden Kapitalgesellschaft dem steuerlichen Einlagekonto der übernehmenden Körperschaft hinzuzurechnen. Abzustellen ist dabei auf den Bestand am steuerlichen Einlagekontos am steuerlichen Übertragungsstichtag i.S.d. § 2 Abs. 1 UmwStG.

Das Gesetz spricht hinsichtlich der übertragenden Körperschaft nur von einer Kapitalgesellschaft. Dies dürfte durch die Übernahme der Formulierung in § 38 a KStG a.F. begründet sein und übersieht die Erweiterung des Anwendungsbereichs der Vorgängervorschrift durch § 43 KStG a.F. bzw. die nunmehr geltende Bedeutung des steuerlichen Einlagekontos für sämtliche unbeschränkt steuerpflichtige Körperschaften (s.o. zu Abs. 1). Hier ist eine Änderung erforderlich.

(5) Aufteilung des steuerlichen Einlagekontos bei Spaltung (Abs. 7)

Abs. 7 ist (zusammen mit § 40 Abs. 2 KStG n.F. hinsichtlich des Körperschaftsteuerguthabens und des EK 02) die Nachfolgevorschrift zu § 38 a KStG a.F.). Bei einem Vermögensübergang von einer Kapitalgesellschaft durch Auf- oder Abspaltung auf eine unbeschränkt steuerpflichtige Körperschaft erfolgt eine Aufteilung des steuerlichen Einlagekontos.

Wiederum spricht S. 1 hinsichtlich der übertragenden Körperschaft wohl versehentlich nur von einer Kapitalgesellschaft, obwohl auch andere Körperschaften ein steuerliches Einlagekonto zu führen haben. In S. 2 spricht das Gesetz hingegen von der „übertragenden Körperschaft". Auch hier wurde insoweit der Wortlaut der Vorgängervorschrift übernommen. Aufgrund der Bedeutung des steuerlichen Einlagekontos für alle unbeschränkt steuerpflichtigen Körperschaften ist eine Änderung erforderlich.

Die Zuordnung des steuerlichen Einlagekontos der übertragenden Körperschaft zu einer übernehmenden Körperschaft erfolgt nach dem (Wert-) Verhältnis der übergehenden Vermögensteile zu dem vor dem Vermögensübergang bestehenden Vermögen der übertragenden Körperschaft. Als Maßstab für dieses Wertverhältnis gilt in der Regel das Umtauschverhältnis der Anteile im Spaltungsvertrag bzw. –plan (zur Problematik dieses Aufteilungsmaßstabs Haritz/Benkert, UmwStG, 2. Aufl., Anh § 38 a KStG Rz. 19 ff.). Wenn das Umtauschverhältnis diesem Wertverhältnis nicht entspricht, ist das Verhältnis der gemeinen Wert der übergehenden Vermögensteile zu dem vor der Spaltung vorhandenen Vermögens maßgebend.

Beim Vermögensübergang durch Spaltung auf eine Personengesellschaft erfolgt nur eine entsprechende Minderung des steuerlichen Einlagekontos bei der übertragenden Kapitalgesellschaft.

(6) Mehr- und Minderabführungen bei Organschaft (Abs. 8)

Abs. 8 enthält die Nachfolgevorschrift zu § 37 Abs. 2 KStG a.F. In Organschaftsfällen weicht die steuerliche Einkommenszurechnung häufig von der handelsrechtlichen Gewinnabführung ab. Ursache hierfür kann die in den Grenzen des § 14 Nr. 5 KStG steuerlich zulässige Bildung von Rücklagen in der Handelsbilanz oder ein Unterschied zwischen steuerlicher und handelsrechtlicher Gewinnermittlung sein. Die Behandlung dieser Abweichungen bei der Organgesellschaft wird von Abs. 8 geregelt.

C. XII. Änderung §§ 27 bis 29 KStG

Ermittlung der Höhe der Abweichung zwischen handels- und steuerrechtlicher Zurechnung

§ 37 Abs. 2 KStG a.f. regelte die Behandlung des Differenzbetrags zwischen den Vermögensmehrungen, die dem Organträger für Zwecke der vEK-Ermittlung gem. § 36 KStG a.f. zuzurechnen waren, und der handelsrechtlichen Gewinnabführung. § 27 Abs. 8 KStG n.F. stellt hingegen auf die Differenz zwischen dem zuzurechnenden Einkommen und der Gewinnabführung ab. Das zuzurechnende Einkommen entspricht jedoch den von § 36 KStG a.f. erfaßten Vermögensmehrungen nicht, insbesondere enthält es nicht steuerfreie Einkünfte. Die Erzielung steuerfreier Einkünfte, die den Handelsbilanzgewinn gemehrt haben, führt daher zu einer „Mehrabführung", obgleich keine Abweichung zwischen Handels- und Steuerrecht vorliegt. Hier besteht Korrekturbedarf, wenn auch eine gesonderte Erfassung der Vermögensmehrungen bei dem Organträger wie nach § 36 KStG a.F. nicht mehr erforderlich ist.

Minderabführungen

Übersteigt das dem Organträger zuzurechnende Einkommen (zum Korrekturbedarf s.o.) die Gewinnabführung, so ist der Unterschiedsbetrag auf dem steuerlichen Einlagekonto zu erfassen (entsprechend § 37 Abs. 2 S. 1 KStG a.F.). Das Gesetz behandelt diesen Fall wie eine tatsächliche Abführung und Wiedereinlage des Unterschiedsbetrags.

Mehrabführungen

Wenn das dem Organträger zuzurechnende Einkommen (zum Korrekturbedarf s.o.) die Gewinnabführung unterschreitet, so mindert der Unterschiedsbetrag „vorrangig" das Einlagekonto. Bisher war für diesen Fall in § 37 Abs. 2 S. 2 KStG a.f. vorgesehen, daß die Verwendungsreihenfolge des § 28 Abs. 3 KStG mit der Maßgabe galt, daß das EK 04 vor den übrigen Teilbeträgen als verwendet galt.

Es stellt sich die Frage, ob die Minderung des Einlagekontos nur bis zur Höhe seines Bestands erfolgt oder ob sie auch zu einem negativen Einlagekonto führen kann. Die Verwendung des Begriffs „vorrangig" zeigt, daß grundsätzlich ersteres zutrifft. Es dürfte allerdings davon auszugehen sein, daß bei bestimmten Sonderfällen, in denen die Mehrabführung nicht auf die Auflösung einer versteuerten Rücklage oder der Angleichung des Handelsbilanzgewinns an den zeitlich früher in der Steuerbilanz erfaßten Gewinn erfolgt, ausnahmsweise die Bildung eines negativen steuerlichen Einlagekontos erfolgt (zum bisherigen Recht A 92 Abs. 2 S. 3 KStR i.V.m. BMF v. 10.1.1981, BStBl 1981 I, 44, Abschnitt B II 1; Dötsch/Eversberg/Jost/Witt, § 14 KStG Rz. 15 ff.).

Korrespondierende Ausgleichsposten beim Organträger

Die Behandlung der bisher gebildeten Ausgleichsposten i.S.d. A 59 Abs. 1 u. 2 KStR und die zukünftige Behandlung von Mehr- und Minderabführungen beim Organträger ist nicht geregelt. Es dürfte sachgerecht sein, sie fortzuführen und auch in Zukunft zu bilden. Insbesondere in Veräußerungsfällen, in denen § 8 b Abs. 2 KStG n.F. keine Anwendung findet (weil der Organträger ein Personenunternehmen ist oder eine Veräußerung innerhalb der Sperrfrist des § 8 b Abs. 4 KStG n.F. erfolgt), sind sie weiterhin von materieller Bedeutung.

Besonderheiten bei vororganschaftlich verursachten Mehrabführungen

Der Wortlaut des Gesetzes differenziert wie bisher nicht zwischen Mehrabführungen aufgrund eines Unterschiedes zwischen handelsrechtlicher und steuerrechtlicher Gewinnermittlung, die Folgewirkung von Geschäftsvorfällen während der Organschaft sind, und solchen, deren Ursache in Geschäftsvorfällen aus der vororganschaftlichen Zeit liegt. Die Finanzverwaltung wendet auf letzteren Fall § 37 Abs. 2 KStG a.F. nicht an und behandelt ihn als Gewinnausschüttung (A 59 Abs. 4 S. 3 KStR; BMF v. 28.10.1997, BStBl I 1997, 939; zustimmend FG Düsseldorf v. 12.3.1999, EFG 1999, 579). Voraussichtlich wird sie diese Auffassung aufgrund des vergleichbaren Wortlauts der Vorschriften auch nach neuem Recht vertreten. Allerdings könnte aus der Tatsache, daß der Gesetzgeber trotz der bekannten Problematik auch in der Neuregelung keine gesetzliche Differenzierung vorgenommen hat, auch geschlossen werden, daß Mehrabführungen unabhängig von ihrer Ursache vorrangig mit dem Einlagekonto zu verrechnen sind.

Insbesondere in der Übergangszeit hat diese Problematik erhebliche Bedeutung, da bei einer als Gewinnausschüttung zu behandelnden Mehrabführung die Anwendung der §§ 37, 38 KStG n.F. zu prüfen wäre. Mangels Gewinnverteilungsbeschluß würde die Mehrabführung nicht zu einer Erstattung von Körperschaftsteuerguthaben nach § 37 Abs. 2 KStG n.F. führen (allerdings behandelt die Finanzverwaltung diese Mehrabführungen bisher gem. A 92 Abs. 3 S. 6 u. 7 KStR nach den Regeln für ordnungsgemäße Gewinnausschüttungen; a.A. FG Düsseldorf v. 12.3.1999, EFG 1999, 579). Hingegen dürfte die Mehr-

C. XII. Änderung §§ 27 bis 29 KStG

abführung wohl als Leistung i.S.d. § 38 Abs. 1 S. 5 KStG n.F. anzusehen sein und könnte daher zu einer Körperschaftsteuererhöhung führen.

cc) Erstmalige Anwendung

§ 27 KStG n.F. ist nach § 34 Abs. 1 KStG n.F. grundsätzlich erstmals im Veranlagungszeitraum 2001 anwendbar. Zu Besonderheiten bei abweichendem Wirtschaftsjahr und bei Umstellung des Wirtschaftsjahrs im Jahr 2001 siehe die Erläuterungen zu § 34 KStG.

Auf Leistungen der Körperschaft, auf die gem. § 34 Abs. 10 a KStG n.F. noch die Vorschriften des Vierten Teils des KStG a.F. anzuwenden sind und die gem. § 36 Abs. 2 KStG n.F. noch vor der Umgliederung mit dem vEK zu verrechnen sind, ist die Vorschrift noch nicht anwendbar.

b) § 28 KStG

aa) Zweck und Inhalt

Eine Rückzahlung des Nennkapitals stellt wie die Rückzahlung sonstiger, auf dem steuerlichen Einlagekonto erfaßter Einlagen beim Anteilseigner grundsätzlich keine Gewinnausschüttung dar. Soweit allerdings zuvor bei einer Kapitalerhöhung aus Gesellschaftsmitteln Gewinnrücklagen in Nennkapital umgewandelt wurden, ist eine steuerliche Behandlung der Kapitalrückzahlung als Gewinnausschüttung sachgerecht. Daher muß bestimmt werden, welcher Bestandteil des Eigenkapitals für die Umwandlung in Nennkapital verwendet wird und wie sich eine nachfolgende Kapitalherabsetzung auswirkt. Diesem Zweck dient § 28 KStG n.F.

bb) Einzelerläuterungen

(1) Umwandlung von Rücklagen in Nennkapital

Vorrangige Verwendung des steuerlichen Einlagekontos für die Umwandlung

Bei einer Kapitalerhöhung aus Gesellschaftsmitteln gilt der auf dem steuerlichen Einlagekonto i.S.d. § 27 KStG n.F. ausgewiesene Betrag als vor den anderen Rücklagen verwendet. Dies entspricht der Regelung des § 41 Abs. 3 KStG a.F. und weicht von der Verwendungsreihenfolge bei Leistungen der Kapitalgesellschaft an ihre Anteilseigner ab.

Das steuerliche Einlagekonto mindert sich um den entsprechenden Betrag, so daß dieser endgültig aus dem steuerlichen Einlagekonto ausscheidet. Da die Rückzahlung von Nennkapital und eine Verwendung des steuerlichen Einlagekontos für eine Leistung der Körperschaft gleich behandelt werden, ist ein Sonderausweis des in Nennkapital umgewandelten Einlagekontos nicht erforderlich. Dies entspricht dem bisherigen Ausscheiden des EK 04 aus dem vEK bei einer Kapitalerhöhung aus Gesellschaftsmitteln.

Verwendung von sonstigen Rücklagen für die Umwandlung

Durch die Umwandlung in Nennkapital kann allerdings kein negatives Einlagekonto entstehen. Soweit der auf dem Einlagekonto ausgewiesene Betrag nicht ausreicht, gelten sonstige Rücklagen, d.h. Gewinnrücklagen, als für die Umwandlung in Nennkapital verwendet. In der Übergangsphase stellt sich dabei die Frage, ob dies einen Einfluß auf die Rücklagen mit Körperschaftsteuerguthaben i.S.d. § 37 KStG n.F. oder mit Körperschaftsteuererhöhungspotential i.S.d. § 38 KStG n.F. hat.

§§ 37, 38 KStG n.F. stellen jedoch nur darauf ab, daß ordnungsgemäße Gewinnausschüttungen bzw. Leistungen der Körperschaft erfolgen. Eine Durchbrechung der in diesen Vorschriften enthaltenen Verwendungsfiktion durch eine Kapitalerhöhung aus Gesellschaftsmitteln erfolgt nicht. Allerdings sind die Auswirkungen einer Kapitalerhöhung aus Gesellschaftsmitteln auf den Unterschiedsbetrag i.S.d. § 38 Abs. 1 S. 5 KStG n.F. zu beachten (siehe die Erläuterungen zu § 38 KStG n.F.).

Gesonderte Feststellung der in Nennkapital umgewandelten Gewinnrücklagen

Die in Nennkapital umgewandelten Gewinnrücklagen behalten ihren steuerlichen Status als Gewinnrücklagen. Sie sind daher gem. S. 3 getrennt auszuweisen und gesondert festzustellen (entsprechend §§ 29 Abs. 3, 47 Abs. 1 Nr. 2 KStG a.F.). Für die gesonderte Feststellung gelten gem. S. 7 die Regelungen des § 27 Abs. 2 KStG entsprechend.

Vor dem Systemwechsel gebildeter Sonderausweis

Anders als in § 39 KStG n.F. hinsichtlich der Fortführung des bisherigen EK 04 als Anfangsbestand des steuerlichen Einlagekontos geregelt, existiert keine Regelung für eine Fortführung des bisherigen Sonderausweises i.S.d. § 47 Abs. 1 Nr. 2 KStG a.F. als Anfangsbestand eines Sonderausweises i.S.d. § 28 KStG n.F.

Der Wortlaut der Vorschrift läßt jedoch eine Erfassung der vor dem Systemwechsel erfolgten Kapitalerhöhungen aus Gesellschaftsmitteln

C. XII. Änderung §§ 27 bis 29 KStG

zu. Bei der (erstmaligen) Anwendung des S. 3 – gesonderter Ausweis und gesonderte Feststellung der in Nennkapital umgewandelten Rücklagen – wird nicht zwischen Altfällen und Umwandlungen nach dem Systemwechsel unterschieden. Zum Nachweis der Altfälle kann dabei auf die gesonderte Feststellung nach § 47 Abs. 1 Nr. 2 KStG a.F. zurückgegriffen werden, ohne daß diese Bindungswirkung hat.

(2) Kapitalherabsetzung

Bei einer Kapitalherabsetzung gilt gem. S. 4 der aus der Umwandlung sonstiger Rücklagen entstandene Teil des Nennkapitals als vorab verwendet (entsprechend § 41 Abs. 2 KStG a.F.). Die Kapitalrückzahlung gilt gem. S. 5 insoweit als Gewinnausschüttung, die beim Anteilseigner zu Einkünften i.S.d. § 20 Abs. 1 Nr. 2 EStG n.F. führt. Gem. § 20 Abs. 1 Nr. 2 EStG n.F. gehören Bezüge aufgrund einer Kapitalherabsetzung zu den Einkünften aus Kapitalvermögen, soweit Beträge i.S.d. § 28 S. 4 KStG n.F. als verwendet gelten. Die Einstufung der Kapitalrückzahlung als Gewinnausschüttung ist daher doppelt geregelt, S. 5 erscheint entbehrlich.

Keine Gewinnausschüttung liegt vor, wenn der Kapitalherabsetzung eine Umwandlung des steuerlichen Einlagekontos in Nennkapital vorausgegangen ist. Dies gilt unabhängig davon, ob Gewinnrücklagen vorhanden sind, die bei einer Gewinnausschüttung als vor dem steuerlichen Einlagekontos verwendet gelten würden.

Zu beachten ist, daß die Rückzahlung von Nennkapital eine Leistung i.S.d. § 38 Abs. 1 S. 5 KStG n.F. darstellt, die zu einer Verwendung von EK 02 und damit zur Körperschaftsteuererhöhung führen kann, soweit keine anderen Gewinnrücklagen vorrangig zu verwenden sind. Da § 5 KapErhStG aufgehoben wird, führt die Rückzahlung von Nennkapital zukünftig bei Verwendung von EK 03 nicht mehr zur Erhebung der Pauschsteuer von 30 %. Näher dazu die Erläuterungen dort.

Bescheinigung

Die Kapitalgesellschaft – der Wortlaut ist wohl zu eng (s.u.) – hat gem. S. 6 ihren Anteilseignern die Verwendung von Nennkapital, das aus der Umwandlung von Gewinnrücklagen entstanden ist, für eine Kapitalherabsetzung zu bescheinigen. Für das Bescheinigungsverfahren gelten gem. S. 7 die Regelungen des § 27 Abs. 3 – 5 KStG n.F. entsprechend.

Die Vorschrift spricht in S. 6 nur von Kapitalgesellschaften.

Die Vorgängervorschriften (§§ 29 Abs. 3, 41 Abs. 2 u. 3 KStG a.F.) wurden jedoch gem. § 43 KStG auch bei bestimmten anderen Körperschaften angewendet (insb. Erwerbs- und Wirtschaftsgenossenschaften; A 95 Abs. 4 KStR). Die Beschränkung auf Kapitalgesellschaften dürfte ein Redaktionsversehen sein.

(3) Fortführung des Sonderausweises bei Verschmelzung und Spaltung

S. 7 verweist auf § 27 Abs. 2 – 6 KStG n.F. Dieser Verweis beinhaltet offenkundig einen Redaktionsfehler. Entweder soll nur hinsichtlich der gesonderten Feststellung und des Bescheinigungsverfahrens auf § 27 Abs. 2 – 5 KStG n.F. verwiesen werden (s.o.), oder es soll auf § 27 Abs. 2 – 7 KStG n.F. verwiesen werden und auch die Fortführung des Sonderausweises bei Verschmelzung und Spaltung geregelt werden. Die Gesetzeshistorie zeigt, daß letzteres der Fall ist. Im Referentenentwurf waren Verschmelzung und Spaltung gemeinsam in § 27 Abs. 6 KStG-E geregelt. Hierauf bezog sich der Verweis in § 28 KStG-E.

Dieser Redaktionsfehler ist zu beseitigen. Der bloße Verweis auf § 27 Abs. 6 u. 7 KStG n.F. dürfte im übrigen nicht ausreichen, da ein Sonderausweis im Fall der Verschmelzung oder Spaltung nicht einfach fortgeführt wird, sondern unter Umständen neu gebildet, erhöht oder verringert werden muß (siehe §§ 38 Abs. 1 S. 2 u. 3, 38 a Abs. 2 S. 1 KStG a.F.).

cc) Erstmalige Anwendung

§ 28 KStG n.F. ist nach § 34 Abs. 1 KStG n.F. grundsätzlich erstmals im Veranlagungszeitraum 2001 anwendbar. Zu Besonderheiten bei abweichendem Wirtschaftsjahr und bei Umstellung des Wirtschaftsjahrs im Jahr 2001 siehe die Erläuterungen zu § 34 KStG.

c) § 29 KStG

aa) Sinn und Inhalt

§ 29 regelt verfahrensrechtliche Fragen in Verlustfällen.

bb) Einzelerläuterungen

Körperschaftsteuerbescheid als Grundlagenbescheid für den Körperschaftsteuerbescheid des Verlustrücktragsjahrs (Nr. 1)

Beim Verlustrücktrag ist der Körperschaftsteuerbescheid des Verlustentstehungsjahres hinsichtlich der Höhe des Verlustes Grundlagenbe-

C. XIII. Änderung zum Fünften Teil des KStG

scheid für den Körperschaftsteuerbescheid des Verlustrücktragsjahres. Die Regelung entspricht § 47 Abs. 2 Nr. 2 KStG a.F.

Körperschaftsteuerbescheid als Grundlagenbescheid für den Bescheid nach § 10 d Abs. 4 EStG (Nr. 2)

Beim Verlustvortrag ist der Körperschaftsteuerbescheid – in Verlustentstehungsjahren und in den Verlustvortragsjahren bis zum Aufbrauch des Verlustvortrags – hinsichtlich der (positiven oder negativen) Höhe des Einkommens Grundlagenbescheid für den Bescheid über die gesonderte Feststellung des verbleibenden Verlustvortrags i.S.d. § 10 d Abs. 4 EStG. Die Regelung entspricht § 47 Abs. 2 Nr. 3 KStG a.F.

cc) Erstmalige Anwendung

§ 29 KStG n.F. ist nach § 34 Abs. 1 KStG n.F. grundsätzlich erstmals im Veranlagungszeitraum 2001 anwendbar. Zu Besonderheiten bei abweichendem Wirtschaftsjahr und bei Umstellung des Wirtschaftsjahrs im Jahr 2001 siehe die Erläuterungen zu § 34 KStG.

XIII. Änderung zum Fünften Teil des KStG

1. Text der Vorschrift

Die Zwischenüberschrift

„Fünfter Teil
Entstehung, Veranlagung, Erhebung und
Vergütung der Steuer"

wird gestrichen.

2. Materialien

Gesetzentwurf der Bundesregierung

Die Zwischenüberschrift
„Fünfter Teil
Entstehung, Veranlagung, Erhebung und Vergütung der Steuer"
wird gestrichen.

Begründung zum Gesetzentwurf der Bundesregierung

Streichung der bisherigen Zwischenüberschrift.

Beschlussempfehlung/Begründung des Finanzausschusses

– keine Änderung/Bemerkung –

Beschlussempfehlung/Begründung des Vermittlungsausschusses

– keine Änderung/Bemerkung –

XIV. Änderung § 30 KStG

1. Text der Vorschrift

Der bisherige § 48 wird § 30.

2. Materialien

Gesetzentwurf der Bundesregierung

Der bisherige § 48 wird § 30.

Begründung zum Gesetzentwurf der Bundesregierung

Die bisherige Vorschrift über die Entstehung der Körperschaftsteuer wird unverändert zum neuen § 30 KStG.

Beschlussempfehlung/Begründung des Finanzausschusses

– keine Änderung/Bemerkung –

Beschlussempfehlung/Begründung des Vermittlungsausschusses

– keine Änderung/Bemerkung –

XV. Änderung § 31 KStG

1. Text der Vorschrift

Der bisherige § 49 wird § 31 und wie folgt geändert:

   a) **Absatz 2 wird aufgehoben.**

   b) **Der bisherige Absatz 3 wird Absatz 2.**

2. Materialien

Gesetzentwurf der Bundesregierung

Der bisherige § 49 wird § 31 und wie folgt geändert:

a) Absatz 2 wird aufgehoben.

b) Der bisherige Absatz 3 wird Absatz 2.

Begründung zum Gesetzentwurf der Bundesregierung

Die Vorschrift über die Steuererklärungspflicht, Veranlagung und Erhebung der Körperschaftsteuer wird um die entbehrlich gewordene Sonderregelung für das Anrechnungsverfahren bereinigt und nach § 31 KStG vorgezogen.

Beschlussempfehlung/Begründung des Finanzausschusses

– keine Änderung/Bemerkung –

Beschlussempfehlung/Begründung des Vermittlungsausschusses

– keine Änderung/Bemerkung –

XVI. Änderung § 32 KStG

1. Text der Vorschrift

Der bisherige § 50 wird § 32 und dessen Absatz 2 wird wie folgt gefasst:

„(2) Die Körperschaftsteuer ist nicht abgegolten, soweit der Steuerpflichtige wegen der Steuerabzugsbeträge in Anspruch genommen werden kann."

2. Materialien

Gesetzentwurf der Bundesregierung

Der bisherige § 50 wird § 32 und dessen Absatz 2 wird wie folgt gefasst:

„(2) Die Körperschaftsteuer ist nicht abgegolten, soweit der Steuerpflichtige wegen der Steuerabzugsbeträge in Anspruch genommen werden kann."

Begründung zum Gesetzentwurf der Bundesregierung

Die Vorschrift regelt Fälle, in denen die Körperschaftsteuer durch den Kapitalertragsteuerabzug abgegolten ist. Sie wird um Sonderregelungen des Anrechnungsverfahrens bereinigt und nach § 32 KStG vorgezogen.

Beschlussempfehlung/Begründung des Finanzausschusses

– keine Änderung/Bemerkung –

Beschlussempfehlung/Begründung des Vermittlungsausschusses

– keine Änderung/Bemerkung –

XVII. Änderung §§ 51 und 52 KStG

1. Text der Vorschrift

Die §§ 51 und 52 werden aufgehoben.

2. Materialien

Gesetzentwurf der Bundesregierung

Die §§ 51 und 52 werden aufgehoben.

Begründung zum Gesetzentwurf der Bundesregierung

Die Vorschriften regeln den Ausschluss der Anrechnung und Vergütung von Körperschaftsteuer und die Vergütung des Körperschaftsteuererhöhungsbetrages bei Verwendung von sogenanntem EK 03. Sie sind mit Wegfall des Anrechnungsverfahrens gegenstandslos geworden.

Beschlussempfehlung/Begründung des Finanzausschusses

– keine Änderung/Bemerkung –

Beschlussempfehlung/Begründung des Vermittlungsausschusses

– keine Änderung/Bemerkung –

XVIII. Änderung zum Sechsten Teil des KStG

1. Text der Vorschrift
Die Überschrift

„Sechster Teil
Ermächtigungs- und Schlussvorschriften"

wird gestrichen.

2. Materialien
Gesetzentwurf der Bundesregierung

Die Überschrift

„Sechster Teil
Ermächtigungs- und Schlußvorschriften"

wird gestrichen.

Begründung zum Gesetzentwurf der Bundesregierung

Die bisherige Überschrift wird gestrichen, eine neue wird eingefügt.

Beschlussempfehlung/Begründung des Finanzausschusses

– keine Änderung/Bemerkung –

Beschlussempfehlung/Begründung des Vermittlungsausschusses

– keine Änderung/Bemerkung –

XIX. Änderung zum Fünften Teil des KStG

1. Text der Vorschrift
Nach § 32 wird folgende Überschrift eingefügt:

„Fünfter Teil
Ermächtigungs- und Schlussvorschriften".

2. Materialien

Gesetzentwurf der Bundesregierung

Nach § 32 wird folgende Überschrift eingefügt:

„Fünfter Teil
Ermächtigungs- und Schlussvorschriften".

Begründung zum Gesetzentwurf der Bundesregierung

Die bisherige Überschrift wird gestrichen, eine neue wird eingefügt.

Beschlussempfehlung/Begründung des Finanzausschusses

– keine Änderung/Bemerkung –

Beschlussempfehlung/Begründung des Vermittlungsausschusses

– keine Änderung/Bemerkung –

XX. Änderung § 33 KStG

1. Text der Vorschrift

Der bisherige § 53 wird § 33.

2. Materialien

Gesetzentwurf der Bundesregierung

Der bisherige § 53 wird § 33.

Begründung zum Gesetzentwurf der Bundesregierung

Der bisherige § 53 KStG wird nach § 33 KStG vorgezogen.

Beschlussempfehlung/Begründung des Finanzausschusses

– keine Änderung/Bemerkung –

Beschlussempfehlung/Begründung des Vermittlungsausschusses

– keine Änderung/Bemerkung –

XXI. Änderung § 34 KStG

1. Text der Vorschrift

Der bisherige § 54 wird § 34 und wie folgt geändert:

a) In Absatz 1 wird die Zahl „2000" durch die Zahl „2001" ersetzt.

b) Absatz 1a wird wie folgt gefasst:

„(1a) Das Körperschaftsteuergesetz in der Fassung des Artikels 3 des Gesetzes vom ... (BGBl. I S. ...) ist bei vom Kalenderjahr abweichenden Wirtschaftsjahren erstmals für den Veranlagungszeitraum 2002 anzuwenden, wenn das erste im Veranlagungszeitraum 2001 endende Wirtschaftsjahr vor dem 1. Januar 2001 beginnt."

c) Nach Absatz 6c wird folgender Absatz 6d eingefügt:

„(6d) § 8b ist erstmals anzuwenden für

1. Bezüge im Sinne des § 20 Abs. 1 Nr. 1 und 2 des Einkommensteuergesetzes, auf die bei der ausschüttenden Körperschaft der Vierte Teil des Körperschaftsteuergesetzes in der Fassung der Bekanntmachung vom 22. April 1999 (BGBl. I S. 817), zuletzt geändert durch Artikel 4 des Gesetzes vom 22. Dezember 1999 (BGBl. I S. 2601), nicht mehr anzuwenden ist;

2. Gewinne und Verluste im Sinne des § 8b Abs. 2 und 3 nach Ablauf des ersten Wirtschaftsjahrs der Gesellschaft, an der die Anteile bestehen, das dem letzten Wirtschaftsjahr folgt, das in dem Veranlagungszeitraum endet, in dem das Körperschaftsteuergesetz in der Fassung der Bekanntmachung vom 22. April 1999 (BGBl. I S. 817), zuletzt geändert durch Artikel 4 des Gesetzes vom 22. Dezember 1999 (BGBl. I S. 2601), letztmals anzuwenden ist.

Bis zu den in Satz 1 genannten Zeitpunkten ist § 8b in der Fassung der Bekanntmachung des Körperschaftsteuergesetzes vom 22. April 1999 (BGBl. I S. 817), zuletzt geändert durch Artikel 4 des Gesetzes vom 22. Dezember 1999 (BGBl. I S. 2601), weiter anzuwenden."

d) Absatz 10a wird wie folgt gefasst:

„(10a) Die Vorschriften des Vierten Teils des Körperschaftsteuergesetzes in der Fassung der Bekanntmachung vom 22. April 1999 (BGBl. I S. 817), zuletzt geändert durch Artikel 4 des Gesetzes vom 22. Dezember 1999 (BGBl. I S. 2601), sind letztmalig anzuwenden

1. für Gewinnausschüttungen, die auf einem den gesellschaftsrechtlichen Vorschriften entsprechenden Gewinnverteilungsbeschluss für ein abgelaufenes Wirtschaftsjahr beruhen, und die in dem ersten Wirtschaftsjahr erfolgen, das in dem Veranlagungszeitraum endet, für den das Körperschaftsteuergesetz in der Fassung des Artikels 3 des Gesetzes vom ... (BGBl. I S. ...) erstmals anzuwenden ist;

2. für andere Ausschüttungen und sonstige Leistungen, die in dem Wirtschaftsjahr erfolgen, das dem in Nummer 1 genannten Wirtschaftsjahr vorangeht.

Für unbeschränkt steuerpflichtige Körperschaften und Personenvereinigungen, deren Leistungen bei den Empfängern zu den Einnahmen im Sinne des § 20 Abs. 1 Nr. 1 oder 2 des Einkommensteuergesetzes in der Fassung der Bekanntmachung vom 16. April 1997 (BGBl. I S. 821), zuletzt geändert durch Artikel 1 des Gesetzes vom ... (BGBl. I S. ...), gehören, beträgt die Körperschaftsteuer 45 vom Hundert der Einnahmen im Sinne des § 20 Abs. 1 Nr. 1 oder 2 des Einkommensteuergesetzes in der Fassung der Bekanntmachung vom 16. April 1997 (BGBl. I S. 821), zuletzt geändert durch Artikel 1 des Gesetzes vom ... (BGBl. I S. ...), zuzüglich der darauf entfallenden Einnahmen im Sinne des § 20 Abs. 1 Nr. 3 des Einkommensteuergesetzes in der Fassung der Bekanntmachung vom 16. April 1997 (BGBl. I S. 821), zuletzt geändert durch Artikel 1 des Gesetzes vom ... (BGBl. I S. ...), für die der Teilbetrag im Sinne des § 54 Abs. 11 Satz 1 des Körperschaftsteuergesetzes in der Fassung der Bekanntmachung vom 22. April 1999 (BGBl. I S. 817), zuletzt geändert durch Artikel 4 des Gesetzes vom 22. Dezember 1999 (BGBl. I S. 2601), als verwendet gilt. § 44 Abs. 1 Satz 1 Nr. 6 Satz 3 des Körperschaftsteuergesetzes in der Fassung der Bekanntmachung vom 22. April 1999 (BGBl. I S. 817), zuletzt geändert durch Artikel 4 des Gesetzes vom 22. Dezember 1999 (BGBl. I S. 2601), gilt ent-

C. XXI. Änderung § 34 KStG

sprechend. Die Körperschaftsteuer beträgt höchstens 45 vom Hundert des zu versteuernden Einkommens. Die Sätze 1 bis 3 gelten nicht für steuerbefreite Körperschaften und Personenvereinigungen im Sinne des § 5 Abs. 1 Nr. 9, soweit die Einnahmen in einem wirtschaftlichen Geschäftsbetrieb anfallen, für den die Steuerbefreiung ausgeschlossen ist. Die Körperschaftsteuer beträgt 40 vom Hundert der Einnahmen im Sinne des § 20 Abs. 1 Nr. 1 und 2 des Einkommensteuergesetzes in der Fassung der Bekanntmachung vom 16. April 1997 (BGBl. I S. 821), zuletzt geändert durch Artikel 1 des Gesetzes vom ... (BGBl. I S. ...), zuzüglich der darauf entfallenden Einnahmen im Sinne des § 20 Abs. 1 Nr. 3 des Einkommensteuergesetzes in der Fassung der Bekanntmachung vom 16. April 1997 (BGBl. I S. 821), zuletzt geändert durch Artikel 1 des Gesetzes vom ... (BGBl. I S. ...), für die der Teilbetrag im Sinne des § 30 Abs. 1 Nr. 1 des Körperschaftsteuergesetzes in der Fassung der Bekanntmachung vom 22. April 1999 (BGBl. I S. 817), zuletzt geändert durch Artikel 4 des Gesetzes vom 22. Dezember 1999 (BGBl. I S. 2601), als verwendet gilt. Die Körperschaftsteuer beträgt höchstens 40 vom Hundert des zu versteuernden Einkommens abzüglich des nach den Sätzen 1 bis 3 besteuerten Einkommens. Satz 4 gilt entsprechend."

e) Der bisherige Absatz 10a wird Absatz 10b.

2. Materialien

Gesetzentwurf der Bundesregierung

Der bisherige § 54 wird § 34 und wie folgt geändert:

a) In Absatz 1 wird die Zahl „2000" durch die Zahl „2001" ersetzt.

b) Der bisherige Absatz 1a wird durch die folgenden Absätze 1a und 1b ersetzt

„(1a) Das Körperschaftsteuergesetz in der Fassung des Artikels 3 des Gesetzes vom ... (BGBl. I S. ...) ist bei vom Kalenderjahr abweichenden Wirtschaftjahren erstmals für den Veranlagungszeitraum 2002 anzuwenden, wenn das erste im Veranlagungszeitraum 2002 endende Wirtschaftsjahr vor dem 1. Januar 2002 beginnt.

(1b) Eine Option nach § 4a kann erstmals für das letzte Wirtschaftsjahr beantragt werden, das vor dem 1. Januar 2002 beginnt."

c) Nach Absatz 6c wird folgender Absatz 6d eingefügt:

„(6d) § 8b ist erstmals anzuwenden für

1. Bezüge im Sinne des § 20 Abs. 1 Nr. 1 und 2 des Einkommensteuergesetzes, auf die bei der ausschüttenden Körperschaft nach § 34 Abs. 10a des Körperschaftsteuergesetzes in der Fassung des Artikels 3 des Gesetzes vom ... (BGBl. I S. ...), der Vierte Teil des Körperschaftsteuergesetzes in der Fassung der Bekanntmachung vom 22. April 1999 (BGBl. I S. 817), zuletzt geändert durch Artikel 4 des Gesetzes vom 22. Dezember 1999 (BGBl. I S. 2601), nicht mehr anzuwenden ist

2. Erträge, die aus der Veräußerung eines Anteils an einer anderen Körperschaft oder Personenvereinigung, deren Leistungen beim Empfänger zu Einnahmen im Sinne des § 20 Abs. 1 Nr. 1 und 2 des Einkommensteuergesetzes gehören, die nach Ablauf des ersten nach dem 31. Dezember 2000 endenden Wirtschaftsjahrs der Gesellschaft erfolgen, deren Anteile veräußert werden."

d) Absatz 10a wird wie folgt gefasst:

„(10a) Die Vorschriften des Vierten Teils des Körperschaftsteuergesetzes in der Fassung der Bekanntmachung vom 22. April 1999 (BGBl. I S. 817), zuletzt geändert durch Artikel 4 des Gesetzes vom 22. Dezember 1999 (BGBl. I S. 2601), sind letztmalig anzuwenden

1. für Gewinnausschüttungen, die auf einem den gesellschaftsrechtlichen Vorschriften entsprechenden Gewinnverteilungsbeschluss für ein abgelaufenes Wirtschaftsjahr beruhen, und die in dem ersten nach dem 31. Dezember 2000 beginnenden Wirtschaftsjahr erfolgen.

2. für andere Ausschüttungen und sonstige Leistungen, die in dem letzten vor dem 1. Januar 2001 beginnenden Wirtschaftsjahr erfolgen."

e) Der bisherige Absatz 10a wird Absatz 10b.

Begründung zum Gesetzentwurf der Bundesregierung

Die Vorschrift des bisherigen § 54 KStG wird nach § 34 KStG vorgezogen.

Zu Buchstabe a (Absatz 1)

Die erstmalige Anwendung der Fassung dieses Gesetzes wird auf den Veranlagungszeitraum 2001 festgelegt.

C. XXI. Änderung § 34 KStG

Zu Buchstabe b (Absätze 1a und 1b)

Bei abweichenden Wirtschaftsjahren ist das Gesetz in dieser Fassung erst ab Veranlagungszeitraum 2002 anzuwenden; zugleich wird der bisherige Absatz 1 a durch die neue Regelung ersetzt.

Zu Buchstabe c (Absatz 6d)

Die Vorschrift regelt die erstmalige Anwendung des § 8b KStG.

Zu Buchstabe d (neu gefasster Absatz 10a)

Die Vorschrift legt fest, welche Gewinnausschüttungen letztmalig nach dem Anrechnungsverfahren abgewickelt werden. Gewinne aus dem letzten Wirtschaftsjahr, für das das Anrechnungsverfahren bei der ausschüttenden Gesellschaft noch anwendbar war, können im Folgejahr noch mit Anrechnungsguthaben ausgeschüttet werden.

Zu Buchstabe e (Absatz 10b)

Redaktionelle Folgeänderung aus der Einfügung des neuen Absatzes 10a.

Beschlussempfehlung des Finanzausschusses

Der bisherige § 54 wird § 34 und wie folgt geändert:

a) unverändert

b) unverändert

c) Nach Absatz 6c wird folgender Absatz 6d eingefügt:

„(6d) § 8b ist erstmals anzuwenden für

1. unverändert
2. Gewinne aus der Veräußerung von in § 8b Abs. 2 genannten Anteilen, die nach dem 31. Dezember 2000 veräußert werden."

d) Absatz 10a wird wie folgt gefasst:

„(10a) Die Vorschriften des Vierten Teils des Körperschaftsteuergesetzes in der Fassung der Bekanntmachung vom 22. April 1999 (BGBl. I S. 817), zuletzt geändert durch Artikel 4 des Gesetzes vom 22. Dezember 1999 (BGBl. I S. 2601), sind letztmalig anzuwenden

1. für Gewinnausschüttungen, die auf einem den gesellschaftsrechtlichen Vorschriften entsprechenden Gewinnverteilungsbeschluss für ein abgelaufenes Wirt-

schaftsjahr beruhen, und die in dem ersten nach dem 31. Dezember 2000 beginnenden Wirtschaftsjahr erfolgen.

2. für andere Ausschüttungen und sonstige Leistungen, die in dem letzten vor dem 1. Januar 2001 beginnenden Wirtschaftsjahr erfolgen.

Für unbeschränkt steuerpflichtige Körperschaften und Personenvereinigungen, deren Leistungen bei den Empfängern zu den Einnahmen im Sinne des § 20 Abs. 1 Nr. 1 oder 2 des Einkommensteuergesetzes in der Fassung der Bekanntmachung vom 16. April 1997 (BGBl. I S. 821), zuletzt geändert durch Artikel ... des Gesetzes vom ...(BGBl. I. S. ...), gehören, beträgt die Körperschaftsteuer 45 vom Hundert der Einnahmen im Sinne des § 20 Abs. 1 Nr. 1 oder 2 des Einkommensteuergesetzes in der Fassung der Bekanntmachung vom 16. April 1997 (BGBl. I S. 821), zuletzt geändert durch Artikel ... des Gesetzes vom ...(BGBl. I. S. ...), zuzüglich der darauf entfallenden Einnahmen im Sinne des § 20 Abs. 1 Nr. 3 des Einkommensteuergesetzes in der Fassung der Bekanntmachung vom 16. April 1997 (BGBl. I S. 821), zuletzt geändert durch Artikel ... des Gesetzes vom ...(BGBl. I. S. ...), für die der Teilbetrag im Sinne des § 54 Abs. 11 Satz 1 des Körperschaftsteuergesetzes in der Fassung der Bekanntmachung vom 22. April 1999 (BGBl. I S. 817), zuletzt geändert durch Artikel 4 des Gesetzes vom 22. Dezember 1999 (BGBl. I S. 2601), als verwendet gilt. § 44 Abs. 1 Satz 1 Nr. 6 Satz 3 des Körperschaftsteuergesetzes in der Fassung der Bekanntmachung vom 22. April 1999 (BGBl. I S. 817), zuletzt geändert durch Artikel 4 des Gesetzes vom 22. Dezember 1999 (BGBl. I S. 2601), gilt entsprechend. Die Körperschaftsteuer beträgt höchstens 45 vom Hundert des zu versteuernden Einkommens. Sätze 1 bis 3 gelten nicht für steuerbefreite Körperschaften und Personenvereinigungen im Sinne des § 5 Abs. 1 Nr. 9, soweit die Einnahmen in einem wirtschaftlichen Geschäftsbetrieb anfallen, für den die Steuerbefreiung ausgeschlossen ist. Die Körperschaftsteuer beträgt 40 vom Hundert der Einnahmen im Sinne des § 20 Abs. 1 Nr. 1 und 2 des Einkommensteuergesetzes in der Fassung der Bekanntmachung vom 16. April 1997 (BGBl. I S. 821), zuletzt geändert durch Artikel ... des Gesetzes vom ... (BGBl. I. S. ...), zuzüglich der darauf entfallenden Einnahmen im Sinne des § 20 Abs. 1 Nr. 3 des Einkommensteuergesetzes in der Fassung der Bekanntmachung vom 16. April 1997 (BGBl. I S. 821), zuletzt geändert durch Arti-

C. XXI. Änderung § 34 KStG

kel ... des Gesetzes vom ...(BGBl. I. S. ...), für die der Teilbetrag im Sinne des § 30 Abs. 1 Nr. 1 des Körperschaftsteuergesetzes in der Fassung der Bekanntmachung vom 22. April 1999 (BGBl. I S. 817), zuletzt geändert durch Artikel 4 des Gesetzes vom 22. Dezember 1999 (BGBl. I S. 2601), als verwendet gilt. Die Körperschaftsteuer beträgt höchstens 40 vom Hundert des zu versteuernden Einkommens abzüglich des nach den Sätzen 1 bis 3 besteuerten Einkommens. Satz 4 gilt entsprechend."

e) unverändert

Begründung des Finanzausschusses

In Absatz 6d wird geregelt, dass die Steuerbefreiung für Gewinne aus der Veräußerung von Beteiligungen an Kapitalgesellschaften ab 2001 gilt.

Die Regelung in Absatz 10a stellt sicher, dass Ausschüttungen, die für frühere Wirtschaftsjahre in 2001 noch nach Anrechnungsverfahren erfolgen, bei der Empfängerin mit dem bisherigen Körperschaftsteuersatz von 45 % bzw. 40 % Körperschaftsteuer versteuert werden. So wird entsprechend der derzeitigen Regelung in § 23 Abs. 2 KStG verhindert, dass die Belastung thesaurierter Gewinn durch Ausschüttungen zwischen Kapitalgesellschaften auf den neuen Körperschaftsteuersatz herabgeschleust werden können.

Beschlussempfehlung des Vermittlungsausschusses

§ 34 wird wie folgt geändert:

a) Buchstabe b wird wie folgt gefasst:

b) Absatz 1a wird wie folgt gefasst:

„(1a) Das Körperschaftsteuergesetz in der Fassung des Artikels 3 des Gesetzes vom ... (BGBl. I S. ...) ist bei vom Kalenderjahr abweichenden Wirtschaftsjahren erstmals für den Veranlagungszeitraum 2002 anzuwenden, wenn das erste im Veranlagungszeitraum 2001 endende Wirtschaftsjahr vor dem 1. Januar 2001 beginnt."

b) Buchstabe c wird wie folgt gefasst:

c) Nach Absatz 6c wird folgender Absatz 6d eingefügt:

„(6d) § 8b ist erstmals anzuwenden für
1. Bezüge im Sinne des § 20 Abs. 1 Nr. 1 und 2 des Einkommensteuergesetzes, auf die bei der ausschüttenden

Körperschaft der Vierte Teil des Körperschaftsteuergesetzes in der Fassung der Bekanntmachung vom 22. April 1999 (BGBl. I S. 817), zuletzt geändert durch Artikel 4 des Gesetzes vom 22. Dezember 1999 (BGBl. I S. 2601), nicht mehr anzuwenden ist

2. Gewinne und Verluste im Sinne des § 8b Abs. 2 und 3 nach Ablauf des ersten Wirtschaftsjahres der Gesellschaft, an der die Anteile bestehen, das dem letzten Wirtschaftsjahr folgt, das in dem Veranlagungszeitraum endet, in dem das Körperschaftsteuergesetz in der Fassung der Bekanntmachung vom 22. April 1999 (BGBl. I S. 817), zuletzt geändert durch Artikel 4 des Gesetzes vom 22. Dezember 1999 (BGBl. I S. 2601), letztmals anzuwenden ist.

Bis zu den in Satz 1 genannten Zeitpunkten ist § 8b in der Fassung der Bekanntmachung des Körperschaftsteuergesetzes vom 22. April 1999 (BGBl. I S. 817), zuletzt geändert durch Artikel 4 des Gesetzes vom 22. Dezember 1999 (BGBl. I S. 2601), weiter anzuwenden."

c) Buchstabe d wird wie folgt gefasst:

d) Absatz 10a wird wie folgt gefasst:

„(10a) Die Vorschriften des Vierten Teils des Körperschaftsteuergesetzes in der Fassung der Bekanntmachung vom 22. April 1999 (BGBl. I S. 817), zuletzt geändert durch Artikel 4 des Gesetzes vom 22. Dezember 1999 (BGBl. I S. 2601), sind letztmalig anzuwenden

1. für Gewinnausschüttungen, die auf einem den gesellschaftsrechtlichen Vorschriften entsprechenden Gewinnverteilungsbeschluss für ein abgelaufenes Wirtschaftsjahr beruhen, und die in dem ersten Wirtschaftsjahr erfolgen, das in dem Veranlagungszeitraum endet, für den das Körperschaftsteuergesetz in der Fassung des Artikels 3 des Gesetzes vom ... (BGBl. I S. ...) erstmals anzuwenden ist.

2. für andere Ausschüttungen und sonstige Leistungen, die in dem Wirtschaftsjahr erfolgen, das dem in Nummer 1 genannten Wirtschaftsjahr vorangeht.

Für unbeschränkt steuerpflichtige Körperschaften und Personenvereinigungen, deren Leistungen bei den Empfängern zu den Einnahmen im Sinne des § 20 Abs. 1

C. XXI. Änderung § 34 KStG

Nr. 1 oder 2 des Einkommensteuergesetzes in der Fassung der Bekanntmachung vom 16. April 1997 (BGBl. I S. 821), zuletzt geändert durch Artikel 1 des Gesetzes vom ... (BGBl. I S. ...), gehören, beträgt die Körperschaftsteuer 45 vom Hundert der Einnahmen im Sinne des § 20 Abs. 1 Nr. 1 oder 2 des Einkommensteuergesetzes in der Fassung der Bekanntmachung vom 16. April 1997 (BGBl. I S. 821), zuletzt geändert durch Artikel 1 des Gesetzes vom ... (BGBl. I S. ...), zuzüglich der darauf entfallenden Einnahmen im Sinne des § 20 Abs. 1 Nr. 3 des Einkommensteuergesetzes in der Fassung der Bekanntmachung vom 16. April 1997 (BGBl. I S. 821), zuletzt geändert durch Artikel 1 des Gesetzes vom ... (BGBl. I S. ...), für die der Teilbetrag im Sinne des § 54 Abs. 11 Satz 1 des Körperschaftsteuergesetzes in der Fassung der Bekanntmachung vom 22. April 1999 (BGBl. I S. 817), zuletzt geändert durch Artikel 4 des Gesetzes vom 22. Dezember 1999 (BGBl. I S. 2601), als verwendet gilt. § 44 Abs. 1 Satz 1 Nr. 6 Satz 3 des Körperschaftsteuergesetzes in der Fassung der Bekanntmachung vom 22. April 1999 (BGBl. I S. 817), zuletzt geändert durch Artikel 4 des Gesetzes vom 22. Dezember 1999 (BGBl. I S. 2601), gilt entsprechend. Die Körperschaftsteuer beträgt höchstens 45 vom Hundert des zu versteuernden Einkommens. Die Sätze 1 bis 3 gelten nicht für steuerbefreite Körperschaften und Personenvereinigungen im Sinne des § 5 Abs. 1 Nr. 9, soweit die Einnahmen in einem wirtschaftlichen Geschäftsbetrieb anfallen, für den die Steuerbefreiung ausgeschlossen ist. Die Körperschaftsteuer beträgt 40 vom Hundert der Einnahmen im Sinne des § 20 Abs. 1 Nr. 1 und 2 des Einkommensteuergesetzes in der Fassung der Bekanntmachung vom 16. April 1997 (BGBl. I S. 821), zuletzt geändert durch Artikel 1 des Gesetzes vom ... (BGBl. I S. ...), zuzüglich der darauf entfallenden Einnahmen im Sinne des § 20 Abs. 1 Nr. 3 des Einkommensteuergesetzes in der Fassung der Bekanntmachung vom 16. April 1997 (BGBl. I S. 821), zuletzt geändert durch Artikel 1 des Gesetzes vom ... (BGBl. I S. ...), für die der Teilbetrag im Sinne des § 30 Abs. 1 Nr. 1 des Körperschaftsteuergesetzes in der Fassung der Bekanntmachung vom 22. April 1999 (BGBl. I S. 817), zuletzt geändert durch Artikel 4 des Gesetzes vom 22. Dezember 1999 (BGBl. I S. 2601), als verwendet gilt. Die Körperschaftsteuer beträgt höchstens 40 vom Hundert des zu versteuernden Einkommens abzüglich des nach den Sätzen 1 bis 3 besteuerten Einkommens. Satz 4 gilt entsprechend."

Begründung des Vermittlungsausschusses

Anwendungsvorschrift für das neue Körperschaftsteuerrecht bei abweichenden Wirtschaftsjahren (Absatz 1a) wird neu gefaßt. Die Neufassung berücksichtigt auch Rumpfwirtschaftsjahre. Die Vorschrift über die erstmalige Möglichkeit der Option ist entfallen, da die Option insgesamt nicht umgesetzt wird.

Absatz 6d wird an die Neufassung des Absatzes 1a angepaßt. Darüber hinaus wird ergänzt, daß Gewinnminderungen im Sinne des § 8b Abs. 3 KStG parallel mit der erstmaligen Anwendung der Steuerbefreiung für die Veräußerung von Beteiligungen durch Kapitalgesellschaften nicht anzuerkennen sind.

3. Erläuterungen

Verfasser: Andreas Schumacher

a) **Zweck und Inhalt**

§ 34 KStG enthält die Regelungen zur zeitlichen Anwendung des KStG in seinen verschiedenen Fassungen. Dabei hat der Gesetzgeber sich abweichend von der bisherigen Praxis entschieden, die Anwendung des KStG n.F. bei Steuerpflichtigen mit abweichendem Wirtschaftsjahr gesondert zu regeln und dieses grundsätzlich einen Veranlagungszeitraum später anzuwenden. Gleichzeitig wurde die zeitliche Anwendung des § 8 b KStG n.F. gesondert geregelt und mit der Anwendung des KStG n.F. bei der Körperschaft verknüpft, die die von dieser Norm betroffenen Erträge, d.h. im wesentlichen Gewinnausschüttungen und Veräußerungsgewinne, vermittelt. Diese Besonderheiten führen zu einer besonderen Komplexität der Anwendungsregelungen, die nicht in allen Fällen zu einem sachgerechten Ergebnis führen.

b) **Einzelerläuterungen**

aa) Die zeitliche Anwendung des KStG n.F. (Abs. 1 und 1 a)

Abs. 1 und Abs. 1 a enthalten die grundlegenden Regelungen für die Anwendung des neuen Körperschaftsteuerrechts. Besondere Fragestellungen ergeben sich dabei aus der zeitlich versetzten Anwendung des KStG n.F. für abweichende Wirtschaftsjahre (Abs. 1 a).

Über ihre unmittelbare Bedeutung hinaus sind diese Regelungen der Ausgangspunkt für den Zeitpunkt des Systemwechsels bei den Anteilseignern der Körperschaft, da die Anwendungsregelungen für §§ 3 Nr. 40 EStG n.F., 8 b KStG n.F. unmittelbar oder mittelbar auf sie verweisen.

Kalenderjahrgleiches Wirtschaftsjahr

Das KStG n.F. und damit insbesondere auch die Absenkung des Körperschaftsteuersatzes auf 25 % ist gem. Abs. 1 grundsätzlich erstmals für den Veranlagungszeitraum 2001 anzuwenden. Für Kapitalgesellschaften, deren Gewinn gem. § 7 Abs. 4 KStG nach dem Wirtschaftsjahr zu ermitteln ist, für das sie regelmäßig Abschlüsse machen, gilt dies aufgrund der Einschränkung in Abs. 2 jedoch grundsätzlich nur, wenn ihr Wirtschaftsjahr dem Kalenderjahr entspricht. Zu dem Sonderfall eines abweichenden Wirtschaftsjahrs, das erstmals im Jahr 2001 gebildet wird (durch ein Rumpfwirtschaftsjahr oder bei Gründung) siehe sogleich.

Vom Kalenderjahr abweichendes Wirtschaftsjahr

Bei abweichendem Wirtschaftsjahr ist das KStG n.F. gem. Abs. 1 a erstmals für den Veranlagungszeitraum 2002 anzuwenden, „wenn das erste im Veranlagungszeitraum 2001 endende Wirtschaftsjahr vor dem 1. Januar 2001 beginnt". Dies ist grundsätzlich bei jedem abweichenden Wirtschaftsjahr der Fall.

Umstellung auf ein abweichendes Wirtschaftsjahr im Jahr 2001

Falls das abweichende Wirtschaftsjahr erstmals durch die Umstellung eines bis zum Jahr 2000 kalenderjahrgleichen Wirtschaftsjahres entsteht und somit im Jahr 2001 ein Rumpfwirtschaftsjahr gebildet wird, beginnt das erste im Veranlagungszeitraum 2001 endende Wirtschaftsjahr nicht vor, sondern am 1.1.2001. Abs. 1 a ist daher nicht einschlägig.

Dieser Fall sollte nicht durch eine zeitliche Verschiebung der Anwendung des KStG n.F. benachteiligt werden (den Hinweis auf Rumpfwirtschaftsjahre enthält auch die Begründung zur Beschlußempfehlung des Vermittlungsausschusses). Gem. Abs. 1 gilt das KStG n.F. für den Veranlagungszeitraum 2001 und damit auch für das Rumpfwirtschaftsjahr.

Gründung einer Körperschaft mit abweichendem Wirtschaftsjahr im Jahr 2001

Auch die Gründung einer Körperschaft im Jahr 2001 mit einem abweichenden Wirtschaftsjahr, das erstmals im Veranlagungszeitraum 2001 endet, erfüllt nicht die Voraussetzungen des Abs. 1 a.

Umstellung auf ein kalenderjahrgleiches Wirtschaftsjahr im Jahr 2000

Wird ein vom Kalenderjahr abweichendes Wirtschaftsjahr durch Bildung eines Rumpfwirtschaftsjahres zum 31.12.2000 auf ein kalenderjahrgleiches Wirtschaftsjahr umgestellt, so ist Abs. 1 a nicht einschlägig, da im Veranlagungszeitraum 2001 kein vom Kalenderjahr abweichendes Wirtschaftsjahr mehr vorliegt.

Umstellung auf ein kalenderjahrgleiches Wirtschaftsjahr im Jahr 2001

Bei einer Umstellung eines abweichenden Wirtschaftsjahrs auf ein kalenderjahrgleiches Wirtschaftsjahr durch Bildung eines Rumpfwirtschaftsjahres zum 31.12.2001 enden im Veranlagungszeitraum 2001 zwei Wirtschaftsjahre: das reguläre und vom Kalenderjahr abweichende Wirtschaftjahr 2000/2001 und das Rumpfwirtschaftsjahr 2001, das hinsichtlich seines Endes dem Kalenderjahr entspricht, hinsichtlich seiner Dauer jedoch vom Kalenderjahr abweicht. Eine Anwendung des KStG a.F. auf das reguläre abweichende Wirtschaftsjahr und des KStG n.F. auf das Rumpfwirtschaftsjahr scheidet nach dem Wortlaut des Abs. 1 a aus, das dieser auf den (gesamten) Veranlagungszeitraum abstellt.

Sähe man das am 31.12.2001 endende Rumpfwirtschaftsjahr nicht als ein vom Kalenderjahr abweichendes Wirtschaftsjahr an, würde sich daher die Frage stellen, welches der Wirtschaftsjahre das entscheidende für die Anwendung des Abs. 1 a wäre. Es ist jedoch wohl darauf abzustellen, daß auch das Rumpfwirtschaftsjahr zwangsläufig nicht dem Kalenderjahr entspricht. Auf die Ergebnisse beider in 2001 endenden Wirtschaftsjahr ist damit das KStG a.F. anzuwenden. Daraus folgt, daß die Umstellung auf ein kalenderjahrgleiches Wirtschaftsjahr im Jahr 2001 zu einer weiteren Verzögerung der Anwendung des KStG n.F. führt. Eine sachliche Begründung dafür ist nicht ersichtlich.

Anforderungen an eine wirksame Umstellung des Wirtschaftsjahres

Nur durch eine Umstellung des Wirtschaftsjahres bereits im Jahr 2000 kann ein zeitliches Vorziehen des KStG n.F. erreicht werden. Dabei ist zu beachten, daß Voraussetzung für die steuerliche Anerkennung

C. XXI. Änderung § 34 KStG

die zivilrechtliche Wirksamkeit der Umstellung ist (BFH v. 18.9.1996, BFH/NV 1997, 378; FG Nürnberg v. 6.10.1998, EFG 1999, 1693). Die Wirksamkeit dieser Satzungsänderung erfolgt mit Eintragung im Handelregister, der nach h.M. keine Rückwirkung beigelegt werden kann. Die Umstellung des Wirtschaftsjahres muß daher vor dem Beginn des geänderten Wirtschaftsjahres, d.h. im diskutierten Fall bis zum 31.12.2000, im Handelsregister eingetragen sein.

Anwendung des § 14 KStG n.F.

Wenn entweder Organträger oder Organgesellschaft ein vom Kalenderjahr abweichendes Wirtschaftsjahr haben, stellt sich die Frage, wessen Wirtschaftsjahr maßgeblich für die erstmalige Anwendung der erleichterten Voraussetzungen der körperschaftsteuerlichen Organschaft ist. Da § 14 KStG mehrfach auf das Wirtschaftsjahr der Organgesellschaft abstellt und die Rechtsfolge der Organschaft die Zurechnung des Einkommens der Organgesellschaft ist, dürfte das Wirtschaftsjahr der Organgesellschaft entscheidend sein.

Anwendung des KStG n.F. auf das Einkommen eines Organkreises

Ist eine Körperschaft Organträger einer körperschaftsteuerlichen Organschaft, so ist ihr das Einkommen einer Organgesellschaft in dem Veranlagungszeitraum zuzurechnen, in dem die Organgesellschaft dieses bezogen hat und selbst versteuern würde (BFH v. 29.10.1974, BStBl II 1975, 126; A 57 Abs. 3 KStR). Im Ergebnis findet somit durch unterschiedliche Wirtschaftsjahre von Organträger und Organgesellschaft keine zeitliche Verschiebung der Besteuerung statt (Dötsch/Eversberg/Jost/Witt, § 14 KStG Rz. 215; Arthur Andersen, § 14 KStG Rz. 819; Blümich, § 14 KStG Rz. 145; Schmidt/Müller/Stöcker, Die Organschaft, 5. Aufl., Rz. 488 ff.). Hat die Organgesellschaft ein abweichendes Wirtschaftsjahr, so ist das Einkommen des Wirtschaftsjahr 2000/2001 dem Organträger im Veranlagungszeitraum 2001 zuzurechnen. Der Organträger versteuert dieses Einkommen mit dem Steuersatz, das in diesem Veranlagungszeitraum für ihn gilt, d.h. im Falle eines kalenderjahrgleichen Wirtschaftsjahrs des Organträgers mit einem Körperschaftsteuersatz von 25 %.

Eine Anwendung des Steuersatzes, der im Falle einer isolierten Besteuerung der Organgesellschaft für diese gelten würde, kommt nicht in Betracht. Die Rechtsfolge der Organschaft ist gem. § 14 KStG die Zurechnung des (steuerpflichtigen) Einkommens, ohne daß die steuerliche Rechtsstellung des Organs insgesamt auf den Organträger übergeht (BFH v. 25.1.1983, BStBl II 1984, 382). Ebensowenig wie die von der Organgesellschaft verwirklichten Tatbestände dem Organträger zugerechnet werden (BFH v. 14.4.1992, BStBl II 1992, 817), kann auch keine Zurechnung des Steuersatzes erfolgen. Die Anwendung unterschiedlicher Steuersätze auf das Einkommen des Organträgers und der Organgesellschaften würde im übrigen bei Gewinnen des Organträgers und Verlusten der Organgesellschaft (und umgekehrt) zu erheblichen Folgeproblemen führen.

Somit führt die Umstellung des Wirtschaftsjahres des Organträgers auf das Kalenderjahr (oder die erstmalige Begründung einer Organschaft zu einem Organträger mit kalenderjahrgleichem Wirtschaftsjahr) zu einer Anwendung des KStG n.F. auf das gesamte Einkommen des Organkreises im Veranlagungszeitraum 2001 auch bei vom Kalenderjahr abweichenden Wirtschaftsjahren der Organgesellschaften.

Umgekehrt führt ein abweichendes Wirtschaftsjahr des Organträgers auch bei kalenderjahrgleichem Wirtschaftsjahr der Organgesellschaften zu einer Anwendung des KStG a.F. auf das gesamte Einkommen des Organkreises im Veranlagungszeitraum 2001, obwohl dieses das Einkommen des dem Kalenderjahr entsprechenden Wirtschaftsjahrs 2001 der Organgesellschaften enthält.

Anwendung des KStG n.F. in Fällen der Liquidation

Bei der Liquidation einer Kapitalgesellschaft tritt gem. § 11 Abs. 1 KStG der Zeitraum der Abwicklung als Besteuerungszeitraum an die Stelle des Wirtschaftsjahres. Für die Besteuerung des Liquidationsgewinns sind die Vorschriften maßgebend, die in dem Veranlagungszeitraum gelten, in dem dieser Besteuerungszeitraum endet. Dies betrifft insbesondere auch den anwendbaren Steuersatz (RFH v. 17.1.1939, RStBl 1939, 598; Dötsch/Eversberg/Jost/Witt, § 11 KStG Rz. 21; Frotscher/Maas, § 11 KStG Rz. 27; Blümich, § 11 KStG Rz. 42). Endet der Liquidationszeitraum im Jahr 2001, so ist entscheidend, ob der Besteuerungszeitraum einer Liquidation ein vom Kalenderjahr abweichendes Wirtschaftsjahr i.S.d. Abs. 1 a darstellt. Dies ist ausgehend vom Wortlaut des § 11 Abs. 1 KStG zu verneinen. Es gilt somit die allgemeine Anwendungsregelung des Abs. 1. Auf den Gewinn des gesamten (steuerlich zulässigen) Liquidationszeitraums ist somit das KStG n.F. anzuwenden.

bb) Die zeitliche Anwendung des § 8 b KStG n.F. (Abs. 6 d)

Abweichend von der Anwendung der sonstigen Vorschriften des KStG n.F. ist die erstmalige Anwendung des § 8 b KStG n.F. geregelt. Dabei bezieht sich Nr. 1 auf Bezüge i.S.d. § 20 Abs. 1 Nr. 1 u. 2 EStG, d.h. insb. auf Gewinnausschüttungen und damit die Anwendung des § 8 b Abs. 1 KStG n.F., und Nr. 2 auf Veräußerungsgewinne

C. XXI. Änderung § 34 KStG

und –verluste i.S.d. § 8 b Abs. 2 u. 3 KStG n.F. Gleichzeitig wird damit die erstmalige Anwendung der begleitenden Vorschriften in § 8 b Abs. 4 bis 6 KStG n.F. geregelt.

Anwendung des § 8 b Abs. 1 KStG n.F. auf Bezüge von inländischen Körperschaften

§ 8 b Abs. 1 KStG n.F. ist erstmals auf Bezüge (insb. Gewinnausschüttungen) anzuwenden, auf die bei der ausschüttenden Körperschaft der Vierte Teil des KStG a.F. nicht mehr anzuwenden ist. Gem. § 34 Abs. 10 a KStG n.F. erfolgt die letztmalige Anwendung des Vierten Teils des KStG a.F. auf ordnungsgemäße Gewinnausschüttungen für ein abgelaufenes Wirtschaftsjahr, die in dem Wirtschaftsjahr erfolgen, das in dem Veranlagungszeitraum endet, für das das KStG n.F. erstmals anzuwenden ist, und auf andere Ausschüttungen und sonstige Leistungen in dem vorhergehenden Wirtschaftsjahr.

Der konkrete Anwendungszeitraum ergibt sich somit erst im Zusammenhang mit den Regelungen für die erstmalige Anwendung des KStG n.F. in Abs. 1 und 1 a (s.o.). Somit ist der vierte Teil des KStG a.F. letztmals auf ordnungsgemäße Gewinnausschüttungen im Jahr 2001 für das Jahr 2000 (kalenderjahrgleiches Wirtschaftsjahr) bzw. im Wirtschaftsjahr 2001/2002 für das abweichende Wirtschaftsjahr 2000/2001 (anders im Sonderfall der Bildung eines Rumpfwirtschaftsjahres in 2001) anzuwenden. Für andere Ausschüttungen, insbesondere verdeckte Gewinnausschüttungen und Vorabausschüttungen während des Wirtschaftsjahres, gilt es letztmals, wenn diese im Jahr 2000 bzw. in dem abweichenden Wirtschaftsjahr 2000/2001 erfolgen.

Die erstmalige Anwendung des § 8 b Abs. 1 KStG n.F. auf Ausschüttungen erfolgt in dem jeweils folgenden Wirtschaftsjahr, d.h. auf ordnungsgemäße Gewinnausschüttungen für das Jahr 2001, die im Jahr 2002 erfolgen (kalenderjahrgleiches Wirtschaftsjahr der ausschüttenden Gesellschaft) bzw. auf ordnungsgemäße Gewinnausschüttungen für das abweichende Wirtschaftsjahr 2001/2002 (bei anderen Ausschüttungen, wenn diese in dem jeweiligen Wirtschaftsjahr erfolgen).

Die oben dargestellten Besonderheiten der Umstellung des Wirtschaftsjahrs im Jahr 2001 wirken sich auch auf die Behandlung der Ausschüttungen beim Anteilseigner aus. Bei Umstellung auf ein abweichendes Wirtschaftsjahr im Jahr 2001 ist § 8 b Abs. 1 KStG n.F. bereits auf ordnungsgemäße Gewinnausschüttungen für ein abgelaufenes Wirtschaftsjahr anzuwenden, die nach Ablauf des Rumpfwirtschaftsjahr in 2001 erfolgen. Bei Umstellung auf ein kalenderjahrgleiches Wirtschaftsjahr in 2001 ist hingegen § 8 b Abs. 1 KStG n.F. erst bei einer ordnungsgemäßen Ausschüttung für ein abgelaufenes Wirtschaftsjahr, die im Wirtschaftsjahr 2003 (!) erfolgt, anzuwenden (entsprechendes gilt für andere Ausschüttungen in den jeweiligen Wirtschaftsjahren).

Abs. 6 d stellt für die Anwendung des § 8 b Abs. 1 KStG n.F. auf das Wirtschaftsjahr der ausschüttenden Gesellschaft ab, während gem. Abs. 1 und 1 a für die Anwendung der übrigen Neuregelungen des KStG n.F. das Wirtschaftsjahr der die Ausschüttung empfangenden Gesellschaft entscheidend ist. Daher kann es zu einer isolierten Anwendung des § 8 b Abs. 1 KStG n.F. kommen, ohne daß die Regelung des § 37 Abs. 3 KStG n.F. bereits anwendbar ist.

Anwendung des § 8 b Abs. 1 KStG n.F. auf Bezüge von ausländischen Körperschaften

§ 8 b Abs. 1 KStG n.F. ist auch auf Gewinnausschüttungen ausländischer Körperschaften anwendbar. In diesem Fall kann die Anwendungsregelung nach ihrem Wortlaut nicht angewendet werden, da bei diesen Kapitalgesellschaften natürlich der Vierte Teil des KStG a.F. nie angewendet wurde. Es könnte somit die Auffassung vertreten werden, daß für ausländische Dividenden die allgemeine Anwendungsregelung des Abs. 1 bzw. Abs. 1 a gilt, d.h. § 8 b Abs. 1 KStG n.F. ohne Beachtung des Wirtschaftsjahrs der ausländischen Gesellschaft bei kalenderjahrgleichem Wirtschaftsjahr der empfangenden Körperschaft bereits ab dem Veranlagungszeitraum 2001 anzuwenden ist (bei abweichendem Wirtschaftsjahr im Veranlagungszeitraum 2002).

Allerdings stünde dies im Widerspruch zum Wortlaut des Abs. 6 d S. 1 Nr. 1, der die Anwendung des § 8 b KStG n.F. auf Gewinnausschüttungen insgesamt regelt und nicht zwischen Ausschüttungen in- und ausländischer Gesellschaften differenziert.

Die Frage ist derzeit noch offen.

Folgt man der Auffassung, daß die Regelung des Abs. 6 d S. 1 Abs. 1 auch für Auslandsdividenden gilt, ist allerdings zu beachten, daß die Vorschriften zur indirekten Anrechnung von ausländischer Körperschaftsteuer in § 26 Abs. 2 bis 5 KStG a.F. letztmals im Veranlagungszeitraum 2000 (kalenderjahrgleiches Wirtschaftsjahr) bzw. 2001 (abweichendes Wirtschaftsjahr; mit den oben genannten Besonderheiten bei einer Umstellung in 2001) anwendbar sind. Bei Fehlen eines DBA-Schachtelprivilegs würde es somit dazu kommen, daß weder § 8 b Abs. 1 KStG n.F. noch § 26 Abs. 2 bis 5 KStG a.F. auf eine

Ausschüttung von einer ausländischen Gesellschaft anwendbar sind. Es ist erforderlich, daß § 26 Abs. 2 bis 5 KStG a.F. – wie § 8 b KStG a.F. (dazu unten) – bis zur erstmaligen Anwendbarkeit des § 8 b Abs. 1 KStG n.F. weiterhin angewendet wird. Hier wäre ggf. eine gesetzliche Nachbesserung erforderlich.

Gem. S. 2 bleibt § 8 b KStG a.F. bis zu dem erstmaligen Anwendungszeitpunkt des § 8 b n.F. weiterhin anwendbar. Bei Gewinnausschüttungen ist dies zum einen bedeutsam für Inlandsdividenden aus dem EK 01 und zum anderen für DBA-Auslandsdividenden hinsichtlich der Absenkung der Mindestbeteiligungsgrenze auf 10 % in § 8 b Abs. 5 a.F. und der Regelung des § 8 b Abs. 7 a.F.

Anwendung des § 8 b Abs. 2 und 3 KStG n.F.

Nach Abs. 6 d S. 1 Nr. 2 ist § 8 b KStG n.F. anzuwenden auf Gewinne und Verluste i.S.d. § 8 b Abs. 2 und 3 KStG n.F. nach Ablauf des ersten Wirtschaftsjahres der Gesellschaft, an der die Anteile bestehen, das dem letzten Wirtschaftsjahr folgt, das in dem Veranlagungszeitraum endet, in dem das KStG a.F. letztmals anzuwenden ist.

Der konkrete Anwendungszeitraum ergibt sich wiederum im Zusammenhang mit Abs. 1 und 1 a (s.o.). Bei kalenderjahrgleichem Wirtschaftsjahr wird das KStG a.F. letztmals im Veranlagungszeitraum 2000 angewandt. Das folgende Wirtschaftsjahr endet – falls kein Rumpfwirtschaftsjahr gebildet wird – am 31.12.2001. § 8 b Abs. 2 KStG n.F. ist somit erstmals am 1.1.2002 anwendbar. Bei abweichendem Wirtschaftsjahr wird das KStG a.F. hingegen letztmals im Veranlagungszeitraum 2001 angewandt. Das folgende Wirtschaftsjahr endet – wiederum vorbehaltlich der Bildung eines Rumpfwirtschaftsjahres – im Verlaufe des Jahres 2002 (z.B. am 30.6.2002). § 8 b Abs. 2 KStG n.F. ist erstmals an dem folgenden Tag (z.B. am 1.7.2002) anwendbar. Bei Gewinnminderungen i.S.d. § 8 b Abs. 3 KStG n.F. gilt entsprechendes.

Wiederum sind die Besonderheiten bei einer Umstellung des Wirtschaftsjahrs im Jahr 2001 zu beachten. Bei Umstellung auf ein abweichendes Wirtschaftsjahr sind § 8 b Abs. 2 und 3 KStG n.F. bereits auf Veräußerungsgewinne anzuwenden, die nach Ablauf des Rumpfwirtschaftsjahres in 2001 erfolgen. Bei Umstellung auf ein kalenderjahrgleiches Wirtschaftsjahr in 2001 sind die Vorschriften hingegen erst nach Ablauf des 31.12.2002 (!) anzuwenden. Letzteres erscheint nicht sachgerecht.

Die systematische Verknüpfung mit der Dividendenbesteuerung ist offenkundig – die Neuregelung zur Besteuerung der Veräußerungsgewinne soll erst angewandt werden, wenn auch auf eine ordnungsgemäße Gewinnausschüttung für ein abgelaufenes Wirtschaftsjahr die Neuregelung der Dividendenbesteuerung angewendet wird. Systematisch zwangsläufig war dies allerdings nicht, da Veräußerungsgewinne auch wie andere Ausschüttungen hätten behandelt werden können, auf die die Neuregelungen ein Wirtschaftsjahr früher angewendet werden.

Beteiligungen an ausländischen Körperschaften

Die Anwendungsvorschrift für § 8 b Abs. 2 u. 3 KStG n.F. ist – anders als die Anwendungsvorschrift zur Dividendenbesteuerung – auch nach ihrem Wortlaut auf Beteiligungen an ausländischen Gesellschaften anwendbar. Es wird auf die (abstrakte) Anwendung des KStG a.F. abgestellt, nicht aber auf dessen konkrete Anwendung des vierten Teils des KStG a.F. bei der Gesellschaft, deren Anteile veräußert werden. Auch wird im ersten Halbsatz erkennbar nicht zwischen in- und ausländischen Gesellschaften differenziert.

Daher ist die Auslegung denkbar, daß die Anwendungsregelung gleichermaßen für Beteiligungen an in- und ausländischen Kapitalgesellschaften gilt. Indessen ist auch diese Frage noch offen. Es wird auch insoweit die Anwendung des § 34 Abs. 1 und 1 a für möglich gehalten.

Gewinn oder Verlust aus der Auflösung einer Körperschaft

Auf einen Gewinn oder Verlust aus der Auflösung einer in- oder ausländischen Körperschaft, der nach dem 31.12.2000 entsteht, gilt bei der Körperschaft für den Besteuerungszeitraum der Liquidation bereits das KStG n.F. (s.o.). Daran anknüpfend würden auf die Liquidationsraten und die Auszahlung des Liquidationsüberschusses bereits § 8 b Abs. 1 u. 2 KStG n.F. angewendet, wenn der Besteuerungszeitraum als „Wirtschaftsjahr" i.S.d. Abs. 6 d Nr. 1 i.V.m. Abs. 10 a Nr. 2 bzw. Abs. 6 d Nr. 2 anzusehen wäre. Dafür könnte sprechen, daß die Finanzverwaltung bisher für Zwecke der Verrechnung von Liquidationsraten mit dem vEK den Besteuerungszeitraum entsprechend einem Wirtschaftsjahr behandelt (A 95 a Abs. 3 KStR).

Gewinn oder Verlust aus einer Kapitalherabsetzung

Da die Kapitalherabsetzung sich nicht auf die Anwendung des KStG n.F. bei der Körperschaft auswirkt, gilt das gleiche wie bei einer Veräußerung.

C. XXI. Änderung § 34 KStG

Abstellen auf den Zeitpunkt des Übergangs des wirtschaftlichen Eigentums

Ob ein Gewinn nach dem Ablauf des jeweiligen Wirtschaftsjahres entsteht, richtet sich nach allgemeinen Grundsätzen nach dem Übergang des wirtschaftlichen Eigentums. Falls auf das obligatorische Geschäft abzustellen wäre, hätte dies der Gesetzgeber ausdrücklich regeln müssen (wie z.B. in § 52 Abs. 16 S. 11 EStG a.F.). § 8 b Abs. 2 u. 3 KStG n.F. sind daher auch dann anzuwenden, wenn vor ihrem erstmaligen Anwendungszeitpunkt eine schuldrechtliche Vereinbarung getroffen wird, aufgrund derer frühestens zum erstmaligen Anwendungszeitpunkt das wirtschaftliche Eigentum übergeht.

Gem. § 39 Abs. 1 AO ist dabei grundsätzlich auf den Übergang des rechtlichen Eigentums, d.h. die dingliche Übertragung abzustellen. Nach der Rechtsprechung des BFH kann allerdings schon vorher das wirtschaftliche Eigentum i.S.d. § 39 Abs. 2 Nr. 1 S. 1 AO übergehen, wenn der Erwerber aufgrund eines bürgerlich-rechtlichen Rechtsgeschäfts bereits eine rechtlich geschützte, auf den Erwerb der Anteile gerichtete Position erworben hätte, die ihm gegen seinen Willen nicht mehr entzogen werden könnte und auch die mit den Aktien verbundenen wesentlichen Rechte (insbes. Gewinnbezugsrecht und Stimmrecht) sowie das Risiko einer Wertminderung und die Chance einer Wertsteigerung auf ihn übergegangen wären (BFH v. 10.3.1988, BStBl II 1988, 832; FG Münster v. 18.11.1999 Rev. eingelegt, EFG 2000, 374).

Eine Kaufoption (Call) des Erwerbers führt grundsätzlich nicht zu wirtschaftlichem Eigentum des Inhabers des Calls (BFH v. 25.8.1993, BStBl II 1994, 23; zu einem wirtschaftlich vergleichbaren bindenden Verkaufsangebot FG München v. 24.6.1999, DStRE 2000, 18). Dies könnte nach der Rechtsprechung nur dann anders zu beurteilen sein, wenn „nach dem typischen und für die wirtschaftliche Betrachtung maßgeblichen Geschehensablauf tatsächlich mit einer Ausübung des Optionsrechts gerechnet werden kann" (BFH v. 15.12.1999, DStR 2000, 462). Ohne Hinzutreten weiterer Umstände (z.B. Überlassung der Ausübung der Gesellschafterrechte o.ä.), also bei Vereinbarung eines isolierten Calls, kann dies jedoch nicht der Fall sein. Erst recht führt eine isolierte Verkaufsoption (Put) des Veräußerers nicht zu wirtschaftlichem Eigentum des Erwerbers, da dieser keinen Einfluß auf die Übertragung der Anteile hat.

Selbst eine Kombination eines Calls und eines Puts führt nicht zu wirtschaftlichem Eigentum des Erwerbers (FG Hamburg v. 24.9.1987, EFG 1988, 475 für den Fall unterschiedlicher aufschiebender Befristungen, d.h. Ausübungstermine). Im Extremfall (gleiche Ausübungstermine, gleicher Ausübungspreis) liegt – von unterschiedlichen individuellen Wertvorstellungen abgesehen – wirtschaftlich ein Terminkauf vor, der nach den von der Rechtsprechung aufgestellten Grundsätzen keinen Übergang des wirtschaftlichen Eigentums zur Folge hat, wenn die wesentlichen Gesellschafterrechte bis zur dinglichen Übertragung dem Veräußerer zustehen.

cc) Die letztmalige Anwendung des Anrechnungsverfahrens (Abs. 10 a)

Die letztmalige Anwendung des Vierten Teils des KStG a.F. erfolgt auf ordnungsgemäße Gewinnausschüttungen für ein abgelaufenes Wirtschaftsjahr, die in dem Wirtschaftsjahr erfolgen, das in dem Veranlagungszeitraum endet, für das das KStG n.F. erstmals anzuwenden ist, und andere Ausschüttungen und sonstige Leistungen in dem vorhergehenden Wirtschaftsjahr.

Unter Berücksichtigung der Anwendungsregelungen in Abs. 1 und 1 a KStG ist der Vierte Teil des KStG a.F. letztmals auf ordnungsgemäße Gewinnausschüttungen im Jahr 2001 für das Jahr 2000 (kalenderjahrgleiches Wirtschaftsjahr) bzw. im Wirtschaftsjahr 2001/2002 für das abweichende Wirtschaftsjahr 2000/2001 anzuwenden. Für andere Ausschüttungen, insbesondere verdeckte Gewinnausschüttungen und Vorabausschüttungen während des Wirtschaftsjahres, gilt es letztmals, wenn diese im Jahr 2000 bzw. in dem abweichenden Wirtschaftsjahr 2000/2001 erfolgen.

Bei Umstellung auf ein abweichendes Wirtschaftsjahr in 2001 ist der Vierte Teil des KStG a.F. letztmals auf ordnungsgemäße Gewinnausschüttungen für ein abgelaufenes Wirtschaftsjahr anzuwenden, die in dem Rumpfwirtschaftsjahr in 2001 erfolgen. Bei Umstellung auf ein kalenderjahrgleiches Wirtschaftsjahr in 2001 ist der Vierte Teil des KStG a.F. hingegen noch bei einer ordnungsgemäßen Ausschüttung für ein abgelaufenes Wirtschaftsjahr, die im Wirtschaftsjahr 2002 (!) erfolgt, anzuwenden.

Fortgeltung des Regelungsinhalts des § 23 Abs. 2 KStG a.F.

Für Ausschüttungen, auf die noch das Anrechnungsverfahren angewendet wird, wird in S. 2 ff. des Abs. 10 a die Fortgeltung des Regelungsinhalts des § 23 Abs. 2 KStG a.F. angeordnet. Dadurch wird eine Herabschleusung der Tarifbelastung von 45 % bzw. 40 % auf 25 % bei einer Ausschüttung an bestimmte andere Körperschaften verhindert.

C. XXI. Änderung § 34 KStG

Die Regelungen sind im Regelfall nur im Jahr des Systemwechsels anzuwenden, d.h. bei kalenderjahrgleichem Wirtschaftsjahr von empfangender und ausschüttender Körperschaft für die im Jahr 2001 vorgenommene Ausschüttung für das Jahr 2000. Für spätere Ausschüttungen gilt § 37 Abs. 3 KStG n.F. (siehe dort).

Die Ausschüttung von EK 45 wird bei einer empfangenden Körperschaft oder Personenvereinigung, deren Leistungen beim Empfänger zu den Einnahmen i.S.d. § 20 Abs. 1 Nr. 1 oder 2 EStG a.f. gehören (neben Kapitalgesellschaften insb. Erwerbs- und Wirtschaftsgenossenschaften), mit 45 % und die Ausschüttung von EK 40 mit 40 % besteuert. Dies gilt jedoch wie nach § 23 Abs. 2 S. 3 KStG a.F. nur insoweit, als von auch entsprechendes zu versteuerndes Einkommen erzielt wird. Soweit die EK 45- oder EK 40-Ausschüttungen durch abziehbare Betriebsausgaben gemindert werden, erfolgt keine Anwendung der Sondersteuersätze. Der Abzug von Betriebsausgaben von den Ausschüttungen erfolgt allerdings nur, soweit die empfangende Körperschaft keine sonstigen steuerpflichtigen Einnahmen erzielt (z.B. Ausschüttung an eine Holding, die die Beteiligung fremdfinanziert hat oder eine ausschüttungsbedingte Teilwertabschreibung geltend machen kann).

Aufgrund der Anwendung der Sondersteuersätze erhöhen sich die entsprechenden Teilbeträge des vEK gem. § 36 Abs. 2 S. 3 KStG n.F. (siehe dort).

Die Sondersteuersätze gelten wie bisher nach § 23 Abs. 2 S. 4 KStG a.f. nicht, wenn die Einnahmen in einem steuerpflichtigen wirtschaftlichen Geschäftsbetrieb einer nach § 5 Abs. 1 Nr. 9 KStG von der Körperschaftsteuer befreiten Körperschaft oder Personenvereinigung anfallen.

Anders als nach § 23 Abs. 2 S. 5 KStG a.F. sind die Sondersteuersätze nicht auf einen Anteil am Übernahmegewinn i.S.d. § 4 Abs. 4, 5 UmwStG anzuwenden.

XXII. Änderung § 35 KStG

1. Text der Vorschrift
Der bisherige § 54a wird § 35.

2. Materialien
Gesetzentwurf der Bundesregierung
Der bisherige § 54 wird § 35.

Begründung zum Gesetzentwurf der Bundesregierung
Die bisherigen Ermächtigungs- und Schlussvorschriften werden redaktionell nach § 35 KStG vorgezogen.

Beschlussempfehlung/Begründung des Finanzausschusses
– keine Änderung/Bemerkung –

Beschlussempfehlung des Vermittlungsausschusses
Der bisherige § 54a wird § 35.

Begründung des Vermittlungsausschusses
Beseitigung eines Redaktionsversehens.

XXIII. Änderung zum Sechsten Teil KStG

1. Text der Vorschrift
Nach dem neuen § 35 wird folgender Sechster Teil angefügt:

„Sechster Teil
Sondervorschriften für den Übergang vom
Anrechnungsverfahren zum Halbeinkünfteverfahren

§ 36
Endbestände

(1) Auf den Schluss des letzten Wirtschaftsjahrs, das in dem Veranlagungszeitraum endet, für den das Körperschaftsteu-

C. XXIII. Änderung zum Sechsten Teil KStG

ergesetz in der Fassung der Bekanntmachung vom 22. April 1999 (BGBl. I S. 817), zuletzt geändert durch Artikel 4 des Gesetzes vom 22. Dezember 1999 (BGBl. I S. 2601), letztmals anzuwenden ist, werden die Endbestände der Teilbeträge des verwendbaren Eigenkapitals ausgehend von den gemäß § 47 Abs. 1 Satz 1 Nr. 1 des Körperschaftsteuergesetzes in der Fassung der Bekanntmachung vom 22. April 1999 (BGBl. I S. 817), zuletzt geändert durch Artikel 4 des Gesetzes vom 22. Dezember 1999 (BGBl. I S. 2601), festgestellten Teilbeträgen gemäß den nachfolgenden Absätzen ermittelt.

(2) Die Teilbeträge sind um die Gewinnausschüttungen, die auf einem den gesellschaftsrechtlichen Vorschriften entsprechenden Gewinnverteilungsbeschluss für ein abgelaufenes Wirtschaftsjahr beruhen, und die in dem in Absatz 1 genannten Wirtschaftsjahr folgenden Wirtschaftsjahr erfolgen, sowie um andere Ausschüttungen und sonstige Leistungen, die in dem in Absatz 1 genannten Wirtschaftsjahr erfolgen, zu verringern. Die Regelungen des Vierten Teils des Gesetzes in der Fassung der Bekanntmachung vom 22. April 1999 (BGBl. I S. 817), zuletzt geändert durch Artikel 4 des Gesetzes vom 22. Dezember 1999 (BGBl. I S. 2601), sind anzuwenden. Der Teilbetrag im Sinne des § 54 Abs. 11 Satz 1 des Körperschaftsteuergesetzes in der Fassung der Bekanntmachung vom 22. April 1999 (BGBl. I S. 817), zuletzt geändert durch Artikel 4 des Gesetzes vom 22. Dezember 1999 (BGBl. I S. 2601), erhöht sich um die Einkommensteile, die nach § 34 Abs. 10a Satz 2 bis 5 einer Körperschaftsteuer von 45 vom Hundert unterlegen haben, und der Teilbetrag, der nach dem 31. Dezember 1998 einer Körperschaftsteuer in Höhe von 40 vom Hundert ungemildert unterlegen hat, erhöht sich um die Beträge, die nach § 34 Abs. 10a Satz 2 bis 5 einer Körperschaftsteuer von 40 vom Hundert unterlegen haben, jeweils nach Abzug der Körperschaftsteuer, der sie unterlegen haben.

(3) Ein positiver belasteter Teilbetrag im Sinne des § 54 Abs. 11 Satz 1 des Körperschaftsteuergesetzes in der Fassung der Bekanntmachung vom 22. April 1999 (BGBl. I S. 817), zuletzt geändert durch Artikel 4 des Gesetzes vom 22. Dezember 1999 (BGBl. I S. 2601), ist dem Teilbetrag, der nach dem 31. Dezember 1998 einer Körperschaftsteuer in Höhe von 40 vom Hundert ungemildert unterlegen hat, in Höhe von 27/22 seines Bestands hinzuzurechnen. In Höhe von 5/22 dieses Bestands ist der Teilbetrag im Sinne des § 30

Abs. 2 Nr. 2 des Gesetzes in der Fassung der Bekanntmachung vom 22. April 1999 (BGBl. I S. 817), zuletzt geändert durch Artikel 4 des Gesetzes vom 22. Dezember 1999 (BGBl. I S. 2601), zu verringern.

(4) Ist die Summe der unbelasteten Teilbeträge im Sinne des § 30 Abs. 2 Nr. 1 bis 3 des Körperschaftsteuergesetzes in der Fassung der Bekanntmachung vom 22. April 1999 (BGBl. I S. 817), zuletzt geändert durch Artikel 4 des Gesetzes vom 22. Dezember 1999 (BGBl. I S. 2601), nach Anwendung der Absätze 2 und 3 negativ, so wird sie mit den mit Körperschaftsteuer belasteten Teilbeträgen in der Reihenfolge verrechnet, in der ihre Belastung zunimmt.

(5) Ist die Summe der unbelasteten Teilbeträge im Sinne des § 30 Abs. 2 Nr. 1 bis 3 des Körperschaftsteuergesetzes in der Fassung der Bekanntmachung vom 22. April 1999 (BGBl. I S. 817), zuletzt geändert durch Artikel 4 des Gesetzes vom 22. Dezember 1999 (BGBl. I S. 2601), nach Anwendung der Absätze 2 und 3 positiv, sind zunächst die Teilbeträge im Sinne des § 30 Abs. 2 Nr. 1 und 3 des Körperschaftsteuergesetzes in der Fassung der Bekanntmachung vom 22. April 1999 (BGBl. I S. 817), zuletzt geändert durch Artikel 4 des Gesetzes vom 22. Dezember 1999 (BGBl. I S. 2601), zusammenzufassen. Ein sich aus der Zusammenfassung ergebender Negativbetrag ist vorrangig mit einem positiven Teilbetrag im Sinne des § 30 Abs. 2 Nr. 2 des Körperschaftsteuergesetzes in der Fassung der Bekanntmachung vom 22. April 1999 (BGBl. I S. 817), zuletzt geändert durch Artikel 4 des Gesetzes vom 22. Dezember 1999 (BGBl. I S. 2601), zu verrechnen. Ein negativer Teilbetrag im Sinne des § 30 Abs. 2 Nr. 2 des Körperschaftsteuergesetzes in der Fassung der Bekanntmachung vom 22. April 1999 (BGBl. I S. 817), zuletzt geändert durch Artikel 4 des Gesetzes vom 22. Dezember 1999 (BGBl. I S. 2601), ist vorrangig mit dem positiven zusammengefassten Teilbetrag im Sinne des Satzes 1 zu verrechnen.

(6) Ist die Summe der belasteten Teilbeträge negativ, mindert diese vorrangig den nach Anwendung des Absatzes 5 verbleibenden positiven Teilbetrag im Sinne des § 30 Abs. 2 Nr. 2 des Körperschaftsteuergesetzes in der Fassung der Bekanntmachung vom 22. April 1999 (BGBl. I S. 817), zuletzt geändert durch Artikel 4 des Gesetzes vom 22. Dezember 1999 (BGBl. I S. 2601); ein darüber hinausgehender Nega-

tivbetrag mindert den positiven zusammengefassten Teilbetrag nach Absatz 5 Satz 1.

(7) Die Endbestände sind getrennt auszuweisen und werden gesondert festgestellt; dabei sind die verbleibenden unbelasteten Teilbeträge im Sinne des § 30 Abs. 2 Nr. 1 und 3 des Körperschaftsteuergesetzes in der Fassung der Bekanntmachung vom 22. April 1999 (BGBl. I S. 817), zuletzt geändert durch Artikel 4 des Gesetzes vom 22. Dezember 1999 (BGBl. I S. 2601), in einer Summe auszuweisen.

§ 37
Körperschaftsteuerguthaben und Körperschaftsteuerminderung

(1) Auf den Schluss des Wirtschaftsjahrs, das dem in § 36 Abs. 1 genannten Wirtschaftsjahr folgt, wird ein Körperschaftsteuerguthaben ermittelt. Das Körperschaftsteuerguthaben beträgt 1/6 des Endbestands des mit einer Körperschaftsteuer von 40 vom Hundert belasteten Teilbetrags.

(2) Das Körperschaftsteuerguthaben mindert sich um jeweils 1/6 der Gewinnausschüttungen, die in den folgenden Wirtschaftsjahren erfolgen und die auf einem den gesellschaftsrechtlichen Vorschriften entsprechenden Gewinnverteilungsbeschluss beruhen. Die Körperschaftsteuer des Veranlagungszeitraums, in dem das Wirtschaftsjahr endet, in dem die Gewinnausschüttung erfolgt, mindert sich bis zum Verbrauch des Körperschaftsteuerguthabens um diesen Betrag, letztmalig in dem Veranlagungszeitraum, in dem das 15. Wirtschaftsjahr endet, das auf das Wirtschaftsjahr folgt, auf dessen Schluss nach Absatz 1 das Körperschaftsteuerguthaben ermittelt wird. Das verbleibende Körperschaftsteuerguthaben ist auf den Schluss der jeweiligen Wirtschaftsjahre, letztmals auf den Schluss des 14. Wirtschaftsjahrs, das auf das Wirtschaftsjahr folgt, auf dessen Schluss nach Absatz 1 das Körperschaftsteuerguthaben ermittelt wird, fortzuschreiben und gesondert festzustellen. Der Bescheid über die gesonderte Feststellung ist Grundlagenbescheid für den Bescheid über die gesonderte Feststellung zum folgenden Feststellungszeitpunkt.

(3) Erhält eine Körperschaft Bezüge, die nach § 8b Abs. 1 bei der Einkommensermittlung außer Ansatz bleiben, und die bei der leistenden Körperschaft zu einer Minderung der Körperschaftsteuer geführt haben, erhöht sich bei ihr die

Körperschaftsteuer und das Körperschaftsteuerguthaben um den Betrag der Minderung der Körperschaftsteuer bei der leistenden Körperschaft. Satz 1 ist entsprechend auf den Anteil am Übernahmegewinn im Sinne des Umwandlungssteuergesetzes anzuwenden, soweit die übertragende Körperschaft eine Minderung der Körperschaftsteuer in Anspruch genommen hat. Die leistende Körperschaft hat der Empfängerin die folgenden Angaben nach amtlich vorgeschriebenem Muster zu bescheinigen:

1. den Namen und die Anschrift des Anteilseigners,

2. die Höhe der Leistungen,

3. die Höhe des in Anspruch genommenen Körperschaftsteuerminderungsbetrags,

4. den Zahlungstag.

§ 27 Abs. 2 bis 5 gilt entsprechend.

§ 38
Körperschaftsteuererhöhung

(1) Ein positiver Endbetrag im Sinne des § 36 Abs. 7 aus dem Teilbetrag im Sinne des § 30 Abs. 2 Nr. 2 des Gesetzes in der Fassung der Bekanntmachung vom 22. April 1999 (BGBl. I S. 817), zuletzt geändert durch Artikel 4 des Gesetzes vom 22. Dezember 1999 (BGBl. I S. 2601), ist auch zum Schluss der folgenden Wirtschaftsjahre fortzuschreiben und gesondert festzustellen. § 27 Abs. 2 bis 5 gilt entsprechend. Der Bescheid über die gesonderte Feststellung ist Grundlagenbescheid für den Bescheid über die gesonderte Feststellung zum folgenden Feststellungszeitpunkt. Der Betrag verringert sich jeweils, soweit er als für Ausschüttungen verwendet gilt. Er gilt als für Ausschüttungen verwendet, soweit die Summe der Leistungen, die die Gesellschaft im Wirtschaftsjahr erbracht hat, den auf den Schluss des vorangegangenen Wirtschaftsjahrs ermittelten Unterschiedsbetrag zwischen dem um das gezeichnete Kapital geminderten in der Steuerbilanz ausgewiesenen Eigenkapital einerseits und der Summe des Bestands des steuerlichen Einlagekontos zuzüglich des Bestands im Sinne des Satzes 1 andererseits übersteigt.

(2) Die Körperschaftsteuer erhöht sich um 3/7 des Betrags einer Gewinnausschüttung, für die ein Teilbetrag aus dem Endbetrag im Sinne des Absatzes 1 als verwendet gilt. Die

C. XXIII. Änderung zum Sechsten Teil KStG

Körperschaftsteuererhöhung mindert den Endbetrag im Sinne des Absatzes 1. Satz 1 ist letztmalig für den Veranlagungszeitraum anzuwenden, in dem das 15. Wirtschaftsjahr endet, das auf das Wirtschaftsjahr folgt, auf dessen Schluss nach § 37 Abs. 1 Körperschaftsteuerguthaben ermittelt werden.

(3) Die Körperschaftsteuer wird nicht erhöht, soweit eine von der Körperschaftsteuer befreite Körperschaft Gewinnausschüttungen an einen unbeschränkt steuerpflichtigen, von der Körperschaftsteuer befreiten Anteilseigner oder an eine juristische Person des öffentlichen Rechts vornimmt. Der Anteilseigner ist verpflichtet, der ausschüttenden Körperschaft seine Befreiung durch eine Bescheinigung des Finanzamts nachzuweisen, es sei denn, er ist eine juristische Person des öffentlichen Rechts. Das gilt nicht, soweit die Gewinnausschüttung auf Anteile entfällt, die in einem wirtschaftlichen Geschäftsbetrieb gehalten werden, für den die Befreiung von der Körperschaftsteuer ausgeschlossen ist, oder in einem nicht von der Körperschaftsteuer befreiten Betrieb gewerblicher Art.

§ 39
Einlagen der Anteilseigner

Ein sich nach § 36 Abs. 7 ergebender positiver Endbetrag des Teilbetrags im Sinne des § 30 Abs. 2 Nr. 4 des Körperschaftsteuergesetzes in der Fassung der Bekanntmachung vom 22. April 1999 (BGBl. I S. 817), zuletzt geändert durch Artikel 4 des Gesetzes vom 22. Dezember 1999 (BGBl. I S. 2601), wird als Anfangsbestand des steuerlichen Einlagekontos im Sinne des § 27 erfasst.

§ 40
Umwandlung

(1) Geht das Vermögen einer unbeschränkt steuerpflichtigen Körperschaft durch Verschmelzung nach § 2 des Umwandlungsgesetzes auf eine unbeschränkt steuerpflichtige Körperschaft über, so sind das Körperschaftsteuerguthaben gemäß § 37 und der unbelastete Teilbetrag gemäß § 38 den entsprechenden Beträgen der übernehmenden Körperschaft hinzuzurechnen.

(2) Geht Vermögen einer unbeschränkt steuerpflichtige Körperschaft durch Aufspaltung oder Abspaltung im Sinne des § 123 Abs. 1 und 2 des Umwandlungsgesetzes auf eine unbe-

schränkt steuerpflichtige Körperschaft über, so sind die in Absatz 1 genannten Beträge der übertragenden Körperschaft einer übernehmenden Körperschaft im Verhältnis der übergehenden Vermögensteile zu dem bei der übertragenden Körperschaft vor dem Übergang bestehenden Vermögen zuzuordnen, wie es in der Regel in den Angaben zum Umtauschverhältnis der Anteile im Spaltungs- und Übernahmevertrag oder im Spaltungsplan (§ 126 Abs. 1 Nr. 3, § 136 des Umwandlungsgesetzes) zum Ausdruck kommt. Entspricht das Umtauschverhältnis der Anteile nicht dem Verhältnis der übergehenden Vermögensteile zu dem bei der übertragenden Körperschaft vor der Spaltung bestehenden Vermögen, ist das Verhältnis der gemeinen Werte der übergehenden Vermögensteile zu dem vor der Spaltung vorhandenen Vermögen maßgebend. Soweit das Vermögen auf eine Personengesellschaft übergeht, mindern sich die Beträge der übertragenden Körperschaft in dem Verhältnis der übergehenden Vermögensteile zu dem vor der Spaltung bestehenden Vermögen.

(3) Geht das Vermögen einer unbeschränkt steuerpflichtigen Körperschaft durch Gesamtrechtsnachfolge auf eine unbeschränkt steuerpflichtige, von der Körperschaftsteuer befreite Körperschaft, Personenvereinigung oder Vermögensmasse oder auf eine juristische Person des öffentlichen Rechts über, so mindert oder erhöht sich die Körperschaftsteuer um den Betrag, der sich nach § 37 und § 38 ergeben würde, wenn das verwendbare Eigenkapital als im Zeitpunkt des Vermögensübergangs für eine Ausschüttung verwendet gelten würde. Die Körperschaftsteuer erhöht sich nicht in den Fällen des § 38 Abs. 3."

2. Materialien

Gesetzentwurf der Bundesregierung

Nach dem neuen § 35 wird folgender Sechster Teil angefügt:

„Sechster Teil
Sondervorschriften für den Übergang vom
Anrechnungsverfahren zum Halbeinkünfteverfahren

§ 36
Endbestände

(1) Auf den Schluss des letzten vor dem 1. Januar 2001 beginnenden Wirtschaftsjahrs werden die Endbestände der Teilbeträge

C. XXIII. Änderung zum Sechsten Teil KStG

des verwendbaren Eigenkapitals ausgehend von den gemäß § 47 Abs. 1 Satz 1 Nr. 1 des Körperschaftsteuergesetzes in der Fassung der Bekanntmachung vom 22. April 1999 (BGBl. I S. 817), zuletzt geändert durch Artikel 4 des Gesetzes vom 22. Dezember 1999 (BGBl. I S. 2601), festgestellten Teilbeträgen, mit Ausnahme des Teilbetrags des 30 Abs. 2 Nr. 4 dieses Gesetzes, gemäß den nachfolgenden Absätzen ermittelt.

(2) Die Teilbeträge sind um die Gewinnausschüttungen, die auf einem den gesellschaftsrechtlichen Vorschriften entsprechenden Gewinnverteilungsbeschluss für ein abgelaufenes Wirtschaftsjahr beruhen, und die in dem letzten nach dem 31. Dezember 2000 beginnenden Wirtschaftsjahr erfolgen, sowie um andere Ausschüttungen und sonstige Leistungen, die in dem letzten vor dem 1. Januar 2001 beginnenden Wirtschaftsjahr erfolgen, zu verringern. Die Regelungen des Vierten Teils des Gesetzes in der Fassung der Bekanntmachung vom 22. April 1999 (BGBl. I S. 817), zuletzt geändert durch Artikel 4 des Gesetzes vom 22. Dezember 1999 (BGBl. I S. 2601), sind anzuwenden.

(3) Ein positiver belasteter Teilbetrag im Sinne des § 54 Abs. 11 Satz 1 des Körperschaftsteuergesetzes in der Fassung der Bekanntmachung vom 22. April 1999 (BGBl. I S. 817), zuletzt geändert durch Artikel 4 des Gesetzes vom 22. Dezember 1999 (BGBl. I S. 2601), ist dem Teilbetrag, der nach dem 31. Dezember 1998 einer Körperschaftsteuer in Höhe von 40 vom Hundert ungemildert unterlegen hat, in Höhe von 27/22 seines Bestands hinzuzurechnen. In Höhe von 5/22 dieses Bestands ist der Teilbetrag im Sinne des § 30 Abs. 2 Nr. 2 des Gesetzes in der Fassung der Bekanntmachung vom 22. April 1999 (BGBl. I S. 817), zuletzt geändert durch Artikel 4 des Gesetzes vom 22. Dezember 1999 (BGBl. I S. 2601), zu verringern. Ist der Teilbetrag im Sinne des Satzes 3 negativ, verringert er den Teilbetrag, der nach dem 31. Dezember 1998 einer Körperschaftsteuer in Höhe von 40 vom Hundert ungemildert unterlegen hat, in Höhe von 27/22 seines Bestands. In Höhe von 5/22 dieses Bestands ist der Teilbetrag im Sinne des § 30 Abs. 2 Nr. 2 des Körperschaftsteuergesetzes in der Fassung der Bekanntmachung vom 22. April 1999 (BGBl. I S. 817), zuletzt geändert durch Artikel 4 des Gesetzes vom 22. Dezember 1999 (BGBl. I S. 2601) zu erhöhen.

(4) Ein Betrag in Höhe einer nach den Absätzen 2 und 3 verbleibenden negativen Summe der unbelasteten Teilbeträge im Sinne des § 30 Abs. 2 Nr. 1, 2 und 3 des Körperschaftsteuergesetzes in

der Fassung der Bekanntmachung vom 22. April 1999 (BGBl. I S. 817), zuletzt geändert durch Artikel 4 des Gesetzes vom 22. Dezember 1999 (BGBl. I S. 2601), wird mit den mit Körperschaftsteuer belasteten Teilbeträgen in der Reihenfolge verrechnet, in der ihre Belastung zunimmt.

(5) Ein nach den Absätzen 2 und 3 verbleibender positiver Teilbetrag im Sinne des § 30 Abs. 2 Nr. 2 des Körperschaftsteuergesetzes in der Fassung der Bekanntmachung vom 22. April 1999 (BGBl. I S. 817), zuletzt geändert durch Artikel 4 des Gesetzes vom 22. Dezember 1999 (BGBl. I S. 2601), wird um einen Betrag in Höhe der negativen Summe der Teilbeträge im Sinne des § 30 Abs. 2 Nr. 1 und 3 des Körperschaftsteuergesetzes in der Fassung der Bekanntmachung vom 22. April 1999 (BGBl. I S. 817), zuletzt geändert durch Artikel 4 des Gesetzes vom 22. Dezember 1999 (BGBl. I S. 2601), und um einen Betrag in Höhe der negativen Summe der belasteten Endbeträge gemindert.

(6) Die Endbestände sind getrennt auszuweisen und werden gesondert festgestellt.

§ 37
Körperschaftsteuerguthaben und Körperschaftsteuerminderung

(1) Auf den Schluss des letzten vor dem 1. Januar 2001 beginnenden Wirtschaftsjahrs wird ein Körperschaftsteuerguthaben ermittelt. Das Körperschaftsteuerguthaben beträgt 1/6 des Endbestands des mit einer Körperschaftsteuer von 40 vom Hundert belasteten Teilbetrages.

(2) Das Körperschaftsteuerguthaben mindert sich um jeweils 1/6 der Gewinnausschüttungen, die in den folgenden Wirtschaftsjahren erfolgen und die auf einem den gesellschaftsrechtlichen Vorschriften entsprechenden Gewinnausschüttungsbeschluss beruhen. Die Körperschaftsteuer des Veranlagungszeitraums, in dem das Wirtschaftsjahr endet, in dem die Gewinnausschüttung erfolgt, mindert sich bis zum Verbrauch des Körperschaftsteuerguthabens um diesen Betrag, letztmalig in dem Veranlagungszeitraum, in dem das letzte Wirtschaftsjahr endet, das vor dem 1. Januar 2016 beginnt. Das verbleibende Körperschaftsteuerguthaben ist auf den Schluss der jeweiligen Wirtschaftsjahre, letztmalig auf den Schluss des letzten vor dem 1. Januar 2016 beginnenden Wirtschaftsjahrs, fortzuschreiben und gesondert festzustellen. Der Bescheid über die gesonderte Feststellung ist Grundlagenbescheid für den Bescheid über die gesonderte Feststellung zum folgenden Feststellungszeitpunkt.

C. XXIII. Änderung zum Sechsten Teil KStG

(3) Erhält eine Körperschaft Bezüge, die nach § 8b Abs. 1 bei der Einkommensermittlung außer Ansatz bleiben, und die bei der leistenden Körperschaft zu einer Minderung der Körperschaftsteuer geführt haben, erhöht sich bei ihr die Körperschaftsteuer und das Körperschaftsteuerguthaben um den Betrag der Minderung der Körperschaftsteuer bei der leistenden Körperschaft. Das gilt nur, wenn die Körperschaft in dem Zeitpunkt, in dem die Ausschüttung erfolgt, zu mehr als 5 vom Hundert an der leistendenden Körperschaft unmittelbar oder mittelbar beteiligt ist. Die leistenden Körperschaft hat der Empfängerin die folgenden Angaben nach amtlich vorgeschriebenem Muster zu bescheinigen:

1. den Namen und die Anschrift des Anteilseigners,

2. die Höhe der Leistungen,

3. die Höhe des in Anspruch genommenen Körperschaftsteuerminderungsbetrages,

4. den Zahlungstag.

§ 27 Abs. 3 bis 5 gilt entsprechend.

§ 38
Körperschaftsteuererhöhung

(1) Ein positiver Endbetrag im Sinne des § 36 Absatz 5 ist auch zum Schluss der folgenden Wirtschaftsjahre fortzuschreiben und gesondert festzustellen. Der Bescheid über die gesonderte Feststellung ist Grundlagenbescheid für den Bescheid über die gesonderte Feststellung zum folgenden Feststellungszeitpunkt. Der Betrag verringert sich jeweils, so weit er als für Ausschüttungen verwendet gilt. Er gilt als für Ausschüttungen verwendet, soweit die Summe der Leistungen, die die Gesellschaft im Wirtschaftsjahr erbracht hat, den auf den Schluss des Wirtschaftsjahrs ermittelten Unterschiedsbetrag zwischen dem um das gezeichnete Kapital geminderten Eigenkapital gemäß § 266 Abs. 3 Buchstabe A des Handelsgesetzbuchs einerseits und der Summe des Bestands des steuerlichen Einlagekontos zuzüglich des Bestands im Sinne des Satzes 1 andererseits übersteigt.

(2) Die Körperschaftsteuer erhöht sich um 3/7 des Betrages einer Gewinnausschüttung, für die ein Teilbetrag im Sinne des Absatzes 1 als verwendet gilt. Satz 1 ist letztmalig zum Schluss des letzten Wirtschaftsjahres anzuwenden, das vor dem 1. Januar 2016 beginnt.

(3) Die Körperschaftsteuer wird nicht erhöht, soweit eine von der Körperschaftsteuer befreite Kapitalgesellschaft Gewinnausschüttungen an einen unbeschränkt steuerpflichtigen, von der Körperschaftsteuer befreiten Anteilseigner oder an eine juristische Person des öffentlichen Rechts vornimmt. Der Anteilseigner ist verpflichtet, der ausschüttenden Kapitalgesellschaft seine Befreiung durch eine Bescheinigung des Finanzamts nachzuweisen, es sei denn, er ist eine juristische Person des öffentlichen Rechts. Das gilt nicht, soweit die Gewinnausschüttung auf Anteile entfällt, die in einem wirtschaftlichen Geschäftsbetrieb gehalten werden, für den die Befreiung von der Körperschaftsteuer ausgeschlossen ist, oder in einem nicht von der Körperschaftsteuer befreiten Betrieb gewerblicher Art.

§ 39
Einlagen der Anteilseigner

Der Teilbetrag im Sinne des § 30 Abs. 2 Nr. 4 des Körperschaftsteuergesetzes in der Fassung der Bekanntmachung vom 22. April 1999 (BGBl. I S. 817), zuletzt geändert durch Artikel 4 des Gesetzes vom 22. Dezember 1999 (BGBl. I S. 2601), wird als Anfangsbestand des steuerlichen Einlagekontos im Sinne des § 27 erfasst.

§ 40
Umwandlung

(1) Geht das Vermögen einer Kapitalgesellschaft durch Verschmelzung nach § 2 des Umwandlungsgesetzes auf eine unbeschränkt steuerpflichtige Körperschaft über, so sind das Körperschaftsteuerguthaben gemäß § 37 und der unbelastete Teilbetrag gemäß § 38 den entsprechenden Beträgen der übernehmenden Körperschaft hinzuzurechnen.

(2) Geht Vermögen einer Kapitalgesellschaft durch Aufspaltung oder Abspaltung im Sinne des § 123 Abs. 1 und 2 des Umwandlungsgesetzes auf eine unbeschränkt steuerpflichtige Körperschaft über, so sind die in Absatz 1 genannten Beträge der übertragenden Kapitalgesellschaft einer übernehmenden Körperschaft im Verhältnis der übergehenden Vermögensteile zu dem bei der übertragenden Kapitalgesellschaft vor dem Übergang bestehenden Vermögen zuzuordnen, wie es in der Regel in den Angaben zum Umtauschverhältnis der Anteile im Spaltungs- und Übernahmevertrag oder im Spaltungsplan (§ 126 Abs. 1 Nr. 3, § 136 des Umwandlungsgesetzes) zum Ausdruck kommt. Entspricht das Umtauschverhältnis der Anteile nicht dem Verhältnis

C. XXIII. Änderung zum Sechsten Teil KStG

der übergehenden Vermögensteile zu dem bei der übertragenden Körperschaft vor der Spaltung bestehenden Vermögen, ist das Verhältnis der gemeinen Werte der übergehenden Vermögensteile zu dem vor der Spaltung vorhandenen Vermögen maßgebend. Soweit das Vermögen auf eine Personengesellschaft übergeht, mindern sich die Beträge der übertragenden Kapitalgesellschaft in dem Verhältnis der übergehenden Vermögensteile zu dem vor der Spaltung bestehenden Vermögen.

(3) Geht das Vermögen einer Kapitalgesellschaft durch Gesamtrechtsnachfolge auf eine unbeschränkt steuerpflichtige, von der Körperschaftsteuer befreite Kapitalgesellschaft, Personenvereinigung oder Vermögensmasse oder auf eine juristische Person des öffentlichen Rechts über, so mindert oder erhöht sich die Körperschaftsteuer um den Betrag, der sich nach § 37 und § 38 ergeben würde, wenn das verwendbare Eigenkapital als im Zeitpunkt des Vermögensübergangs für eine Ausschüttung verwendet gelten würde. Die Körperschaftsteuer erhöht sich nicht in den Fällen des § 38 Abs. 3."

Begründung zum Gesetzentwurf der Bundesregierung

Der Sechste Teil regelt den Übergang vom Anrechnungsverfahren zum Halbeinkünfteverfahren

§ 36

Die Vorschrift schreibt die Ermittlung der Endbestände der bisherigen Teilbeträge des verwendbaren Eigenkapitals vor.

Absatz 1

Ausgangspunkt ist die Gliederung des verwendbaren Eigenkapitals auf den Schluss des letzten Wirtschaftsjahres, für das das Anrechnungsverfahren noch anzuwenden ist.

Absatz 2

Die Teilbeträge werden verringert um die ordentlichen Gewinnausschüttungen für vorangegangene Wirtschaftsjahre, die noch im folgenden Wirtschaftsjahr erfolgen, und um die Beträge der anderen Ausschüttungen, die in dem letzten Wirtschaftsjahr des Anrechnungsverfahrens erfolgt sind. Bei der Verrechnung dieser Gewinnausschüttungen sind die bisherigen Vorschriften des Anrechnungsverfahrens, insbesondere die Verwendungsreihenfolge des § 28 Abs. 3 KStG, zu beachten.

Absatz 3

In einem weiteren Schritt wird das verbliebene positive oder negative EK 45 in EK 40 und EK 02 umgegliedert.

Absatz 4

Eine verbleibende negative Summe der unbelasteten Teilbeträge vermindert dann das belastete verwendbare Eigenkapital.

Absatz 5

Ist die Summe der unbelasteten Teilbeträge insgesamt positiv, wird ein positiver Teilbetrag des EK 02 um eine evt. negative Summe der Teilbeträge aus EK 01 und EK 03 gemindert.

Eine Minderung des EK 02 ergibt sich auch in Höhe einer evt. negativen Summe belasteter Teilbeträge.

Absatz 6

Die so ermittelten Endbestände werden gesondert festgestellt. Sie bilden die Grundlage für die Anwendung der folgenden Vorschriften.

§ 37

Absatz 1

Aus dem mit 40 % Körperschaftsteuer belasteten Teilbetrag wird ein Körperschaftsteuerguthaben ermittelt. Dazu wird dieser Teilbetrag auf eine Steuerbelastung von 30 % herabgeschleust. Das Körperschaftsteuerguthaben entspricht einem Betrag in Höhe von 1/6 des mit 40 % belasteten Teilbetrags.

Absatz 2

In den Folgejahre mindert sich die Körperschaftsteuer der Gesellschaft mit jeder ordentlichen Ausschüttung um 1/6 des Ausschüttungsbetrages. Dabei wird unterstellt, dass diese Ausschüttungen zunächst aus dem mit EK 40 belasteten Teilbetrag erfolgen. Das Körperschaftsteuerguthaben verringert sich jeweils um den Minderungsbetrag. Die Körperschaftsteuergutschrift erfolgt bis zum Verbrauch des Körperschaftsteuerguthabens. Ist nach Ablauf von 15 Jahren noch nicht verbrauchtes Guthaben vorhanden, erfolgt keine weitere Körperschaftsteuerminderung mehr. Es ist davon auszugehen, dass die Gesellschaft dieses Kapital auch bei Fortgeltung des Anrechnungsverfahrens in absehbarer Zeit nicht ausgeschüttet hätte. Der Bestand des Körperschaftsteuerguthabens ist jeweils gesondert festzustellen.

C. XXIII. Änderung zum Sechsten Teil KStG

Absatz 3

Zur Verhinderung von Gestaltungen, in denen das Körperschaftsteuerguthaben durch Ausschüttungen zwischen verbundenen Unternehmen realisiert werden kann, ist vorgesehen, dass sich in diesen Fällen die Körperschaftsteuer der empfangenden Gesellschaft um die Körperschaftsteuerminderung, die die ausschüttende Gesellschaft in Anspruch genommen hat, erhöht. Um diesen Betrag erhöht sich dann das Körperschaftsteuerguthaben der empfangenden Körperschaft. Die Regelung knüpft an eine Beteiligung von mehr 5 % an. Für bestimmte Beteiligungsverhältnisse bestehen Mitteilungspflichten (§ 20 des Aktiengesetzes und § 21 des Wertpapierhandelsgesetzes), an die angeknüpft werden kann. Zur Durchführung der Regelung ist ein Bescheinigungsverfahren erforderlich.

§ 38

Absatz 1

Bei Ausschüttung eines Teils des unbelasteten Teilbetrags an EK 02 ist im heutigen Anrechnungsverfahren eine Ausschüttungsbelastung von 30 % herzustellen, die die Körperschaftsteuer der ausschüttenden Gesellschaft erhöht. Der Teilbetrag EK 02 ergibt sich z. B. wenn die Gesellschaft steuerfrei Investitionszulagen vereinnahmt hat. Um sicherzustellen, dass die Körperschaftsteuererhöhung auch künftig erfolgen kann, wird der Endbestand des Alt-EK 02 festgehalten und fortgeschrieben. Eine Nachbelastung findet statt, sobald für Leistungen der Gesellschaft auf diesen Betrag zurückgegriffen werden muss. Das ist dann der Fall, wenn abgesehen vom Bestand des steuerlichen Einlagekontos keine anderweitigen Rücklagen mehr zur Verfügung stehen. Der ohne Zugriff auf den Teilbetrag des unbelasteten Eigenkapitals verwendbare Teil der Rücklagen der Gesellschaft wird ausgehend von dem Eigenkapital gemäß § 266 Abs. 3 Buchstabe A des Handelsgesetzbuchs ermittelt.

Absatz 2

Die Körperschaftsteuer erhöht sich um 3/7 des Betrages aus dem Alt-EK-02, der für die Leistung der Gesellschaft als verwendet gilt. Der Übergangszeitraum, in dem es zu Körperschaftsteuererhöhungen kommen kann, beträgt 15 Jahre. Nach Ablauf dieses Zeitraums wird keine Körperschafsteuererhöhung mehr vorgenommen.

Absatz 3

Der Absatz enthält Ausnahmen von der Körperschaftsteuererhöhung, die bereits im Anrechnungsverfahren gegolten haben. Diese Ausnahmen betreffen Ausschüttungen durch steuerbefreite Körperschaften an andere steuerbefreite Körperschaften oder juristische Personen des öffentlichen Rechts.

§ 39

Der Endbestand an EK 04 wird als Anfangsbestand auf dem nach § 27 KStG zu führenden steuerlichen Einlagekonto gebucht.

§ 40

Absatz 1

Im Falle der Verschmelzung geht das noch nicht verbrauchte Körperschaftsteuerguthaben und der Bestand an Alt-EK 02 von der übertragenden Körperschaft auf die übernehmende über.

Absatz 2

In Spaltungsfällen ist der Maßstab für die Zuordnung des übergehenden Guthabens oder des anteiligen Alt-EK 02 das Umtauschverhältnis im Spaltungsplan oder das Verhältnis der gemeinen Werte der übergehenden Vermögensteile zu dem vor der Spaltung vorhandenen Vermögen.

Absatz 3

Bei Vermögensübergang auf eine steuerbefreite Körperschaft wird eine Gesamtausschüttung unterstellt. Das Körperschaftsteuerguthaben mindert die Körperschaftsteuer der übertragenden Körperschaft. Für Alt-EK 02 ist die Körperschaftsteuererhöhung herzustellen. In den Fällen des § 38 Abs. 3 KStG erhöht sich die Körperschaftsteuer nicht.

Beschlussempfehlung des Finanzausschusses

Nach dem neuen § 35 wird folgender Sechster Teil angefügt:

„Sechster Teil
Sondervorschriften für den Übergang vom
Anrechnungsverfahren zum Halbeinkünfteverfahren

§ 36
Endbestände

(1) unverändert

(2) Die Teilbeträge sind um die Gewinnausschüttungen, die auf einem den gesellschaftsrechtlichen Vorschriften entsprechenden

C. XXIII. Änderung zum Sechsten Teil KStG

Gewinnverteilungsbeschluss für ein abgelaufenes Wirtschaftsjahr beruhen, und die in dem ersten nach dem 31. Dezember 2000 beginnenden Wirtschaftsjahr erfolgen, sowie um andere Ausschüttungen und sonstige Leistungen, die in dem letzten vor dem 1. Januar 2001 beginnenden Wirtschaftsjahr erfolgen, zu verringern. Die Regelungen des Vierten Teils des Gesetzes in der Fassung der Bekanntmachung vom 22. April 1999 (BGBl. I S. 817), zuletzt geändert durch Artikel 4 des Gesetzes vom 22. Dezember 1999 (BGBl. I S. 2601), sind anzuwenden. Der Teilbetrag im Sinne des § 54 Abs. 11 Satz 1 des Körperschaftsteuergesetzes in der Fassung der Bekanntmachung vom 22. April 1999 (BGBl. I S. 817), zuletzt geändert durch Artikel 4 des Gesetzes vom 22. Dezember 1999 (BGBl. I S. 2601), erhöht sich um die Einkommensteile, die nach § 34 Abs. 10a Sätze 2 bis 5 einer Körperschaftsteuer von 45 vom Hundert unterlegen haben, und der Teilbetrag, der nach dem 31. Dezember 1998 einer Körperschaftsteuer in Höhe 40 vom Hundert ungemildert unterlegen hat, erhöht sich um die Beträge, die nach § 34 Abs. 10a Sätze 2 bis 5 mit einer Körperschaftsteuer 40 vom Hundert unterlegen haben, jeweils nach Abzug der Körperschaftsteuer, der sie unterlegen haben.

(3) Ein positiver belasteter Teilbetrag im Sinne des § 54 Abs. 11 Satz 1 des Körperschaftsteuergesetzes in der Fassung der Bekanntmachung vom 22. April 1999 (BGBl. I S. 817), zuletzt geändert durch Artikel 4 des Gesetzes vom 22. Dezember 1999 (BGBl. I S. 2601), ist dem Teilbetrag, der nach dem 31. Dezember 1998 einer Körperschaftsteuer in Höhe von 40 vom Hundert ungemildert unterlegen hat, in Höhe von 27/22 seines Bestands hinzuzurechnen. In Höhe von 5/22 dieses Bestands ist der Teilbetrag im Sinne des § 30 Abs. 2 Nr. 2 des Gesetzes in der Fassung der Bekanntmachung vom 22. April 1999 (BGBl. I S. 817), zuletzt geändert durch Artikel 4 des Gesetzes vom 22. Dezember 1999 (BGBl. I S. 2601), zu verringern.

(4) Ist die Summe der unbelasteten Teilbeträge im Sinne des § 30 Abs. 2 Nr. 1 bis 3 des Körperschaftsteuergesetzes in der Fassung der Bekanntmachung vom 22. April 1999 (BGBl. I S. 817), zuletzt geändert durch Artikel 4 des Gesetzes vom 22. Dezember 1999 (BGBl. I S. 2601) nach Anwendung der Absätze 2 und 3 negativ, so wird sie mit den mit Körperschaftsteuer belasteten Teilbeträgen in der Reihenfolge verrechnet, in der ihre Belastung zunimmt.

(5) Ist die Summe der unbelasteten Teilbeträge im Sinne des § 30 Abs. 2 Nr. 1 bis 3 des Körperschaftsteuergesetzes in der

Fassung der Bekanntmachung vom 22. April 1999 (BGBl. I S. 817), zuletzt geändert durch Artikel 4 des Gesetzes vom 22. Dezember 1999 (BGBl. I S. 2601) nach Anwendung der Absätze 2 und 3 positiv, sind zunächst die Teilbeträge im Sinne des § 30 Abs. 2 Nr. 1 und 3 des Körperschaftsteuergesetzes in der Fassung der Bekanntmachung vom 22. April 1999 (BGBl. I S. 817), zuletzt geändert durch Artikel 4 des Gesetzes vom 22. Dezember 1999 (BGBl. I S. 2601), zusammenzufassen. Ein sich aus der Zusammenfassung ergebender Negativbetrag ist vorrangig mit einem positiven Teilbetrag im Sinne des § 30 Abs. 2 Nr. 2 des Körperschaftsteuergesetzes in der Fassung der Bekanntmachung vom 22. April 1999 (BGBl. I S. 817), zuletzt geändert durch Artikel 4 des Gesetzes vom 22. Dezember 1999 (BGBl. I S. 2601), zu verrechnen. Ein negativer Teilbetrag im Sinne des § 30 Abs. 2 Nr. 2 des Körperschaftsteuergesetzes in der Fassung der Bekanntmachung vom 22. April 1999 (BGBl. I S. 817), zuletzt geändert durch Artikel 4 des Gesetzes vom 22. Dezember 1999 (BGBl. I S. 2601), ist vorrangig mit dem positiven zusammengefassten Teilbetrag im Sinne des Satzes 1 zu verrechnen.

(6) Ist die Summe der belasteten Teilbeträge negativ, mindert diese vorrangig den nach Anwendung des Absatzes 5 verbleibenden positiven Teilbeträge im Sinne des § 30 Abs. 2 Nr. 2 des Körperschaftsteuergesetzes in der Fassung der Bekanntmachung vom 22. April 1999 (BGBl. I S. 817), zuletzt geändert durch Artikel 4 des Gesetzes vom 22. Dezember 1999 (BGBl. I S. 2601); ein darüber hinausgehender Negativbetrag mindert den positiven zusammengefassten Teilbetrag nach Absatz 5 Satz 1.

(7) Die Endbestände sind getrennt auszuweisen und werden gesondert festgestellt; dabei sind die verbleibenden unbelasteten Teilbeträge im Sinne des § 30 Abs. 2 Nr. 1 und 3 des Körperschaftsteuergesetzes in der Fassung der Bekanntmachung vom 22. April 1999 (BGBl. I S. 817), zuletzt geändert durch Artikel 4 des Gesetzes vom 22. Dezember 1999 (BGBl. I S. 2601), in einer Summe auszuweisen.

§ 37
Körperschaftsteuerguthaben und Körperschaftsteuerminderung

(1) unverändert

(2) Das Körperschaftsteuerguthaben mindert sich um jeweils 1/6 der Gewinnausschüttungen, die in den folgenden Wirtschaftsjahren erfolgen und die auf einem den gesellschaftsrechtlichen Vor-

schriften entsprechenden Gewinnverteilungsbeschluss beruhen. Die Körperschaftsteuer des Veranlagungszeitraums, in dem das Wirtschaftsjahr endet, in dem die Gewinnausschüttung erfolgt, mindert sich bis zum Verbrauch des Körperschaftsteuerguthabens um diesen Betrag, letztmalig in dem Veranlagungszeitraum, in dem das letzte Wirtschaftsjahr endet, das vor dem 1. Januar 2016 beginnt. Das verbleibende Körperschaftsteuerguthaben ist auf den Schluss der jeweiligen Wirtschaftsjahre, letztmalig auf den Schluss des letzten vor dem 1. Januar 2016 beginnenden Wirtschaftsjahrs, fortzuschreiben und gesondert festzustellen. Der Bescheid über die gesonderte Feststellung ist Grundlagenbescheid für den Bescheid über die gesonderte Feststellung zum folgenden Feststellungszeitpunkt.

(3) Erhält eine Körperschaft Bezüge, die nach § 8b Abs. 1 bei der Einkommensermittlung außer Ansatz bleiben, und die bei der leistenden Körperschaft zu einer Minderung der Körperschaftsteuer geführt haben, erhöht sich bei ihr die Körperschaftsteuer und das Körperschaftsteuerguthaben um den Betrag der Minderung der Körperschaftsteuer bei der leistenden Körperschaft. Das gilt nur, wenn die Körperschaft in dem Zeitpunkt, in dem die Ausschüttung erfolgt, zu mehr als 5 vom Hundert an der leistenden Körperschaft unmittelbar oder mittelbar beteiligt ist. Die Sätze 1 und 2 sind entsprechend auf den Anteil am Übernahmegewinn im Sinne des Umwandlungssteuergesetzes anzuwenden, soweit die übertragende Körperschaft eine Minderung der Körperschaftsteuer in Anspruch genommen hat. Die leistenden Körperschaft hat der Empfängerin die folgenden Angaben nach amtlich vorgeschriebenem Muster zu bescheinigen:

1. den Namen und die Anschrift des Anteilseigners,

2. die Höhe der Leistungen,

3. die Höhe des in Anspruch genommenen Körperschaftsteuerminderungsbetrages,

4. den Zahlungstag.

§ 27 Abs. 2 bis 5 gilt entsprechend.

§ 38
Körperschaftsteuererhöhung

(1) Ein positiver Endbetrag im Sinne des § 36 Absatz 7 ist auch zum Schluss der folgenden Wirtschaftsjahre fortzuschreiben und gesondert festzustellen. § 27 Abs. 2 bis 5 gilt entsprechend. Der

Bescheid über die gesonderte Feststellung ist Grundlagenbescheid für den Bescheid über die gesonderte Feststellung zum folgenden Feststellungszeitpunkt. Der Betrag verringert sich jeweils, so weit er als für Ausschüttungen verwendet gilt. Er gilt als für Ausschüttungen verwendet, soweit die Summe der Leistungen, die die Gesellschaft im Wirtschaftsjahr erbracht hat, den auf den Schluss des vorangegangenen Wirtschaftsjahrs ermittelten Unterschiedsbetrag zwischen dem um das gezeichnete Kapital geminderten in der Steuerbilanz ausgewiesenen Eigenkapital einerseits und der Summe des Bestands des steuerlichen Einlagekontos zuzüglich des Bestands im Sinne des Satzes 1 andererseits übersteigt.

(2) Die Körperschaftsteuer erhöht sich um 3/7 des Betrages einer Gewinnausschüttung, für die ein Teilbetrag im Sinne des Absatzes 1 als verwendet gilt. Die Körperschaftsteuererhöhung mindert den Teilbetrag im Sinne des Absatzes 1. Satz 1 ist letztmalig zum Schluss des letzten Wirtschaftsjahres anzuwenden, das vor dem 1. Januar 2016 beginnt.

(3) Die Körperschaftsteuer wird nicht erhöht, soweit eine von der Körperschaftsteuer befreite Körperschaft Gewinnausschüttungen an einen unbeschränkt steuerpflichtigen, von der Körperschaftsteuer befreiten Anteilseigner oder an eine juristische Person des öffentlichen Rechts vornimmt. Der Anteilseigner ist verpflichtet, der ausschüttenden Körperschaft seine Befreiung durch eine Bescheinigung des Finanzamts nachzuweisen, es sei denn, er ist eine juristische Person des öffentlichen Rechts. Das gilt nicht, soweit die Gewinnausschüttung auf Anteile entfällt, die in einem wirtschaftlichen Geschäftsbetrieb gehalten werden, für den die Befreiung von der Körperschaftsteuer ausgeschlossen ist, oder in einem nicht von der Körperschaftsteuer befreiten Betrieb gewerblicher Art.

§ 39
Einlagen der Anteilseigner

Ein sich nach § 36 Abs. 7 ergebender postiver Endbetrag des Teilbetrags im Sinne des § 30 Abs. 2 Nr. 4 des Körperschaftsteuergesetzes in der Fassung der Bekanntmachung vom 22. April 1999 (BGBl. I S. 817), zuletzt geändert durch Artikel 4 des Gesetzes vom 22. Dezember 1999 (BGBl. I S. 2601), wird als Anfangsbestand des steuerlichen Einlagekontos im Sinne des § 27 erfasst.

§ 40
Umwandlung

(1) Geht das Vermögen einer unbeschränkt steuerpflichtigen Körperschaft durch Verschmelzung nach § 2 des Umwandlungsgesetzes auf eine unbeschränkt steuerpflichtige Körperschaft über, so sind das Körperschaftsteuerguthaben gemäß § 37 und der unbelastete Teilbetrag gemäß § 38 den entsprechenden Beträgen der übernehmenden Körperschaft hinzuzurechnen.

(2) Geht Vermögen einer unbeschränkt steuerpflichtige Körperschaft durch Aufspaltung oder Abspaltung im Sinne des § 123 Abs. 1 und 2 des Umwandlungsgesetzes auf eine unbeschränkt steuerpflichtige Körperschaft über, so sind die in Absatz 1 genannten Beträge der übertragenden Körperschaft einer übernehmenden Körperschaft im Verhältnis der übergehenden Vermögensteile zu dem bei der übertragenden Körperschaft vor dem Übergang bestehenden Vermögen zuzuordnen, wie es in der Regel in den Angaben zum Umtauschverhältnis der Anteile im Spaltungs- und Übernahmevertrag oder im Spaltungsplan (§ 126 Abs. 1 Nr. 3, § 136 des Umwandlungsgesetzes) zum Ausdruck kommt. Entspricht das Umtauschverhältnis der Anteile nicht dem Verhältnis der übergehenden Vermögensteile zu dem bei der übertragenden Körperschaft vor der Spaltung bestehenden Vermögen, ist das Verhältnis der gemeinen Werte der übergehenden Vermögensteile zu dem vor der Spaltung vorhandenen Vermögen maßgebend. Soweit das Vermögen auf eine Personengesellschaft übergeht, mindern sich die Beträge der übertragenden Körperschaft in dem Verhältnis der übergehenden Vermögensteile zu dem vor der Spaltung bestehenden Vermögen.

(3) Geht das Vermögen einer unbeschränkt steuerpfichtige Körperschaft durch Gesamtrechtsnachfolge auf eine unbeschränkt steuerpflichtige, von der Körperschaftsteuer befreite Körperschaft, Personenvereinigung oder Vermögensmasse oder auf eine juristische Person des öffentlichen Rechts über, so mindert oder erhöht sich die Körperschaftsteuer um den Betrag, der sich nach § 37 und § 38 ergeben würde, wenn das verwendbare Eigenkapital als im Zeitpunkt des Vermögensübergangs für eine Ausschüttung verwendet gelten würde. Die Körperschaftsteuer erhöht sich nicht in den Fällen des § 38 Abs. 3."

Begründung des Finanzausschusses

Zu § 36

Die Ergänzung ist eine Folgeänderung aus der Regelung zur Besteuerung der Ausschüttung von Altkapital in § 34 Abs. 10a KStG.

Zu § 37 Abs. 3

Die Regelung verhindert eine Umgehung der Erhöhung der Körperschaftsteuer bei der Empfängerin durch Umwandlung.

Zu § 38

Folgeänderung aus der Umstellung der Verwendungsreihenfolge auf die Steuerbilanz in § 27 Abs. 1 KStG.

Absatz 2 stellt klar, dass die Körperschaftsteuererhöhung wie bisher den Teilbetrag des EK 02 mindert.

Beschlussempfehlung des Vermittlungsausschusses

a) In § 36 werden die Absätze 1 und 2 wie folgt gefasst:

„(1) Auf den Schluss des letzten Wirtschaftsjahres, das in dem Veranlagungszeitraum endet, für den das Körperschaftsteuergesetz in der Fassung der Bekanntmachung vom 22. April 1999 (BGBl. I S. 817), zuletzt geändert durch Artikel 4 des Gesetzes vom 22. Dezember 1999 (BGBl. I S. 2601), letztmals anzuwenden ist, werden die Endbestände der Teilbeträge des verwendbaren Eigenkapitals ausgehend von den gemäß § 47 Abs. 1 Satz 1 Nr. 1 des Körperschaftsteuergesetzes in der Fassung der Bekanntmachung vom 22. April 1999 (BGBl. I S. 817), zuletzt geändert durch Artikel 4 des Gesetzes vom 22. Dezember 1999 (BGBl. I S. 2601), festgestellten Teilbeträgen gemäß den nachfolgenden Absätzen ermittelt.

(2) Die Teilbeträge sind um die Gewinnausschüttungen, die auf einem den gesellschaftsrechtlichen Vorschriften entsprechenden Gewinnverteilungsbeschluss für ein abgelaufenes Wirtschaftsjahr beruhen, und die in dem in Absatz 1 genannten Wirtschaftsjahr folgenden Wirtschaftsjahr erfolgen, sowie um andere Ausschüttungen und sonstige Leistungen, die in dem in Absatz 1 genannten Wirtschaftsjahr erfolgen, zu verringern. Die Regelungen des Vierten Teils des Gesetzes in der Fassung der Bekanntmachung vom 22. April 1999

C. XXIII. Änderung zum Sechsten Teil KStG 651

(BGBl. I S. 817), zuletzt geändert durch Artikel 4 des Gesetzes vom 22. Dezember 1999 (BGBl. I S. 2601), sind anzuwenden. Der Teilbetrag im Sinne des § 54 Abs. 11 Satz 1 des Körperschaftsteuergesetzes in der Fassung der Bekanntmachung vom 22. April 1999 (BGBl. I S. 817), zuletzt geändert durch Artikel 4 des Gesetzes vom 22. Dezember 1999 (BGBl. I S. 2601), erhöht sich um die Einkommensteile, die nach § 34 Abs. 10a Satz 2 bis 5 einer Körperschaftsteuer von 45 vom Hundert unterlegen haben, und der Teilbetrag, der nach dem 31. Dezember 1998 einer Körperschaftsteuer in Höhe von 40 vom Hundert ungemildert unterlegen hat, erhöht sich um die Beträge, die nach § 34 Abs. 10a Satz 2 bis 5 einer Körperschaftsteuer von 40 vom Hundert unterlegen haben, jeweils nach Abzug der Körperschaftsteuer, der sie unterlegen haben."

b) In § 37 werden die Absätze 1 bis 3 wie folgt gefasst:

„(1) Auf den Schluss des Wirtschaftsjahres, das dem in § 36 Abs. 1 genannten Wirtschaftsjahr folgt, wird ein Körperschaft-steuerguthaben ermittelt. Das Körperschaftsteuerguthaben beträgt 1/6 des Endbestands des mit einer Körperschaftsteuer von 40 vom Hundert belasteten Teilbetrages.

(2) Das Körperschaftsteuerguthaben mindert sich um jeweils 1/6 der Gewinnausschüttungen, die in den folgenden Wirtschaftsjahren erfolgen und die auf einem den gesellschaftsrechtlichen Vorschriften entsprechenden Gewinnverteilungsbeschluss beruhen. Die Körperschaftsteuer des Veranlagungszeitraums, in dem das Wirtschaftsjahr endet, in dem die Gewinnausschüttung erfolgt, mindert sich bis zum Verbrauch des Körperschaftsteuerguthabens um diesen Betrag, letztmalig in dem Veranlagungszeitraum, in dem das 15. Wirtschaftsjahr endet, das auf das Wirtschaftsjahr folgt, auf dessen Schluss nach Absatz 1 das Körperschaftsteuerguthaben ermittelt wird. Das verbleibende Körperschaft-steuerguthaben ist auf den Schluss der jeweiligen Wirtschaftsjahre, letztmals auf den Schluss des 14. Wirtschaftsjahres, das auf das Wirtschaftsjahr folgt, auf dessen Schluss nach Absatz 1 das Körperschaftsteuerguthaben ermittelt wird, fortzuschreiben und gesondert festzustellen. Der Bescheid über die gesonderte Feststellung ist Grundlagenbescheid für den Bescheid über die gesonderte Feststellung zum folgenden Feststellungszeitpunkt.

(3) Erhält eine Körperschaft Bezüge, die nach § 8b Abs. 1 bei der Einkommensermittlung außer Ansatz bleiben, und die bei der leistenden Körperschaft zu einer Minderung der Körperschaftsteuer geführt haben, erhöht sich bei ihr die Körperschaftsteuer und das Körperschaftsteuerguthaben um den Betrag der Minderung der Körperschaftsteuer bei der leistenden Körperschaft. Satz 1 ist entsprechend auf den Anteil am Übernahmegewinn im Sinne des Umwandlungsteuer-gesetzes anzuwenden, soweit die übertragende Körperschaft eine Minderung der Körperschaftsteuer in Anspruch genommen hat. Die leistende Körperschaft hat der Empfängerin die folgenden Angaben nach amtlich vorgeschriebenem Muster zu bescheinigen:

1. den Namen und die Anschrift des Anteilseigners,

2. die Höhe der Leistungen,

3. die Höhe des in Anspruch genommenen Körperschaftsteuerminderungsbetrages,

4. den Zahlungstag.

§ 27 Abs. 2 bis 5 gilt entsprechend."

c) In § 38 werden die Absätze 1 und 2 wie folgt gefasst:

„(1) Ein positiver Endbetrag im Sinne des § 36 Abs. 7 aus dem Teilbetrag im Sinne des § 30 Abs. 2 Nr. 2 des Gesetzes in der Fassung der Bekanntmachung vom 22. April 1999 (BGBl. I S. 817), zuletzt geändert durch Artikel 4 des Gesetzes vom 22. Dezember 1999 (BGBl. I S. 2601), ist auch zum Schluss der folgenden Wirtschaftsjahre fortzuschreiben und gesondert festzustellen. § 27 Abs. 2 bis 5 gilt entsprechend. Der Bescheid über die gesonderte Feststellung ist Grundlagenbescheid für den Bescheid über die gesonderte Feststellung zum folgenden Feststellungszeitpunkt. Der Betrag verringert sich jeweils, soweit er als für Ausschüttungen verwendet gilt. Er gilt als für Ausschüttungen verwendet, soweit die Summe der Leistungen, die die Gesellschaft im Wirtschaftsjahr erbracht hat, den auf den Schluss des vorangegangenen Wirtschaftsjahrs ermittelten Unterschiedsbetrag zwischen dem um das gezeichnete Kapital geminderten in der Steuerbilanz ausgewiesenen Eigenkapital einerseits und der Summe des Bestands des steuerlichen Einlagekontos zuzüglich des Bestands im Sinne des Satzes 1 andererseits übersteigt.

C. XXIII. Änderung zum Sechsten Teil KStG

(2) Die Körperschaftsteuer erhöht sich um 3/7 des Betrages einer Gewinnausschüttung, für die ein Teilbetrag aus dem Endbetrag im Sinne des Absatzes 1 als verwendet gilt. Die Körperschaftsteuererhöhung mindert den Endbetrag im Sinne des Absatzes 1. Satz 1 ist letztmalig für den Veranlagungszeitraum anzuwenden, in dem das 15. Wirtschaftsjahr endet, das auf das Wirtschaftsjahr folgt, auf dessen Schluss nach § 37 Abs. 1 Körperschaftsteuerguthaben ermittelt werden."

Begründung des Vermittlungsausschusses

Die Vorschriften für den Übergang vom Anrechnungsverfahren zum Halbeinkünfteverfahren

(§§ 36, 37 und 38) werden an die neugefaßte Anwendungsvorschrift des § 34 KStG angepaßt. In § 37 Abs. 3 wird zur Vermeidung von Mißbräuchen die Beteiligungsgrenze von 5 % gestrichen.

3. Erläuterungen

Verfasser: Andreas Schumacher

a) § 36 KStG

aa) Zweck und Inhalt

Die §§ 36 ff. KStG n.F. enthalten die Vorschriften für den Übergang vom Anrechnungsverfahren zum Halbeinkünfteverfahren. Nach der letztmaligen Anwendung des Anrechnungsverfahrens (siehe § 34 Abs. 10 a KStG n.F.) findet eine Umgliederung des verwendbaren Eigenkapitals statt, nach der nur das EK 40 (in der Form eines Körperschaftsteuerguthabens nach § 37 KStG n.F.), das EK 02 nach § 38 KStG n.F. und das EK 04 gem. § 39 KStG n.F. als Anfangsbestand des steuerlichen Einlagekontos i.S.d. § 27 KStG n.F. gesondert fortgeführt werden. Innerhalb einer Übergangszeit von 15 Jahren führt eine Ausschüttung des EK 40 zu einer Körperschaftsteuerminderung und eine Ausschüttung des EK 02 zu einer Körperschaftsteuererhöhung. Beim Anteilseigner gilt in dieser Übergangszeit bereits das Halbeinkünfteverfahren nach § 3 Nr. 40 EStG n.F. bzw. die Dividendenfreistellung nach § 8 b Abs. 1 KStG n.F.

§ 36 KStG n.F. ist die Ausgangsvorschrift für die Übergangszeit bei der Körperschaft und regelt die letztmalige Ermittlung des verwendbaren Eigenkapitals und seine Umgliederung.

bb) Einzelerläuterungen

(1) Letztmalige Ermittlung der Teilbeträge des verwendbaren Eigenkapitals (Abs. 1)

Abs. 1 bestimmt den Zeitpunkt der Systemumstellung für das verwendbare Eigenkapital. Auf den Schluß des letzten Wirtschaftsjahres, das in dem Veranlagungszeitraum endet, für den letztmals das KStG a.f. anzuwenden ist, werden die Teilbeträge des vEK nach den Regelungen des § 36 (letztmals) ermittelt und festgestellt. Ausgangspunkt dafür sind die zuletzt gem. § 47 Abs. 1 S. 1 Nr. 1 a.f. festgestellten Teilbeträge auf den Schluß des gleichen Wirtschaftsjahres.

Ausgehend von der Anwendungsregelung zum KStG n.F. in § 34 Abs. 1 und 1 a KStG n.F. (siehe dort) erfolgt die letztmalige Ermittlung und Feststellung des vEK bei kalenderjahrgleichem Wirtschaftsjahr auf den 31.12.2000 (auch wenn im Jahr 2001 auf ein vom Kalenderjahr abweichendes Wirtschaftsjahr umgestellt wird). Bei abweichendem Wirtschaftsjahr erfolgt die letztmalige Ermittlung und Feststellung auf den Schluß des Wirtschaftsjahres 2000/2001. Bei Umstellung auf ein kalenderjahrgleiches Wirtschaftsjahr im Jahr 2001 erfolgt die letztmalige Ermittlung und Feststellung hingegen erst auf den 31.12.2001.

Die Vorschrift gilt für Kapitalgesellschaften und sonstige Körperschaften, für die gem. § 43 KStG a.F. die Vorschriften der §§ 27 ff. KStG a.F. sinngemäß gelten (insb. Erwerb- und Wirtschaftsgenossenschaften).

(2) Verrechnung der Gewinnausschüttungen (Abs. 2)

Die Teilbeträge des vEK auf den Schluß des in Abs. 1 bezeichneten Wirtschaftsjahres sind nach Abs. 2 um die Gewinnausschüttungen zu verringern, die auch nach § 28 Abs. 2 KStG a.F. mit dem vEK zu diesem Zeitpunkt zu verrechnen wären:

– Gewinnausschüttungen, die auf einem den gesellschaftsrechtlichen Vorschriften entsprechenden Gewinnverteilungsbeschluß für ein abgelaufenes Wirtschaftsjahr beruhen und in dem folgenden Wirtschaftsjahr (d.h. bei kalenderjahrgleichem Wirtschaftsjahr im Jahr 2001) erfolgen. Dies entspricht § 28 Abs. 2 S. 1 KStG a.F.

– Andere Ausschüttungen und sonstige Leistungen, die in diesem Wirtschaftsjahr erfolgen (d.h. bei kalenderjahrgleichem Wirtschaftsjahr im Jahr 2000). Dies entspricht § 28 Abs. 2 S. 2 KStG a.F.

C. XXIII. Änderung zum Sechsten Teil KStG

Verrechnung der Ausschüttungen vor der Umgliederung

Die Verrechnung der Ausschüttungen – vor den nachfolgenden Umgliederungen – ist somit anders geregelt als bei früheren Umgliederungen des vEK, bei denen nur die Umgliederung „bei der Gliederung" zum Schluß des Wirtschaftsjahres bestimmt war und keine Sonderregelung für die Verrechnung der Ausschüttungen getroffen wurde. Hier erfolgte erst die Umgliederung und nachfolgend die Verrechnung der Ausschüttungen gem. § 28 Abs. 2 KStG a.F. (BFH v. 22.10.1998, BStBl II 1999, 171).

Auf die Verrechnung der o.g. Ausschüttungen sind die Regelungen des Vierten Teils des KStG a.F. anzuwenden (siehe auch § 34 Abs. 10 a).

Erhöhung des EK 40 und EK 45 wegen der Anwendung des § 34 Abs. 10 a S. 2 bis 5 KStG n.F.

Das nach der Verrechnung der Ausschüttungen ermittelte EK 45 und EK 40 wird um die Einkommensteile erhöht, die nach den Sonderregelungen in § 34 Abs. 10 a KStG n.F. einer Körperschaftsteuer i.H.v. 45 % bzw. 40 % unterliegen. Es handelt sich dabei um Ausschüttungen, für die bei der empfangenden Körperschaft noch das Anrechnungsverfahren und nicht § 8 b Abs. 1 n.F. gilt (also insbesondere Gewinnausschüttungen einer Kapitalgesellschaft mit kalenderjahrgleichem Wirtschaftsjahr im Jahr 2001 für das Jahr 2000).

Dadurch erhöhen sich EK 45 und EK 40 zum 31.12.2000 (kalenderjahrgleiches Wirtschaftsjahr) um Ausschüttungen, die die Körperschaft nach diesem Stichtag erhält (abhängig von dem Wirtschaftsjahr der ausschüttenden Körperschaft in den Jahren 2001 oder 2002).

(3) Umgliederung eines positiven EK 45 (Abs. 3)

Aufgrund des Systemwechsels wird die in § 54 Abs. 11 S. 2 u. 3 a.F. für den Schluß des letzten vor dem 1.1.2004 abgelaufenen Wirtschaftsjahr vorgesehene Umgliederung des positiven EK 45 in EK 40 und negatives EK 02 zeitlich vorgezogen.

Das EK 45 wird i.H.v. 27/22 seines Bestandes dem EK 40 hinzugerechnet und verringert i.H.v. 5/22 seines Bestandes das EK 02. Dadurch bleibt die Summe des vEK unverändert.

Beispiel

Bestände des verwendbaren Eigenkapitals zum 31.12.2000 nach Anwendung des Abs. 2 (d.h. insb. nach Verrechnung der ordnungsgemäßen Gewinnausschüttung für das Jahr 2000):

EK 45	EK 40	EK 02	Summe
55	60	20	135

Das Körperschaftsteuerminderungspotential beträgt 15/55 des EK 45 und 1/6 des EK 40, insgesamt 25. Das Körperschaftsteuererhöhungspotential beträgt 30 % des EK 02, d.h. 6 (3/7 des für eine Ausschüttung verwendbaren EK 02 von 14, da die Körperschaftsteuererhöhung das EK 02 mindert). Per Saldo besteht somit ein Körperschaftsteuerminderungspotential von 19.

Das EK 45 ist i.H.v. 27/22 in EK 40 und i.H.v. – 5/22 in EK 02 umzugliedern:

EK 45	EK 40	EK 02	Summe
0	127,50	7,5	135

Das Körperschaftsteuerminderungspotential beträgt nach der Umgliederung 1/6 des EK 40 und somit 21,25. Das Körperschaftsteuererhöhungspotential beträgt 2,25. Per Saldo hat sich somit das Körperschaftsteuerminderungspotential von 19 nicht verändert.

Hinsichtlich des für Ausschüttungen vorrangig zu verwendenden belasteten Eigenkapitals verringert sich das Körperschaftsteuerminderungspotential (bezogen auf das im EK 45 vorhandene Minderungspotential) um 25 %. Dies wird nur bei vollständiger Ausschüttung des EK 02 ausgeglichen. Aufgrund der Verwendungsfiktion für das EK 02 in § 38 Abs. 1 KStG n.F. (siehe dort) wird dies in vielen Fällen nicht geschehen.

Dieser negative Effekt aus der Umgliederung des EK 45 macht Vergleichsrechnungen für eine Ausschüttung vor und nach dem Systemwechsel erforderlich. Entscheidend für die Auswirkung einer Ausschüttung ist dabei die Anteilseignerstruktur und der jeweilige Steuerstatus. Bei spitzensteuersatzbelasteten Gesellschaften ist eine Ausschüttung vor der Umgliederung regelmäßig nicht sinnvoll. Es sollte allerdings auch geprüft werden, ob im Rahmen eines disquotalen Schütt-aus-hol-zurück oder Leg-ein-hol-zurück auf der Grundlage des BFH-Urteils v. 19.8.1999 (DStR 1999, 1849) ein vorteilhafter Steuerstatus bestimmter Anteilseigner – insb. Verluste aus anderen Quellen oder die Möglichkeit zu einer ausschüttungsbedingten Teilwertabschreibung – genutzt werden kann.

Eine entsprechende Umgliederung eines negativen EK 45 in negatives EK 40 und positives EK 02 war im Regierungsentwurf vorgesehen, wurde aber durch den Finanzausschuß des Bundestages gestrichen (zu negativem belastetem vEK siehe nunmehr Abs. 6).

C. XXIII. Änderung zum Sechsten Teil KStG

(4) Verrechnung einer negativen Summe des EK 01 bis EK 03 (Abs. 4)

Eine negative Summe der unbelasteten Teilbeträge EK01-03 (ohne EK 04, siehe dazu § 39 KStG n.F.) wird mit den belasteten Teilbeträgen in der Reihenfolge verrechnet, in der ihre Belastung zunimmt.

Beispiel

Bestände des verwendbaren Eigenkapitals zum 31.12.2000 nach Anwendung der Abs. 2 u. 3 (d.h. nach Verrechnung der Ausschüttungen und Umgliederung):

EK 40	EK 30	EK 01-03	Summe
60	70	– 100	30

Die negative Summe von EK 01-03 wird i.H.v. 70 mit EK 30 verrechnet und i.H.v. 30 mit dem EK 40:

EK 40	EK 30	EK 01-03	Summe
30	0	0	30

Soweit eine Verrechnung mit dem EK 40 erfolgt, wird Körperschaftsminderungspotential endgültig vernichtet (i.H.v. 1/6 der negativen Summe aus EK 01-03). Dies ist insbesondere in den Fällen nicht sachgerecht, in denen negatives EK 02 nur aufgrund der Anpassung des verwendbaren Eigenkapitals an das Steuerbilanzeigenkapital entstanden ist (A 83 Abs. 2 KStR). Dies betrifft alle Einkommenskorrekturen außerhalb der Steuerbilanz (z.B. Hinzurechnungsbetrag nach § 10 AStG oder Hinzurechnung einer Gewinnminderung nach § 50 c EStG). Falls kein anderes positives EK 01-03 vorhanden ist, wird in diesen Fällen die Thesaurierungsbelastung nur wegen der besonderen Technik der vEK-Anpassung definitiv. Auch kann negatives EK 02 aufgrund der Regelungen des § 35 KStG a.F. entstanden sein.

Eine besondere Härte ergibt sich auch, wenn durch die Umgliederung des EK 45 negatives EK 02 entsteht, das wiederum das EK 40 mindert.

Beispiel

Bestände des verwendbaren Eigenkapitals zum 31.12.2000 nach Anwendung des Abs. 2:

EK 45	EK 40	Summe
55	60	115

Das Körperschaftsteuerminderungspotential beträgt 25. Die Umgliederung nach Abs. 3 führt zu folgenden Beständen:

EK 40	EK 02	Summe
127,50	– 12,5	115

Nach Anwendung des Abs. 4 ergeben sich folgende Endbestände:

EK 40	EK 02	Summe
115	0	115

Das Körperschaftsteuerminderungspotential beträgt 19,17. Im Ergebnis wird das EK 45 schlicht nominal in EK 40 umgegliedert, so daß Körperschaftsteuerminderungspotential i.H.v. 5,83 vernichtet geht.

Dieser Extremfall zeigt, daß die schlichte Verrechnung negativer und positiver vEK-Bestände nicht zu einem sachgerechten Ergebnis führt. Vielmehr hätten bei der Berechnung des Körperschaftsteuerguthabens negative unbelastete vEK-Teilbeträge unberücksichtigt bleiben müssen, wie auch von der Finanzverwaltung zu § 10 UmwStG a.f. vertreten (UmwSt-Erlaß, Tz. 10.03). Zumindest hätte auch das EK 04 bei der Zusammenfassung der unbelasteten Teilbeträge berücksichtigt werden müssen.

Gegebenenfalls sind im Jahr 2000 Gegenmaßnahmen zu prüfen (z.B. Zusammenführung von positivem und negativem unbelastetem vEK durch Verschmelzungen oder Schaffung von positivem EK 01 nach 8 b KStG a.F.) bzw. ist eine Ausschüttung des belasteten vEK zu erwägen (Vorteilhaftigkeit wiederum abhängig von dem Steuerstatus der Anteilseigner; s.o.).

Soweit eine negative Summe des EK 01-03 die Summe der belasteten Teilbeträge übersteigt, verbleibt negatives unbelastetes Eigenkapital. Eine Verrechnung mit positivem EK 04 erfolgt auch in diesem Fall nicht. Aus welchen Teilbeträgen sich das verbleibende negative unbelastete Eigenkapital zusammensetzt, wird nicht bestimmt und ist auch ohne Bedeutung. Der Negativbetrag geht in den „Mischbestand" aus nicht gesondert fortzuführenden Alt- und Neugewinnrücklagen ein (dazu unten zu Abs. 7).

(5) Positive Summe des EK 01 bis EK 03 (Abs. 5)

Im Fall einer positiven Summe von EK 01-03 erfolgt eine Teilsummenbildung. Zunächst ist die Summe aus EK 01 und EK 03 zu bilden. Ist diese negativ, erfolgt vorrangig eine Verrechnung mit dem (dann zwangsläufig) positiven EK 02. Ist die Summe aus EK 01 und EK 03

C. XXIII. Änderung zum Sechsten Teil KStG

positiv, so ist ein negatives EK 02 vorrangig mit diesem zu verrechnen. Diese Verrechnung führt insbesondere zu einer Minderung von positivem EK 02 durch eine negative Teilsumme von EK 01 und 03.

Beispiele

(1)

EK 01	EK 02	EK 03	Summe
– 200	300	100	200

Die Teilsumme aus EK 01 und EK 03 beträgt –100 und ist mit dem positiven EK 02 zu verrechnen. Nach Anwendung des Abs. 5 verbleibt positives EK 02 i.H.v. 200.

(2)

EK 01	EK 02	EK 03	Summe
100	– 100	100	100

Das negative EK 02 ist vorrangig mit der positiven Teilsumme aus EK 01 und EK 03 i.H.v. 200 zu verrechnen. Nach Anwendung des Abs. 5 verbleibt eine positive Teilsumme aus EK 01 und EK 03 i.H.v. 100.

(3)

EK 01	EK 02	EK 03	Summe
100	100	100	300

Mangels negativer Teilsumme aus EK 01 und EK 03 und negativem EK 02 erfolgt keine Verrechnung. Die Anwendung des Abs. 5 führt zu einer Teilsumme von EK 01 und EK 03 i.H.v. 200 und zu EK 02 i.H.v. 100.

(6) Verrechnung einer negativen Summe der belasteten Teilbeträge (Abs. 6)

Abs. 6 regelt die Behandlung einer negativen „Summe der belasteten Teilbeträge". Dieser Wortlaut erlaubt es nicht, die unterschiedlichen positiven oder negativen Beträge an Körperschaftsteuer zu verrechnen, die mit den Teilbeträgen verbunden sind (siehe zur Ermittlung der nach § 10 UmwStG a.F. anzurechnenden Körperschaftsteuer UmwSt-Erlaß, Tz. 10.02). Wenn die Summe der belasteten Teilbeträge negativ ist, erfolgt schlicht eine Verrechnung negativer und positiver belasteter Teilbeträge (im Regierungsentwurf war noch eine Umgliederung eines negativen EK 45 in 27/22 negatives EK 40 und 5/22 positives EK 02 vorgesehen).

Eine negative Summe der belasteten Teilbeträge ist vorrangig mit einem nach Anwendung des Abs. 5 verbleibenden positiven EK 02 zu verrechnen. Ein darüber hinausgehender Negativbetrag ist mit einer positiven Teilsumme des EK 01 und EK 03 zu verrechnen. Dies ist die Kehrseite der Verrechnung eines negativen EK 01 bis 03 mit positivem belastetem Eigenkapital nach Abs. 4.

Beispiele (Fortführung der Beispiele zu Abs. 5)

(1)

EK 45	EK 40	EK 02	EK 01+03
– 100	60	200	0

Die negative Summe aus EK 45 und EK 40 i.H.v. –40 ist mit dem EK 02 zu verrechnen. Es verbleibt ein positives EK 02 i.H.v. 160.

(2)

EK 45	EK 40	EK 02	EK 01+03
– 100	60	0	100

Die negative Summe aus EK 45 und EK 40 i.H.v. –40 ist mit der positiven Teilsumme aus EK 01 und EK 03 zu verrechnen. Es verbleibt eine positive Teilsumme aus EK 01 und EK 03 i.H.v. 60.

(3)

EK 45	EK 40	EK 02	EK 01+03
– 300	60	100	200

Die negative Summe aus EK 45 und EK 40 i.H.v. –240 ist zunächst mit dem positiven EK 02 und danach mit der positiven Teilsumme aus EK 01 und EK 03 zu verrechnen. Es verbleibt eine positive Teilsumme aus EK 01 und EK 03 i.H.v. 60.

Eine Differenzierung zwischen negativem EK 45 und EK 40 erfolgt nicht. Wenn die negative Summe des belasteten EK die positive Summe aus EK 01 bis 03 übersteigt, verbleibt ein Negativbestand. Dieser geht in den „Mischbestand" aus nicht gesondert fortzuführenden Alt- und Neugewinnrücklagen ein (siehe dazu Abs. 7).

Die Vorschrift enthält nur die Rechtsfolgen einer negativen Summe der belasteten Teilbeträge. Wenn die Summe positiv ist, erfolgt nach dem Wortlaut keine Saldierung positiver und negativer Teilbeträge.

Beispiel

EK 45	EK 40
– 100	200

Die Summe aus EK 45 und EK 40 ist positiv. Es erfolgt keine Minderung des positiven EK 40 um das negative EK 45.

(7) Gesonderte Feststellung der Endbestände (Abs. 7)

Die Endbestände, die sich nach Verrechnung von Gewinnausschüttungen und der Umgliederung ergeben, sind gesondert festzustellen und Ausgangspunkt für die Behandlung von Gewinnausschüttungen während der Übergangsphase von 15 Jahren. Dabei ist eine verbleibende Teilsumme von EK 01 und 03 zusammen auszuweisen.

Die Endbestände des EK 40, der Teilsumme aus EK 01 und EK 03 und des EK 02 können nach der Umgliederung sowohl positiv als auch negativ sein. Der Endbestand des EK 45 kann allenfalls negativ sein. Das EK 04 wird nach einer evtl. Verrechnung einer Gewinnausschüttung ohne weitere Veränderungen durch die Umgliederung festgestellt.

Aus den Vorschriften für die Übergangszeit in §§ 37 ff. KStG n.F. ergibt sich, daß nur die Endbestände des EK 40, des EK 02 und des EK 04 von steuerlicher Bedeutung sind. Die anderen Endbestände werden nicht fortgeführt und bilden einen Mischbestand, der zusammen mit den unter der Geltung des KStG n.F. entstehenden Gewinnen das sonstige Eigenkapital der Körperschaft bildet und bei einer Ausschüttung auf der Ebene der Körperschaft und der Anteilseigner gleich behandelt wird.

cc) Erstmalige Anwendung

§ 36 KStG n.F. ist nach § 34 Abs. 1 KStG n.F. grundsätzlich erstmals im Veranlagungszeitraum 2001 anwendbar. Zu Besonderheiten bei abweichendem Wirtschaftsjahr und bei Umstellung des Wirtschaftsjahrs im Jahr 2001 siehe die Erläuterungen zu § 34 KStG und die Erläuterungen zu Abs. 1.

Somit regelt § 36 KStG n.F. eine gesonderte Feststellung auf den Schluß eines Wirtschaftsjahres, das in dem Veranlagungszeitraum endet, für den letztmals das KStG a.F. gilt, obwohl die Vorschrift selbst eigentlich erst im folgenden Veranlagungszeitraum anwendbar ist. Dieser Widerspruch kann wohl dergestalt gelöst werden, daß zwar die gesonderte Feststellung nach § 36 KStG n.F. erst im Veranlagungszeitraum 2001 bzw. 2002 erfolgt, sie aber an den Bestand des verwendbaren Eigenkapitals zum Schluß des letzten im jeweils vorhergehenden Veranlagungszeitraum endenden Wirtschaftsjahres anknüpft.

b) § 37 KStG

aa) Zweck und Inhalt

§ 37 KStG n.F. regelt die Behandlung des nach der Anwendung des § 36 KStG n.F. verbliebenen Körperschaftsteuerminderungspotentials aus EK 40 in der Übergangszeit. Während bei Gewinnausschüttungen in diesem Zeitraum bei den Anteilseigner nicht mehr das Anrechnungsverfahren gilt, sondern § 3 Nr. 40 EStG n.F. bzw. § 8 b Abs. 1 KStG n.F. anzuwenden ist, erfolgt bei der Körperschaft eine Erstattung des Körperschaftsteuerguthabens.

bb) Einzelerläuterungen

(1) Ermittlung des Körperschaftsteuerguthabens (Abs. 1)

Zeitpunkt der Ermittlung

Aus den Schluß des Wirtschaftsjahrs, das dem Wirtschaftsjahr folgt, zu dessen Schluß gem. § 36 KStG n.F. die Endbestände des vEK festzustellen sind, ist ein Körperschaftsteuerguthaben zu ermitteln.

Bei kalenderjahrgleichem Wirtschaftsjahr ist dies der 31.12.2001, bei abweichendem Wirtschaftsjahr der Schluß des Wirtschaftsjahres 2001/2002. Bei Umstellung des Wirtschaftsjahrs im Jahr 2001 ist wiederum die durch § 34 Abs. 1 a KStG n.F. vorgegebene Differenzierung zu beachten. Wird von einem kalenderjahrgleichen Wirtschaftsjahr auf ein abweichendes Wirtschaftsjahr umgestellt, erfolgt die Ermittlung des Körperschaftsteuerguthabens auf das Ende des Rumpfwirtschaftsjahres, das im Jahr 2001 gebildet wird. Wird von einem abweichenden Wirtschaftsjahr auf ein kalenderjahrgleiches Wirtschaftsjahr umgestellt, so erfolgt die Ermittlung des Körperschaftsteuerguthabens auf den 31.12.2002.

Diese zeitversetzte Ermittlung des Körperschaftsteuerguthabens führt bei Vorabausschüttungen in dem zwischen der Feststellung nach § 36 KStG n.F. und der Ermittlung des Körperschaftsteuerguthabens liegenden Wirtschaftsjahr zu einer Zweifelsfrage (siehe nachfolgend zu Abs. 2). Nach §§ 36, 37 KStG-E i.d.F. des Regierungsentwurfs und des ersten Gesetzesbeschlusses des Bundestages entsprach der Zeitpunkt der Ermittlung des Körperschaftsteuerguthabens hingegen dem Zeitpunkt der letzten vEK-Feststellung.

Höhe des Körperschaftsteuerguthabens

Das Körperschaftsteuerguthaben entspricht dem im EK 40 vorhandenen Körperschaftsteuerminderungspotential nach altem Recht und

C. XXIII. Änderung zum Sechsten Teil KStG

beträgt somit 1/6 des EK 40. Die Altgewinne bleiben somit bei Ausschüttung mit einer Körperschaftsteuer von 30 % belastet, während Neugewinne nur mit einer Körperschaftsteuer von 25 % belastet werden.

(2) Nutzung des Körperschaftsteuerguthabens durch Gewinnausschüttungen (Abs. 2)

Das Körperschaftsteuerguthaben mindert sich gem. S. 1 jeweils um 1/6 der in den folgenden Wirtschaftsjahren erfolgenden Gewinnausschüttungen, die auf einem den gesellschaftsrechtlichen Vorschriften entsprechenden Gewinnverteilungsbeschluß beruhen.

Gleichzeit mindert sich gem. S. 2 die Körperschaftsteuer des Veranlagungszeitraums, in dem das Wirtschaftsjahr endet, in dem die Gewinnausschüttung erfolgt, um den gleichen Betrag.

Verwendungsreihenfolge

Aufgrund der Regelung gilt das EK 40 als zuerst für eine ordnungsgemäße Gewinnausschüttung verwendet. Im Zusammenhang mit § 27 Abs. 1 S. 3 und § 38 Abs. 1 S. 5, die Verwendungsfiktionen für das steuerliche Einlagekonto und das EK 02 aufstellen, ergibt sich somit implizit folgende Verwendungsreihenfolge:

1. Eigenkapital mit Körperschaftsteuerguthaben (EK 40)
2. Mischbestand bzw. sonstiges Eigenkapital (positive Endbestände des EK 30, EK 01 und EK 03, negative Endbestände der Teilbeträge des vEK, steuerpflichtige und steuerfreie Gewinne, die unter dem KStG n.F. erzielt wurden)
3. EK 02
4. Steuerliches Einlagekonto

Dabei ist allerdings zu beachten, daß eine Verwendung des EK 40 nur durch ordnungsgemäße Gewinnausschüttungen erfolgt, während die übrigen Eigenkapitalbestände auch für verdeckte Gewinnausschüttungen und sonstige Leistungen verwendet werden (siehe die Erläuterungen zu §§ 27, 38 KStG n.F.).

Die unterschiedlichen Verwendungsfiktionen für Eigenkapital mit Körperschaftsteuerguthaben und EK 02 bzw. steuerliches Einlagekonto schließen sich nach ihrem Wortlaut nicht gegenseitig aus (siehe zu §§ 27, 38 KStG n.F.)

Gewinnverteilungsbeschluß

Ein Gewinnverteilungsbeschluß ist nicht nur ein Beschluß über eine Gewinnausschüttung für ein abgelaufenes Wirtschaftsjahr, sondern auch ein Vorabausschüttungsbeschluß während oder nach Ablauf des Wirtschaftsjahres (zum bisherigen Recht BFH v. 27.1.1977, BStBl II 1977, 491; A 78 a Abs. 1 S. 1 KStR). Durch verdeckte Gewinnausschüttungen oder sonstige Leistungen kann das Körperschaftsteuerguthaben hingegen nicht genutzt werden.

Liquidation

Nach dem Wortlaut der Vorschrift ist fraglich, ob die Auskehrung des Liquidationsüberschusses zu einer Erstattung des Körperschaftsteuerguthabens führt. Es fehlt eine dem § 41 Abs. 1 KStG a.F. entsprechende Vorschrift. Die bei Liquidation erfolgende Vollausschüttung muß allerdings auch hinsichtlich des Körperschaftsteuerguthabens wie eine tatsächliche Ausschüttung oder die Beendigung der Körperschaft durch Umwandlung in eine Personengesellschaft (siehe § 10 UmwStG n.F.) behandelt werden. Daher besteht hier Nachbesserungsbedarf.

Berechnung der Körperschaftsteuerminderung

Die Berechnung der Körperschaftsteuerminderung unterscheidet sich vom bisherigen Recht. Nach § 28 Abs. 6 S. 1 KStG a.F. galt auch der Betrag der Körperschaftsteuerminderung als für die Ausschüttung verwendet. Daher führte die Ausschüttung einer Bruttobardividende i.H.v. 70 bei Verwendung von EK 40 zu einer Körperschaftsteuerminderung von 10. Die Körperschaftsteuerminderung betrug somit 1/7 der Bruttobardividende und wurde mit ausgeschüttet.

Nach neuem Recht beträgt die Körperschaftsteuerminderung 1/6 der Dividende, so daß bereits eine Ausschüttung i.H.v. 60 ein Körperschaftsteuerguthaben i.H.v. 10 nutzt. Dieser Betrag wird nicht mit ausgeschüttet. Bei gleich hoher Dividende ergibt sich somit eine Liquiditätsverbesserung der Körperschaft.

Das Körperschaftsteuerguthaben ist verbraucht, wenn insgesamt ordnungsgemäße Gewinnausschüttungen in Höhe des Endbestands des EK 40 vorgenommen wurden.

Minderung der Körperschaftsteuer

Die Minderung der Körperschaftsteuer tritt ohne Differenzierung zwischen Gewinnverteilungsbeschlüssen für ein abgelaufenes Wirtschaftsjahr und Vorabausschüttungsbeschlüssen immer für den Ver-

C. XXIII. Änderung zum Sechsten Teil KStG

anlagungszeitraum ein, in dem das Wirtschaftsjahr endet, in dem die Ausschüttung erfolgt (anders § 27 Abs. 3 KStG a.f.). Gegenüber dem bisherigen Recht erfolgt sie somit bei Gewinnausschüttungen für ein abgelaufendes Wirtschaftsjahr (mindestens) einen Veranlagungszeitraum später.

Die Minderung der Körperschaftsteuer kann auch zu einer Erstattung führen, wenn die Minderung die tarifliche Belastung von zukünftig 25 % des zu versteuernden Einkommens übersteigt (ebenso zum bisherigen Recht A 77 Abs. 5 S. 2 KStR).

Übergangszeit

Die Nutzung des Körperschaftsteuerguthabens erfolgt aufgrund von Ausschüttungen in den „folgenden" Wirtschaftsjahren. Es liegt nahe, das „folgende" auf das in Abs. 1 genannte Wirtschaftsjahr zu beziehen. Danach könnte bei kalenderjahrgleichem Wirtschaftsjahr erstmals eine Ausschüttung im Wirtschaftsjahr 2002 zu einer Körperschaftsteuerminderung führen.

Dies würde bei einer Vorabausschüttung im Wirtschaftsjahr 2001 zu einer Regelungslücke führen. Eine solche Vorabausschüttung ist gem. § 34 Abs. 10 a KStG n.F. nicht mehr nach den Regeln des Anrechnungsverfahren abzuwickeln und wird beim Anteilseigner nach § 3 Nr. 40 EStG n.F. bzw. § 8 b Abs. 1 KStG n.F. besteuert. Dennoch scheint Abs. 2 nach seinem Wortlaut nicht anwendbar zu sein.

Dieses nicht sachgerechte Ergebnis könnte unter Umständen durch Auslegung vermieden werden, wenn das „folgende" auf das in Abs. 1 in Bezug genommene Wirtschaftsjahr bezogen wird, das in § 36 Abs. 1 KStG n.F. genannt wird. Damit wäre das Ergebnis erreicht, das § 36 KStG-E i.d.F. des Regierungsentwurfs und des ersten Gesetzesbeschlusses des Bundestages beinhaltete. Dies könnte auch mit dem Wortlaut des Abs. 1 und Abs. 2 S. 3 in Einklang gebracht werden, wenn zum Ende des ersten Wirtschaftsjahres nach der letzten Feststellung des vEK zunächst das Körperschaftsteuerguthaben und danach das nach Verrechnung einer Vorabausschüttung verbleibende Körperschaftsteuerguthaben ermittelt würde. Naheliegender ist nach dem Wortlaut allerdings die erstgenannte Auslegung.

Letztmals wird eine solche Körperschaftsteuerminderung in dem Veranlagungszeitraum vorgenommen, in dem das 15. Wirtschaftsjahr endet, das auf den Zeitpunkt folgt, auf den gem. Abs. 1 das Körperschaftsteuerguthaben ermittelt wird. Bei kalenderjahrgleichem Wirtschaftsjahr ist dies der Veranlagungszeitraum 2016. Da das „folgt" hier eindeutig auf das in Abs. 1 genannte Wirtschaftsjahr bezogen ist, kann dies durch Auslegung nicht korrigiert werden.

Insbesondere die Problematik der Vorabausschüttungen im ersten Wirtschaftsjahr nach der letztmaligen Feststellung des vEK sollte den Gesetzgeber veranlassen, den in Abs. 1 festgelegten Zeitpunkt nochmals zu überdenken.

Gesonderte Feststellung des verbleibenden Körperschaftsteuerguthabens

Auf den Schluß der „jeweiligen" Wirtschaftsjahre ist gem. S. 3 das „verbleibende" Körperschaftsteuerguthaben zu ermitteln. Die jeweiligen Wirtschaftsjahre sind je nach Auslegung des „folgenden" in S. 1 die auf den in § 36 Abs. 1 KStG n.F. oder den in § 37 Abs. 1 KStG n.F. genannten Zeitpunkt. Letzteres liegt nach dem Wortlaut näher.

Das verbleibende Körperschaftsteuerguthaben ist das nach Verminderung um 1/6 der im jeweiligen Wirtschaftjahr erfolgten ordnungsgemäßen Gewinnausschüttungen.

Die letztmalige Feststellung erfolgt zum Schluß des 14. Wirtschaftsjahres nach dem in Abs. 1 genannten Zeitpunkt, d.h. bei kalendergleichem Wirtschaftsjahr zum 31.12.2015. Eine Feststellung des zum Schluß des 15. Folgejahres verbleibenden Körperschaftsteuerguthabens ist entbehrlich, da es danach nicht mehr genutzt werden kann.

(3) Ausschüttung von EK 40 an Körperschaften (Abs. 3)

Eine Besonderheit gilt bei Ausschüttungen an andere Körperschaften, bei denen die Ausschüttung nach § 8 b Abs. 1 n.F. steuerfrei ist (und somit mangels Anwendung des Anrechnungsverfahrens auch § 34 Abs. 10 a S. 2 ff. KStG n.F. nicht einschlägig ist).

Einer Minderung der Körperschaftsteuer durch Nutzung des Körperschaftsteuerguthabens bei der ausschüttenden Körperschaft steht in diesen Fällen gem. Abs. 3 S. 1 eine Erhöhung der Körperschaftsteuer bei der empfangenden Körperschaft in gleicher Höhe gegenüber. Dadurch wird eine Realisierung des Körperschaftsteuerguthabens ohne gleichzeitige Versteuerung der Ausschüttung im Ergebnis verhindert. Diese Regelung gilt für empfangende Körperschaften unabhängig von der Beteiligungsquote an der ausschüttenden Körperschaft (im Regierungsentwurf war noch eine Beteiligungsgrenze von 5 % vorgesehen, im Referentenentwurf eine solche von 25 %).

Anders als die Sondersteuersätze gem. § 23 Abs. 2 KStG a.F. und § 34 Abs. 10 a S. 2 ff. KStG n.F. erfolgt die Erhöhung der Körperschaftsteuer gem. Abs. 3 unabhängig von der Höhe des zu versteuernden Einkommens. Sie stellt auch systematisch keine Versteuerung der Ausschüttung dar, sondern eine schlichte Erhöhung der Körperschaftsteuer der empfangenden Körperschaft.

C. XXIII. Änderung zum Sechsten Teil KStG

Entsprechende Anwendung auf einen Anteil am Übernahmegewinn

Gem. S. 2 ist die Regelung entsprechend auf den Anteil einer Körperschaft an einem Übernahmegewinn i.S.d. § 4 Abs. 4, 5 UmwStG n.F. bei der Umwandlung einer Körperschaft in eine Personengesellschaft anzuwenden, soweit die übertragende Körperschaft eine Körperschaft-steuerminderung gem. § 10 UmwStG n.F. in Anspruch genommen hat. Dieser bleibt zukünftig entsprechend der Regelung des § 8 b Abs. 1 KStG n.F. gem. § 4 Abs. 7 UmwStG n.F. außer Ansatz, soweit er auf eine Körperschaft entfällt.

Steuerbescheinigung

Gem. S. 3 hat die leistende Körperschaft dem Anteilseigner bei Ausschüttungen, die zu einer Körperschaftsteuerminderung führen, eine entsprechende Steuerbescheinigung auszustellen. Diese Bescheinigung gibt der empfangenden Körperschaft die für die Anwendung des Abs. 3 erforderlichen Informationen.

cc) Erstmalige Anwendung

§ 37 KStG n.F. ist nach § 34 Abs. 1 KStG n.F. grundsätzlich erstmals im Veranlagungszeitraum 2001 anwendbar. Zu Besonderheiten bei abweichendem Wirtschaftsjahr und bei Umstellung des Wirtschaftsjahrs im Jahr 2001 siehe die Erläuterungen zu § 34 KStG.

Auf ordentliche Gewinnausschüttungen der Körperschaft, auf die gem. § 34 Abs. 10 a KStG n.F. noch die Vorschriften des Vierten Teils des KStG a.F. anzuwenden sind und die gem. § 36 Abs. 2 KStG n.F. noch vor der Umgliederung mit dem vEK zu verrechnen sind, ist die Vorschrift noch nicht anwendbar.

Zu beachten ist, daß die erstmalige Anwendung des § 8 b Abs. 1 und die der §§ 4 Abs. 7, 10 UmwStG n.F. davon abweichend geregelt ist und zu einem früheren Zeitpunkt erfolgen kann (z.B. bei einer Umwandlung mit einem steuerlichen Übertragungsstichtag 30.6.2001). In Ausnahmefällen kommt daher § 37 Abs. 3 nicht zur Anwendung, obwohl § 8 b Abs. 1 oder § 4 Abs. 7 UmwStG angewendet werden.

c) § 38 KStG

aa) Zweck und Inhalt

§ 38 KStG n.F. regelt die Behandlung des nach der Anwendung des § 36 KStG n.F. verbliebenen Körperschaftsteuererhöhungspotentials aus EK 02 in der Übergangszeit.

So wie das EK 40 gem. § 37 KStG n.F. in der Form des Körperschaftsteuerguthabens während der Übergangszeit fortgeführt wird, erfolgt auch eine zeitlich begrenzte Fortführung des Endbestandes an EK 02.

bb) Einzelerläuterungen

(1) Fortschreibung und gesonderte Feststellung des EK 02 (Abs. 1)

Gesonderte Feststellung des EK 02

Zum Schluß der folgenden Wirtschaftsjahre ist ein positiver Endbetrag i.S.d. § 36 Abs. 6 KStG n.f. aus dem Teilbetrag i.S.d. § 37 Abs. 2 Nr. 2 KStG a.F., d.h. ein positiver Endbetrag EK 02, fortzuschreiben. Die „Fortschreibung" kann nur zu einem unveränderten oder verminderten EK 02 führen, Zugänge sind nicht mehr möglich.

Der Bestand des EK 02 zum Schluß des jeweiligen Wirtschaftsjahres ist gesondert festzustellen, wobei gem. S. 3 der Feststellungsbescheid jeweils Grundlagenbescheid für den zeitlich nachfolgenden Feststellungsbescheid ist.

Gem. S. 2 soll § 27 Abs. 2 bis 5 KStG n.F. entsprechend gelten. Der Verweis auf § 27 Abs. 2 KStG n.F. regelt die Pflicht zur Abgabe einer Erklärung zur gesonderten Festellung. § 27 Abs. 3 bis 5 KStG regeln die Ausstellung einer Steuerbescheinigung. Es ist nicht erkennbar, zu welchem Zweck eine Steuerbescheinigung wegen der Verwendung von EK 02 ausgestellt werden sollte. Es dürfte sich um einen Redaktionsfehler handeln.

Verwendung des EK 02

Das EK 02 verringert sich gem. S. 4 jeweils, soweit es für eine Ausschüttung als verwendet gilt. Dies ist gem. S. 5 der Fall, soweit die Summe der Leistungen, die die Körperschaft in einem Wirtschaftsjahr erbracht hat, folgenden, auf den Schluß des vorangegangenen Wirtschaftsjahrs ermittelten Unterschiedsbetrag übersteigt:

  Steuerbilanzeigenkapital abzüglich gezeichnetes Kapital
./. Bestand des steuerlichen Einlagekontos zuzüglich EK 02
= Unterschiedsbetrag zum Schluß des vorangegangenen Wj.

Leistungen der Körperschaft

Zu den Leistungen der Körperschaft, die zu einer Verwendung von EK 02 führen können, zählen neben ordnungsgemäßen Gewinnausschüttungen insbesondere auch verdeckte Gewinnausschüttungen. Desweiteren gehören die sonstigen Leistungen i.S.d. § 41 KStG a.F.

C. XXIII. Änderung zum Sechsten Teil KStG

zu den Leistungen (Rückzahlung von Nennkapital und Auszahlung des Liquidationsüberschusses). Die Liquidation einer Kapitalgesellschaft führt daher wie die Umwandlung in eine Personengesellschaft (siehe § 10 UmwStG n.f.) zur Körperschaftsteuererhöhung, soweit EK 02 vorhanden ist.

Beispiel

Am 31.12.2003 verfügt eine Kapitalgesellschaft über ein Steuerbilanz-eigenkapital von DM 2 Mio. bei einem gezeichneten Kapital von TDM 500. Der Bestand des steuerlichen Einlagekontos i.S.d. § 27 KStG n.F. beträgt zu diesem Zeitpunkt TDM 400 und das EK 02 TDM 200.

Die Kapitalgesellschaft leistet im Wirtschaftsjahr 2004 eine ordnungsgemäße Gewinnausschüttung für das Wirtschaftsjahr 2003 i.H.v. TDM 700 und eine verdeckte Gewinnausschüttung i.H.v. TDM 400.

Die Summe der Leistungen im Wirtschaftsjahr 2004 beträgt somit DM 1,1 Mio. Der Unterschiedsbetrag beträgt:

	TDM	1.500
./.	TDM	600
=	TDM	900

Die Summe der Leistungen übersteigt den Unterschiedsbetrag um TDM 200. In Höhe dieses Betrags gilt EK 02 als verwendet (allerdings inklusive der das EK 02 mindernden Körperschaftsteuererhöhung; dazu sogleich).

Soweit die Differenz zwischen der Summe der Leistungen und dem Unterschiedsbetrag den Bestand an EK 02 übersteigt, gilt gem. § 27 Abs. 1 S. 3 KStG n.F. das steuerliche Einlagekonto als verwendet (siehe dort).

Verwendungsreihenfolge

Diese Verwendungsfiktion korrespondiert mit der Verwendungsfiktion für das steuerliche Einlagekonto in § 27 Abs. 1 S. 3 KStG n.F. Damit soll typisierend erreicht werden, daß für Ausschüttungen zunächst die steuerlichen Gewinnrücklagen als verwendet gelten, die aus Altgewinnen außer dem EK 02 (Endbestände EK 40, EK 30, EK 01 und EK 03) und Neugewinnen (erzielt unter der Geltung des KStG n.F.) herrühren. Erst danach – aber vor einer Verwendung des steuerlichen Einlagekontos – gilt das EK 02 als verwendet (zur Verwendungsreihenfolge siehe auch § 37 Abs. 2 KStG n.F. und § 27 Abs. 1

S. 3 KStG n.F.). Die unterschiedlichen Verwendungsfiktionen für Eigenkapital mit Körperschaftsteuerguthaben und EK 02 bzw. steuerliches Einlagekonto schließen sich nach ihrem Wortlaut nicht gegenseitig aus. Daher kann es bei einer Leistung der Körperschaft sowohl zu einem Verbrauch von Körperschaftsteuerguthaben als auch zu einer Verwendung von EK 02 kommen.

Beispiel

Das Körperschaftsteuerguthaben beträgt 10 (EK 40 = 60) und das EK 02 beträgt 100. Die Steuerbilanzrücklagen betragen ebenfalls nur 100 (z.b. aufgrund späterer Verluste). Bei einer ordentlichen Gewinnausschüttung i.H.v. 60 wird Körperschaftsteuerguthaben i.H.v. 10 verbraucht. Gleichzeitig gilt EK 02 i.H.v. 60 als verwendet.

Auswirkung einer Kapitalerhöhung aus Gesellschaftsmitteln auf den Unterschiedsbetrag

Nach dem Gesetzeswortlaut vermindert eine Kapitalerhöhung aus Gesellschaftsmitteln insoweit den Unterschiedsbetrag, als dafür nicht das steuerliche Einlagekonto als verwendet gilt.

Beispiel

Im obigen Beispiel hat im Jahr 2003 eine Kapitalerhöhung aus Gesellschaftsmitteln stattgefunden, durch die Rücklagen in Höhe von 500 in Nennkapital umgewandelt wurden. Am 31.12.2003 verfügt die Kapitalgesellschaft daher bei unverändertem Steuerbilanzeigenkapital von DM 2 Mio. über ein gezeichnetes Kapital von DM 1 Mio. Durch die Kapitalerhöhung aus Gesellschaftsmitteln hat sich das steuerliche Einlagekonto auf DM 0 vermindert (siehe die Erläuterungen zu § 28 KStG). Der Unterschiedsbetrag beträgt folglich:

	TDM	1.000
./.	TDM	200
=	TDM	800

Dieser Unterschiedsbetrag ist um TDM 100 geringer als er ohne die Kapitalerhöhung aus Gesellschaftsmitteln wäre. Dies liegt darin begründet, daß bei der Berechnung nicht berücksichtigt wird, daß das Nennkapital in Höhe von TDM 100 aus der Umwandlung von sonstigen Rücklagen entstanden ist. Die (vorrangige) Umwandlung des Einlagekontos in Nennkapital führt hingegen nicht zu einer Veränderung des Unterschiedsbetrags.

Die fehlende Berücksichtigung der in Nennkapital umgewandelten Gewinnrücklagen kann zu einer unzutreffenden Verwendung von EK

C. XXIII. Änderung zum Sechsten Teil KStG

02 führen. Eine gesetzliche Korrektur wäre unschwer möglich, da dieser Teil des Nennkapitals gem. § 28 S. 3 KStG n.F. gesondert ausgewiesen wird.

(2) Körperschaftsteuererhöhung (Abs. 2)

In Höhe von 3/7 des Betrags einer Gewinnausschüttung, für die gem. Abs. 1 EK 02 als verwendet gilt, erhöht sich die Körperschaftsteuer. Anders als für eine Körperschaftsteuerminderung nach § 37 Abs. 2 KStG n.F. wird nicht bestimmt, in welchem Veranlagungszeitraum diese Erhöhung erfolgt. Nach der Systematik ist dies in dem Veranlagungszeitraum der Fall, in dem das Wirtschaftsjahr endet, in dem die Leistung erbracht wird, für die EK 02 als verwendet gilt (im obigen Beispiel die Körperschaftsteuer des Veranlagungszeitraums 2004).

Berechnung der Körperschaftsteuererhöhung

Die Körperschaftsteuererhöhung beträgt 3/7 des Betrags der Gewinnausschüttung, für die EK 02 als verwendet gilt. Im obigen Beispiel wären dies nach dem Wortlaut der Vorschrift 3/7 von 200. Dies wäre jedoch unzutreffend, da nach Abs. 2 S. 2 wie nach bisherigem Recht (§ 28 Abs. 6 S. 2 i.V.m. § 31 Abs. 1 Nr. 1 KStG a.F.) die Körperschaftsteuererhöhung das EK 02 mindert. Daher stehen nur 7/10 des EK 02 tatsächlich für eine Gewinnausschüttung zur Verfügung, im Beispielsfall 140. Die maximale Körperschaftsteuererhöhung beträgt 3/7 dieser 7/10 und damit 30 % des EK 02.

Dies ist auch mit dem Wortlaut des § 38 Abs. 2 KStG n.F. vereinbar. Denn nach S. 2 mindert die Körperschaftsteuererhöhung den Endbetrag i.S.d. Abs. 1 (diese Regelung fehlte noch im Regierungsentwurf). Dieser Endbetrag ist das fortzuschreibende EK 02. Dessen Bestand am Ende des den Leistungen der Körperschaft vorangehenden Wirtschaftsjahrs ist Ausgangsgröße für die Berechnung des Unterschiedsbetrags. Es kann somit vertreten werden, daß die Körperschaftsteuererhöhung bereits diese Ausgangsgröße mindert. Daher geht das EK 02 im Ergebnis nur in Höhe von 7/10 in die Berechnung des Unterschiedsbetrags ein.

Beispiel

Das für Gewinnausschüttungen verwendbare EK 02 beträgt im obigen Beispielsfall 7/10 v. 200 und somit 140. Die modifizierte Berechnung des Unterschiedsbetrags ergibt daher:

	TDM	1.500
./.	TDM	540
=	TDM	960

Die Summe der Leistungen übersteigt diesen Unterschiedsbetrag um TDM 140. In dieser Höhe gilt EK 02 als verwendet. Die Körperschaftsteuererhöhung beträgt TDM 60 (3/7 v. TDM 140). Der Endbestand des EK 02 zum 31.12.2004 beträgt somit 0.

Diese modifizierte Berechnung des Unterschiedsbetrags führt nicht nur in dem Wirtschaftsjahr, in dem das restliche EK 02 vollständig für Gewinnausschüttung und Körperschaftsteuererhöhung als verwendet gilt, zum zutreffenden Ergebnis.

Beispiel

Die Summe der Leistungen im Wirtschaftsjahr 2004 beträgt im obigen Beispielsfall nur DM 1 Mio. Sie übersteigt den Unterschiedsbetrag um TDM 100. Zutreffend ist jedoch die Verwendung von EK 02 i.H.v. TDM 70. Die Körperschaftsteuererhöhung von TDM 30 mindert wiederum die Ausgangsgröße für die Berechnung des Unterschiedsbetrags:

	TDM	1.500
./.	TDM	570
=	TDM	930

Die Summe der Leistungen übersteigt diesen Unterschiedsbetrag um TDM 70. In dieser Höhe gilt EK 02 als verwendet. Die Körperschaftsteuererhöhung beträgt TDM 30 (3/7 v. TDM 70). Der Endbestand des EK 02 zum 31.12.2004 beträgt 100.

Eine Körperschaftsteuererhöhung kann im übrigen nur bis zum Verbrauch des EK 02 erfolgen. Eine dem § 35 KStG a.F. entsprechende Regelung existiert folgerichtig nicht.

(3) Ausnahme von der Erhöhung der Körperschaftsteuer (Abs. 3)

Abs. 3 enthält die schon nach bisherigem Recht (§ 40 S. 1 Nr. 3 KStG a.F.) geltende Ausnahme von der Körperschaftsteuererhöhung für den Fall, daß die Ausschüttung den Bereich der Steuerfreiheit nicht verläßt.

cc) Erstmalige Anwendung

§ 38 KStG n.F. ist nach § 34 Abs. 1 KStG n.F. grundsätzlich erstmals im Veranlagungszeitraum 2001 anwendbar. Zu Besonderheiten bei abweichendem Wirtschaftsjahr und bei Umstellung des Wirtschaftsjahrs im Jahr 2001 siehe die Erläuterungen zu § 34 KStG.

Auf Leistungen der Körperschaft, auf die gem. § 34 Abs. 10 a KStG n.F. noch die Vorschriften des Vierten Teils des KStG a.F. anzuwenden und die gem. § 36 Abs. 2 KStG n.F. noch vor der Umgliederung mit dem vEK zu verrechnen sind, ist die Vorschrift noch nicht anwendbar.

d) § 39 KStG

aa) Zweck und Inhalt

§ 39 KStG n.F. regelt die Erfassung des Endbestands des EK 04 als Anfangsbestand des Einlagekontos.

bb) Einzelerläuterungen

Das EK 04 wird nicht in die Umgliederung des vEK nach § 36 KStG n.F. einbezogen. Ein positiver Endbestand nach § 36 Abs. 7 KStG n.F. wird unverändert als Anfangsbestand des Einlagekontos i.S.d. § 27 KStG n.F. erfaßt und ist damit der Ausgangspunkt für die Prüfung, ob das Einlagekonto gem. § 27 Abs. 1 S. 3 KStG n.F. für eine spätere Gewinnausschüttung als verwendet gilt (siehe dort).

Dies gilt auch dann, wenn die Summe des vEK geringer als das EK 04 ist.

Beispiel

Eine GmbH mit kalenderjahrgleichem Wirtschaftsjahr weist zum 31.12.2000 folgendes vEK aus (Verluste seit Gründung):

EK 02	EK 04	Summe
-100	100	0

In Handels- und Steuerbilanz ist eine Kapitalrücklage von 100 und ein Verlustvortrag von 100 ausgewiesen.

Obwohl in der Summe kein vEK vorhanden ist, beträgt der Anfangsbestand des Einlagekontos 100. Das negative EK 02 geht mangels Verrechnungsmöglichkeit mit anderem positivem vEK in das neutrale EK ein.

Nach dem eindeutigen Wortlaut der Vorschrift wird ein negativer Endbestand des EK 04 nicht fortgeführt. Der Anfangsbestand des steuerlichen Einlagekontos beträgt somit mindestens 0.

cc) Erstmalige Anwendung

§ 39 KStG n.F. ist nach § 34 Abs. 1 KStG n.F. grundsätzlich erstmals im Veranlagungszeitraum 2001 anwendbar. Zu Besonderheiten bei abweichendem Wirtschaftsjahr und bei Umstellung des Wirtschaftsjahrs im Jahr 2001 siehe die Erläuterungen zu § 34 KStG.

e) § 40 KStG

aa) Zweck und Inhalt

§ 40 KStG n.F. regelt den Übergang des Körperschaftsteuerguthabens und des EK 02 bei Verschmelzungen und Spaltungen.

bb) Einzelerläuterungen

(1) Übergang bei Verschmelzungen (Abs. 1)

Abs. 1 ist (zusammen mit § 27 Abs. 6 KStG n.F. hinsichtlich des steuerlichen Einlagekontos) die Nachfolgevorschrift zu § 38 Abs. 1 KStG a.F. Wenn eine unbeschränkt steuerpflichtige Körperschaft nach § 2 UmwG auf eine andere unbeschränkt steuerpflichtige Körperschaft verschmolzen wird, ist das Körperschaftsteuerguthaben gem. § 37 KStG n.F. und das EK 02 gem. § 38 KStG n.F. den entsprechenden Beträgen der übernehmenden Körperschaft hinzuzurechnen.

Maßgebend für diese Hinzurechnung sind die zum steuerlichen Übertragungsstichtag bei der übertragenden Körperschaft festgestellten Beträge.

(2) Übergang bei Spaltungen (Abs. 2)

Abs. 2 ist (zusammen mit § 27 Abs. 7 KStG n.F. hinsichtlich des steuerlichen Einlagekontos) die Nachfolgevorschrift zu § 38 a KStG a.F. Bei einem Vermögensübergang von einer unbeschränkt steuerpflichtigen Körperschaft durch Auf- oder Abspaltung auf eine andere unbeschränkt steuerpflichtige Körperschaft müssen das Körperschaftsteuerguthaben und das EK 02 aufgeteilt werden.

Die Zuordnung dieser bei der übertragenden Körperschaft festgestellten Beträge zu einer übernehmenden Körperschaft erfolgt nach dem (Wert-)Verhältnis der übergehenden Vermögensteile zu dem vor dem Vermögensübergang bestehenden Vermögen der übertragenden Körperschaft.

Als Maßstab für dieses Wertverhältnis gilt in der Regel das Umtauschverhältnis der Anteile im Spaltungsvertrag bzw. –plan (zur Problematik dieses Aufteilungsmaßstabs Haritz/Benkert, UmwStG, 2. Aufl., Anh § 38 a KStG Rz. 19 ff.). Wenn das Umtauschverhältnis diesem Wertverhältnis nicht entspricht, ist das Verhältnis der gemeinen Wert der übergehenden Vermögensteile zu dem vor der Spaltung vorhandenen Vermögens maßgebend.

C. XXIII. Änderung zum Sechsten Teil KStG

Beim Vermögensübergang durch Spaltung auf eine Personengesellschaft erfolgt nur eine entsprechende Minderung der Beträge bei der übertragenden Körperschaft. Gleichzeitig ist § 16 S. 2 i.V.m. § 10 UmwStG n.F. zu beachten. Das anteilige Körperschaftsteuerguthaben nach § 37 KStG n.F. und die anteilige Körperschaftsteuererhöhung nach § 38 KStG n.F. mindern bzw. erhöhen die Körperschaftsteuerschuld der übertragenden Körperschaft.

(3) Übergang auf eine steuerbefreite Körperschaft oder eine juristische Person des öffentlichen Rechts (Abs. 3)

Beim Vermögensübergang durch Gesamtrechtsnachfolge auf eine unbeschränkt steuerpflichtige, von der Körperschaftsteuer befreite Körperschaft oder eine juristische Person des öffentlichen Rechts wird eine Vollausschüttung fingiert. Bei der übertragenden Körperschaft mindert oder erhöht sich die Körperschaftsteuer des Veranlagungszeitraums, in den der steuerliche Übertragungsstichtag fällt, um das Körperschaftsteuerguthaben gem. § 37 Abs. 2 KStG n.F. und die Körperschaftsteuererhöhung gem. § 38 Abs. 2 KStG n.F. (vergleichbar § 10 UmwStG n.F. bei Umwandlung in eine Personengesellschaft).

S. 2 enthält aufgrund des Verweises auf § 38 Abs. 3 KStG n.F. eine Ausnahme von der Körperschaftsteuererhöhung für den Fall, daß die übertragende Körperschaft von der Körperschaftsteuer befreit ist und auch die übernehmende Körperschaft die Anforderungen des § 38 Abs. 3 KStG n.F. erfüllt.

cc) Erstmalige Anwendung

§ 40 KStG n.F. ist nach § 34 Abs. 1 KStG n.F. grundsätzlich erstmals im Veranlagungszeitraum 2001 anwendbar. Zu Besonderheiten bei abweichendem Wirtschaftsjahr und bei Umstellung des Wirtschaftsjahrs im Jahr 2001 siehe die Erläuterungen zu § 34 KStG.

D. Änderung des Solidaritätszuschlaggesetzes 1995 (Artikel 4)

I. Änderung § 3 SolZG

1. Text der Vorschrift

In § 3 Abs. 1 Nr. 5 wird die Angabe „§ 44d" durch die Angabe „§ 43b"ersetzt.

2. Materialien

Gesetzentwurf der Bundesregierung

In § 3 Abs. 1 Nr. 5 wird die Angabe „§ 44d" durch die Angabe „§ 43b"ersetzt.

Begründung zum Gesetzentwurf der Bundesregierung

Der Inhalt des bisherigen § 44d EStG wurde in den § 43b EStG übernommen. Der Verweis wurde entsprechend angepasst.

Beschlussempfehlung/Begründung des Finanzausschusses

– keine Änderung/Bemerkung –

Beschlussempfehlung/Begründung des Vermittlungsausschusses

– keine Änderung/Bemerkung –

II. Änderung § 6 SolZG

1. Text der Vorschrift

Dem § 6 wird folgender Absatz angefügt:

„(4) Das Gesetz in der Fassung des Gesetzes vom ... (BGBl. I S. ...) ist erstmals für den Veranlagungszeitraum 2001 anzuwenden."

2. Materialien

Gesetzentwurf der Bundesregierung

Dem § 6 wird folgender Absatz angefügt:

„(4) Das Gesetz in der Fassung des Gesetzes vom ... (BGBl. I S. ...) ist erstmals für den Veranlagungszeitraum 2001 anzuwenden."

Begründung zum Gesetzentwurf der Bundesregierung

Der Absatz regelt die erstmalige Anwendung der geänderten Vorschriften ab dem Veranlagungszeitraum 2001.

Beschlussempfehlung/Begründung des Finanzausschusses

– keine Änderung/Bemerkung –

Beschlussempfehlung/Begründung des Vermittlungsausschusses

– keine Änderung/Bemerkung –

E. Änderung des Umwandlungssteuergesetzes (Artikel 5)

I. Änderung § 4 UmwStG

1. Text der Vorschrift

§ 4 wird wie folgt geändert:

a) Absatz 5 wird wie folgt gefasst:

„(5) Ein Übernahmegewinn erhöht sich und ein Übernahmeverlust verringert sich um einen Sperrbetrag im Sinne des § 50c des Einkommensteuergesetzes, soweit die Anteile an der übertragenden Körperschaft am steuerlichen Übertragungsstichtag zum Betriebsvermögen der übernehmenden Personengesellschaft gehören."

b) Absatz 6 wird wie folgt gefasst:

„(6) Ein Übernahmeverlust bleibt außer Ansatz."

c) Folgender Absatz 7 wird angefügt:

„(7) Der Übernahmegewinn bleibt außer Ansatz, soweit er auf eine Körperschaft, Personenvereinigung oder Vermögensmasse als Mitunternehmerin der Personengesellschaft entfällt. In den übrigen Fällen ist er zur Hälfte anzusetzen."

2. Materialien

Gesetzentwurf der Bundesregierung

§ 4 wird wie folgt geändert:

a) Absatz 5 wird wie folgt gefasst:

„Ein Übernahmeverlust bleibt außer Ansatz."

b) Folgender Absatz 7 wird angefügt:

„(7) Der Übernahmegewinn bleibt bei der Ermittlung des Einkommens außer Ansatz, wenn der Mitunternehmer der Personengesellschaft eine unbeschränkt steuerpflichtige Körperschaft oder eine inländische Betriebsstätte einer beschränkt steuerpflichtigen Körperschaft ist. Der Übernahmegewinn ist nur zur Hälfte zu berücksichtigen, wenn der Mitunternehmer eine unbeschränkt einkommensteuerpflichtige natürliche Person ist."

Begründung zum Gesetzentwurf der Bundesregierung

Zu Buchstabe a (Absatz 5)

Die Regelung dient der Verhinderung von Gestaltungen unter Nutzung der Möglichkeit, ein Personenunternehmen in eine Kapitalgesellschaft umzuwandeln oder zur Besteuerung wie eine Körperschaft zu optieren. Diese Gestaltungen werden durch das Halbeinkünfteverfahren attraktiv, wenn die Beteiligung an dem Unternehmen nach der Umwandlung veräußert wird und der Erwerber dann rückumwandelt.

Bringt ein Einzelunternehmer seinen Betrieb zu Buchwerten in eine Kapitalgesellschaft ein und verkauft er anschließend seine Anteile, unterliegt der Veräußerungsgewinn bei ihm der Halbeinkünftebesteuerung. Wandelt der Erwerber den Betrieb anschließend wieder in ein Personenunternehmen um, ergibt sich regelmäßig ein Übernahmeverlust, da der Erwerber im Rahmen des Kaufpreises die stillen Reserven des Betriebs mitbezahlt hat. In Höhe des Übernahmeverlustes werden die stillen Reserven in den Wirtschaftsgütern des Betriebs aufgedeckt, so dass der Erwerber neues Abschreibungsvolumen hat. Veräußert der Erwerber den Betrieb, ergibt sich kein Veräußerungsgewinn, da die stillen Reserven aufgedeckt wurden. Im Ergebnis findet eine Aufdeckung der stillen Reserven statt, ohne dass eine Einmalbesteuerung eintritt. Zur Vermeidung dieses Ergebnisses wird daher in den Fällen der Umwandlung ein Übernahmeverlust steuerlich nicht mehr anerkannt.

Im Anrechnungsverfahren wurde das Übernahmeergebnis um die anzurechnende Körperschaftsteuer und den Sperrbetrag nach § 50c EStG erhöht. Beide Größen entfallen im Halbeinkünfteverfahren.

Zu Buchstabe b (Absatz 7)

Der Übernahmegewinn enthält die offenen Reserven der übertragenden Gesellschaft. Diese haben bei der übertragenden Gesellschaft der Besteuerung (mit 25 % – Altrücklagen mit 30 % Körperschaftsteuer) unterlegen. Ist Mitunternehmer der übernehmenden Personengesellschaft eine inländische Kapitalgesellschaft, darf daher keine weitere Besteuerung erfolgen. Die inländische Betriebsstätte einer beschränkt steuerpflichtigen Körperschaft wird mit einer inländischen Kapitalgesellschaft gleichbehandelt. Ist Mitunternehmer eine natürliche Person, muss eine Halbeinkünftebesteuerung vorgenommen werden.

Beschlussempfehlung des Finanzausschusses

§ 4 wird wie folgt geändert:

a) Absatz 5 wird wie folgt gefasst:

„Ein Übernahmeverlust bleibt außer Ansatz. Ein Übernahmegewinn erhöht sich um einen Sperrbetrag im Sinne des § 50c des Einkommensteuergesetzes, soweit die Anteile an der übertragenden Körperschaft am steuerlichen Übertragungsstichtag zum Betriebsvermögen der übernehmenden Personengesellschaft gehören."

a1) Absatz 6 wird aufgehoben.

b) Folgender Absatz 7 wird angefügt:

„(7) Der Übernahmegewinn bleibt bei der Ermittlung des Einkommens außer Ansatz, soweit der Mitunternehmer der Personengesellschaft eine unbeschränkt steuerpflichtige Körperschaft oder eine inländische Betriebsstätte einer beschränkt steuerpflichtigen Körperschaft ist. Der Übernahmegewinn ist nur zur Hälfte zu berücksichtigen, soweit der Mitunternehmer eine unbeschränkt einkommensteuerpflichtige natürliche Person ist."

Begründung des Finanzausschusses

Zu Buchstabe a

Die Regelung berücksichtigt die Fortgeltung des Sperrbetrags nach § 50c EStG.

Zu Buchstabe b

Redaktionelle Folgeänderung.

Zu Buchstabe c

Klarstellung, dass der Übernahmegewinn nur insoweit steuerbefreit ist bzw. der Halbeinkünftebesteuerung unterliegt, als an der Übernehmerin eine Kapitalgesellschaft bzw. eine natürliche Person beteiligt ist.

E. I. Änderung § 4 UmwStG

Beschlussempfehlung des Vermittlungsausschusses

§ 4 wird wie folgt geändert:

a) Absatz 5 wird wie folgt gefasst:

„(5) Ein Übernahmegewinn erhöht sich und ein Übernahmeverlust verringert sich um einen Sperrbetrag im Sinne des § 50c des Einkommensteuergesetzes, soweit die Anteile an der übertragenden Körperschaft am steuerlichen Übertragungsstichtag zum Betriebsvermögen der übernehmenden Personengesellschaft gehören."

b) Absatz 6 wird wie folgt gefasst:

„(6) Ein Übernahmeverlust bleibt außer Ansatz."

c) Folgender Absatz 7 wird angefügt:

„(7) Der Übernahmegewinn bleibt außer Ansatz, soweit er auf eine Körperschaft, Personenvereinigung oder Vermögensmasse als Mitunternehmerin der Personengesellschaft entfällt. In den übrigen Fällen ist er zur Hälfte anzusetzen."

Begründung des Vermittlungsausschusses

In manchen Fällen ergibt sich vor Hinzurechnung des Sperrbetrags ein Übernahmeverlust und erst durch die Hinzurechnung des Sperrbetrags ein Übernahmegewinn. Deshalb nennt schon die bisherige Fassung des § 4 Abs. 5 UmwStG sowohl Gewinn als auch Verlust. Daran muß zur Vermeidung von Besteuerungslücken und Wertungswidersprüchen festgehalten werden. Im übrigen sprachliche Konkretisierung.

3. Erläuterungen

Verfasser: Thomas Rödder

a) Zweck und Inhalt

§ 4 UmwStG ist die Vorschrift, die die wesentlichen steuerlichen Konsequenzen der Umwandlung einer Kapitalgesellschaft in eine Personengesellschaft anordnet. Insbesondere regelt sie in den Absätzen 4 ff. die Übernahmeergebnisermittlung und die Konsequenzen eines Übernahmeergebnisses.

Neu geregelt hat das StSenkG insoweit insbesondere, daß ein Übernahmeverlust außer Ansatz bleibt. Dies ist durch die Neuregelungen für die Besteuerung von Anteilsveräußerungsgewinnen veranlaßt. Außerdem werden für den Übernahmegewinn Rechtsfolgen angeordnet, die im Grundsatz denjenigen von Dividenden entsprechen.

b) Einzelerläuterungen

Übernahmeergebnisdefinition

Das Übernahmeergebnis ist nach § 4 Abs. 4 UmwStG der Unterschiedsbetrag zwischen dem Wert, mit dem die von der Kapitalgesellschaft auf das Personenunternehmen übergegangenen Wirtschaftsgüter zu übernehmen sind (dazu insbes. §§ 3 und 4 Abs. 1 UmwStG), und dem Buchwert der Anteile an der übertragenden Kapitalgesellschaft, die entweder zum Betriebsvermögen der übernehmenden Personengesellschaft gehören oder in die übernehmende Personengesellschaft gem. § 5 UmwStG als eingelegt gelten. Nehmen nicht 100 % der Anteile an der übertragenden Kapitalgesellschaft an der Übernahmeergebnisermittlung teil, ist auch der Wert der übergegangenen Wirtschaftsgüter nur anteilig in die Übernahmeergebnisermittlung einzubeziehen (§ 4 Abs. 4 S. 3 UmwStG). Insoweit bleibt auch nach dem StSenkG alles unverändert.

Modifizierung des Übernahmeergebnisses

Geändert wird aber schon die Modifizierung des Übernahmeergebnisses gem. § 4 Abs. 5 UmwStG.

Bisher ordnete § 4 Abs. 5 S. 1 UmwStG an, daß ein Übernahmeverlust insoweit außer Ansatz bleibt, soweit er auf einem negativen Wert des übergegangenen Vermögens beruht. Diese Anordnung findet sich in dem neuen § 4 Abs. 5 UmwStG nicht wieder. Das heißt, daß die durch das Gesetz zur Fortsetzung der Unternehmenssteuerreform eingefügte Nichtberücksichtigung eines Übernahmeverlustes, der durch eine buchmäßig überschuldete übertragende Kapitalgesellschaft entsteht, wieder weggefallen ist. Dies ist allerdings gleichwohl normalerweise keine Wohltat zugunsten des Steuerpflichtigen, weil sich das Regime für Übernahmeverluste ändern wird (dazu w.u.).

§ 4 Abs. 5 S. 2 UmwStG führt nach der derzeitigen Fassung weiter aus, daß sich ein Übernahmegewinn erhöht bzw. ein Übernahmeverlust verringert zum einen um die nach § 10 Abs. 1 UmwStG anzurechnende Körperschaftsteuer und zum anderen um einen Sperrbetrag i.S.d. § 50 c EStG (natürlich wiederum nur insoweit, wie die Anteile an der übertragenden Kapitalgesellschaft zum Betriebsvermögen der übernehmenden Personengesellschaft gehören). Diese Anordnung wird durch § 4 Abs. 5 UmwStG n.F. dahingehend korrigiert, daß das

Übernahmeergebnis nur noch um einen Sperrbetrag i.S.d. § 50 c EStG modifiziert wird.

Die Nichtberücksichtigung einer anzurechnenden Körperschaftsteuer im neuen § 4 Abs. 5 UmwStG erklärt sich daraus, daß es eine Behandlung des Übernahmeergebnisses nach den Regeln des Anrechnungsverfahrens nach neuem UmwStG nicht mehr geben wird. Dies ist (vorbehaltlich der Problematik der erstmaligen Anwendung; dazu w.u.) selbstverständlich, es handelt sich um eine Folgewirkung der Abschaffung des körperschaftsteuerlichen Anrechnungsverfahrens.

Daß ein Sperrbetrag nach § 50 c EStG nach wie vor zugerechnet wird, ist eine Konsequenz der Wertentscheidung des Gesetzgebers, wonach Sperrbeträge nach § 50 c EStG auch nach Abschaffung des Anrechnungsverfahrens noch weiter zu berücksichtigen sind, wenn ein Sperrbetrag für die Anteile vor Ablauf des ersten Wirtschaftsjahres, für das das neue KStG erstmals anzuwenden ist, zu bilden war (Hinweis auf § 52 Abs. 59 EStG n.F.).

Hintergrund dieser Regelung zur erstmaligen Anwendung des § 50 c EStG ist die gesetzgeberische Wertung, daß für Anteile, die in den Jahren erworben worden sind, in denen es noch zu Ausschüttungen nach dem Anrechnungsverfahren kommen konnte, innerhalb der 10-jährigen Sperrfrist auch künftige ausschüttungsbedingte Gewinnminderungen nach § 50 c EStG unter dessen Voraussetzungen steuerlich nicht anerkannt werden sollen.

Über § 4 Abs. 5 UmwStG n.F. wird diese Wertung auch ins Umwandlungssteuerrecht transportiert. Das heißt, daß es innerhalb von zehn Jahren nach der letztmalig möglichen Bildung von Sperrbeträgen nach § 50 c EStG durch eine Umwandlung der Kapitalgesellschaft, deren Anteile mit einem Sperrbetrag behaftet sind, noch zu einer Übernahmeergebniserhöhung durch § 50 c EStG kommen kann.

Übernahmeverlustfolgen

§ 4 Abs. 6 UmwStG bisheriger Fassung regelte die Konsequenzen eines nach Anwendung des Abs. 5 verbleibenden (modifizierten) Übernahmeverlustes. Die Regelung sah vor, daß in Höhe des verbleibenden Übernahmeverlustes in der Bilanz der Personengesellschaft einschließlich der Ergänzungsbilanzen für ihre Gesellschafter ein steuerneutraler Step-up vorzunehmen war (zuerst Aufstockung der stillen Reserven in den bilanzierten Wirtschaftsgütern, dann Aktivierung übernommener nichtbilanzierter immaterieller Wirtschaftsgüter einschließlich eines Geschäfts- oder Firmenwerts und dann Aktivierung eines besonderen steuerlichen Postens, der über 15 Jahre abzuschreiben war). Diese Vorschrift war eine Schlüsselnorm. Sie war insbesondere für die Umwandlung von Kapitalgesellschaften in Personengesellschaften nach einer Akquisition der Kapitalgesellschaftsanteile von Bedeutung, weil gerade in diesen Fällen der Buchwert der Kapitalgesellschaftsanteile nicht selten deutlich über dem Buchwert der Wirtschaftsgüter der Kapitalgesellschaft lag. Die Anordnung des § 4 Abs. 6 UmwStG, die übrigens gem. § 18 Abs. 2 UmwStG seit 1997 nicht mehr für die Gewerbesteuer Bedeutung hatte, führte letztlich dazu, daß durch die Umwandlung einer Kapitalgesellschaft nach Akquisition von deren Anteilen der Anteilskäufer jedenfalls näherungsweise so gestellt werden konnte, als ob er nicht Anteile an einer Kapitalgesellschaft, sondern solche an einer Personengesellschaft erworben hatte (sog. Umwandlungsmodell). Überdies löste die Umwandlung der erworbenen Kapitalgesellschaft gem. §§ 4 Abs. 5, 10 UmwStG möglicherweise eine Erstattung des in der erworbenen Kapitalgesellschaft gespeicherten Körperschaftsteuer-guthaben aus.

Derartige Möglichkeiten bestehen für den Anteilskäufer nach neuem Umwandlungssteuerrecht nicht mehr. Denn: § 4 Abs. 6 UmwStG n.F. führt aus, daß ein Übernahmeverlust (es muß wohl der nach § 4 Abs. 5 UmwStG modifizierte Übernahmeverlust gemeint sein) außer Ansatz bleibt.

Die Anordnung der steuerlichen Irrelevanz eines Übernahmeverlustes ist im Grundsatz verständlich. Dies deshalb, weil nach Maßgabe des neuen Körperschaftsteuersystems jede in einer Kapitalgesellschaft gebildete stille Reserve im Zeitpunkt ihrer Realisation einmal einer definitiven Körperschaftsteuer und Gewerbesteuer und dann bei Weiterausschüttung des realisierten Gewinns auf Ebene des Gesellschafters einmal der Halbeinkünfte-Einkommensteuer unterliegen soll. Mit dieser Wertentscheidung korrespondiert, daß Anteilsveräußerungsgewinne im Grundsatz wie Ausschüttungen behandelt werden sollen. Daraus resultiert aber auch, daß die stillen Reserven in einer Kapitalgesellschaft, die ein Anteilskäufer im Anteilskaufpreis mitbezahlt, auf der Ebene des veräußernden Gesellschafters im Grundsatz nur mit Halbeinkünfte-Einkommensteuer (bei Veräußerung durch eine natürliche Person) bzw. gar nicht (bei Veräußerung durch eine Kapitalgesellschaft) steuerlich belastet sind.

Würde man nun auf Ebene des Anteilskäufers nach dem Muster des bisherigen Umwandlungssteuerrechts einen steuerneutralen Step-up zulassen, so würden die stillen Reserven in der Kapitalgesellschaft nicht mehr mit definitiver Körperschaftsteuer bzw. ggf. Gewerbesteuer belastet werden können. Dies würde eine unvollständige Belastung der in der Kapitalgesellschaft gebildeten stillen Reserven bedeuten. Die Anordnung des § 4 Abs. 6 UmwStG n.F. verhindert dies.

E. I. Änderung § 4 UmwStG

Allerdings ist die Wirkung des § 4 Abs. 6 UmwStG n.F. in vielen Fällen überschießend. So haben die letztlich Gesetz gewordenen Fassungen des § 8 b Abs. 2 i.V.m. § 8 b Abs. 4 KStG einerseits und des § 3 Nr. 40 EStG andererseits dazu geführt, daß Anteilsveräußerungsgewinne nun doch in vielen Fällen voll steuerpflichtig sein werden. Dann aber führt die Anordnung des § 4 Abs. 6 UmwStG n.F. in dem Fall, in dem der Anteilskäufer die erworbene Kapitalgesellschaft in eine Personengesellschaft umwandelt, zu einer übermäßigen Besteuerung. Gleiches gilt, wenn der Anteilskäufer eine natürliche Person ist, da der Anteilsveräußerungsgewinn halbeinkünftebesteuert wird und damit keine Entlastungswirkung des Übernahmeverlustes korrespondiert.

In der Sache resultiert aus § 4 Abs. 6 UmwStG n.F. wirtschaftlich gesehen regelmäßig ein Umwandlungsverbot im Übernahmeverlustfall.

Die Wirkungen der Versagung einer steuerlichen Nutzung des Übernahmeverlustes weichen im Detail von den Wirkungen ab, die entstehen, wenn der Anteilserwerber die erworbenen offenen Rücklagen an sich ausschüttet und durch eine ausschüttungsbedingte Teilwertabschreibung neutralisiert bzw. die erworbenen stillen Reserven realisiert und sie dann ausschüttet und durch eine ausschüttungsbedingte Teilwertabschreibung neutralisiert. Handelt es sich bei dem Anteilserwerber um eine natürliche Person, unterliegt die Ausschüttung der Halbeinkünfte-Einkommensteuer und die ausschüttungsbedingte Teilwert-abschreibung ist gem. § 3 c Abs. 2 EStG n.F. ebenfalls nur hälftig berücksichtigungsfähig. Das heißt, daß, soweit stille Reserven miterworben wurden, auf diese Körperschaftsteuer und Gewerbesteuer anfallen würden. Hinzukommen würde beim Anteilsverkäufer idealiter Halbeinkünfte-Einkommensteuer (resp. beim Gesellschafter des Anteilsverkäufers). Demgegenüber führt die Nichtberücksichtigung des Übernahmeverlustes beim Anteilskäufer dazu, daß auf die miterworbenen stillen Reserven Gewerbesteuer und Einkommensteuer anfällt.

Bei einer erwerbenden Kapitalgesellschaft entfällt auf die realisierten stillen Reserven Gewerbesteuer und Körperschaftsteuer. Deren Weiterausschüttung ist eigentlich nicht denkbar, weil i.H.d. stillen Reserven vorher das Ergebnis durch einen (nicht steuerwirksamen) Übernahmeverlust gemindert worden ist.

Dem Aufwertungswahlrecht des § 3 UmwStG kommt wegen § 4 Abs. 6 UmwStG n.F. in Verlustvortragsfällen eine viel größere Bedeutung als bisher zu.

Übernahmegewinnfolgen

Nach bisherigem Umwandlungssteuerrecht war ein Übernahmegewinn normal einkommen- bzw. körperschaftsteuerpflichtig, wobei, wie auch beim Übernahmeverlust, zunächst die Modifizierungen des § 4 Abs. 5 UmwStG vorzunehmen waren und ggf. die Körperschaftsteueranrechnung nach § 10 UmwStG zu berücksichtigen war.

Im neuen Umwandlungssteuerrecht regelt § 4 Abs. 7 UmwStG n.F., daß ein Übernahmegewinn insoweit außer Ansatz bleibt, wie er auf eine Kapitalgesellschaft als Mitunternehmerin der übernehmenden Personengesellschaften entfällt. In den übrigen Fällen ist der Übernahmegewinn zur Hälfte anzusetzen.

Damit bringt das Umwandlungssteuergesetz zum Ausdruck, daß ein Übernahmegewinn in der Sache nichts anderes als eine Vollausschüttung der in der umgewandelten Kapitalgesellschaft gespeicherten Gewinnrücklagen bedeutet. Hätte die umgewandelte Kapitalgesellschaft vorab ihre Gewinnrücklagen ausgeschüttet, wäre die Ausschüttung bei Kapitalgesellschaften als Anteilseigner gem. § 8 b Abs. 1 KStG n.F. steuerfrei, bei natürlichen Personen als Anteilseigner gem. § 3 Nr. 40 EStG n.F. zur Hälfte steuerbefreit vereinnahmt worden. Diese Behandlung und dieser Gedanke wird auf das positive Übernahmeergebnis bei Umwandlung der Kapitalgesellschaft in eine Personengesellschaft erstreckt.

§ 37 Abs. 3 S. 2 KStG n.F. ordnet eine Nachversteuerung auch für den entsprechenden Anteil am Übernahmegewinn an (in § 34 Abs. 10 a S. 2 KStG n.F. nicht entsprechend geregelt).

Wie auch bei der Anwendung des § 8 b Abs. 1 KStG n.F. bzw. des § 3 Nr. 40 EStG n.F. differenziert auch § 4 Abs. 7 UmwStG n.F. nicht danach, ob die Kapitalgesellschaft, die Mitunternehmerin wird, in Deutschland unbeschränkt oder beschränkt steuerpflichtig ist.

c. Erstmalige Anwendung

Hinweis auf die Erläuterungen zu § 27 Abs. 1 a UmwStG.

II. Änderung § 7 UmwStG

1. Text der Vorschrift

§ 7 wird wie folgt gefasst:

„§ 7
Ermittlung der Einkünfte bei Anteilseignern,
die nicht im Sinne des § 17 des Einkommensteuergesetzes
beteiligt sind

Haben Anteile an der übertragenden Körperschaft zum Zeitpunkt des Vermögensübergangs zum Privatvermögen eines Gesellschafters der übernehmenden Personengesellschaft gehört, und handelt es sich nicht um Anteile im Sinne des § 17 des Einkommensteuergesetzes, so sind ihm der Teil des in der Steuerbilanz ausgewiesenen Eigenkapitals abzüglich des gezeichneten Kapitals und abzüglich des anteiligen steuerlichen Einlagekontos im Sinne des § 27 des Körperschaftsteuergesetzes in dem Verhältnis der Anteile zum Nennkapital der übertragenden Körperschaft als Einkünfte aus Kapitalvermögen im Sinne des § 20 Abs. 1 Nr. 1 des Einkommensteuergesetzes zuzurechnen. Für Anteile, bei deren Veräußerung ein Veräußerungsverlust nach § 17 Abs. 2 Satz 4 des Einkommensteuergesetzes nicht zu berücksichtigen wäre, gilt Satz 1 entsprechend."

2. Materialien

Gesetzentwurf der Bundesregierung

§ 7 wird wie folgt gefasst:

„§ 7
Ermittlung der Einkünfte nicht wesentlich beteiligter Anteilseigner

Haben Anteile an der übertragenden Körperschaft zum Zeitpunkt des Vermögensübergangs zum Privatvermögen eines Gesellschafters der übernehmenden Personengesellschaft gehört, der nicht wesentlich im Sinne des § 17 des Einkommensteuergesetzes beteiligt war, so sind ihm der Teil des Eigenkapitals im Sinne des § 266 Abs. 3 Buchstabe A des Handelsgesetzbuchs abzüglich des gezeichneten Kapitals und abzüglich des anteiligen steuerlichen Einlagekontos im Sinne des § 27 des Körperschaftsteuergesetzes in dem Verhältnis der Anteile zum Nennkapital der übertragenden

Körperschaft als Einkünfte aus Kapitalvermögen im Sinne des § 20 Abs. 1 Nr. 1 des Einkommensteuergesetzes zuzurechnen. Für Anteile, bei deren Veräußerung ein Veräußerungsverlust nach § 17 Abs. 2 Satz 4 des Einkommensteuergesetzes nicht zu berücksichtigen wäre, gilt Satz 1 entsprechend."

Begründung zum Gesetzentwurf der Bundesregierung

Dem nicht wesentlich beteiligten Anteilseigner werden im Rahmen der Umwandlung die offenen Reserven der übertragenden Gesellschaft als Einkünfte aus Kapitalvermögen zugerechnet. Diese offenen Reserven werden anhand des Eigenkapitals der Gesellschaft ermittelt.

Beschlussempfehlung des Finanzausschusses

§ 7 wird wie folgt geändert:

„§ 7
Ermittlung der Einkünfte bei Anteilseignern, die nicht im Sinne des § 17 des Einkommensteuergesetzes beteiligt sind

Haben Anteile an der übertragenden Körperschaft zum Zeitpunkt des Vermögensübergangs zum Privatvermögen eines Gesellschafters der übernehmenden Personengesellschaft gehört, und handelt es sich nicht um Anteile im Sinne des § 17 des Einkommensteuergesetzes, so sind ihm der Teil des in der Steuerbilanz ausgewiesenen Eigenkapitals abzüglich des gezeichneten Kapitals und abzüglich des anteiligen steuerlichen Einlagekontos im Sinne des § 27 des Körperschaftsteuergesetzes in dem Verhältnis der Anteile zum Nennkapital der übertragenden Körperschaft als Einkünfte aus Kapitalvermögen im Sinne des § 20 Abs. 1 Nr. 1 des Einkommensteuergesetzes zuzurechnen. Für Anteile, bei deren Veräußerung ein Veräußerungsverlust nach § 17 Abs. 2 Satz 4 des Einkommensteuergesetzes nicht zu berücksichtigen wäre, gilt Satz 1 entsprechend."

Begründung des Finanzausschusses

Folgeänderungen aus § 17 EStG und aus § 27 Abs. 1 KStG.

Beschlussempfehlung/Begründung des Vermittlungsausschusses

– keine Änderung/Bemerkung –

III. Änderung § 8 UmwStG

1. Text der Vorschrift

In § 8 Abs. 2 wird Satz 2 gestrichen.

2. Materialien

Gesetzentwurf/Begründung der Bundesregierung

– Regelung noch nicht enthalten –

Beschlussempfehlung des Finanzausschusses

In § 8 Abs. 2 wird Satz 2 gestrichen.

Begründung des Finanzausschusses

Redaktionelle Folgeänderung aus Wegfall des Anrechnungsverfahrens.

Beschlussempfehlung/Begründung des Vermittlungsausschusses

– keine Änderung/Bemerkung –

IV. Änderung § 10 UmwStG

1. Text der Vorschrift

§ 10 wird wie folgt gefasst:

„§ 10
Körperschaftsteuerguthaben, Körperschaftsteuerschuld

Das Körperschaftsteuerguthaben und die Körperschaftsteuerschuld im Sinne der §§ 37 und 38 des Körperschaftsteuergesetzes mindern und erhöhen für den Veranlagungszeitraum der Umwandlung die Körperschaftsteuerschuld der übertragenden Körperschaft."

2. Materialien

Gesetzentwurf der Bundesregierung

§ 10 wird wie folgt gefasst:

„§ 10
Körperschaftsteuerguthaben

Das Körperschaftsteuerguthaben im Sinne des § 37 des Körperschaftsteuergesetzes mindert im Veranlagungszeitraum der Umwandlung die Körperschaftsteuerschuld der übertragenden Körperschaft."

Begründung zum Gesetzentwurf der Bundesregierung

Bei Umwandlung einer Kapitalgesellschaft in eine Personengesellschaft wird eine Totalausschüttung unterstellt. Dabei wird das Körperschaftsteuerguthaben der übertragenden Gesellschaft am steuerlichen Übertragungsstichtag wirksam.

Beschlussempfehlung des Finanzausschusses

§ 10 wird wie folgt gefasst:

„§ 10
Körperschaftsteuerguthaben

Das Körperschaftsteuerguthaben im Sinne des § 37 des Körperschaftsteuergesetzes mindert für den Veranlagungszeitraum der Umwandlung die Körperschaftsteuerschuld der übertragenden Körperschaft."

Begründung des Finanzausschusses

Redaktionelle Änderung.

Beschlussempfehlung des Vermittlungsausschusses

§ 10 wird wie folgt gefasst:

„§ 10
Körperschaftsteuerguthaben, Körperschaftsteuerschuld

„Das Körperschaftsteuerguthaben und die Körperschaftsteuerschuld im Sinne der §§ 37 und 38 des Körperschaftsteuergesetzes mindern und erhöhen für den Veranlagungszeitraum der Umwandlung die Körperschaftsteuerschuld der übertragenden Körperschaft."

E. IV. Änderung § 10 UmwStG

Begründung des Vermittlungsausschusses

Vervollständigung der Regelung, Sicherung der „Nachversteuerung" von EK02.

3. Erläuterungen

Verfasser: Thomas Rödder

a) Zweck und Inhalt

§ 10 UmwStG war bisher die Regelung, die bei der Umwandlung von Kapital- in Personengesellschaften eine vergleichbare Steuerwirkung wie bei einer Ausschüttung der in der umgewandelten Kapitalgesellschaft vorhandenen Gewinnrücklagen nach den Regeln des körperschaftsteuerlichen Anrechnungsverfahrens bewirkt. Denn: § 10 UmwStG a.F. ordnete die Anrechnung des sog. Körperschaftsteuerguthabens der Kapitalgesellschaft auf die Einkommen- bzw. Körperschaftsteuer der Gesellschafter der umgewandelten Kapitalgesellschaft an, die in die Übernahmeergebnisermittlung einzubeziehen waren bzw. nach § 7 UmwStG steuerpflichtige Einkünfte aus Kapitalvermögen infolge der Umwandlung erzielten. Mit dieser Regelung korrespondierte, daß das Übernahmeergebnis gem. § 4 Abs. 5 UmwStG a.F. bzw. die zu versteuernden Einkünfte aus Kapitalvermögen nach § 7 UmwStG a.F. jeweils um die anzurechnende Körperschaftsteuer erhöht wurden.

Das Körperschaftsteuerguthaben belief sich dabei auf die gesamte auf Ebene der Kapitalgesellschaft entrichtete Körperschaftsteuer (45/55 des EK 45, 40/60 des EK 40, 30/70 des EK 30). Die Anrechnung erfolgte technisch anders als nach den Regeln des körperschaftsteuerlichen Anrechnungsverfahrens bei einer Ausschüttung, da der Zwischenschritt der Herstellung der Ausschüttungsbelastung auf Ebene der Kapitalgesellschaft unterblieb.

Mit dem Wegfall des körperschaftsteuerlichen Anrechnungsverfahrens korrespondiert, daß § 10 UmwStG n.F. die Anrechnung von Körperschaftsteuerguthaben im bisherigen Sinne nicht mehr vorsieht.

Gleichwohl kann die Umwandlung einer Kapital- in eine Personengesellschaft auch nach dem neuen § 10 UmwStG Körperschaftsteuer-Minderungs- oder Körperschaftsteuer-Erhöhungseffekte auslösen. Dies liegt an der körperschaftsteuerlichen Übergangsregelung zum Wechsel vom Anrechnungs- zum Halbeinkünfteverfahren. Die Übergangsregelung sieht in § 37 und § 38 des KStG n.F. vor, daß das aus EK 45 und EK 40 herrührende Körperschaftsteuerminderungspotential (1/6 des EK 40 nach eventueller Umgliederung), das nun ebenfalls als Körperschaftsteuerguthaben bezeichnet wird, durch Ausschüttung in einem 15-jährigen Übergangszeitraum realisiert werden kann. Da die Umwandlung einer Kapital- in eine Personengesellschaft nach wie vor als eine Art Vollausschüttung aus der umgewandelten Kapitalgesellschaft angesehen wird, sieht § 10 UmwStG n.F. konsequenterweise vor, daß auch eine solche Umwandlung innerhalb des 15-jährigen Übergangszeitraums das Körperschaftsteuerminderungspotential realisiert. Es mindert für den Veranlagungszeitraum der Umwandlung die Körperschaftsteuerschuld der übertragenden Körperschaft. Eine Differenzierung nach dem Steuerstatus der Gesellschafter der umgewandelten Kapitalgesellschaft findet nicht mehr statt. Auch erfolgt keine Erstattung an die Gesellschafter, sondern die Minderung wird durch die übertragende Kapitalgesellschaft realisiert.

Korrespondierend damit kann eine Umwandlung allerdings auch die aus alten EK 02-Positionen für den 15 Jahres-Zeitraum resultierenden Körperschaftsteuererhöhungspotentiale realisieren (dies war im Regierungsentwurf noch übersehen worden, ist aber im Vermittlungsausschuß in den neuen § 10 UmwStG eingefügt worden).

Die Realisierbarkeit von Körperschaftsteuerminderungspotentialen durch Umwandlung kann z.B. dann von Interesse sein, wenn für eine Ausschüttung das handelsrechtliche Ausschüttungspotential fehlen sollte (jeweils sind aber auch die Steuerfolgen des Übernahmeergebnisses zu beachen (dazu die Erläuterungen zu § 4 UmwStG)).

Die Realisierbarkeit der Körperschaftsteuererhöhungspotentiale durch Umwandlung wird in Fällen, in denen beachtliches EK 02 vorhanden ist, in der Sache eine 15-jährige Umwandlungssperre auslösen.

Die zeitliche Regelung zur Realisierung der Körperschaftsteuerminderungspotentiale durch Umwandlung ist deshalb interessant, weil dadurch eine frühere Realisierung von Körperschaftsteuerminderungen als durch Ausschüttungen i.S.d. § 37 KStG möglich wird.

b) Erstmalige Anwendung

Hinweis auf die Erläuterungen zu § 27 Abs. 1 a UmwStG.

V. Änderung § 12 UmwStG

1. Text der Vorschrift

§ 12 wird wie folgt geändert:

a) Absatz 2 Satz 3 wird wie folgt gefasst:

„Die Hinzurechnung unterbleibt, soweit eine Gewinnminderung, die sich durch den Ansatz der Anteile mit dem niedrigeren Teilwert ergeben hat, nach § 50c des Einkommensteuergesetzes oder nach § 8b Abs. 3 des Körperschaftsteuergesetzes nicht anerkannt worden ist."

b) Absatz 5 wird wie folgt geändert:

„(5) Im Falle des Vermögensübergangs von einer Kapitalgesellschaft auf eine Körperschaft, deren Leistungen bei den Empfängern nicht zu den Einnahmen im Sinne des § 20 Abs. 1 Nr. 1 des Einkommensteuergesetzes gehören, sind der Körperschaft der Teil des in der Steuerbilanz ausgewiesenen Eigenkapitals abzüglich des gezeichneten Kapitals und abzüglich des steuerlichen Einlagekontos im Sinne des § 27 des Körperschaftsteuergesetzes, das dem Verhältnis der Anteile zum Nennkapital der übertragenden Körperschaft entspricht, zuzurechnen. § 10 gilt entsprechend. Absatz 3 gilt in diesem Fall nicht für einen verbleibenden Verlustabzug im Sinne des § 10d Abs. 4 Satz 2 des Einkommensteuergesetzes."

2. Materialien

Gesetzentwurf der Bundesregierung

§ 12 Abs. 5 wird wie folgt gefasst:

„(5) Im Falle des Vermögensübergangs von einer Kapitalgesellschaft auf eine Körperschaft, deren Leistungen bei den Empfängern nicht zu den Einnahmen im Sinne des § 20 Abs. 1 Satze 1 Nr. 1 des Einkommensteuergesetzes gehören, sind der Körperschaft der Teil des Eigenkapitals im Sinne des § 266 Abs. 3 Buchstabe A des Handelsgesetzbuchs abzüglich des gezeichneten Kapitals und abzüglich des steuerlichen Einlagekontos im Sinne des § 27 des Körperschaftsteuergesetzes, das dem Verhältnis der Anteile zum Nennkapital der übertragenden Körperschaft entspricht, als Einkünfte aus Kapitalvermögen zuzurechnen. § 10 gilt entsprechend. Absatz 3 gilt in diesem Fall nicht für einen verbleibenden Verlustabzug im Sinne des § 10d Abs. 4 Satz 2 des Einkommensteuergesetzes."

Begründung zum Gesetzentwurf der Bundesregierung

Bei Umwandlung einer Kapitalgesellschaft in eine Körperschaft, deren Leistungen beim Empfänger nicht zu Einkünften aus Kapitalvermögen führen, wird ebenfalls eine Totalausschüttung unterstellt, so dass die offenen Reserven versteuert werden müssen.

Beschlussempfehlung des Finanzausschusses

§ 12 wird wie folgt geändert:

a) Absatz 2 Satz 3 wird wie folgt gefasst:

„Die Hinzurechnung unterbleibt, soweit eine Gewinnminderung, die sich durch den Ansatz der Anteile mit dem niedrigeren Teilwert ergeben hat, nach § 50c des Einkommensteuergesetzes oder nach § 8b Abs. 3 des Körperschaftsteuergesetzes nicht anerkannt worden ist."

b) Absatz 5 wird wie folgt geändert:

„(5) Im Falle des Vermögensübergangs von einer Kapitalgesellschaft auf eine Körperschaft, deren Leistungen bei den Empfängern nicht zu den Einnahmen im Sinne des § 20 Abs. 1 Nr. 1 des Einkommensteuergesetzes gehören, sind der Körperschaft der Teil des in der Steuerbilanz ausgewiesenen Eigenkapitals abzüglich des gezeichneten Kapitals und abzüglich des steuerlichen Einlagekontos im Sinne des § 27 des Körperschaftsteuergesetzes, das dem Verhältnis der Anteile zum Nennkapital der übertragenden Körperschaft entspricht, zuzurechnen. § 10 gilt entsprechend. Absatz 3 gilt in diesem Fall nicht für einen verbleibenden Verlustabzug im Sinne des § 10d Abs. 4 Satz 2 des Einkommensteuergesetzes."

Begründung des Finanzausschusses

Zu Buchstabe a

Redaktionelle Folgeänderung aus § 8b Abs. 3 KStG.

Zu Buchstabe b

Beim Vermögensübergang auf eine Körperschaft, die ihrerseits nicht weiter ausschütten kann, wird eine Totalausschüttung unterstellt. Die

Empfängerin fällt unter § 8b Abs. 1 KStG, so dass das zuzurechnende anteilige Eigenkapital nicht zu einem steuerpflichtigen Zufluss führt.

Beschlussempfehlung/Begründung des Vermittlungsausschusses

– keine Änderung/Bemerkung –

VI. Änderung § 16 UmwStG

1. Text der Vorschrift

§ 16 Satz 2 wird wie folgt gefasst:

„§ 10 ist für den in § 40 Abs. 2 Satz 3 des Körperschaftsteuergesetzes bezeichneten Teil der Beträge im Sinne der §§ 37 und 38 des Körperschaftsteuergesetzes anzuwenden."

2. Materialien

Gesetzentwurf der Bundesregierung

§ 16 Satz 2 wird wie folgt gefasst:

„§ 10 ist für den Teil des Körperschaftsteuerguthabens anzuwenden, um den sich das Körperschaftsteuerguthaben der übertragenden Körperschaft nach § 40 Abs. 2 Satz 3 des Körperschaftsteuergesetzes verringert."

Begründung zum Gesetzentwurf der Bundesregierung

Die Regelung wird an die Änderung des § 10 angepasst.

Beschlussempfehlung/Begründung des Finanzausschusses

– keine Änderung/Bemerkung –

Beschlussempfehlung des Vermittlungsausschusses

§ 16 Satz 2 wird wie folgt gefasst:

„§ 10 ist für den in § 40 Abs. 2 Satz 3 des Körperschaftsteuergesetzes bezeichneten Teil der Beträge im Sinne der §§ 37 und 38 des Körperschaftsteuergesetzes anzuwenden."

Begründung des Vermittlungsausschusses

Vervollständigung der Regelung, Sicherung der „Nachversteuerung" von EK02.

VII. Änderung § 18 UmwStG

1. Text der Vorschrift
In § 18 Abs. 2 wird Satz 2 gestrichen.

2. Materialien

Gesetzentwurf/Begründung der Bundesregierung

– Regelung noch nicht enthalten –

Beschlussempfehlung des Finanzausschusses

In § 18 Abs. 2 wird Satz 2 gestrichen.

Begründung des Finanzausschusses

Redaktionelle Anpassung an die Streichung des § 4 Abs. 6.

Beschlussempfehlung/Begründung des Vermittlungsausschusses

– keine Änderung/Bemerkung –

VIII. Änderung § 20 UmwStG

1. Text der Vorschrift
§ 20 Abs. 5 wird wie folgt geändert:

a) Satz 1 wird wie folgt gefasst:

„Auf einen bei der Sacheinlage entstehenden Veräußerungsgewinn ist § 34 Abs. 1 des Einkommensteuergesetzes anzuwenden, wenn der Einbringende eine natürliche Person ist und soweit der Veräußerungsgewinn nicht nach § 3 Nr. 40 Buchstabe b und c in Verbindung mit § 3c Abs. 2 des Einkommensteuergesetzes teilweise steuerbefreit ist."

b) In Satz 2 werden die Wörter „wesentliche Beteiligung" durch die Wörter „Beteiligung im Sinne des § 17 des Einkommensteuergesetzes" ersetzt.

2. Materialien

Gesetzentwurf/Begründung der Bundesregierung

– Regelung noch nicht enthalten –

Beschlussempfehlung des Finanzausschusses

§ 20 Abs. 5 wird wie folgt geändert:

a) Satz 1 wird wie folgt gefasst:

„Auf eine bei der Sacheinlage entstehenden Veräußerungsgewinn ist § 34 Abs. 1 des Einkommensteuergesetzes anzuwenden, wenn der Einbringende eine natürliche Person ist und soweit der Veräußerungsgewinn nicht nach § 3 Nr. 40 Buchstabe b und c in Verbindung mit § 3c Abs. 2 des Einkommensteuergesetzes teilweise steuerbefreit ist."

b) In Satz 2 werden die Wörter „wesentliche Beteiligung" durch die Wörter „Beteiligung im Sinne des § 17 des Einkommensteuergesetzes" ersetzt.

Begründung des Finanzausschusses

Der Einbringungsgewinn ist nicht nach § 34 Abs. 1 EStG begünstigt, soweit er der Halbeinkünftebesteuerung unterliegt.

Beschlussempfehlung/Begründung des Vermittlungsausschusses

– keine Änderung/Bemerkung –

IX. Änderung § 21 UmwStG

1. Text der Vorschrift

§ 21 Abs. 1 wird wie folgt geändert:

a) **Satz 2 wird aufgehoben.**

b) **Im neuen Satz 2 wird die Angabe „sind § 16 Abs. 4 und § 34 Abs. 1" durch die Angabe „ist § 16 Abs. 4" ersetzt.**

2. Materialien

Gesetzentwurf der Bundesregierung

§ 21 Abs. 1 wird wie folgt geändert:

a) Satz 2 wird aufgehoben.

b) Im neuen Satz 2 wird die Angabe „sind § 16 Abs. 4 und § 34 Abs. 1" durch die Angabe „ist § 16 Abs. 4" ersetzt.

Begründung zum Gesetzentwurf der Bundesregierung

Gewinne, die der Halbeinkünftebesteuerung unterliegen, werden aus der ermäßigten Besteuerung des § 34 EStG herausgenommen.

Beschlussempfehlung/Begründung des Finanzausschusses

– keine Änderung/Bemerkung –

Beschlussempfehlung/Begründung des Vermittlungsausschusses

– keine Änderung/Bemerkung –

3. Erläuterungen

Verfasser: Thomas Rödder

Die Streichung des Verweises auf § 34 Abs. 1 EStG wird damit begründet, daß Gewinne, die der Halbeinkünftebesteuerung unterliegen, aus der ermäßigten Besteuerung des § 34 EStG herausgenommen werden sollen. Dieser Gedanke findet sich zwar auch ansonsten in § 34 EStG und in § 20 Abs. 5 UmwStG. Indessen: Gerade Gewinne aus der Veräußerung einbringungsgeborener Anteile werden in vielen Fällen nicht gem. § 3 Nr. 40 EStG hälftig steuerfrei gestellt, so daß das komplette Streichen des § 34 EStG aus § 21 UmwStG überschießend ist. Auch insoweit hätte es (wie in § 20 Abs. 5 S. 1 UmwStG n.F.) heißen müssen, daß § 34 EStG nur in den Fällen nicht zur Anwendung gelangt, in denen es zur Halbeinkünftebesteuerung des Gewinns aus der Veräußerung einbringungsgeborener Anteile kommt.

Zur erstmaligen Anwendung Hinweis auf die Erläuterungen zu § 27 UmwStG.

X. Änderung § 27 UmwStG

1. Text der Vorschrift

In § 27 wird nach Absatz 1 folgender Absatz 1a eingefügt:

„(1a) Die Vorschriften dieses Gesetzes in der Fassung des Artikels 5 des Gesetzes vom ... (BGBl. I S. ...) sind erstmals auf Umwandlungen anzuwenden, bei denen der steuerliche Übertragungsstichtag in dem ersten Wirtschaftsjahr der übertragenden Körperschaft liegt, für das das Körperschaftsteuergesetz in der Fassung des Artikels 3 des Gesetzes vom ... (BGBl. I S. ...) erstmals anzuwenden ist. Ist in dem in Satz 1 bezeichneten Wirtschaftsjahr ein Rechtsakt im Sinne des Umwandlungssteuergesetzes wirksam geworden, der steuerlich mit zulässiger Rückwirkung nach Maßgabe des Umwandlungssteuergesetzes belegt ist, so gelten die steuerlichen Rechtsfolgen als frühestens zu Beginn des in Satz 1 bezeichneten Wirtschaftsjahrs bewirkt."

2. Materialien

Gesetzentwurf der Bundesregierung

In § 27 wird nach Absatz 1 folgender Absatz 1a eingefügt:

„(1a) Die Vorschriften dieses Gesetzes in der Fassung des Artikels 5 des Gesetzes vom ... (BGBl. I S. ...) sind ist erstmals auf Umwandlungen anzuwenden, bei denen der steuerliche Übertragungsstichtag in dem ersten nach dem 31. Dezember 2000 beginnenden Wirtschaftsjahr liegt."

Begründung zum Gesetzentwurf der Bundesregierung

Regelungen zur zeitlichen Anwendung der Neuregelungen. Der Anwendungszeitpunkt stimmt mit den Regelungen überein, die für die Einführung des Halbeinkünfteverfahrens gelten.

Beschlussempfehlung/Begründung des Finanzausschusses

– keine Änderung/Bemerkung –

Beschlussempfehlung des Vermittlungsausschusses

In § 27 wird nach Absatz 1 folgender Absatz 1a eingefügt:

„(1a) Die Vorschriften dieses Gesetzes in der Fassung des Artikels 5 des Gesetzes vom ... (BGBl. I S. ...) sind erstmals auf Umwandlungen anzuwenden, bei denen der steuerliche Übertragungsstichtag in dem ersten Wirtschaftsjahr der übertragenden Körperschaft liegt, für das das Körperschaftsteuergesetz in der Fassung des Artikels 3 des Gesetzes vom ... (BGBl. I S. ...) erstmals anzuwenden ist. Ist in dem in Satz 1 bezeichneten Wirtschaftsjahr ein Rechtsakt im Sinne des Umwandlungssteuergesetzes wirksam geworden, der steuerlich mit zulässiger Rückwirkung nach Maßgabe des Umwandlungssteuergesetzes belegt ist, so gelten die steuerlichen Rechtsfolgen als frühestens zu Beginn des in Satz 1 bezeichneten Wirtschaftsjahres bewirkt."

Begründung des Vermittlungsausschusses

Die Anwendungsvorschrift des Umwandlungssteuergesetzes wird an die Neufassung der Anwendungsvorschrift des § 34 KStG angepaßt. Durch den eingefügten Satz 2 wird ein mißbräuchlicher Wechsel vom neuen zum alten Recht durch rückwirkende Umwandlungen verhindert.

3. Erläuterungen

Verfasser: Thomas Rödder

Gemäß § 27 Abs. 1 a UmwStG sind die Vorschriften des neuen Umwandlungssteuergesetzes und damit auch die Neuregelung der §§ 4 und 10 UmwStG erstmals auf Umwandlungen anzuwenden, bei denen der steuerliche Übertragungsstichtag in dem ersten Wirtschaftsjahr der übertragenden Körperschaft liegt, für das das neue Körperschaftsteuergesetz erstmals anzuwenden ist. § 27 Abs. 1 a S. 2 UmwStG n.F. führt weiter aus, daß dann, wenn in dem in S. 1 bezeichneten Wirtschaftsjahr ein Rechtsakt i.S.d. UmwStG wirksam geworden ist, der steuerlich mit zulässiger Rückwirkung nach Maßgabe des Umwandlungssteuergesetzes belegt ist, die steuerlichen Rechtsfolgen als frühestens zu Beginn des in S. 1 bezeichneten Wirtschaftsjahres bewirkt gelten.

Abgestellt wird also auf das Wirtschaftsjahr der Körperschaft, die umgewandelt wird. Ist dies kalenderjahrgleich, so sind nach § 27 Abs. 1 a S. 1 UmwStG n.F. die Neuregelungen erstmals auf alle Umwandlungen anzuwenden, bei denen der steuerliche Übertragungsstichtag nach dem 31.12.2000 liegt. Bei einem abweichenden Wirtschaftsjahr liegt der entscheidende Stichtag entsprechend später. Allerdings resultiert aus § 27 Abs. 1 a S. 2 UmwStG n.F. jedenfalls nach der Vorstellung des Gesetzgebers, daß eine steuerlich rückwirkende Festlegung des steuerlichen Übertragungsstichtags auf einen Zeitpunkt vor dem 1.1.2001 die Anwendung des neuen UmwStG nicht verhindert.

Diese Anordnung birgt eine Fülle von Ungereimtheiten. So dürfte davon auszugehen sein, daß jede Umwandlung, bei der der steuerliche Übertragungsstichtag vor dem Zeitpunkt des Wirksamwerdens i.S.d. Handelsregistereintragung liegt, eine mit steuerlicher Rückwirkung vorgenommene Umwandlung ist, so daß das neue Umwandlungssteuerrecht bei kalenderjahrgleichem Wirtschaftsjahr der umgewandelten Kapitalgesellschaft immer schon dann anzuwenden ist, wenn nur die Handelsregistereintragung der Umwandlung in 2001 liegt. Dies ist wenig sachgerecht, weil der Steuerpflichtige auf den Zeitpunkt der Eintragung kaum Einfluß nehmen kann. Vielmehr sollte die Finanzverwaltung die Vorschrift so interpretieren, daß immer dann, wenn der Steuerpflichtige seinerseits bis zum 31.12.2000 alles Erforderliche getan hat, es noch bei der Anwendung des alten Umwandlungssteuerrechts bleibt.

Nimmt man den Wortlaut des § 27 Abs. 1 a s. 2 UmwStG ernst, wäre demgegenüber eine Eintragung erst im VZ 2002 unschädlich in dem Sinne, daß es bei der Anwendbarkeit des alten Rechts bleiben würde. Im übrigen gibt es keine Rechtsakte i.S.d. UmwStG, sondern nur solche i.S.d. UmwG. Schließlich ist bei einer rückwirkenden Umwandlung auf den 31.12.2000 das neue KStG für die umgewandelte Kapitalgesellschaft niemals anzuwenden, so daß es in diesem Fall nach dem Wortlaut der Norm eigentlich generell bei der Anwendung des alten UmwStG bliebe.

Unbeschadet dessen führt, da auf das Wirtschaftsjahr der umgewandelten Kapitalgesellschaft abgestellt wird, die rechtzeitige Umstellung des Wirtschaftsjahrs der umgewandelten Kapitalgesellschaft auf ein abweichendes Wirtschaftsjahr (Einvernehmen des Finanzamts benötigt) dazu, daß die Neuregelungen des Umwandlungssteuergesetzes erst später eingreifen.

Die Anwendungsregelung des § 27 Abs. 1 a UmwStG ist nicht mit den Regeln zur erstmaligen Anwendung der neuen Veräußerungsgewinnsteuerregelungen abgestimmt. Diese gelten normalerweise erst ab dem Veranlagungszeitraum 2002, so daß viele Fälle denkbar sind, in denen zwar steuerpflichtig veräußert wird, der Erwerber aber keinen Step-up mehr herbeiführen kann. Dies ist unverständlich. § 27 Abs. 1 a UmwStG regelt die erstmalige Anwendung der verschärften neuen Regelungen des Umwandlungssteuergesetzes in den meisten Fällen ein Jahr zu früh.

§ 27 Abs. 1 a UmwStG ist auch nicht mit § 37 Abs. 1 KStG n.F. abgestimmt, was im Zusammenhang mit § 10 UmwStG n.F. Bedeutung hat.

§ 27 Abs. 1 a UmwStG paßt schließlich auch nicht als Regel zur erstmaligen Anwendung der modifizierten §§ 20 UmwStG und 21 UmwStG, da die Änderung der §§ 20 und 21 UmwStG insbesondere Einbringungs- und Veräußerungsgewinne erfaßt, während § 27 Abs. 1 a UmwStG sich auf Umwandlungen von Körperschaften bezieht. Möglicherweise dürfte Art. 19 StSenkG einschlägig sein.

F. Änderung des Gewerbesteuergesetzes (Artikel 6)

I. Änderung § 2 GewStG

1. Text der Vorschrift

In § 2 Abs. 2 Satz 2 wird nach den Wörtern „des Körperschaftsteuergesetzes" die Angabe „in der Fassung der Bekanntmachung vom 22. April 1999 (BGBl. I S. 817)" eingefügt.

2. Materialien

Gesetzentwurf der Bundesregierung

§ 2 Abs. 2 wird wie folgt geändert:

a) Am Ende des Satzes 1 werden der Punkt durch ein Semikolon ersetzt und folgender Halbsatz angefügt:

„als Kapitalgesellschaft gilt auch ein Betrieb, der nach § 4a Abs. 1 des Körperschaftsteuergesetzes besteuert wird."

b) In Satz 2 wird die Angabe „§ 14 Nr. 1 bis 3" durch die Angabe „§ 14 Nr. 1 und 2" ersetzt.

Begründung zum Gesetzentwurf der Bundesregierung

Zu Buchstabe a (Satz 1)

Personenunternehmen, natürliche Personen mit Einkünften aus Gewerbebetrieb, aus Land- und Forstwirtschaft oder aus selbständiger Tätigkeit, die die Option zur Körperschaftsteuer ausüben, sollen auch gewerbesteuerlich wie eine unbeschränkt körperschaftsteuerpflichtige Kapitalgesellschaft behandelt werden. Für Zwecke der Gewerbesteuer wird daher fingiert, dass es sich bei diesen Unternehmen um Kapitalgesellschaften handelt. Damit sind sie kraft Gesetzes gewerbesteuerpflichtig mit der Folge, dass alle für Kapitalgesellschaften maßgebenden gewerbesteuerlichen Vorschriften anzuwenden sind.

Zu Buchstabe b (Satz 2)

Auf die bisher geforderten Voraussetzungen der wirtschaftlichen und organisatorischen Eingliederung für die Begründung einer gewerbesteuerlichen Organschaft wird aus den gleichen Gründen wie bei der Körperschaftsteuer verzichtet (vgl. Änderung des § 14 KStG).

Beschlussempfehlung des Finanzausschusses

§ 2 Abs. 2 wird wie folgt geändert:

a) unverändert

b) In Satz 2 wird nach den Wörtern „des Körperschaftsteuergesetzes" die Angabe „in der Fassung der Bekanntmachung vom 22. April 1999 (BGBl. I S. 817)" eingefügt.

Begründung des Finanzausschusses

Durch den Hinweis auf das Datum der Fassung des Körperschaftsteuergesetzes wird sichergestellt, dass auch künftig für die Anerkennung der gewerbesteuerlichen Organschaft – abweichend von den beabsichtigten körperschaftsteuerlichen Regelungen – die bisherigen Voraussetzungen maßgebend sind.

Beschlussempfehlung des Vermittlungsausschusses

In § 2 Abs. 2 Satz 2 wird nach den Wörtern „des Körperschaftsteuergesetzes" die Angabe „in der Fassung der Bekanntmachung vom 22. April 1999 (BGBl. I S. 817)" eingefügt.

Begründung des Vermittlungsausschusses

Änderung wegen Wegfall der Option.

3. Erläuterungen

Verfasser: Thomas Rödder

a) Zweck und Inhalt

Der unscheinbar wirkende Zusatz in § 2 Abs. 2 Satz 2 GewStG n.F., wonach die organschaftliche Eingliederung an den Voraussetzungen des § 14 Nrn. 1-3 des KStG in der Fassung der Bekanntmachung vom 22. April 1999 (BGBl. I, 817) festgemacht wird, hat eine große Bedeutung. Diese ist nur vor dem Hintergrund der Änderung der Eingliederungsvoraussetzungen für die körperschaftsteuerliche Organschaft verständlich.

Die Änderung der Eingliederungsvoraussetzungen für die körperschaftsteuerliche Organschaft ist gravierend. Es geht insbesondere um zwei Änderungen: Zum einen ist für die Eingliederung i.S.d. körperschaftsteuerlichen Organschaft zukünftig nur noch die finanzielle Eingliederung der Organkapitalgesellschaft in das Unternehmen des Organträgers erforderlich, die bisher in § 14 Nr. 2 KStG zusätzlich vorausgesetzte wirtschaftliche Eingliederung einerseits und organisatorische Eingliederung andererseits wird für die körperschaftsteuerliche Organschaft nicht mehr verlangt. Zum anderen sind die Voraussetzungen für die finanzielle Eingliederung durch mittelbare Beteiligung geändert worden. Bisher sagte § 14 Nr. 1 Satz 2 KStG aus, daß eine mittelbare Beteiligung für die finanzielle Eingliederung nur genügt, wenn jede der Beteiligungen, auf denen die mittelbare Beteiligung beruht, die Mehrheit der Stimmrechte gewährt. Nun führt § 14 Nr. 1 S. 2 KStG aus, daß mittelbare Beteiligungen immer dann zu berücksichtigen sind, wenn die Beteiligung an der (bzw. den) vermittelnden Gesellschaft(en) die Mehrheit der Stimmrechte gewährt.

Diese Änderungen der körperschaftsteuerlichen Eingliederungsvoraussetzungen sollten nach dem Regierungsentwurf auch für die gewerbesteuerliche Organschaft Bedeutung haben. Dies hätte mit sich gebracht, daß für Zwecke der gewerbesteuerlichen Organschaft keine gestaltbare Voraussetzung mehr gegeben gewesen wäre. Während für die körperschaftsteuerliche Organschaft neben der finanziellen Eingliederung auch noch der Ergebnisabführungsvertrag vorausgesetzt wird, der ein gestaltbares Element darstellt, wäre für die gewerbesteuerliche Organschaft nur noch die finanzielle Eingliederung vorausgesetzt gewesen. Dies hätte in vielen Fällen zur Annahme gewerbesteuerlicher Zwangsorganschaften geführt. Die Probleme, die dies für die Praxis bedeutet hätte, werden schon dann deutlich, wenn man sich den Fall börsennotierter Tochter-Aktiengesellschaften, die noch im Mehrheitsbesitz der Mutter-Aktiengesellschaft stehen, vorstellt. Bisher konnte in derartigen Fällen das gewünschte Ergebnis wegen des gestaltbaren Erfordernisses einer organisatorischen Eingliederung herbeigeführt werden.

Im Zuge der Diskussion der Regelung des Regierungsentwurfs wurde erwogen, den Bedenken der Praxis dadurch Rechnung zu tragen, daß der Ergebnisabführungsvertrag auch als Voraussetzung für die gewerbesteuerliche Organschaft eingeführt wird. Dies hätte allerdings ebenfalls einen massiven Nachteil für die Praxis bedeutet. Denn: Es ist eine Vielzahl von Fällen gegeben, in denen die gewerbesteuerliche Organschaft steuerlich wichtig ist, ein Ergebnisabführungsvertrag aber keinesfalls abgeschlossen werden soll bzw. gar nicht abgeschlossen werden kann.

Vor diesem Hintergrund hat sich der Gesetzgeber dann zu einem ungewöhnlichen Schritt entschlossen. Er ordnet nun durch den in § 2

Abs. 2 Satz 2 GewStG n.F. eingefügten Verweis an, daß die bisherigen gewerbesteuerlichen Eingliederungsvoraussetzungen trotz der Änderungen der körperschaftsteuerlichen Eingliederungsvoraussetzungen nach wie vor für die gewerbesteuerliche Organschaft maßgebend sein sollen. Das bedeutet, daß für die gewerbesteuerliche Organschaft nach wie vor auch die wirtschaftliche und die organisatorische Eingliederung der Organ-Tochterkapitalgesellschaft in das Organträgerunternehmen erforderlich sind und daß für die Berücksichtigung mittelbarer Beteiligungen bei der Prüfung der finanziellen Eingliederung die bisherige restriktive Vorschrift maßgebend bleibt.

Obwohl die Praxis mit dieser Differenzierung der Eingliederungsvoraussetzungen für Zwecke der körperschaftsteuerlichen und der gewerbesteuerlichen Organschaft wird leben können, ist Lösung aus steuerrechtssystematischer Sicht sicherlich nicht unproblematisch. Sie führt zu dem bisher praktisch unbekannten Phänomen, daß eine körperschaftsteuerliche Organschaft gegeben sein kann, ohne daß gleichzeitig gewerbesteuerliche Organschaft vorliegt.

In diesem Fall erhebt sich die Frage, wie die Ergebnisabführung beim Organträger gewerbesteuerlich zu behandeln ist. Meines Erachtens muß insoweit § 9 Nr. 2 a GewStG anwendbar sein.

Es werden auch Fragen auftauchen, die sich daraus ergeben, daß körperschaftsteuerlich ein Teil der Ergebnisabführung als Mehrabführung begriffen wird (sei sie vororganschaftlich verursacht bzw. sei sie minderorganschaftlich verursacht). Auch insoweit stellt sich die Frage, wie dieser Teil der Ergebnisabführung gewerbesteuerlich zu behandeln ist (wohl auch § 9 Abs. 2 a GewStG). Auch wird sich die Frage stellen, wie der Verlustausgleich (verdeckte Einlage für gewerbesteuerliche Zwecke?) sowie der körperschaftsteuerlich als Minderabführung zu qualifizierende Sachverhalt (wieder differenziert danach, ob vor- oder innerorganschaftlich verursacht) gewerbesteuerlich zu behandeln ist.

Schließlich ergeben sich im Rahmen des § 35 EStG n.F. keine sachgerechten Ergebnisse. Denn: Auf der einen Seite wird wegen der körperschaftsteuerlichen Organschaft das Einkommen der Organgesellschaft qua Zurechnung der ESt unterworfen. Auf der anderen Seite wird aber wegen der nicht bestehenden gewerbesteuerlichen Organschaft der GewSt-Meßbetrag des Organträgers nicht gemehrt (zur gebotenen Anwendung des § 9 Nr. 2 a GewStG s.o.).

§ 2 Abs. 2 Satz 2 GewStG n.F. verweist nicht nur auf § 14 Nr. 1 und Nr. 2 KStG in der Fassung des KStG gemäß Bekanntmachung vom 22. April 1999, sondern auch auf die entsprechende Fassung des § 14

Nr. 3 KStG (betrifft die Anforderungen an den Organträger, insbesondere Fragen der unbeschränkten bzw. beschränkten Steuerpflicht auf dieser Ebene). Zwar ist § 14 Nr. 3 KStG seit dem 22. April 1999 nicht geändert worden. Die Formulierung des § 2 Abs. 2 Satz 2 GewStG n.f. führt aber dazu, daß jede zukünftige Änderung des § 14 Nr. 3 KStG in das Gewerbesteuerrecht nicht mehr durchschlagen wird.

b) Erstmalige Anwendung

§ 2 Abs. 2 Satz 2 GewStG in der um den Einschub „in der Fassung der Bekanntmachung vom 22. April 1999 (BGBl. I S. 817)" ergänzten Fassung gilt gemäß § 36 Abs. 1 GewStG n.f. erstmals für den Erhebungszeitraum 2001. Da für den Erhebungszeitraum 2000 die Bezugnahme auf § 14 Nrn. 1-3 KStG noch die Bezugnahme auf die nicht durch das StSenkG geänderte Version des § 14 KStG bedeutet, resultiert aus der zeitlichen Anwendungsregelung für § 2 Abs. 2 Satz 2 GewStG n.F., daß die gewerbesteuerlichen Eingliederungsvoraussetzungen durchgängig unverändert sind.

II. Änderung § 9 GewStG

1. Text der Vorschrift

§ 9 wird wie folgt geändert:

a) **Nummer 7 Satz 3 wird durch die folgenden Sätze ersetzt:**

„Hat die Tochtergesellschaft in dem betreffenden Wirtschaftsjahr neben den Gewinnanteilen einer Enkelgesellschaft noch andere Erträge bezogen, so findet Satz 2 nur Anwendung für den Teil der Ausschüttung der Tochtergesellschaft, der dem Verhältnis dieser Gewinnanteile zu der Summe dieser Gewinnanteile und der übrigen Erträge entspricht, höchstens aber in Höhe des Betrags dieser Gewinnanteile. Die Anwendung des Satzes 2 setzt voraus, dass

1. die Enkelgesellschaft in dem Wirtschaftsjahr, für das sie die Ausschüttung vorgenommen hat, ihre Bruttoerträge ausschließlich oder fast ausschließlich aus unter § 8 Abs. 1 Nr. 1 bis 6 des Außensteuergesetzes fallenden Tätigkeiten oder aus unter § 8 Abs. 2 Nr. 1 des Außensteuergesetzes fallenden Beteiligungen bezieht und

2. die Tochtergesellschaft unter den Voraussetzungen des Satzes 1 am Nennkapital der Enkelgesellschaft beteiligt ist.

Die Anwendung der vorstehenden Vorschriften setzt voraus, dass die Muttergesellschaft alle Nachweise erbringt, insbesondere

1. durch Vorlage sachdienlicher Unterlagen nachweist, dass die Tochtergesellschaft ihre Bruttoerträge ausschließlich oder fast ausschließlich aus unter § 8 Abs. 1 Nr. 1 bis 6 des Außensteuergesetzes fallenden Tätigkeiten oder aus unter § 8 Abs. 2 des Außensteuergesetzes fallenden Beteiligungen bezieht,

2. durch Vorlage sachdienlicher Unterlagen nachweist, dass die Enkelgesellschaft ihre Bruttoerträge ausschließlich oder fast ausschließlich aus unter § 8 Abs. 1 Nr. 1 bis 6 des Außensteuergesetzes fallenden Tätigkeiten oder aus unter § 8 Abs. 2 Nr. 1 des Außensteuergesetzes fallenden Beteiligungen bezieht,

3. den ausschüttbaren Gewinn der Tochtergesellschaft oder Enkelgesellschaft durch Vorlage von Bilanzen und Erfolgsrechnungen nachweist; auf Verlangen sind diese Unterlagen mit dem im Staat der Geschäftsleitung oder des Sitzes vorgeschriebenen oder üblichen Prüfungsvermerk einer behördlich anerkannten Wirtschaftsprüfungsstelle oder einer vergleichbaren Stelle vorzulegen;"

b) In Nummer 8 werden nach dem Wort „beträgt" die Wörter „und die Gewinnanteile bei der Ermittlung des Gewinns (§ 7) angesetzt worden sind" angefügt.

2. Materialien

Gesetzentwurf der Bundesregierung

§ 9 Nr. 7 und 8 wird aufgehoben.

Begründung zum Gesetzentwurf der Bundesregierung

Das gewerbesteuerliche Schachtelprivileg des § 9 Nr. 7 GewStG, das eine Kürzung für Gewinne aus Anteilen an einer ausländischen Kapitalgesellschaft vorsah, ist durch die Steuerbefreiung für Beteiligungs-

F. II. Änderung § 9 GewStG

erträge nach 8b Abs. 1 KStG überholt und daher aufzuheben. Entsprechendes gilt für § 9 Nr. 8 GewStG. Der Hinzurechnungsbetrag nach § 10 Abs. 2 AStG ist dagegen über § 7 GewStG Teil des Gewerbeertrags.

Beschlussempfehlung des Finanzausschusses

§ 9 wird wie folgt geändert:

a) Nummer 7 Satz 3 wird durch die folgenden Sätze ersetzt:

„Hat die Tochtergesellschaft in dem betreffenden Wirtschaftsjahr neben den Gewinnanteilen einer Enkelgesellschaft noch andere Erträge bezogen, so findet Satz 2 nur Anwendung für den Teil der Ausschüttung der Tochtergesellschaft, der dem Verhältnis dieser Gewinnanteile zu der Summe dieser Gewinnanteile und der übrigen Erträge entspricht, höchstens aber in Höhe des Betrags dieser Gewinnanteile. Die Anwendung des Satzes 2 setzt voraus, dass

1. die Enkelgesellschaft in dem Wirtschaftsjahr, für das sie die Ausschüttung vorgenommen hat, ihre Bruttoerträge ausschließlich oder fast ausschließlich aus unter § 8 Abs. 1 Nr. 1 bis 6 des Außensteuergesetzes fallenden Tätigkeiten oder aus unter § 8 Abs. 2 Nr. 1 des Außensteuergesetzes fallenden Beteiligungen bezieht und

2. die Tochtergesellschaft unter den Voraussetzungen des Satzes 1 am Nennkapital der Enkelgesellschaft beteiligt ist.

Die Anwendung der vorstehenden Vorschriften setzt voraus, dass die Muttergesellschaft alle Nachweise erbringt, insbesondere

1. durch Vorlage sachdienlicher Unterlagen nachweist, dass die Tochtergesellschaft ihre Bruttoerträge ausschließlich oder fast ausschließlich aus unter § 8 Abs. 1 Nr. 1 bis 6 des Außensteuergesetzes fallenden Tätigkeiten oder aus unter § 8 Abs. 2 des Außensteuergesetzes fallenden Beteiligungen bezieht,

2. durch Vorlage sachdienlicher Unterlagen nachweist, dass die Enkelgesellschaft ihre Bruttoerträge ausschließlich oder fast ausschließlich aus unter § 8 Abs. 1 Nr. 1 bis 6 des Außensteuergesetzes fallenden Tätigkeiten oder aus unter § 8 Abs. 2 Nr. 1 des Außensteuergesetzes fallenden Beteiligungen bezieht,

3. den ausschüttbaren Gewinn der Tochtergesellschaft oder Enkelgesellschaft durch Vorlage von Bilanzen und Erfolgsrechnungen nachweist; auf Verlangen sind diese Unterlagen mit dem im Staat der Geschäftsleitung oder des Sitzes vorgeschriebenen oder üblichen Prüfungsvermerk einer behördlich anerkannten Wirtschaftsprüfungsstelle oder einer vergleichbaren Stelle vorzulegen."

b) In Nummer 8 werden nach dem Wort „beträgt" die Wörter „und die Gewinnanteile bei der Ermittlung des Gewinns (§ 7) angesetzt worden sind" angefügt.

Begründung des Finanzausschusses

Zu § 9 Nr. 7

Nach dem Entwurf des StSenkG sind § 9 Nr. 7 und 8 GewStG zu streichen, weil Beteiligungserträge nach § 8b Abs. 1 KStG steuerfrei sind. Da § 8b Abs. 1 KStG jedoch nicht auf Beteiligungserträge von Personengesellschaften und Einzelunternehmen anzuwenden ist und § 9 Nr. 7 und 8 GewStG für jedes gewerbliche Unternehmen gilt, sind beide Kürzungsvorschriften weiterhin notwendig. Wegen des Wegfalls des § 26 Abs. 2 bis 5 KStG kann aber in § 9 Nr. 7 Satz 3 GewStG nicht mehr auf diese Vorschriften verwiesen werden; sie sind vielmehr inhaltlich zu übernehmen.

Zu § 9 Nr. 8

Die Ergänzung des § 9 Nr. 8 GewStG stellt klar, daß der Kürzungsanspruch nur besteht, wenn Beteiligungserträge Teil des Gewerbeertrags sind.

Beschlussempfehlung/Begründung des Vermittlungsausschusses

– keine Änderung/Bemerkung –

III. Erläuterungen

Verfasser: Thomas Rödder

a) **Zweck und Inhalt**

Zweck und Inhalt des bisherigen § 9 Nr. 7 GewStG

§ 9 Nr. 7 GewStG enthält das sog. internationale gewerbesteuerliche Schachtelprivileg. Es handelt sich um eine unilaterale Maßnahme zur Vermeidung von Doppelbesteuerungen, die Gewinne aus Anteilen an

F. II. Änderung § 9 GewStG

bestimmten ausländischen Gesellschaften betrifft. Das internationale gewerbesteuerliche Schachtelprivileg hat gegenwärtig in den Fällen Bedeutung, in denen nicht schon ein Schachtelprivileg nach einem Doppelbesteuerungsabkommen zur Herausnahme der Gewinnanteile aus der gewerbesteuerlichen Bemessungsgrundlage führt (siehe dazu auch § 9 Nr. 8 GewStG, der unilateral in diesem Fall eine Beteiligungsquote von mindestens 10 % auch in dem Fall als ausreichend regelt, wenn für das DBA-Schachtelprivileg nach den Regelungen des DBA höhere Mindestbeteiligungsquoten vorausgesetzt sind). Da die DBA-Schachtelprivilegien regelmäßig eine inländische Mutter-Kapitalgesellschaft voraussetzen, ist § 9 Nr. 7 GewStG insbesondere für inländische Mutter-Personenunternehmen relevant.

Gemäß § 9 Nr. 7 Satz 1 GewStG findet eine Kürzung des gemäß § 7 GewStG ermittelten Gewinnes aus Gewerbebetrieb um die Gewinne aus Anteilen an einer (im in § 9 Nr. 7 S. 1 GewStG definierten Sinne) „aktiv" tätigen ausländischen Kapitalgesellschaft oder einer EU-Tochter-Kapitalgesellschaft bei einer mindestens 10 %igen unmittelbaren Beteiligung an dieser ausländischen Kapitalgesellschaft statt. Die Kürzung erfaßt nur ausgeschüttete Dividenden, nicht dagegen auch Anteilsveräußerungsgewinne (dazu auch Hinweis auf § 8 b Abs. 2 KStG a.F., der auch ins Gewerbesteuerrecht durchschlägt). Nach umstrittener Auffassung mindern Aufwendungen im Zusammenhang mit dem Bezug der Dividenden den Kürzungsbetrag, wenn sie den Gewinn gemindert haben.

Eine ergänzende Kürzungsvorschrift betreffend mittelbare Beteiligungen enthält § 9 Nr. 7 Satz 2 GewStG. Die Reichweite dieses internationalen gewerbesteuerlichen Schachtelprivilegs bleibt hinter der Reichweite des § 9 Nr. 7 Satz 1 GewStG bei unmittelbarer Beteiligung zurück. Das internationale gewerbesteuerliche Schachtelprivileg bei mittelbarer Beteiligung wird nur dann beansprucht, wenn das gewerbesteuerliche Schachtelprivileg bei unmittelbarer Beteiligung ausscheidet, weil die Tochtergesellschaft die in § 9 Nr. 7 Satz 1 GewStG bestimmten Tätigkeitsvoraussetzungen nicht erfüllt. Das ist vor allem dann der Fall, wenn es sich bei der ausländischen Tochtergesellschaft um eine nicht privilegierte Holding handelt oder Ausschüttungen der nachgeschalteten Enkelgesellschaft bei der ausländischen Tochtergesellschaft zu Einkünften aus passivem Erwerb führen.

Voraussetzung für die Inanspruchnahme des internationalen gewerbesteuerlichen Schachtelprivilegs gemäß § 9 Nr. 7 Satz 2 GewStG ist, daß das inländische Unternehmen an der ausländischen Tochtergesellschaft und diese an der ausländischen Enkelgesellschaft jeweils mit mindestens 10 % beteiligt sind und die mittelbare Beteiligungsquote 10 % erreicht. Weitere Voraussetzung ist, daß das inländische Unternehmen in einem Wirtschaftsjahr Gewinne aus Anteilen an der Tochtergesellschaft bezogen und die Enkelgesellschaft zu einem Zeitpunkt, der in dieses Wirtschaftsjahr fällt, ihrerseits Gewinne an die Tochtergesellschaft ausgeschüttet hat. Schließlich muß die Enkelgesellschaft in dem Wirtschaftsjahr, für das sie die Gewinnanteile ausschüttet, im (in § 9 Nr. 7 Satz 2 GewStG definierten Sinne) „aktiv" gewesen sein.

Das internationale gewerbesteuerliche Schachtelprivileg gemäß § 9 Nr. 7 Satz 2 GewStG beschränkt sich auf den Teil der vom inländischen Unternehmen bezogenen Gewinne, der der nach seiner mittelbaren Beteiligung auf das Unternehmen entfallenden Gewinnausschüttung der Enkelgesellschaft entspricht. Soweit die Tochtergesellschaft in dem Wirtschaftsjahr des inländischen Unternehmens neben Gewinnanteilen der Enkelgesellschaft auch noch andere Erträge bezogen hat, folgt eine weitere Einschränkung aus § 9 Nr. 7 Satz 3 GewStG a.F. i.V.m. § 26 Abs. 5 Satz 2 KStG a.F., so daß in derartigen Fällen das gewerbesteuerliche Schachtelprivileg nur auf den Teil der Ausschüttung der Tochtergesellschaft anzuwenden ist, der dem Verhältnis der Schachteldividende zur Summe der gesamten Erträge der Tochtergesellschaft entspricht.

Zweck und Inhalt der Änderungen des § 9 Nr. 7 GewStG

Der Regierungsentwurf hatte noch die Streichung des § 9 Nr. 7 GewStG vorgesehen. Dabei schwebte dem Gesetzgeber vor, daß die Einführung der Dividendenfreistellung in § 8 b Abs. 1 KStG n.F. das internationale gewerbesteuerliche Schachtelprivileg entbehrlich machen würde. Dies ist indessen nicht der Fall, weil die Dividendenfreistellung nur für Mutter-Kapitalgesellschaften gilt, für Mutter-Personenunternehmen demgegenüber nicht. Dementsprechend ist im weiteren Verlauf des Gesetzgebungsverfahrens zu Recht vorgesehen worden, daß es bei der Regelung des internationalen gewerbesteuerlichen Schachtelprivilegs in § 9 Nr. 7 GewStG bleibt.

Erforderlich war lediglich eine technische Korrektur. Da der Verweis in § 9 Nr. 7 Satz 3 GewStG a.F. auf § 26 Abs. 5 Sätze 2 und 3 KStG a.F. zukünftig leerläufig gewesen wäre, weil § 26 Abs. 5 KStG a.F. durch das StSenkG gestrichen worden ist, wurde anstelle des § 9 Nr. 7 Satz 3 GewStG a.F. der Inhalt des bisher in Verweis genommenen § 26 Abs. 5 Sätze 2 und 3 KStG a.F. in § 9 Nr. 7 Sätze 3 ff. GewStG n.F. hineinformuliert.

Außerdem ist § 9 Nr. 8 GewStG (unilaterale Absenkung der Mindestbeteiligungsquoten für ein DBA-Schachtelprivileg auf 10 %) um den

Passus ergänzt worden, daß die Gewinnanteile, auf die § 9 Nr. 8 GewStG Anwendung findet, bei der Ermittlung des Gewinns nach § 7 GewStG angesetzt worden sein müssen.

Dies ist vor dem Hintergrund verständlich, daß nicht alle Beteiligungserträge, die unter das DBA-Schachtelprivileg fallen, auch schon gemäß § 8 b Abs. 1 KStG n.f. aus der Bemessungsgrundlage der Mutter-Kapitalgesellschaft herausgenommen sind. Deshalb ist die Vorgehensweise des Gesetzgebers in § 9 Nr. 8 GewStG zutreffend (der Regierungsentwurf hatte auch insoweit noch eine Aufhebung vorgesehen), während die Streichung des § 8 b Abs. 5 KStG a.F. nicht sachgerecht ist (dazu s. dort).

b) Erstmalige Anwendung

Gemäß § 36 Abs. 2 GewStG n.F. gelten die bisherigen Fassungen des § 9 Nrn. 7 und 8 GewStG letztmals für die Gewinne, auf die der Vierte Teil des KStG a.F. letztmals anzuwenden ist.

Diese Anordnung ist nicht nachvollziehbar. Auf Gewinnanteile aus ausländischen Tochterkapitalgesellschaften kann jedenfalls bei inländischen Mutter-Personenunternehmen der Vierte Teil des KStG niemals Anwendung finden. Sachgerecht wäre es, daß § 9 Nr. 7 GewStG in der alten Fassung solange anwendbar ist, solange § 26 Abs. 5 Sätze 2 und 3 KStG a.F. existiert. Danach müßte § 9 Nr. 7 GewStG in der neuen Fassung gelten.

III. Änderung § 36 GewStG

1. Text der Vorschrift

§ 36 wird wie folgt gefasst:

„§ 36
Zeitlicher Anwendungsbereich

(1) Die Vorschriften dieses Gesetzes in der Fassung des Artikels 6 des Gesetzes vom ... (BGBl. I S. ...) sind vorbehaltlich des Absatzes 2 erstmals für den Erhebungszeitraum 2001 anzuwenden.

(2) § 9 Nr. 7 und 8 in der Fassung der Bekanntmachung vom **19. Mai 1999 (BGBl. I S. 1010, 1491)**, zuletzt geändert durch Artikel 6 des Gesetzes vom 22. Dezember 1999 (BGBl. I S. 2601), ist letztmals auf die Gewinne anzuwenden, auf die der Vierte Teil des Körperschaftsteuergesetzes in der Fas-

sung der Bekanntmachung vom 22. April 1999 (BGBl. I S. 817), zuletzt geändert durch Artikel 4 des Gesetzes vom 22. Dezember 1999 (BGBl. I S. 2601), letztmals anzuwenden ist."

2. Materialien

Gesetzentwurf der Bundesregierung

§ 36 wird wie folgt gefasst:

„§ 36
Zeitlicher Anwendungsbereich

(1) Die Vorschriften dieses Gesetzes in der Fassung des Artikels 6 des Gesetzes vom ... BGBl. I S. ...) sind vorbehaltlich des Absatzes 2 erstmals für den Erhebungszeitraum 2001 anzuwenden.

(2) § 9 Nr. 7 und 8 in der Fassung der Bekanntmachung vom 19. Mai 1999 (BGBl. I S. 1010, 1491), zuletzt geändert durch Artikel 6 des Gesetzes vom 22. Dezember 1999 (BGBl. I S. 2601) ist letztmals auf die Gewinne anzuwenden, auf die der Vierte Teil des Körperschaftsteuergesetzes in der Fassung der Bekanntmachung vom 22. April 1999 (BGBl. I S. 817), zuletzt geändert durch Artikel 4 des Gesetzes vom 22. Dezember 1999 (BGBl. I S. 2601) letztmals anzuwenden ist."

Begründung zum Gesetzentwurf der Bundesregierung

§ 36 regelt die zeitliche Anwendung.

Beschlussempfehlung/Begründung des Finanzausschusses

– keine Änderung/Bemerkung –

Beschlussempfehlung/Begründung des Vermittlungsausschusses

– keine Änderung/Bemerkung –

G. Änderung der Abgabenordnung (Artikel 7)

I. Änderung § 146 AO

1. Text der Vorschrift

§ 146 Abs. 5 Satz 2 und 3 wird durch folgende Sätze ersetzt:

„Bei der Führung der Bücher und der sonst erforderlichen Aufzeichnungen auf Datenträgern muss insbesondere sichergestellt sein, dass während der Dauer der Aufbewahrungsfrist die Daten jederzeit verfügbar sind und unverzüglich lesbar gemacht werden können. Dies gilt auch für die Befugnisse der Finanzbehörde nach § 147 Abs. 6. Absätze 1 bis 4 gelten sinngemäß."

2. Materialien

Gesetzentwurf der Bundesregierung

§ 146 Abs. 5 Satz 2 und 3 wird durch die folgenden Sätze ersetzt:

„Bei der Führung der Bücher und der sonst erforderlichen Aufzeichnungen auf Datenträgern muss insbesondere sichergestellt sein, dass während der Dauer der Aufbewahrungsfrist die Daten jederzeit verfügbar sind und unverzüglich lesbar gemacht werden können. Dies gilt auch für die Befugnisse der Finanzbehörde nach § 147 Abs. 6."

Begründung zum Gesetzentwurf der Bundesregierung

Allgemeines

Durch die fortschreitende Entwicklung im Bereich der Datenverarbeitung (DV), die sich auch auf moderne Buchführungstechniken und -systeme auswirkt, ist es notwendig geworden, die Überprüfbarkeit der zunehmend papierlosen Buchführungswerke durch die Finanzverwaltung gesetzlich sicherzustellen.

Damit werden nicht nur die Voraussetzungen für rationellere Prüfungsmethoden geschaffen, sondern es wird auch den Forderungen der Wirtschaft Rechnung getragen, die in vielen Bereichen auf papierlose Abwicklung ihrer Buchführung bereits übergegangen ist oder noch weiter übergehen wird. Dies kann aber nur zugestanden werden, wenn der Finanzverwaltung zur Prüfung der Daten und DV-Systeme ein unmittelbarer Zugriff ermöglicht wird.

Nach der derzeitigen Rechtslage besteht für den Steuerpflichtigen keine ausdrückliche gesetzliche Verpflichtung, im Rahmen von steuerlichen Außenprüfungen einen solchen zu ermöglichen. Es sind derzeit lediglich diejenigen Hilfsmittel zur Verfügung zu stellen, die zur Lesbarmachung der Daten erforderlich sind. Im Übrigen müssen Aufbau und Ablauf des DV-gestützten Buchführungssystems prüfbar sein.

Im internationalen Vergleich zeigt sich, dass der Verwaltungsvollzug hinsichtlich der Prüfung DV-gestützter Buchführungswerke in Deutschland erheblich hinter der Entwicklung in anderen EU-Staaten (z. B. Frankreich, den Niederlanden) oder den Vereinigten Staaten von Amerika zurückgeblieben ist.

Gerade bei der Aufbewahrung von Massendaten und im Hinblick auf die Anerkennung der elektronischen Abrechnung muss sichergestellt werden, dass die Überprüfbarkeit der Daten und der DV-Systeme durch die Finanzverwaltung gewährleistet ist. Dies gebieten der Grundsatz der Gleichmäßigkeit der Besteuerung und die Steuergerechtigkeit.

Schließlich ist damit zu rechnen, dass sich durch rationellere Prüfungsmethoden auch die Prüfungsdauer in den Unternehmen verkürzen dürfte. Dies wird sowohl die Finanzverwaltung als auch die Unternehmen entlasten.

Im Einzelnen (Absatz 5)

Nach der heutigen Rechtslage hat der Steuerpflichtige, der die Bücher und sonst erforderlichen Aufzeichnungen auf Datenträgern führt, sicherzustellen, dass die Daten während der Dauer der Aufbewahrungsfrist verfügbar sind und jederzeit innerhalb angemessener Frist lesbar gemacht werden können. Diese Regelung umfasst allerdings noch nicht das in § 147 Abs. 6 AO besonders geregelte Recht der Finanzbehörde auf Zugriff auf die in einem DV-System erzeugten Daten. Die Ergänzung des Gesetzeswortlauts trägt diesem Anliegen Rechnung. Sie führt dazu, dass die Grundsätze ordnungsmäßiger Buchführung bei Einsatz einer auf moderne Technologien gestützten Buchführung erst erfüllt sind, wenn neben dem Verfügbarsein und der Lesbarmachung auch die Einsicht in die erzeugten Daten und die Nutzung des DV-Systems möglich sind.

Weiterhin brauchte der Steuerpflichtige bisher die Lesbarmachung nur „innerhalb angemessener Frist" sicherzustellen. Bei Einsatz mo-

G. I. Änderung § 146 AO

derner Technologien in der Buchführung, die eine sofortige Lesbarmachung ermöglichen, ist die Einräumung einer angemessenen Frist nicht mehr realitätsnah, so dass es zumutbar und vertretbar ist, die Lesbarmachung und den Datenzugriff – wie dies bisher schon nach § 147 Abs. 5 AO für die Lesbarmachung von Unterlagen gilt – „unverzüglich" – ohne schuldhaftes Zögern – zu fordern.

Beschlussempfehlung des Finanzausschusses

§ 146 Abs. 5 Satz 2 und 3 wird durch folgende Sätze ersetzt:

„Bei der Führung der Bücher und der sonst erforderlichen Aufzeichnungen auf Datenträgern muss insbesondere sichergestellt sein, dass während der Dauer der Aufbewahrungsfrist die Daten jederzeit verfügbar sind und unverzüglich lesbar gemacht werden können. Dies gilt auch für die Befugnisse der Finanzbehörde nach § 147 Abs. 6. Absätze 1 bis 4 gelten sinngemäß."

Begründung des Finanzausschusses

Der angefügte Satz 4 ist bereits geltendes Recht. Er ist infolge eines redaktionellen Versehens nicht übernommen worden.

Beschlussempfehlung/Begründung des Vermittlungsausschusses

– keine Änderung/Bemerkung –

3. Erläuterungen

Verfasser: Stephan Schauhoff

a) **Zweck und Inhalt**

Die Vorschrift erweitert die Befugnisse der Finanzverwaltung, Zugriffe auf die Datenverarbeitung der Steuerpflichtigen zu nehmen. In § 146 AO ist nunmehr niedergelegt, daß die Finanzverwaltung jederzeit verlangen kann, daß Daten für ihre Zwecke lesbar gemacht werden. Das Recht, Einsicht in die gespeicherten Daten zu nehmen und das Datenverarbeitungssystem zur Prüfung von Unterlagen zu nutzen, besteht allerdings aufgrund der ausdrücklichen gesetzlichen Anordnung in § 147 Abs. 6 AO nur während einer Außenprüfung. Der Regelungsgehalt der einzelnen Vorschriften ergibt sich im übrigen aus der jeweiligen Gesetzesbegründung.

b) **Erstmalige Anwendung**

Die Neuregelungen treten zum 01.01.2002 in Kraft.

II. Änderung § 147 AO

1. Text der Vorschrift

§ 147 wird wie folgt geändert:

a) Absatz 2 wird wie folgt geändert:

aa) Satz 1 Nr. 2 wird wie folgt gefasst:

„2. während der Dauer der Aufbewahrungsfrist jederzeit verfügbar sind, unverzüglich lesbar gemacht und maschinell ausgewertet werden können."

bb) Satz 2 wird aufgehoben.

b) In Absatz 5 Satz 1 erster Halbsatz werden das Wort „nur" gestrichen und die Wörter „vorlegen kann" durch das Wort „vorlegt" ersetzt.

c) Folgender Absatz 6 wird angefügt:

„(6) Sind die Unterlagen nach Absatz 1 mit Hilfe eines Datenverarbeitungssystems erstellt worden, hat die Finanzbehörde im Rahmen einer Außenprüfung das Recht, Einsicht in die gespeicherten Daten zu nehmen und das Datenverarbeitungssystem zur Prüfung dieser Unterlagen zu nutzen. Sie kann im Rahmen einer Außenprüfung auch verlangen, dass die Daten nach ihren Vorgaben maschinell ausgewertet oder ihr die gespeicherten Unterlagen und Aufzeichnungen auf einem maschinell verwertbaren Datenträger zur Verfügung gestellt werden. Die Kosten trägt der Steuerpflichtige."

2. Materialien

Gesetzentwurf der Bundesregierung

§ 147 wird wie folgt geändert:

a) Absatz 2 Satz 1 Nr. 2 wird wie folgt gefasst:

„2. während der Dauer der Aufbewahrungsfrist jederzeit verfügbar sind, unverzüglich lesbar gemacht und maschinell ausgewertet werden können."

G. II. Änderung § 147 AO

b) In Absatz 5 Satz 1 erster Halbsatz werden das Wort „nur" gestrichen und die Wörter „vorlegen kann" durch das Wort „vorlegt" ersetzt.

c) Folgender Absatz 6 wird angefügt:

„(6) Sind die Unterlagen nach Absatz 1 mit Hilfe eines Datenverarbeitungssystems erstellt worden, hat die Finanzbehörde im Rahmen einer Außenprüfung das Recht, Einsicht in die gespeicherten Daten zu nehmen und das Datenverarbeitungssystem zur Prüfung dieser Unterlagen zu nutzen. Sie kann im Rahmen einer Außenprüfung auch verlangen, dass die Daten nach ihren Vorgaben maschinell ausgewertet oder ihr die gespeicherten Unterlagen und Aufzeichnungen auf einem maschinell verwertbaren Datenträger zur Verfügung gestellt werden. Die Kosten trägt der Steuerpflichtige."

Begründung zum Gesetzentwurf der Bundesregierung

Zu Buchstabe a (Absatz 2)

In Absatz 2 sind in Nummer 2 die Worte „jederzeit innerhalb angemessener Frist" durch das Wort „unverzüglich" ersetzt, die Worte „und maschinell ausgewertet" ergänzt und der Satz 2 gestrichen worden.

Wegen der Einschränkung der zeitlichen Vorgaben für die Verfügbarkeit, Lesbarkeit und maschinellen Auswertbarkeit wird auf die Begründung zu § 146 Abs. 5 AO verwiesen.

Mit der Ergänzung in Nummer 2 soll erreicht werden, dass der Zugriff auf die erzeugten Daten des Steuerpflichtigen nach dem neu angefügten Absatz 6 nicht leer läuft. Neben dem bisherigen Verfügbarsein und der Lesbarmachung muss nunmehr auch die maschinelle Auswertbarkeit durch den Steuerpflichtigen sichergestellt werden.

Die Streichung des bisherigen Satzes 2, wonach es ausreichte, dass anstelle der Datenträger die Daten auch ausgedruckt aufbewahrt werden, ist erforderlich, damit der Zugriff auf die erzeugten Daten des Steuerpflichtigen nach Absatz 6 tatsächlich verwirklicht werden kann. Die Aufbewahrung ausgedruckter Daten ist weiterhin zulässig, reicht aber künftig nicht mehr aus.

Zu Buchstabe b (Absatz 5)

Die Streichung des Wortes „nur" ist sachlich erforderlich zum einen im Hinblick darauf, dass nach Streichung des Satzes 2 von Absatz 2 (s. zu Buchstabe a) die Datenträger selbst aufzubewahren sind, zum anderen im Hinblick auf das Zugriffsrecht auf die in einem DV-System erzeugten Daten nach Absatz 6.

Zu Buchstabe c (Absatz 6)

Im neuen Absatz 6 ist nunmehr ausdrücklich das Recht der Finanzbehörde verankert, Einsicht in die gespeicherten Daten zu nehmen und das DV-System zu nutzen.

Nach Satz 1 steht der Finanzbehörde dieses Recht nur im Rahmen einer steuerlichen Außenprüfung nach den §§ 193 ff AO zu, d. h. die Einsichtnahme und Nutzung müssen der Ermittlung der steuerlichen Verhältnisse der in §§ 193 und 194 AO genannten Personen dienen. Der sachliche Umfang der Außenprüfung (§ 194 AO) wird dadurch nicht erweitert. Gegenstand der Außenprüfung sind weiterhin nur die nach § 147 Abs. 1 AO aufbewahrungspflichtigen Unterlagen.

Bei der Ausübung der Rechte nach § 147 Abs. 6 AO stehen der Finanzbehörde im Rahmen einer Außenprüfung drei Möglichkeiten zur Verfügung:

- Sie hat erstens das Recht, vor Ort Einsicht in die gespeicherten Daten zu nehmen (Nur-Lese-Berechtigung) und selbst das DV-System zu nutzen; das bedeutet, dass sich die Finanzbehörde bei der Prüfung der gespeicherten Buchführungsdaten der Hard- und Software des Steuerpflichtigen bedienen darf.

- Sie kann aber auch zweitens den Steuerpflichtigen zu einer rein technischen Mithilfe auffordern und verlangen, dass er die Daten nach ihren Vorgaben vor Ort in seinem DV-System maschinell auswertet oder

- ihr drittens die gespeicherten Unterlagen auf einem maschinell verwertbaren Datenträger zu ihrer eigenen Auswertung überlässt.

Die Entscheidung, von welcher Möglichkeit die Finanzbehörde Gebrauch macht, steht in ihrem pflichtgemäßen Ermessen; falls erforderlich, kann sie auch mehrere Möglichkeiten in Anspruch nehmen. Dabei hat sie den Grundsatz der Verhältnismäßigkeit zu beachten.

Veränderungen der gespeicherten Buchführungsdaten durch die Finanzbehörde sind ausgeschlossen (§ 146 Abs. 4 AO).

Die Regelung zur Kostentragung entspricht der Vorschrift des § 147 Abs. 5 AO, wonach der Steuerpflichtige auf Verlangen der Finanzbehörde auf seine Kosten die Unterlagen unverzüglich ganz oder teilweise auszudrucken oder ohne Hilfsmittel lesbare Reproduktionen beizubringen hat.

G. II. Änderung § 147 AO

Beschlussempfehlung des Finanzausschusses

§ 147 wird wie folgt geändert:

a) Absatz 2 wird wie folgt geändert:

aa) Satz 1 Nr. 2 wird wie folgt gefasst:

„2. während der Dauer der Aufbewahrungsfrist jederzeit verfügbar sind, unverzüglich lesbar gemacht und maschinell ausgewertet werden können."

bb) Satz 2 wird aufgehoben.

b) unverändert

c) unverändert

Begründung des Finanzausschusses

I. Allgemeines

5. Auschlussempfehlung

...

Die Regelungen zum Zugriffsrecht der Finanzverwaltung auf Datenverarbeitungssysteme der Unternehmen sind von den Koalitionsfraktionen gegen die Stimmen der Fraktionen der CDU/CSU und F.D.P. bei Stimmenthaltung der Fraktion der PDS angenommen worden. Darauf hinzuweisen ist, dass diese Regelungen nach der Ausschussempfehlung nicht zum 1. Januar 2001, sondern erst zum 1. Januar 2002 wirksam werden sollen. Damit soll den Steuerpflichtigen Gelegenheit gegeben werden, ihre Datenverarbeitungssysteme technisch mit einer Software auszustatten, die eine Beschränkung des Zugriffs der Finanzverwaltung auf die steuerlich relevanten Daten ermöglicht. Der Bundesbeauftragte für den Datenschutz hat dagegen dafür plädiert, das Inkrafttreten der Regelungen um ein weiteres Jahr zu verschieben. Die Bundesregierung hat darauf verwiesen, dass ähnliche Regelungen wie die jetzt vorgeschlagenen Vorschriften in anderen Ländern, insbesondere in vielen EU-Mitgliedstaaten, vorhanden seien.

...

Der Ausschuss hat sich auch mit der Forderung des Bundesbeauftragen für den Datenschutz befasst, eine Regelung zu schaffen, die die Finanzverwaltung zur Protokollierung der Einsichtnahme in gespeicherte Daten und der Nutzung des DV-Systems des Steuerpflichtigen sowie der Prüfung der auf Datenträgern zur Verfügung gestellten

Buchführungsdaten verpflichtet. Eine solche Regelung hält die Ausschussmehrheit für nicht erforderlich, weil eine Pflicht zur Protokollierung der Zugriffe auf DV-Systeme bereits sowohl im BDSG (§ 9 BDSG i.V. mit der Anlage dazu) als auch im BMF-Schreiben vom 7. November 1995 (BStBl I 1995 S. 738) zur Auslegung des unbestimmten Rechtsbegriffs „Ordnungsmäßigkeit der Buchführung" der §§ 238, 239, 257 und 261 HGB sowie §§ 145 bis 147 AO enthalten sei. Der Schutz der steuerlich relevanten Daten, die der Außenprüfung unterliegen, und sonstigen Daten sei ausreichend durch die Regelungen zum strafbewehrten (§ 355 StGB) bereichsspezifischen Datenschutz nach § 30 AO (Steuergeheimnis) gewährleistet. Das Bundesverfassungsgericht habe bereits entschieden, dass der Gesetzgeber mit der gesetzlichen Ausgestaltung des Steuergeheimnisses hinreichende Sicherheitsvorkehrungen gegen eine missbräuchliche Verwendung der erteilten Angaben getroffen habe. Sie berücksichtigen auch die besonderen Gefährdungen, denen diese Angaben unter den Bedingungen der automatisierten Datenverarbeitung ausgesetzt seien (BVerfGE 84, 239 [281]). Dementsprechend habe der Rechtsausschuss des Deutschen Bundestages in seinem Mitberatungsvotum zu den Gesetzesvorlagen keine verfassungsmäßigen und rechtsförmlichen Bedenken erhoben.

II. Einzelbegründung zu § 147 Abs. 2 Satz 2

Durch ein Redaktionsversehen wurde der Gesetzesbefehl nicht übernommen. Die Begründung der Aufhebung des Satzes 2 ist bereits im Regierungsentwurf enthalten.

Beschlussempfehlung/Begründung des Vermittlungsausschusses

– keine Änderung/Bemerkung –

III. Änderung § 200 AO

1. Text der Vorschrift

§ 200 Abs. 1 Satz 2 wird wie folgt gefasst:

„Er hat insbesondere Auskünfte zu erteilen, Aufzeichnungen, Bücher, Geschäftspapiere und andere Urkunden zur Einsicht und Prüfung vorzulegen, die zum Verständnis der Aufzeichnungen erforderlichen Erläuterungen zu geben und die Finanzbehörde bei Ausübung ihrer Befugnisse nach § 147 Abs. 6 zu unterstützen."

2. Materialien

Gesetzentwurf der Bundesregierung

§ 200 Abs. 1 Satz 2 wird wie folgt gefasst:

„Er hat insbesondere Auskünfte zu erteilen, Aufzeichnungen, Bücher, Geschäftspapiere und andere Urkunden zur Einsicht und Prüfung vorzulegen, die zum Verständnis der Aufzeichnungen erforderlichen Erläuterungen zu geben und die Finanzbehörde bei Ausübung ihrer Befugnisse nach § 147 Abs. 6 zu unterstützen."

Begründung zum Gesetzentwurf der Bundesregierung

Es handelt sich um eine Folgeänderung zu § 147 Abs. 6 AO. Mit der Ergänzung des Satzes 2 wird der Pflichtenkreis des Steuerpflichtigen dahin erweitert, dass er neben den bisherigen im Einzelnen aufgeführten Pflichten auch die für den Datenzugriff erforderlichen sachlichen und personellen Voraussetzungen zu schaffen hat.

Beschlussempfehlung/Begründung des Finanzausschusses

– keine Änderung/Bemerkung –

Beschlussempfehlung/Begründung des Vermittlungsausschusses

– keine Änderung/Bemerkung –

H. Änderung Art. 97 des Einführungsgesetzes zur Abgabenordnung (Artikel 8)

Änderung Art. 97 EGAO

1. Text der Vorschrift

In Artikel 97 wird nach § 19a wird folgender § 19b eingefügt:

„§ 19b
Zugriff auf datenverarbeitungsgestützte Buchführungssysteme

§ 146 Abs. 5, § 147 Abs. 2, 5 und 6 sowie § 200 Abs. 1 der Abgabenordnung in der Fassung des Artikels 7 des Gesetzes vom ... (BGBl. I S. ...) sind ab dem 1. Januar 2002 anzuwenden."

2. Materialien

Gesetzentwurf der Bundesregierung

Nach § 19a wird folgender § 19b eingefügt:

„§ 19b
Zugriff auf datenverarbeitungsgestützte Buchführungssysteme

§ 146 Abs. 5, § 147 Abs. 2, 5 und 6 sowie § 200 Abs. 1 der Abgabenordnung in der Fassung des Artikels 7 des Gesetzes vom ... (BGBl. I S. ...) sind ab dem 1. Januar 2001 anzuwenden."

Begründung zum Gesetzentwurf der Bundesregierung

Die Vorschrift bestimmt den Zeitpunkt der erstmaligen Anwendung der Neuregelungen in § 146 Abs. 5, § 147 Abs. 2, 5 und 6 sowie § 200 Abs. 1 AO.

Beschlussempfehlung des Finanzausschusses

Nach § 19a wird folgender § 19b eingefügt:

„§ 19b
Zugriff auf datenverarbeitungsgestützte Buchführungssysteme

§ 146 Abs. 5, § 147 Abs. 2, 5 und 6 sowie § 200 Abs. 1 der Abgabenordnung in der Fassung des Artikels ... des Gesetzes vom ... (BGBl. I S. ...) sind ab dem 1. Januar 2002 anzuwenden."

H. Änderung Art. 97 EGAO

Begründung des Finanzausschusses

Die Vorschrift bestimmt den Zeitpunkt der erstmaligen Anwendung der Neuregelungen in § 146 Abs. 5, § 147 Abs. 2, 5 und 6 sowie § 200 Abs. 1 AO, mit denen im wesentlichen der Finanzverwaltung ein Recht auf Einsichtnahme in gespeicherte Daten und auf Nutzung des Datenverarbeitungssystems des Steuerpflichtigen, ein Anspruch auf technische Mithilfe durch den Steuerpflichtigen sowie auf Herausgabe bestimmter gespeicherter Daten des Buchführungswerkes auf einem Datenträger eingeräumt wird.

Der Anwendungszeitpunkt wird auf den 1. Januar 2002 gelegt, um den nach den §§ 193 und 194 AO der Außenprüfung unterliegenden Steuerpflichtigen Gelegenheit zu geben, ihre Datenverarbeitungssysteme technisch mit einer Software auszustatten, die eine Beschränkung des Zugriffs durch die Finanzverwaltung auf seine steuerlich relevanten Verhältnisse ermöglicht.

Beschlussempfehlung/Begründung des Vermittlungsausschusses

– keine Änderung/Bemerkung –

I. Änderung § 14 des Umsatzsteuergesetzes (Artikel 9)

Änderung § 14 UStG

1. Text der Vorschrift

§ 14 Abs. 4 wird folgender Satz angefügt:

„Als Rechnung gilt auch eine mit einer digitalen Signatur nach dem Signaturgesetz vom 22. Juli 1997 (BGBl. I S. 1870, 1872) in der jeweils geltenden Fassung versehene elektronische Abrechnung."

2. Materialien

Gesetzentwurf der Bundesregierung

§ 14 Abs. 4 wird folgender Satz angefügt:

„Als Rechnung gilt auch eine mit einer digitalen Signatur nach dem Signaturgesetz vom 22. Juli 1997 (BGBl. I S. 1870, 1872) in der jeweils geltenden Fassung versehene elektronische Abrechnung."

Begründung zum Gesetzentwurf der Bundesregierung

Auf Grund des neuen § 14 Abs. 4 Satz 2 UStG werden – neben den herkömmlichen Papierrechnungen – auch elektronische Abrechnungen unter bestimmten Voraussetzungen als Rechnungen anerkannt. Hiermit wird einem Anliegen der Wirtschaft Rechnung getragen.

Hierunter können Abrechnungen fallen, die z. B. über das Internet (E-Mail) oder durch Übersendung von maschinell lesbaren Datenträgern (Magnetband, Diskette, CD-ROM) übermittelt werden.

Eine so übermittelte Abrechnung wird wirksam, wenn sie derart in den Machtbereich des Empfängers gelangt, dass dieser bei Annahme gewöhnlicher Umstände die Möglichkeit ihrer Kenntnisnahme hat. Dies ist insbesondere dann der Fall, wenn die Abrechnung eine Vorrichtung erreicht, die typischerweise für den Empfang von Willenserklärungen vorgesehen ist (sog. Empfangsvorrichtung). Bei der Nutzung von z. B. E-Mail durch einen Unternehmer dürfte ein elektronischer Briefkasten nur dann eine solche Empfangsvorrichtung sein,

I. Änderung § 14 UStG

wenn der Inhaber im Geschäfts- und Rechtsverkehr mit seiner E-Mail-Adresse auftritt und er so nach außen erkennbar den elektronischen Briefkasten dem Empfang rechtsgeschäftlicher Erklärungen widmet.

Elektronische Abrechnungen können auf ihrem Transport durch offene Netze für den Adressaten unerkennbar verändert werden; sie können auch vom Empfänger verändert werden. Da außerdem die in der Rechnung ausgewiesene Umsatzsteuer vom unternehmerischen Leistungsempfänger regelmäßig für den Vorsteuerabzug benötigt wird, müssen elektronische Rechnungen bestimmte Sicherheitsanforderungen erfüllen. Sie müssen mit einer digitalen Signatur versehen sein. Die hierfür notwendigen Rahmenbedingungen bestimmt das Signaturgesetz vom 22. Juli 1997 (Artikel 3 des Gesetzes zur Regelung der Rahmenbedingungen für Informations- und Kommunikationsdienste – Informations- und Kommunikationsdienstegesetz – BGBl. I 1997, 1870 (1872)). Nach § 2 des Signaturgesetzes ist eine digitale Signatur ein mit einem privaten Signaturschlüssel erzeugtes Siegel zu digitalen Daten, das mit Hilfe eines zugehörigen öffentlichen Schlüssels, der mit einem Signaturschlüssel-Zertifikat einer behördlich genehmigten Zertifikationsstelle versehen ist, den Inhaber des Signaturschlüssels als Absender der Daten und die Unverfälschtheit der Daten erkennen lässt.

§ 14 Abs. 4 Satz 2 UStG ist im Hinblick auf die Entwicklung der Informationstechnik eine Alternative zu § 14 Abs. 4 Satz 1 UStG. Diese Alternative ist für alle Unternehmer interessant, die ihre Rechnungen weitestgehend elektronisch – also völlig papierlos – versenden oder empfangen möchten. In diesem Fall bedarf es künftig auch nicht mehr der Sammelabrechnung (vgl. BMF-Schreiben vom 25. Mai 1992, BStBl. I S. 376). Für die Fälle, in denen von § 14 Abs. 4 Satz 2 UStG kein Gebrauch gemacht wird, bleibt die Rechtslage unverändert.

Die weiteren materiellen Voraussetzungen für die Berechtigung zum Vorsteuerabzug bestimmt § 15 UStG; außerdem hat der Rechnungsempfänger für Nachweiszwecke die Aufbewahrungsvorschriften für elektronische Rechnungen zu beachten.

Wird die Voraussetzung des § 14 Abs. 4 Satz 2 UStG nicht erfüllt, gelten die elektronischen Abrechnungen nicht als Rechnungen im Sinne des § 14 UStG, d. h. sie können nicht zum Vorsteuerabzug berechtigen. In diesem Fall hat der unternehmerische Leistungsempfänger wie bisher einen zivilrechtlichen Anspruch gegenüber dem leistenden Unternehmer auf Erteilung einer Rechnung nach § 14 Abs. 4 Satz 1 UStG. Ein Ausdruck der elektronisch übermittelten Rechnung durch den Leistungsempfänger genügt in diesem Fall nicht.

Die elektronische Form der Abrechnung kann unter den weiteren Voraussetzungen des § 14 Abs. 5 UStG auch auf Abrechnungen des Leistungsempfängers (Gutschriften) angewandt werden. Wenn die Voraussetzung des § 14 Abs. 4 Satz 2 UStG erfüllt ist, berechtigen elektronische Gutschriften den Leistungsempfänger (Gutschriftaussteller) zum Vorsteuerabzug.

Wird die Umsatzsteuer in einer elektronischen Abrechnung, die die Voraussetzung des § 14 Abs. 4 Satz 2 UStG erfüllt, zu hoch oder unberechtigt ausgewiesen, schuldet der Aussteller der elektronischen Abrechnung die zu hoch oder unberechtigt ausgewiesene Steuer nach § 14 Abs. 2 oder 3 UStG.

Beschlussempfehlung/Begründung des Finanzausschusses

– keine Änderung/Bemerkung –

Beschlussempfehlung/Begründung des Vermittlungsausschusses

– keine Änderung/Bemerkung –

3. Erläuterungen

Verfasser: Stephan Schauhoff

a)   Zweck und Inhalt

Die Vorschrift legt fest, daß Rechnungen im Sinne des Umsatzsteuergesetzes ab 2002 auch elektronisch versendet oder empfangen werden können, sofern diese Rechnungen mit einer Signatur des § 2 des Signaturgesetzes versehen sind, die die Unverfälschtheit der elektronisch übermittelten Daten gewährleisten soll. Nähere Begründung zu der Gesetzesänderung enthält die Regierungsbegründung.

b)   Erstmalige Anwendung

Aus Artikel 19 Absatz 3 des StSenkG ergibt sich, daß § 14 Abs. 4 Satz 2 UStG ab dem 01.01.2002 anzuwenden ist.

J. Änderung des Gesetzes über Kapitalanlagegesellschaften (Artikel 10)

I. Änderung § 37 o KAGG

1. Text der Vorschrift

In § 37o Nr. 3 wird die Angabe „11 bis 13" durch die Angabe „11 bis 14" ersetzt.

2. Materialien

Gesetzentwurf der Bundesregierung

In § 37o Nr. 3 wird die Angabe „11 bis 13" durch die Angabe „11 bis 14" ersetzt.

Begründung zum Gesetzentwurf der Bundesregierung

Die Änderungen bewirken, dass die für Wertpapier-Sondervermögen geänderten Vorschriften einschließlich der Anwendungsvorschrift auch für Beteiligungs-Sondervermögen (§§ 43a und 43b) und Grundstücks-Sondervermögen (§§ 45, 49, 50) gelten.

Beschlussempfehlung/Begründung des Finanzausschusses

– keine Änderung/Bemerkung –

Beschlussempfehlung/Begründung des Vermittlungsausschusses

– keine Änderung/Bemerkung –

II. Änderung § 38 KAGG

1. Text der Vorschrift

§ 38 wird wie folgt geändert:

    a) In Absatz 1 werden die Wörter „vorbehaltlich des § 38a" gestrichen.

    b) Absatz 2 wird aufgehoben.

c) Absatz 3 Satz 4 wird wie folgt gefasst:

„An die Stelle der in § 44b Abs. 1 Satz 2 des Einkommensteuergesetzes bezeichneten Nichtveranlagungs-Bescheinigung tritt eine Bescheinigung des für das Wertpapier-Sondervermögen zuständigen Finanzamts, in der bestätigt wird, dass ein Zweckvermögen im Sinne des Absatzes 1 vorliegt."

d) Der bisherige Absatz 3 wird Absatz 2.

2. Materialien

Gesetzentwurf der Bundesregierung

§ 38 wird wie folgt geändert:

a) In Absatz 1 werden die Wörter „vorbehaltlich des § 38a" gestrichen.

b) Absatz 2 wird aufgehoben.

c) Absatz 3 Satz 4 wird wie folgt gefasst:

„An die Stelle der in § 44 b Abs. 1 Satz 2 des Einkommensteuergesetzes bezeichneten Nichtveranlagungs-Bescheinigung tritt eine Bescheinigung des für das Wertpapier-Sondervermögen zuständigen Finanzamts, in der bestätigt wird, dass ein Zweckvermögen im Sinne des Absatzes 1 vorliegt."

d) Der bisherige Absatz 3 wird Absatz 2.

Begründung zum Gesetzentwurf der Bundesregierung

Die Änderungen sind die Folge des Systemwechsels vom Vollanrechnungsverfahren zum Halbeinkünfteverfahren bei Dividenden und ähnlichen Kapitalerträgen.

Die Vergütung von Körperschaftsteuer an Wertpapier-Sondervermögen entfällt (§ 38 Abs. 2) ... .

Im übrigen handelt es sich um redaktionelle Änderungen.

Beschlussempfehlung/Begründung des Finanzausschusses

– keine Änderung/Bemerkung –

Beschlussempfehlung/Begründung des Vermittlungsausschusses

– keine Änderung/Bemerkung –

III. Änderung § 38a KAGG

1. Text der Vorschrift

§ 38a wird aufgehoben.

2. Materialien

Gesetzentwurf der Bundesregierung

§ 38a wird aufgehoben.

Begründung zum Gesetzentwurf der Bundesregierung

Die Änderungen sind die Folge des Systemwechsels vom Vollanrechnungsverfahren zum Halbeinkünfteverfahren bei Dividenden und ähnlichen Kapitalerträgen.

... die Ausschüttungsbelastung mit Körperschaftsteuer braucht nicht mehr hergestellt zu werden (§ 38a), ...

Im übrigen handelt es sich um redaktionelle Änderungen.

Beschlussempfehlung/Begründung des Finanzausschusses

– keine Änderung/Bemerkung –

Beschlussempfehlung/Begründung des Vermittlungsausschusses

– keine Änderung/Bemerkung –

IV. Änderung § 38b KAGG

1. Text der Vorschrift

§ 38b wird wie folgt gefasst:

„**§ 38b**

(1) Von dem Teil der Einnahmen eines Wertpapier-Sondervermögens, der zur Ausschüttung auf Anteilscheine an dem Sondervermögen verwendet wird, wird eine Kapitalertragsteuer von dem ausgeschütteten Betrag erhoben, soweit darin enthalten sind

1. Erträge des Sondervermögens, bei denen nach § 38 Abs. 2 in Verbindung mit § 44a des Einkommensteuergesetzes vom Steuerabzug Abstand zu nehmen ist, sowie der hierauf entfallende Teil des Ausgabepreises für ausgegebene Anteilscheine,

2. Erträge des Sondervermögens im Sinne des § 43 Abs. 1 Satz 1 Nr. 2 des Einkommensteuergesetzes, bei denen die Kapitalertragsteuer nach § 38 Abs. 2 erstattet wird, sowie der hierauf entfallende Teil des Ausgabepreises für ausgegebene Anteilscheine,

3. ausländische Erträge des Sondervermögens im Sinne des § 43 Abs. 1 Satz 1 Nr. 7 und 8 sowie Satz 2 des Einkommensteuergesetzes,

4. Gewinne aus privaten Veräußerungsgeschäften im Sinne des § 23 Abs. 1 Satz 1 Nr. 4, Abs. 2 und 3 des Einkommensteuergesetzes und die hierauf entfallenden Teile des Ausgabepreises für ausgegebene Anteilscheine.

Die für den Steuerabzug von Kapitalerträgen im Sinne des § 43 Abs. 1 Satz 1 Nr. 7 und 8 sowie Satz 2 des Einkommensteuergesetzes geltenden Vorschriften des Einkommensteuergesetzes sind entsprechend anzuwenden. In der nach § 45a des Einkommensteuergesetzes zu erteilenden Bescheinigung ist der zur Anrechnung oder Erstattung von Kapitalertragsteuer berechtigende Teil der Ausschüttung gesondert anzugeben.

(2) Für den Teil der nicht zur Ausschüttung oder Kostendeckung verwendeten Einnahmen und Gewinne des Sondervermögens gilt Absatz 1 entsprechend. Die darauf zu erhebende Kapitalertragsteuer ist von dem ausgeschütteten Betrag einzubehalten.

(3) Werden die Einnahmen und Gewinne des Sondervermögens nicht zur Ausschüttung oder Kostendeckung verwendet, hat die Kapitalanlagegesellschaft den Steuerabzug vorzunehmen. § 44a des Einkommensteuergesetzes ist nicht anzuwenden. Im Übrigen gilt Absatz 1 entsprechend. Die Kapitalertragsteuer ist innerhalb eines Monats nach der Entstehung zu entrichten. Die Kapitalanlagegesellschaft hat bis zu diesem Zeitpunkt eine Steuererklärung nach amtlich vorgeschriebenem Vordruck abzugeben und darin die Steuer zu berechnen.

J. IV. Änderung § 38b KAGG

(4) Die Kapitalertragsteuer wird auch von Zwischengewinnen (§ 39 Abs. 2) erhoben. Absatz 1 Satz 2 und 3 gilt entsprechend.

(5) Von den Ausschüttungen und den nicht zur Ausschüttung oder Kostendeckung verwendeten Einnahmen eines Wertpapier-Sondervermögens wird ein Steuerabzug vom Kapitalertrag in Höhe von 20 vom Hundert vorgenommen, soweit darin Erträge im Sinne des § 43 Abs.1 Satz 1 Nr. 1 sowie Satz 2 des Einkommensteuergesetzes enthalten sind, die nicht nach § 40 Abs. 1 steuerfrei sind. Die für den Steuerabzug von Kapitalerträgen im Sinne des § 43 Abs.1 Satz 1 Nr. 1 und Satz 2 des Einkommensteuergesetzes geltenden Vorschriften des Einkommensteuergesetzes sind entsprechend anzuwenden. Absatz 1 Satz 3 und Absatz 3 Satz 4 und 5 gelten entsprechend."

2. Materialien

Gesetzentwurf der Bundesregierung

§ 38b wird wie folgt gefasst:

„§ 38b

(1) Von dem Teil der Einnahmen eines Wertpapier-Sondervermögens, der zur Ausschüttung auf Anteilscheine an dem Sondervermögen verwendet wird, wird eine Kapitalertragsteuer von dem ausgeschütteten Betrag erhoben, soweit darin enthalten sind

1. Erträge des Sondervermögens, bei denen nach § 38 Abs. 3 in Verbindung mit § 44a des Einkommensteuergesetzes vom Steuerabzug Abstand zu nehmen ist, sowie der hierauf entfallende Teil des Ausgabepreises für ausgegebene Anteilscheine,

2. Erträge des Sondervermögens im Sinne des § 43 Abs. 1 Satz 1 Nr. 2 des Einkommensteuergesetzes, bei denen die Kapitalertragsteuer nach § 38 Abs. 3 erstattet wird, sowie der hierauf entfallende Teil des Ausgabepreises für ausgegebene Anteilscheine,

3. ausländische Erträge des Sondervermögens im Sinne des § 43 Abs. 1 Satz 1 Nr. 7 und 8 sowie Satz 2 des Einkommensteuergesetzes,

4. Gewinne aus privaten Veräußerungsgeschäften im Sinne des § 23 Abs. 1 Satz 1 Nr. 4, Abs. 2 und 3 des Einkommensteu-

ergesetzes und die hierauf entfallenden Teile des Ausgabepreises für ausgegebene Anteilscheine.

Die für den Steuerabzug von Kapitalerträgen im Sinne des § 43 Abs. 1 Satz 1 Nr. 7 und 8 sowie Satz 2 des Einkommensteuergesetzes geltenden Vorschriften des Einkommensteuergesetzes sind entsprechend anzuwenden. In der nach § 45a des Einkommensteuergesetzes zu erteilenden Bescheinigung ist der zur Anrechnung oder Erstattung von Kapitalertragsteuer berechtigende Teil der Ausschüttung gesondert anzugeben.

(2) Für den Teil der nicht zur Ausschüttung oder Kostendeckung verwendeten Einnahmen des Sondervermögens im Sinne des § 39 Abs. 1 Satz 2 gilt Absatz 1 entsprechend. Die darauf zu erhebende Kapitalertragsteuer ist von dem ausgeschütteten Betrag einzubehalten.

(3) Werden die Einnahmen des Sondervermögens nicht zur Ausschüttung oder Kostendeckung verwendet, hat die Kapitalanlagegesellschaft den Steuerabzug vorzunehmen. § 44a des Einkommensteuergesetzes ist nicht anzuwenden. Im übrigen gilt Absatz 1 entsprechend. Die Kapitalertragsteuer ist innerhalb eines Monats nach der Entstehung zu entrichten. Die Kapitalanlagegesellschaft hat bis zu diesem Zeitpunkt eine Steuererklärung nach amtlich vorgeschriebenem Vordruck abzugeben und darin die Steuer zu berechnen.

(4) Die Kapitalertragsteuer wird auch von Zwischengewinnen (§ 39 Abs. 2) erhoben. Absatz 1 Satz 2 und 3 gilt entsprechend.

(5) Von den Ausschüttungen und den nicht zur Ausschüttung oder Kostendeckung verwendeten Einnahmen eines Wertpapier-Sondervermögens wird ein Steuerabzug vom Kapitalertrag in Höhe von 20 vom Hundert vorgenommen, soweit darin Erträge im Sinne des § 43 Abs.1 Satz 1 Nr. 1 sowie Satz 2 des Einkommensteuergesetzes enthalten sind, die nicht nach § 40 Abs. 1 steuerfrei sind. Die für den Steuerabzug von Kapitalerträgen im Sinne des § 43 Abs.1 Satz 1 Nr. 1 und Satz 2 des Einkommensteuergesetzes geltenden Vorschriften des Einkommensteuergesetzes sind entsprechend anzuwenden. Absatz 1 Satz 3 und Absatz 3 Satz 4 und 5 geltenden entsprechend."

Begründung zum Gesetzentwurf der Bundesregierung

Die Änderungen sind die Folge des Systemwechsels vom Vollanrechnungsverfahren zum Halbeinkünfteverfahren bei Dividenden und ähnlichen Kapitalerträgen.

... die ausgeschütteten/thesaurierten Dividenden und ähnlichen Kapitalerträge unterliegen einer Kapitalertragsteuer von 20 % (§ 38b Abs. 5) ... .

Im übrigen handelt es sich um redaktionelle Änderungen.

Beschlussempfehlung des Finanzausschusses

§ 38b wird wie folgt gefasst:

„§ 38b

(1) Von dem Teil der Einnahmen eines Wertpapier-Sondervermögens, der zur Ausschüttung auf Anteilscheine an dem Sondervermögen verwendet wird, wird eine Kapitalertragsteuer von dem ausgeschütteten Betrag erhoben, soweit darin enthalten sind

1. Erträge des Sondervermögens, bei denen nach § 38 Abs. 2 in Verbindung mit § 44a des Einkommensteuergesetzes vom Steuerabzug Abstand zu nehmen ist, sowie der hierauf entfallende Teil des Ausgabepreises für ausgegebene Anteilscheine,

2. Erträge des Sondervermögens im Sinne des § 43 Abs. 1 Satz 1 Nr. 2 des Einkommensteuergesetzes, bei denen die Kapitalertragsteuer nach § 38 Abs. 2 erstattet wird, sowie der hierauf entfallende Teil des Ausgabepreises für ausgegebene Anteilscheine,

3. unverändert

4. unverändert

Die für den Steuerabzug von Kapitalerträgen im Sinne des § 43 Abs. 1 Satz 1 Nr. 7 und 8 sowie Satz 2 des Einkommensteuergesetzes geltenden Vorschriften des Einkommensteuergesetzes sind entsprechend anzuwenden. In der nach § 45a des Einkommensteuergesetzes zu erteilenden Bescheinigung ist der zur Anrechnung oder Erstattung von Kapitalertragsteuer berechtigende Teil der Ausschüttung gesondert anzugeben.

(2) Für den Teil der nicht zur Ausschüttung oder Kostendeckung verwendeten Einnahmen und Gewinne des Sondervermögens gilt Absatz 1 entsprechend. Die darauf zu erhebende Kapitalertragsteuer ist von dem ausgeschütteten Betrag einzubehalten.

(3) Werden die Einnahmen und Gewinne des Sondervermögens nicht zur Ausschüttung oder Kostendeckung verwendet, hat die Kapitalanlagegesellschaft den Steuerabzug vorzunehmen. § 44a

des Einkommensteuergesetzes ist nicht anzuwenden. Im übrigen gilt Absatz 1 entsprechend. Die Kapitalertragsteuer ist innerhalb eines Monats nach der Entstehung zu entrichten. Die Kapitalanlagegesellschaft hat bis zu diesem Zeitpunkt eine Steuererklärung nach amtlich vorgeschriebenem Vordruck abzugeben und darin die Steuer zu berechnen.

(4) unverändert

(5) Von den Ausschüttungen und den nicht zur Ausschüttung oder Kostendeckung verwendeten Einnahmen eines Wertpapier-Sondervermögens wird ein Steuerabzug vom Kapitalertrag in Höhe von 20 vom Hundert vorgenommen, soweit darin Erträge im Sinne des § 43 Abs.1 Satz 1 Nr. 1 sowie Satz 2 des Einkommensteuergesetzes enthalten sind, die nicht nach § 40 Abs. 1 steuerfrei sind. Die für den Steuerabzug von Kapitalerträgen im Sinne des § 43 Abs.1 Satz 1 Nr. 1 und Satz 2 des Einkommensteuergesetzes geltenden Vorschriften des Einkommensteuergesetzes sind entsprechend anzuwenden. Absatz 1 Satz 3 und Absatz 3 Satz 4 und 5 gelten entsprechend."

Begründung des Finanzausschusses

Die Ergänzung in den Absätzen 2 und 3 um das Wort „Gewinne" trägt dem Umstand Rechnung, dass auch Gewinne aus Termingeschäften im Sinne des § 23 Abs. 1 Nr. 4 EStG zu den steuerabzugspflichtigen Erträgen aus Investmentfonds gehören.

Im Übrigen redaktionelle Änderungen.

Beschlussempfehlung/Begründung des Vermittlungsausschusses

– keine Änderung/Bemerkung –

V. Änderung § 39 KAGG

1. Text der Vorschrift

§ 39 wird wie folgt geändert:

  a) **In Absatz 1 Satz 1 werden der Punkt durch ein Semikolon ersetzt und folgende Wörter angefügt:**

  „§ 3 Nr. 40 des Einkommensteuergesetzes und § 8b Abs. 1 des Körperschaftsteuergesetzes sind außer in den Fällen des § 40 Abs. 2 nicht anzuwenden."

b) Absatz 2 wird aufgehoben.

c) Der bisherige Absatz 1a wird Absatz 2.

2. Materialien

Gesetzentwurf der Bundesregierung

§ 39 wird wie folgt geändert:

a) In Absatz 1 Satz 1 werden der Punkt durch ein Semikolon ersetzt und folgende Wörter angefügt:

„§ 3 Nr. 40 des Einkommensteuergesetzes ist außer in den Fällen des § 40 Abs. 2 nicht anzuwenden."

b) Absatz 2 wird aufgehoben.

c) Der bisherige Absatz 1a wird Absatz 2.

Begründung zum Gesetzentwurf der Bundesregierung

Die Änderungen sind die Folge des Systemwechsels vom Vollanrechnungsverfahren zum Halbeinkünfteverfahren bei Dividenden und ähnlichen Kapitalerträgen.

Die Vergütung von Körperschaftsteuer an Wertpapier-Sondervermögen entfällt (§ 38 Abs. 2), die Ausschüttungsbelastung mit Körperschaftsteuer braucht nicht mehr hergestellt zu werden (§ 38a), die ausgeschütteten/thesaurierten Dividenden und ähnlichen Kapitalerträge unterliegen einer Kapitalertragsteuer von 20 % (§ 38b Abs. 5), die Anrechnung und Vergütung von Körperschaftsteuer beim Anteilscheininhaber entfällt (§ 39a), die Hälfte der Dividenden und ähnlichen Kapitalerträge ist steuerfrei (§ 40 Abs. 2), die von Wertpapier-Sondervermögen bekannt zu machenden Angaben werden entsprechend ergänzt (§ 41 Abs. 1).

Andere Erträge werden vom Systemwechsel nicht berührt und bleiben infolgedessen in vollem Umfang steuerpflichtig (§ 39 Abs.1).

Im übrigen handelt es sich um redaktionelle Änderungen.

Beschlussempfehlung des Finanzausschusses

§ 39 wird wie folgt geändert:

a) In Absatz 1 Satz 1 werden der Punkt durch ein Semikolon ersetzt und folgende Wörter angefügt:

„§ 3 Nr. 40 des Einkommensteuergesetzes und § 8b Abs. 1 des Körperschaftsteuergesetzes sind außer in den Fällen des § 40 Abs. 2 nicht anzuwenden."

b) unverändert

c) unverändert

Begründung des Finanzausschusses

Die Steuerfreiheit nach § 8b Abs. 1 des Körperschaftsteuergesetzes gilt für körperschaftsteuerpflichtige Investmentfondsanleger nur insoweit, als Dividenden ausgeschüttet oder thesauriert werden. Dies stellt die Ergänzung sicher.

Beschlussempfehlung/Begründung des Vermittlungsausschusses

– keine Änderung/Bemerkung –

VI. Änderung § 39a KAGG

1. Text der Vorschrift

§ 39a wird aufgehoben.

2. Materialien

Gesetzentwurf der Bundesregierung

§ 39a wird aufgehoben

Begründung zum Gesetzentwurf der Bundesregierung

Die Änderungen sind die Folge des Systemwechsels vom Vollanrechnungsverfahren zum Halbeinkünfteverfahren bei Dividenden und ähnlichen Kapitalerträgen.

... die Anrechnung und Vergütung von Körperschaftsteuer beim Anteilscheininhaber entfällt (§ 39a) ... .

Im übrigen handelt es sich um redaktionelle Änderungen.

Beschlussempfehlung/Begründung des Finanzausschusses

– keine Änderung/Bemerkung –

Beschlussempfehlung/Begründung des Vermittlungsausschusses

– keine Änderung/Bemerkung –

VII. Änderung § 39b KAGG

1. Text der Vorschrift

§ 39b Abs. 3 wird wie folgt gefasst:

„(3) Für die Anrechnung der einbehaltenen und abgeführten Kapitalertragsteuer nach § 36 Abs. 2 des Einkommensteuergesetzes oder deren Erstattung nach § 50d des Einkommensteuergesetzes gelten die Vorschriften des Einkommensteuergesetzes entsprechend."

2. Materialien

Gesetzentwurf der Bundesregierung

§ 39b Abs. 3 wird wie folgt gefasst:

„(3) Für die Anrechnung der einbehaltenen und abgeführten Kapitalertragsteuer nach § 36 Abs. 2 des Einkommensteuergesetzes oder deren Erstattung nach § 50 d des Einkommensteuergesetzes gelten die Vorschriften des Einkommensteuergesetzes entsprechend."

Begründung zum Gesetzentwurf der Bundesregierung

Die Änderungen sind die Folge des Systemwechsels vom Vollanrechnungsverfahren zum Halbeinkünfteverfahren bei Dividenden und ähnlichen Kapitalerträgen.

Die Vergütung von Körperschaftsteuer an Wertpapier-Sondervermögen entfällt (§ 38 Abs. 2), die Ausschüttungsbelastung mit Körperschaftsteuer braucht nicht mehr hergestellt zu werden (§ 38a), die ausgeschütteten/thesaurierten Dividenden und ähnlichen Kapitalerträge unterliegen einer Kapitalertragsteuer von 20 % (§ 38b Abs. 5), die Anrechnung und Vergütung von Körperschaftsteuer beim Anteilscheininhaber entfällt (§ 39a), die Hälfte der Dividenden und ähnlichen Kapitalerträge ist steuerfrei (§ 40 Abs. 2), die von Wertpapier-Sondervermögen bekannt zu machenden Angaben werden entsprechend ergänzt (§ 41 Abs. 1).

Andere Erträge werden vom Systemwechsel nicht berührt und bleiben infolgedessen in vollem Umfang steuerpflichtig (§ 39 Abs.1).

Im übrigen handelt es sich um redaktionelle Änderungen.

Beschlussempfehlung/Begründung des Finanzausschusses

– keine Änderung/Bemerkung –

Beschlussempfehlung/Begründung des Vermittlungsausschusses

– keine Änderung/Bemerkung –

VIII. Änderung § 40 KAGG

1. Text der Vorschrift

§ 40 wird wie folgt gefasst:

„§ 40

(1) Die Ausschüttungen auf Anteilscheine an einem Wertpapier-Sondervermögen sind insoweit steuerfrei, als sie Gewinne aus der Veräußerung von Wertpapieren und Bezugsrechten auf Anteile an Kapitalgesellschaften enthalten, es sei denn, dass es sich um Gewinne aus privaten Veräußerungsgeschäften im Sinne des § 23 Abs. 1 Satz 1 Nr. 4, Abs. 2 und 3 des Einkommensteuergesetzes handelt, oder dass die Ausschüttungen Betriebseinnahmen des Steuerpflichtigen sind; § 3 Nr. 40 des Einkommensteuergesetzes und § 8b Abs. 2 des Körperschaftsteuergesetzes sind anzuwenden. Enthalten die Ausschüttungen Erträge aus der Veräußerung von Bezugsrechten auf Freianteile an Kapitalgesellschaften, so kommt die Steuerfreiheit insoweit nicht in Betracht, als die Erträge Kapitalerträge im Sinne des § 20 des Einkommensteuergesetzes sind.

(2) Auf ausgeschüttete und nicht zur Ausschüttung oder Kostendeckung verwendete inländische und ausländische Einnahmen des Wertpapier-Sondervermögens im Sinne des § 38b Abs. 5 sind § 3 Nr. 40 des Einkommensteuergesetzes und § 8b Abs. 1 des Körperschaftsteuergesetzes anzuwenden.

(3) Die Ausschüttungen auf Anteilscheine an einem Wertpapier-Sondervermögen sind bei der Veranlagung der Einkommensteuer oder Körperschaftsteuer insoweit außer Betracht zu lassen, als sie aus einem ausländischen Staat stammende Einkünfte enthalten, für die die Bundesrepublik Deutschland auf Grund eines Abkommens zur Vermeidung der Doppelbesteuerung auf die Ausübung des Besteuerungs-

J. VIII. Änderung § 40 KAGG

rechts verzichtet hat. Die Einkommensteuer oder Körperschaftsteuer wird jedoch nach dem Satz erhoben, der für die Bemessungsgrundlage vor Anwendung des Satzes 1 (Gesamteinkommen) in Betracht kommt, wenn in dem Abkommen zur Vermeidung der Doppelbesteuerung ein entsprechender Progressionsvorbehalt vorgesehen ist.

(4) Sind in den Ausschüttungen auf Anteilscheine an einem Wertpapier-Sondervermögen aus einem ausländischen Staat stammende Einkünfte enthalten, die in diesem Staat zu einer nach § 34c Abs. 1 des Einkommensteuergesetzes oder § 26 Abs. 1 des Körperschaftsteuergesetzes oder nach einem Abkommen zur Vermeidung der Doppelbesteuerung auf die Einkommensteuer oder Körperschaftsteuer anrechenbaren Steuer herangezogen werden, so ist bei unbeschränkt steuerpflichtigen Anteilscheininhabern die festgesetzte und gezahlte und keinem Ermäßigungsanspruch unterliegende ausländische Steuer auf den Teil der Einkommensteuer oder Körperschaftsteuer anzurechnen, der auf diese ausländischen, um die anteilige ausländische Steuer erhöhten Einkünfte entfällt. Dieser Teil ist in der Weise zu ermitteln, dass die sich bei der Veranlagung des zu versteuernden Einkommens – einschließlich der ausländischen Einkünfte – nach den §§ 32a, 32b, 34 und 34b des Einkommensteuergesetzes ergebende Einkommensteuer oder nach § 23 des Körperschaftsteuergesetzes ergebende Körperschaftsteuer im Verhältnis dieser ausländischen Einkünfte zur Summe der Einkünfte aufgeteilt wird. Der Höchstbetrag der anrechenbaren ausländischen Steuern ist für die Ausschüttungen aus jedem einzelnen Wertpapier-Sondervermögen zusammengefasst zu berechnen. § 34c Abs. 2, 3, 6 und 7 des Einkommensteuergesetzes ist sinngemäß anzuwenden.

(5) Den in den Ausschüttungen enthaltenen Beträgen im Sinne der Absätze 1 bis 4 stehen die hierauf entfallenden Teile des Ausgabepreises für ausgegebene Anteilscheine gleich."

2. Materialien

Gesetzentwurf der Bundesregierung

§ 40 wird wie folgt gefasst:

„§ 40

(1) Die Ausschüttungen auf Anteilscheine an einem Wertpapier-Sondervermögen sind insoweit steuerfrei, als sie Gewinne aus der Veräußerung von Wertpapieren und Bezugsrechten auf Anteile an Kapitalgesellschaften enthalten, es sei denn, dass es sich um Gewinne aus privaten Veräußerungsgeschäften im Sinne des § 23 Abs. 1 Satz 1 Nr. 4, Abs. 2 und 3 des Einkommensteuergesetzes handelt, oder dass die Ausschüttungen Betriebseinnahmen des Steuerpflichtigen sind; § 8b Abs. 2 des Körperschaftsteuergesetzes ist anzuwenden. Enthalten die Ausschüttungen Erträge aus der Veräußerung von Bezugsrechten auf Freianteile an Kapitalgesellschaften, so kommt die Steuerfreiheit insoweit nicht in Betracht, als die Erträge Kapitalerträge im Sinne des § 20 des Einkommensteuergesetzes sind.

(2) Auf ausgeschüttete und nicht zur Ausschüttung oder Kostendeckung verwendete Einnahmen des Wertpapier-Sondervermögens im Sinne des § 38 b Abs. 5 sind § 3 Nr. 40 des Einkommensteuergesetzes und § 8 b Abs. 1 des Körperschaftsteuergesetzes anzuwenden.

(3) Die Ausschüttungen auf Anteilscheine an einem Wertpapier-Sondervermögen sind bei der Veranlagung der Einkommensteuer oder Körperschaftsteuer insoweit außer Betracht zu lassen, als sie aus einem ausländischen Staat stammende Einkünfte enthalten, für die die Bundesrepublik Deutschland auf Grund eines Abkommens zur Vermeidung der Doppelbesteuerung auf die Ausübung des Besteuerungsrechts verzichtet hat. Die Einkommensteuer oder Körperschaftsteuer wird jedoch nach dem Satz erhoben, der für die Bemessungsgrundlage vor Anwendung des Satzes 1 (Gesamteinkommen) in Betracht kommt, wenn in dem Abkommen zur Vermeidung der Doppelbesteuerung ein entsprechender Progressionsvorbehalt vorgesehen ist.

(4) Sind in den Ausschüttungen auf Anteilscheine an einem Wertpapier-Sondervermögen aus einem ausländischen Staat stammende Einkünfte enthalten, die in diesem Staat zu einer nach § 34 c Abs. 1 des Einkommensteuergesetzes oder § 26 Abs. 1 des Körperschaftsteuergesetzes oder nach einem Abkommen zur Vermeidung der Doppelbesteuerung auf die Ein-

J. VIII. Änderung § 40 KAGG

kommensteuer oder Körperschaftsteuer anrechenbaren Steuer herangezogen werden, so ist bei unbeschränkt steuerpflichtigen Anteilscheininhabern die festgesetzte und gezahlte und keinem Ermäßigungsanspruch unterliegende ausländische Steuer auf den Teil der Einkommensteuer oder Körperschaftsteuer anzurechnen, der auf diese ausländischen, um die anteilige ausländische Steuer erhöhten Einkünfte entfällt. Dieser Teil ist in der Weise zu ermitteln, dass die sich bei der Veranlagung des zu versteuernden Einkommens – einschließlich der ausländischen Einkünfte – nach den §§ 32 a, 32 b, 34 und 34 b des Einkommensteuergesetzes ergebende Einkommensteuer oder nach § 23 des Körperschaftsteuergesetzes ergebende Körperschaftsteuer im Verhältnis dieser ausländischen Einkünfte zur Summe der Einkünfte aufgeteilt wird. Der Höchstbetrag der anrechenbaren ausländischen Steuern ist für die Ausschüttungen aus jedem einzelnen Wertpapier-Sondervermögen zusammengefasst zu berechnen. § 34 c Abs. 2, 3, 6 und 7 des Einkommensteuergesetzes ist sinngemäß anzuwenden.

(5) Den in den Ausschüttungen enthaltenen Beträgen im Sinne der Absätze 1 bis 4 stehen die hierauf entfallenden Teile des Ausgabepreises für ausgegebene Anteilscheine gleich."

Begründung zum Gesetzentwurf der Bundesregierung

Die Änderungen sind die Folge des Systemwechsels vom Vollanrechnungsverfahren zum Halbeinkünfteverfahren bei Dividenden und ähnlichen Kapitalerträgen.

..., die Hälfte der Dividenden und ähnlichen Kapitalerträge ist steuerfrei (§ 40 Abs. 2), ...

Im übrigen handelt es sich um redaktionelle Änderungen.

Beschlussempfehlung des Finanzausschusses

§ 40 wird wie folgt gefasst:

„§ 40

(1) Die Ausschüttungen auf Anteilscheine an einem Wertpapier-Sondervermögen sind insoweit steuerfrei, als sie Gewinne aus der Veräußerung von Wertpapieren und Bezugsrechten auf Anteile an Kapitalgesellschaften enthalten, es sei denn, dass es sich um Gewinne aus privaten Veräußerungsgeschäften im Sinne des § 23 Abs. 1 Satz 1 Nr. 4, Abs. 2 und 3 des Einkommensteuerge-

setzes handelt, oder dass die Ausschüttungen Betriebseinnahmen des Steuerpflichtigen sind; § 3 Nr. 40 des Einkommensteuergesetzes und § 8b Abs. 2 des Körperschaftsteuergesetzes sind anzuwenden. Enthalten die Ausschüttungen Erträge aus der Veräußerung von Bezugsrechten auf Freianteile an Kapitalgesellschaften, so kommt die Steuerfreiheit insoweit nicht in Betracht, als die Erträge Kapitalerträge im Sinne des § 20 des Einkommensteuergesetzes sind.

(2) Auf ausgeschüttete und nicht zur Ausschüttung oder Kostendeckung verwendete inländische und ausländische Einnahmen des Wertpapier-Sondervermögens im Sinne des § 38b Abs. 5 sind § 3 Nr. 40 des Einkommensteuergesetzes und § 8b Abs. 1 des Körperschaftsteuergesetzes anzuwenden.

(3) unverändert

(4) unverändert

(5) unverändert

Begründung des Finanzausschusses

Absatz 1

Der Gesetzentwurf regelt, dass Veräußerungsgewinne, die ein Investmentfonds an Kapitalgesellschaften weiterleitet, nach § 8b Abs. 2 KStG steuerfrei sind. Veräußerungsgewinne, die er an andere Unternehmen als Kapitalgesellschaften weiterleitet, unterliegen bei diesen nur zur Hälfte der Einkommensbesteuerung. Dies stellt die Ergänzung sicher.

Absatz 2

Durch die Ergänzung werden – wie beim Direktanleger – auch über einen Investmentfonds bezogene ausländische Aktienerträge in das Halbeinkünfteverfahren einbezogen.

Beschlussempfehlung/Begründung des Vermittlungsausschusses

– keine Änderung/Bemerkung –

IX. Änderung § 40a KAGG

1. Text der Vorschrift

Nach § 40 wird folgender § 40a eingefügt:

„§ 40a

(1) Auf die Einnahmen aus der Rückgabe oder Veräußerung von Anteilscheinen an einem Wertpapier-Sondervermögen, die zu einem Betriebsvermögen gehören, sind § 3 Nr. 40 des Einkommensteuergesetzes und § 8b Abs. 2 des Körperschaftsteuergesetzes anzuwenden, soweit sie dort genannte, dem Anteilscheininhaber noch nicht zugeflossene oder als zugeflossen geltende Einnahmen enthalten oder auf Beteiligungen des Wertpapier-Sondervermögens an Körperschaften, Personenvereinigungen oder Vermögensmassen entfallen, deren Leistungen beim Empfänger zu den Einnahmen im Sinne des § 20 Abs. 1 Nr. 1 des Einkommensteuergesetzes gehören.

(2) Auf die Einnahmen aus der Rückgabe oder Veräußerung von Anteilscheinen an einem Wertpapier-Sondervermögen, die zu einem Privatvermögen gehören, ist § 3 Nr. 40 des Einkommensteuergesetzes nicht anzuwenden."

2. Materialien

Gesetzentwurf/Begründung der Bundesregierung

– Regelung noch nicht enthalten –

Beschlussempfehlung des Finanzausschusses

Nach § 40 wird folgender § 40a eingefügt:

„§ 40a

(1) Auf die Einnahmen aus der Rückgabe oder Veräußerung von Anteilscheinen an einem Wertpapier-Sondervermögen, die zu einem Betriebsvermögen gehören, sind § 3 Nr. 40 des Einkommensteuergesetzes und § 8b Abs. 2 des Körperschaftsteuergesetzes anzuwenden, soweit sie dort genannte, dem Anteilscheininhaber noch nicht zugeflossene oder als zugeflossen geltende Einnahmen enthalten oder auf Beteiligungen des Wertpapier-Sondervermögens an Körperschaften, Personenvereinigungen

oder Vermögensmassen entfallen, deren Leistungen beim Empfänger zu Einnahmen im Sinne des § 20 Abs. 1 Nr. 1 des Einkommensteuergesetzes gehören.

(2) Auf die Einnahmen aus der Rückgabe oder Veräußerung von Anteilscheinen an einem Wertpapier-Sondervermögen, die zu einem Privatvermögen gehören, ist § 3 Nr. 40 des Einkommensteuergesetzes nicht anzuwenden."

Begründung des Finanzausschusses

Gewinne aus der Rückgabe oder Veräußerung von Anteilscheinen, die zum Betriebsvermögen gehören, sind bei Kapitalgesellschaften nach § 8b Abs. 2 des Körperschaftsteuergesetzes steuerfrei und bei anderen Unternehmen nach § 3 Nr. 40 des Einkommensteuergesetzes nur zur Hälfte steuerpflichtig. Dies ist nach dem neuen System nur gerechtfertigt, soweit die Gewinne auf Dividenden und die Veräußerung von Anteilen an Kapitalgesellschaften entfallen. § 40a KAGG beschränkt die Steuerfreiheit und die hälftige Besteuerung auf die betreffenden Bestandteile des Veräußerungsgewinns.

Gewinne aus der Rückgabe oder Veräußerung von Anteilscheinen, die zu einem Privatvermögen gehören, sind nach geltendem Recht steuerpflichtig, wenn die Veräußerung innerhalb der Frist des § 23 des Einkommensteuergesetzes vorgenommen worden ist. Im Übrigen sind sie steuerfrei. Steuerpflicht und Steuerfreiheit hängen nicht davon ab, wie sich der Veräußerungsgewinn zusammensetzt. Das Halbeinkünfteverfahren gilt deshalb nicht für die Veräußerung von Anteilscheinen an Investmentfonds im Privatvermögen.

Beschlussempfehlung/Begründung des Vermittlungsausschusses

– keine Änderung/Bemerkung –

X. Änderung § 41 KAGG

1. Text der Vorschrift

§ 41 wird wie folgt gefasst:

„§ 41

(1) Die Kapitalanlagegesellschaft hat den Anteilscheininhabern bei jeder Ausschüttung bezogen auf einen Anteilschein an dem Wertpapier-Sondervermögen bekannt zu machen

1. den Betrag der Ausschüttung;
2. die in der Ausschüttung enthaltenen
   a) steuerfreien Veräußerungsgewinne im Sinne des § 40 Abs. 1 Satz 1,
   b) Erträge im Sinne des § 3 Nr. 40 des Einkommensteuergesetzes,
   c) Veräußerungsgewinne im Sinne des § 3 Nr. 40 des Einkommensteuergesetzes,
   d) Erträge im Sinne des § 8b Abs.1 des Körperschaftsteuergesetzes,
   e) Veräußerungsgewinne im Sinne des § 8b Abs. 2 des Körperschaftsteuergesetzes,
   f) Erträge im Sinne des § 40 Abs. 1 Satz 2, soweit die Erträge nicht Kapitalerträge im Sinne des § 20 des Einkommensteuergesetzes sind,
   g) Einkünfte im Sinne des § 40 Abs. 3,
   h) Einkünfte im Sinne des § 40 Abs. 4;
3. den zur Anrechnung oder Erstattung von Kapitalertragsteuer berechtigenden Teil der Ausschüttung im Sinne des
   a) § 38b Abs. 1 bis 4
   b) § 38b Abs. 5;
4. den Betrag der anzurechnenden oder zu erstattenden Kapitalertragsteuer von Erträgen im Sinne des
   a) § 38b Abs. 1 bis 4
   b) § 38b Abs. 5
5. den Betrag der nach § 34c Abs. 1 des Einkommensteuergesetzes anrechenbaren und nach § 34c Abs. 3 des Einkommensteuergesetzes abziehbaren ausländischen Steuern, der auf die in den Ausschüttungen enthaltenen Einkünfte im Sinne des § 40 Abs. 4 entfällt.

(2) Die Kapitalanlagegesellschaft hat auf Anforderung des für ihre Besteuerung nach dem Einkommen zuständigen Finanzamts den Nachweis über die Höhe der ausländischen Einkünfte und über die Festsetzung und Zahlung der aus-

ländischen Steuern durch Vorlage entsprechender Urkunden, z. B. Steuerbescheid, Quittung über die Zahlung, zu führen. Sind diese Urkunden in einer fremden Sprache abgefasst, so kann eine beglaubigte Übersetzung in die deutsche Sprache verlangt werden.

(3) Wird der Betrag einer anrechenbaren Steuer nach der Bekanntmachung im Sinne des Absatzes 1 erstmalig festgesetzt, nachträglich erhöht oder ermäßigt oder hat die Kapitalanlagegesellschaft einen solchen Betrag in unzutreffender Höhe bekannt gemacht, so hat die Kapitalanlagegesellschaft die Unterschiedsbeträge bei der im Zusammenhang mit der nächsten Ausschüttung vorzunehmenden Ermittlung der anrechenbaren Steuerbeträge auszugleichen.

(4) Die Kapitalanlagegesellschaft hat börsentäglich den Zwischengewinn (§ 39 Abs. 2) zu ermitteln; sie hat ihn mit dem Rücknahmepreis zu veröffentlichen.

(5) Die Kapitalanlagegesellschaft hat börsentäglich den Vomhundertsatz des Wertes des Anteils zu ermitteln, der auf die in dem Veräußerungsgewinn enthaltenen Bestandteile im Sinne des § 40a Abs. 1 entfällt; sie hat ihn mit dem Rücknahmepreis zu veröffentlichen."

2. Materialien

Gesetzentwurf der Bundesregierung

§ 41 wird wie folgt gefasst:

„§ 41

(1) Die Kapitalanlagegesellschaft hat den Anteilscheininhabern bei jeder Ausschüttung bezogen auf einen Anteilschein an dem Wertpapier-Sondervermögen bekannt zu machen

1. den Betrag der Ausschüttung;

2. die in der Ausschüttung enthaltenen

    a) steuerfreien Veräußerungsgewinne im Sinne des § 40 Abs. 1 Satz 1,

    b) Erträge im Sinne des § 3 Nr. 40 des Einkommensteuergesetzes,

    c) Erträge im Sinne des § 8b Abs.1 des Körperschaftsteuergesetzes,

J. X. Änderung § 41 KAGG

d) Erträge im Sinne des § 40 Abs. 1 Satz 2, soweit die Erträge nicht Kapitalerträge im Sinne des § 20 des Einkommensteuergesetzes sind,

e) Einkünfte im Sinne des § 40 Abs. 3,

f) Einkünfte im Sinne des § 40 Abs. 4;

3. den zur Anrechnung oder Erstattung von Kapitalertragsteuer berechtigenden Teil der Ausschüttung im Sinne des

a) § 38b Abs. 1 bis 4

b) § 38b Abs. 5;

4. den Betrag der anzurechnenden oder zu erstattenden Kapitalertragsteuer von Erträgen im Sinne des

a) § 38b Abs. 1 bis 4

b) § 38b Abs. 5

5. den Betrag der nach § 34c Abs. 1 des Einkommensteuergesetzes anrechenbaren und nach § 34c Abs. 3 des Einkommensteuergesetzes abziehbaren ausländischen Steuern, der auf die in den Ausschüttungen enthaltenen Einkünfte im Sinne des § 40 Abs. 4 entfällt.

(2) Die Kapitalanlagegesellschaft hat auf Anforderung des für ihre Besteuerung nach dem Einkommen zuständigen Finanzamts den Nachweis über die Höhe der ausländischen Einkünfte und über die Festsetzung und Zahlung der ausländischen Steuern durch Vorlage entsprechender Urkunden, z. B. Steuerbescheid, Quittung über die Zahlung, zu führen. Sind diese Urkunden in einer fremden Sprache abgefasst, so kann eine beglaubigte Übersetzung in die deutsche Sprache verlangt werden.

(3) Wird der Betrag einer anrechenbaren Steuer nach der Bekanntmachung im Sinne des Absatzes 1 erstmalig festgesetzt, nachträglich erhöht oder ermäßigt oder hat die Kapitalanlagegesellschaft einen solchen Betrag in unzutreffender Höhe bekannt gemacht, so hat die Kapitalanlagegesellschaft die Unterschiedsbeträge bei der im Zusammenhang mit der nächsten Ausschüttung vorzunehmenden Ermittlung der anrechenbaren Steuerbeträge auszugleichen.

(4) Die Kapitalanlagegesellschaft hat börsentäglich den Zwischengewinn (§ 39 Abs. 2) zu ermitteln; sie hat ihn mit dem Rücknahmepreis zu veröffentlichen."

Begründung zum Gesetzentwurf der Bundesregierung

Die Änderungen sind die Folge des Systemwechsels vom Vollanrechnungsverfahren zum Halbeinkünfteverfahren bei Dividenden und ähnlichen Kapitalerträgen.

..., die von Wertpapier-Sondervermögen bekannt zu machenden Angaben werden entsprechend ergänzt (§ 41 Abs. 1).

Im übrigen handelt es sich um redaktionelle Änderungen.

Beschlussempfehlung des Finanzausschusses

§ 41 wird wie folgt gefasst:

„§ 41

(1) Die Kapitalanlagegesellschaft hat den Anteilscheininhabern bei jeder Ausschüttung bezogen auf einen Anteilschein an dem Wertpapier-Sondervermögen bekannt zu machen

1. den Betrag der Ausschüttung;
2. die in der Ausschüttung enthaltenen

    a) steuerfreien Veräußerungsgewinne im Sinne des § 40 Abs. 1 Satz 1,
    b) Erträge im Sinne des § 3 Nr. 40 des Einkommensteuergesetzes,
    c) Veräußerungsgewinne im Sinne des § 3 Nr. 40 des Einkommensteuergesetzes,
    d) Erträge im Sinne des § 8b Abs.1 des Körperschaftsteuergesetzes,
    e) Veräußerungsgewinne im Sinne des § 8b Abs. 2 des Körperschaftsteuergesetzes,
    f) Erträge im Sinne des § 40 Abs. 1 Satz 2, soweit die Erträge nicht Kapitalerträge im Sinne des § 20 des Einkommensteuergesetzes sind,
    g) Einkünfte im Sinne des § 40 Abs. 3,
    h) Einkünfte im Sinne des § 40 Abs. 4;

3. unverändert
4. unverändert
5. unverändert

(2) unverändert

(3) unverändert

(4) unverändert

(5) Die Kapitalanlagegesellschaft hat börsentäglich den Vomhundertsatz des Wertes des Anteils zu ermitteln, der auf die in dem Veräußerungsgewinn enthaltenen Bestandteile im Sinne des § 40a Abs. 1 entfällt; sie hat ihn mit dem Rücknahmepreis zu veröffentlichen."

Begründung des Finanzausschusses

Absatz 1 Nr. 2

Da die verschiedenen Ausschüttungsbestandteile steuerlich unterschiedlich behandelt werden, müssen sie gesondert bekannt gemacht werden.

Absatz 5

Bei der Veräußerung von Anteilscheinen sind bestimmte Bestandteile des Veräußerungsgewinns je nach der Person des Anteilsscheininhabers steuerfrei oder nur zur Hälfte steuerpflichtig.

Damit dies beim Steuerabzug berücksichtigt werden kann, ordnet die Vorschrift die börsentägliche Veröffentlichung dieser Gewinnbestandteile an.

Beschlussempfehlung/Begründung des Vermittlungsausschusses

– keine Änderung/Bemerkung –

XI. Änderung § 42 KAGG

1. Text der Vorschrift

§ 42 wird wie folgt gefasst:

„§ 42

Die Vorschriften des § 40 Abs. 3 bis 5 und des § 41 mit Ausnahme des Absatzes 1 Nr. 2 Buchstaben a und d gelten sinngemäß für die in § 38b Abs. 2, 3 und 5, § 39 Abs. 1 Satz 2 und § 39b bezeichneten Einnahmen des Wertpapier-Sondervermögens, die nicht zur Kostendeckung oder Ausschüttung verwendet werden. Die Angaben im Sinne des § 41 Abs. 1 sind spätestens 3 Monate nach Ablauf des Geschäftsjahrs bekannt zu machen."

2. Materialien

Gesetzentwurf der Bundesregierung

§ 42 wird wie folgt gefasst:

„§ 42

Die Vorschriften des § 40 Abs. 3 bis 5 und des § 41 mit Ausnahme des Absatzes 1 Nr. 2 Buchstaben a und d gelten sinngemäß für die in § 38b Abs. 2, 3 und 5, § 39 Abs. 1 Satz 2 und § 39b bezeichneten Einnahmen des Wertpapier-Sondervermögens, die nicht zur Kostendeckung oder Ausschüttung verwendet werden. Die Angaben im Sinne des § 41 Abs. 1 sind spätestens 3 Monate nach Ablauf des Geschäftsjahres bekannt zu machen."

Begründung zum Gesetzentwurf der Bundesregierung

Die Änderungen sind die Folge des Systemwechsels vom Vollanrechnungsverfahren zum Halbeinkünfteverfahren bei Dividenden und ähnlichen Kapitalerträgen.

Die Vergütung von Körperschaftsteuer an Wertpapier-Sondervermögen entfällt (§ 38 Abs. 2), die Ausschüttungsbelastung mit Körperschaftsteuer braucht nicht mehr hergestellt zu werden (§ 38a), die ausgeschütteten/thesaurierten Dividenden und ähnlichen Kapitalerträge unterliegen einer Kapitalertragsteuer von 20 % (§ 38b Abs. 5), die Anrechnung und Vergütung von Körperschaftsteuer beim Anteilscheininhaber entfällt (§ 39a), die Hälfte der Dividenden und ähnlichen Kapitalerträge ist steuerfrei (§ 40 Abs. 2), die von Wertpapier-Sondervermögen bekannt zu machenden Angaben werden entsprechend ergänzt (§ 41 Abs. 1).

Andere Erträge werden vom Systemwechsel nicht berührt und bleiben infolgedessen in vollem Umfang steuerpflichtig (§ 39 Abs.1).

Im übrigen handelt es sich um redaktionelle Änderungen.

Beschlussempfehlung/Begründung des Finanzausschusses

– keine Änderung/Bemerkung –

Beschlussempfehlung/Begründung des Vermittlungsausschusses

– keine Änderung/Bemerkung –

XII. Änderung § 43 KAGG

1. Text der Vorschrift

Dem § 43 wird folgender Absatz 14 angefügt:

„(14) Für die letztmalige Anwendung der §§ 38, 38a, 38b Abs. 4, § 39 Abs. 1a und 2, §§ 39a, 40 Abs. 4, § 41 Abs. 1 und 4 sowie § 42 in der Fassung des Gesetzes vom ... (BGBl. I S. ...) gilt § 52 Abs. 36 Satz 1 des Einkommensteuergesetzes sinngemäß. Für die erstmalige Anwendung der §§ 38, 38b, 39, 39b Abs. 3, § 40 Abs. 1, 2 und 4, §§ 40a, 41 Abs. 1, 4 und 5 sowie § 42 in der Fassung des Gesetzes vom ... (BGBl. I S. ...) gilt § 52 Abs. 36 Satz 2 des Einkommensteuergesetzes sinngemäß."

2. Materialien

Gesetzentwurf der Bundesregierung

Dem § 43 wird folgender Absatz 14 angefügt:

„(14) Für die letztmalige Anwendung der §§ 38, 38a, 38b Abs. 4, § 39 Abs. 1a und 2, §§ 39a, 40 Abs. 4, § 41 Abs. 1 und 4 sowie § 42 in der Fassung des Gesetzes vom ... (BGBl. I S. ...) gilt § 52 Abs. 36 Satz 1 des Einkommensteuergesetzes sinngemäß. Für die erstmalige Anwendung der §§ 38, 38b Abs.3 bis 5, § 39 Abs. 2, § 39b Abs. 3, § 40 Abs. 1, 2 und 4, § 41 Abs. 1 und 4 sowie § 42 in der Fassung des Gesetzes vom ... (BGBl. I S. ...) gilt § 52 Abs. 36 Satz 2 des Einkommensteuergesetzes sinngemäß."

Begründung zum Gesetzentwurf der Bundesregierung

Der Übergang vom Vollanrechnungsverfahren zum Halbeinkünfteverfahren vollzieht sich fließend, so dass ab 2001 Wertpapier-Sondervermögen sowohl nach altem wie nach neuem Recht zu behandelnde Erträge beziehen können.

Dementsprechend richtet sich die steuerliche Behandlung der Erträge bei den Wertpapier-Sondervermögen wie bei den Anteilscheininhabern entweder nach altem oder nach neuem Recht. Dies regelt der angefügte Absatz 14.

Beschlussempfehlung des Finanzausschusses

Dem § 43 wird folgender Absatz 14 angefügt:

„(14) Für die letztmalige Anwendung der §§ 38, 38a, 38b Abs. 4, § 39 Abs. 1a und 2, §§ 39a, 40 Abs. 4, § 41 Abs. 1 und 4 sowie § 42 in der Fassung des Gesetzes vom ... (BGBl. I S. ...) gilt § 52 Abs. 36 Satz 1 des Einkommensteuergesetzes sinngemäß. Für die erstmalige Anwendung der §§ 38, 38b, 39, 39b Abs. 3, § 40 Abs. 1, 2 und 4, §§ 40a, 41 Abs. 1, 4 und 5 sowie § 42 in der Fassung des Gesetzes vom ... (BGBl. I S. ...) gilt § 52 Abs. 36 Satz 2 des Einkommensteuergesetzes sinngemäß."

Begründung des Finanzausschusses

Anpassung der Anwendungsvorschrift an die durch die Formulierungshilfen geänderten Vorschriften.

Beschlussempfehlung/Begründung des Vermittlungsausschusses

– keine Änderung/Bemerkung –

XIII. Änderung § 43a KAGG

1. Text der Vorschrift

§ 43a Satz 3 wird aufgehoben.

2. Materialien

Gesetzentwurf der Bundesregierung

§ 43a Satz 3 wird aufgehoben.

Begründung zum Gesetzentwurf der Bundesregierung

Die Änderungen bewirken, dass die für Wertpapier-Sondervermögen geänderten Vorschriften einschließlich der Anwendungsvorschrift auch für Beteiligungs-Sondervermögen (§§ 43a und 43b) und Grundstücks-Sondervermögen (§§ 45, 49, 50) gelten.

Beschlussempfehlung/Begründung des Finanzausschusses

– keine Änderung/Bemerkung –

Beschlussempfehlung/Begründung des Vermittlungsausschusses

– keine Änderung/Bemerkung –

XIV. Änderung § 43b KAGG

1. Text der Vorschrift

In § 43b Nr. 4 wird die Angabe „§ 43 Abs. 6 bis 12" durch die Angabe „§ 43 Abs. 6 bis 14" ersetzt.

2. Materialien

Gesetzentwurf der Bundesregierung

In § 43b Nr. 4 wird die Angabe „§ 43 Abs. 6 bis 12" durch die Angabe „§ 43 Abs. 6 bis 14" ersetzt.

Begründung zum Gesetzentwurf der Bundesregierung

Die Änderungen bewirken, dass die für Wertpapier-Sondervermögen geänderten Vorschriften einschließlich der Anwendungsvorschrift auch für Beteiligungs-Sondervermögen (§§ 43a und 43b) und Grundstücks-Sondervermögen (§§ 45, 49, 50) gelten.

Beschlussempfehlung/Begründung des Finanzausschusses

– keine Änderung/Bemerkung –

Beschlussempfehlung/Begründung des Vermittlungsausschusses

– keine Änderung/Bemerkung –

XV. Änderung § 45 KAGG

1. Text der Vorschrift

§ 45 Abs. 2 wird aufgehoben.

2. Materialien

Gesetzentwurf der Bundesregierung

§ 45 Abs. 2 wird aufgehoben.

Begründung zum Gesetzentwurf der Bundesregierung

Die Änderungen bewirken, dass die für Wertpapier-Sondervermögen geänderten Vorschriften einschließlich der Anwendungsvorschrift auch für Beteiligungs-Sondervermögen (§§ 43a und 43b) und Grundstücks-Sondervermögen (§§ 45, 49, 50) gelten.

Beschlussempfehlung/Begründung des Finanzausschusses

– keine Änderung/Bemerkung –

Beschlussempfehlung/Begründung des Vermittlungsausschusses

– keine Änderung/Bemerkung –

XVI. Änderung § 49 KAGG

1. Text der Vorschrift

In § 49 wird die Angabe „§§ 38 bis 42" durch die Angabe „§§ 38 bis 43" ersetzt.

2. Materialien

Gesetzentwurf der Bundesregierung

In § 49 wird die Angabe „§§ 38 bis 42" durch die Angabe „§§ 38 bis 43" ersetzt.

Begründung zum Gesetzentwurf der Bundesregierung

Die Änderungen bewirken, dass die für Wertpapier-Sondervermögen geänderten Vorschriften einschließlich der Anwendungsvorschrift auch für Beteiligungs-Sondervermögen (§§ 43a und 43b) und Grundstücks-Sondervermögen (§§ 45, 49, 50) gelten.

Beschlussempfehlung/Begründung des Finanzausschusses

– keine Änderung/Bemerkung –

Beschlussempfehlung/Begründung des Vermittlungsausschusses

– keine Änderung/Bemerkung –

XVII. Änderung § 50 KAGG

1. Text der Vorschrift

Dem § 50 wird folgender Absatz 7 angefügt:

„(7) Für die letztmalige Anwendung des § 45 Abs. 2 in der Fassung des Gesetzes vom 22. Dezember 1999 (BGBl. I S. 2601) gilt § 43 Abs. 14 Satz 1 entsprechend. § 49 in der Fassung des Gesetzes vom ... (BGBl. I S. ...) ist erstmals für das Geschäftsjahr anzuwenden, das nach dem 31. Dezember 2000 beginnt."

2. Materialien

Gesetzentwurf der Bundesregierung

Dem § 50 wird folgender Absatz 7 angefügt:

„(7) Für die letztmalige Anwendung des § 45 Abs. 2 in der Fassung des Gesetzes vom 22. Dezember 1999 (BGBl. I S. 2601) gilt § 43 Abs. 14 Satz 1 entsprechend. § 49 in der Fassung des Gesetzes vom ... (BGBl. I S. ...) ist erstmals für das Geschäftsjahr anzuwenden, das nach dem 31. Dezember 2000 beginnt."

Begründung zum Gesetzentwurf der Bundesregierung

Die Änderungen bewirken, dass die für Wertpapier-Sondervermögen geänderten Vorschriften einschließlich der Anwendungsvorschrift auch für Beteiligungs-Sondervermögen (§§ 43a und 43b) und Grundstücks-Sondervermögen (§§ 45, 49, 50) gelten.

Beschlussempfehlung/Begründung des Finanzausschusses

– keine Änderung/Bemerkung –

Beschlussempfehlung/Begründung des Vermittlungsausschusses

– keine Änderung/Bemerkung –

XVIII. Erläuterungen

Verfasser: Andreas Schumacher

1. Zweck und Inhalt

Die steuerlichen Regelungen des KAGG sollen grundsätzlich eine Gleichbehandlung der Anlage über einen inländischen Investmentfonds (Sondervermögen i.S.d. KAGG) und der Direktanlage herstellen. Daher gilt eine weitgehende steuerliche Transparenz der Investmentfonds. Dieser Grundsatz der Transparenz gilt jedoch nicht uneingeschränkt. Der Umfang der steuerlichen Transparenz ist durch die einzelnen gesetzlichen Regelungen bestimmt und kann nicht darüber hinaus erweitert werden (BFH v. 7.4.1992, BStBl II 1992, 786).

Die steuerliche Transparenz der Investmentsfonds wird durch folgende Technik erreicht: Ein Wertpapier-Sondervermögen i.S.d. KAGG gilt als Zweckvermögen und ist damit selbst Körperschaftsteuersubjekt. Es ist jedoch von der Körperschaftsteuer und der Gewerbesteuer befreit (für die übrigen Sondervermögen gilt entsprechendes). Die Ausschüttungen des Sondervermögens gelten als Einkünfte aus Kapitalvermögen i.S.d. § 20 Abs. 1 Nr. 1 EStG. Sie sind im Privatvermögen steuerfrei, soweit sie bestimmte Veräußerungsgewinne enthalten. Bestimmte Einnahmen des Sondervermögens werden von dem Anteilinhaber auch im Falle ihrer Thesaurierung durch den Fonds versteuert.

Während im Referentenentwurf eine Abschaffung der steuerlichen Sonderregelungen für inländische Investmentfonds und eine Besteuerung dieser Investmentfonds als Körperschaften vorgesehen war, wurde in der endgültigen Fassung des StSenkG die bisherige Systematik der Investmentfondsbesteuerung im KAGG weitgehend beibehalten und nur an den Systemwechsel im Körperschaftsteuerrecht angepasst.

Der Inhalt der einzelnen Regelungen ist aufgrund der komplizierten Verweisungstechnik teilweise schwer erkennbar. Ihr Sinn und Zweck ist es, den Erwerb von Anteilen an bestimmten Körperschaften (insb. Kapitalgesellschaften) über einen inländischen Investmentfonds auch zukünftig gegenüber der Direktanlage nicht zu benachteiligen. Das Halbeinkünfteverfahren bei natürlichen Personen und die Dividenden- und Veräußerungsgewinnfreistellung bei Körperschaften soll grundsätzlich auch hinsichtlich der durch einen Fonds vermittelten Einnahmen gelten.

Die nachfolgenden Einzelerläuterungen sollen nur einen Überblick über die Neuregelungen geben und setzen die Kenntnis der bisherigen

J. XVIII. Erläuterungen zu Änderungen KAGG

Regelungstechnik des KAGG voraus. Rein redaktionelle Änderungen werden vernachlässigt.

2. Einzelerläuterungen

a) Besteuerung des Wertpapier-Sondervermögens (§§ 38, 38 a KAGG n.F.)

§ 38 KAGG n.F. regelt die Qualifikation des Wertpapier-Sondervermögens als Zweckvermögen und seine Freistellung von Körperschaftsteuer und Gewerbesteuer. Aufgrund der Systemumstellung entfallen die Regelungen, die die Einbeziehung des Sondervermögens in das körperschaftsteuerliche Anrechnungsverfahren enthalten. Die Vorschrift des § 38 a KAGG, die die Herstellung der Ausschüttungsbelastung bei der Zurechnung empfangener Dividenden des Sondervermögens an die Anteilinhaber regelte, wird daher aufgehoben.

b) Kapitalertragsteuerabzug (§ 38 b KAGG)

§ 38 b KAGG n.F. regelt den Kapitalertragsteuerabzug bei einem Wertpapier-Sondervermögen. Abs. 1 bis 4 (Kapitalertragsteuer bei Ausschüttung und Thesaurierung bestimmter Einnahmen, insb. Zinsen, und bei Zwischengewinnen i.S.d. § 39 Abs. 2 KAGG) sind weitgehend unverändert.

Der neue Abs. 5 ersetzt den bisherigen § 39 Abs. 2 KAGG und regelt die Kapitalertragsteuer bei Dividendeneinnahmen des Sondervermögens. Unabhängig von einer Ausschüttung wird von den nicht zur Kostendeckung verwendeten Einnahmen des Wertpapier-Sondervermögens eine Kapitalertragsteuer i.H.v. 20 % abgezogen, soweit darin Erträge i.S.d. § 43 Abs. 1 S. 1 Nr. 1, S. 2 EStG n.F. enthalten sind, die nicht nach § 40 Abs. 1 KAGG n.F. steuerfrei sind.

Damit werden die Kapitalerträge i.S.d. § 20 Abs. 1 Nr. 1 S. 1 u. 2, Nr. 2 EStG n.F. einem Kapitalertragsteuerabzug unterworfen, auch soweit sie nach §§ 3 Nr. 40 EStG n.F., 8 b Abs. 1 KStG n.F. steuerfrei sind. Dies sind Dividenden und ähnliche Bezüge.

c) Besteuerung der Anteilinhaber (§ 39 KAGG)

§ 39 KAGG n.F. regelt die Besteuerung der Anteilinhaber hinsichtlich der von dem Wertpapier-Sondervermögen ausgeschütteten und thesaurierten, nicht zur Kostendeckung verwendeten Erträge.

Da § 39 Abs. 1 KAGG n.F. diese Erträge (z.B. auch Zinserträge) sämtlich als Einnahmen i.S.d. § 20 Abs. 1 Nr. 1 EStG n.F. fingiert, hätten sie ohne Änderung der Vorschrift insgesamt dem Halbeinkünfteverfahren gem. § 3 Nr. 40 lit. d EStG n.F. bzw. der Dividendenfreistellung gem. § 8 b Abs. 1 KStG n.F. unterlegen. Dies wird dadurch ausgeschlossen, daß diese Regelungen gem. § 39 Abs. 1 S. 1 letzter HS KAGG n.F. außer in den Fällen des § 40 Abs. 2 KAGG n.F. nicht anzuwenden sind. Der Gesetzesanwender muß drei weiteren Verweisungen folgen, um den Anwendungsbereich der §§ 3 Nr. 40 EStG n.F., 8 b Abs. 1 KStG n.F. bei inländischen Investmentfonds zu ermitteln.

Gem. § 40 Abs. 2 KAGG n.F. sind diese Vorschriften nur auf ausgeschüttete und thesaurierte, nicht zur Kostendeckung verwendete inländische und ausländische Einnahmen des Wertpapier-Sondervermögens i.S.d. § 38 b Abs. 5 KAGG n.F. anzuwenden. Der Anwendungsbereich von §§ 3 Nr. 40 EStG n.F., 8 b Abs. 1 KStG n.F. bei Wertpapier-Sondervermögen ergibt sich somit letztlich aus der Aufzählung der Erträge, die dem Kapitalertragsteuerabzug unterliegen.

Im Ergebnis werden §§ 3 Nr. 40 EStG n.F., 8 b Abs. 1 KStG n.F. im Rahmen der von einem Investmentsfonds bezogenen Erträge wie bei Direktbezug nur auf Dividenden und ähnliche Bezüge angewendet. Hierbei ist zu beachten, daß gem. § 40 Abs. 2 KAGG n.F. „inländische und ausländische" Einnahmen umfaßt. Trotz des über § 38 b Abs. 5 KAGG n.F. erfolgenden Verweises auf § 43 Abs. 1 S. 1 Nr. 1 EStG n.F., der nur inländische Kapitalerträge umfaßt, werden somit auch ausländische Kapitalerträge des Wertpapier-Sondervermögens nach den gleichen Regeln wie bei Direktbezug besteuert.

§ 39 a KAGG entfällt aufgrund des Systemwechsels, da eine Anrechnung beim Anteilinhaber nicht mehr erfolgt.

d) Besteuerung der Ausschüttungen (§ 40 KAGG n.F.)

Die Vorschrift regelt ergänzend zu § 39 KAGG n.F. die Behandlungen der Ausschüttungen. Weiterhin sind im Privatvermögen Ausschüttungen steuerfrei, soweit sie Gewinne aus der Veräußerung von Wertpapieren und Bezugsrechten auf Anteile an Kapitalgesellschaften enthalten, die nicht Gewinne aus privaten Veräußerungsgeschäften i.S.d. § 23 Abs. 1 Nr. 4 EStG (Termingeschäfte mit Barausgleich) darstellen. Eine Ausnahme gilt für Bezugsrechte auf bestimmte Freianteile, soweit diese Kapitalerträge i.S.d. § 20 EStG sind (d.h. nicht die Voraussetzungen des § 7 i.V.m. § 1 KapErhStG erfüllen).

Folge des Systemwechsel ist gem. § 40 Abs. 1 S. 1 letzter Halbsatz KAGG n.F. die Anwendbarkeit des § 3 Nr. 40 EStG n.F. und des § 8 b Abs. 2 KStG n.F. auf die Ausschüttungen auf Anteilscheine, die im Betriebsvermögen gehalten werden. Aus dem systematischen Zusammenhang mit § 39 KAGG n.F. und Abs. 2 ergibt sich, daß die genannten Vorschriften nicht auf die gesamten Ausschüttungen, sondern nur auf die dort enthaltenen Veräußerungsgewinne angewendet werden sollen. Auch handelt es sich nach dem Sinn und Zweck der Norm nicht um eine Tatbestandsverweisung. Nicht sämtliche Gewinne aus der Veräußerung von Wertpapieren, sondern nur diejenigen, die bei direkter Anwendung der §§ 3 Nr. 40 EStG n.F., 8 b Abs. 2 KStG n.F. begünstigt wären, werden hälftig oder vollständig freigestellt.

Abs. 2 regelt im Zusammenhang mit § 39 KAGG n.F. die Besteuerung der ausgeschütteten und thesaurierten Dividenden und ähnlichen Bezügen nach §§ 3 Nr. 40 EStG n.F., 8 b Abs. 1 KStG n.F.

Abs. 3 und 4 regeln die Anwendung von DBA-Vorschriften auf Ausschüttungen eines Wertpapier-Sondervermögens und die Anrechnung von ausländischer Quellensteuer, die auf ausgeschütteten Einkünften des Wertpapier-Sondervermögens lastet. Abs. 4 enthält fälschlicherweise noch den Verweis auf § 34 c Abs. 7 EStG n.F. (keine Anrechnung, soweit nach § 3 Nr. 40 EStG n.F. hälftig freigestellt), der durch den Finanzausschuß des Bundestages gestrichen wurde.

Abs. 5 ist unverändert.

e) Veräußerung des Anteilscheins (§ 40 a KAGG n.F.)

Trotz des Transparenzgrundsatzes ist die Veräußerung eines Anteilscheins an einem Wertpapier-Sondervermögen bisher nicht wie eine anteilige Veräußerung der in dem Sondervermögen enthaltenen Wertpapiere etc. behandelt worden. Das Wertpapier-Sondervermögen stellt gem. § 39 KAGG n.F. eine Vermögensmasse dar, deren Leistungen beim Empfänger zu den Einnahmen i.S.d. § 20 Abs. 1 Nr. 1 EStG n.F. gehören. Daher wäre dem Wortlaut nach § 3 Nr. 40 S. 1 lit. a u. j EStG n.F. auf einen Veräußerungsgewinn anwendbar (in § 8 b Abs. 2 KStG n.F. ist hingegen die Vermögensmasse nicht aufgeführt).

§ 40 a KAGG n.F. regelt ausdrücklich, inwieweit die Veräußerungsgewinne nach diesen Vorschriften steuerfrei sind (hinsichtlich der Anwendung des § 3 Nr. 40 EStG n.F. einschränkend, hinsichtlich des § 8 b Abs. 2 KStG n.F. erweiternd, wenn auch die Gesetzesbegründung davon ausgeht, daß § 40 a insgesamt einschränkend wirkt).

Abs. 1 regelt die Besteuerung der Rückgabe oder Veräußerung von Anteilscheinen an einem Wertpapier-Sondervermögen, die zu einem Betriebsvermögen gehören. Auf diese sind §§ 3 Nr. 40 EStG n.F., 8 Abs. 2 KStG n.F. anzuwenden, soweit sie

1. in diesen Vorschriften genannte und dem Anteilinhaber weder zugeflossene noch als zugeflossen geltende Einnahmen enthalten oder
2. auf Beteiligungen an Körperschaften, Personenvereinigungen oder Vermögensmassen entfallen, deren Leistungen beim Empfänger zu den Einnahmen i.S.d. § 20 Abs. 1 Nr. 1 EStG n.F. gehören.

Die erstgenannte Fallgruppe umfaßt die von dem Wertpapier-Sondervermögen bereits realisierten Veräußerungsgewinne, die von der Zuflußfiktion in § 39 KAGG n.F. nicht erfaßt werden.

Die zweite Fallgruppe umfaßt den Wert der durch die Veräußerung anteilig veräußerten Anteile an Kapitalgesellschaften etc., die im Bestand des Wertpapier-Sondervermögens gehalten werden.

Abs. 2 regelt die Besteuerung der Rückgabe oder Veräußerung von Anteilscheinen an einem Wertpapier-Sondervermögen, die zum Privatvermögen gehören. Auf die Einnahmen hieraus ist § 3 Nr. 40 EStG n.F. nicht anzuwenden. Bei einer unmittelbaren Veräußerung von Anteilen an einer Körperschaft, Personenvereinigung oder Vermögensmasse, deren Leistungen beim Empfänger zu den Einnahmen i.S.d. § 20 Abs. 1 Nr. 1 EStG n.F. gehören, ist hingegen die Hälfte des Veräußerungspreises gem. § 3 Nr. 40 S. 1 lit. j EStG n.F. steuerfrei. Diese Ungleichbehandlung und Durchbrechung des Transparenzgrundsatzes wird in der Gesetzesbegründung mit der Steuerfreiheit der Veräußerung eines Anteilscheins nach Ablauf der Frist des § 23 EStG n.F. für private Veräußerungsgeschäfte gerechtfertigt. Dies ist nicht nachvollziehbar, da auch bei Direktanlage nach Ablauf der Frist vollständige Steuerfreiheit gewährt wird.

Somit wird die Direktanlage und die Anlage in einem Investmentfonds hinsichtlich der privaten Veräußerungsgewinne i.S.d. § 23 Abs. 1 Nr. 2 EStG n.F. in zweifacher Hinsicht ungleich behandelt. Bei Veräußerungsgewinnen des Wertpapier-Sondervermögens innerhalb der Jahresfrist ist die Fondsanlage gegenüber der Direktanlage begünstigt. Bei Veräußerung des Anteilscheins innerhalb der Frist und damit mittelbarer anteiliger Veräußerung der im Wertpapier-Sondervermögen enthaltenen Wertpapiere ist die Fondsanlage gegenüber der Direktanlage benachteiligt.

f) Bekanntgabepflichten der Kapitalanlagegesellschaft (§ 41 KAGG n.F.)

§ 41 KAGG n.F. enthält die Verpflichtung der Kapitalanlagegesellschaft zur Veröffentlichung der für die Durchführung der Besteuerung erforderlichen Daten. Dies umfaßt die Zusammensetzung einer Ausschüttung (z.B. enthaltene steuerfreie Veräußerungsgewinne, Angaben zur Anrechnung von Kapitalertragsteuer und ausländischen Quellensteuer) sowie börsentäglich den Zwischengewinn i.S.d. § 39 Abs. 2 und den Anteil des Wertes des Anteilsschein, der auf die in § 40 a Abs. 1 genannten Bestandteile entfällt.

g) Behandlung thesaurierter Einnahmen (§ 42 KAGG n.F.)

§ 42 KAGG n.F. regelt die entsprechende Anwendung der Vorschriften für Ausschüttungen auf die thesaurierten und nicht zur Kostendeckung verwendeten Einnahmen des Wertpapier-Sondervermögens.

h) Besteuerung der Inhaber von Anteilen an Grundstücks-Sondervermögen (§§ 45, 46 KAGG)

Grundstücks-Sondervermögen können gem. § 35 KAGG einen Teil der Anlagegelder auch in Aktien anlegen. Auch können sie Beteiligungen an Grundstücksgesellschaften i.S.d. § 27 a KAGG, die die Rechtsform einer Kapitalgesellschaft haben können, erwerben. Dennoch sind in §§ 45, 46 KAGG keine den §§ 39 Abs. 1 S. 1, 40 Abs. 2 KAGG entsprechende Regelungen zur Anwendung der §§ 3 Nr. 40 EStG n.F., 8 b KStG n.F. aufgenommen worden. Auch eine ausdrückliche Regelung für die Anwendung dieser Vorschriften bei einer Veräußerung des Anteilscheins fehlt.

Nach dem Wortlaut des § 45 KAGG, nach dem die Fondserträge beim Anteilinhaber zu den Einnahmen i.S.d. § 20 Abs. 1 Nr. 1 EStG gehören, könnte die Auffassung vertreten werden, aufgrund dieser Fiktion seien §§ 3 Nr. 40 EStG n.F., 8 b KStG n.F. auf sämtliche Einnahmen anzuwenden. Die in § 39 Abs. 1 S. 1 KAGG n.V. vorgenommene Einschränkung fehlt in dem insoweit unveränderten § 45 KAGG. Es dürfte sich jedoch um ein redaktionelles Versehen handeln, da die Anwendung der §§ 3 Nr. 40 EStG n.F., 8 b KStG n.F. auf Erträge aus Vermietung und Verpachtung sicherlich nicht gewollt ist.

Hinsichtlich der Anlage in Wertpapieren verweist § 49 KAGG n.F. auf die sinngemäße Geltung der §§ 38 bis 43 KAGG n.F. (d.h. auch auf die Regelungen zur zeitlichen Anwendung, s. zu 6.). Dies umfaßt auch die Vorschriften der §§ 3 Nr. 40 EStG n.F., 8 b KStG n.F.

Hinsichtlich der Einnahmen aus der Beteiligung an einer Grundstücks-Gesellschaft fehlt ein ausdrücklicher Verweis. Hier ist eine Ergänzung erforderlich.

3. Erstmalige Anwendung

§ 43 Abs. 14 KAGG n.F. verweist hinsichtlich der erstmaligen Anwendung der Neuregelungen bei Wertpapier-Sondervermögen auf die sinngemäße Anwendung des § 52 Abs. 36 EStG n.F. Damit ist die Neuregelung ab dem Zeitpunkt anzuwenden, ab dem für Ausschüttungen der Vierte Teil des KStG a.F. nicht mehr anzuwenden ist. Da dies von dem Wirtschaftsjahr der ausschüttenden Körperschaft abhängt, wird in den Jahren 2001 und 2002 parallel altes und neues Recht gelten (wie auch bei einem Steuerpflichtigen, der Aktien an Gesellschaften mit unterschiedlichen Wirtschaftsjahren direkt hält). Zu Einzelheiten siehe die Erläuterungen zu § 52 EStG und § 34 KStG.

Nach § 50 Abs. 7 KAGG gilt für die letztmalige Anwendung des § 45 Abs. 2 KAGG a.F. bei Grundstücks-Sondervermögen entsprechendes. § 49 KAGG n.F., der für die Anlage in Guthaben und Wertpapieren auf §§ 38 ff. KAGG verweist, gilt erstmals in dem Geschäftsjahr, das nach dem 31.12.2000 beginnt. Da § 49 KAGG n.F. auch auf § 43 KAGG verweist, gelten ebenfalls die darin enthaltenen Regelungen zur zeitlichen Anwendung der Neuregelungen bei Wertpapier-Sondervermögen.

K. Änderung des Auslandinvestment-Gesetzes (Artikel 11)

I. Änderung § 17 AuslInvestmG

1. Text der Vorschrift

§ 17 wird wie folgt geändert:

a) In Absatz 1 Satz 1 werden der Punkt durch ein Semikolon ersetzt und folgende Wörter angefügt:

„§ 3 Nr. 40 des Einkommensteuergesetzes und § 8b Abs. 1 des Körperschaftsteuergesetzes sind nicht anzuwenden."

b) In Absatz 2 Nr. 1 Satz 1 werden der Punkt durch ein Semikolon ersetzt und folgende Wörter eingefügt:

„§ 3 Nr. 40 des Einkommensteuergesetzes und § 8b Abs. 2 des Körperschaftsteuergesetzes sind nicht anzuwenden."

c) Nach Absatz 2a wird folgender Absatz 2b eingefügt:

„(2b) Auf die Einnahmen aus der Rückgabe oder Veräußerung von ausländischen Investmentanteilen sind § 3 Nr. 40 des Einkommensteuergesetzes und § 8b Abs. 2 des Körperschaftsteuergesetzes nicht anzuwenden."

2. Materialien

Gesetzentwurf der Bundesregierung

In § 17 Abs. 1 Satz 1 werden der Punkt durch ein Semikolon ersetzt und folgende Wörter angefügt:

„§ 3 Nr. 40 des Einkommensteuergesetzes ist nicht anzuwenden."

Begründung zum Gesetzentwurf der Bundesregierung

Da die ausländischen Investmentvermögen durch die Systemumstellung auf das Halbeinkünfteverfahren nicht zusätzlich belastet werden, sondern – soweit sie inländischen Aktien halten – sogar günstiger als bisher gestellt sind, besteht kein Anlass, die ausgeschütteten oder thesaurierten Dividenden und ähnlichen Erträge beim Anteilinhaber nur zur Hälfte zu besteuern.

Beschlussempfehlung des Finanzausschusses

§ 17 wird wie folgt geändert:

a) In Absatz 1 Satz 1 werden der Punkt durch ein Semikolon ersetzt und folgende Wörter angefügt:

„§ 3 Nr. 40 des Einkommensteuergesetzes und § 8b Abs. 1 des Körperschaftsteuergesetzes sind nicht anzuwenden."

b) In Absatz 2 Nr. 1 Satz 1 werden der Punkt durch ein Semikolon ersetzt und folgende Wörter eingefügt:

„§ 3 Nr. 40 des Einkommensteuergesetzes und § 8b Abs. 2 des Körperschaftsteuergesetzes sind nicht anzuwenden."

c) Nach Absatz 2a wird folgender Absatz 2b eingefügt:

„(2b) Auf die Einnahmen aus der Rückgabe oder Veräußerung von ausländischen Investmentanteilen sind § 3 Nr. 40 des Einkommensteuergesetzes und § 8b Abs. 2 des Körperschaftsteuergesetzes nicht anzuwenden."

Begründung des Finanzausschusses

Der Gesetzentwurf schließt die Anwendung des Halbeinkünfteverfahrens auf die Ausschüttung von Dividenden an Privatpersonen und Unternehmen aus, die nicht Kapitalgesellschaften sind. Der Ausschluss muss aber auch gelten für

– Ausschüttungen für Dividenden an Kapitalgesellschaften

– Ausschüttungen von Gewinnen aus der Veräußerung von Aktien an Privatpersonen und Unternehmen

– Gewinne aus der Rückgabe oder Veräußerung des Anteilscheins. Dem tragen die Ergänzungen Rechnung.

Beschlussempfehlung/Begründung des Vermittlungsausschusses

– keine Änderung/Bemerkung –

II. Änderung § 18 AusInvestmG

1. Text der Vorschrift

§ 18 wird wie folgt geändert:

a) In Absatz 1 Satz 1 werden der Punkt durch ein Semikolon ersetzt und folgende Wörter angefügt:

„§ 3 Nr. 40 des Einkommensteuergesetzes und § 8b Abs. 1 des Körperschaftsteuergesetzes sind nicht anzuwenden."

b) Folgender neuer Absatz 4 wird angefügt:

„(4) Auf die Einnahmen aus der Rückgabe oder Veräußerung von ausländischen Investmentanteilen sind § 3 Nr. 40 des Einkommensteuergesetzes und § 8b Abs. 2 des Körperschaftsteuergesetzes nicht anzuwenden."

2. Materialien

Gesetzentwurf der Bundesregierung

In § 18 Abs. 1 Satz 1 werden der Punkt durch ein Semikolon ersetzt und folgende Wörter angefügt:

„§ 3 Nr. 40 des Einkommensteuergesetzes ist nicht anzuwenden."

Begründung zum Gesetzentwurf der Bundesregierung

Da die ausländischen Investmentvermögen durch die Systemumstellung auf das Halbeinkünfteverfahren nicht zusätzlich belastet werden, sondern – soweit sie inländischen Aktien halten – sogar günstiger als bisher gestellt sind, besteht kein Anlass, die ausgeschütteten oder thesaurierten Dividenden und ähnlichen Erträge beim Anteilinhaber nur zur Hälfte zu besteuern.

Beschlussempfehlung des Finanzausschusses

§ 18 wird wie folgt geändert:

a) In Absatz 1 Satz 1 werden der Punkt durch ein Semikolon ersetzt und folgende Wörter angefügt:

„§ 3 Nr. 40 des Einkommensteuergesetzes und § 8b Abs. 1 des Körperschaftsteuergesetzes sind nicht anzuwenden."

b) Folgender neuer Absatz 4 wird angefügt:

„(4) Auf die Einnahmen aus der Rückgabe oder Veräußerung von ausländischen Investmentanteilen sind § 3 Nr. 40 des Einkommensteuergesetzes und § 8b Abs. 2 des Körperschaftsteuergesetzes nicht anzuwenden."

Begründung des Finanzausschusses

Der Gesetzentwurf schließt die Anwendung des Halbeinkünfteverfahrens auf die Ausschüttung von Dividenden an Privatpersonen und Unternehmen aus, die nicht Kapitalgesellschaften sind. Der Ausschluss muss aber auch gelten für

- Ausschüttungen für Dividenden an Kapitalgesellschaften
- Ausschüttungen von Gewinnen aus der Veräußerung von Aktien an Privatpersonen und Unternehmen.

Dem tragen die Ergänzungen Rechnung.

Beschlussempfehlung/Begründung des Vermittlungsausschusses

– keine Änderung/Bemerkung –

III. Änderung § 19 AusInvestmG

1. Text der Vorschrift

In § 19 Abs. 1 Satz 2 wird die Angabe „32c," gestrichen.

2. Materialien

Gesetzentwurf der Bundesregierung

In § 19 Abs. 1 Satz 2 wird die Angabe „32c," gestrichen.

Begründung zum Gesetzentwurf der Bundesregierung

Redaktionelle Anpassung an die Streichung des § 32 c Einkommensteuergesetz.

Beschlussempfehlung/Begründung des Finanzausschusses

– keine Änderung/Bemerkung –

Beschlussempfehlung/Begründung des Vermittlungsausschusses

– keine Änderung/Bemerkung –

IV. Änderung § 19a AusInvestmG

1. Text der Vorschrift

Dem § 19a wird folgender Absatz 8 angefügt:

„(8) § 17 Abs. 1 Satz 1 und Abs. 2 und 2b, § 18 Abs. 1 Satz 1 und Abs. 4 sowie § 19 Abs. 1 Satz 2 in der Fassung des Gesetzes vom ... (BGBl. I S. ...) sind erstmals auf Kapitalerträge anzuwenden, die nach dem 31. Dezember 2000 zufließen."

2. Materialien

Gesetzentwurf der Bundesregierung

Dem § 19a wird folgender Absatz 8 angefügt:

„(8) § 17 Abs. 1 Satz 1, § 18 Abs. 1 Satz 1 und § 19 Abs.1 Satz 2 in der Fassung des Gesetzes vom ... (BGBl. I S. ...) sind erstmals auf Kapitalerträge anzuwenden, die nach dem 31. Dezember 2000 zufließen."

Begründung zum Gesetzentwurf der Bundesregierung

Es handelt sich um die Anwendungsregelung.

Beschlussempfehlung des Finanzausschusses

Dem § 19a wird folgender Absatz 8 angefügt:

„(8) § 17 Abs. 1 Satz 1 und Absätze 2 und 2 b, § 18 Abs. 1 Satz 1 und Absatz 4 sowie § 19 Abs. 1 Satz 2 in der Fassung des Gesetzes vom ... (BGBl I S. ...) sind erstmals auf Kapitalerträge anzuwenden, die nach dem 31.12.2000 zufließen."

Begründung des Finanzausschusses

Die Vorschrift regelt die erstmalige Anwendung der durch das Steuersenkungsgesetz geänderten Vorschriften des Auslandinvestment-Gesetzes.

Beschlussempfehlung/Begründung des Vermittlungsausschusses

– keine Änderung/Bemerkung –

V. Erläuterungen

Verfasser: Andreas Schumacher

1. Zweck und Inhalt

Die Besteuerung der Einkünfte aus Anteilen an ausländischen Investmentfonds war bisher unter den Voraussetzungen des § 17 Abs. 3 AuslInvG („registrierte Fonds") weitgehend der Besteuerung inländischer Investmentfonds nach den steuerlichen Vorschriften des KAGG angeglichen. Diese Gleichbehandlung ausländischer und inländischer Fonds wird durch das StSenkG aufgegeben. Weder auf Einnahmen des Fonds aus Dividenden oder der Veräußerung von Anteilen an Kapitalgesellschaften noch auf Gewinne aus der Veräußerung des Anteilschein sind §§ 3 Nr. 40 EStG, 8 Abs. 1 u. 2 KStG n.F. anzuwenden. Zur Begründung wird die Besserstellung ausländischer und damit nicht zur Anrechnung von Körperschaftsteuer berechtigter Fonds hinsichtlich inländischer Dividenden durch den Systemwechsel angeführt. Dieses Argument ist nicht überzeugend. Hinsichtlich der von einem ausländischen Investmentfonds vereinnahmten Auslandsdividenden trägt es ohnehin überhaupt nicht.

2. Einzelerläuterungen

a) „Registrierte" Fonds (§ 17 AuslInvG)

Bei Fonds, die die Voraussetzungen des § 17 Abs. 3 AuslInvG erfüllen, wird in Abs. 1 S. 1 und Abs. 2 Nr. 1 S. 1 ausdrücklich geregelt, daß für sämtliche Einkünfte aus Anteilen an einem ausländischen Investmentfonds weder § 3 Nr. 40 EStG n.F. noch § 8 b Abs. 1, 2 KStG n.F. gelten. Damit stellen sich die Anteilsinhaber erheblich schlechter als bei Direktanlage.

Auch bei einer Veräußerung oder Rückgabe sind gem. Abs. 2 a weder § 3 Nr. 40 EStG n.F. noch § 8 b Abs. 2 KStG n.F. anzuwenden.

Nach diesen Regelungen sind Ausschüttungen und Veräußerungsgewinne selbst dann in voller Höhe steuerpflichtig, wenn der ausländische Investmentfonds die Rechtsform einer Kapitalgesellschaft hat.

b) Sonstige Fonds (§ 18 AuslInvG)

Bei ausländischen Investmentfonds, die zwar die Voraussetzungen des § 17 Abs. 2 AuslInvG nicht erfüllen, aber gem. Abs. 2 die Besteuerungsgrundlagen nachweisen und im Inland einen Vertreter bestellen, wird in Abs. 1 ebenfalls ausdrücklich die Nichtanwendung der §§ 3 Nr. 40 EStG n.F., 8 b Abs. 1 KStG n.F. angeordnet.

Bei Fonds, die auch die Anforderungen des Abs. 2 nicht erfüllen, findet gem. Abs. 3 eine pauschalierte „Strafbesteuerung" statt. Eine Regelung zur Nichtanwendung der §§ 3 Nr. 40 EStG n.F., 8 b Abs. 1 KStG n.F. fehlt. Bei Investmentfonds in der Rechtsform einer Kapitalgesellschaft gelten diese Regelungen daher über die unmittelbare Anwendung des § 20 Abs. 1 Nr. 1 EStG n.F. auf die Ausschüttungen. Dies dürfte allerdings nicht der Intention des Gesetzgebers entsprechen.

Abs. 4 ordnet entsprechend § 17 Abs. 2 b AuslInvG n.F. die Nichtanwendbarkeit der §§ 3 Nr. 40 EStG n.F., 8 b Abs. 2 KStG n.F. auf die Einnahmen aus der Rückgabe oder Veräußerung der ausländischen Investmentanteile an.

c) **Europarechtliche Problematik**

Im Falle von EG-Investmentanteilen i.S.d. §§ 15 ff. AuslInvG, auf die gem. § 20 AuslInvG die §§ 16 ff. AuslInvG entsprechend anzuwenden sind, muß sich die Diskriminierung ausländischer Investmentfonds an dem Verbot der Beschränkung der Kapitalverkehrsfreiheit (Art. 56 EGV) messen lassen.

Eine Beschränkung der Kapitalverkehrsfreiheit ist jede unmittelbare oder mittelbare, aktuelle oder potentielle Behinderung, Begrenzung oder Untersagung für den Zufluß, Abfluß oder Durchfluß von Kapital (Grabitz/Hilf, Art. 73 b EGV a.F. [jetzt Art. 56 EGV] Rz. 11). Durch die Vorschriften der §§ 17 ff. AuslInvG werden Steuerinländer davon abgeschreckt, ihr Kapital in Investmentfonds anzulegen, die dem Recht eines anderen Mitgliedstaates unterliegen. Dadurch besteht ein Hindernis für Fondsgesellschaften anderer Mitgliedstaaten, in Deutschland Kapital zu sammeln (vergleichbar den Erwägungen im EuGH-Urteil v. 6.6.2000, IStR 2000, 432, Tz. 34 und 35).

Diese Beschränkung der Kapitalverkehrsfreiheit durch den deutschen Gesetzgeber ist auch nicht nach Art. 58 EGV gerechtfertigt. Nach Art. 58 Abs. 1 lit. a EGV wird den Mitgliedstaaten zwar das Recht zugebilligt, die einschlägigen Vorschriften ihres Steuerrechts anzuwenden, die Steuerpflichtige mit unterschiedlichem Wohnort oder Kapitalanlageort unterschiedlich behandeln. Gemäß Art. 58 Abs. 3 EGV dürfen die in Abs. 1 genannten Maßnahmen und Verfahren jedoch weder ein Mittel zur willkürlichen Diskriminierung noch eine verschleierte Beschränkung des freien Kapitalverkehrs im Sinne des Artikels 56 EGV darstellen. Willkürlich ist diejenige Diskriminierung, die nicht auf anerkennenswerte sachliche Erfordernisse gestützt werden kann und daher nicht objektiv gerechtfertigt ist (Grabitz/Hilf, Art. 73 d EGV a.F. [jetzt Art. 58 EGV] Rz. 21). Dies dürfte bei der diskriminierenden ausländischer Investmentfonds zutreffen. Hinzu kommt, daß die Ausnahmeregelung des Art. 73 d Abs. 1 lit. a EGV nach der Erklärung Nr. 7 zu Art. 73 d EGV a.f., die für die Auslegung der Vorschrift verbindlich ist, nur für die einschlägigen Vorschriften des Steuerrechts der Mitgliedstaaten gilt, die bereits Ende 1993 bestanden, soweit der Kapitalverkehr zwischen den Mitgliedstaaten betroffen ist. Auf die Einführung neuer steuerrechtlicher Beschränkungen nach dem 31.12.1993 ist die Ausnahmeregelung des Art. 58 EGV nicht anwendbar (Grabitz/Hilf, Art. 73 d EGV a.F. Rz. 6).

Auch kann die steuerliche Diskriminierung ausländischer Fonds erkennbar nicht dadurch gerechtfertigt werden, daß durch sie die Kohärenz der deutschen Steuerregelungen gewährleistet würde. Im Gegenteil ist die Versagung der Anwendung der §§ 3 Nr. 40 EStG n.F., 8 b KStG n.F. ein Systembruch.

Daher stellt diese Diskriminierung ausländischer Investmentfonds einen Verstoß gegen die Kapitalverkehrsfreiheit des Art. 56 EGV dar. Der Gesetzgeber sollte sie korrigieren.

3. Erstmalige Anwendung

Die Neuregelungen sind erstmals auf Kapitalerträge anwendbar, die nach dem 31.12.2000 zufließen. Damit wird entgegen der Gesetzesbegründung in zeitlicher Hinsicht keine Verknüpfung mit dem Systemwechsel hergestellt.

L. Änderung des Außensteuergesetzes (Artikel 12)

I. Änderung § 2 AStG

1. Text der Vorschrift

In § 2 Abs. 3 Nr. 1 wird die Angabe „wesentliche Beteiligung im Sinne des § 17 Abs. 1 Satz 3" durch die Angabe „Beteiligung im Sinne des § 17 Abs. 1" ersetzt.

2. Materialien

Gesetzentwurf/Begründung der Bundesregierung

– Regelung noch nicht enthalten –

Beschlussempfehlung des Finanzausschusses

In § 2 Abs. 3 Nr. 1 wird die Angabe „wesentliche Beteiligung im Sinne des § 17 Abs. 1 Satz 3" durch die Angabe „Beteiligung im Sinne des § 17 Abs. 1" ersetzt.

Begründung des Finanzausschusses

Redaktionelle Folgeänderung aus der Streichung des Begriffs „wesentlich" in § 17 EStG.

Beschlussempfehlung/Begründung des Vermittlungsausschusses

– keine Änderung/Bemerkung –

II. Änderung zum Dritten Teil des AStG

1. Text der Vorschrift

Die Überschrift des Dritten Teils wird wie folgt gefasst:

„Dritter Teil: Behandlung einer Beteiligung im Sinne des § 17 des Einkommensteuergesetzes bei Wohnsitzwechsel ins Ausland"

2. Materialien

Gesetzentwurf/Begründung der Bundesregierung

– Regelung noch nicht enthalten –

Beschlussempfehlung des Finanzausschusses

Die Überschrift des Dritten Teils wird wie folgt gefasst:

„Dritter Teil: Behandlung einer Beteiligung im Sinne des § 17 des Einkommensteuergesetzes bei Wohnsitzwechsel ins Ausland"

Begründung des Finanzausschusses

Redaktionelle Folgeänderung aus der Streichung des Begriffs „wesentlich" in § 17 EStG.

Beschlussempfehlung/Begründung des Vermittlungsausschusses

– keine Änderung/Bemerkung –

III. Änderung § 8 AStG

1. Text der Vorschrift

§ 8 Abs. 3 wird wie folgt gefasst:

„(3) Eine niedrige Besteuerung im Sinne des Absatzes 1 liegt vor, wenn die Einkünfte im Staat der Geschäftsleitung und im Staat des Sitzes der ausländischen Gesellschaft jeweils einer Belastung durch Ertragsteuern von weniger als 25 vom Hundert unterliegen, ohne dass dies auf einem Ausgleich mit Einkünften aus anderen Quellen beruht, oder wenn die danach in Betracht zu ziehende Steuer nach dem Recht des betreffenden Staates um Steuern gemindert wird, die die Gesellschaft, von der die Einkünfte stammen, zu tragen hat; Einkünfte, die nach § 13 vom Hinzurechnungsbetrag auszunehmen sind, und auf sie entfallende Steuern bleiben unberücksichtigt."

2. Materialien

Gesetzentwurf der Bundesregierung

In § 8 Abs. 3 wird die Angabe „30 vom Hundert" durch die Angabe „weniger als 25 vom Hundert" ersetzt.

Begründung zum Gesetzentwurf der Bundesregierung

Nach geltender Rechtslage kommt es zur Hinzurechnungsbesteuerung, wenn die Belastung der ausländischen Gesellschaft durch Ertragsteuern unter 30 % liegt. Künftig gilt ein Satz als niedrige Besteuerung, wenn er weniger als 25 % beträgt. Damit erfolgt eine Angleichung an den im internationalen Vergleich besonders günstigen deutschen Körperschaftsteuersatz.

Beschlussempfehlung des Finanzausschusses

In § 8 Abs. 3 wird die Angabe „wenn die Einkünfte weder im Staat der Geschäftsleitung noch im Staat des Sitzes der ausländischen Gesellschaft einer Belastung durch Ertragsteuern von 30 vom Hundert oder mehr unterliegen" durch die Angabe „wenn die Einkünfte im Staat der Geschäftsleitung oder im Staat des Sitzes der ausländischen Gesellschaft einer Belastung durch Ertragsteuern von weniger als 25 vom Hundert unterliegen" ersetzt.

Begründung des Finanzausschusses

Die Neuformulierung soll den Zweck der Änderung sprachlich klarer zum Ausdruck bringen.

Beschlussempfehlung des Vermittlungsausschusses

§ 8 Abs. 3 wird wie folgt gefasst:

„(3) Eine niedrige Besteuerung im Sinne des Absatzes 1 liegt vor, wenn die Einkünfte im Staat der Geschäftsleitung und im Staat des Sitzes der ausländischen Gesellschaft jeweils einer Belastung durch Ertragsteuern von weniger als 25 vom Hundert unterliegen, ohne dass dies auf einem Ausgleich mit Einkünften aus anderen Quellen beruht, oder wenn die danach in Betracht zu ziehende Steuer nach dem Recht des betreffenden Staates um Steuern gemindert wird, die die Gesellschaft, von der die Einkünfte stammen, zu tragen hat; Einkünfte, die nach § 13 vom Hinzurechnungsbetrag auszunehmen sind, und auf sie entfallende Steuern bleiben unberücksichtigt."

Begründung des Vermittlungsausschusses

Die Änderung stellt klar, daß bei einem Auseinanderfallen von Sitz und Geschäftsleitung einer ausländischen Zwischengesellschaft eine niedrige Besteuerung nur vorliegt, wenn die Belastung durch Ertragsteuern von weniger als 25 v.H. in beiden Staaten gegeben ist.

IV. Änderung § 10 AStG

1. Text der Vorschrift

§ 10 wird wie folgt geändert:

a) Absatz 2 wird wie folgt gefasst:

„(2) Der Hinzurechnungsbetrag gilt unmittelbar nach Ablauf des maßgebenden Wirtschaftsjahrs der ausländischen Gesellschaft als zugeflossen. Die Steuer auf den Hinzurechnungsbetrag beträgt 38 vom Hundert; sie ist der tariflichen Einkommensteuer oder Körperschaftsteuer hinzuzurechnen. Auf den Hinzurechnungsbetrag sind § 3 Nr. 40 Satz 1 Buchstabe d des Einkommensteuergesetzes und § 8b Abs. 1 des Körperschaftsteuergesetzes nicht anzuwenden."

b) Absatz 6 wird wie folgt geändert:

aa) Satz 2 wird wie folgt gefasst:

„Zwischeneinkünfte mit Kapitalanlagecharakter sind Einkünfte der ausländischen Zwischengesellschaft, die aus dem Halten, der Verwaltung, Werterhaltung oder Werterhöhung von Zahlungsmitteln, Forderungen, Wertpapieren, Beteiligungen oder ähnlichen Vermögenswerten stammen, es sei denn, der Steuerpflichtige weist nach, dass sie

1. aus einer Tätigkeit stammen, die einer unter § 8 Abs. 1 Nr. 1 bis 6 fallenden eigenen Tätigkeit der ausländischen Gesellschaft dient, ausgenommen Tätigkeiten im Sinne des § 1 Abs. 1 Nr. 6 des Gesetzes über das Kreditwesen, oder

2. aus Gesellschaften stammen, an denen die ausländische Zwischengesellschaft zu mindestens einem Zehntel beteiligt ist, vorausgesetzt der

L. IV. Änderung § 10 AStG

Steuerpflichtige weist nach, dass die Einkünfte im Staat der Geschäftsleitung oder im Staat des Sitzes der Gesellschaft einer Belastung durch Ertragsteuern von mindestens 25 vom Hundert unterliegen."

bb) In Satz 3 wird die Zahl „60" durch die Zahl „80" ersetzt.

2. Materialien

Gesetzentwurf der Bundesregierung

§ 10 wird wie folgt geändert:

a) Dem Absatz 2 wird folgender Satz angefügt:

„Auf den Hinzurechnungsbetrag sind § 3 Nr. 40 Buchstabe d des Einkommensteuergesetzes und § 8b Abs. 1 des Körperschaftsteuergesetzes nicht anzuwenden.

b) Absatz 6 Satz 2 wird wie folgt gefasst:

„Zwischeneinkünfte mit Kapitalanlagecharakter sind Einkünfte der ausländischen Zwischengesellschaft, die aus dem Halten, der Verwaltung, Werterhaltung oder Werterhöhung von Zahlungsmitteln, Forderungen, Wertpapieren, Beteiligungen oder ähnlichen Vermögenswerten stammen, es sei denn, der Steuerpflichtige weist nach, dass sie aus einer Tätigkeit stammen, die einer unter § 8 Abs. 1 Nr. 1 bis 6 fallenden eigenen Tätigkeit der ausländischen Gesellschaft dient, ausgenommen Tätigkeiten im Sinne des § 1 Abs. 1 Nr. 6 des Gesetzes über das Kreditwesen.

Begründung zum Gesetzentwurf der Bundesregierung

Zu Buchstabe a (Absatz 2)

Die Hinzurechnungsbesteuerung stellt die notwendige Vorbelastung für niedrig besteuerte Gewinne ausländischer Gesellschaften aus passivem Erwerb sicher; denn diese Gewinne sind im Zeitpunkt ihrer Ausschüttung gem. § 8b Abs. 1 KStG steuerfrei oder unterliegen gem. § 3 Nr. 40 Buchstabe b EStG dem Halbeinkünfteverfahren. Auf den Hinzurechnungsbetrag dürfen deshalb § 8b Abs. 1 KStG bzw. § 3 Nr. 40 Buchstabe d EStG nicht angewendet werden.

Zu Buchstabe b (Absatz 6)

Eine ausländische Gesellschaft, die ihren Sitz in einem niedrig besteuernden Gebiet hat und Einkünfte aus passivem Erwerb bezieht, unterliegt mit diesen Einkünften der Hinzurechnungsbesteuerung. Ist die Gesellschaft in einem Staat ansässig, mit dem ein Doppelbesteuerungsabkommen besteht und sind Gewinnausschüttungen der Gesellschaft nach diesem Abkommen steuerfrei, dürfen die entsprechenden Einkünfte wegen § 10 Abs. 5 AStG nur in dem in § 10 Abs. 6 AStG genannten Umfang (Zwischeneinkünfte mit Kapitalanlagecharakter) in die Hinzurechnungsbesteuerung einbezogen werden. Die Hinzurechnung entfällt, wenn der Steuerpflichtige nachweist, dass die Einkünfte aus einer Tätigkeit stammen, die einer aktiven Tätigkeit (§ 8 Abs. 1 Nr. 1 bis 6 AStG) der Gesellschaft dient. Bisher galt eine weitere Ausnahme für Holdinggesellschaften (§ 10 Abs. 6 Satz 2 Nr. 2 AStG). Dies ist im Hinblick auf das Halbeinkünfteverfahren bei Dividendenbezug sachlich nicht mehr gerechtfertigt. Dabei ist zu berücksichtigen, dass eine solche Ausnahme schon bisher nicht im Verhältnis zu Ländern gilt, mit denen Doppelbesteuerungsabkommen bestehen und die Abkommen eine Aktivitätsklausel enthalten. Erfüllt eine ausländische Gesellschaft die Voraussetzungen des § 8 Abs. 2 AStG (Landes- oder Funktionsholding), wird sie von der Hinzurechnungsbesteuerung nicht erfasst. Außerdem werden Gewinnanteile von einer nachgeordneten aktiv tätigen Gesellschaft nach § 13 AStG von der Hinzurechnungsbesteuerung ausgenommen.

Die bisherige Regelung in § 10 Abs. 6 Satz 2 Nr. 3 AStG ging weitgehend ins Leere.

Beschlussempfehlung des Finanzausschusses

§ 10 Absatz 2 wird wie folgt gefasst:

„Der Hinzurechnungsbetrag gilt unmittelbar nach Ablauf des maßgebenden Wirtschaftsjahres der ausländischen Gesellschaft als zugeflossen. Die Steuer auf den Hinzurechnungsbetrag beträgt 25 vom Hundert; sie ist der tariflichen Einkommensteuer oder Körperschaftsteuer hinzuzurechnen. Auf den Hinzurechnungsbetrag sind § 3 Nr. 40 Buchstabe d des Einkommensteuergesetzes und § 8b Abs. 1 des Körperschaftsteuergesetzes nicht anzuwenden."

Begründung des Finanzausschusses

Die Hinzurechnungsbesteuerung soll im Rahmen des Halbeinkünfteverfahrens die notwendige Vorbelastung für niedrig besteuerte Einkünfte aus passivem Erwerb herstellen. Die Vorbelastung entspricht mit 25 v. H. dem inländischen Körperschaftsteuersatz.

Für Zwischeneinkünfte mit Kapitalanlagecharakter, die der ausländischen Zwischengesellschaft aus Beteiligungen von mindestens 10 v.h. zufließen, verbleibt es bei der Anwendung des § 10 Abs. 5 AStG, d.h. sie fallen nicht in die Hinzurechnung.

Beschlussempfehlung des Vermittlungsausschusses

§ 10 wird wie folgt geändert:

a) Absatz 2 wird wie folgt gefasst:

„(2) Der Hinzurechnungsbetrag gilt unmittelbar nach Ablauf des maßgebenden Wirtschaftsjahres der ausländischen Gesellschaft als zugeflossen. Die Steuer auf den Hinzurechnungsbetrag beträgt 38 vom Hundert; sie ist der tariflichen Einkommensteuer oder Körperschaftsteuer hinzuzurechnen. Auf den Hinzurechnungsbetrag sind § 3 Nr. 40 Satz 1 Buchstabe d des Einkommensteuergesetzes und § 8b Abs. 1 des Körperschaftsteuergesetzes nicht anzuwenden."

b) Absatz 6 wird wie folgt geändert:

aa) Satz 2 wird wie folgt gefasst:

„Zwischeneinkünfte mit Kapitalanlagecharakter sind Einkünfte der ausländischen Zwischengesellschaft, die aus dem Halten, der Verwaltung, Werterhaltung oder Werterhöhung von Zahlungsmitteln, Forderungen, Wertpapieren, Beteiligungen oder ähnlichen Vermögenswerten stammen, es sei denn, der Steuerpflichtige weist nach, dass sie

1. aus einer Tätigkeit stammen, die einer unter § 8 Abs. 1 Nr. 1 bis 6 fallenden eigenen Tätigkeit der ausländischen Gesellschaft dient, ausgenommen Tätigkeiten im Sinne des § 1 Abs. 1 Nr. 6 des Gesetzes über das Kreditwesen, oder

2. aus Gesellschaften stammen, an denen die ausländische Zwischengesellschaft zu mindestens einem Zehntel beteiligt ist, vorausgesetzt der Steuerpflichtige weist nach, dass die Einkünfte im Staat der Geschäftsleitung oder im Staat des Sitzes der Gesellschaft einer Belastung durch Ertragsteuern von mindestens 25 vom Hundert unterliegen."

bb) In Satz 3 wird die Zahl „60" durch die Zahl „80" ersetzt.

Begründung des Vermittlungsausschusses

Zu Buchstabe a

Der Hinzurechnungsbetrag soll im Rahmen des Halbeinkünfteverfahrens die notwendige Vorbelastung für niedrig besteuerte Einkünfte aus passivem Erwerb herstellen. Die Vorbelastung in Höhe von 38 v.H. entspricht der inländischen Vorbelastung mit 25 %-Punkten Körperschaftsteuer und einer durchschnittlichen wirtschaftlichen Belastung mit Gewerbesteuer in Höhe von 13 % -Punkten. Dementsprechend beträgt die Einkommensteuer/Körperschaftsteuer auf den Hinzurechnungsbetrag 38 %. Diese Steuer ist definitiv.

Zu Buchstabe b

Zu Doppelbuchstabe aa

Die Änderung berücksichtigt, daß Beteiligungserträge der ausländischen Zwischengesellschaft „normal" besteuert worden sind. Dementsprechend bleibt es für Zwischeneinkünfte mit Kapitalanlagecharakter, die die ausländische Zwischengesellschaft aus Beteiligungen bezieht, bei der Anwendung des § 10 Abs. 5 AStG, wenn der Steuerpflichtige nachweist, daß die Einkünfte bei der nachgeordneten Gesellschaft einer Belastung durch Ertragsteuern von mindestens 25 % unterliegen.

Zu Doppelbuchstabe bb

Die Zwischeneinkünfte mit Kapitalanlagecharakter i.S.d. § 10 Abs. 6 Satz 3 AStG gelten nur zu 60 vom Hundert als Zwischeneinkünfte mit Kapitalanlagecharakter. Die Beibehaltung dieses Prozentsatzes würde bedeuten, daß die effektive Steuerbelastung bei einem Körperschaftsteuersatz von 25 % (zuzüglich Gewerbesteuer) auf unter 25 % sinkt. Auch ein Ansatz der Einkünfte mit 80 % führt bei einem Körperschaftsteuersatz von 25 % noch zu einer geringfügigen Entlastung.

V. Änderung § 11 AStG

1. Text der Vorschrift

§ 11 wird wie folgt gefasst:

„(1) Gewinnanteile sind um die Steuer zu kürzen, die eine unbeschränkt steuerpflichtige natürliche Person in dem Kalenderjahr oder Wirtschaftsjahr, in dem sie die Gewinnanteile von der ausländischen Gesellschaft bezieht, auf den Hinzurechnungsbetrag entrichtet hat.

(2) Soweit die Gewinnanteile den Hinzurechnungsbetrag übersteigen, sind sie um die Steuer zu kürzen, die auf Hinzurechnungsbeträge in Höhe der übersteigenden Gewinnanteile für die vorangegangenen vier Kalenderjahre oder Wirtschaftsjahre entrichtet und noch nicht abgezogen worden sind.

(3) Veräußert die unbeschränkt steuerpflichtige natürliche Person Anteile an der ausländischen Gesellschaft, so ist Absatz 2 mit der Maßgabe anzuwenden, dass die abzuziehende Steuer den Veräußerungsgewinn nicht übersteigen darf."

2. Materialien

Gesetzentwurf der Bundesregierung

§ 11 wird aufgehoben.

Begründung zum Gesetzentwurf der Bundesregierung

Nach bisheriger Rechtslage verlor die Hinzurechnungsbesteuerung ihre Rechtfertigung, wenn der hinzugerechnete Betrag ausgeschüttet wurde und so in die deutsche Besteuerung gelangte. Zur Beseitigung einer doppelten Besteuerung wurde die Hinzurechnungsbesteuerung im Fall der Ausschüttung zurückgenommen. Da Gewinnausschüttungen künftig entweder steuerfrei bleiben (§ 8b Abs. 1 KStG) bzw. dem Halbeinkünfteverfahren unterliegen (§ 3 Nr. 40 Buchstabe d EStG), entfällt ein Ausgleich im Zeitpunkt der Ausschüttung. Die Vorschrift ist deshalb aufzuheben.

Beschlussempfehlung des Finanzausschusses

§ 11 wird wie folgt gefasst:

„(1) Gewinnanteile sind um die Steuer zu kürzen, die eine unbeschränkt steuerpflichtige natürliche Person in dem Kalenderjahr oder Wirtschaftsjahr, in dem sie die Gewinnanteile bezieht, auf den Hinzurechnungsbetrag entrichtet hat.

(2) Soweit die Gewinnanteile den Hinzurechnungsbetrag übersteigen, sind sie um die Steuer zu kürzen, die auf Hinzurechnungsbeträge in Höhe der übersteigenden Gewinnanteile für die vorangegangenen vier Kalenderjahre oder Wirtschaftsjahre entrichtet und noch nicht abgezogen worden sind.

(3) Veräußert die unbeschränkt steuerpflichtige natürliche Person Anteile an der ausländischen Gesellschaft, so ist Absatz 2 mit der Maßgabe anzuwenden, daß die abzuziehende Steuer den Veräußerungsgewinn nicht übersteigen darf."

Begründung des Finanzausschusses

Gewinnanteile, die die ausländische Gesellschaft an unbeschränkt steuerpflichtige natürliche Personen ausschüttet, unterliegen der Besteuerung nach den allgemeinen Bestimmungen (Halbeinkünfteverfahren). Durch § 11 AStG wird ein Ausgleich für die vom Steuerpflichtigen auf den Hinzurechnungsbetrag zu entrichtende Steuer geschaffen, um eine Überbesteuerung zu vermeiden.

Absatz 1

Absatz 1 bestimmt, dass Dividenden, die die unbeschränkt steuerpflichtig natürliche Person von der ausländischen Gesellschaft bezieht, um die im gleichen Kalender- oder Wirtschaftsjahr auf den Hinzurechnungsbetrag entrichtete Steuer zu kürzen ist. Damit wird vermieden, daß auf die Steuer auf den Hinzurechnungsbetrag bei der Besteuerung der Dividende im Halbeinkünfteverfahren erneut Steuer erhoben wird.

Absatz 2

Die Vorschrift berücksichtigt, dass zwischen dem Zeitpunkt der Hinzurechnung und dem Zeitpunkt der Ausschüttung mehrere Jahre liegen können. Deshalb können die Dividenden noch um Steuerbeträge gekürzt werden, die in den vier vorangegangenen Jahre entrichtet worden sind.

Absatz 3

Nach Absatz 3 gilt Abs. 2 entsprechend, wenn die unbeschränkt steuerpflichtige natürliche Person ihre Beteiligung an der ausländischen Gesellschaft veräußert.

Beschlussempfehlung des Vermittlungsausschusses

§ 11 Abs. 1 wird wie folgt gefasst:

„(1) Gewinnanteile sind um die Steuer zu kürzen, die eine unbeschränkt steuerpflichtig natürliche Person in dem Kalenderjahr oder Wirtschaftsjahr, in dem sie die Gewinnanteile von der ausländischen Gesellschaft bezieht, auf den Hinzurechnungsbetrag entrichtet hat."

L. VI. Änderung § 12 AStG

Begründung des Vermittlungsausschusses

Die Änderung stellt klar, daß es sich um Gewinnanteile „von der ausländischen Gesellschaft" handelt.

VI. Änderung § 12 AStG

1. Text der Vorschrift

§ 12 wird wie folgt geändert:

a) Absatz 1 wird wie folgt gefasst:

„(1) Auf Antrag des Steuerpflichtigen werden auf die auf den Hinzurechnungsbetrag zu erhebende Steuer die Steuern angerechnet, die nach § 10 Abs. 1 abziehbar sind. In diesem Fall ist der Hinzurechnungsbetrag um diese Steuern zu erhöhen."

b) Absatz 2 wird wie folgt gefasst:

„(2) Bei der Anrechnung sind die Vorschriften des § 34c Abs. 1 des Einkommensteuergesetzes und des § 26 Abs. 1 und 6 des Körperschaftsteuergesetzes entsprechend anzuwenden."

c) Absatz 3 wird aufgehoben.

2. Materialien

Gesetzentwurf der Bundesregierung

§ 12 wird wie folgt geändert:

a) Absatz 2 wird wie folgt gefasst:

„(2) Bei der Anrechnung sind die Vorschriften des § 34 c Abs. 1 des Einkommensteuergesetzes und des § 26 Abs. 1 und 6 des Körperschaftsteuergesetzes entsprechend anzuwenden."

b) Absatz 3 Satz 1 wird aufgehoben.

Begründung zum Gesetzentwurf der Bundesregierung

In Absatz 2 entfällt der Hinweis auf den weggefallenen § 26 Abs. 2a KStG. Die Streichung des Absatz 3 ist Folge des Wegfalls des § 11 AStG.

Beschlussempfehlung des Finanzausschusses

§ 12 wird wie folgt geändert:

a) Absatz 1 wird wie folgt gefasst:

„(1) Auf Antrag des Steuerpflichtigen werden auf die auf den Hinzurechnungsbetrag zu erhebende Steuer die Steuern angerechnet, die nach § 10 Abs. 1 abziehbar sind. In diesem Fall ist der Hinzurechnungsbetrag um diese Steuern zu erhöhen."

b) Absatz 2 wird wie folgt gefasst:

„(2) Bei der Anrechnung sind die Vorschriften des § 34 c Abs. 1 des Einkommensteuergesetzes und des § 26 Abs. 1 und 6 des Körperschaftsteuergesetzes entsprechend anzuwenden."

c) Absatz 3 wird aufgehoben.

Begründung des Finanzausschusses

Zu Buchstabe a (Absatz 1)

Die Änderung des Abs. 1 ist eine Folgeänderung, die sich aus der Änderung des § 10 Abs. 2 AStG ergibt. Danach beträgt die Steuer auf den Hinzurechnungsbetrag 25 v.H.. Die zu Lasten der ausländischen Gesellschaft erhobenen Steuern sind deshalb auf die auf den Hinzurechnungsbetrag zu erhebende Steuer anzurechnen.

Zu Buchstabe c (Absatz 3)

Der gesamte Absatz ist aufzuheben und nicht nur Satz 1.

Beschlussempfehlung/Begründung des Vermittlungsausschusses

– keine Änderung/Bemerkung –

VII. Änderung § 13 AStG

1. Text der Vorschrift

§ 13 wird wie folgt geändert:

a) **Absatz 1 wird wie folgt gefasst:**

„(1) Gewinnantcile, die die ausländische Gesellschaft von einer nicht unbeschränkt steuerpflichtigen Kapitalgesellschaft bezieht, deren Bruttoerträge ausschließlich oder

fast ausschließlich aus unter § 8 Abs. 1 Nr. 1 bis 6 fallenden Tätigkeiten stammen, sind mit dem auf den unbeschränkt Steuerpflichtigen entfallenden Teil vom Hinzurechnungsbetrag auszunehmen."

b) Absatz 2 wird wie folgt gefasst:

„(2) Gewinnanteile, die die ausländische Gesellschaft von einer unbeschränkt steuerpflichtigen Kapitalgesellschaft bezieht, sind mit dem auf den unbeschränkt Steuerpflichtigen entfallenden Teil vom Hinzurechnungsbetrag auszunehmen."

2. Materialien

Gesetzentwurf der Bundesregierung

§ 13 wird wie folgt geändert:

a) Absatz 1 wird wie folgt gefasst:

„(1) Gewinnanteile, die die ausländische Gesellschaft von einer nicht unbeschränkt steuerpflichtigen Kapitalgesellschaft bezieht, deren Bruttoerträge ausschließlich oder fast ausschließlich aus unter § 8 Abs. 1 Nr. 1 bis 6 fallenden Tätigkeiten stammen, sind mit dem auf den unbeschränkt Steuerpflichtigen entfallenden Teil vom Hinzurechnungsbetrag auszunehmen."

b) Absatz 2 wird wie folgt gefasst:

„(2) Gewinnanteile, die die ausländische Gesellschaft von einer unbeschränkt steuerpflichtigen Kapitalgesellschaft bezieht, sind mit dem auf den unbeschränkt Steuerpflichtigen entfallenden Teil vom Hinzurechnungsbetrag auszunehmen."

Begründung zum Gesetzentwurf der Bundesregierung

Gewinnausschüttungen, die die ausländische Gesellschaft (Obergesellschaft) von einer anderen, aktiv tätigen ausländischen Gesellschaft erzielt, sind – soweit nicht schon Steuerbefreiung nach § 8 Abs. 2 AStG gegeben ist – Einkünfte aus passivem Erwerb. § 13 AStG gewährte bisher für diese Gewinnausschüttungen, ebenso wie für Ausschüttungen, die die ausländische Gesellschaft von einer unbeschränkt steuerpflichtigen Kapitalgesellschaft bezog, Befreiung von der Hinzurechnung, wenn bei unmittelbarem Zufluss an Inlandsbeteiligte Schachtelvergünstigungen zu gewähren waren, z. B. auf Grund eines

Doppelbesteuerungsabkommens. Da Gewinnausschüttungen jetzt bei unmittelbarem Bezug durch den Inlandsbeteiligten auf Grund des § 8b Abs. 1 KStG steuerfrei sind oder dem Halbeinkünfteverfahren unterliegen, werden diese Gewinnausschüttungen von der Hinzurechnung ausgenommen.

Beschlussempfehlung/Begründung des Finanzausschusses

– keine Änderung/Bemerkung –

Beschlussempfehlung/Begründung des Vermittlungsausschusses

– keine Änderung/Bemerkung –

VIII. Änderung § 14 AStG

1. Text der Vorschrift

§ 14 wird wie folgt geändert:

a) **Absatz 2 wird wie folgt gefasst:**

„(2) Der nach Absatz 1 zuzurechnende Betrag ist um Gewinnanteile zu kürzen, die die Untergesellschaft in dem Kalenderjahr oder Wirtschaftsjahr ausschüttet, in dem der nach Absatz 1 zuzurechnende Betrag anzusetzen ist; soweit die Gewinnanteile den zuzurechnenden Betrag übersteigen, sind sie um Beträge zu kürzen, die für die vorangegangenen vier Kalenderjahre oder Wirtschaftsjahre nach Absatz 1 der ausländischen Gesellschaft zugerechnet und noch nicht für eine solche Kürzung verwendet worden sind."

b) **In Absatz 4 wird Satz 2 aufgehoben.**

2. Materialien

Gesetzentwurf der Bundesregierung

§ 14 wird wie folgt geändert:

a) Absatz 2 wird wie folgt gefasst:

„(2) Der nach Absatz 1 zuzurechnende Betrag ist in dem Kalenderjahr oder Wirtschaftsjahr, in dem der Hinzurechnungsbetrag nach § 10 Abs. 2 anzusetzen ist, um Gewinnanteile zu kürzen, die die Untergesellschaft ausschüttet; soweit die Gewinnanteile den zuzurechnenden Betrag übersteigen, sind sie um Beträge zu kürzen, die für die vorangegangenen vier Wirtschaftsjahre nach Absatz 1 der ausländischen Gesellschaft zugerechnet und noch nicht für eine solche Kürzung verwendet worden sind. Der Teil des Hinzurechnungsbetrags, für den § 10 Abs. 5 nach § 10 Abs. 6 nicht anzuwenden ist, darf nicht nach Satz 1 um Gewinnanteile gekürzt werden. Die Gewinnanteile sind steuerfrei, soweit sie die Zwischeneinkünfte mit Kapitalanlagecharakter im Sinne des § 10 Abs. 6 Satz 2 und 3, die dem in Satz 2 genannten Teil des Hinzurechnungsbetrags zugrunde liegen, nicht übersteigen. Satz 1 ist auf den in Satz 2 genannten Teile des Hinzurechnungsbetrags nicht anzuwenden. Liegen noch andere Zwischeneinkünfte vor, kann wegen der nach Satz 3 befreiten Gewinnanteile eine Kürzung nach Satz 1 nicht verlangt werden."

b) In Absatz 4 werden die Sätze 2 und 5 aufgehoben.

Begründung zum Gesetzentwurf der Bundesregierung

Zu Buchstabe a (Absatz 2)

§ 14 AStG regelt die Zurechnung der Zwischeneinkünfte nachgeschalteter Gesellschaften zur ausländischen Gesellschaft (Obergesellschaft). Werden die so hinzugerechneten Einkünfte von der nachgeschalteten Gesellschaft an die vorgeschaltete Gesellschaft (Obergesellschaft) ausgeschüttet, kommt es zu einer doppelten Hinzurechnung. Durch § 14 Abs. 2 AStG wurde dies schon bisher vermieden. Wegen des Wegfalls des § 11 AStG ist jedoch eine Anpassung der Vorschrift notwendig.

Zu Buchstabe b (Absatz 4)

Die Streichung des Absatzes 4 Satz 2 ergibt sich aus dem Wegfall des § 11 AStG, die Streichung des Absatze 4 Satz 5 aus dem Wegfall von § 10 Abs. 6 Satz 2 Nr. 2 AStG.

Beschlussempfehlung des Finanzausschusses

§ 14 wird wie folgt geändert:

a) Absatz 2 wird wie folgt gefasst:

„(2) Der nach Absatz 1 zuzurechnende Betrag ist um Gewinnanteile zu kürzen, die die Untergesellschaft in dem Kalenderjahr oder Wirtschaftsjahr ausschüttet, in dem der nach Absatz 1 zuzurechnende Betrag anzusetzen ist; soweit die Gewinnanteile den zuzurechnenden Betrag übersteigen, sind sie um Beträge zu kürzen, die für die vorangegangenen vier Kalenderjahre oder Wirtschaftsjahre nach Absatz 1 der ausländischen Gesellschaft zugerechnet und noch nicht für eine solche Kürzung verwendet worden sind."

b) unverändert

Begründung des Finanzausschusses

Zu Buchstabe a (Absatz 2)

Die Änderung des Satzes 1 soll den Zweck der Vorschrift klarer fassen. Wegen des Wegfalls des § 11 AStG ist die Bezugnahme auf diese Vorschrift durch eine sinngemäße Formulierung zu ersetzen. Mit dem Wegfall des § 11 AStG wird darüber hinaus der bisherige § 14 Abs. 2 Satz 2 ff AStG überflüssig und ist ersatzlos zu streichen.

Beschlussempfehlung des Vermittlungsausschusses

§ 14 wird wie folgt geändert:

b) In Absatz 4 wird Satz 2 aufgehoben.

Begründung des Vermittlungsausschusses

Da § 10 Abs. 6 Satz 2 Nr. 2 unverändert bestehen bleibt, entfällt die Streichung des § 14 Abs. 4 Satz 5.

IX. Änderung § 21 AStG

1. Text der Vorschrift

§ 21 Abs. 7 wird wie folgt geändert:

a) Satz 1 wird aufgehoben.

b) Im neuen Satz 1 werden die Wörter „Fassung dieses Gesetzes" durch die Angabe „Fassung des Artikels 12 des Gesetzes vom 21. Dezember 1993 (BGBl. I S. 2310)" ersetzt.

c) Folgende Sätze werden angefügt:

„§ 8 Abs. 3, § 10 Abs. 2 und 6, §§ 11, 12, 13 Abs. 1 und 2, § 14 Abs. 2 und 4 in der Fassung des Artikels 12 des Gesetzes vom ... (BGBl. I S. ...) sind erstmals anzuwenden für die Einkommensteuer und Körperschaftsteuer für den Veranlagungszeitraum, für den Zwischeneinkünfte hinzuzurechnen sind, die in einem Wirtschaftsjahr der Zwischengesellschaft oder der Betriebsstätte entstanden sind, das nach dem 31. Dezember 2000 beginnt. Die §§ 7 bis 14, 18 und 20 mit Ausnahme des § 20 Abs. 2 sind für die Gewerbesteuer letztmals anzuwenden für den Erhebungszeitraum, für den Zwischeneinkünfte hinzuzurechnen sind, die in einem Wirtschaftsjahr der Zwischengesellschaft entstanden sind, das vor dem 1. Januar 2001 beginnt. § 11 in der Fassung des Artikels 12 des Gesetzes vom 21. Dezember 1993 (BGBl. I S. 2310) ist auf Gewinnausschüttungen der Zwischengesellschaft oder auf Gewinne aus der Veräußerung der Anteile an der Zwischengesellschaft nicht anwendbar, wenn auf die Ausschüttungen oder auf die Gewinne aus der Veräußerung § 8b Abs. 1 oder 2 des Körperschaftsteuergesetzes in der Fassung des Artikels 3 des Gesetzes vom ... (BGBl. I S. ...) oder § 3 Nr. 40 des Einkommensteuergesetzes in der Fassung des Artikels 1 des Gesetzes vom ... (BGBl. I S. ...) anwendbar ist."

2. Materialien

Gesetzentwurf der Bundesregierung

§ 21 Abs. 7 wird wie folgt geändert:

a) Satz 1 wird aufgehoben.

b) Im neuen Satz 1 werden die Wörter „Fassung dieses Gesetzes" durch die Angabe „Fassung des Artikels 12 des Gesetzes vom 21. Dezember 1993 (BGBl. I S. 2310)" ersetzt.

c) Folgender Satz wird angefügt:

„§ 7 Abs. 1 und 2, § 8 Abs. 3, § 10 Abs. 2 und 6, § 12 Abs. 2 und 3, § 13 Abs. 1 und 2, § 14 Abs. 2 und 4 in der Fassung des Artikels 13 des Gesetzes vom ... (BGBl. I S. ...) sind erstmals anzuwenden

1. für die Einkommensteuer und Körperschaftsteuer für den Veranlagungszeitraum,

2. mit Ausnahme des § 20 Abs. 2 für die Gewerbesteuer, für die der Teil des Hinzurechnungsbetrags, dem Ein-

künfte mit Kapitalanlagecharakter im Sinne des § 10 Abs. 6 Satz 3 zugrunde liegen, außer Ansatz bleibt, für den Erhebungszeitraum,

für den Zwischeneinkünfte hinzuzurechnen sind, die in einem Wirtschaftsjahr der Zwischengesellschaft oder der Betriebsstätte entstanden sind, das nach dem 31. Dezember 2000 beginnt. § 11 in der Fassung des Artikels 17 des Gesetzes vom 25. Februar 1992 (BGBl. I S. 297) ist letztmals auf den Veranlagungszeitraum anzuwenden, für den Zwischeneinkünfte hinzuzurechnen sind, die in einem Wirtschaftsjahr der Zwischengesellschaft oder der Betriebsstätte entstanden sind, das vor dem 1. Januar 2002 beginnt."

Begründung zum Gesetzentwurf der Bundesregierung

Regelung zur zeitlichen Anwendung der Änderungen in §§ 7 und 8 AStG.

Beschlussempfehlung des Finanzausschusses

§ 21 Abs. 7 wird wie folgt geändert:

a) unverändert

b) unverändert

c) Folgender Satz wird angefügt:

„§ 8 Abs. 3, § 10 Abs. 2, § 11, § 12, § 13 Abs. 1 und 2, § 14 Abs. 2 und 4 in der Fassung des Artikels ... des Gesetzes vom ... (BGBl. I S. ...) sind erstmals anzuwenden

1. für die Einkommensteuer und Körperschaftsteuer für den Veranlagungszeitraum,

2. mit Ausnahme des § 20 Abs. 2 für die Gewerbesteuer, für die der Teil des Hinzurechnungsbetrags, dem Einkünfte mit Kapitalanlagecharakter im Sinne des § 10 Abs. 6 Satz 3 zugrunde liegen, außer Ansatz bleibt, für den Erhebungszeitraum,

für den Zwischeneinkünfte hinzuzurechnen sind, die in einem Wirtschaftsjahr der Zwischengesellschaft oder der Betriebsstätte entstanden sind, das nach dem 31. Dezember 2000 beginnt.

L. IX. Änderung § 21 AStG

Begründung des Finanzausschusses

Die Änderung berücksichtigt, dass § 11 AStG nicht gestrichen, sondern durch eine Neufassung ersetzt wird. Außerdem wird berücksichtigt, dass § 7 AStG und § 10 Abs. 6 AStG nicht geändert werden.

Beschlussempfehlung des Vermittlungsausschusses

§ 21 Abs. 7 wird wie folgt geändert:

a) unverändert

b) unverändert

c) Folgende Sätze werden angefügt:

"§ 8 Abs. 3, § 10 Abs. 2 und 6, §§ 11, 12, 13 Abs. 1 und 2, § 14 Abs. 2 und 4 in der Fassung des Artikels 13 des Gesetzes vom ... (BGBl. I S. ...) sind erstmals anzuwenden für die Einkommensteuer und Körperschaftsteuer für den Veranlagungszeitraum, für den Zwischeneinkünfte hinzuzurechnen sind, die in einem Wirtschaftsjahr der Zwischengesellschaft oder der Betriebsstätte entstanden sind, das nach dem 31. Dezember 2000 beginnt. Die §§ 7 bis 14, 18 und 20 mit Ausnahme des § 20 Abs. 2 sind für die Gewerbesteuer letztmals anzuwenden für den Erhebungszeitraum, für den Zwischeneinkünfte hinzuzurechnen sind, die in einem Wirtschaftsjahr der Zwischengesellschaft entstanden sind, das vor dem 1. Januar 2001 beginnt. § 11 in der Fassung des Artikels 12 des Gesetzes vom 21. Dezember 1993 (BGBl. I S. 2310) ist auf Gewinnausschüttungen der Zwischengesellschaft oder auf Gewinne aus der Veräußerung der Anteile an der Zwischengesellschaft nicht anwendbar, wenn auf die Ausschüttungen oder auf die Gewinne aus der Veräußerung § 8b Abs. 1 oder 2 des Körperschaftsteuergesetzes in der Fassung des Artikels 3 des Gesetzes vom ... (BGBl. I S. ...) oder § 3 Nr. 40 des Einkommensteuergesetzes in der Fassung des Artikels 1 des Gesetzes vom ... (BGBl. I S. ...) anwendbar ist."

Begründung des Vermittlungsausschusses

Die Änderung paßt die Vorschrift an die Änderung des § 10 Abs. 2 an, wonach der Hinzurechnungsbetrag einer Steuer von 25 v.H. unterliegt. Außerdem wird festgelegt, daß § 11 in der bisherigen Fassung nicht auf Ausschüttungen der Zwischengesellschaft oder auf

Veräußerungsgewinne anwendbar ist, wenn die unter § 8 b Abs. 1 bzw. § 8 b Abs. 2 KStG oder § 3 Nr. 40 EStG fallen. Die erstmalige Anwendung dieser Vorschriften richtet sich nach § 34 Abs. 1, 1a KStG bzw. § 52 Abs. 4a EStG.

X. Erläuterungen

Verfasser: Harald Schaumburg

1. Systemfragen

a) Die normale Hinzurechnungsbesteuerung

Kapitalgesellschaften entfalten in steuerlicher Hinsicht eine Abschirmwirkung. Im außensteuerlichen Kontext bedeutet diese Abschirmwirkung, daß Gewinne ausländischer Kapitalgesellschaften, an denen inländische Anteilseigner beteiligt sind, so lange der inländischen Besteuerung entzogen sind, als Ausschüttungen unterbleiben. Diese Aufschub- bzw. Abschirmwirkung ist besonders signifikant in jenen Fällen, in denen aus steuerlichen Motiven Kapitalgesellschaften in Niedrigsteuerländern errichtet werden. Die entsprechenden Steuervorteile bleiben erhalten, wenn die Gewinne dieser Gesellschaften thesauriert werden.

Ziel der §§ 7 – 14 (Hinzurechnungsbesteuerung) in der derzeit geltenden Fassung ist es, diese Aufschub- bzw. Abschirmwirkung für niedrig besteuerte sog. Einkünfte aus passivem Erwerb (vgl. § 8 Abs. 1) zu beseitigen. Mit anderen Worten: Bestimmte sich in der ausländischen Gesellschaft ansammelnde Einkünfte sollen zeitlich vor der tatsächlichen Ausschüttung der inländischen Besteuerung zugeführt werden. Dieses Ziel wird technisch durch eine Ausschüttungsfiktion derart erreicht, daß die Besteuerung im Grundsatz so vorgenommen wird, als ob die ausländische Gesellschaft ihren ausschüttungsfähigen Gewinn der vorgenannten Art im frühestmöglichen Zeitpunkt ausgeschüttet hätte. Der inländische Anteilseigner erzielt damit im Ergebnis fiktive Dividendenerträge, die bei ihm der Einkommen-, Körperschaft- oder Gewerbesteuer unterliegen, soweit sie nicht abkommensrechtlich freigestellt sind (§ 10 Abs. 5).

Diese 1972 in Kraft getretene Regelungen über die Hinzurechnungsbesteuerung (§§ 7–14) sind im Ergebnis darauf gerichtet, ein Ausnutzen des internationalen Steuergefälles durch unbeschränkt steuerpflichtige Personen in den Fällen entgegenzuwirken, in denen im Ausland nicht aktive unternehmerische Engagements in die Rechtsform von Kapitalgesellschaften gekleidet werden. Unter diesem Ge-

L. X. Erläuterungen zu Änderungen AStG

sichtspunkt sind die §§ 7–14 als Normen zur Vermeidung von Einkünfteverlagerungen in Niedrigsteuerländer zu qualifizieren (*Schaumburg*, Internationales Steuerrecht, 2. Aufl. Köln 1998, Rz. 2.13).

Die §§ 7–14 sind von zahlreichen Wertungswidersprüchen durchsetzt und zudem konzeptionell überholt mit der Folge, daß internationale übliche Unternehmensstrukturen, insbesondere mehrstufige Holdings, durch die Hinzurechnungsbesteuerung behindert werden.

b) Verschärfte Hinzurechnungsbesteuerung

Die §§ 7–14 enthalten Sonderregelungen für Zwischengesellschaften, die Zwischeneinkünfte mit Kapitalanlagecharakter erzielen. Die durch das StÄndG 1992 geschaffene und danach durch das Mißbrauchsbekämpfungs- und Steuerbereinigungsgesetz modifizierte verschärfte Hinzurechnungsbesteuerung führt zu von der normalen Hinzurechnungsbesteuerung abweichenden Rechtsfolgen. Diese bestehen im wesentlichen darin, daß die Anwendung von Doppelbesteuerungsabkommen auf den Hinzurechnungsbetrag (§ 10 Abs. 5) suspendiert wird, soweit im Hinzurechnungsbetrag Zwischeneinkünfte mit Kapitalanlagecharakter enthalten sind. Dies führt im Ergebnis dazu, daß die im Rahmen der Hinzurechnungsbesteuerung fingierten Ausschüttungen ohne Rücksicht darauf, ob die tatsächlichen Ausschüttungen nach dem betreffenden Doppelbesteuerungsabkommen steuerbefreit sind oder nicht, im Inland stets besteuert werden (Einmalbesteuerung).

c) Steuer auf den Hinzurechnungsbetrag

Der Hinzurechnungsbetrag führt bei unbeschränkt steuerpflichtigen Personen im Rahmen der derzeit geltenden Hinzurechnungsbesteuerung entweder zu Einkünften aus Kapitalvermögen oder aber zu Gewinneinkünften (§ 10 Abs. 2). Die Besteuerung erfolgt so, als hätte die ausländische Kapitalgesellschaft tatsächlich ausgeschüttet.

Die Hinzurechnungsbesteuerung i.d.F. des StSenkG verankert nunmehr die Rechtsfolgen außerhalb des Einkunftsartensystems des Einkommen- und Körperschaftsteuergesetzes. Der Hinzurechnungsbetrag gehört nicht mehr zu Einkünften aus Kapitalvermögen oder zu den Gewinneinkünften, sondern wird in Zukunft einer „Steuer auf den Hinzurechnungsbetrag" in Höhe von 38 v.H. unterworfen (§ 10 Abs. 2 Satz 1). Mit dieser Sondersteuer wird im Ergebnis auch die Gewerbesteuer abgegolten, so daß zukünftig der Hinzurechnungsbetrag nicht mehr der Gewerbesteuer unterliegt (§ 21 Abs. 7 Satz 3). Die Steuer auf den Hinzurechnungsbetrag ist der tariflichen Einkommensteuer oder Körperschaftsteuer hinzuzurechnen. Das führt nur dann nicht zu finanzverfassungsrechtlichen Problemen (Art. 106 GG), wenn man diese Steuer auf den Hinzurechnungsbetrag als Einkommen- oder Körperschaftsteuer qualifiziert.

Die Steuer auf den Hinzurechnungsbetrag bewirkt eine Abkehr von der Besteuerung nach der individuellen Leistungsfähigkeit, weil sie im Ergebnis stets zu einer Definitivbelastung ohne Rücksicht auf die Höhe der übrigen Einkünfte führt. So ist nunmehr der Hinzurechnungsbetrag keinem horizontalen oder vertikalen Verlustausgleich mehr zugänglich. Konzeptionell soll damit entsprechend der steuerlichen Belastung inländischer Kapitalgesellschaften mit Körperschaftsteuer und Gewerbesteuer (38 v.H.) auch die steuerliche Belastung ausländischer Zwischengesellschaften beim inländischen Anteilseigner sichergestellt werden. Die neue Hinzurechnungsbesteuerung bewirkt somit im Ergebnis ein Auswechseln des Steuersubjekts: Beim inländischen Anteilseigner werden nach Maßgabe seiner Beteiligung die Zwischeneinkünfte der ausländischen Kapitalgesellschaft in Höhe der für inländische Kapitalgesellschaften idealtypischen Steuerbelastung von 38 v.H. unterworfen. Damit wird auf einer ersten Stufe eine aus der Sicht des Gesetzgebers an sich gebotene aber unterbliebene inländische Besteuerung der ausländischen Kapitalgesellschaft beim inländischen Gesellschafter nachgeholt. Auf einer zweiten Stufe erfolgt dann im Falle der tatsächlichen Ausschüttung die für den Gesellschafter originär vorgesehene Besteuerung im Halbeinkünfteverfahren, wobei folgerichtig die Ausschüttung um die Steuer auf den Hinzurechnungsbetrag gekürzt wird (§ 11 Abs. 1).

Hierzu die folgende vereinfachte Belastungsberechnung:

Hinzurechnungsbesteuerung		Dividendenbesteuerung	
Gewinn vor Steuern	100	Gewinn vor Steuern	100
./. ausl. KSt	0	./. ausl. KSt	0
Hinzurechnungsbetrag	100	Dividende	100
Steuer auf den Hinzurechnungsbetrag	38	./. Steuer aufden Hinzurechnungsbetrag	38
			62
		ESt nach dem Halbeinkünfteverfahren (48,5 % v. 31)	15,04

Die Gesamtsteuerbelastung beträgt 53,04 v.H. Sie entspricht derjenigen Belastung bei Beteiligung an einer inländischen Kapitalgesellschaft. Damit wird deutlich, daß die neue Hinzurechnungsbesteuerung im Kern nicht mehr an eine fiktive Ausschüttung anknüpft, sondern auf die Herstellung einer dem deutschen Belastungsniveau entsprechenden steuerlichen Vorbelastung der Zwischeneinkünfte gerichtet ist. Diese neue Besteuerungskonzeption ist indessen nicht konsequent durchgeführt worden, weil unverändert einige Vorschriften an eine fiktive Ausschüttung anknüpfen (z.B. § 10 Abs. 5).

2. Europarechtliche Aspekte

Die Hinzurechnungsbesteuerung (§§ 7–14) ist in weiten Bereichen mit der europarechtlich garantierten Niederlassungsfreiheit (Art 43, 48 EGV) unvereinbar. Die Hinzurechnungsbesteuerung behindert nämlich die Erwerbstätigkeit durch Tochtergesellschaften im Ausland dadurch, daß die dort erzielten Gewinne ohne Rücksicht darauf, ob diese in das Inland transferiert werden, auf der inländischen Gesellschafterebene der Einkommen-/Körperschaftsteuer unterworfen werden. Wären beispielsweise Einkaufs- und Vertriebsgesellschaften, deren Tätigkeit als passiv eingestuft werden, wenn ein inländischer Gesellschafter schädlich mitwirkt, im Inland ansässig, erfolgte eine Besteuerung nur bei tatsächlicher Ausschüttung. Hierdurch sind die inländische Muttergesellschaft bzw. die Gesellschafter in ihrer Niederlassungsfreiheit beeinträchtigt. Von der Schutzwirkung der Niederlassungsfreiheit werden nämlich auch die Erwerbstätigkeit von nachgeschalteten Gesellschaften in einer mehrstufigen Beteiligungskette erfaßt. Von der Niederlassungsfreiheit wird also nicht nur die unmittelbare eigene Erwerbstätigkeit, sondern auch diejenige geschützt, die z.b. über zwischengeschaltete Holdinggesellschaften ausgeübt wird (EuGH v. 27.6.1996, Asscher, Slg. 1996, I-3089; EuGH v. 28.1.1996, Avoir Fiscal, Slg. 1996, 273; EuGH v. 16.7.1998, ICI, Slg. 1998, I-4695; *Hahn*, IStR 1999, 609 ff. (611)).

Einige der in § 8 Abs. 1 als passiv eingestuften Tätigkeiten werden von der Schutzwirkung der europarechtlich garantierten Niederlassungsfreiheit (Art. 43, 48 EGV) erfaßt. Von der Reichweite der Niederlassungsfreiheit werden nur rein vermögensverwaltende Tätigkeiten ausgenommen (*Grabitz/Hilf*, Art. 2 EGV Rz. 4; *Troberg* in: Groeben/Thiesing/Ehlermann, Art. 52, Rz. 25). Holdinggesellschaften werden daher durch die Niederlassungsfreiheit geschützt, wenn deren Tätigkeit darauf abzielt, die durch die Beteiligung vermittelten Rechtspositionen in den Tochtergesellschaften zu eigenen unternehmerischen Zwecken einzusetzen (*Troberg* in: Groeben/Thiesing/ Ehlermann, Art. 52 EGV Rz. 9; *Hahn*, IFSt-Schrift Nr. 378, Bonn 1999, 146). Im Hinblick darauf führt die in § 8 Abs. 1 verankerte Qualifikation als Einkünfte aus passivem Erwerb mit der Rechtsfolge der Hinzurechnungsbesteuerung unmittelbar zu einem Eingriff in den Schutzbereich der Niederlassungsfreiheit. Das gilt auch für § 8

Abs. 2, der nur Landes- und Funktionsholdinggesellschaften, nicht aber übrige Holdinggesellschaften als aktiv einstuft.

Der Verstoß gegen die Niederlassungsfreiheit entbehrt in dem für die Hinzurechnungsbesteuerung interessierenden Zusammenhang auch der Rechtfertigung. Gegen Steuerumgehung und Steuervermeidung gerichtete Regeln vermögen zwar durchaus Beschränkungen der Niederlassungsfreiheit unter dem Gesichtspunkt des dringenden Allgemeininteresses zu rechtfertigen, derartige Regeln stehen aber stets unter dem Vorbehalt des Grundsatzes der Verhältnismäßigkeit (EuGH v. 15.5.1997, Futura/Singer, Slg. 1997, I-2471) mit der Folge, daß nur am Einzelfall orientierte, nicht aber typisierende Mißbrauchsvorschriften gemeinschaftskonform sind (EuGH v. 17.7.1997, Loer-Bloem, Slg. 1997, I-4161). Daß schließlich die Einkünfte in dem anderen Staat einer niedrigeren Besteuerung unterliegen, rechtfertigt ebenfalls keine Beschränkung der Niederlassungsfreiheit (EuGH v. 16.7.1998, ICI, Slg. 1998, I-4659), was im übrigen bedeutet, daß allein die Ausnutzung des Steuergefälles zwischen den Mitgliedstaaten noch keine europarechtlich relevante Umgehung darstellt.

Die Hinzurechnungsbesteuerung ist in den Fällen, in denen es nicht nur um bloße Vermögensverwaltung geht, auch nicht unter dem Gesichtspunkt der Kohärenz gerechtfertigt. Das gilt auch im Hinblick auf § 11, wonach – vereinfacht formuliert – bei der Besteuerung der tatsächlichen Ausschüttung die Steuer auf den Hinzurechnungsbetrag berücksichtigt wird. Hierdurch mag zwar im Ergebnis die Hinzurechnungsbesteuerung in die entsprechende Besteuerung der Ausschüttung teilweise aufgehen, dies ändert aber nichts daran, daß die Hinzurechnungsbesteuerung stets definitiv wirkt. Soweit daher aufgrund der in den §§ 7 – 14 verankerten Regelungen die Beteiligung an ausländischen Kapitalgesellschaften gegenüber der Beteiligung an inländischen Kapitalgesellschaften steuerlich benachteiligt wird, ist ein Verstoß gegen die europarechtliche Niederlassungsfreiheit gegeben. Das gilt in besonderer Weise für die in § 10 Abs. 2 vorgesehene Steuer auf den Hinzurechnungsbetrag in Höhe von 38 v.H. Damit ist der Kernbereich der Hinzurechnungsbesteuerung derart weitreichenden europarechtlichen Schranken ausgesetzt, daß deren Aufrechterhaltung insgesamt in Frage gestellt ist.

3. Einzelerläuterungen

a) Niedrige Besteuerung (§ 8 Abs. 3)

Nach § 8 Abs. 3 ist nunmehr eine niedrigere Besteuerung dann gegeben, wenn die Belastung durch Ertragsteuern weniger als 25 v.H. beträgt. Mit der Absenkung von weniger als 30 v.H. auf weniger als 25 v.H. hat der Gesetzgeber auf die Senkung der Körperschaftsteuer auf 25 v.H. reagiert.

Abzustellen ist unverändert auf den Gesamtbetrag der Einkünfte aus passivem Erwerb der ausländischen Gesellschaft. Zu diesem Gesamtbetrag der Einkünfte aus passivem Erwerb gehören nicht diejenigen Einkünfte einschließlich der darauf entfallenden Steuern, die nach § 13 vom Hinzurechnungsbetrag auszunehmen sind. Es handelt sich hierbei um Gewinnanteile von nachgeschalteten aktiv tätigen Auslandsgesellschaften sowie von Inlandsgesellschaften.

Im Hinblick darauf, daß § 8 Abs. 3 im übrigen unverändert übernommen worden ist, verbleibt es auch schon bei den bislang bestehenden Wertungswidersprüchen (vgl. hierzu *Flick/Wassermeyer* in: Flick/Wassermeyer/Baumhoff, § 8 AStG, Rz. 115 ff.). Niedrig besteuert sind hiernach stets ausländische Holdinggesellschaften, die ihrerseits Dividenden von nachgeschalteten nicht aktiv tätigen Auslandsgesellschaften erhalten oder Gewinne aus der Veräußerung von Anteilen an Auslandsgesellschaften erzielen, für die nach nationalem Recht oder nach Abkommensrecht eine Steuerfreistellung oder eine indirekte Steueranrechnung in Anspruch genommen werden kann. Nach dieser durch § 8 Abs. 3 vorgegebenen Wertung gehört die Bundesrepublik Deutschland im Hinblick auf die neuen Regelungen in § 8b Abs. 1, 2 KStG selbst zu den Niedrigsteuerländern (vgl. zur Kritik an dem Merkmal der Niedrigbesteuerung nach bisheriger Fassung *Schaumburg*, Internationales Steuerrecht, 2. Aufl. Köln 1998, Rz. 10.121).

b) Steuer auf den Hinzurechnungsbetrag (§ 10 Abs. 2)

aa) Zuflußzeitpunkt (Satz 1)

Nach § 10 Abs. 2 Satz 1 gilt der Hinzurechnungsbetrag unmittelbar nach Ablauf des maßgebenden Wirtschaftsjahres der ausländischen Gesellschaft als zugeflossen. Satz 1 gilt insoweit unverändert fort. Entfallen ist dagegen der bisherige erste Halbsatz in Satz 1 sowie Satz 2 der bisherigen Regelung, die anordnen, daß der Hinzurechnungsbetrag zu den Einkünften aus Kapitalvermögen oder zu den Gewinneinkünften gehört. Nach der Neuregelung ist der Hinzurechnungsbetrag keiner Einkunftsart zuzuordnen und spielt daher bei der Einkünfteermittlung keine Rolle mehr. Im Hinblick darauf hat der

Hinzurechnungsbetrag auch keinen Einfluß auf den horizontalen und vertikalen Verlustausgleich. Obwohl damit der Hinzurechnungsbetrag nach der neuen Konzeption nicht mehr als Dividende bei den Einkünften berücksichtigt wird, knüpft Satz 1 hinsichtlich der dort verankerten Zuflußfiktion dennoch an den Charakter einer Dividende an. Abgestellt wird nämlich auf den Ablauf des maßgebenden Wirtschaftsjahres der ausländischen Gesellschaft (Zwischengesellschaft), also auf den Zeitpunkt, zu dem frühestens eine Dividende zufließen kann.

bb) Steuerhöhe (Satz 2)

Nach Satz 2 beträgt die „Steuer auf den Hinzurechnungsbetrag" 38 v.H. Diese Steuer ist der tariflichen Einkommensteuer oder Körperschaftsteuer hinzuzurechnen.

Die Steuer auf den Hinzurechnungsbetrag ist, da sie der tariflichen Einkommen- oder Körperschaftsteuer hinzuzurechnen ist, im Ergebnis zwar als Einkommen- oder Körperschaftsteuer zu qualifizieren, sie errechnet sich aber auf einer eigenständigen Bemessungsgrundlage, die außerhalb des Regimes des Einkommen- oder Körperschaftsteuergesetzes zu ermitteln ist. Maßgeblich hierfür sind allein die Vorschriften der §§ 7–14. Die Höhe der Steuer auf den Hinzurechnungsbetrag (38 v.H.) orientiert sich an der idealtypischen Steuerbelastung von inländischen Kapitalgesellschaften unter Einbeziehung der Gewerbesteuer. Der Gesetzgeber ist hierbei offenbar davon ausgegangen, daß im Rahmen der Hinzurechnungsbesteuerung die Belastung der inländischen Anteilseigner der steuerlichen Definitivbelastung von inländischen Körperschaften entsprechen müsse. Von der Wirkung her führt Satz 2 zu einem Heraufschleusen der dem Hinzurechnungsbetrag zugrundeliegenden Zwischeneinkünfte auf deutsches Steuerniveau allerdings mit der Maßgabe, daß nicht die ausländische Zwischengesellschaft selbst, sondern der inländische Anteilseigner entsprechend seiner Beteiligung dieser Steuerbelastung unterworfen wird. Im Ergebnis führt Satz 2 somit zum Auswechseln des Steuersubjekts.

Soweit Satz 2 die Erhöhung der tariflichen Einkommen oder Körperschaftsteuer um die Steuer auf den Hinzurechnungsbetrag anordnet, bleibt offen, an welcher Stelle bei der Ermittlung der festzusetzenden Einkommensteuer (§ 2 Abs. 6 EStG) die Hinzurechnung ansetzt. Mangels Regelung ist von einem für den unbeschränkt Steuerpflichtigen günstigen Ansatz auszugehen, so daß unmittelbar nach der tariflichen Einkommensteuer vor allen anderen Kürzungsbeträgen die Steuer auf den Hinzurechnungsbetrag anzusetzen ist (vgl. R 4 EStR).

cc) Keine Anwendung des Halbeinkünfteverfahrens und keine Steuerfreistellung (Satz 3)

Satz 3 schreibt vor, daß auf den Hinzurechnungsbetrag § 3 Nr. 40 Satz 1 d) EStG und § 8b Abs. 1 KStG nicht anzuwenden sind. Das bedeutet, daß das für Dividenden geltende Halbeinkünfteverfahren bei der Einkommensteuer ebensowenig eingreift wie die Steuerfreistellung bei der Körperschaftsteuer. Diese Regelung hat lediglich klarstellenden Charakter, weil sich bereits aus den Sätzen 1 und 2 ergibt, daß der Hinzurechnungsbetrag nicht zu den Einkünften im Sinne des Einkommensteuergesetzes gehört. Satz 3 will nach den Vorstellungen des Gesetzgebers sicherstellen, daß beim Anteilseigner der Hinzurechnungsbetrag ebenso hoch belastet ist wie die Dividende seitens einer inländischen Kapitalgesellschaft.

Hierzu der folgende idealtypische Vergleich:

Deutsche Dividende		Hinzurechnungsbetrag	
Gewinn vor Steuern	100,00	Gewinn vor Steuern	100,00
– GewSt (350 v.H.)	14,89	– ausländische KSt	24,00
– KSt	21,28		
– SolZ	1,17		
Dividende	62,66	Hinzurechnungsbetrag	76,00
ESt (§ 3 Nr. 40 Satz 1d EStG)	15,19	Steuer auf den Hinzurechnungsbetrag (38 v.H.)	28,88
Dividende nach Steuern	47,47	Hinzurechnungsbetrag nach Steuern	47,12
Gesamtsteuerbelastung	52,53	Gesamtsteuerbelastung	52,88

c) Die Ermittlung der Zwischeneinkünfte

Nach § 10 Abs. 3 Satz 1 sind die dem Hinzurechnungsbetrag zugrunde liegenden Einkünfte (Zwischeneinkünfte) in entsprechender Anwendung der Vorschriften des deutschen Steuerrechts zu ermitteln. Nach Satz 4 dieser Vorschrift bleiben allerdings steuerliche Vergünstigungen, die an die unbeschränkte Steuerpflicht oder an das Bestehen eines inländischen Betriebs oder einer inländischen Betriebsstätte anknüpfen, unberücksichtigt. Zu den Einkünfteermittlungsvorschriften des deutschen Steuerrechts, deren entsprechende Anwendung geboten ist, gehören auch § 8b Abs. 1, 2 KStG n.F. Das bedeutet, daß bei der Ermittlung der Zwischeneinkünfte auch die Steuerbefreiung für Dividenden (§ 8b Abs. 1 KStG n.F.) und die Steuerfreiheit für die Gewinne aus der Veräußerung von Kapitalanteilen (§ 8b Abs. 2 KStG n.F.) zu berücksichtigen sind. Beide Steuerbefreiungen setzen nach dem Wortlaut von § 8b Abs. 1, 2 KStG n.F. zwar bei der Ermittlung des Einkommens an, eine am Sinn und Zweck orientierte Auslegung führt indessen dazu, daß beide Freistellungen bereits im Rahmen der Gewinnermittlungsstufe zu berücksichtigen sind (*Buyer* in: Dötsch/Eversberg/Joost/Witt, KStG, § 8b Rz. 118; *Frotscher* in: Frotscher/Maaß, KStG, § 8b Rz. 32; *Schaumburg*, Internationales Steuerrecht, 2. Aufl. Köln 1998, Rz. 15.216). Da keine Umstände erkennbar sind, die die entsprechende Anwendung bei der Steuerfreistellung gerade bei der Ermittlung der Zwischeneinkünfte ausschließen, sind beide Steuerbefreiungen grundsätzlich zu berücksichtigen. Dem steht auch nicht die Regelung in Satz 4 entgegen. Im Unterschied zu der Rechtslage vor Inkrafttreten des StSenkG knüpfen § 8b Abs. 1 und Abs. 2 KStG n.F. nunmehr nicht mehr an die unbeschränkte Körperschaftsteuerpflicht an mit der Folge, daß im Rahmen der Ermittlung der Zwischeneinkünfte sowohl Dividenden als auch Gewinne aus der Veräußerung von Kapitalanteilen außer Ansatz bleiben. Zwar wird die Steuerfreistellung der Veräußerungsgewinne in § 8b Abs. 2 Satz 1 KStG n.F. davon abhängig gemacht, daß die Anteile zuvor mindestens ein Jahr ununterbrochen zum Betriebsvermögen des Steuerpflichtigen gehört haben, derartiges Betriebsvermögen ist aber nicht nur inländisches, sondern auch ausländisches Betriebsvermögen mit der Folge, daß § 8b Abs. 2 KStG n.F. ohne weiteres im Rahmen von Satz 1 Berücksichtigung findet.

Die in Satz 1 verankerte Verweisung auf die Einkünfteermittlungsvorschriften des deutschen Steuerrechts führt freilich auch dazu, daß die 5 %-Klausel des § 8b Abs. 5 KStG n.F. ebenso wie § 3c Abs. 1 EStG zur Anwendung kommen.

Es ist offenkundig, daß der Gesetzgeber die Folgen der erweiterten Anwendung des § 8b Abs. 1, 2 KStG n.F. auch auf beschränkt steuerpflichtige Personen durch das StSenkG nicht bedacht hat. Andernfalls wären die insbesondere in § 10 Abs. 6 Satz 2 Nr. 2 und § 13 Abs. 1, 2 getroffenen Regelungen nicht verständlich. Dennoch: Der Wortlaut der Sätze 1 und 4 ist unmißverständlich, so daß als Konsequenz hiervon insbesondere die in § 10 Abs. 6 Satz 2 Nr. 2 verankerte Holdingklausel, die durch das StSenkG eine Restriktion erfahren hat, leerläufig ist.

Hierzu das folgende Beispiel:

Die im Inland ansässige A-AG hält alle Anteile an der Holding I im Ausland. Diese Holding I hält wiederum alle Anteile an einer weiteren Holding II in einem Drittstaat, der in- und ausländische aktive Tochtergesellschaften nachgeschaltet sind. Die Dividenden der ausländischen aktiven Tochtergesellschaften werden über die Holding II bis zur Holding I durchgeschüttet. Die Holdings I und II unterliegen mit ihren Dividenden in A_1 und A_2 keiner Besteuerung.

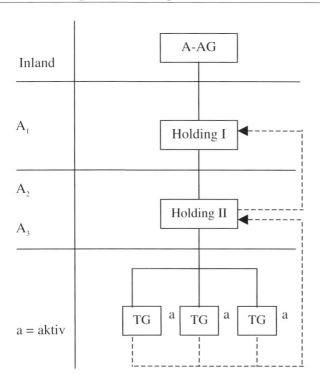

Bei der Ermittlung der Zwischeneinkünfte bei der Holding I ist gem. § 10 Abs. 3 Satz 1, 4 auch die Vorschrift des § 8b Abs. 1 KStG n.F. entsprechend zu berücksichtigen. Das bedeutet, daß die niedrig besteuerten Dividenden bei der Holding I im Rahmen der Ermittlung der Zwischeneinkünfte außer Ansatz bleiben. Zugleich findet aber auch, weil die Dividenden aus Drittstaaten stammen, § 8b Abs. 5 KStG n.F. entsprechende Anwendung. Im Ergebnis sind somit die Dividenden zu 95 % außer Ansatz zu lassen, so daß lediglich 5 % der Dividenden zu Zwischeneinkünften führen, die, da § 10 Abs. 6 Satz 2 Nr. 2 nicht eingreift, letztlich der Steuer auf den Hinzurechnungsbetrag in Höhe von 38 v.H. zu unterwerfen sind (§ 10 Abs. 2 Satz 2).

d) **Hinzurechnungsbesteuerung bei Kapitalanlageeinkünften**

aa) *Kapitalanlageeinkünfte (§§ 7 Abs. 6, 10 Abs. 6)*

Die Tatbestandsvoraussetzungen des für die verschärfte Hinzurechnungsbesteuerung maßgeblichen § 7 Abs. 6 sind unverändert geblieben. Diese Vorschrift setzt voraus, daß die ausländische Gesellschaft Zwischengesellschaft für Zwischeneinkünfte mit Kapitalanlagecharakter i.S.d. § 10 Abs. 6 Satz 2 ist, die den Zwischeneinkünften mit

Kapitalanlagecharakter zugrundeliegenden Bruttoerträge mehr als 10 v.H. der gesamten Bruttoerträge der ausländischen Zwischengesellschaft betragen oder DM 120.000,00 übersteigen und ein unbeschränkt Steuerpflichtiger an dieser Gesellschaft mindestens zu 10 v.H. beteiligt ist. Was Zwischeneinkünfte mit Kapitalanlagecharakter sind, ergibt sich aus § 10 Abs. 6 Satz 2. Geändert haben sich allerdings die Ausnahmen hiervon, für die der Steuerpflichtige die Feststellungslast trifft. Während die Aktivitätsklausel in Nr. 1 weiterhin fortbesteht, ist die in Nr. 2 enthaltene Holdingklausel verändert und die in Nr. 3 bislang verankerte Dienstleistungsklausel gänzlich gestrichen worden.

bb) Aktivitätsklausel (§ 10 Abs. 6 Satz 2 Nr. 1)

Nicht zu den Zwischeneinkünften mit Kapitalanlagecharakter gehören ausnahmsweise Einkünfte, die aus einer Tätigkeit stammen, die den in § 8 Abs. 1 Nr. 1 – 6 genannten eigenen Tätigkeit der ausländischen Gesellschaft dient, ausgenommen Tätigkeiten i.S.d. § 1 Abs. 1 Nr. 6 KWG. Diese Aktivitätsklausel läuft im Ergebnis weitgehend leer, weil Einkünfte, die aus Tätigkeiten stammen, die einer aktiven Tätigkeit der ausländischen Gesellschaft dienen, ohnehin nicht unter den Regelungsbereich des § 10 Abs. 6 fallen. Derartige Nebeneinkünfte sind nämlich aufgrund der sich aus § 8 Abs. 1 ergebenden und auch für § 10 Abs. 6 maßgeblichen funktionalen Betrachtungsweise ebenfalls stets Einkünfte aus aktiver Tätigkeit. Soweit Nr. 1 für Einkünfte i.S.d. § 1 Abs. 1 Nr. 6 KWG (Investmentgeschäfte) eine Ausnahme vorsieht, hat diese Regelung keine eigenständige Bedeutung. Denn entweder gehören die Einkünfte aus Investmentgeschäften zu den Einkünften aus aktiver Tätigkeit i.S.d. § 8 Abs. 1 Nr. 3 (Bankgeschäfte), so daß § 10 Abs. 6 ohnehin nicht eingreift, oder aber sie zählen, weil die Voraussetzungen des § 8 Abs. 1 Nr. 3 nicht erfüllt werden, zu den Einkünften aus passivem Erwerb. In diesem Fall ist die hierfür vorgesehene Ausnahmeregelung überflüssig (zu weiteren Einzelheiten *Flick/Wassermeyer* in Flick/Wassermeyer/Baumhoff, § 10 AStG Rz. 225).

cc) Holdingklausel (§ 10 Abs. 6 Satz 2 Nr. 2)

Die in Nr. 2 verankerte Holdingklausel ist verschärft worden. Hiernach werden aus den Zwischeneinkünften mit Kapitalanlagecharakter nunmehr Einkünfte, die aus Gesellschaften stammen, an denen die ausländische Zwischengesellschaft zumindest zu 1/10 beteiligt ist, nur dann ausgenommen, wenn der Steuerpflichtige nachweist, daß diese Einkünfte mit 25 v.H. vorbelastet sind. Der Wortlaut von Satz 2 Nr. 2 ist zwar sehr mißverständlich, weil hiernach auf die Belastung „der

Gesellschaft" abgestellt wird. Damit kann aber nicht die „ausländische Zwischengesellschaft" gemeint sein, weil deren Einkünfte, wenn sie mit mindestens 25 v.H. belastet wären, überhaupt nicht zur Hinzurechnungsbesteuerung führten (§ 8 Abs. 3). Abzustellen ist daher stets auf die jeweils nachgeschaltete Gesellschaft. Zu den unter die Holdingklausel fallenden Einkünfte fallen nicht nur Beteiligungserträge nachgeschalteter Gesellschaften, sondern auch die Gewinne aus der Veräußerung von Beteiligungen an diesen Gesellschaften (*Flick/Wassermeyer* in: Flick/Wassermeyer/Baumhoff, § 10 AStG Rz. 231; BMF-Schreiben v. 2.12.1994, BStBl. 1995 I, Sondernr. 1, Tz 10.6.4). Andere Zwischeneinkünfte, etwa Zinsen für die Hingabe von Darlehen, gehören nicht zu den Einkünften, die aus „Gesellschaften" stammen (h.M. *Flick/Wassermeyer* in: Flick/Wassermeyer/Baumhoff, § 10 AStG Rz. 230; *Schaumburg*, Internationales Steuerrecht, 2. Aufl. Köln 1998, Rz. 10.307; BMF-Schreiben v. 2.12.1994, BStBl. 1995 I, Sondernr. 1, Tz. 10.6.4).

Die Holdingklausel greift nur in den Fällen ein, in denen die vorbezeichneten Beteiligungserträge und Beteiligungsveräußerungsgewinne nicht schon unter § 8 Abs. 2 Nr. 1 (Landesholdingprivileg) oder § 8 Abs. 2 Nr. 2 (Funktionsholdingprivileg) fallen. Greifen nämlich die vorgenannten Vorschriften ein, sind die entsprechenden Einkünfte stets Einkünfte aus aktiver Tätigkeit, so daß sie von vornherein schon nicht in den Anwendungsbereich des § 10 Abs. 6 fallen.

Hierzu das folgende Beispiel:

Die Deutsche A-AG hält alle Anteile an der ausländischen Holdinggesellschaft I, die ihrerseits an mehreren aktiv tätigen Landestochtergesellschaften zu jeweils 100 % beteiligt ist. Die Ausschüttungen der nachgeschalteten Landestochtergesellschaften sind bei der Holdinggesellschaft I aufgrund eines nationalen Schachtelprivilegs steuerfrei.

Holding I erzielt unter den Voraussetzungen des § 8 Abs. 2 Nr. 1 Einkünfte aus aktiver Tätigkeit, so daß bei der A-AG eine Hinzurechnungsbesteuerung ausscheidet.

Soweit die Beteiligungserträge und Beteiligungsveräußerungsgewinne Einkünfte aus passivem Erwerb sind, sind sie dennoch im Anwendungsbereich des § 10 Abs. 6 und damit zugleich auch der in Nr. 2 verankerten Holdingklausel entzogen, wenn sie bei der Ermittlung der Zwischeneinkünfte außer Betracht bleiben. Insoweit sind von vornherein keine „Zwischeneinkünfte mit Kapitalanlagecharakter" gegeben. Ob Beteiligungserträge und Beteiligungsveräußerungsgewinne zu den Zwischeneinkünften zählen, beurteilt sich nach § 10 Abs. 3.

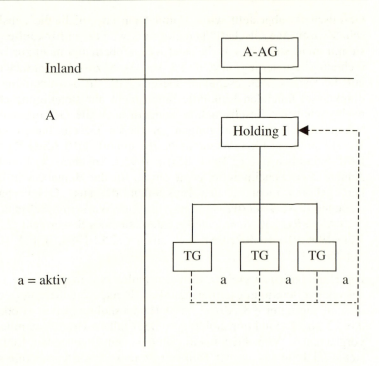

Hiernach sind die dem Hinzurechnungsbetrag zugrundeliegenden Einkünfte (Zwischeneinkünfte) in entsprechender Anwendung der Vorschriften des deutschen Steuerrechts zu ermitteln.

Zu diesen Vorschriften zählen auch § 8b Abs. 1, 2 KStG n.F., wonach unter den dort genannten Voraussetzungen Dividenden und Gewinne aus der Veräußerung von Anteilen an in- und ausländischen Kapitalgesellschaften bei der Einkünfteermittlung außer Ansatz bleiben (vgl. hierzu die Erläuterungen zu § 10 Abs. 3). Da die Anwendung von § 8b Abs. 1, 2 KStG n.F. auch beschränkt steuerpflichtigen Körperschaften zugänglich ist, greift nicht die Sonderregelung des § 10 Abs. 3 Satz 4 ein, wonach steuerliche Vergünstigungen, die an die unbeschränkte Steuerpflicht oder an das Bestehen eines inländischen Betriebs oder an inländischen Betriebsstätten anknüpfen, unberücksichtigt bleiben. Damit ist § 10 Abs. 6 für Beteiligungserträge und Beteiligungsveräußerungsgewinne weitgehend leerläufig. Die Vorschrift hat allerdings Bedeutung, soweit für diese Einkünfte § 8b Abs. 5 KStG n.F. bzw. § 3c Abs. 1 EStG zur Anwendung kommen.

Hierzu folgendes Beispiel:

Die deutsche A-AG hält alle Anteile an der ausländischen Holdinggesellschaft I, die wiederum zu 100% an der im selben Land nachge-

L. X. Erläuterungen zu Änderungen AStG

schalteten Holdinggesellschaft II beteiligt ist. Die Holdinggesellschaft II ist an mehreren in Drittländern ansässigen Kapitalgesellschaften zu jeweils mindestens 10 v.H. beteiligt. Die ausländischen Kapitalgesellschaften sind ausnahmslos mit Ertragsteuern von mindestens 25 v.H. belastet. Die Dividenden seitens der ausländischen Kapitalgesellschaften werden bis zur Holdinggesellschaft I durchgeschüttet. Sie unterliegen dort ebenso wie bei der Holdinggesellschaft II keiner Besteuerung. Zwischen der Bundesrepublik Deutschland und dem Ansässigkeitsstaat der Holdinggesellschaft I besteht ein Doppelbesteuerungsabkommen, das Dividenden ohne Aktivitätsvorbehalt von der deutschen Steuer freistellt.

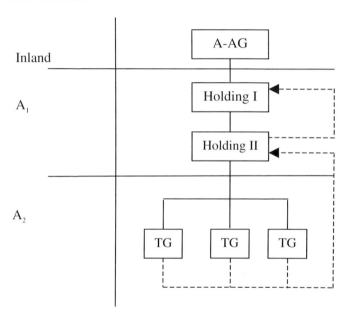

Die Dividenden gehören bei der Holding I bei Anwendung des § 10 Abs. 3 Satz 1 i.V.m. § 8b Abs. 1 KStG n.F. nicht zu den Zwischeneinkünften. Im übrigen ist ggf. § 3c I EStG zu berücksichtigen). 5 % der Dividenden sind aufgrund der Holdingklausel (§ 10 Abs. 6 Satz 2 Nr. 2) nicht den Einkünften mit Kapitalanlagecharakter zuzuordnen, so daß sie gem. § 10 Abs. 5 i.Vm. DBA bei der A-AG nicht der Steuer vom Hinzurechnungsbetrag zu unterwerfen sind.

Beteiligungserträge und Beteiligungsveräußerungsgewinne gehören nach Nr. 2 nur dann nicht zu den Zwischeneinkünften mit Kapitalanlagecharakter, wenn die ausschüttende Gesellschaft oder die Gesellschaft, deren Anteile veräußert werden, im Staat der Geschäftsleitung oder im Staat des Sitzes der jeweiligen Gesellschaft einer Belastung durch Ertragsteuern von mindestens 25 v.H. unterliegen. Ob diese Gesellschaft Einkünfte aus aktiver Tätigkeit oder aus passivem Erwerb hat, spielt dabei keine Rolle.

dd) Dienstleistungsklausel (§ 10 Abs. 6 Satz 2 Nr. 3)

Die Streichung der in Nr. 3 bislang verankerten Dienstleistungsklausel durch das StSenkG führt insbesondere zu einer steuerlichen Verschärfung bei konzerninternen Dienstleistungen, die entweder bestehen im Halten, in der Verwaltung und Werterhaltung von Vermögen selbst oder aber mit diesen Leistungen in einen funktionalen Zusammenhang stehen.

Angesprochen sind damit vor allem passive Leasing-, Factoring- oder Forfaitierungsleistungen: Die auf den Dienstleistungsanteil entfallenden Zwischeneinkünfte können mit ihrem angemessenen Entgeltsteil trotz funktionalen Zusammenhangs von den auf den Finanzierungsanteil entfallenden Zwischeneinkünften mit Kapitalanlagecharakter abgespalten und aus den Zwischeneinkünften mit Kapitalanlagecharakter ausgeklammert werden. In Zukunft ist eine derartige Abspaltung nicht mehr möglich mit der Folge, daß die Einkünfte aus den vorgenannten Dienstleistungen, soweit sie Nebeneinkünfte zu Kapitalanlageeinkünften sind, insgesamt als Kapitalanlageeinkünfte zu qualifizieren sind. Steht demgegenüber die Dienstleistung im Vordergrund, handelt es sich insgesamt nicht um Kapitalanlageeinkünfte.

ee) Zwischeneinkünfte mit Konzernfinanzierungscharakter (§ 10 Abs. 6 Satz 3)

Abs. 6 Satz 3 enthält eine Sonderregelung für Zwischeneinkünfte mit Konzernfinanzierungscharakter: Sie werden lediglich i.H.v. 80 v.H. (bisher 60 v.H.) als Zwischeneinkünfte mit Kapitalanlagecharakter der verschärften Hinzurechnungsbesteuerung unterworfen, wenn nachgewiesen wird, daß sie aus der Finanzierung von ausländischen Betriebsstätten oder ausländischen Gesellschaften stammen, die in dem Wirtschaftsjahr, für das die ausländische Zwischengesellschaft diese Zwischeneinkünfte bezogen hat, ihre Bruttoerträge ausschließlich oder fast ausschließlich aus unter § 8 Abs. 1 Nr. 1–6 fallenden Tätigkeiten oder aus unter § 8 Abs. 2 fallenden Beteiligungen beziehen und zu demselben Konzern gehören wie die ausländische Zwischengesellschaft. Diese Zwischeneinkünfte mit Konzernfinanzierungscharakter werden damit partiell aus dem Diskriminierungsrahmen der verschärfenden Hinzurechnungsbesteuerung ausgenommen. Angesprochen sind im wesentlichen Zinsen, die entweder aus einer konzerninternen Darlehensvergabe nach Kapitalaufnahme auf einem inländischen Kapitalmarkt oder aus der konzerninternen darlehensweisen Vergabe von Eigenkapital stammen. Es handelt sich dabei also um Einkünfte aus innerkonzernlicher Finanzierung, die nicht bereits gem. § 8 Abs. 1 Nr. 3, 7 als Einkünfte aus aktiver Tätigkeit zu qualifizieren sind (zu Einzelheiten *Schaumburg*, Internationales Steuerrecht, 2. Aufl. Köln 1998, Rz. 10.309).

Durch die vorbezeichnete Verschärfung werden im wesentlichen ausländische Konzernfinanzierungsgesellschaften, insbesondere Coordination-Centers, betroffen. Zwischeneinkünfte mit Konzernfinanzierungscharakter werden aber unverändert nicht der Gewerbesteuer unterworfen (§ 21 Abs. 7 Sätze 2 u. 3).

Beispiel:

Die Konzernmuttergesellschaft A im Inland ist zu 100 % an einer ausländischen Konzernfinanzierungsgesellschaft beteiligt, die ihrerseits Darlehen an aktiv tätige ausländische Konzerntochtergesellschaften vergibt. Die ausländische Finanzierungsgesellschaft unterliegt in ihrem Ansässigkeitsstaat einer Körperschaftsteuerbelastung von 10 v.H.. Zwischen der Bundesrepublik Deutschland und dem Ansässigkeitsstaat besteht ein Doppelbesteuerungsabkommen, aufgrund dessen Dividenden ohne Aktivitätsvorbehalt freigestellt sind.

Zwischen der Alt- und Neuregelung ergibt sich folgender Unterschied:

	Alt	Neu
Einkünfte der ausländischen Finanzierungsgesellschaft	100,00	100,00
Körperschaftsteuer (10 v.H.)	10,00	10,00
	90,00	90,00
Ansatz zu 60 %/80 % (§ 10 Abs. 6 Satz 3)	54,00	72,00
Deutsche KSt 40 %/38 %	21,60	27,36
Gesamtsteuerbelastung	31,60	37,36

e) **Ausschüttungen (§ 11)**

aa) Kürzung der Gewinnanteile (§ 11 Abs. 1)

Die Belastung des Hinzurechnungsbetrages mit der Steuer auf den Hinzurechnungsbetrag i.H.v. 38 v.H. kann in den Fällen zu einer Doppelbelastung führen, in denen seitens der Zwischengesellschaft ausgeschüttet wird. Da die Ausschüttungen bei Körperschaften vorbehaltlich § 8b Abs. 5 KStG n.F. zu keiner Besteuerung führen (§ 8b Abs. 1 KStG n.F.), werden von der Reichweite des § 11 nur unbeschränkt steuerpflichtige natürliche Personen erfaßt: Nur insoweit ist eine auf die Vermeidung einer Doppelbelastung gerichtete Maßnahme erforderlich.

Absatz 1 verzichtet wie bisher auf das Erfordernis eines sachlichen Zusammenhangs zwischen Hinzurechnungsbetrag und den Gewinnanteilen, um die die Steuer auf den Hinzurechnungsbetrag zu kürzen ist. Daher können die Gewinnanteile auch dann um die Steuer auf den Hinzurechnungsbetrag gekürzt werden, wenn diese nicht aus Einkünften aus passivem Erwerb der Zwischengesellschaft herrühren (BFH v. 5.4.1995, BStBl. II 1995, 629; BMF-Schreiben v. 2.12.1994, BStBl. 1995 I, Sondernr. 1, Tz. 11.1.1). Zu kürzen sind die Gewinnanteile, womit die Bruttobeträge vor Abzug von Quellensteuern gemeint sind (*Flick/Wassermeyer* in: Flick/Wassermeyer/Baumhoff, § 11 AStG, Rz. 11). Hierunter fallen nicht nur offene und verdeckte Gewinnausschüttungen, sondern auch alle sonstigen aus der Beteiligung fließenden Vorteile, etwa Gratisaktien und Boni, soweit sie auf gesellschaftsrechtlicher und nicht auf schuldrechtlicher Grundlage beruhen.

Im Unterschied zu der bis zum Inkrafttreten des StSenkG geltenden Regelung ist nunmehr nicht der Hinzurechnungsbetrag um Gewinnanteile, sondern die Gewinnanteile um die Steuer auf den Hinzurechnungsbetrag zu kürzen. Der Sinn dieser Regelung bleibt im Dunkeln und liegt außerhalb der Systematik der Hinzurechnungsbesteuerung. Die Kürzungsregelung führt im Ergebnis auch zu einer Höherbelastung (Strafsteuer), für die eine Rechtfertigung nicht erkennbar ist.

Hierzu das folgende Beispiel:

Der unbeschränkt Steuerpflichtige A ist an einer ausländischen Zwischengesellschaft beteiligt. Im Jahre 02 entrichtet er eine Steuer auf den Hinzurechnungsbetrag, dem Zwischeneinkünfte der Zwischengesellschaft des Jahres 01 zugrunde liegen, i.H.v. DM 38.000,00 (38 % v. DM 100.000,00). Im Jahre 02 erhält A zudem eine Ausschüttung i.H.v. DM 100.000,00.

Gewinnanteil	DM	100.000,00	
Steuer auf den Hinzurechnungsbetrag	DM	38.000,00	
		62.000,00	
ESt (48,5 %) nach dem Halbeinkünfteverfahren	DM	15.035,00	
Gesamtsteuerbelastung	DM	53.035,00	(53 %)

Eine Höherbelastung ergibt sich aber auch unter Berücksichtigung der steuerlichen Vorbelastung der ausschüttenden Gesellschaft. Hierzu der folgende Belastungsvergleich:

Gewinn vor Steuern	100,00	Gewinn vor Steuern		100,00
– GewSt (350 v.H.)	14,89	– ausländische KSt		24,00
– KSt	21,28	Hinzurechnungsbetrag		76,00
– SolZ	1,17	Steuer auf den Hinzu-Hinzurechnungsbetrag (38 v.H.)		28,88
	62,66	Gewinnanteil		76,00
ESt (§ 3 Nr. 40 Satz 1 d EStG)	15,19	– Steuer auf den Hinzurechnungsbetrag (§ 11 Abs. 1)		28,88
Dividende nach Steuern	47,47			47,12
		ESt (§ 3 Nr. 40 Satz 1 d EStG)		11,43
Gesamtsteuerbelastung	52,53	Gesamtsteuerbelastung		64,31

Der vorstehende Belastungsvergleich macht deutlich, daß die Konzeption der Kürzung der Gewinnanteile um die Steuer auf den Hinzurechnungsbetrag verfehlt ist. Die hierdurch bewirkte Strafbesteuerung führt zu einem Verstoß gegen Art. 3 Abs. 1 GG bzw. gegen die in Art. 43 ff. EGV verankerte Niederlassungsfreiheit.

bb) Kürzung bei übersteigenden Gewinnanteilen (§ 11 Abs. 2)

Absatz 2 regelt, daß die den Hinzurechnungsbetrag übersteigenden Gewinnanteile um die Steuer auf den Hinzurechnungsbetrag gekürzt werden, soweit diese in den vier vorangegangenen Kalenderjahren oder Wirtschaftsjahren noch nicht durch Kürzung verbraucht worden sind. Da Absatz 1 die Kürzung der Gewinnanteile nur um die Steuer auf den Hinzurechnungsbetrag zuläßt, die in demselben Kalenderjahr oder Wirtschaftsjahr entrichtet worden ist, will Absatz 2 eine steuerliche Doppelbelastung in den Fällen vermeiden, in denen in dem betreffenden Kalenderjahr oder Wirtschaftsjahr die entrichtete Steuer auf den Hinzurechnungsbetrag die in diesem Zeitraum bezogenen Gewinnanteile übersteigt. Insoweit ist Absatz 2 eine Ergänzung zu Absatz 1. Die Regelung ist allerdings sprachlich mißglückt und bringt die gesetzgeberische Zielsetzung nur unvollkommen zum Ausdruck. Was gemeint ist, ergibt sich aus folgendem Beispiel:

Der unbeschränkt Steuerpflichtige A hat im Jahr 01 eine Steuer auf den Hinzurechnungsbetrag (DM 50.000,00) i.H.v. DM 19.000,00, im Jahre 02 eine Steuer auf den Hinzurechnungsbetrag (DM 100.000,00) i.H.v. DM 38.000,00, im Jahre 03 eine Steuer auf den Hinzurechnungsbetrag (DM 50.000,00) i.H.v. DM 19.000,00 und im Jahre 04 eine Steuer auf den Hinzurechnungsbetrag (DM 100.000,00) i.H.v. DM 38.000,00 entrichtet. Im Jahre 04 hat A von der ausländischen Zwischengesellschaft Gewinnanteile i.H.v. 200.000,00 bezogen.

Nach Absatz 1 sind die Gewinnanteile 04 zunächst um die Steuer auf den Hinzurechnungsbetrag i.H.v. DM 38.000,00 zu kürzen. Für die

Kürzung gem. Absatz 2 Satz 1 stehen noch Gewinnanteile von DM 100.000,00 zur Verfügung. Im Jahre 01 (zur Reihenfolge der Kürzung vgl. BMF-Schreiben v.2.12.1994, BStBl. 1995 I, Sondernr. 1, Tz. 11.2.4) hat A eine Steuer auf den Hinzurechnungsbetrag von DM 50.000,00 i.H.v. DM 19.000,00 entrichtet. Nach Absatz 2 kommen diese nunmehr ebenfalls zum Abzug. Danach verbleibt noch ein überschießender Gewinnanteil von DM 50.000,00 mit der Folge, daß von der im Jahre 02 entrichteten Steuer auf den Hinzurechnungsbetrag (DM 100.000,00) nur ein Betrag von DM 19.000,00 zum Abzug gebracht werden kann. Im Jahre 04 sind daher DM 200.000,00 − DM 76.000,00 (DM 38.000,00 aus 04, DM 19.000,00 aus 01 und DM 19.000,00 aus 02), also insgesamt DM 124.000,00 der Besteuerung bei A nach dem Halbeinkünfteverfahren zuzuführen. Aus dem Jahre 02 verbleibt noch eine Steuer auf den Hinzurechnungsbetrag, der von späteren Gewinnanteilen im Rahmen des in Absatz 2 bezeichneten Vierjahreszeitraums abgezogen werden kann.

Konzeptionell geht Absatz 2 davon aus, daß die Gewinnanteile zeitlich nicht vor dem Hinzurechnungsbetrag (§ 10 Abs. 2) zufließen. Wird indessen zuerst ausgeschüttet, sind in sinngemäßer Abwendung von Absatz 1 die Gewinnanteile um die später entrichtete Steuer auf den Hinzurechnungsbetrag zu kürzen (BFH v. 2.7.1997, BStBl. II 1998, 176).

cc) Kürzung bei Anteilsveräußerung (§ 11 Abs. 3)

Absatz 3 stellt einen Ergänzungstatbestand zu Absatz 2 für den Fall dar, daß Anteile an der ausländischen Gesellschaft veräußert werden. Durch die Veräußerung der Anteile werden nämlich dem unbeschränkt steuerpflichtigen Anteilseigner die Kürzungsmöglichkeiten der Absätze 1 und 2 abgeschnitten. Da in aller Regel die thesaurierten Gewinne den Veräußerungspreis und damit den Veräußerungsgewinn erhöhen, ist es geboten, hierdurch mögliche Doppelbelastungen zu vermeiden. Im Hinblick darauf wird der Veräußerungsgewinn nach Maßgabe in Absatz 3 als (letzte) Ausschüttung der Zwischengesellschaft an den unbeschränkt steuerpflichtigen Anteilseigner behandelt mit der Folge, daß eine Kürzung der Gewinnanteile um die Steuer auf die Hinzurechnungsbeträge der vorangegangenen vier Jahre nach den Regeln des Abs. 2 ermöglicht wird. Absatz 3 enthält eine besondere Höchstgrenze dahingehend, daß die Steuer auf die Hinzurechnungsbeträge nur bis zur Höhe des Veräußerungsgewinns zum Abzug gebracht werden dürfen.

dd) Kapitalgesellschaften

Im Gegensatz zu der bis zum Inkrafttreten des StSenkG geltenden Regelung in Absatz 4 ist nunmehr keine Kürzung für Körperschaften vorgesehen. Dies deshalb nicht, weil die Gewinnanteile seitens ausländischer Zwischengesellschaften sowie die Gewinne aus der Veräußerung von Anteilen an diesen Gesellschaften gem. § 8b Abs. 1, 2 KStG n.F. steuerbefreit sind. Im Ausgangspunkt erübrigt sich damit eine Kürzung. Hierbei wird aber nicht berücksichtigt, daß die Gewinnanteile im Hinblick auf § 8b Abs. 5 KStG n.F. im Ergebnis nur zu 95 % steuerbefreit sind.

f) Steueranrechnung

aa) Anrechnung und Aufstockungsbetrag (§ 12 Abs. 1)

Im Grundsatz wird die von der ausländischen Zwischengesellschaft gezahlte Körperschaftsteuer gem. § 10 Abs. 1 bei der Ermittlung der Zwischeneinkünfte in Abzug gebracht. Absatz 1 eröffnet dem unbeschränkt Steuerpflichtigen die Option, anstelle des Steuerabzugs die Steueranrechnung in Anspruch zu nehmen, wobei dann der Hinzurechnungsbetrag, dem die Zwischeneinkünfte zugrunde liegen, um die anrechenbare Steuer erhöht werden. In aller Regel ist die Steueranrechnung günstiger. Hierzu der folgende Belastungsvergleich:

Steuerabzug	DM	Steueranrechnung	DM
Gewinn vor Steuern	120.000,00	Gewinn vor Steuern	120.000,00
– ausl. KSt	20.000,00	– ausl. KSt	20.000,00
Zwischeneinkünfte (Hinzurechnungsbetrag)	100.000,00	Zwischeneinkünfte (Hinzurechnungsbetrag)	100.000,00
Steuer auf den Hinzurechnungsbetrag (38 v.H.)	38.000,00	Aufstockungsbetrag	20.000,00
			120.000,00
		Steuer auf den Hinzurechnungsbetrag (38 v.H.)	45.600,00
		Steueranrechnung	20.000,00
			25.600,00

bb) Höchstbetragsberechnung (§ 12 Abs. 2)

Absatz 2 entspricht inhaltlich der bis zum Inkrafttreten des StSenkG geltenden Regelung. In Anpassung an den neuen § 26 KStG ist lediglich ein Hinweis auf § 26 Abs. 2a KStG entfallen. Die Höchstbetragsberechnung hat im Hinblick darauf, daß die Steuer auf den Hinzurechnungsbetrag als Sondersteuer ausgestaltet ist, keine wesentliche

Bedeutung mehr. Daß die ausländische Körperschaftsteuer die Steuer auf den Hinzurechnungsbetrag (38 v.H.) übersteigt, ist ausgeschlossen, weil insoweit die Voraussetzungen einer Hinzurechnungsbesteuerung (Niedrigbesteuerung gem. § 8 Abs. 3) nicht vorliegen.

cc) Erweiterte Anrechnung
Nach Absatz 3 der bis zum Inkrafttreten des StSenkG geltenden Regelung soll die ausländische Steuer auch für den Fall angerechnet werden können, daß die Gewinnanteile im Inland gem. § 11 Abs. 4 Satz 2 steuerfrei sind. Diese Regelung, die für die verschärfte Hinzurechnungsbesteuerung (Kapitalanlageeinkünfte) Bedeutung hat, ist durch die Systemumstellung und der damit verknüpften Streichung des § 11 Abs. 4 durch das StSenkG obsolet geworden.

g) Steuerfreistellung (§ 13)

aa) Beteiligung an ausländischen Tochtergesellschaften (§ 13 Abs. 1)
In Absatz 1 geht es im wesentlichen um folgendes: Bezieht eine Zwischengesellschaft Gewinnanteile von aktiv tätigen ausländischen Untergesellschaften (Kapitalgesellschaften), so sind diese Gewinnanteile grundsätzlich Einkünfte aus passivem Erwerb, und zwar auch dann, wenn die Untergesellschaften hoch besteuert sind. Würden die Gewinnanteile der aktiv tätigen ausländischen Untergesellschaften unmittelbar von einer unbeschränkt steuerpflichtigen Körperschaft bezogen, so wären diese Gewinnanteile gem. § 8b Abs. 1 KStG n.F. steuerfrei. Vom Sinn und Zweck her will Absatz 1 also die Besteuerungslage herstellen, die bestünde, wenn die ausländische Zwischengesellschaft nicht zwischengeschaltet worden wäre (hierzu *Schaumburg*, Internationales Steuerrecht, 2. Aufl. Köln 1998, Rz. 10.148).

Im Unterschied zu § 13 Abs. 1 i.d.F. vor dem Inkrafttreten des StSenkG wird die in Absatz 1 verankerte Steuerfreistellung nicht auf unbeschränkt körperschaftsteuerpflichtige Personen begrenzt. Von der Reichweite werden vielmehr auch unbeschränkt steuerpflichtige natürliche Personen erfaßt. Damit ist die Reichweite des Vergünstigungsrahmens gegenüber der Altregelung erweitert worden.

Absatz 1 hat allerdings eine nur eine eingeschränkte Bedeutung, weil bei der Ermittlung der Zwischeneinkünfte nach Maßgabe der Einkünfteermittlungsvorschriften des deutschen Steuerrechts (§ 10 Abs. 3 Sätze 1, 4) auf die Gewinnanteile auch § 8b Abs. 1 KStG n.F. und § 8b Abs. 5 KStG n.F. anzuwenden sind (vgl. die Erläuterungen zu § 10 Abs. 3). Das bedeutet, daß im Ergebnis 95 % der Gewinnanteile bei der Ermittlung der Zwischeneinkünfte außer Ansatz bleiben. Da die Anwendung des § 10 Abs. 3 der Anwendung des § 13 Abs. 1 logisch vorrangig ist (vgl. hierzu das Ermittlungsschema in Anl. 3 zum BMF-Schreiben v. 2.12.1994, BStBl. 1995 I, Sondernr. 1), bleibt für Absatz 1 insoweit kein eigener Anwendungsbereich. Das gilt unabhängig davon, ob beschränkt steuerpflichtige natürliche Personen oder Körperschaften an der Zwischengesellschaft beteiligt sind.

Es ist offenkundig, daß der Gesetzgeber diese Rechtsfolge nicht gewollt hat. Läßt man die Anwendung des § 8b Abs. 1, 5 KStG n.F. bei der Ermittlung der Zwischeneinkünfte der Zwischengesellschaft außer Betracht, ergibt sich für Absatz 1 im wesentlichen der gleiche Anwendungsbereich wie in der bis zum Inkrafttreten des StSenkG maßgeblichen Fassung.

Hierzu das folgende Beispiel:

Die inländische A-AG hält alle Anteile an der ausländischen Holdinggesellschaft, die ihrerseits Anteile an nachgeschalteten aktiv tätigen Tochtergesellschaften in Drittländern hält. Die Dividenden, die die ausländische Holding von diesen ausländischen Tochtergesellschaften erhält, ist nach Absatz 1 bei der A-AG vom Hinzurechnungsbetrag auszunehmen.

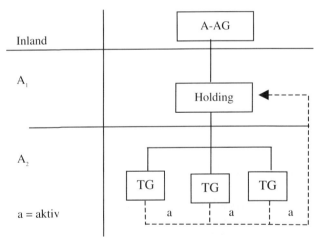

bb) Beteiligung an inländischen Tochtergesellschaften (§ 13 Abs. 2)

Gewinnanteile, die die Zwischengesellschaft von einer unbeschränkt steuerpflichtigen Kapitalgesellschaft bezieht, sind nach Absatz 2 ebenfalls vom Hinzurechnungsbetrag auszunehmen. Absatz 2 bildet gegenüber Absatz 1 einen Ergänzungstatbestand allerdings mit der Besonderheit, daß die ausschüttende inländische Kapitalgesellschaft nicht aktiv tätig sein muß.

Auch hier gilt, daß Absatz 2 keinen eigenständigen Anwendungsbereich hat, weil die Gewinnanteile bereits bei der Ermittlung der Zwischeneinkünfte nach Maßgabe des § 10 Abs. 3 Sätze 1, 4 außer Ansatz bleiben (§ 8b Abs. 1 KStG n.F.), wobei freilich § 3c Abs. 1 EStG ebenfalls entsprechend anzuwenden ist (vgl. die Erläuterungen zu § 10 Abs. 3). Nur dann, wenn man bei der Ermittlung der Zwischeneinkünfte § 8b Abs. 1 KStG n.F. außer Betracht läßt, verbleibt für Absatz 2 ein originär-eigener Anwendungsbereich.

Hierzu das folgende Beispiel:

Die inländische A-AG ist an einer ausländischen Holdinggesellschaft beteiligt, die ihrerseits alle Anteile an einer inländischen Tochtergesellschaft hält. Die Ausschüttungen der inländischen Kapitalgesellschaft an die ausländische Holding sind beim Hinzurechnungsbetrag außer Ansatz zu lassen, und zwar ohne Rücksicht darauf, ob die inländische Kapitalgesellschaft aktiv tätig ist oder nicht.

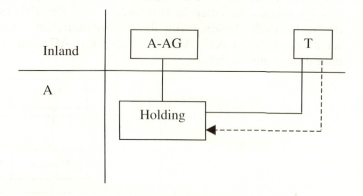

cc) Veräußerungsgewinne (§ 13 Abs. 3)

Absatz 3 in der bis zum Inkrafttreten des StSenkG enthaltenen Fassung ordnet an, daß Gewinne aus der Veräußerung von Anteilen an einer Kapitalgesellschaft durch die Zwischengesellschaft an eine andere Kapitalgesellschaft, die zu demselben Konzern gehört wie die Zwischengesellschaft, vom Hinzurechnungsbetrag unter bestimmten Voraussetzungen auszunehmen sind. Zielsetzung dieser Regelung ist es, Umstrukturierungen innerhalb eines Konzerns zu erleichtern (*Flick/Wassermeyer* in: Flick/Wassermeyer/Baumhoff § 13 AStG Rz. 9). Diese Regelung ist unverändert geblieben. Sie hat aber weitgehend an Bedeutung verloren. Dies deshalb, weil im Rahmen der Ermittlung der Zwischeneinkünfte bei entsprechender Anwendung der Einkünfteermittlungsvorschriften des deutschen Steuerrechts (§ 10 Abs. 3 Sätze 1, 4) auch § 8b Abs. 2 KStG n.F. zur Anwendung

L. X. Erläuterungen zu Änderungen AStG

kommt. Hieraus folgt, daß nunmehr generell derartige Veräußerungsgewinne aus der Hinzurechnungsbesteuerung ausscheiden. Die Änderung des § 8b Abs. 2 KStG n.F. durch das StSenkG erleichtert somit im Rahmen der Hinzurechnungsbesteuerung auf ganzer Breite Umstrukturierungen innerhalb und außerhalb eines Konzerns. Auch hier ist anzunehmen, daß der Gesetzgeber diese Steuererleichterung nicht gewollt hat.

Läßt man die Anwendung des § 8b Abs. 2 KStG n.F. und des § 3c Abs. 1 EStG im Rahmen der Ermittlung der Zwischeneinkünfte außer Betracht, tritt allerdings im Vergleich zur Altregelung i.V.m. der in § 10 Abs. 6 Satz 2 Nr. 2 beabsichtigten aber tatsächlich nicht umgesetzten Steuerverschärfung folgende Rechtslage ein, die am folgenden Beispiel verdeutlicht wird.

Die inländische A-AG hält alle Anteile an der ausländischen Holdinggesellschaft, die ihrerseits wiederum jeweils zu 100 % an aktiven und passiven Kapitalgesellschaften in Drittländern, in Deutschland und an aktiven Tochtergesellschaften im Ansässigkeitsstaat der Holdinggesellschaft selbst beteiligt ist. Zwischen der Bundesrepublik Deutschland und den anderen Staaten bestehen Doppelbesteuerungsabkommen, aufgrund deren Dividenden ohne Aktivitätsvorbehalt steuerfrei gestellt sind.

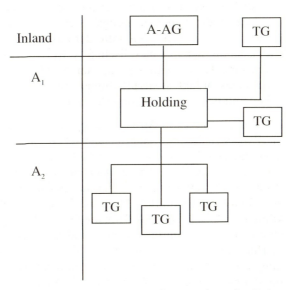

Gewinne aus der Veräußerung von aktiven oder passiven in Drittstaaten ansässigen Tochtergesellschaften sind gem. § 10 Abs. 6 Satz 2 Nr. 2, Abs. 5 i.V.m. DBA nicht der Hinzurechnungsbesteuerung zu unterwerfen, wenn die A-AG nachweist, daß die Gewinne dieser veräußerten Kapitalgesellschaften mit mindestens 25 v.H. Ertragsteuern vorbelastet sind. Die Gewinne aus der Veräußerung in Deutschland ansässiger Tochtergesellschaften werden unter den gleichen Voraussetzungen von der Hinzurechnungsbesteuerung ausgenommen. Die Gewinne aus der Veräußerung aktiv tätiger Landestochtergesellschaften sind unter den Voraussetzungen des § 8 Abs. 2 Nr. 1 von vornherein nicht in die Hinzurechnungsbesteuerung einzubeziehen. Sind diese Landestochtergesellschaften nicht aktiv, greift § 10 Abs. 6 Satz 2 Nr. 2, Abs. 5 i.V.m. DBA ein, falls die A-AG nachweist, daß die steuerliche Vorbelastung bei diesen Landestochtergesellschaften mindestens 25 v.H. beträgt.

h) Nachgeschaltete Zwischengesellschaften (§ 14)

aa) Zurechnung (§ 14 Abs. 1)

Die Regelungen der §§ 7–13 umfassen in ihrer Wirkungsbreite grundsätzlich nur die Zwischengesellschaft als ausländische Obergesellschaft, an der unbeschränkt steuerpflichtige Personen unmittelbar beteiligt sind. Sind einer ausländischen Obergesellschaft, gleichgültig ob diese als Zwischengesellschaft zu qualifizieren ist oder nicht, Zwischengesellschaften nachgeschaltet, so werden diese über § 14 in die Hinzurechnungsbesteuerung einbezogen. § 14 ist insoweit ein Ergänzungstatbestand. Die Einbeziehung der ausländischen Untergesellschaften in die Hinzurechnungsbesteuerung erfolgt durch eine Zurechnung der Zwischeneinkünfte der ausländischen Untergesellschaft zur ausländischen Obergesellschaft (§ 14 Abs. 1) und sodann gem. § 7 durch eine Hinzurechnung von der ausländischen Obergesellschaft zum unbeschränkt steuerpflichtigen Anteilseigner. Die Zurechnung geht damit der Hinzurechnung stets logisch voraus.

Die Zurechnung ist in Absatz 1 geregelt. Sie erfaßt im Ausgangspunkt die Zwischeneinkünfte der ausländischen Untergesellschaft und weiterer nachgeschalteter Untergesellschaften, soweit diese nicht gem. § 13 auszunehmen sind und nicht aus Tätigkeiten stammen, die bestimmten aktiven Tätigkeiten der ausländischen Obergesellschaft dienen (Funktionseinkünfte). Da diese Zwischeneinkünfte zu den Einkünften zählen, die dem Hinzurechnungsbetrag der ausländischen Obergesellschaft zugrunde liegen, findet § 10 Abs. 3 unmittelbar auch hierfür Anwendung. Maßgeblich sind daher die Einkünfteermittlungsvorschriften des deutschen Steuerrechts (§ 10 Abs. 3 Sätze 1, 4) mit der Folge, daß auch § 8b Abs. 1, 2, 5 KStG n.F. sowie § 3c Abs. 1 EStG zur Anwendung kommen (vgl. hierzu die Erläuterungen zu § 10 Abs. 3). Dies bedeutet, daß bereits auf der ersten Stufe der Zurechnung Gewinnanteile sowie Gewinne aus der Veräußerung von Kapitalgesellschaften insoweit außer Betracht bleiben. Im Ergebnis werden somit insbesondere Dividendentransfers bei mehrstufigem Konzernaufbau aus der Hinzurechnungsbesteuerung ausgenommen. Damit sind nunmehr ausländische Doppelholdings sowie Konzernstrukturen mit Zwischenholdings nachgeschalteten Teilkonzernen, abgesehen von der in § 8b Abs. 5 KStG verankerten 5 %-Klausel und § 3 c Abs. 1 EStG, steuerunschädlich.

Es ist offenkundig, daß diese im Rahmen der Hinzurechnungsbesteuerung bewirkte Erweiterung des Privilegierungsrahmens insbesondere für ausländische Holdinggesellschaften vom Gesetzgeber nicht gewollt ist. Der Wortlaut ist dennoch eindeutig und seine Rechtsfolgen sind sachgerecht.

Läßt man allerdings die von der Änderung des § 8b Abs. 1, 2 KStG n.F. ausgehenden Wirkungen auf die Hinzurechnungsbesteuerung außer Betracht, ergeben sich im Vergleich zur Altregelung Steuerverschärfungen, die dem folgenden Beispiel zu entnehmen sind.

Die deutsche A-AG hält alle Anteile an der ausländischen Holdinggesellschaft I und diese wiederum alle Anteile an der in einem Drittstaat ansässigen Holdinggesellschaft II. Die Holdinggesellschaft II ist jeweils zu mindestens 10 v.H. an weiteren aktiv tätigen Kapitalgesellschaften beteiligt, deren steuerliche Vorbelastung weniger als 25 v.H. beträgt. Die Holdinggesellschaften unterliegen mit ihren Dividenden keiner Besteuerung.

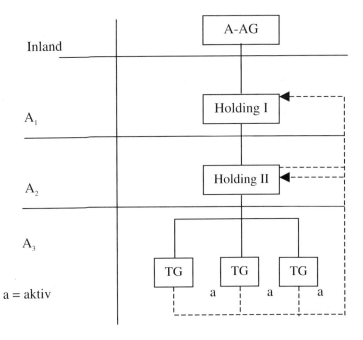

Schütten die aktiv tätigen Kapitalgesellschaften an die Holdinggesellschaft II aus und werden die Gewinnanteile dort thesauriert, so sind die Gewinnanteile gem. §§ 14 Abs. 1, 13 Abs. 1 bei der A-AG vom Hinzurechnungsbetrag auszunehmen. Daß die ausländischen Tochtergesellschaften mit weniger als 25 v.H. Ertragsteuern belastet sind, spielt gem. § 13 Abs. 1 keine Rolle. Werden die Gewinnanteile von der Holdinggesellschaft II an die Holdinggesellschaft I ausgeschüttet, so sind diese bei der A-AG der Hinzurechnungsbesteuerung zu unterwerfen, ohne daß über § 10 Abs. 5 die Steuerfreistellung nach dem maßgeblichen DBA zur Anwendung käme. Dies deshalb nicht, weil die Holdingklausel gem. § 10 Abs. 6 Satz 2 Nr. 2 mangels ausreichender steuerlicher Vorbelastung bei der Holdinggesellschaft II nicht zur Anwendung kommt.

Nach Maßgabe des § 10 Abs. 6 Satz 2 Nr. 2 i.d.F. der bis zum Inkrafttreten des StSenkG maßgeblichen Fassung unterliegen demgegenüber die Gewinnanteile der Holdinggesellschaft I bei der A-AG nicht der Hinzurechnungsbesteuerung, weil nach der Altregelung auf die Vorbelastung mit 25 % Ertragsteuern nicht abgestellt wird.

Entsprechende Belastungsdivergenzen ergeben sich auch für Veräußerungsgewinne.

bb) Kürzung um Gewinnanteile (§ 14 Abs. 2)

Die zuzurechnenden Zwischeneinkünfte der ausländischen Untergesellschaft werden nach Absatz 2 um Gewinnanteile gekürzt, die die ausländische Untergesellschaft ausschüttet. Soweit die Gewinnanteile die zuzurechnenden Zwischeneinkünfte übersteigen, sind auch diese, so wie dies im § 11 Abs. 2 geregelt ist, innerhalb eines Vierjahreszeitraums zu kürzen. Diese Kürzung der Zwischeneinkünfte dient wie § 11 der Vermeidung einer Doppelbelastung ausgeschütteter Zwischeneinkünfte. Ohne die Vorschrift des Absatz 2 käme es beim Steuerinländer zu einer Besteuerung der Zwischeneinkünfte der ausländischen Untergesellschaft durch Zurechnung und Hinzurechnung und sodann nochmals zu einer Besteuerung bei Ausschüttung dieser Zwischeneinkünfte an die ausländische Obergesellschaft durch Hinzurechnung (*Schaumburg*, Internationales Steuerrecht, 2. Aufl. Köln 1998, Rz. 10.274). Wegen der Einzelheiten wird auf die Erläuterungen zu § 11 verwiesen.

cc) Anwendung von Doppelbesteuerungsabkommen (§ 14 Abs. 4)

§ 14 Abs. 4 Satz 2 in der bis zum Inkrafttreten des StSenkG geltenden Fassung bewirkt eine Einschränkung des § 11 bei Ausschüttungen der Obergesellschaft. Dieser Vorschrift liegt der Gedanke zugrunde, daß

Ausschüttungen der Obergesellschaft, die etwa aufgrund des internationalen Schachtelprivilegs beim unbeschränkt steuerpflichtigen Anteilseigner steuerbefreit sind, nicht zu einer Kürzung gem. § 11 Abs. 1 und 2 führen sollen. Andernfalls wäre es möglich, § 14 Abs. 4 Satz 1 im Ergebnis dadurch zu umgehen, daß in Höhe der Zwischeneinkünfte nachgeschalteter Untergesellschaften, die für eine Steuerbefreiung gem. § 14 Abs. 4 Satz 1 nicht in Anspruch genommen werden könnte, die ausländische Obergesellschaft ihrerseits eine nach Abkommensrecht steuerfreie Ausschüttung an den unbeschränkt steuerpflichtigen Anteilseigner vornimmt mit der Folge, daß über § 11 Abs. 1 der anzusetzende Hinzurechnungsbetrag gekürzt würde. § 14 Abs. 4 Satz 2 enthält schließlich als weitere Rechtsfolge auch das Verbot, die Erstattung von inländischen Steuern auf Hinzurechnungsbeträge der Vorjahre für steuerfreie Ausschüttungen vorzunehmen.

Im Hinblick auf den im Zuge des StSenkG vorgenommenen Systemwechsel bei § 11 Abs.1, wonach die Gewinnanteile um die Steuer auf den Hinzurechnungsbetrag gekürzt werden, ist Abs. 4 Satz 2 obsolet geworden. Folgerichtig findet diese Vorschrift damit zukünftig keine Anwendung mehr.

4. Erstmalige Anwendung

§ 21 Abs. 7 Satz 2 regelt, daß die im Rahmen des StSenkG geänderten Vorschriften grundsätzlich erstmals im Veranlagungszeitraum 2002 zur Anwendung kommen. Sie gelten nur für Zwecke der Einkommen- und Körperschaftsteuer des Steuerpflichtigen, bei dem der Hinzurechnungsbetrag anzusetzen ist. Abgestellt wird auf: „für Veranlagungszeitraum, für den Zwischeneinkünfte hinzuzurechnen sind". Diese Formulierung ist verunglückt. Hinzuzurechnen sind nämlich keine Zwischeneinkünfte, sondern der anzusetzende Hinzurechnungsbetrag. Dieser umfaßt allerdings auch die Zwischeneinkünfte, so daß insoweit keine Anwendungsprobleme entstehen. Im übrigen wird auch nicht für einen Veranlagungszeitraum hinzugerechnet. Der anzusetzende Hinzurechnungsbetrag gilt vielmehr gem. § 10 Abs. 2 Satz 1 unmittelbar nach Ablauf des maßgebenden Wirtschaftsjahres der ausländischen Gesellschaft als zugeflossen. Gemeint ist also der Veranlagungszeitraum, in dem ein Hinzurechnungsbetrag anzusetzen ist, in dem Zwischeneinkünfte enthalten sind, „die in einem Wirtschaftsjahr der Zwischengesellschaft oder der Betriebsstätte entstanden sind, das nach dem 31. Dezember 2000 beginnt". Entspricht das Wirtschaftsjahr der Zwischengesellschaft dem Kalenderjahr, so sind von den Neuregelungen erstmals die Zwischeneinkünfte des Jahres 2001 erfaßt, die als Hinzurechnungsbetrag am 01.01.2002 dem inländischen Steuerpflichtigen zufließen. Entsprechendes gilt bei einem abweichenden Wirtschaftsjahr der ausländischen Gesellschaft. Betrifft dieses z.B. den Zeitraum vom 01.07.2001 bis 30.06.2002, so gelten die Neuregelungen erstmals für den Hinzurechnungsbetrag, der am 01.07.2002 dem unbeschränkt Steuerpflichtigen im Inland zufließt. Eine Hinzurechnungsrechnung und damit eine Anwendung der Neuregelung zu einem früheren Zeitpunkt ist nur dann möglich, wenn die ausländische Gesellschaft im Jahre 2001 ein Rumpfwirtschaftsjahr dadurch bildet, daß vom Kalenderjahr auf ein abweichendes Wirtschaftsjahr umgestellt wird. Die vorstehenden Grundsätze gelten im Hinblick auf § 20 Abs. 2 auch für ausländische Betriebsstätten, soweit sie Kapitalanlageeinkünfte erzielen.

Klarstellend regelt Satz 3, daß die §§ 7-14, 18 und 20 mit Ausnahme des § 20 Abs. 2 letztmals auf den Hinzurechnungsbetrag anzuwenden sind, der bei kalendergleichem Wirtschaftsjahr am 01.01.2001 gem. § 10 Abs. 2 Satz 1 dem unbeschränkt Steuerpflichtigen zufließt. Für § 20 Abs. 2, der für Betriebsstätteneinkünfte mit Kapitalanlagecharakter anstelle der Freistellung die Anrechnung als Methode der Doppelbesteuerung vorschreibt, gilt eine Sonderregelung: Im Unterschied zu allen anderen Vorschriften über die Hinzurechnungsbesteuerung gilt § 20 Abs. 2 in Zukunft ausnahmsweise nicht nur für die Einkommen- und Körperschaftsteuer, sondern auch für die Gewerbesteuer.

§ 11 in der derzeit noch geltenden Fassung findet nach Satz 4 keine Anwendung mehr, wenn auf die Ausschüttungen oder auf die Gewinne aus der Veräußerung § 8b Abs. 1, 2 KStG n.F. oder § 3 Nr. 40 EStG n.F. anzuwenden sind. Diese für § 11 geltende Übergangsregelung ist nicht abgestimmt mit der Grundregelung in Satz 2. Erfolgt etwa eine Ausschüttung seitens der Zwischengesellschaft im Jahre 2001, so findet hierauf nach dem Wortlaut des § 34 Abs. 6d Satz 1 Nr. 1, Abs. 1a KStG n.F. § 8b Abs. 1 KStG n.F. erstmals Anwendung. Hiervon ausgehend käme § 11 in der derzeit geltenden Fassung nicht mehr und § 11 in der neuen Fassung noch nicht zur Anwendung. Insoweit handelt es sich um eine planwidrige Regelungslücke, die durch Analogie zugunsten des unbeschränkt Steuerpflichtigen dadurch zu schließen ist, daß die Neuregelung des § 11 bereits vorher zur Anwendung kommt.

M. Änderung des Gesetzes über steuerrechtliche Maßnahmen bei Erhöhung des Nennkapitals aus Gesellschaftsmitteln (Artikel 13)

I. Änderung §§ 5 und 6 KapErhStG

1. Text der Vorschrift

Die §§ 5 und 6 werden aufgehoben.

2. Materialien

Gesetzentwurf der Bundesregierung

Die §§ 5 und 6 werden aufgehoben.

Begründung zum Gesetzentwurf der Bundesregierung

Die Umwandlung von Rücklagen in Nennkapital wird auch für Rücklagen aus Gewinnen, die aus vor dem 1. Januar 1977 endenden Wirtschaftsjahren stammen, in § 28 des Körperschaftsteuergesetzes geregelt.

Beschlussempfehlung/Begründung des Finanzausschusses

– keine Änderung/Bemerkung –

Beschlussempfehlung/Begründung des Vermittlungsausschusses

– keine Änderung/Bemerkung –

II. Änderung § 8a KapErhStG

1. Text der Vorschrift

§ 8a wird wie folgt geändert:

a) Der bisherige Wortlaut wird Absatz 1.

b) Folgender Absatz 2 wird angefügt:

„(2) Die §§ 5 und 6 sind letztmals auf die Rückzahlung von Nennkapital anzuwenden, die in dem letzten vor dem 1. Januar 2002 beginnenden Wirtschaftsjahr erfolgt."

2. Materialien

Gesetzentwurf der Bundesregierung

§ 8a wird wie folgt geändert:

a) Der bisherige Wortlaut wird Absatz 1.

b) Folgender Absatz 2 wird angefügt:

„(2) Die §§ 5 und 6 sind letztmals auf die Rückzahlung von Nennkapital anzuwenden, die in dem letzten vor dem 1. Januar 2002 beginnenden Wirtschaftsjahr erfolgt."

Begründung zum Gesetzentwurf der Bundesregierung

Die Vorschrift regelt die letztmalige Anwendung der §§ 5 und 6.

Beschlussempfehlung/Begründung des Finanzausschusses

– keine Änderung/Bemerkung –

Beschlussempfehlung/Begründung des Vermittlungsausschusses

– keine Änderung/Bemerkung –

III. Erläuterungen

Verfasser: Thomas Rödder

1. Zweck und Inhalt

Bedeutung des § 5 KapErhStG a.F.

Das Gesetz über steuerliche Maßnahmen bei Erhöhung des Nennkapitals aus Gesellschaftsmitteln (KapErhStG) ordnet bislang in seinen §§ 5 und 6 Steuerkonsequenzen für den Fall an, daß nach einer Kapitalerhöhung aus Gesellschaftsmitteln unter Verwendung von EK 03 innerhalb von fünf Jahren eine Kapitalherabsetzung erfolgt. Im einzelnen geht es nach derzeitigem Recht um folgende Konstellation:

Erfolgt eine Kapitalerhöhung aus Gesellschaftsmitteln, so gelten gem. § 41 Abs. 3 KStG a.F. das EK 03 und das EK 04 der betroffenen Kapitalgesellschaft in dieser Reihenfolge als vor den übrigen Kapitalteilen umgewandelt. Diese Anordnung gilt für den „normalen" Fall einer Kapitalerhöhung aus Gesellschaftsmitteln, die nicht als steuerliche Doppelmaßnahme (Ausschüttung und Wiedereinlage) zu werten ist (vgl. auch §§ 1 und 3 KapErhStG). Soweit EK 03 und EK 04 als in

Nennkapital umgewandelt gelten, scheiden sie aus dem verwendbaren Eigenkapital aus.

Wird bei der Kapitalerhöhung aus Gesellschaftsmitteln nach der Regel des § 41 Abs. 3 KStG a.f. auch EK 45, EK 40, EK 30, EK 01 oder EK 02 verwendet, ist § 29 Abs. 3 KStG a.F. zu beachten. Danach rechnen auch diejenigen Teile des Nennkapitals, die durch Umwandlung von EK 45 bis EK 02 entstanden sind, auch nach der Kapitalerhöhung aus Gesellschaftsmitteln weiterhin zum verwendbaren Eigenkapital.

Insbesondere die Umwandlung von EK 03 in Nennkapital kann bei anrechnungsberechtigten Anteilseignern die steuerliche Situation deutlich verbessern. Denn: Bei einer Auskehrung von EK 03 resultiert im Ergebnis eine volle Einkommensteuerbelastung auf Gesellschafterebene, während bei einer späteren Kapitalherabsetzung nach einer Umwandlung von EK 03 in Nennkapital eine im Grundsatz steuerneutrale Kapitalrückzahlung erfolgt (die steuerliche Relevanz der Kapitalrückzahlung im einzelnen läuft insbesondere von seinem Steuerstatus sowie ggf. von der Höhe seiner Anteilsanschaffungskosten bzw. -buchwerte ab).

Diesen möglichen Steuervermeidungseffekt einer Kapitalerhöhung aus Gesellschaftsmitteln unter Verwendung von EK 03 hat § 5 KapErhStG a.f. in Aufl.. § 5 KapErhStG a.f. ordnet an, daß in dem Fall, in dem EK 03 bei einer Kapitalerhöhung aus Gesellschaftsmitteln als verwendet gilt, dann eine Rückzahlung dieses Teils des Nennkapitals als Gewinnanteil gilt, wenn sie aus einer anschließende innerhalb von fünf Jahren nach der Kapitalerhöhung aus Gesellschaftsmitteln erfolgender Kapitalherabsetzung resultiert. § 41 Abs. 2 KStG a.F., der anordnet, daß bei einer Nennkapitalrückzahlung zuerst der Teil des Nennkapitals als für die Rückzahlung verwendet gilt, der zum verwendbaren Eigenkapital gehört, ist nach § 5 Abs. 1 Satz 2 KapErhStG a.F. anzuwenden.

Der gem. § 5 KapErhStG a.F. fingierte Gewinnanteil ist indessen nicht normal als Dividende zu versteuern. Vielmehr ordnet § 5 Abs. 2 KapErhStG a.F. an, daß insoweit eine 30 %ige Pauschsteuer von der auskehrenden Kapitalgesellschaft zu entrichten ist. Eine normale Besteuerung nach den Regeln des Anrechnungsverfahrens findet insoweit also nicht statt.

Begründung der Abschaffung des § 5 KapErhStG a.F.

Die Regelung des § 5 KaperhStG a.F. ist nach Ansicht des Gesetzgebers aufgrund der Unternehmensteuerreform zukünftig nicht mehr erforderlich. Denn: Auch für Altrücklagen im Sinne des EK 03 gelte künftig der Mechanismus des § 28 KStG n.F. i.V.m. § 20 Abs. 1 Nr. 2 EStG n.F.

Tatsächlich ist der Wegfall des § 5 KapErhStG a.F. schon deshalb geboten, weil EK 03 nicht mehr gesondert festgehalten wird. Im übrigen gilt in der Tat § 28 KStG n.F.

§ 28 KStG n.F. sieht vor, daß bei einer Kapitalerhöhung aus Gesellschaftsmitteln zukünftig der auf dem steuerlichen Einlagekonto nach § 27 KStG n.F. ausgewiesene Betrag als vor den sonstigen Rücklagen verwendet gilt. Diese Anordnung unterscheidet sich von § 41 Abs. 3 KStG a.F. deshalb, weil EK 03 nicht mehr als vorrangig verwendet gilt, sondern nur noch das dem bisherigen EK 04 entsprechende steuerliche Einlagekonto. Erst dann, wenn bei einer Kapitalerhöhung aus Gesellschaftsmitteln mehr als das steuerliche Einlagekonto „umgewandelt" wird, gelten auch sonstige Rücklagen (zu denen auch das bisherige EK 03 gehört) als umgewandelt. Diese umgewandelten sonstigen Rücklagen gelten dann bei einer anschließenden Kapitalherabsetzung gem. § 28 Satz 4 KStG n.F. zuerst als ausgekehrt (vergleichbar dem heutigen § 41 Abs. 2 KStG) und führen bei den Gesellschaftern zu Dividendeneinnahmen (§ 28 Satz 5 KStG n.F., § 20 Abs. 1 Nr. 2 EStG n.F.).

Was sich m.a.W. in der Sache durch den Wegfall des § 5 KapErhStG a.F. geändert hat, sind der Wegfall der vorrangigen Umwandlung von EK 03 sowie die negativen Konsequenzen bei einer Kapitalherabsetzung innerhalb der Fünfjahresfrist.

Das bedeutet gleichzeitig, daß durch eine Kapitalerhöhung aus Gesellschaftsmitteln mit einer anschließenden Kapitalherabsetzung unter Verwendung des steuerlichen Einlagekontos (bzw. des bisherigen EK 04) leichter als bisher die steuerliche Verwendungsfiktion des § 28 Abs. 3 KStG a.F. bzw. des § 27 Abs. 1 Satz 3 KStG n.F. durchbrochen werden kann.

§ 6 KapErhStG a.F.

Der bisherige § 6 KapErhStG ist eine Folgevorschrift zu § 5 KapErhStG a.F. Danach verringert sich, wenn die Kapitalherabsetzung innerhalb von fünf Jahren nach der vorangegangenen Kapitalerhöhung aus Gesellschaftsmitteln erfolgt, der Buchwert der Anteile beim Gesellschafter nicht. Der Buchwert verteilt sich vielmehr auf die nach der Kapitalherabsetzung verbleibenden Anteile. § 6 KapErhStG a.F. unterscheidet allerdings nicht danach, welcher Bestandteil des Nennkapitals für die Auskehrung als verwendet gilt, d.h., ob ein Sachverhalt des § 5 KapErhStG a.F. tatsächlich vorliegt oder nicht. Daraus resultieren je nach als für die Kapitalrückzahlung verwendet geltendem Nennkapitalteil merkwürdige Ergebnisse, insbesondere dann, wenn weder umgewandeltes EK 45 bis EK 02 noch umgewandeltes EK 03 als für die Kapitalrückzahlung verwendet gilt.

Vor diesem Hintergrund und vor dem Hintergrund der Abschaffung des § 5 KapErhStG ist auch die Streichung des § 6 KapErhStG gelten konsequent. Für die Behandlung der Kapitalrückzahlungen beim Gesellschafter gelten § 28 KStG n.F. i.V.m. § 20 Abs. 1 Nr. 2 EStG n.F. sowie, soweit nicht Gewinnausschüttungen vorliegen, die allgemeinen steuerlichen Grundsätze.

Gestrichen worden sind durch das StSenkG nur die §§ 5 und 6 KapErhStG. Das heißt, daß die §§ 1 und 3 KapErhStG (Kapitalerhöhung aus Gesellschaftsmitteln führt nicht zu fingierter Doppelmaßnahme, und die bisherigen Anschaffungskosten für die Anteile verteilen sich nach der Kapitalerhöhung aus Gesellschaftsmitteln auf die alten und erhaltenen neuen Anteile) sowie § 7 KapErhStG (der § 1 KapErhStG auch für bestimmte ausländische Kapitalerhöhungen aus Gesellschaftsmitteln für anwendbar erklärt und in seinem Abs. 2 für anschließende Kapitalherabsetzungen innerhalb von fünf Jahren eine Gewinnausschüttungs-fiktion vorsieht) weiterhin gelten.

2. Erstmalige Anwendung

§ 8a Abs. 2 KapErhStG n.F. ordnet an, daß die §§ 5 und 6 KapErhStG letztmals auf die Rückzahlung von Nennkapital anzuwenden sind, die in dem letzten vor dem 01. Januar 2002 beginnenden Wirtschaftsjahr erfolgt.

D.h., daß auf den Zeitpunkt der Rückzahlungen des Nennkapitals und die Lage eines Wirtschaftsjahres abgestellt wird. Dabei dürfte das relevante Wirtschaftsjahr das der Kapitalgesellschaft sein, die ihr Kapital herabsetzt.

Konkret heißt das, daß bei kalenderjahrgleichem Wirtschaftsjahr der ihr Kapital herabsetzenden Kapitalgesellschaft eine Rückzahlung von Nennkapital noch bis zum 31.12.2001 unter die alten Regelungen fällt, eine Rückzahlung nach dem 31.12.2001 demgegenüber nicht mehr. Bei einem vom Kalenderjahr abweichenden Wirtschaftsjahr der ihr Kapital herabsetzenden Kapitalgesellschaft ist die zeitliche Grenzziehung entsprechend nach hinten versetzt (Beispiel: abweichendes Wirtschaftsjahr vom 01.10. bis 30.09.; dann ist der 30.09.2002 der entscheidende Stichtag).

Da die Regel zur letztmaligen Anwendung der §§ 5 und 6 KapErhStG auf den Zeitpunkt der Rückzahlung des Nennkapitals abstellt, stellt sich die Frage, wie folgender Fall zu behandeln ist: In 2000 wird EK 03 durch eine Kapitalerhöhung aus Gesellschaftsmitteln gem. § 41 Abs. 3 KStG a.f. in Nennkapital umgewandelt. Gem. § 29 Abs. 3 KStG a.F. gehört das umgewandelte EK 03 damit nicht mehr zum verwendbaren Eigenkapital der Kapitalgesellschaft. Am 03. Februar 2002 findet dann eine Kapitalherabsetzung mit Auskehrung des herabgesetzten Nennkapitalbetrages an die Gesellschafter statt. Eine Pauschsteuer nach § 5 KapErhStG kann nicht mehr erhoben werden. Kann jetzt eine Dividende wegen § 28 KStG angenommen werden? Meines Erachtens ist dies nicht der Fall. Anders wäre der Fall dann zu beurteilen, wenn die Kapitalerhöhung aus Gesellschaftsmitteln schon nach Maßgabe des neuen KStG stattfinden würde.

N. Weitere geänderte Gesetze

I. Änderung § 3 des Gesetzes zur Durchführung der EG-Richtlinie über die gegenseitige Amtshilfe im Bereich der direkten und indirekten Steuern (EG-Amtshilfe-Gesetz)

1. Text der Vorschrift

§ 3 Abs. 1 Nr. 2 wird aufgehoben.

2. Materialien

Gesetzentwurf der Bundesregierung

§ 3 Abs. 1 Nr. 2 wird aufgehoben.

Begründung zum Gesetzentwurf der Bundesregierung

Durch das Inkrafttreten der sog. Schiedsverfahrenkonvention (Übereinkommen über die Beseitigung der Doppelbesteuerung im Falle von Gewinnberichtigungen zwischen verbundenen Unternehmen) sowie seiner Verlängerung ist der Grund für den § 3 Abs. 1 Nr. 2 EG-AHG entfallen. Die Vorschrift hat keine praktische Bedeutung.

Beschlussempfehlung/Begründung des Finanzausschusses

– keine Änderung/Bemerkung –

Beschlussempfehlung/Begründung des Vermittlungsausschusses

– keine Änderung/Bemerkung –

II. Änderung § 6 des Gesetzes zur Neuordnung der Gemeindefinanzen (Gemeindefinanzreformgesetz)

1. Text der Vorschrift

§ 6 Abs. 3 Satz 2 bis 4 wird wie folgt gefasst:

„Der Bundesvervielfältiger beträgt im Jahr 2001 24 vom Hundert, im Jahr 2002 30 vom Hundert, im Jahr 2003 36 vom Hundert, in den Jahren 2004 und 2005 38 vom Hundert und ab dem Jahr 2006 35 vom Hundert. Der Landesvervielfältiger für die Länder Brandenburg, Mecklenburg-Vorpommern, Sachsen, Sachsen-Anhalt und Thüringen beträgt im Jahr 2001 30 vom Hundert, im Jahr 2002 36 vom Hundert, im Jahr 2003 42 vom Hundert, in den Jahren 2004 und 2005 44 vom Hundert und ab dem Jahr 2006 41 vom Hundert. Der Landesvervielfältiger für die übrigen Länder beträgt im Jahr 2001 59 vom Hundert, im Jahr 2002 65 vom Hundert, im Jahr 2003 71 vom Hundert, in den Jahren 2004 und 2005 73 vom Hundert und ab dem Jahr 2006 70 vom Hundert."

2. Materialien

Gesetzentwurf der Bundesregierung

§ 6 Abs. 3 Satz 2 bis 4 wird wie folgt gefasst:

„Der Bundesvervielfältiger beträgt im Jahr 2001 26 vom Hundert, im Jahr 2002 33 vom Hundert und ab dem Jahr 2003 38 vom Hundert. Der Landesvervielfältiger für die Länder Brandenburg, Mecklenburg-Vorpommern, Sachsen, Sachsen-Anhalt und Thüringen beträgt im Jahr 2001 32 vom Hundert, im Jahr 2002 39 vom Hundert und ab dem Jahr 2003 44 vom Hundert. Der Landesvervielfältiger für die übrigen Länder beträgt im Jahr 2001 61 vom Hundert, im Jahr 2002 68 vom Hundert und ab dem Jahr 2003 73 vom Hundert."

Begründung zum Gesetzentwurf der Bundesregierung

Durch eine Anhebung der Gewerbesteuerumlage wird eine angemessene Beteiligung der Gemeinden an der Finanzierung der Nettoentlastungen der Reform sichergestellt. Die Höhe der Gewerbesteuerumlage wird dabei so bemessen, dass sich die Finanzposition der Gemeinden im Vergleich zu Bund und Ländern nicht verschlechtert. Von den finanzierenden Maßnahmen der Unternehmenssteuerreform, die auf den Ausgleich der Mindereinnahmen von Bund und Ländern bei der Körperschaftsteuer gerichtet sind, profitieren über die Gewerbesteuer auch die Gemeinden, die von den Mindereinnahmen bei der Körperschaftsteuer nicht betroffen sind. Ohne Anpassung der Gewerbesteuerumlage würden Bund und Länder die Reform allein finanzieren, während die Gemeinden Mehreinnahmen in Milliardenhöhe zu verzeichnen hätten.

Ausgangspunkt der Bemessung der Umlageerhöhung ist der Gedanke, dass die Gemeinden – gemessen an den ausgewiesenen Rechnungsjahren – an der Finanzierung der Nettoentlastungen der Reform der Unternehmensbesteuerung mit 12 % annähernd entsprechend ihrem Anteil am Steueraufkommen im Jahr 2000 (12,9 %) beteiligt werden. Dabei wird die Anhebung der Gewerbesteuerumlage so ausgestaltet, dass den Gemeinden in etwa nur die Einnahmen abgeschöpft werden, die als Gewerbesteuermehreinnahmen zu erwarten sind.

Daraus ergibt sich im Jahr 2001 eine Begrenzung der Anhebung auf 14 v.H.-Punkte. Für das Jahr 2002 wird der Vervielfältiger um 28 v.H.-Punkte und ab dem Jahr 2003 um 38 v.H.-Punkte erhöht.

Beschlussempfehlung des Finanzausschusses

§ 6 Abs. 3 Satz 2 bis 4 wird wie folgt gefasst:

„Der Bundesvervielfältiger beträgt im Jahr 2001 24 vom Hundert, im Jahr 2002 29 vom Hundert, in den Jahren 2003 bis 2005 34 vom Hundert und ab dem Jahr 2006 31 vom Hundert. Der Landesvervielfältiger für die Länder Brandenburg, Mecklenburg-Vorpommern, Sachsen, Sachsen-Anhalt und Thüringen beträgt im Jahr 2001 30 vom Hundert, im Jahr 2002 35 vom Hundert, in den Jahren 2003 bis 2005 40 vom Hundert und ab dem Jahr 2006 37 vom Hundert. Der Landesvervielfältiger für die übrigen Länder beträgt im Jahr 2001 59 vom Hundert, im Jahr 2002 64 vom Hundert, in den Jahren 2003 bis 2005 69 vom Hundert und ab dem Jahr 2006 66 vom Hundert."

Begründung des Finanzausschusses

Durch eine Anhebung der Gewerbesteuerumlage wird eine angemessene Beteiligung der Gemeinden an der Finanzierung der Nettoentlastungen der Reform sichergestellt. Von den finanzierenden Maßnahmen der Unternehmenssteuerreform, die auf den Ausgleich der Mindereinnahmen von Bund und Ländern bei der Körperschaftsteuer gerichtet sind, profitieren über die Gewerbesteuer auch die Gemeinden, die von den Mindereinnahmen bei der Körperschaftsteuer nicht betroffen sind. Ohne Anpassung der Gewerbesteuerumlage würden Bund und Länder die Reform allein finanzieren, während die Gemeinden Mehreinnahmen in Milliardenhöhe zu verzeichnen hätten.

Die Änderung des Regierungsentwurfs durch das Beratungsergebnis im Finanzausschuss des Deutschen Bundestages hat auch Auswirkungen auf das Gewerbesteueraufkommen. Die Erhöhung der Gewerbesteuerumlage ist daher anzupassen. Die Höhe der Gewerbesteuerumlage wird dabei wie bisher so bemessen, dass den Gemeinden in etwa nur die Einnahmen abgeschöpft werden, die als Gewerbesteuermehreinnahmen zu erwarten sind. Daraus ergibt sich im Jahr 2001 eine Anhebung um 10 v.H.-Punkte. Für das Jahr 2002 wird der Vervielfältiger um 20 v.H.-Punkte, in den Jahren 2003 bis 2005 um 30 v.H.-Punkte und ab dem Jahr 2006 um 24 v.H.-Punkte erhöht. Die Absenkung der Anhebung ab dem Jahr 2006 trägt den dann zu erwartenden geringeren Mehreinnahmen der Gemeinden bei der Gewerbesteuer Rechnung.

Spätestens Anfang 2004 ist im Lichte der Erkenntnis, wie die Unternehmenssteuerreform sich tatsächlich auf die Gewerbesteuereinnahmen der Gemeinden auswirkt, zu überprüfen, ob die mit diesem Gesetz erfolgte Anhebung der Gewerbesteuerumlage noch gerechtfertigt ist.

Finanzielle Auswirkungen (in Mio. DM)

Änderung der Gewerbesteuerumlage nach dem Beratungsergebnis im Finanzausschuss des Deutschen Bundestages	Entstehungsjahr	Rechnungsjahr			
		2001	2002	2003	2004
Insg.		–	–	–	–	–
Bund		+ 2.475	+ 700	+ 1.600	+2.475	+ 2.550
Länder		+ 2.475	+ 700	+ 1.600	+ 2.475	+ 2.550
Gemeinden		– 4.950	– 1.400	– 3.200	– 4.950	– 5.100

Differenz zum Gesetzentwurf der Bundesregierung	Entstehungsjahr	Rechnungsjahr			
		2001	2002	2003	2004
Insg.		–	–	–	–	–
Bund		– 755	– 280	– 640	– 755	– 870
Länder		– 755	– 280	– 640	– 755	– 870
Gemeinden		+ 1.510	+ 560	+ 1.280	+ 1.510	+ 1.740

N. II. Änderung § 6 Gemeindefinanzreformgesetz

Beschlussempfehlung des Vermittlungsausschusses

§ 6 Abs. 3 Satz 2 bis 4 wird wie folgt gefasst:

"Der Bundesvervielfältiger beträgt im Jahr 2001 24 vom Hundert, im Jahr 2002 30 vom Hundert, im Jahr 2003 36 vom Hundert, in den Jahren 2004 und 2005 38 vom Hundert und ab dem Jahr 2006 35 vom Hundert. Der Landesvervielfältiger für die Länder Brandenburg, Mecklenburg-Vorpommern, Sachsen, Sachsen-Anhalt und Thüringen beträgt im Jahr 2001 30 vom Hundert, im Jahr 2002 36 vom Hundert, im Jahr 2003 42 vom Hundert, in den Jahren 2004 und 2005 44 vom Hundert und ab dem Jahr 2006 41 vom Hundert. Der Landesvervielfältiger für die übrigen Länder beträgt im Jahr 2001 59 vom Hundert, im Jahr 2002 65 vom Hundert, im Jahr 2003 71 vom Hundert, in den Jahren 2004 und 2005 73 vom Hundert und ab dem Jahr 2006 70 vom Hundert."

Begründung des Vermittlungsausschusses

Das Beratungsergebnis im Vermittlungsausschuß hat auch Auswirkungen auf das Gewerbesteueraufkommen. Die Erhöhung der Gewerbesteuerumlage ist daher anzupassen. Die Höhe der Gewerbesteuerumlage wird dabei wie bisher so bemessen, daß den Gemeinden in etwa nur die Einnahmen abgeschöpft werden, die als Gewerbesteuermehreinnahmen zu erwarten sind. Daraus ergibt sich im Jahr 2001 eine Anhebung um 10 v.H.-Punkte. Für das Jahr 2002 wird der Vervielfältiger um 22 v.H.-Punkte, im Jahr 2003 um 34 v.H.-Punkte, in den Jahren 2004 und 2005 um 38 v.H.-Punkte und ab dem Jahr 2006 um 32 v.H.-Punkte erhöht. Die Absenkung der Anhebung ab dem Jahr 2006 trägt den dann zu erwartenden geringeren Mehreinnahmen der Gemeinden bei der Gewerbesteuer Rechnung.

III. Änderung § 2 des Bundeskindergeldgesetzes (BKGG)

1. Text der Vorschrift

In § 2 Abs. 2 Satz 2 wird die Angabe „13 500 Deutsche Mark" durch die Angabe „14 040 Deutsche Mark" ersetzt.

2. Materialien

Gesetzentwurf der Bundesregierung

In § 2 Abs. 2 Satz 2 wird die Angabe „13 500 Deutsche Mark" durch die Angabe „14 040 Deutsche Mark" ersetzt.

Begründung zum Gesetzentwurf der Bundesregierung

Folgeänderung aus der Anhebung des Existenzminimums für die Jahre 2001 und 2002.

Beschlussempfehlung/Begründung des Finanzausschusses

– keine Änderung/Bemerkung –

Beschlussempfehlung/Begründung des Vermittlungsausschusses

– keine Änderung/Bemerkung –

IV. Änderung § 20 BKGG

1. Text der Vorschrift

§ 20 Abs. 1 wird wie folgt gefasst:

„(1) § 2 Abs. 2 Satz 2 ist anzuwenden

1. vom 1. Januar 2003 bis zum 31. Dezember 2004 mit der Maßgabe, dass an die Stelle des Betrags von 14 040 Deutsche Mark der Betrag von 14 520 Deutsche Mark tritt, und

2. vom 1. Januar 2005 an mit der Maßgabe, dass an die Stelle des Betrags von 14 040 Deutsche Mark der Betrag von 15 000 Deutsche Mark tritt."

2. Materialien

Gesetzentwurf der Bundesregierung

§ 20 Abs. 1 wird wie folgt gefasst:

„(1) § 2 Abs. 2 Satz 2 ist anzuwenden

1. vom 1. Januar 2003 bis zum 31. Dezember 2004 mit der Maßgabe, dass an die Stelle des Betrags von 14 040 Deutsche Mark der Betrag von 14 520 Deutsche Mark tritt, und

2. vom 1. Januar 2005 an mit der Maßgabe, dass an die Stelle des Betrags von 14 040 Deutsche Mark der Betrag von 15 000 Deutsche Mark tritt."

Begründung zum Gesetzentwurf der Bundesregierung

Folgeänderung aus der Anhebung des Existenzminimums für die Jahre 2003 und 2004 sowie ab 2005.

Beschlussempfehlung/Begründung des Finanzausschusses

– keine Änderung/Bemerkung –

Beschlussempfehlung/Begründung des Vermittlungsausschusses

– keine Änderung/Bemerkung –

V. Art. 17 StSenkG

1. Text der Vorschrift

Neufassung der betroffenen Gesetze und Rechtsverordnungen

(1) Das Bundesministerium der Finanzen kann den Wortlaut der durch die Artikel 1 bis 15 dieses Gesetzes geänderten Gesetze und Verordnungen in der vom Inkrafttreten der Rechtsvorschriften an geltenden Fassung im Bundesgesetzblatt bekannt machen.

(2) Das Bundesministerium für Familie, Senioren, Frauen und Jugend kann den Wortlaut des durch Artikel 16 dieses Gesetzes geänderten Bundeskindergeldgesetzes in der vom Inkrafttreten der Rechtsvorschriften an geltenden Fassung im Bundesgesetzblatt bekannt machen.

2. Materialien

Gesetzentwurf der Bundesregierung

Neufassung der betroffenen Gesetze und Rechtsverordnungen

(1) Das Bundesministerium der Finanzen kann den Wortlaut der durch die Artikel 1 bis 16 dieses Gesetzes geänderten Gesetze und Verordnungen in der vom Inkrafttreten der Rechtsvorschriften an geltenden Fassung im Bundesgesetzblatt bekannt machen.

(2) Das Bundesministerium für Familie, Senioren, Frauen und Jugend kann den Wortlaut des durch Artikel 17 dieses Gesetzes geänderten Bundeskindergeldgesetzes in der vom Inkrafttreten der Rechtsvorschriften an geltenden Fassung im Bundesgesetzblatt bekannt machen.

Begründung zum Gesetzentwurf der Bundesregierung

Wegen der umfangreichen Änderungen einzelner Gesetze soll – soweit nicht bereits in diesen Gesetzen vorgesehen – das Bundesministerium der Finanzen und das Bundesministerium für Familie, Senioren, Frauen und Jugend ermächtigt werden, die sich auf Grund der Änderungen ergebenden Neufassungen im Bundesgesetzblatt bekannt zu machen.

Beschlussempfehlung des Finanzausschusses

Neufassung der betroffenen Gesetze und Rechtsverordnungen

(1) Das Bundesministerium der Finanzen kann den Wortlaut der durch die Artikel 1 bis 16b dieses Gesetzes geänderten Gesetze und Verordnungen in der vom Inkrafttreten der Rechtsvorschriften an geltenden Fassung im Bundesgesetzblatt bekannt machen.

(2) unverändert.

Begründung des Finanzausschusses

Redaktionelle Folgeänderung aus der Einfügung der Artikel 16 a und 16 b.

Beschlussempfehlung des Vermittlungsausschusses

Die Angabe „16b" durch die Angabe „16" ersetzt.

Begründung des Vermittlungsausschusses

Änderung wegen Wegfall der Option.

VI. Art. 18 StSenkG

1. Text der Vorschrift

Rückkehr zum einheitlichen Verordnungsrang

Die auf den Artikel 2 beruhenden Teile der Einkommensteuer-Durchführungsverordnung können auf Grund der einschlägigen Ermächtigungsgrundlagen durch Rechtsverordnung geändert werden.

2. Materialien

Gesetzentwurf der Bundesregierung

Rückkehr zum einheitlichen Verordnungsrang

Die auf den Artikel 2 beruhenden Teile der Einkommensteuer-Durchführungsverordnung können auf Grund der einschlägigen Ermächtigungsgrundlagen durch Rechtsverordnung geändert werden.

Begründung zum Gesetzentwurf der Bundesregierung

Um zu vermeiden, dass die im Rahmen dieses Gesetzes vorgenommenen Änderungen der Durchführungsverordnung künftig nur noch durch Gesetz, aber nicht mehr vom Verordnungsgeber späteren Erfordernissen angepasst werden kann, ist eine besondere Bestimmung erforderlich, die dies gestattet.

Beschlussempfehlung/Begründung des Finanzausschusses

– keine Änderung/Bemerkung –

Beschlussempfehlung/Begründung des Vermittlungsausschusses

– keine Änderung/Bemerkung –

VII. Art. 19 StSenkG

1. Text der Vorschrift

Inkrafttreten

(1) Dieses Gesetz tritt vorbehaltlich der Absätze 2 und 3 am 1. Januar 2001 in Kraft.
(2) Die Artikel 7 und 8 treten am Tag nach der Verkündung in Kraft.
(3) Artikel 9 tritt am 1. Januar 2002 in Kraft.

2. Materialien

Gesetzentwurf der Bundesregierung

Inkrafttreten

(1) Dieses Gesetz tritt vorbehaltlich des Absatzes 2 am 1. Januar 2001 in Kraft.
(2) Die Artikel 7 und 8 treten am Tag nach der Verkündung in Kraft.

Begründung zum Gesetzentwurf der Bundesregierung

Dieser Artikel regelt das Inkrafttreten des Gesetzes.

Beschlussempfehlung des Finanzausschusses

Inkrafttreten

(1) Dieses Gesetz tritt vorbehaltlich der Absätze 2 und 3 am 1. Januar 2001 in Kraft.
(2) unverändert
(3) Artikel 9 tritt am 1. Januar 2002 in Kraft.

Begründung des Finanzausschusses

In Artikel 8 wird bestimmt, dass die Finanzverwaltung auf DV-gestützte Buchführungssysteme erstmals ab dem 1. Januar 2002 zugreifen darf. Dementsprechend und wegen des notwendigen Vorlaufs in Unternehmen und Verwaltung tritt die Neuregelung des Artikel 9 zur elektronischen Abrechnung am 1. Januar 2002 in Kraft.

Beschlussempfehlung/Begründung des Vermittlungsausschusses

– keine Änderung/Bemerkung –

O. Nicht Gesetz gewordene Teile des Gesetzentwurfs

I. Gesetzesvorhaben zu § 19 EStG

Materialien

Gesetzentwurf der Bundesregierung

In § 19 Abs. 1 Satz 1 werden der Punkt durch ein Semikolon ersetzt und folgende Nummer 3 angefügt:

„3. Vergütungen im Sinne des § 4a Abs. 2 des Körperschaftsteuergesetzes für eine Tätigkeit oder frühere Tätigkeit im Betrieb. Bei der Anwendung des Gesetzes gelten

a) die Vergütungen als aus einem Dienstverhältnis bezogen,

b) Personen, denen die Vergütungen zufließen, als Arbeitnehmer und

c) die nach § 1 Abs. 1 a des Körperschaftsteuergesetzes unbeschränkt körperschaftsteuerpflichtigen natürlichen Personen oder Mitunternehmerschaften als Arbeitgeber."

Begründung zum Gesetzentwurf der Bundesregierung

Personenunternehmen haben nach § 4a KStG die Möglichkeit, ihre Betriebe im Wege der Option wie eine Kapitalgesellschaft besteuern zu lassen. Leistungsbeziehungen zwischen Personenunternehmen und Personenunternehmer werden unter den Voraussetzungen des § 4a Abs. 2 KStG – z.T. abweichend vom Zivilrecht – wie im Verhältnis zwischen Kapitalgesellschaft und ihren Gesellschaftern steuerlich anerkannt. Vergütungen für eine Tätigkeit im Betrieb, für die Hingabe von Darlehen oder für die Überlassung von Wirtschaftsgütern sind danach grundsätzlich nicht mehr Bestandteil des Betriebergebnisses, sondern als Betriebsausgabe abziehbar. Der körperschaftssteuerlichen Behandlung entspricht auf der anderen Seite die einkommensteuerliche Erfassung beim Empfänger dieser Vergütungen und – wegen der beabsichtigten Gleichstellung des Einzelunternehmens oder der Personengesellschaft mit einer Kapitalgesellschaft – auch die entsprechende Zuordnung zu den in Betracht kommenden Einkunftsarten. Da die Tätigkeitsvergütung mangels eines Dienstverhältnisses insbesondere im Optionsfall eines Einzelunternehmers nicht ohne weiteres den Einkünften aus nichtselbständiger Arbeit zugeordnet werden kann, wird § 19 EStG um diesen Tatbestand erweitert. Im Wege zusätzlicher gesetzlicher Fiktionen wird erreicht, dass die Vorschriften des Einkommensteuergesetzes angewendet werden können, die ein Dienstverhältnis, die Arbeitnehmereigenschaft oder die Arbeitgebereigenschaft voraussetzen, z. B. bestimmte Steuerbefreiungen und die Durchführung des Lohnsteuerabzugsverfahrens.

Beschlussempfehlung/Begründung des Finanzausschusses

– keine Änderung/Bemerkung –

Beschlussempfehlung des Vermittlungsausschusses

§ 19 Abs. 1 S. 1 Nr. 3 wird gestrichen.

Begründung des Vermittlungsausschusses

Änderung wegen Wegfall der Option.

II. Gesetzesvorhaben zu § 21 EStG

Materialien

Gesetzentwurf der Bundesregierung

Dem § 21 Abs. 1 wird folgender Satz angefügt:

„Zu den Einkünften aus Vermietung und Verpachtung gehören auch die Einkünfte aus der Überlassung von Wirtschaftsgütern im Sinne des § 4a Abs. 2 des Körperschaftsteuergesetzes."

Begründung zum Gesetzentwurf der Bundesregierung

Folgeänderung aus der Einfügung des § 4a KStG; auf die Begründung zu § 19 EStG wird verwiesen.

Beschlussempfehlung/Begründung des Finanzausschusses

– keine Änderung/Bemerkung –

Beschlussempfehlung des Vermittlungsausschusses

Die Änderung in § 21 Abs. 1 wird gestrichen.

Begründung des Vermittlungsausschusses

Zu § 21

Änderung wegen Wegfall der Option.

III. Gesetzesvorhaben zu § 34f EStG

Materialien

Gesetzentwurf der Bundesregierung

§ 34f wird wie folgt geändert:

a) In Absatz 1 Satz 1 und in Absatz 2 Satz 1 wird die Angabe „der §§ 34g und 35" jeweils durch die Angabe „des § 34g" ersetzt.

b) In Absatz 3 Satz 1 wird die Angabe „mit Ausnahme des § 35" gestrichen.

Begründung zum Gesetzentwurf der Bundesregierung

Folgeänderung aus der Einfügung des § 35 EStG.

Beschlussempfehlung des Finanzausschusses

Die Änderung des § 34f entfällt.

Begründung des Finanzausschusses

Die im Gesetzentwurf vorgesehene redaktionelle Änderung des § 34f EStG wurde bereits im Gesetz zur Familienförderung durchgeführt.

Beschlussempfehlung/Begründung des Vermittlungsausschusses

– keine Änderung/Bemerkung –

IV. Gesetzesvorhaben zu § 1 KStG

Materialien

Gesetzentwurf der Bundesregierung

In § 1 wird nach Absatz 1 folgender Absatz 1a eingefügt:

„(1a) Unbeschränkt körperschaftsteuerpflichtig sind auch

1. natürliche Personen und
2. Mitunternehmerschaften im Sinne von § 13 Abs. 7, § 15 Abs. 1 Satz 1 Nr. 2 und § 18 Abs. 4 des Einkommensteuergesetzes

mit ihren Betrieben, die nach § 4a besteuert werden. Im Fall des Satzes 1 Nr. 2 schulden die Mitunternehmerschaft und alle Mitunternehmer die Steuer nebeneinander."

Begründung zum Gesetzentwurf der Bundesregierung

Die Regelung steht in Zusammenhang mit der Möglichkeit für Personenunternehmen, sich wie Kapitalgesellschaften besteuern zu lassen (§ 4a KStG). Die Regelung begründet in diesen Fällen die unbeschränkte Körperschaftsteuerpflicht einer natürlichen Person oder einer Mitunternehmerschaft mit den Betrieben, für die sie optiert haben.

Nach Satz 2 schulden die Mitunternehmerschaft und alle Mitunternehmer die Steuer nebeneinander. Die Regelung verhindert, dass der Optierende sich verfahrensrechtliche Vorteile verschaffen und der Steuergläubiger im Vergleich zu anderen Gläubigern schlechter gestellt wird. Der Betrieb, für den optiert wird, wird steuerlich zwar wie eine Kapitalgesellschaft behandelt, zivilrechtlich bleibt er aber ein Personenunternehmen. Zivilrechtlich stehen der Unternehmer bzw. die Mitunternehmer auch nach der Option für die Schulden des Unternehmens ein. Satz 2 stellt daher sicher, dass der Steuergläubiger bei der Durchsetzung seiner Ansprüche nicht auf das Vermögen des Betriebs beschränkt wird und auf den Unternehmer oder die Mitunternehmer nicht lediglich im Rahmen einer subsidiären Haftung, die im übrigen auch an weitere Voraussetzungen gebunden ist, zurückgreifen kann.

Beschlussempfehlung des Finanzausschusses

– keine Änderung/Bemerkung –

Beschlussempfehlung des Vermittlungsausschusses

§ 1 Absatz 1a wird gestrichen.

Begründung des Vermittlungsausschusses

Änderung wegen Wegfall der Option.

V. Gesetzesvorhaben zu § 4a KStG

Materialien

Gesetzentwurf der Bundesregierung

Nach § 4 wird folgender § 4a eingefügt:

„§ 4a
Option zur Körperschaftsteuer

(1) Auf Antrag wird eine natürliche Person oder eine Mitunternehmerschaft nach § 1 Abs. 1a, die in einem inländischen Betrieb Einkünfte aus Land- und Forstwirtschaft, Gewerbebetrieb oder selbständiger Arbeit erzielt, mit den Einkünften aus diesem Betrieb wie eine unbeschränkt körperschaftsteuerpflichtige Kapitalgesellschaft besteuert. Voraussetzung ist, dass der Gewinn gemäß § 4 Abs. 1 des Einkommensteuergesetzes oder § 5 des Einkommensteuergesetzes ermittelt wird. Der Antrag ist für jeden Betrieb gesondert beim zuständigen Finanzamt zu stellen; Mitunternehmer können den Antrag nur einheitlich stellen. Der Antrag ist unwiderruflich. Ein Rechtsnachfolger des Antragstellers ist an den Antrag gebunden. Örtlich zuständig ist das Finanzamt, das ohne Antrag nach Satz 1 nach der Abgabenordnung zuständig wäre. Im Falle des § 1 Abs. 1a Satz Nr. 2 ist die Steuer gegenüber der Mitunternehmerschaft und den Mitunternehmern einheitlich festzusetzen. Der Steuerbescheid ist an die Mitunternehmerschaft zugleich mit Wirkung für und gegen alle Mitunternehmer bekannt zu geben; § 183 Abs. 2 der Abgabenordnung gilt sinngemäß.

(2) Im Verhältnis zum Betrieb hat der bisherige Einzelunternehmer oder der Mitunternehmer die Stellung des Gesellschafters einer Kapitalgesellschaft. Vergütungen, die der Steuerpflichtige für seine Tätigkeit im Betrieb oder für die Hingabe von Darlehen oder für die Überlassung von Wirtschaftsgütern aus dem Betrieb bezieht, sind bei der Ermittlung des Gewinns des Betriebes als

Betriebsausgaben abzuziehen. § 8 Abs. 3 Satz 2 ist zu beachten. Die Erklärungen über die Gewährung der Vergütungen müssen im Voraus klar und eindeutig formuliert, schriftlich festgehalten und vor ihrer tatsächlichen Durchführung dem zuständigen Finanzamt vorgelegt werden. Sie können nicht mit Wirkung für die Vergangenheit getroffen werden. Dies gilt entsprechend für Regelungen in Bezug auf einen Betrieb einer Personengesellschaft, die nicht nach Maßgabe des § 124 Abs. 1 des Handelsgesetzbuchs rechtsfähig ist.

(3) Der Betrieb gilt als zu Beginn des Wirtschaftsjahrs, das in dem Veranlagungszeitraum endet, für das die Besteuerung nach Absatz 1 erstmals gelten soll, in eine unbeschränkt körperschaftsteuerpflichtige Kapitalgesellschaft eingebracht. Die Einbringung darf auf einen höchstens acht Monate vor der Antragstellung liegenden Bilanzstichtag zurückbezogen werden. Die §§ 20, 21, 22 und 25 des Umwandlungssteuergesetzes gelten mit der Maßgabe entsprechend, dass vorbehaltlich des § 20 Abs. 3 des Umwandlungssteuergesetzes die Buchwerte fortgeführt werden müssen. In den Fällen des § 20 Abs. 3 des Umwandlungssteuergesetzes wird die auf den Gewinn des Einbringenden entfallende Einkommen- oder Körperschaftsteuer auf den Zeitpunkt der Einbringung ermittelt und festgesetzt. Sie wird bis zu einer Veräußerung der Anteile gestundet. Stundungszinsen werden nicht erhoben. Soweit zwischenzeitlich keine Veräußerung erfolgt, wird die Steuer nach einer Rückkehr zur Besteuerung nach dem Einkommensteuergesetz erlassen. Sonderbetriebsvermögen gilt als entnommen. Die Einkommen- oder Körperschaftsteuer auf den Entnahmegewinn kann in jährlichen Teilbeträgen von mindestens jeweils einem Zehntel entrichtet werden, wenn die Entrichtung der Teilbeträge sichergestellt ist. Stundungszinsen werden nicht erhoben. Die Stundung endet im Zeitpunkt der Rückkehr zur Besteuerung nach dem Einkommensteuergesetz, der Veräußerung des als entnommen geltenden Wirtschaftsguts oder der Anteile an dem Betrieb. Das in der Steuerbilanz des Betriebs auszuweisende Eigenkapital wird auf dem nach § 27 zu führenden steuerlichen Einlagekonto erfasst.

(4) Entnahmen gelten als Gewinnausschüttungen. § 27 ist entsprechend anzuwenden. Einlagen erhöhen das steuerliche Einlagekonto und die Anschaffungskosten des Anteils am Betrieb.

(5) Beim Übergang zur Besteuerung nach dem Einkommensteuergesetz ist bei Betrieben einer natürlichen Person § 9 des Umwandlungssteuergesetzes und bei Betrieben einer Personenge-

sellschaft § 14 des Umwandlungssteuergesetzes entsprechend anzuwenden. Als steuerlicher Übertragungsstichtag kann ein höchstens acht Monate zurückliegender Bilanzstichtag gewählt werden. Die Buchwerte müssen fortgeführt werden."

Begründung zum Gesetzentwurf der Bundesregierung

Die Vorschrift regelt die Möglichkeit der Personenunternehmer, ihre Betriebe wie eine Kapitalgesellschaft besteuern zu lassen.

Absatz 1

Zur Besteuerung nach dem Körperschaftsteuergesetz können Einzelunternehmer und Mitunternehmerschaften mit Betrieben optieren, in denen Einkünfte aus Land- und Forstwirtschaft, aus Gewerbebetrieb oder aus selbständiger Tätigkeit erzielt werden. Voraussetzung ist, dass der Gewinn des Betriebs durch Betriebsvermögensvergleich gem. § 4 Abs. 1 oder § 5 EStG ermittelt wird. Wurde bisher als Gewinn der Überschuss der Betriebseinnahmen über die Betriebsausgaben angesetzt, muss bei der Option zum Betriebsvermögensvergleich übergegangen werden. Der Übergangsgewinn (Saldo aus Zu- und Abrechnungen) ist auf Antrag gleichmäßig auf das Übergangsjahr und das folgende Jahr (die folgenden zwei Jahre) zu verteilen (R 17 der Einkommensteuerrichtlinien – EStR). Bei mehreren Betrieben muss sich die Option nicht auf alle Betriebe eines Personenunternehmens erstrecken. Personengesellschafter können den Antrag nur einheitlich stellen. Die Option zur Besteuerung wie eine Kapitalgesellschaft kann sich für einzelne Mitunternehmer je nach den individuellen Verhältnissen u.U. auch nachteilig auswirken (z. B. kann die Berücksichtigung von Verlusten insbesondere aus dem Sonderbetriebsvermögen und den Ergänzungsbilanzen entfallen). Die Gesellschaftsverträge der Personengesellschaften sehen regelmäßig vor, dass für die Beschlussfassung die Mehrheit der Stimmen ausreicht (§ 119 Abs. 2 HGB). Für die steuerliche Beurteilung kommt es nicht darauf an, ob der Optionsantrag im Innenverhältnis zwischen den Gesellschaftern mit der erforderlichen Mehrheit beschlossen worden ist. Die Option wird von dem(n) vertretungsberechtigten Gesellschafter(n) der Personengesellschaft gegenüber dem Finanzamt erklärt und hat damit – auch gegenüber dem Finanzamt – Außenwirkung (§ 129 HGB). Fehlt der erforderliche Beschluss der Gesellschafterversammlung hat dies u.U. Regressansprüche im Innenverhältnis zur Folge.

Für den Wiedereintritt in die Besteuerung nach dem Einkommensteuergesetz ist eine Sperrfrist nicht vorgesehen, so dass eine Rückoption nicht behindert wird. Damit wird Prognoseschwierigkeiten über die künftige Ertragslage Rechnung getragen, die insbesondere bei kleineren Personenunternehmen häufig vorkommen können.

Der Optionsantrag ist unwiderruflich. Der Antrag kann daher nicht im Rahmen eines Rechtsbehelfsverfahrens oder, soweit es nach den Vorschriften der Abgabenordnung zulässig ist, im Rahmen der Änderung von Steuerbescheiden zurückgenommen werden. Der Rechtsnachfolger des Antragstellers ist an den Antrag gebunden. Bei Veräußerung der Anteile unterliegt der Optionsbetrieb solange der Besteuerung nach dem Körperschaftsteuergesetz, bis der Erwerber die Besteuerung nach dem Einkommensteuergesetz beantragt.

Die örtliche Zuständigkeit des Finanzamtes ändert sich weder durch die Option noch durch eine evt. Rückoption. Da bei Mitunternehmerschaften mehrere Personen betroffen sind, enthält die Vorschrift die notwendigen verfahrensrechtlichen Regelungen, für die Festsetzung der Steuer und die Bekanntgabe der Steuerbescheide.

Absatz 2

Leistungsbeziehungen zwischen Personenunternehmen und Personenunternehmer werden wie im Verhältnis zwischen Kapitalgesellschaft und ihrem Gesellschafter steuerlich anerkannt. Die Grundsätze der verdeckten Gewinnausschüttung gelten auch für die optierenden Betriebe. Daher ist die steuerliche Anerkennung der Leistungsbeziehungen daran gebunden, dass sie im Voraus klar und eindeutig formuliert und schriftlich festgehalten werden. Sie müssen zudem dem zuständigen Finanzamt vor ihrer tatsächlichen Durchführung vorgelegt werden. Diese Regelung trägt dem Umstand Rechnung, dass im Verhältnis zwischen einem Einzelunternehmer und seinem Betrieb oder im Verhältnis zwischen einer Personengesellschaft, die nicht nach § 124 Abs. 1 des Handelsgesetzbuchs rechtsfähig ist, und ihrem Betrieb zivilrechtlich keine Leistungsverhältnisse begründet werden können.

Absatz 3

Der Eintritt des Betriebs eines Personenunternehmens in die Besteuerung nach dem Körperschaftsteuergesetz erfolgt in entsprechender Anwendung der §§ 20, 21, 22 und 25 des Umwandlungssteuergesetzes nach den Grundsätzen einer Einbringung eines Betriebs oder Teilbetriebes oder Mitunternehmeranteils in eine Kapitalgesellschaft bzw. eines Formwechsels einer Personengesellschaft in eine Kapitalgesellschaft. Die Buchwerte sind abweichend von den steuerlichen Einbringungsregelungen fortzuführen. Eine rückwirkende Umwandlung (§ 20 Abs. 7 und 8 UmwStG) ist zulässig.

Zivilrechtlich besteht nach wie vor ein Personenunternehmen fort, während steuerlich von einer fiktiven Kapitalgesellschaft ausgegangen wird. In der Handelsbilanz einer Personengesellschaft werden für die Gesellschafter häufig zwei oder mehr Konten geführt. Im Kapitalkonto I wird das gesellschaftsvertraglich vereinbarte Beteiligungskapital ausgewiesen. Das Kapitalkonto II ist ein variables Konto, das auch als Verrechnungskonto, Darlehenskonto o.ä. bezeichnet wird. Auf ihm werden insbesondere Gewinnanteile gutgeschrieben und die Privatkonten abgerechnet. Steuerlich sind beide Konten Eigenkapital. Die Kapitalgesellschaft hat nur ein einheitliches Konto, das in verschiedene Unterkonten (Gezeichnetes Kapital, Kapitalrücklage, Gewinnrücklage, Gewinnvortrag/ Verlustvortrag, Jahresüberschuss/Jahresfehlbetrag) unterteilt wird. Nach der Option werden steuerlich alle Vorgänge nach den Besteuerungsgrundsätzen für Kapitalgesellschaften behandelt. Die an den Gesellschafter abfließende Beträge, die nicht auf Leistungsbeziehungen beruhen, sind Gewinnausschüttungen. Beträge die der Gesellschafter in das Gesellschaftsvermögen einzahlt, sind (verdeckte) Einlagen. Die verzinsliche Gutschrift eines Gewinnanteils auf einem Kapitalkonto führt steuerlich zu einer Gewinnausschüttung der fiktiven Kapitalgesellschaft, wenn der Gesellschafter frei über dieses Konto verfügen kann. Das entspricht dem Grundsatz, dass eine „Gewinnausschüttung" körperschaftsteuerlich regelmäßig vorliegt, wenn die Mittel bei der Gesellschaft abgeflossen sind oder ein Gewinnausschüttungsanspruch in eine Darlehensforderung umgewandelt wird – Abschnitt 77 Abs. 6 KStR.

Die Gesellschafterkonten der Personengesellschaft müssen nach der Option – nach evt. Korrekturen – zu einem steuerlichen Kapitalkonto der fiktiven Kapitalgesellschaft zusammengefasst werden. Für steuerliche Zwecke erfolgt keine gesellschafterbezogene Kapitalkontenentwicklung. Die handelsrechtliche Behandlung (Gewinnverteilung, Kapitalkontenverzinsung) bleibt hiervon unberührt. U.U. ist es erforderlich, die Personengesellschaft durch gesellschaftsrechtliche Regelungen an die steuerlichen Wirkungen anzupassen (Personengesellschaft muss optionsfähig gemacht werden).

Die Anteile des Steuerpflichtigen an dem Betrieb gelten als einbringungsgeborene Anteile im Sinne des § 21 Abs. 1 Satz 1 UmwStG.

Sonderbetriebsvermögen (SBV) wird nicht in die Option einbezogen und gilt als unter Aufdeckung der stillen Reserven entnommen. Die auf den hierdurch entstehenden Gewinn entfallende Einkommen- oder Körperschaftsteuer wird im Rahmen einer Stundungsregelung auf zehn Jahre gleichmäßig verteilt. Die Steuer wird bei einer Rückoption, einer Veräußerung der als entnommen geltenden Wirtschaftsgüter oder der Veräußerung der Anteile an dem Betrieb fällig, soweit sie noch nicht entrichtet wurde. Die Aufdeckung stiller Reserven des SBV findet nicht statt, soweit zwischen dem Unternehmer und dem steuerlich wie eine Kapitalgesellschaft behandelten Betrieb die Voraussetzungen einer Betriebsaufspaltung (Überlassung wesentlicher Betriebsgrundlage) vorliegen.

Evt. vorhandene Ergänzungsbilanzen gehen unter. Die in den Ergänzungsbilanzen ausgewiesenen Werte erhöhen bzw. verringern die Anschaffungskosten der Anteile an der fiktiven Kapitalgesellschaft. Bei Rückoption müssen diese Werte wieder auf die Wirtschaftsgüter verteilt werden. Werden die einbringungsgeborenen Anteile an der fiktiven Kapitalgesellschaft verkauft, gilt der Gewinn als Veräußerungsgewinn i.S.d. § 16 EStG, der im Rahmen der Einkommensteuer zur Hälfte erfasst wird . Als Anschaffungskosten werden die Buchwerte des Betriebsvermögens im Übergangszeitpunkt zugrunde gelegt. § 34 Abs. 1 EStG ist anzuwenden (§ 21 Abs. 1 Satz 1 UmwStG).

Bei einem negativen Kapitalkonto einzelner oder mehrerer Gesellschafter erfolgt insoweit keine Aufdeckung der stillen Reserven; § 20 Abs. 2 Satz 4 UmwStG ist nach § 4a Abs. 3 KStG nicht anzuwenden. Ein negatives Kapitalkonto eines Gesellschafters im Optionszeitpunkt wird danach nicht durch Buchwertaufstockung ausgeglichen. Der Option liegt anders als der Einbringung kein tatsächlicher Tauschvorgang zugrunde. In der Handelsbilanz bleibt es bei den bisherigen Buchwerten. § 20 Abs. 1 Satz 4 UmwStG dient dazu, eine Unterkapitalisierung der Kapitalgesellschaft zu vermeiden. Bei einer fiktiven Kapitalgesellschaft besteht hierfür keine Notwendigkeit. Es bleibt den Personengesellschaftern unbenommen, die Personengesellschaft zur Vermeidung von Verwerfungen (z. B. durch Ausgleich der Gesellschafterkonten) optionsfähig zu machen.

Nach § 20 Abs. 3 UmwStG hat die Kapitalgesellschaft das eingebrachte Betriebsvermögen mit seinem Teilwert anzusetzen, wenn das Besteuerungsrecht der Bundesrepublik Deutschland hinsichtlich des Gewinns aus einer Veräußerung der dem Einbringenden gewährten Gesellschaftsanteile im Zeitpunkt der Sacheinlage ausgeschlossen ist. An der Regelung des § 20 Abs. 3 UmwStG wird auch für Optionsfälle festgehalten. Zwar bleiben die Wirtschaftsgüter der Gesellschaft steuerlich im Inland verhaftet. Der ausländische Gesellschafter könnte sich aber u.U. ohne inländische Besteuerung von seinen fiktiven Gesellschaftsanteilen trennen. Bei Verkauf eines Mitunternehmeranteils müsste er demgegenüber die stillen Reserven der anteilig auf ihn entfallenden Wirtschaftsgüter versteuern. Da jedoch jederzeit die Möglichkeit einer Rückoption besteht, wird die Einkommen- oder Körperschaftsteuer, die auf den beim Einbringenden entstehenden Gewinn entfällt, auf den Umwandlungsstichtag zu ermitteln und festzusetzen sein. Sie wird aber zinslos gestundet. Die Steuer wird fällig, wenn die „Anteile" später veräußert werden. Bei Rückoption wird die Steuerschuld erlassen.

Die Mitunternehmer der Optionsgesellschaft können nach § 15a Abs. 4 EStG festgestellte verrechenbare Verluste haben. Die noch nicht verrechneten Verluste gehen mit der Einbringung unter und können nicht mehr mit anderen positiven Einkünften ausgeglichen werden.

Absatz 4

Entnahmen werden nach der Option wie Gewinnausschüttungen besteuert. Kapitalertragsteuer ist nach allgemeinen Grundsätzen einzubehalten.

Für die Verrechnung von Ausschüttungen mit dem steuerlichen Einlagekonto gilt die Verwendungsreihenfolge des § 27 KStG. Soweit eine Verrechnung mit dem steuerlichen Einlagekonto stattfindet, ist dies entsprechend zu bescheinigen. Vor der Option entstandene Altrücklagen können wahlweise – statt in die Kapitalrücklage eingestellt zu werden – auf einem wie unter fremden Dritten üblich verzinslichen Verrechnungs- oder Darlehenskonto erfasst werden. Bei einer Auszahlung handelt es sich dann um eine steuerneutrale Darlehenstilgung der fiktiven Kapitalgesellschaft.

Einlagen sind auf dem steuerlichen Einlagekonto im Sinne des § 27 KStG zu erfassen und erhöhen die Anschaffungskosten der einbringungsgeborenen Beteiligung.

Absatz 5

Auf den Wiedereintritt in die Besteuerung nach dem Einkommensteuergesetz (Rückoption) sind die Regelungen des UmwStG zur Umwandlung einer Kapitalgesellschaft in eine Personengesellschaft anzuwenden (§ 9 UmwStG betreffend den Vermögensübergang auf eine natürliche Person bzw. § 14 UmwStG betreffend den Formwechsel von Kapitalgesellschaft in die Personengesellschaft). Die Buchwerte werden fortgeführt. Bei Rückkehr zum Besteuerungskonzept des § 15 Abs. 1 Satz 1 Nr. 2 EStG werden Wirtschaftsgüter, die der Gesellschaft aus dem Privatvermögen heraus zur Nutzung überlassen sind, zu Sonderbetriebsvermögen. Sie sind mit dem Teilwert zu bewerten (§ 6 Abs. 1 Nr. 5 EStG). Als steuerlicher Übertragungsstichtag kann ein bis zu acht Monaten zurückliegender Bilanzstichtag gewählt werden. § 2 Abs. 1 des Umwandlungssteuergesetzes gilt entsprechend.

Für Zwecke der Schenkungs- und Erbschaftsteuer wird die Beteiligung an dem Betrieb wie ein Anteil an einer Kapitalgesellschaft behandelt. Die ertragsteuerliche Rückwirkung wirkt nicht für die Schenkungs- und Erbschaftsteuer. Die Option und die Rückoption begründen keine grunderwerbsteuerpflichtigen Vorgänge.

Beschlussempfehlung des Finanzausschusses

Nach § 4 wird folgender § 4a eingefügt:

„§ 4a
Option zur Körperschaftsteuer

(1) Auf Antrag wird eine natürliche Person oder eine Mitunternehmerschaft nach § 1 Abs. 1a, die in einem inländischen Betrieb Einkünfte aus Land- und Forstwirtschaft, Gewerbebetrieb oder selbständiger Arbeit erzielt, mit den Einkünften aus diesem Betrieb wie eine unbeschränkt körperschaftsteuerpflichtige Kapitalgesellschaft besteuert. Ein Betrieb im Sinne des Satzes 1 kann keine Organgesellschaft im Sinne der Vorschriften des zweiten Teils, zweites Kapitel sein. Voraussetzung ist, dass der Gewinn gemäß § 4 Abs. 1 des Einkommensteuergesetzes oder § 5 des Einkommensteuergesetzes ermittelt wird. Der Antrag ist für jeden Betrieb gesondert beim zuständigen Finanzamt zu stellen; Mitunternehmer können den Antrag nur einheitlich und einstimmig stellen. Der Antrag ist unwiderruflich. Ein Rechtsnachfolger des Antragstellers ist an den Antrag gebunden. Örtlich zuständig ist das Finanzamt, das ohne Antrag nach Satz 1 nach der Abgabenordnung zuständig wäre. Im Falle des § 1 Abs. 1a Satz Nr. 2 ist die Steuer gegenüber der Mitunternehmerschaft und den Mitunternehmern einheitlich festzusetzen. Der Steuerbescheid ist an die Mitunternehmerschaft zugleich mit Wirkung für und gegen alle Mitunternehmer bekannt zu geben; § 183 Abs. 2 der Abgabenordnung gilt sinngemäß. Auf Antrag eines Mitunternehmers kann die Vollstreckung der Steuer gegenüber allen Mitunternehmern jeweils auf den Betrag beschränkt werden, der dem Anteil jedes Mitunternehmers am Gewinn und Verlust nach Maßgabe des allgemeinen Gewinnverteilungsschlüssels entspricht; §§ 269, 275 bis 280 der Abgabenordnung gelten entsprechend.

(2) Im Verhältnis zum Betrieb hat der bisherige Einzelunternehmer oder der Mitunternehmer die Stellung des Gesellschafters einer Kapitalgesellschaft. Vergütungen für seine Tätigkeit im Betrieb oder für die Hingabe von Darlehen oder für die Überlas-

sung von Wirtschaftsgütern aus dem Betrieb sind bei der Ermittlung des Gewinns des Betriebes nach den für Kapitalgesellschaften geltenden Vorschriften als Betriebsausgaben abzuziehen. Die Vereinbarungen oder Erklärungen über die Gewährung der Vergütungen müssen im Voraus klar und eindeutig formuliert, schriftlich festgehalten und vor ihrer tatsächlichen Durchführung dem zuständigen Finanzamt vorgelegt werden. Sie können nicht mit Wirkung für die Vergangenheit getroffen werden.

(3) Der Betrieb gilt als zu Beginn des Wirtschaftsjahrs, das in dem Veranlagungszeitraum endet, für das die Besteuerung nach Absatz 1 erstmals gelten soll, in eine unbeschränkt körperschaftsteuerpflichtige Kapitalgesellschaft eingebracht. Die Einbringung darf auf einen höchstens acht Monate vor der Antragstellung liegenden Bilanzstichtag zurückbezogen werden. Die §§ 20, 21, 22 und 25 des Umwandlungssteuergesetzes gelten mit der Maßgabe entsprechend, dass die Buchwerte fortgeführt werden müssen. In den Fällen des § 20 Abs. 3 des Umwandlungssteuergesetzes wird die auf den Gewinn des Einbringenden entfallende Einkommen- oder Körperschaftsteuer auf den Zeitpunkt der Einbringung ermittelt und festgesetzt. Sie wird bis zu einer Veräußerung der Anteile, einer Liquidation oder einer Umwandlung des Betriebs gestundet. Stundungszinsen werden nicht erhoben. Soweit zwischenzeitlich keine Veräußerung, Liquidation oder Umwandlung erfolgt, wird die Steuer nach einer Rückkehr zur Besteuerung nach dem Einkommensteuergesetz erlassen. Die Differenz zwischen dem angesetzten Teilwert und dem Buchwert der eingebrachten Wirtschaftsgüter ist im Zeitpunkt der Einbringung gesondert festzustellen. Im Zeitpunkt der Veräußerung der Anteile, der Liquidation oder der Umwandlung des Betriebs ist der Buchwert der Wirtschaftsgüter um den jeweiligen Differenzbetrag zu erhöhen; § 4 Abs. 3 des Umwandlungssteuergesetzes ist entsprechend anzuwenden. Sind die Wirtschaftsgüter zu diesem Zeitpunkt aus dem Betriebsvermögen des Betriebs ausgeschieden, mindert der Differenzbetrag den Gewinn. Sonderbetriebsvermögen gilt als entnommen, wenn es nicht Betriebsvermögen des Mitunternehmers bleibt. Die Einkommen- oder Körperschaftsteuer auf den Entnahmegewinn kann in jährlichen Teilbeträgen von mindestens jeweils einem Zehntel entrichtet werden, wenn die Entrichtung der Teilbeträge sichergestellt ist. Stundungszinsen werden nicht erhoben. Die Stundung endet im Zeitpunkt der Rückkehr zur Besteuerung nach dem Einkommensteuergesetz, der Veräußerung des als entnommen geltenden Wirtschaftsguts oder der Anteile an dem Be-

trieb oder der Liquidation oder Umwandlung des Betriebs. Das in der Steuerbilanz des Betriebs auszuweisende Eigenkapital wird auf dem nach § 27 zu führenden steuerlichen Einlagekonto erfasst.

(4) unverändert

(5) unverändert

Begründung des Finanzausschusses

Zu Absatz 1

Es wird klargestellt, dass ein Optionsbetrieb keine Organgesellschaft sein kann. Den Optionsbetrieben fehlt die Möglichkeit, einen Gewinnabführungsvertrag abzuschließen. Darüber hinaus wird klargestellt, dass der Optionsantrag von mehreren Mitunternehmern gegenüber dem Finanzamt einstimmig gestellt werden muss. Die Vollstreckung der Körperschaftsteuer, die bei Gesellschaftern einer zivilrechtlich weiterhin bestehenden Personengesellschaft eine Gesamtschuld darstellt, kann auf Antrag nach Maßgabe des Gewinnverteilungsschlüssels begrenzt werden. Die Beschränkung der Vollstreckung orientiert sich am Beispiel der Beschränkung der Vollstreckung bei Ehegatten (§§ 268ff. AO). Der Antrag ist bei dem Finanzamt zu stellen, dass für die Körperschaftsteuerfestsetzung zuständig ist.

Zu Absatz 2

Es wird redaktionell stärker verdeutlicht, dass Leistungsvergütungen des Optionsbetriebs nach den für Kapitalgesellschaften geltenden Vorschriften abgezogen werden können. Das gilt auch für Vergütungen, die als nachträgliche Einkünfte (§ 24 Nr. 2 EStG) bezogen werden. Die besonderen Regelungen über die Leistungsvergütungen gelten unabhängig davon, ob die zugrundeliegende Vereinbarung zivilrechtlich wirksam ist (z.B. Vereinbarung mit einer Personengesellschaft im Rahmen des § 124 Abs.1 HGB) oder nicht.

Zu Absatz 3

Die Neuregelung stellt sicher, dass die Stundungsregelung in den Fällen des § 20 Abs. 3 UmwStG nicht zu ungerechtfertigten Steuervorteilen durch Abschreibungsaufwand führt. Darüber hinaus wird klargestellt, dass Sonderbetriebsvermögen nicht als entnommen gilt, soweit es – im Rahmen einer Betriebsaufspaltung – Betriebsvermögen des Mitunternehmens bleibt.

Beschlussempfehlung des Vermittlungsausschusses
§ 4a wird gestrichen.

Begründung des Vermittlungsausschusses
Änderung wegen Wegfall der Option.

VI. Gesetzesvorhaben zu § 2 SolZG

Materialien

Gesetzentwurf der Bundesregierung
In § 2 Nr. 3 werden die Wörter „und Vermögensmassen" durch die Wörter „„Vermögensmassen, natürliche Personen und Mitunternehmerschaften" ersetzt.

Begründung zum Gesetzentwurf der Bundesregierung
Durch die Ergänzung der Vorschrift werden auch natürliche Personen und Mitunternehmerschaften mit den Betrieben, für die sie zur Besteuerung nach dem Körperschaftsteuergesetz optiert haben, als abgabepflichtig erfasst. Die Ergänzung stellt damit die Beibehaltung des bisherigen Kreises der Abgabepflichtigen sicher.

Beschlussempfehlung/Begründung des Finanzausschusses
– keine Änderung/Bemerkung –

Beschlussempfehlung des Vermittlungsausschusses
Die Änderung in § 2 Nr. 3 wird gestrichen.

Begründung des Vermittlungsausschusses
Änderung wegen Wegfall der Option.

VII. Gesetzesvorhaben zu § 13 UmwStG

Materialien

Gesetzentwurf der Bundesregierung

§ 13 Abs. 4 wird aufgehoben.

Begründung zum Gesetzentwurf der Bundesregierung

Die Regelung betrifft die Anwendung des § 50c EStG auf die Anteile die bei der Umwandlung einer Kapitalgesellschaft in eine andere Kapitalgesellschaft an die Stelle der Anteile an der übertragenden Gesellschaft treten. § 50c EStG wird gestrichen.

Beschlussempfehlung des Finanzausschusses

§ 13 Abs. 4 wird nicht aufgehoben.

Begründung des Finanzausschusses

Die Regelung muss wegen der Fortgeltung des Sperrbetrags nach § 50 c EStG beibehalten werden.

Beschlussempfehlung/Begründung des Vermittlungsausschusses

– keine Änderung/Bemerkung –

VIII. Gesetzesvorhaben zu § 10 ErbStG

Materialien

Gesetzentwurf der Bundesregierung

In § 10 Abs. 1 Satz 3 wird folgender Satz eingefügt:

„Der Erwerb eines Gewerbebetriebs (§ 95 des Bewertungsgesetzes), eines diesem gleichstehenden Vermögens, das der Ausübung eines freien Berufs oder der Tätigkeit als Einnehmer einer staatlichen Lotterie dient (§ 96 des Bewertungsgesetzes), eines Betriebs der Land- und Forstwirtschaft (§§ 140, 141 des Bewertungsgesetzes) oder eines Anteils an einer Gesellschaft im Sinne des § 13 Abs. 7, § 15 Abs. 1 Satz 1 Nr. 2 und Abs. 3 oder § 18

O. IX. Gesetzesvorhaben zu § 12 ErbStG

Abs. 4 des Einkommensteuergesetzes gilt als Erwerb von Anteilen an einer Kapitalgesellschaft, wenn die Einkünfte aus diesem Betrieb nach § 4a Abs. 1 des Körperschaftsteuergesetzes besteuert werden."

Begründung zum Gesetzentwurf der Bundesregierung

Personenunternehmen, die die Option zur Körperschaftsteuer ausüben, sollen in jeder Hinsicht wie eine Körperschaft besteuert werden. Im Erb- und Schenkungsfall wird daher fingiert, dass Anteile an einer Kapitalgesellschaft erworben werden, der das gewerbliche, freiberufliche oder land- und forstwirtschaftliche Betriebsvermögen des optierenden Personenunternehmens mit steuerlicher Wirkung zugerechnet werden. Die Anteile werden nach § 12 Abs. 2 ErbStG in Verbindung mit § 11 Abs. 2 Satz 2 BewG unter Berücksichtigung des Vermögens und der Ertragsaussichten bewertet.

Beschlussempfehlung/Begründung des Finanzausschusses

– keine Änderung/Bemerkung –

Beschlussempfehlung des Vermittlungsausschusses

Die Änderungen des Erbschaftsteuer- und Schenkungsteuergesetzes werden gestrichen.

Begründung des Vermittlungsausschusses

Änderung wegen Wegfall der Option.

IX. Gesetzesvorhaben zu § 12 ErbStG

Materialien

Gesetzentwurf der Bundesregierung

In § 12 wird nach Absatz 2 folgender Absatz 2a eingefügt:

„(2a) Der gemeine Wert der Anteile an Kapitalgesellschaften im Sinne des § 10 Abs. 1 Satz 4 ist wie folgt auf die Gesellschafter aufzuteilen:

1. Das Kapitalkonto eines Gesellschafters aus der Handelsbilanz ist dem jeweiligen Gesellschafter vorweg zuzurechnen.

2. Der nach Anwendung der Nummer 1 verbleibende Wert der Anteile an der Kapitalgesellschaft ist nach dem für die Gesellschaft maßgebenden Gewinnverteilungsschlüssel auf die Gesellschafter aufzuteilen.

3. Für jeden Gesellschafter ergibt die Summe aus der Vorwegzurechnung nach Nummer 1 und dem anteiligen Unterschiedsbetrag nach Nummer 2 den Wert seines Anteils an der Kapitalgesellschaft."

Begründung zum Gesetzentwurf der Bundesregierung

Zu § 12

Der gemeine Wert der fiktiven Anteile an einer Kapitalgesellschaft kann den einzelnen Gesellschaftern nicht – wie bei regulären Kapitalgesellschaften – über die Beteiligung am Nennkapital zugerechnet werden. Der gemeine Wert aller fiktiven Anteile wird deshalb den Gesellschaftern in einem einfach zu praktizierenden Verfahren unter Anknüpfung an die Kapitalkonten in der vom zivilrechtlich fortbestehenden Personenunternehmen weiter zu erstellenden Handelsbilanz und an den Gewinnverteilungsschlüssel zugerechnet.

Beschlussempfehlung des Finanzausschusses

In § 12 wird nach Absatz 2 folgender Absatz 2a eingefügt:

„(2a) Der gemeine Wert der Anteile an Kapitalgesellschaften im Sinne des § 10 Abs. 1 Satz 4 ist wie folgt auf die Gesellschafter aufzuteilen:

1. Das Kapitalkonto eines Gesellschafters aus der Handelsbilanz ist dem jeweiligen Gesellschafter vorweg mit einem Anteil zuzurechnen, der dem Hundertsatz entspricht, zu dem der Vermögenswert bei der Ermittlung des gemeinen Werts nach § 11 Abs. 2 Satz 2 des Bewertungsgesetzes angesetzt worden ist.

2. unverändert

3. unverändert

Begründung des Finanzausschusses

Bei der Schätzung des gemeinen Werts von Anteilen an einer Kapitalgesellschaft im sog. Stuttgarter Verfahren wird deren Vermögen (Vermögenswert, R 98 ErbStR) gegenwärtig nach R 100 Abs. 2

ErbStR mit 68 v.H. angesetzt. In diesem Verfahren sollen auch die fiktiven Anteile an einem für die Körperschaftsteuer optierenden Personenunternehmen bewertet werden. Die volle Vorwegzurechnung des Kapitalkontos eines Gesellschafters, das seine Beteiligung am Vermögen des Unternehmens repräsentieren soll, kann deshalb zu Wertverzerrungen führen, weil damit ein größerer Anteil des gemeinen Werts vorweg zugerechnet wird, als dem darin enthaltenen anteiligen Vermögenswert entspricht. Die Vorwegzurechnung des Kapitalkontos soll deshalb auf den Anteil begrenzt werden, der dem Hundertsatz – gegenwärtig 68 v.H. – entspricht, zu dem der Vermögenswert selbst bei der Ermittlung des gemeinen Werts angesetzt wird.

Beschlussempfehlung des Vermittlungsausschusses

Die Änderungen des Erbschaftsteuer- und Schenkungsteuergesetzes werden gestrichen.

Begründung des Vermittlungsausschusses

Änderung wegen Wegfall der Option.

X. Gesetzesvorhaben zu § 13a ErbStG

Materialien

Gesetzentwurf der Bundesregierung

§ 13a wird wie folgt geändert:

a) In Absatz 4 wird am Ende der Nummer 3 der Punkt durch ein Semikolon ersetzt und folgende Nummer 4 angefügt:

„4. Anteile an einer Kapitalgesellschaft im Sinne des § 10 Abs. 1 Satz 4, wenn der dem Erblasser oder Schenker nach § 12 Abs. 2a unmittelbar zuzurechnende Anteil an der Kapitalgesellschaft mehr als ein Viertel betragen hat."

b) Absatz 5 wird wie folgt geändert:

aa) In Nummer 1 wird Satz 2 wie folgt gefasst:

„Gleiches gilt, wenn wesentliche Betriebsgrundlagen eines Gewerbebetriebs veräußert oder in das Privatvermögen übergeführt oder anderen betriebsfremden Zwecken zugeführt werden, wobei Entnahmen im Sinne des § 4a Abs. 3 Satz 8 des Körperschaftsteuergesetzes unberücksichtigt bleiben, oder wenn Anteile an einer Kapitalgesellschaft veräußert werden, die der Veräußerer durch eine Sacheinlage (§ 20 Abs. 1 des Umwandlungssteuergesetzes) aus dem Betriebsvermögen im Sinne des Absatzes 4 erworben hat oder ein Anteil an einer Gesellschaft im Sinne des § 15 Abs. 1 Satz 1 Nr. 2 und Abs. 3 oder § 18 Abs. 4 des Einkommensteuergesetzes oder ein Anteil daran veräußert wird, den der Veräußerer durch eine Einbringung des Betriebsvermögens im Sinne des Absatzes 4 in eine Personengesellschaft (§ 24 Abs. 1 des Umwandlungssteuergesetzes) erworben hat;".

bb) In Nummer 3 Satz 1 wird der zweite Halbsatz wie folgt gefasst:

„Verluste sowie Entnahmen im Sinne des § 4a Abs. 3 Satz 8 des Körperschaftsteuergesetzes bleiben unberücksichtigt."

cc) In Nummer 4 wird am Ende der Punkt durch ein Semikolon ersetzt und folgende Nummer 5 angefügt:

„5. als Inhaber von Anteilen an Kapitalgesellschaften im Sinne des § 10 Abs. 1 Satz 4 bis zum Ende der Fünfjahresfrist Gewinnausschüttungen erhält, die die Summe seiner Einlagen im Sinne des § 4a Abs. 4 Satz 3 des Körperschaftsteuergesetzes und der ihm zuzurechnenden Gewinne oder Gewinnanteile seit dem Erwerb um mehr als 100 000 Deutsche Mark übersteigen; Verluste bleiben unberücksichtigt. Nummer 4 gilt sinngemäß."

c) In Absatz 6 wird die Angabe „Absatzes 4 Nr. 2 und 3" durch die Angabe „Absatzes 4 Nr. 2 bis 4" ersetzt.

Begründung zum Gesetzentwurf der Bundesregierung

Zu Buchstabe a (Absatz 4)

Der Erwerb der fiktiven Anteile an einer Kapitalgesellschaft im Sinne des § 10 Abs. 1 Satz 4 ErbStG soll in gleicher Weise wie der Erwerb regulärer Anteile an einer Kapitalgesellschaft durch den Freibetrag und Bewertungsabschlag nach § 13a entlastet werden. Solche Anteile werden deshalb dem begünstigten Vermögen zugeordnet.

O. X. Gesetzesvorhaben zu § 13a ErbStG

Zu Buchstabe b (Absatz 5)

Zu den Doppelbuchstaben aa und bb

Soweit es nach einem begünstigten Erwerb von Betriebsvermögen oder land- und forstwirtschaftlichem Vermögen innerhalb der fünfjährigen Behaltensfrist zur Zwangsentnahme des Sonderbetriebsvermögens kommt, weil ein Personenunternehmen die Option zur Körperschaftsteuer ausübt, soll dies keine Nachversteuerung auslösen.

Zu Doppelbuchstabe cc

Die Behaltensregelung wird im Hinblick auf die begünstigten fiktiven Anteilen an Kapitalgesellschaften ergänzt, die grundsätzlich wie reguläre Anteile an einer Kapitalgesellschaft behandelt werden. Da auch das für die Körperschaftsteuer optierende Personenunternehmen handelsrechtlich weiterhin Personenunternehmen bleibt, wird zusätzlich eine der Entnahme-Begrenzung nach § 13a Abs. 5 Nr. 3 ErbStG nachgebildete Regelung für Gewinnausschüttungen geschaffen, weil steuerlich auch Entnahmen als solche behandelt werden.

Zu Buchstabe c (Absatz 6)

Auch der Erwerber fiktiver Anteile an Kapitalgesellschaften soll auf die Steuerbefreiung verzichten können, um eine uneingeschränkte Abzugsfähigkeit der damit in wirtschaftlichem Zusammenhang stehenden Schulden zu erreichen.

Beschlussempfehlung des Finanzausschusses

§ 13a wird wie folgt geändert:

a) unverändert

b) Absatz 5 wird wie folgt geändert:

aa) In Nummer 1 wird Satz 2 wie folgt gefasst:

„Gleiches gilt, wenn wesentliche Betriebsgrundlagen eines Gewerbebetriebs veräußert oder in das Privatvermögen übergeführt oder anderen betriebsfremden Zwecken zugeführt werden, wobei Entnahmen im Sinne des § 4a Abs. 3 Satz 11 des Körperschaftsteuergesetzes unberücksichtigt bleiben, oder wenn Anteile an einer Kapitalgesellschaft veräußert werden, die der Veräußerer durch eine Sacheinlage (§ 20 Abs. 1 des Umwandlungssteuergesetzes) aus dem Betriebsvermögen im Sinne des Absatzes 4 erworben hat oder ein Anteil an einer Gesellschaft im Sinne des § 15 Abs. 1 Satz 1 Nr. 2 und Abs. 3 oder § 18 Abs. 4 des Einkommensteuergesetzes oder ein Anteil daran veräußert wird, den der Veräußerer durch eine Einbringung des Betriebsvermögens im Sinne des Absatzes 4 in eine Personengesellschaft (§ 24 Abs. 1 des Umwandlungssteuergesetzes) erworben hat;".

bb) In Nummer 3 Satz 1 wird der zweite Halbsatz wie folgt gefasst:

„Verluste sowie Entnahmen im Sinne des § 4a Abs. 3 Satz 11 des Körperschaftsteuergesetzes bleiben unberücksichtigt."

cc) unverändert

c) unverändert

Begründung des Finanzausschusses

Redaktionelle Änderung.

Beschlussempfehlung des Vermittlungsausschusses

Die Änderungen des Erbschaftsteuer- und Schenkungsteuergesetzes werden gestrichen.

Begründung des Vermittlungsausschusses

Änderung wegen Wegfall der Option.

XI. Gesetzesvorhaben zu § 19a ErbStG

Materialien

Gesetzentwurf der Bundesregierung

§ 19a wird wie folgt geändert:

a) In Absatz 2 Satz 1 Nr. 3 wird am Ende der Punkt durch ein Semikolon ersetzt und folgende Nummer 4 angefügt:

„4. Anteile an einer Kapitalgesellschaft im Sinne des § 10 Abs. 1 Satz 4, wenn der dem Erblasser oder Schenker nach § 12 Abs. 2a unmittelbar zuzurechnende Anteil an der Kapitalgesellschaft mehr als ein Viertel betragen hat."

b) Absatz 5 wird wie folgt geändert:

aa) In Nummer 1 wird Satz 2 wie folgt gefasst:

„Gleiches gilt, wenn wesentliche Betriebsgrundlagen eines Gewerbebetriebs veräußert oder in das Privatvermögen übergeführt oder anderen betriebsfremden Zwecken zugeführt werden, wobei Entnahmen im Sinne des § 4a Abs. 3 Satz 8 des Körperschaftsteuergesetzes unberücksichtigt bleiben, oder wenn Anteile an einer Kapitalgesellschaft veräußert werden, die der Veräußerer durch eine Sacheinlage (§ 20 Abs. 1 des Umwandlungssteuergesetzes) aus dem Betriebsvermögen im Sinne des Absatzes 2 erworben hat oder ein Anteil an einer Gesellschaft im Sinne des § 15 Abs. 1 Satz 1 Nr. 2 und Abs. 3 oder § 18 Abs. 4 des Einkommensteuergesetzes oder ein Anteil daran veräußert wird, den der Veräußerer durch eine Einbringung des Betriebsvermögens im Sinne des Absatzes 2 in eine Personengesellschaft (§ 24 Abs. 1 des Umwandlungssteuergesetzes) erworben hat;".

bb) In Nummer 3 Satz 1 wird der zweite Halbsatz wie folgt gefasst:

„Verluste sowie Entnahmen im Sinne des § 4a Abs. 3 Satz 8 des Körperschaftsteuergesetzes bleiben unberücksichtigt."

cc) In Nummer 4 wird am Ende der Punkt durch ein Semikolon ersetzt und folgende Nummer 5 angefügt:

„5. als Inhaber von Anteilen an Kapitalgesellschaften im Sinne des § 10 Abs. 1 Satz 4 bis zum Ende der Fünfjahresfrist Gewinnausschüttungen erhält, die die Summe seiner Einlagen im Sinne des § 4a Abs. 4 Satz 3 des Körperschaftsteuergesetzes und der ihm zuzurechnenden Gewinne oder Gewinnanteile seit dem Erwerb um mehr als 100 000 Deutsche Mark übersteigen; Verluste bleiben unberücksichtigt. Nummer 4 gilt sinngemäß."

Begründung zum Gesetzentwurf der Bundesregierung

Zu Buchstabe a (Absatz 2)

Erwerber der Steuerklassen II und III sollen auch beim Erwerb der fiktiven Anteile an einer Kapitalgesellschaft im Sinne des § 10 Abs. 1

Satz 4 ErbStG in gleicher Weise wie beim Erwerb regulärer Anteile an einer Kapitalgesellschaft durch die Tarifbegrenzung nach § 19a entlastet werden.

Zu Buchstabe b (Absatz 5)

Zu den Doppelbuchstaben aa, bb und cc

Erwerber der Steuerklassen II und III, die beim Erwerb der fiktiven Anteile an einer Kapitalgesellschaft im Sinne des § 10 Abs. 1 Satz 4 ErbStG die Tarifbegrenzung in Anspruch genommen haben, sollen den gleichen Behaltensregelungen wie bei den Entlastungen nach § 13a unterliegen. Auf die Ausführungen zu Nummer 6 Buchstabe e, Doppelbuchstabe aa bis cc wird verwiesen.

Beschlussempfehlung des Finanzausschusses

§ 19a wird wie folgt geändert:

a) unverändert

b) Absatz 5 wird wie folgt geändert:

aa) In Nummer 1 wird Satz 2 wie folgt gefasst:

„Gleiches gilt, wenn wesentliche Betriebsgrundlagen eines Gewerbebetriebs veräußert oder in das Privatvermögen übergeführt oder anderen betriebsfremden Zwecken zugeführt werden, wobei Entnahmen im Sinne des § 4a Abs. 3 Satz 11 des Körperschaftsteuergesetzes unberücksichtigt bleiben, oder wenn Anteile an einer Kapitalgesellschaft veräußert werden, die der Veräußerer durch eine Sacheinlage (§ 20 Abs. 1 des Umwandlungssteuergesetzes) aus dem Betriebsvermögen im Sinne des Absatzes 2 erworben hat oder ein Anteil an einer Gesellschaft im Sinne des § 15 Abs. 1 Satz 1 Nr. 2 und Abs. 3 oder § 18 Abs. 4 des Einkommensteuergesetzes oder ein Anteil daran veräußert wird, den der Veräußerer durch eine Einbringung des Betriebsvermögens im Sinne des Absatzes 2 in eine Personengesellschaft (§ 24 Abs. 1 des Umwandlungssteuergesetzes) erworben hat;".

bb) In Nummer 3 Satz 1 wird der zweite Halbsatz wie folgt gefasst:

„Verluste sowie Entnahmen im Sinne des § 4a Abs. 3 Satz 11 des Körperschaftsteuergesetzes bleiben unberücksichtigt."

cc) unverändert

Begründung des Finanzausschusses
Redaktionelle Änderung.

Beschlussempfehlung des Vermittlungsausschusses
Die Änderungen des Erbschaftsteuer- und Schenkungsteuergesetzes werden gestrichen.

Begründung des Vermittlungsausschusses
Änderung wegen Wegfall der Option.

XII. Gesetzesvorhaben zu § 37 ErbStG

Materialien

Gesetzentwurf der Bundesregierung

§ 37 wird wie folgt geändert:

a) Absatz 1 wird wie folgt gefasst:

„(1) Die Vorschriften dieses Gesetzes in der Fassung des Artikels 10 des Gesetzes vom (BGBl. I S. ...) finden auf Erwerbe Anwendung, für die die Steuer nach dem 31. Dezember 2000 entstanden ist oder entsteht."

b) Absatz 3 wird aufgehoben.

Begründung zum Gesetzesentwurf der Bundesregierung
Die Vorschrift bestimmt den Anwendungszeitpunkt.

Beschlußempfehlung / Begründung des Finanzausschusses

unverändert

Beschlußempfehlung des Vermittlungsausschusses
Die Änderungen des Erbschaftsteuer- und Schenkungsteuergesetzes werden gestrichen.

Begründung des Vermittlungsausschusses
Änderungen wegen Wegfall der Option.

XIII. Gesetzesvorhaben zu § 7 AStG

Materialien

Gesetzentwurf der Bundesregierung

§ 7 wird wie folgt geändert:

a) In Absatz 1 werden die Wörter „der Hälfte" durch die Wörter „einem Zehntel" ersetzt.

b) In Absatz 2 Satz 1 werden

aa) die Wörter „der Hälfte" durch die Wörter „einem Zehntel"

und

bb) die Wörter „50 vom Hundert" durch die Wörter „10 vom Hundert"

ersetzt.

c) Absatz 6 wird aufgehoben.

Begründung zum Gesetzentwurf der Bundesregierung

Durch die Unternehmenssteuerreform wird der Körperschaftsteuersatz für einbehaltene Gewinne auf 25 % gesenkt. Gewinnausschüttungen werden innerhalb der Unternehmenskette durch ein Dividendenprivileg steuerfrei gestellt und nur beim Letztempfänger (natürliche Person) dem Halbeinkünfteverfahren unterworfen.

Dieses Verfahren setzt voraus, dass die an den Letztempfänger ausgeschütteten Dividenden auf der Ebene der ausschüttenden Gesellschaften einer ausreichenden Vorbelastung unterlegen haben. Dies muss auch für Einkünfte aus passivem Erwerb gelten, die die ausschüttende Gesellschaft von ausländischen Beteiligungsgesellschaften bezieht, die Zwischengesellschaften im Sinne des AStG sind und die in ihrem Sitzstaat niedrig besteuert werden. Die Änderung verschärft daher die bestehenden Vorschriften der Hinzurechnungsbesteuerung für Einkünfte aus passivem Erwerb. Künftig genügt für die Steuerpflicht inländischer Beteiligter, dass unbeschränkt Steuerpflichtige insgesamt in Höhe von 10 % an der ausländischen Gesellschaft beteiligt sind (Absatz 1). Die Hinzurechnungsbesteuerung differenziert künftig nicht mehr hinsichtlich der Beteiligungsverhältnisse, wenn es sich um Zwischeneinkünfte mit Kapitalanlagecharakter handelt. Absatz 2 enthält die sich aus Absatz 1 ergebenden Anpassungen.

Beschlussempfehlung des Finanzausschusses

Die Änderung des § 7 entfällt.

Begründung des Finanzausschusses

Die Voraussetzungen der Hinzurechnungsbesteuerung, d.h. die inländische Beherrschung, bleibt unverändert bestehen.

Beschlussempfehlung/Begründung des Vermittlungsausschusses

– keine Änderung/Bemerkung –

XIV. Gesetzesvorhaben zu § 4 StBerG

Materialien

Gesetzentwurf/Begründung der Bundesregierung

– Regelung noch nicht enthalten –

Beschlussempfehlung des Finanzausschusses

In § 4 Nr. 8 werden nach dem Wort „vorkommen" das Komma durch ein Semikolon ersetzt und folgender Halbsatz angefügt: „die Option nach § 4a des Körperschaftsteuergesetzes lässt die Befugnis zur Hilfe in Steuersachen unberührt,"

Begründung des Finanzausschusses

Durch die Änderung des § 4 Nr. 8 Steuerberatungsgesetz soll klargestellt werden, dass die Befugnis zur Hilfeleistung in Steuersachen von der Option nach § 4a KStG unberührt bleibt, obwohl der Landwirt mit den Einkünften aus seinem Betrieb wie eine unbeschränkt körperschaftsteuerpflichtige Kapitalgesellschaft besteuert wird.

Beschlussempfehlung des Vermittlungsausschusses

Die Änderungen des Steuerberatungsgesetzes werden gestrichen.

Begründung des Vermittlungsausschusses

Änderung wegen Wegfall der Option.

XV. Gesetzesvorhaben zu § 157a StBerG

Materialien

Gesetzentwurf/Begründung der Bundesregierung

– Regelung noch nicht enthalten –

Beschlussempfehlung des Finanzausschusses

In § 157a Satz 1 werden nach dem Wort „vorkommen" der Punkt durch ein Semikolon ersetzt und folgender Halbsatz angefügt: „die Option nach § 4a des Körperschaftsteuergesetzes lässt die Befugnis zur Hilfe in Steuersachen unberührt."

Begründung des Finanzausschusses

Es handelt sich um eine Folgeänderung zur Änderung des § 4 Nr. 8 Steuerberatungsgesetz durch die sichergestellt wird, dass die Option nach § 4a KStG auch die Beratungsbefugnis der in ihrem Bestand geschützten Gesellschaften und Personenvereinigungen im Sinne des § 157a Steuerberatungsgesetz insoweit unberührt lässt.

Beschlussempfehlung des Vermittlungsausschusses

Die Änderungen des Steuerberatungsgesetzes werden gestrichen.

Begründung des Vermittlungsausschusses

Änderung wegen Wegfall der Option.